DAS JOHANNESEVANGELIUM
BILDLICHKEIT, DISKURS UND RITUAL

BIBLIOTHECA EPHEMERIDUM THEOLOGICARUM LOVANIENSIUM

CLXII

DAS JOHANNESEVANGELIUM

BILDLICHKEIT, DISKURS UND RITUAL

Mit einer Bibliographie über den Zeitraum 1986-1998

VON

ULRICH BUSSE

LEUVEN
UNIVERSITY PRESS

UITGEVERIJ PEETERS
LEUVEN – PARIS – STERLING, VA

2002

ISBN 90 5867 244 1 (Leuven University Press)
D/2002/1869/51
ISBN 90-429-1100-X (Peeters Leuven)
ISBN 2-87723-617-X (Peeters France)
D/2002/0602/22

All rights reserved. Except in those cases expressly determined by law,
no part of this publication may be multiplied,
saved in an automated data file or made public in any way whatsoever
without the express prior written consent of the publishers.

Leuven University Press / Presses Universitaires de Louvain
Universitaire Pers Leuven
Blijde-Inkomststraat 5, B-3000 Leuven (Belgium)

© 2002 – Peeters, Bondgenotenlaan 153, B-3000 Leuven (Belgium)

VORWORT

Ernst Haenchen (1894-1975)
Ernst Käsemann (1906-1998)

Das Johannesevangelium ist eine faszinierende Lektüre. Seit Ernst Haenchen, ein ständiger Wanderer zwischen der Rückfrage nach dem historischen Jesus und dem literarischen Eigenwert der Evangelien und der Apostelgeschichte, mich in die – so weit von Jesus entfernte – Gedankenwelt des vierten Evangeliums eingeführt hat, habe ich mich viele Jahre hindurch in den Urtext selbst vertieft und mich zudem in die umfangreiche Auslegungsgeschichte seit der Aufklärung eingearbeitet. Besonders das Studium der Literatur aus dem 19. Jahrhundert hat mir mit Gewinn viel Zeit gekostet, weil in ihr holzschnittartig, aber weitaus prägnanter alle Fragen und Probleme formuliert und skizziert sind, die heutzutage nur ziselierter weiterdiskutiert werden, ohne sie bislang – wie es scheint – auf Dauer lösen zu können.

Dies mag auch die diesem Band beigefügte umfangreiche Bibliographie belegen. Sie umfaßt vorrangig nur den Zeitraum 1986-1998, weil mir die davor publizierte Literatur bibliographisch gut erfaßt schien. Deren Umfang soll auf keinen Fall abschreckend wirken, sondern die Neugier wecken auf ein Evangelium voller »Einfalt mit tiefer Bedeutung« (J.G. Herder), über das trotzdem unzählige Publikationen erschienen sind und weiterhin erscheinen werden.

Als ich nach der Herausgabe des Johanneskommentars meines Lehrers und väterlichen Freunds eigenständig weiterarbeitete, konnte ich bereits auf einen großen Wissensfundus zurückgreifen. Aber ich habe den Rat der Alten[1] befolgt, nach dem »bis zum neunten Jahr die Probe währen« solle, um meine hoffentlich weiterführenden Einsichten sorgfältiger und ausgewogener formulieren zu können. Denn sie sollten in einer Weise aufgearbeitet sein, dass sie einen potentiellen Leser so gefangen nehmen, dass er sich nach der Lektüre mit gewonnener methodologischer Sicherheit sowie mit entsprechendem Problembewußtsein und Selbstvertrauen ausgestattet, eigenständig zu Teilgebieten vor- und einarbeiten kann, zu denen der Verfasser selbst noch keine perfekte Antwort

---

1. Horaz, Ars poetica 388; vgl. Quintilian, Institutio oratoriae X.4.2.

formulieren konnte. Denn das Johannesevangelium setzt m. E. ursprünglich schon einen qualifizierten Leser voraus, der die biblische wie die jesuanische Tradition kennt und sich mit deren Hilfe theologisch zu orientieren gelernt hat. Nur ihm wird die getroffene Auswahl aus der Jesus-Tradition so auf- und anregend sein, dass er ihren Verweischarakter auf die von der Schrift gesteuerte Reflexion des Autors erkennt, sich konzentriert auf seine literarisch vermittelten Kommunikationsbemühungen einläßt und im ständigen Zwiegespräch mit ihm theologisch mitdenken lernt. Zugleich müssen hier nicht alle Fragen und Aporien, die im Laufe der Auslegungsgeschichte aufgetaucht sind, noch einmal erörtert und alle entsprechenden Lösungsmodelle referiert werden, sondern der von mir gewählte individuelle und notwendigerweise impressionistische Zugang sollte immer gewahrt bleiben. Deshalb ist auch der Hauptteil B kein ausgewachsener Kommentar, sondern bescheidener eine Lesehilfe, die auf die jeweilige Diskursstrategie und das spezifische Bildrepertoire die Aufmerksamkeit lenkt.

Dass nach langen Vorarbeiten und schwierigen Arbeitsverhältnissen dieses Buch – um Jahre verspätet – trotzdem 1998 fertiggestellt werden konnte, ist denen zu verdanken, die mich bei der Arbeit uneigennützig unterstützt und stetig ermutigt haben. Vor allem gilt mein Dank allen ehemaligen Mitarbeitern im Forschungsprojekt CABS (Computer Assisted Biblical Studies, Duisburg/Essen/Pretoria), die mir die bibliographischen Daten und sogar die wichtigste Literatur digitalisiert und indiziert online zur Verfügung stellen konnten. Die Mitarbeiter der Fernleihabteilungen der Universitätsbibliotheken der Gerhard-Mercator-Universität Duisburg und der Universität Essen haben Jahre lang fast täglich meine Fernleihwünsche erfüllt, um das Projekt unter den Bibliotheksbedingungen von ehemaligen Gesamthochschulen ohne Altbestände mit karger personeller und finanzieller Ausstattung verwirklichen zu können. Ihnen muß ebenso gedankt werden wie dem Universitätsverlag Peeters, Leuven/Belgien. Er hat freundlicherweise die Erlaubnis erteilt, meine bereits publizierten Beiträge (EThL 57, 1981, 125-143; BEThL 100C, 1992, 2083-2100; BEThL 101, 1992, 281-306 und BEThL 131, 1997, 395-428) hier in überarbeiteter und erweiterter Form erneut bei ihm zu veröffentlichen. Auch die Alexander-von-Humboldt-Stiftung förderte das Gelingen, indem sie meinem südafrikanischen Kollegen, Prof. Dr. Jan G. van der Watt, einen einjährigen Forschungsaufenthalt an der Gerhard Mercator-Universität Duisburg ermöglichte und das Forscherteam fortan stetig förderte. So sind aus der seitdem gewachsenen intensiven Zusammenarbeit nicht nur verschiedene Aufsätze über das johanneische Metaphernnetzwerk erwachsen, sondern auch zwei umfangreiche

Abhandlungen², von denen diese Arbeit meinen Beitrag darstellt. Dass die Drucklegung des Manuskriptes sich solange verzögerte, hat seinen Grund in dessen Umfang und meiner Tätigkeit in der akademischen Selbstverwaltung der Universität Essen.

Mein besonderer Dank gilt den Studenten Michael Rogge und Ulf Helmrich sowie nicht zum Schluß Frau Dr. Magdalena Bußmann und schon traditionellerweise Josef Fittkau, die die Mühe des mehrmaligen Korrekturlesens auf sich genommen und viele Verbesserungsvorschläge gemacht haben. Doch ohne die weise, aber kontroverse Einführung in die komplexe Textwelt der johanneischen Literatur, die mir Ernst Haenchen[3] und Ernst Käsemann in ihrer gegenseitigen Freundschaft angedeihen ließen, wäre dieses Werk nicht zustande gekommen. In ihnen personifizierte sich für mich die antagonistischen Hauptströmungen der Johannesforschung, die es beiden trotz ihrer langen Freundschaft nicht erlaubte, sich über die zentralen Intentionen dieses Evangeliums zu einigen. Deshalb sei es den beiden großen Forscherpersönlichkeiten posthum gewidmet, die sich mit den Worten E. Käsemanns gegenseitig so charakterisierten: »Mein Freund Ernst Haenchen ist ein zur Exegese bekehrter Systematiker, bei mir verhält es sich genau umgekehrt.«

Essen, den 28.12.1998

---

2. Siehe J.G. VAN DER WATT, Family of the King. The Dynamics of Metaphor in the Gospel according to John, BIS 47, Leiden 2000.

3. Von ihm wird im Anhang noch ein bislang unveröffentlichter Beitrag zum Verhältnis von Gnosis und Johannesevangelium veröffentlicht, der sich im von mir verwalteten Nachlaß fand. Er ist es wert, weiteren Kreisen bekannt zu werden.

INHALT

Vorwort VII

Einleitung 1

A. Horizonte der Auslegung **19**
 1. Das theologische Leseinteresse 21
 2. Das literargeschichtliche Interesse 32
 3. Das religionsgeschichtliche Interesse 44
 4. Das traditionsgeschichtliche Interesse 49

B. Der Diskurs über die theologische Reputation Jesu **57**
 1. Der Prolog: theologische Summe und Leseanleitung, 1,1-18 . . 58
 2. Der theologische Grundkurs in epischen Szenen, 1,19-6,71 . . 71
 3. Gesucht und gefunden, 1,19-2,11 74
    a. Das Zeugnis des Johannes, 1,19-34 74
    b. Die ersten Jesu nachfolgenden Jünger, 1,35-51 80
    c. Das Anfangszeichen Jesu im galiläischen Kana, 2,1-11 . . 87
 4. Der erneuerte Tempel, 2,13-22 92
 5. Der Sinn der Sendung und der Grund der Ablehnung, 2,23-3,36 98
    a. Nikodemus, 2,23-3,21 99
    b. Der Täuferdialog, 3,22-30 105
    c. Das unumstößliche Zeugnis des Täufers, 3,31-36 108
 6. Das samaritanische Intermezzo unter missionarischem Vorzeichen, 4,1-42 111
 7. »Einen solchen Glauben kann man in Israel nicht finden«, 4,43-54 121
 8. Die Werke des Vaters wie des Sohns und die absehbare Reaktion, 5,1-47 125
    a. Die Vorbereitung des Konflikts, 5,1-18 126
    b. Die »öffentliche« Proklamation der Absicht von Vater und Sohn, 5,19-47 130
 9. Christologie und Jüngerschaft, 6,1-71 136
    a. Vorbereitung von Brotrede und Jüngerreaktion, 6,1-25 . . 138
    b. Die »Brotrede«, 6,26-59 142

c. »Wie gewonnen, so zerronnen«: die Reaktion der Jünger, 6,60-71 150
10. Die Marginalisierung Jesu und seiner Jünger, 7,1-10,42 ... 152
   a. Der Streit um Identität und Legitimität Jesu, 7,1-8,30 .. 155
   b. Jesu Rechtsstreit mit »den Juden« um legitime Vaterschaft, 8,31-59 167
   c. Eine Blindenheilung: Zeichen der Scheidung, 9,1-10,21 .. 173
   d. Der endgültige Bruch über den Anspruch Jesu am Tempelweihfest, 10,22-39 180
   e. Jesu Rückkehr zum Ausgangspunkt seines Wirkens, 10,40-42 184
11. Die Vorbereitung der »Schwellen-Stunde«, 11,1-12,50 ... 185
   a. Die Erweckung des Lazarus: das Passions- und Lebenszeichen, 11,1-46 186
   b. Der Todesbeschluß des Synhedriums, 11,47-54 189
   c. Die Vorbereitungen zum letzten Passafest, 11,55-12,36 .. 191
   d. Der Einzug Jesu in Jerusalem, 12,12-19 193
   e. Die Hellenen und Jüngerschaft, 12,20-36 196
   f. Abschließende Würdigung des öffentlichen Wirkens Jesu, 12,37-50 200
12. Die in der Abschiedsstunde begründete neue Gemeinschaft, 13,1-17,26 203
   a. Jesu exemplarischer Rollenwechsel: die Fußwaschung, 13,4-20 204
   b. Die Identifizierung des Verräters, 13,21-30 209
   c. Jesu Abschiedsrede, 13,31-16,33 211
   d. Jesu Abschiedsgebet, 17,1-26 229
13. Die Passion Jesu, 18,1-19,42 233
   a. Gefangennahme, Vernehmungen und Verleugnung, 18,1-27 . 235
   b. Jesus vor Pilatus, 18,28-19,16a 238
   c. Jesu Tod und dessen Bedeutung, 19,16b-42 244
14. Die Eingliederung der Jünger in die Familie Gottes, 20,1–21,25 249
   a. Das johanneische Ostern, 20,1-31 249
   b. Der nachösterliche Epilog, 21,1-25 260

C. Über die Bildlichkeit zur Verständigung **273**

1. Literatursoziologische Hinführung 274
   a. Die soziale Hierarchie, 2,1-11 275
   b. Der Freie und der Sklave, 8,33-36 281

    c. Sklavenmetaphorik im Abschiedsteil, 12,26; 13,14-17; 15,
       18-25 284
    d. Die Dienstbereitschaft Petri, 21,7 287
    e. Der anonyme »Jünger, den Jesus liebte« 289
  2. Die Rolle »der Juden« im Diskurs und in der Metaphorik .. 302
    a. Exkurs: »Die Juden« in der Auslegungsgeschichte 304
    b. Das Birkat ham-minim – Argument 310
    c. Das »neue« Gebot – ein ein älteres Gesetz ablösendes neues
       Gesetz? 314
    d. Die Ehe-Metaphorik 315
  3. Die Tempelmetaphorik: das theologische Zentrum 323
    a. Das Begegnungszelt, 1,14b 332
    b. Die Tempelpolizei, 1,19ff. 334
    c. Das kultische »Lamm Gottes«, 1,29.36; 19,14.36 335
    d. Jakobs Traum in Bet-El, 1,51 336
    e. Der in Jesu Leib erneuerte Tempel, 2,13-22 337
    f. Der Jakobsbrunnen, 4,4-44 341
    g. Die Tempelhochschule, 6,45; 7,15 343
    h. Die Tempelquelle, 7,37-39 344
    i. Jesus als Tempelersatz, 11,47ff. 345
    j. Die himmlischen Wohnungen, 14,2f. 349
    k. Der Weinstock, 15,1-8 350
    l. Der unbesiegbare Tempel, 16,33 353
    m. Das Tempelopfer, 19,31-37 355
    n. Christus, ein »über die Erde wandelnder Gott«? 361
  4. Der Geist – Paraklet: der endzeitliche Beistand 366
  5. Die Sammlung der Zerstreuten: die ekklesiale Aufgabe ... 376
  6. Die Verständigungsebene zwischen Autor und Leser: der Subtext 390

D. Fazit **403**

E. Anhang **415**

  E. Haenchen, Gnostische und johanneische Weltsicht 415

  Abkürzungsverzeichnis 425

  Bibliographie 1986-1998 435

  Indices 529

EINLEITUNG

Die gegenwärtige Situation biblischer Exegese ist von einer gleitenden Verschiebung des leitenden Erkenntnisinteresses gekennzeichnet, das nur unzureichend mit dem Stichwort »Streit der Methoden«[1] charakterisiert werden kann. Denn das traditionelle Interesse an der Rekonstruktion des Urtextes wird zunehmend von der Vorliebe für die Analyse der literarischen Kommunikation im Endtext und von dessen Intertextualität überlagert. So wird die diachrone Sicht auf die Textgenese durch das Interesse an der Definition des synchronen Verhältnisses zwischen dem Autor in seinem Werk zum Leser verdrängt und dementsprechend wird auch die Intertextualität aus dem Verhältnis zwischen Text und Subtext bestimmt.

1. Die klassische exegetische Fragestellung ist spätestens seit J.P. Gabler[2] (1787) und F.C. Baur[3] eine historisch-kritische, um — kritisch wie apologetisch zugleich — mögliche dogmatische Fesseln abzustreifen und mit Hilfe historischer Rekonstruktion der Anfänge des Christentums dieses selbst als »absolute Religion« erkennbar und verstehbar zu machen. Trotz der gescheiterten »Leben-Jesu-Forschung« des 19. Jahrhunderts,

---

1. So verortet J. BECKER, Das Johannesevangelium im Streit der Methoden (1980-1984), ThR 51 (1986) 1-76, die gegenwärtige Problematik in der Johannesexegese. Er fand darin Unterstützung bei der neuen Richter-Schule, wie sie sich in dem Tagungsband von J. HAINZ (Hrsg.), Methodenstreit zum Johannesevangelium. Dokumentation des Symposions vom 29.-30.6.1990, Frankfurt 1991, dokumentiert. Beide verteidigen die lange Zeit vorherrschende Ansicht, dass das Johannesevangelium ohne vorgängige Quellenscheidungen unverständlich bleiben müsse. Damit stehen sie im Widerspruch zu einer literaturwissenschaftlichen Sicht des Johannesevangeliums, die von einer durchgängigen Textkohärenz dieser Schrift ausgeht. Sie wird z.Zt. u.a. von H. THYEN in seinem Artikel »Johannesevangelium« in: TRE 17 (1988) 200-225 und von J. BEUTLER in dessen gleichnamigen Artikel, in: LThK 5 (1996) 861-865 vertreten. Das Gewicht der Differenz zwischen diesen beiden Forschungspositionen läßt sich auch daran ablesen, dass D.F. STRAUSS noch 1860 vom Evangelium als von einem »ungenähten Leibrock« sprechen konnte, aber letztmalig im Buchtitel von B. WEISS, Das Johannesevangelium als einheitliches Werk geschichtlich erklärt, Berlin 1912, die Kohärenzthese vertreten wird.

2. J.P. GABLER, De iusto discrimine theologicae biblicae et dogmaticae regundisque recte utiusque finibus, in: DERS., Theologische Schriften II, 1831, 179-198, deutsch in: G. STRECKER (Hrsg.), Das Problem der Theologie des Neuen Testaments, WdF 367, Darmstadt 1975, 32-44. Die Antrittsrede wurde 1787 an der Universität Altdorf bei Nürnberg gehalten und 1789 erstmalig veröffentlicht. Sie formuliert das Programm der historisch-kritischen Exegese.

3. Vgl. F.C. BAUR, Kritische Untersuchungen über die kanonischen Evangelien, ihr Verhältniß zu einander, ihren Charakter und Ursprung, Tübingen 1847.

die mehr subjektive Jesusbilder als historische Verläßlichkeit produzierte, trotz einer »johanneischen Frage«, die die Verfasserfrage vorrangig nur an den Unterschieden zwischen dem Johannesevangelium und den Synoptikern klären wollte, trotz aller religionsgeschichtlichen und formgeschichtlichen Analysen im Übergang zu bzw. im ersten Quartal des 20. Jahrhunderts, die fast grenzenloses Vergleichsmaterial auf biblische Texte applizierten, trotz der 1953 von E. Käsemann vehement neu eröffneten und nun ertragreicheren »Rückfrage nach dem historischen Jesus« oder der in den letzten Jahrzehnten verfolgten redaktions- und traditionsgeschichtlichen Fragestellungen, die weiterführende Einsichten in die Textgenese gewährten: Das leitende Interesse der Exegese blieb durch zwei Jahrhunderte mit vollem Recht ein geschichtliches und wird es schon aufgrund des Alters der Texte, die interpretiert werden sollen, auch prinzipiell bleiben. Deshalb wurden die literarischen Quellen nicht so sehr auf ihre literarischen Ambitionen bzw. theologischen Inhalte, sondern eher auf ihre geschichtliche Zuverlässigkeit hin geprüft. Dabei wurde aber ihre historische Sekundarität zumeist erkannt. Mit Hilfe der Literarkritik konnten vorgegebene Quellen bzw. konnte mit der Formkritik soziologisch »ein Sitz im Leben« für die jeweilige Gattung rekonstruiert werden, um so die älteste, d.h. die »Erstgestalt« der Überlieferung annäherungsweise wiedererstehen zu lassen. So wurde ein kritisches Korrektiv zu fundamentalistischen Verhärtungen jeglicher Art im Christentum gewonnen, die es allezeit behindern wollen, den Weg zu Jesus (Joh 14,6[4]) und mit ihm zu Gott unter neuen gesellschaftlichen Bedingungen zu finden und fortan zu begehen.

2. Doch diese berechtigten Bemühungen haben in dem exegetischen Sonderfall »Johannesevangelium« zu Rekonstruktionen der Entstehungsgeschichte des Evangeliums geführt, deren Kenntnis den Eindruck von Beliebigkeit[5] schwerlich zu zerstreuen vermag. Die manchen unüberbrückbar scheinende Spannung zwischen der zumeist hypothetisch vorausgesetzten »Erstgestalt« und der textkritisch gesicherten »Endgestalt« des Textes[6] eröffnete diesen Interpreten zugleich die verlockende Möglichkeit, versuchsweise einen Entwicklungsprozeß als Traditionsgeschichte nach dem Vorbild geologischer Sedimente nachzuzeichnen. So

---

4. Die Metapher »Weg« steht klar im Zentrum der Aussage und wird von den beiden Neben-Metaphern »Wahrheit« und »Leben« näher erläutert. Deshalb hat keine Inquisition ein legitimes Zugriffsrecht auf diesen Vers.

5. So auch HENGEL, Frage 226, der mit scharfer Zunge von einem »Tummelplatz von phantasievollen, ja z.T. absurden Hypothesen« spricht.

6. M.E. gehörte das Kap. 21 von Anfang an zum Evangelientext und wurde keineswegs nachträglich vom Autor bzw. von einem Redaktor angehängt.

jedenfalls — meinte man — würden die theologischen Aussagen vorher separierter Logien, Perikopen und Einzelquellen[7] in einer relativen Chronologie der Texte historisch zueinander verortbar und damit auch die jeweils schichtspezifische theologische Reflexion als ein Teil der allgemeinen urchristlichen Theologiegeschichte systematisierbar, ein Ziel, das schon F.C. Baur[8] in seinen Vorlesungen zur neutestamentlichen Theologie programmatisch gefordert hatte.

3. Doch die Vorstellung von geordnet übereinanderliegenden Textschichten atmet noch allzu sehr den Geist des mechanistischen Weltbildes des ausgehenden 18. Jahrhunderts. Deshalb wird sie im Lichte von moderner Literaturtheorie zunehmend als obsolet empfunden und durch die adäquatere Vorstellung von der Intertextualität[9] ersetzt, d.h. durch ein Theorem, wonach Texte immer schon auf andere Texte rekurrieren, sie spielerisch aufgreifen und weiter ausgestalten.

Das ist auch der Fall in jedem Diskurs[10] über einen Geltungsanspruch, wenn in der Redehandlung ein Gesprächspartner vom anderen Stich- bzw. Schlüsselworte, ganze Satzhälften bzw. Gedankengänge kritisch aufgreift, umgestaltet, erweitert, sie dabei z.B. negiert oder bejaht bzw. das umstrittene Gesprächsthema unter Beachtung angemessener Argumentationsregeln variantenreich einer Lösung zutreibt, eine Gesprächsführung, wie sie z.B. in den fingierten sokratischen Dialogen Platons noch gut zu erkennen ist. Im Falle der Verschriftlichung von mündlicher Kommunikation treten die ursprünglichen Gesprächspartner mit ihren wechselseitigen, auch nonverbalen Einwirkungsmöglichkeiten auf die angestrebte Verständigung zurück, da ihre Mimik, Gestik und Tonlagen nicht so einfach verschriftlicht werden können. An die Stelle eines realen Gespräches tritt im literarischen Diskurs das implizite Kommunikationsbegehren des Autors mit anonymen bzw. gedachten Lesern. Der Autor kann zudem (wie hier der Evangelist) das im neuen fiktionalen Erzählkontext eingebettete ursprüngliche Gesprächsprotokoll noch überarbeiten, indem er frühere Dialoge und Gedankengänge unterschiedlicher Gesprächspartner

---

7. So unterschied bekanntlich BULTMANN zwischen Offenbarungsrede-Quelle, Zeichen-Quellen und Passionsgeschichte, die ein Evangelist zusammengefügt und ein »kirchlicher Redaktor« nachträglich überarbeitet und ergänzt habe.

8. F.C. BAUR, Vorlesungen über neutestamentliche Theologie, BThK 45/46, Gotha 1892.

9. Vgl. U. BUSSE, Johannes und Lukas: Die Lazarusperikope, Frucht eines Kommunikationsprozesses, in: A. DENAUX (Hrsg.), John and the Synoptics, BEThL 101, Leuven 1992, 281-306.282f.

10. Im literarischen Diskurs werden Erkenntnisse über die Berechtigung eines Anspruches in kritischer Auseinandersetzung zwischen Diskursfiguren schrittweise gewonnen und nicht intuitiv geschenkt.

seinem Sprachstil und -duktus unterwirft, sie durchgehend im Ausdruck vereinheitlicht, bisweilen monologisiert und sie abschließend historischen Persönlichkeiten, vorrangig Jesus, in den Mund legt. Außerdem spielt der Evangelist intertextuell mit der ihm vorgegebenen synoptischen und biblischen Erzähltradition, indem er ihren Inhalt für seine Zwecke variiert und manchmal ihre Textform sprengt. Infolgedessen muß nicht nur der Autor für seine von ihm zweifellos angestrebte Verständigung diskurstypische Erzählmittel einsetzen, sondern der zum Leser avancierte Hörer auf diese zu achten lernen, um die in der Erzählung implizierte Botschaft einigermaßen adäquat rezipieren und verstehen zu können.

4. Gerade die Auslegung des Johannesevangeliums in den letzten Jahren kann als ein Musterbeispiel für die sich anbahnende Neuorientierung der Exegese gelten. Die Auslegungstradition hat nämlich gezeigt, dass sich der evangeliare Text einer Befragung gegenüber seiner historischen Valenz spröde verhält. Obwohl immer wieder die Faktizität des Erzählten vom Autor herausgestellt wird (z.B. Joh 4,5: »Er kommt also in eine Stadt Samariens, genannt Sychar...«), sind die Einzelperikopen ganz offensichtlich Bestandteile einer umfassenden theologischen Reflexion und infolgedessen auch in eine übergreifende Erzählstrategie eingespannt. Sie realisiert sich in einem epischen Spannungsbogen, auf den der Leser schon im Prolog theologisch vorbereitet wird, wenn dort die beiden Pole, der präexistente Logos und der postexistente Jesus des Glaubens, definiert werden. Aber die Erzählhandlung selbst findet erst mit dem Bekenntnis des Zeugen Johannes zum Lamm Gottes (1,19ff.) ihr geschichtliches Setting, wenn sie auf einen konkreten historischen Schauplatz verankert[11], in einem dezidierten »Milieu« situiert und mit charakteristischen »Helden« inszeniert wird. Sie hat einen spezifischen Blickwinkel, weil sie aus einer Zeugenperspektive eröffnet und geschlossen wird. Dem epischen Spannungsbogen entsprechend wird sie nicht nur mit der biblischen Anspielung auf das Passalamm Jesus eröffnet, der am Kreuz erhöht werden muß, (vgl. 3,14; 8,28 mit 19,37), sondern mit ihr 19,35-37 auch beendet. Die Nachfolgeszenen 1,35-51 finden ebenfalls erzählstrategisch ihr Widerlager in den beiden Schlußkapiteln. Denn erst dort wird die anfänglich formulierte Bedingung für jegliche Nachfolge, nämlich die erforderliche Neugeburt eines jeden Glaubenden (1,12; 3,3-5), nach biblischer Vorgabe erfüllt[12]. Darüber hinaus werden in der fortschreitenden Erzählung

---

11. Deshalb wird bewußt wie in 4,5 eine historisch-topographische Notiz 1,28 gebracht.
12. So könnte C.H. DODD, Tradition 248-312, jedenfalls kompositorisch Recht behalten, der bekanntlich das gesamte erste Kapitel der Evangeliumseinleitung hinzugerechnet wissen wollte.

weitere Themata in Erzählfäden und -pfaden so geschickt miteinander versponnen, dass deren vollständige Dekodierung dem Leser erst am Ende seiner Lektüre möglich wird, zu dem ihn der Erzähler über die Brücke des Spannungsbogens führt. Methodisch erfordern diese Beobachtungen eine Entscheidung zugunsten einer streng synchronen Betrachtungsweise des Textes.

5. Die Erzählhandlung wird also erkennbar vorrangig nicht um der historischen Absicherung der Jesusgestalt willen verfaßt, sondern der Rückbezug auf die Geschichte Jesu spiegelt eine gegenüber den Synoptikern wesentlich spätere Reflexion über dessen theologische Bedeutung wider. Diese ist eben nicht von aktuellen Problemen, etwa vom urchristlichen Streit mit der jüdischen Synagoge, allein veranlaßt. Die Reflexion wurde vielmehr von einem durch geschichtliche Erfahrungen mehrerer Christengenerationen gesättigten Diskurs[13] seit Jesu Auferweckung kontinuierlich vorangetrieben, um gerade diese zwischenzeitlichen Erfahrungen im Rückbezug auf Jesus — pneumatisch individualisiert — aus dem Zeugnis der Glaubensgeschichte versteh- und so bewältigbar zu machen. Damit bietet das Johannesevangelium möglicherweise einen Ausschnitt aus einem fortdauernden, intensiven, urchristlichen Reflexionsprozeß, der von gemeinsamer Erinnerung und Erfahrung einer Gruppe getragen wird, die um ihre kollektive Überzeugung und Identität in Anfechtung ringt. Demnach geht es im Johannesevangelium vor allem um das schriftstellerische Bemühen eines Autors, die christliche Gruppenidentität und Orientierungsmatrix im Spiegel von geschichtlichen — guten wie bitteren — Glaubenserfahrungen so zu stärken, dass dieses Selbstbewußtsein auch zukünftig dem gerecht wird, was ihm seit Jesus wesentlich inhärent ist: Im Glaubenszeugnis und -bekenntnis, sozial geeint, soll die Gruppe die Ernte einfahren helfen, die Gott seinem Sohn als eschatologische Frucht überreich gegeben hatte, die dieser jedoch zu Lebzeiten nicht mehr selbst hat einbringen können (vgl. 4,35-38).

6. Dieses Vorverständnis von den Einwirkungsabsichten des Evangelisten sowie die schriftstellerische Eigenart des Johannesevangeliums insbesondere rechtfertigen — wie sich zeigen wird — ein an literaturwissenschaftlichen Methoden orientiertes Analyseverfahren, das den Text in seiner Endgestalt und als Mittel einer literarischen Kommunikation Ernst nimmt. Denn der Gegenstand der Untersuchung ist der Text des Johannesevangeliums in seiner überlieferten Endgestalt. In synchroner

---

13. Zu den unterschiedlichsten Modellen im Rahmen der Kommunikationstheorie vgl. W.J. SEVERIN / J.W. TANKARD, Communication Theories: Origins, Methods, Uses, New York 1979, bzw. G. COOK, Discourse and Literature, Oxford 1994.

Betrachtung gilt es deshalb, das besondere Augenmerk dem »Wie« der Vermittlung synoptischer wie biblischer Überlieferung[14] im Johannesevangelium als einem antiken Erzählwerk jüdisch-christlicher Provenienz zu widmen. Läßt sie sich eher gleichmäßig sedimentär übereinander abgelagert verstehen oder läßt sie sich — literarisch angemessener — dynamisch reflexiv begreifen, d.h. aus einer intensiven kommunikativen Situation zwischen dem Autor und seiner Gruppe erwachsen, die sich erkennbar in den vielen Reden des Johannesevangeliums widerspiegelt? Diese Frage muß m.E. im Sinne der zweiten Möglichkeit entschieden werden, um dem Text insgesamt, wie er uns überkommen ist, gerecht zu werden. Die Alternative hingegen verkürzt notwendigerweise die komplexe Erzählintention des Textes, weil auf der Suche nach dem(n) Urtext(en) wesentliche Textbestandteile[15] immer als sekundär bzw. tertiär etc. ausgeklammert werden müssen.

7. Der Diskurs über die Jesusgestalt in einer geschichtsbewußten christlichen Gruppe setzt eine ungebrochen freie Gesprächskultur voraus. In sie ist neben der jeweils eigenen Erfahrung auch vermitteltes Wissen um die Vergangenheit der Gruppe eingeflossen, das aus anderen frühchristlichen Schriften[16] und Überlieferungen gewonnen sein kann. Auf dieses Basiswissen über den Ursprung und die Geschichte der Gruppe konnte der Autor zurückgreifen bzw. generalisierend[17] anspielen, ohne Befremden bei seiner impliziten Leserschaft auszulösen. Vielmehr werden letztere in der Erzählung gezielt umworben, dem im kontinuierlichen Erfahrungsaustausch theologisch-reflexiv gewonnenen »Zeugnis« einer Wir-Gruppe zuzustimmen (vgl. 1,14-17 mit 20,31)[18] und sich anhand der Neuinszenierung der Jesusgeschichte sowie der auffälligen Charakterisierung ihrer

---

14. Da ist besonders an die synoptische wie an die biblische Tradition zu denken, deren Kenntnis der Evangelist durchgängig voraussetzt, ohne sich an sie im Wortlaut gebunden zu fühlen. Seine eigene Intention überlagert m. E. alles.

15. Dies wird ganz offensichtlich in den Arbeiten von K. BERGER, Im Anfang war Johannes. Datierung und Theologie des vierten Evangeliums, Stuttgart 1997 bzw. von P.L. HOFRICHTER, Modell und Vorlage der Synoptiker. Das vorredaktionelle »Johannesevangelium«, Hildesheim 1997, in Umkehrung der evangeliaren Abfassungschronologie erneut versucht. Beide vertreten, unterschiedlich gewichtet, die alte Hypothese, dass das Johannesevangelium, wenn auch beim letzteren nur in den Grundzügen, vor den Synoptikern verfaßt wurde. Eine solche These wird seit der Aufklärung ungefähr jede Dekade einmal vorgetragen, gewinnt aber keine neuen Freunde, weil die Argumente zumeist die Beweislast nicht zu tragen vermögen.

16. Hier ist vor allem an die Synoptiker zu denken.

17. Man beachte die distanzierende Bezeichnung »die Juden«. Sie scheint mir eine u.a. aus geschichtlicher Erfahrung heraus formulierte negative Verallgemeinerung zu sein.

18. In diesem Zusammenhang ist auch auf die auffälligen, deutlich auf den impliziten Leser gemünzten Kommentarworte (vgl z.B. 2,21f.) des Autors zu verweisen.

»Helden« auf diese Weise lesend ihrer eigenen Glaubensüberzeugung zu vergewissern und jene gegebenenfalls umzugestalten.

8. Die vorausgesetzte Diskursivität und das Kommunikationsbestreben des Autors verlangt auch seine rhetorische Strategie zu bedenken. Es ist noch nicht lange her, dass im Kontext von literarischen Texten im übertragenen Sinne von »Strategie«[19], einem militärischen Fachbegriff, gesprochen wird. Er unterstellt allen Texten eine Intention, die es zu erschließen gelte. Erst die Wiederentdeckung der ursprünglichen Bedeutung der aristotelischen Erkenntnis durch W. von Humboldt[20], dass die Sprache eine autonome »Energie« (ἐνέργεια) sei und kein „Werk" (ἔργον) einer anderen menschlichen Befähigung, nämlich der Vernunft, d.h. sie sei eine eigenständig schöpferische und freie Tätigkeit der Wirklichkeitskonstituierung[21], sowie zuletzt der Einzug der Spieltheorie in die Linguistik in der zweiten Hälfte des 20. Jahrhunderts, hat diesem Begriff metaphorisch den Weg in die Literaturwissenschaft geebnet, um mit ihm das absichtsvolle Regelspiel und die implantierten Steuerungselemente in einem Text zu erfassen.

8a. Bereits in der klassischen Rhetorik war grundsätzlich jegliche »Rede«, sei sie dikanisch, symbuleutisch oder epideiktisch (Plat., Gorg. 452e; Arist., rhet. I 3,3) strategischer Natur. Deshalb konnte Platon seinen Sokrates im schon zitierten Dialog mit Gorgias (453a) die Redekunst nicht nur als »der Überredung Meisterin« (πειθοῦς δημιουργός), sondern — die bei jeder Rede vorausgesetzte Kommunikationssituation präziser erfassend — anschließend »als Überredung in der Seele des Hörenden zu bewirken« (ἣ πειθὼ τοῖς ἀκούουσιν ἐν τῇ ψυχῇ ποιεῖν) definieren lassen. Somit basiert auch jede textliche Äußerung als schriftlicher Ersatz auf sozialem Verständigungsbemühen, das immer von einer Intention[22] getragen wird, die eine vorgegebene Situation verändern will.

8b. Die Einsicht in den rhetorischen Charakter von Texten hat in der us-amerikanischen Exegese vor 35 Jahren zu einer Renaissance der Rhetorikforschung[23] geführt. Sie bemüht sich seitdem, deren Erkenntnisse

---

19. Vgl. u.a. A.J. GREIMAS, Strukturale Semantik, Braunschweig 1971 [franz.: 1966], 99.
20. W. VON HUMBOLDT, Über die Verschiedenheit des menschlichen Sprachbaues und ihren Einfluß auf die geistige Entwicklung des Menschengeschlechts, Berlin 1836.
21. Dazu vgl. besonders E. COSERIU, Der Mensch und seine Sprache, in: H. HAAG / F.P. MÖHRES (Hrsg.), Ursprung und Wesen des Menschen, Tübingen 1968, 67-79.72.
22. Vgl. H. LAUSBERG, Elemente der literarischen Rhetorik, München ²1963, 17.
23. Vgl. nur das bahnbrechende Werk von A.N. WILDER, Early Christian Rhetoric, 1964, das 35 Jahre nach seiner Erstauflage (1999) nachgedruckt wurde, bzw. M. WARNER (Hrsg.), The Bible as Rhetoric: Studies in Biblical Persuasion and Credibility, New York 1990.

auf die verschiedenen biblischen Textsorten anzuwenden, um deren Aufbau und Intention adäquater beschreiben zu können. Dass dabei die paulinischen Briefe, die bekanntlich vom Apostel mit der Absicht verfasst wurden, die Kommunikation mit den Gemeinden in seiner Abwesenheit nicht abreißen zu lassen, zuerst den Vorrang in der Forschung gewannen, ist leicht verständlich. Dennoch ist die gegenwärtige deutschsprachige Exegese[24] gegenüber diesem Ansatz skeptisch geblieben, obwohl die Wurzeln eines solchen methodologischen Ansatzes[25] bei ihr liegen. Ihr Zögern beruht auf dem berechtigten Eindruck, dass bislang zwischen der »Rhetorik generell« und der speziellen Rhetorik im Sinne der antiken Schulrhetorik nicht so exakt, wie es wünschenswert gewesen wäre, differenziert worden ist[26]. Doch darf über die berechtigt erscheinende Skepsis[27] gegenüber einer Verortung biblischer Textsorten in der antiken Schulrhetorik nicht vergessen werden, dass »die Rede« als Überzeugungsstrategie – wie oben dargestellt – Grundlage der Rhetorik im generellen Sinne ist. Deshalb kann eine Analyse der mannigfachen Überzeugungsstrategien in einem Erzähltext wie dem Johannesevangelium, der zudem viele fiktive Reden enthält, ein gegenüber den paulinischen Briefen geeigneterer Weg sein, um die wissenschaftliche Tragfähigkeit des methodischen Neuansatzes zu erhärten. Denn zum einen ist aus der Perspektive einer pragmatischen Texttheorie[28] jeglicher Text aus Kommunikationsgründen erstellt, um persuasiv auf das Verhalten bzw. auf das Bewußtsein des Zuhörer bzw. Leser einzuwirken. Um jemanden aber

---

24. Vgl. den Überblick bei R. HOPPE, Der erste Thessalonicherbrief und die antike Rhetorik, BZ NF 41 (1997) 229-237.
25. Siehe nur die Paulus betreffenden Arbeiten von J. WEISS (1863-1914).
26. Das weit gefächerte Regelwerk der antiken Schulrhetorik (z.B. Rhet. Her.; Cic., inv., sowie Quint., inst.) auf paulinische Briefe appliziert, verstellt nämlich den Blick auf den jüdischen Paulus, der der Sache des Evangeliums und dessen Überzeugungskraft dient und sich dazu nicht mit der Kenntnis der gelehrten Schulrhetorik brüsten muß, sondern die unabweisbaren rhetorischen Elemente in seinen Briefen dienen dazu, die Frage nach jenem Evangelium erst zu wecken. Allerdings könnte sich in der Skepsis gegenüber der antiken Schulrhetorik unterschwellig auch die platonische Kritik an der ethischen Indifferenz jeglicher sophistischen Rhetorik widerspiegeln, die Platon Gorgias im sokratischen Dialog Phaidr. 267a vorhalten läßt, »durch die Kraft der Rede das Kleine groß und das Große klein erscheinen« zu lassen. Dies war und bleibt ein permanenter Vorwurf gegenüber der Rhetorik, der sich schon aus der programmatischen Maxime τὸν ἥττω λόγον κρείττω ποιεῖν des Protagoras von Abdera ableiten ließ und später Cato zu der Bemerkung veranlaßte »rem tene, verba sequentur«.
27. T. KEIM, Geschichte Jesu von Nazara in ihrer Verkettung mit dem Gesammtleben seines Volkes I, Zürich 1867, 116, kann z. B. vom »Schwulst der Rhetorik« sprechen, die er Gott-sei-Dank im Johannesevangelium nicht zu finden vermag.
28. Vgl. D. BREUER, Einführung in die pragmatische Texttheorie, UTB 106, München 1974, 137-209, und F.F. SEGOVIA (Hrsg.), »What is John?« Readers and Readings in the Fourth Gospel, vol. I, Atlanta 1996.

überzeugen zu können, bedarf es sprachlicher Mittel, die die Potenz zu dessen emotionaler Bindung und Steuerung besitzen. Sie müssen folglich auch dem jeweils aktuellen sozialen Normensystem entsprechen. Die zentrale Bedeutung dieser Redemittel (Argumentationsfiguren) führte zur Ausgestaltung der klassischen Tropenlehre[29], in denen ihre besondere semantische Struktur zur emotionalen Steuerung im Rahmen einer Kommunikation ausführlich behandelt wurde.

9. Den dort entwickelten Kriterien könnte die johanneische Metapher fast ideal entsprechen, wenn nachgewiesen würde, dass sie zum einen aus dem das antike Frühjudentum bestimmenden biblischen Normensystem intertextuell gewonnen (vgl. Hirt und Schafe; Weinstock und Reben; Manna und Lebensbrot) bzw. aus der hochgradig gefühlsgeladenen familiären Lebenswelt (u.a. Geburt, Hochzeit, Ehe, Vater und Sohn, Sklave und Freund) entnommen wurde und zum anderen durch ihr überwiegend positives Assoziationspotential den Leser emotional und affektiv in die Erzählung einbindet.

10. Zugleich verspricht eine Analyse der rhetorischen Überzeugungsstrategien im Rahmen einer narratologischen Untersuchung neue Einsichten in das kohärente und in sich stringente theologische Argumentationsverfahren des Evangelisten. Die Narratologie als Darstellung der literarische Kommunikation[30] bietet zudem ein notwendig erscheinendes kritisches Korrektiv, um eine allzu feste Einbindung in das Regelwerk der klassischen Schulrhetorik zu verhindern, wenn man eventuell in diesem Rahmen daran dächte, das Evangelium nach einem vorgegebenen rhetorischen Muster (z.B. exordium, narratio, probatio und peroratio) aus den bekannten Handbüchern der Schulrhetorik zu analysieren. Aber die in dieser Untersuchung durchgeführte Erzähltext-Analyse[31], d.h. die Darstellung des Verständigungsprozesses zwischen abstraktem Autor und implizitem Leser durch Metaphorik, mehrdeutige Ausdrücke, Anspielungen auf biblische und synoptische Texte, Charakterisierungen von Diskursfiguren, Kommentarworte und überraschend wechselnden Erzählzeiten, wird ohne einen Rückgriff auf rhetorische Elemente nicht

---

29. D.h. Argumentationstechniken, z.B. Zirkelschluss, Diaphonie-Tropus, Annahme-Tropus, Mischungs-Tropus etc.
30. Vgl. S. VAN TILBORG, The Gospel of John: Communicative Processes in a Narrative Text, Neotest. 23 (1989) 19-31.
31. Die besten Einführungen in die Narrativik sind z.Z.: C. KAHRMANN / G. REISS / M. SCHLUCHTER, Erzähltextanalyse: Eine Einführung mit Studien- und Übungstexten, Weinheim [4]1996; M. TITZMANN, Strukturale Textanalyse. Theorie und Praxis der Interpretation, München 1977; F.K. STANZEL, Theorie des Erzählens, Göttingen [4]1989; D. WEBER, Erzählliteratur. Schriftwerk, Kunstwerk, Erzählwerk, Göttingen 1998; J. VOGT, Aspekte erzählender Prosa. Eine Einführung in Erzähltechnik und Romantheorie, Opladen [7]1990.

auskommen können. Zumal die Erzähltheorie[32] davon ausgeht, dass jegliche literarische Darstellung von geschichtlicher Realität von der Mitteilungsabsicht eines Autors[33] getragen wird. Er steuert nämlich die Wirklichkeitswahrnehmung des Rezipienten allein schon durch eine ihm genehme Figurenkonstellation in der Erzählhandlung, die er zudem noch in eine von ihm gewählte spezifische gesellschaftliche Konfiguration, in einen besonderen Raum und in eine bestimmte Zeit stellt, die zusammen unweigerlich auch die unterschiedlichen Redesituationen im Text beeinflußen. So wird eine Erzählung immer nur einen intentionalen Auszug aus einer weit mehr umfassenden geschichtlichen Realität bieten. Allein mittels von Ironie — wie in diesem Evangelium — kann der Erzähler eine narrativ vorgegebene Situation bewußt destruieren und damit signalisieren, wer der eigentliche Herr einer angeblich objektiv vorgegebenen geschichtlichen Situation ist. Dadurch bleibt der objektiv dargestellte Sachverhalt dem Leser als narrative Fiktion bewußt. Sie will ihm nur das gefiltert aus vergangener Wirklichkeit mitteilen, was für den Rezipienten aus der Sicht des Evangelisten theologisch bedeutsam ist. Erhebt man die vom Autor gewählten Filterkriterien für die dargestellte »Realität« im Rahmen der Erzähltext-Analyse wird der Zugang zu der dem Text inhärenten Verständigungsebene zwischen Autor und Leser gewonnen. Sie konstituiert den schon genannten Subtext. In ihm sind die zentralen Inhalte der evangeliaren Botschaft vom Erzähltext unverstellt und demnach unkodiert mitteilbar.

11. Mit diesem methodologischen Ansatz[34] wird nicht nur die konzeptionelle Eigenständigkeit des johanneischen Textes besser verständlich und sein zeitlich deutlich versetzter Entwicklungsstand theologiegeschichtlich gewahrt, sondern vor allem sein eigenwilliges Verhältnis zur synoptischen Erzähltradition logisch nachvollziehbarer. Letztere würde aus dieser Perspektive nicht mehr von ihm als eine dokumentarisch-antiquarische, d.h. als kanonisch unveränderliche Größe, behandelt, sondern — ständig rhetorisch und narrativ neu verflüssigt — als kreativ einsetzbare und frei verwertbare Zeugnisse der Geschichte des gruppenspezifischen

---

32. Vgl. die von P.L. BERGER / T. LUCKMANN, The Social Construction of Reality, 1966, 49-61, herausgestellte Dialektik zwischen subjektiver und objektivierter Wirklichkeit in jeglicher sozialen Kommunikation.

33. Vgl. W. ISER, Der Akt des Lesens. Theorie ästhetischer Wirkung, UTB 636, München 1976, 87-89. Der Gesamtproblematik einer »Textual Determinacy« und damit auch nach der Frage vom angeblichen »Tod des Autors« sind die Hefte 62 (1993) und 71 (1995) der Zeitschrift Semeia gewidmet.

34. Ähnlich möchte neuerdings J. ZUMSTEIN, Geschichte des johanneischen Evangeliums, ThLZ 122 (1997) 417-428.424, vorgehen.

Bewußtseins und als Teil einer inhaltlich dezidierten Intention des Autors literarisch gewürdigt.

12. Der Streit um das Johannesevangelium als kohärenten Text hat aber — wie bereits erkennbar wurde — auch inhaltlich-theologische Konsequenzen. Deshalb sind sie auch in der Auslegungsgeschichte sehr »extensiv« aufgefächert worden. Die Gründe liegen in den unterschiedlichen theologischen Bewertungen des Evangeliums seit der Aufklärung. Der theologische Streit um die »hohe Christologie«[35] in dieser Schrift, ob man sie nun als naiv doketisch, gnostisierend bzw. antidoketisch charakterisieren will, hat seit Beginn der historisch-kritischen Auslegung die Gemüter bewegt. Mal sah man Jesus »als einen über die Erde wandelnden Gott«, mal als eschatologischen Propheten, d.h. als irdischen Gesandten seines Vaters, im Evangelium beschrieben. Die unterschiedliche Bewertung des Textbefundes (vgl. dazu die Auseinandersetzung zwischen E. Käsemann und E. Haenchen) hatte zur Folge, dass man das Problem mit einer Entwicklungshypothese zu bewältigen suchte, in der man die Einzelprobleme zeitlich gestaffelt nacheinander und nicht miteinander zu lösen hoffte.

Aufbauend auf den Vorschlägen zur Quellenscheidung im Evangelium, die seit E. Schwartz und J. Wellhausen, F. Spitta und H. H. Wendt erarbeitet und von R. Bultmann zu einer klassischen Synthese zusammengeführt wurden, wurden die Einzeltexte in einer relativen Chronologie einander zugeordnet. So meinte man, eine mehr oder minder plausible theologische Traditionsentwicklung rekonstruieren zu können, mit der die kontroverse Debatte über die Theologie(n) des Evangeliums entschärft werden sollte. Dieses traditionsgeschichtliche Erklärungsmodell hat in den Entwürfen von G. Richter[36], R. E. Brown und J. Zumstein seine reifsten Früchte[37] getragen.

Zusätzlich wird aus dieser Perspektive die von den verschiedenen Einzelautoren des Evangeliums vertretene Ekklesiologie kritisch gewürdigt. Einige Ausleger sagten der Endredaktion »frühkatholische« Tendenzen nach und verwiesen auf den in den anderen Schichten des Evangeliums vertretenen Glaubensindividualismus. Je nach Konfessionszugehörigkeit wurde die eine oder die andere Alternative eher positiv oder negativ

---

35. Vgl. nur G.K. HORST, Ueber einiger anscheinende Widersprüche in dem Evangelium des Johannis, in Absicht auf den Logos, oder das Höhere in Christo, MRW 1 (1803) 20-46.

36. Dessen Ansatz wird bekanntlich von der neuen Richter-Schule um J. Hainz weiterverfolgt.

37. Dieses Modell baut auf dem geschichtstheologischen Denken Hegels auf.

gewertet. So war z.B. für die einen das 21. Kapitel wegen der »Amtseinführung« des Petrus (21,15ff.) gesichert tertiär, wie es für andere fundamental alt sein mußte.

Ebenfalls geriet unter dem Aspekt der theologischen Evolution in der Gedankenwelt des Evangeliums auch die johanneische Eschatologie auf den Prüfstand. Zumeist wurde die These verfochten, die futurische Eschatologie (vgl. u.a. 5,25), die noch von ausstehenden Endereignissen wie z.B. von der Totenauferweckung am Ende aller Tage spreche, sei sekundär zur genuin johanneischen Gegenwartseschatologie hinzugetreten, um das Evangelium mit der urchristlichen Tradition konform zu halten, oder es wurde umgekehrt die Gegenwartseschatologie des Evangelisten als seine bedeutendste Leistung gewertet[38].

13. Alle diese auseinanderstrebenden Ansätze in der Auslegung und Bewertung des Johannesevangeliums müssen bei einer kohärenten Leseweise wieder zusammen gesehen und plausibel erklärt werden können. Dazu dient das dritte Kapitel, das die inhaltlichen Probleme ansprechen wird, auf die sich der Autor mit seinem Leser verständigen will. Dabei werden in der Forschung weniger beachtete kommunikative Aspekte, die bei der vorangegangenen Analyse der literarischen Ambitionen aufgedeckt werden konnten, in den Vordergrund gerückt. Schon der Prolog ist signifikanterweise durchgängig in der Vergangenheitsform formuliert. Ebenso wird in der Mehrzahl von den in den fortlaufenden Erzähltext eingeschobenen Kommentarworten des Autors (vgl. nur 2,22) mehr oder minder klar auf Ostern als den Ermöglichungsgrund theologisch einsichtiger Jüngerschaft verwiesen. Diese parenthetisch formulierten Worte erzeugen zudem noch eine Erzähldynamik, die den Leser zusätzlich in den Bann schlagen soll.

Allein diese beiden, bisweilen vernachlässigten Beobachtungen weisen schon auf eine bewußt akzentuierte nachösterliche Erzählperspektive des Autors hin, aus der die Gewichtigkeit der Jesusgeschichte generell reflektiert wird bzw. sie auch so vom Leser bedacht werden soll. Diese Reflexion spiegelt sich zwar in der Jesusdarstellung des Evangelisten überall wider, verweist aber gleichzeitig auch auf eine kommunikative Metaebene, die theologischen »Klartext« bietet, was in der »erzählten Welt« dem Autor so noch nicht möglich schien. Auf dieses Ziel hin sind zum

---

38. Die spezifisch johanneische Eschatologie wird hier nicht umfassend behandelt, weil das auf drei Bände angelegte Werk von J. FREY, Die johanneische Eschatologie I-III, WUNT 96.110.117, Tübingen 1997.1998.2000, sowie A. HAMMES, Der Ruf ins Leben. Eine theologisch-hermeneutische Untersuchung zur Eschatologie des Johannesevangelium, BBB 112, 1997, mehr als hinreichende Auskunft bieten werden.

einen all die Bemühungen in der Erzählstrategie des Evangelisten ausgerichtet, die man gewöhnlich unter dem Obertitel »Rätsel und Missverständnis«[39] zusammengefaßt hat. Denn all die bewußt gewählten doppel- bzw. mehrdeutigen Formulierungen[40] und Erzählaporien[41] verlangen nach einer Klarstellung, die der Autor den an der Erzählhandlung Beteiligten zumeist verweigert, dem Leser hingegen direkt oder bald darauf gibt, so dass manche Geschichten einer gewissen Komik nicht entbehren.

Zum anderen eignen sich vor allem metaphorische Sprache, gezielt eingestreute biblische Anspielungen und Kommentarworte des Autors besonders dazu, den impliziten Leser kreativ mit seinen eigenen Assoziationen, Kenntnissen und Erfahrungen an dem Gesagten zu beteiligen und damit zugleich auch einzubinden. Gerade die sieben johanneischen »Ich-bin-Metaphern«[42] sowie die konstante Bezeichnung der Wundertaten Jesu als »Zeichen« weisen zusammen mit einer Vielzahl von weiteren Metaphern und biblischen Anspielungen[43] m.E. auf ein das gesamte Evangelium umfassendes Metaphern-Netzwerk hin. Das Netzwerk wird die von der Mehrzahl der Ausleger für inhaltlich, formal wie kompositionell gestört gehaltenen Einzelepisoden[44] im Subtext wieder auf gemeinsame theologische Nenner bringen. Aber vor allem wird die implizite Leserschaft auf dieser Ebene in ein konstruktives theologisches Gespräch über die Bedeutung Jesu verwickeln. Damit wird eine einheitliche Gedankenführung wieder sichtbar, die bislang besonders in der deutschprachigen historisch-kritischen Exegese des Johannesevangeliums sehr stark vermißt wurde.

---

39. Vgl. das bahnbrechende Werk von H. LEROY, Rätsel und Mißverständnis. Ein Beitrag zur Formgeschichte des Johannesevangeliums, BBB 30, Bonn 1968.

40. So wird z.B. in der Lazarusgeschichte von dessen »Schlafen« gesprochen, was sowohl den »gesunden« Heilschlaf als auch euphemistisch bzw. besser metaphorisch den »Todesschlaf« meinen kann.

41. Berühmt ist z.B. die Erzählaporie in 7,1-10, wo Jesus das Ansinnen seiner Brüder, zum Laubhüttenfest nach Jerusalem zu gehen, ablehnt, aber anschließend doch geht. Dieses für aberwitzig gehaltene Verhalten wird zumeist mit literarkritischen Mitteln, d.h. durch ihre Tilgung aus einer Vorlage, gelöst, könnte aber viel besser als bewußte Akzentsetzung gedeutet werden. Sie soll vorrangig das Leitmotiv der Brüder als falsch brandmarken.

42. Z.B. »ich bin das Brot« oder »der gute Hirte« etc.

43. Vgl. nur die Metapher von den Geburtswehen (16,21 mit Gen 3,16 LXX, wo — einmalig in der LXX — für »Wehen« dieselbe Vokabel wie hier benutzt wird) bzw. die Anspielung auf Gen 2,7 LXX, wenn der von seinem Vater zurückgekehrte Jesus 20,22 seine Jünger »anhaucht«.

44. Z.B. habe ich selbst in einem meiner frühen Aufsätze zum Johannesevangelium noch den Auftritt der Mutter Jesu aus der Geschichte vom Weinwunder in Kana literarkritisch geschickt herausoperieren zu können, gemeint: vgl. U. BUSSE / A. MAY, Das Weinwunder von Kana (Joh 2,1-11). Erneute Analyse eines »erratischen Blocks«, BiNo 12 (1980) 35-61.

14. Das Bemühen um die Textkohärenz des »Endtextes« wurde deshalb im letzten Jahrzehnt im Gefolge der redaktionsgeschichtlichen Fragestellung konsequent auch für das Johannesevangelium vorrangig von der angelsächsischen Exegese[45] (vgl. Vorster, Culpepper, Staley, Stibbe)[46] aufgenommen. Im deutschsprachigen Raum wurde ihre Bedeutung jedoch erst in den letzten Jahren erkannt, weil — wie E. Haenchen formulieren konnte — unter einer so mächtigen Baumkrone, wie es Bultmanns Johannes-Kommentar darstellte, lange Zeit wohl nichts Rechtes wachsen wollte. Erst der jüngste Schüler von R. Bultmann, H. Thyen[47], hat dessen methodologische Prämissen revidiert und dem literaturwissenschaftlichen Axiom der Priorität einer synchronen Leseweise den Vorzug gegeben[48].

15. In diesem — hier bereits knapp skizzierten — aktuellen Streit zwischen klassischer Johannesexegese und denen, die sich der Herausforderung moderner Textinterpretation stellen, ist die hier vorgelegte Arbeit beheimatet. Sie vertritt einen stringent literaturwissenschaftlichen Standpunkt, ohne frühere Lesehorizonte abqualifizieren zu wollen. Sie verfolgt die Absicht, ihre gültig bleibenden Erkenntnisse in die eigenen kritisch zu intergrieren. Deshalb werden auch die vorrangigen Lesehorizonte des Johannesevangeliums der letzten beiden Jahrhunderte[49] im ersten Teil (A) sine ira et studio vorgestellt, um erst im zweiten Teil (B) eine eigene Erzähltext-Analyse des Evangeliums unter der Voraussetzung der Textkohärenz folgen zu lassen.

16. Ein ordentlicher Leser liest das Johannesevangelium wie jedes andere Werk normalerweise nicht als liturgische Perikopenliteratur nur in Auszügen, sondern als einen durchgängig kohärenten Text von A-Z. Aber

---

45. Man sollte aber gerechterweise die französischsprachigen Arbeiten u.a. von X. LÉON-DUFOUR nicht übersehen.
46. R.A. CULPEPPER, Anatomy of the Fourth Gospel. A Study in Literary Design, Philadelphia 1983; J.L. STALEY, The Print's First Kiss: A Rhetorical Investigation of the Implied Reader in the Fourth Gospel, SBL.DS 82, Atlanta 1988; M.W.G. STIBBE, John as Storyteller. Narrative Criticism and the Fourth Gospel, SNTS.MS 73, Cambridge 1992; W.S. VORSTER, The Growth and Making of John 21, in: FS F. NEIRYNCK, BEThL 100C, 1992, 2207-2221.
47. Vgl. nur dessen Aufsatz »Johannes und die Synoptiker. Auf der Suche nach einem neuen Paradigma zur Beschreibung ihrer Beziehungen anhand von Beobachtungen an Passions- und Ostererzählungen«, BEThL 101, 1992, 81-107.
48. Dem Vorwurf der Enthistorisierung des Evangelientextes, der dem Verfahren des Close Reading, wie es u.a. H. Thyen vertritt, gemacht werden könnte, kann mit dem Verweis auf das Abhängigkeitsverhältnis des Johannesevangeliums von den synoptischen Evangelien und von der biblischen Metaphorik sowie mit dem Hinweis auf die beschreibbare gruppenspezifische Kommunikationssituation als einem bekannten Phänomen der Intertextualität entgegengetreten werden.
49. W. SCHMITHALS hat im ersten Teil seines Werks »Johannesevangelium und Johannesbriefe«, BZNW 64, Berlin 1992, eine umfangreiche Darstellung der Auslegungsgeschichte gegeben, so dass auf diese hier verzichtet werden kann.

dieser Erwartung stehen drei wesentliche Einwände entgegen, die von den Vertretern der klassischen Auslegungstradition aufgrund inhaltlicher Textaporien erhoben worden sind: Einmal ist der Zusammenhang[50] zwischen Kap. 5 und 6 in der Auslegung umstritten, so dass zumeist mit einer Umstellung der beiden Kapitel der vermeintliche Mangel an Textkohärenz behoben wird. Denn für manche Ausleger ist der rasante Ortswechsel Jesu zwischen zwei Lokalitäten (Galiläa und Judäa) hier unerklärlich. Indem sie Kap. 6 voran- und Kap. 5 nachstellen, meinen sie, den offensichtlichen Erzählfehler eines narrativ unerleuchteten Redaktors beseitigt zu haben. Aber dies ist nun ihre Perikopenfolge und nicht mehr die der ursprünglichen Textüberlieferung, die nur diese Abfolge kennt.

Zum anderen wurde seit langem zwischen 14,31 und 15,1 ein vermeintlich unüberbrückbarer Texteinschnitt registriert, da dem Befehl Jesu zum Aufbruch anscheinend erst in 18,1 Taten folgen. Deshalb gelten bei einer Großzahl von Exegeten die Kap. 15-17 als sekundär eingeschoben. Auf diese Weise werden sie für Gesamtkomposition und -inhalt als unwichtig erachtet[51]. Doch der Leser weiß spätestens seit den Kap. 10-12, dass Jesu »Stunde«, d.h. die Stunde seiner Passion und Auferstehung, gekommen ist und der Vater wie der Sohn darin übereinstimmen, dass Jesus sie nun akzeptieren sollte. Dies soll in der Weise, wie Jesus selbst es 10,17f. (vgl. 14,28; 18,4ff.) schon angekündigt hatte, geschehen. Für die aktive Annahme seines gewaltsamen Geschicks hatten auch die Jünger 11,16 und 13,37 in ihrem vorösterlichen Unverstand plädiert. Aber auf der Kommunikationsebene zwischen nachösterlichem Autor und Leser ist für 14,31 kein aktueller Handlungsbedarf Jesu gefordert, sondern der Imperativ ist nur ein rhetorischer Bestandteil des andauernden Diskurses über die Bedeutung der freiwilligen Annahme von Jesu Tod auch für seine ihm nachfolgenden Anhänger. Denn die Kompetenz der nachösterlichen Jünger zur Sündenbekämpfung (20,23) z.B. setzt letztendlich ihre Bereitschaft zur Nachfolge Jesu mit aller Konsequenz voraus, die anfangs Johannes schon Jesus als das Lamm Gottes, das die Sünde der Welt trug, vor ihnen (1,36) bezeugen ließ. D.h. die österliche Nachfolge verlangt

---

50. Der Mangel an Kohärenz wird an den Ortsangaben und den Szenenfolgen festgemacht: In Kap. 5 befindet sich Jesus in Jerusalem, danach unvermittelt am galiläischen See (6,1). Am Schluß dieses Kapitels befindet er sich, wie ausdrücklich angemerkt wird, in der Synagoge von Kapharnaum. Doch in 7,1 wird berichtet, Jesus sei in Galiläa umhergezogen, weil er sich nicht in Judäa aufhalten wollte. Die Aporien lösen sich für einige Ausleger, wenn man die beiden Kapitel in der Reihenfolge umkehrt.
51. Aus diesem Grund hat E. Haenchen bis auf ein Vorlesungsmanuskript Kap. 15 und 16 erst gar nicht ausgelegt. So ist eine bedauerliche Lücke in seinem Kommentar entstanden.

zwingend ein öffentliches Bekenntnis zu Jesus, dem Sohn Gottes. Dieses birgt immer die Gefahr, öffentliches Ärgernis mit allen politisch wie persönlich zumeist fatalen Folgen zu erregen (vgl. 21,18f.). Für die gesuchte Kommunikation des Autors mit dem Leser spricht in diesem Zusammenhang auch die implizite Anspielung auf die synoptische Passionsgeschichte (Mk 14,42 par. Mt 26,46) 14,31, deren Kenntnis offensichtlich vorausgesetzt zu sein scheint. Indem die Jünger sich nach den dortigen Berichten der Aufforderung Jesu verweigern, zeigt sich gerade in der johanneischen Absetzung von dieser Darstellung zum einen der kreativ-reflektive Umgang des Autors mit der Überlieferung und zum anderen dessen Standort in einer vorgegebenen Kommunikationssituation mit einer durchaus kundigen und problembewußten Leserschaft.

Das dritte Problem, das gegen die Kohärenz des Evangeliumtextes sprechen könnte, liegt in der Parenthese bzw. im Kommentar 20,30f., der aber seit Hugo Grotius[52] 1679 mehrheitlich als Abschlußverse des gesamten Evangeliums gewertet wird. Danach würde das gesamte 21. Kapitel sekundär und überflüssig, da das eigentliche Evangelium vorher bereits geendet hätte. Dieser Sicht wird jeder gern zustimmen wollen, dem dessen angebliche »frühkatholische« Ausrichtung mißfällt, weil dort Petrus in ein Hirtenamt eingeführt wird. Auch hierzu wird das zweite Kapitel argumentativ Stellung beziehen müssen.

17. Die angestrebte Verbindung moderner literaturwissenschaftlicher Methodologie mit klassischen Fragestellungen der historisch-kritischen Exegese deutscher Prägung soll die bislang in der Exegese so unfruchtbare Diskussion um den jeweiligen Vorrang einer Ersttext- bzw. Endtextexegese, zwischen Synchronie und Diachronie, überwinden helfen. Doch will in einer Zeit, die man die postmoderne zu nennen pflegt, die Zeitspanne bedacht sein, in dem die Evangelien verfaßt wurden. Es sind, wenn man die mündliche Überlieferungsphase noch hinzurechnet, allenfalls ungefähr 80 Jahre. Die Bezeichnung »postmodern« für die Gegenwart ist ein Synonym für Ratlosigkeit in bezug auf die Schnelligkeit des Wechsels, der neuerdings nach dem Parameter der Ablösung von Prozessorengenerationen gemessen zu werden scheint. Die alleinige Ausrichtung des Lebensziels auf den Gewinn einer durchaus fragwürdigen Zukunft läßt bereits bei vielen die letzten hundert Jahre rasch im Nebel der Vergangenheit versinken. Um wieviel mehr erst diese 80 vor fast 2000 Jahren? Deshalb scheint es angebrachter, sich den biblischen Zeugnissen über den Inhalt und die Form, also über literarische und nicht über

---

52. H. Grotius, Annotationes in Evangelium *Kata Ioannem*, Amsterdam 1679, 571.

historische Kategorien zu nähern, zumal wenn die überwiegend divergierenden, auf spekulativer Basis rekonstruierten diffizilen Zeitstufen innerhalb einer achtzigjährigen Textgeschichte nur noch Eingeweihte nachvollziehen können.

18. Aus einer solchen Sicht verlangt dieser Text nach einem überzeugenderen hermeneutischen Zugang, der seinen Inhalt eher vor dem Vergessen schützt. Seit die »existentiale Interpretation« der johanneischen Literatur durch R. Bultmann mit dem Ziel ihrer Entmythologisierung den philosophischen Kontext weitgehend verloren hat, kann auch die Suche nach einem geeigneten hermeneutischen Schlüssel als wieder eröffnet gelten. Hier wird auf der Basis der Analyse des Gesamtwerkes ein sozialanthropologischer Zugang gewählt, der das Johannesevangelium als die Darstellung eines dynamischen rituellen Prozesses[53] zu begreifen sucht: Der johanneische Jesus hebt im krisenhaften Übergang zu seinem Vater, durch Tod und Auferstehung, die Barrieren auf, die den Einzelnen von Gott trennen. Er gründet auf diese Weise eine neue egalitäre Gemeinschaft von Glaubenden, in der alle Statusunterschiede in gegenseitiger Solidarität und Loyalität vor Gott aufgehoben sind. In diesem Sinn sollte das Ritual nicht konservativ etwa mit religiösen Zeremonien verwechselt werden, das vorhandene Sozialstrukturen bestärken will, sondern es bindet Menschen — Generation für Generation — in eine stetige, wahre Gemeinschaft neu konstituierende Dynamik ein, in dem sich 14,12 bestätigt: »Wahr, ja wahr ists, ich sage euch: Wer an mich glaubt, der wird die Werke, die ich tue, auch selber tun. Ja, größere als die wird er tun, weil ich zum Vater gehe.«

Wenn man abschließend noch bedenkt, dass im deutschsprachigen Raum in den Arbeiten von B. WEISS, Das Johannesevangelium als einheitliches Werk, und C. CLEMEN, Die Entstehung des Johannesevangelium, beide 1912[54] unabhängig von einander erschienen, letztmalig die Kohärenzproblematik umfassend, aber leider auch allzu apologetisch, erörtert wurde, dann zeigt sich bereits der Umfang des in den folgenden Ausführungen angestrebten Experiments, die exegetische Kompaßnadel unter historisch-kritischen Rahmenbedingungen nach dem leitenden literarischen Interesse der Schrift hermeneutisch neu zu norden. Deshalb

---

53. Die Grundlage für diese Deutung lieferte die Theorie von Victor Turner, der vor 30 Jahren seine These von der »ritual anti-structure« veröffentlichte. Eine informative Einleitung in diese sozialanthropologische Theorie bietet B.C. ALEXANDER, Victor Turner Revisited: Ritual as Social Change, AAR.AS 74, Atlanta 1991.

54. Die Dissertation des späteren Weihbischofs von Kattowitz T. BROMBOSZCZ, Die Einheit de Johannesevangeliums, wegen der Kriegswirren erst 1927 publiziert, fand keine Beachtung mehr.

ist es auch für den Leser[55] dieses Buches unerläßlich, dass er sich mit dem Text des Johannesevangeliums auf irgendeine Weise vertraut gemacht hat, sei es, er liest ihn vor Beginn der Lektüre einmal insgesamt, sei es, er verfolgt die nachfolgenden Ausführungen mit konstantem Blick auf ihn. Denn der Versuch lohnt sich in der Tat, Johannes Johannes bleiben zu lassen.

---

55. Vgl. D. MARGUERAT, L'Évangile de Jean et son lecteur, in: FS J. DELORME, LeDiv 155, Paris 1993, 305-324.

A. HORIZONTE DER AUSLEGUNG

Die Fülle der Literatur zum Johannesevangelium durch die Jahrhunderte, die Übernahme seiner so elementaren Metaphorik in der Belletristik, Anspielungen in der Lyrik[1] bis hin zur Rede des Volksmundes vom »ungläubigen Thomas«, nicht nur diese Beispiele vermögen den Einfluß des Werkes auf das kulturelle Leben durch die Zeiten seit seiner Abfassung belegen. Man hat es immer gern gelesen, vorgelesen[2] und Teile vertont, weil ihm — als Begründung für eine komplexe Rezeption gesagt — »Einfalt in tiefer Bedeutung«[3] eignet. Unsere Zeit ist — ob sie es will oder bestreitet — von der Aufklärung beeinflußt. Diese markiert einen Einschnitt auch für die biblische Theologie, der als Ausgangspunkt für eine Expedition in deren besondere Interessenlage geeignet erscheint. Die Aufklärung erhob die einsichtige Vernunft zur Richterin von wahren Aussagen und stellte damit sogleich auch die Frage nach der wahren Religion sowie implizit die Gottesfrage. Der intellektuellen Herausforderung stellte sich die biblische Theologie zumeist auch mit einem Rekurs auf das Johannesevangelium, das folglich zu einem Brennpunkt theologischer Streitkultur wurde. Den einen schien es die ihm aufgebürdete Beweislast nicht tragen zu können, den anderen das geradezu ideale Instrument, die

---

1. Man beachte nur die Schlußzeile im psalmartig aufgebauten Gedicht »Menschheit« von Georg Trakl: »Sankt Thomas taucht die Hand ins Wundenmal.«
2. Siehe L. Schenke, Das Johannesevangelium, UB 446, Stuttgart 1992, 226-228.
3. Herder I. — Herder leuchtete besonders das Christusbild des Johannes-Evangeliums aus: Johannes beschreibe den Meister nicht, wie er vor 50 oder mehr Jahren, in einem einsamen Winkel der Welt, als Einwohner von Palästina gelebt habe, sondern so, wie er vergeistigt, in all dem Glanz seiner himmlischen Herrlichkeit, als der erhöhte Menschensohn, ihm vor Augen stand. Dabei vergesse er die irdischen Formen, worin sein himmlischer Erlöser-Heiland auf Erden — sich geoffenbart habe, um das Ewigbleibende darzustellen, dass, über Zeit und Raum erhaben, ihn zum Eigentum der Menschheit gemacht habe. Der johanneische Christus habe auch alle jüdichen Formen abgelegt. Ohne sich ernstlich darum zu kümmern, ob er die Reden Jesu mit buchstäblicher Treue wiedergebe, habe der Evangelist Jesus seinen eigenen Stil geliehen. Christus spreche hier, wie Johannes schreibt! Habe Jesus auch die Wahrheit seiner Sache nicht so entwickelt, nicht so gedacht und gesprochen, wie Johannes ihn sprechen lasse, so schadet das dem Werk des Apostels in keiner Weise. Es geht ihm aus seiner Sicht eben mehr um die Realität der Begriffe und der Inhalte, nicht um authentische Worte. Dass Jesus also in diesem Evangelium so spricht, hat nach Herders Meinung seinen Grund in der Verklärung seiner Worte durch einen Jünger, der in seinen Geist tief eingedrungen war und ihn auf das Vollkommenste verstanden habe.

christliche Religion den »Gebildeten unter ihren Verächtern«[4] als wahre »Herzensreligion« zu erschließen. Daraus ergab sich für die folgenden zwei Jahrhunderte eine geteilte Interessenlage, die sich in zwei unterschiedliche Fragestellungen niederschlug: philologisch in die »johanneische Frage« nach der historischen Identität und dem Darstellungsziel des Verfassers und theologisch in die Frage nach dem Wesen und der Sendung Jesu. Die beiden, bis heute bestimmend gebliebenen Fragen kann man nicht voneinander trennen. Doch aus Gründen der Verständlichkeit der Problematik sollen sie hier als zwei separate, aber korrelative Interessenfelder behandelt werden, für die im 19. Jahrhundert vor allem die wesentlichsten Erkenntnisse gefunden wurden, die Spuren bis in die Gegenwart hinein hinterlassen haben. Zur Zeit spiegeln sie sich zum einen wider in der Auseinandersetzung um die »hohe« Christologie des Johannesevangeliums, ob diese »naiv doketisch«[5] oder »antidoketisch«[6] sei, zum anderen im »Streit der Methoden».

Um die Wende vom 19. zum 20. Jahrhundert änderte sich das Hauptleseinteresse unter der Einsicht, dass die Entstehung des Christentums keinen absoluten Neubeginn darstellte, sondern sich die ersten Christen der begrifflichen und literarischen Ausdrucksmittel bedient hatten, die ihnen das kulturelle Umfeld zur Verfügung stellte. Das Christentum war eben — so meinten die religionsgeschichtlich orientierten Ausleger argumentieren zu können — keine über alle Relativität erhabene Vernunft- bzw. Idealreligion, sondern eine zutiefst geschichtlich verwurzelte Größe. Aber im Zuge dieser methodologischen Entwicklung wendete sich das Interesse der Exegeten weniger den literarischen Zeugnissen des Frühjudentums, sondern mehr denen des Hellenismus zu, obwohl unter deren beider Sprachkonventionen, kulturellen und religiösen Bedingungen wie Vorstellungen das Urchristentum erkennbar herangewachsen war, und unter deren beider Rahmenbedingungen es sich selbst ausformulierte.

Deshalb konnte erst in einer weiteren Etappe eine historische Rekonstruktion der johanneischen Gemeindegeschichte mit Aussicht auf eine nachprüfbare Plausibilität gewagt werden. Mit diesem letzten Schritt ist die gegenwärtige Forschungssituation erreicht, die noch mehrheitlich den

---

4. F. SCHLEIERMACHER, Reden über die Religion an die Gebildeten unter ihren Verächtern, 1799. Zur Bedeutung des Johannesevangeliums in diesem Werk: G. MORETTO, Angezogen und belehrt von Gott: Der Johannismus in Schleiermachers »Reden über die Religion«, ThZ 37 (1981) 267-291.

5. E. KÄSEMANN, Jesu letzter Wille nach Joh 17, Tübingen [4]1980.

6. U. SCHNELLE, Antidoketische Christologie im Johannesevangelium, FRLANT 144, Göttingen 1987.

religions- und traditionsgeschichtlichen Methodologien verhaftet ist. Denn die vorherrschende These, dass das literarische Endprodukt am besten aus seiner Genese erklärt werden könne, argumentiert weithin historisch textextern und nicht literaturwissenschaftlich textimmanent. Aber diese Kritik nimmt schon das übernächste Kapitel vorweg, in dem das literargeschichtliche Interesse in der Auslegungsgeschichte dargestellt wird.

1. DAS THEOLOGISCHE LESEINTERESSE

Bereits in der Aufklärung wurde die Frage nach der theologischen Absicht des Johannesevangeliums gestellt und blieb es bis auf den heutigen Tag. Für eine dezidiert theologische Interpretation steht derzeitig der Name Ernst Käsemann, der die zentrale These zur johanneischen Theologie in der Tübinger Schule um *F.C. Baur* (1792-1860) und ihrer Vorgänger wieder aufgegriffen hat. Sie besagt, dass in dieser Schrift Jesus nicht als ein wirklich menschliches Wesen unter Menschen, sondern als ein »über die Erde wandelnder Gott«[7] dargestellt sei. In diesem Zusammenhang spricht Käsemann von einem naiven Doketismus[8], der in dieser Schrift vertreten werde. Wie es zu dieser Einschätzung kam, läßt sich bestens mit Worten von Schülern F.C. Baurs klären. A. Schwegler[9] (1819-1857) schreibt: »Als die wahre und eigentliche Daseynsform Christi wird

---

7. Vgl. BAUR, Untersuchungen 87.313; Mit und nach der Baur-Schule verwendet diesen theologischen Topos u.a. zustimmend: E. ZELLER, Einige Fragen in Betreff der neutestamentlichen Christologie, ThJb(T) 1 (1842) 51-101.53; D. SCHENKEL, Das Christusbild der Apostel und der nachapostolischen Zeit, Leipzig 1879, 391; BALDENSPERGER, Prolog 168f.; HEITMÜLLER 686.704.800; WREDE, Tendenz 206f.; SCHMIEDEL, Gegenüber 116f.123; DERS., Evangelium 57f.; OVERBECK 364; BOUSSET, Kyrios Christos[6] [[1]1913) 159-164. LÜTGERT, Christologie 50-64; G.P. WETTER, »Der Sohn Gottes«. Eine Untersuchung über den Charakter und die Tendenz des Johannes-Evangeliums. Zugleich ein Beitrag zur Kenntnis der Heilandsgestalten der Antiken, Göttingen 1916, 149f; KÄSEMANN, Wille, 26. 35.66.137.151.154; DERS., Aufbau und Anliegen des johanneischen Prologs, in: DERS., EVB II (1964) 155-180.176; DERS., Ketzer und Zeuge. Zum johanneischen Verfasserproblem, in: DERS., EVB I 1964) 168-187, 178; M.L. APPOLD, The Oneness Motif in the Fourth Gospel. Motif Analysis and Exegetical Probe into the Theology of John, WUNT/2.1, Tübingen 1976; H. THYEN, Ich bin das Licht der Welt. Das Ich und Ich-bin-Sagen Jesu im Johannesevangelium, JAC 35 (1992) 19-46.30-32.

8. Zwar kennt der Schüler von F.C. Baur, A. SCHWEGLER, Zeitalter II 371, noch nicht die Differenzierung zwischen »Doketismus« und »naivem Doketismus«, aber sie klingt bereits bei ihm an, wenn er schreibt: »Der Einfluss der gnostischen Ideen, ..., äussert sich im vierten Evangelium,..., noch weit durchgreifender: es steht ganz auf gnostischem Boden, obwohl es alles specifisch d.h. unkirchlich Gnostische glücklich vermeidet, und nur mit seiner Christologie hin und wieder an den gnostischen Doketismus anstreift«.

9. SCHWEGLER, s. Anm. 8, II 366.

also offenbar, wenn das Verhältnis des Prologs zum übrigen Evangelium ein tiefer begründetes ist, jenes sein aussergeschichtliches Seyn beim Vater angesehen: sein geschichtliches Dasein ist nur eine vorübergehende, unwesentliche Erscheinungsform.« K.R. Köstlin (1819-1894)[10] kann den gleichen Tatbestand so formulieren: »Aber weiter als bis zu einem Umkleidetsein mit einem sterblichen Körper und der unmittelbaren thätigen und leidenden Theilnahme an dem was auf Erden um ihn und mit ihm vorgeht, ist die Fleischwerdung noch nicht entwickelt.« In dieser Sichtweise hat Jesu göttliche Herkunft auch zu seinen Lebzeiten bestimmende Priorität behalten. Aber andere[11] widersprechen dieser These bzw. bleiben ihr gegenüber skeptisch. Sie sehen Jesus im Evangelium außerhalb des Prologs dem Vater untergeordnet, somit seinen Kreuzestod als wirklich vollzogenes Heilswerk und nicht als ein bloßes Darstellungsmittel.

Mit diesem Streit stellt sich sogleich auch die Frage nach der(n) Absicht(en) des Evangelisten in Bezug auf seine implizite Leserschaft. Es boten sich nämlich verschiedene Lösungen an: Verteidigt das Evangelium den Glauben der johanneischen Schule gegen »die Juden«, gegen eine konkurrierende Täufersekte, gegen die aufkommende Religion der Gnosis, oder ist das Werk sogar gegen interne theologische Gegner gerichtet, und zwar gegen die Doketen, was insbesondere Georg Richter[12] von neuem in die Diskussion eingebracht hat? Dabei ging es und geht es immer auch — global betrachtet — um die Frage nach dem theologischen Standort des Evangelisten, der m.E. zugleich der Autor und nicht nur der Herausgeber des Buches ist.

Das gegenwärtige Verständnis der theologischen Intentionen des vierten Evangeliums wird immer noch von der Meinungsverschiedenheit zwischen den Antipoden Rudolf Bultmann und Ernst Käsemann bestimmt. Wie Käsemann erkennbar von F.C. Baur beeinflusst ist, so hat auch dessen Lehrer R. Bultmann (1884-1976) seine Position im Abgleich mit mindestens der ihm vorausgegangenen Forschergeneration gewonnen. Er selbst hat William Wrede (1859-1906) als den Theologen

---

10. K.R. KÖSTLIN, Der Lehrbegriff des Evangeliums und der Briefe Johannis und die verwandten neutestamentlichen Lehrbegriffe, Berlin 1843, 139.

11. Z.B. J. KÖSTLIN, Die Einheit und Mannigfaltikeit in der neutestamentlichen Lehre III, JDTh 3 (1858) 85-154.97-107; WEIZSÄCKER, Selbstzeugniß 200f; WEISS 220; BULTMANN, Theologie 414; J.-A. BÜHNER, Der Gesandte und sein Weg im 4. Evangelium. Die kultur- und religionsgeschichtlichen Grundlagen der johanneischen Sendungschristologie sowie ihre traditionsgeschichtliche Entwicklung, WUNT/2.2, Tübingen 1977; HAENCHEN passim; THOMPSON, Perspectives, passim; DAVIES, Reference 162-208.

12. G. RICHTER, Blut und Wasser aus der durchbohrten Seite Jesu (Joh 19,34), in: DERS. Studien zum Johannesevangelium (hrsg. J. HAINZ), BU 13, Regensburg 1977, 120-142.

bezeichnet, der ihn am meisten beeinflußt und geprägt habe. Gleichermaßen gehörte er aber auch zum Kreis um Wilhelm Bousset (1865-1920), dessen Nachfolger er auf dem neutestamentlichen Lehrstuhl in Gießen werden sollte. Wrede wie Bousset[13] ihrerseits gehörten wiederum zum Kreis um A. Ritschl (1822-1889). Mit diesen Namen unlösbar verbunden bleibt die Einführung der religionsgeschichtlichen Fragestellung in die biblische Exegese.

Für *W. Wrede* war das Evangelium eine dogmatische Lehrschrift: »Es zielt in >ihm<[14] alles auf eine formulierbare Lehre ab. Und diese Lehre betrifft die Person Jesu und ihre höhere Natur. Anders ausgedrückt: Die Reden setzen ein christologisches Dogma voraus...«[15]. Doch dieses christologische Dogma habe die frühjüdische Messiasvorstellung in seiner nachösterlichen Interpretation des Wesens Jesu schon weit hinter sich gelassen. Was Jesus ist, das ist er nach dem vierten Evangelium universal für die Welt und nicht mehr partikular für Israel allein. Deshalb definiert er das Zentrum der johanneischen Theologie mit folgenden Worten: »Als der Hauptgedanke dieser Christuslehre darf nun gelten, dass Christus von oben her die Wahrheit bringt und den Menschen mitteilt«[16]. Die Essenz seiner Analyse des Evangeliums ist: Gott residiere für den Autor in einer für Menschen undurchdringlichen Lichtfülle. Daher könne von ihm und seiner Wahrheit nur jemand zeugen, der ihn, den verborgenen Vater, gesehen habe und bei ihm gewesen sei. Christus sei als Logos — so behaupte es jedenfalls der Autor — vor seiner Menschwerdung mit Gott in vertrautester Gemeinschaft gewesen, habe ihn folglich gesehen und privilegiert dessen für menschliche Ohren unvernehmbare Willensäußerungen vernommen. Gott habe ihn vor aller Zeit in jedes die Menschenwelt berührendes Geheimnis eingeweiht, so dass diese auch an Jesu Werken ablesbar seien. Um jedoch die authentische Kunde von Gottes Beschlüssen den Menschen zu bringen, mußte dieser zuerst »Fleisch« (1,14) werden. Im Fleisch ist es sein Werk, den Vater zu »verherrlichen«, d.h. eben die himmlische Wahrheit zu verkünden und das Geheimnis des göttlichen Tuns in seinen Wundern nachzubilden, was ja nur eine andere Form der Verkündigung ist.

---

13. Näheres findet man bei O. MERK, Wilhelm Bousset (1865-1920), Theologe, in: H.G. GUNDEL et alii (Hrsg.), Giessener Gelehrte in der ersten Hälfte des 20. Jahrhunderts, Marburg 1982, 105-120.
14. Im Zitat steht ursprünglich »ihnen«. Dies wurde vom Verf. dem neuen Kontext angepasst.
15. WREDE, Tendenz 186.
16. Ebd. 198.

Wie ist aber nun das besondere Verhältnis zwischen dem Vater und dem Sohn geartet? Sicherlich nicht in dem Sinne der Lehre späterer Konzilien; nicht, als ob die Überordnung des Vaters aufgehoben wäre. Aber einer steht für den anderen. Wer aber fragt — so W. Wrede —, was denn Christus über den Vater, den verborgenen Gott, Besonderes kundgibt, der wird erstaunt feststellen, dass darauf keine echte Antwort gegeben wird. Das besagt für ihn folglich: »In Wahrheit ist Christum nicht nur der Bringer der Botschaft, sondern auch ihr eigentlicher Inhalt«[17]. Mit dieser Auskunft hat W. Wrede das Fundament für die spätere Position R. Bultmanns gelegt. Gleichzeitig findet sich aber bei ihm auch schon die These vom naiven Doketismus Ernst Käsemanns vorformuliert. Seiner Meinung nach zeichnet der Evangelist ein besonderes Jesus-Bild. »In jedem Zug strahlt er eine übermenschliche Hoheit aus. Es ist ein wandelnder Gott, der geschildert wird. Er steht da als der, der nicht von dieser Welt ist, darum freilich auch nicht wirklich mit der Welt in Fühlung treten kann«[18]. »Der Evangelist« zeige »uns ein göttliches Wesen, das wie ein Fremder majestätisch über die Erde dahinzieht und dessen ‚Menschheit' lediglich das Transparent ist, um das göttliche Licht auf Erden hindurchscheinen zu lassen«[19]. Forschungsgeschichtlich betrachtet sind also die beiden Antipoden, Bultmann wie Käsemann, derselben theologischen Schule verpflichtet.

Auch für *W. Bousset* ist Jesus als der gegenwärtige, in den Gemeinden lebendige Heilsmittler »Gott« der neuen Christengemeinden im religionsgeschichtlichen Rahmen des Hellenismus. Die heidenchristlichen Gemeinden verehren ihn, und das liturgisch formulierte Bekenntnis des Evangeliums lautet darum 17,3: »Dass sie dich als den alleinigen, wahrhaftigen Gott erkennen und den, den du gesandt hast, Jesus Christus«. Dieses Bekenntnis bedeutet für Bousset[20], dass Jesus selbst »der wahrhaftige Gott« ist. Mit einem solchen Christusglauben und der gleichzeitigen Loslösung von allen partikularen Beschränkungen hatte sich aus seiner Sicht die junge christliche Religion sehr weit von ihrem Ursprung entfernt. Und mit dieser Entfernung wuchs die Gefahr, sich bald gänzlich von der geschichtlichen Person Jesu von Nazareth zu lösen. So ist es nach Boussets Meinung gar nicht verwunderlich, dass in weiten Kreisen der christlichen Gemeinden die völlige Ablösung des Christusglaubens von dem geschichtlichen Jesus erfolgte. So entstand als erste christliche Häresie der

---

17. Ebd. 199.
18. Ebd. 206.
19. Ebd. 207.
20. BOUSSET, Kyrios Christos 246f.

Doketismus. Dieser behauptet nach den ersten konkret faßbaren Texten bei Ignatius von Antiochien, dass der himmlische Christus nur als ein Scheinwesen über die Erde gewandelt sei. Mit aller Kraft habe man sich jedoch gegen diese Ansicht gewendet. Denn man ahnte, dass es sich hier um eine Existenzfrage, um Sein oder Nichtsein der jungen christlichen Religion handele. Denn im Unterschied zu den hellenistischen Mysterienkulten stand hinter dem Christusglauben der historische Jesus, bei den Heilsgestalten dieser Religion aber handelte es sich um reine Phantasiegestalten. Unter dieser quälenden Problematik ist nach Bousset das vierte Evangelium entstanden. Dem Evangelisten mußte daran gelegen gewesen sein, den zwingenden Nachweis zu führen, dass der geschichtliche Jesus der Christus, d.h. der Sohn Gottes ist (20,31). Bousset selbst verbindet nun seine These von einer doketischen Gefahr für den Glauben mit der aus der Tübinger Schule übernommenen These Wredes, Jesus sei im Evangelium als ein über die Erde wandelnder Gott dargestellt. Denn seiner Meinung nach ist Jesus in der johanneischen Gemeinde zum Gegenstand religiöser Verehrung geworden, was eine Divinisierung unweigerlich nach sich gezogen haben müsse.

Für *R. Bultmann*, der unter Einfluß der Existentialphilosophie Heideggers stand, war der johanneische Jesus der schlechthinnige Offenbarer, der »aus der Einheit mit Gott« als in die Welt Gesandter allein mit dem puren »Das« seines »Gekommenseins« die wahre Existenz des Menschen im Augenblick der Glaubensentscheidung ermöglichte. Denn dieses eschatologische Jetzt der Offenbarung (= Sendung) und des Glaubens gewähre das Einwohnen Gottes im Menschen und eröffnet dem, der sich für den langersehnten Offenbarer entscheidet, eine ewige Lebenszukunft, dem anderen aber das Gericht. »Johannes stellt also in seinem Evangelium nur das Das der Offenbarung dar, ohne ihr Was zu veranschaulichen«[21]. Jesus offenbart »als der Offenbarer Gottes nichts, als dass er der Offenbarer ist«[22]. Demnach interpretiert Bultmann das Johannes-Evangelium anthropologisch radikal unter dem Aspekt der existenzialen Glaubensentscheidung für oder gegen die Gegenwart Gottes in der Geschichte im Gekommensein Jesu Christi. Dennoch ist das Heilsangebot Gottes nicht auf die jüdischen Zeitgenossen Jesu begrenzt, sondern das eschatologische Heil ereignet sich immer wieder als Geschichte Jesu, d.h. in der auf sie bezogenen Geschichte der christlichen Missionsverkündigung. Ihre Botschaft von Jesu »Gekommensein« ist die umfassende

---

21. BULTMANN, Theologie 419.
22. Ebd. 418.

Formel für die Sendung Jesu, für seine Fleischwerdung und sein irdisches Wirken, für Tod und Auferstehung, für Parusie und Geistverleihung an die Gemeinde.

Für *E. Haenchen* galt es, die existenziale Engführung der christologischen wie eschatologischen Aussagen des Johannes-Evangeliums durch Bultmann mittels der im Urtext verifizierbaren johanneischen Theologie zu ergänzen bzw. aufzubrechen. Für ihn war schon der moderne Offenbarungsbegriff Bultmanns[23] wenig akzeptabel. Wenn schon das Wort »Offenbarer« im Johannes-Evangelium (mit Ausnahme von 17,6) nicht vorkommt[24] — so fragte er sich — wie konnte dieser Begriff zum Schlüsselbegriff der Auslegung gewählt werden? Wie im ersten Johannesbrief vertrete doch auch das Evangelium die These, dass Gott in einem der menschlichen Erkenntnis unzugänglichem Licht wohne, von dem aber der Sohn als ein Gesandter Kunde gebracht hat. Der Evangelist denke die Stellung des geschichtlichen Jesus ausgesprochen subordinatianisch. Jede seiner Aktivitäten gehe vom Vater aus, der aus diesem Grund seinen Sohn in die Welt gesandt hat. Gerade die beiden ersten Verse des Johannes-Prologs, die Bultmann[25] als Beweis anführe, dass im Offenbarer Gott selbst begegnet, sprechen für ihn eine etwas andere Sprache. Denn wie bei Philo und Origenes bestehe für das Johannes-Evangelium ein Unterschied zwischen »dem Gott« mit Artikel (ὁ θεός) und »ein Gott« ohne Artikel (θεός). »Darin liegt, noch versteckt, eine Christologie der Subordination des Sohnes, in dem gerade deshalb der Glaubende den Vater sehen kann, weil der Sohn nicht seine eigenen Worte sprechen, seine eigenen Werke tun; seinen eigenen Willen verwirklichen wollte, sondern nur Wort, Werk und Wille des Vaters«[26]. Deshalb ist der Sohn nur insofern mit dem Vater sachlich »eins« (vgl. 10,29f. mit 14,28) und gerade nicht personal „einer", weil »Jesus eben das tut, was Gott tut«[27]. Jesus bleibt aus seiner Sicht dem Vater immer untergeordnet. Denn sonst würde Jesus im sogenannten »hohenpriesterlichen« Gebet einen Monolog mit sich selbst führen. Selbst die absoluten Ich-bin-Aussagen reden

---

23. E. HAENCHEN, Das Johannesevangelium und sein Kommentar, in: DERS., Die Bibel und Wir. Gesammelte Aufsätze II, Tübingen 1968, 208-234.218.

24. HAENCHEN 477.

25. BULTMANN 17. Man beachte die ausgeklügelte Dialektik in der These Bultmanns, die es fragwürdig erscheinen läßt, dass er einer klaren Identifizierung des Offenbarers mit Gott das Wort reden will, wenn er schreibt: »Ein *paradoxer* Sachverhalt soll Ausdruck finden, der mit dem *Offenbarungsgedanken* gegebene und im Folgenden entwickelte Sachverhalt nämlich, dass im Offenbarer wirklich Gott begegnet, und dass Gott doch nicht direkt, sondern nur im Offenbarer begegnet«.

26. HAENCHEN 118.

27. Ebd. 392.

von Jesus als dem, den der Vater gesandt hat. »Letztlich ist darum der Vater auch das wahre der Subjekt der Ich-bin-Worte«[28].

Wenn aber der »geläuterte Offenbarungsbegriff des 20. Jahrhunderts«[29] für das Verständnis des vierten Evangeliums nicht tragfähig genug ist, so stellt sich erneut die Frage nach dessen Inhalt, nach dem »Was« der Botschaft des johanneischen Jesus. Als wen offenbarte der Sohn nun den Vater? Der Evangelist habe Jesu Erdenleben immer als exemplarische Offenbarung und Verwirklichung der Gottesliebe angesehen[30]. Das stellt aus der Sicht Haenchens auf eindringliche Weise die Fußwaschungsszene (13,1-30) dar. Jesu Handlung, den Jüngern die Füße zu waschen — die Selbsthingabe bis in den Tod anzeigend — ist eine solche rettende Offenbarungstat, die dem Willen des Vaters voll gerecht wird. Man kann nicht mit ihm und dadurch mit dem von ihm geoffenbarten »Vater« in Gemeinschaft treten, wenn man selbst nicht zu dieser Selbsthingabe bereit ist. Es geht um diese Art der Existenz, die allein »die Einheit mit dem Vater und dem Sohn ermöglicht«[31]. Indem Jesus die sich selbsthingebende Liebe bis in den schmachvollen Tod hinein von sich aus vollzieht, ist er das Lebensbrot, das Licht der Welt, der wahre Hirt und der wahre Weinstock.

Auch die von Bultmann häufig wiederholte These, Jesu Offenbarung bzw. Sendung bestehe in der puren Mitteilung der Glauben fordernden Behauptung, »dass« er der Offenbarer sei, den der Vater gesandt habe, führt für Ernst Haenchen in die Irre. »Denn die Kapitulation der 'erkennenden' [*vom Verf. eingefügt*] Vernunft, die angesichts der behaupteten Identität zweier absolut verschiedener Größen 'Vater und Sohn' [*vom Verf. eingefügt*] erfolgen soll, würde nur zum Nihilismus führen, nicht aber zum Glauben an die Vergebung der Sünden und zum Vertrauen auf eine neue, von Gott gegebene Zukunft, das ohne eine Aussage über den gnädigen Gott nicht entstehen kann. Denn nach Bultmanns eigener Voraussetzung ist Gott vor seiner Offenbarung den Menschen unbekannt, also ein X. Damit reduziert sich aber die Aussage Jesu (die Johannes nach Bultmann bringt) ‚ich bin Gott' auf die andere: ‚ich bin X'. Da aber dieses X nicht inhaltlich (durch eine verbotene Aussage über das ‚Wie' Gottes) gefüllt werden darf, bleibt es ein Nichts«[32]. Auf diese Weise wäre

---

28. HAENCHEN, s. Anm. 23, 221f.
29. Ebd. 218.
30. E. HAENCHEN, »Der Vater, der mich gesandt hat«, in: DERS., Gott und Mensch. Gesammelte Aufsätze, Tübingen 1965, 68-77.72.
31. HAENCHEN 466.
32. HAENCHEN, s. Anm. 23, 121 Anm. 37; ebenso HAENCHEN 477.

aber der Glaube willkürlichen Annahmen über das »Wie« Gottes ausgeliefert. Deshalb ist eine inhaltliche Auffüllung des johanneischen Gottesbegriffes unerläßlich. Für die johanneische Tradition ist es die Liebe Gottes, die sich in der Fleischwerdung und im Wirken Jesu bis zu seiner Selbsthingabe in den Tod auf einzigartige Weise manifestiert hat. Aus diesem Grund ist Haenchen auch gegen eine zeitliche Einengung der Sendung Jesu auf den »Augenblick des Gekommenseins«. Vielmehr wird gerade aus nachösterlicher, pneumatischer Perspektive im vierten Evangelium eine Jesusgeschichte entworfen, in dessen dreijährigem öffentlichen Wirken sich die Liebe Gottes offenbart und verwirklicht hat. So wird in dem Evangelium auf eindringliche Weise, »das Erdenleben Jesu als das von Gott gesprochene und gelebte Liebeswort des Vaters an die Glaubenden« dargestellt, »das aber erst im Licht der Auferstehung, in der Sendung des Geistes durch den Auferstandenen, von den nun erst zum Glauben Befähigten gehört und verstanden werden kann«[33].

Im gleichen Zusammenhang muß er auch die These Bultmanns negieren, der Evangelist habe den gnostisch-kosmologischen Dualismus in seinen Offenbarungsreden in einen anthropologischen Entscheidungsdualismus umgewandelt. Abgesehen davon, dass der Dualismus kein eindeutig gnostisches Phänomen ist, sondern auch in der biblischen Weisheit und in der kultischen Unterscheidung zwischen heilig und profan, zwischen rein und unrein beheimatet ist, sprechen auch viele johanneischen Texte gegen eine solche Interpretation. »Anthropologie ist der Schlüssel des ganzen, die menschliche Entscheidung — wie immer man sie versteht — nicht das Entscheidende. Man verdankt 'als Christ' [*vom Verf. eingefügt*] seinen Vorzug darum nicht sich selber, sondern dem göttlichen Erbarmen. Dieses Erbarmen erfährt man im Kommen der göttlichen Botschaft. Das stimmt anscheinend genau mit der gnostischen Theologie überein. Aber diese Botschaft ist nicht von einer mythischen Person verkündigt, noch von einem Gesandten überbracht worden, der hier nur eine Stippvisite gemacht habe, für den das Erscheinen auf Erden nur ein Ortswechsel gewesen wäre, sondern in einem wirklichen Menschenleben vorgelebt worden, das am Galgen endete. Dieser in seinem Gesandten so ganz anders sich in die Welt hineinwagende ‚Vater' ist gerade wegen des Kreuzes ganz anders ausgewiesen als der gnostische Lichtkönig. Er hat sich eine Schar von Menschen ausgewählt, die nichts aufzuweisen haben, was ihnen einen Anspruch auf solche Erwählung gab«[34]. Haenchen

---

33. HAENCHEN, s. Anm. 23, 230.
34. HAENCHEN 504.

mochte von einer Art anthropologischem »Determinismus« im Johannes-Evangelium nur unter dem Vorbehalt sprechen, dass einige Texte eben die Erfahrung der johanneischen Gemeinde (vgl. Mk 4,14-20 par.) widerspiegeln, »dass die Jesus-Botschaft, und würde sie noch so überzeugend und blühend vorgetragen, den einen erfaßt, den anderen aber kalt läßt. Für den einen ist sie Gottes Wort — für den anderen ein bloßes Menschenwort, das nicht überzeugt.«[35] Gott selbst hat sich aus der Sicht des Evangelisten in Jesus als der sich der Welt in Liebe annehmende Vater geoffenbart (vgl. 3,16f.; 4,42; 6,33; 8,12; 9,5; 17,21.23).

Neben der Auseinandersetzung mit Bultmann half ihm die Kritik an dem theologischen Entwurf von *E. Käsemann* seine eigene Position weiter zu präzisieren. Er vermochte keinen »naiven Doketismus« im Evangelium zu erkennen, den jener von der Tübinger Schule des 19. Jahrhunderts übernommen hatte. Deshalb wies er die Formel, Jesus werde im Evangelium als »ein über die Erde schreitender Gott« dargestellt, vehement als nicht textgemäß zurück. Seiner Meinung nach wird im Weg Jesu ans Kreuz die Liebe als Inhalt der Sendung des Sohnes offenbart. Er hat den Auftrag Gottes am Kreuz wirklich »vollbracht« (19,30). Er sah vor allem den redaktionellen Überarbeiter darum bemüht, das Evangelium gegen doketischen Irrtum abzuschirmen. Auch der Evangelist selbst war ihm noch nicht verfallen, da die Realität des Todes (19,34f.) und der Auferstehung (20,20.25.27) von ihm hervorgehoben und das Altarssakrament (6,51-59) realistisch vergröbert werden[36]. Selbst das sogenannte hohepriesterliche Gebet Joh 17 darf aus der Sicht des Evangelisten nicht in diesem Sinne mißverstanden werden. »Manche Exegeten haben sich davon, dass hier vom Tod expressis verbis nicht die Rede ist, täuschen lassen und gemeint, jene Stunde sei wirklich weiter nichts als die Erhöhung zum Vater. Aber dann würde aus Jesu Erdenleben ein bloßer Aufenthalt in einem fremden Land werden, der nun aufhört, und aus der ‚Stunde' der Augenblick, wo Jesus, vielleicht noch taumelnd wie ein Schmetterling von der Erdenschwere, sich davonschwingt ins Jenseits. Aber das wäre ein Mißverständnis von Grund auf. Gewiß, dass diese Stunde der Tod am Kreuz ist, der schon ganz nahe ist, wird nicht ausgesprochen… Man könnte sagen, diese Szene des Gebetes spiegelt sich schon in einer Ewigkeit ab, wo die Zeit nicht mehr gilt… Das ‚Schon' und das ‚Noch-Nicht' wechseln miteinander ab, weil der Standpunkt des Schriftstellers längst nach Ostern, nach der Stunde des Geistempfanges liegt…«[37].

---

35. Ebd. 323.
36. Ebd. 326f.
37. Ebd. 511.

Auch die andere These Käsemanns von den angeblich »doketischen« Züge der johanneischen Wundererzählungen weist Haenchen mit dem Hinweis zurück, dass diese Geschichten ihren Ursprung in vorgegebenen *Theios-Anär*-Legenden haben. Der Evangelist aber konnte diese Überlieferung ohne Skrupel übernehmen, weil er von der Tatsache des Wunders überzeugt war[38]. Doch sah jener — anders als seine Vorlage — Jesu Wunder eben nicht als Beweise für dessen Göttlichkeit an, sondern als Zeichen, als Hinweise auf etwas ganz anderes. Das Andere aber hat wie der Weg Jesu für den Evangelisten dessen Tod zum Ziel[39]. Im Tod nämlich offenbart sich erst die wahre Herrlichkeit Jesu. Wie die synoptische Überlieferung des Lebens Jesu bleibt die johanneische Theologie der Vorstellung treu, dass erst mit bzw. nach dem skandalösen Verbrechertod das wahre Wesen und die wahre Bestimmung Jesu Christi offenbar wurden. »Das Erdenleben Jesu ist für ihn 'den Evangelisten' [*vom Verf. eingefügt*] gerade darum wichtig, weil es die Gefahr bannt, dass aus der Geisterfahrung 'der nachösterlichen Christen' [*vom Verf. eingefügt*] ein subjektiver Traum wird. Und doch reproduziert der Evangelist nicht einfach die historische Vergangenheit. Er läßt vielmehr den historischen Jesus schon die Geisterfahrung interpretieren und nimmt ihn damit selbst in die neue Geistwirklichkeit hinein«[40]. Auf diese Weise stellt die Passion Jesu für Haenchen kein solches Problem dar wie für Ernst Käsemann. In ihr erreicht der Lebensweg Jesu — historisch betrachtet — zwar seinen makabren Tiefpunkt, aber aus theologischer Sicht sein absolutes Heilsziel.

Aus der Sicht Käsemanns hingegen schildert das Evangelium Christus als den in Menschengestalt über die Erde wandelnden Gott, »der seinen wahren Platz beim Vater hat«. Eine Niedrigkeitschristologie etwa von paulinischer Prägung (Phil 2,6-11) fehlt und wird durch die eigentümliche Schilderung der Herrlichkeit Christi ersetzt. Dies wird für ihn besonders deutlich an der Zentralität der johanneischen Aussage über dessen Fleischwerdung (1,14). Sie sei keinesfalls im Sinne eines echten Werdens, also als ein geschichtlicher Vollzug, zu verstehen. Die Rede von der Fleischwerdung meine vielmehr nur den Ortswechsel des nicht — und nie — Mensch gewordenen Gottes. Als ein »esse in mundo« deutet 1,14a lediglich die Bedingung der Möglichkeit für Gottes Kommunikation mit den Menschen. Aber das eigentliche Thema des Evangeliums ist aus seiner Sicht die Erscheinung der göttlichen Herrlichkeit in der Welt. Damit

---

38. Ebd. 332f.
39. Ebd. 513.
40. Ebd. 479.

wird 1,14c zum Schlüsselsatz nicht nur des Prologs, sondern auch zum umfassenden Motto über das ganze Evangeliums. Käsemann bestreitet nicht, dass der Evangelist bzw. die von ihm verarbeitete Tradition noch einige der traditionellen Niedrigkeitschristologie entstammende Wendungen, wie Jesu Worte »vom Vater, der mich gesandt hat«, kenne. Aber das Gehorsamsmotiv steht für ihn ganz im Schatten des christologischen Dogmas von der Einheit Jesu mit dem Vater[41]. Insbesondere die Wundergeschichten offenbaren die in Jesus epiphane Herrlichkeit in derart massiver Weise, dass von einer Subordination des Sohnes nicht die Rede sein kann. Deshalb muß die Passionserzählung zum Bericht über einen Triumphzug[42] Jesu umgedeutet werden, der in dem Siegesgeschrei des Gekreuzigten seinen Höhepunkt erreicht. In all dem, so Käsemann, erliegt die johanneische Christologie einem Doketismus, der »naiv sich geltend macht und als Gefahr noch nicht erkannt ist«[43]. Käsemann vertritt also eine vertikal orientierte Hoheitschristologie, in der Jesus ein über die Erde schreitender Gott war. Haenchen hingegen vertritt eine horizontal ausgerichtete Gesandten- bzw. Niedrigkeitschristologie, in der der von Gott Gesandte ein wirklicher Mensch war. Beide Konzeptionen stehen seit langem konträr zueinander. Es scheint bislang keine Lösung in Sicht zu sein, diesen eklatanten Widerspruch aufzuheben.

Die lange Diskussion über die theologische Intention des Evangelisten lässt sich folgendermaßen zusammenfassend darstellen: Wo die Auslegung des Evangeliums es sich zur Aufgabe machte, Wesen und Sendung Jesu nach Johannes zu ergründen, um dessen theologische Programmatik besser verstehen zu können, haben sich zwei konkurrierende Lesarten ausgeprägt. Doch die theologisch ausgerichtete Exegese lieferte zahlreiche, aber fast gleichgewichtige Argumente für beides: für die Annahme der Priorität einer Hoheitschristologie wie für die Annahme der Priorität einer Niedrigkeitschristologie. Das Nebeneinander versuchte man zu erklären, indem man der einen oder der anderen christologischen Konzeption die Priorität zusprach. Die unauflösbar erscheinende Aporie veranlaßte Käsemann[44] selbstironisch zu Beginn seiner berühmten Monographie einzuräumen: »Ich werde über etwas sprechen, was ich noch nicht zutiefst verstehe«.

Dieses Dilemma veranlaßte zu Beginn des 20. Jahrhunderts Ausleger, nun noch ernsthafter als früher an der literarischen Einheitlichkeit des vier-

---

41. Vgl. u.a. KÄSEMANN, Wille, 105.
42. Ebd. 45f.
43. Ebd. 61f.
44. Ebd. 11.

ten Evangeliums zu zweifeln. Sie sahen sich durch die Aporie aufgefordert, das Werk in seine Traditionsbestandteile zu zerlegen. Solche Versuche werden auch in der Gegenwart noch gestartet. — Lit. s.u. S. 435-439.

2. DAS LITERARGESCHICHTLICHE INTERESSE

Das Urteil über den Verfasser der johanneischen Literatur (Evangelium, Briefe und Offenbarung) stand seit Irenäus von Lyon bis fast zum Ende des 18. Jahrhunderts scheinbar unbezweifelbar fest: Der Zebedaide und Apostel Johannes habe sie verfaßt und sich unter dem Decknamen »Lieblingsjünger« im Evangelium selbst verewigt. Seine alleinige Verfasserschaft konnte nur dann begründet in Zweifel gezogen werden, wenn man schwerwiegende stilistische wie inhaltliche Ungereimtheiten zwischen und innerhalb der Einzelwerke aufzeigen konnte, die nicht harmonisierbar schienen. Dieses Unterfangen setzte 1792 der vom Deismus beeinflußte *Edward Evanson* (1731-1805) mit seinem Buch »The Dissonance of the Four Generally Received Evangelists, and the Evidence of their Respective Authenticity examined«[45] ins Werk. Auf nur 33 von 289 Seiten (S. 219-254) versucht er nachzuweisen, dass der Autor des Evangeliums ein im 2. Jahrhundert bekehrter Platonist war, der nicht einmal die biblischen Prophetien über den Messias oder Sohn Gottes recht verstanden habe und der so zu einem der frühesten Gründer einer apostatischen Gemeinde wurde, »whose doctrines are a heterogeneous compound of Paganism, Judaism and Christianity«[46]. Ausgehend von der damals generell anerkannten These[47], der Zebedaide habe auch die Johannes-Apokalypse geschrieben, gibt er zu Protokoll, dass »es unmöglich sei, nicht zu bemerken, wie sehr sich die Sprache der Apokalypse von der des Evangeliums unterscheide«[48]. Außerdem notiert er so gravierende Unterschiede in Sprache, Darstellung und Chronologie des Lebens Jesu seitens Lukas und Johannes, dass »consequently they cannot both be true«[49]. Auch verweist er schon auf die merkwürdig klingende Passage Joh 21,24, in der dem Lieblingsjünger die Verfasserschaft testiert wird[50]. Dazu merkt er an, es sei doch wohl undenkbar, dass ein Verfasser derartig

---

45. Das Buch wurde in Ipswich publiziert.
46. Ebd. 235.
47. Doch vertrat schon Dionysios von Alexandrien (Euseb, HE 7.25) um 250 n. Chr diese These.
48. Ebd. 220.
49. Ebd. 234.
50. Ebd. 221.

von sich rede. Aus diesem Grund erklärt er Kap. 21 zu einer sekundären Zutat der Kirche von Ephesus. Zum Schluß seiner Erörterung geht er noch auf die Wunder Jesu und dessen Prophezeiungen im vierten Evangelium ein, vergleicht sie mit den Berichten der Synoptiker, zumeist mit denen aus dem Lukasevangelium, und findet soviel Widersprüchliches und »absolute impossibility«[51], dass ihm eine Harmonisierung der Spannungen unmöglich zu sein scheint. All diese Beobachtungen lassen ihn dessen Authentie verwerfen. Er stempelt es ab mit dem Verdikt: eine fiktive und im höchsten Maße irrige Darstellung des Lebens Jesu aus dem zweiten Jahrhundert.

Damit war das vierte Evangelium zum ersten Mal gegen die Synoptiker ausgespielt und als ein sekundäres Produkt klassifiziert worden. Von diesem Zeitpunkt an wollte und konnte die Kritik an dieser Schrift nicht mehr verstummen. In Deutschland meldeten sich bald darauf Eckermann[52], der im Evangelium zwischen originalen Reden Jesu und sekundärem Erzählrahmen unterschied, und — besonders wichtig für die These von zwei disparaten Christologien im 4. Evangelium — *Georg Konrad Horst*[53] (1767-1832) zu Wort. Letzterer wies einerseits noch einmal darauf hin, dass eine äußere Bezeugung des Evangeliums bis zu Irenäus und Theophilus von Antiochien unnachweisbar sei, und andererseits verwies er auf die beiden christologischen Entwürfe, die darin miteinander konkurrierten. Zum einen sei »die Einwirkung und die Vereinigung des Höhern in und mit Jesus bloß als eine moralische Verbindung mit der Gottheit«[54] dargestellt, d.h. der Vater sei allein wahrer Gott, Jesus aber nur sein Gesandter, sein Repräsentant auf Erden. Zum anderen gäbe es die christologische Vorstellung von einer Präexistenz Jesu (z.B. 1,1-14 und 8,58). Nachdem er diese beiden Vorstellungen gegeneinander ausgespielt und alle Harmonisierungsversuche zurückgewiesen hat, folgert er, das Johannes-Evangelium sei »eine Sammlung von Bruchstücken«[55], die auf verschiedene Verfasser, auf verschiedene Zeitalter und eben deswegen auch auf ursprünglich ganz verschiedene Tendenzen in ihren einzelnen Teilen verwiesen. Alle diese Bruchstücke habe ein Sammler »so gut, als

---

51. Ebd. 249.
52. J.C.R. Eckermann, Theologische Beyträge 5/2, Altona 1796.
53. G.K. Horst, Ueber einige anscheinende Widersprüche in dem Evangelium des Johannes, in Absicht auf den Logos oder das Höhere in Christo, MRW 1 (1803) 20-46, und Ders., Läßt sich die Echtheit des Johanneischen Evangeliums aus hinlänglichen Gründen bezweifeln und welches ist der wahrscheinliche Ursprung dieser Schrift?, MRW 1 (1803) 47-118.
54. Ebd. 21.
55. Ebd. 40.

es tunlich war, aber doch nicht so gut miteinander verbunden, dass sich nicht noch hier und da ein Bruchstück ziemlich deutlich von den anderen unterscheiden ließe«[56]. Damit ist zum ersten Mal auch die literarische Einheit des Johannesevangeliums ganz offen, ohne Wenn und Aber, in Frage gestellt[57].

Wenn aber die »johanneische Frage« schon zu Beginn des 19. Jahrhunderts in ihren entscheidenen Punkten programmatisch ausformuliert worden war, wird es umso verständlicher, dass um ihre exakte Beantwortung seitdem intensiv gerungen wird. Schon 1820 folgte das bedeutende, aber schmale Bändchen von *Karl Gottlieb Bretschneider* (1776-1848) über die »Probabilia de evangelii et epistolarum Joannis apostolii, indole et origine eruditorum judiciis modeste subiecit«[58]. Er schrieb es bewußt auf Latein, damit sein Inhalt nur der Fachwelt bekannt würde. Im Vorwort läßt der Verfasser schon erkennen, welche Brisanz seine Thesen habe werden. Er möchte sie deshalb als reine Denkmöglichkeiten und Wahrscheinlichkeiten verstanden wissen[59]. Die erste Frage, die sich Bretschneider stellt, ist die, ob das vierte Evangelium es wert ist, dass man seiner Wiedergabe der Reden Jesu wörtliche Treue bescheinigt und ob sie dadurch höheren Wert gewännen als dessen Reden bei den Synoptikern. Er kommt zu dem gegenteiligen Schluß wie J. Chr. R. Eckermann[60], dass die johanneischen Reden nicht ursprünglich sein können. Daraus schließt er konsequent, dass der Apostel Johannes auch sonst kein Augenzeuge gewesen sei. Ja, er treibt seine Mutmaßungen schon so weit, dass aus seiner Sicht der Verfasser weder ein palästinischer noch sonst ein Jude gewesen ist. Dafür seien der beste Beweis die von ihm verwendeten dogmatischen Begriffe, die er dazu noch in eine Form bringe, die ein geborener

---

56. Ebd. 40.

57. Fast zur gleichen Zeit hat der evangelische Pfarrer E.F. VOGEL, Der Evangelist Johannes und seine Ausleger vor dem jüngsten Gericht, Hof 1801, anonym die für ihn offene Verfasserfrage dahingehend beantwortet, dass das vierte Evangelium unmöglich vom Zebedaiden geschrieben sein könnte und deshalb eine anonyme Verfasserschaft vorgeschlagen.

58. Leipzig 1820.

59. Er kleidet seine Vorahnungen — übersetzt — in folgende Worte: »Lieber Leser, wir bitten dich, unsere Ergebnisse, zu denen wir gekommen sind, nicht als reine Orakel mißzuverstehen, sondern als eine Tatsache, die nach langer Erörterung als möglich unwahrscheinlich erscheint. Es ist nicht unsere Meinung, dass das Johannes-Evangelium unecht ist, sondern nur, dass es uns als möglich erscheint, obwohl wir sicherlich tausendmal lieber geschrieben hätten »ist« als »anscheinend«. Denn wir erwarten, ja, wir hoffen, dass das Ergebnis, was wir vorlegen, von Fachleuten geprüft und die uns dann eines Besseren belehren werden, wenn wir einen Fehler gemacht haben sollten« [übersetzt vom Verf.].

60. Jacob Christoph Rudolph ECKERMANN, Ueber die eigentlich sichern Gründe des Glaubens an die Hauptthatsachen der Geschichte Jesu, und über die wahrscheinliche Entstehung der Evangelien und der Apostelgeschichte, in: Theologische Beyträge 5/2, Altona 1796, 106-256.149.

Jude niemals gewählt hätte. Auch die Art und Weise wie der Verfasser sich in seinem Werk in Szene setze und seine ständige Sorge, seine Glaubwürdigkeit zu betonen, bezeugen für ihn die Tatsache, der Verfasser könne in der Tat kein Jude gewesen sein, zumal das Faktum, dass dem Autor in den Judaica schwere sachliche Fehler unterlaufen, gegen ihn spreche[61]. Bretschneider schreckt auch nicht davor zurück, den »Sitz im Leben« des Evangeliums exakter zu bestimmen. Er nimmt die Nachricht Justins, die Juden hätten von Jerusalem aus Boten in die ganze Welt gesandt, um die Gottlosigkeit des Christentums herauszustellen, zum Anlaß für dessen Abfassung. Gegen diese Verdächtigung wehre sich nämlich das Evangelium; es sei deshalb apologetisch wie polemisch zugleich. Nach weiteren Überlegungen über bereits geäußerte Probleme kommt er zu dem Fazit, dass das Evangelium in Alexandrien geschrieben, von dort nach Rom von Valentinianern exportiert und von dieser gnostischen Schule bis nach Gallien hin verbreitet worden sei. Bretschneider faßt seine Meinung über das Evangelium folgendermaßen zusammen: Es könne zwar die Herkunft und die Person des Verfassers und seines Wirkens nicht mehr genau bestimmt werden. Doch so viel sei sicher: Der Verfasser sei weder der Apostel Johannes noch ein anderer Augenzeuge, weder ein palästinischer Judenchrist, noch ein geborener Jude von irgendwo her, sondern ein Christ aus der alexandrinischen Schule gewesen, der Presbyter geworden sei und in dieser Funktion Gebrauch von mündlicher wie schriftlicher Tradition über Jesus gemacht habe. Diese mit — für damalige Verhältnisse — zwingender Beweisführung vorgetragene Meinung löste einen Sturm der Entrüstung aus. Sie zwang Bretschneider, nach zwei Jahren seine Thesen zu widerrufen, alles für nichtig und zugleich treuherzig zu erklären, die von ihm aufgeworfenen Fragen seien nun für die theologische Welt ungültig, von anderen endgültig gelöst und auch zu seiner Zufriedenheit abschließend beantwortet worden.

Nach seinem totalen Rückzug von all diesen Positionen könnte man meinen, nun seien alle Fragen ausgeräumt gewesen und die Position des bedeutendsten Theologen der Zeit, F. Schleiermacher, der das Johannesevangelium bekanntlich als das zentrale und hohe Evangelium bezeichnet hatte, habe sich endgültig durchgesetzt. Zur literarkritischen Scheidung[62] kehrte

---

61. Seiner Meinung nach macht er u.a. einen Fehler bei der Berechnung des Passamahles.
62. D.F. Strauß, B. Bauer und F.C. Baur vertreten die Position von der theologischen wie literarischen Einheitlichkeit des vierten Evangeliums. Deshalb sind sie für die Entwicklungsgeschichte der Scheidungshypothese von untergeordneter Bedeutung. So formulierte Strauß, das Evangelium sei »mit dem ungenähten Rock des Herrn« zu vergleichen. Für Baur und seine »Tübinger Schule« war das vierte Evangelium in der Mitte des

dennoch *Christian Hermann Weiße*[63] (1801-1866) schon 1838 zurück. Ist nämlich — so stellte Weiße sich die Frage — Kapitel 21 von einer späteren Hand hinzugefügt, dann hat man das Recht und sogar die Pflicht zu untersuchen, ob von der derselben oder einer anderen Hand vielleicht sonst noch im Johannesevangelium literarische Spuren vorhanden sind. Seiner Meinung nach ist das in der Tat der Fall sein. Der Kern des Evangeliums — die didaktischen Reden Jesu wie des Täufers[64] — ist noch von Johannes selbst im Greisenalter, wenn auch subjektiv eingefärbt[65], aufgezeichnet worden. Aber ein oder mehrere spätere Herausgeber aus seinem Schülerkreis hätte(n) seinen literarischen Nachlaß, um ihm den Eindruck von hoher Verläßlichkeit zu geben[66], mit historischen Einzelheiten und beglaubigenden Worten versehen, die ihn aber aus Weißes Sicht nun »an Werth weit unter den drei synoptischen Evangelien stellen«[67] und die ursprünglichen Reden Jesu potentiell verfälschen[68].

Obwohl diese grobschlächtige Teilungshypothese[69] verständlicherweise noch nicht überzeugend war, versuchte *Daniel Schenkel*[70] sie 1840 mit

---

2. Jahrhunderts verfaßt, so dass es der »Reflexion eines gereiften dogmatischen Bewußtseins« entsprungen sei. B. Bauer verdanken wir hervorragende Beobachtungen zu sprachlichen und stilistischen Eigenarten des vierten Evangeliums. Er vertrat gegen Strauß die These, der Inhalt aller Evangelien, besonders aber des Johannes-Evangeliums sei nicht das Ergebnis unwilkürlicher Legendenbildung, also Ertrag des Mythos, sondern absichtliche Dichtung. Damit ist er der bedeutendste Vorläufer der redaktionskritischen Fragestellung in der zweiten Hälfte des 20. Jahrhunderts. Aber sein Denkmodell läßt einen historischen Rückschluß vom Johannesevangelium auf den historischen Jesus nicht mehr zu.

63. WEISSE, Geschichte I bes. 96-138. VI 242f., und DERS., Evangelienfrage.

64. Sie sind s. E. zudem geistesverwandt mit dem Inhalt des 1. Johannesbriefes.

65. Ebd. I 108, vgl. 110: »Die johanneischen (Reden) dagegen sind solche, die der Geist des Jüngers, als ihm die Gestalt des Meisters in ein Nebelbild zu verschwimmen drohte, in dem Streben, dieses Bild fest zu halten, seine schon zerfließenden Züge wieder zu sammeln und, durch Hülfe einer selbstgebildeten oder anderswoher entlehnten Theorie über das Wesen und die Bestimmung des Meisters, aufs Neue in eine Form zu gießen, mühsam hervorrief«.

66. Ebd. I 117.

67. Ebd. I 96, vgl. 137.

68. Ebd. I 102-105.

69. Ein genauer sprachlicher Vergleich der Reden mit dem angeblich sekundären Erzählstücken aber ergibt — das sah nicht nur der führende Kommentator der Zeit, Friedrich Lücke —, dass das Evangelium sprachlich wie stilistisch ein Ganzes ist. Auch sind die Wundererzählungen in diesem Evangelium durchaus nicht an falschen Stellen eingefügt, sondern die meisten — außer 2,1-11 und 4,46-54 — hängen, wie sich später zeigen wird, aufs engste mit der darauffolgenden Rede zusammen, die aufgrund der wunderbaren Vorkommnisse angeregt wurde. Außerdem bleibt es auffällig, dass Weiße, der doch die Markus-Priorität begründet und damit die Basis für die Zweiquellentheorie gelegt hat, in den Reden des vierten Evangeliums die Hand eines Augenzeugen wiedererkennen konnte.

70. D. SCHENKEL, Ueber die neuesten Bearbeitungen des Lebens Jesu: von A. Neander, C.H. Weiße, D.F. Strauß, ThStKr 13 (1840) 736-808.

weiteren Indizien zu erhärten. Auch nach ihm soll der Evangelist ursprünglich »Reden« geschrieben haben, die sich für ihn nun in zwei Hauptteile spalten lassen: 1. die Reden bis Kapitel 13 und 2. die Abschiedsrede Jesu (Joh 13-17). Zur Begründung seiner Ansicht, dass die Erzählungen von den Taten Jesu ursprünglich mit dessen Reden unverbunden berichtet wurden, deutet er auf den Mangel an Zusammenhang hin, der hier und dort zwischen beiden Bestandteilen zu erkennen sei. So passe 7,33, die Antwort Jesu nicht zum Auftrag der Diener des Sanhedrin V. 32, ihn zu verhaften. Die Worte Jesu 8,37 enthielten keine Antwort auf die Frage der gläubigen Juden V. 36. Ebenso gehöre 10,26 nicht zu 10,22ff., sondern sei eine Fortsetzung von 10,1-18. Auch schließe 6,27 seiner Meinung nach nicht an V. 26, ebenso 12,23 nicht an V. 20-22 an, und vollständig falsch stehe die Rede 12,44ff. Aus einem ähnlichen Grund schließt Schenkel 3,27-36 (ausgenommen die V. 28-30) direkt an 3,11-21 an. Ferner meint er, dass diese Verse mit 4,34ff. und 5,19f. ursprünglich eine Einheit gebildet hätten, während 4,43ff. recht gut an 6,27 sich angeschlossen haben könnten. Mit solchen Beobachtungen wird von ihm ein weiteres literarkritisches Kriterium in die Diskussion eingeführt: die textinternen Erzählaporien[71].

Damit ist ein weiterer Baustein gewonnen, dem Rätsel des vierten Evangeliums mit Hilfe von Quellenscheidungen auf die Spur zu kommen. Einen sichereren Weg, als Weiße und Schenkel ihn zu begehen vermochten, schlug als nächster *Alexander Schweizer*[72] 1841 ein. Er versuchte den Nachweis zu führen, dass einige Teile des vierten Evangeliums, besonders die Berichte von den Ereignissen in Galiläa, erst nachträglich dem ursprünglichen Werk mit dem 21. Kap. beigefügt worden seien. Sein Versuch, gerade die galiläischen Erzählstücke auszuklammern, kam dem damaligen Problem um die Historizität der Wunder Jesu besonders entgegen, da nun die meisten Wundergeschichten als sekundäre literarische Phantasieprodukte aus dem ursprünglichen Evangelium ausgeschlossen waren. Sie hätten — so Schweizer — jede denkbare Wirklichkeit weit hinter sich gelassen. Aus diesem Grund scheidet er nicht nur 2,1-12; 4,44-54; 6,1-26 und 19,35-37, sondern auch Ostergeschichten wie 20,19-29 als

---

71. Gegen diese erweiterte Teilungshypothese lassen sich berechtigte Einwände erheben. Dies gilt besonders für seine Einschätzung von 7,33, wo Jesus gerade nicht den Dienern antwortet, sondern seine durch V. 29 unterbrochene Rede fortsetzt. Auch muß man, um 4,34 und 6,27 verbinden zu können, übersehen, dass 1. Jesus in der ersteren Stelle von der Erfüllung des göttlichen Willens als seiner Speise redet, in der letzteren aber von der geistigen Speise, nach deren Genuß die Zuhörer streben sollten und dass 2. die Worte 4,34 ohne Grund aus dem guten Zusammenhang mit dem Vorhergehenden gerissen werden müssen.

72. A. SCHWEIZER, Das Johannes-Evangelium nach dem inneren Werthe kritisch untersucht, 1841.

nachträgliche Interpolationen aus. 2,21f.; 6,41.54; 13,20 und 18,9 bezeichnet er als sekundäre Glossen. Im Schlußkapitel versucht er sogar — das ist neu — zwischen 21,1-14.15-19.20-23 verschiedene Schichten nachzuweisen. Mit diesem Entwurf einer Literargeschichte des vierten Evangeliums als Geschichte von Interpolationen ging für knapp 20 Jahre[73] das Interesse an literargeschichtlichen Rekonstruktionen zurück. Erst in den 60er Jahren griffen *H. Ewald*[74] und der Niederländer *J.H. Scholten*[75] den methodischen Ansatz wieder auf. Beide schieden mehrere, den Sinn johanneischer Worte mißverstehende Interpolationen als Produkte des Verfassers des Nachtragskapitels aus. Mit demselben Zutrauen suchte *J.T. Tobler*[76] in mehreren Arbeiten 1858-1867, eine Überarbeitung durch zwei Redaktoren nachzuweisen, und *O. Thenius*[77] sah nur in den Lieblingsjüngerstellen und einigen wenigen anderen Stellen sekundäre Erläuterungen bzw. fremde Zusätze zu einem sonst einheitlichen Evangelium. Diese vorsichtigeren Interpolationsverdachtshypothesen wurden 1886 radikaler von *H.H. Wendt*[78] vorangetrieben. Doch auch seine literargeschichtliche Arbeit lösen sich noch nicht konsequent von theologisch-konzeptionellen Prämissen. Erwartungsgemäß greift er wiederum auf Weiße und Schweizer zurück und scheidet echte Logien Jesu von den erzählenden Teilen. Seine Thesen hat er anschließend in mehreren Büchern[79] weiter zu erhärten versucht. Doch erst die philologisch-kritischen Arbeiten von E. Schwartz und J. Wellhausen stellen die Quellenscheidungshypothesen auf neuen sicherer erscheinenden Boden. Diese bestimmen weiterhin die gegenwärtige Lage, wenn sich neuerdings wieder *W. Schmithals*[80] auf sie beruft.

---

73. Denn die überzeugende Verteidigung der Einheit des Evangeliums durch F. Lücke — der Johannes-Kommentator der ersten Hälfte des 19. Jahrhunderts schlechthin — in der dritten Auflage seines Kommentars 1840 hatte den Lösungsweg, über die Scheidung von Traditionen die johanneische Frage zu beantworten, solange wieder verschlossen, bis die Verstehensprobleme wieder übermächtig wurden.

74. H. EWALD, Die johanneischen Schriften, I/II, 1861/1862, 48f.; 220f.

75. J.H. SCHOLTEN, Das Evangelium nach Johannes, 1864 (deutsch erst 1867).

76. J.T. TOBLER, Die Evangelienfrage im allgemeinen und die Johannesfrage im besonderen, 1858; DERS., Über den Ursprung des vierten Evangeliums, ZWTh 3 (1860) 167-203; DERS., Das Evangelium Johannis nach dem Grundtext (Codex Sinaiticus) getreu wiedergegeben, Schaffhausen 1867.

77. O. THENIUS, Das Evangelium der Evangelien. Ein offenes Sendschreiben an Herrn Dr. D.F. Strauß zu Heilbronn, in Beziehung auf dessen »Das Leben Jesu für das Deutsche Volk bearbeitet«, Leipzig 1865.

78. H.H. WENDT, Lehre Jesu I 215-342.

79. H.H. WENDT, Johannesevangelium; DERS., Die Schichten im vierten Evangelium, Göttingen 1911; DERS., Die Johannesbriefe und das johanneische Christentum, Halle 1925.

80. W. SCHMITHALS, Johannesevangelium und Johannesbriefe – Forschungsgeschichte und Analyse, BZNW 64, Berlin 1992.

Außerdem ist in dem gerade besprochenen Zeitraum (1841-1907) für die Fortentwickung der literarkritischen Forschungsrichtung die Entwicklung einer weiteren Hypothese kennzeichnend. Sie sollte nämlich das logische Variantenpotential für die Erklärung des Johannes-Evangeliums beträchtlich erweitern: Es ist die sogenannte Umstellungshypothese. Ihr Begründer ist der Engländer *J.P. Norris*[81], der sie 1871 aufstellte. Sie wird deutscherseits bald von *K.F. Bertling*[82] aufgegriffen. Nach ihnen hat sie um die Jahrhundertwende bedeutende Vertreter u.a. in *F. Spitta* (1893), *B.W. Bacon* aus den USA (1894), *H.J. Holtzmann* (1902), katholischerseits in *M. Meinertz* (1916) und auf anglikanischer Seite *F.W. Lewis* (1910). Sie behält ihre Attraktivität bis in die Gegenwart[83].

Die Umstellungen kommen nach der Anschauung der meisten Vertreter dadurch zustande, dass Perikopen einer Grundschrift von einem Herausgeber fehlerhaft zusammengestellt wurden. Am besten meint man dieses Verfahren an der Reihenfolge von Kap. 5-7 studieren zu können. Dort ließen sich die schwer nachvollziehbaren, rasanten Ortswechsel Jesu zwischen galiläischen und judäischen Orten aus fehlerhafter Perikopenfolge erklären, wenn mit Hilfe einer plausiblen Umstellung der Perikopen eine unverdächtige Chronologie der Reisen Jesu zwischen Galiläa und Jerusalem erkennbar würde. Man glaubt sie in der ursprünglicheren Reihenfolge der Abschnitte 6,1-71; 5,1-16.17-29.30-47; 7,15-24; 7,1-13.14.25-53 gefunden zu haben, die nämlich der Ereignisfolge auch insgesamt besser entspräche.

Die literarkritische Quellenscheidung erreicht ihren Höhepunkt in den Arbeiten von E. Schwartz und J. Wellhausen zu Beginn des 20. Jahrhunderts. Am Ende seines Lebens hatte sich *J. Wellhausen*[84] (1844-1918) dem Neuen Testament zugewandt und kurz nacheinander Kommentare zu allen Evangelien, zur Apokalypse des Johannes und zur Apostelgeschichte verfasst sowie eine Einleitung in die drei ersten Evangelien veröffentlicht. Seine johanneischen Studien eröffnete er 1907 mit einer schmalen Broschüre »Erweiterungen und Änderungen im vierten Evangelium«. Darin befand er, dass es bei einem genauen Studium der Abschiedsreden

---

81. J.P. NORRIS, On the Chronology of St. John V and VI, JP 3 (1871) 107-112.

82. K.F. BERTLING, Eine Transposition im Evangelium Johannis (Joh 5,1-15/7,19-24), ThStKr 53 (1880) 351-353.

83. U.a. WILCKENS 91f.; A. WEISER, Theologie des Neuen Testaments II: Die Theologie der Evangelien, Stuttgart 1993, 172f.

84. J. WELLHAUSEN, Erweiterungen; DERS., Das Evangelium Johannis, Berlin 1908; DERS., Rezension von H.H. Wendt, Die Schichten im vierten Evangelium, 1911, ThLZ 36 (1911) 747-748.

unzweifelhaft sei, dass die Abschiedsrede Joh 15-17 nachträglich eingeschoben sei. Damit war für ihn ein erster Baustein gelegt, die Einheit des gesamten Evangeliums selbst zu bezweifeln. Auf der Basis der Erkenntnisse der ersten Schrift veröffentlichte er ein Jahr später seinen knappen Kommentar zum Johannes-Evangelium. Das Ergebnis seiner Analysen nimmt er thetisch schon in der Einleitung vorweg: »Die Erzählungen weisen Einschübe auf, die Reden haben keine Gliederung und keine behaltbaren Pointen, sie wimmeln von Varianten und sprengen nicht selten die Einfassung, sodass man nicht weiß, in welcher Situation man sich befindet. Aus dem formlosen und monotonen Chaos ragen nun aber einzelne Stücke wie Schrittsteine auf, die eine fortlaufende, freilich nicht ununterbrochene Linie darstellen. Sie heben sich von dem Ganzen ab, bilden aber doch dessen Rückgrat und können als die Grundschrift bezeichnet werden. Daran haben sich schichtweise Erweiterungen angeschlossen«[85], und zwar von seiten mehrerer Redaktoren, wie er im Laufe der Kommentierung mehr und mehr anzunehmen sich gezwungen sieht. Liest man nun diese Auslegung aufmerksam mit der Absicht durch, die rekonstruierte Grundschrift und die verschiedenen sekundären Ergänzungen, die Wellhausen festgestellt zu haben meint, von einander säuberlich getrennt zu sehen, dann stellt man zunehmend fest, dass ihm dies nicht recht gelingen will. Zum Schluß gibt er selbst zu, aber ohne Resignation, den »Ariadnefaden«[86] durch das Gewirr der Schichten noch nicht gefunden zu haben[87].

Neben Wellhausen und in enger Kooperation mit ihm veröffentlichte sein Freund *E. Schwartz* 1907-1908 in den »Nachrichten der Gesellschaft der Wissenschaften in Göttingen«[88] vier Abhandlungen über die »Aporien im vierten Evangelium«. Diese Aufsätze sind — kennzeichnenderweise — in dem von ihm selbst noch ausgewählten 5. Band seiner

---

85. WELLHAUSEN 6.
86. J. WELLHAUSEN, (s. Anm. 84) ThLZ 36 (1911) 747f.
87. Dazu hat HAENCHEN 29-31 mit Recht angemerkt, wenn er das Scheitern Wellhausens untersucht, Licht in die Traditionsgeschichte des Johannes-Evangeliums zu bringen, dass der berühmte Pentateuchforscher sein methodisches Verfahren nach dem Grundsatz seines leitenden Interesses ausgerichtet habe, eine Grundschrift — wie sie auch immer geartet sei — müsse historisch wertvoller als die nachträglichen Überarbeitungen sein. Heute sei man mit dem Urteil — historisch bzw. unhistorisch — zur nachträglichen Begründung von Glaubensaussagen vorsichtiger geworden. Man habe nämlich erkannt, dass zwischen historisch-kritischer Arbeitsweise und den Glaubensphänomenen selbst ein qualitativer Unterschied bestehe. Zugleich dürfe aber nicht verschwiegen werden, dass nur mit Hilfe der historisch-kritischen Methoden ein Zugang zu antiken Texten möglich sei, da sie sich bemühen, die historische Distanz zwischen den ersten und den heutigen Lesern mitzubedenken und hermeneutisch zu überbrücken.
88. NGWG.PH 1907, 342-372; 1908, 115-148.149-188.497-560

»Gesammelte Schriften«[89] nicht mehr aufgenommen. Sie wurden seinen späteren Qualitätsansprüchen wohl nicht mehr gerecht. Trotzdem sind diese Abhandlungen immer noch Gold wert. Sie setzen nämlich eine Unmenge von philologischen Fragezeichen und lenken die Aufmerksamkeit auf historische und inhaltliche Aporien im Text. So sieht er z.B. mit scharfem Blick, dass die Funktion der Zwölf, die ursprünglich die Vorsteher der christlichen Urgemeinde in Jerusalem waren, bei den Synoptikern schon in die evangelische Geschichte zurückprojiziert worden sei. »Von alle dem hat das vierte Evangelium nur unordentlich hin und her geworfene Trümmer, die sich zu keinem Bilde zusammenfügen«[90]. Die Zwölf sind nach Schwartz nur durch eine Redaktion des Urtextes in den Endtext gelangt und die herausgehobene Stellung Petri sei so zusammengeschrumpft: »es bleibt so gut wie nichts übrig, und Thomas ist mindestens ebenso wichtig als er«[91]. Zum Schluß seiner quellengeschichtlichen Analyse kommt Schwartz zu dem Resümee: »Es ist ebenso unmöglich das vierte Evangelium in der Gestalt, in der es kanonisch geworden ist, als das einheitliche Werk eines Schriftstellers zu verstehen, mit der Annahme eines einzigen Arbeiters sein Rätsel zu lösen: Mindestens zweimal ist es umgestaltet, und höchst wahrscheinlich haben außerdem noch Retuschen kleineren Umfanges stattgefunden... Die synoptische Überlieferung in das Evangelium hineinzuarbeiten«, war s.E. das Ziel der Umgestaltungen. So verschlingen nach Schwartz z.B. die Reden ihren »alten und echten Kern fast ganz«[92]. Auch sein Versuch, Klarheit in die Traditionsgeschichte des Johannes-Evangeliums durch die Rekonstruktion einer Grundschrift synoptischen Typs zu bringen, ist ihm also letztlich ebenso wie Wellhausen mißglückt.

Dasselbe muß über den verspätet anmutenden Versuch von *F. Spitta*[93] (1852-1924) gesagt werden. Er konstruiert mit dem gleichen methodischen Rüstzeug wie J. Wellhausen[94] und E. Schwartz eine Grundschrift,

---

89. Berlin 1963; Bd. 1 (Berlin 1963) enthält nur den Aufsatz »Das philologische Problem des Johannesevangeliums« auf S. 131-136.
90. SCHWARTZ, Aporien IV 513.
91. Ebd. 514.
92. Ebd. 559.
93. F. SPITTA, Das Johannes-Evangelium als Quelle der Geschichte Jesu, Göttingen 1910. Vgl. DERS., Julius Wellhausen in seiner Bedeutung für die Evangelienkritik und Geschichte Jesu, Archiv der Straßburger Pastoralkonferenz 1907, 293-317.
94. WELLHAUSEN 5 beschreibt sein methodisches Vorgehen so: »dass man bei auffallenden, wo möglich äußerlichen oder formellen Einschüben einsetzen muß und erst von da zur Aufdeckung durchgehender Unterschiede von tieferer Art fortschreiten darf«. Die gesamte Rekonstruktion wird also vom Auffinden von formalen wie inhaltlichen Textaporien gesteuert. Wenn man letztere durch operatives Auslösen eines in sich geschlossenen

die s.E. an historischem Wert selbst den der Synoptiker übertreffen soll. Indem er den größeren Teil des Evangeliums als spätere Bearbeitung ausscheidet, um das »Pneumatische« aus der Grundschrift des Evangeliums entfernen zu können, wird seine historische Zielsetzung überdeutlich. Denn aus seiner Sicht können pneumatische Phänomene nicht historisch sein. Um die Dogmatiker doch noch zu beruhigen, gibt er ihnen als Ersatz eine Grundschrift an die Hand, die s.E. eben historisch wertvoller als die der Synoptiker sein soll. Daraus leitet er sein entscheidendes Kriterium ab: »Was mit den Synoptikern übereinstimmt, ist Zusatz, was ihnen widerspricht, ist umso echter«. Ein solches Denkmodell konnte letztlich niemanden überzeugen. Aber andere[95] sahen und sehen sich weiter gefordert, die »johanneische Frage« auf quellengeschichtlichem Wege zu lösen.

Vergleicht man zusammenfassend die bislang skizzierten literargeschichtlichen Ergebnisse zur Entstehungsgeschichte des vierten Evangeliums miteinander, so steht man — je nach Umfang der vorgenommenen Rekonstruktionen — vor einem immer unterschiedlich gestalteten, aber »schönen« Text-Torso. Unter den differierenden Rekonstruktionen muß man wählen. Das läßt fragen, ob dieser Weg methodisch adäquat war. Denn nach Art und Umfang der angenommenen fremden Eingriffe in ein ursprüngliches Johannes-Evangelium kann man Umstellungs-, Interpolations-, Teilungs- und Bearbeitungshypothesen unterscheiden. Die Umstellungshypothesen führen die Umstimmigkeiten im Evangelium teils auf beabsichtigte Veränderungen, teils auf rein zufällige Blattvertauschungen zurück. Andere glauben die Widersprüche, Varianten, Erklärungen, Dubletten besser mit einer Interpolationshypothese erklären zu können. Doch hat im Laufe des 19. Jahrhunderts gerade auch die radikalere Teilungshypothese viele Freunde gewonnen. Sie scheidet zwischen Rede- und Erzählstoffen im Evangelium und führt logisch konsequent zu einer Bearbeitungshypothese. Diese unterscheidet zumeist eine alte Grundschrift von jüngeren redaktionellen Zutaten. Dabei rechnet sie gewöhnlich mit mehreren Bearbeitungsstufen und sekundären Eingriffen seitens verschiedener Redaktoren. Sie hätten möglicherweise noch Stoffe aus

---

Textzusammenhanges beseitigen kann, hat man in ihm einen Teil des Urtextes gefunden, der sich wiederum aus mehreren miteinander homogenen Teilen zu einer Grundschrift zusammensetzen läßt.

95. Hier seien die bedeutenden Arbeiten von R.T. FORTNA stellvertretend für alle aktuellen Arbeiten mit dieser Zielrichtung genannt: The Gospel of Signs. A Reconstruction of the Narrative Source Underlying the Fourth Gospel, SNTS.MS 11, Cambridge 1970; DERS. The Fourth Gospel and His Precedessor. From Narrative Source to Present Gospel, Edinburgh 1989.

eigenen Recherchen in den urchristlichen Gemeinden oder freischwebende synoptische Traditionen hinzugefügt.

Es blieb *R. Bultmann* vorbehalten, alle diese differierenden Erklärungsmodelle in eine Synthese genial zusammenzuspannen, so dass sie fast ein halbes Jahrhundert die Auslegung des Johannesevangeliums bestimmen konnte. Alle Wundergeschichten wurden von ihm ihrer Herkunft nach in einer Zeichen-Quelle[96] geortet. Damit war dem Anliegen von A. Schweizer und anderen Rechnung getragen. Die Reden Jesu wurden einer Quelle von Offenbarungsreden zugerechnet, so dass sich u.a. Weiße mit seiner Meinung hätte bestätigt finden können. In der johanneischen Leidensgeschichte wie in anderen durch einen Vergleich klar indizierbaren Texten sah Bultmann vor allem Synoptiker analoges Material verarbeitet.

Kap. 21, das bereits Evanston für sekundär hielt und später auch E. Schwartz zum Ausgangspunkt seiner Rekonstruktion einer Grundschrift diente, wurde Bultmann zum Beweis für einen kirchlichen Redaktor, der alle divergierenden Quellen so miteinander verwob, dass deren möglicherweise unorthoxen »theologischen« Ansätze der entstehenden Großkirche genehm wurden. In den letzten Jahren wurde sein Ansatz und der durch diesen erzielte Konsens, die johanneische Frage auf quellenscheidende Weise zu lösen, besonders durch die Einsicht zunehmend brüchig, dass er die Frage nach Divergenz und Kohärenz von Texten mit Hilfe einer historischen Differenzierung in alt und jung zu lösen versucht hatte. Das Denkmodell der historischen Differenz innerhalb eines Textes kauft sich allerdings vom Erklärungsnotstand frei, indem es dem Verfasser des Endtextes unverzeihliche Fehler auf inhaltlichem wie formalliterarischem Gebiet vorwerfen kann, unter der Annahme, dass nur die rekonstruierten Grundschriften fehlerfrei seien. Die Frage aber, ob der moderne Ausleger nicht selbst Aporien in den Text hineinliest, die dieser gar nicht gekannt hat, diese berechtigte Frage wird nicht gestellt.

Die Auseinandersetzungen in dieser Frage werden anhalten. Man kann sicher sein, dass auch das vierte Evangelium eine Vorgeschichte hat[97].

---

96. Ihre Existenz wird von G. VAN BELLE, The Signs Source in the Fourth Gospel. Historical Survey and Critical Evaluation of the Semeia Hypothesis, BEThL 116, Leuven 1994, grundsätzlich in Frage gestellt.

97. LÜTGERT, Christologe V, merkt in seinem Vorwort mit Recht an: »Auf die Versuche, das Evangelium zu zerlegen,…, habe ich mich in dieser Schrift nicht eingelassen. In der Geschichte der Kritik des Evangeliums bilden sie eine lehrreiche Episode, weil sie beweisen, dass ein summarisches Verwerfungsurteil über die Geschichtlichkeit des Evangeliums nicht möglich ist: insofern sind sie bedeutsam, aber für das Verständnis des Evangeliums haben sie nicht viel ausgetragen«.

Doch bevor man eine Grundschrift oder sogar verschiedene Quellen als Erklärungshypothese voraussetzt, die doch nur Problemanzeigen zu beantworten sucht, welche sich bei literargeschichtlicher »Lektüre« einstellten, muß erst das Darstellungsziel und die Intention des Evangelisten exakter als bislang geschehen eruiert worden sein, um die spezifische Herkunft des Textmaterials verifizieren zu können. Dabei muß beachtet werden, dass auch synoptischer Erzählstoff, Logien, geprägte Wendungen und Formeln aus der urchristlichen Tradition sowie biblische Vorstellungen eingeflossen bzw. vom Autor reflektiv eingearbeitet sein können, um seinen Thesen theologisch zu profilieren und ihre Überzeugungsqualität zu verbessern. Deshalb ist es konsequenter, sich von der Frage nach dem »Verfasser« und seinen »Traditionen« zu lösen und statt dessen den »impliziten Evangelisten«, die epische Gestaltung des Erzählstoffes (d.h. »Erzählweisen«, »Erzählperspektiven« etc.) und den »impliziten Leser« bzw. »impliziten Jünger« zum Gegenstand der Untersuchung zu machen, die sich der synchronen Betrachtungsweise verpflichtet weiß und die literargeschichtliche Fragestellung mit ihrem Versuch der Quellenscheidung aufbricht. Das bedeutet, die Entstehungsgeschichte des Evangeliums vom Endprodukt her zu erörtern und nicht wie forschungsgeschichtlich geschehen, eine Vorgeschichte von Quellentexten hypothetisch vorauszusetzen, deren Existenz man dann nachträglich bewies. — Lit. s.u. S. 439-440.

3. Das religionsgeschichtliche Interesse

Fast gleichzeitig mit der Hinwendung zur konsequent philologisch-historischen Rekonstruktion einer Grundschrift bzw. der Traditionen des vierten Evangeliums wurde ein weiterer Aspekt in der Forschung virulent, der seit der Aufklärung[98] die Auslegung dieser Schrift begleitet hatte. Die

---

98. Vgl. u.a. aus der ersten Tübinger Schule G.C. STORR, Ueber den Zweck der evangelischen Geschichte und der Briefe Johannis, Tübingen 1786, der den Zweck des Johannesevangeliums schon darin sah, das Christentum gegen eine gnostisierende Täufersekte abzugrenzen. WEISSE, Geschichte VII (1838) 386-393, sah in der Betonung der Leiblichkeit des Auferstandenen im dritten und vierten Evangelium ein Indiz für einen apologetischen Abfassungszweck gegen den aufkommenden Doketismus, der behauptete, Jesus habe nur einen Scheinleib besessen, sei aber in Wirklichkeit immer ein göttliches Wesen geblieben. T. KEIM, Geschichte Jesu von Nazara in ihrer Verkettung mit dem Gesammtleben seines Volkes frei untersucht und ausführlich erzählt, Zürich 1867-1872, I 112, sah es von der alexandrinisch-philonischen Religionsphilosophie, d.h. vom Mittelplatonismus, beeinflußt. Zum Letzteren ausführlicher: J. DILLON, The Middle Platonists. A Study of Platonism 80 B.C. to 220 A.D., London 1977, 52-183.

bewundernswerte Dynamik in der Entwicklung der urchristlichen Literatur leitete *F.C. Baur* noch christentumsintern aus der dialektischen Spannung zwischen dem Völkerapostel Paulus und den Judenchristen ab. Denn für ihn war der gegenüber den Synoptikern eigentümlich spirituelle Charakter des Johannesevangeliums ein Indiz für seine zentrale These, dass in ihm die Geschichtsdarstellung nur die transparente Folie seiner ideellen Auffassung derselben bilde und dass als Quellen, soweit der Erzählstoff nicht der literarischen Produktion des Evangelisten selbst entstammen könne, nur die Synoptiker infrage kämen. Schon aufgrund dieser beiden Gründe dürfe die Schrift nicht als das Werk eines Augenzeugen gelten, sondern sie hätte vielmehr dem Ausgleich zwischen den beiden urchristlichen Hauptströmungen, dem Heiden- und Judenchristentum, gedient, spiegele folglich ein späteres christliches Selbstbewußtsein wider, markiere insofern den Übergang zum sogenannten Frühkatholizismus und setze den erst in der Mitte des zweiten Jahrhunderts ausgeführten Schlußstein der kanonischen Evangelienliteratur. Aber die von dem berühmten Exegeten genial vorgetragene Ansicht über die historischen Entwicklung des Urchristentums verlangte schon bald nach einem noch umfassenderen religionsgeschichtlichen Erklärungshorizont.

Zwei Schüler von F.C. Baur[99], *A. Ritschl* (1822-1889)[100] und *O. Pfleiderer* (1839-1908)[101], wiesen auf das unter dem Einfluß des Hellenismus stehende Heidenchristentum hin, das in Wirklichkeit die Keimzelle der alten Kirche und deren Schrifttum gebildet habe. Danach brach sich der religionsgeschichtliche Vergleich mit der frühjüdischen und hellenistischen Lebenswelt als methodologischer Neuansatz zur Erhellung des Urchristentums Bahn, wobei sich die Altertumswissenschaft[102], die sich damals verstärkt dem Hellenismus und dessen Volksfrömmigkeitszeugnissen zuwandte, und junge Exegeten aus der Ritschl-Schule gegenseitig

---

99. Zum Verhältnis von F.C. Baur zur Religionsgeschichte gibt H. CANCIK, Von Ferdinand Christian Baur zu Ernst Bloch: Religionswissenschaftliche Arbeit an der Universität Tübingen seit der Spätaufklärung, SMSR 62 (1996) 75-96.78-83, Auskunft.

100. A. RITSCHL, Die Entstehung der altkatholischen Kirche. Eine kirchen- und dogmengeschichtliche Monographie, Bonn ²1857.

101. O. PFLEIDERER, Das Urchristenthum, seine Schriften und Lehren in geschichtlichem Zusammenhang, Berlin 1887, 744, übertrug diese Einsicht auch auf das Johannesevangelium mit den Worten: »Auszugehen ist [im Johannesevangelium] von dem Gegensatz Gottes und der Welt, als der im Hellenismus gegebenen Voraussetzung für die christliche Heilslehre«.

102. Vgl. E. ROHDE, Psyche. Seelencult und Unsterblichkeitsglaube der Griechen, Freiburg/Leipzig 1890 [Darmstadt 1991], und H. USENER, Religionsgeschichtliche Untersuchungen I, Das Weihnachtsfest, Bonn 1889. Unvergessen bleiben auch die Namen A. Dieterich, R. Reitzenstein und F. Cumont.

beeinflußten. So stellt sich *J. Weiß*[103] (1863-1914) der Frage: »Wie ist es gekommen, dass die neue Religion, auf dem Boden des Judentums entstanden, sich vom Judentum abgelöst hat, und dass sie auf dem Boden des Hellenismus, statt in den dort vorbereiteten Formen einer geistigen monotheistischen Mysterien-Religion ganz aufzugehen, sich ihnen trotz aller Anpassung, trotz aller Aufsaugung hellenistischer Elemente feindlich gegenüberstellt und sie schließlich überwunden oder, wenn man lieber will, sie in sich resorbiert hat?«

Für die Auslegung des vierten Evangeliums bedeutete die Fragestellung zu dessen Verständnis Analogien ernst zu nehmen, die es in seiner orientalischen Umwelt gab, da man nach dem Urteil von *H. Gunkel*[104] (1862-1932) im Evangelium »der Alttestamentler auf Schritt und Tritt Dinge, für die er schlechthin keine Analogie hat, und die er geschichtlich nicht erklären kann«, findet. Deshalb suchte *W. Wrede*[105] nach einem anderen Ursprung und glaubte, »dass dem Evangelium gnostisch geartete Anschauungen zu Grunde liegen«. Diese Vermutung gewann große Zustimmung, weil zu dieser Zeit von M. Lidzbarski[106] und R. Reitzenstein[107] die mandäischen und hermetischen Schriften[108] übersetzt bzw. zugänglich wurden.

Einen ersten Höhepunkt erreichte die religionsgeschichtliche Sicht vom gnostischen Hintergrund des vierten Evangeliums in den betreffenden

---

103. J. Weiss, Das Problem der Entstehung des Christentums, ARW 16 (1913) 423-515.428.
104. H. Gunkel, Zum religionsgeschichtlichen Verständnis des Neuen Testaments, FRLANT 1, Göttingen 1903, 86. Derselbe hatte schon in seinem Werk Schöpfung und Chaos in Urzeit und Endzeit. Eine religionsgeschichtliche Untersuchung über Gen 1 und Ap. Joh 12, Göttingen 1895, das Vergleichsmaterial aus den orientalischen Religionen herangezogen und bis in die babylonischen Schöpfungsgeschichten zurückverfolgt. Dies hatte ihm die m.E. berechtigte Kritik von J. Wellhausen, Skizzen und Vorarbeiten, Berlin 1899, 233, eingetragen: »Von methodischer Wichtigkeit ist es zu wissen, dass tatsächlich ein Stoff in den Apokalypsen vorliegt, der von der Conception des Autors nicht immer völlig durchdrungen, in seinem Guss nicht immer ganz aufgegangen ist und noch öfter für unsere Erklärung einen undurchsichtigen Rest lässt; woher jedoch dieser Stoff ursprünglich stammt, ist methodisch ganz gleichgiltig«.
105. Wrede, Tendenz 201.
106. M. Lidzbarski, Das Johannesbuch der Mandäer, Giessen 1915, u.a.
107. R. Reitzenstein, Poimandres, Leipzig 1904, u.a.
108. So ist ein Vergleich zwischen der hermetischen Schrift Poimandres (C.H. I), Philo und dem Johannesevangelium angebracht, um den biblischen Einfluß auf deren Denkbewegungen zu erschließen. Z.B. beschreibt Poimandres (C.H. 1.5: κινούμενα δὲ ἦν διὰ τὸν ἐπιφερόμενον πνευματικὸν λόγον εἰς ἀκοήν) die Schöpfung durch den Geist auf eine Weise, die an Gen 1,2 LXX erinnert, aber auch den pneumatischen Logos einführt, ein Lieblingsbezeichnung Philos für den Logos; vgl. C.H. Dodd, The Bible and the Greeks, London 1935, 101.

Beiträgen von *R. Bultmann*[109] sowie *W. Bauer*[110] (1877-1960). Das Interesse wurde erneut geweckt, als die gnostische Bibliothek von Nag Hammadi (1945[111]) publiziert wurde.

Aus dieser Zeit stammt ein bislang unpublizierter Vortrag von *E. Haenchen*[112], der auf seine unnachahmliche Art beispielhaft für die Arbeits- und Denkweise der religionsgeschichtlichen Schule steht und im Vortragsstil etwas von der Faszination wiedergibt, die sie bestimmte. Dieser knüpft an Überlegungen an, die sich in dieser Form schon programmatisch bei J. Weiß[113] sowie *K. Deissner*[114] (1888-1942) finden lassen und auch von R. Bultmann übernommen wurden. Haenchen fasst die entscheidenden Unterschiede zwischen der gnostischen und johanneischen Weltsicht folgendermaßen zusammen:

»1. Das johanneische Christentum hat nicht — wie in der gnostischen Weltsicht — im Erlöser das wahre Ich des Menschen gesehen, das zu sich selbst kommt. Das Christentum hat vielmehr — trotz aller platonischen, d.h. für unsere Betrachtung ebenfalls gnostischen Beeinflussung, den Erlöser streng von dem der Befreiung bedürftigen Menschen unterschieden, und zwar nicht bloß begrifflich.

2. Das johanneische Christentum hat immer daran festgehalten, dass dieses uns befreiende himmlische Wesen, der Logos, der Gottessohn oder wie die Prädikate im Evangelium auch immer lauten mögen, kein anderer ist als der historische Jesus von Nazareth, mag auch dieses Einheitsverhältnis in der johanneischen Gemeinde unterschiedlich vorgestellt worden sein.

3. Das johanneische Christentum ist stets überzeugt gewesen, dass in Jesus Christus sich uns Gott selber erschlossen hat. Der gnostische Einfluß kann also nur darin bestehen, dass die Form dieser Selbsterschließung Gottes in Jesus entsprechend der übergreifenden Vorstellung vom göttlichen Gesandten gedacht worden ist, deren Herkunft aber eher im prophetischen Selbstverständnis der hebräischen Bibel begründet liegt. Dabei

---

109. Wiederum steht der Name Bultmann für eine unübertroffene Synthese divergierender Forschungserträge. Vgl. u.a. die beiden ersten Großes versprechenden Aufsätze von R. BULTMANN, Der religionsgeschichtliche Hintergrund des Prologs zum Johannesevangelium, in: FS H. GUNKEL, Göttingen 1923, 3-26, und DERS., Die Bedeutung der neuerschlossenen mandäischen und manichäischen Quellen für das Verständnis des Johannesevangeliums, ZNW 24 (1925) 100-146.

110. W. BAUER, Das Johannesevangelium erklärt, Tübingen ²1925.

111. Auszugsweise findet man Beispiele aus hermetischen und gnostischen Schriften übersetzt in: BARRETT/THORNTON (Hrsg.), Texte zur Umwelt des Neuen Testaments, UTB 1591, Tübingen 1991, 122-150.

112. Er ist ungekürzt im Anhang abgedruckt.

113. WEISS, s. Anm. 103, 435.

114. K. DEISSNER, Paulus und die Mystik seiner Zeit, Leipzig 1918, 66.

wird nun grundsätzlich deutlich, wie Glaubensüberzeugungen sich in Worte fassen lassen: sie werden in der Sprache zum Ausdruck gebracht, die man momentan versteht, ohne den geschichtlichen Bezug aufzugeben. Damit ist aber heute, in einem Zeitalter, in dem jene sprachliche Realisation nur theoretisch durch Exegeten rekonstruierbar ist, eine schwere Gefahr für das Christentum markiert: dass es nämlich eben die Form, in der das johanneische Christentum die Selbsterschließung Gottes in Jesus sich selbst verständlich gemacht hat, für die einzige hält, welche diesem Inhalt angemessen ist. Hier liegt ein Problem, das man angehen sollte, ohne es überhastet zu überspringen, sondern, indem wir die Texte lesen und exegetisch aufarbeiten, sinkt ihr Inhalt und Sinn in unseren Verstand und Herz, von dort werden sie in unserer Sprache — so hoffe ich — wieder auferstehen. Dann werden wir sehen, dass der Autor des Johannesevangeliums seine Leserschaft zu bewußt lebenden Einwohnern dieser ‚Welt' machen wollte, und sie nicht bloß, sondern gerade dafür ‚unendliches Leben' geschenkt bekommen haben (Joh. 20,31)«.

Obwohl nicht nur bei Haenchen der religionsgeschichtliche Vergleich eine hohe Faszination auslöste, gewinnt dieser erstaunlicherweise immer nur dann wieder an Kraft, wenn neue, vorher unbekannte Quellen erschlossen wurden, seien es die Nag Hammadi Texte oder die Texte aus den Höhlen bei Qumran. Nach einiger Zeit aber wird es wieder still um ihn[115]. Dennoch gewinnt dieser Ansatz im Rahmen einer Untersuchung der literarischen Kommunikation im vierten Evangelium zentrale Bedeutung, wenn die religionsgeschichtlichen Phänomene eingebettet werden in

---

115. Einen Grund dafür könnte schon J. WELLHAUSEN, s. Anm. 104, 233, in seiner Auseinandersetzung mit H. Gunkel erahnt haben: »Die apokalyptischen Schriftsteller selber haben ihn [den Erzählstoff] sicher nicht aus der letzten Quelle geschöpft. Sie haben auch nicht nach seiner ursprünglichen Bedeutung gefragt, sondern ihren eigenen Sinn so gut es ging hineingelegt. Und den Sinn, in welchen sie selber ihn verwandt haben, müssen wir zu erkennen suchen. Gunkel glaubt sie corrigiren und ihrer Deutung das wahre Verständnis entgegen setzen zu müssen. Das hat vielleicht antiquarisches Interesse, ist aber nicht die Aufgabe des Theologen und des Exegeten«. — Die letzten, die die Gnosis in das Zentrum der johannischen Theologie rückten, sind neben E. Käsemann vor allem L. SCHOTTROFF, Der Glaubende und die feindliche Welt, WMANT 37, Neukirchen-Vluyn 1970; M. LATTKE, Einheit im Wort, SANT 41, München 1975; W. LANGBRANDTNER, Weltferner Gott oder Gott der Liebe. Der Ketzerstreit in der johanneischen Kirche, Bern/Frankfurt 1977, der schon in der »Grundschrift« gnostische Elemente entdeckt haben will, bzw. P. HOFRICHTER, Im Anfang war der »Johannesprolog«. Das urchristliche Logosbekenntnis — die Basis neutestamentlicher und gnostischer Theologie, BU 17, Regensburg 1986. Letzterer sieht umgekehrt schon im vorjohanneischen Logos-Bekenntnis die entscheidende Vorgabe für die Ausbildung bestimmter gnostischer Lehrelemente gegeben. A. STIMPFLE, Blinde sehen. Die Eschatologie im traditionsgeschichtlichen Prozeß des Johannesevangeliums, BZNW 57, Berlin 1990, sieht in der johanneischen Eschatologie gnostische Versatzstücke verwendet.

eine literatursoziologische und religionsanthropologische Erhebung. Diese erhellt die emotionale Einwirkungskraft von religiösen Metaphern auf die »implizite Leserschaft«, bestimmt den spezifischen Standort und Charakterisierung von Diskursfiguren und definiert zugleich den rituellen Prozeß, den jene in der Erzählhandlung durchlaufen müssen, um beispielhaft für den »impliziten Jünger« werden zu können. — Lit. s.u. S. 440-443.

4. DAS TRADITIONSGESCHICHTLICHE INTERESSE

Nach dem zweiten Weltkrieg wurden die exegetischen Bemühungen um ein geschichtliches Verständnis des vierten Evangeliums mit einer historischen Fragestellung wieder aufgenommen. Das sicherte forschungsgeschichtliche Kontinuität, denn nur »ein wirklich geschichtliches Verständnis der Eigenart und Bedeutung des vierten Evangeliums«[116] konnte bereits nach dem Urteil von J. Weiß die johanneische Frage wirklich lösen. Exakt dieses Problem sprach E. Käsemann erneut 1966 an, als er erklärte, dass »das Evangelium« »im ganzen historisch noch immer ein Rätsel«[117] sei.

Als erster legte darauf *J.L. Martyn*[118] 1968 eine Entwicklungsgeschichte der johanneischen Gemeinde vor. Er nutzte den damaligen doppelten Konsens in der Forschung, dass das vierte Evangelium einerseits aus unterschiedlichen Quellen und literarischen Schichten bestehe und man andererseits die Geschichte einer christlichen Gemeinde von ihren Anfängen bis zur letzten Edition des Johannesevangeliums nachzeichnen könne, die von einer stark antijüdischen Tendenz[119] geprägt gewesen sei, die sich auch in ihrer Christologie und Eschatologie widerspiegele.

Aus seiner Sicht lebten die jüdischen Christen zuerst im Einklang mit der Synagoge und vertraten dort die Überzeugung, dass Jesus der lang ersehnte Messias sei. Ihre Auffassung schlug sich in Predigten nieder, in denen sie die Mitjuden etwa im Stil von Joh 1,35-49 einluden, ihren lang gehegten eschatologischen Hoffnungen nachzugeben, zum kerygmatisierten Jesus zu kommen und in ihm den Messias zu entdecken, den sie, die Christen, schon längst entdeckt hätten. Einer ihrer Prediger sammelte die

---

116. J. WEISS, Die Predigt Jesu vom Reiche Gottes, hrsg. von F. HAHN, mit einem Geleitwort von R. BULTMANN, Göttingen ³1964 (¹1892), 60; vgl. A. HARNACK, Lehrbuch der Dogmengeschichte I, 1931, 108.

117. KÄSEMANN, Wille ⁴1980, 13.

118. J.L. MARTYN, History and Theology in the Fourth Gospel, Revised and enlarged, Nashville ²1979 (¹1968).

119. Dieser Trend war schon von F.C. Baur als Motor der literarischen Produktion und geschichtlichen Entwicklung bezeichnet worden.

in der Gruppe umlaufenden Jesustraditionen und verband sie mit der Predigtsammlung. So entstand eine erste johanneische Schrift. Vergleicht man das Textcorpus dieser Rekonstruktion mit dem Corpus der von Bultmann ausgemachten Semeiaquelle treten die Ähnlichkeiten überdeutlich hervor.

Doch der Zulauf zu der schnell wachsenden messianischen Bewegung führte am Ende der 80er Jahre zu heftigen Debatten in der Synagoge. Einige orthodoxe Juden verlangten Schriftbeweise für die vorgetragene These, dass Jesus wirklich der erwartete Messias gewesen sei. Dabei traten starke persönliche Animositäten zu Tage. Diese führten zu Parteibildungen, die wiederum die Synagogenoberen zum Eingreifen zwangen. Diese fügten die Birkat ha-minim-Bitte (= Verfluchung aller Abweichler) in das Achtzehnbitten-Gebet des Synagogengottesdienst ein, um auf diese Weise die Messiasanhänger identifizieren und auschließen zu können. Vor die Wahl gestellt, die Synagoge zu verlassen (9,22c-e) oder sich still zu verhalten, spalteten sich die ersten Christen in zwei Gruppen: Die einen blieben und wurden zu Kryptochristen (vgl. 7,13; 9,22ab; 12,42; 19,38), andere verließen die Synagoge und wurden als Judenchristen — erstmals historisch faßbar — eine separate jüdische Gruppe neben anderen. Letztere wurden von der Synagoge verfolgt und einige sogar hingerichtet (5,18; 10,33; 16,2).

Diese Ereignisse spiegeln sich in der nächsten Überarbeitung der evangeliaren Grundschrift literarisch wider. Die neu hinzugefügten schriftgelehrten, midraschähnlichen Reden sowie die vom doppelten Trauma — Ausgrenzung und todbringender Verfolgung — zeugenden dualistischen Texte stammen aus dieser mittleren Periode. Sie wurden mit dem Ziel verfaßt, die Gruppenidentität der Judenchristen zu stabilisieren, indem nun zwischen zwei Menschentypen unterschieden wurde: Die einen — von oben wiedergeboren — sind die das Licht und nicht die Finsternis suchenden Erwählten (Joh 3), und die anderen sind solche, die »von unten«, d.h. aus der christenfeindlichen Welt stammen. Diese Generation von Christen zeichnen Jesus nun als einen Fremden in den Text ein, der in die Welt hinabgestiegen, von seinen eigenen Landsleuten in der Mehrheit abgelehnt, aber von wenigen akzeptiert wurde, die er aber im Gegenzug zu wahren Israeliten machte (1,47). Sie sind nun keine Mosejünger mehr, sondern Jünger Jesu (9,28).

Aber damit ist die Entwicklung der johanneischen Gemeinde, wie sie sich nach Martyn im Endtext des Evangeliums spiegelt, noch nicht abgeschlossen. In einer dritten Phase muß sie ihr Verhältnis zu den Kryptochristen ebenso klären wie zu anderen christlichen Gruppen, die sich zwischenzeitlich außerhalb des Synagogenverbandes versprengt neu zusammengeschlossen haben. Die ersteren werden aufgefordert, sich zu »outen« bzw. Jünger des Moses mit der Folge zu bleiben, dass sie dann vom Heil ausgeschlossen seien. Die anderen christlichen Gruppen werden 10,16 und 11,52 gemäß mit dem Ziel angesprochen, sich zu einer Herde unter einem Hirten zu vereinigen.

Die durch ihre Geschlossenheit und Stringenz beeindruckende und bis heute einflußreiche Rekonstruktion der johanneischen Gemeindegeschichte und der Traditionsgeschichte ihres literarischen Zeugnisses setzt konsequent eine kontinuierliche Entwicklung voraus. Dies mußte den Protest derer hervorrufen, die die antagonistischen Elemente in der Christologie und Eschatologie des vierten Evangeliums zu wenig berücksichtigt sahen. Sie bringen zusätzlich Überlegungen zu einer innerchristlichen Häresiegeschichte ins Spiel. Der erste, der ein solches Geschichtsmodell vorlegte, war *G. Richter* 1975[120].

Richter versucht die bekannten Probleme — vor allem die Diskrepanz zwischen präsentischer und futurischer Eschatologie sowie zwischen unterschiedlichen christologischen Entwürfen — bewußt mit Bezug auf J. Weiß traditionsgeschichtlich zu erklären. Für ihn ist das vierte Evangelium ebenfalls ein Produkt einer fortwährenden Neuinterpretation und Korrektur des traditionell gewachsenen Glaubens unter dem Einfluß neuer geschichtlicher Konstellationen. Er unterscheidet vier statt drei Phasen in der geschichtlichen Entwicklung der johanneischen Gemeinde, beschreibt aber darin nur drei differierende christologisch-eschatologische Stadien.

1. Im ältesten, ihm erkennbaren Stadium vertrat die johanneische Gruppe eine Messias wie Moses- und keine Davidsohn-Christologie (1,29-34.45; 6,14; 7,31). Wie jener wirkte Jesus nämlich Zeichen und Wunder, welche seinen messianischen Anspruch verbürgten. Die Gemeinde, die diese Glaubensaussage formuliert, ist judenchristlich geprägt, da sie Jesus noch kein göttliches Wesen zugesteht, sondern ihn als Mensch von Gott erwählt betrachtet (1,45-46; 6,42; 10,33; 19,7). Der Konflikt, in dem die Gemeinde steht, ist wie bei Martyn bestimmt durch die Aporie, den jüdischen Mitbürgern die Messianität Jesu beweisen zu müssen. Wegen ihrer Hartnäckigkeit in der Sache werden die Christen aus der Synagoge im Norden Palästinas bzw. »jenseits des Jordans« (1,28) auf den Golanhöhen[121] ausgeschlossen. Daraufhin formulieren sie für ihre

---

120. G. RICHTER, Präsentische und futurische Eschatologie im 4. Evangelium, in: FS A. VÖGTLE, Stuttgart 1975, 117-152; erneut in: DERS., Studien zum Johannesevangelium. Hrsg. von J. HAINZ, BU 13, Regensburg 1977, 346-382.

121. K. WENGST, Bedrängte Gemeinde und verherrlichter Christus. Der historische Ort des Johannesevangeliums als Schlüssel zu seiner Interpretation, BThSt 5, Neukirchen-Vluyn 1981, 80-93, grenzt dies exakter auf die südlichen Landesteile des Herrschaftsgebiets von Herodes Agrippa II ein. — Der Einfluß von G. Richter auf die Position von

Bedürfnisse eine eigene evangeliare Grundschrift, in der sie Jesustraditionen, vor allem die Semeiaquelle und eine nichtsynoptische Passionsgeschichte, ihren theologischen Überzeugungen gemäß sammelten. Diese Grundschrift vertrat noch die klassisch jüdische Zukunftseschatologie, ohne jedoch die feste Überzeugung der Gemeinde zu verbergen, dass sie in Jesus das Heil bereits endgültig angebrochen sah.

2. In der zweiten Phase formuliert ein Evangelist zum ersten Mal die »hohe« Sohn-Gottes-Christologie, indem er u.a. 1,1-13 der Grundschrift hinzufügte. Jesus ist nun der präexistente Sohn Gottes, der vom Himmel herabgestiegen ist, um auf Erden Heil zu stiften. Diese Überzeugung verursacht einen Bruch innerhalb der Gemeinde, da ein Teil dadurch den Ein-Gott-Glauben angetastet sah. Die Vertreter einer »hohen« Christologie gründeten daraufhin innerhalb der johanneischen Gemeinde einen neuen Konventikel. Dort wurde vor allem die präsentische Eschatologie weiter ausgeformt, d.h. man sah sich durch das Erlösungswerk des Gottessohnes schon vom Tod ins Leben hinübergeschritten.

3. In der dritten Phase wurde eine jeder »hohen« Christologie innewohnende Gefahr evident. Da der Evangelist die himmlische Herkunft und die göttliche Sohnschaft Jesu gegen die judenchristliche Hauptgemeinde betonte, konnte bei einigen der Eindruck entstehen und die Überzeugung wachsen, Jesus sei nur und ausschließlich ein göttliches Wesen und seine Inkarnation sei nur Schein gewesen. Damit war der Doketismus geboren und das Christentum auf den Weg zur Gnosis gebracht. Diese These führte zum erneuten Bruch, wie er sich in 1 Joh 2,19 niedergeschlagen hat. Die Doketen haben in der Sicht von Richter damals die Hauptgemeinde und ihre Konventikel verlassen und eine »Nebengemeinde« gegründet, die von dieser auf das heftigste bekämpft wird.

4. Im vierten und erkennbar letzten Stadium entwickelt sich aus diesem Streit mit den Doketen der johanneische Antidoketismus, wie er sich 1,14; 19,34f.; 20,30f. klar formuliert zeigt. Dieser Phase entspricht die des Endredaktors, der zusätzlich zu Kap. 21 auch u.a. 20,24-29 hinzufügte. Seine Eschatologie wird wieder futurischer, behält aber spannungsreich die präsentische der Vorlage des Evangelisten bei. Nun bedeutet aber die Überzeugung, in der Gegenwart schon eschatologisches Heil zu besitzen, auch zugleich, dass dem Sohn Gottes wahres Menschsein zugesprochen werden muß.

K. BERGER, Theologiegeschichte des Urchristentums, Tübingen/Basel 1994, 658-669, ist unverkennbar.

Eine Rekonstruktion der Gemeindegeschichte setzte in den bislang referierten Modellen drei Annahmen hypothetisch voraus: a) ein historisches Fixdatum: der Synagogenbann (9,22), b) antagonistische theologische Aussagen im Evangelium und c) externe oder interne Einflüsse auf die sich bildende christliche Gruppe (entweder einen Streit mit orthodox-jüdischen Zeitgenossen oder mit häretischen Strömungen innerhalb des Judenchristentums). Diese Vorgaben werden aber traditionsgeschichtlich unterschiedlichen Entwicklungsphasen bzw. deren literarischen Schichten zugewiesen, wobei sich ihre Aporien aufzulösen scheinen, weil sie geschichtlich nachvollziehbar werden.

Obwohl diese Voraussetzungen aus den beiden bislang erörterten Entwicklungsmodellen der johanneischen Gemeinde bereits hinreichend bekannt sind, soll noch ein dritter Entwurf[122], den von *R.E. Brown*[123], hier vorgestellt werden, weil er in der Forschung sehr einflussreich geworden ist.

Aus seiner Sicht lebte anfangs unter palästinischen Judenchristen im Grenzgebiet zu Syrien neben ehemaligen Täuferanhängern ein Augenzeuge des öffentlichen Wirkens Jesu, der wie sie fest an die davidische Messianität Jesu glaubte. Dieser sollte später den Namen »Lieblingsjünger« tragen. Mit dieser nordgaliläischen Gemeinde tat sich schon bald (50-80 n. Chr) eine weitere Gruppe von Christen zusammen, die in Opposition zum Tempel in Jerusalem gestanden hatte. Sie hatte deshalb auch in Samarien zu missionieren begonnen (Joh 4) und dort einen mehr Moses ähnlichen Christusglauben (5,45f.) ausgeprägt, da ihnen die Vorstellung vom davidischen Messias zu sehr mit Jerusalem verbunden schien. Die Vereinigung dieser beiden Gemeinden löste die theologische Entwicklung einer »hohen« Präexistenzchristologie (1,17) aus. Diese — öffentlich bekannt — löste Streit mit den jüdischen Landsleuten aus, die meinten, die Judenchristen würden den angestammten monotheistischen Glauben in eine Zwei-Gott-Lehre auflösen. Deshalb verbannten sie sie aus den Synagogen (9,22). Auf diese Weise gewaltsam ihren religiösen Wurzeln

---

122. Zwischen Richter und Brown legten M.-É. BOISMARD / A. LAMOUILLE, L'Évangile de Jean, in: Synopse des Quatre Évangiles en Français III, Paris 1977, eine weitere Rekonstruktion der johanneischen Gemeindegeschichte vor, die, wie die von G. Richter vorgelegte, vier Phasen unterscheidet, aber zugleich einen ausführlichen Kommentar zu jeder Phase bietet. Sie mit allen Argumenten hier vorzustellen, würde den Rahmen dieser Arbeit sprengen.

123. R.E. BROWN, The Community of the Beloved Disciple. The Life, Loves, and Hates of an Individual Church in New Testament Times, New York/London 1979; DERS., An Introduction to the New Testament, AncB.RL, NewYork 1997, 373-376, wiederholt noch einmal seinen traditionsgeschichtlichen Entwurf, fügt aber die Warnung hinzu: »it remains a hypothesis and ,perhaps' needs to be added to every sentence« (374).

entfremdet, revanchierten sich diese, indem sie »die Juden« für »Kinder Satans« (8,44) erklärten. Um den Verlust des Wurzelgrundes zu kompensieren, vertraten sie von da an eine ausgeprägte Gegenwartseschatologie, in der sich das von Jesus versprochene Heil schon bei ihnen realisiert hatte. Diese theologische Glanzleistung vollbrachte nach Brown vorrangig der langlebige »Lieblingsjünger«, der sich so den Namen wirklich verdient habe.

Im Zuge der gesellschaftlichen Ausgrenzung und Marginalisierung sahen sich die der Synagogen entfremdeten Judenchristen, auch in Erinnerung an die frühere Samariamission, theologisch genötigt, die Mission über die Grenzen Israels hinaus auszudehnen, weil »die Juden« selbst für die in Jesus angebrochene heilsgeschichtliche Stunde erfahrbar blind waren (9,40f.; 12,39f.). Deshalb nahmen sie »Griechen« (12,20) in ihre Reihen auf, verließen in dieser zweiten Phase um 90 n.Chr. ihre angestammte Heimat und siedelten in hellenistische Gebiete über. Die Mission unter den Heiden weitete ihren Horizont, was sich wiederum in universalistisch geprägten Aussagen im Evangelium niederschlug. Doch die ständigen Verfolgungen durch die hellenistische Diasporasynagoge über die Landesgrenzen hinaus ließ in der johanneischen Gemeinde das Bewußtsein wachsen, dass die Welt insgesamt gegen Jesus opponierte. Aber die permanente Verfolgungssituation ließ auch bei einigen Judenchristen Zweifel an der von der Gruppe vertretenen »hohen« Christologie aufkeimen. Als diese thematisiert wurden, kam es fast zum Bruch in der Gemeinde. Den Zweiflern wurde mit der Aufkündigung der Gemeinschaft gedroht. Doch die Offenheit der Gemeinde für alle Christen unterschiedlicher Richtungen brach sich in der Akzentuierung des kirchlichen Einheitsgedankens (17,21) und den ständig wiederholten Aufforderungen zu »bleiben« in den johanneischen Abschiedsreden (u.a. 15,9ff.) Bahn. Erst um 100 n. Chr. kam es dann doch noch zur Spaltung der Gemeinde. Sie spiegelt sich in den johanneischen Briefen, besonders 1 Joh 2,19, literarisch wider. Denn die Sezessionisten hatten die »hohe« Christologie in doketischer Richtung weiterentwickelt, die sie später zur Gnosis führen sollte. Doch die beiden letzten Entwicklungsphasen der johanneischen Gemeinde liegen bereits außerhalb des Berichtszeitraumes des eigentlichen Evangeliums.

Das Modell von Brown billigt, indem er in diesem Punkt die anderen ergänzt, der Figur des Lieblingsjüngers (21,24) einen aktiveren Part zu und bindet zugleich die Geschichte der johanneischen Gruppe in die urchristliche Gesamtentwicklung, wie sie sich vorrangig in der Apostelgeschichte darstellt, harmonischer ein.

Die drei bahnbrechenden Denkmodelle haben bis in die Gegenwart ihren großen Einfluß behalten[124]. In dieser Studie muß sich erweisen, ob sich die in diesen traditionsgeschichtlichen Entwicklungsmodellen verwandten drei Vorgaben, Birkat ham-Minim, Antagonismen in der Theologie des Evangeliums und externe oder interne Streitigkeiten, wirklich als so stabil erweisen, wie es die neuere Forschungsgeschichte vorzugeben scheint. Es muss die methodologische Frage erörtert werden, ob textimmanente Aporien mit quasi objektiven textexternen Geschichtsdaten aufgelöst werden können[125]. — Lit. s.u. S. 443-445.

---

124. Vgl. u.a. W. REBELL, Gemeinde als Gegenwelt. Zur soziologischen und didaktischen Funktion des Johannesevangeliums, Bern/Frankfurt 1987; F.F. SEGOVIA, The Tradition History of the Fourth Gospel, in: FS D.M. SMITH, Louisville 1996, 179-189; J. RINKE, Kerygma und Autopsie. Der christologische Disput als Spiegel johanneischer Gemeindegeschichte, HBS 12, Freiburg 1997.
125. Vgl. die Diskussion auf S. 4f.

B. DER DISKURS ÜBER DIE THEOLOGISCHE REPUTATION JESU

Zu den im Rahmen der Auslegungsgeschichte sich herausgebildeten und bereits skizzierten hauptsächlichen Forschungsinteressen und Lesegewohnheiten gesellt sich neuerdings eine vom Respekt dem Buch und Autor gegenüber getragene Bereitschaft, das Johannesevangelium als kohärenten Diskurs über die theologische Wertung der Jesusgeschichte zu lesen. Dies setzt voraus, dass die Textkohärenz[1] inhaltlich und formal schlüssig nachgewiesen und im Text selbst eine Kommunikation zwischen dem Autor und dem impliziten Rezipienten aufgezeigt werden kann.

Die im Vergleich mit den Synoptikern erkennbare schriftstellerische Neuinszenierung der Jesusgeschichte setzt über die dort vorgefundenen, aber eigenständig fortentwickelten Textsorten[2] in einem sprachlich vereinheitlichten Stil und Vokabular auf ein neues Szenenarrangement, das das öffentliche Wirken Jesu an den jüdischen Festkalender[3] bindet und um zwei Jahre verlängert. Zugleich stiften u.a. das epische Gestaltungsmittel der Herausgeberfiktion[4] (vgl. 1,14-18 mit 20,30f.; 21,24f.), das Zeugnismotiv und die Zentrierung des Erzählstoffes auf die Jünger bzw. auf den Glaubenden Kohärenz wie die eingestreuten Autorenkommentare (vgl. 2,21; 7,39) der Verständigung mit dem Leser dienen. Im folgenden wird die schriftstellerische wie theologische Eigenart des johanneischen Erzählwerks detailliert erhoben.

---

1. Siehe in der Einleitung Abschnitt 14 auf S. 14.
2. Z.B. werden synoptische Wundergeschichte zu Zeichengeschichten: vgl. Lk 7,1-10 par. Mt 8,5-13 / Joh 4,46-54; die Reden Jesu werden stilistisch flexibler, indem sie mit Dialoganteile angereichert sind. Die aus den Synoptikern und der Apostelgeschichte bekannte Textsorte »Abschiedsrede« umfaßt hier drei Kapitel und wird nach biblischer Vorgabe um ein Abschiedsgebet (Kap. 17) erweitert.
3. Auf jüdische Feste fokussiert sind ebenfalls die frühjüdischen Schriften: Esther, 2 und 3 Makk.
4. Dies ist auch ein beliebtes Gestaltungsmittel in der deutschen Literatur: vgl. Goethe, Werther; Thomas Mann, Dr. Faustus; Hermann Hesse, Steppenwolf und ders., Das Glasperlenspiel. Aber es findet sich nicht nur dort, sondern es wird auch schon im Aristeasbrief verwendet.

1. Der Prolog: theologische Summe[5] und Leseanleitung, 1,1-18

»Den Johannesprolog zu verstehen, ist schwer«, so beginnt Ernst Haenchen[6] seine Auslegung des Prologs, um sogleich fortzufahren, »das ist freilich keine neue Erkenntnis. Aber die vielen hundert Jahre des Umgangs mit diesem Text lassen uns heute noch manche Frage gar nicht wahrnehmen, die zur Lösung dieses Problems nötig sind«. Was sind nun die von ihm angesprochenen Fragen? Sie lassen sich a. traditionsgeschichtlich, b. formal, c. inhaltlich, d. funktional und e. theologisch differenzieren:

a. Die Frage nach der Vorgeschichte des Prologs

In den letzten 140 Jahren hat es wiederholt Versuche[7] gegeben, die Vorgeschichte des Prologs quellenkritisch zu klären. Vor allem die zweimalige Erwähnung des Täufers (V. 6-8.15) in einem eigentlich doch den Logos besingenden Hymnus, der unmotivierte Rückgriff auf den Beginn der Schöpfung in V. 10b (vgl. V. 3ab) sowie die sekundär eingefügt erscheinende Erklärung zur Glaubensgenese in V. 13 haben Anlaß gegeben, mit dem literarkritischen Seziermesser zu versuchen, einen vermeintlich ursprünglicheren Hymnus zu rekonstruieren, der mit Sicherheit ohne darstellerische Unebenheiten, stilistische Unbeholfenheit und inhaltliche Widersprüche gewesen sei.

b. Die Frage nach der poetischen Stilisierung des Textes

Einem aufmerksamen Leser kann nicht entgehen, dass im Prolog der Sprachstil mehrmals wechselt. Die Verse 1-5. 8-14. 16-18 sind mehr oder weniger poetisch, dazu kettenartig im parallelisierenden Stil formuliert. Die beiden ersten Verse sind sogar zusätzlich kunstvoll chiastisch nach dem A-B-B'-A'-Muster strukturiert. Hingegen sind die Verse 6-8 und 15 eher narrativ gehalten und erzählen von Johannes, aber noch nicht vom

---

5. So schon Reuss, Ideen zur Einleitung 18: »Das Evangelium Johannis ist keine historische, sondern eine dogmatische Schrift;... keine Biographie, sondern ein theologischer Tractat.«
6. Haenchen 110.
7. U.a. Weisse, Evangelienfrage 113; Wellhausen 8; Bultmann 3-5; Brown I 23f.; Schnackenburg I 200ff.; Haenchen 112; Thyen, Literatur 53-69; J. Ashton, The Transformation of Wisdom. A Study of the Prologue of John's Gospel, NTS 32 (1986) 161-186.161; R. Bergmeier, Weihnachten mit und ohne Glanz. Notizen zu Johannesprolog und Philipperhymnus, ZNW 85 (1994) 47-66.48f.

Täufer, sondern von dessen Zeugenfunktion. Hinzutreten noch theologisch motivierte Klarstellungen in den eher poetischen Teilen. So wird z.B. in den Versen 12c und 13 die vorangestellte Aussage über die »Kinder Gottes« näher erläutert, so dass sich in V. 14cd der Autor mit dem »Wir« als Mitglied einer Gruppe selbst zu Wort melden kann. Dennoch erscheint der Hymnenschluß (V.14-18) mit seinem reflektiert zurückblickenden Rekurs auf gewonnene Erfahrungen[8] harmonisch gerundet eine erste theologische Summe ziehen zu wollen.

c. Die Frage nach einem adäquaten Textverständnis

Inhaltlich sind vor allem drei Probleme zu nennen, die dem heutigen Leser zumeist Rätsel aufgeben. Einerseits sieht er sich vor die Frage gestellt, zu welchem Zeitpunkt der Logos inkarniert wurde. In V. 4f. nämlich wird ausgeführt, der Logos sei als allzeit Leben spendendes Licht von der Finsternis nicht angenommen worden, in V. 10 wird dies nun in bezug auf den Kosmos wiederholt, und im folgenden Vers heißt es noch weiter präzisierend, er wäre in sein Eigentum »*hineingegangen*«[9], die ihm Eigenen hätten ihn aber keineswegs mehrheitlich bei sich aufgenommen, sondern nur einige wenige. Doch erst in V. 14 wird von der Inkarnation expressis verbis gesprochen. Andererseits wirft die häufig antithetisch[10] gelesene Gegenüberstellung von Moses und dem inkarnierten Logos in V. 17 Probleme im Verhältnis zwischen Juden und Christen auf. Drittens kann der moderne Leser an den untereinander abweichenden Übersetzungen dezidiert inhaltliche Deutungsprobleme[11] erkennen.

---

8. Die Wir-Gruppe hat die Bedeutung des Logos in dem Geschenk »der Gnade und Wahrheit« (mehr oder minder wiederholt in V. 16.17) kennengelernt und bezeugt (vgl. 21,24) ihn deshalb zusammen mit Johannes, der z.Zt. des »historischen Jesus« diese Rolle allein wahrnahm.

9. Dies wirft die Frage auf, ob der Logos in den Kosmos oder in sein Eigentumsvolk Israel eingetreten ist.

10. Das Adversativ »aber« fehlt jedoch bei den ältesten Textzeugen. Aber dieser Sachverhalt hat in der deutschsprachigen Exegese seit BAUR, Theologie 206f., wenig Beachtung gefunden. Auch BOISMARD, Moses or Jesus 98, beharrt auf der Antithese mit dem Argument, Jesus habe als Gott (1,1) über Moses hinaus, der nur Gottes Wort als Tora mitgeteilt habe, Gnade und Wahrheit selbst repräsentiert.

11. Diese sind: a. das dritte Glied von V. 1 wird entweder »und der Logos war Gott« oder »von göttlicher Art war der Logos« übersetzt; b. aufgrund des textgeschichtlich geklärten Problems mit dem Punkt am Schluß von V. 3b muß V. 3c zu V. 4 gezogen werden und wird entweder übersetzt »Was in ihm erzeugt ward, das war Leben« oder »Was geworden, war Leben in ihm«(da »Leben« im Johannesevangelium an keiner Stelle biologisches Leben meint, ist nur die erste Übersetzungsvariante richtig; dazu zuletzt ausführlich: E.L. MILLER, Salvation-History in the Prologue of John, NT.S 60, 1989); c. in V. 14. 18 wird entweder »Eingeborener« oder »Einziger« übersetzt, wobei V. 18 besondere textgeschichtliche

d. Die Frage nach der epischen Funktion des Prologs

Ein Autor, der ein Erzählwerk mit einem als Hymnus stilisierten Text in gebundener Sprache eröffnet, verfolgt ein spezifisches Ziel, das nicht der historisierenden Funktion einer Romaneinleitung folgen muss. Jene stellt zumeist die handelnden Personen vor, gibt Ort und Zeit der Handlung an und signalisiert indirekt, welche Thematik in welchem Stil, in welcher Form und Methode grundlegend abgehandelt werden soll. Der Prolog hingegen setzt mit der epischen Grundfigur »Im Anfang war« ein und beginnt — im feierlichen Ton — von der »Vorgeschichte« einer besonderen »Geschichte« zu erzählen. So läßt sich die Behauptung: »Der Prolog ist das dogmatische Programm des übrigen Evangeliums, das sich zu ihm nur als historischer Commentar, als concrete Einkleidung verhält«[12], heute nicht mehr so selbstbewußt wie im 19. Jahrhundert vertreten. Obwohl die These im Ansatz durchaus richtig ist, wenn man bedenkt, dass die Erwähnung des Zeugnisses des Johannes in V. 6-8.15 und die

---

Probleme aufweist. Der neueste Beitrag von G. PENDRICK, Μονογενής, NTS 41 (1995) 587-600, weist gegen THEOBALD, Fleischwerdung 250-254, überzeugend nach, dass nur die zweite Variante möglich ist. Denn man muß bedenken, dass Jesus später 20,17 in den Glaubenden Geschwister beigesellt werden, so dass hier nur seine privilegierte Stellung akzentuiert wird; d. in V. 16 wird übersetzt entweder juridisch »Gnade um Gnade« (vgl. Ex 21,23f. LXX) oder kumulativ »Gnade über Gnade« sowie »Gnade anstelle von Gnade« (vgl. Gen 22,13 LXX). C.H. GIBLIN, Two Complementary Literary Structures in Jn 1:1-18, JBL 104 (1985) 87-103.89 Anm. 7, und besonders R.B. EDWARDS, Χάριν ἀντὶ χάριτος. Grace and Law in the Johannine Prologue, JSNT 32 (1988) 3-15 (vgl. J. HABERMANN, Präexistenzaussagen im NT, Frankfurt 1990, 381f., der mit der Mehrzahl der deutschsprachigen Exegeten eine sukzessive Nuance betont sieht, obwohl der einzige, von ihm angeführte Beleg, Philo, post. 145, bestens mit »anstelle von« übersetzt werden kann), haben gezeigt, dass die kumulative Übersetzungsvariante »über« philologisch unhaltbar ist. Auch die juridische ist im vorliegenden Kontext unbrauchbar. So wird nur »anstelle von« der angestrebten Aussage gerecht. Doch darf sie aufgrund des Kontexts nicht substitutiv bzw. antithetisch verstanden werden, als wäre die Gnade, die Moses widerfahren war, durch eine bessere ersetzt worden, sondern vielmehr korrespondierend: Wie schon die Gabe der Tora ein Geschenk Gottes (vgl. das pass. div.) war, so ist es auch erneut die eschatologische Gabe, Jesus. Deshalb sei hier vorgeschlagen, es im gegebenen poetischen Kontext mit »wiederum« zu übersetzen; e. es wird V. 18 entweder mit »er hat Kunde gebracht« oder mit »er hat berichtet« geschlossen. Bei der ersten Übersetzungsvariante steht bisweilen die theologische Überlegung im Hintergrund, Jesus habe Gott geoffenbart, wo hingegen bei der zweiten Übersetzung eher ein erzählend-interpretierender Vorgang gemeint ist (so SPICQ, Lexicon II 21); f. letztendlich findet man fast überall die Übersetzung »Herrlichkeit«. Die Wortwahl ruft jedoch m.E. heute einseitige Assoziationen wach. Es ist im Johannesevangelium durchgehend eher die Grundbedeutung des hebr. Worts »kabod«, d.h. »Gewichtigkeit« bzw. »Bedeutung«, gemeint.

12. SCHWEGLER, Zeitalter II 352. Beachtenswert auch die Anmerkung von WEISSE, Geschichte VI 184, der Prolog enthalte das Thema, »zu welchem jene Reden fast sämmtlich als Ausführungen gelten können.« Beide schließen sich dabei F.C. BAUR an: vgl. E. SCHÜRER, Ueber den gegenwärtigen Stand der johanneischen Frage [1889], WdF 82, 1973, 1-27.4f.

Einführung der Wir-Gruppe als fiktiver Autor die eigentliche Erzählhandlung 1,19ff. vorbereitet, so signalisiert die gewählte Form ein über die dogmatische Engführung hinausweisendes Erzählziel.

e. Die Frage nach dem christologischen Konzept

Das theologische Problem stellt sich im eigentlichen Sinne dort, wo nach dem Verhältnis des Logos-Jesus zu Gott im göttlichen wie im irdischen Bereich gefragt wird. Ist es in der Tat eine »unmögliche Lektüre« des Johannesevangeliums, wenn jemand dem Johannesprolog und dem Evangelium insgesamt »eine subordinatianische Christologie samt dem ihr zugehörigen nominalistischen Gottesbegriff«[13] zuspricht, oder ist das Gesamtwerk jüdisch schon so heterodox, dass es das »Schma Israel«[14] für sich schon außer Geltung gesetzt hat? Diese aktuelle Auseinandersetzung zwischen funktionaler und Wesenschristologie hat bekanntlich in der Exegese eine lange Vorgeschichte. Auf hohem Niveau wurde sie um die Mitte des 20. Jahrhunderts zwischen Bultmann, Käsemann und Haenchen verhandelt.

Beantworten lassen sich diese drängenden Fragen nur anhand des Textes selbst: Am besten geschieht dies von einem Nebenschauplatz aus. Eröffnet hat ihn der Altorientalist H.H. Schaeder[15]. Seit R. Bultmann[16] ist er ein so beliebter Tummelplatz geworden, dass gegenwärtig jedem über den verschiedenen traditionsgeschichtlichen Vorschlägen die Orientierung verloren zu gehen droht: Es sind die Thesen zur literarischen Genese, theologischen Vorgeschichte und religionsgeschichtlichen Ableitung des Logoshymnus. Sie sind besonders dort wichtig, wo man sich zur Aufgabe gestellt hat, die gedankliche Heimat des Prologs verorten zu wollen. Besonders zwei Herkunftsvarianten sind erwogen worden: zum einen die hellenistische Gedankenwelt[17], sei es die Stoa, sei es der Mittelplatonismus oder die Gnosis, sei es eine Gemengelage aus allen dreien, zum anderen das weisheitlich-apokalyptisch gestimmte Frühjudentum. Ein solches Interesse an der Herkunft von Vorstellungsweisen setzt die

---

13. So Thyen, Kontext, 165 Anm. 16.
14. So Thyen, s. Anm. 13, 133
15. H.H. Schaeder, Iranische Lehren, in: R. Reitzenstein / Ders., Studien zum antiken Synkretismus aus Iran und Griechenland, 1926, 203-350.
16. Vgl. u.a. R. Bultmann, Der religionsgeschichtliche Hintergrund des Prologs zum Johannesevangelium, in: FS. H. Gunkel II, 1923, 3-26; Ders., Johanneische Schriften und Gnosis, OLZ 43 (1940) 150-175.
17. Einflußreich für die Ableitung aus der hellenistischen Gedankenwelt sind C.H. Dodd, The Interpretation of the Fourth Gospel, 1953, und Bultmann speziell für seine Ableitung aus der Gnosis geworden. Es ist gegenwärtig verstärkt die Tendenz erkennbar, diese Ableitungsversuche aus dem Hellenismus zugunsten einer Beeinflußung aus der jüdischen Tradition aufzugeben.

Erkenntnis voraus, dass jeder »Text« eine Geschichte, nicht nur eine Nachgeschichte, d.h. eine Wirkungsgeschichte, sondern auch eine Vorgeschichte hat. Letztere läßt sich, wenn man sie denn rekonstruiert hat, auf zweierlei Weise für die Erklärung des Textes heranziehen: einerseits literargeschichtlich, so dass man vermutet, der vorliegende Text sei wie Sedimentgestein literarisch gewachsen und habe sich auf einer Entwicklungsstufe der spezifischen Vorstellung bedient, zum anderen ideengeschichtlich mit der Vermutung, dass er Denkmodelle, Motive oder ältere theologische Erklärungsversuche für die Darstellung einer neuen, aber analogen Erfahrung aufgegriffen habe. Denn es geht hier um die Frage aller Fragen in der jüdisch-christlichen Theologie, um die Frage nämlich, wie Himmel und Erde noch zusammen gedacht werden können, wenn die Welt sich dem nachdenklichen Betrachter und unter ihrer Geschichte Leidenden so sinnentleert, so dunkel und bedrohlich gegenüberstellt. Welche Antwort ist noch tragfähig, wenn die Schöpfung Gottes — in die Ihm gemäße Freiheit entlassen — den in ihr Lebenden weit näher an das Chaos als an den göttlichen Schalom gerückt erscheint?

Das von vielen nationalen Unglücksfällen getroffene Frühjudentum hatte Antworten gefunden, die der Schreiber unseres Hymnus dankbar aufgreifen konnte. Vor allem rekurriert er auf die Weisheits- wie auf die Exodus-Tradition[18]. Sir 24 gemäß waren Himmel und Erde der Weisheit anvertraut (V. 5-6), bei deren Schöpfung sie mitgewirkt hatte. Als sie darin nun einen Wohnsitz suchte, empfiehlt ihr Gott, sich in Israel zum universalen Wohlergehen für alle Zeiten niederzulassen (V. 7-12)[19]. Denn »von Geschlecht zu Geschlecht tritt sie in reine Seelen ein und schafft Freunde Gottes und Propheten; denn Gott liebt nur den, der mit der Weisheit zusammenwohnt« (Weish 7,27f.). Doch neben dieser positiven Sicht

---

18. Die V. 1-13 sind intertextuell von der Weisheitstradition, die V. 14-18 von der Exodus-, näherhin von der Sinai-Überlieferung geprägt. — Der frühjüdische Autor Aristobulus, der möglicherweise zur Zeit des Königs Ptolemäus Philometor (180-145 v. Chr) schrieb, kannte wie Jesus Sirach diese Weisheitstradition, wenn er — bei Euseb, praep. ev. 13.12,8-11 zitiert — formuliert: »Man könnte das gleiche auch von der Weisheit sagen; denn alles Licht kommt von ihr. Deshalb sagen auch einige von der peripatetischen Schule, sie gleiche einer Fackel. Wer ihr folge, genieße sein Leben lang Frieden. Noch klarer und schöner sagte einer unserer Vorfahren, Salomo, *sie sei vor Himmel und Erde gewesen*«. — Der Unterschied der frühjüdischen personifizierten Weisheitsvorstellung zum hellenistischen Logosbegriff ist bemerkenswert. Dort besitzt der semantisch polyvalente Begriff teils eine sprachliche (Wort, Gespräch etc.), teils eine argumentative (Beweis, Logik, Rationalität etc.) Bedeutungsebene. In der griechischen philosophischen Reflexion umfasst der Logosbegriff seit Heraklit, von Kleanthes in die Stoa eingebracht, die universale Vernunftstruktur allen Geschehens. Deshalb ist der besondere Grund für die johanneische Begriffswahl m.E. noch nicht einleuchtend benannt worden.

19. Beachte auch Weish 10-12; äth. Hen 42; Spr 8-9;

vom Wirken der Weisheit wird in der frühjüdischen Überlieferung auch von ihren negativen Erfahrungen berichtet, dass nämlich die von ihr mitgeschaffene Lebenswelt den Rat der um sie weiter besorgten Weisheit nicht akzeptiert und ihr auch kein Heimatrecht gewährt.

Hinter dieser doppelten Sicht vom Schicksal der Weisheit verbergen sich zwei Grunderfahrungen der antiken Juden: Zum einen ist die Menschenwelt von der göttlichen Weisheit mitgeschaffen worden. Sie war im Anfang[20] bei Gott und seine Architektin. Als er seinen Beschluß faßte, den Kosmos zu schaffen, da stand sie ihm auch als Baumeisterin zur Seite. Sie war das kreative alter ego Gottes. Darum könnte und sollte auch eigentlich alles, was mit der Schöpfung zusammenhängt, gut sein[21]. Aber jetzt wurde eine zweite menschliche Urerfahrung akut: Die Menschenwelt, von Gott in ihre Freiheit entlassen, Ihm scheinbar gleich souverän und selbstverantwortlich, brachte das so wohl Überlegte und Geordnete immer wieder an den Rand des Chaos. Auch die immer wieder zur Hilfe herbeigeeilte Weisheit vermochte nicht zu helfen, weil die Menschenwelt sich nicht mehr beraten lassen wollte. Man war so wenig an ihr interessiert, dass sie sich gezwungen sah, heimatlos von Ort zu Ort zu wandern, doch sie fand nirgendwo Asyl. Dennoch gab es positive Ausnahmen — so meint jedenfalls Bar 3,9-4,4[22] —: Die Weisheit fand letztendlich eine Heimat in der Tora Israels, und Sir 24,10 lokalisiert sie näherhin an einem einzigen Heilsort, aber zu unterschiedlichen Zeiten: »Ich [die Weisheit] tat vor Ihm Dienst im heiligen Zelt und wurde dann auf dem Zion eingesetzt«[23]. Eine weitere Variante — eine apokalyptische und negative zugleich — will demgegenüber wissen, dass die Weisheit, die

---

20. Im »Lob der Weisheit« Sir 24 wird ebenfalls V. 9 ausdrücklich gesagt, dass die Weisheit »im Anfang« (ἀπ' ἀρχῆς) geschaffen wurde und dass »bis in Ewigkeit vergehe ich nicht«.

21. Philo, op. 171, kann seine dementsprechende Überzeugung in die Worte fassen: »Die fünfte Lehre ist, dass Gott der Welt seine Fürsorge angedeihen lässt; denn dass der Schöpfer für sein Werk Sorge trägt, ist nach den Gesetzen und Bestimmungen der Natur notwendig, denen zufolge auch Eltern für ihre Kinder sorgen«.

22. Siehe näherhin: G.T. SHEPPARD, Wisdom as a Hermeneutical Construct. A Study in the Sapientializing of the Old Testament, BZAW 151, Berlin 1980, 84-99.

23. Darüber hinaus wird anschließend — analog zu Bar 3,9ff. — weiterhin ausgeführt, dass die Weisheit nach ihrer Einwohnung im Begegnungszelt zur Wüstenzeit des Exodus und nach ihrem Umzug in den Tempel auf Zion dort speziell in der Tora, die ja von den priesterlichen Schriftgelehrten intensiv studiert wurde, ihren Wohnsitz genommen habe (Sir 24,23-34). Zur Identifikation der Weisheit mit der Tora siehe näherhin G.F. MOORE, Judaism in the First Centuries of the Christian Era, New York 1971 [1927], vol. I, 263-280, und SHEPPARD, s. Anm. 22, 19-71. — Beachtenswert für die hier vorgetragene Auslegung ist Sir 50, wo der Hohepriester Simon ben Onias in seinem hohenpriesterlichen Dienst die Weisheit verkörpert, so dass die Identifikation der Weisheit mit einer Person bereits ein Vorbild in der frühjüdischen Literatur gehabt hat.

Chokmah, verzweifelt über ihre irdischen Widerfahrnisse, in den Himmel zurückgekehrt sei[24].

Doch all diese traditionellen Vorstellungen vom Geschick der Weisheit sind nicht voll kongruent mit den Ausführungen über den Logos[25] im Prolog. Ein Großteil der frühjüdischen Texte denkt positiv über die Rolle Israels bei der Wohnungssuche der Weisheit im Kosmos. Aber im Prolog (V. 10f.) wird der Antrag des Logos auf Wohnrecht in Israel mehrheitlich abgelehnt. Auch wenn äth. Hen 42,1f. der Aussage im Prolog am nächsten steht, sind beide dennoch nicht kongruent, da in V. 11f. doch von einer auf wenige eingeschränkten Beziehung des Logos zu Israel die Rede ist. Denn nur einige wenige nehmen ihn dort auf und werden aus diesem Grund mit der Gotteskindschaft beschenkt. Das Problem um diese Differenz zwischen den frühjüdischen Aussagen und den Ausführungen im Prolog läßt sich nur lösen, wenn man urchristliche Erfahrungen mit in Rechnung stellt[26]. Denn die urchristlichen Autoren konnten sich mit der negativen Vorstellung von der umherirrenden göttlichen Weisheit (vgl. Lk 9,58Q) aufgrund bitterer eigener Missionserfahrungen mit Israel identifizieren. Die Logienquelle als älteste synoptische Texteinheit kann z.B. in dem von ihr angefügten vierten Makarismus der programmatischen Rede Jesu (Lk 6,22f.Q) ihr eigenes Selbstverständnis dergestalt definieren und sich trösten, dass sie selig seien, weil die Menschen sie um des Menschensohnes willen hassen, ächten und verfluchen. Aber nicht nur die Träger der synoptischen Logientradition Jesu kannten solche Frustrationen, auch Paulus (vgl. 1 Thess 2,14-16; 1 Kor 1,24)[27] und die Synoptiker (vgl. Mk 13,9f. parr.) wissen Analoges zu berichten (vgl. u.a. 1 Kor 1,18ff. mit Lk 7,35f.Q bzw. 10,21f.Q). Der Prolog setzt also schon länger andauernde negative Missionserfahrungen mit Israel (vgl. Apg 7)

---

24. So kann ein Autor in der Apokalypsensammlung äth. Hen 42,1f. formulieren: »Da die Weisheit keinen Platz fand auf Erden, wo sie wohnen konnte, wurde ihr im Himmel eine Wohnung zuteil. Als die Weisheit kam, um unter den Menschenkindern Wohnung zu nehmen, und keine entsprechende Wohnung fand, kehrte die Weisheit an ihren Ort zurück und nahm unter den Engeln ihren Sitz«.
25. Aber die Weisheit wird schon Sir 24,3 mit dem Schöpfungslogos identifiziert: »Ich ging aus dem Mund des Höchsten hervor, und wie Nebel umhüllte ich die Erde«.
26. Dies ist ein Hinweis, dass der Prolog von einem christlichen Autor stammt. Zumeist wird von den Auslegern übersehen, dass urchristliche Autoren auch die Geschichte ihrer Gruppe repräsentieren und diese indirekt miteinfließen lassen. Diese Beobachtung wird bedeutsam bei der Interpretation des angeblichen »Synagogenausschlusses« der christlichen Gemeinde, die z.Zt. der Abfassung des Evangeliums stattgefunden haben soll.
27. Vgl. H.-J. KLAUCK, »Christus, Gottes Kraft und Weisheit« (1 Kor 1,24). Jüdische Weisheitsüberlieferungen im NT, in: DERS., Alte Welt und neuer Glaube. Beiträge zur Religionsgeschichte, Forschungsgeschichte und Theologie des NT, NTOA 29, Fribourg/Göttingen 1994, 251-275.

voraus. Die Erinnerung daran bildete schon vor der Abfassung des vierten Evangeliums einen zentralen Bestandteil des gruppenspezifischen Geschichtsbewußtseins der Urchristen.

Der Aufbau und der abwechselungsreiche Sprachstil haben schon immer die Ausleger angeregt, dem ersteren mit einer Stropheneinteilung[28], und dem letzteren mit literarkritischen Operationen gerecht zu werden. Besonders die ersten beiden Verse sind kunstvoll chiastisch strukturiert, so dass man annehmen darf, hier werde die Basis für den gesamten Hymnus gelegt. Folgende Gliederung und Übersetzung halte ich für die beste:

(A) Im Anfang war der Logos
  (B) und der Logos war dem Gott zugewendet
  (B') und von göttlicher Art[29] war der Logos
(A') dieser war im Anfang dem Gott zugewendet.

Auffällig ist der Parallelismus membrorum, ein Stilmittel, das noch häufiger verwandt wird (z.B. V. 10f.16f.), und der resümierende Abschluß, der noch einmal die angestrebte zentrale Aussage hervorhebt: Im unüberbietbaren Schöpfungsanfang war der Logos ein Gott zugewandtes Wesen[30]. Folglich wird gleich zu Beginn die Beziehung des Logos zu Gott feierlich definiert: Es muß ein außerordentlich enges und vertrauensvolles Verhältnis zwischen Gott und dem Logos bestehen, weil beide dem Leser in einer Kommunikationssituation vorgestellt werden. Da der Hymnus mit »im Anfang« einsetzt, ist zugleich gesichert, dass keineswegs über die »Beginnlosigkeit« Gottes philosophiert werden soll, sondern ein Zeitpunkt

---

28. Traditionell ist eine Einteilung in drei Strophen V. 1-5.6-13.14-18 bzw. 1-4.5 (6-8)-13.14(15)-18; Wer jedoch wie E. Käsemann den vorgegebenen Hymnus mit V. 12 bzw. V. 13 endet läßt, favorisiert durchgängig einen zweistrophigen Aufbau des ersten Teils. Neuerdings wird aufgrund des sprachlichen Umschwungs in V. 14 auch ein zweigliedriger Aufbau vorgeschlagen: vgl. C.H. GIBLIN, Two Complementary Literary Structures in Jn 1:1-18, JBL 104 (1985) 87-103, mit weiteren Literaturangaben.

29. Der Prolog steht in einem jüdisch geprägten Kontext. Deshalb sind »Gott« ohne Artikel wie bei Philo, de deo 4-5: »Von den beiden Speerträgern aber zu (seinen = Gottes) beiden Seiten ist der eine »Gott«und der andere »Herr«, dementsprechend dass der eine (Mann) für die schöpferische, der andere für die herrschaftliche Fähigkeit Symbol ist« (Τῶν δὲ δυεῖν παρ' ἑκάτερα δορυφόρων ὁ μὲν θεός, ὁ δὲ κύριός ἐστιν, ὡς τοῦ μὲν ποιητικῆς, τοῦ δὲ βασιλικῆς ἀρετῆς συμβόλου ὄντος) [nach der Rückübersetzung aus dem Armenischen von F. SIEGERT, Philon on Alexandrien, Über die Gottesbezeichnung »wohltätig verzehrendes Feuer« (De Deo), WUNT 46, Tübingen 1988, 25f.] und Ps. Phocylides 194: »Eros ist kein Gott« (οὐ γὰρ ἔρως θεός ἐστι) eindeutige Hinweis darauf, dass der Monotheismus hier beachtet wird.

30. Die Präposition muß so verdeutlichend übersetzt werden: vgl. ABBOTT, Grammar §2366; SCHENK, Lexikon 116; H. DÖRRIE, Der Prolog zum Evangelium nach Johannes im Verständnis der älteren Apologeten, in: FS C. ANDRESEN, 1979, 136-152.148; R. RÖHRICHT, Zur johanneischen Logoslehre, ThStKr 41 (1868) 299-315; 44 (1871) 503-509.311f.

knapp vor dem Schöpfungsbeginn aller Lebenswelt anvisiert ist. Damit ist zugleich eine zweite Relation des Logos indirekt schon vorbereitet, nämlich seine schöpferische Beziehung zur geschaffenen Lebenswelt. Sie wird konsequent in V. 3 thematisiert und in V. 4 besonders auf die Menschenwelt ausgedehnt. Dieser Vers definiert zudem, was eine dauernde Beziehung des Logos im Rahmen der Menschengeschichte aus der Perspektive des Autors nötig macht: Das Leben hat seinen bleibenden Ursprung im Logos. Es wird — symbolisch formuliert — durch ihn im »Licht« ständig perpetuiert (vgl. 5,21). Deshalb folgt V. 5a — gar nicht überraschend — ein einmaliger Tempuswechsel aus der den Prolog insgesamt bestimmenden[31] Vergangenheitsform in das Präsens. V. 5b bringt zusätzlich eine in der Zeit gewonnene, negative Regelerfahrung des Lichtes mit der Menschenwelt universal zum Ausdruck. Denn mit dem abschließenden Aorist, dem eigentlichen Erzähltempus, ist der Abschluß der ersten Strophe erreicht und zugleich der Übergang zur zweiten Strophe markiert. Axiomatisch wurde also zuerst das Verhältnis des Logos zu Gott und zur Schöpfung definiert. Solange es Schöpfung gibt, gibt es auch eine Beziehung des Logos zu ihr, mag sie ihn ablehnen oder aufnehmen. Seine fortdauernd Leben spendende Funktion ist für sie konstitutiv und bleibt ihr angeboten[32].

Die Eröffnungsstrophe in gebundener epischer Sprache[33] formuliert den theologischen Grundsatz, unter dem das Gesamtwerk gelesen werden soll: Gott hatte zunächst mit der Weisheit, die (als Logos) aus seinem Mund hervorgegangen war (vgl. Sir 24,3 mit Gen 1,3.6.9.14.20.24.26) und ihm bei der Schöpfung geholfen hatte[34], versucht, die in die Freiheit

---

31. Der Prolog ist fast durchgehend im reflektierenden Vergangenheitstempus geschrieben. Dies wird leider viel zu selten beachtet.

32. So mit Recht u.a. R. SCHNACKENBURG, Das vierte Evangelium und die Johannesjünger, HZ 77 (1958) 21-38.33. HOLTZMANN, Theologie 369, beschreibt diesen Sachverhalt schon früher so: »Es beginnt überhaupt nicht auf Erden, sondern mit einem ‚Prolog im Himmel'. Eine Genesis in gesteigerter Form, setzt es mit seinen Betrachtungen ein in der vorweltlichen Ewigkeit und mündet aus in die nachweltliche Ewigkeit,...«. Damit hat auch THYEN, Heil 170f., mit seiner Beobachtung insofern Recht, wenn er ebenfalls in den V. 4 und 5 „vom geschichtlichen Erscheinen des Logos" ausgeht, ob aber bereits »in der Person Jesu« bleibt noch fraglich, da die Inkarnation als eine geschichtliche Konkretion im fortdauernden Schöpfungsgeschehen aus der Vogelperspektive nur ein quasi punktuelles Ereignis meinen kann. Dem entsprechen auch die späteren Parakletaussagen und vor allem 5,19ff. Nur unter dieser Voraussetzung läßt sich auch die nachfolgende Erwähnung des Zeugen Johannes nach der knappen Überleitung V. 5b integrieren.

33. Am Anfang einer epischen Erzählung steht nach alter Tradition ein Proömium.

34. Man beachte auch die in der späteren rabbinischen Auslegung bedeutsam werdenden Hinweise auf den auffälligen Plural in dem Imperativ des ersten Schöpfungsberichts »Laßt *uns* den Menschen machen!«.

entlassene Menschenwelt mit der Schöpfungsabsicht und damit mit sich selbst auszusöhnen. Allein die Versuche, dauerhaft Licht in die Finsternis zu bringen, waren alle fehlgeschlagen. Da hatte Gott andere Möglichkeiten ersonnen, sich ihr heilend anzubieten. Er hatte der Weisheit die Tora (1,17) bzw. den Tempel als Wohnsitz und Versöhnungsort in Israel[35] angewiesen. Nun ergänzt der christliche Schreiber diese Konzeption aus seiner Sicht um eine weitere Hilfsaktion Gottes. Indem er Jesus mit dem Geschick der Weisheit zu vergleichen gelernt hatte, ist er zu der Überzeugung gelangt, dass Gott der *Chokmah* in Jesus ihren inkarnatorischen Ort[36] angewiesen hat. Für den Autor dokumentiert die Jesusgeschichte folglich die erneut in Israel offenbar gewordene heilsame Zuwendung Gottes zur Menschenwelt. Deshalb kann er im dritten Hauptteil des Prologs (V. 14-18) auch mit einigen knappen Federstrichen[37] die Sinaitradition für den Leser reaktualisieren, um sich so zur analogen Bedeutung der Jesus- als Gottesgeschichte zu bekennen.

Deshalb wird zuvor (V. 6-13) die geschichtliche Konkretion des von Gott konstituierten Heilsangebotes geschildert. Der historischen Akzentuierung verpflichtet sind die Verse 6-8 narrativ formuliert und berichten von dem Zeugnis des Johannes in einer konkreten Situation. Jedoch ist sein Zeugnis in Aufnahme synoptischer Vorgaben so dargestellt, dass kein Zweifel darüber aufkommen kann, dass Johannes nicht selbst das Lebenslicht ist, sondern — von Gott gesandt[38] — nur Zeugnis von dem wahren (vgl. V. 9a) Licht gegeben hat. Anschließend erst (V. 9-13) wird — in Wiederaufnahme des Motivs aus den V. 6-7 und zugleich im Einklang mit der synoptischen Ereignisabfolge — vom geschichtlichen »Kommen«, exakter, vom Reisegeschick des *Licht*-Logos im Kosmos und in seinem Eigentumsvolk speziell gesprochen. Seine Erfahrungen entsprechen dem, was bereits V. 5 axiomatisch ausgesagt wurde. Der bewußte Rückverweis auf die erste Strophe wird noch dadurch verstärkt, dass V. 10b (»und der Kosmos ist durch ihn geworden«) ausdrücklich auf die Aussage V. 3 zurückverwiesen wird. Das Geschick des Lichts in

---

35. Vgl. auch H. STADELMANN, Ben Sira als Schriftgelehrter. Eine Untersuchung zum Berufsbild des vormakkabäischen Sofer unter Berücksichtigung seines Verhältnisses zu Priester-, Propheten- und Weisheitslehrertum, WUNT 2/6, Tübingen 1980, 246-270.

36. Diese Vorstellung findet sich erstmalig Sir 50, wo der Hohepriester Simon im priesterlichen Dienst die Weisheit, die die Schöpfung ordnet und vollendet, verkörpert.

37. Die Wendung »voll Gnade und Wahrheit« V. 14 hat ihre nächste Parallele Ex 34,6 LXX; die Formulierung »zelten« V. 14 weist auf Ex 25,8f. LXX (vgl Sach 2,10) zurück; ebenfalls spielt die Erwähnung vom »Gesetz des Moses« in V. 17 auf die Sinaitradition an.

38. Dieser Akzent macht es m.E. unmöglich, hier eine johanneische Polemik gegen eine konkurrierende Täufergruppe zu sehen.

seinem Eigentumsvolk[39] (V. 11) befindet sich mit der generellen Erfahrung V. 5 (vgl. V. 9f.) im Einklang. Infolgedessen wird V. 12f. erst die positive Ausnahme von der allgemeinen Regel thematisiert: Es gab doch einige, die den Logos »aufnahmen« (vgl. V. 5b.10c.11b). Ihnen schenkte er die Vollmacht »Kinder Gottes zu werden«. Dies war und ist das eigentliche Reiseziel des Logos. Um dies generell zu unterstreichen, wird noch die viele Ausleger[40] störende, theologische Präzisierung V. 13 angefügt. Deshalb enthält V. 12 zusammen mit der Aussage V. 13 die soteriologische Kernaussage des Prologs.

Im letzten Teil (V. 14-18) melden sich die auf diese Weise zu Kinder Gottes Gewordenen selbst zu Wort[41], indem sie das geschichtliche Ereignis[42], dem sie ihren neuen Heilszustand verdanken, im Rückblick theologisch resümieren. Zugleich führen sich hier — erzähltextanalytisch betrachtet — die impliziten Erzähler selbst ein, die für sich das Erfahrungs- und Zeugnismonopol bis zum Erzählschluß (21,24) beanspruchen. Letztlich sind sie die Instanz, die die Deutekompetenz über das gesamte Jesusgeschehen und dessen Auswirkungen besitzen. Deshalb wäre es ein grobes Mißverständnis der Kernaussage V. 14, dieses Ereignis auf ein punktuelles Datum im Leben Jesu (etwa bei seiner Geburt) zu reduzieren. Vielmehr signalisiert die häufig vernachlässigte zweite Teilaussage, »er zeltete unter uns« (vgl. Sir 24,10f.), einen bewußten Rückblick auf ein längere Zeit andauerndes Geschehen, das mit dem V. 15 nun erst explizit zitierten Zeugnis des Johannes begann, aber jetzt als historisch abgeschlossen gelten kann. Denn man lebt bereits von den Früchten, die damals geschenkt wurden, deren Bedeutung man reflektiert und zugleich bezeugen will. Das gesamte Jesusgeschehen wird als geschichtlich konkrete Inkarnation des Logos betrachtet, der als Partner und »Fachmann« Gottes bei dessen permanenter Schöpfung diese einzigartig kennt und ihr darum permanent seine Hilfe anbietet. Dieser war nach der Auffassung der Wir-Gruppe geschichtlich konkret in der Person Jesu ein Leben lang inkarniert.

---

39. Erst so wird nämlich der Parallelismus membrorum, auf den neuerdings wieder J.W. PRYOR, esus und Israel in the Fourth Gospel — Jn 1:11, NT 32 (1990) 201-218.207, verweist, sinnvoll. »So in 1,10-11 John begins by highlighting the irony of the situation: the Logos, by whom the world was made, came into the world and was unknown.... Israel,..., have shown by their rejection of him to belong totally to the world« (ebenda 218).

40. Vgl. THYEN, Literatur 58.

41. Dazu ausführlicher — wie auch sonst - THEOBALD, Fleischwerdung 247-267; Es ist auch ONUKI, Gemeinde und Welt 105-107.173, mit analogen Beobachtungen heranzuziehen.

42. Deshalb wird der historische Rückverweis auf den Zeugen Johannes in V. 15 gegeben, um die geschichtliche Basis der Aussage abzusichern.

Deshalb greift auch V. 17b auf V. 14 zurück, wobei er zum ersten Mal den inkarnierten Logos expressis verbis mit Jesus Christus identifiziert. Dies geschieht jedoch in einer Weise, die signalisiert, dass die Rolle des Mose im Rahmen des als eschatologisch relevant gedeuteten Jesusgeschehens umstritten war, aber dies auf keinen Fall antithetisch[43] verstanden werden darf. Zumal die Parallelisierung der V. 16 und 17 durch »denn« sie zusammen mit V. 14 formal als Resumee ausweist, so dass der Abschlußteil wiederum aus drei Gliedern besteht. Davon ist wiederum ein Glied nicht poetisch, sondern textgemäß narrativ (V. 15) formuliert. Letztendlich weist sich der Abschlußvers zudem als Überleitung aus, indem er zugleich auf die Anfangsverse zurück- wie auf das Folgende vorverweist. Denn die Aussage V. 18b, der einzige Sohn habe an der Brust des Vaters gelegen, präzisiert noch einmal die personale Vertrautheit, die als die zentrale Aussage von V. 1f. gelten kann. Zugleich macht sie den Leser neugierig, wie Jesus den von Menschen unerkennbaren Gott aufgrund seiner intimen Kenntnis gedeutet und in seiner Lebensgeschichte repräsentiert hat. Dies wird — so darf der Leser erwarten — im Folgenden konkreter[44] dargelegt werden, als es in einem poetischen Textstück möglich ist. Denn der johanneische Grundsatz von der Unerkennbarkeit Gottes (vgl. 5,37; 8,55) steigert die theologische Reputation des Logos-Jesus ungemein. Das Evangelium beantwortet Fragen, die für einen Heil suchenden Leser von extremer Relevanz sind.

Zusammenfassend läßt sich sagen: Form und Inhalt des Prologs sind so exakt aufeinander abgestimmt, dass er in sich homogen ist. Parallelsätze verbinden ihn kettenartig zu einer Einheit[45]. Stilwechsel, Wiederholungen und Wiederaufnahmen setzen Akzente, die die jeweils angestrebte Aussage[46] angemessen unterstreichen. Sie verweisen nicht

---

43. So mit Recht BERGMEIER, s. Anm. 7, 57; EDWARDS, s. Anm. 11, 10-12; P. VON DER OSTEN-SACKEN, Logos als Tora?, KuI 9 (1994) 138-149.148; L.J. KUYPER, Grace and Truth, Interp. 18 (1964) 3-19.11; Man beachte vor allem das passivum divinum: Das Gesetz wurde Mose von Gott (!) gegeben. Möglicherweise wird hier zwischen dem Tora schenkenden (Ex 34,6; Num 14,18) und dem im Tempel Jesu anwesenden Gott (Ps 25,5.16; 69,14; 86,5.15; 103,8; 106,7.45) unterschieden, da im Frühjudentum Mose nicht mit dem Tempel in Relation gesehen wird.
44. Die Aussage, dass niemand Gott gesehen habe, wird z.B. 14,7 erneut angesprochen.
45. Hier soll eine mögliche Vorgeschichte des Texts nicht bestritten werden. Sein Ursprung liegt vermutlich in einem liturgischen Hymnus, der ähnlich wie der in Phil 2 stark von jüdischer Vorstellungsweise durchsäuert ist.
46. Der erste, zweifach unterteilte Prologteil 1,1-14 strebt zuerst (V. 1-5) eine axiomatische Erklärung an, die das Verhältnis des Logos zu Gott wie zur Menschenwelt definiert. Danach wird konkret geschichtlich (V. 6-13) argumentiert. Die V. 14-18 resümieren dann — bewußt abgesetzt in Sprache und durch ein anderes biblisches Referenzsystem (Sinai!) vom ersten, weisheitlich geprägten Teil — in Bekenntnissprache die

auf Nahtstellen, die als Indizien für eine zugrundeliegende Textquelle gewertet werden dürfen, sondern sind vielmehr funktionale Textsignale.

Als kohärenter Text ermöglicht der Prolog seinen Lesern eine Introspektion, in der die Jesusgeschichte aus nachösterlicher Glaubensperspektive und Bekenntnis (V. 14-18)[47] in neuer Bedeutsamkeit vergegenwärtigt wird. Er bildet quasi ein dreidimensionales Hologramm. Denn zum einen interpretiert er das Jesusgeschehen mit Hilfe der axiomatischen Eingangsverse 1-5 im Einklang mit dem beständigen soteriologischen Angebot des Schöpfers an die Lebenswelt universal, zum anderen anschließend (V. 6-13) als ein Lebensdrama historisch, um es zum Abschluß im Zeugnis der Wir-Gruppe homologetisch zu deuten. Auf diese Weise wächst ihm die Funktion einer generellen Leseanleitung[48] zu, die für das Verständnis der weiteren Ausführungen maßgeblich bleibt. Der Leser kann — eingebettet in eine Neuinszenierung der Jesusgeschichte — den letzten Stand der theologischen Antworten aus nachösterlicher Bekenntnisperspektive auf seine offenen Fragen und Probleme erwarten. Er muß sich bei seiner Lektüre jederzeit gewärtig sein, dass in den unterschiedlichen Erzähldetails immer auch schon die gesamte theologische Intention des Autors durchscheinen wird: D.h. die Jesusgeschichte ist zu einem Bestandteil der nachösterlichen Glaubensgeschichte geworden und wird dementsprechend als ihr Urbild verstanden. — Lit. s.u. S. 445-453.

Bedeutung der Jesusgeschichte aus nachösterliche Perspektive als bis in die Gegenwart ausstrahlendes, historisch einmaliges Inkarnationsgeschehen. Der narrative Stil in V. 6-8 markiert den Übergang von der grundsätzlichen Aussage zur geschichtlichen Konkretion. Die Rückblende V. 15 unterstreicht zum anderen noch einmal die zeitliche Erstreckung der Inkarnation des Logos in der Lebensgeschichte Jesu seit deren erster konkreter Erkennbarkeit bei seiner Taufe durch Johannes und hebt zugleich die bleibende Verpflichtung zum Zeugnis hervor. Denn die Bekennenden sind seitdem »Kinder Gottes«. Diesen auffälligen Fortschritt vom Abstrakten zum Konkreten im Prolog hatte schon HOLTZMANN, Theologie 400, beobachtet.

47. Das konfessionelle »Wir« kennt schon u.a. der fiktive »salomonische« Schreiber Weish 12,22; 15,1-4.

48. So u.a. auch K. SPIELMANN, Participant Reference and Definite Article in John, JTT 7 (1995) 45-85.62; THYEN, Heil 170; Man beachte die Bemerkung von HOLTZMANN, Theologie 398: »Wenn sich dieses so verhielte (d.h. der Prolog sei sekundär angefügt worden), so müsste man freilich zu dem Urtheile gelangen, der Prolog sei dem Evglm nur äusserlich angeschweisst und gebrauche ein diesem fremdes Lexikon« und 399 »Es sind vor Allem zwei Grundbegriffe der johann. Theologie, welche die Vorstellungswelt des Prologs...mit derjenigen des Evglms zusammenschliessen...: Licht und Leben«. Letzteres läßt sich um das Kinder-Gottes-Motiv (3,3-5; 20,22), Tempelassoziation (V. 14; 2,21), Zeugnis des Johannes und der Wir-Gruppe (20,30f.;21,23f.) etc. verlängern.

2. DER THEOLOGISCHE GRUNDKURS IN EPISCHEN SZENEN, 1,19-6,71

Die den Prolog bildenden drei Bausteine: a. das theologische Axiom (1,1-5), b. der historische Nachweis über dessen geschichtlichen Vollzug (1,6-13) sowie c. die wirkungsgeschichtliche Reflexion von Zeugen über das Gewicht des in Jesus ein Leben lang inkarnierten Logos (1,14-18), enthalten implizit schon den architektonischen Plan für die nachfolgende, narrativ in Einzelszenen aufgelöste Jesusgeschichte. Sie definieren bereits die Eckdaten der theologischen Konzeption, nach denen sie inszeniert werden soll. Die epischen Szenen wollen — wie angekündigt (1,6-8.14-15) — vorrangig Zeugengeschichte über Jesu öffentliches Auftreten sein. Infolgedessen bedenken sie die Bedeutsamkeit seiner irdischen Existenz und christologischen Identität.

Dementsprechend eröffnet das fiktive Erzählerkollektiv die eigentliche Erzählhandlung konsequent mit mindestens drei Berichten (1,19-28. 29-34.35-51) über das Jesuszeugnis[49] des »Täufers« sowie von dessen Folgen. Bemerkenswert ist, dass der Evangelist bereits hier die Heilsbedeutung Jesu andeutet und das auf eine Weise tut, die für seine Gesamtdarstellung des »Lebens Jesu« charakteristisch ist.

Der unter das Leitmotiv »Zeugnis«[50] gestellte Eröffnungsbericht läßt analog zur synoptischen Tradition Johannes den Vortritt, jedoch auf eine Art, die jener noch fremd war. Die Geschichte wird mit einer Episode mitten aus dessen Schaffensperiode eröffnet. Denn sie setzt bereits seine hohe Popularität voraus, so dass man schon in Jerusalem auf ihn aufmerksam geworden ist. Dort erwartete man die Ankunft eines Unbekannten/Bekannten und meinte, ihn in Johannes gefunden zu haben. So beginnt die Zeugengeschichte nicht nur im »Wartesaal« der Hoffnungen Israels, sondern sie endet auch mit einem Zeugnis, nun aber von globalem Zuschnitt (21,24f.).

Über die Rahmenhandlung hinaus bleibt das Zeugenmotiv innerhalb der Jesusgeschichte weiterhin virulent. Wenn die zweite Szene (1,29-34)

---

49. Seit langem steht die Frage ungeklärt im Raum, woher der Autor seine Traditionen für diese beiden Episoden genommen hat. Mit großer Gewißheit kann die synoptische Täuferpredigt und auch der dortige Bericht von der Taufe Jesu als erkennbare Vorgaben benannt werden. Hingegen wird für die Eröffnungsepisode, Joh 1,19-28, eine Entscheidung schwerer fallen, da die exakte topographische Notiz V. 28 manchen auf eine spezifische Sondertradition schließen ließen. Doch man kann ebenso plausibel erwägen, ob nicht das synoptische Glaubensbekenntnis bei Cäsarea Philippi (Mk 8,27ff. parr.) Pate gestanden hat, einen Text, der nur mit Lk 1,17; 3,15 kombiniert zu werden brauchte, um inhaltlich zu dieser Geschichte zu gelangen. Die hierbei vorausgesetzte kreative Umgestaltung der Tradition erspart den Verdacht, der schon von WEISSE, Geschichte VI 194, geäußert wurde, sie sei »für eine rein erdichtete,…, aus dem Stegreif erfundene« Geschichte zu halten.
50. Vgl. U. BUSSE, Das Eröffnungszeugnis Joh 1,19-34: Erzählstrategie und -ziel, in: FS P. POKORNY, Prag 1998, 33-41.35.40 Anm. 8.

die inhaltlich schon aus der urchristlichen Tradition bekannten Zeugnisse aufgreift, Jesus sei das Lamm Gottes, das der Welt Sünde trage, und er werde mit Geist, nicht mit Wasser taufen, dann wird die Gewissheit des Zeugen Johannes auf eine göttliche Vision zurückgeführt (1,33). In der dritten Episode (1,35-51) weist derselbe zuvorkommend zwei seiner Anhänger auf Jesus als den hin, welchen er schon immer als Gotteslamm bezeugt habe. So hilft er den beiden, deren Brüdern und Freunden, Jesus als die auch von ihnen unter den verschiedensten Hoheitstiteln erwartete, endzeitliche Heilsgestalt zu identifizieren. Indem die Jünger Jesus neugierig folgen (1,37) und dessen erstes Zeichen als Offenbarung seiner theologischen Bedeutung im Glauben deuten lernen (2,11), setzen sie staffettengleich das Auf und Ab der Glaubensgeschichte (vgl. 1,50; 2,11.22.23; 3,12ff.; 6,60ff.) in Gang, auf die der Erstzeuge Johannes schon bald (3,28) alle seine Jünger verpflichtet. Auf diese Weise wird die wie ein Merksatz klingende Überschrift schrittweise mit Inhalt gefüllt. Zumal eine zweite Zeichengeschichte (4,46-54) auf die erste rekurriert und den Glaubensfortschritt Israels kritisch beurteilt. Analog verfahren die ersten Dialoge und Monologe Jesu. Sie bestätigen auf der einen Seite, dass das Heil aus Israel kommt, auf der anderen Seite aber bei den Samaritern, mit denen Juden gewöhnlich nicht verkehren (4,9), Anklang findet. Die Summe aus Heilsangebot und Heilsannahme im Glauben wird in Kap. 5 und 6 gebildet und zum Schluß auf die bis dato gewonnenen Jünger appliziert. Unüberlesbar verfolgen die Episoden bis zum Ende von Kapitel 6 also die Absicht, die facettenreiche Bedeutung der Jesusgeschichte von Szene zu Szene theologisch auf ganz spezifische Weise so aufzubereiten, dass sie die für ein Zeugnis bzw. Bekenntnis nötigen Kriterien zu erfüllen vermögen. Dieses erzählerische Verfahren nährt den Verdacht, dass die Diskurse zwischen dem Proponenten Jesus, der seinen Anspruch vor ausgewählten Figuren im Dialog erweisen und verteidigen muss, und seinen sich allmählich herauskristallisierenden Opponenten letztlich auf den Leser gemünzt sind. Die theologische Basis seines Glaubens wird nämlich in diesen Anfangskapiteln umfassend ausgeleuchtet und zugleich seine Reaktionsoptionen eingeschränkt. Denn er wird nun weniger geneigt sein, dem Beispiel von »vielen« seiner Glaubensvorgänger zu folgen und Jesu Wort als »hart« zu bezeichnen, Ärgernis zu nehmen und ihm nicht mehr zu folgen (6,60f.), sondern wie Petrus positiv fragend zu reagieren (6,68): »Herr, zu wem sollen wir gehen? Worte unendlichen Lebens hast du«.

Die Tatsache, dass Jesus im weiteren Erzählverlauf zu dem auffällig geographisch exakt bestimmten Ausgangspunkt (1,28) der Zeugengeschichte, nach »Bethanien, jenseits des Jordans« (10,40), zurückkehrt, wird den Leser dort erneut aufhorchen lassen. Denn das Kapitel vom öffentlichen Zeugnisablegen der beiden Hauptakteure, Jesus und Johannes, endet — kompositionell klar markiert — erst hier. Beide bezeugen je auf ihre spezifische Art Gottes erneutes Heilshandeln in Israel, was aber dort nicht auf ungeteilte Zustimmung stößt, sondern viele so provoziert, dass sie aggressiv reagieren.

Die volle Wahrheit über den vom »Täufer« bezeugten Auftrag Jesu wird jedoch erst in dessen Todesstunde (19,30) aufgedeckt. Denn zu dem Zeitpunkt gibt Jesus seinem Vater »den Geist«[51] wieder zurück, mit dem dieser ihn bei der Taufe durch Johannes bleibend (1,32f.) ausgestattet hatte. Jesu spezifischer, dem Leser konstant angekündigter Heilsweg durch die Passion (vgl. 1,5.11) zur Verherrlichung, ist in der Todesstunde für Jerusalem, das ihm zwischenzeitlich feindlich gegenübersteht, unaufhaltsam geworden. Ostern praktiziert er endlich, was am Anfang der Zeugengeschichte angesagt, aber nachher nie umgesetzt (vgl. 4,2) wurde: Jesus werde mit Geist taufen (vgl. 1,33 mit 7,37-39; 19,34; 20,22). Auf diese Weise gewinnt die Tragfähigkeit des Vertrauens der Elf (6,70f.) in Jesu Heilsbedeutung für den Leser im Erzählverlauf zunehmend Gestalt. Gleichzeitig wird für ihn nachvollziehbar, dass die Ablehnung Jesu auf den Identifikationsschwierigkeiten Jerusalems von Anfang an (1,31) beruhte.

Wenn man im Zusammentreffen von häufigen Szenenwechseln mit einer Vielzahl von Diskursfiguren einen geeigneten kompositionellen Rahmen für den inhaltlichen Grundbestand sieht, dann bilden die ersten sechs Kapitel zusammen den theologischen Grundkurs des Gesamtwerks. Die dort theoretisch erörterten Probleme konkretisieren sich quasi historisch im weiteren Erzählverlauf: Die von Jesus vorhergesagten Feindschaft zwischen der Leitungselite Jerusalems und ihm erfüllt sich in den Berichte von den Steinigungsversuchen durch »die Juden« in Kap. 7-10. Der Empfänglichkeit für den Anspruch Jesu bei den Samaritern folgen die Hinweise Jesu auf die nachösterliche Heidenmission (Kap. 10-12). Das Versprechen Jesu, jeden Hunger und Durst bei denen zu stillen, die im Glauben neu geboren sind, findet in den Passions- und Osterereignissen seine Bestätigung, wie auch der Anspruch Jesu, er werde wie sein Vater den Gläubigen ein unfragmentiertes Leben schenken, in der Gestalt des Lazarus seine eindrucksvolle Bekräftigung findet.

---

51. Bislang fand sich kein Beleg in der griechischen Literatur, wo ein »Sterben« mit diesen Worten umschrieben würde: vgl. F. PORSCH, Pneuma und Wort. Ein exegetischer Beitrag zur Pneumatologie des Johannesevangeliums, FThSt 16, Frankfurt 1974, 328; HOEGEN-ROHLS, Nachösterlicher Johannes 301.

Die Erzählstrategie, den soteriologischen Anspruch Jesu am Anfang positiv wie negativ in epischen Einzelszenen zu würdigen und anschließend quasi biographisch zu bestätigen, verstärkt nochmals den Verdacht, dass die gewählte Erzählfolge sich nicht selbst genügen soll, sondern auf den Rezipienten zielt. Er soll den theologischen Geltungsanspruch Jesu in seinem bezeugten Umfang akzeptieren bzw. weiterhin trotz Glaubensverunsicherung im eigenen Bekenntnis realisieren, damit er nicht den damals neu eröffneten Heilsmöglichkeiten verlustig gehe, indem er die Nachfolge Jesu aufkündigt. Daher spricht für die Leserorientierung des theologischen Grundkurses vor allem die strategische Plazierung der Doppelszene 6,60-71 an seinen Schluß.

3. Gesucht und gefunden, 1,19-2,11

Der Textumfang der ersten kleineren Kompositionseinheit, die vom Eintritt Jesu in das geschichtliche Bewußtsein Israels berichtet, ist in der Auslegung umstritten, weil einerseits die Informationen 1,43.50 eine durchaus tragfähige Verknüpfung von 1,19-51 mit 2,1-11 bieten, aber andererseits im kommentierenden Nachtrag zum Weinwunder 2,11 angemerkt wird, in Kana sei das *erste* Zeichen geschehen, eine Notiz, die wiederum ein zweites Zeichen (4,46-54) voraussetzt. Die bewußt gestaltete Rahmung legt eine Gliederung in 1,19-2,11 und 2,12-4,54 nahe. Aber man kann auch mit einer Überlappung von Textbausteinen und inhaltlichen Aussagen im Bereich der Kompositionsgrenzen rechnen. Dies legen der parallele Umfang und die analoge Funktion von Kap. 5-6 und Kap. 11-12 ebenfalls nahe.

a. Das Zeugnis des Johannes, 1,19-34[52]

In einem solchen umfassenden Kompositionsrahmen gewinnt das Erstzeugnis des Johannes exemplarische Bedeutung. Darauf weist bereits die auffällige präsentische Formulierung[53] der Überschrift 1,19a (vgl. V. 29)

---

52. Das »Zeugnisgeben« des Johannes erstreckt sich in der Sicht verschiedener Ausleger kompositionell unterschiedlich weit, entweder a. Joh 1,19-2,11; oder b. Joh 1,19-3,36 bzw. c. Joh 1,19-10,42. Für die letzte Möglichkeit sprechen sich z.Zt. u.a. aus: M. Rissi, Der Aufbau des vierten Evangeliums, NTS 29 (1983) 48-54; Beutler, Martyria 252 und wiederholt Thyen, Kontext 123; Ders., Palimpsest 2027; für die Möglichkeit b. spricht sich u.a. M. Pohlenz, Paulus und die Stoa, ZNW 42 (1949) 69-104.99f. und für a. G. Mlakuzhyil,The Christocentric Literary Structure of the Fourth Gospel, Rom 1987, aus.

53. Schwartz, Aporien IV 524, möchte sogar den ersten Satz als eine Ankündigung von der Erzählung selbst abgesondert wissen. Vgl. aber auch Baldensperger, Prolog 59, und Bultmann 58.

hin. Erst nach diesem — einigen Auslegern wie nachträglich formuliert erscheinenden — protokollarischen Merksatz[54] gleitet die Erzählung über in eine Einzelszene, in der geschildert wird, unter welchen Umständen das Zeugnis des Täufers zustande kam. Die Überschrift soll also einerseits an die in 1,6-8 gegebene Leseanleitung erinnern und andererseits schon die Identität eines Zeugen aus dem Erzählerkollektiv (V. 14-17) enthüllen sowie gleichzeitig in das allgemeine Bewußtsein heben, dass die im Prolog geäußerte Überzeugung nicht nur im Text, sondern sogar einen festen Anhaltspunkte in der topographischen Wirklichkeit Israels (1,28) hat.

Die erste Episode beschreibt näherhin eine Aktion, die von höchster religiöser und politischer Stelle in der Hauptstadt Jerusalem veranlaßt wurde. Vorausgesetzt wird ein längere Zeit schon andauerndes öffentliches Wirken des Zeugen Johannes, das die Aufmerksamkeit der Zentralbehörde geweckt hatte. Deshalb sendet sie »Priester und Leviten« der pharisäischen Richtung[55] zu ihm, um seine Personalien (1,19b-23) feststellen zu lassen und sich nach seinen Motiven (1,24-28) zu erkundigen. Der auf eine verborgene Absicht verweisenden Frage der Kontrolleure, er solle sich ausweisen, kommt der Täufer zuvor, indem er — ihren wahren Grund erratend — ihr sogleich die Spitze abbricht, indem er feierlich verneint, weder der Christus, noch Elias bzw. der Prophet zu

---

54. Im Vergleich mit dem späteren rabbinischen Stilmittel, das aber schon in der hebräischen Bibel ausgebildet wurde, könnte man die Überschrift ein »*kelal gadol*«, einen zusammenfassenden Merksatz, nennen: vgl. dazu P. LENHARDT / P. VON DER OSTEN-SACKEN, Rabbi Akiba. Texte und Interpretationen zum rabbinischen Judentum und NT, ANTZ 1, Berlin 1987, 174-199; Wenn er hier programmatisch vorausgeschickt wird, signalisiert dies, dass der Autor dem Leser empfiehlt, das Folgende unter dem in der Überschrift angegebenen Aspekt zu lesen. Ein *kelal gadol* stellt aber nicht nur eine Zusammenfassung als didaktische Maßnahme dar, sondern »umfaßt« auch die weiteren Ausführungen, die hier wohl bis 10,40-42 reichen: Bis dahin wenigstens soll der Text unter der leitenden Idee des Zeugnisses für Jesus gelesen werden.

55. Es liegt keine Unterscheidung zwischen zwei Gesandtschaften vor wie SCHWARTZ, Aporien IV 523; SPITTA, Quelle 21, ZAHN 114 und neuerdings STOWASSER, Johannes der Täufer, 78 meinen, sondern die gewählte Formulierung weist auf V. 19b zurück (so schon WEISS 22 Anm. 1). Auch wird später grundsätzlich immer zwischen den beiden Gruppen »die Juden« und »Pharisäer« gewechselt, so dass die Aussage in V. 24 dem joh. Stil entspräche. Außerdem gehören bald auch die Hohenpriester, die wie alle Gegner Jesu ihren Wohnsitz in Jerusalem haben, dazu, so dass die Erwähnung von »Priestern und Leviten« nicht allzu auffällig sein muß. Man sollte jedoch erwägen, ob dies nicht ein erster Hinweis ist, dass mit ihrer Nennung das Tempelpersonal in die pharisäische Richtung eingegliedert wird und so die wachsende Feindschaft zwischen Jesus und »den Juden« mit der unterschiedlichen Einschätzung des Tempels zusammenhängt. Dann wäre dies der erste offene Hinweis auf die theologische Bedeutung des Tempelmotivs in der johanneischen Theologie (vgl. Joh 2,13ff.). Beachtenswert wird auch sein, dass jenen nicht wie dem Täufer ein göttliches Offenbarungszeichen bei der Identifizierung Jesu hilft. Sie kennen wohl nur die ihrem Volk in der Schrift gegebene Hoffnung auf eschatologische Hoffnungsträger.

sein[56]. Ausdrücklich bewertet der implizite Erzähler das Verhalten von Johannes ohne jedes Zögern als ein öffentliches Bekenntnis, dem die einzige Alternative, nämlich alles abzuleugnen bzw. sich zu verstellen, fremd gewesen sei. So wird jeder Zweifel an der Integrität des Zeugen von vornherein getilgt. Dies hat zur Folge, dass im späteren Erzählverlauf (5,33; 10,41) niemand mehr bestreitet, dass dessen Zeugnis *wahr* gewesen ist.

Auf diese Weise in die Verlegenheit gebracht, mit einem Mißerfolg zu ihren Auftraggebern zurückkehren zu müssen, möchten die Fahnder als nächstes das Selbstverständnis des Johannes kennenlernen. Daraufhin identifiziert er sich direkt mit einer Person, die — der Ansage von Is 40,3 LXX gemäß — als Rufer in der Wüste zur Ebnung[57] des Weges des Herrn in eschatologisch qualifizierter Zeit auffordern soll. Geschickt inszeniert wird immer deutlicher, dass die Fahnder sich nicht nur auf einer falschen Fährte befinden und sich in seiner Person täuschen, sondern auch wem ihr eigentliches Interesse gilt. Ihre erneute Nachfrage (V. 25) stellt nämlich endgültig klar, aus welchem Grund die Jerusalemer Behörde genau genommen aktiv geworden ist. Sie bringt seine Tauftätigkeit mit eschatologisch wichtigen Personen in Verbindung: mit dem Messias, dem wiederkommenden Elias bzw. dem endzeitlichen Propheten, auf deren Kommen Israel seit langem wartete.

Nach dem doppelten Mißerfolg ihrer Fahndungsbemühungen werden sie erst im dritten Anlauf mit ihrer Frage nach der wahren Motivation für sein Wirken doch noch fündig; denn Johannes gibt ihnen zu Protokoll, dass der schon unerkannt unter ihnen weilt, welcher eigentlich auf ihn — heilschronologisch betrachtet — folgen soll (vgl. 1,15e). Jener sei wohl der, welchen sie so dringend suchten. Nur er — Johannes — sei es eben nicht. Dazu sei sein (eschatologischer) Status viel zu gering! Denn er taufe nur mit Wasser und sei selbst des Sklavendienstes unwürdig, jenem die Schuhe auszuziehen. Sie haben sich also nicht nur in der Adresse geirrt, sondern auch einen solchen Mangel an Identifikationskriterien für

---

56. Vgl. 1QS IX 11 »bis zum Eintreffen eines Propheten [Jos., ant. IV § 218 = Dtn 17,8-13] und der Gesalbten Aarons und Israels«: ein eschatologisch eminent wichtiger Zeitpunkt scheint auch hier bereits anvisiert zu sein.

57. Das Zitat aus Is 40,3 LXX wurde vom Autor selbst, wie M.J.J. MENKEN, The Quotation from Isa 40,3 in John 1,23, Bib. 66 (1985) 180-205, erfolgreich nachweisen konnte, dem Kontext angepaßt, indem er das Zitat an zwei Stellen bearbeitete. Das ursprüngliche Verb »bereiten«, was einen zeitlichen Vorrang impliziert, wird durch »ebnen« ebenso ersetzt, wie die Ablehnung, Elias zu sein, darauf zurückzuführen ist, dass in der biblischen Tradition jener der Vorläufer des Messias ist. Auch wird erst durch die Einführung der 1. Person Singular die angestrebte Identifikation mit dem rangniedrigeren Rufer in der Wüste möglich. — Inwiefern die negative Homologese des Johannes schon die Missionssituation von Mk 13,5f.21f. parr. reflektiert, sei hier dahingestellt.

den von ihnen wirklich Gesuchten geoffenbart (vgl. 7,27), dass nur die Schlußfolgerung übrig bleibt, es werde ihnen auch in Zukunft schwerfallen, die wahre Identität Jesu zu erkennen.

Die Fahnder aus Jerusalem konnten also schließlich doch noch mit einer Information von einigem Wert heimkehren. Aber dies bleibt unnotiert. Vielmehr wird überraschend der Name der Ortschaft (V. 28) »Betanien, jenseits des Jordans«, genannt, wo die Personenkontrolle stattgefunden haben soll. Das Ereignis läßt sich nun für den Leser mit einer konkreten Orts-, aber mit keiner exakten Zeitangabe (diff. Lk 3,1f.) verbinden. So wird ihm signalisiert, dass narrativ ein Verlassen einer chronologisch bruchlosen Geschehensabfolge vorgesehen ist. Zugleich wird diese Notiz bald nochmals aktuell, wenn die topographische Festlegung knapp außerhalb von Galiläa (vgl. 7,52[58]) bedeutsam wird. Der vom Erzähler gewählte Einstieg in die öffentliche Zeugengeschichte des Johannes beinhaltet also keineswegs die narrative Gleichzeitigkeit des Lesers mit dessen Erstzeugnis. Vielmehr liegt das erste Zusammentreffen zwischen Jesus und Johannes schon längere Zeit zurück, da ja Jesus schon unerkannt »mitten unter ihnen« (V. 26f.) lebt. Folglich verdeutlicht die erste Erzählepisode vor allem die gesellschaftlichen Rahmenbedingungen des Gesamtgeschehens. Mit der negativen Auskunft des Johannes soll nämlich die Aufmerksamkeit auf die den ersten Teil des Evangeliums (1,19-10,42) bestimmenden Fragen nach der Identität des Messias, nach seinen Kennzeichen und seiner Bedeutung in historischer Zeit und Raum gelenkt werden: Es gibt jemanden, der ihn identifizieren kann, und andere, die ihn suchen, deren Fahndungsraster aber unpräzise ist, so dass sie falschen Fährten folgen.

Mit der klaren Ablehnung, der von den Jerusalemer Autoritäten Gesuchte zu sein, ist deren Fahndung bislang überwiegend negativ verlaufen, wenn es nicht den verdeckten Hinweis des Johannes auf die parallele Anwesenheit eines Ranghöheren (V. 26f.) gäbe. Dieser Tatbestand ermöglicht die nächste Szene. Sie ist geschickt mit der ersten verwoben. Indem Johannes bislang nur das mitgeteilt hatte, was er für geboten hielt, erwächst daraus die erzählerische Aporie, den Leser umgehend zu informieren, auf welche Weise Johannes zu seinem Wissen gekommen ist. Deshalb folgt »am nächsten Tag« (V. 29) — narrativ konsequent —

---

58. Nach der später erst nachgereichten Information in 7,52 gehen die Jerusalemer Autoritäten davon aus, dass ein Prophet schriftgemäß nicht aus Galiläa stammen könne. Ihr dortiges Identifizierungskriterium hätte sie schon hier gehindert, die Personalien von Johannes überprüfen zu lassen. Deshalb wird das Ereignis in Bethanien, jenseits des Jordans, also außerhalb von Galiläa, lokalisiert.

seine erste positive Zeugenaussage[59], in der er wie durch eine Zeitlupe die spezifisch rituelle Heilsbedeutung Jesu für die Lebenswelt einen Augenblick lang vergrößert betrachtet.

Dem wieder präsentisch formulierten Bekenntnis des Johannes (vgl. V. 29 mit V. 19a) über die soteriologische Funktion Jesu fehlt jedoch auffälligerweise jede Angabe über die Adressaten, denen er Jesus als Opferlamm bezeugt haben soll. Der so generierte erzählerische Plausibilitätsnotstand und Spannungsbogen wird im Folgenden gekonnt abgebaut. Indem der Erzähler in V. 30 auf die Aussage des Täufers V. 27a rekurriert, er kenne bereits seinen viel gewichtigeren Nachfolger, ruft er zugleich auch die Aussage von 1,15 ins Gedächtnis des Lesers[60] zurück. In ihm war ja gerade mit Blick auf das das gesamte Wirken Jesu resümierende Inkarnationsgeschehen V. 14 gezielt nur das eine geschichtliche Detail angesprochen worden, dass nämlich — historisch betrachtet — dessen erster Zeuge öffentlich den höheren Rang und die Bedeutsamkeit Jesu bestätigen werde.

Das schon längere Zeit zurückliegende Ereignis der Identifizierung Jesu durch Johannes wird nun aufwendig narrativ rekonstruiert. Indem der Anfangscharakter der Begegnung durch das zweimalige »und ich kannte ihn nicht« (V. 31a.33a) umrahmend unterstrichen wird, kann kein Zweifel mehr aufkommen, dass Johannes bei einer früheren Taufhandlung gemäß eines ihm von Gott (vgl. V. 33b mit 1,6a) gegebenen Erkennungszeichens (V. 33c)[61] den sich seiner Taufe unterziehenden Jesus als

---

59. Die Formulierung »Lamm Gottes, das der Welt Sünde trägt«, wobei der Singular »Sünde« besonders auffällig ist, weist auf die soteriologische Funktion Jesu hin, der durch seinen Lebensvollzug die Ursache aller Sündenfolgen beseitigen wird. Er wird nämlich die Entfremdung der Welt von Gott aufheben, wenn man ihm glaubt (8,21-24): vgl. Ez 4,4; Ps 32,5; Is 53,10. In diesem Sinn kann Jesus später Lazarus aus dem Tod erwecken, weil er letztlich den Tod selbst als die gravierendste Sündenfolge besiegt hat.

60. Mit dieser Schilderung wird vor allem der Leser angesprochen; denn ohne Angabe von Adressaten legt der Täufer sein Zeugnis, das er seit einem bestimmten Moment, der nun bestimmt werden soll, vor Jesus noch einmal ab. Dessen Inhalt aber hat der Evangelist in der erzählten Zeit seit 1,19 nur in 1,26 angedeutet; zumal die »Priester und Leviten« V. 22 gemäß im Begriff standen, nach Jerusalem zurückzukehren. Somit kennt es nur der Leser, der sich an die synoptische Taufszene (vgl. V. 34c) erinnern soll, ein Ereignis, das aus der Sicht des Erzählers schon längere Zeit zurückliegt. Deshalb kann er auch V. 31a.33a berichtend formulieren: »Auch ich kannte ihn nicht!«. Es kommt ihm darauf an, dem Zeugnis des Johannes eine zeitliche Erstreckung zu geben. Diese Absicht belegen auch 3,26.28. Sie hat in ihm nun, wo er von »Priestern und Leviten« befragt wurde, die Erkenntnis reifen lassen, dass Jesu Bedeutung (in kultischer Sprache gekleidet) mit einem Opferlamm vergleichbar ist. Erst mit V. 35 kehrt die Handlung in die Erzählgegenwart zurück.

61. Zur Symbolik der »Taube« vgl. neuerdings U. Eco, Die Insel des vorigen Tages, 1995, 345-357.

jene Person identifiziert hat, die mit hl. Geist (und nicht wie er selbst mit Wasser) taufen werde. So diente seine Wassertaufe entscheidend nur dem einen Zweck, das Offenbarwerden Jesu für Israel zu ermöglichen (vgl. V. 26 mit V. 31b). Denn wenn er nicht getauft hätte, hätte sich Jesus nicht taufen lassen und dabei von ihm als zukünftigen Heilsträger identifiziert werden können. Infolgedessen hätte Gott nicht die Möglichkeit gehabt, ihm das entscheidende Erkennungszeichen, der Herabstieg des Geistes auf Jesus und sein dauerndes Verbleiben bei ihm bis zum Tod, zu offenbaren. Somit wäre letztlich das nicht in die Wege geleitet worden, was Israel sehnsüchtig erwartete und Johannes bezeugen sollte. Trotz aller Bescheidenheit besitzen seine Taufaktivität und sein Zeugnis heilsgeschichtliche Qualität.

Die Wahl der Erzähltechnik der geschichtlichen Rückblende zusammen mit der Wiederholung des ausformulierten Zeugnisses V. 29 in V. 36 ermöglicht es dem Erzähler die Ausdauer[62] und verläßliche Beständigkeit des Zeugen eindeutig zu dokumentieren. Ununterbrochen hat Johannes seit der ihm geschenkten Vision bei der Taufe Jesu Israel auf die Anwesenheit des universalen Retters aufmerksam gemacht. Deshalb kann er im abschließenden V. 34 feierlich betonen, dass er das göttliche Erkennungszeichen wirklich gesehen und seitdem unablässig bezeugt hat, dass Jesus wirklich der Sohn Gottes ist (vgl. 1,18 mit 20,31). Damit schließt sich der Kreis: Johannes ist der wahre Erstzeuge, weil er sich mit der Verheißung der Schrift in bezug auf seine Funktion identifiziert und folglich als »Rufer in der Wüste« den zu ihm schon längere Zeit hindurch parallel auftretenden Jesus und dessen Heilsbedeutsamkeit öffentlich in Israel bezeugt hat und demnächst seine eigenen Jüngern auf ihn aufmerksam machen wird.

Der doppelte Rückblick auf den Sinn der eigenen Berufung zum Täufer (V. 31) und gleichzeitig auf die sein Wirken krönende Taufe Jesu selbst (V.32) ist kunstvoll erzählt. Darüber hinaus vermitteln die beiden Episoden (1,19-28.29-34) nicht nur den Eindruck eines planmäßigen historischen Fortschritts, sondern sie gewinnen aufgrund des narrativen Kunstmittels der historischen Rückblende auch geschichtliche Tiefe und Prägnanz. Dem Leser stellen sich abschließend jedoch verschiedene Fragen, die sein Interesse weiter stimulieren sollen. Undurchsichtig bleibt für ihn u.a. das Verhältnis vom Geisttäufer Jesus zu seiner Funktion als »Lamm Gottes, das der Welt Sünde trägt«. Ebenso offen wäre die Frage geblieben, wie Johannes an das Spezialwissen über Jesu Funktion als Gotteslamm gelangt ist, wenn nicht von der Vision bei der Taufe Jesu

---

62. Darauf weist in V. 35 vor allem der Partikel »wieder« hin. Er unterstreicht das fortdauernde Zeugnis des Täufers.

berichtet worden wäre. Noch ungeklärt bleibt das Problem (1,11), aus welchen Gründen Jesus in Israel abgelehnt werden wird. Denn der erste Auftritt der Fahnder der Jerusalemer Leitungselite hat keine erkennbare Züge von Feindseligkeit[63] gegenüber dem erwarteten Messias erkennen lassen, sondern nur deren Identifizierungsprobleme geoffenbart. Denn seine Identifizierung konnte anfangs selbst Johannes nur aufgrund eines Offenbarungszeichen Gottes gelingen.

Für den Fortgang der Erzählhandlung wird aus den beiden ersten Szenen zweierlei wichtig bleiben: dass 1. eingangs schon die inhaltlich zentrale »Gretchenfrage« nach der Identifizierbarkeit des Messias gestellt und dass 2. formal mit Hilfe der narrativen Rückblendetechnik die inhaltliche Einheitlichkeit der Zeugengeschichte erreicht wurde. Sie soll das gesamte Auftreten Jesu umgreifen, so dass Johannes unter die 1,14 genannten »Wir-Zeugen« und damit auch unter die Erzähler subsumiert werden muß. Mit dem Merksatz als Textsignal in der Überschrift wird eindeutig dessen Blickwinkel (point of view) markiert. Aus der Perspektive des impliziten Zeugen Johannes und nicht aus der des Autors wird die Erzählhandlung (plot) so eröffnet, dass das Bezeugen in ihrem Zentrum (1,19b-28.29bf.34f.) steht und dessen ursächlicher Anlaß (1,31-33) nur den Hintergrund bildet. Doch die exakten topographischen und geschichtlichen Angaben (V. 19b.28. 29a) signalisieren textintern, dass sein entwickeltes Bekenntnis, d.h. die Homologie des Johannes, wie es referenzialisierbar und folglich nicht fingiert ist, auch zukünftig relevant bleiben soll (vgl. 1,34 mit 3,28). Die in seinem Anfangszeugnis belegte theologiegeschichtliche Reflexion basiert auf geschichtlichen Ereignissen und wurde durch sie in Gang gesetzt. — Lit. s.u. S. 453-454.

b. Die ersten Jesu nachfolgenden Jünger, 1,35-51

Der zweite Teil des Prologs[64], der die vorrangige Leseanleitung für die weiteren Erzählstücke gibt, hatte schon für die beiden ersten geschickt

---

63. Eine Gerichtssituation, wie sie u.a. von BULTMANN 60, BROWN, I 45, und neuerdings BRODIE 148 vorausgesetzt wird, liegt sprachlich wie inhaltlich nicht vor. Zu diesem Schluß kann jemand nur kommen, wenn er die Konsequenz aus dem Wirken und Anspruch Jesu hier schon vorweggenommen sieht. Doch bewegen sich eine Befragung bzw. eine Kontrolle der Personalien noch im legitimen Rahmen. Jedenfalls beurteilt auch der johanneische Jesus 5,33-35 die vorausgesetzte Situation in analoger Weise. Vielleicht schwingt schon der Aspekt einer Repressalie im Hintergrund mit, aber von Feindschaft kann man hier keinesfalls sprechen. Diese wird erst in Kap. 7 erkennbar, wo von einer anderen Gesandtschaft gesprochen wird (7,32ff.), die Jesus nunmehr verhaften soll.

64. Die hier erfolgte Einschränkung auf den quasi historischen Teil des Prologs (V. 6-13) hat seinen Grund in der Gefahr, dem die Auslegung häufig erlegen ist, die theologische Bewertung des Jesusgeschehens (V. 1-5.14-18) ohne Differenzierung auf die anschließenden epischen Einzelszenen zu übertragen. Beide Teile reflektieren aber die

miteinander verknüpften Episoden (1,19-34) das Zeugnis des Johannes (1,6-8) als Inhalt festgelegt. Es müßte nun — entsprechend der dortigen Vorgabe von der Ablehnung wie Annahme Jesu in Israel (V. 9-13) — eines dieser Themen aufgegriffen werden. Der Täufer hatte ja schon in seinem Rückblick (1,31-33) auf den entscheidenden, von Gott gesetzten Anfang seines Zeugnisses Israel als die Wirkstätte Jesu benannt (vgl. V. 31b mit 47). Aus der im Prolog erwähnten Alternative wählt der Evangelist gemäß der markinischen Erzähltradition (Mk 1,16ff. diff. Lk 4,16ff.) den positiven Aspekt von der Etablierung der ersten Jüngergruppe aus.

Mit der Wiederaufnahme der zentralen Aussage vom Lamm Gottes aus der vorangegangenen Episode (V. 29) werden beide miteinander verschränkt. Als Johannes »am nächsten Tag«, nun in Begleitung von zwei Jüngern, Jesus umhergehen sieht, identifiziert er ihn mit diesem Hinweis für sie. Die beiden Jünger lassen sich diese Chance, die der Täufer den »Priestern und Leviten« verweigert hatte, nicht entgehen. Sie folgen Jesus aus eigenem Antrieb[65] nach. Als er es bemerkt, fragt er sie, was sie suchten. Sie lassen mit ihrer Anrede erkennen, dass sie ihn für einen Rabbi halten und gern erfahren möchten, wo er sich aufhält. Mit der zunächst kryptischen Formel »Kommt und seht!« gestattet er es ihnen. Sie bleiben — wie angeboten — bei ihm über Nacht. Am nächsten Tag präzisieren die beiden Johannesjünger, Andreas sowie ein anderer, der jedoch anonym bleibt[66], aufgrund ihrer kurzen, aber wohl einschlägigen Erfahrung den anfänglichen Hinweis des Erstzeugen über Jesus. Sie sind

---

Heilsbedeutung des irdischen Wirkens Jesu umfassend, so dass man ihre theologische Summe nicht vorschnell vorwegnehmen darf, sondern diese wird wohl in der »Nacherzählung« erst schrittweise entfaltet: Vgl. dazu den wichtigen Beitrag von L. BRUN, Die Gottesschau des johanneischen Christus, SO 5 (1926) 1-22. Präziser formuliert: Die Präexistenz Jesu als Logos ist nicht einfach dogmatisch vorgeben, sondern wird auch im Johannesevangelium noch aus der Erzählung abgeleitet. Wenn sie auch für den christlichen Leser längst feststeht, da auch er von der Heilsbedeutung Jesu Zeugnis (vgl. 1,14c) geben soll, so wird doch die Differenz zwischen Erzählung und Reflexion nie aufgehoben. Das Zeugnis des Johannes ist deshalb nicht nur die historische Basis aller anschließenden Zeugnisse, sondern theologisch bleibt sein Zeugnis bahnbrechend. Aus diesem Grund gerade wählt der Autor ja die präsentisch formulierte Überschrift 1,19. Der Erzählstoff darf also nicht einfach als Fortsetzung des Prologs mit anderen Darstellungsmitteln aufgefaßt werden, sondern muß mit dem im Prolog gewonnenen »point of view« reflektierend gelesen werden. Dann erst erschließen sich die Aussagen aller drei Teile im angemessenen Maß.

65. Auch im vierten Evangelium wird das doppelte Nachfolgemodell der Synoptiker beibehalten: Einmal folgt man Jesus aus eigenem Interesse nach, zum anderen man wird von diesem berufen (vgl. Mk 1,16-20 mit Joh 1,43; Lk 9,57-62 mit Joh 1,35-42.45-50).

66. Diese Leerstelle hat viele veranlaßt, sie mit der Figur des Lieblingsjüngers zu füllen. Damit hat man den noch weitergehenden Identifizierungsversuch verknüpft, den Lieblingsjünger mit Johannes, einen der Zebedaidensöhne, gleichzusetzen. Die Leerstelle mit dem Lieblingsjünger auszufüllen, mag solange angehen, wie man für diesen Punkt eine überlegte redaktionelle Konzeption im Gesamtwerk voraussetzt, die sich aber dem

nun fest überzeugt, den Messias selbst gefunden zu haben, nach dem vorher vergeblich gefahndet wurde.

Diese Entdeckung ist für Andreas so bedeutsam, dass er Jesus seinen »eigenen« Bruder Petrus *zuerst* zuführt. Obwohl die synoptische Information, dass Andreas der Bruder Petri ist (Mk 1,16parr.), aufgegriffen scheint, bleibt die Einführung des in der urchristlichen Tradition bekannteren Petrus durch seinen Bruder ebenso auffällig wie die Rückübersetzung des Christustitels in dessen hebräisches Äquivalent »Messias« sowie anderseits anschließend der Name »Kephas« mit dem griechischen Wort »Petros« übersetzt wird. Die korrekte Rückübersetzung hatte der Erzähler 1,20.25 dem Leser noch vorenthalten. Auf den ersten Blick könnte man meinen, der Evangelist wolle einer hellenistischen Leserschaft palästinische Ausdrücke erklären. Doch dann hätten seine Übersetzungshilfen schon früher einsetzen müssen. Die vom Evangelisten bislang eingefügten Kommentarworte[67] (1,28[68]; 1,39[69]) weisen in eine andere Richtung. Sie plazieren das Erzählte für den Leser an noch unbekannte, aber konkret benennbare Orte bzw. präzisieren das Ereignis temporal, so dass eine historische Exaktheit suggeriert wird. Diese Tendenz wird nun mit Hilfe nachträglich angebotener Übersetzungshilfen noch auf das kulturelle Gebiet ausgedehnt. Damit wird die hinter dieser Erzählstrategie sich verbergende Absicht erkennbar: Der Leser soll sich seiner Distanz zum Erzählgegenstand bewußt bleiben. Aus der Sicht des Evangelisten soll also dessen Betrachterstatus betont werden. D. h. aber auch, dass die

---

Leser erst am Ende seiner Lektüre voll erschließt. Danach hätte der Autor schon hier bewußt eine Leerstelle geschaffen, um sie in Kap. 13 mit der Figur des Lieblingsjüngers zu füllen, auf den er am Schluß auch das Zeugenamt für die Verläßlichkeit seines Inhalts und damit zugleich die Autorenschaft für das Gesamtwerk überträgt. Da dieser Jünger im Evangelium selbst durchgängig anonym bleibt, sei der Leser anschließend gefordert, dessen personale Identität in einer Relecture des Evangelium für sich zu erschließen. Dabei könnte ihm diese Leerstelle unter Zur-Hilfe-Nahme von synoptischen Jüngerlisten dienen. Es bleibt aber fraglich, ob der Verfasser im Unterschied zu den Synoptikern, deren Autoren alle anonym sind und erst in der kirchlichen Tradition mit Namen versehen werden mußten, sich auf diese Weise — erstmalig in der Evangelienliteratur — zu erkennen geben wollte. Die Identifizierung mit dem Zebedaidensohn Johannes oder einem anderen aus der Liste der ersten Jünger bleibt m.E. überaus hypothetisch und alle Spekulationen über den Verfasser lenken zudem vom eigentlichen Inhalt der Schrift ab.

67. Siehe die bahnbrechende Arbeit von VAN BELLE, Parenthèses, bes. 206-208. Er hat die Kommentarworte umfassend analysiert, ungefähr 165 im Evangelium bestimmt und ihre sprachliche Kongruenz mit dem sonstigen Sprachstil des Autors festgestellt. Er wird darin von C.W. HEDRICK, Authorial Presence and Narrator in John: Commentary and Story, in: FS J.M. ROBINSON I, Sonoma 1990, 74-93, unterstützt, obwohl letzterer nur 121 zählt.

68. Vgl. dieselbe Erzählstrategie in 6,23.59; 8,20a: 12,1; 19,20; 21,8.

69. Dieselbe Technik wird in 4,6; 5,9; 9,14; 10,22; 13,30; 18,28; 19,14 angewandt.

durch die Rückblendetechnik erreichte historische Tiefenschärfe in umgekehrter Richtung bis in die Gegenwart des Lesers verlängert wird. Damit unterstreicht der Autor die historische wie kulturelle Distanz der Zeugengeschichte zur aktuellen Gegenwart. Doch die geschichtliche Distanz bildet keine unüberbrückbare Kluft, sondern die Geschichte bewegt sich auf die Gegenwart zu. Deutlich wird dies, wenn Jesus Petrus gleich zu Beginn den auch in der synoptischen Tradition (vgl. Mt 16,18a) wichtigen Beinamen »Kephas« erst für die Zukunft verheißt. Zusammen mit der auffälligen Notiz, Andreas habe »zuerst« seinen Bruder für Jesus geworben (V. 41), bezeugt diese Darstellung, dass Petrus erst noch in die Rolle des Kephas[70] hineinwachsen muß.

Am nächsten Morgen[71] beruft Jesus selbst Philipp, bevor er Bethanien zugunsten Galiläas verläßt. Ausdrücklich wird vermerkt, dass Philipp aus der galiläischen Heimat des »zuerst« angenommenen Geschwisterpaars, Bethsaida, stammt. Dieser wiederum findet Nathanael, einen der synoptischen Tradition noch unbekannten Jünger, und macht ihn mit Verweis auf die Mose-Tora (vgl. 1,17a) und alle Prophetenschriften auf die besondere Qualität Jesu neugierig. Er behauptet, alle Schriften würden schon von diesem Sohn des Josephs aus Nazareth schreiben, obwohl aus dessen Antwort auf diese Behauptung: »Aus Nazareth — kann von da etwas Gutes sein?« zugleich große Skepsis wie Bibelfestigkeit spricht. Obwohl die Erwartung von messianischen Heilsgestalten mit anderen Orte, etwa Bethlehem und Jerusalem, verknüpft ist, kann Jesus ihn dennoch an sich binden. Dies geschieht auf doppelte Weise. Einmal übernimmt Philipp die Rolle Jesu V. 39.41. Er hat nämlich Jesus »gefunden« (V. 41) und dieser lädt darum Nathanael analog zur Aufforderung an die ersten beiden Jünger mit »komm und sieh!« (V. 39) zu einem Besuch ein[72]. Dieser überwindet seine anfängliche Skepsis[73] und folgt der Einladung. Zum anderen stellt Jesus ihm das für einen frommen Juden wichtigste Zeugnis aus, ein »wahrer Israelit«[74] zu sein. Als Nathanael verwundert fragt, woher Jesus das wisse, verweist dieser nicht allein auf sein bereits offenkundiges, wunderbares Wissen (vgl. V. 42c), sondern spielt auch auf ein

---

70. Vgl. L. SCHENKE, Die literarische Entstehungsgeschichte von Joh 1,19-51, BiNo 46 (1989) 24-57.56f.
71. Man beachte die harmonisierende Chronologie: 1,29.35.43; 2,1.
72. Diese Darstellung macht die Aussagen 4,35-38 und 11,34 erst voll verständlich.
73. Diese Tatsache wird in der Literatur häufig genannt, um Jesu Reaktion zu erklären: vgl. B. WEISS, Einheitliches Werk 40.84; CULPEPPER, Anatomy 123; O'DAY, Revelation 67; J.H. NEYREY, The Jacob Allusions in Jn 1:51, CBQ 44 (1982) 586-605.588.
74. Die Bezeichnung »Israelit« ist positiv besetzt: vgl. u.a. D.M. SMITH, Theology 89.172.

für den heutigen Leser rätselhaftes und kaum erkennbares Schriftwort an: »Ehe Philippus dich rief, als du unter dem Feigenbaum warst, habe ich dich gesehen«. Dieses Rätselwort steht im Kontext eines speziellen urchristlichen Schriftverständnisses. Dieses geht davon aus, dass schon die Tora und die Propheten über Jesus geschrieben haben (vgl. 1,45; 5,39.46; 6,26ff. etc.). Deshalb muß man aus den vier unterschiedlichen Lösungsvorschlägen, die bislang vorliegen, den oder die heraussuchen, die diesem Kontext am besten gerecht werden. Der erste in der Auslegung unterbreitete Vorschlag nimmt einen legendarisch berichteten Vorfall in der Biographie Nathanaels an, von dem Jesus gewußt habe[75]; ein weiterer verweist auf den konkreten Ortshinweis, der formgeschichtlich zu jeder Berufungsgeschichte (wie das Zollhaus zur Berufung des Levi) gehöre[76]; eine dritte These besagt, die Ortsangabe sei zur Hälfte symbolisch gemeint, weil die Rabbinen mit den Schülern gern unter einem Feigenbaum studiert hätten[77]; oder, diesen Aspekt weiter generalisierend, wird bisweilen vermutet, Nathanael habe unter einem solchen Baum die Schrift auf ihre messianischen Verheißungen hin befragt[78]. Damit wird die Ortsangabe noch symbolträchtiger, so dass daraus eine Anspielung auf das rabbinische Lehrhaus herausgelesen wird, das nach Gen 2,7 gerne auch »Feigenbaum« genannt worden sei[79]. Eine vierte These sieht darin jedoch eine biblische Anspielung, entweder auf Mich 4,4 bzw. Sach 3,10, wo er fester Bestandteil des Bildes vom messianischen Frieden[80] sei, bzw. auf Hos 9,10b, wo der Feigenbaum zu einer symbolischen Umschreibung des Erwählungsgedankens[81] geworden sei. Nach Abwägung aller Indizien bleibt, wenn man die ersten drei Hypothesen als zu spekulativ ablehnt, eigentlich nur aus der vierten Erklärungshypothese die Variante möglich, die mit der Erwähnung des Feigenbaums auf Mich 4,4 angespielt sieht. Danach kann Jesus bereits hier die innersten Gedanken von Menschen lesen (vgl. 2,25). Denn er hat die geheime Hoffnung Israels auf eschatologischen Frieden im Verhalten Nathanaels entdeckt. Diese Sehnsucht wird sich aber erst nach Jesu Tod und Verherrlichung (vgl. 12,12-16 mit 21,2) erfüllen, wo auch Petrus zum Kephas gereift ist. Auf diesen späteren

---

75. Z. B. M. DIBELIUS, Die Formgeschichte des Evangeliums, Tübingen ⁵1966, 114.
76. C.F.D. MOULE, A Note on »under the fig tree« in John 1,48.50, JThS.NF 5 (1954) 210-211.
77. BULTMANN 73 Anm.8.
78. SCHNACKENBURG I 315.
79. J. JEREMIAS, Die Berufung des Nathanael, Angelos 3 (1928) 2-5.
80. BROWN I 83; vgl. Mich 4,4 mit 1 Kön 5,4f., 2 Kön 18,31, Is 36,16, Sach 3,10, pTBer II 5c, ParJer 5,1ff..
81. F. HAHN, Die Jüngerberufung Joh 1,35-51, in: FS R. SCHNACKENBURG, 1974, 172-190; MICHAELS 41.

Zeitpunkt spielt nicht nur das sprachlich dem markinischen Petrusbekenntnis (vgl. V. 49c mit Mk 8,29) nachempfundene Bekenntnis Nathanaels an, Jesus sei der Sohn Gottes (vgl. Mk 15,39), sondern er identifiziert ihn zusätzlich noch als *König Israels* (Mk 14,61 par.). Damit geht er über das Zeugnis des Johannes hinaus (vgl. V. 34) und ist doch ahnungslos, dass sein Bekenntnis bereits die spätere Kreuzesinschrift (19,19) vorwegnimmt. Auch Jesus muß erst[82] — recht verstanden — noch »König der Juden« werden.

Dass aber die beiden letzten Verse des ersten Kapitels — die erzählerische Klimax — eine noch sich längere Zeit erstreckende Jesusgeschichte in den Blick nehmen, bis alle Jünger ihn nach vielen Un- und Mißverständnissen so sehen, wie ihn Nathanael hier gesehen hat, und endlich alle wissen (vgl. 6,64-66), wer Jesus wirklich ist, dies sollen die beiden Abschlußverse speziell belegen. Denn das einfache »Sehen« Nathanaels (V. 39) steigert sich bis V. 50 zum »Größerem als das sehen«. Zuerst weitet Jesus den Glaubenshorizont Nathanaels, indem er ihm gerade dies ankündigt. Damit bleibt dessen Einladung »Komm und sieh!«[83] weiterhin aktuell. Denn die nachfolgende Episode von der Hochzeit in Kana, mit der Jesu öffentliches Wirken beginnt, nimmt bereits[84] darauf Bezug. Dort kommen die Jünger aufgrund des Wunder-Zeichens (2,11) zum Glauben. Dem entspricht die wunderbare Kardiognosie Jesu, die vorher Nathanaels Skepsis zu überwinden half.

Entschieden deutlicher noch wird die schriftstellerische Tendenz, die Einzelepisoden von der Jüngernachfolge inhaltlich zu bündeln und so für die weitere Erzählhandlung programmatisch werden zu lassen, in der zweiten Ansage Jesu. Sie ist durch einen überraschenden Subjektwechsel[85] aus dem Singular in den Plural an alle Jünger gerichtet. In ihr wird mit Anspielung auf Gen 28,12, Jakobs Traum von der Himmelsleiter in Bethel[86], die

---

82. Jedoch muß das politische Ansinnen der Galiläer 6,15, ihn zum König auszurufen, noch 18,33-19,15 korrigiert werden.

83. Das Verb »sehen« und seine Derivate sind gewiß Schlüsselworte in 1,35-51.

84. Man beachte aber vor allem 21,1f., wo Nathanael mit sechs anderen Jüngern dem Auferstandenen begegnet.

85. Ähnlich wird 3,11f.; 4,48; 13,38; 14,9ff; 14,23 vorgegangen.

86. Die Anspielung auf die Jakobstradition wird schon mit der Charakterisierung Nathanaels als einen Juden ohne Arglist eingeleitet, weil Jakob Gen 27,35 im Unterschied zu Nathanael als arglistig charakterisiert wird. Die Anspielung auf die Jakobstradition betont C.R. KOESTER, »The Savior of the World« (Jn 4:42), JBL 109 (1990) 665-680.677 und DERS., Messianic Exegesis and the Call of Nathanael (Jn 1:45-51), JSNT 39 (1990) 23-34 mit drei aus Gen 27,25; 28,12 und 32,28 gewonnenen Argumenten: a. Jakob wird dort zuerst als arglistig geschildert, der seinem Bruder das Geburtsrecht nimmt; b. der aber am Ende zum ersten Mal den Namen »Israel« tragen darf und c. der nach Gen 28,12 par. Joh 1,51 der Vision von der Himmelsleiter gewürdigt wird.

zuvor nur dem Täufer geschenkte Gottesschau[87] allen Jüngern verheißen. Sie werden den Himmel offen sehen und die Engel Gottes »auf«[88] Jesus hinauf und vom Himmel herabsteigen sehen. Damit wird ihnen zum Abschluß ihrer Berufung der Sinn der Sendung Jesu mit Hilfe der Schrift verdeutlicht: Über Jesus (vgl. GenR 68,18 mit Joh 14,9-19) ist der himmlische Bereich zugänglich. Über ihn, den die Jünger in ihrem ersten Überschwang mit allen der urchristlichen Tradition bekannten Hoheitstiteln belegt haben, sucht Gott das Gespräch mit seiner Schöpfung[89]. Damit wird auch den Jüngern in der »erzählten Welt« das Wissen biblisch aufgeschlossen, das der Leser im Prolog (1,18) bereits gewonnen hatte: »Gott hat keiner je gesehen — der einzige Sohn, der im Schoß des Vaters west: Er hat berichtet«. Die von Jesus hier gewählte Selbstbezeichnung »der Menschensohn«, ein traditioneller Titel mit stark eschatologischer Einfärbung, wird benutzt, um die endgültige Erfüllung der Erwartungen Israels, d.h. die letztendliche Versöhnung von Himmel und Erde durch Jesus garantiert zu wissen.

Auch dieser pointierte Abschluß bestätigt wiederum[90], dass die biblische Anspielung auf das Feigenbaumwort Mich 4,4 als eschatologische Verheißung nur im Kontext des gesamten Evangeliums Sinn gewinnt. Da zudem V. 51 mit einem generellen Wort[91] an alle Erstberufenen (und implizit an die Leserschaft!) die Episode beschließt, können die beiden Ansagen an Jünger nur eine länger sich erstreckende »Sehschule« für die Jünger und Leser zugleich ankündigen. Ob sie bis zum Ende der johanneischen Jesusgeschichte andauert[92], wird die weitere Lektüre zeigen müssen. Somit steht das gesamte erste Kapitel (1,19-51) unter der Überschrift „Gesucht und gefunden« mit all den Implikationen, die es darin einschloß: Jesus wird zwar von allen gesucht, aber keineswegs von

---

87. Die Glaubensthematik wird auch 4Q385 Frg. 2 mit der Gottesschau in Verbindung gebracht, wenn man dort liest: »Und JHWH sagte (4) zu mir: ‚Ich werde die Israeliten schauen lassen und sie werden erkennen, dass ich JHWH bin'«.

88. Vgl. u.a. den zweifachen Hinweis in der Täufervision (1,32.33) auf den Geist, der »auf« Jesus herabstieg und »auf« ihm blieb.

89. Vgl. ODEBERG 33-42; H. BIETENHARD, Die himmlische Welt im Urchristentum und Spätjudentum, WUNT 2, Tübingen 1951, 112 Anm. 2; L. SCHENKE, s. Anm. 70, 56; C. DIETZFELBINGER, Der ungeliebte Bruder. Der Herrenbruder Jakobus im Johannesevangelium, ZThK 89 (1992) 377-404.397; P.J. GOMES, John 1:45-51, Interp. 43 (1989) 282-286.285.

90. Vgl. 1,14-18.

91. Die Ablehnung jeder quellenscheidenden Operation zwischen V. 50 und 51, wie sie KOESTER, s. Anm. 86, 671 Anm. 18, begründet, ist voll zuzustimmen. Dies hat. NEYREY, s. Anm. 73, der jedoch viel Aufschlußreiches zur Jakobtradition beiträgt, in Abhängigkeit von Bultmann noch nicht beherzigt.

92. Vgl. W.H. LOADER, John 1:50-51 and the »Greater Things« of Johannine Christology, in: FS F. HAHN, 1991, 255-274.274; ebenso SCHENKE, s. Anm. 4, 56;

allen auch identifiziert, sondern allein vom Zeugen einer himmlischen Offenbarung, Johannes. Er weist zwei seiner Jünger auf Jesus hin. Sie wie die anderen Erstberufenen finden in ihm all das, was sie gesucht haben: den Messias, den König Israels bzw. den unter weiteren Hoheitstiteln Erwarteten, mit denen man damals seine endzeitliche Hoffnung präzisierte.

Aber wichtig bleibt auch, was in diesem Kapitel nicht thematisiert wurde: Unbeantwortet blieb die Frage, was die ersten beiden Jünger bei Jesus so außergewöhnlich fanden, dass sie so enthusiastisch reagieren konnten. Denn erst an der Diskursfigur Nathanael, die noch einmal 21,2 mit einem gezielten Rückverweis auf Kana (1,51-2,11) die Bühne betreten wird, wurden Jesu überragendes Wissen und Herzenskenntnis (vgl. 2,24) demonstriert. Mit dieser Leerstelle wird Klärungsbedarf, d.h. ein Spannungsbogen erzeugt, der über das Kapitel hinausweist. Dies wiederum bestätigt Jesus am Schluß selbst: Die ersten Jünger werden generell in der Zukunft Größeres zu sehen bekommen, dass nämlich der Menschensohn die Brücke zwischen Himmel und Erde ist. Aber auf den ersten Blick leiten die beiden letzten V. 50f. nur zum ersten *Zeichen* Jesu über, das er in Kana wirken wird. — Lit. s.u. S. 454-457.

c. Das Anfangszeichen Jesu im galiläischen Kana, 2,1-11

Das »Anfangszeichen« des johanneischen Jesus im präzis definierten *galiläischen* Kana (1,43; 4,46.54; 21,2)[93] ist eine der faszinierendsten und attraktivsten Wundergeschichten der neutestamentlichen Tradition. Obwohl die Erzählhandlung konsequent aufgebaut erscheint und der Gattung der neutestamentlichen Wundergeschichte voll gerecht wird, stößt sich der Leser doch an einigen Details, die ihn verwundert innehalten lassen. Das erste Mal wundert er sich über die Zeitangabe »am dritten Tag« in der Exposition. Vielleicht unterstellt er dem Erzähler nicht sogleich einen Rechenfehler, wie es bisweilen Ausleger getan haben, weil sie nach den chronologischen Angaben in 1,29.35.43 eigentlich den vierten bzw. von der Befragung des Täufers durch die jerusalemer Autoritäten an gerechnet den fünften Tag für den Hochzeitstermin erwartet hatten. Doch das seit 1,50 die Aufmerksamkeit fesselnde Versprechen Jesu an seine

---

93. Ein zusätzliches kompositionelles Argument, dass die im Prolog noch verdeckt geäußerten theologischen Aussagen in 1,19-4,54 quasi im öffentlichen Wirken Jesu verankert, narrativ profiliert und theologisch entfaltet werden, so dass diese Kapitel zusammengehören, erspart die Suche in der palästinensischen Topographie nach einem zweiten »Kana«, das nach E.M. MEYERS / J.M. STRANGE, Archaeology, the Rabbis and Early Christianity: The Social and Historical Setting of Palestinian Judaism and Christianity, Nashville 1981, 161, in einem anderen Kana bei Sidon lokalisierbar sein soll.

ersten Jünger, sie würden noch Größeres zu sehen bekommen, und deren Erwähnung in der Erzählung selbst, legen als Ausgangspunkt der Addition 1,35[94] fest. Ebenso wird die Absichtserklärung Jesu 1,43, er wolle nach Galiläa reisen, nun als vollzogen betrachtet.

Eine weitere Extravaganz der Exposition freilich läßt den Leser erneut stutzen. Die Anwesenheit der »Mutter Jesu«[95] wird terminlich vor der des Hauptakteurs und dessen Jüngern angesetzt; denn auch diese waren zur Hochzeitsfeier geladen. Nun könnte der Leser — wenn er will — zweierlei kombinieren: Zum einen setze der Sachverhalt, dass die »Mutter Jesu« separat angereist ist, ganz im Sinne der schon eingeübten narrativen Rückblendetechnik die bereits vollzogene Loslösung Jesu von seiner Familie (vgl. Mk 3,31-35parr.) voraus, was zudem den Sinn der rätselhaften Aufforderung Jesu an die beiden Johannesjünger »Kommt und seht!« (1,39) nachträglich aufdecken hilft. Zum anderen solle ihm suggeriert werden, dass Jesus sich wegen der weiteren Jüngerberufungen verspätet habe und gerade zu dem Zeitpunkt eintreffen sollte, als der Wein für die Festgesellschaft auszugehen drohte.

Trotzdem bleibt es für eine neutestamentliche Wundergeschichte auffällig, wenn der Hauptakteur erst im nachhinein genannt wird. Die erzählerische Unausgewogenheit könnte man literarkritisch zu beheben versuchen, indem man die die Mutter betreffenden Zeilen aus dem Text löscht[96]. Doch dieses dem Exegeten gegebene Mittel, Ungereimtheiten aus dem Text zu entfernen, führt in eine Sackgasse, wenn man formale Indizien in das Kalkül einbezieht. Zum Abschluß wird die Geschichte ein »Zeichen« genannt, aber worauf es verweisen soll, bleibt solange ungesagt, bis man die narrative Auffälligkeit als Schlüssel zur Lösung des Rätsels entdeckt[97]. Die Mutter weist nämlich ihren Sohn auf den Fehler

---

94. In der Szene 1,29-34 werden nur der Täufer und Jesus ausdrücklich genannt. Die präsentische Eröffnung (vgl. 1,19a) läßt den Verdacht zu, es solle vorrangig der Leser angesprochen werden, bei dem allgemeine Kenntnisse der synoptischen Taufszene wie auch die Information aus 1,6-8.15 als bekannt vorausgesetzt zu werden scheinen.

95. Vgl. CULPEPPER, Anatomy 133, der zudem noch darauf aufmerksam macht, dass die Mutter Jesu nicht wie der Täufer mit Namen genannt wird. »Her role is scarcely defined, and she is not even named«. Dennoch läßt sich aus dem antiken Textbefund, in dem auf ähnliche Weise Personen ohne exakte Namensangabe erwähnt werden, erschließen, dass ihr Name als bekannt vorausgesetzt wird. Da sie nur noch in der Passionsgeschichte erwähnt wird, ist die Hochzeit zu Kana mit jener bewußt verknüpft.

96. Dies wurde von mir und einem meiner Studenten vor einiger Zeit auch versucht, vgl. U. BUSSE / A. MAY, Das Weinwunder von Kana (Joh 2,1-11). Erneute Analyse eines »erratischen Blocks«, BiNo 12 (1980) 36-61. Eine solche textuelle Manipulation führt jedoch nach meinem heutigen Kenntnisstand in die Irre.

97. Deshalb ist M. SABBE, John and the Synoptics: Neirynck versus Boismard, EThL 56 (1980) 125-131.130, zuzustimmen, dass eine von Erzählaporien befreite

bei der Getränkeversorgung für die Hochzeitsgäste hin und handelt sich für ihre menschliche Hilfsbereitschaft eine schroffe Abfuhr von ihm ein. Den Grund für diese überraschende Reaktion nennt Jesus selbst: »Seine Stunde« sei eben noch nicht gekommen! Doch läßt sie sich dadurch nicht von ihrem Ansinnen abbringen. Sie fordert die »Diener«[98] vorsorglich auf, ihm in allem zu gehorchen, was er auch verlangen möge. Dies ist eine weitere inhaltliche Ungereimtheit. Sie signalisiert, dass der Einschub[99] keine spätere Ergänzung, sondern vielmehr den Schlüssel für das Verständnis des Textes als »Zeichen« enthält. Die schroffe Zurückweisung seiner leiblichen Mutter läßt erkennen, dass Jesus in diesem Fall auf engste verwandtschaftliche Beziehungen keine Rücksicht nimmt. Der entscheidende Schlüssel für das Verstehen ist sein Verweis auf die noch ominös klingende »Stunde«, die leider noch ausstehe. Zwar kann man die Bedeutung dieser Terminangabe aus dem fortlaufenden Text (vgl. 9,4; 10,17f.; 11,4.9f.; 12,27f.; 13,1; 16,32; 17,2) erschließen, aber damit ist dem Leser zu Beginn seiner Lektüre von der Darstellung des öffentlichen Wirkens Jesu nicht gedient. Wenn er diesen Text adäquat verstehen will, muß er entweder noch einmal zur Geschichte zurückkehren, um die offengebliebene Frage mit den erst bei der weiteren Lektüre gewonnenen Kenntnissen zu beantworten, oder er setzt probeweise das ihm schon aus der synoptischen Passionstradition (vgl. Mk 14.35.41 mit Lk 22,14.53; Mt 26,45) bekannte Stundenmotiv voraus. Es verweist dort auf die von Gott gesetzte »Stunde der Finsternis« und des gewaltsamen Todes Jesu. Damit würde die hier erzählte Geschichte von einer punktuellen Beseitigung eines empfindlichen Mangels wenigstens[100] im Zusammenhang mit göttlichen Zielvorstellungen stehen. Diese jedoch umgehend umzusetzen, dazu war Jesus noch keine Erlaubnis erteilt worden, weil die Beseitigung einer von Gott gesteuerten Willensbildung unterliegt. Erst die Voreiligkeit der Mutter Jesu hat die Hintergründigkeit der Erzählung aufgedeckt. Der auffällig knappe Dialog zwischen Mutter und Sohn soll demonstrieren, dass Jesu Handlungsweise nicht von seiner Verwandtschaft (vgl 7,1-10), sondern vom Willen Gottes diktiert wird.

Wundergeschichte im Johannesevangelium ihre spezifische Aussagewert als Zeichengeschichte verliert.

98. Siehe auch C.1; die »Diener« sind damals Sklaven.

99. Solche Einschübe sind für einige der joh. Wunder- bzw. Zeichengeschichten charakteristisch: vgl. 4,48; 9,4f.; 11,4.25f.

100. Die Einschränkung liegt darin begründet, dass man den Wissensstand des Lesers nicht überstrapazieren sollte. Es wird am Schluß des Evangelium überdeutlich, das »die Stunde« vor allem die Passions- und Verherrlichungsstunde Jesu meint. Aber hier soll m.E. erst die Aussage 1,50f. erläutert werden.

In eine ähnliche Richtung weist die spezielle Erwähnung der ersten Jünger Jesu, die überraschend auch zur Hochzeit geladen waren. Sie werden zwar in der Exposition ausdrücklich erwähnt, stehen aber in der eigentlichen Erzählung wie Zuschauer außerhalb der Handlung. Doch zum Schluß vermögen nur sie ein positives Resümee des wunderbaren Ereignisses zu ziehen. Denn sie allein haben die in der Erzählhandlung offenbar gewordene Bedeutung Jesu im Glauben zu deuten gelernt, wie ausdrücklich kommentiert wird. Sie sind als Zuschauer zu Interpreten des Zeichens geworden. Damit greift der implizite Autor die Ansage 1,50f. erläuternd auf, die Jünger würden »Größeres« zu sehen bekommen. Ganz in Übereinstimmung mit dem Hinweis, sie würden die Engel Gottes auf den Menschensohn auf- und niedersteigen sehen, wird ihnen verdeutlicht: Jesus handelt in allem ausschließlich so, wie es Gott ihm gebietet[101]. Der Rückbezug auf diese ominöse »Stunde«, der von Gott gesetzten Stunde, an die sich Jesus gebunden fühlt, wird sich bekanntlich im weiteren Erzählverlauf als eine zentrale Metapher herausstellen. Sie steht als Chiffre für seine Passion und Verherrlichung: Auch sie nimmt Jesus in Abstimmung mit seinem himmlischen Vaters (12,27) in gehorsamer Abrundung seines irdischen Auftrags freiwillig an[102] und läßt sie sich nicht von anderen aufdrängen.

Doch mit diesen, den Anfang der Geschichte beherrschenden, erzählerischen Unebenheiten, die den Zeichen- und Verweischarakter der Wundergeschichte konstituieren und deshalb nicht als Beweis für eine vorgegebene Zeichenquelle gewertet werden dürfen, hat der Autor sein Repertoire an narrativen Paradoxien noch nicht erschöpft. Besonders ein moderne Leser wird sich schon bald fragen müssen, welchen Sinn er der detaillierten Sachinformation über die sechs leeren, ungefähr 600 Liter fassenden Krüge[103], die zu Reinigungszwecken dienten, beimessen soll.

---

101. Das hier schon angesprochene Motiv, dass der Sohn nur tue, was ihm sein Vater gebiete, bestimmt bald die Auseinandersetzung mit »den Juden«. Die ist ein Hinweis für die Hypothese, in den ersten sechs Kapiteln würden die grundlegenden theologischen Aussagen des Prologs narrativ umgesetzt.

102. Eine solche, an Häufigkeit überwältigende, das gesamte Evangelium bestimmende Aussage kann man sich als redlicher Ausleger nicht einfach literarkritisch beiseiteschieben, sondern muß sich ihr stellen. Das opulente Weinwunder soll dem Leser nach dem Prolog zum ersten Mal demonstrieren, woher Jesus seine Notlagen beseitigende eschatologische Kompetenz bezieht: sie ist ihm, so wird er bald (Joh 2,16) formulieren, vom Vater gegeben.

103. Steinkrüge galten in der Periode des zweiten Tempels als unanfällig gegenüber ritueller Unreinheit. Wohl aus diesem Grund wurden bei der Ausgrabung von Sepphoris fast 100 Exemplare von solchen Steinkrügen aus Kalkstein in jüdischen Häusern gefunden: vgl. Y. MAGEN, Ancient Israel's Stone Age: Purity in Second Temple Times, BAR 24 (1998) 46-52.

Zumeist wird er sie einer hilflosen Auslegungstradition gemäß[104] als Allegorie auf das in Christus offenbare, das Judentum überbietende Neue deuten. Doch von dieser negativen Wertung ist im Urtext kein Spur zu finden, solange man eben hier keine erst später gepflückten Lesefrüchte einträgt. Mit der Detailfreudigkeit an dieser Stelle verfolgt der Erzähler einen doppelten Zweck: Einmal soll mit der Maßangabe die überwältigende Größe des Wunders und zum anderen mit dem Hinweis auf die jüdischen Reinigungsriten die besondere Frömmigkeit des Hochzeitshauses unterstrichen werden. Wer wie sie im fernen Galiläa sich den rituellen Reinigungsvorschriften[105] der Priester am Tempel in Jerusalem verpflichtet fühlt, offenbart damit das Bestreben, mit Gott in Harmonie leben zu wollen. Dieser offene Hinweis motiviert Jesus, den Bräutigam aus der für seine Ehre prekären Notlage zu helfen.

Doch die Handlungsweise Jesu ermöglicht nur den Dienern, die Jesu Befehle ausgeführt haben, ihn als den vollkommenen Gastgeber zu identifizieren, eine Rolle, die eigentlich der Bräutigam spielen sollte. Aber sie werden ja nicht nach der Herkunft des neu eingeschenkten Wein gefragt, sondern der Oberkellner stellt dem falschen Mann die an 1,48 erinnernde verwunderte Frage[106] nach der Herkunft des Lagenweines. Deshalb gibt es auf die berechtigte Frage auch keine direkte Antwort. So bleibt Jesus in seiner Funktion als Helfer der engeren Hochzeitsgesellschaft, dem Bräutigam und Gastgeber eingeschlossen, unerkannt. Aber

---

104. Allzu groß ist der Unterschied in der Auslegung nicht, wenn man die Kommentierung von F.C. BAUR, Die johanneische Frage und ihre neuesten Beantwortungen (durch Luthardt, Delitzsch, Brückner, Hase), ThJb(T) 13 (1854) 196-287.276f.: »Wie das Wasser zu Wein wird, wie nach der Sechszahl der Wochentage in dem siebenten Tage, dem hl. Sabbath oder Sonntag, das irdische Leben zum himmlischen verklärt wird, so steht über dem Täufer Christus, über dem Judenthum das Christenthum« mit der Zusammenfassung bei R. DEINES, Jüdische Steingefäße und pharisäische Frömmigkeit, 1993, 274, vergleicht: »Das bereitgestellte Wasser für die Reinigung der Hände vertritt für ihn alle vergleichbaren ‚Reinigungen der Juden' und ist nur der deutlichste Repräsentant dessen, was seiner Meinung nach mit Christus ein für allemal ans Ende gekommen ist«. Letzteres ist schwer mit dem zu vereinigen, was auf S. 250 geäußert wird: »Nirgends findet sich auch nur die leiseste Kritik an der jüdischen *Lebensweise* in dem oft als judenfeindlich eingestuften Evangelium«. Dies trifft auf 2,1-11 zu.

105. Deshalb ist die Frage nach der exakten Reinigungsvorschrift hier irrelevant. Ob das Wasser nun für die rituelle Waschung der Hände oder für das Auffüllen der Miqwe in der Spätsommerzeit verwendet wurde (vgl. die Diskussion bei DEINES, s. Anm. 104, 263-274), ist für den Fortgang der Erzählung unwichtig. Da die Hochzeitsfeier wohl schon einige Zeit andauert, charakterisiert das Vorhandensein und die Bereitstellung solcher Krüge den Geist des Hochzeitshaus, wie ihr Leerzustand auch das Verwandeln des Wassers in erstklassigen Wein erst ermöglicht.

106. Vgl. SCHENK, Lexikon, 302. – Strukturell läßt sich die Weinwundererzählung in diesem Punkt mit der Eröffnungsperikope parallelisieren, weil dort Jesus ebenfalls nicht von der Obrigkeit identifiziert wird.

der Erzähler hat auf diese Weise schriftstellerisch nur seinen eigenen Schlusskommentar für den Leser vorbereiten wollen. Nun benennt er die Jünger als solche, die aufgrund des Ereignisses gläubig werden. Damit entsprechen sie allein dem eigentlich implizierten Erkenntnisziel. Zwar hat Jesus seine Bedeutung (1,14) in Kana (vgl. 1,31b) exemplarisch geoffenbart und der gesellschaftlich besser gestellte Bevölkerungsteil Israels, der von der Hochzeitsgesellschaft repräsentiert wird, hat von seiner Machtbefugnis profitiert, aber ihn nicht erkannt. So erläutert die Zeichengeschichte eindringlich und exemplarisch zugleich, wie sich die biblische Anspielung auf Jakobs Traum in der Gestalt Jesu als wirklich vollkommenem Bräutigam realisiert: Gott ist in der von ihm festgesetzten »Stunde« bereit, alle, die mit ihm in Kontakt treten wollen, aus ihrer Notlage zu befreien. Darin offenbart sich Jesu soteriologisches Gewicht. Trotzdem droht weiterhin die Gefahr, dass er bei vielen, besonders bei den Bessergestellten in Israel während dieser Zeitspanne unerkannt[107] bleibt. Aber die erstgeladenen Jünger haben ihre erste Stunde in der »Sehschule« Jesu erfolgreich absolviert. Da aber »die Stunde« Jesu verschlüsselt auf die Stunde seiner Verherrlichung hinweist (vgl. 13,1f.; Kap. 20), ist ihre »Sehschule« nicht mit dieser einen Zeichen-Handlung abgeschlossen. Sie haben in dem Zeichen[108] Jesu soteriologisches Gewicht in seiner Hilfsbereitschaft geoffenbart bekommen und geglaubt, aber die volle Glaubensrealität steht für sie noch aus, weil *seine Stunde* zu dem Erzählzeitpunkt noch nicht eingetreten ist. — Lit. s.u. S. 457-459.

4. DER ERNEUERTE TEMPEL, 2,13-22

Die Perikope bildet einen Kontrapunkt zum ersten Zeichen in Kana, von ihm[109] nur mit einem knappen Zwischenvers[110] getrennt. Dadurch

---

107. So auch BITTNER, Zeichen 90.
108. Dass *semeion*, Zeichen, in der hellenistisch-jüdischen Literatur für etwas anderes stehen kann, das es sinnbildlich deutet, belegen Arist. 150.161 u.a.
109. SCHWARTZ, Aporien, II 117 Anm. 2, meint V. 12 als »Flicken..., der für den Zusammenhang der Erzählung nichts bedeutet und wohl nur den Anschluß an Mt 4,13 herstellen soll«, charakterisieren zu können. Doch die vage Zeitangabe, die im Kontrast zu den bisherigen exakten steht, soll die beiden Episoden aneinanderbinden. Zugleich profiliert sie die nächste Information V. 13, dass das Passafest nahe gewesen sei, indem der Eindruck entsteht, Jesus habe den Anbruch des Fests dort abgewartet. Die überraschende Einführung der »Brüder Jesu« paßt zur vorher angesprochenen Problematik von der Beeinflußbarkeit Jesu durch seine Verwandtschaft (vgl. 7,3ff.).
110. Die gern übersehene Bedeutung von V. 12 liegt in der Wiederaufnahme und Verstärkung des Verwandtschaftsmotivs, dessen narratives Potential durch die beiden ominösen Bemerkungen, Jesus sei neben seiner Mutter (vgl. 19,26f.) auch mit seinen vorher unerwähnt gebliebenen Brüdern (vgl. 7,5 mit 20,17d) nach Kapharnaum (4,46; 6,13.24.59)

bleiben die beiden Episoden kompositionell verklammert und sollen keinesfalls separat gelesen werden. Sie stehen zusammen weiterhin unter dem Vorzeichen der Ansage Jesu 1,50f. Dadurch wird auch die Antwort auf die die Ausleger seit langem bewegende Frage erleichtert: Was hat den Autor bewegt, die letztendlich entscheidende Ursache[111] für die Passion Jesu schon zu Beginn des öffentlichen Auftretens Jesu zu berichten? Einen ersten bescheidenen Hinweis liefert bereits der Übergangsvers, dessen Textfunktion man beachten sollte. In ihm wird eine Personengruppe neu eingeführt, von der der Leser annehmen soll, sie sei auch bei der Hochzeitsfeier schon anwesend gewesen. Denn Jesus steigt nicht nur mit seiner Mutter und den Jüngern nach Kafarnaum hinab, sondern auch mit seinen Brüdern. Die Bedeutung dieses Hinweises kann der Leser nicht direkt erkennen. Sein Erwartungshorizont wird jedoch geweitet, da ein Autor für den Verlauf der Handlung unwichtige Personen zu erwähnen normalerweise meidet. Erst in Joh 7 geht ihm ein Licht auf, wenn er dort liest, die Brüder Jesu hätten ihn aufgefordert, seinen galiläischen Taten analoge in aller Öffentlichkeit, d.h. in Jerusalem, folgen zu lassen, damit seine Jünger sie auch sehen könnten. Die Begründung ist im Rückblick auf V. 12 fadenscheinig, da die Jünger — jedenfalls die Erstberufenen — wenigstens in Kana dabei gewesen sind. Dies ermöglicht dem Schreiber, die Brüder danach als ebenso ungläubig wie viele andere zu charakterisieren. Der Unglaube beginnt bereits in der Familie. Folglich wird hier — zwar verdeckt noch — der Ausgangspunkt für eine parallel zum Glaubensmotiv sich entwickelnde Gedankenlinie (vgl. 2,23-25; 3,2; 4,39.42.48; 6,26) terminiert, die Zeichen Jesu ungläubig als pure Wundertaten und Demonstrationen zu deuten und damit ihren Verweischarakter auf die eschatologische Stunde bewußt zu übersehen. Letzterer spielt nämlich bei der sogenannten »Tempelreinigung« eine zentrale

---

gereist und dort »nicht viele Tage« (vgl. hingegen die positive Anmerkung 4,40f.) geblieben, gestärkt und auf das im Erzählverlauf wiederholt zurückgegriffen werden soll: Jesu wahre Verwandten sind die Glaubenden.

111. Nach WEISSE, Evangelienfrage 46, war schon in der Tradition die Tempelreinigung mit dem Aufenthalt Jesu in Jerusalem verbunden. Deshalb mußte dieses Ereignis beim ersten Besuch Jesu auch hier berichtet werden, um die Vorgänger zu berichten. Andere sehen die Voranstellung in der Absicht begründet, für die Lazarusperikope Platz zu schaffen (vgl. M.A. MATSON, The Contribution to the Temple Cleansing by the Fourth Gospel, SBL.SP 31, 1993, 497f.); Ein weiterer Grund wird in der Beobachtung gefunden, dass die Festreisen den Aufriß der Synoptiker zerstört haben (vgl. SCHWARTZ, Aporien II 118); Der zweite und dritte Grund setzen eine schriftstellerische Schwäche voraus, dem widerspricht schon BAUR, Composition 75, zu Recht: »Obgleich Jesus dem Verlangen der Juden nach einem σημεῖον nicht entspricht, sondern nur auf seinen Tod hinweist, um das endliche, sowohl negative als positive Resultat seiner Wirksamkeit mit dem ersten Anfang seines Auftretens in Jerusalem zu einer grossartigen Totalanschauung zusammenzufassen...«; Ähnlich argumentiert THYEN, Paradigma 100.

Rolle. Denn der Tempel war ja der Ort, wo die Heiligkeit Israels mit Gebet und Opfer in Anwesenheit Gottes tagtäglich gesichert wurde. Wenn dieser »gereinigt« wird, dann gibt Israel Grund dazu. Wer sie vollzieht, muß sich legitimieren bzw. es kommt zu einem Konkurrenzverhältnis zwischen dem bisherigen Tempelpersonal, das die Mißstände hat einreißen lassen, und dem, der zu reformieren bzw. zu innovieren gedenkt. Gleichzeitig wird das Schicksal des Tempels mit dem Geschick Jesu verknüpft und eine spätere Einsicht in seine Absichten angekündigt. Der angestrebte umfassende Verweischarakter läßt sich aber nur am Text selbst aufzeigen.

Dieser besteht aus drei Bausteinen: der eigentlichen Tempelreinigung, die aus den Synoptikern[112] übernommen wurde, der zweifachen Erinnerung der Jünger (V. 17 und 22) und der Diskussion Jesu über seine Aktion mit »den Juden« (V. 18-20). Denn V. 21f. bilden zusammen mit V. 17 einen das Vorgehen und das Gespräch Jesu beschließenden, in Parenthese gesetzten Kommentar des Evangelisten. Er hilft dem Leser jetzt schon das Mißverständnis »der Juden« über das entscheidende Jesuslogion vom Niederreißen und Wiederaufbau des Tempels ebenso aufzuklären, wie er den in der Episode zwar anwesenden, aber wie daneben stehend beschriebenen Jüngern eine Frist[113] für ihr Verstehen einräumt, und er nennt den Zeitpunkt sowie das Mittel, wann und womit sie den tieferen Sinn der Vorgehensweise Jesu endgültig verstehen werden.

Der Vergleich mit den Synoptikern läßt bei gleichem Sachverhalt wesentliche Veränderungen im Bericht selbst erkennen. Bei den Synoptikern »wirft« Jesus die betreffenden Personen spontan »hinaus«, hier aber handelt er nach einer Ortsbesichtigung überlegt, indem er dazu eine aus Stricken selbst gefertigte Peitsche zur Entfernung der Opfertiere benutzt; dort geht er gegen alle Beteiligten gleichermaßen vor; hier hingegen mildert er sein Vorgehen den Taubenhändlern gegenüber situationsgemäß[114] ab; wie er auch nur gegen die Händler vorgeht und nicht

---

112. Der letzte Versuch von MATSON, s. Anm. 111, 489-506, wie von vielen seiner Vorgänger, eine von den Synoptikern unabhängige Tradition wahrscheinlich zu machen, scheitert schon daran, dass er eigenständige theologische Interpretamente des Autors überliest. So ist z.B. die Aussage, »das Haus meines Vaters« (V. 16) ein zentrales johanneisches Theologumenon (vgl. F.J. MOLONEY, Reading John 2:13-22: The Purification of the Temple, RB 97 (1990) 432-452, und M.J.J. MENKEN, »De ijver voor uw huis zal mij verteren«. Het citaat uit Ps 69:10 in Joh 2:17, in: FS B. HEMELSOET, 1994, 157-164).

113. Auffällig ist wiederum die Erzähltechnik des Autors, historisch zurückzublenden: vgl. 1,30; 10,36 u.a.

114. Man kann sich die Entfernung von in Käfigen gehaltenen Tauben mit einer Peitsche schlecht vorstellen. Sie müßten freigelassen werden. Der Autor wählt diese elegante Lösung.

ausdrücklich gegen Käufer und Händler wie bei den Synoptikern. Außerdem beruft sich Jesus für seine Handlungsweise im synoptischen Bericht ausdrücklich auf die Schrift (Mk 11,17 parr.)[115], hier hingegen werden seine Jünger an ein Schriftwort (Ps 68,10 LXX) erinnert. Gegen sein Vorgehen meldet man bei den Synoptikern erst nachträglich (Mk 11,28 parr.) Bedenken an, bei Johannes jedoch sogleich. Das Tempelwort aus Mk 14,58 par. wird zur Antwort Jesu. Die Umarbeitung signalisiert eine durchgreifende Uminterpretation des Geschehens, die mit der Voranstellung vor allem den Verweischarakter der Aktion akzentuieren will.

Die Umarbeitung der ersten, größtenteils vorgebenen Schilderung der Tempelreinigung zu einer dramatischen Symbolhandlung, bei der sogar Rinder vertrieben werden, soll sicherstellen, dass der Tempelbezirk von allen Geschäften — und seien sie auch dem Kult dienlich — freigehalten wird[116]. Zugleich läßt Jesus verlauten, dass er als Sohn dazu ein Recht hat. Darauf reagieren jedoch nicht die betroffenen Händler, sondern die schon in 1,19b genannten »Juden«. Sie fragen jedoch im Unterschied zu den Synoptikern nicht direkt nach der Legitimation seiner »Vollmacht«, sondern wollen mit einigem Recht die Symbolhandlung, das Zeichen[117], erklärt haben. Er antwortet mit dem gegenüber den Synoptikern charakteristisch überarbeiteten Tempelwort. Schon die Eröffnung mit einem

---

115. Die Reinigung des Tempels selbst wird in der Auslegungsrradition bisweilen als eine Zeichenhandlung interpretiert, die den Anbruch der messianischen Zeit nach Sach 14,16-21 anzeigen soll. Denn in Sach 14,21b werde diese so dargestellt, dass Gott vom Ölberg kommend Jerusalem und den Tempel von seinen Feinden befreit und zu völliger Heiligkeit führt, so dass »es keinen Kanaanäer (d.h. Krämer) mehr geben wird im Hause Jahves Zebaot an jenem Tage«. Diese eschatologische Erwartung veranlaßt auch die mScheq VI.5 — wiederaufgegriffen in bTScheq III.2f. — später zu dem Bericht, man habe Sammelbüchsen im Tempelbezirk aufgestellt, so dass selbst der Taubenhandel verschwand. Denn TBer VII.19 gemäß soll »niemand den Tempelberg betreten samt den Münzen, die er in seinem Beutel trägt«; Aber es ist durchaus fraglich, ob V. 16c eine bewußte Anspielung auf Sach 14,21 enthält. Dagegen spricht der eindeutige Befund, dass in der frühjüdischen Literatur, »Kanaanäer« nicht mit »Händler« übersetzt wurde. Sie findet sich erst in den aramäischen Targumim (vgl. M. TILLY, Kanaanäer, Händler und der Tempel in Jerusalem, BiNo 57 (1991) 32). Außerdem will die johanneische Ausdrucksweise »Haus meines Vaters« (vgl. 5,17.43; 6,32.40 u.a.) beachtet sein. Das einzige Schriftzitat ist das, woran sich die Jünger erinnert fühlen. Es wird mit dem Jesuswort V.19 in V. 22 für die Aussageintention des Autors charakteristisch zusammengefaßt.

116. Siehe zu dem vorausgesetzten Geschäftsleben im Tempel: J. NEUSNER, Money-Changers in the Temple: the Mishnah's Explanation, NTS 35 (1989) 287-290; E.P. SANDERS, Jesus and Judaism, Philadelphia 1985, 61-71; S. SAFRAI, Die Wallfahrt im Zeitalter des Zweiten Tempels, 1981, 185ff.; 201ff.; S. APPLEBAUM, Economic Life in Palestine, CRINT I.2 (1976) 683.

117. Nicht ohne Grund ist ihre Frage präsentisch formuliert.

konzessiven Imperativ im Aorist[118] und der Wechsel des Subjekts lassen aufhorchen. Wenn sie[119] (und nicht er) den Tempel »auflösen«, werde er ihn binnen dreier Tage wiedererrichten! Damit läßt er durchblicken, dass die Symbolhandlung noch keineswegs das Zeichen selbst war, sondern auf etwas verweist, das noch aussteht. Zwar deutet er mit dem Wortspiel zwischen »errichten« und „auferstehen«[120] an, was er wirklich meint. Doch »die Juden« bleiben in ihrem Denken der Ebene der historischen Realität verhaftet und vergleichen die bisherige Bauzeit des herodianischen Tempels mit den angesagten drei Tagen. So mißverstehen sie ihn gründlich. Der Autor fühlt sich deshalb verpflichtet, für den Leser ausdrücklich anzumerken, dass Jesus mit dem Tempel metaphorisch seinen Leib gemeint habe, d.h. sein zukünftiges gewaltsames Geschick. Zusammen mit der Auferstehung (V. 22a) ist dies das Zeichen schlechthin, das Jesus setzen wird, um seinen Anspruch auf seines Vaters Haus zu legitimieren[121].

Nun kann man auch die narrative Strategie des Erzählers, neben der eigentlichen Handlung ein spezielles Protokoll über die Reaktion der anwesenden Jünger mitzuteilen, besser würdigen. Denn schon deren erste, in V. 17 beschriebene, wird als eine Erinnerung eingestuft. Die Aktion Jesu habe in ihnen das Schriftwort wachgerufen: »Der Eifer um Dein Haus wird mich verzehren!« Zweifelos wird hier Ps 68 (69) 10 LXX mit wenigen Abänderungen zitiert.[122] Angepaßt an die Erzählsituation wird der Aorist des Verbs in der LXX-Vorlage in das Futur gesetzt: Es heißt nun nicht: »er habe sich«, sondern »er werde sich verzehren«. Sie sehen also nicht die Schriftstelle nach dem Schema Verheißung und Erfüllung (vgl. 12,38 etc.) in der Handlungsweise Jesu erfüllt, sondern sie schließen aus der Aktion[123], dass ihr Herr sich für die Sache Gottes von nun an bis

---

118. Vgl. ABBOTT, Grammar § 2439 (III-V) und BDR § 387,2.

119. Diese auffällige Formulierung ruft eine andere in ARN 4,22-24 in Erinnerung: »When Rabban Johanan ben Zakkai heard this, he sent for the men of Jerusaelm and said to them: 'My children, why do you destroy this city and why do you seek to burn the Temple?'...« [zitiert nach der Übersetzung von J. GOLDIN, The Fathers According to Rabbi Nathan, New Haven 1955, 35].

120. Artapanus, der jüdische Historiker, wählt in Euseb, praep. ev. 9.27.11.4 f. ein anderes Wortspiel: τοῖς δὲ προστάξαι τὸν ἐν Διὸς πόλει ναὸν ἐξ ὀπτῆς πλίνθου κατεσκευασμένον **καθαιρεῖν**, ἕτερον δὲ λίθινον **κατασκευάσαι** τὸ πλησίον ὄρος λατομήσαντας. Er stellt »reinigen« (= einreißen) und »errichten« einander gegenüber.

121. Obwohl man die Vollmachtsfrage in der johanneischen Überarbeitung der Tempelreinigungsszene vergeblich sucht, ist sie bei ihm nicht gänzlich übergangen. Der Leser wird ihr spätestens in 10,18 begegnen, wo deutlich wird, dass er die Vollmacht hat, sein verlorenes Leben sich selbst zurückzugeben.

122. Vgl. MENKEN, s. Anm. 112, 157-164.

123. Es wird hier klar, dass der Verfasser die Jünger Jesu als jüdisch sozialisiert ansieht. Sie leben so intensiv aus der Schrift, dass ihnen eine zur miterlebten Situation passende Schriftstelle aus der Erinnerung ins Bewußtsein steigt und diese deren Programmatik erhellt.

zum Äußersten einsetzen wird. Damit könnte indirekt bereits ein Zusammenhang zwischen der Symbolhandlung und dem späteren Tod Jesu hergestellt sein. Aber der Schwerpunkt der Aussage liegt für den Autor erkennbar in ihrer Programmatik. Die Jünger sehen eine Zeit mit Jesus vor sich, die von seinem Eifer für Gottes Sache ausschließlich geprägt sein wird. Auch aus der Jüngerperspektive hat das Vorgehen Jesu also Verweischarakter. In ihr sehen sie seine innere Motivation aufgedeckt. Der Endpunkt des Wirkens Jesu, der Tod am Galgen und seine Auferstehung kommen erst im parallel formulierten Abschlußvers 22bc in den Blick. Wenn Jesus nach dem Hinweis auf die Schrifterfüllung (19,28)[124] mit den Worten »es ist vollbracht« stirbt, könnte das heißen: Der Eifer für dich, Vater, hat mich verzehrt. Dann erweitert sich nämlich ihre Erinnerung an Ps 68,10 LXX noch um das Wort Jesu, der Leib des Auferweckten sei der neue Tempel, in dem Gott und Mensch sich treffen können, wie es Jesus schon in 1,51 anzudeuten versuchte. Die kunstvolle Zusammenfassung in V. 22de[125] mit der besonderen Rückblende (vgl. 1,30; 10,36 u.a.) auf die Erinnerung der Jünger läßt den tieferen Sinn der provokanten Aktion Jesu im Tempel für den Leser über die »Jüngerschiene« transparent werden. Nicht nur »die Juden«, sondern auch die Jünger haben noch eine Geschichte mit Jesus vor sich. Sie wird für letztere vom Eifer Jesu für die Sache Gottes her deutbar werden und die anderen werden, indem sie den »Tempel« zerstören, zusammen mit jenen das Zeichen schlechthin zu sehen bekommen, das Jesus selbst setzt. »Darum liebt mich mein Vater: Dass ich mein Leben einsetze, damit ich es abermals nehme. Keiner entreißt es mir, sondern selber — von mir aus — setze ich es ein« (10,17f.).

Damit weisen beide bemerkenswerten Episoden in Kap. 2 über sich hinaus. Nur die Kanageschichte darf sich von Anfang an direkt eine Zeichen-Geschichte nennen. Denn die anschließende Symbolhandlung verweist über das noch ausstehende Zeichen von Tod und Auferstehung Jesu hinaus in die nachösterliche Jüngerzeit, in der der Auferstandene als erneuerter Tempel, d.h. Ort der Gegenwart Gottes, für die Jünger im Pneuma erfahren wird. Auf jeweils eigenständige Weise illustrieren somit beide Episoden die Aussagen 1,50f. Sie lassen die Motivation und das Ziel des Wirkens Jesu auf biblischem Erklärungshintergrund für den Leser trans-

---

124. Wichtig ist der Hinweis von MENKEN, s. Anm. 112, 160, auf Ps 69,22, um 19,28 adäquater verstehen zu können.
125. Der Schriftglaube bezieht sich auf V. 17 und der unverstellte Glaube der Jünger an Jesu Wort auf V. 19f. Aus beiden setzt sich unverbrüchlich ihr österlicher Glauben zusammen.

parent werden, ohne dass alle im Text anwesenden Personen die Bedeutung und den Sinn sogleich verstanden haben müssen. — Lit s.u. S. 459-461.

5. DER SINN DER SENDUNG UND DER GRUND DER ABLEHNUNG, 2,23–3,36

Obwohl der Aufbau des 3. Kapitels nicht leicht durchschaubar ist, lässt sich das Kompositionsmuster doch erkennen[126]: Auf eine Exposition 2,23-25[127], in der der Aufenthaltsort Jesu nach Jerusalem verlegt wird, folgt der nächtliche Dialog mit Nikodemus[128], der in einem Monolog Jesu endet. Darauf wird — durch eine szenische Zäsur (3,22) abgehoben, die bis V. 24 berichtend[129] eine neue Situation beschrieben, — der Dialog der Täuferjünger mit Johannes über die Bedeutung der Wassertaufe vorbereitet. Auch dieser geht ohne Übergang in einen Monolog über, so dass beide Szenen parallel aufgebaut sind. Die Parallelstruktur intendiert eine einheitliche Gesamtkonzeption.[130] Deshalb sollte auch die in beiden Szenen behandelte Thematik inhaltlich einheitlich sein. Doch diese Frage wird kontrovers diskutiert. Bereits die Nikodemus-Figur markiert für die Ausleger den »Scheideweg«. Das Problem lässt sich mit einer Inhaltsanalyse lösen.

---

126. Schon WEISSE, Geschichte VI 205-207, sah die Schwierigkeiten, den Inhalt des Kapitels in einen stimmigen Zusammenhang zu bringen, und entschloß sich deshalb, das Problem traditionsgeschichtlich zu lösen (ebenso HAENCHEN 215f..228, der von einem »Torso« spricht, und BROWN, I 160, bzw. BECKER, I 130, die alle u.a. 3,31-36 wie 12,44-50 als redaktionelle Zutaten definieren). Andere versuchten es nach der Vorgabe von BULTMANN, 92f.121f., mit Umstellungen (3,1-21.31-36.22-30: ebenso LINDARS, z. St.), so z.B. SCHNACKENBURG, I 374-377 mit einer anderen Umstellungsvariante 3,1-12.31-36.13-21.

127. Vgl. u.a. die in Anm. 126 Genannten sowie HERDER 313; M. DE JONGE, Nicodemus and Jesus: Some Observations on Misunderstanding and Understanding in the Fourth Gospel, BJRL 53 (1970/71) 337-359 (= DERS., Jesus: Stranger from Heaven and Son of God, 1977, 29-47). 339f.; J.M. BASSLER, Mixed Signals: Nicodemus in the Fourth Gospel, JBL 108 (1989) 637; Solche Stichworte sind z.B. »Zeichen tun« 2,23 par. 3,2; »Glauben an seinen Namen« 2,23 par. 3,18; »Mensch« 2,25 par. 3,1.

128. Den Dialogteil läßt man am besten mit V. 11 beendet sein, da dort anfangs noch Nikodemus angesprochen wird.

129. Dies wird durch den durchgängigen Imperfekt 3,22-24 sprachlich ausgewiesen.

130. So in letzter Zeit THYEN, Literatur, V 112; J. WILSON, The Integrity of Jn 3:22-36, JSNT 10 (1981) 34-41.37; W. KLAIBER, Der irdische und der himmlische Zeuge. Eine Auslegung von Joh 3,22-36, NTS 36 (1990) 205-233.211; R. BERGMEIER, Gottesherrschaft, Taufe und Geist. Zur Tauftradition in Joh 3, ZNW 86 (1995) 63f.; J. FREY, »Wie Mose die Schlange in der Wüste erhöht hat...« Zur frühjüdischen Deutung der »ehernen Schlange« und ihrer christologischen Rezeption in Joh 3,14f., in: M. HENGEL / H. LÖHR (Hrsg.), Schriftauslegung, 1994, 177f.

a. Nikodemus, 2,23-3,21

Seit langem wird die Nikodemusgestalt in der Auslegung mehr oder minder negativ charakterisiert. Es kristallisiert sich folgender typologischer Befund heraus: Einerseits ist Nikodemus der Repräsentant des jüdischen Unglaubens[131] im Gegensatz zum glaubensbereiten Heidentum, andererseits ist er der Repräsentant eines entwicklungsfähigen »Halbglaubens« (vgl. 7,50-52; 19,38-42). Außerdem wird er als der Repräsentant eines weisheitlich-skeptischen Menschenbildes angesehen. Diese Sichtweise hat bei Berücksichtigung des Kontextes und der erzählerischen Einführung der Nikodemus-Figur in einer dafür charakteristischen Exposition einiges für sich. Gleichwohl scheint es der theologischen Intention des Evangelisten noch mehr zu entsprechen, in Nikodemus[132] eine Säulenfigur eines Reflexionsraumes zu sehen, in dem über den Zusammenhang zwischen vorösterlicher Erwartung und nachösterlicher Glaubensreflexion nachgedacht wird. In diesem Denkhorizont ist Nikodemus eine johanneische Diskursfigur.

Die Inhaltsanalyse muß aufgrund des Kontexts von der Charakterisierung des Nikodemus als Repräsentanten eines weisheitlich-skeptischen Menschenbildes ausgehen. Darauf weist schon das Stichwort in der Exposition »an seinen Namen glauben« 2,23 hin, das 3,18 wieder aufgegriffen wird. Es ist für den Leser seit 1,12f. positiv besetzt, zumal weitere Termini aus dem Prolog in diesem Kapitel ebenfalls aufgegriffen werden[133]. So drängt sich der Verdacht auf, dass am Thema »Neugeburt« (vgl. 3,3.5-7.12.31.34) der bislang schon verwendete Glaubensbegriff exakter gefaßt werden soll. D.h. es wird die Frage beantwortet, welche Art von »Glauben an seinen Namen« wirklich Bestand haben wird: ein Glaube, der

---

131. Einflußreich wurde die Position von BAUR, Composition 77-79, der auf S. 77 in Nikodemus noch das »glaubige Judenthum« repräsentiert sieht, dessen Wunderglaube nicht die Kraft gehabt habe, sich zu emanzipieren, um dann auf S. 79 unter dem Eindruck der Samariterin-Perikope zu dem Schluß zu gelangen: »Wie Nikodemus der Repräsentant des auch in seinen Glauben unglaubigen Judenthums ist, so stellt sich uns in der Samariterin das für den Glauben an Jesum empfängliche Heidentum dar.« Gegenwärtig wird diese Position u.a. von C.D. OSBURN, Some Exegetical Observations on John 3:5-8, RestQ 31 (1989) 131, und BERGMEIER, s. Anm. 130, 64.71f., vertreten. Vorsichtiger sprachen LUTHARDT 364, und OVERBECK 333.431 vom Halbglauben, den Nikodemus offenbare. Dieser sei mit dem der vorösterlichen Jüngern durchaus vergleichbar. Unter dem Eindruck der Arbeit von L. Schottroff vertrat dies auch noch THYEN, Literatur IV 234, um neuerdings DERS., Palimpsest 1041f., seine Meinung unter dem Eindruck der anderen Nikodemusstellen zum Positiven zu wenden. Eine positivere Wertung findet man auch bei BASSLER, s. Anm. 127.

132. Aus der parallelen Komposition lässt sich ableiten, dass der Täufer eine weitere Säulenfigur darstellt.

133. Vgl. M. POHLENZ, Paulus und die Stoa, 559; neuerdings auch SCHWANKL, Licht/Finsternis, z.St.

selbstbewußt aus miterlebten Ereignissen seine empirischen Schlußfolgerungen zieht[134] oder ein Glaube, der unverfügbar geschenkt wird? Aber letzterer steht noch unter einem, nur dem Leser aufgrund seiner Lektüre der Tempelreinigungsepisode bekannten, temporären Vorbehalt.

Eine solch umfassende Intention verlangt eine spezielle narrative Umsetzung, damit das Evangelium nicht zu einer rein theoretischen Abhandlung wird. Der Autor schlägt einen Mittelweg ein. Er inszeniert die Nikodemusepisode als eine exemparische Illustration der Konditionen für einen tragfähigen Glauben. In ihr thematisiert er den vorösterlichen Vorbehalt ihm gegenüber, indem er Jesus dessen theologische und anthropologische Grundlagen in einem tiefschürfenden Monolog offenlegen läßt. Die Erzählstrategie wird klar, wenn man auf die Typisierung des Nikodemus als »*eines* Menschen« (vgl. 2,24f. mit 3,1) achtet. An ihm wird das weisheitlich-skeptische Menschenbild exemplifiziert, das der implizite Autor Jesus 2,24f. voraussetzen läßt, wenn er kommentiert: »Jesus selbst aber setzte seinen Glauben nicht in sie, weil er alle erkannte und weil er es nicht brauchte, dass jemand über den Menschen bezeugte — erkannte er doch selber, was im Menschen war«. Darüber hinaus weisen die negierten Bedingungssätze 3,3.5.27 ebenso wie die verallgemeinernden substantivierten Partizipien (3,15f.18-21) in die gleiche Richtung, so dass der »photologische« Abschluß[135] (3,19-21) als gleichfalls generelle anthropologische Aussage mit den Ausführungen 2,23-3,2 eine Inklusion bildet. Auch tangiert das Urteil über den Menschen allgemein (3,18-21) Nikodemus nicht mehr direkt, weil von ihm keine Taten bekannt sind, die dem dort genannten Kriterienraster entsprochen hätten. Mit dieser Darstellungsweise wird ein potentieller Glaubensfortschritt im weiteren Erzählverlauf bei Nikodemus nicht blockiert, sondern bewußt offengehalten. Seine Charakterisierung bleibt ambivalent.

Deshalb ist es näherhin kein Zufall, wenn der Erzähler Nikodemus als Pharisäer (vgl. 1,24) vorstellt, der eine führende Position in Jerusalem (vgl. 1,19) innehat, theologische Urteilskraft besitzt und in dieser Funktion für die theologisch motivierte Personenkontrolle des Erstzeugen mitverantwortlich war. Damit der anfänglich mehrdeutige Part, den der Erzähler Nikodemus zuweist, auch symbolisch unübersehbar wird, fügt er noch hinzu, dass dieser Jesus »nachts« aufgesucht habe, um ihm sein »Wissen«, das er mit den Vielen 2,23 teilt, inhaltlich näher zu erläutern.

---

134. Dies ist ein Problem, das über 4,48 bis zur Thomasperikope 20,26-28 virulent bleibt.

135. Übernommen von SCHWANKL, Licht/Finsternis 160.

Der Besuchstermin ist vieldeutig. Der Leser könnte ihn der Aussage 1,5 gemäß[136] deuten oder als eine irgendwie doch auffällige Notiz erachten; zumal die ersten Jünger auch zu Jesus gekommen und bei ihm über Nacht geblieben waren (1,35ff.). Auf alle Fälle hat sich so der Erzähler die Aufmerksamkeit des Lesers gesichert. Der nächtliche Besucher Nikodemus redet zudem Jesus ebenso wie die ersten Jünger mit »Rabbi« an (1,38; 3,2.26). Er formuliert sogar ein mit 1,38 analoges Bekenntnis: Er habe an den wunderbaren Zeichen erkannt, dass Jesus ein von Gott gesandter Lehrer[137], also Gott mit ihm sei.

An der Einleitung kann es nicht gelegen haben, dass Jesus nun vollkommen anders reagiert als bei seinen ersten Jüngern. In drei autoritativ[138] eingeleiteten, von Mal zu Mal länger werdenden Ausführungen (V. 3.5 und 11) versucht Jesus, Nikodemus seinen spezifischen Glaubensbegriff zu verdeutlichen. Zum Glauben kommt man nicht allein aufgrund von (theo-)logischen Schlußfolgerungen[139], sondern um die Herrschaft Gottes zu sehen, muß man auch »von oben«- bzw. »wieder«-geboren werden. Hier wird das entscheidende Defizit markiert, das Jesus aus dem gut gemeinten Bekenntnis herausgehört haben muß: Nikodemus hat die Unverfügbarkeit des Glaubens, der die Schau der Herrschaft Gottes ermöglicht, ebenso übersehen wie die Mutter Jesu vorher, die auch nicht über dessen »Stunde« verfügen konnte. Ganz im Sinne seines oberflächlichen Sehens und Schlußfolgerns versteht Nikodemus die Geburtsmetapher[140] nicht als Schnittstelle zur tieferen Aussage, die Jesus anstrebt, sondern bleibt der in der menschlichen Wirklichkeit verankerten Erfahrung verhaftet, dass

---

136. Vgl. 3,19f.; 13,30c.

137. Nikodemus nennt Jesus einen »Lehrer« und keinen — wie man hätte unter den Umständen erwarten können — »Wundertäter«. Damit wird angedeutet, dass Nikodemus den Zeichencharakter der Taten richtig zu deuten meint. Am Inhalt des Bekenntnisses kann es nicht gelegen haben, dass Jesus darauf so negativ reagiert.

138. Der joh. Jesus greift die absolut formulierte Schlußfolgerung des Archonten auf, verstärkt sie mit der Amen-Einleitung, appliziert seine apodiktische Aussage aber nicht auf ihn, sondern definiert grundsätzlich und überraschend zugleich die entscheidende Eintrittsbedingung in der Königsherrschaft Gottes: die Geburt von Oben: vgl. J.H. NEYREY, Jesus the Judge: Forensic Process in Jn 8:21-59, Bib. 68 (1987) 509-542.516f.

139. Die ersten Jünger kommen durch das Zeugnis des Johannes zu ihm und nicht aufgrund von »Wissen«.

140. Diese für alle folgenden »Mißverständnisse« im Johannesevangelium zentrale Stelle klärt exemplarisch, vorher das Mißverständnismotiv sprachlich stammt: Es besteht grundsätzlich bei jeder metaphorischen Kommunikation die Gefahr, dass sie auch mißlingen kann, wenn der Gesprächspartner sie nicht als solche realisiert und den erforderlichen Übertragungsmodus aktiviert. Mit diesem sprachlichen Phänomen spielt der Autor in seinem Evangelium von nun an mit höchster Kunstfertigkeit, und manch ironischer Seitenhieb wird damit möglich, wie u.a. die ironische Umkehr der Aussage des Nikodemus aus V. 2 in V. 10. So ist noch kein »Lehrer« bloßgestellt worden!

niemand »erneut«[141] geboren werden kann. Aufgrund des Mißverständnisses wiederholt Jesus die Metapher leicht variiert. Indem er »von oben« durch »aus Wasser und Geist« ersetzt, erläutert er seine Aussage noch einmal. Denn er benennt nun explizit die einzige Möglichkeit, auf welche Weise zur anthropologisch vorgegebenen sarkischen Lebensweise die pneumatische Existenz[142] hinzutritt. Sie allein stellt das Eintrittsbillett zum göttlichen Bereich dar: Es ist die vom Erstzeugen Johannes (1,33d) Jesus zugesprochene Fähigkeit, nicht nur — wie er — mit Wasser, sondern mit hl. Geist zu taufen. Diese Aussage bildet auch den Hintergrund für die nachfolgende Szene 3,22-4,2, wo ausdrücklich bestritten wird, Jesus hätte mit Wasser getauft. Mit ihr wird der entscheidende Unterschied zwischen irdischer und himmlischer Geburt, der schon den Evangelisten im Prolog veranlaßt hatte, V. 12 um die theologische Reflexion V. 13 zu erweitern, hier von Jesus selbst benannt. Indem er V. 7 — quasi in einer Art Ringkomposition — erneut das Qualitätsmerkmal »von oben« aus V. 3 aufgreift, unterstreicht er seine Aussageintention auf unüberlesbare Weise. Es liegt also dem Autor nicht daran, das Sakrament der Taufe[143] als ekklesiales Requisit in einem Nebensatz einzuführen, sondern um das Verständnis des Geheimnisses der göttlichen Glaubensinitiation[144] zu erleichtern. Der Glauben setzt für ihn eine pneumatische Neuschöpfung von Gott voraus.

Zugleich leitet V. 7 zu einem weiteren Argumentationsgang über, obwohl er nur V. 3 wiederaufzugreifen scheint. Aber mit dem Austausch des vorher dominierenden verallgemeinernden Personalpronomens »jeder« durch »ihr« nimmt er nun eine Personengruppe in den Blick, für die typisierend fortan Nikodemus steht. Um den exakten argumentativen Fortschritt verstehen zu können, ist es notwendig, von der bisweilen vorgetragenen These zu lassen, der Evangelist greife V. 8 nur um der schmückenden Rhetorik willen zum Stilmittel des Wortspiels, da *pneuma* sowohl »Geist« wie »Wind« im Griechischen bedeuten kann. Hier geht es um mehr als ein Wortspiel. Zwar kann man den Wind spüren, aber »weiß« trotzdem nicht, woher er kommt und wohin er geht. Präziser

---

141. Hier liegt ein bewußtes Wortspiel vor.
142. Dies ist der Sinn des V. 5 erläuternden V. 6 (vgl. 3,31; 6,63).
143. So mit Recht G. RICHTER, Zum sogenannten Taufetext Joh 3,5, in: DERS., Studien 1977, 327-345.
144. Eine Parallele bietet das Bittgebet Josefs für Aseneth in JosAs 8,9: »Segne Du diese junge Frau! Belebe sie; erneuere sie durch Deinen hl. Geist; laß sie Dein Lebensbrot (4,32ff; Kap. 6) genießen und trinken aus dem Kelch Deiner Segnung (7,37-39) und zähl sie Deinem Volk bei, dass Du erwählt, bevor das All geworden! Führ sie zu Deiner Ruhestatt (14,2f.), die Deinen Auserwählten Du bereitet! Laß sie in Deinem ewigen Leben ewig leben!«.

kann man die Unverfügbarkeit des Windes, d.h. die Freiheit dessen, der die Täuflinge erwählt, nicht aus einer allgemein bekannten Erfahrung ableiten. Damit ist am Dialogschluß die frühere Sicherheit des Nikodemus, mit der er V. 2 — dort bereits typisiert — noch formulieren konnte, »wir wissen, dass du ein von Gott gesandter Lehrer bist«, mit Hilfe einer biblischen wie zeitgenössischen Argumentationsfigur[145] endgültig zerschlagen. Wenn — so schließt das Argument — Nikodemus (V. 9) schon ein rein irdisch-meteorologisches Phänomen nicht verstehe, wie könne er dann erst himmlische Dinge begreifen? Damit ist nicht nur sein behauptetes »Wissen« aus V. 2 inadäquat, sondern weitergehend erwiesen, dass er außerstande ist, mit einem solchen Wissen das Zeugnis des vom Himmel herabgestiegenen Menschensohn »anzunehmen« (vgl. 1,10f.). Mit dieser abschließenden ironischen Kommentierung seines Bekenntnisses (V. 2) durch Jesus in V. 10 kann Nikodemus von der Bühne abtreten. Er hat seine illustrative Funktion erfüllt.

Der anschließende Monolog Jesu enthält eine aus der geschilderten Situation unableitbare, aber für den Leser mit seinen aus der bisherigen Lektüre gewonnenen Kenntnissen durchaus verständliche Grundsatzerklärung über die notwendigerweise erfüllte Vorbedingung des Glaubens als Heilsgröße sowie kontrastiv dazu eine Erläuterung über die Ursache des Unglaubens als Unheilsgröße.

Mit dem dritten autoritativen Amen-Wort (V. 11)[146] wird vom anfänglichen Dialog zum Monolog übergegangen. Nun werden vermehrt schon im Prolog geäußerte Vorstellungen[147] erneut aufgegriffen, so dass man fast meinen könnte, der Monolog wolle diesen vorrangig kommentieren. Doch darf dabei nicht übersehen werden, dass der Grund für die Zweiteilung der Rede in Dialog und Monolog schon V. 2 angelegt war. Dort sprach Nikodemus nicht nur von seiner auf »Wissen« basierenden Überzeugung, sondern auch von der Sendung Jesu. Sein Wissen wurde im Dialogteil als defizitär entlarvt, weil es die entscheidende Glaubensbedingung (noch) nicht erfüllte. Konsequenterweise wird nun der zweite

---

145. Vgl. Koh 11,5; Weish 9,13-17; 1QS 11,3-7.17-22; 1QH 4,29-33; 13,13-19; T. Jiob 38,3-5; 4 Esr 4,3-11; San 39a: dazu mehr bei WOLTER, M., Verborgene Weisheit und Heil für die Heiden. Zur Traditionsgeschichte und Intention des »Revelationsschemas«, ZThK 84 (1987) 297-319.301f. und BERGMEIER, s. Anm. 130, 70f.

146. Im »Wir« formuliert sich nicht nur Autorität, sondern im Laufe der Lektüre wird erkennbar, dass die Jünger in 15,20.27; 17,23 mit dem Jesusschicksal des Unverständnisses behaftet werden.

147. Z.B. »eingeborener Sohn Gottes« (1,18; 3,16); »Leben«; der Kampf des Lichts mit der Finsternis und der Begriff der »Wahrheit« als Umschreibung des rechten Gottesverhältnisses; vgl. SCHWANKL, Licht/Finsternis 150.159.

Aspekt vorrangig thematisiert und mit dem ersten zugleich korreliert. Nikodemus wurde gesagt, wahrer Glaube setze die göttliche Aktivität der Neugeburt durch das Medium des Geistes[148] voraus. Jetzt wird dem Rezipienten eine weitere Vorbedingung für diesen immer aktuellen endzeitlichen Vorgang genannt: Gott mußte zuvor den Menschensohn[149] senden, damit er ihn analog zu dem heilbringenden Ereignis, in dem Mose (Num 21,4-9) auf göttliches Geheiß hin das Schlangentotem[150] als Rettungszeichen für das reumütige Israel in der Wüste aufrichtete, jetzt aber an einem Kreuzesstamm[151] *erhöhen* konnte. Damit ist das göttliche Handeln in der Passion Jesu als die entscheidende Aktivität markiert, die eine Geburt von oben, d.h. den Glauben im Sinne des Erzählers, letztlich erst wirklich ermöglicht hat. Aus seiner Sicht also soll der Leser die Sendung Jesu als eschatologisch qualifizierten Gnadenerweis Gottes für alle Umkehrwilligen verstehen. Folglich füllen die Ausführungen V. 16-17 bereits eine Leerstelle in den Aussagen des Prologs. In dessen »historischem« Teil war nämlich kein Grund ausdrücklich angegeben, warum der Logos in die Welt kommen mußte. Dies wird an dieser Stelle nachgeholt.

Der Schluß des Monologs klärt gleich noch eine weitere offene Frage. Endlich wird auch der tiefere, ja tragische Grund angegeben, weshalb Jesus letztlich in Israel auf Ablehnung stoßen mußte. Sein dortiges Auftreten geschah im Rahmen von Gottes Treue seinem Eigentumsvolk gegenüber. Wer dies einsieht, wird im derart gestifteten Glauben jederzeit gerettet. Doch die göttliche Erfahrung mit Israel sieht nach biblischem Zeugnis und aus dem Blickwinkel des Autors überwiegend anders aus: Es nutzte die ihr bei der Schöpfung geschenkte Autonomie ganz anders als vorgesehen, nämlich gegen dessen ursprüngliche Intention. Folglich beinhaltete das Kommen des Menschensohnes wiederum eine Entscheidungsstunde für Israel. Da eine Mehrzahl von ihnen wegen ihrer

---

148. So mit Recht BERGMEIER, s. Anm. 130, 61.

149. Die Aussage 3,13 sollte man nicht vorschnell auf 1,51 zurückbeziehen, wo zwar dieselbe Verbkombination geboten wird, aber auf die Bedeutung des irdischen Menschensohns akzentuiert wird, sondern die rätselhafte Formulierung findet ihre Auflösung erst in Formulierungen wie 16,16, die verschleiert den Zusammenhang zwischen dem Sterben und dem Auferstehen Jesu (vgl. 20,16ff.) zu umschreiben versuchen.

150. Vgl. J.A. DRAPER, The Development of »the Sign of the Son of Man« in the Jesus Tradition, NTS 39 (1993) 1-21.3-13.

151. Gegenüber 2,19 wird hier nicht eine menschliche Aktivität genannt, die Jesus ans Kreuz bringt, sondern mit der passivischen Formulierung und dem göttlichen »Muß« dessen Handeln an Jesus auch in der Passionsstunde akzentuiert. In Parallele zu Num 21,4-9 wird das Kreuzesgeschehen mit dem Rettungszeichen identifiziert. Wer umkehrt und glaubt, bekommt unendliches Leben geschenkt. Somit ist das mit der Passion und Ostern (beachte den terminus technicus »erhöhen«!) verbundene Geschehen die entscheidende göttliche Aktivität, die eine Neugeburt im Glauben bewirkt.

schlechten Taten¹⁵² (3,19f.) bekanntermaßen lichtscheu (1,5.9) ist, richten sie sich selbst, wenn sie solche vollbringen. Sie ließen die erneute Chance, sich mit Gott auszusöhnen, lieber verstreichen. Doch Jesu Kommen löste nicht nur die Krise in Israel aus, sondern Israels Krise ist typisch für die des gesamten Kosmos. Dunkelmann oder Lichtmensch? das ist die rhetorische Frage, die Jesus appellativ an den Schluß seines Monologs stellt¹⁵³. Denn der Dunkelmann verheimlicht jederzeit mit allen Tricks und gegebenenfalls auch mit Aggressivität¹⁵⁴ sein Verhalten und wendet sich aus diesem Grund vom Licht ab. Der Lichtmensch hingegen bezeugt in seinem Handeln Gottes Treue, indem er Kontakt mit Jesus aufnimmt.

Dem Leser wurden in der Rede nicht nur einige bislang offengebliebene Fragen beantwortet, sondern er fand auch erneut bestätigt, dass der österliche Vorbehalt für den Glauben, der zuerst 2,22 mit Blick auf die Jünger formuliert wurde, auch für Nikodemus zutrifft, der an der Schwelle zum Glauben dessen Unverfügbarkeit für Menschen (vgl. 2,4) überspringen wollte. Die Sendung Jesu bedarf als über Heil oder Unheil entscheidende endzeitliche Aktion Gottes noch immer der Vollendung. Denn sie ist der Ermöglichungsgrund des von Jesus erhofften Glaubens. Diese Episode lebt aus der Paradoxalität der Aussage, dass der johanneische Jesus ein gut gemeintes Bekenntnis zu seinem Gesandtsein von Gott ablehnt und gleichzeitig nur wenig verschleiert von der Krisis spricht, die gerade dadurch hervorgerufen wird. Vorösterliche Schlußfolgerungen und nachösterliche Reflexion¹⁵⁵ werden in der Diskursgestalt des Nikodemus spannungsreich miteinander verwoben.

b. Der Täuferdialog, 3,22-30

Mit einem Szenenwechsel¹⁵⁶ kehrt die Erzählhandlung zum Erstzeugen Johannes zurück. Seiner Rede fällt die Aufgabe zu, die angestrebten

---

152. Dass »das Tun der Menschen« im Laufe der Geschichte Israels immer nur Unheil hervorrief, diese bittere Erkenntnis war u.a. schon dem Verfasser der Tiervision äth. Hen 85-90 (vgl. 90,41b) wohl vertraut.
153. Man vgl. 3,19-21 mit 1QS III,18f.: »Er hat den Menschen geschaffen zur Beherrschung der Welt und bestellte für ihn zwei Geister, um in ihnen zu wandeln bis zum Termin Seiner Heimsuchung: Es sind die Geister der Wahrheit und des Unrechts. In einem Licht-Quellort ist der Ursprung der Wahrheit und aus einer Finsternis-Quelle (kommt) der Ursprung des Unrechts«.
154. Die Aggressivität akzentuiert der Autor, indem er das Verb »hassen« verwendet.
155. Vgl. die Aussage von 3,11 mit 15,20.27; 17,23; und das Anabasismotiv 3,13 mit 6,62, das Ostern voraussetzt.
156. Vgl. OSBURN, s. Anm. 131, 129; FREY, s. Anm. 130, 177.

Aussagen des dritten Kapitels weiter zu bündeln. Obwohl es manchem Ausleger schwerfällt, in Johannes überall den Sprechenden zu erkennen, muß man doch zugeben, dass kein Hinderungsgrund[157] im Text zu entdecken ist, der verbieten könnte, den Täufer als Sprecher eines Schlußwortes[158] des Abschnittes zu erkennen. Man muß nur zur Kenntnis nehmen, dass in diesem Evangelium alle Handelnden, sei es der Erstzeuge, Nikodemus, die Frau am Brunnen, Pilatus, Thomas oder Jesus selbst, nur die eine Sprache des Verfassers sprechen. Sie sind alle Diskursfiguren, die seinem Kommunikationsbemühungen um den Leser dienen. Der Symmetrie des 3. Kapitels gemäß ist auch der Schlußteil nach einer situativen Exposition (V. 22-25) wiederum zweiteilig: Auf den dialogischen (V. 26-30) folgt der monologische Teil (V. 31-36). Analog zum Nikodemus-Teil wird wiederum eine konkrete Situation zum Anlaß genommen, um Grundsätzliches zu klären.

Die Exposition weiß zu berichten, dass Jesus mit seinen Jüngern Jerusalem zugunsten Judäas verlassen habe, um dort zu taufen. Ebenso habe auch der Täufer seinen ursprünglichen Standort aufgegeben und taufe nun aufgrund des großen Wasserreservoirs in Änon bei Salim. Zur historischen Orientierung des Lesers wird noch angefügt, dass das Folgende noch vor der Verhaftung des Täufers zu datieren sei[159]. Dies verleiht seiner Rede zusätzlich noch einen Akzent der Endgültigkeit. Erst im zweiten Schritt wird vom eigentlichen Anlaß berichtet, der Johannes Gelegenheit gab, sein besonderes Verhältnis zu Jesus noch einmal in aller Gedächtnis zu rufen. Die Bedeutung der expositionell berichteten Voraussetzung für den Streit zwischen den Täuferanhängern und einem anonym bleibenden Judäer über die »Reinigung« (vgl. 2,6), den Johannes

---

157. So mit Recht schon THYEN, s. Anm. 130, V 112;

158. Kontext gemäß spricht ab V. 27 der Täufer; Das Problem, wer (Jesus oder Johannes) in den V. 31-36 spreche, hat je nach der getroffenen Entscheidung unterschiedliche Lösungen ausgelöst. Wenn Jesus spricht, dann muß der Text sekundär verschoben worden sein (so BULTMANN, SCHNACKENBURG, BROWN, BERNARD z. St.). Spricht aber Johannes (so BARRETT und TASKER z. St.) dann muß eine Kontinuität mit der Aussage von V. 22-30 nachgewiesen werden. Eine dritte Möglichkeit besteht in der Annahme, der Autor spreche selbst (LAGRANGE 96f.; W. BAUER 64, LIGHTFOOT 120; STRATHMANN 82; HAENCHEN 230; OLSSON, Structure 137 Anm. 28; CULPEPPER, Anatomy 40). Letzteres läßt sich mit der ersten Lösung am ehesten vereinbaren. Denn die V. 31-36 lassen sich nicht direkt an V. 21 anschließen. Die zu 3,1-21 parallelen Aussagen (s. W. KLAIBER, Der irdische und der himmlische Zeuge: eine Auslegung von Joh 3,22-36, NTS 36, 1990, 205-233.232f.) signalisieren eine beiden Perikopen übergeordnete Aussageabsicht.

159. Bei der nächsten Erwähnung des Zeugen, 5,33, wird diese vorausgesetzt und 10,40 läßt anklingen, als ob der Täufer bereits längere Zeit tot sei.

schlichten soll, ist sprachlich[160] hervorgehoben und sollte deshalb nicht überlesen werden. Es sind sowohl die Aussagen über den Standortwechsel als auch die über die Tauftätigkeit Jesu und Johannes parallelisiert. Doch wird auffallenderweise über die Art und Weise der Jesustaufe und seiner Klientel kein Wort verloren, hingegen über die Taufgewohnheiten des anderen bereits Bekanntes (vgl. 1,26.31c.33b) wiederholt. Die so erzeugte Leerstelle im Informationsstand des Lesers soll offensichtlich mit Bezug auf 1,32f. gefüllt werden. Dazu bietet der Streit der Täuferjünger über alternative Taufmöglichkeiten (vgl. 1,25) mit einem aus Judäa angereisten Landsmann, wo Jesus bekanntlich »taufte«, den illustrativen Anlaß.

Nach dem knappen Kommuniqué der Johannesschüler (V. 26) geht der Streit nicht um eine zwischen dem Judäer und den Täuferjüngern strittige kultische Reinigungsvorschrift, sondern Jesu Handlungsweise hat ihn verursacht. Ihn empfinden sie als lästigen Konkurrenten[161], weil er größeren Publikumserfolg als ihr Meister hat. Aber sie identifizieren ihn gegenüber Johannes nicht mit seinem Namen, sondern mit der ihnen[162] bekannten Situation aus 1,28ff., wo Johannes Jesus schon als den kommenden Geisttäufer bezeugt hatte. Darauf kann Johannes nun zurückkommen. Er nutzt die Gelegenheit, sein Jesuszeugnis optimal zu vertiefen. Denn ihrer beider Tauftätigkeit unterscheidet sich nicht nur quantitativ, sondern vor allem qualitativ. Er, der bekanntlich nicht der Messias sei (vgl. 3,28 mit 1,20.25), taufe nur aus einem Grund mit Wasser (vgl. 1,26f.), damit der andere, jener von Gott gesandte Geisttäufer[163], Israel erscheine (1,31) und es mit seiner Geisttaufe zur Braut nehme[164]. Diese von ihm immer bezeugte Tatsache ruft er seinen Jüngern ins Gedächtnis und benennt sie im gleichen Atemzug nun als seine Zeugen (V. 26de), dass er nie etwas anderes von sich behauptet habe, sondern nur Jesus das von Gott gegeben sei, was sie an ihm vermißten. Mit dem Rückgriff auf die

---

160. V. 22b-23 stehen im Imperfekt und V. 24 im Plusquamperfekt (s. ABBOTT, Grammar § 2480). Dies ist ein philologischer Hinweis, dass wichtige Voraussetzungen und Hintergrundinformationen für das Nachfolgende gegeben werden sollen.
161. Vgl. u.a. WELLHAUSEN, Erweiterungen 32f.
162. Dies ermöglichte wohl viele Ausleger zumal für diese Perikope einen »Sitz im Leben« zu vermuten, wo der Autor gegen eine Täufersekte z.Zt. der Urkirche polemisiere und Johannes bewußt Jesus unterzuordnen versuche. Dies ist aber höchst fragwürdig.
163. Die von Jesus vermittelte Gabe des Geistes bewerkstelligt die Neugeburt nach 3,5. Darin liegt der Kap. 3 verbindende Grundgedanke: die Sendung Jesu als Voraussetzung der eschatologischen Heilsvermittlung.
164. Vgl. KLAIBER, s. Anm. 158, 225; dessen Deutung der Metapher (S. 217) auf die messianische Gemeinde entspricht nicht der Erzählsituation. Sie läßt nur das in das biblische Bild vom Bräutigam und seiner Braut gekleidete Verhältnis zwischen Israel und seinem Gott (vgl. Mk 2,19 mit 2,1-11 und 12,15) zu.

Bildwelt der Anfangsepisode gelingt es Johannes zugleich, sein Verhältnis zu Jesus metaphorisch noch exakter zu definieren. Er ist nicht der Bräutigam, sondern nur dessen Heiratsvermittler und jetziger »Trauzeuge«, der mit Freude die (in Judäa vollzogenen) Hochzeit von Braut und Bräutigam[165] zur Kenntnis nimmt. Jesus gehöre die Zukunft, das habe er immer wieder betont. Er hat also nie Zweifel aufkommen lassen, wann seine Uhr abzulaufen beginnt. So gewinnt die historische Notiz V. 24 nachträglich ihren eigentlichen Sinn: Er muß ab- wie Jesus zunehmen muß. So hat es Gott vorgesehen.

c. Das unumstößliche Zeugnis des Täufers, 3,31-36

Eine noch tiefere Begründung für die bislang vorgetragene Situationsanalyse wird anschließend V. 31ff. durch den Täufer gegeben[166]. Denn er war bei der Wassertaufe Jesu von Gott (1,33) über die Herkunft, Identität und Aufgabe des Geisttäufers in Kenntnis gesetzt worden. Jemand, der

---

165. Die Aussageabsicht des Hochzeitsbildes von Braut und Bräutigam ist in seiner vollen Tragweite noch nicht ausgewertet, wenn man es nicht mit 2,1-11 in Beziehung setzt. Das mahnt vor allem eine kompositionelle Beobachtung an. Wenn nämlich Kap. 3 eine in Redeform gesetzte erste Zusammenfassung und Vertiefung des bislang in Kap. 1-2 Ausgeführten sein will, dann fällt auf, dass zwar in 3,1-21 im Kontext von 2,13ff. die Aussagen des Prologs über die Sendung und Ablehnung Jesu mit Blick auf dessen Passion weiter entfaltet wurde und der Zeuge in 3,25-30 noch einmal seine Aussagen von 1,19-34 wiederholen und ihre Gültigkeit bestätigen durfte, dass aber das Anfangszeichen bislang unerwähnt geblieben ist. Ist also die Hypothese von einer Semeiaquelle, aus der dort der Evangelist bzw. der Redaktor die Geschichte vom Weinwunder genommen habe, doch gültig? Dagegen könnte gerade der Hinweis auf die »Reinigung« V. 25 (vgl. 2,6) und das bisweilen nur als volkstümliche Redeweise bewertete Bräutigamlogion V. 29 sprechen. Denn von der jüdischen Sitte der Reinigung mit Wasser (2,6) und direkt darauf von einem Bräutigam (2,9) wurde zuerst dort gesprochen, wenn letzterer sich auch tadeln lassen mußte, er habe den Jahrgangswein seinen Gästen vorenthalten. Doch dass an der »Stunde Jesu« eschatologisches Heil gebunden ist, das hatte das Weinwunder ebenso erkennen lassen wie nachher 3,14f. Außerdem »wusste« der Speisemeister nicht, »woher« der köstliche Wein stammte und tadelte deshalb mit Recht den Bräutigam. Die Frage nach dem »Woher« hatte anschließend schon Nikodemus zu beantworten versucht, indem er selbstsicher mit Blick auf Jesu Machttaten gefolgert hatte, jener sei eindeutig ein von Gott gesandter Lehrer. Doch dieser hatte seine Erkenntnis mit dem Hinweis auf die noch unerfüllte Vorbedingung einer Neugeburt von oben ad absurdum geführt. D.h. der Täufer beantwortet die Herkunftsfrage V. 27 (vgl. V. 31) zum ersten Mal korrekt. Die in der Geisttaufe erst ermöglichte »Reinigung« offenbart Jesus als den eschatologischen Bräutigam Israels. Wer wie Johannes auf dessen Stimme höre, werde mit unendlicher Freude erfüllt werden. Die Sättigungsgeschichte 2,1-11 stellt sich so nachträglich für den Leser ebenso als narrative Illustration des göttlichen Heils dar, das das Jesusgeschehen vermittelt, wie es auch die Schwierigkeit illustriert, dessen Herkunft zu bestimmen. Darüber kommt es später endgültig zum tödlichen Streit, wenn Jesus behauptet, er sei von Gott, seinem Vater, gesandt.
166. Vgl. mit der Aussage von V. 27, die nur den augenscheinlichen Erfolg Jesu Bezug nimmt und schon andeutet, dass dieser Jesus »aus dem Himmel« (vgl. V. 31d) gegeben wurde.

wie Jesus »von oben« (vgl. 3,6.11-13)[167] kommt, ist allem Irdischen überlegen. Mit dem Rückgriff auf das zentrale Argument aus dem Nikodemusdialog wird nun klargestellt, dass nach antiker Vorstellung auch in diesem Fall die Herkunft allein konditioniert. Wer wie Johannes von der Erde ist, geht den Weg alles Irdischen (V.24.30b), redet auch Irdisches, wer jedoch vom Himmel (vgl. V. 13) herabgekommen ist, hat eine überlegene Weltsicht. Denn er hat dort Dinge gesehen und gehört (1,18; 3,11), die er hier bezeugen muß. Leider nimmt dieses theologisch einzigartige Zeugnis keiner an. Der Sinn der Sendung Jesu, den jener selbst schon V. 11 angesprochen hatte, wird folglich auch vom Täufer bestätigt. Denn dieser nimmt die dem Leser bekannte Aussage von 1,9-11 wieder auf. Danach ist globale Ablehnung ebenso ein Teil der Lebenssumme Jesu wie seine Annahme durch Einzelne. Pointiert als Partizip Aorist wird das zentrale Verb von 1,12 hier (V. 33) wieder aufgegriffen, um damit sicherzustellen, dass der »Aufnehmende« auch wirklich jemand ist, der in Raum und Zeit und nicht nur im Text agiert und darin den Inhalt des jesuanischen Zeugnis »besiegelt«, dass dessen Botschaft wahr ist[168]. Der menschliche Akt der Besiegelung — in V. 36a (vgl. 3,15f.) Glauben genannt — verlangt umgehend eine Definition und Klarstellung des Zeugnisinhaltes. Damit läßt sich zugleich exakter bestimmen, was seit 1,17 unter »Wahrheit« im Sinne des Erzählers verstanden werden soll. Die V. 34f. — eingeleitet mit einem begründenden »denn« — bieten eine doppelt gestaffelte Definition: Gott hat in Jesus jemanden gesandt, der Seine Worte redet. Dazu hat er ihm unbegrenzt[169] Geist mitgeteilt[170]. An dieser Ausrüstung

---

167. Sie wird 6,63; 8,23; 14,30; 17,16; 18,36 wieder aufgegriffen.
168. Vgl. E. WOODCOCK, The Seal of the Holy Spirit, BS 155 (1998) 139-163.144f., der zutreffend formuliert: »Those who accept Jesus' message as God's truth are, in effect, engraving their seal on that message. ... Acceptance of His message authenticates His witness as true«.
169. Wiederum gibt diese Formulierung Anlaß, über die theologisch-illustrative Funktion des Zeichens 2,1-11 weiter nachzudenken. Der Verfasser benutzt hier das Wörtchen »maßlos«, eine Vorstellung, die sich ohne Schwierigkeit mit dem Weinwunder in Kana in Verbindung bringen läßt, wo ja schon von jüdischen »Maß«-krügen die Rede war. Dann wäre jene vorangegangene Geschichte als eine Verdeutlichung der eschatologischen Überfülle der göttlichen Liebe zu werten, die in Jesu Kommen präsent war und alle Notlagen behob.
170. In der Forschung ist umstritten, wer das Subjekt im zweiten Begründungssatz V. 34c abgibt. Wenn Jesus Subjekt (so u.a. F. PORSCH, Pneuma und Wort. Ein exegetischer Beitrag zur Pneumatologie des Johannesevangeliums, Frankfurt 1974, 104f.) ist, dann meine der Präsens, Jesus habe die Vollmacht, den Geist durch seine Reden zu vermitteln. Dafür sprächen zwei Beobachtungen: 1. Göttliche Gaben an Jesus werden zumeist im Perfekt (17×) oder Aorist (8×) und sonst nur noch in 6,37 im Präsens formuliert. Außerdem müsse 2. ein Subjektwechsel in V. 34 angenommen werden. Doch läßt sich dagegen einwenden, dass schon der textkritische Apparat antike Leasarten ausweist, die in V. 34

kann man aus der Erfahrung des Täufers (vgl. 1,32f.) ablesen, dass der Vater seinen Sohn nicht nur liebt, sondern ihm auch vertrauensvoll alle schöpferische Kraft (2,1-11; 3,35; 5,19-21)[171] übertragen hat, die heilvolles Leben gewährt. Auch die Kunde von der beständigen Treue Gottes hat der mitgebracht, der von ihm gesandt wurde. Denn er redet ja Gottes wahres Wort aus der Fülle des Geistes, weil ihm »alles«, wirklich alles übergeben ist. Damit ist der johanneische Wahrheitsbegriff umfassend definiert: Das Johannesevangelium versteht darunter die die Menschenwelt betreffende Treue Gottes, der in überwältigender Liebe auf seine Schöpfung ausgerichtet ist und dessen Verläßlichkeit sich (historisch) im Kommen des Sohnes heilvoll und lebenspendend kundtut. Die Sendung und das Zeugnis des Sohnes ist die Wahrheit Gottes[172]. Wer dies besiegelt, ist ein Glaubender und gewinnt mit diesem Akt unendliches Leben. Gleichzeitig wird auch die Geisttaufe noch exakter bestimmt: Jesus benötigt dazu kein Wasser, sondern in seinen Worten (und Taten) wird der Geist (der Wahrheit) vermittelt. Wer also Jesus als den »Von-oben-Gekommenen« gläubig aufnimmt, reagiert auf die Wahrheit Gottes entsprechend mit dem »Tun der Wahrheit« (3,21). So ist er ein »Von-oben-Geborener« (vgl. 3,31 mit 3,3.7). Deshalb kann auch abschließend V. 36 in Aufnahme von 3,15.18-21 die Konsequenzen der Sendung Jesu für die Menschenwelt ziehen: Wer dem Sohn glaubt, besitzt unendliches Leben, d.h er ist in die Königsherrschaft Gottes eingetreten, wer ihn aber nicht aufnimmt, der wird dieses unfragmentierte Leben nie sehen, weil er es — in apokalyptischer Sprachtradition[173] parallel zu 3,3.5 formuliert — für sich selbst verwirkt hat. V. 36 weist also noch einmal auf die Entscheidungsdichotomie 3,18-21[174] zurück. Doch interpretiert die futurische Formulierung V. 36b gleichzeitig auch die traditionelle eschatologische Vorstellung um: Man kann des Heils schon in der Gegenwart Jesu teilhaftig werden, aber es auch dort (durch Ablehnung) verspielen und wird

---

»Gott« zur Klarstellung ergänzen. Zum anderen ist nicht nur im Relativsatz 34a (wenn es nicht ein mit »denn« koordinierter Hauptsatz ist), sondern auch in V. 35 Gott das Subjekt. Die durchgängige Theozentrik der Aussage verbietet es, diese für eine Detailaussage abzulehnen, zumal 6,63 die Eingrenzung auf die Geistvermittlung Jesu in seinen Worten nicht ausschließt. Die Theozentrik der Aussagen von V. 34f. schließt das andere eben nicht aus, sondern impliziert es.

171. Deshalb kann 3,16 auch die Liebe Gottes zu seiner Schöpfung ausdrücklich betonen. Sie liegt in der Liebe Gottes zu seinem Sohn begründet.

172. Gott selbst ist über vergleichende und moralisierende Attribute erhaben. Er ist die umfassende Wirklichkeit, die jede Meßlatte transzendiert.

173. Vgl. dazu die Ausführungen von BERGMEIER, s. Anm. 130, 65; KLAIBER, s. Anm. 158, 219; F. PACK, The Holy Spirit in the Fourth Gospel, RestQ 31 (1989) 139-148.141.

174. So mit Recht KLAIBER, s. Anm. 158, 211.229.

dafür erst in der Zukunft die Quittung bekommen. Hier deutet sich bereits ein theologisches Problem an, dass den Leser noch weiter beschäftigen soll. Der Täufer aber hat in dieser Episode die Geisttaufe in die umfassende Problematik der Sendung Jesu ebenso integriert wie beide schon von Jesus vorher mit der Glaubensproblematik korreliert worden waren. Insbesondere dies ist sein unumstößliches Zeugnis. — Lit. s.u. S. 461-465.

6. Das samaritanische Intermezzo unter missionarischem Vorzeichen, 4,1-42

Zu Beginn der mit Kap. 3 korrelierten Episode wird von der Absicht Jesu gesprochen, Judäa (vgl. 3,22) wieder zu verlassen. Der Grund für den überraschenden Abbruch eines doch Erfolg versprechenden Aufenthalts bleibt bei selektivem Lesen verborgen, bei kursorischer Lektüre jedoch wird man sogleich an 1,19ff. erinnert: Dort war Johannes wegen seiner Taufaktivitäten einer Personalienkontrolle unterworfen worden, nun wird klar, jede Taufaktion nährt bei den Jerusalemer Autoritäten den Verdacht, der Messias oder eine andere der erwarteten Personen könne gekommen sein. Ihr Argwohn war schon damals vom Täufer bestärkt worden, weil er sie auf die Anwesenheit dessen hingewiesen hatte, der ihm überlegen sei. Der mysteriösen Bemerkung V. 1 nach könnte ihre Aufmerksamkeit auf Jesus gefallen sein, weil er mit seiner Taufe mehr Menschen an sich band als Johannes. Noch immer ist für den Leser die Frage ungeklärt, warum die jüdischen Autoritäten sich so verhalten. Denn es gibt noch immer keine eindeutigen Hinweise, dass sie sich wie »Dunkelmänner« (3,19-21) benehmen. Weil Jesus sich einer Kontrolle, wie sie bei Johannes durchgeführt wurde, noch nicht stellen will[175], weicht er vor ihnen nach Galiläa aus. Er ist der Handlungssouverän, der selbst bestimmt, was er tun oder lassen will. Die Erfolgsnotiz V. 1 mit ihrer Anspielung auf 3,26 markiert einen Übergang, motiviert die Fortsetzung und definiert zugleich die Stellung der Episode in der Erzählhandlung.

Der nächste Vers bereitet jedem Ausleger große Schwierigkeiten, da er unvermutet eine gerade noch bestätigte frühere Aussage[176] radikal korrigiert. Nach der Auskunft 3,22 mußte der Leser nämlich von der Tatsache

---

175. Mit Recht weist THYEN, Heil 175, auf die erzählerische Absicht dieser Einleitung hin, einen späteren Konflikt mit den Behörden in Jerusalem weiter vorzubereiten, der in 11,47ff. seinen Zenit erreiche. Ähnlich argumentiert J. STALEY, The Structure of John' Prologue: Its Implications for the Gospel's Narrative Structure, CBQ 48 (1986) 241-264.255.

176. Zuletzt in 4,1.

ausgehen, dass Jesus im Unterschied zur synoptischen Überlieferung selbst taufte. Doch auf welche Weise er das tat, blieb leider ungesagt. Der Leser wird 4,2 jedoch umgehend eines anderen belehrt: Nicht Jesus selbst, sondern seine Jünger hätten in Wahrheit getauft. Was kann der Grund für einen solchen abrupten Widerruf sein? Die Ausleger geben zumeist die sich bequem anbietete Antwort, V. 2 sei eine sekundär eingefügte Glosse[177], die sich mit dem für das Johannesevangelium einmaligen Wörtchen »jedoch« selbst entlarve. Eine synchrone, auf Textkohärenz pochende Auslegung hat folglich ein weiteres Problem. Doch stößt man schon bald (4,31) in der Formulierung »inzwischen« auf einen ähnlich gelagerten singulären Ausdruck, der nicht sogleich die Mehrheit der Exegeten veranlaßt hat, auch dort einen Glossator anzunehmen. Auch ist V. 2 in der Textüberlieferung unbestritten, so dass die Frage nach dem literarischen Grund der Korrektur nicht übergangen werden darf.

Zwei Gründe können vorrangig angeführt werden: Erstens wurde bislang nur davon gesprochen, dass Jesus mit Geist taufen werde (1,25.33; 3,5-8.27f.). Jedoch wurde bereits 3,5 ein Zusammenhang zwischen Wasser- und Geisttaufe hergestellt. Aber die dortigen Ausführungen Jesu waren noch rein theoretischer Natur, so dass der Leser bislang noch mit keinem Bericht über eine vollzogene Geisttaufe Jesu konfrontiert war. So konnte es bei einigen Lesern vielleicht zu dem Mißverständnis kommen, dem auch viele Ausleger erlegen sind, der große Tauferfolg Jesu in Judäa hätte ihn zum Konkurrenten von Johannes werden lassen, weil er mit dem gleichen Mittel wie jener erfolgreicher gearbeitet hätte. Dann könnte die auffällige Zwischenbemerkung die voreilige Schlußfolgerung korrigieren wollen. Der Täufer brauchte für seine Tätigkeit einen Ort mit reichlich Wasser (3,23). Diese Voraussetzung war für die Taufe Jesu (3,22) offenbar nicht berichtenswert. Außerdem wird der Tauferfolg 4,2 den Aktivitäten der Jünger allein zugesprochen.

Mit dieser Information wird zweitens ein zusätzlicher Grund für die einschneidende Korrektur erkennbar. Sie setzt nämlich voraus, dass die Jünger in der Gegenwart Jesu getauft haben sollen. Daraus läßt sich ableiten, dass hier eine spätere kirchliche Praxis apologetisch auf Jesu stille Einwilligung zurückgeführt werden soll. Doch die besondere Qualität seiner »Taufe« bleibt davon unberührt. Der johanneische Taufbegriff ist somit von Anfang an zweiwertig. Daran soll der Leser hier erinnert

---

177. In letzter Zeit wiederholt von RUCKSTUHL, Mutterboden 269, und H. RITT, Die Frau als Glaubensbotin. Zum Verständnis der Samariterin von Joh 4,1-42, in: FS J. GNILKA, 1989, 287-306.304; WELLHAUSEN, Erweiterungen 32, nennt 4,2 »eine protestatio facto contraria«. Sein Hinweis auf 1,25 weist jedoch den Weg aus dem exegetischen Dilemma.

werden. Auch die spätere Jüngertaufe setzt mehr voraus, als ihr äußerlicher Vollzug als Wassertaufe erkennen läßt. Damit wird hier wiederum eine zukünftige Praxis und Problematik indirekt thematisiert, die möglicherweise bereits eine Thematik der folgenden Samaria-Episode vorwegnimmt. Denn der Einschub ermöglicht erst das Verstehen von 4,14b.38a (vgl. 17,18), wo im Rückblick expressis verbis ausgesprochen wird, dass Jesus irgendwann seine Jünger noch auffordern werde zu ernten, was sie nicht selbst gesät hätten. Der Zeitpunkt aber, an dem sich das konkretisiert, bleibt auch dort unbestimmt. Es liegt nahe, dass mit dem Einschub die Klärung der nachösterlichen Taufdeutung mittels einer epischen »correctio« vorangetrieben werden soll. Der Leser sitzt also bei Johannes keineswegs in einer Zuschauerloge, um unterhalten zu werden oder von dort neutral und distanziert über die Geschehnisse auf der imaginativen Bühne selbst zu befinden, sondern mit überraschenden »Korrekturen« werden Denkimpulse gegeben, die Sinnhaftigkeit des eigenen Lebensvollzuges als Getaufter zu prüfen[178]. Jesu Geisttaufe ist weder mit der Wassertaufe des Täufers, noch mit der späteren Tauftätigkeit seiner Jünger zu verwechseln. Sie hat ihren unverwechselbaren Eigenwert und eine zukünftig liminale Bedeutung[179]. Dies wird sich in der anschließenden Episode Jesu mit der Samariterin noch zeigen, wo explizit, aber rätselhaft vom »lebendigen Wasser«[180], das er zu geben in der Lage sei, gesprochen wird. Dieses Wasser unterscheidet sich vom Taufwasser des Johannes und auch von dem der Jünger. So wird mittels einer auffälligen Erzählkorrektur V. 2 die österliche Geistgabe von der vorösterlichen Wassertaufe des Johannes wie von der nachösterlichen Taufe der Jünger für den Leser unterscheidbar.

Zur Überleitung gehört auch noch V. 3, der mit der Partikel »wieder« auf den galiläischen Ausgangspunkt der ersten Reise Jesu (1,43 bzw. 2,1) zurückweist. Auf diese Weise wird die nächste Episode als eine Reiseunterbrechung auf dem Rückweg Jesu nach Galiläa deklariert. Doch ist dies nicht nur ein zeitlich begrenztes Intermezzo, sondern der Autor schreibt ausdrücklich, Jesus »musste«, um dorthin zurückzugelangen, durch Samaria reisen. Aber diese Landschaft, zwischen den beiden bislang erwähnten Landesteilen (Galiläa und Judäa) gelegen, war in den Erzählungen über die Hinreise nach Jerusalem unerwähnt geblieben, so

---

178. Dazu mehr bei E.J. BOTHA, Reader »Entrapment« as Literary Device in John 4:1-42, Neotest. 24 (1990) 37-47.39, obwohl seine anschließende Allegorisierung der gesamten Erzählung den Text überstrapaziert.
179. 20,22 spendet Jesu den Osterzeugen den Geist. Damit überschreiten sie die Todesgrenze und sind in die Familie Gottes aufgenommen.
180. Dieses wird 7,39 mit dem Geist identifiziert.

dass man hinter dem »Muß« mehr als nur eine geographische Notiz vermuten darf. Es ist der göttliche Wille[181], der diesen Zwischenaufenthalt auf fremdem Gebiet vorsah, bevor Jesus schließlich 4,43-45 »wieder« Galiläa erreicht.

Dieser erzählerische Webtechnik, die alle Handlungsfäden geschickt miteinander verknüpft, entspricht die gesamte Komposition der Episode, an der erneut ablesbar ist, wie die einmal angeschnittenen Themata bei fortschreitender Erzählung vom Autor kunstvoll entfaltet und tiefer durchleuchtet werden[182]. Sie besteht im Rohbau aus zwei ineinander verschachtelten, aber aufeinander bezogenen Erzählsträngen. Die Haupthandlung löst die Samaritermission Jesu in mehrere Einzelszenen auf, beginnend mit dessen Dialog mit der Samariterin am Jakobs-Brunnen. Hinzu tritt eingewoben[183] eine Nebenerzählung, die von Jesus und seinen Jüngern handelt und mit deren missionarischen Beauftragung im Bild von der Arbeit in der noch ausstehenden Ernte endet. Die Gesamterzählung wird kennzeichnenderweise mit der Szene vom Bekenntnis der Samaritaner beschlossen, Jesus sei »der Retter der Welt«[184], obwohl »die Rettung aus den Juden kommt« (4,22).

Die innere Rasterung in Einzelszenen läßt ebenfalls eine kluge Proportionalität erkennen. Alle in Einzelszenen eingebetteten Dialoge beginnen mit einem Imperativ (vgl. V. 7.16.31). Ihnen sind ganz bestimmte Gesprächsinhalte zugewiesen. Der erste Dialogteil mit der Samariterin beschäftigt sich — aus der Situation und dem Kontrast zu V. 2 erwachsend — mit der Frage nach dem wahren »lebendigen Wasser«. Zwischenzeitlich waren die Jünger von Jesus zum Nahrungsmitteleinkauf in die nächste Stadt geschickt worden. Doch er hat bei ihrer Rückkehr bereits von einer »Speise« gegessen, die ihnen unbekannt ist (V. 32).

---

181. Vgl. BROWN I 169; OKURE, Mission 85.
182. Für das Letztere besonders bezeichnend sind die Wiederaufnahmen von neuen Gedanken u.a. aus 4,13-15 in 6,34-35 und aus 4,21-23 in Kap. 5 wie auch die weitere Entfaltung alter (BROWN I 181). Z.B. wird in 4,20-26 die Tempelreinigungsszene, speziell 2,16, weitergeführt bzw. wird 4,11 die bereits bekannte Herkunftsfrage erneut gestellt, und die Darstellung der Samariamission ähnelt in ihrem Ausgang der des Täufers 3,30: »Er muß zu- und ich abnehmen!«
183. In die insgesamt als Intermezzo gestaltete Episode eingewoben ist noch eine weitere, die durch die Notiz 4,8 vorbereitet, in V. 28-30 ausgegliedert und 4,31 mit dem Partikel »in der Zwischenzeit« ausdrücklich als solche ausgewiesen wird, das dialogische Intermezzo Jesu mit seinen Jüngern V. 27-38.
184. Diese Formulierung greift vor allem auf 3,17 (vgl. 4,22) zurück. Nach den bei D. MAGIE, De romanorum iuris publici sacrique vocabulis sollemnibus in graecum sermonum conversis, 1905, 67f., gesammelten Zeugnissen, findet sich die Formel auch als ein Titel der römischen Cäsaren, von Heilgöttern und Heroen. Zu diesen Parallelen mehr bei C.R. KOESTER, »The Savior of the World« (Jn 4:42), JBL 109 (1990) 665-680.

Der folgende Dialog Jesu mit der Frau kommt über den nur vorgeschobenen Gesprächsanlaß vom ehelichen Vorleben der Samariterin auf die zentrale Frage nach der rechten Gottesverehrung zu sprechen. Anschließend wird mit den Jüngern über ihre zukünftige Rolle in der Erntezeit gesprochen, die im überwältigenden Erfolg[185] Jesu in Samaria vorabgebildet[186] ist. Denn V. 38 greift der Erzähler ein Verb[187] auf, das gleich zu Beginn der Erzählung den Anlaß für die Bitte Jesu um Wasser angab: Aus »*abgemüht* von der Reise« (V. 6) wird nun V. 38 »andere haben sich *abgemüht*, und ihr seid in ihre *Mühe* eingetreten«. Zugleich wird der Leser, dessen Urteilskraft mit korrigierten Erfolgsmeldungen (V. 2) schon getestet wurde, mit einem wirklich partnerschaftlichen Dialog konfrontiert, der nicht wie vorher in Monologen endet, sondern durchgängig aufzeigt, wie man für die Sache Jesu allmählich sensibilisiert werden kann.

Charakteristischerweise endet die Episode damit, dass die Samaritaner aufgrund der Verwunderung ihrer Mitbürgerin Jesus bitten, sie doch zu besuchen. Indem sie ihn »aufnehmen«, er bei ihnen »bleibt« und zu ihnen spricht, werden die schon früher (vgl. 1,12; 2,22) genannten Konditionen für eine erfolgreiche Tätigkeit Jesu erfüllt. Folglich dient die Episode dem Erzähler insgesamt zur exemplarischen[188] Illustration dieser Vorbedingungen und bestätigt, dass »das Heil [der Welt] aus den Juden« (4,22) kommt. Die Bedingungen werden aber von Menschen zuerst erfüllt, die in Konkurrenz bzw. Distanz zum Jerusalemer Zentralkult[189]

---

185. Der Erfolg von Jesu Wort in Samaria läßt die Tätigkeit der Jünger in V. 1 ebenfalls in einem anderen Licht erscheinen. Ihr Erfolg ist nicht das Ergebnis eigener Tüchtigkeit, sondern ist von ihm abhängig, der eben mit Geist zu taufen versteht.

186. Dafür spricht auch die Terminierung der Erntezeit in weisheitlichen Kategorien: der allgemeine Erfahrungswert, nach dem man nach der Aussaat vier Monate bis zu Ernte warten müsse, wird situationsggemäß (die Samaritaner haben sich ja noch nicht zu Jesus bekannt) das konkrete Kennzeichen für eine baldige Ernte, nämlich der Pollenflug, von Jesus genannt.

187. Sonst ist das Verb im Johannesevangelium nicht mehr bezeugt. Die Verwendung von doppeldeutigen Begriffen ist typisch johanneisch.

188. Deshalb wird die anonyme Frau V. 9c ausdrücklich auch vom Autor kommentierend als Teil des samaritanischen Volks ausgezeichnet und in den Dialogpartien wechseln die Subjekte konstant zwischen »ich« und »wir«, sodass der repräsentative Aspekt akzentuiert wird.

189. Vgl. U. Eco, Im Himmel und auf Erden, 1989, 105f., und Ritt, s. Anm. 177, 294 Anm. 22; Die Streitpunkte zwischen Juden und Samaritanern, die das Gesetz des Mose anerkennen, besteht nur in der Kultseparation und der Frage nach der Totenauferstehung. Sie kennen das Beschneidungsgebot, die Speisegebote und das Sabbatgebot an. Erst 300 n.u.Z. kommt es zum endgültigen Bruch mit dem rabbinischen Judentum (vgl. Stemberger, G., Einleitung 230). Kennzeichnend ist das Schlußwort des Traktats Kutim: »Von wann an nimmt man sie (die Samaritaner) als Proselyten auf? Wenn sie den Berg Garizim verleugnen und Jerusalem und die Auferstehung der Toten anerkennen«.

stehen. Dies wirft wiederum ein bezeichnendes Licht auf die Auskunft zu Beginn (4,1) der Erzählkomposition.

Die Suche und Frage nach Jesu wahrer Identität und Bedeutung, die seit Beginn 1,19 die Erzählhandlung bestimmt, erreicht in dieser Episode am Jakobsbrunnen eine neue Klimax. Die Erzählung wird eröffnet mit einer kurzen Lageschilderung und auffälligen Ortsbestimmung. Jesus legt erschöpft und durstig[190] auf der »Heimreise«[191] einen Zwischenstop am Jakobsbrunnen vor den Toren der Stadt Sychar ein und trifft dort mit einer anonym[192] bleibenden Samariterin zusammen. Zwar ist ein solches Zusammentreffen zwischen einer Wasserholerin und einem Fremden an einem Brunnen im Orient[193] bis heute keine Besonderheit, aber die exakte Charakterisierung der Örtlichkeit in 4,5 und 12 nach biblischen Vorgaben ist doch sehr auffallend. In Anspielung auf das Erbe, das der Patriarch Jakob Gen 33,18; Jos 24,32 gemäß seinem Sohn Josef hinterlassen hat, wird hier ein Zusammenhang zu einer Zeit hergestellt, als der Stamm Josef, d.h. Ephraim und Manasse, noch zu den zwölf Stämmen Israels gehörte. Von diesem aber leiteten die Samaritaner noch

---

190. Mit der exakten Zeitangabe wird die erzählerische Absicht verfolgt, den Erschöpfungszustand Jesu weiter zu erläutern: Wie 1,39, wo trotz der fortgeschrittenen Zeit noch schnell Simon Petrus von seinem Bruder informiert werden konnte, man habe den Messias gefunden, und damit Jesu Bedeutsamkeit akzentuiert wurde, so läßt hier die Mittagszeit die Bitte Jesu um Wasser plausibler erscheinen.

191. 4,43-45 korrigieren deutlich ein mögliches Mißverständnis des Lesers, Galiläa wäre die Heimat Jesu gewesen. Im Kontrast zur Stadt Sychar (V. 5) steht dort eindeutig Jerusalem; Kana wird 2,1.11 und 4,46 nämlich nicht als Stadt bezeichnet.

192. Zur literarischen Funktion der Anonymität: vgl. die aufschlußreiche Erörterung bei D.R. BECK, The Narrative Function of Anonymity in the Fourth Gospel Characterization, Semeia 63 (1993) 143-158.150: »The lack of a recorded response for Nicodemus makes him a foil for the woman, whose anonymity invites the reader to identify with her response to the revelation of Jesus' identiy.«

193. Nach der Vorgabe von R. ALTER, The Art of Biblical Narrative, New York 1981, 52, wird häufig (vgl. neuerdings u.a. BRODIE 217-219; BOTHA, s. Anm. 178; L. ESLINGER, The Wooing of the Woman at the Well, JLTh 1 (1987) 167-183; J.H. NEYREY, What is Wrong with the Picture? John 4, Cultural Stereotypes of Women, and Public and Private Space, BTB 24 (1994) 77-91.83; OLSSON, Structure, 162-173) auch die gesamte Brunnenszene mit biblischen Vorgaben (Gen 24,11-20; 29,1-14; Ex 2,15-22) verglichen und als Verlobungsszene gedeutet. Mit diesem Schlüssel läßt sich dann die gesamte Episode allegorisch auslegen. Vgl. zu dieser Tendenz die kritischen Anmerkungen bei KOESTER, s. Anm. 184, 669f.; Vor allem aber weist mit Recht S. BUCHER-GILLMAYR, Begegnungen am Brunnen, BiNo 75 (1994) 48-66.48f., darauf hin, dass die von Alter angenommene Gattung »Verlobungsszene« nicht so eindeutig erhoben werden kann wie jener annimmt, da es weitere Brunnenszenen gibt, die der hypothetischen Gattung nicht zuzurechnen sind (vgl. Gen 16,7-14; 24,42-43.62-67; Num 21,16; Ri 9,21; Jos 9,17; 18,25; 19,19; 2 Sam 4,2; Esr 2,25; Neh 7,29). Vor allem das Fluchtmotiv in einigen dieser Szenen sollte nicht auf diese Perikope angewendet werden. In 4,1 ist davon nicht die Rede. Man kann nur soviel sagen, dass es mithilft, den späteren Konflikt mit den »Juden« erzählerisch vorzubereiten.

zur Zeit der Abfassung des Johannesevangeliums ihre Herkunft ab, wenn dies für sie politisch — wie Jos., ant. 11,8.6[194] ironisch anmerkt — von Nutzen war.

Nach dieser die Aufmerksamkeit bündelnden Hintergrundsinformationen eröffnet Jesus das Gespräch mit der Samariterin mit der Bitte, ihm zu trinken zu geben. Der Erzähler hält sich nicht dabei auf, wie die Frau wohl erkannt haben könnte, dass der Fremde ein Jude sein müsse, sondern läßt sie sogleich auf die Spannung zwischen Juden und Samariter anspielen (V. 9), was vom Autor zusätzlich noch kommentierend bestätigt wird (V. 9c). Doch ihr Einwand kümmert Jesus wenig. Er versucht vielmehr seiner Bitte weiteren Nachdruck zu verleihen, indem er verdeckt auf seine himmlischen Möglichkeiten anspielt und ihr »lebendiges Wasser« verspricht. Dieser »unmögliche« Gesprächseinstieg Jesu muß selbstverständlich bei der Gesprächspartnerin auf Unverständnis stoßen. Belustigt weist sie ihn auf seine mangelhafte Ausrüstung zum Wasserschöpfen hin. So entwickelt sich ein Gespräch, das als klassisches Beispiel dafür gelten darf, wie man gekonnt aneinander vorbeireden kann. Seine Ernsthaftigkeit stößt bei ihr auf ironisches Unverständnis.

Abgesehen davon aber bleibt für den Leser der Anspruch Jesu im Raum stehen, dass er sich befähigt sieht, ihr als Geschenk Gottes (V. 10) »lebendiges Wasser« anzubieten, das nicht nur für sie, sondern auch aus ihr heraus[195] »zu unendlichem Leben sprudelt« (V. 14)[196]. Was könnte sich wohl, so soll gefragt werden, hinter dieser Metapher verbergen? Soviel ist aus dem Mißverständnis der Frau nur klar geworden: Wie Wasser zum irdischen Leben gehört und die Wasserrechte von Jakob stammen, so gehört das »lebendige Wasser« zum ausschließlich von Gott schenkbaren unendlichen Leben. Der Text bleibt eine Antwort letztlich schuldig, so dass der Leser, der nicht auf Vermutungen angewiesen bleiben will, wieder auf sie warten muß. Das utilitaristische Denken der Frau hindert

---

194. »Die Samariter sind nämlich,..., so geartet: Wenn es den Juden schlecht geht, wollen sie ihnen nicht verwandt sein, womit sie die Wahrheit bekennen; sobald aber die Verhältnisse der Juden sich bessern, haben sie nichts Eiligeres zu tun, als sich ihnen anzuschliessen, nennen sich ihre Blutsverwandten und berufen sich auf ihre Herkunft von Josephs Nachkommen Ephraim und Manasses« (Übersetzung von H. Clementz).
195. Hier vom Verf. auf die Samariterin focussiert, aber im Original auf jeden Glaubenden gemünzt: Der Glaubende dürstet nicht mehr, sondern er selbst wird zur Quelle, die zum unendlichen Leben sprudelt, wie es hintersinnig V. 14b heißt. Im Nachsatz sind unterschiedliche Erzählzeiten miteinander verschränkt. Auf diese Weise wird zugleich auf die nachösterliche Mission vorausgewiesen, die im Erzählverlauf die Samariterin ansatzweise startet. So wird auf der Doppelbühne die Thematik von Samariterin- und Jüngerszene miteinander verflochten.
196. Das Verb »sprudeln« verwendet die LXX, um die Herabkunft des Geistes auf Samson, Saul und David zu beschreiben. Vgl. auch Ign., Röm 7,2; Justin, Tryph 69,6.

Jesus daran, sich zu erklären. Deshalb lenkt er mit einem zweiten Imperativ fast unvorbereitet[197] zu einem anderen Themenkomplex über. Er läßt sie sein überlegenes Wissen (vgl. 1,42.48; 2,24f.) spüren. Die fünf Ehen und die bestehende Liaison, von der Jesus weiß, dienen jedoch erkennbar nicht zu ihrer Charakterisierung und moralischen Verwerfung als biblische femme fatale[198], sondern setzen metaphorisch einerseits 2 Kön 17,24-34 voraus, d.h. die Tradition über die fünf Fremdstämme, die im Bereich des Stammes Josef angesiedelt wurden, und andererseits weisen sie verschlüsselt auf die gegenwärtige Lage Samariens als römische Polis mit dem sie nun charakterisierenden Kaiserkult[199] hin[200]. Vergangenheit und Gegenwart Samariens stehen also am Brunnen auf dem Prüfstand. Der samaritanischen Gebrochenheit kann abgeholfen werden, wenn man Jesus nur richtig versteht. Sein übermenschliches Wissen hatte schon vorher Menschen bewogen (1,35-51), unter Verwendung von Hoheitstiteln sich zu ihm zu bekennen. Desgleichen geschieht nun auch hier. Die Samariterin bekennt ihn als Propheten, als neutrale Instanz, dem sie den bestimmenden Antagonismus zwischen ihrem und dem jüdischen Volk vorlegen zu können meint: Wo ist der Ort, an dem man Gott legitim verehrt? Hier auf dem Garizim oder dort in Jerusalem? Jesus antwortet mit einem Weder-Noch. Obwohl zugegebenermaßen »das Heil aus den Juden« stamme[201], werde hier und jetzt wie auch in aller Zukunft[201] Gott in »Geist und Wahrheit« an keinem mit einem ausschließenden religiösen Anspruch ausgestatteten Ort (sei es Rom, sei es Wittenberg oder Mekka) angebetet. Damit taucht am Horizont die endzeitliche Versöhnung von Ephraim

---

197. Das Denken der Frau ist die ganze Zeit hindurch von dem Brunnen beherrscht, der den Samaritern von Jakob für alle Zeiten als Erbe gegeben wurde. Als sie ihn hypothetisch zugunsten der versprochenen, arbeitsökonomisch besseren Möglichkeit aufgeben will, verlangt Jesus, dass sie ihren Mann »hierher« (vgl. V. 15c mit V. 16d), d.h. zum Brunnen, holen soll. Insofern bleibt der Brunnen bzw. das Thema Wasser weiterhin bestehen. Wenn ihr Mann (bzw. später in den »fünf Ehemännern« (2 Kön 17,24-34)) die Samariter repräsentiert, dann wird der Ausgang der Geschichte hier schon vorbereitet.
198. Vgl. aber aus männlicher Perspektive betrachtet 0QCD Kol. IV 21: »Sie wurden auf zweierlei Weise gefangen in Unzucht: Sich zu nehmen (21) zwei Frauen in ihrem Leben; doch die Grundlage der Schöpfung ist (Gen 1,27): *als (ein) Männliches und (ein) Weibliches hat Er sie geschaffen*«.
199. Darauf verweist das Bekenntnis V. 42, Jesus sei der »Retter der Welt«, eine Bezeichnung des Kaisers im Rahmen des Kaiserkults: s. die Quellenangaben in Anm. 184.
200. Dazu ausführlich KOESTER, s. Anm. 184, und F. WESSEL, Die fünf Männer der Samariterin: Jesus und die Tora nach Joh 4,16-19, BiNo 68 (1993) 26-34.
201. Nach 3,36 — dort noch verdeckt — wird hier zum ersten Mal Gegenwart und Zukunft sperrig miteinanderkorreliert. Dies ergibt nur Sinn, wenn die Episode als repräsentativ und illustrativ zugleich für zukünftige Entwicklungen betrachtet wird. Die nachösterliche Samaritermission (vgl. Apg 8,4ff.) wird hier als geschichtliches Datum vorausgesetzt.

und Manasse mit Juda auf[202]. Es wird der Gottesdienst in »Geist und Wahrheit« auch ohne ausdrückliche Privilegierung der Christen (etwa hier in der Gestalt der Jünger) vollzogen werden, d.h. in eschatologischer Zeit sind alle religiösen Unterschiede miteinander ausgesöhnt, um den Einen zu verehren. Diese Perspektive ist für die Samariterin so neuartig, dass sie dies am liebsten aus ihrer Perspektive vom kommenden (samaritanischen) Messias-Taeb bestätigen lassen möchte, ohne ihm schon anzudeuten (vgl. V.29), dass er es in ihren Augen sein könnte.

Mitten in der Antwort Jesu, als er verschleiert erneut (vgl. V. 10.14) auf seine göttliche Autorität hinzuweisen beginnt, wird das Gespräch durch die Rückkehr der Jünger vom Einkauf in Sychar unterbrochen. Das veranlaßt die Frau bemerkenswerterweise umzukehren, ohne Wasser geschöpft zu haben und augenblicklich allen von ihrer merkwürdigen Begegnung am Brunnen zu erzählen. So erfährt auch der Leser von ihren Schlußfolgerungen aus dem Gespräch mit Jesus: Sie sei möglicherweise dem Messias-Taeb begegnet, weil er ihre intimsten Dinge gewußt habe. Aus diesem besonderen Grund wollen die Bewohner der Stadt sogar zu ihm an den Brunnen hinauseilen.

In der Zwischenzeit kommt es zu einem bedeutsamen Gespräch Jesu mit seinen Jüngern über ihre zukünftigen Aufgaben. Bekanntlich wird es mit einem Imperativ eröffnet. Sie fordern ihn zum Essen auf, das sie eingekauft haben. Diese Bitte liefert das Stichwort für eine neue Runde in metaphorischer Redeweise. Jesus bedarf nicht unbedingt irdischer Backwaren, um satt zu werden, sondern hat sich an einem ihnen bislang noch unbekannten Brot gestärkt, d.h. — so wird erläutert —, den Willen seines Vaters zu tun und dessen Werk zu vollenden, d.h. wiederum, den Samaritern Gottes besonderes Geschenk zu überreichen. Die verwendete Metaphorik greift die Ausführungen 3,16-17 auf, verläßt sie aber auch — wie zuvor die Vorstellung vom »lebendigen Wasser« — recht bald wieder, um später 5,30-36; 6,38 (vgl. 9,4; 17,4) auf sie eingehender zurückzukommen. Hier reicht sie aus, um das Erntebild zu legitimieren. Denn indem Jesus mit der Samariterin spricht und ihr das Geschenk Gottes anbietet, erfüllt er den Willen Gottes. Aber die Erfüllungsproblematik wird in der Schrift schon im endzeitlichen Erntebild zur Sprache gebracht. Damit hat Jesus die für die Jünger aus dem bisherigen Geschehen zu ziehende Schlußfolgerung schon indirekt vorbereitet. In ihrer Abwesenheit haben sich nämlich Jesus wie die Frau, die aber ungewollt, als Säende betätigt, da sie in die Stadt geeilt ist und allen von ihrer

---

202. Vgl. THYEN, s. Anm. 175, 170.176, und BOERS, Study 180.

merkwürdigen Begegnung am Brunnen erzählt hat. Wer nun die Augen hebt, der sieht deutlich: Die Ernte steht in Gestalt der nahenden Stadtbewohner bevor. Auf diese Weise wird den Jüngern hier schon die Basis ihrer späteren Mission vorweg illustriert, dass sie nämlich ernten, was andere und nicht sie gesät haben[203].

Zum Abschluß wird — kompatibel mit dem bisherigen Gedankengang — berichtet, dass viele Einwohner Samariens, die aufgrund der Worte der »Zeugin« (V. 39a) aufmerksam und gläubig geworden waren, zu Jesu kamen, um ihn zu sich einzuladen. Er bleibt bei ihnen und belehrt sie. Dadurch können die gläubig gewordenen Einwohner ihr Glaubensgeschenk direkt auf Jesus (vgl. 2,22 mit 17,20) zurückführen, das nun nicht mehr durch das Zeugnis der Frau vermittelt wurde[204]. Sie haben ihm zugehört und haben sich überzeugt: »Dieser ist wahrhaftig der Welt Retter!«. Hier herrscht die gleiche Logik vor wie in der Aussage V. 2: Jesus ermöglicht mit seiner Geisttaufe, die metaphorisch »lebendiges Wasser« ist, die Initiationstaufe der Jünger ebenso wie er durch sein übermenschliches Wissen den Glauben der Stadtbewohner initiiert.

Da in der Episode das »lebendige Wasser« metaphorisch (vgl. äth. Hen 17,4; 22,2.9 und Lk 16,24) nur das Geschenk Gottes bezeichnet, aber dessen inhaltliche Bedeutung nicht exakt definiert, noch dieses hier bereits explizit gegeben wird und die Geschichte zugleich mit ihren narrativen Akzenten als repräsentative Illuminierung einer späteren Ernte charakterisiert wird, steht sie wiederum unter einem österlichen Vorbehalt. Sie benennt, auf johanneische Weise chiffriert, die Konsequenzen aus dem Wirken Jesu:

---

203. Wer »die anderen« sind, ist unter den Auslegern umstritten. Aber da das Logion im Rahmen der Samariaepisode steht, ist nur eine Antwort möglich: Es ist Jesus zusammen mit der Samariterin gemeint. Die Ausdifferenzierung bei RUIZ, Missionsgedanke 71f., wird der Textlage nicht voll gerecht. Denn die Vorstellung bestimmt später auch die Fischfangszene Joh 21. Dort sind die Jünger die Fischer, die die 121 von Jesus ihnen zum Fang freigegebenen Fische »ernten«. Sie müssen sich dafür nicht abmühen, sondern brauchen nur zu nehmen, was ihnen ins Netz geht.

204. Dies wertet das Zeugnis der Frau nicht ab, sondern qualifiziert nur den Augenblick der Gegenwart Jesu, nach Ostern wird das Zeugnis über Jesus vorherrschen. Deshalb wurde schon 1,35ff. das staffettenhafte Zeugnis der ersten Jünger mehr betont als bei den Synoptikern. Der Autor schreibt aus nachösterlicher Sicht und verletzt deshalb die geschichtliche Abfolge der Ereignisse bewußt. Sie sollen Späteres metaphorisch verschlüsselt jetzt schon transparent werden lassen. Die Metaphorik setzt einen hermeneutischen Schlüssel voraus, der entweder dem Leser aufgrund seiner Teilnahme an der theologischen Diskussion seiner christlichen Gruppen bekannt ist, oder dem dieser im Laufe seiner Lektüre vom Autor überreicht wird. In beiden Fällen wird ein vertieftes Studium der Schrift vorausgesetzt, Denn von dort her stammen zumeist die Anspielungen und das Bildinventar.

Sein Auftreten ruft zum Zeugnis und bald zur eschatologischen Sammlung all derer auf, die von Gott mit seinem Glaubensgeschenk bedacht werden sollen. Die Jünger Jesu spielen erst bei dieser Ernte eine zentrale Rolle. Denn sie ernten, was sie nicht gesät haben. Somit wird das Geschehen transparent für die Gegenwart des Lesers und für die Einschätzung seiner eigenen endzeitlich qualifizierten Situation. — Lit. s.u. S. 465-468.

7. »EINEN SOLCHEN GLAUBEN KANN MAN IN ISRAEL NICHT FINDEN«, 4,43-54

Jesus will nun[205] nach Galiläa — wie 4,3[206] bereits angekündigt — zurückkehren. Der Autor[207] nimmt den zuvor durch den Zwischenstop Jesu in Samaria unterbrochenen Erzählfaden V. 43-45 wieder auf. Es geht ihm darum, zwei bereits thematisierte Probleme narrativ umzusetzen: Er will erstens das vom Glauben bestimmte Verhältnis Jesu zu Israel (vgl. 2,17; 4,22) mit Hilfe des synoptisch vorgegebenen Weisheitslogions (Mk 6,4 par. Lk 4,23) und der Hauptmannperikope aus Q exakter als bislang geschehen definieren. Es liegt ihm zweitens daran, die gleichfalls positive Reaktion Galiläas auf Jesu Wirken bei der Passawallfahrt (V. 45) ebenso zu bewerten wie er schon das analoge Verhalten der Bewohner Jerusalems (vgl. 2,23-3,2) kritisch kommentiert hatte.

In der Auslegung ist der Adressat des weisheitlichen Sprichwortes von dem in seiner Heimatstadt unwillkommenen Propheten umstritten. Einerseits kann es ganz im Sinne der Synoptiker auf Nazareth (vgl. 1,45f.) gemünzt sein. Andererseits könnte auch Jerusalem gemeint sein. Denn in Jerusalem steht bekanntlich Jesu eigentliches Vaterhaus (vgl. 2,16). Wer aber unter den Auslegern anstatt »Vaterstadt« die ebenfalls mögliche Übersetzung »Vaterland« bevorzugt, bezieht das Weisheitslogion auf das Judenland insgesamt. Unter Einbeziehung des Kontextes ist der dritte Lösungsvorschlag der wahrscheinlichste. Denn nicht nur der deutliche Rückbezug V. 45 auf 2,23-3,2, sondern auch die anschließende universale Kritik Jesu auf das Heilungsgesuch des Königlichen V. 48 sowie die

---

205. Das Logion vom Prophetengeschick V. 44 liefert die Begründung für den Weggang Jesu 4,1 nach: Er »flieht« also nicht, sondern ist sich (bibeltheologisch) seiner prophetischen Rolle bewußt, dass er ihr gemäß in seiner Heimat unwillkommen sein muß.
206. Man beachte auch die Abschlußnotiz 4,54, wo noch einmal auf Jesu Reise von Judäa nach Galiläa rekurriert wird.
207. Gekennzeichnet wird die Parenthese mit »denn«: vgl. M. EBERHARDT, Ev. Joh. c. 21. Ein exegetischer Versuch als Beitrag zur johanneischen Frage, 1897, 87; bzw. VAN BELLE, Parenthèses 113.

Zusammenschau der beiden jüdischen Landesteile[208] V. 45f.54 und vor allem die Wiederholung der Wunderkritik 6,26 lassen nur eine Lösung zu: Das Sprichwort schließt Israel insgesamt ein. Es zieht ein negatives Resümee sowohl aus den an Jesus gerichteten Aufforderungen, Machttaten zu vollbringen (4,48; 6,26), als auch über einen Glauben, der auf einer falschen Sichtweise seiner Zeichen basiert (2,23-3,2; 4,45). Zugleich kann aus der kompositionellen Plazierung und Rückbindung der Perikope abgeleitet werden, dass die Episoden[209] 2,1-4,54 kompositionell eine Erzähleinheit darstellen.

Indem der Evangelist in das traditionelle Weisheitslogion vom unwillkommenen Propheten ausdrücklich den Fachterminus[210] »*eigene*« einfügt, spielt er auf die Ansage 1,11f. an. Dort waren trotz der Ansage von der generellen Ablehnung des inkarnierten Logos bei seinem *eigenen* Volk einige Ausnahmen von der heilsgeschichtlichen Regel zugelassen worden. Einer aus diesem Personenkreis ist jedenfalls — wie man meinen möchte — der königliche Beamte. Denn er hört auf Jesu Wort ohne Rückversicherung aus vollem Vertrauen (vgl. 2,22; 4,40f. mit 4,50 und

---

208. Seit STRAUSS, Leben Jesu I 658f. (vgl. BAUR, Untersuchungen 90; HOLTZMANN, Theologie 424; BRODIE 228.233) ist in der neuzeitlichen Exegese umstritten, ob Galiläa oder Judäa mit Jerusalem bzw. Bethlehem (so LUTHARDT 408f.; OVERBECK 284; andeutungsweise WELLHAUSEN, Erweiterungen 33; THYEN, Paradigma 104; RUCKSTUHL, Mutterboden 269) die Heimat Jesu ist. Doch der Streit wird müßig, wenn Galiläa zu Judäa gerechnet wird. Dafür spricht vor allem der zweiszenige Aufbau der anschließenden Perikope, die nicht nur auf 2,1-11, sondern auch auf 2,23ff. zurückweist. Zudem wird aus dem heidnischen Hauptmann der synoptischen Tradition im vierten Evangelium ein voraussichtlich jüdischer Beamter des Herodes Antipas, der zu Recht von SCHMIEDEL, Gegenüber 80, als »ein Bild des bessern Teil des jüdischen Volkes« betrachtet wird. Deshalb konkurrieren hier auch zwei Wunderbegriffe miteinander: die »vielen jerusalemer Wundertaten« in 4,46 (vgl. 4,48) setzen 2,23 voraus und das »zweite Zeichen« in Kana weist auf 2,1-11 zurück. Die Schilderung einer Fernheilung ermöglicht also dem Autor die angestrebte Differenzierung zwischen den beiden Vorstellungen, mit deren Hilfe auch der rechte Glaubensbegriff im johanneischen Sinn exakter definiert wird. Somit ist 4,43-45 gerade kein sinnloses »Füllstück« (so SCHWARTZ, Aporien IV 510), sondern eine Verstehenshilfe für den Leser. Vgl. die ähnliche These von VAN BELLE, Faith 34f.

209. Vgl. die in 4,45 vorausgesetzte Wallfahrt der Galiläer zum Tempel (vgl. 11,55ff.), die sie nicht nur Nikodemus, einem Lehrer *Israels*, in der Aussage von 2,23-25 miteinschließt. 4,46.54 binden ebenfalls beide Landesteile noch enger zusammen und lenken zugleich die Aufmerksamkeit des Lesers auf das erste Kanawunder zurück, wo ja eine Notiz über die Glaubensannahme der eigentlichen Hochzeitsgesellschaft ausgeblieben war. Außerdem greift 4,44 aus der Autorenperspektive begründend 3,11 wieder auf, wo Jesus ebenfalls »*bezeugt, was wir gesehen haben*«, d.h. für dieses Logion, dass es das — teilweise jedenfalls — exemplifizieren will, was dort von Jesus grundsätzlich formuliert wurde. Es rekurriert auf bisher von Jesus gemachte Erfahrungen mit der Glaubensbereitschaft Israels im Kontrast zu Samaria.

210. Vgl. H. BRAUNERT, ΙΔΙΑ. Studien zur Bevölkerungsgeschichte des ptolemäischen und römischen Ägypten, JJP 9/10 (1955/56) 211-328.

Gen 12,1-5) und befolgt es in allen Einzelheiten. Wenn er aber mit seinem ganzen Haus erst zu der Stunde offiziell »gläubig« wird, an dem er sich über den exakten Zeitpunkt der Heilung Gewißheit verschafft hat, offenbart er jedoch eine zweifelhafte Glaubenshaltung. Sie entspricht eher der, die Jesus V. 48 — wissend um Israels eingeschränkte Glaubensfähigkeit[211] — vorweg schon konstatiert hatte. Die gläubige Entscheidung des königlichen Beamten zu Beginn, auf Jesu Wort hin ohne jeglichen Beleg umzukehren, entspricht zwar dem gläubigen Verhalten Abrahams in der hebräischen Bibel. Trotzdem bindet in Jesu Augen die Mehrzahl[212] seiner Zeitgenossen letztlich ihre Glaubensentscheidung an die Erfüllung von Voraussetzungen (4,48). Deshalb entspricht er nicht wie in der Vorlage der Bitte des Beamten, nach Kapharnaum herabzusteigen, um dort seinen Sohn zu heilen, sondern er wahrt Distanz, weil er weiß, »was in dem Menschen ist« (2,25). Darüber hinaus vergißt die Schilderung, die Bescheidenheit des heidnischen Centurions (Mt 8,8 par. Lk 7,6) auf den hilfesuchenden Vater zu übertragen, um umso mehr zu betonen, dass der vorsichtig rejudaisierte Beamte[213] den Zeitpunkt »wiedererkannte« (V. 50), an dem ihm Jesus versicherte: »Dein Sohn lebt!«. Er konstatiert die Machttat auf ähnliche Weise wie Nikodemus 3,2, so dass sein Glauben mit dem des Lehrers aus Israel identisch erscheint. Dieser Glauben beruht auf schlußfolgernder Erkenntnis und nicht auf offenbarter Scharfsicht wie bei den Jüngern (2,11)[214].

Aufgrund seiner generellen Einschätzung V. 48 hätte Jesus sich eigentlich nicht auf den Glauben des Beamten verlassen dürfen und hätte ihm die Heilung des Sohnes verweigern müssen. Aber da der Beamte seiner Aufforderung, unbesorgt zurückzukehren, risikofreudig folgt, kann Jesus dem Kind trotzdem das schenken, was er selber ist[215]: Leben (vgl. V. 50. 51.53 mit 1,4.13). D.h., kein jüdischer Kranker erleidet bei Jesus Nachteile, nur weil Israel nicht in der Weise glaubensfähig ist, wie es von ihm eigentlich aufgrund der Abrahamstradition hätte erwartet werden können. Jesus ist in der Tat der Retter der Welt, der aus Israel kommt und seiner Heimat nichts von dem vorenthält, wozu er gesandt ist.

---

211. Beachte die plurale Formulierung »*ihr*«.
212. Die typisierende Formulierung V. 48 macht den Beamten gleichzeitig aber auch zu einem Exempel für einen unzureichenden Glauben: vgl. 6,26.
213. Es standen auch Heiden im Sold der herodianischen Königsfamilie.
214. Im Johannesevangelium muß ein Unterschied im Wahrnehmungsvermögen beachtet werden: Es wird zwischen einem rein visuellen Sehen und einem theologisch einsichtigen Sehen differenziert.
215. So mit Recht M.J.J. MENKEN, John 6:51c-58: Eucharist or Christology?, Bib. 74 (1993) 1-26.15, sowie S. LANDIS, Das Verhältnis des Johannesevangeliums zu den Synoptikern, 1994, 72.

Aus eben diesem Grund sollte auch keine »normale« Wundertat wie bei den Synoptikern erzählt werden, sondern das aus jener Tradition (Mt 8,5-13 par. Lk 7,1-10) bekannte, hier gezielt in einen neuen Kontext eingefügte Apophthegma stellt die johanneische Interpretation[216] des vorgegebenen Kernlogions von dem Glauben dar, den Jesus in Israel nicht finden konnte. Dabei wird exemplarisch unterstellt, dass der traditionelle abrahamitische Glaube Israels negativ von einer Jesus gegenüber unangemessenen Vergewisserungsmentalität überschattet war. Obwohl dieser sich von Gott in die Lage versetzt sah, in einer von diesem allein festgelegten »Stunde« den Weinmangel bei einer Hochzeit zu beheben und nun zu einer exakt bestimmten »Stunde« (4,53) einen Todkranken gesunden läßt, glaubten (unter österlichem Vorbehalt) trotzdem damals nur die ersten Jünger und nun zwar auch der jüdische Beamte mit seinem ganzen Haus, dieser aber nur, nachdem er sich vergewissert hatte. Doch das, was den Glauben inhaltlich füllen sollte, nämlich die Gewißheit über den Ursprung der Kompetenz Jesu[217] und über seine daraus erwachsende Bedeutung, diese Anforderungen an den Glauben bleiben gerade hier in Differenz zu Samaria (4,3-42) unerfüllt. Deshalb setzt diese Perikope das Kernlogion vom Glauben, den Jesus in Israel nicht finden konnte, im Gedächtnis des Lesers voraus, obwohl es ausgefallen ist. Ebenso hat die vorhergehende positive Reaktion Samariens Jesus gegenüber den Autor veranlaßt, aus dem heidnischen Hauptmann der Logienquelle einen Bediensteten eines jüdischen und nicht eines heidnischen Königs zu machen.

Die beiden ersten Zeichengeschichten[218] gehören aufgrund des Rückverweises für den Autor untrennbar zusammen, weil im ersten Zeichen

---

216. Gerade der Fortfall des Kerns des ursprünglichen Apophthegmas kann nicht als Beleg für eine johanneische Sondertradition derselben Geschichte in Anspruch genommen werden, sondern bildet nun implizit die Überschrift der Perikope. Denn aus dem fremdstämmigen Centurion ist bei Joh bewußt ein einheimischer Königsbeamter (nach A.E. VACALOPOULOS, A History of Thessaloniki, 1963, 10, kann damit sogar ein Mitglied des königlichen Magistrats gemeint sein) geworden, der in sich die Glaubensgeschichte Israels repräsentiert: d.h. einmal die Glaubensstärke Abrahams und zum anderen das menschliche Verlangen nach Absicherung des Glaubens mit sogenannten »mirakulösen Tatsachen«. Da aufgrund der vorangegangenen Samariaperikope, in der die Samariter auf sein Wort hin voraussetzungslos glaubten, das zentrale Erzählmotiv vom heidnischen Hauptmann bereits eingebracht war, wird aus dem Centurion — historisch gut recherchiert — ein königlicher Beamter des Herodes Antipas, dessen zwiespältiges Verhalten exemplarisch unter die Überschrift von V. 48 gestellt wird. An ihm wird der Charakter des Glaubens der jüdischen Zeitgenossen Jesu dargestellt, zu dem eine niedrige Selbsteinschätzung schwerlich passen würde. Deshalb ist dieses Erzählmotiv der synoptischen Vorlage ebenfalls ausgefallen.

217. Deshalb fehlt auch jeder Hinweis auf die Befehlsgewalt des Beamten, die in den beiden synoptischen Vorlagen eine wichtige Rolle spielt.

218. Schon L. BERTHOLDT, Verosimilia de origine Evangelii Johannis, 1805, 44, hatte auf die Formulierung »Anfang der Zeichen« in 2,11 hingewiesen, so dass dementsprechend

geschildert wird, was Jesu Sendungsauftrag insgesamt umfaßt und wer trotzdem nur zum Glauben kommt. Die zweite Zeichengeschichte konzentriert sich hingegen auf die unbeantwortet gebliebene Frage, warum man auf Jesu lebensspendende Kraft in Israel nur vordergründig »gläubig« reagierte. Denn von der Ausgangsfrage (vgl. 1,19-34) nach dem Verhältnis zwischen überragender Kompetenz und gewaltsamem Geschick Jesu, der als Opferlamm sterben wird, sowie von der Frage nach einer angemessenen Glaubensreaktion auf seinen gehorsamen Lebensvollzug, die zusammen 2,13-4,41 — teils theoretisch, teils pragmatisch — bereits andiskutiert worden waren, wird in dieser Szene nur ein einziger Aspekt endgültig beantwortet, alle anderen bleiben weiterhin offen[219]. Erst kursorische Lektüre wird dem Leser die quälenden Kernfragen beantworten müssen.

Aus diesem Blickwinkel muß die Perikope von der Fernheilung eines Sterbenden gelesen werden. Sie öffnet dem Leser die Augen für einen potentiellen Zwiespalt in seinem eigenen Glaubensbegriff. Ja, sie illustriert ihm die dem Glauben inhärente Gefahr, jederzeit in inadäquaten Glauben bzw. Unglauben umschlagen zu können. Diese beunruhigende Erfahrung von der Ambivalenz des Glaubens wird in den folgenden Kap. 5 und 6 noch eindringlicher thematisiert werden[220]. — Lit. s.u. S. 468-469.

8. DIE WERKE DES VATERS WIE DES SOHNS UND DIE ABSEHBARE REAKTION, 5,1-47

In diesem Kapitel erwächst aus einer Heilungsgeschichte ein als Antwort auf zwei Vorwürfe gedachter Monolog[221] Jesu, in dem er sich jedoch für seine Handlungsweise mehr vor dem Leser als vor »den Juden« rechtfertigt, da die potentiellen Kläger abwesend zu sein scheinen. Dabei kommen alle wesentlichen Punkte zur Sprache, die seit seinem Auftreten zwischen tora-frommen Juden und Jesusanhängern strittig geworden sind.

---

noch mehrere »Zeichen« zu erwarten seien. So stehen die »vielen Machttaten« 2,23 und 4,45 in bewußter Ausrichtung auf jene beiden Anfangszeichen, was unsere Auslegung stützt.

219. Dieser Tatbestand ermöglicht dem joh. Jesus im weiteren Verlauf der Erzählhandlung seinen Appell, wenn man schon ihm nicht glauben wolle, dann doch seinen Werken: 5,36; 10,25.32-38; 14,10f.

220. So sehen HOLTZMANN, Theologie 376, und SCHMIEDEL, Gegenüber 80, in ihr schon das Folgende vorbereitet.

221. CULPEPPER, Anatomy 73, macht mit anderen darauf aufmerksam, dass die Wundergeschichten in Kap. 5.6 und 9 längere Diskurse vorbereiten.

a. Die Vorbereitung des Konflikts, 5,1-18

Lange ist Jesus nach dem Fernwunder nicht in Galiläa geblieben, sondern ein weiteres[222] »*Fest der Juden*« hat ihn veranlaßt, sich erneut nach Jerusalem zu begeben. Einer knappen Notiz des Erzählers gemäß (V. 2) befindet sich Jesus anfangs noch nicht im Tempel, sondern in der Nähe des »Schaftor« genannten Stadttores in einem Heilbad namens Bethesda, in dem eine große Anzahl von Kranken Heilung im Wasser sucht[223]. Im folgenden V. 5[224] wird die Handlung auf einen seit 38 Jahren Gelähmten fokussiert[225], dem Jesus unerkannt seine Heilkraft anbietet. Denn er kennt aufgrund seines übermenschlichen Wissens[226] dessen aussichtslose Lage (V. 7) und ergreift im Unterschied zu den bisher erzählten beiden »Zeichen«-Geschichten selbst die Initiative[227], um ihn gesunden zu lassen. Deshalb liefert V. 6 mit dem Verb »*wollen*« für den sich aus der Wunderhandlung entwickelnden Monolog Jesu ein zentrales, aber kontroverses Stichwort (vgl. V. 21.30.35.40). Jesus möchte dem Kranken die Gesundheit wiederschenken, aber ein anderer Wille streitet gegen ihn.

---

222. Für das Verständnis des Kapitels ist die exakte Bezeichnung des Festes unwichtig. Bis heute wird für seine Identifizierung viel Arbeitskraft (s. Lit.) aufgewendet. Bedeutsam für die Lektüre ist es nur, dass Jesus aus freien Stücken geht (vgl. HOLTZMANN, Theologie 364; OVERBECK 293.312) und das eigentliche Ziel einer Wallfahrt der Tempel war. So wird die Heilung im Heilbad von Bethesda zum Vorspiel für die Auseinandersetzung, die Jesus im Tempel (V. 14ff.) mit der Leitungselite Jerusalems sucht und die von nun an bis Kap. 10 wenigstens als Thema vorgegeben bleibt: vgl. J.C. THOMAS, »Stop Sinning Lest Something Worse Come Upon You«: The Man at the Pool in Jn 5, JSNT 59 (1995) 3-20.3f.19; H.S. SONGER, Jn 5-12: Opposition to the Giving of True Life, RExp 85 (1988) 459-471.459; L.T. WITKAMP, The Use of Traditions in Jn 5:1-18, JSNT 25 (1985) 19-47.32; So auch schon OVERBECK 432.

223. Seit der Ausgrabung dieses Bades ist seine Lokalisierung unbestreitbar und auch die Ableitung des Namens, der auch in der Kupferrolle (3Q15 XI,12) von Qumran erwähnt wird, ist dadurch wesentlich erleichtert worden, so dass man nun die aus phonetischen Gründen unwahrscheinliche Übersetzung »Stätte der Barmherzigkeit« meiden und es angemessener mit »Beckenhausen« übersetzen sollte, eine der Örtlichkeit angemessene Bezeichnung ohne tieferen Hintersinn: vgl. M. GÖRG, Betesda: »Beckenhaus«, BiNo 49 (1989) 7-10.

224. Die V. 3b.4 gelieferte Erklärung für die Heilkraft des Wassers, sie sei durch den gelegentlichen Herabstieg eines Engels gewährleistet worden, ist eine erst in byzantinischen Kodizes belegte legendarische Anmerkung. Sie ist textkritisch sekundär und gehört nicht zum Urtext: vgl. THOMAS, s. Anm. 222, 7 Anm. 18.

225. Indem er V. 2 und 5 noch keine spezifische Krankheit nennt, wird vom Autor Spannung erzeugt, die nachher mit der dreimaligen Wiederholung des Befehls Jesu (V. 9.11.12) abgebaut wird, aber gleichzeitig den Vorwurf der Sabbatverletzung V. 16 begründet.

226. Vgl. 1,42.47f.; 2,23-25; 4,18.48.50.

227. Wichtig ist, dass die Initiative ohne Begründung von Jesus ergriffen wird. Sie wird im jesuanischen Monolog V. 19ff. nachgereicht: Vgl. BEASLEY-MURRAY 71; M.J.J. MENKEN, De genezing van de lamme en de omstreden Christologie in Joh 5, Coll. 18 (1988) 418-435.422; P.D. DUKE, Jn 5:1-15, RExp 85 (1988) 539-542.540.

Doch von all dem kann der Kranke nichts wissen. Denn selbst Jesu Heilkraft ist ihm unbekannt, was aus seiner Antwort ablesbar ist: Er habe schon häufig vergeblich versucht, im Konkurrenzkampf um Heilung[228] der erste zu sein, sei aber stets unterlegen. Deshalb ist es aus seiner Sicht verständlich, wenn er in Jesus nur einen nützlichen Helfer sieht, der ihm diesmal beistehen könnte, die seiner Heilung hinderliche Konkurrenz der anderen Kranken endlich einmal abzuschütteln. Jesus klärt das allzu menschliche Mißverständnis[229] nicht auf, sondern befiehlt dem Kranken, seine Bahre zu nehmen und demonstrativ herumzugehen. Der in seiner vierfachen Wiederholung (V. 9-12) besonders stark akzentuierte Heilungsbefehl Jesu greift Mk 2,11f. auf, wo er Teil des ersten markinischen Streitgesprächszyklus ist. Auch dort endet die Wundergeschichte mit dem Vorwurf der Sabbatverletzung. Deshalb besteht schon lange der Verdacht, dass sie der johanneischen als Vorlage gedient habe[230]. Denn es findet sich dort nicht nur dieses Einzelmotiv wieder, sondern auch der Hinweis, dass die Heilung umgehend (vgl. V. 9a mit Mk 2,12) eintrat, wie auch die Angabe, dass Jesus als Menschensohn Vollmacht besitzt, Sünden zu vergeben. Damit beansprucht er schon dort ein Prärogativ Gottes (vgl. V. 14 mit Mk 2,6-10). Doch hat der Erzähler diese Erzählbausteine umgeordnet, um dahinter die zentralen Punkte des sich anschließenden Monologs Jesu verbergen zu können. Von diesen ließ sich einer bereits definieren: Es ist allein der Wille Jesu, den lange Zeit Gelähmten gesunden zu lassen.

Aber die innere Dynamik der Erzählhandlung, sich zu einem Konfliktfall auszuwachsen, wird in dem Moment erkennbar, als V. 9d den Zeitpunkt der Heilung, an einem Sabbat, exakt festlegt. Die Zusatzinfomation

---

228. Eindrücklich stellt diese Situation DUKE, s. Anm. 227, 539 klar: »It is a system of competitive healing. It advertises mercy and so appeal to the weak — but it favors the strong... This system guarantees the perpetual stirring of their hopes and the perpetual denial of their need«.

229. So mit Recht WITKAMP, s. Anm. 222, 24, und THOMAS, s. Anm. 222, 10; VAN TILBORG, Love 216.

230. Vgl. BAUR, Untersuchung 244; HOLTZMANN, Theologie 475; F. NEIRYNCK, Jn 5:1-18 and the Gospel of Mark, in: DERS., Evangelica II, 1991, 699-711; WITKAMP, s. Anm. 222, 29f.; Dies ist jedoch nicht im Sinn einer literarischen Vorlage zu verstehen, sondern sie regte den Autor an, in ihrem Rahmen seine Intentionen besser vermitteln zu können. Er setzt ihre Kenntnis beim Leser offenbar voraus. Sonst wären die gezielten Rückverweise nicht verständlich. M.E. hat der Autor keine eigenständige Semeiaquelle vorliegen, noch benutzt er eine andere, von der synoptischen Tradition unabhängige literarische Tradition, sondern er setzt auf die Kenntnis von Mk 2,1-12, um die theologische Weiterentwicklung des dort schon vorgebenen Streits um die Anmaßung göttlicher Prärogative und deren Konsequenzen besser zu kennzeichnen, die sich aus den Ausführungen vorrangig Joh 3,1-36 ergeben.

läßt aus der Heilung einen Streitfall mit den Tora-Autoritäten werden. Mit diesem Nachtrag wird zugleich das Konfliktpotential, das einer unerlaubten Sabbatheilung innewohnt, für beide Beteiligten akut: Zuerst gerät der Geheilte ins Visier der zuständigen Autoritäten. »Die Juden« vermögen in dem demonstrativ am Sabbat sein Bahre tragenden Geheilten[231] nur jemanden zu sehen, der den Sabbat bewußt bricht und deshalb verwarnt werden muß. Dabei lenkt dieser bei seiner Verteidigung naiverweise ihre Aufmerksamkeit auf den Heilungsbefehl und damit zugleich auf den Wundertäter[232]. Aber er kennt dessen Namen nicht.

Diese Darstellung verfolgt eine dramaturgische Absicht. Die anschliessende Verlagerung der Handlung in den Tempel[233] signalisiert die Nähe der erzählerischen Klimax. Bezeichnenderweise dort, im Haus seines Vaters (2,16), stellt sich Jesus dem Geheilten endlich vor. Gleichzeitig wird die letzte Weiche auf dem Weg zu dem angestrebten Monolog Jesu gestellt, in dem er endlich die tieferen Gründe für seine von anderen als anstößig empfundene Handlungsweise nennen kann. Jesus selbst und nicht — wie erwartet — der Geheilte[234] sucht diesen dort auf, stellt sich ihm vor und befiehlt ihm, auf keinen Fall mehr zu sündigen, sondern zu glauben und ihn zu bekennen (vgl. 9,22), um auf diese Weise noch Schlimmeres, als in der Vergangenheit durchlitten, zu vermeiden. Dieser offensichtliche Gedankensprung wäre schwer nachvollziehbar, wenn nicht zweierlei in Rechnung gestellt werden könnte: Einmal wird ein Zusammenhang zwischen Heilung und Sündenvergebung vorausgesetzt[235], wie

---

231. Obwohl V. 13 neben den bei RUCKSTUHL / DSCHULNIGG, Stilkritik 180, aufgelisteten joh. Stilmerkmalen auch der eher joh. terminus technicus »*Geheilter*« (vgl. 4,47; 12,40) verwendet wird, erinnert die Verwendung von »*Therapierten*« (vgl. 16/5/16/1/5) V. 10 an den synoptischen Sprachgebrauch.

232. Deshalb wird er von ihnen allein auf den Umstand, dass er verbotenerweise etwas am Sabbat trage, angesprochen (V. 10). Die Heilung selbst scheint ihnen noch unbekannt zu sein (vgl. STALEY, J.L., Stumbling in the Dark, Reaching for the Light, Semeia 53 (1991) 55-80.60.64). Dem Geheilten ist verständlicherweise seine Gesundung wichtiger, so dass er naiv die Tora-Autoritäten von dem Befehl in Kenntnis setzt, der ihn augenblicklich gesunden ließ. Diese Bereitwilligkeit darf nicht als Charakterschwäche interpretiert werden (so mit THOMAS, s. Anm. 222, 13) sondern ist ein Erzählmittel, die Handlung sich weiter entwickeln zu lassen. Nun wird der Wunderheiler gesucht.

233. Der Tempel ist nach 2,13-22 das Haus »meines Vaters« (vgl. V. 17.19ff.) und zugleich nach seiner Passion er selbst. Letzteres aber kann erst zu jenem Zeitpunkt aus der Schrift und seinen Worten verstanden und geglaubt werden (vgl. V. 47).

234. Dies ist ein mit 9,1-41 verwandtes Motiv (vgl. V. 35-38). Der Grund für diese Darstellungsweise wird dem Leser später erläutert, vgl. nur 7,23.

235. So u.a. schon HOLTZMANN, Theologie 475; SONGER, s. Anm. 222, 460. Aufgelöst wird der rätselhafte Zusammenhang zwischen Heilung und Sünde erst durch die Ausführungen 15,22-25: »Wenn ich unter ihnen nicht die Werke getan hätte, die kein anderer getan, so hätten sie keine Sünde«.

ihn bereits die synoptische Tradition Mk 2,6ff. parr. postuliert, und zum anderen wird durch den Wechsel der Imperative (V. 14) vom Perfekt in das Präsens der aktuell geschenkte Heilszustand des Geheilten hervorgehoben und ihm eine noch düsterere Zukunft beim Wiederholungsfall angesagt. Wiederum werden mit dieser rätselhaften Auskunft spätere Aussagen im Monolog — wie schon beobachtet — vorbereitet (vgl. V. 24f.28). Für diese Erzählabsicht spricht auch, dass der Geheilte ohne Erwiderung zu den Tempelautoritäten geht (V. 15b), um jenen ihre unbeantwortet gebliebene Frage (V. 12) doch noch zu beantworten, »dass es Jesus war, der ihn gesund gemacht hatte«[236]. Damit ist der Konflikt personalisiert. Gezielt an dieser Stelle wird auch das zweite, den folgenden Monolog Jesu bestimmende Stichwort wiederaufgegriffen (V. 11): Jesus ist der »*Macher*«[237], d.h. der, welcher in freier Wahl (vgl. V. 21) jemanden gesunden läßt.

Vor seinem Abgang[238] von der Bühne (V. 15) hatte der Geheilte »den Juden«, d.h. dem Tempelpersonal, also noch schnell das Incognito des Wundertäters gelüftet. Doch sind diese nur indirekt mit Jesus konfrontiert worden[239], weil dem Text keine Notiz zu entnehmen ist, die Gegner hätten etwa Jesus aufgesucht, um ihn wegen seiner Handlungsweise zu stellen. Vielmehr überrascht es, dass in den folgenden V. 16-18 der Erzählstil abrupt wechselt. Die Erzählung wird keineswegs mit einem Bericht über die nächste Reaktion »der Juden« auf der Basis ihres aktuellen Informationsstandes fortgesetzt, wie es die Erzähllogik verlangt hätte, sondern es folgt eine monologische Grundsatzerklärung Jesu über die voraussehbare negative Haltung »der Juden« ihm gegenüber, der sich zur Rechtfertigung seiner Machttat[240] am Sabbat auf die permanente Schöpferkraft Gottes, seines Vaters, berufen hatte. Die beiden zentralen Gründe für ihre Ablehnung, Sabbatheilung und Blasphemie, sind allein schon durch die Verwendung des Imperfekts von ihrem narrativen Kontext sprachlich

---

236. In dieser Hinsicht müßten die korrekte Auskunft bei SCHMIEDEL, Gegenüber 29, erweitert werden. Ebenso WITKAMP, s. Anm. 222, 27f.
237. Wiederholt in V. 16, variert V.17, dann erneut in V. 18.19.20, variert V. 21, wiederum V. 27.30.36.
238. Ausdrücklich wird V. 15 der Weggang des Geheilten zu »den Juden« notiert. Es wird folglich vorausgesetzt, dass beide den Monolog Jesu nicht gehört haben. Dieser richtet sich also vor allem an den Leser bzw. an anonym bleibende Zuhörer.
239. So MENKEN, s. Anm. 227, 423, der jedoch nicht in Rechnung stellt, dass V. 16 und V. 18 durchgängig im Imperfekt formuliert sind, d.h. sie geben eine von nun an gültige Hintergrundsinformation über das Verhältnis »der Juden« zu Jesus. Sie verfolgen ihn wegen Sabbatübertretungen (vgl. Joh 9) und suchen ihn wegen Blasphemie zu töten, weil er sich mit Gott gleichsetze (10,33; 19,7).
240. 10,37 zeigt, dass das Kap. 5 bestimmende Stichwort »tun« (V. 11.15.19.20.21.27. 30.36) und »werken« V. 17 synonym sind.

abgehoben. V. 16-18 beschreiben also eine künstlich herbeigeführte Streitsituation zwischen Jesus und Abwesenden, die generell den Grund legt[241] für spätere Verfolgungen und letztendlich zu seinem Tod. Diese wird in V. 17 von Jesus provoziert, weil er ebenso grundsätzlich sein Wirken mit dem seines Vaters vergleicht wie sie auf die Einhaltung des Sabbats als Weisung Gottes bestehen. Damit ist die Basis seines Handelns definiert, die »die Juden« (V. 18) nicht nur als Anmaßung göttlicher Kompetenz, sondern vielmehr als Gleichsetzung mit Gott verstehen, weil er ihn ungeschützt »seinen Vater« nennt. Damit ist die eigentliche Klimax[242] der Auseinandersetzung fast abgelöst vom konkreten Vorfall[243], aber narrativ um so markanter gekennzeichnet: Sie verlangt wegen ihrer thesenhaften Kurzform nach einer persönlichen Erklärung Jesu, damit der Leser sein Handeln und seinen Anspruch wie in Kap. 3 richtig deuten lernt[244]. Daran muß dieser besonders interessiert sein, weil er wohl über ein aus einem spezifischen Teil der Jesustradition[245] gewonnenes Szenarium von Sabbatkonflikten hinaus eine theologische Konsequenz für sein Jesusbild ziehen soll.

b. Die »öffentliche« Proklamation der Absicht von Vater und Sohn, 5,19-47

Nach dem geschickt inszenierten und markant beendeten Vorspann, der den souveränen Heilswillen Jesu und seines Vaters in einer exemplarischen Episode[246] unterstreicht und die beiden zentralen Leitworte

---

241. V. 16b verwendet den Akkusativ Plural. Dadurch wird aus einer Sabbatheilung eine exemplarische Tat.
242. So mit Recht WITKAMP, s. Anm. 222, 32.
243. Nicht umsonst formuliert W.A. MEEKS, »Equal to God«, in: FS J.L. MARTYN, 1990, 309-321.309, mit Recht als Ausgangspunkt seiner Überlegungen: »This assertion can hardly be historical, …«. Vgl. die Satzkonstruktion mit der von 11,52. Dort steht sie in einem Kommentarwort des Autors. 5,16-18 haben eine ähnliche Funktion.
244. Mit den Worten MEEKS, s. Anm. 243, 311, formuliert: »Thus v. 19 takes up again the form of the dialogue — though as so often in John the interlocutors are not permitted to speak again — but the 'answer' that Jesus gives does not reply to anything the Jews in the narrative have said, but to the generalized complaint that the narrator has told us about in his aside«. Ähnlich argumentiert auch CULPEPPER, Anatomy 91.
245. Nämlich die schon bei den Synoptikern umstrittene Sabbatfrage, die verknüpft mit einer Heilung schon damals zur innergemeindlichen Reflexion über die Prärogative Jesu geführt hat.
246. Die vorgegebene Situation sowie die Reaktion des Mannes hat nun manche Ausleger in die Irre geleitet, indem sie meinten, der Geheilte habe als Zeichen seines Unglaubens falsch reagiert und Jesus den Autoritäten ans Messer geliefert. Deshalb habe Jesus ihn auch als Sünder bezeichnet. Doch muß man genauer hinsehen, um die Absicht des Erzählers zu verstehen. Der Mann konnte Jesus wirklich nicht sogleich identifizieren, weil er einer Konkurrenzsituation hilflos ausgeliefert war. Zugleich stellt der Autor bewußt den Kranken als passiv und autoritätsfixiert dar, um den autonomen Heilswillen Jesu (vgl. 2,4) um so besser unterstreichen zu können.

(»*wollen*« und »*tun*«) bereits genannt hat, werden diese anschließend im Monolog Jesu wieder aufgegriffen, diesmal jedoch im Rahmen einer Reflexion über die tieferen theologischen Gründe, die zu dem vorangegangenen Eklat um die Sabbateinhaltung führen mußten. Der Monolog als Medium der Deutung ist selbstredend nicht in dieser konkreten und für diese einmalige historische Situation gehalten worden, sondern wurde unter Einfluß von sich allmählich ausdifferenzierenden theologischen Überlegungen in der johanneischen Theologie formuliert. Denn der einleitende V. 19 setzt voraus, dass Jesus für zufällig im Tempel Anwesende[247], aber vor allem für den Leser das zentrale Motiv nennt, das ihn grundsätzlich antreibt, auf diese Weise zu handeln: Es hat seine Basis in seinem speziellen Verhältnis zu Gott. Er ist der Sohn und jener sein Vater. Diese Entsprechung zwischen Vater und Sohn wird im ersten Argumentationsgang des Monologs (V. 19c-30) mit drei Amen-Logien (V. 19.24.25) als ausdifferenzierte These vorgetragen. Sie unterstreichen das Definitive der Aussage[248], wobei das erste und das letzte Amen-Wort durch mehrere Begründungssätze (V.20.21.22 und 26.28[249]) erweitert sind, die die Entsprechung jeweils mit Vergleichen (»wie« — »so« V. 21.26) exakt benennen. Danach wird in einem jeweils nachgestellten Wie-Satz (καθώς V.23.30[250]) daraus eine Schlußfolgerung gezogen: Die Konsequenzen und Urteile der Zuhörer aus der Handlungsweise des Sohnes sollten denen entsprechen, die sie traditionell aus den Aktivitäten des Vaters zögen und fällten, ohne die Abhängigkeit des Sohnes vom Vater dadurch zu verwischen.

Jesus nimmt im ersten Amen-Wort für die gerade vollzogene Heilstat seinen Vater[251] (vgl. 2,16; 4,21) in Anspruch, der ihm dies aus Liebe zu

---

247. Der Geheilte ist zu den Tempelautoritäten geeilt, so dass nur anonyme Tempelbesucher Jesus zugehört haben können.

248. Amen-Worte sind formgeschichtlich in der jüdischen Liturgie verankert und markieren dort das zustimmende Schlußwort der Teilnehmer: vgl. dazu neuerdings H. SEIDEL, Bemerkungen zur Formel »amen, amen« in Qumran, MBFJ 6 (1993) 56-58.56f.

249. Nach N.A. DAHL, »Do not Wonder!« Jn 5:28-29 and Johannine Eschatology Once More, in: FS J.L. MARTYN, 1990, 322-336.325, weist auch die Wendung »*Staunt nicht!*« aufgrund rabbinischer und innerjohanneischer Parallelen (3,7f; 5,20f.; 7,21-24) auf einen Begründungszusammenhang hin.

250. Diese Wie-Sätze sind ebenfalls in 1,23; 6,58; 10,15.26; 13,24; 15,10.12; 17,2.11.14.16.21.23; 19,40 (vgl. 6,31; 12,14) nachgestellt.

251. Man beachte, dass schon Dtn 6,6f.20-25; 11,19; 31,10-13 (vgl. Jos., c. Ap. 1.60; 2.173f.178.204) grossen Wert auf die Ausbildung der Kinder durch die Väter legt. So wurde die Weitergabe der Tradition gesichert. Es wird auch der Familiensolidarität große Bedeutung beigemessen (vgl. u.a. 4 Makk 18,10-19) und mit dem Studium der Tora schon in früher Jugend begonnen: Philo, Gai. 115.195.210; spec. 4.149f. Diese Gesichtspunkte sollten bei der Lektüre beachtet werden.

ihm »zu *tun*« (vgl. 3,16.35) beigebracht habe. Doch diese sei erst der Anfang gewesen, es ständen noch größere Taten an (vgl. 1,50 mit V. 20), in denen der Sohn — wie der Vater schon immer — Tote ins Leben zurückrufen werde. Damit wurde ihm ein noch bedeutsameres Privileg Gottes[252] übereignet, nämlich dessen Schöpferkraft (vgl. Arist 16) »lebendig zu *machen*«, wen er »*wolle*« (V. 6-8). Da jedes Leben unter einer ethischen Verpflichtung stehe, sei ihm zudem die volle[253] Rechtsprechung darüber (vgl. 3,17f.) übereignet worden. Er *mache* sich nicht, wie V. 18 behauptet wurde, Gott gleich, sondern in seinem Handeln entspreche er diesem, so dass in ihm der Vater geehrt werde. Im ersten Argumentationsgang des Monologs sind also die drei wesentlichen Ausstattungsmerkmale der Sendung Jesu (V. 23c) genannt: Er heilt, macht lebendig und spricht Recht, und zwar nicht aus eigener, sondern aus einer mit väterlichem Wohlwollen übereigneten Kompetenz. Darin nur entspricht er dem Vater. Deshalb ehrt der, welcher den Sohn ehrt, eigentlich den Vater (vgl. 12,26)[254]. Eine davon eigenständige, autonom gewonnene Reputation des Sohnes ist undenkbar[255]. Folglich ist die Einzigkeit Gottes nicht angetastet, sondern bewahrt, weil der Evangelist nur herausstellen will, dass das Handeln Jesu in den angesprochenen Teilaspekten (heilen, lebendig machen und richten) vollständig dem Wirken Gottes adäquat und folglich vergleichbar war.

Das zweite Amen-Wort zieht daraus knapp eine weitere Konsequenz für den, der Jesu Worten vertraut, d.h. die Privilegübereignung vom Vater auf den Sohn akzeptiert und ihn darum ehrt: Der Glaubende ist grundsätzlich bereits vom Tod ins Leben hinübergetreten (3,16cd) und braucht das

---

252. Vgl. Ex 16,13.31; 33,1-3; Lev 20,24; Dtn 6,18; 32,39; 1 Sam 2,6; 2 Kön 5,7; Weish 16,13; 2 Makk 7,22f; Schmone Esre 2; JosAs 8,9; 15,5; c. 16; Philo, virt. 130; spec. 4.187; op. 8; Mos. 2§100; vgl. Bill III 212; im NT: Röm 4,17; 8,11; 2 Kor 1,9; 1Tim 6,13; Tit 3,5; Barn 6,8-7,2. J. WEISS, Der erste Korintherbrief, KEK, Göttingen 1910, 357, verweist auf rabbinische Belege, in denen »lebendig machen« Fachbegriff für die Totenauferstehung ist.
253. »Ganz« ist hier wie in 16,13 betont nachgestellt.
254. Ein Rückverweis auf 4,44 vermag hier schon ein dramaturgisches Potential entdecken, das bislang noch nicht hinreichend ausgeschöpft ist (vgl. aber Joh 7ff.). — Beachtenswert ist auch, dass bei Jos., bell. 7.47 der Sohn »wegen des Vaters im hohen Ansehen stand« (διὰ τὸν πατέρα τιμώμενος), eine Wortwahl, die der 5,23 nahesteht.
255. Schon WEIZSÄCKER, Selbstzeugniß 170, hebt diese Ausageabsicht hervor: Die Aussage, dass »Alle den Sohn ehren, wie sie den Vater ehren, 5,22f., spricht nicht von Gleichheit des Wesens, die den Grund gleicher Verehrung bildete, ja nicht einmal von Gleichheit der dem Sohne zugetheilten Würde; es stellt zunächst nur das Ehren des Sohnes und des Vaters als unverbrüchlich miteinander verbundene Aeußerungen dar (23.). Um die Tragweite jener Unterordnung ganz zu verstehen, ist besonders darauf zu verweisen, dass sie sich in die himmlische Zukunft Jesu erstreckt, ja hier fast am auffallendsten hervortritt«. Vgl. auch MENKEN, s. Anm. 227, 427.

Endgericht nicht zu fürchten. Die metaphorische Ausdrucksweise, die »richten« und »Leben spenden« vergleicht, greift auf jüdische Missionssprache zurück[256]. Damit ist zugleich auch die Basis[257] der johanneischen Eschatologie klar definiert: Der Gläubige hat das ihn von Gott Trennende, letztlich den Tod, mit der Lebensgabe Jesu[258] überwunden. Die Möglichkeit zum Glauben bestand aber schon zu dessen Lebzeiten und gilt weiterhin bis zu dem Zeitpunkt, der von Gott mit dem Ende aller Ende gesetzt wird. Die eschatologische Kompetenz, Tote ins Leben zu rufen, ist kein ausschließlich der endgültigen Zukunft vorbehaltener, jetzt aber nur metaphorisch auf andere geschichtliche Bereiche übertragbarer Akt. Nein, bereits jetzt ereignet sich dies für den Glaubenden[259], was zwar das Endgericht grundsätzlich nicht aufhebt, aber sich für Glaubende aller Zeiten erübrigt (vgl. 12,44ff.).

Diese Überzeugung wird im letzten Amen-Wort Jesu (V. 25-30) weiter entfaltet. Indem Jesus die Aussage von V. 20f. in V. 26f. kurz resümiert und sie zugleich mit der eschatologischen Funktion des Menschensohns in der intertextuellen Anspielung auf Dan 7,13f. (V. 27) verknüpft, bindet er die jeweilige Gegenwart spannungsreich mit dem endgültigen Ende aller Zeiten in geschickter Rhetorik zusammen. Beide entsprechen sich im Ergebnis[260] (vgl. 3,20). Im Endgericht wird nur dokumentiert, dass jeder zu seinen Lebzeiten sich sein Urteil aufgrund seines Lebenswandels selbst gesprochen hat. Deshalb kann Jesus zum Schluß dieser Argumentationskette (V. 30) zur grundlegenden Anfangsthese zurückkehren und sie erneut einschärfen: Es sei ein grobes Mißverständnis, wenn man dächte, sein souveränes Auftreten beruhe auf eigener Machtvollkommenheit. Es sei vielmehr richtig, dass er den *»Willen«* seines Vaters in allem zu vollstrecken suche[261]. Deshalb ist der Vorwurf der Blasphemie für ihn absurd. Der irdische Jesus handelt nur so, wie der Vater gehandelt hätte, wäre er

---

256. Vgl. JosAs 49,18ff. mit Lk 15,24.32.
257. Vgl. BAUR, Theologie 221; BEASLEY-MURRAY 76; MENKEN, s. Anm. 227, 426.
258. Deshalb wird 6,63 konsequenterweise die Gabe des Lebendmachens auch dem Geist zugeschrieben, mit dem der nachösterlich Glaubende ausgestattet sein wird.
259. In der Lazarusepisode wird der Autor diese Kompetenz Jesu narrativ demonstrieren.
260. Deshalb ist der Hinweis auf zwei unterschiedliche Eschatologien im Johannesevangelium, von der die futurische konventioneller christlicher Denkweise entspräche (so auch schon HOLTZMANN, Theologie 519), unzutreffend; Vielmehr hat OVERBECK 473 Recht, wenn er schreibt: »Es gibt ein Gericht zu dem Christus einst wiederkehrt,... Freilich wird dieses Gericht nur vollziehen, was sich schon im wesentlichen bei der ersten Erscheinung Christi entschieden hat.« Hinzuzufügen wäre noch der Aspekt, dass die Glaubensstiftung jederzeit eintreten kann, wenn man Jesu Worte hört (vgl. 2,22 mit 5,47).
261. V. 29f. greifen die beiden Stichworte »tun« und »wollen« wieder auf, die schon die Wundergeschichte bestimmt hatten.

an seiner Stelle gewesen. Als Gesandter (V. 23.30) handelt er nur im vollen Einklang mit dem Sendenden. Woran man allerdings die Vollmachtsübertragung auf Jesus und dessen Entsprechung mit dem Vater in den drei angesprochenen Punkten erkennen könne, auf diese Frage hatte die Heilungsgeschichte und selbst der erste Monologteil noch keine hinreichende Antwort parat. Die Beweise für die vorgetragenen und heiß umstrittenen Thesen werden im abschließenden Zeugnisteil der Rede Jesu geliefert.

Denn dieses Beweisdefizit eröffnet dem Erzähler die Chance, dem möglichen Einwand entgegenzutreten, Jesus habe für seinen Anspruch keine vorweisbaren Zeugen[262]. Sein Jesus kann vier Zeugen von unterschiedlichem Wert benennen: Johannes[263] (V. 33-35), seine eigenen Werke (V. 36), Gott als seinen Vater (V. 37f.) und die Schrift (V. 39-47). Zwar kommt es nach den vorgetragenen Thesen keineswegs in Frage, dass Jesus für sich selbst zeugt[264], aber er kann eben in einer zweiten Argumentationsrunde V. 31-46 andere mit guten Argumenten benennen. Zwischendurch (V. 40.43) thematisiert er knapp das aus seiner Sicht voraussehbare exemplarische Fehlverhalten »der Juden« und kommt abschließend (vgl. V. 47 mit 2,22) generell auf die Bedeutung seiner Ausführungen für jede, d.h. auch nachösterliche Gegenwart zu sprechen. Aus der Sicht des Autors, der stets um Aktualisierung bemüht ist, ist sie immer noch von einer fundamentalen Ironie und Tragödie in Hinsicht auf »die Juden« von damals geprägt. Sie berufen sich auf die Schrift, aber erkannten den nicht, von dem sie zu ihnen sprach. Dennoch liegt trotz aller geschichtlichen Negativerfahrungen das Rüstzeug zum Heil weiterhin parat, indem man dem glaubt, der Gott in Wort und Tat authentisch zu interpretieren und zu repräsentieren verstand.

Ausgehend von dem jüdischen Zeugenbegriff (Dtn 19,15-21; mKet 2,9), wonach ein Selbstzeugnis bekanntlich wertlos ist, führt also der johanneische Jesus seine Zeugen für seine These der Reihe nach an[265].

---

262. Das Leitwort von V. 31 an ist »*zeugen*«: ab V. 31-39 gleich 11mal.
263. Hier wird endlich der Grund genannt, warum »die Juden« den Täufer (1,19ff.) einer erkennungsdienstlichen Behandlung unterzogen haben. Aus der Sicht Jesu wollten sie sich in seinem Licht ein wenig sonnen.
264. Vgl. zum Folgenden BEUTLER, Martyria 254-265.
265. Die Identifizierung des ersten Zeugen V. 32 bereitet seit alters Schwierigkeiten. CYPRIAN, ep. 66,2, stritt sich schon mit CHRYSOSTOMOS, In Joh 40,1, ob dort der Vater oder der Täufer als erster Zeuge genannt sei. Doch ist der Streit müßig, da alle Zeugen je auf ihre Weise Gott repräsentieren. Johannes ist von Gott gesandt, Jesus als dessen Lamm zu bezeugen. Die Werke Jesu sind in Gott getan, und aus der Schrift spricht die Stimme Gottes (V. 38). Das Zeugnis des Täufers ist nur darin geringer als die anderen, weil Jesus aus Erfahrung kein Zeugnis von Menschen annimmt (vgl. Joh 2,23-25). Deshalb formuliert V. 36a den graduellen Unterschied mit Blick auf »die Juden« und nicht auf Johannes. Er besagt eben, weil »die Juden« die Funktion des Täufers nach Ps 132 (131) 17, nicht

Gewichtiger als das menschliche, wenngleich von Gott initiierte Zeugnis des Johannes (1,32f.) sind die geschichtlichen »Zeugnisse«, die für Jesus sprechen, nämlich seine Werke: Auch die eben vollzogene Heilung des Gelähmten (vgl. V. 17 mit 36) wäre ein Zeugnis zu nennen. Sie weist nämlich exemplarisch (V. 20) auf den Vater zurück, der doch dem Sohn alles gezeigt hat. Aber der Kern der Tragödie des Unverständnisses liegt darin, dass »die Juden«, weil sie ihn nicht akzeptieren, auch des Vaters Zeugnis nicht annehmen können. Denn sie haben ihn natürlich weder gehört noch gesehen (vgl. 1,18). Auf der Basis der grundsätzlichen Unerkennbarkeit Gottes ruht die gesamte Argumentation über die Entsprechung von Vater und Sohn. Deshalb meinen »die Juden« auch, Gott ersatzweise aus der Schrift zu kennen und deshalb Leben zu haben. Aber darin liegt gerade die fundamentale Ironie, dass Gott auch durch die Schrift für Jesus (vgl. 1,45) zeugt. Er »*will*« ja heilend in allem zu ihnen, sie aber wollen nicht zu ihm kommen (V. 40).

Nach diesem Beweisgang wird V. 42 der wesentliche theologische Grund genannt, warum Jesus bei ihnen scheitern muß: Sie haben die Liebe zu Gott[266] nicht in sich (Dtn 6,5; 7,8). Sie suchen nämlich bei denen Ruhm, die in ihrem eigenen Namen kommen und nicht bei ihm, der im Namen Gottes gekommen ist. Sie beanspruchen, Mose zu folgen, und verwerfen gerade den, von dem dessen Schriften Zeugnis ablegen. Ihre Ablehnung erscheint dem Erzähler letztendlich als eine tragische Verwerfung der für sie bestimmten biblischen Verheißung[267]. Denn, so beschließt der Erzähler seinen Argumentationsgang — eher bitter als voll Haß —, »den Juden« damals fehlte das Wort Gottes (V.38), das göttliche Leben (V. 40) und sogar die Liebe zu Gott (V. 42). Aus all diesen Gründen lehnen sie den ab, der im Namen Gottes gekommen ist. Doch dieser will sie nicht vor Gott verklagen, sondern gerade jener, den sie als ihren Fürsprecher (AssMos 12,6; TJud 20,5) vor Gott betrachten, Mose, er wird sie verklagen. Denn wer Mose und den Schriften nicht »bleibend« glaubt, von dem kann man auch nicht erwarten, dass er den Worten Jesu Glauben schenkt.

---

verstanden haben, muß Jesus weitere Zeugen anführen. Eine Geringschätzuung des Johannes ist nicht erkennbar, wie u.a. WREDE, Tendenz 225, meinte (dagegen schon OVERBECK 419).

266. Die Diskussion, ob »Liebe Gottes« einen Genitivus subjectivus oder objectivus impliziere, muß mit der Argumentation von J. BEUTLER, Hauptgebot 111-113, zugunsten der letzteren Möglichkeit als entschieden gelten.

267. Sie verwerfen im Laufe des Evangeliums ihre Schriften, ihre Propheten (vgl. 12,41) und ihren Patriarchen Abraham 8,52f. Im Pilatusprozess werden sie sogar ihre eigene Identität zugunsten einer römischen verraten.

Damit legt der Schlußvers das Dilemma der damaligen jüdischen Leitungselite offen. Als negative Folie zu 2,22 formuliert, legt er dar: »Die Juden« zu Lebzeiten Jesu haben die Chance vertan, die die Jünger Ostern gewonnen haben: Diese glaubten nämlich der Schrift und den Worten Jesu, jene jedoch nicht. Auf diese elementare Kritik des johanneischen Jesus folgt auffälligerweise keine ebenso kritische Antwort »der Juden«. Darin zeigt sich m.E., dass die Rede nicht primär situativ gemeint sein kann, sondern — stets aktualisierend — auf den Leser gemünzt ist. Die Erfahrung mit »den Juden« hat nachösterlich zur weiteren Präzisierung der Frage geführt, wer Jesus war und was dies fortan bedeutet[268]. Die Episode läßt also spiegelbildlich die Konsequenzen der Nachfolge aufscheinen: sich beständig an die Schrift und an Jesus zu binden. Denn Gott kann niemand sehen, aber nach der Überzeugung des Evangelisten ist in Jesus sein irdisches Abbild und Entsprechung temporär sichtbar gewesen. — Lit. s.u. S. 469-470.

9. CHRISTOLOGIE UND JÜNGERSCHAFT, 6,1-71

Das Kapitel 6 ist ein Nest voll literarischer Schwierigkeiten. Seit Norris[269] (1871) wird die rechte Reihenfolge der Kapitel 5 und 6 bestritten. Zumeist werden beide Kapitel aufgrund des angeblich harmonischeren Anschlusses von 6,1 an 4,54 einfach umgestellt[270]. Auf diese Weise soll die ursprüngliche Erzählfolge wiederhergestellt worden sein. Das zugrundeliegende chronologische Argument, der zeitliche Zusammenhang zwischen 4,54 und 6,1 sei leichter nachvollziehbar als der in der jetzigen Perikopenfolge vorausgesetzte rasante Ortswechsel zwischen Jerusalem und Galiläa, überzeugt nur, wenn man dem Autor die Absicht unterstellt, er habe ein Geschichtswerk innerhalb eines geordneten Zeitrasters

---

268. Darauf verweisen die situationssprengenden Überleitungsverse 16-19a und die generellen Aussagen V. 40.43, die mit 1,11f. vergleichbar sind. Vgl. auch WITKAMP, s. Anm. 222, 34f. und MEEKS, s. Anm. 243; bzw. mit den Worten OVERBECKS 303: »In der nun folgenden Rede Jesu über sich und sein Verhältnis zum Vater und des Vaters zu ihm, brennt die ganze leidenschaftliche Situation so zu sagen aus.«
269. J.P. NORRIS, On the Chronology of St. John V and VI, JP 3 (1871) 107-112; vgl. u.a. F.W. LEWIS, Disarrangement in the Fourth Gospel, Cambridge 1910, 3-15; WELLHAUSEN 28; BULTMANN 154f.; SCHNACKENBURG II 5-11.
270. 6,2b setzt die Machttaten 4,46-54 und 5,1-9a voraus wie 7,1 auf 5,18 zurückweist: vgl. SCHNELLE 115 und die kompositorischen Argumente bei SCHENKE 13-16. Vor allem aber die Fokussierung auf die Jünger 6,61ff. zum Ende der Erzählhandlung benennt ihr wahres Aussageziel und lässt jede Umstellung überflüssig bis sinnlos erscheinen. Am Schluß soll sich der Leser im Text selbst wiederfinden, indem ihm die beiden Reaktionsmöglichkeiten auf Jesu Wort plastisch demonstriert werden.

verfassen wollen. Dies ist erkennbar keineswegs der Fall. Der Ortswechsel unterstreicht nur die seit Kap. 5 wahrnehmbare literarische Konzeption, die theologischen Zentralaussagen in 2,13-3,36, die in Jerusalem und seiner Umgebung formuliert wurden, zu generalisieren und diese Tendenz nun auch auf Galiläa umfassend auszudehnen, indem die Aspekte (Wunderglaube, Mission und Auftrag der Jünger), die in Kap. 4 narrativ entfaltet wurden (vgl. u.a. 4,10.13 mit 6,27-35; 4,12 mit 6,31; 4,13f. mit 6,32; 4,15 mit 6,34; 4,34 mit 6,38f.) mitaufzunehmen. Judäa und Galiläa sind Judenland und unterstehen aus der Sicht des Evangelisten einer nur durch die römischer Oberhoheit eingeschränkten Selbstverwaltung durch die Hohenpriester und Pharisäer. Die Jünger werden als Lebensmittelbeschaffer (vgl. 4,8.27.31-34 mit 6,60ff.) dargestellt, die dem überragenden Selbstversorgungspotential Jesu noch unverständig gegenüberstehen. Auch dieser Gedanke muß einerseits universalisiert, andererseits auf einen Erfüllungszeitraum (vgl. 4,38d mit 5,36; 19,30) ausgerichtet werden. Die Einleitung 6,1 mit »*danach*« betont den Anschluß und suggeriert zugleich eine geordnete Abfolge von Ereignissen. Sie ist typisch johanneisch[271]. Auch wenn man sie leicht hätte imitieren können, stimmt das V. 2 folgende Wundersummar der Tendenz nach mit 2,23-3,11 (vgl. 4,48) überein und bereitet zudem V. 19 und 26 vor. Außerdem ist der Rückverweis auf bereits geschehene Wundertaten Jesu für die Sättigungsgeschichte insgesamt wichtig, da erneut[272] der Leser, aber vor allem die Jesu begleitende Menge am eigenen Leibe eine Befreiung aus einer Notsituation erfährt, die sie vorher nur »*gesehen*« hatten. In diesem Zusammenhang wird die wiederholt geäußerte These[273] ebenfalls gewichtig, die Brotrede sei nicht mehr als eine Verdeutlichung von 5,46, dass Mose nämlich von Jesus geschrieben habe.

Außerdem wird bisweilen die gedankliche Geschlossenheit des Kapitels selbst in Zweifel gezogen. Dafür könnten folgende Hinweise sprechen: a. die inhaltlich unmotiviert erscheinende Einbettung der aus den Synoptikern (Mk 6,32-44.45-52 parr.) bekannten Seewandelgeschichte, b. die angeblich eucharistischen V. 51c-58 zum Abschluß der Brotrede und c. der den Zusammenhang zu sprengen scheinende, abschließende Diskurs Jesu mit seinen Jüngern (V. 60-71).[274] Weiterhin ist das literarische Verhältnis

---

271. 3,22; 5,14; 7,1; 21,1.
272. Beachte das Weinwunder in Kana: 2,1-11.
273. LINDARS, Guides 39.79; vgl. auch DODD, Interpretation 290.333ff. und J.D. CROSSAN, »It is Written«. A Structuralist Analysis of Jn 6, Semeia 26 (1983) 3-21.16f.
274. Vgl. WENDT, Lehre Jesu 35ff.; DERS., Johannesevangelium 70-79.127-132; SPITTA, Quelle 133-163; WELLHAUSEN 28-33; BULTMANN 155.161-164.214f.; einen guten Überblick zur Quellenlage der Brotrede gibt KÜGLER, Schlüsselgestalt 186-196.

des Kapitels zu den synoptischen Parallelen umstritten[275]. Vor allem aber steht inhaltlich in Frage, ob das Kapitel eine Ausdeutung der Eucharistie oder der Christologie intendiere.[276] Wer dieses Kapitel als kohärenten Text auszulegen bemüht ist, setzt sein Verfahren also einer Bewährungsprobe aus.

a. Die Vorbereitung von Brotrede und Jüngerreaktion, 6,1-25

Die rasante Beschleunigung der Ortswechsel deutet auf eine weitere thematische Zuspitzung und nicht auf eine Störung in der Textfolge hin.[277] Sie wird mit zwei, schon in der synoptischen Tradition[278] verbundenen Wundergeschichten eröffnet. Beide sind jedoch nicht einfach kopiert, sondern auf charakteristische Weise dem Kontext mit der folgenden Brotrede und dem anschließenden Abfall so vieler Jünger zugeordnet. Gleichzeitig wird Galiläa in das »Judenland« eingegliedert; Konnte der Leser bisher den Wohnsitz von »Juden« in Jerusalem und Umgebung vermuten, macht V. 41 »murrende Juden« auch in Galiläa aus. Außerdem eröffnet der Erzähler die Geschichte mit einem Wundersummarium (vgl. V. 2 mit 2,23b; 3,2; 4,48), das noch mehr Zeichen als die in Kap. 5 exemplarisch geschilderte Machttat an Kranken jeglicher Art voraussetzt. Gleichzeitig wird der Leser durch den parenthetisch eingefügten Kommentar von der Nähe eines weiteren Passafestes einmal mehr an 2,23-25 und an die dortige negative Charakterisierung des Wunderglaubens erinnert[279], und zum

---

275. Vgl. zuletzt VAN BELLE, Signs Source, z.St.
276. Zuletzt M.J.J. MENKEN, Jn 6:51c-58: Eucharist or Christology?, Bib. 74 (1993) 1-26; Vgl. auch den Überblick bei THYEN, Literatur IV 328, der zusätzlich noch zwei weitere Fragestellungen aufzählt: die der johanneischen Eschatologie und der religionsgeschichtlichen Ableitung der vorgetragenen Vorstellungen.
277. Deshalb ist die Zeit der Umstellungen im Text wirklich vorbei. Man sollte — wie schon gesagt — den Text des Johannesevangelium so auslegen, wie er überliefert wurde: vgl. u.a. J.D.G. DUNN, Let John be John. A Gospel for Its Time, WUNT 28, Tübingen 1983, 309-339.
278. R. SCHNACKENBURG, Zur Traditionsgeschichte von Joh 4,46-54, BZ.NF 8 (1964) 58-88.80f., hält die Verwandtschaft mit der markinischen Sättigungsgeschichte für »unbestreitbar und auffällig«, die Seewandelgeschichte erwecke aber »einen mehr selbstständigen, vielleicht ursprünglicheren Eindruck.« Für DODD, Tradition 198-205, ist die Sättigungsgeschichte eine von den Synoptikern unabhängige, dritte Variante desselben Ereignisses, die unter Einfluß von 2 Kön 4,42-44 LXX stehe. Neuerdings haben NEIRYNCK, Jesus et les Synoptiques 182-187, L.T. WITKAMP, Some Specific Johannine Features in Jn 6:1-21, JSNT 40 (1990) 43-60.43f. und J. KONINGS, The Dialogue of Jesus, Philip and Andrew in Jn 6:5-9, BEThL 101, 1992, 523-534.531, die Verwandtschaft mit den Synoptikern argumentativ weiter erhärtet.
279. Man beachte den Imperfekt in V. 2.4.6.10c.14.41.42.52.64c.65.66b.71. Er avisiert dem Leser für das Verstehen wichtige Hintergrundsinformationen.

anderen — falls kundig — auf die Passion Jesu vorausgewiesen[280]. Mit der zusätzlich gegebenen Information, Jesus sei »auf einen Berg« (V. 3)[281] gestiegen, wo man sich nun den Ablauf der Handlung zu denken habe, wird der Leser an die epische Gestaltung des Raumes (vgl. 4,6) erinnert und angeregt, auf biblische Anspielungen (Exodus- und prophetische Traditionen) zu achten. Mit beiden Angaben soll bereits die eschatologische Dimension der Brotrede verdeckt angedeutet werden. Denn die Ortsangabe könnte auf Is 25,6f. anspielen, wo ebenfalls »der Berg« schon als Ort der großen eschatologischen Speisung benannt wurde, wenn man dort liest: »Jahwe Zebaot wird allen Völkern ein fettes Mahl bereiten auf diesem Berg, ein Mahl von abgelagerten Weinen, von markigfetten Speisen mit geseihtem Hefenwein. Auf diesem Berg nimmt er die Hülle weg, die auf allen Völkern liegt, und die Decke, die über allen Heiden ausgebreitet ist. Er vernichtet den Tod auf immer, und der Herr Jahwe wischt ab die Tränen von jedem Angesicht und nimmt seines Volkes Schmach hinweg auf der ganzen Welt«. Zusätzlich ruft die Nennung des Passatermins die Exodustradition wach. Dem entspricht wiederum die Anspielung auf das traditionelle Motivs vom Wüstenlager, indem nun vom »Platz mit vielem grünen Gras« (V. 10) geredet wird. Der geschickten Inszenierung in der Exposition entspricht nun auch die johanneische Darstellung der Wunderspeisung selbst. Jeder Veranlassungsgrund wie jede Bekundung von Mitleid (diff. Mk 8,2f.) über die Notlage des Volkes fehlt in der johanneischen Fassung. Wie 5,6 geht die Initiative zur Beseitigung des Nahrungsmangels von Jesus und nicht von den Jüngern aus. Sie werden sogar von der Austeilung des Brotes wie der Fische (2 Kön 4,42-44) ausgeschlossen. Jesus allein verteilt die Lebensmittel, weil er längst weiß, wie in einer solchen Lage zu reagieren ist. Die Jünger nehmen nur die Funktion wahr, die ihnen schon 4,37f. zugewiesen worden war. Sie agieren wie Erntehelfer, die einsammeln, was sie selbst nicht gesät haben. Wie 4,31ff. verstehen sie auch hier seine gottgegebenen Fähigkeiten nicht. Das belegt[282] der Dialog mit Andreas und Philipp dort, wo der Leser in der Parenthese V. 6 erfährt, die Jünger würden von Jesus mit einer Scheinfrage getestet[283], was wiederum die Episode 6,60ff. verständlicher

---

280. Vgl. KNÖPPLER, Theologia crucis, 116-121; WITKAMP, s. Anm. 278, 48.
281. Die Ortsangabe ist aus Mk 6,46 par. gewonnen und an diese Stelle vorgezogen worden.
282. KONINGS, s. Anm. 278, 529, weist noch darauf hin, dass die Frage an Philipp nach der zweiten markinischen Speisungsgeschichte Mk 8,1-21 unter Bezug auf Num 11,13 LXX formuliert wurde.
283. KONINGS, s. Anm. 278, 529, verweist auf Ex 15,25 LXX, wo ebenfalls im Kontext der Speisung das Volk auf sein Vertrauen hin »getestet« wird. Die beiden Jünger

macht. Alle diese gegenüber den Synoptikern neu eingebrachten Details helfen dem Leser die Reaktion der Menge auf Jesu Initiative hin richtig zu beurteilen, bereiten die Brotrede sowie die verfehlte Reaktion eines Großteils der Jünger vor. Denn V. 12f. melden feinsinnig, die Jünger hätten nicht einfach »Speisereste« in zwölf Körben, sondern einen »Überschuß«[284] an Brotresten gesammelt, der nicht »*verloren*« (vgl. 6,27) gehen solle[285]. Daraufhin (V. 14-16) möchte das Volk verständlicherweise Jesus zu seinem König (vgl. 1,49[286]) machen. Denn in der Antike ist mit dem Königtum nicht nur die Vorstellung des Kriegsherrn, sondern vor allem die des Behüters seiner Untertanen verbunden[287]. Mit diesem von der Menge geäußerten Ansinnen, Jesus zum König auszurufen, geht zudem ihre Vermutung einher, dass das Zeichen, das Jesus gerade analog zur Mannagabe in der Wüste gewirkt habe, ihn als den Propheten wie Mose (vgl. 1,21[288]; 7,40.52) ausweise, der nach der Ansage von Dtn 18,15 in der Zukunft von Gott her kommen solle.[289] Daraufhin trennt sich Jesus nicht nur vom Volk, sondern auch von den Jüngern, die weiter geprüft werden sollen.

Die zweite Episode ist vom Erzähler mit dem Adjektiv »*allein*« V. 15 und 22 gerahmt. Zuerst wird mitgeteilt, Jesus habe sich *allein* auf den Berg zurückgezogen, um sich allen, der Menge wie den Jüngern, zu entziehen. Die Menge stellt aber fest (V. 22), dass die Jünger *allein,* also

---

müßten eigentlich als richtige Antwort »du bist das Brot selbst, das sie zu sättigen vermag« geben, worauf WITKAMP, s. Anm. 278, 48, mit Recht hinweist. Dazu aber sind sie noch nicht imstande.

284. Vgl. WITKAMP, s. Anm. 278, 49.

285. Man beachte auch, dass der Autor V. 12 doppeldeutig die vorgegebenen synoptischen Verben für »*essen*« und »*satt werden*« (Mk 6,42 parr.) durch seine mehr theologisch geprägten ersetzt (vgl. 6,13c mit V. 27 bzw. 4,32.34), sie später in 6,26 aber wiederaufgreift, um das Menschliche (V. 14-16) an ihrem Verhalten zu kritisieren.

286. Man kann Jesus nicht zum König machen, sondern ihn nur als solchen bezeugen. Denn sein Königtum ist nicht von dieser Welt.

287. Im Laufe des Evangeliums wird der Autor im Bild des Hirten diese Assoziation ausbauen und wiederholt aktivieren. Doch ist Jesus eben kein König in vordergründig politischer Weise, sondern wie die Pilatusszene zeigen wird, ein König von Gott gesandt, dessen Legitimation und Herrschaft dort und nicht in irdischer Macht verankert ist.

288. Dies entspricht der Tendenz, den Unterschied von Jerusalem und Galiläa einzuebnen.

289. Die Vermutung der Menge ruft die Anfangsszene 1,19ff. ins Gedächtnis des Lesers zurück, dass derselbe Verdacht die jüdischen Autoritäten veranlaßt hatte, bei Johannes eine Personalienkontrolle durchführen zu lassen, weil sie in ihm den Propheten zu erkennen glaubten. Wie weit die Erwartung des eschatologischen Propheten hier aktiviert wird, wird unterschiedlich beurteilt: Vgl. J.L. MARTYN, »*We have found Elijah*« in: FS W.D. DAVIES, 1976, 181-219.195f., mit KARRER, Der Gesalbte 362 Anm. 61 und M.J.J. MENKEN, Some Remarks on the Course of the Dialogue: Jn 6:25-34, Bijdr. 48 (1987) 139-149.149.

ohne Jesus, mit einem Boot den See überquert haben und sie folglich »*suchen*« (vgl. V. 24 mit 26) müssen[290], wo er geblieben sei. Mit dieser Darstellung wird erreicht, dass der Seewandel Jesu aus der Perspektive der allein gelassenen Jünger[291] erzählt werden kann. In dem eigentlichen Bericht von der Begegnung Jesu mit seinen Jüngern auf dem sturmgepeitschten See fällt zweierlei auf: Einmal soll die vorangestellte Notiz V.17c, Jesus sei in der Finsternis *noch nicht* (vgl. 2,4) zu ihnen gekommen, zugleich die Erwartungshaltung des Lesers steigern als ihn auch an die betreffende synoptische Vorlage erinnern. Zum anderen fällt die fehlerhafte Deutung des »Vorübergehens« Jesu — ein wichtiges Merkmal des klassisch biblische Erzählmotivs der Gottesbegegnung[292] — durch die Jünger (diff. Mk 6,49 par. Mt 14,26)[293] aus. Sie entrinnen umgehend dem Sturm[294] und können ihr angesteuertes Ziel, Kapharnaum (V. 59) und nicht wie bei Mk 6,45 Bethsaida, in Windeseile erreichen. Es bleibt bei ihrer Bereitschaft[295], Jesus in das Boot zu nehmen. Aber er selbst steigt überraschenderweise nicht ein und stillt auch nicht den Sturm (diff. Mk 6,51 par. Mt 14,32). Das rasche Erreichen des Ufers intendiert also nicht so sehr eine Steigerung des Wunderbaren[296], sondern unterstreicht

290. Was diese Übergangsnotiz V. 23f. noch mehr zu sagen hat, ist schwer zu fassen. Vor allem soll sie wohl eine Brücke zwischen 6,1-14 und V. 25ff. schlagen, um die Menge wieder in die Handlungsabfolge einzufügen. Darauf verweisen der Rückbezug in V. 23 auf die Sättigungsgeschichte und die für die Handlung durchgängig zentralen Verben »*sehen*« und »*suchen*« hin.
291. Vgl. BEASLEY-MURRAY 85; C.H. GIBLIN, The Miraculous Crossing of the Sea (Jn 6:16-21), NTS 29 (1983) 96-103.97. Die christologische Ausdeutung von SCHMIEDEL, Gegenüber 14, es sei erzählerische Absicht, Jesus den ganzen See überschreiten zu lassen, ohne dass er in ein Boot aufgenommen werden müsse; diese Steigerung des Wunderbaren in christologischer Absicht hat keinen Anhaltspunkt im Text.
292. Vgl. Jörg JEREMIAS, Die Anfänge der Schriftprophetie, ZThK 93 (1996) 481-499.486.493, mit Verweis auf Ex 33,22; 34,6; 1 Kön 19,11; Am 5,17; Ex 12,12.23, und E. LOHMEYER, »Und Jesus ging vorüber«. Eine exegetische Betrachtung, in: DERS., Urchristliche Mystik, Darmstadt 1956, 57-79, bzw. H. PAULSEN, Werdet Vorübergehende, in: DERS., Zur Literatur und Geschichte des frühen Christentums. Gesammelte Aufsätze, WUNT 99, Tübingen 1997, 1-17.
293. Wie bei der Sättigungsgeschichte ist die Annahme einer unsynoptischen Vorlage überflüssig. Die Bearbeitung wird deutlich durch eine erkennbare Tendenz des Autors gesteuert, sie kompositionell zweckhaft einzubinden und mit biblischen Motiven weitergehend auszudeuten. Die literarkritisch orientierte Exegese konnte die Perikope vernachlässigen, was GIBLIN, s. Anm. 291, 96, mit Recht angemerkt hat, weil sie — fixiert auf die Rekonstruktion älterer Quellen — die Kompositionsabsichten des Autors überging, um sich so die Arbeit zu erleichtern.
294. Vgl. J. BLANK, Die joh. Brotrede, Einführung: Brotvermehrung und Seewandel Jesu, BiLe 7 (1966) 193-207.199.207; BROWN I 264; BEASLEY-MURRAY 89.
295. Vgl. 7,44; 16,19.
296. In dieser Weise interpretiert A. HILGENFELD, Die Evangelien, nach ihrer Entstehung und geschichtlichen Bedeutung, Leipzig 1854, 275, mit Verweis auf Chrysostomus und D.F. Strauss diese Neuerung.

das auffällige Verhalten Jesu, nicht zu seinen Jüngern in ihr Boot zu steigen. Auf diese Weise muß ein mit den Synoptikern vertrauter Leser in seinen Deutungsmöglichkeiten ambivalent bleiben, ob er etwa das »Vorübergehen« Jesu wie Mk 6,52 als Epiphanie vor verstockten oder ob er es wie Mt 14,33 als Hinweis auf eine dadurch zum furchtlosen Glauben befreite Jüngerschaft deuten soll. Diese Doppeldeutigkeit ist jedoch kongruent mit dem späteren Verhalten der Jünger (6,60-71): Die Mehrzahl verlässt Jesus und nur die Zwölf bleiben bei ihm, von denen ihn einer zum Schluß noch verraten wird. Auch die Kenntnis dieser Tatsache wird vorausgesetzt. Daher paßt zur Perikope die neutrale Überschrift »Überquerung des Sees« besser; denn die Geschichte ist im Gegensatz zur vorangegangenen aus dem Blickwinkel der Jünger erzählt.

Damit ist die gelungene Integration der beiden Episoden — wie auch das Folgenden zeigen wird — in das Kap. 6 erwiesen. Einerseits beseitigt Jesus nicht nur Hunger, sondern offenbart sich in finsterer Stunde (V. 17) als zukünftiger Retter für alle, die ihn aufnehmen wollen (vgl. 1,12). Diesen soteriologischen Anspruch Jesu dauerhaft mit einer Glaubensmotivation zu verknüpfen wie auch deren Gefährdungen aufzuzeigen, dazu dienen die beiden folgenden Perikopen.

b. Die »Brotrede«, 6,26-59

Die sogenannte »Brotrede« in Kap. 6 ist einer der schwierigsten Texte im vierten Evangelium. Denn es fällt jedem Ausleger schwer, das rechte Verhältnis zweier offensichtlich zentraler Aussagen in dieser Rede zueinander zu bestimmen. Auf der einen Seite geht es dem Erzähler erkennbar um den wahren Charakter des Himmelbrotes, das Jesus im Unterschied zum Manna der Exoduszeit und der vorangegangenen Sättigungsgeschichte aufgrund seiner Herabkunft zu geben in der Lage, ja mit dem er selbst zu identifizieren ist (vgl. V. 33.48.51.58), und andererseits geht es um die zumeist als anstößig empfundene sakramentale Konzeption vom Fleisch und Blut des Menschensohnes (V. 53) als Speise.

1. Immer dann, wenn ein johanneisches Textstück Verständnisschwierigkeiten bereitet hat, hat in den letzten hundert Jahren ein Großteil der Ausleger nach dem wohlfeilen Instrument der Quellenscheidung gegriffen, um die umstrittenen Aussagen unterschiedlichen Wachstumsebenen der Tradition zuzuordnen. Z.B. schrieb man die Vorstellung, Jesus sei der Vermittler des Himmelbrotes, einer Grundschrift zu, oder man wies die Identifikation Jesu mit demselben dem ersten Bearbeiter zu, bzw. man reklamierte die angeblichen Anfügungen von realistischen Textteilen für

einen tertiären nachjohanneischen Redaktor. Auch die Minderheit der Ausleger, die an der Einheitlichkeit der Rede festzuhalten gewillt waren, konnten sich dem Bann der kontroverstheologischen Fragestellung selten entziehen. Sie hielten sie entweder für gänzlich sakramentaltheologisch orientiert oder sie behaupteten das exakte Gegenteil. Eine Lösung der Aporien deutet sich jedoch nur dort an, wo die Feier des Abendmahls wie der Vollzug der Taufe auch für die johanneische Christenheit als seit langem vollzogene und folglich als integrale Bestandteile des urchristlichen Lebens angesehen werden, die anregten, über sie theologisch weiter zu reflektieren. Die Berechtigung dieser These findet man vor allem in der gewählten Terminologie der Brotrede bestätigt. Sie greift ohne erkennbares Zögern auf die allgemeinen mit der Eucharistie verbundenen Begriffe[297] zurück. Unter dieser Voraussetzung kann dann nur noch strittig sein, für welche Aussage und Zweck der Verfasser diesen Rekurs auf eine anerkannte Praxis benötigt und ob der Leser diese Entwicklung des Gedankenganges als legitim erachtet. Denn auf letzteren war er ja in gewisser Weise schon vorbereitet worden, wenn man sich an die Samariaepisode erinnert. Dort war nämlich — wenn auch für die Frau wie für die Jünger noch nicht nachvollziehbar — vom lebendigen Wasser und von einer ihn sättigenden Speise die Rede gewesen (4,14.34). Auch kann die Kenntnis um die Heilsbedingung einer »Geburt-von-oben« — für Nikodemus noch unverständlich — beim Leser bereits vorausgesetzt werden. Somit könnte es das Ziel der Rede sein, die Frage nach der bleibenden Bedeutung des Jesusereignisses bzw. der Inkarnation des Logos in Jesus grundsätzlich zu vertiefen, von der doch der Erzähler gleich zu Beginn behauptet hatte, er und seine anonyme »Wir«-Gruppe hätten Gnade um Gnade daraus erfahren. Darum faltet er nun die Brotmetaphorik weiter aus, die mit der Licht- und Wassermetapher im Orient und besonders in der Antike mit der Lebenswelt des Menschen schlechthin assoziiert wurde.

2. Die »Rede« selbst, von der in einer rahmenden Zwischenbemerkung (vgl. V. 59 mit V. 24) notiert wird, sie sei in der Synagoge von Kapharnaum gehalten worden, knüpft geschickt an die vorher geschilderte Verwirrung der Menge über den aktuellen Aufenthaltsort Jesu nach der alleinigen Überfahrt der Jünger an. Sie läßt sich in vier jeweils mit einem Amen-Wort eingeleitete Abschnitte (6,26.32.47.53) gliedern, deren inhaltliche Aussagen geschickt miteinander verzahnt sind. Doch leitet die seit langem eingebürgerte Überschrift »Brotrede« in die Irre; sie

---

297. »Essen« V. 26 und »Trinken« V. 35, »Geben« V. 27, »Fleisch« V. 51 und »Blut« V. 35.53 sowie »Danksagung« V. 23 und die soteriologische »Für« (ὑπέρ)-Formel V. 33.51.

unterstellt nämlich, Jesus habe einen Monolog gehalten. Sie ist im Gegenteil dialogisch (vgl. 6,28.30f.34.41f.52.60f.) konzipiert, so dass die folgende Auseinandersetzung Jesu mit seinen Jüngern (6,60ff.) gerade über ihren Inhalt sich ohne großen Bruch anschließen ließ. Sie ruft nämlich bei vielen von ihnen die gleiche Reaktion wie bei »den Juden« in der Synagoge hervor, dass sie Jesus verlassen und so »den Juden« gleich werden.

Die im ersten Amen-Wort V. 26f. formulierte Antithese setzt bei der von Jesus vorausgesetzten Erwartungshaltung der Menge ein, die er selbst verursacht (6,2-15) und deren politisch-messianischen Schlußfolgerungen er sich aber entzogen hatte. Er fordert sie deshalb V. 27 auf, sich nicht um die tägliche, vergängliche[298] Sättigungsspeise zu kümmern, sondern um jene, die mit dem unendlichen Leben bleibend verbindet. Zugleich nennt er ihnen die Adresse, bei der sie diese in Zukunft erhalten können: Es ist der Menschensohn. Dass damit der aus seiner Passion Auferstandene gemeint ist, erschließt sich dem Leser aus 1,51; 3,13f.33. Die Zuhörer meinen jedoch fälschlicherweise, der Titel verweise gemäß Dan 7 auf die Parusie[299]. Deshalb reagieren sie mit ihrer Frage, wie man sich angesichts des zukünftigen Endgerichts jetzt richtig verhalten könne[300], logisch konsequent. Jesus greift ihren, im Plural formulierten Hinweis auf die Einhaltung der Weisungen Gottes auf. Aber er radikalisiert ihn, indem er ihnen nur das eine Werk Gottes abverlangt, nämlich an den zu glauben, den Er gesandt habe. Deshalb verlangen sie für eine solche Glaubensforderung — menschlich verständlich — umgehend von ihm ein neues Legitimationszeichen: Da sie schon von der Sättigungsspeise wie ihre Vorfahren vom Manna genossen haben, möchten sie (vgl. u.a. 2,18) nun belegt sehen, dass ihre Gegenwart wirklich schon eschatologisch qualifiziert ist (vgl. V. 30 mit V. 26f)[301] und nicht etwa erst die Zeit der Parusie. Denn in der Vergangenheit habe es schon einmal für ihre Vorfahren Brot vom Himmel gegeben[302], worauf sie zu Recht mit heilsgeschichtlichem Stolz verweisen.

---

298. Vgl. 6,27 mit V. 12 und JosAs 8,9; Siehe dazu SANDELIN, Nourisher 177.

299. MENKEN, s. Anm. 289, 140-143, macht darauf aufmerksam, dass die Zuhörer von Jesu Worten V. 27 das erste und letzte aufgreifen, die anderen aber unterschlagen. So kommes zu einem »Mißverständnis durch Fortlassen«.

300. Vgl. Lk 3,10-12.

301. In V. 26f wird säuberlich zwischen »Zeichen« und irdischer Sättigung (vgl. Mk 6,42 mit Joh 6,12) unterschieden.

302. Vgl. Ex 16,4.15 LXX; Ps 78 (77) 24 LXX; 2 Esr 19,15 bzw. Neh 9,15; M.J.J. MENKEN, The Provenance and Meaning of the OT Quotation in Jn 6:31, NT 30 (1988) 39-56.44, hat überzeugend nachgewiesen, dass für das Zitat nur Ps 78 (77) 24 in der LXX-Fassung als Textbasis in Frage kommt, die vom Autor aufgrund der angestrebten

Damit hat die Menge selbst Jesus das Stichwort geliefert, das er im zweiten antithetischen Amen-Wort V. 32 aufgreifen und grundsätzlich V. 33 begründen kann. Jesus widerspricht ihrem Rückblick in die Heilsgeschichte Israels keineswegs, sondern weist sie darauf hin, dass Mose doch nicht ihnen, sondern ihren Ahnen das Himmelsbrot gegeben habe. In der Gegenwart gebe ihnen sein Vater nunmehr das »*wahre*« Himmelsbrot[303]. Die Begründung, V. 33, ist ebenfalls sehr bedacht formuliert und will genau gelesen sein. Denn dort ist nicht mehr vom »Brot *aus dem Himmel*« (V. 31f.) die Rede, sondern — nun leicht variiert — vom »*Brot Gottes*«[304]. Dieses wiederum wird — nur für den Leser erkennbar — mit Anleihen aus 1,4a bzw. 10a exakter definiert: Mit der Metapher »Brot Gottes« wird der »aus dem Himmel« herabgestiegene, universale Lebensspender bezeichnet. Aber die Zuhörer begreifen diese subtile Definition Jesu nicht. Sie bitten ihn vielmehr, ihnen das begehrenswerte Brot, das sie schon einmal 6,11 bekommen haben, allzeit (vgl. 4,15) zu geben. Sie wollen die Sättigung perpetuiert sehen und somit ein zentrales Problem ihres Alltags lösen. Daraufhin setzt Jesus argumentativ (V. 35) nach. Er identifiziert sich eindeutig mit Bezug auf V. 33 mit dem »*Lebensbrot*« und formuliert erneut (vgl. V. 29) die Bedingung, unter der seine Selbstdefinition nur gültig ist. Sie wird nur Gläubigen[305] zuteil, denen zugesagt ist, dass lebensbedrohender Hunger und Durst (vgl. 4,13 mit 7,37f.) sie nie mehr behelligen werden[306].

Was bis V. 35 noch positiv formuliert war, wird V. 36-40 dialektisch umgekehrt und dadurch verdeutlicht, dass die Heilszukunft ihnen aufgrund ihres Unglaubens verschlossen zu bleiben droht. Aus diesem Grund

---

Aussage umgeändert wurde. Auf das Letztere weist besonders die Wendung »*aus dem Himmel*« hin.

303. Hier korrigiert Jesus das Verhältnis zwischen Moses und dem eschatologischer Lebensspender, der er selbst ist: Jener gab, er gibt; jener vermittelte Himmelsbrot, er gibt wahres Himmelsbrot; Damit werden die Ausführungen von 5,31-47 indirekt fortgeführt, dass Moses von Jesus erzählt habe, aber dessen eschatologische Funktion nicht beansprucht habe: vgl. MENKEN, s. Anm. 302, 46-48; SANDELIN, Nourisher 183f.

304. Die Formulierung ist bewußt doppeldeutig formuliert. Da »*Brot*« im Griechischen maskulin ist, bezieht sich das Partizip »*das (der) vom Himmel herabkommend*« sowohl auf das Nahrungsmittel wie auf den, der vom Himmel herabgestiegen ist und nach 1,4 Leben gibt: vgl. BLANK, s. Anm. 294, 198; HAENCHEN 321; MENKEN, s. Anm. 289, 146.

305. Hier wird »Glauben« mit »zu Jesus kommen« gleichgesetzt: vgl. THYEN, Literatur IV 348f.; MENKEN, s. Anm. 276, 2.

306. CROSSAN, s. Anm. 273, 17 macht mit Recht auf den kollektiven Sinn der Formulierung »*jeder, der*« u.a. in V. 35 aufmerksam, d.h. dieser Vers strebe eine generelle Aussage an, die die spezielle Redesituation sprenge und eine universale These aufstelle: die Bedingung treffe auf Gläubige zu jeder Zeit zu. Damit wird aber zugleich ein weiterer Aspekt der Brotrede aktuell, der zumeist überlesen wird: sie handelt nicht nur von Christologie oder Eucharistie, sondern auch von Glaube und Jüngerschaft. Dadurch wird erst die Fortsetzung 6,60ff. verständlich.

läßt der Erzähler Jesus Worte rekapitulieren, die er früher schon zu diesen Themenkomplex gesagt hat[307]. Dieser läßt sich aus Kap. 6 allein nicht verifizieren, sondern man muß schon 3,11-18.36; 4,34 und 5,19.28-30 mitheranziehen. Mit dieser Rekapitulation von vorherigen Aussagen hat der Dialog seine erste Klimax erreicht: Gott[308] hat in der Tat die Heilsgabe Israel gegeben. Aber er ist dort im allgemeinen auf keine positive Resonanz (3,11f.) gestoßen. Nur bei von ihm selbst Auserwählten hat er Glauben gefunden und wird ihn in Zukunft weiter finden. Diese wird er jetzt schon ebenso wie am Ende aller Tage bewahren und sie nicht zugrunde gehen lassen (vgl. V. 39a mit V. 12.27). Denn das ist das Axiom seines Handelns (vgl. 3,16). Könnte es sein — so soll sich der Leser fragen —, dass das Werk Gottes in der Gestalt Jesu über dessen historisches Wirken hinaus, das durch seine Katabasis definiert war, einen weit umfassenderen Horizont als bislang angenommen (vgl. 3,13) umspannt, möglicherweise bis zur Parusie? Dann müßte das bei der Auslegung zumeist bevorzugte präsentische Eschatologiemodell neu gewichtet werden[309]. Zugleich bleibt die Frage noch unbeantwortet, wie man das Verhältnis der Speise, die Jesus sättigt (4,32-34)[310], mit der anderen, die die Gläubigen stärkt und die Jesus selber ist, bestimmen soll. Gibt es zwischen ihnen eine Relation? Ist vielleicht Jesus erst dann das Lebensbrot, wenn er sein Werk erfüllt hat und selbst der göttlichen Speise nicht mehr bedarf? Beide Fragen werden hier noch nicht beantwortet, sondern der Rückblick endet im Gegensatz zum Anfang, den er in charakteristischer Weise[311] aufgreift,

---

307. Die Erzähltechnik der Rückblende ist seit 1,15.30 dem Leser bekannt. Geschickt wird V. 41 durch das Imperfekt und in Wiederaufnahme von V. 33 die Analepse markiert. HAENCHEN 322 und THYEN, Literatur IV 347, betrachten V. 36 als Rückverweis auf 6,26, da aber die Analepse bis V. 40 reicht, werden hier Aussagen Jesu zumeist aus Kap. 3 und 5 der angesprochenen Thematik gemäß rekapituliert. Dies ist wiederum ein Hinweis auf die Generalisierungstendenz dieses Kapitels, das die »Juden« einführt, um generell zu zeigen, was Glauben von der »Welt« unterscheidet.

308. Gott hat ihn als »Lebensbrot« (vgl. V. 32f. mit 35) gesandt und er weist keinen ab, weil er ja den Willen seines Vaters vollzieht und ihnen unendliches Leben jetzt schon im Glauben und am Ende der Tage die Auferweckung aus den Toten schenken wird: vgl. die futurischen Aussagen in V. 37-39, die drei Aspekte abdecken: die noch ausstehende Passion und Auferstehung Jesu als Unterpfand und Beginn des Glaubens und sein Advent am Ende aller Tage.

309. Vgl. u.a. HAENCHEN 322f.

310. Indem er den Willen Gottes vollzieht, legitimiert er sich als das Lebensbrot Gottes. Darin wird auch seine Subordination Gott gegenüber sichtbar: vgl. OVERBECK 384; HOLTZMANN, Theologie 416f., der jedoch von einer »Inconsequenz« spricht. Letztere löst sich auf, wenn man das Modell einer »Gesandten-Christologie« für den Autor als maßgeblich betrachtet.

311. Das hier konstatierte »Sehen« ist eine Sehweise, die zum Glauben und nicht zum Unglauben wie in V. 36 führt.

positiv. Nun wird generell unterstrichen und zugesagt, dass jeder, der den Sohn richtig sieht (vgl. 6,62 mit 14,9) und somit glaubt, damit unendliches Leben gewinnt und entsprechend von ihm auferweckt wird am äußersten aller Tage.

Die nun folgenden, im Imperfekt formulierten V. 41f[312]. beschreiben die Reaktion der Menge, die nun überraschend und kennzeichnend zugleich »Juden« genannt werden. Diese greifen gezielt V. 35 wieder auf und charakterisieren damit die Analepse als theologischen Exkurs[313]. Die »Juden« *murren* (vgl. Ex 16,2)[314] nämlich nicht so sehr über den Verweis auf die Jesus von Gott übertragenen eschatologischen Funktionen[315], sondern stoßen sich vor allem an der behaupteten, aber für Jesus zentralen Katabasiswirklichkeit (V.33.[38].41.42). Wie kann jemand behaupten, aus dem Himmel gekommen zu sein, wenn man doch seine Eltern kennt? Dieser schwerwiegende Einwand ermöglicht Jesus, sie mit Hilfe eben der Aussagen V. 37-40 als ihm nicht von Gott Gegebene zu identifizieren. Denn sie lassen sich aus dem einen Grund nicht — wie Is 54,13 LXX[316] verlangt — von Gott[317] belehren, der ihn ausdrücklich zu ihrer Unterweisung gesandt hat (1,18; 5,37), weil er den Vater gesehen und von Gott her (vgl. V. 44c mit 45a) ist. Damit erhellt sich die Bedeutung der Katabasis Jesu für den Leser weiter: Jener repräsentierte Gott und dessen Interessen aktiv in der Menschenwelt, stieß jedoch bei »den Juden« nicht auf die erwartete Sympathie, weil sie ihre — teilweise religiös verbrämten — Eigeninteressen höher einschätzten als Gott und dessen Repräsentanten.

Mit der Aufdeckung ihrer wahren Identität als vor Gott Unbelehrbare könnte der johanneische Jesus den Dialogversuch als gescheitert und für

---

312. V. 43 verdeutlicht, dass V. 41-42 als für den Leser relevantes Hintergrundwissen formuliert sind.

313. Darauf verweist auch die auffällige Variante der Formel »*aus dem Himmel herabgestiegen*« in V. 38 »*vom Himmel herabgestiegen*«. Sie ist nur mit 3,2; 13,3; 16,30 vergleichbar, wo »*von Gott*« steht.

314. Mit Recht macht THYEN, Literatur IV 344, auf das Murren der Wüstengeneration aufmerksam, auf das hier angespielt wird.

315. D.h. fürsorgliche Sammlung aller, die ihm von Gott anvertraut wurden, und Geschenk eines unendlichen Lebens für alle Gläubigen und ihre Auferweckung am letzten Tag.

316. M.J.J. MENKEN, The OT Quotation in Jn 6:45: Source and Redaction, EThL 64 (1988) 104-127, hat mit guten Argumenten Is 54,13 in der LXX-Fassung als Belegstelle eindeutig identifiziert. Wichtig ist vor allem die Beobachtung, dass die Auslassung von »deine Söhne« aus der Isaiastelle schon die Zusammensetzung der endzeitlichen (nachösterlichen) Gemeinde Gottes aus Juden und Heiden voraussetzt (vgl. 10,16; 11,51f.; 12,20-23).

317. Das Motiv der unmittelbaren Unterweisung der Endzeitgemeinde durch Gott bzw. seinen Geist findet man auch in 1 Thess 4,9; 1 Kor 2,13-16; Barn 21,6; vgl. Joh 14,17.26.

beendet erklären. Das hat auch viele verlaßt, den folgenden, stark eucharistisch geprägten Teil entweder als sekundär, von anderen Interessen geleitet, auszusondern bzw. ihn als das die jüdische Vergangenheit Überbietende, aber die endzeitliche Kirche einzigartig Auszeichnende zu bezeichnen. Dagegen sprechen gewichtige Gründe: Die Thematik vom Himmelsbrot und dessen entscheidende soteriologische Aspekte wie auch die eucharistische Terminologie wurden vorher schon vorbereitet. Die Ablehnung des Heilsangebotes Gottes in der Gestalt des Logos-Jesus wurde bereits 1,10-13 nicht als das Ende aller Ausführungen angesehen, sondern als Klärungsprozeß verstanden, in dem sich einige dennoch für Jesus entschieden. Die Amen-Worte V. 47 und 53 signalisieren vielmehr die literarische Absicht, nun eine abschließende Grundsatzerklärung zu formulieren. Deshalb faßt das erste Amen-Wort V. 47 den erreichten Diskussionsstand in seiner soteriologischen Bedeutung[318] zusammen, aus dem sich die folgenden Ausführungen kunstvoll entwickeln[319]. Auch spiegelt sich der Aufbau des ersten Teils in V. 47-58 wider[320].

Der mit V. 47[321] beginnende Schlußteil der Rede faßt in intensivierender, eucharistischer Sprache, die eine längere Reflexion über das urchristliche Abendmahl als memoria Jesu voraussetzt, die soteriologische Bedeutung des göttlichen Heilsangebots in der Gestalt Jesu zusammen. Indem nämlich Jesus aus seinem »Gott-zugewandt-Sein« in die Lebenswelt hinabgestiegen ist (V. 50.51), hat er nicht nur Kunde von Gottes heilendem Willen gebracht, sondern repräsentiert diesen hier und setzt ihn durch. Deshalb ist er für jeden, der zu ihm kommt, d.h. glaubt, das »*lebende*« Gottesbrot[322]. Hatte sich nämlich Jesus im zweiten Amen-Wort mit dem Gottesbrot, das der Menschenwelt Leben gibt (V. 33) identifiziert, so setzt er sich hier mit dem Lebensbrot für die Glaubenden ineins (V. 51), dessen Legitimation ohne die Vorgabe V. 33 unverständlich bliebe.

---

318. Die Argumentationsfigur ist mit der u.a. von Apg 2,25-31; 13,33-37 vergleichbar.
319. Man beachte nur das kunstvoll gestaltete Resümee V. 58. Dort wird V. 51 fast wörtlich zitiert, aber das Partizip »*lebend*« zuerst ausgelassen, um es mit Hilfe der Argumentation von V. 48-50 danach wieder einzuführen und seinen Heilscharakter für den Dieses-Brot-Essenden generell festzuhalten.
320. Vor allem setzt gerade durch die Steigerung V. 52 die Reaktion und Frage »der Juden« V. 41 voraus. Das Katabasis-Motiv V. 50.51.58 bleibt ohne die vorausgehende Erörterung unverständlich. Ebenso wurde der doppelte eschatologische Aspekt vorher schon vorbereitet. Auch setzt die Notiz V. 59, Jesus habe dies in der Synagoge von Kapharnaum gesagt, die Information V. 24 voraus. Darüber hinaus bleibt die Anspielung auf die Exodustradition V. 49 ohne den ersten Teil unverständlich.
321. Vgl. u.a. THYEN, Literatur IV 340.348; KÜGLER, Schlüsselgestalt 204.
322. Man beachte die soteriologische Ausdeutung des V. 32 »Himmelsbrot«, in V. 33a »Gottesbrot« genannt. Jesus wird V. 33c.35.51 zum »Lebensbrot« für alle Gläubigen.

Das Wort selbst wird antithetisch unter Bezug auf die Ausführungen nach dem ersten Amen-Wort inhaltlich präzisiert. Das Lebensbrot läßt — wie das Manna des Exodus — keinen späteren Tod zu (vgl. V. 49 mit 31f.58), sondern — intensiv und drastisch zugleich formuliert —, wer »von diesem isst« (vgl. V. 50b mit 26f.), wird nicht mehr sterben. V. 51 wird zudem — eingeleitet mit »*wenn*«[323] wie schon in V. 44bf. — erneut die Kondition genannt, die der Gläubige erwarten darf, wenn er das von Jesus gegebene Brot ißt, das dessen sarkische Existenz für das Leben der Welt symbolisiert: Er wird den Tod in Weltzeiten nicht schauen. Doch darf man das in den für V. 47-58 zentralen V. 51 eingeschobene Versprechen Jesu nicht überlesen, er werde erst in der Zukunft das Lebensbrot geben können. Damit wird schon hier unterstrichen (vgl. V. 58d.62a), dass mit dem Lebensbrot seine gesamte sarkische Existenz, d.h. er selbst, gemeint ist. Aber dieses kann selbstverständlich erst nach Jesu Lebensabschluß (vgl. 19,34ff.) und im johanneischen Kerygma (20,30f.) totaliter gegeben werden.

Darüber geraten »die Juden« untereinander in Streit, und zwar nicht so sehr über den globalen Inhalt des Gesagten, sondern nur über sein, nicht nur in ihren Augen anstößiges Angebot[324], ihnen sein Fleisch zu essen zu geben. Mit diesem Streitpunkt liefern sie ihm erneut ein weiteres Stichwort für das letzte Amen-Wort des Dialogs. Bei genauerem Hinsehen stellt sich heraus, dass es nur die mit einem Konditionalsatz eingeleiteten Ausführungen V. 51 präzisieren und alle bisherigen Aussagen zusammenfassen soll. Sie können wahres Leben nur erlangen, wenn sie ihn als Speise und Trank, als Fleisch und Blut »verspeisen«. Ausdrücklich bezeichnet sich Jesus hier erneut als Menschensohn, von dem es schon 3,14f. (vgl. 6,27) geheißen hatte, »nur wenn der Menschensohn erhöht sein werde«, könnten die Gläubigen unendliches Leben geschenkt bekommen (6,39.40.44). Auf diese indirekte Weise wird erneut der Ostertermin festgeschrieben. Zugleich wird die Aussage V. 35 präzisiert, Jesus stille als Lebensbrot jeglichen Hunger und lösche jeden Durst. Was ihn dazu befähigt, wird anschließend V. 55f. begründet. Wer[325] ihn nämlich durch

---

323. Man beachte hingegen die gehäuften »*auf dass*«-Sätze nach dem ersten und zweiten Amen-Wort: V.28-30.38-40.

324. Wenn man es nicht metaphorisch versteht, ist es nicht nur für Juden anstößig, sondern würde eine Art religiösen Kannibalismus implizieren.

325. Wie so häufig im Johannesevangelium wird eine generelle, aber historisch nicht exakt verwertbare Größe wie »*jeder, der*« mit einer konkreten wie »*ihr*« bzw. »*die Juden*« kontrastiert. Damit wird erreicht, dass die Bedeutung der Ausführungen auch den Leser miteinschließt und ihm an der Vergangenheit das Gewicht seiner eigenen Lebenswende vergegenwärtigt.

bewußtes Essen aufnimmt, bleibt in ihm und vice versa. Damit ist eine Heilsverbindung geknüpft, die, solange sie hält, unendliches Leben sichert, weil Jesus der vom Himmel herabgestiegene Gesandte Gottes war und bleibend ist (V. 58).

3. Die gesamten Ausführungen gegenüber »den Juden« werden nicht zu Unrecht mit dem Rückverweis auf V. 49/31 in V. 58 beschlossen. Denn in dem mit polemischer Verve geführten Dialog mit den in der Synagoge Anwesenden hat der johanneische Jesus sich dem Leser dahingehend näher erklärt, was seine Katabasis wirklich soteriologisch bedeutet und auf welche Weise er beständiges Heil durch die Zeiten bis zum Ende aller Zeiten zu gewährleisten gedenkt[326]. Die Herabkunft hat geoffenbart, dass Jesus das vom Himmel herabgestiegene eigentliche Gottesbrot ist und nicht mit dem Himmelsbrot, dem Manna der »murrenden« Wüstengeneration, verwechselt werden darf, das den Tod noch nicht zu überwinden half. In der Funktion des Lebensbrotes nimmt er die ihm vom Vater (5,21) übereignete Lebenskompetenz wahr. Aber diese tritt erst vollkommen in Kraft, wenn er das gemäß 4,34 ihm vom Vater übertragene Werk vollendet (19,28-30) hat. Doch auch auf diese Ausführungen Jesu reagieren die Zuhörer wie in Kap. 5 nicht, sondern der Erzähler beendet den Diskurs mit einem nachträglichen Hinweis auf die Lokalität, wo dieser stattgefunden haben soll.

c. *»Wie gewonnen, so zerronnen«: die Reaktion der Jünger, 6, 60-71*

Viele Ausleger sehen die »Brotrede« V. 59 enden und betrachten den anschließenden Dialog mit den Jüngern als eine separate Erzähleinheit. Doch widerstreitet der Text dieser Auffassung. Nicht nur kommentieren anschließend — wie »die Juden« vorher — einige Jünger Jesu seine Ausführungen unter »Murren« (vgl. 6,41.52), sondern schon die zweite jüngerzentriert erzählte Wundergeschichte signalisiert kompositionell, was auch 18,20 noch einmal ausdrücklich resümiert, dass beide Dialoge zusammen gelesen werden sollen. Durch das Murren seiner Jünger sieht sich Jesus nämlich genötigt, noch einmal zum bereits Gesagten Stellung zu beziehen. Er nimmt nun den Ostertermin direkt und (besonders für den Leser) nicht mehr verschleiert in den Blick. Denn mit ihm ist seine Anabasis (V. 62), seine Rückkehr zum Vater, verknüpft. Mit diesem Termin wird sich für alle Jünger eine wichtige Konsequenz verbinden. Anstelle des Inkarnierten wird von da an der Geist lebendig machen (5,21), der bereits zu Jesu Lebzeiten, noch in dessen Worten und Taten

---

326. Dazu vor allem KÜGLER, Schlüsselgestalt 201-204.

(3,34) verborgen, aktiv war. Daraus läßt sich ableiten, dass man aus johanneischer Sicht nicht ausschließlich unter den beiden Gestalten der Eucharistie — sakramental verengt — unendliches Leben geschenkt bekommen wird, sondern vor allem dann, wenn man umfassend die Worte Jesu, d.h. dieses Evangelium, in sich aufnimmt.

Aber dazu waren und sind aus der Sicht und Erfahrung des Erzählers eine große Anzahl — vielleicht sogar die Mehrzahl — von angeblichen Jünger nicht in der Lage. Sie verlassen Jesus und werden wieder zu Ungläubigen, »den Juden« im ersten Teil der Rede gleich. Doch dies wußte Jesus bereits von Anfang an (V. 64). Damit gibt der Erzähler zu erkennen, dass nicht allein »die damaligen Juden« im Unglauben verharrten, sondern sogar zukünftige Anhänger Jesu ins Wanken gebracht werden. Dies wirft auch ein bezeichnendes Licht auf das Anfangszeichen Jesu in Kana. Jetzt stellt sich heraus, dass die Jünger zwar glaubten, dass damit aber noch lange nicht der Glaube aller zukünftigen Jünger gesichert war, weil — wie der Erzähler in seiner Sprache sagen würde — sie letztlich doch nicht alle Jesus von Gott gegeben waren, damit er ihnen unendliches Leben gebe und sie auferwecke am jüngsten Tag. Der Erfahrungsschatz des Erzählers, der sich im Vorauswissen Jesu spiegelt, besagt, dass nicht nur Jesu Katabasis eine Glaubensherausforderung für dessen damalige Zeitgenossen war, sondern auch seine Anabasis für zukünftige Jünger ein Stolperstein sein wird. Denn von dem Zeitpunkt an wird der Geist, u.a. in der Gestalt der im vierten Evangelium bewahrten Worte Jesu, lebendig machen. Dieser Entscheidungsprozeß gegen Jesus hat unter seinen Anhängern schon zu dessen Lebzeiten begonnen und hält weiterhin ununterbrochen an.

Gerade diese pessimistische Ansage soll der zweite Teil der Rede Jesu, nun aber an die Zwölf allein gerichtet, ausdrücklich bestätigen. Nach dem charakteristischerweise zu einer Loyalitätserklärung[327] umgestalteten Bekenntnis Petri[328] eröffnet Jesus ihnen (vgl. 6,64 mit 71), dass sogar unter

---

327. Vgl. W. WREDE, Das Messiasgeheimnis in den Evangelien, Göttingen 1901, 181.
328. Mit Recht verweist L. SCHENKE, Das johanneische Schisma und die »Zwölf« (Joh 6,60-71) NTS 38 (1992) 105-121.110, darauf, dass Petrus als Sprecher für die nur hier genannten Zwölf fungiert. Das unterstellte Schisma zwischen der Petrusgruppe und der Gruppe des Lieblingsjüngers vermag ich nicht nachzuvollziehen, da vom Lieblingsjünger nicht die Rede ist. Auch scheint der Abfall minimalisiert zu werden, um die Hypothese von einem Schisma innerhalb der johanneischen Gruppe glaubhafter erscheinen zu lassen. Jede Applizierung von Texten auf konkrete historische Vorfälle bleibt m.E. jedoch (jedenfalls für die Evangelienliteratur) äußerst hypothetisch. Wenn man eine plausible historische Aussage machen möchte, dann doch nur die, dass eine größere Gruppe von Jesusjüngern zu den »Juden« über(zurück-)gelaufen sind. Über die wird gesagt, sie seien Jesus von Gott nicht gegeben worden und hätten zu ihrem Unheil darauf verzichtet, (weiter?) das Lebensbrot zu essen, weil sie seine Worte für anstößig und *hart* (vgl. TobS 13,14) gehalten hätten. Dieses Urteil über Jesu Botschaft muß 6,63 gemäß nach Ostern geäußert worden

seinen engsten Vertrauten einer sei, der ihn verraten werde. Dieser sei ein *diabolos*. Doch nur für den Leser wird dieser »Teufel« später mit dem Verräter Judas identifizierbar. Mit dieser Erzähltechnik wird vorweg klargestellt, dass nicht nur »die Juden« 8,44 im nachhinein vom Teufel abstammen werden, sondern ausdrücklich schon jetzt ein Jünger aus dem engsten Kreis um Jesus »des Teufels war«.

Damit schließt der Dialog mit den Jüngern auch für den Leser dramatisch. Er wird gewahr, dass selbst Jünger unter solche »Juden« zu subsumieren sind, die von Jesus als diejenigen charakterisiert wurden, die ihm nicht von Gott gegeben waren und es wie jene ablehnen werden, ihn zu ihrem eigenen Lebensheil »zu essen«. Der entscheidende Grund für diese Ablehnung Jesu wurde bereits im vorangegangenen Dialog angegeben: Mit seiner Verherrlichung und Rückkehr zum Vater, wo er früher war, gibt sich der verherrlichte »Menschensohn« (V. 27.53) als Lebensbrot nur unter der Bedingung, dass die nachösterliche Identität des Inkarnierten, des aus dem Himmel Herabgestiegenen und durch die Passion[329] wieder Aufgestiegenen, ein und dieselbe ist. Seine Worte, dieses Evangelium, behalten bei denen ihre bleibende Lebensbrot-Funktion im eschatologisch wirksamen Geist[330], die ihm loyal gewogen bleiben. — Lit. s.u. S. 470-474.

10. Die Marginalisierung Jesu und seiner Jünger, 7,1-10,42

Der Zusammenhalt der Erzählfolge der Kap. 7-10 ist in der Auslegung umstritten. Die Meinungen schwanken zwischen »inhaltlich chaotisch«[331]

---

sein. Dem entspräche dann die auch wirkungsgeschichtlich so katastrophale Reaktion und Ausfälligkeit des Autors von 1. Joh., der die von der Gruppe Weggegangenen als Antichristen etc. verunglimpft. Nach der Logik von Kap. 6 sind nämlich alle die, welche die Gruppe verlassen »Anti-Christen«, weil sie aus göttlicher Sicht von Anfang an nicht dazugehört haben. Sie waren Christus nämlich nicht von Gott gegeben gewesen. Doch eine so harte Applikation der Aussage im 1 Joh auf die Jünger in Kap. 6 ist m.E. nur dann angebracht, wenn man den österlichen Vorbehalt (vgl. 13,19; 14,29), unter dem die »Kunst-Geschichte« Jesu erzählt wird, übersieht. Erst nach Ostern ist den Jüngern vollkommener Glauben ermöglicht, wie dies schon 2,11 signalisiert, wenn man das Semeion aus österlicher Perspektive liest.

329. MENKEN, s. Anm. 276, 26, weist korrekt darauf hin, dass nicht nur der im Bekenntnis Petri verwandte Titel ‚Heiliger Gottes' nach 10,36 und 17,19b auf dessen Passion, sondern auch der Verrat des Judas darauf verweist.

330. Nach SANDELIN, Nourisher 174, wird zwar noch nicht in Joh 4,10-15 gesagt, was das »lebendige Wasser« ist, was Jesus bereit ist zu geben. Aber in 6,63.68 und 7,39 werde dies deutlich: der Verherrlichte bleibt im Geist und in seinen Worten lebenspendend gegenwärtig.

331. F.G. LANG, Kompositionsanalyse des Markusevangeliums, ZThK 74 (1977) 1-24.17, der nur den vorrangig von Bultmanns Analyse geprägten common sense wiedergibt. Vgl. auch neuerdings A. WEISER, Theologie des NT II, Stuttgart 1993, 172f.

bis zum anderen Extrem, es gebe »kaum etwas Großartigeres als die innere Einheit«[332] gerade in diesem Abschnitt. Lösen läßt sich dieses Problem nur, wenn man die der Kap. 5-10 innewohnende Dramaturgie mit in Rechnung stellt[333].

In 6,59 bezeichnet der Erzähler die »Brotrede« ausdrücklich als einen Teil der Lehre Jesu, über die es in Kap. 7 und 8 zu Meinungsverschiedenheiten zuerst unter den verschiedenen Gruppen in Jerusalem und unmittelbar danach zwischen »den Juden« bzw. Pharisäern und Jesus kommt. In diesem Streit spielen das Heilungswunder und die anschliessenden Ausführungen Jesu in Kap. 5 ebenfalls eine entscheidende Rolle. Dieser Tatbestand hat zu verschiedensten Umstellungstheorien geführt. Dabei blieb unberücksichtigt, dass der johanneische Jesus dort zu anonymen Zuhörern[334] im Tempel spricht, sie an seinem Wissen um das Werk des Vaters teilhaben läßt und die aggressive Reaktion »der Juden« voraussagt; aber es kommt noch nicht zu einer offenen Konfrontation[335]. Nur zahlreiche Jünger, aber keineswegs »die Juden«, reagieren auf den Diskurs in der Synagoge von Kapharnaum negativ[336] und kündigen ihm die Gefolgschaft auf. Auch 18,20[337] möchte die beiden Kapitel 5 und 6 als exemplarisch zusammengehörige Texte gelesen wissen. Deshalb ist es erzählerisch nur konsequent, wenn nach einer knappen Überleitung (7,1-10) endlich auch die unterschiedlichen Reaktionen aus der Menge auf Jesu Lehre und Handeln aufgezeigt werden. Letztlich soll der wahre Grund für Jesu Passion von »den Juden« selbst bestätigt werden, den Jesus 5,18 längst genannt hatte. Doch diesen äußern »die Juden« endgültig erst 10,33 (vgl. 19,7). Deshalb bilden die Kap. 7-10 eine Erzähleinheit.

Die erzählerische Absicht, das seit 2,23-25 (vgl. 1,47f.; 4,16ff.; 6,64.71) dem Leser bekannte hoheitliche Wissen Jesu über die Einstellung der Menschen ihm gegenüber vor der quasi historischen Bestätigung den Vortritt

---

332. A.H. FRANKE, Die Anlage des Johannes-Evangeliums, ThStKr 57 (1884) 80-154.122; J. KREYENBÜHL, Kritische Randglossen zu Wellhausen's »Evangelium Johannis«, SThZ 30 (1913) 129-145. 177-204. 241-263, spricht S. 247 von einem »ausgezeichnet durchkomponierten Kapitel«.
333. Zuletzt von L. SCHENKE, Joh 7-10: Eine dramatische Szene, ZNW 80 (1989) 172-192, ausführlich dargestellt.
334. Dabei ist an den Leser als Adressaten zu denken.
335. Dies hat schon SCHWARTZ, Aporien II 116, mit Erstaunen registriert, aber die falschen Schlüsse daraus gezogen.
336. Dies betont mit vollem Recht schon A. WILD, Disposition und Zusammenhang des Logos-Evangeliums nach Johannes, JHGZT 1 (1877) 17-92.61.
337. Eine Synagoge als Wirkstätte Jesu wird nur 6,59, der Tempel als Lehrort hingegen (u.a. 5,14; 7,14-16.28.35; 8,20; 10,22) häufiger erwähnt: vgl. HAHN, Prozeß Jesu 62.75.

zu lassen, spiegelt sich auch in dem auffällig oft wiederholten Verfolgungs- und Tötungsmotiv. Beide werden zuerst 5,16-18 hypothetisch zusammen genannt, um danach real in Kap. 7 und 8 eine zentrale Rolle zu spielen. Zwar schüttelt die Anwesenden zunächst noch über seine diesbezügliche Behauptung den Kopf (7,20), erinnert sich dann jedoch (7,25), um schließlich auf dem Höhepunkt der Auseinandersetzung (8,59) Steine zum Lynchmord aufzuheben. Somit wird Jesu Vorherwissen nachträglich von der Wirklichkeit bestätigt. Es entlarvt zugleich die Aufforderung seiner Brüder zu Beginn, er solle die Öffentlichkeit in Jerusalem suchen, als einen zynischen Rat (vgl. 7,4.10 mit 8,59c).

Die narrative Strategie findet ihre Bestätigung in einem charakteristischen Wechsel im Erzähltempus, der in der Auslegung zumeist unbeachtet geblieben ist. Der Erzähler wechselt nämlich nicht nur in 5,16-18 aus dem vorherrschenden Erzähltempus Aorist in das Imperfekt, sondern auch 7,11-13.14c.15.25.31b.40-44; 8,19.22f.31, in denen eine vergangene Handlung in ihrem Verlauf dargestellt wird[338], so dass die Kommunikation Jesu in ihrer Entwicklung erfaßt[339] und zugleich der Leser mit Hintergrundinformationen an bereits Vorgegebenes erinnert wird. So »*suchen*« »die Juden« Jesus nicht etwa erst seit 7,11, sondern schon seit 6,24. Auch »*murren*« einige bereits seit 6,41 über ihn. Dass er zu den jüdischen Festtagen nach Jerusalem kommt (7,11!), ist seit 5,1 vielen bekannt, folglich auch in diesem Moment erwartbar.

Aber vor allem bietet der Übergang von Kap. 6 zu Kap. 7 wegen der beiden informativen Eingangsverse (7,1f.) keinen Grund, eine Umstellungsoption[340] zu wählen. Beide Verse setzen nämlich einen längeren Aufenthalt Jesu in Galiläa voraus, weil er sich wegen der ihm bekannten Tötungsabsicht »der Juden« nur dort noch frei bewegen konnte. Erst als das Laubhüttenfest bevorsteht, schlagen seine Brüder ihm vor, das Fest

---

338. BDR § 327.
339. Abbott, Grammar § 2467: »John very frequently uses ἔλεγον to describe what 'was being said' about some one subject, first by some, then by others, of a chattering multitude, or what people 'began to say,' or 'said repeatedly' to some one person.«
340. So schon die Hinweise bei KREYENBÜHL, s. Anm. 332, 243, der mit Recht gegen Wellhausen darauf verweisen kann, dass 7,1f. auf Kap. 6 Bezug nimmt und das Verfolgungsmotiv zugleich auf 5,16.18 zurückgreift: »Wenn man diese offenkundige Verknüpfungsarbeit übersieht, hat man es natürlich leichter, Konfusion und Brüchigkeit zu entdecken.« Trotzdem möchte u.a. C. DEKKER, Grundschrift und Redaktion im Johannesevangelium, NTS 13 (1966/67) 66-80.78, nicht darauf verzichten, obwohl schon C.V. HAUFF, Bemerkungen über einige Stellen des 4. Evangeliums, ThStKr 22 (1849) 106-130.122, anmerkte, man solle das Evangelium für sich selbst reden lassen. »Denn sobald man diesen Boden verläßt, so tritt man auf das Feld menschlicher Systeme...«. Ebenso J.J. O'ROURKE, Jn 7:14-53: Another Combined Narrative?, SMR 9 (1966) 143-146.145 und vor allem DODD, Interpretation 289-291 sowie HAENCHEN 48-57.

gemeinsam in Jerusalem zu feiern. Der Festverlauf in Jerusalem und speziell im Tempel prägen die beiden ersten und zum Teil auch die zwei weiteren Kapitel. In ihnen wird um die wahre Identität Jesu gestritten werden, bis der eigentliche Anlaß zur Verfolgung Jesu auch von »den Juden« — nun aber als ihr eigenständiges Urteil — formuliert werden kann: Es ist exakt der eminent theologische Sachverhalt, den Jesus längst vor ihnen formuliert hatte. Trotzdem können sie ihm nichts antun, da er unter Gottes Schutz steht. Er wird Jesu »Stunde« in eigener Souveränität bestimmen (7,[6.8].30.44; 8,20). So wird die Erfüllung des spezifischen Auftrags Jesu von keinem menschlichen Willen durchkreuzt.

Zusätzlich zu den Indizien, die die Komposition der folgenden Kapitel in Bezug auf Jesu Identität in sich stimmig werden lassen, ist weiterhin beachtenswert, dass in Kap. 9 die Erzählhandlung auf die Einzelgestalt eines werdenden Jüngers fokussiert wird und der Abschnitt insgesamt mit der auffälligen Notiz endet, Jesus sei aufgrund andauernder Verfolgungsabsichten an den Ausgangspunkt Bethanien des Erstzeugnisses von Johannes zurückgekehrt (10,40 = 1,28). Die beiden Episoden stimmen in der Tendenz überein, dass Jesus wie jener vorbildliche Jünger (contra 5,1-13) von der jerusalemer Leitungselite marginalisiert werden, indem der eine aus der Synagoge ausgeschlossen und der andere auf den Anfang seines Wirkens zurückgeworfen wird. Der Anlaß für die Maginalisierung wird bereits in der Eröffnungsszene angedeutet. Die Brüder Jesu, mit denen Jesus noch 2,12 wie selbstverständlich nach Kapharnaum *hinabgestiegen* ist, können nicht mit ihm zusammen nach Jerusalem *hinaufsteigen*. Denn sie repräsentieren in ihrem Unglauben den Haß des Kosmos auf den Gesandten Gottes und auf die an ihn Glaubenden — eine Thematik, die bereits 3,20 angesprochen und später 15,18f.23-25; 17,14 erneut thematisiert werden wird: Dem Weltmenschen ist das Verlangen eigen, jeden, der Gott zugewendet lebt, jederzeit zu marginalisieren.

a. Der Streit um Identität und Legitimität Jesu, 7,1-8,30

Nach den beiden vorangegangenen Kapiteln, die Jesu Sendung in Wort und Tat vorgestellt haben, schaltet der Erzähler ein galiläisches Intermezzo ein. Jesus *zieht* dort *umher*[341], weil er nicht nach Judäa ziehen möchte, wo »die Juden« ihm nach dem Leben trachten (vgl. 5,18 mit 7,19.25.30.44;

---

341. Vgl. das Jesu normale Tätigkeit bezeichnende Verb »umhergehen« in 1,36; 6,19 mit der tieferen Ausdeutung 6,66, wo die Jünger die Nachfolge aufkündigen, das im Verweigern des mit ihm Umhergehens besteht.

8,20.59). Der Verlust eines Großteils seiner Jünger läßt seine Brüder, die in 2,12 beiläufig erwähnt wurden, Jesus den ironischen Rat[342] erteilen, nicht nur diese erneut[343], sondern die Welt insgesamt anläßlich des bevorstehenden Laubhüttenfestes mit öffentlich gewirkten Machttaten in Jerusalem von seiner Bedeutung zu überzeugen. Doch nicht nur das Kommentarwort V. 5, sondern bereits die V. 4 gewählte Formulierung »*wenn du dies tust*« (vgl. Mt 4,6 par.)[344] signalisieren dem Leser die versucherische Tendenz[345] des Vorschlages. An ihm lassen sich die Ausführungen Jesu 3,19f[346]. verifizieren und zugleich aufzeigen, welch gravierender Unterschied zwischen Weltmenschen und dem Gottgesandten besteht. Letztlich wird Jesus an dieser Differenz scheitern[347]. In den Augen des Erzählers ist der an Jesus gerichtete Rat, sich der Welt in seiner wahren Bedeutung zu präsentieren, sarkastisch und zynisch zugleich. Jesus hat den Auftrag, die Welt Gott zuzuführen. Die Aussöhnung der Welt mit Gott kann jedoch nur gelingen, wenn sie ihren versucherisch-welthaften Status aufgibt. Mit dieser Einleitung ist die Überschrift über die nächsten vier Kapitel gesetzt: Die Suche der Welt nach Jesu Identität führt zur beider Krisis[348].

Die durchreflektierte Einleitung der beiden Kapitel 7 und 8 signalisiert deren zentrale Bedeutung für das Verständnis der Jesusgeschichte aus

---

342. Vgl. DODD, Interpretation 351; DUKE, Irony 84f.; H.W. ATTRIDGE, Thematic Development and Source Elaboration in Jn 7:1-36, CBQ 42 (1980) 160-170.164.

343. Vgl. C.H. GIBLIN, Suggestion, Negative Response, and Positive Action in St. John's Portrayal of Jesus, NTS 26 (1980) 197-211. 208; Die hypothetische Annahme von einer jerusalemer Jüngergruppe (so zuletzt C. DIETZFELBINGER, Der ungeliebte Bruder, Der Herrenbruder Jakobus im Johannesevangelium, ZThK 89, 1992, 377-403. 379), die Jesus im Unterschied zu der galiläischen nicht verloren habe, zerstört den Textzusammenhang und wird so zu einem Argument für quellenscheidende Operationen: vgl. u.a. SCHWARTZ, Aporien II 117.

344. CULPEPPER, Anatomy 138f.

345. Sie wird 8,44 von Jesus enttarnt.

346. Das Motiv wird wie so manche Aussage in diesen beiden Kapiteln noch eine Rolle in der Abschiedsrede Jesu spielen: vgl. 15,18f.23-25; 17,14; dies hängt damit zusammen, dass in ihnen keine Jünger erwähnt sind. Diese werden erst in den Kap. 13-17 intensiver aufgeklärt, so dass dort viele inhaltliche Aussagen aus dem ersten Teil des Buches erneut aufgegriffen und in ihrer Relevanz für eine wahre Jüngerschaft vertieft werden.

347. Schon die beiden Verben in V. 3 »*hinübergehen*« und »*fortgehen*« sind in der joh. Sprache doppeldeutig. Sie können metaphorisch verwendet auf den Tod Jesu verweisen (vgl. KNÖPPLER, Theologia crucis 228-231.237-241). Er ist in diesen beiden Kapiteln durchgängig angesprochen. Der Rat, sich der Welt zu offenbaren, führt zur Anklage der Weltverhaftetheit (V. 6), der man deshalb den Spiegel vorhalten muß (V. 7).

348. Der Tod Jesu überwindet das Satanisch-Welthafte der Welt. Seine Todeskrise wird somit zum Gericht über sie. Deshalb wird in der Einleitung 7,2-10 auch vom *Kairos* und nicht von der »Stunde« gesprochen. Er verdeutlicht wie bei den Synoptikern eine Entscheidungssituation.

johanneischer Sicht[349]. In ihnen wird konkret, was Jesus vorher über sich bereits angedeutet hatte. Die Initiative geht nun von denen aus, die in Jerusalem zum Fest anwesend sind. Deshalb ist der Erzähler gezwungen, deren bisherige Reaktionen auf Jesu Aktivitäten teilweise nachzutragen und zugleich die bislang vorherrschende Ausführlichkeit seines Berichts über Jesu Lehrtätigkeit zurückzunehmen. So wirkt der erste Teil auf den Leser retardierend und die Wiedergabe der Lehre Jesu während des Festes verkürzt. Doch bleibt es aufgrund des in den ersten sechs Kapiteln Berichteten[350] verständlich. Die V. 11-13 geschilderte Ausgangslage ist die dem Leser wenigstens seit 6,41.52 bekannte, gespaltene Meinung der Festteilnehmer über Jesus. Einige finden ihn gut[351], andere hingegen meinen, er führe mit seiner Lehre[352] das Volk in die Irre. Doch diese unterschiedlichen Meinungen werden nur hinter vorgehaltener Hand vertreten, da es eine mächtige Zensurbehörde gibt, die alles und jedermann kontrolliert (vgl. 7,32.45-47 mit 1,19ff.). Aber die Thematik von Jesu wahrer Identität, ob er gut oder schlecht sei, kann umfassend erst behandelt werden, wenn er selbst anwesend ist. Von seiner Rückkehr nach Jerusalem wird in den beiden anschließenden Versen berichtet: Jesus sei in der Halbzeit der Festwoche in den Tempel gekommen, nicht nur um das Fest mitzubegehen, sondern um dort auch zu lehren, und zwar auf eine Weise, dass alle in Staunen gerieten; denn sie kannten ihn als einen einfachen Mann (vgl. 6,42), der weder berühmte Lehrer gehabt noch exklusive Schulen besucht habe und doch die Schrift (vgl. 5,47) bewundernswert beherrsche. Mit dieser Kurznotiz ist Jesus als Lehrer eingeführt. Folglich können nun die zentralen Punkte seiner bisherigen Lehre in Rede und Gegenrede gewichtet werden.

Ausgehend von der offenen Frage, woher er seine Kenntnisse (vgl. 6,45) gewonnen habe, stellt er erneut die seit 3,34 bekannte Behauptung auf, er sei bei dem, der ihn gesandt habe, in die Lehre gegangen (vgl. 5,19f.[353]). Als positiven Beweis führt er an, die Anwesenden könnten dies sogleich erkennen, wenn sie Gottes Willen vollzögen, indem sie die Tora des Mose hielten. Doch sie seien an einer Überprüfung seiner Angaben

---

349. Kontextgemäß werden deren Auswirkungen auf die Jüngernachfolge vertagt und erst ab Kap. 13 separat verhandelt.
350. So setzen z.B. 7,37f. 4,10-14 sowie 6,35ff. voraus.
351. Wohl wegen des Sättigungswunders wollten ihn 6,14-16 die Anwesenden zum König machen, weil er in ihren Augen der verheißene Prophet (vgl. 7,40) war, und als er sich ihnen entzog, suchten sie ihn (6,24-26).
352. Mit Recht weist KOESTER, Symbolism 135, darauf hin, dass das Verb »*in die Irre führen*« die Lehrtätigkeit Jesu voraussetzt. Dies wird von 7,47 bestätigt.
353. Dort ist vom Effekt des Staunens ebenfalls die Rede.

gar nicht interessiert, weil sie ihn zu töten trachteten. Darüber sind die Anwesenden nicht ohne Grund überrascht, weil sie ihn ja gar nicht umzubringen gedächten (vgl. 5,18 mit 7,13[354]). Darauf führt Jesus seine Erfahrungen nach der Heilungstat Kap. 5[355] an, die ihm als Sabbatverletzung ausgelegt wurde, obwohl sie selbst jederzeit am Sabbat operieren würden, um ein Kind der Mosetora gemäß zu beschneiden[356]. Daraufhin erinnern sich einige von ihnen an seine damalige Bemerkung (5,18) und sind über seine Art, offen und eindeutig zu reden, erstaunt, da sie doch aus Furcht vor der Zensur mit ihrer wahren Meinung hinter dem Berg halten. Seine Offenheit läßt bei ihnen den Verdacht aufkommen, die gefürchtete Leitungselite könnte aus diesem Grund selbst der Auffassung zuneigen, Jesus sei der gesuchte Messias, dessen Herkunft ihnen aber unbekannt sei[357]. Doch sie dächten ganz anders über ihn, weil sie ja seine bescheidene Herkunft ohne großen Bildungshintergrund kennen würden. Die verdeckte Aufmüpfigkeit Untergebener gegenüber abwesenden Vorgesetzten durchschaut Jesus und konterkariert sie mit einer zweiten These (V. 28-36): Nicht nur seine Lehre, sondern er selbst komme von Gott[358]. Die provokative Aussage vertieft nicht nur die Kluft zwischen den Anwesenden — einige wollen ihn festnehmen, können es aber nicht[359], andere hingegen glauben an ihn (vgl. 8,30), weil sie seine Werke als Messiastaten bewerten —, sondern sie ruft auch die Leitungselite auf den Plan, die den Versuch einer Minderheit, Jesus zu ergreifen, tatkräftig unterstützen, indem sie ein Verhaftungskommando aufstellen. Dies veranlaßt Jesus, seinen baldigen Tod und seine Rückkehr zum Vater verschlüsselt anzusagen. Die kodierte Aussage möchten seine Gesprächspartner natürlich gern dechiffrieren, können es aber nicht[360]. Damit ist die Diskussion vom

---

354. 5,18 meint »die Juden«, hier sind aber andere aus der Bevölkerung gemeint.
355. Das Adjektiv »*gesund*« wird nur dort verwendet.
356. Der Disputationsstil des Abschnitts wird durch eine beliebte (auch) rabbinische Argumentationsfigur a minori ad maius (q*al wa-chomer*), unterstrichen: vgl. u.a. KOESTER, Symbolism 136.
357. Vgl. 1,31.33, wo Johannes, der Zeuge, zweimal betont, er habe Jesus nicht gekannt. So falsch ist ihre Meinung also nicht.
358. Hier wird der Göttlichkeit Jesu nicht das Wort geredet, weil V. 28 ausdrücklich die menschliche Herkunft als bekannt voraussetzt. — Es gilt zusätzlich zu beachten, dass schon hier (und nicht nur in 7,37) mit dem »*Schreien*« Jesu das Gewicht der kommenden Aussage Jesu vom Autor bewußt akzentuiert wird. Auch sie ist aus vorangegangenen Ausführungen bereits bekannt.
359. Er steht ja bekanntlich unter göttlichem Schutz.
360. Das ist literarisch gekonnt dargestellt, indem der Autor »die Juden« in V. 36 einen Teil der Aussage Jesu V. 34 nochmals zitieren läßt. Wegen der Bedeutsamkeit der Anabasis Jesu wird diese Aussage ebenfalls in der Abschiedsrede aufgegriffen, vgl. schon 7,7 mit 15,18; 7,16 mit 14,27; 7,17 mit 17,3f.; 7,33f. mit 13,33.36 und 16,5.

allgemeinen Ausgangspunkt der Lehre Jesu von seiner Herkunft (Katabasis) zu seiner Rückkehr (Anabasis) fortgeschritten. Den ersten Aspekt meinten die beteiligten Juden noch beantworten bzw. mit seiner Festnahme lösen zu können. Der zweite jedoch blieb ihnen allen so kryptisch, dass sie ihn nur unverstanden wiederholen können. Darüber ist der Höhepunkt des Laubhüttenfestes gekommen.

An ihm stellt Jesus seine entscheidende soteriologische These auf. Sie gehört bekanntlich[361] seit alters zu einem der problematischsten Texte im Evangelium. Schon bei den Kirchenvätern war er umstritten. Origenes, Cyrill von Jerusalem, Athanasios u.a. vertraten die Meinung, der Gläubige sei die Quelle des lebendigen Wassers. Justin, Hippolyt, Cyprian, Irenäus sowie Tertullian hingegen betrachteten Jesus als Spender des lebendigen Wassers[362]. Dieser Streit um das Subjekt setzt sich bis heute fort[363], was man auch an den unterschiedlichen Übersetzungen von V. 37f. erkennen kann. Die christologisch orientierten Interpreten setzen einen Schlußpunkt[364] erst nach der geprägten Wendung »der an mich glaubt«. So wird sie zum nachgestellten Subjekt der zweiten Hälfte eines Parallelismus membrorum. Demnach fließen die Ströme lebendigen Wassers aus dem Leibesinneren[365] Jesu. Eine entsprechende Übersetzung würde lauten: *»Dürstet da einer, er komme zu mir. Und trinken soll, wer an mich glaubt«*[366]. Die andere Variante setzt den Punkt nach dem zweiten Imperativ (V. 37e) und sieht in der geprägten Wendung einen nominativus pendens, der als Anakoluth im Pronomen »dessen« V. 38c wiederaufgegriffen wird.

---

361. Vgl. F. HAHN, Die Worte vom lebendigen Wasser im Johannesevangelium, in: FS N. DAHL, Oslo 1977, 51-70.53.

362. Dazu ausführlicher u.a. C.H. TURNER, On the Punctuation of St. Jn 7:37.38, JThS 24 (1923) 66-70; H. RAHNER, Flumina de ventre Christi. Die patristische Auslegung von Joh 7,37.38, Bib. 22 (1941) 269-302.364-403; J.É. MENARD, L'interpretation patristique de Jean 7:38, RUO 25 (1955) 5-25; M.-É. BOISMARD, De son ventre couleront des fleuves d'eau, RB 65 (1958) 523-546; D.M. STANLEY »From His Heart will Flow Rivers of Living Water«. Jn 7:38, in: A. BEA (Hrsg.), Cor Jesu, Rom 1959, 509-542; G.D. KILPATRICK, The Punctuation of Jn 7:37.38, JThS 11 (1960) 340-342; BROWN I 320f.; SCHNACKENBURG II 212f.; G.D. FEE, Once More – Jn 7:37-39, ET 89 (1978) 116-118; BURGE, Anointed Community 88-90.

363. Zwischenzeitlich hat THYEN die Fronten gewechselt. In seinen Literaturbericht V 119 vertrat er wie u.a. auch HAHN, s. Anm. 361, 54, die These, der Gläubige sei gemeint. Nun vertritt er entschieden die christologische Variante: s. DERS., Palimpsest 2045 Anm. 45; DERS., Paradigma 103 und neuerdings DERS., Noch einmal: Joh 21 und »der Jünger, den Jesus liebte«, in: FS L. HARTMAN, 1995, 147-189.179 Anm. 79. Sein Wechsel hängt auch mit seiner grundsätzlichen Neueinschätzung von 19,31-37 zusammen.

364. Die antike griechische Schreibweise kannte keinen Schlußpunkt: vgl. F.J. BADCOCK, The Feast of Tabernacles, JThS 24 (1923) 169-174.174.

365. Vgl. J. BEHM, in: ThWNT III 786-789 und STANLEY, s. Anm. 362, 525.

366. So die Übersetzung von F. STIER.

Eine entsprechende Übersetzung lautet: »*Wenn jemand dürstet, komme er zu mir und trinke! Wer an mich glaubt, aus dessen Leibe werden, wie die Schrift gesagt hat, Ströme lebendigen Wassers fließen.*«[367] Darüber hinaus blieb bis heute umstritten, auf welche biblische Stellen sich V. 38 bezieht und wie das Kommentarwort V. 39 verstanden werden soll.

Da die philologischen mit den inhaltlichen Problemen zusammenhängen, kann ihre Lösung nur aus dem Kontext[368] heraus gelingen. Dieser bietet in der Tat drei zur Problembeseitigung besonders hilfreiche Beobachtungen an. Einmal ist der Leser seit 4,14 (vgl. 2,1-11[369]) darüber informiert, dass Jesus imstande ist, »lebendiges Wasser« zu liefern, und in einer zu V. 37 fast parallel formulierten Aussage 6,35 gibt er zu bedenken, er könne in seiner Eigenschaft als Lebensbrot jeden Hunger endgültig stillen. Zum anderen benennt das aus überlegener auktorialer Position gesprochene Kommentarwort[370] V. 39 — parallel zu 2,21[6,6.71][371] — den Zeitpunkt, an dem der Glaubende den Geist geschenkt bekommt und erklärt zugleich, wie der Leser die vorangegangene Metaphorik verstehen soll. Der Geist nämlich sei der Durststiller[372], den jedoch die Gläubigen erst nach Jesu Verherrlichung bekommen sollen. Eine weitere Verstehenshilfe für die Identifizierung der Zitatstelle V. 38 bietet noch der anschließende V. 40 an. Aus der Menge, von der ausdrücklich noch einmal gesagt wird, sie habe diese knappen Worte (d.h. ohne V. 39) auch vernommen, reagiert eine Gruppe mit der Vermutung, Jesus sei *der* Prophet. Diese Mutmaßung setzt voraus, dass sie aus seiner kryptischen Äußerung eine Anspielung auf ihre Erwartung eines Propheten wie Mose[373] herausgehört hat. Denn Mose hatte in der Wüste (Ex 17,1-7;

---

367. So die Übersetzung von ZWINGLI in der Fassung von 1931; Für beide Satzkonstruktionen gibt es weitere Beispiele im Johannesevangelium, so dass mittels einer Analyse der Sprachkompetenz des Autors keine eindeutige Entscheidung getroffen werden kann.
368. So auch SCHNACKENBURG II 213 und LINDARS 301.
369. Unter der Bedingung, dass der Grand-cru-Wein metaphorisch das »lebendige Wasser, das zum unendlichen Leben sprudelt,« darstellt.
370. Hier kommentiert zweifelsfrei der Autor selbst und nicht Jesus, wie FEE, s. Anm. 362, 116, fälschlicherweise annimmt und folglich zu einer falschen Schlußfolgerung kommt.
371. Vgl. CULPEPPER, Anatomy 28; Die retrospektivische Sichtweise von V. 39, besonders von 39b.c, sollte mit der des Prolog verglichen werden. Beide sind m.E. aus gläubiger Retrospektive, d.h. nach Ostern, formuliert und geben insofern die Verstehensbedingungen des Christusgeschehens an (vgl. U. SCHNELLE, Perspektiven der Johannesexegese, SNTU.A 15 (1990) 59-72.63). Der Autor versteht sich als Pneumatiker.
372. Vgl. die ähnliche Vorstellung in äth. Hen 48,1; 49,1-4.
373. Vgl. M.J.J. MENKEN, Some Remarks on the Course of the Dialogue: Jn 6:25-34, Bijdr. 48 (1987) 139-149. 139, der darüber hinaus auf 6,14 und 7,52 verweist und zugleich

Num 20,7-13)³⁷⁴ aus dem Felsen Wasser sprudeln lassen (vgl. 6,31f.49), eine Tat, die auch von seinem eschatologischen Nachfolger erwartet wurde (vgl. 1Q28b=1QSb 3.6).

Die drei kontextuellen Beobachtungen bestärken einen Trend in der Forschung, nicht das Entweder-Oder zwischen Auslegungstraditionen, sondern textgemäß das Aussageziel, nämlich die spezifische Heilsrelation zwischen Jesus und dem Gläubigen zu betonen: Jesus ist der Geber und der Glaubende der Empfänger des Geistes³⁷⁵. Doch diese Relation endgültig zu knüpfen, ist die Frucht seines Lebens bzw. seines erfolgreich vollendeten Auftrags. Nun wird einerseits verständlicher, warum Jesus, obwohl vom Zeugen Johannes als Geisttäufer (1,33) bezeichnet, 4,2 gemäß zu seinen Lebzeiten auf diese Weise noch nicht taufte³⁷⁶. Die Geistgabe in Fülle ist nämlich Ostern vorbehalten. Zugleich war nach der Aussage 1,10ff. bzw. 6,60-71 der Glaube an Jesus zu seinen Lebzeiten eher die Ausnahme, ohne ihn gänzlich ausschließen zu wollen, da wenigstens das Angebot dazu immer bestand³⁷⁷.

Der österliche Vorbehalt läßt hier nur neutral und generell klingende Formulierungen zu. Doch liegt darauf auch nicht der Akzent, sondern auf der persönlichen Beziehung³⁷⁸ zwischen dem Durstigen und dem, der den Durst zu stillen vermag. Damit fällt auch das letzte Hindernis für die Identifikation der biblischen Anspielung V. 38. Wenn Jesu Wort anschließend auf den erwarteten Propheten wie Mose (Dtn 18,18-22) bezogen wird, dann kommen nur solche Schriftstellen in Frage, die im Bezug zur betreffenden Exoduspassage stehen. Menken³⁷⁹ hat mit überzeugenden Argumenten die Passagen benannt, die am ehesten dem Wortlaut von

---

auf die Ablehnung des Zeugen Johannes, *der* Prophet zu sein, aufmerksam macht. Ebenso u.a.: M. DE JONGE, Jesus as Prophet and King in the Fourth Gospel, EThL 49 (1973) 160-177.166.

374. Vgl. Ps 78 (77) 15f.20; 105 (104) 41; Ps 114 (113) 8; Is 48,21; Sach 14,8; 4QTest 5-8.

375. So schon mit Recht ODEBERG 284.

376. Deshalb wird in 16,7 auch die Sendung des Parakleten mit Jesu Rückkehr zum Vater gekoppelt. Vgl. auch H. WINDISCH, Jesus und der Geist im Johannesevangelium, in: FS J.R. HARRIS, 1933, 303-318.309f.316.

377. Die Kritik von LOADER, Christology 128-131, an Thüsing und Blank ist aus dieser Sicht überzogen.

378. Dazu schon BAUR, Theologie 212, und vor allem T.A. SEYFFARTH, Ein Beitrag zur Special-Characteristik der Johanneischen Schriften besonders des Johanneischen Evangeliums, 1823, 91; Dies setzen auch schon 6,35 und 3,20f. voraus. Letztere Stelle wird deshalb bald in 8,12f. von Jesus aufgegriffen und letztlich situationsgemäß erneut (vgl 6,44f.) negativ beantwortet. Die Anwesenden werden ihm nicht nachfolgen wollen, sondern erst die nachösterlichen Jünger (vgl. 21,19f.22).

379. MENKEN, Quotations 187-203.

V. 38 gerecht werden: Es ist Ps 77 (78)16.20[380], der mit Sach 14,8 und möglicherweise mit Ps 114,8 redaktionell kombiniert wurde. Auch kann er wenigstens zwei Belege (Philostrat, vit. Apoll. 2,24; Xen., hell. 4,1.24) nennen, wo ein nominativus pendens ohne pronominale Wiederaufnahme verwendet wird. Damit ist auch philologisch zwischen den bislang sich ausschließenden Positionen eine Brücke geschlagen worden. Der christologischen, in der Jesus der Spender ist, ist der Vorzug zu geben, weil sie kontextgemäßer ist. Doch dass die Weitergabe der vom österlichen Jesus geschenkten Heilsgabe des Geistes[381] durch den Glaubenden nicht gänzlich auszuschließen ist, aber zu diesem Zeitpunkt am achten Tag des Sukkot-Festes noch keine Rolle spielt, besagt keinesfalls, dass dies generell ausgeschlossen werden soll. Diese Frage wird dem Leser im weiteren Verlauf des Evangeliums zu einem Zeitpunkt beantwortet werden, wenn die Geistvermittlung als Problem erneut auftaucht, der dem Erzähler wichtig erscheint. Hier jedenfalls wird der Geistträger Jesus in den Mittelpunkt gestellt, der jedem, der glaubt, den Geist als Heilsfrucht seines Lebens und seiner Sendung von Ostern an schenken wird.

Da aber diese für den Leser bestimmte Information den bei Jesu Proklamation V. 37f. Anwesenden vorenthalten wurde, diskutieren und bewerten sie diese eben nach ihren Möglichkeiten. Folglich tritt Jesus für einen Augenblick bis zu seiner nächsten provokanten These 8,12 in den Hintergrund[382]. Einige halten ihn — wie schon gesagt — für *den* Propheten, andere für den davidischen Messias, wiederum andere weisen das mit Hinweis auf eine konträre Auskunft in der Schrift entschieden zurück. Die Debatte endet im Schisma. Ein Konsens über seine Identität konnte also unter ihnen nicht gewonnen werden. Doch dabei wollen es andere nicht bewenden lassen und versuchen erneut, ihn festzunehmen. Aber niemand von den Anwesenden rührt aus dem schon bekannten Grund eine Hand (vgl. V. 44 mit 30). Selbst das ausgesandte Verhaftungskommando ist von Jesu Ausführungen so beeindruckt, dass es seinen Auftrag

---

380. Ps 77 (78)16.20 enthält den Grundbestand der Wörter aus V. 38 *Ströme, fließen* und *Wasser;* Sach 14,8 fügt *lebendig* hinzu; Ob man nun *aus seinem Inneren* als eine Exegese aus Ps 114,8 bezeichnen muß oder ob hier nicht schon 19,31ff. hineinspielt, kann hier offen bleiben, da alles Wesentliche hinreichend geklärt ist.

381. Es ist auch die jüdische Tradition zu bedenken, in der die Geistverleihung ein Privileg Gottes ist. Dieses Recht wurde aus johanneischer Perspektive Ostern von Gott seinem Gesandten übertragen (vgl. M.E. ISAACS, The Concept of Spirit. A Study of *Pneuma* in Hellenistic Judaism and its Bearing on the NT, 1976, 18-58.99f.122-124).

382. Vgl. DE JONGE, s. Anm. 373, 165; DERS., Nicodemus and Jesus, BJRL 53 (1970/71) 337-359.343; Zusätzlich weist HAHN, Prozeß Jesu 76, darauf hin, dass dadurch die Erzählung retardiert. Die von Jesus ausgelöste Debatte und Reaktion (V. 40-44) werden im Imperfekt erzählt und so auch sprachlich gekennzeichnet.

darüber vergißt. Damit stürzt es die Vertreter der Staatsmacht bei seiner Rückkehr in große Verlegenheit, die sich in Sarkasmus und Arroganz über das Kommando entlädt. Aber der Erzähler gibt mit der Schilderung ihrer Reaktion indirekt zu erkennen, auf welche Position Jesus gegenüber sie sich festgelegt haben: Sie teilen die Meinung jenes Teils der Menge, die schon früher äußerte, Jesus führe das Volk als Falschlehrer[383] in die Irre (vgl. V. 47b mit V. 12f.). Als jedoch einer aus ihrer Mitte, Nikodemus[384], es wagt, ein korrektes und der Tora gemäßes Verfahren (Dtn 1,16; 13,14; 17,4; 19,18)[385] Jesus gegenüber anzumahnen, wird er von ihnen rhetorisch unfair und fast beleidigend abgeblockt. Mit dieser Reaktion entlarven sie sich erneut. Denn mit ironischer Verve wird klargestellt, wer aus johanneischer Sicht die Schrift nicht kennt bzw. sie nicht befolgt: Indem Nikodemus mit Recht auf das in der Tora vorgeschriebene Verfahren in bezug auf Falschlehrer verweist, stellt er nicht nur die Arroganz der Machtelite dem Volk gegenüber (V. 49), sondern auch ihre Aufforderung an den Kollegen und Schriftgelehrten (3,10) als anmaßend bloß. Zugleich offenbart zum Schluß noch ihre abfällige Bemerkung über Jesu galiläische Herkunft das arrogant-elitäre Gruppenbewußtsein einer Führungsschicht, das sich in maßloser Polemik äußert und vom Erzähler mit Witz und Ironie demaskiert wird. Zwar hat Jesus in Galiläa gewirkt, aber er stammt 4,44 gemäß nicht von dort, sondern aus der Tempelstadt Jerusalem[386]. Deshalb müßten sich eigentlich gerade jene fürchten (vgl.

---

383. So auch J.L. MARTYN, Clementine Recognitions 1,33-71, Jewish Christianity, and the Fourth Gospel, in. FS N.A. DAHL, 1977, 265-295.280.
384. Das Verhalten von Nikodemus hat THYEN, Palimpsest 2041f. und J.M. BASSLER, Mixed Signals: Nicodemus in the Fourth Gospel, JBL 108 (1989) 635-646, neuerdings veranlaßt, die klassische Meinung von OVERBECK 304.331.334 (vgl. u.a. unter neueren Stellungnahmen auch W.A. MEEKS, The Man from Heaven in Johannine Sectarianism, JBL 91 (1972) 44-72.54f.), jener trage durchgängig das negative Etikette eines Halbgläubigen, zu korrigieren und eine Entwicklung in seinem Charakter anzunehmen, u.z. vom nächtlich Fragenden (3,1f.) über den Halbgläubigen (vgl. 7,26 mit 7,48) zum Überzeugungstäter (19,39), der mit seinen hundert Liter Salböl den Unglauben eines Judas (12,4f.) abgelegt hat.
385. Beachtenswert ist auch die These von S. PANCARO, The Metamorphosis of a Legal Principle in the Fourth Gospel. A Closer Look at Jn 7,51, Bib. 53 (1972) 340-361.361, der den Sinn von V. 51, ein korrektes Verfahren einzuleiten, bezweifelt, und die Aussageabsicht des Autors darin sieht, »that the Law, as it is understood and applied to Jesus by the Jews, is a false criterion... Jesus claims to be the Son of God... Only faith can judge...«. Darauf mögen sich auf der übergeordneten Kommunikationebene Autor und Leser verständigen können, aber kontextgemäß bleibt Jesu Identität in Kap. 7 weithin unverstanden bzw. werden über die jüdische Messianologie der Zeit Annäherungen an ein adäquates Verständnis seiner Person versucht, die jedoch aus der Sicht der Theologie des Autors unzureichend bleiben.
386. Beachte dazu die Ausführungen bei DUKE, Irony 80f.; THYEN, Palimpsest 2041f.; KOESTER, Symbolism 139; Dabei läßt der Autor auch verdeckt durchblicken, warum er

11,47f.), »die da so lautstark ihr Auslegungsmonopol über die hl. Schrift proklamieren...«[387].

Indessen setzt Jesus, ungerührt von allen Versuchen ihn zu verhaften, im Tempel seine Lehrtätigkeit fort[388]. Er erhebt sogar einen weiteren Anspruch, indem er behauptet, das Licht des Kosmos zu sein (8,12). Jeder, der ihm nachfolge (7,7; 3,20f.), wandle nicht mehr in der Finsternis, sondern werde (Futur!)[389] unendliches Leben gewinnen. Nur aus der ersten Teilaussage — die soteriologische lassen sie außer acht — leiten die Pharisäer, auf die von nun an das Interesse narrativ fokussiert[390] wird, eine juristische Beweislücke in Jesu Anspruch ab[391] und machen ihm dies zum Vorwurf. Er könne keinen zweiten Zeugen für seine Behauptung benennen. Die Lücke hatte Jesus selbst 5,31ff. (vgl. Is 43,10 LXX) schon argumentativ geschlossen, was den Pharisäern aber unbekannt geblieben war, so dass er — auf dem damaligen Argumentationsgang aufbauend — seine Vorstellung jetzt weiter präzisieren kann: Auch wenn er hypothetisch für sich selbst zeugen müsse, wisse er doch, woher er komme und wohin er gehe. Damit faßt er alles zusammen, was er bis Kap. 6 einschließlich ausgeführt hatte: Er ist — vom Vater gesandt — aus dem Himmel herabgestiegen und kehrt auch dorthin zurück. Er stammt aus dem himmlischen[392], sie aus dem irdischen Bereich (3,6.12.31; 6,63). Damit hat Jesus einen weiteren argumentativen Schritt im Rahmen eines theologischen Beweisganges getan. Wenn er das ihm aufgrund seiner Herkunft zustehende Richteramt wahrnehmen würde, würde er nicht allein zu Gericht sitzen, sondern mit ihm der Vater, der ihn gesandt habe.

An dieser Stelle, wo hypothetisch ein anhängiges Gerichtsverfahren in den Blick kommt, spricht der johanneische Jesus zum ersten Mal

---

anfangs Johannes jenseits des Jordans (1,28) taufen ließ. Denn nach den Schriftkenntnissen der Leitungselite konnte eben *der* Prophet wie der Messias (7,42) nicht aus Galiläa kommen.

387. THYEN, Palimpsest 2041;

388. Die Perikope von der Ehebrecherin 7,53-8,11 ist eine nachträgliche Interpolation, die im Urtext keine Verankerung hat: s. Näheres bei BROWN I 332-338; SCHNACKENBURG II, 224-236; BRODIE 338; BECKER I 279-285; Schon für L. BERTHOLDT, Verosimilia de origine Evangelii Joannis, Erlangen 1805, 34f., schloß 8,12 an den Redeabschnitt 7,37ff. an.

389. Mit dieser futurischen Aussage ist die Verbindung zu 7,37-39 (vgl. 4,14) ebenso sichtbar geknüpft wie die Anmerkung, Jesus habe *wieder* zu ihnen gesprochen.

390. Die Menge taucht erst 11,42 wieder auf: vgl. WESTCOTT 128.

391. Das Nachfolgelogion bleibt in ihrer Reaktion ausgeklammert. Dies ist für den Verlauf der Auseinandersetzung signifikant: sie werden nicht ihm, sondern einem anderen nachfolgen.

392. Auch in diesem Teilstück geht es um die wahre Herkunft Jesu: Vgl. B. LINDARS, The Son of Man in the Johannine Christology, in: FS C.F.D. MOULE, 1973, 43-60.52f.; HAHN, Prozeß Jesu 76.

distanziert von »*ihrer*« Tora[393]. Dies ist beachtenswert, da diese Sprechweise an die Definition der Herkunft der Pharisäer bzw. »der Juden« gebunden ist: Sie stammen von der Welt ab und können deshalb die Tora nur als irdische[394] und nicht als göttliche Lebensordnung verstehen[395]. Darum fragen sie auch anschließend unverständig nach dem irdischen Wohnort seines Vaters, obwohl doch längst für den Leser geklärt ist, dass der Vater an sich unerkennbar (1,18) und in dieser Welt z.Zt nur in der Gestalt seines Sohnes erkennbar ist. Bei diesem gerade erreichten Diskussionsstand fügt der Erzähler charakteristischerweise um der epischen Gestaltung des Raumes (Raumsymbolik) willen eine weitere Lokalnotiz ein, die in ihrer bewußt pointierten Plazierung an 6,59 erinnert: Jesus redet »am Opferstock«, in der Nähe des Sitzungssaals des Synhedriums, an der meistbesuchtesten Stelle im Vorhof der Frauen. Aber die epische Funktion dieser (wie der von 6,59; 6,3 und 4,6) rätselhaften Notiz wird dem Leser erst 18,20ff. aufgehen. Auch der nächste Versuch — nun seitens der Pharisäer selbst —, Jesus festzusetzen, scheitert ebenso selbstverständlich, weil niemand aus der Welt Gewalt über ihn hat, es sei denn, sie wäre ihm von Gott gegeben. Damit wird die nachösterliche Erzählperspektive — wie schon so oft — akzentuiert[396].

---

393. Nach B. WEISS, Lehrbegriff 114, ist diese auffällige Redeweise nicht als Distanzierung vom »Gesetz« zu verstehen, sondern signalisiert als Bestandteil einer Diskussion, dass Jesus ihre Ansicht von ihren eigenen Voraussetzungen aus widerlegt.
394. Vgl. 18,20, wo Jesus den Hohenpriester darauf hinweist, dass er »zur der Welt öffentlich«, und zwar in Synagoge und im Tempel, geredet habe.
395. Damit müssen die Anwürfe u.a. von WREDE, Tendenz 210.221 und WINDISCH, Johannes und die Synoptiker 172, stark zurückgenommen werden. So schreibt z.B. WREDE, Tendenz 210: »So kann Jesus auch das Gesetz ganz kühl und fremd als 'euer Gesetz', 'ihr Gesetz' bezeichnen (8,18; 10,34; 15,25). Kurz, unser Evangelist hat auch keinen Anteil an der Erbschaft, die die ganze nachapostolische Kirche in ihrer Stellung zum Judentum dem Paulus zu danken hat.« »Ihr Gesetz« ist eine von der übergeordneten kosmischen Lebensordnung deformiertes Gesetz und entspricht so in keiner Weise mehr, der von Gott Israel gegebenen Tora. In dieser Hinsicht ist die Meinung von HAHN, Prozeß Jesu 86: »Jedoch darf die Darstellung in c. 8,..., nicht dazu Anlaß geben, die Juden durchwegs als Repräsentanten des Kosmos anzusehen. Haben ihr Unglaube und der Unglaube der Welt zweifellos eine gemeinsame Struktur, so hebt das doch die besondere geschichtliche Stellung und die spezielle Ausprägung des jüdischen Unglaubens nicht auf«, durchaus hinterfragbar. Insofern sie das von Gott gegebene Gesetz als Rechtsmittel gegen Jesus einsetzen, definieren sie das Gesetz um. Denn Jesus ist von Gott gesandt und harmoniert also mit der göttlichen Lebensordnung. So endet auch die Diskussion. Sie haben den Kontakt mit Gott verloren.
396. Vgl. WINDISCH, Johannes und die Synoptiker 142; Dies löst auch das Problem, das WREDE, Tendenz 209.221, mit der joh. Darstellung in Kap 7f. hat: »Denn es berührt sonderbar, wie Jesus sozusagen ganz akademisch mit den Juden die Frage seiner Tötung bespricht«.

Nochmals ergreift Jesus in der Auseinandersetzung[397] um seine Identität das Wort. Diesmal zeigt er »den Juden« die Konsequenzen auf, die ihnen bei seinem Weggang, d.h. bei seinem Tod, drohen. Sie werden in ihrer Sünde sterben (vgl. Ez 3,18 mit V. 21d.24; 3,36b), wenn sie nicht bei ihm ihren Durst stillen bzw. den Lichtpfad wählen. Dafür kann er auf das zuvor 7,33ff. Gesagte zurückgreifen. Doch wie bereits damals die zur Festhalbzeit Anwesenden über seine Auskunft gerätselt haben, so tun sie es auch diesmal. War es aber vor wenigen Tagen noch die im Grunde gutgemeinte Ansicht, er wolle wohl zu den Griechen reisen, so wird diese nun durch eine schlimme Verdächtigung ersetzt, er wolle Selbstmord begehen und so Gott beleidigen[398]. D.h. im Klartext, nicht sie, sondern er sterbe in der Sünde. Ihre Reaktion zeigt Jesus, dass er schon 8,15 recht hatte, als er dort ihre Herkunft ansprach, sie würden aus dem Kosmos, also »von unten« stammen. Ohne Glaube an ihn hätten sie sich selbst schon ihr Todesurteil (V. 24; vgl. 5,39f.) ausgefertigt. Seine Androhung veranlaßt sie, noch einmal gezielt nach seiner Identität, d.h. nach seiner Legitimation für solche Drohungen, zu fragen. Er reagiert barsch und möchte nicht mehr mit ihnen sprechen. Denn er hatte von seinem Vater und seinem Verhältnis zu ihm immer wieder gesprochen (u.a. 3,12.15-18.32-35; 5,19ff.; 7,16-18[399]). Aber sie sind einfach unfähig, ihn zu verstehen und als Gesandten anzuerkennen. Diese Tatsache wird abschließend V. 27 vom allwissenden Erzähler — sozusagen objektiv — bestätigt.

Zum Abschluß dieser inkommunikativen und vollständig unerfreulichen Situation sagt Jesus »den Juden« ins Gesicht, dass sie mit ihrer Haltung seine Zukunft bereits vorzeitig festgelegt haben. Er weist sie nämlich indirekt auf seinen von ihnen mitverursachten Tod (vgl. 3,13) hin. Zu jenem Zeitpunkt aber würden sie anerkennen müssen (vgl. Mk 14,62par.)[400], dass er der von Gott für das Heil der Welt Gesandte und deshalb insofern ihr »Gott« (vgl. V. 24 mit 28) ist. Denn er habe ja nur gesprochen, was ihm aufgetragen worden sei (7,16.28.35; 8,20.26) und getan, was Gott geziemt[401]. Deshalb werde er auch (vgl. 8,16 mit 16,32) in seiner

---

397. Die Imperfekte V. 22.23.25 signalisieren die fortdauernde Diskussion, in der ein Gesprächpartner auf das von Jesu Ausgeführte reagiert.
398. Vgl. Jos., bell. III § 369.
399. Diese Problematik wird 8,42f.; 12,47-50 und 16,15 erneut angesprochen.
400. Zu dem »ich bin es«: vgl. E.D. FREED, Ego Eimi in Jn 8:24 in the Light of ist Context and Jewish Messianic Belief, JThS 33 (1982) 163-167.163.
401. Vgl. Ex 3,12a; 15,26; Is 38,3; Weish 9,18; D.h., Gott und Jesus bilden eine Arbeitsgemeinschaft zum Heil der Welt (3,16), in der Jesus göttliche Funktion in ihr wahrnimmt. Damit repräsentiert er Gott im Kosmos, der diesen nicht erkennen kann. Er ist damit aus irdischer Sicht sozusagen »Gott für die Welt«, aber eine Identität mit Gott wird

Passion von Gott nicht verlassen werden. Mit dieser Aussage und diesem Ausblick enden sowohl die direkten Auseinandersetzungen zwischen Jesus und den Festbesuchern insgesamt sowie die von diesen separat geführten Streitgespräche, wie sie begonnen haben: Der Streit dreht sich um seine Lehre (V. 28g) und seine damit verknüpften Taten (V. 28e), folglich um seine Identität und Legitimität.

Aber dieser über die Festtage sich dramatisch steigernde Wortwechsel war nur das literarische Vehikel, um das von Jesus in »Synagoge und Tempel« Gelehrte[402] später zusammenfassen zu können: Sein Lebenswerk besteht im Vollzug von Gottes Wort und Heilstat. Da der Kosmos dies nicht anerkennen will, weil er auf seiner Autonomie beharrt und sogar willens ist, Gottes Tora zu »seiner« Tora zu machen, wird Jesu Passion und Erhöhung zum entscheidenden Heilsangebot für ihn bestimmt. Doch nur der Leser weiß bislang, dass damit die eschatologische Heilsgabe des Geistes verknüpft sein wird. So wird in einer Einzelepisode exemplarisch der Sinn des gesamten Jesusgeschehens aufgedeckt: Jesus ist das Licht der Welt (Is 42,7.16.18-20). Wer ihm nachfolgt, leidet keinen Durst noch Hunger und findet sein wahres Lebensziel.

b. Jesu Rechtsstreit mit »den Juden« um legitime Vaterschaft, 8,31-59

Doch mit dem Wortwechsel hat der Streit um Jesu Identität und Legimität seinen Gipfelpunkt[403] noch nicht erreicht. Denn der johanneische Jesus hatte nicht nur auf die Frage nach seiner Herkunft freimütig geantwortet, er hatte gleichzeitig auch wegen ihres Unverständnisses ihre Abkunft als *von unten* bezeichnet. Wenn nun in einer Zwischenbemerkung V. 30 positiv vermerkt wird, einige unter »den Juden« (vgl. 7,31) hätten zum Glauben gefunden, ist Jesu prüfende Reaktion[404] gefordert. Mit dieser positiven Nachricht — in V. 30 im seltenen Genitivus absolutus vermerkt — schafft sich der Erzähler die Möglichkeit, diesen überraschenden Sinneswandel von Jesus überprüfen zu lassen. In fünf Schritten wird die forensisch geforderte Beweisaufnahme durchgeführt.

---

nicht behauptet, sondern damit nur seine eschatologische Funktion als Heilsträger — besonders für jüdische Ohren fast unerträglich — radikal betont.
402. So umschreibt der Autor in 18,20 die Funktion dieser Komposition.
403. Vgl. J. BLANK, Joh 8,48-59, in: DERS., Schriftauslegung in Theorie und Praxis, 1969, 207-220.
404. Deshalb steht V. 31 auch im Imperfekt. Nun reagiert Jesus, und nicht wie vorher durchweg die Juden. Ihr Anspruch muß von ihm überprüft werden: vgl. zusätzlich noch THYEN, Palimpsest 2045f.

In ihrem formalen Aufbau folgen alle Einzeltests demselben Muster[405]: Auf eine durch Beweise zu erhärtende Behauptung folgt ein Mißverständnis und daran schließt sich eine notwendig gewordene Erklärung an (8,31-37.38-40.41-46.47-55.56-58).

Der erste Schritt (8,31-37) wird mit der bereits 5,38 (vgl. 6,27.56) formulierten Maxime eröffnet, wenn die — wie gerade behauptet — Gläubiggewordenen auch in Zukunft loyal blieben, stände ihnen als Jesu Jüngern die Wahrheit[406] offen und sie wären folglich frei. Dieses Versprechen verstehen sie aber als einen Hinweis darauf, dass sie ihrer Herkunft und Identität entsagen müßten, nämlich Kinder Abrahams zu sein, die ihnen immer die Freiheit[407] gesichert hätte. Damit haben sie ihren (vermeintlichen) Loyalitätskonflikt klar definiert. Darauf folgt die mit einem Amen-Wort autoritativ eingeleitete Erläuterung Jesu. Sie bleibt jedoch für einen in der Schrift Unbelesenen schwer verständlich. Jesus reagiert nämlich auf ihren Einwand mit einem verdeckten Hinweis auf die Sündengeschichte Israels, dass jeder, der sündig ist, auch selbstverständlich von der Sünde versklavt ist und daraus befreit werden müsse. Deshalb sei ein solcher nicht wie der legitime Sohn im Haus geblieben. Hier spielt der Erzähler erkennbar auf die beiden Söhne Abrahams an: auf Isaak, den legitimen Sohn, und auf Ismael, den Sohn der Sklavin Hagar. Letzterer mußte nach Gen [15,3;] 16,12-15; 21,10ff. das Zelt Abrahams mit seiner Mutter verlassen[408]. Nur »der Sohn« blieb im Zelt. Deshalb kann letztlich auch nur er, Jesus, sie befreien. Da sie ihm aber bekanntlich nach dem Leben trachteten (5,18; 7,1.19f.25.30.44), wisse er jetzt schon, dass sein Wort, obwohl sie (in irgendeiner Form) Kinder Abrahams seien, keinen festen Halt bei ihnen gefunden habe. Damit ist der erste Beweisgang erkennbar abgeschlossen.

Im zweiten Schritt (V. 38-40) will Jesus ihre Behauptung, sie seinen legitime Kinder Abrahams, nun an der von ihnen geübten Praxis überprüfen. Seine Ausgangsthese greift [1,18;] 3,11; 5,19ff.; 8,28 auf und vergleicht ihren Anspruch mit ihrem Verhalten: Er sage nur, was er bei seinem Vater gesehen habe. Sie täten doch sicherlich auch nur das, was sie von ihrem Vater gehört hätten. Damit spielt Jesus auf Gen 18 an.

---

405. Hier folge ich zumeist der Analyse von J.H. NEYREY, Jesus the Judge: Forensic Process in Jn 8:21-29, Bib. 68 (1986) 91-128, obwohl m.E. zum Vaterschaftstest erst mit der Zwischenbemerkung V. 30 übergeleitet wird.

406. D.h. Anerkenntnis der lebenspendenden und befreienden Sendung Jesu.

407. Der Hinweis auf eine angeblich ununterbrochene Autonomie ist in einem polemischen Zusammenhang durchaus üblich: vgl. nur Jos., c. Ap. 2 § 128.

408. Dies ist eine biblische Tradition, die in der neutestamentlichen Argumentation eine nicht unbedeutende Rolle spielt (vgl. Gal 4).

Abraham war, wie dort bekanntlich berichtet wird, äußerst gastfreundlich[409]. Da »die Juden« ihn aber gegen alle Regeln der orientalischen Gastfreundschaft töten wollen, jemanden, der nur die Wahrheit sage, die er von seinem Vater gehört hat, legen sie erkennbar nicht das Verhalten Abrahams an den Tag. Die konsequente Folgerung aus der Beweisführung, sie müßten folglich von einem anderen Vater als Abraham abstammen bzw. dessen illegitime Söhne sein[410], legt der Erzähler im nächsten Durchgang den Juden direkt in den Mund.

Damit hat die dritte Beweisaufnahme (V. 41-46), in der ihre Abstammung exakter bestimmt werden soll, begonnen (vgl. V. 39c mit 41a): Sie behaupten, sie wären keine Bastarde[411], keine im Ehebruch illegitim gezeugten Kinder, sondern hätten *»den Gott«* als einzigen Vater. Damit stellt sich erneut die Frage, wessen legitime oder illegitime Söhne sie seien, nun aber auf radikalere Weise. Jesus kontert, wenn dem so wäre, dann würden sie ihn, den aus Gott Gekommenen, wie einen Bruder lieben und sein Wort verständnisvoll annehmen. Da sie dies aber erkennbar nicht tun, müssen sie abgrundtief illoyal sein. Deshalb muß ihr Vater ein anderer als »der Gott« (vgl. Dtn 6,4f. und 5,38-44) sein, auf den legitime Kinder gewiß hören würden (vgl. 10,3). Sie müssen — so wird logisch geschlossen — aus einem Ehebruch Israels hervorgegangen sein, eine klare Anspielung auf das biblische Unzuchtsmotiv (Jer 2,1-3,13; Hos 1,2; 2,4-17; Ez 16,15f.23; Is 5,1b-2[412]; 54,4-8; 62,4f.), in dem die Untreue Israels seinen Bundesverpflichtungen gegenüber mit einem Ehebruch verglichen wird. Konsequenterweise beantwortet der johanneische Jesus selbst die entscheidende Frage nach ihrer Abkunft mit dem (nicht erst nach Auschwitz)[413] ungeheuerlich klingenden Vorwurf, den der Erzähler hier mit

---

409. Vgl. Jos., ant. I §196; Philo, Abr. 107,114-116; 132,167; TAbr 17; 1 Clem 10,6-8.

410. Diese Schlußfolgerung impliziert zugleich eine exakte Umkehrung des Verhaltens Jesu seitens »der Juden«: vgl. V. 40c mit 38d

411. Vgl. Dtn 23,2; Jos., ant. 5 § 233f.; Philo, sobr. 8; mut. 148; Hebr 12,8.

412. Vgl. die Auslegung des »Liebeslied« Is 5,1-7 in K. NIELSON, There Is Hope for a Tree: The Tree as Metaphor in Isaiah, JSOT.S 65, Sheffield 1989, 94-97.

413. Gerade diese, die gesamte jüdisch-christliche Geschichte belastende und wirkungsgeschichtlich gesehen, infame und abartige Argumentation muß in den christlichen Kirchen mit äußerster Sensibilität und Verantwortungsbewusstsein behandelt werden. Hier geht es literarisch um die Wiedergabe einer intellektuellen Auseinandersetzung, die mit forensischer Logik stringent zuende gedacht wird. Für den christlich-jüdischen Dialog mag von einem Christen in einer auch für ihn unablösbar langen Verantwortungsgeschichte für religiös legitimierte kriminelle Taten der bescheidene Hinweis gegeben werden, dass im so folgenschwer mißverstandenem Johannesevangelium nicht »die Juden« allein als *diaboloi* bezeichnet werden, sondern vorher schon Judas (6,70), ein Jünger Jesu, so dass mit dem späteren polemischen Verwurf aus der christlichen Contra-Judaeos-Tradition nicht einfach Juden, sondern nur die gemeint sein können, die Gottes Wort nicht hören und

biblisch begründeter Stringenz entwickeln lässt, ihr Vater könne nur Satan in Person sein. Denn schon der Anfang der Menschheitsgeschichte sei vom Brudermord mitbestimmt gewesen (vgl. Gen 4,1-16; 1 Joh 3,12-15). Deshalb lege ihre eindeutige Absicht, ihn töten zu wollen, die einzig mögliche Schlußfolgerung nahe: Der *Diabolos* — der Menschenmörder von Anfang an — sei eher ihr legitimer Vater als Gott selbst, in dem *allein* die Gotteskindschaft begründet sei (Ex 4,22; Dtn 32,6; Is 63,16; 64,7; Mal 2,10)[414]. Jener habe sich nämlich als ein Lügner von Anbeginn an erwiesen. Deshalb lügen sie als seine Söhne ebenfalls, wenn sie behaupteten, ihr Vater sei Gott. Ja, sie würden sogar fälschlicherweise vorgeben, an ihn zu glauben, der Gottes Wort als dessen wahrer Bote spricht, obwohl sie die Botschaft gar nicht hören wollten. Auch aus diesem Grund könnten sie Gott nicht zum Vater haben. Denn durch den in ihrer Mordabsicht offenkundig gewordenen Verstoß gegen die Tora hätten sie ihren Anspruch, Gott zum Vater zu haben, selbst widerlegt[415].

Auf den so vernichtend auf Schriftlogik basierenden Beweisgang und stringenten Rückschluß Jesu, seine Zuhörer könnten, da sie nachweisbar auf Gott nicht hörten, nicht aus Ihm sein (V. 47), reagieren diese umgehend mit einem beleidigenden Verdacht, der ihre argumentative Beweisnot endgültig offenlegt: Sie greifen erneut (7,20) den einen Landsmann tief verletzenden Vorwurf auf, er sei ein Samaritaner. Jene hätten nämlich schon immer bestritten, dass sie, die Juden, exklusiv Kinder Abrahams seien. Zugleich hätten nicht sie einen Dämon, sondern er allein und folglich könne nur er vom *Diabolos* abstammen. Diesen Vorwurf pariert Jesus u.a.[416] mit einem weiteren definitiven Amen-Wort: »Amen, Amen ich sage euch, wer mein Wort wahrt, der wird den Tod nicht schauen — in Weltzeit nicht.« Doch auch dieser Satz wird wieder von ihnen mißverstanden. Sie reden nämlich in ihrer Rekapitulation seines Wortes (vgl. V. 51c mit 52g) nicht mehr vom »*Schauen des Todes*«, sondern von dessen »*kosten*«. Sie verstehen den Satz also buchstäblich, obwohl Jesus ihn metaphorisch gemeint hatte. Denn der johanneische Jesus verspricht nirgends, dass der biologische Tod durch ihn aufgehoben werden würde.

---

befolgen wollen (vgl. S. BJERG, Judas als Stellvertreter des Satans, EvTh 52, 1992, 42-55). Nur solche gehören dem gottfeindlichen Kosmos an und werden mit ihm sein Schicksal von Anfang an teilen, den Tod. Aber Israel bleibt in diesem Kontext, 8,56 (!) gemäß, weiterhin Abrahams, d.h. von Gott erwähltes Volk.

414. Vgl. die Argumentation von BEUTLER, Hauptgebot 113-115; AUGENSTEIN, Liebesgebot 61f.

415. Die Urgeschichte auch als Geschichte der Illoyalität Gott gegenüber, die genealogisch weitergegeben wird, diese Vorstellung findet sich auch 4 Esr 7,118.

416. Beachte 5,23!

Die Beweiskraft dieser Aussage ruht vielmehr auf der ursprünglichen Anklage Jesu 8,23, die Juden seien *von unten*, d.h. sie stammten nicht aus der himmlischen Welt (vgl. 3,3-12). Sie sind folglich — wie es bereits Nikodemus[417] gesagt wurde — lediglich Fleisch und teilen mit diesem dasselbe Schicksal, nämlich die Sterblichkeit. Indem sie also Jesu Wort wörtlich nehmen, demonstrieren sie, dass sie gar nicht *von oben* sein können. Deshalb ist ihre Reaktion V. 53 durchaus verständlich. Da sie *von unten* sind, wissen sie natürlich von Abrahams und der Propheten Tod. Wenn Jesus aber vorgebe, etwas Besseres zu sein, überhebe er sich da nicht anmaßend (vgl. 5,18; 10,33)? Aus dem letzten Vorwurf wird der johanneische Jesus bald das Argument gegen ihre Ansprüche entwickeln, die sie auf ihre Abstammung von Abraham ableiten. Zuvor führt Jesus seinen Beweisgang aber erst einmal inhaltlich wie formal zu Ende: Indem er sie der Lüge überführt, wenn sie behaupten, Gott zu kennen, wo nur er ihn in Wirklichkeit kennen kann, rundet er seine Argumentation formal ab. Wenn er zudem — kongruent mit der Aussage V. 51 — betont, er jedenfalls »*halte*« die Worte Gottes (V. 55), scheint auch für ihn inhaltlich die Kontroverse bald abgeschlossen zu sein.

Die letzte Überprüfung ihres Anspruches (V. 56-58), exklusiv Kinder Abrahams zu sein, beginnt wiederum mit einer biblischen Anspielung (Gen 17,17; 18,12-15; 21,6; 4 Esr 3,14; Jub 16,17-19), wo vom »Lachen« Abrahams (V. 56) bei der Verheißung seiner baldigen Vaterschaft die Rede ist. Da sich alle fünf oben angeführten Textstellen auf ein Ereignis beziehen, nämlich auf die Geburtsansage Isaaks, muß die Anspielung für den Leser präzisiert werden. Es kann nur das Lachen gemeint sein, das eine Vision[418] voraussetzt, von der Jesus anschließend behaupten kann, in ihr habe Abraham ihn gesehen. Wie in einem der vorhergehenden Prüfverfahren wird auch hier die Theophanie Gottes unter der Terebinthe Mamres, Gen 18, vorausgesetzt. Wiederum verstehen die Zuhörer Jesus falsch. Denn aus seiner Sicht kann nur er in Person die prominente Figur gewesen sein, die Abraham damals gesehen hat. Jener habe sich nur deshalb gefreut, weil er »*meinen*« Tag sehen durfte. Die Juden ziehen eine solche Schriftauslegung jedoch in Zweifel. Sie stellen voller Unverstand Abraham und nicht den Kairos Jesu (7,8) in den Mittelpunkt ihrer historischen Berechnung: Ein noch nicht 50-jähriger will Abraham gesehen haben?, fragen sie. Das sei geschichtlich unmöglich.

---

417. Vgl. auch 6,63.
418. Einige Ausleger meinen, an Gen 15 denken zu müssen. Aber zum Kontext gehört auch zwingend das Motiv der Gastfreundschaft, so dass eigentlich nur die Mamre-Vision gemeint sein kann.

Mit solchen rein menschlichen Überlegungen offenbaren sie Jesus nur erneut, was er schon zu Beginn der juristischen Auseinandersetzung, V. 31, von ihnen gesagt hatte: Sein Wort habe keinen dauernden Halt in ihnen gefunden. Sie können ihn nämlich als Weltmenschen nicht akzeptieren, weil sie als Von-unten-Stammende grundsätzlich unfähig sind, die wahre Herkunft Jesu anzuerkennen, aufgrund derer Jesus das Theonym »*Ich bin*« (vgl. V. 58 mit V. 24.28) wirklich zusteht. Denn »*bevor Abraham war, bin ich*«, bedeutet aus johanneischer Perspektive, dass Abraham den präexistenten Logos[419] visionär geschaut und bereits auch dessen überzeitliche, d.h. für den Leser wichtige Heilsfunktion als Auferstandener[420] bzw. als zum Vater Zurückgekehrter, der zum Begründer erneuerter Gotteskindschaft geworden ist, schon vorweg umfassend erkannt hat.

Damit beansprucht der johanneische Jesus zum Abschluß der zweigeteilten Komposition Kap. 7 und 8, dass er nicht weniger ist als die Person, die dem Patriarchen Abraham[421] erschien und jenem damals gute Kunde von der genealogischen Fortsetzung des Bundes in seinem zukünftigen Sohn Isaak brachte, so dass dieser hoffnungsvoll »lachen« konnte, weil er es — gemäß dem theologischen Grundwissen des Frühjudentums — bereits eschatologisch zu deuten verstand: Jesus war wirklich der, der aus dem göttlichen Bereich stammte, dorthin zurückkehrte und so in und für die Welt Gott heilvoll repräsentierte. Denn nur dazu wurde er von Gott gesandt (3,16). Deshalb kann Jesus zum Schluß des Rechtstreites seinen Anspruch und seine Identität biblisch definieren: Wenn man nicht glaubt, dass ich »*Ich bin*« bin (vgl. Ex 3,6-14 mit Is 42f.), d.h. dass ich als Träger authentischer Botschaft »Gott für die Welt« bin, dann stirbt man in Sünde (8,24).

Wenn der Erzähler abschließend berichtet, dass »die Juden« daraufhin Steine aufnehmen, um Jesus zu lynchen, insinuiert er, dass sie aufgrund eigener Wahl in Sünde sterben wollen. Jesus aber verbirgt sich (vgl. 7,10b) und verläßt den Tempel, das Haus seines Vaters, den sie mit ihrer Haltung ebenso

---

419. Vgl. HAHN, Prozeß Jesu 79, und E.D. FREED, Who or What was Before Abraham in Jn 8:58?, JSNT 17 (1983) 52-59.55: »Any writer who could write that the 'Word' was in the beginning with God would have no reservation about having Jesus say to the Jews that as Messiah he existed before Abraham.«

420. Dies betont THYEN, s. Anm. 363, 152, mit Recht, da in Kap. 7/8 erkennbar das Jesusgeschehen umfassend bedacht wird.

421. Der eschatologische Ausblick des Patriarchen Abraham, dieses Motiv ist bereits in der frühjüdischen Literatur vorbereitet: Man vergleiche nur äth. Hen 93,5 »Danach wird in der 3. Woche ein Mann als Pflanze des gerechten Gerichts erwählt werden, und nach ihm wird die ewige Pflanze der Gerechtigkeit kommen«. Hier wird bereits Gen 15,12-15 endzeitlich ausgelegt, indem die Glaubensgeschichte, die mit Abraham (vgl. syr. Bar 57,2) beginnt, planvoll auf dieses Endziel hin geplant erscheint.

für die Zerstörung vorbereiten wie ihn. Doch wird er in seinem Tod paradoxerweise das Heil des Kosmos endgültig konstituieren. — Lit. s.u. S. 474-477.

c. Eine Blindenheilung: Zeichen der Scheidung, 9,1-10,21

Hatte die Erzählung zunächst einen forensischen Disput zwischen Jesus und dem Tempelpersonal in Szene gesetzt, um den theologischen Dissens über die Identität Jesu darzustellen, illustriert der christliche Autor die Folgen des Dissenses nun exemplarisch in Gestalt einer quasi historischen Einzelepisode. An den Anfang seiner Illustration stellt er eine außergewöhnliche Machttat Jesu, der einen von Geburt an Blinden heilt. In den unterschiedlichen Reaktionen auf das Wunder wird der steinige Weg zum öffentlich bekannten Glauben ebenso wie die auf vorgefaßtem Urteil beruhende Insensibilität dem Ereignis gegenüber nachgezeichnet. Die Ablehnung beider, des Wundertäters wie des mit Augenlicht Beschenkten, wird im anschließenden Diskurs weiter entfaltet. Dass dabei auch die eschatologischen Konsequenzen (vgl. 9,4f. mit 9,39-10,21) aufgezeigt werden, verdeutlicht ein durchgängiges metaphorisches Spiel zwischen Blindheit, Licht und Hirtenleben, das allerdings mehr und mehr von der Handlungsebene hinübergleitet zu einer Verständigungsebene, die durch das entsprechende Amenwort (10,1) eröffnet wird.

Der Erzählintention entsprechend ist die Erzählung außergewöhnlich kunstvoll[422] und vor allem in sich kohärent[423] gestaltet. Der Einleitungsvers verknüpft die Szene enger mit dem Vorangegangenen, indem er keine chronologische Abfolge wie sonst (2,12; 3,22; 5,1.14; 6,1; 7,1; vgl. 21,1) suggeriert, sondern mit dem einfachen »*und*« koordiniert. So bleibt die thematische Kohärenz gewahrt. Im Folgenden wird es also weiterhin um die Aufdeckung[424] des Dissenses mit der Leitungselite in Jerusalem gehen. Dafür spricht auch, dass Jesus von den Jüngern auf ihr Problem mit dem bettelnden Blinden (vgl. V. 8) außerhalb des Tempelbezirks angesprochen wird, weil körperliche Defekte, wozu auch Blindheit zählte, kultuntauglich[425] machten und ein solcher deshalb den Tempel

---

422. So mit Recht DUKE, Irony 117f.
423. Vgl. zu den literarkritischen Operationen und Optionen für diesen Textabschnitt und deren begründete Ablehnung: M. REIN, Die Heilung des Blindgeborenen (Joh 9). Tradition und Redaktion, WUNT 2/73, 1995, 65-165. bes. 80-86.340-355.
424. So schon OVERBECK 433, der aber im Ton seiner Zeit überzogen von einer »weiteren Aufdeckung der jüdischen Feindschaft gegen Jesus« sprechen konnte.
425. MAIER, Zwischen 223; und aus der damaligen Zeit: u.a. 1QM VII,4f.; 1Q28a II.3-10; 4Q396 Frg.1 Kol II,2; 4Q394, Frg. 8, Kol. III,9b-20; 11Q20 Frg. 13 Kol. I,9f. (?).

nicht betreten durfte. So sollte gesichert werden, dass die entsprechenden Kultgesetze der Heiligkeit des Orts gemäß auch von allen eingehalten würden. Die Jünger fragen nach der Ursache der Krankheit und möchten wissen, auf wen die Blindgeburt zurückgeführt werden könnte. Im Kontext des frühjüdischen Tun-Ergehen-Zusammenhangs stellt sich ihnen nämlich die Frage, ob die Sündenursache für das Bettlergeschick auf seiten der Eltern oder des Blindgeborenen selbst liege. Mit ihrer Frage führen sie indirekt die Eltern (vgl. V. 18-23) in die Handlung ein und benennen zugleich das Hauptthema: die Sünde (V. 3.16.24.25.31.34.41), was einen Aussagebereich der beiden vorangegangenen Kapitel (7,7; 8,21-24.34.46) wieder aufgreift und weiterführt. Nach den bisherigen Ausführungen weiß der Leser schon grundsätzlich Bescheid um das Problem der Eigenmächtigkeit des Menschen (7,19)[426], der meint, selbst über alles, vor allem über sich und sein Geschick verfügen zu können, ohne im Einklang mit Gott zu sein (vgl. 3,19-21 mit 9,3-5) und deshalb bei seinem Wirken das Licht scheut. Diese Problematik soll nun realitätsnah entwickelt und ihre jeweiligen Folgen dialektisch[427] weitergedacht werden.

Dass auch die Qualität von Jüngerschaft selbst auf dem Prüfstand (vgl. V. 4.27.38; 10,1-18) steht, ergibt sich aus der Art und Weise, in der die Jünger fragen, was wiederum eine auch für den Leser interessante Thematik verspricht. Dies zeigt sich sogleich V. 3f., wo Jesus keineswegs die Jüngeranfrage direkt beantwortet, sondern die Anamnese einer Blindheit von Geburt an zum Anlaß nimmt, den theologischen Zweck, den er mit der Begegnung mit dem Blinden verbindet, grundsätzlich anzusprechen. An ihm sollen im Folgenden programmatisch die Werke Gottes offenbar werden (vgl. 3,21), die auszuführen nicht nur Jesu Aufgabe[428] ist, sondern auch ihre[429] (wenn auch erst zukünftige) Pflicht als Glaubende (vgl. 6,27-30) sein wird. So wird aus einer Wundergeschichte zugleich eine Glaubensgeschichte, in der nicht nur der Weg zur individuellen Glaubensloyalität an einem geheilten Blinden illustriert, sondern auch dieser quasi historische Einzelfall transparent wird für die spätere Glaubensgemeinschaft, die sich bald im Hirten- und Herdenbild gespiegelt sieht.

---

426. Vgl. BULTMANN, Theologie 384; BLANK, Krisis 112.
427. 5,21 war Jesus die Kompetenz zugesprochen worden, aus dem Tod erwecken zu können, wie umgekehrt jeder 8,21-24 in der Sünde stirbt, wenn er die Sendung Jesu nicht anerkennt.
428. Vgl. 4,34; 5,36 mit 9,4; 17,4.
429. Dass der Wechsel in die 1. Pers.. Plural kein pluralis majestatis, sondern analog zu 3,11 die Jünger einschließen soll, ist m.E. eindeutig: vgl. auch REIN, s. Anm. 423, 108-113.

Dieser doppelten Erzählintention entspricht schon der Rückgriff auf die Lichtmetaphorik in den V. 4f. (vgl. 8,12; 3,19-21; 1,9), die nicht nur mit der Heilung der Blindheit und im jüdischen Kontext mit der Sündenproblematik (vgl. Is 6,9f.; 4Q166 II.4-6; 1QS IV,11; 4Q504 Frg. 1, II.13-15) thematisch eng verwandt ist, sondern zugleich neu das Problem der zeitlichen Determinierung des Handelns Jesu (11,9) einführt, aber vor allem den Leser auf eine andere Verständnisebene verweist[430], auf der er den umstrittenen Zweck der Sendung Jesu in dessen historischer Begrenztheit besser verstehen lernen soll. Deshalb heben die Generalisierungen und die Metaphorik 9,3-5, nach der an dem Blindgeborenen die »Werke Gottes« offenkundig werden sollen, und besonders 9,16, wo solche »Zeichen« (Plural!) nicht von einem Sünder gewirkt sein können, die Episode auf ein grundsätzliches Reflexionsniveau: In der Konfrontation des Heilshandelns Jesu mit der Position »der Pharisäer« wird die Frage nach der Sündenursache generell (vgl. 9,1f. mit 9,40f.)[431] geklärt. Sie wird bis in die Gegenwart des Lesers hinein das Geschick der Jesusjünger bestimmen. Denn die Glaubensunfähigkeit von Leitungseliten zeigt sich im exemplarischen Verhalten der Pharisäer, das dem Jesu diametral widerspricht: Sie bürgern aus, marginalisieren und isolieren eine Minderheit gesellschaftlich aufgrund ihrer Überzeugungen. Jesus hingegen schließt bekanntlich (vgl. 9,22.34 mit 6,37) niemanden aus, der zu ihm kommen will (vgl. 1,35ff.).

Die Geschichte selbst ist — wie gesagt — kunstvoll und in sich kohärent[432] erzählt. Nach dem voll in die Erzählung integrierten knappen Bericht[433] von der Heilstat Jesu (V. 6-7) werden in sechs weiteren Szenen[434] (9,8-12.13-17.18-23.24-34.35-39.40-10,18) vor allem Befragungen unterschiedlicher Personen, aber an erster Stelle die Befragung des

---

430. Auf den symbolischen Wert der Heilungsgeschichte verweist schon BULTMANN, Theologie 397.
431. Vgl. STALEY, First Kiss, 63f. Anm. 38: Wie in 4,6 und 38 wird in 9,1 und 39.41 eine physikalische Kondition zuerst genannt, die später von Jesus metaphorisch benutzt wird.
432. Vgl. die umfassende Analyse aller Kohärenzmerkmale bei REIN, s. Anm. 423, 22-32.
433. Auf ihn wird ständig rekurriert: V. 10.14.17.21.26.30.32; vgl. DUKE, s. Anm. 422, 118: »Scholars differ on the original extent of the healing story, an indication that the author integrated it well.« Man beachte auch hier wieder die epische Gestaltung des Raumes. Die Raumsymbolik ist bei der Ableitung von »Siloam« mit Händen zu greifen.
434. Die Einteilung von Kap. 9 in sieben Szenen hat sich in der Forschung durchgesetzt: vgl. REIN, s. Anm. 423, 56f.; und vor allem J.A. DU RAND, A Syntactical and Narratological Reading of John 10 in Coherence with Chapter 9, in: J. BEUTLER / R.T. FORTNA (Hrsg.), Shepherd Discourse 94-115; 161-163.101.

Geheilten selbst geschildert. Anfangs fragen die Pharisäer indirekt[435], später ausdrücklich nach dem Wundertäter, den der Blinde ja selbst nicht hatte sehen können. In der letzten Szene wird ein Fazit aus der Sicht des johanneischen Jesus gezogen, um in 10,19-21 abrundend einen weiterbestehenden Dissens (vgl. die Steigerung von 7,20.43 über 8,42.52 nach 10,19f.) in der Gruppe »der Pharisäer«, die mit »den Juden« zu identifizieren ist[436], festzuhalten: Die einen unter ihnen meinen nach dem Geschehen urteilen zu können, Jesus sei besessen, andere wiederum widersprechen mit dem Argument, ein Dämonenbesessener könne keine Blinden (generalisierender Plural!) heilen.

Die einzelnen Befragungsszenen, die gegen Ende (ab V. 24) zum Verhör sich steigern, enthalten Erzählmotive, die dem Leser aus seiner bisherigen Lektüre schon bekannt erscheinen müssen. U.a.[437] wird wie in Kap. 5 der Geheilte von den Autoritäten nach der Identität des Wundertäters befragt, der am Sabbat Befehle zu erteilen wage (vgl. 5,10 mit 9,14), die zum Bruch der Sabbatruhe führen. Es kommt unter den Anwesenden zum Streit über Jesus (7,12.43; 9,16; vgl. 10,19), und einige wagen aus Furcht vor der Obrigkeit (7,13; 9,22; vgl. 12,42; 19,38; 20,19) nicht, offen zu reden. Wie in 7,27f.; 8,14f. wird im Rahmen einer Identifizierungsdebatte in 9,29 ebenfalls nach Jesu wahrer Herkunft gefragt. Außerdem kehrt Jesus wie 5,14 zum Geheilten zurück, um sich ihm zu erkennen zu geben (V. 35).

Über all diese auf eine Typisierungstendenz verweisenden Erzählanalogien hinaus fällt nun besonders die positive Charakterisierung des geheilten Blinden auf: Er gehorcht dem Wort Jesu (vgl. 4,50) und bleibt in allen Befragungen bis zum Abschlußverhör, das zu seinem Ausschluß aus der Synagogengemeinde führt, standhaft bei seiner Überzeugung, dass Jesus ihn geheilt habe. Deshalb müssten aus seiner Sicht jenem zweifellos spezielle Qualitäten zuerkannt werden. Ironischerweise wird er durch die hochnotpeinliche Befragungen der Gegner einer Sabbatheilung angehalten, schrittweise über Jesu wahre Identität nachzudenken (vgl. V. 11

---

435. In V. 10.14f.. geht es hauptsächlich um die Umstände, die zur Beseitigung des Geburtsschaden führten. Ab V. 16, als unter den Pharisäern zwei Positionen Jesus betreffend sichtbar werden, geht es um die Person des Wundertäters selbst. Als sie die Eltern befragen, fragen sie erneut nach den Umständen (V. 19), so haben die Befragten eine Chance, sich bedeckt zu halten (V. 21). Aber der kunstvoll zwischen V. 21 und 23 eingefügte Kommentar des Autors über ihren bereits gefaßten Beschluß, die Christus-Bekenner aus der Synagoge auszuschließen, macht ihre Interessenlage eindeutig: sie wollen die Identität Jesu festgestellt wissen. Deshalb steht die Frage nach den Umständen V. 26 nur noch an letzter Stelle und wird danach V. 30.32 aufgegeben.

436. Vgl. U. BUSSE, Offene Fragen zu Joh 10, NTS 33 (1987) 516-531.527 Anm. 14.

437. Vgl. den ausführlichen Vergleich zwischen Kap. 5 und 9 bei REIN, s. Anm. 423, 222-226. Wie man sieht, müßte er auf die Kapitel 7 und 8 noch ausgedehnt werden.

mit V. 17.33) und wird von ihnen (V. 26-29) erst auf die Jüngerproblematik gestoßen. Außerdem treiben sie ihn am Schluß direkt in die Hände Jesu, weil sie ihn mit ihrem Synagogenausschluß ausgebürgert und folglich heimatlos gemacht haben. Indem Jesus sich ihm als der Menschensohn zu erkennen gibt, bietet er ihm die Gelegenheit, seine vorangegangenen Überlegungen über die spezielle Eigenart des Wundertäters[438] mit dem Bekenntnis zur wahren Funktion Jesu zu beschließen. Er hat also durch Standhaftigkeit in Anfechtungen sowie durch theologische Reflexion selbst seinen Weg zum Glauben an den Menschensohn und dessen Aufgabe gefunden. Die exemplarische Darstellung wiederum spiegelt potentiell die aktuelle Lage des Lesers wider, der Jesus auch nicht mehr persönlich gekannt hat, aber ihm loyal bleiben soll.

Am Erzählschluß wird der Ankündigung V. 3-5 gemäß ein Fazit aus dieser sympathischen Einzelgeschichte formuliert: Die von Geburt Blinden werden sehend, aber jene, die meinten zu sehen, bleiben blind. So werden erkennbar auf metaphorischer Ebene die Aufgabe und die Folgen der Sendung Jesu als Menschensohn für den Leser resümiert. Die Einzelepisode hat unumkehrbar die endgültige Trennlinie zwischen Anhängern und Gegnern markiert. Denn nur so konnte der Erzähler einen — oberflächlich betrachtet — eklatanten Widerspruch bezüglich der Sendung Jesu zwischen der Aussage 3,17 (vgl. 5,22) »*Denn nicht dazu sandte Gott den Sohn in die Welt, dass er die Welt richte, sondern dass die Welt durch ihn gerettet werde*« und 9,39 vermeiden. Folglich dient die Erzählung auch der Illustrierung, auf welche Weise Menschen aus johanneischer Sicht ihr Urteil über sich selbst sprechen: Heilserfahrungen sensibilisieren entweder für die Suche nach dem Ursprungsort des Geschenks oder man bemißt die Heilsgabe insensibel nach einer Tradition, die die kreative Potenz göttlichen Wirkens in jeglicher Gegenwart (vgl. 5,17) ausklammern zu dürfen meint. Für die erste Möglichkeit steht in der Geschichte exemplarisch der von einem schweren Geburtsfehler Geheilte, für die zweite »die Pharisäer«, die sich als Mosejünger betrachten und dennoch meinen, den Geheilten aus der Synagoge, d.h. in der Antike, aus dem religiösen und gesellschaftlichen Lebensvollzug ausgrenzen zu dürfen. Ihr angestammtes Selbstbewußtsein, Sehende zu sein, wird von ihnen durch ihre Handlungsweise selbst in das Gegenteil verkehrt (vgl. 8,21.24). Deshalb scheidet sich an Jesus letztlich die Menschenwelt. Er kann nur

---

438. 9,31 wird Jesus vom Geheilten mit dem Attribut »gottesfürchtig, religiös« belegt, einem Adjektiv, das in der LXX, Philo, Josephus und den Pseudepigrapha die Frömmigkeit und den Gehorsam eines Juden Gott gegenüber konnotiert: vgl. P. TREBILCO, Jewish Communities in Asia Minor, SNTS.MS 69, Cambridge 1991, 146f.

noch den Urteilsspruch[439] bestätigen, den sie durch ihr Verhalten ihm gegenüber über sich selbst gefällt haben.

Da »die Pharisäer« durchgängig als Leitungselite charakterisiert werden, nimmt es nicht wunder, wenn abschließend in Aufnahme biblischer Hirten- und Herdenmetaphorik[440] die Folgen der Scheidung auch in ihrer Wertigkeit für zukünftige Jesusjünger in mehreren Amen-Worten definitv ausgedeutet werden[441]. Dem Leser wird metaphorisch ein Jüngerbild entworfen, in dem die Loyalität der Anhänger Jesu gegenüber der in 6,60-66 gezeigten gefestigt und beständig ist. Sie beruht auf einem loyalen Glauben (9,36), der sich durch Hören (9,7.10.16; 10,3.27) auf Jesu Stimme, Nachfolgen (10,4.27) und vor allem durch gegenseitiges Kennen (9,35-37; 10,14.27) auszeichnet. Gleichzeitig wird kontextgemäß polemisch das loyale Verhalten von Hirt und Herde mit dem kriminellen und verantwortungslosen Fehlverhalten[442] eines Teils der Zeitgenossen Jesu kontrastiert (vgl. 7,25-27.31f.40f.43; 9,16 mit 10,1.5.8.10.12). Außerdem werden mit der bildlich-theoretischen Definition der Jüngerschaft soteriologische Aussagen verbunden. Die mit einer Schafherde verglichenen Jünger können von Dieben und Räubern nicht mehr gestohlen, zerstreut, noch mit einem unentrinnbaren Ende (10,1.8.10.12) konfrontiert werden,

---

439. Der Autor wählt hier bewußt ein Wort, das zwar mit »Gericht« die Wurzel teilt, aber exakter den »Urteilsspruch« meint.

440. U.a. Jer 2,8; 23; Ez 16-17; 28,11-19; 34,14; Sach 11,4f.; 4Q171; 4Q270 Frg. 11, Kol. 1.13; 0QCD XIX 7f.; 1Q34 II; äth. Hen 89,12ff.; Jos., c. Ap. 1.241; P. Egerton 5 A 2.8. Bei der biblischen Hirtenmetaphorik ist es zudem auffällig, dass die traditionellen Hirten (vgl. z. B. äth. Hen 89,59-63.75; 90,22ff.) zumeist ihrem Berufsethos nicht entsprechen und deshalb eschatologische Hirten erwartet werden, die dem besser gerecht werden. Außerdem ist das Hirtenamt ursächlich eine königliche Funktion Gottes gegenüber Israel, die sich noch in späteren rabbinischen Gebeten niederschlägt: vgl. nur die im schon genannten P. Egerton 5 rudimentär erhaltene jüdische Amidah, wo in der Gebetseröffnung Gott gebeten wird, Israel zu »weiden« (Z. 2) bzw. es »die Schafe Deiner Weide« (Z. 8) genannt wird. Zum johanneischen Kontext noch passender schreibt Josephus (s.o.) in seiner Darstellung der antijüdischen Hetzschrift von Manetho, dass die nach Ägypten ausgewanderten aussätzigen Juden eine Gesandtschaft zu den »Hirten« in Jerusalem (vgl. Joh 1,24) gesandt hätten, um sich deren Unterstützung zu sichern.

441. Zu den Detailfragen des Hirtenkapitels nimmt der Sammelband J. BEUTLER / R.T. FORTNA (Hrsg.), The Shepherd Discourse, umfassend Stellung. – Die Frage, warum die Herdenmetaphorik 10,1 anfangs eine umfriedete Schafshürde voraussetzt, hat seinen Grund im traditionellen Herdenbild für Israel. So definiert der Hohepriester Eleazar (Arist. 139) Israels Verhalten folgendermaßen: »Und so umgab Er uns mit undurchdringlichem Gehege und eisernen Mauern, damit wir uns mit keinem der anderen Völker irgendwie vermischten, sondern rein an Leib und Seele und frei von törichtem Wahn blieben und den einen und mächtigen Gott über alle Kreatur verehrten«. Das militärische Bild vom schützenden Schild verwendet 3 Makk 7,6 in ähnlicher Weise.

442. Man beachte, dass ein Teil des Erzählinventars »nachfolgen«, »Hof«, »Tor«, »Türöffner« und »hineinführen« in 18,15ff. wiederverwendet wird.

weil der Hirte, Jesus selbst, konsequent bis hin zum Einsatz seines eigenen Lebens für sie sorgen wird (10,4.9.11.13.15.17f.). Seine Versprechen kulminieren in der Aussage, dass er ihnen unendliches Leben (vgl. 10, 10.28f.) schenken werde. Darum werde in seiner Fürsorge manifest, dass er exakt so handle, wie sein Vater an seiner Stelle gehandelt hätte. Wie jener so ist auch der Sohn Spender und Garant des Lebens (vgl. 5,21; 6,63), insofern man auf seine Stimme hört. Die »Pharisäer« verlieren hingegen ihre Leitungsfunktion über die Schafe Israels. Diese haben in Jesus einen tüchtigeren Hirten als jene durch ihre Handlungsweise enttarnten »Räuber« und »Mietlinge«[443] gefunden. Zusätzlich wird er die ihm anvertraute Herde noch um eine Anzahl Tiere erweitern, die ursprünglich nicht zu Israel gehörten, und seine Fürsorge auf alle ausdehnen und mit seinem Leben für sie haften.

Diese metaphorisch eingekleidete Aussage ergibt eine weitere, aus der Blindenheilung abgeleitete Konsequenz: Jesus schenkt nicht nur Heil und Glauben. Er bewahrt und behütet die Glaubenden (vgl. 17,12), falls sie ausgegrenzt werden sollten, auch verantwortungsvoll. Aber dies impliziert für ihn Leidensbereitschaft. Folglich steht zum Abschluß dieser außergewöhnlichen Komposition mit Recht eine Leidensweissagung johanneischer Prägung, die jedoch analog zur synoptischen Tradition mit der Auferstehungsaussage verknüpft bleibt (10,17f.): »Darum liebt mich mein Vater: Dass ich mein Leben einsetze, damit ich es abermals nehme. Keiner entreißt es mir, sondern selber — von mir aus — setze ich es ein«.

Damit ist über das Verhältnis einiger Zeitgenossen zu Jesus soviel gesagt: Die Sünde, in der sie sterben werden, besteht in ihrer beharrlichen Ablehnung, die Sendung Jesu als fürsorglicher Hirt bzw. Brot für die Welt anzuerkennen. Im Rechtsstreit Jesu mit seinen Landsleuten wurde bereits eine Grundlage ihrer Weigerung offengelegt. Sie lehnen ihn aufgrund ihrer bereits biblisch belegten Untreue gegenüber ihren Bundesverpflichtungen ab. Deshalb sind sie von diabolischen Mächten »von Anfang an« (8,44) gebunden und werden aus diesem Grund in der Sünde sterben. Deshalb werden sie auch nicht über Jesu obsiegen, obwohl sein

---

443. D.h. »Hirten« auf Zeit, die zudem durch Bestechlichkeit oder Machtanmaßung z.B. zu Verrätern an den wirklichen Interessen Gottes und seines Volks Israel geworden sind, vgl. in diesem despektierlichen Sinn auch: u.a. äth. Hen 89,59-90,18 und vor allem Demosthenes, De corona 38, »Waren dies wohl die Hoffnungen, auf die ihr hin Frieden machtet? Oder waren das die Verheißungen dieses Mietlings hier?«. — Der Grund, warum »die Pharisäer« bzw. »die Juden« Räuber genannt werden, erschließt sich erst aus 10,28-30: die von Gott Jesus übereigneten Schafe können wegen der Funktionseinheit der beiden nicht aus seiner Hand »geraubt« werden. — Das Motiv eines Machtwechsels wird bereits Lk 20,9-19 thematisiert.

Tod, oberflächlich betrachtet, so gedeutet werden könnte. Denn er setzt sein Leben aus freien Stücken für seine Schafe ein. Auf diese Weise hat jeder, der sich trotz aller Verfolgungen loyal zu den Heilsgeschenken Jesu bekennt, in ihm einen überaus kompetenten Hirten gefunden.

Mit der Hirtenmetapher ist bekanntlich zugleich die biblische Königsideologie verknüpft. Sie auf diesen Text appliziert besagt, dass Jesus zukünftig über ein eschatologisches Volk, das sich aus Israel und aus anderen Völkern zusammensetzt, fürsorglich herrschen wird, zumal deren früheren Hirten sich als Räuber und Mietlinge erwiesen haben, weil sie meinten, trotz ihrer Blindheit zu sehen und damit ihren wahren Zustand verneinten, ebenso hilfsbedürftig wie der Blindgeborene zu sein. — Lit. s.u. S. 447-480.

d. Der endgültige Bruch über den Anspruch Jesu am Tempelweihfest, 10,22-39

Mit dem letzten Versuch, Jesus im Tempel zu steinigen (8,59) und der anschließenden Ausgrenzung des von einem Geburtsfehler geheilten und zum Anhänger Jesu gewordenen Mann aus der Synagoge (9,34), ist ein Erzählstadium erreicht, in dem die dramatischen Ereignisse einer endgültigen Klärung und Trennung zusteuern. Vorgezeichnet war die Entwicklung in den Kapiteln 5 und 6 worden, in denen Jesus, mit überragendem Wissen ausgestattet, bereits theoretisch den Verlauf der in Kap. 7-10 geschilderten geschichtlichen Vorfälle skizziert hatte: Er als Sohn stehe in einem besonders engen und vertrauensvollen Verhältnis zu seinem Vater. Er handele auch dementsprechend (5,19-30), so dass Gott ihn in Gestalt seiner Werke bezeugt (5,31ff.). Doch »die Juden« würden ihn wegen angeblichen Sabbatbruchs und seines blasphemischen Anspruchs, mit Gott gleich zu sein (5,16-18)[444], zu töten versuchen. Seine Sendung, die mit seinem gewaltsamen Tod enden werde, gewänne aber gerade dadurch letztendlich die anvisierte soteriologische Funktion, dass die an ihn Glaubenden mit göttlicher Speise erquickt würden, die zum unendlichen Leben gereicht (Kap. 6).

Da der von ihm selbst angekündigte Ausgang des Konfliktes in Kap. 10 noch nicht erreicht zu sein scheint, bleibt auch die Frage nach seiner Identität und Funktion für »die Juden« weiterhin virulent. Denn ihr letztes Zusammentreffen mit ihm hatte wiederum mit einem »*Schisma*« (10,19-21) unter ihnen geendet. Kontextgemäß müssen sie sich von ihm so auf

---

444. Die Parallelität zwischen Kap. 5 und 10,22-42 hebt mit Recht G. MLAKUZHYIL, The Christocentric Literary Structure of the Fourth Gospel, Rom 1987, 313f., hervor.

die Folter gespannt fühlen, dass sie ihn nun unbedingt stellen möchten, um ihre Fragen nach der Legitimität seines Anspruches endlich beantwortet zu bekommen. Denn sie haben wiederum den Sinn seiner Ausführungen über seine Hirtenfunktion nicht verstanden (10,6). Sie sind erwartungsgemäß vollkommen auf die Messiasfrage (vgl. 1,19 mit 9,22) fixiert. Doch Jesus, der gerade noch seine Leitungsposition mit dem Hirtenbild umschrieben hatte, antwortet wiederum nicht mit einem eindeutigen Ja oder Nein, sondern verweist auf seine bisherigen Worte und Taten. Besonders die letzteren verwiesen seiner Meinung nach eindeutig auf den wirklichen Urheber, auf seinen Vater! Aber zugleich weist er sie mit überlegenem Wissen, das ihn von Anfang an auszeichnete, provokativ darauf hin, dass sie ihm auch jetzt nicht glauben würden, weil sie bekanntlich nicht zu seinen Schafen (9,39-10,18) gehörten. Ein genaues Hinsehen macht deutlich, was der Erzähler V. 27-28 aus der vorangegangenen Hirtenmetaphorik hier besonders aktualisiert wissen will: Die Schafe hören (10,3), kennen (9,37; 10,14f.) und folgen ihm (10,4), so dass keines verloren geht (10,10), noch ihm entrissen (vgl. 10,1.8.10 mit V. 12) werden kann, sondern er gibt ihnen unendliches Leben (Kap. 6)[445]. Die letzte Aussage ist gegenüber 10,1-18 neu. Diese spezifische Herde wurde Jesus vom Vater übereignet. Jener möchte ihre Lebensintegrität garantiert sehen. Beide haben also das gleiche Interesse am Bestand der Herde. Darin sind sie wie in ihrer Handlungsweise konform (V. 30), obwohl in V. 29 unüberhörbar eine entscheidende Differenz zwischen Vater und Sohn benannt ist. Dass kein »Tier« dem irdischen »Hirten« verloren geht, liegt nämlich im Interesse der allen Weltkräften überlegenen Macht seines Vaters[446], an der aber nur der Sohn partizipieren darf. Trotz bzw. gerade wegen dieser Auskunft erheben die Fragenden Steine, um ihn wegen angeblicher Blasphemie zu lynchen.

Den wahren Grund für ihre Reaktion zu erschließen, ist besonders wichtig, um die zentrale christologische Streitfrage adäquat beantworten zu können, ob hier eine Wesens- oder Willenseinheit zwischen Jesus und

---

445. Interessant ist die Beobachtung, dass der Autor, die Gabe des unendlichen Lebens an die Schafe in der Hirtenmetaphorik nicht direkt thematisiert hat, sondern dort vor allem auf die freiwillige Lebenshingabe Jesu rekurriert, die mit seiner ebenso »eigenmächtig« vollzogenen Auferstehung enden wird. Der in menschlicher Entscheidungsfreiheit angenommene Tod setzt zugleich die Auferstehungsvollmacht Jesu frei. Diese beiden zusammen sind die Voraussetzung für das Geschenk des unendlichen Lebens an die Gläubigen.

446. Man beachte, dass V. 29 die Aussage des vorangegangenen Verses begründet, indem V. 29c auf V. 28c direkt Bezug nimmt. Aber dort über V. 28c hinaus ausgeführt wird, dass den Vater niemand bestehlen »kann«. Die Einheit (beachte das Neutrum und nicht das Maskulinum!) zwischen Vater und Sohn besteht also in ihrer Interessenkonformität und Machtübereignung in bezug auf die Schafsherde.

Gott behauptet werde. Die Interessen- und Handlungskonformität zwischen Vater und Sohn bezog sich eindeutig auf die Schafherde, die Jesus (dem Hirten) vom Vater gegeben wurde. Der Anspruch, sie als Hirt weiden zu dürfen, sowie sie vor »Räubern und Dieben« für alle Zeiten zu schützen, deckt sich also mit dem Willen Gottes, der ebenso, nur mit authentischer Macht, handeln würde. Der unbändige Zorn der Zuhörer richtet sich also darauf, dass »ein Mensch« (V. 33c) den Anspruch auf das Hirtenamt erhebt, das sie beanspruchen, selbst innezuhaben (Kap. 9). Sie haben bislang mit amtlichen Maßnahmen und Repressalien u.a. versucht, Geheilte von ihrer wahren Bestimmung abzuhalten, Jesus als heilenden Menschensohn zu bekennen. Dadurch haben jene sich als blinde Blindenführer selbst enttarnt. In dem Problem von legitimer bzw. illegitimer Leitung liegt das eigentliche Motiv für ihren Vorwurf, Jesus habe sich mit Gott auf eine Stufe gestellt (10,30). Sie können und wollen nicht akzeptieren, dass Jesus von Gott das Hirtenamt über dessen Herde verliehen worden ist und diese Bevollmächtigung durch seine Heilstaten belegen kann. Sie setzen dagegen ihre Behauptung, er habe sich diese Funktion eigenmächtig und somit illegitim angeeignet. Indem er Gott exklusiv für sich beanspruche, der doch für alle Zeiten ihnen als Abrahamskinder (8,33) bzw. Mosejünger (9,28) dieses Amt übereignet habe, überhebe er sich selbst.

In dieser höchst gefährlichen und brisanten Situation versucht Jesus noch einmal, sie von der Rechtmäßigkeit seiner Position zu überzeugen. Er rekurriert erneut auf die Schrift als für beide Parteien maßgebliche und bindende Autorität, diesmal auf Ps 81 (82) 6 LXX. Die Schriftstelle wird für eine ausführliche Argumentationskette Jesu gegen den Vorwurf herangezogen, er habe sich lästerlicherweise zu Gott machen wollen. Unter dem Vorbehalt, dass der Erzähler die Kenntnis des gesamten Psalms beim Leser voraussetzt, läßt sich feststellen, dass dort in mythischer Redeweise ein zum aktuellen analoges Herrschaftsproblem[447], nun aber zwischen »Göttern« im göttlichen Bereich ausdiskutiert wurde. Es geht nämlich in dem Psalm darum, dass JHWE ein vorhergehendes, ungerechtes Regiment der »Götter«, die den Unterdrückten und Waisen kein Recht verschafft haben, mit seiner Herrschaft ablösen wird. Der Hinweis auf die Schrift und das Schlußverfahren a minori ad majus wäre unpassend, wenn er als Beweis für die Wesenseinheit hätte dienen sollen. Denn kein Zuhörer hätte aus Ps 82 je geschlossen, dass den »Göttern« etwa als korrupten Richtern gleichrangige Seinskompetenz wie JHWE eignen könne.

---

447. Auf geschichtlicher Ebene wird dasselbe Problem in 2 Sam 15-16 abgehandelt.

Vielmehr wird ihnen Ps 82,7 in prophetischer Manier[448] (10,35b) die Unsterblichkeit genommen und ein menschlicher Tod angesagt. Dies entspricht exakt 8,21.24. Außerdem läßt sich eine weitere Aussage (Ps 82,5), die »Götter« hätten aufgrund ihres Fehlverhaltens in der Finsternis gewandelt, mit 3,19f. vergleichen. Wenn schon in der Schrift allein die Voraussetzung »Ihr seid Götter!« Anlaß genug war, dass Gott sie anschließend zur Sterblichkeit verurteilte, so droht den Gegnern Jesu aufgrund ihres Verhalten nun das gleiche Geschick.

Aber umgekehrt darf er sich mit noch größerem Recht »Sohn Gottes« nennen[449], weil man in seinen Heilstaten an den von einer Teilnahme am Tempelkult Ausgegrenzten auch seine Konformität mit der Gottesherrschaft erkennen kann. Diese können seine Zuhörer vor allem in seinen Werken erkennen (vgl. 10,38c-e mit 10,25): Er und der Vater sind darin eins, dass er nur Gottes Werke vollbringt. Nur der Gottgesandte, der alles, was er sagt und tut, im Einklang mit dem Vater vollzieht[450], ist fähig, dessen Stellvertreter im Kosmos zu sein. Das Sein des präexistenten Logos hat dieser bei seiner Inkarnation insofern abgelegt[451], als nur durch die Handlungseinheit des Gesandten mit Gott beide wirklich erkennbar sind. So fallen auch hier letztlich Theologie und Christologie zusammen. Diesen Sachverhalt hat Weizsäcker[452] bereits unübertrefflich formuliert: »Wir werden also nicht sagen: weil er sich seiner als des Logos Gottes selbst bewußt ist, ist er das Heil der Welt, sondern vielmehr, weil er die Bestimmung hat, der Welt das Heil zu geben, den Vater zu offenbaren, weiß er sich als den, in welchem der Logos Gottes ist, und diese Bestimmung ist der Grund, warum er sich vom Vater gesandt weiß, vgl. 10,36.

---

448. Vgl. H.-W. JÜNGLING, Der Tod der Götter. Eine Untersuchung zu Ps 82, SBS 38, Stuttgart 1969, 73-76.

449. Die in der angelsächsischen Exegese weiter verbreitete Auffassung, der Hinweis auf Ps 82,6 setze im Midrasch den Vergleich mit Israel bei der Toraverleihung am Sinai voraus, übersieht die Nähe des joh. Vergleich mit der Gerichtsfunktion Jesu: vgl. 9,39. Zum Stand dieser Auslegungstradition vgl. J.H. NEYREY, »I Said You Are Gods«: Ps 82:6 and John 10, JBL 108 (1989) 647-663.

450. Vgl. die immer wiederkehrende These von der Handlungseinheit des Sohnes mit dem Vater: u.a. 4,34; 5,30-37; 6,38f.; 7,16.33-36; 8,16-26; 9,4; 12,44-49; 17,4.

451. Nicht umsonst gebraucht der Autor in diesem Kontext das Verb »heiligen«, d.h. in einem kultischen Verständnis nichts anderes als »aussondern«. A. OBERMANN, Die christologische Erfüllung der Schrift im Johannesevangelium, WUNT 2/83, Tübingen 1996, 168-185, denkt ähnlich, läßt sich aber von der schwierigen Auslegungstradition verwirren. Es geht in dieser Perikope nicht so sehr um grundlegende christologische Fragen (etwa um »Ursprungseinheit«), sondern um die argumentative Auflösung des Konflikts Jesu mit der jüdischen Leitungselite um seinen Anspruch, die Herde, d.h. Israel, an ihrer Stelle weiden zu dürfen. Sie haben wie »die Götter« damals versagt und sind deshalb verurteilt worden, ihre Herrschaft an ihn abzutreten.

452. WEIZSÄCKER, Selbstzeugniß 198.

Sein Selbstbewußtsein geht nicht von der göttlichen Logospersönlichkeit aus, sondern von seiner *Berufsgewißheit*, welche ihm das Bewußtsein der Gegenwart Gottes in ihm selbst gibt«.

Aber auch diese stringente Argumentation mit der Schrift fruchtet bei »den Juden« ebenso wenig wie früher, sondern sie versuchen erneut (7,30.32.44; 8,20), ihn zu verhaften. Aus johanneischer Sicht jedoch »*entkam er ihrer Hand*« (V. 39b) und offenbart so noch einmal seine ihnen weit überlegene Macht, der nichts »aus der Hand« (V. 28c) genommen werden kann, es sei denn, es sei so von Gott gewollt (vgl. 8,20c). – Lit. s.u. S. 480.

e. Jesu Rückkehr zum Ausgangspunkt seines Wirkens, 10,40-42

Nach wiederholtem Angriff auf sein Leben kehrt Jesus nach Bethsaida zum Ausgangspunkt seines öffentlichen Wirkens zurück, »jenseits des Jordans, wo einst Johannes taufte«. Seit langem[453] ist der Rückverweis 10,40 auf 1,28 als kompositorisches Gliederungssignal angesehen worden. Neuerdings hat H. Thyen[454] mit Hinweis auf das auffällige Präteritum »*war*« V. 41 noch angemerkt, dass die nun nach Bethsaida zu Jesus Strömenden Johannes, seinem ersten irdischen Zeugen, der auch vor der Obrigkeit der Wahrheit über ihn treu geblieben war (5,33), »hier wie Mk 5,29 dem zum Blutzeugen gewordenen treuen μάρτυς ein Epitaph errichtet und damit zum Abschluß gebracht [haben], was 1,19ff. begann«. Dem ist nichts hinzuzufügen.

Doch darf man an die antike Literatur nicht moderne Ansprüche stellen und meinen, mit Kap. 11 begänne ein zweiter Teil, der mit dem ersten wenig zu tun habe. Das Gegenteil ist der Fall! Alles, was anschließend berichtet wird, baut auf dem ersten Teil auf, setzt ihn voraus und das Folgende wurde in ihm schon angelegt. Die antiken Literaten liebten den »gleitenden Übergang« und konnten sich so die Überschriften sparen. Für diesen Erzähler aber war es vor allem wichtig, darauf hinweisen zu können, dass »die Juden« zwar schon beim Zeugen Johannes den Messias suchten, wen sie aber hätten finden können, war der »Sohn Gottes«

---

453. M. W. hat schon D. RANKE, Plan und Bau des Johanneischen Evangeliums, Berlin 1854, 10, darauf hingewiesen, dass der Rückverweis auf 1,19ff. ein kompositorisches Gliederungssignal sei. Er teilt deshalb das Evangelium konsequent in zwei Teile: Kap. 1-10 und 11-20 und merkt dazu an: »es zerlegt sich von selbst in zwei große Theile von fast gleichem Umfang, die doch innerlich wieder unter einander vollständig verbunden das Ganze als völlige Einheit erscheinen lassen«. Vgl. dazu auch T. ONUKI, Sammelbericht als Kommunikation. Studien zur Erzählkunst der Evangelien, WMANT 73, Neukirchen-Vluyn 1997, 78, der nicht nur den Rückverweis auf 1,28 unterstreicht, sondern auch sieht, dass die Erwähnung des Glaubens von »vielen« die nächste Begebenheit, besonders 11,45, vorbereiten hilft.

454. THYEN, Palimpsest 2026.

(vgl. 1,34 mit 10,36). Aber hatte den nicht Johannes bereits bis zur letzten Konsequenz[455] bezeugt?

11. DIE VORBEREITUNG DER »SCHWELLEN-STUNDE«, 11,1–12,50

Mit der Rückkehr Jesu gerade an den Ort (1,28), wo Johannes seine Lebensaufgabe als Zeuge für Jesus erstmals in der erzählten Welt des Evangelisten manifestierte, scheint ein zentraler Abschnitt des öffentlichen Wirkens Jesu ebenfalls zu Ende gegangen zu sein. Doch schon die irritierende neue Ortsangabe »Bethanien« (vgl. 11,18)[456], gleichnamig mit dem aktuellen Aufenthaltsort Jesu »jenseits des Jordans«, will zusammen mit der Partikel »*aber*« den neuen Erzählabschnitt, der sich bis 12,50[457] erstrecken wird, von jenem absetzen und zugleich mit ihm verbinden. Analog zu dem literarischen Verfahren in Kap. 5 und 6 wird auch hier in zwei Kapiteln ein thematisch geschlossener Abschnitt beendet und zugleich zu einem weiteren übergeleitet[458]: Jesus nähert sich der Schwelle, die ihm von vornherein (2,4) zu überschreiten bestimmt ist. Es steht »die Stunde« seines Übertritts aus dieser Welt in die seines Vaters bevor. Sie ist zugleich die Stunde der Scheidung zwischen denen, die weiter in der Finsternis wandeln wollen (vgl. 3,19f. mit 12,35), um sich selbst das Urteil über ihre Taten (vgl. 9,39 mit 12,47f.) zu sprechen, und denen, die trotz aller Gefährdungen an ihn glauben. Ganz im Sinne einer Überleitung illustriert die Eröffnungsepisode des Abschnittes, die Erweckung des Lazarus, rückblickend das soteriologische Gewicht Jesu (vgl. 10,9.27f. mit 12,47f) für alle von ihm Geliebten. Die anschließende Verurteilung Jesu zum Tode signalisiert dem Leser dessen bevorstehende Passion und das Auftreten der Hellenen lenkt dessen Blick auf die zukünftig verbreitertere Basis seiner Herde. Alle diese Ereignisse wiederum sind

---

455. Beachte auch die Überlegungen von E. BAMMEL, »John Did No Miracle«, in: C.F.D. MOULE (ed.), Miracles. Cambridge Studies in their Philosophy and History, 1965, 179-202, zur Frage, warum Johannes keine »Zeichen« wirkte. Diese Notiz weist — noch einmal bewußt akzentuiert — auf die besondere Funktion des Zeugen im Johannesevangelium hin: Er bezeugt den Zeichen wirkenden Sohn Gottes.

456. Erst in 11,18 wird die Ortslage »nahe bei Jerusalem — etwa 15 Stadien entfernt« exakt definiert. Bis 11,7, wo Jesus seine Jünger darüber informiert, er wolle erneut nach Judäa gehen, konnte der Leser meinen, Lazarus und seine beiden Schwestern seien aus dem Ort gebürtig, an dem Jesus sich gerade befindet. Das hier genannte judäische Bethanien spielt bei den Synoptikern nur in der Passionsgeschichte Jesu eine Rolle.

457. Die kunstvoll stilisierte Einleitung 13,1 weist auf einen erzählerischen Neuanfang hin.

458. Vgl. HAHN, Prozeß Jesu 28.

gebunden an den Übergangsprozeß, der mit Jesu Passion für alle Beteiligten eingeleitet wird (vgl. 12,24). Doch bevor von diesem 13,1ff. berichtet wird, fasst der Erzähler das in Jesu öffentlichem Wirken Erreichte 12,37ff. abschließend zusammen.

a. Die Erweckung des Lazarus: das Passions- und Lebenszeichen, 11,1-46

In den Kapiteln 9 und 10 war bereits versteckt ein Diskurs über die gegenüber 6,60ff. vertiefte Sicht zukünftiger Jüngerschaft eröffnet worden. Exemplarisch[459] wird in der Lazarusperikope nun gezeigt, auf welche Weise Jesus jemandem zur Hilfe eilt, der ihm aufgrund eines tiefen persönlichen Kontakts[460] nahe steht und verbunden ist. Eingangs wird der Leser in Kenntnis gesetzt, dass es neben den Jesus begleitenden Jüngern noch andere gibt, die ortsgebunden sind und ihn von dort über die schwere Erkrankung eines seiner Freunde benachrichtigen. Nur Jesus kennt den tödlichen Ausgang der Krankheit, verschiebt aber seine Abreise zu dem judäischen Dorf um zwei Tage. Die Jünger hingegen fürchten um sein Leben, aber erklären sich schließlich bereit, ihm — wenn es sein müßte in den Tod (!) — zu folgen. Als aber dort bekannt wird, dass Jesus endlich kommt, verläßt eine der beiden Schwestern des Verstorbenen, Marta, das mit vielen Beileidsbekundenden gefüllte Trauerhaus[461], um ihm entgegenzugehen. Als sie ihn trifft, versichert sie ihm, wenn er anwesend gewesen wäre, wäre ihr Bruder Lazarus nicht gestorben. Aber aus dieser Gewißheit wächst auch ihre Hoffnung, dass Gott Jesus keine Bitte abschlagen könne. Jesus bestätigt Marta, dass ihr Bruder in der Tat auferstehen werde. Sie mißversteht ihn jedoch und meint, er spreche von der Auferstehung der Toten am Ende aller Tage, an der auch Lazarus teilhaben werde. Das Mißverständnis gibt Jesus die Gelegenheit, sein Selbstverständnis in bezug auf die ihm Anvertrauten, d.h. Glaubenden, noch einmal exakt zu definieren. Er, der gemäß 1,4.12-13 das unzerstörbare Leben ist, läßt sich nicht durch den Tod einen Freund aus den Händen reißen (10,28f.), vielmehr wird er ihm unzerbrüchliches Leben schenken. Davon ist Marta ebenfalls überzeugt, da er in ihren Augen schon immer

---

459. Die Einleitung der Perikope ist wie die Gleichnisse im lukanischen Reisebericht exemplarisch formuliert: vgl. U. BUSSE, Johannes und Lukas: Die Lazarusperikope, Frucht eines Kommunikationsprozesses, BEThL 101, 1992, 281-306.296.

460. Dies wird in der Antike mit »Liebe« bezeichnet: vgl. u.a. A. FÜRST, Freundschaft als Tugend. Über den Verlust der Wirklichkeit im antiken Freundschaftsbegriff, Gymn. 104 (1997) 413-433.413f. Eine emotionale Bindung hingegen ist eine moderne Verengung der Begrifflichkeit.

461. Zur zeitgenössischen und toragemäßen Tröstung von Trauernden vgl. BILL. IV.1, S. 592-607.

der Christus, der Sohn Gottes, war, der in die Welt gekommen ist (vgl. 1,9f.; 3,19; 6,14). Deshalb sieht er sich gefordert zu handeln.

Narrativ wird der Fortschritt in der Erzählhandlung durch einen Personenwechsel zur anderen Schwester des Lazarus, Maria, markiert (V. 28). Sie wird von ihrer Schwester heimlich von der Ankunft Jesu informiert und macht sich in Begleitung von torafrommen Dorfbewohnern (V. 31), die zuerst V. 19 erwähnt wurden, zu ihm auf. Das Gespräch zwischen Jesus und ihr ähnelt in vielem[462] dem vorangegangenen mit Marta, gewinnt aber einen besonderen Charakter, da es zum einen öffentlich ist, zum anderen Jesus auf die Trauer seiner Umgebung mit persönlichem Schmerz (V. 33-38) reagiert. Seine vielen Auslegern unverständliche, weil so menschliche Reaktion, liegt nicht so sehr begründet in seiner Anteilnahme an dem plötzlichen Verlust eines Freundes, was einige der Anwesenden ihm wohlwollend unterstellen (V. 36), sondern vielmehr in seinem Wissen um seinen eigenen, nahe bevorstehenden Tod[463]. Dies wird sichtbar in seiner Reaktion auf den Hinweis Martas[464], ihr Bruder liege schon vier Tage im Grab und der Zersetzungsprozess des Leichnams sei schon weit fortgeschritten (V. 39). Jesus hingegen rekurriert auf seine anfängliche Aussage (vgl. V. 40 mit V. 4)[465] zu den Abgesandten der beiden Geschwister, dass die Krankheit Lazari nicht zum Tode sei, sondern (wie sein eigenes Sterben) der Verherrlichung Gottes (vgl. 17,1) diene. Sein anschließendes Gebet und die dadurch ermöglichte Auferweckung des Toten bestätigt nicht nur die Überzeugung Martas V. 22, dass Gott[466] ihm keine Bitte abschlagen werde, sondern der die Auferweckung beschließende Befehl Jesu, Lazarus aus seinen Leichentüchern zu befreien, weist schon auf eine anscheinend nebensächliche Notiz 20,5f. voraus. Dort wird berichtet werden, dass die beiden zum Grab Jesu eilenden Jünger nur dessen Leichentücher aufgefaltet vorgefunden hätten. Aus

---

462. Vgl. 11,29b mit 11,20; 11,30c mit 11,20; 11,31bc mit 11,19b; 11,32ef mit 11,21bc.
463. Vgl. die ausführliche Diskussion der exegetischen Positionen bei LINDARS 398f.
464. Sie ist ebenfalls anwesend, was aber erst jetzt ausdrücklich gesagt wird.
465. In V. 40 muß sich der aufmerksame Leser fragen, wann Jesus dies zu Marta gesagt haben soll. Jedenfalls kann er sich nicht erinnern, dies im ersten Dialog V. 20-27 gelesen zu haben. Doch erinnert er sich, dass V. 20 davon gesprochen wurde, dass Marta »gehört habe«, Jesus komme. Diese unscheinbare Information, kombiniert mit der Aussage Jesu V. 4, legt ihm nahe, an eine Rückkehr der Gesandtschaft zu denken, die ihr diese Botschaft Jesu allein mitgeteilt haben kann.
466. Die Gebetshaltung und das Gebet selbst zeigen noch einmal, wie der Autor 10,30 verstanden wissen will, nämlich funktional: Jesus handelt nur in Abstimmung mit seinem himmlischen Vater, aber dann in der Weise, wie Gott auch gehandelt hätte. Er repräsentiert die der Menschenwelt wohlwollend zugewandte Seite Gottes.

der Notiz läßt sich aber erschließen, dass Jesus sich selbst aus den Fesseln des Todes befreit haben muß (vgl. 10,18). Dadurch wird die Lazarus-Erweckung zu einem Zeichen, das vorweg auf das Ereignis verweist, dem Lazarus und mit ihm alle Glaubenden ihr unzerstörbares Leben verdanken: die Auferstehung Jesu.

Die Doppelbödigkeit der Argumentation des Erzählers war bereits in der Exposition bemerkbar. Dort wurde in V. 2 — von einigen Exegeten als voreilige Information gewertet[467] — auf die Salbung des *Kyrios* Jesus auf dessen Tod hin (vgl. Mk 14,8) angespielt: ein mehr als deutlicher Hinweis auf die baldige Passion Jesu. Auch die Lokalisierung des Geschehens in Bethanien, einem Ort, der bei den Synoptikern nur im Zusammenhang der Passionsgeschichte erwähnt wird, verweist einen kundigen Leser auf Jesu gewaltsames Geschick[468]. Gleichfalls enthält der Dialog Jesu mit seinen Jüngern (V. 7-16) ausreichende Indizien, dass von beiden Seiten die Todesgefahr[469] gesehen wurde. Jesus selbst (V. 9f.) weiß um seine Abhängigkeit vom Vater, der seine Todesstunde aber noch nicht festlegt hat. Deshalb verbleibt ihm noch ein wenig Zeit. Die Jünger sind bereit — wenn auch zögerlich — mit ihm in den Tod zu gehen (V. 16). Aber vor allem die Aussage V. 4, die V. 40 wiederholt wird, läßt aufhorchen. Denn ein aufmerksamer Leser hat noch den Kommentar 7,39 (vgl. 8,54 [12,16.23.28;13,31f.]) im Ohr, der die Verherrlichung des Sohnes mit dessen Tod und Auferstehung verknüpfte. Somit steht die Auferweckung Lazari in engster Verbindung mit Jesu eigener Auferstehung und soll letztlich von dort her verstanden werden.

Die hier angewandte literarische Technik läßt die Perspektive des Erzählers ständig zwischen einer vorösterlich begrenzten Erkenntnis- und einer nachösterlich theologisch-kundigen Reflexionsebene wechseln. Der Nachvollzug dieses kunstvolles Wechsels zwischen zwei Sichtweisen wird dem Rezipienten nicht nur aufgrund seiner bislang bei der Lektüre

---

467. Vgl. BUSSE, s. Anm. 459, 292.297f.

468. Verwiesen werden muß auch auf die Aussage 5,40, wo den »Juden« unterstellt wird, sie wollten nicht »zu« Jesus kommen, um Leben zu haben. Die Geschwister jedoch senden »zu« ihm, als sie ihren Bruder in höchster Lebensgefahr sehen und sind sich beide sicher, dass Lazarus nicht gestorben wäre, wenn Jesus anwesend gewesen wäre.

469. Der Unterschied zwischen Tageslicht und nächtlichem Dunkel ist auf griechischen wie lateinischen Epitaphen Ausdruck für die Differenz zwischen Leben und Tod: vgl. R. LATTIMORE, Themes in Greek and Latin Epitaphs, ISLL 28, Urbana 1942, 161-164; Auch das Thema »Schlafen« verweist dort mit starkem jüdischen Hintergrund (s. S. 164 Anm. 50) auf Sterben und Tod. Die Jünger akzeptieren nur die real-pragmatische Bedeutung und klammern den euphemistischen, metaphorischen Sinn für Tod, der jedoch von Jesus gemeint ist, aus. Der Dialog zwischen Jesus und seiner Begleitung ist also durchgängig vom Todesthema bestimmt.

gewonnenen Kenntnis, sondern auch durch die verschiedenen metaphorischen Aussagen in Kap.11 erleichtert. Die Krankheit des Lazarus ist auch deshalb nicht zum Tode, weil der Vollzug des anschließend berichteten Todesbeschlusses des Synhedriums über Jesus paradoxerweise exakt das bewirkt, was die Sehnsucht nicht nur der beiden Schwestern, sondern vieler ist, nämlich mit Gott verbunden die Gebrochenheit des eigenen Lebens zu überwinden. Nach der theologischen Vorgabe des Erzählers vermag der gewaltsame Tod Jesu diese zu erfüllen. Denn der Sohn erfüllt vorgezogen in der Zeichenhandlung bespielhaft das, was er 5,20f. für die Zukunft versprochen (vgl. 7,15.21) und im Übergang vom Tod zum österlichen Leben bewirken wird: »Und noch größere Werke als diese wird Er ihm zeigen, so dass ihr staunen werdet. Wie nämlich der Vater die Toten lebendig macht, ebenso macht der Sohn lebendig, welche er will.«

Wer bis hierher dem Evangelisten in seinem Gedankengang gefolgt ist, der bemerkt, dass er die gesamte Lazarusepisode als ein »episches Hologramm« verstanden wissen will: Narrativ in die letzten Tage Jesu vor seiner Gefangennahme[470] zurückverlegt, deutet sie schon das Heils- bzw. Unheilsgeschehen[471], was damit — nun voraussehbar — verbunden ist, theologisch aus. Eingebunden in den narrativen Kontext interpretiert hier der Evangelist proleptisch (vgl. 12,10f.) schon die befreiende Heilskraft des Todesgeschicks Jesu. Dabei wahrt er aber seine Tendenz, von einem noch nicht hinreichenden Glauben der Jünger bzw. Jüngerinnen vor Ostern und möglicherweise darüber hinaus zu sprechen. — Lit. s.u. S. 481-483.

b. Der Todesbeschluß des Synhedriums, 11,47-54

Die konträre Bewertung der Auferweckung unter den Anwesenden (V. 45f.) — die einen reagieren darauf mit Glauben, andere wiederum gehen zu den Pharisäern (vgl. 5,15), um ihnen die Tat zu melden — signalisiert dem Leser schon, dass von seiten der Leitungseliten nun Konsequenzen gezogen werden müssen. In der Tat tritt das Synhedrium zusammen, um den Fall abschließend[472] zu beraten. Zuerst starren alle Ratsherren noch

---

470. Noch sind die Meinungen der anwesenden »Juden« über Jesu Verhalten, wie so oft vorher, gespalten: vgl. V. 36f.45f.
471. Deshalb folgt auf 5,22 direkt das Gerichtsmotiv, mit dem er auch den Bericht des öffentlichen Wirkens Jesu beschliessen wird: 12,47ff.
472. Darauf weist schon die plurale Formulierung »dieser Mensch tut viele Zeichen« hin.

wie hypnotisiert[473] auf die potentielle Gefahr für das Gemeinwesen, die von Jesus ausgeht, und erwarten eine römische Intervention, wenn von ihnen nicht umgehend politische Maßnahmen gegen ihn eingeleitet werden, bis der Hohepriester »jenes Jahres«[474] den gordischen Knoten mit seinem machtpolitisch verständlichen Vorschlag durchschlägt, man könne die Gefahr bannen, indem man Jesus allein opfere. Dieser Vorgehensweise stimmen alle zu, ohne ein ordentliches Gerichtsverfahren (vgl. 7,51) verlangt zu haben. Doch noch immer (vgl. 8,59; 10,39) kann man Jesus nichts anhaben. Er weicht in die Stadt Ephraim aus, die nahe der Wüste gelegen ist. Dort bleibt er mit seinen Jüngern, weil er sich nun nicht mehr »*frei*« bewegen kann. Dies ist ein weiterer Hinweis, dass Jesu Uhr bald endgültig abgelaufen ist.

Der Vorschlag des Hohenpriesters wird jedoch vom Erzähler[475] überraschend positiv[476] gewürdigt, indem er von sich aus V. 51f. einschiebt. In seinem Kommentarwort unterstreicht er nicht nur die abgrundtiefe Ironie des Tötungsbeschlusses[477], dass gerade in dem vermeintlichen »Bauernopfer« die eigentliche Lösung des Problems liegt, weil die Politiker damit die spätere Tempelzerstörung selbst verursacht haben (vgl. 2,19-21), sondern auch dessen soteriologische Signifikanz. Jesu Tod geschieht nicht allein »*für*« (vgl. 6,51; 10,11.15) das Volk (vgl. 11,50f. mit 18,14.35), sondern hat zugleich universale Bedeutung, weil dadurch erst die nachösterliche Sammlungsbewegung der zerstreuten »Kinder Gottes« (1,11.29.36) ermöglicht wird. Indem sein Tod Gemeinschaft stiftet, eröffnet er die Chance, alle Glaubenden im erneuerten Volk Gottes zu vereinigen. Die Passion Jesu begründet also nicht nur die Einheit[478] der Jünger mit ihm (10,16), sondern auch die mit seinem Vater (vgl. 11,52 mit 10,30; 20,17f). Denn sein Handeln war durchgängig darauf ausgerichtet, nicht

---

473. Man erwartet im Fall einer zweifelnden Frage »was sollen wir denn tun?« eigentlich den Konjunktiv oder den Indikativ Futur (vgl 6,28). Hier wird jedoch der Indikativ Praesens verwendet — ein Hinweis, dass man sie rhetorisch verstehen soll, die die geballte Ratlosigkeit der Versammelten ausdrücken soll, vgl. BAUER 155; WINER, Grammatik 254.

474. Die Formulierung, im Kommentarwort V. 51f. wiederholt, stellt keinen historischen Irrtum des Verf. dar, wie seit BRETSCHNEIDER 93-95 immer wieder behauptet wird, sondern unterstreicht geradezu die soteriologische Bedeutung des Todesjahres Jesu, vgl. MOFFATT, Introduction 546f., der alle Auslegungsvarianten diskutiert.

475. So u.a. mit Recht WREDE, Tendenz 189, und CULPEPPER, Anatomy 94.

476. Mit Recht verweist BLANK, Krisis 112, auf die auffällige Anmerkung, dass der Hohepriester, indem er prophetisch redet, d.h. Gottes Willen kundtut, »nicht aus sich heraus« (vgl. u.a. 7,18), sondern in Gottes Auftrag spricht.

477. So vor allem CULPEPPER, Anatomy 169.174.177.

478. Den Aspekt akzentuieren mit Recht HOLTZMANN, Theologie 360.387.439, und neuerdings J. ZUMSTEIN, Joh 19,25-27, ZThK 94 (1997) 131-154.144.

einen ihm von Gott Anvertrauten verlorengehen zu lassen. Ironischerweise liegt dies aus dem Blickwinkel des Erzählers auch im Interesse des Tötungsbeschlusses (vgl. 10,10.28 mit 11,50). — Lit. s.u. S. 483.

c. Die Vorbereitungen zum letzten Passafest, 11,55-12,36

Die nächste Erzähleinheit, die in drei Einzelepisoden zerfällt (12,1-11.12-19.20-36), wird — parallel zu 11,1 formuliert — mit zwei wichtigen Informationen (V. 55-57) eröffnet: einmal mit der Nachricht, dass das Passa nahe bevorstand und die Landbevölkerung traditonellerweise wegen des Wallfahrtfestes zum Tempel nach Jerusalem hinaufzog. Aber man betrat ihn nicht sogleich, weil man sich erst der Heiligkeit des Ortes entsprechend reinigen[479] wollte (vgl. Ex 19,10; Num 9,6-12; Jub 49; 2 Chron 30,15-19; Esr 6,19ff.; 2 Makk 12,38; 11Q19, 47,3-18; Jos., bell. I 229); zum anderen mit der Notiz, dass die politisch Mächtigen Jesus suchten, um ihren Beschluß umsetzen zu können.

Vor allem die erste Episode setzt die beiden vorangegangenen Erzählungen voraus und bezieht sich des öfteren auffallend auf sie. Ebenso vertraut sie auf das Wissen des Lesers, der nicht nur frühere Verhaltensmuster der Protagonisten (vgl. 7,8ff.30.32.44; 8,20; 10,39) wiedererkennen und die frühere Information über Judas (6,71) aktualisieren, sondern außerdem die synoptische Salbungstradition[480] (Mk 14,3-9 parr.) kennt. Denn die vorösterliche Salbung Jesu auf seinen Tod hin setzt schon bei Markus voraus, dass die Jerusalemer Leitungseliten mit allen Mitteln Jesus vor dem Passafest verhaften wollen, um dadurch einen Volksaufruhr zu verhindern (Mk 14,1f.). Dies wird auch hier vorausgesetzt. Die Machthaber in Gestalt von »Hohenpriestern und Pharisäern« (vgl. 11,47.57) hatten wie gewohnt (vgl. Kap. 7-10) — diesmal sogar schriftlich — Weisung erteilt, Jesus auf der Stelle zu verhaften, um nicht ein Eingreifen der Römer zu provozieren (11,48). Die Menschen jedoch fragen sich — wie bereits in Kap. 7 —, ob Jesus sich von dieser Maßnahme abschrecken

---

479. Hier wird bewußt kultische Terminologie verwendet, vgl. BULTMANN 316; WENGST 129, und M. HARAN, Temples and Temple-Service in Ancient Israel, Oxford 1978, 313f. Anm. 41.

480. In der kritischen Forschung des 19. Jahrhunderts (vgl. u.a. BAUR, Untersuchungen 244ff., H.J. HOLTZMANN, Das schriftstellerische Verhältniss des Johannes zu den Synoptikern, ZWTh 12 (1869) 62-85. 155-178. 446-458.67ff., WEIZSÄCKER, Characteristik 395f., DERS., Untersuchungen 184f., JÜLICHER, Einleitung 355, bis hin zu M. DIBELIUS, Art. Johannesevangelium, RGG² (1929) III 353, war es wegen der fast wörtlichen Übereinstimmungen in 12,3.5.7-8 mit der synoptischen Tradition selbstverständlich, eine literarische Abhängigkeit anzunehmen. Seit H. WINDISCH, Johannes und die Synoptiker, 1926, 57.69 (siehe auch ONUKI, s. Anm. 484, 195) hat man daran Zweifel. Doch BREYTENBACH (s. S. 483) weist einen Ausweg aus diesem Dilemma auf.

lassen würde. Damit ist die Ausgangslage für den Leser klar umrissen: Dieses dritte Passa muss die Entscheidung über Jesu Geschick bringen.

Ohne seine endgültige Absicht bekannt werden zu lassen, reist nun Jesus sechs Tage zuvor nach Bethanien zu einem Festmahl des Lazarus, an dessen Erweckung zweimal (12,1.9) ausdrücklich erinnert wird. Dies geschieht natürlich in der erzählerischen Absicht, die Nähe der Passion Jesu erst indirekt und bald darauf (12,7f.) direkt zu unterstreichen. Kontextgemäß personalisiert[481] übernehmen in der Mahlszene die beiden Schwestern des Lazarus, aber auch Judas eine wichtige Rolle. Einerseits bringen Marta und Maria ihre übergroße Dankbarkeit und Glaubensüberzeugung Jesu Rolle gegenüber in ihrer Handlungsweise zum Ausdruck: Martha trägt das Essen auf, äußerst ungewöhnlich in einem antiken Kontext[482], und Maria salbt mit außerordentlich kostbarem und wohlriechendem Nardenöl Jesus die Füße. Judas, der längst identifizierte Verräter, hingegen mokiert sich über diese Verschwendung und möchte den monitären Gegenwert lieber den Armen gegeben sehen.

Dies veranlaßt den Erzähler, wiederum[483] aus seiner erzählerisch gebotenen Zurückhaltung zu treten und in einer auktorialen Zwischenbemerkung[484] (V. 6) dessen Äußerung zu kommentieren. Sie stellt — objektiv betrachtet — eine Entgleisung des Erzählers dar, da dem Verräter in wohlbekannt propagandistischer Manier noch moralisch verwerfliches, betrügerisches Fehlverhalten unterstellt wird. Doch enthält der Kommentar zusätzlich zwei wichtige Hinweise: Zum einen wird hier nachträglich deutlich, was unter einem »Räuber« (10,1.10) verstanden werden soll, nämlich jemand, der sich um das Wohl seiner Gruppe aus eigensüchtigen Motiven heraus nicht kümmert. Zum anderen wird klar, dass der Erzähler die Jüngergruppe nach ihrer Organisationsform in Analogie zu einem antiken (Beerdigungs-) Verein[485] setzt. Auf der Handlungsebene

---

481. In der synoptischen Tradition ist die Frau, die Jesus salbt, anonym. Ebenfalls bleiben die Beschwerdeführer bei Mk unbenannt, bei Mt hingegen sind es schon anwesende Jünger.

482. Vgl. BILL. I 480; II 547.

483. Vgl. u.a. schon 2,21f.; 6,6.64b.71; 9,22f; 11,51f.

484. Vgl. W. BOUSSET, Art.; Johannesevangelium, RGG¹ (1912) III 617, der 12,6 literarkritsch genutzt sehen will, indem er ihn einem Glossator zuweist, dem das Evangelium noch weitere Zutaten verdanke, mit T. ONUKI, Die johanneischen Abschiedsreden und die synoptische Tradition. Eine traditionskritische und traditionsgeschichtliche Untersuchung, AJBI 3 (1977) 157-268.178, bzw. VAN BELLE, Parenthèses, z.St., die beide darin einen literarischen Kunstgriff des Autors sehen.

485. Vgl. F. POLAND, Geschichte des griechischen Vereinswesens, Leipzig 1909, 488-498.

jedoch verbietet sich Jesus derartige Überlegungen, indem er Judas auf die erkennbar begrenzte Zeit seines Wirkens verweist (vgl. 9,4; 11,9) und die Ehrung[486] durch die beiden Frauen in Vorahnung ausdrücklich mit seinem Begräbnis verbindet.

Darüber hinaus wird zusätzlich noch knapp mitgeteilt, dass die Anwesenheit Jesu beim Festmahl im Haus der drei Geschwister nicht verborgen geblieben war, so dass viele dort zusammenströmten, um nicht nur Jesus, sondern auch den auferweckten Lazarus zu sehen. Dies veranlaßt die Ordnungsmacht aus den schon aus 11,48-50 bekannten Gründen, auch Lazarus zum Tode zu verurteilen, und zwar mit fast identischen Worten wie 11,53. So wird zwischen dem Geschick Jesu und dem seines Anhängers wiederum eine enge Verbindung geknüpft, die den 11,52 geäußerten Einheitsgedanken auf das gemeinsam geteilte, gewaltsame Geschick als äußerste Marginalisierungsform ausweitet[487]. Dies wirft nachträglich ein bezeichnendes Licht auf das Verhalten der beiden Frauen, die sich ebenfalls in ihrem Verhalten Jesu anpassen. Doch dies wird der Leser erst 12,26[488] bzw. in der Fußwaschungsszene Kap. 13 realisieren[489]. Die abschließende Notiz, dass viele »an Jesus glaubten« (vgl. 11,48) schafft eine ideale Überleitung zur folgenden Einzugsszene (12,12-19), indem sie das entgegenkommende Verhalten vieler Einwohner Jerusalems wie die Furcht der Machtelite weitergehend begründet[490]. — Lit. s.u. S. 483-484.

d. Der Einzug Jesu in Jerusalem, 12,12-19

Weiterhin schreitet die Erzählhandlung in einer chronologisch geordneten Erzählfolge[491], der sogenannten Passachronologie[492], voran[493]. Sie vermag die offene Frage der Wallfahrer 11,56 (vgl. V. 12) endgültig zu

---

486. Vgl. BILL. I 426f.
487. BULTMANN, 319.
488. In 12,26 wird allgemein ein »Dienen« des gläubigen Jüngers in der Nachfolge verlangt, was Marta in 12,2 exemplarisch vorexerziert.
489. H.-J. KLAUCK, Gemeinde ohne Amt? Erfahrungen mit der Kirche in den johanneischen Schriften, BZ 29 (1985) 193-220.209f., und neuerdings WILCKENS 186 deuten dies weitergehend ekklesiologisch aus.
490. Vgl. nur OVERBECK 295-299.
491. Analog zur ersten Chronologie in 1,29.35.43; 2,1.
492. So schon gesehen u.a. von BAUR, Composition 140f.; DERS., Die johanneische Frage und ihre neuesten Beantwortungen, ThJb(T) 13 (1854) 196-287.277; WEISSE, Geschichte I, 133; SCHWEIZER 78, WELLHAUSEN, Einleitung 42, J. BEUTLER, Psalm 42/43 im Johannesevangelium, NTS 25 (1979) 33-57.35. Sie bindet ab 11,55 alle Perikopen zur eigentlichen johanneischen Passionsgeschichte zusammen.
493. Auch dort werden die Einzelszenen mit der Wendung »Tags darauf« angeschlossen.

beantworten: Ja, Jesus kommt zum Fest nach Jerusalem! Als dies bekannt wird, ziehen viele von ihnen, vor allem diejenigen, die von der Auferweckung des Lazarus (V. 17) Kenntnis genommen haben, Jesus mit Palmenzweigen[494] entgegen und bereiten ihm, der auf einem Jungesel sitzt[495], einen überwältigenden Empfang in ihrer Stadt, so dass sich nun auch die Machthaber in ihrer Einschätzung der politischen Gefahrenlage (V. 19) bestätigt fühlen können.

Das Zentrum dieser den synoptischen Bericht voraussetzenden, aber in einigen Punkten auch verkürzten Erzählung bilden zwei biblische Zitate (Ps 118 [117] 26; Sach 9,9), wobei sich besonders das zweite als theologische Neuheit erweist. Die LXX-Fassung[496], von dem es sich ableitet, lautet: »*Grüße laut, Tochter Zion! Verkünde, Tochter Jerusalem!, Siehe, der König für dich kommt. Er ist gerecht und hilft; er ist demütig und reitet auf einem Esel, auf einem Fohlen, dem Jungen einer Eselin*«. Daraus bildet der Erzähler seinen Text: »*Ängstige dich nicht, Tochter Zion, siehe dein König kommt, sitzend auf einem Eselfohlen*«. Ist im ersten Zitat V. 13 nur der Hinweis auf Jesu Königtum noch expliziter als in der synoptischen Tradition akzentuiert, so sind im zweiten Bibelzitat drei Veränderungen besonders auffällig: Die doppelte Aufforderung zum Jubel ist zugunsten einer Ermutigungsformel aufgegeben; der Einziehende wird nicht mehr ausdrücklich als König *nur für* [497]Israel tituliert, und er *reitet* nicht mehr, sondern *sitzt* kontextgemäß (vgl. V. 14a) auf dem Eselfohlen[498]. Diese Veränderungen sind alle vom Kontext bedingt. Einerseits schildern die vorangegangenen beiden Einzelepisoden vor allem Reaktionen auf Jesu Erweckungsgroßtat, andererseits verweisen beide schon

---

494. Vieles spricht für die These von P. VON GEMÜNDEN, Palmensymbolik in Joh 12,13, ZDPV 114 (1998) 39-70, dass die Palmenzweige vom Autor in die Geschichte eingetragen wurde, um die Vorstellung vom bevorstehenden Sieg Jesu über den Tod, d.h. als Metapher für das unendliche Lebens, kontextgerecht zu unterstreichen.

495. Dies ist die korrekte Situationsbeschreibung; WINDISCH, Johannes und die Synoptiker 93, konstruiert eine im Urtext eneruierbare Szene, um der Einzugsgeschichte »die größte Eigenheit« gegenüber der synoptischen Tradition zuweisen zu können, indem er meint, die Festbesucher hätten Jesus schon enthusiastisch eingeholt, bevor sich dieser auf den Jungesel gesetzt hätte. Auf S. 94 läßt er sein Interesse an dieser Rekonstruktion deutlich werden: »Die schlichte Darstellung macht nicht den Eindruck, dass hier ein anderer Bericht korrigiert, ergänzt oder ersetzt werden sollte: die Differenz gegenüber den Synopt. wird auch hier ganz ignoriert; dem an die Synopt. gewöhnte Leser wird jegliche Aufklärung vorenthalten«.

496. Anerkanntermaßen zitiert der Autor zumeist aus der LXX.

497. So sollte man den Dativ übersetzen, um die nationalistische Einfärbung erkennbar werden zu lassen.

498. Vgl. insgesamt die Erörterung des biblischen Gesamtbefunds bei M.J.J. MENKEN, »Do Not Fear, Daughter Zion...« (John 12:15), in: DERS., Quotations 79-97.

proleptisch auf dessen Passion[499]. Dieses doppelte Erzählziel muß auch hier vorausgesetzt werden. Indem man Jesus mit Palmzweigen (vgl. 1 Makk 13,51; 2 Makk 10,7) entgegengeht, gibt man zu erkennen, dass diese Großtat als Hinweis auf Jesu Anspruch auf die nationale Königswürde betrachtet wird. Als man ihn dazu noch auf einem Jungesel sitzend vorfindet, erweitert sich ihr Erwartungshorizont mit einiger Berechtigung in Hinsicht auf den messianischen König der Endzeit (vgl. Is 40,9-11; Gen 49,10f. mit 4Q252 1 Kol. V,1-5 = 4QpGen^a 5,3f. = 4QPatr). Dies legt nun auch das Zusammenspiel der drei Bibelstellen nahe: Man erwartete nämlich seit langem den endzeitlichen König Israels als eine Person, die auf einem Jungesel ritt. Indem nun hier noch die königliche Haltung des Sitzens im Unterschied zur biblischen Vorlage ausdrücklich akzentuiert wird, ist überaus klar, was assoziiert werden soll: Dem Leser wird suggeriert, dass die Anwesenden in Jesus den für Israel bestimmten messianischen König (vgl. 6,15) der Endzeit gesehen haben.

Nun mag sich der Leser zu Recht fragen, ob die Wallfahrer logisch kombiniert und entsprechend gehandelt haben. Die offensichtliche Abschwächung der nationalen Erwartung in dem vom Erzähler überarbeiteten Zitat weist den Weg. Denn der Autor sieht sich bemüßigt, wieder seine Zurückhaltung aufzugeben und den Vorfall auktorial[500] zu kommentieren. Er weist — analog zu 2,17.22 — auf einen noch ausstehenden, nachösterliche Zeitpunkt hin, an dem sich die Jünger dieses Vorfalls (V. 16) erinnern werden. Sie — so merkt er hier ebenfalls an — hätten sich erst nach der Verherrlichung Jesu (vgl. 11,4.40) an das erinnert, was über ihn geschrieben stand und wie jene ihm damals geehrt hätten. Der Leser — wie schon vor ihm die ersten Jünger — haben noch zu warten, bevor sie die volle Tragweite des Ereignisses ermessen können. Zumal der Rezipient bald lesen wird, die anwesenden Festpilger hätten möglicherweise mit*geschrien*[501] »kreuzige, kreuzige ihn!« (19,6.12.15). Der Erzähler formuliert hintergründig[502], um den narrativen Spannungsbogen und die Prolepse wahren zu können. — Lit. s.u. S. 484.

---

499. Vgl. BULTMANN 315f.
500. Vgl. dazu die Ausführung von X. LÉON-DUFOUR, Towards a Symbolic Reading of the Fourth Gospel, NTS 27 (1981) 439-456.456: »By a few light touches, he educates his reader and teaches him how to consider the event of the past with the eyes of the paschal faith«.
501. In 18,40; 19,6.12.15 »*schreit*« der Pöbel so lange, bis Pilatus Jesus zur Hinrichtung freigibt. Sonst wird das Verb nur noch 11,43 für Jesu Schrei, Lazrarus möge herauskommen, verwendet.
502. BULTMANN 315 hat dies richtig gesehen, wenn er schreibt: »Und deshalb ist dieser Weg in den Tod gerade der Weg zur Vollendung; und Jesus zieht wirklich, wenngleich in anderem Sinne, als es scheint, als der eschatologische König in Jerusalem ein«.

e. Die Hellenen und Jüngerschaft, 12,20-36

Lange ist es her, dass den »Hellenen«, die in dieser Szene überraschend auftreten, Spionageabsichten unterstellt[503] werden konnten. Trotzdem signalisiert diese ausgefallene Deutung die erzählerische Aporie, vor der jeder Ausleger steht: Einerseits erscheint ihre Erwähnung hier unmotiviert, so dass man die unterschiedlichsten Erzählabsichten[504] glaubte unterstellen zu müssen, andererseits scheint die Episode nicht zu Ende erzählt zu sein, so dass schon Jülicher[505] prägnant anmerken konnte, »aber diese Personen sind dem Verfasser fast alle nur Staffage, sie verschwinden so plötzlich wie sie vor unseren Augen auftauchen, z.B. Nikodemus c. 3 oder 12,20ff. die Griechen, die Jesum sehen wollten. Der Evangelist interessiert sich nur soweit für sie, als er sie braucht, um in ihnen ein Stück vom Wesen Jesu sich spiegeln zu lassen«.

Die gegensätzlichen Beobachtungen haben bisweilen einige zu dem methodisch wohlfeilen Instrument der Quellenscheidung greifen lassen und somit diese Verse einer besonderen Traditionsschicht[506] zugewiesen.

---

503. So K.G. BRETSCHNEIDER, Bemerkungen zu dem Aufsatze des Herrn D. Goldhorn über das Schweigen des Johannes-Evangeliums von dem Seelenkampfe Jesu in Gethsemane, in: Magazin für christliche Prediger 2 (1824) 153-174.159f.
504. U.a. erwägen schon T.A. SEYFFARTH, Ein Beitrag zur Special-Characteristik der johanneischen Schriften besonders des Johannischen Evangeliums, Leipzig, 1823, 206 und SCHWEIZER 205, Neugier der »Hellenen« als tragendes Motiv; Andere verweisen auf die Absicht des Autors, die spätere Ablösung des Christentums vom Judentum sei hier schon vorweggenommen: u.a. BAUR, Composition 143; BLANK, Krisis 294; THYEN, Heil 175. Aus kompositioneller Sicht verweist man häufig auf den Einleitungscharakter dieser Verse zu der kurzen Rede Jesu 12,23ff.: so u.a. BAUMGARTEN-CRUSIUS II 55; BULTMANN 322.324; BLANK, Krisis 264; SCHWEIZER (s.o.) 206. Wieder andere betrachten diese Verse als Vorschau auf die nachösterliche Missionsgeschichte: so u.a. B. BAUER, Kritik der Evangelien und Geschichte ihres Ursprungs, 1851, Reprint der 4 Teile in 2 Bd., Aalen, 1983, III/IV, 218f.; P.W. SCHMIEDEL, Art. John, Son of Zebedee, EB(C) 2, London, 1891, 2531; W. BOUSSET, Art. Johannesevangelium, RGG¹ 3 (1912) 626; SCHNACKENBURG, II 454, 479; J. RIEDL, Das Heilswerk Jesu nach Johannes, FTSt 93, Freiburg, 1973, 170; J. BEUTLER, Psalm 42/43 im Johannesevangelium, NTS 25 (1979) 35; OKURE, Mission 64; Dieser Gedankengang kann auch wieder eingeschränkt werden auf die Todesstunde Jesu als Heilsvoraussetzung: so u.a. SCHWEIZER 206; A.H. FRANKE, Die Anlage des Johannes-Evangeliums, ThStKr 57 (1884) 124; W. BOUSSET (s.o.) 630; H. WINDISCH, Der johanneische Erzählungsstil, in: FS H. GUNKEL, 1923, II 188.197.
505. JÜLICHER, Einleitung 346; vgl. ähnlich gelagerte Anmerkungen finden sich bei M. DIBELIUS, Art. Johannesevangelium, RGG² 3 (1929) 351; H. WINDISCH, s. Anm. 688, 206; T.A. SEYFFARTH (Anm. 688) 205f.; SCHWARTZ, Aporien 181f.; WEIZSÄCKER, Characteristik 704.
506. Beispielhaft sollen dafür aus dem 19. Jahrhundert WEISSE, Geschichte VI, 267, und neuerdings P. HOFRICHTER, Joh 21 im Makrotext des Vierten Evangeliums, in: J. HAINZ (Hrsg.), Methodenstreit, 1991, 208-228, genannt sein.

Doch haben sie dabei nicht immer eine Einsicht Bultmanns beherzigt[507], der zwar ihrem Urteil generell zustimmt, diese Verse bildeten in der Tat ein Fragment, dem die Fortsetzung fehle, doch hätten sie einen gewissen Einleitungswert, um die anschließende Jüngerbelehrung verständlich werden zu lassen, die ja eine indirekte Antwort auf das Ansinnen der »Hellenen« gebe, Jesus sehen zu wollen.

Wenn nun schon Bultmann die kompositionelle Geschlossenheit wenigstens der V. 20-33 anzunehmen bereit war und auch die Vermutung, der Erzähler habe über keine Tradition über das ausgefallene Gespräch Jesu mit den »Hellenen« verfügt[508], wenig hilfreich, aber umso aufschlußreicher für ein methodologisches Vorverständnis ist, die Tradition immer über die Intention des Autors obsiegen zu lassen, dann ist erneut zu prüfen, ob die Episode nicht doch in der Gesamtkomposition ihren genuinen Platz hat. Dabei sind zuerst nur die Verse zu berücksichtigen, die erkennbar einen Geschehenszusammenhang[509] bilden.

Die die Verse bis 12,36 zusammenbindende Chronologie wurde 11,55 eröffnet; dort wurde nämlich berichtet, dass zum Passafest viele Juden »vom Lande« frühzeitig nach Jerusalem hinaufgezogen seien, um sich für die Mitfeier des Festes kultisch zu reinigen und zu heiligen, um der Heiligkeit des Ortes und des Festes zu entsprechen.

Sprachlich ist die Situationseröffnung wiederum der von 11,1 angepaßt und setzt also inhaltlich auch die Lazarusperikope und deren Folgen immer voraus, so dass für den Leser kein Zweifel bestehen kann, dass das Todesurteil des Synhedriums über Jesus schwebt und jederzeit vollzogen werden könnte. Die Bemerkungen 11,56-57; 12,7.9.17-19 dienen dazu, den Spannungsbogen narrativ zu stärken.

Gleichzeitig aber widerstreitet diesem Erzählbogen die Einsicht des Lesers, dass nach der bisherigen Lektüre eigentlich Jesus allein seine »Stunde«, d.h. das Passionsgeschehen inklusive der Verherrlichung, selbstverständlich nur in Absprache mit seinem Vater festsetzen wird[510]. Zwar ist ihm bislang die unmittelbare Nähe dieser Entscheidung zumal mit den Lichtworten Jesu (9,4f.; 11,9f.; vgl. 12,35) signalisiert, aber noch

---

507. BULTMANN 321-324; vgl. BAUR, Composition 143.
508. Vgl. u.a. SCHNACKENBURG II 479.
509. Diese dürften die Verse Joh 11,55-12,36 umfassen. Denn m.E. resümieren 12,37-50 das gesamte öffentliche Wirken Jesu: vgl. dazu neuerdings ausführlich R. KÜHSCHELM, Verstockung, Gericht und Heil. Exegetische und bibeltheologische Untersuchung zum sogenannten »Dualismus« und »Determinismus« in Joh 12,35-50, BBB 76, Frankfurt, 1990.
510. Vgl. 10,17f. mit 2,4; so auch u.a. W. BOUSSET, s. Anm. 504, 633; P.W. SCHMIEDEL, s. Anm. 504, 2530; WREDE, Tendenz 217.

kein exaktes Kriterium genannt worden, an dem er die endgültige Terminierung der eschatologischen Entscheidungsstunde hätte ablesen können.

In die bisherige, seit 11,55 vorgegebene Situation exakt eingepaßt ist nun auch 12,20, der den Eingangsvers auch sprachlich voraussetzt und zudem nachträglich zu erkennen gibt, dass unter denen, »*die vom Lande*« nach Jerusalem hinaufgezogen, auch einige »Hellenen« gewesen seien, um Gott »am Fest« zu verehren. Damit sind alle Personengruppen genannt, die für dieses dritte Passafest relevant sind und sich zum grössten Teil unter dem Begriff »Menge« subsumieren lassen: Juden aus der Umgebung Jerusalems (11,55), die »Seinen« zusammen mit den Jüngern (12,1-11), die Bevölkerung Jerusalems (12,12-19), die ihn mit Hosiannarufen eingeholt hat, und nicht zuletzt die jüdische Leitungselite, die mit Hilfe des Verräters (12,4) Jesu Tod (12,19) bereits seit ihrem Beschluß (11,53) entschieden (12,10f.) betreibt. Da außerdem auch die Abfolge der Ereignisse exakter als sonst datiert wird (12,1.12), wird eine Wallfahrt in erkennbar aufeinander abgestimmten Einzelepisoden beschrieben, um in ihr endgültig den Termin für die Passion Jesu zu benennen.

Die Situationsbeschreibung ist dem Erzähler sogar so wichtig, dass er den aus der synoptischen Tradition übernommenen Einzugsbericht so umgestaltet, dass einem schriftkundigen Leser das Motiv von der Wallfahrt nach Zion (12,15)[511] als bestimmendes Element für die vom Autor konstruierte »erzählte Welt« nahegelegt wird. Doch diese Information, allein für den Leser bestimmt, steht bekanntlich unter einem entscheidenden Vorbehalt. Die Jünger werden die Bedeutsamkeit der damaligen Einzugsepisode erst nach Jesu Verherrlichung aus der Erinnerung mit Hilfe der Schrift begreifen lernen, d.h. alles, was mit dieser bedeutsamen Stunde zusammenhängt, steht noch unter dem Vorbehalt der endgültigen nachösterlichen Aufklärung[512]. Damit transzendiert dieser Wallfahrtsbericht wiederum die eigentliche Erzählsituation und verweist den Leser auf eine Klimax, die erst weit nach der »Stunde« erreicht werden wird.

---

511. Das bestätigt auch WINDISCH, Johannes und die Synoptiker 93, der mit Recht anmerkt: »von allen synoptischen Perikopen zeige in Joh der Einzug die größte Eigenheit«.
512. Vgl. R. LONGENECKER, Biblical Exegesis in the Apostolic Period, Grand Rapids 1975, 135.155; A. FAURE, Die alttestamentlichen Zitate im 4. Evangelium und die Quellenscheidungshypothese, ZNW 21 (1922) 101f.; B.D. WOLL, Johannine Christianity in Conflict, SBL.DS 60, Chico 1981, 25.98.100; BULTMANN 144, Anm. 1. Interessant sind vor allem solche Hinweise für die hier vorgetragene These in der Literatur, die den Hinweis des Evangelisten auf die spätere theologische Arbeit der Gemeinde bestätigen: vgl. BALDENSPERGER, Prolog 162, Anm. 2: »Ein Bewusstsein um die theologische Arbeit, welche die Reflexion der Gemeinde an den evangelischen Geschichten vollzog, gibt sich deutlich kund in Formeln wie Joh 12,16; 2,17«; weiterhin OKURE, Mission 272; X. LEON-DUFOUR, s. Anm. 500, 456.

Das »epische Hologramm« schafft erneut wie in der Lazarusperikope den nötigen Raum, den Sinn dieses Prozesses weiter zu vertiefen.

Die seit 11,55 vorausgesetzte Wallfahrtssituation, von der bis 12,36 jedoch nur das das eigentliche Hochfest vorbereitende Handeln aller Beteiligten geschildert wurde, wird 13,1ff. entsprechend fortgesetzt, jedoch von dort an als Passionschronologie Jesu. Doch dieser Wechsel geschieht für den Leser nicht unmotiviert. Denn nach den vorbereitenden Bemerkungen in Kap. 10-11 fällt 12,27f. die Entscheidung für den Passionstermin im Dialog zwischen Vater und Sohn endgültig. Indem der Sohn gemäß 10,17f. sein gewaltsames Todesgeschick freiwillig und ohne Vorbehalt auf sich nimmt, pflichtet ihm sein Vater vom Himmel her bei, seinen Auftrag auf diese Weise zum Abschluß zu bringen. Denn es war bereits 10,16 (vgl. 11,52) deutlich signalisiert worden, dass mit der Übernahme des Todesgeschicks die Sammlung der zerstreuten Gotteskinder erst möglich werden würde. Wenn nun »Hellenen«, die nicht aus Israel stammen, zu Jesus vorgelassen zu werden wünschen und sie von Andreas und Philipp zudem noch wie potentielle Mitjünger (vgl. 12,21f. mit 1,35ff.) behandelt werden, ist dies für Jesus das entscheidende Signal, dass nun unwiderruflich die Stunde seiner Verherrlichung gekommen ist. Seine Passion bildet die kreative Übergangsphase wie nur der Tod des Saatkorns das Werden einer neuen Pflanze und zugleich deren Ernteertrag (vgl. 15,2-16) sichert. Da Jesus diesen Sachverhalt[513] seinen beiden Jüngern allein erklärt, nimmt er auch gleich die Gelegenheit wahr, ihnen die Konsequenz für sie selbst anzudeuten: Sie sollen bereit sein, mit ihm sein Geschick zu teilen[514].

Die göttliche Bestätigung der »Stunde« durch eine Himmelsstimme wird jedoch von der Menge teils als Donner, d.h. als Naturphänomen, mißverstanden, teils als Engelbotschaft, d.h. als himmlische Epiphanie, gedeutet, ohne deren Inhalt aber exakter bestimmen zu können. Das ermöglicht Jesus wiederum, die Bedeutung seiner »Erhöhung« als Menschensohn (vgl. 3,14) u.a. ans Kreuz vor allen Anwesenden grundsätzlich anzusprechen. In Übernahme apokalyptischer Motivik[515] (vgl. 3,36) stellt er sein gewaltsames Geschick als seine siegreiche Auseinandersetzung mit den Weltmächten dar, die bislang die Sammlung aller Gotteskinder

---

513. Dies ist eine bekannte antike Metapher, dass nämlich ausgesät neues Leben entsteht: vgl. u.a. Philo, op. 43.69.82.132f.; aet. 66f.; SVF 1.124; Dion Chrys., or. 12,29f.; Plato, Tim. 42d; Phaidon 83d; 1 Kor 15,42-44.

514. So auch J. BEUTLER, Griechen kommen, um Jesus zu sehen (Joh 12,20f): in: J. HAINZ (Hrsg.), Methodenstreit, 1991, 162-182.179.

515. Vgl. die Belege bei J.L. KOVACS, »Now Shall the Ruler of This World Be Driven Out«: Jesus' Death as Cosmic Battle in John 12:20-36, JBL 114 (1995) 227-247.

zu einer neuen Einheit[516] mit ihm (vgl. 6,37; 10,14-16; 11,52) verhindert haben.

Demnach wird die soteriologische wie eschatologische Valenz des Passionsgeschehens zuerst (12,23-25) den beiden Jüngern ausgedeutet, ohne ihnen die Auswirkung des Geschehens auf ihr zukünftiges Verhalten zu verschweigen[517]. Abschließend (12,30-36) wird es noch einmal der versammelten Menge in Bildern eindrucksvoll dargelegt. Die gewählte Bildersprache ist für den Leser jedoch aufgrund seiner synoptischen Vorkenntnisse leicht dechiffrierbar. Denn die Erklärung Jesu endet nach der entscheidenden Ausdeutung des Passionsgeschehens logisch konsequent mit seinem eindringlichen Appell an alle Anwesenden, angesichts der bedrohlich fortgeschrittenen Zeit das Angebot des Lichts (vgl. 12,35f. mit 8,12; 1,5) in diesem äußersten Stadium seines Wirkens doch noch anzunehmen und an ihn zu glauben. Da sich Jesus aber wiederum (8,59; 10,39f; 11,54) vor ihnen verbirgt, deutet er damit schon an, wie er die Chancen seiner allerletzten Aufforderung zum Glauben selber einschätzt, nämlich negativ. Aus diesem Grund erteilt der Erzähler Jesus im Folgenden noch einmal das Wort, um ihn abschließend sein Scheitern in Israel konstatieren zu lassen. — Lit. s.u. S. 485.

f. Abschließende Würdigung des öffentlichen Wirkens Jesu, 12,37-50

Jesus behält zum Abschluß seiner Auseinandersetzungen mit den Machthabern seiner Zeit das letzte Wort, um noch einmal darauf zu rekurrieren, was er von Anfang an ihnen unterstellt hatte, dass sie nämlich nur seinen gewaltsamen Tod planten. Zugleich nutzt der Erzähler die Gelegenheit, das Ergebnis aller Einzelbemühungen[518] Jesu um seine Landsleute zum Schluß des öffentlichen Wirkens in resümierender Sprache und in teilweiser Übernahme synoptischer Argumente (vgl. Mk 4,12parr.; Lk 9,22par.) abschließend zu kommentieren[519]. Folglich gehören 12,37-50 nicht mehr

---

516. Der Einheitsgedanke, wie hier verbunden mit der Vorstellung, dass die Jünger in jeder Hinsicht Jesus nachfolgen sollen, spielt in Kap. 13-17 eine entscheidende Rolle. Diese gedankliche Kombination wird bereits in den Kap. 10-12 vorbereitet und dort eingehender dem Leser als »Gebot« Jesu erläutert.

517. Mit Jesus in den Tod zu gehen, dazu hatte sich Thomas in 11,16 bekannt, sicherlich ohne die gesamte Konsequenz seines Wortes bedacht zu haben. Sie wird von Jesus 12,26 eingeklagt.

518. So werden exemplarisch 12,37 nur seine »Zeichen« unter ihnen genannt, die aber allesamt nicht zum Glauben an ihn geführt haben.

519. Dass 12,37-50 einen Abschlußkommentar bilden, meinen viele: vgl. u.a. WEIZSÄCKER, Selbstzeugniß 166; OVERBECK 296; WEISS 243f.; M. OBERWEIS, Unbeachtete Lk-Parallelen in Stoffauswahl und -Anordnung des vierten Evangeliums, EThL 72 (1996) 321-337.336; W. KRAUS, Johannes and das AT. Überlegungen zum Umgang mit der Schrift

zur eigentlichen Wallfahrtschronologie, sondern sind von ihr sprachlich erkennbar abgesetzt, obwohl dieser Abschnitt deren Motivik[520] teilweise aufgreift und weiterverarbeitet[521], um den entscheidenden Grund in doppelter Brechung zu benennen, der zu seiner Ablehnung geführt hat: einmal mit Hilfe einer schriftgelehrten Reflexion (12,37-43) und zum anderen abschließend noch einmal in einer direkten Stellungnahme Jesu (12,44-50). Zur letzteren erhebt er erneut, um deren Bedeutung zu unterstreichen, — wie ausdrücklich angemerkt wird — »laut seine Stimme« (vgl. 7,28.37). Diesmal geschieht dies jedoch kontextgemäß auffällig situationslos[522], aber inhaltlich desto grundsätzlicher. Auf diese Weise wird zum Abschluß des öffentlichen Wirkens Jesu seine »Sache«, sein Auftrag, noch einmal und zwar letztmalig gebündelt.

Die schriftgelehrte Reflexion wird von zwei mehr oder minder getreuen Zitaten aus dem Prophetenbuch Jesaia (V. 38 = Is 53,1; V. 40 = Is 6,9f.) beherrscht. Im ersten wird Gott von Jesus der katastrophale Mißerfolg unter seinen Landsleuten mit den Worten des leidenden Gerechten mitgeteilt: Er habe trotz seiner Machttaten keinen Glauben unter all seinen Landleuten stiften können. Im zweiten, stark vom Erzähler bearbeiteten Zitat aus Is 6,9f. wird der entscheidende Grund genannt, warum z.B. die Blindenheilung in Kap. 9 keinen Glaubensdurchbruch gebracht hat: Rätselhafterweise[523] hat Gott selbst ihre Augen für das rechte Sehen und Einschätzen der Werk-Zeichen Jesu erblinden lassen (9,41) und ihre Herzen, den »Sitz« des Glaubens, so verhärtet, dass ihnen jegliche Umkehr unmöglich war und Jesus sie deshalb nicht heilen konnte. Der Prophet Jesaia ist für diese grundsätzliche Feststellung aus johanneischer Sicht besonders qualifiziert, weil er in seiner Tempelvision damals nicht Gott (vgl. 1,18; 6,48), sondern den präexistenten Logos-Jesus gesehen hat und

---

im Johannesevangelium im Horizont Biblischer Theologie, ZNW 88 (1997) 1-23.8; WILCKENS 197. BLANK, Krisis 297, unterscheidet ebenfalls sachgemäß zwischen einer biblischen Reflexion (12,37-43) mit anschließender theologischer Zusammenfassung.

520. So wird z.B. 12,18b generalisierend in 12,37 wiederaufgegriffen. Näherhin vgl. R. KÜHSCHELM, s. Anm. 509, 16-22.

521. Schon die Eröffnung der abschließenden Zusammenfassung 12,37 ist sprachlich durch einen deskriptiven Sprachstil vom vorangegangenen narrativen abgesetzt. 11,55-12,36 schildern nämlich fiktional eine Handlungssequenz im Rahmen einer umfassenden Wallfahrtssituation. In 12,37-50 hingegen werden die Ergebnisse der Bemühungen des »historischen Jesus« aus einer zeitlich versetzten Perspektive, also letztlich durch den Erzähler selbst, kommentiert.

522. Er hält sich zu diesem Zeitpunkt 12,36 gemäß vor seinen Landsleuten verborgen.

523. Dies ist aber ein Zug, den das vierte Evangelium mit vielen jüdischen Texten teilt: vgl. MENKEN, Quotations, 99-122.109; Dieser Betrag erläutert auf kompetente Weise alle Aspekte, die mit diesem für einen modernen Leser schwierigen Text verbunden sind.

deshalb von ihm kompetent (vgl. 8,56[524]) reden konnte. Über den Unglauben generell unter der Leitungselite kann auch ein angebliches Gläubigwerden einiger Mächtiger (12,42f.) nicht hinwegtäuschen. Denn diese sind noch nicht bereit, einen seiner zentralen Punkte in die Tat umzusetzen, den der Erstzeuge (1,20) wie der Geheilte 9,22.34 jedoch erfüllten, nämlich Jesus öffentlich zu bekennen. So verhalten sie sich aus Furcht vor der Marginalisierung durch die Pharisäern (vgl. 7,13; 9,22; 19,38; 20,19), wie es bereits 3,19 begründet wurde: Sie lieben das Ansehen bei ihren Mitmenschen, d.h. die Finsternis, mehr als das Ansehen bei Gott.

Diese Anmerkung Jesu, jene liebten das Ansehen bei Menschen mehr als diejenige bei Gott spielt zugleich auf 3,19[525] wie auf 5,44 an. Mit ihr wird der Übergang zum generellen Rechenschaftsbericht Jesu über sein öffentliches Wirken motiviert. Hier wie dort wird die Glaubens- mit der Gerichtsproblematik[526] auf generalisierender Weise[527] thematisiert und mit dem Fehlen von Zivilcourage und der Vorliebe der meisten Menschen für die Finsternis verknüpft. Zugleich definiert Jesus seinen Auftrag — analog zu 5,19ff. — noch einmal abschließend und führt ihn resümierend auf die soteriologisch orientierte Weisung Gottes (10,18) zurück, deren Befolgung allen Beteiligten unendliches Leben schenkt (vgl. u.a. 6,26-58[528]). Für die Jünger wird schon bald daraus die Konsequenz abgeleitet, die nur dem Kriterium entsprechen kann, das bereits in den Jüngerpartien der Kap. 10-12 angesprochen wurde: Die hier noch einmal akzentuierte Übereinstimmung in der Handlungsweise zwischen Sendendem und Gesandtem muß auch das Verhältnis zwischen Jesus und den Jüngern auszeichnen. Die bereits angebrochene Krise des Kosmos (12,31) im Zeichen des Kreuzes machen diese abschließenden Äußerungen Jesu in ihrer Endgültigkeit um so dringlicher. In Wort (12,44-50) und Tat (12,37-43) Jesu ist alles so vollzogen worden und eingetreten, wie es Gott vorgesehen und durch seinen Propheten Jesaia über Jesu Sendung hatte aussprechen lassen. Der erforderliche Glaube an ihn ist letztlich jedoch ein Glaube an den Vater, der ihn gesandt hat. Wer Jesus verwirft, wird nicht erst in der absoluten Zukunft sein Urteil verkündet bekommen, sondern dessen jetzt gesprochenes Wort wird ihn am Endgerichtstag richten;

---

524. Dort wird Abraham diese Kompetenz zugestanden.
525. Den Komparativ »mehr als« findet sich nur an diesen beiden Stellen; Auch die Wiederaufnahme des Finsternismotivs in 12,46 deutet darauf hin, dass neben Kap. 9 auch die Kernaussagen von Kap. 3 in das Resümee miteingeflossen sind.
526. Vgl. 12,47 mit 3,17;5,22; 8,18.
527. Man beachte nur die generalisierende Ausdrucksweise »jeder, der glaubt« etc.
528. Da Jesus diese Weisung Gottes bis ins letzte I-Tüpfelchen hinein erfüllt hat, kann man mit Recht wie der Autor in Kap. 6 metaphorisch von ihm sagen, er sei das Brot zum unendlichen Leben.

denn es ist nur das Wort des Vaters gewesen, dessen Gebot ungebrochenes Leben ist. Wiederum wird wie 6,60-71 und den Kap. 9-11 das öffentliche Wirken Jesu aus dem Blickwinkel nachösterlicher Jüngerreflexion in der Form eines »epischen Hologramms« nachgezeichnet und in seinen Konsequenzen für den Glaubenden bedacht. — Lit. s.u. S. 485-486.

12. Die in der Abschiedsstunde begründete neue Gemeinschaft, 13,1–17,26

Die vorher (12,23-28) von Gott im Einvernehmen mit Jesus festgelegte »Stunde«, die sich im Rahmen der bereits angelaufenen Passavorbereitungen erfüllen soll, läßt Jesus nicht mehr viel Zeit, seine immer noch ahnungslosen Anhänger auf seine bevorstehende Rückkehr zum Vater vorzubereiten und mit ihnen seine Angelegenheiten zum gemeinsamen Nutzen über diesen einschneidenden Stichtag hinaus zu regeln.

Analog zur synoptischen Tradition, wenn auch nicht dezidert als Passamahl (par. Lk 22,15f.), legt der Erzähler eine Mahlsituation[529] zugrunde, bei der Jesus sich von seinen Jüngern verabschiedet. Schon die Überleitung 13,1-3 — »the gospel's most majestic scene introduction«[530] — läßt erkennen, dass es dem Erzähler um mehr geht als um eine bloße Einleitung in eine neue Szene mit entsprechenden Orts-, Zeit- und Personenangaben, sondern um die Festlegung grundlegender, äußerer wie innerer Rahmenbedingungen für seine weiteren Ausführungen. In einer kunstvollen Satzperiode, die aus zwei parallelen Partizipialsätzen mit parenthetisch eingeschobenem Gen. abs. besteht, wird Jesus als jemand dargestellt, der seine Übergangssituation voll erfasst hat: Er verläßt nicht nur am Passa die Menschenwelt, sondern kehrt zum Ausgangspunkt, zum Vater, zurück, der ihm seinerzeit alles (3,35; 10,17) übergeben hatte, vor allem aber seine Jünger, als deren Freund (vgl. 11,1-5) er sich nun anschickt, für sie bis zum Ende einzustehen. Gleichzeitig mit ihm ist nur sein Gegenspieler, der Diabolos, auf der Höhe der Situation. Er hat seinerseits beschlossen, Judas zum Verräter[531] zu machen. Damit ist bereits

---

529. Sie wird erst durch die 13,30c nachgereichte Zeitangabe »*nachts*« zu einem »Abendmahl«.
530. Culpepper, Anatomy 33.
531. Um den Widerspruch mit 13,27 aufzuheben, ist es notwendig, V. 2 als ein Semitismus (vgl. Jjob 22,22; 1 Kön 29,10) zu verstehen, der ebenfalls die Bewußtseinlage des Teufels beschreibt: Diabolos habe beschlossen, Judas zum Verräter zu machen: vgl. u.a. Barrett 439 und R.A. Culpepper, The Johannine Hypodeigma: A Reading of Jn 13, Semeia 53 (1991) 136. Diese bewußt akzentuierte Gleichzeitigkeit deutet bereits auf einen bevorstehenden Kampf hin, in dem es um Sieg oder Niederlage geht (vgl. 16,33).

alles gesagt, worauf es im Folgenden ankommt: Jesus wird seinen Jüngern bis in seine Todesstunde hinein seine beständige Liebe zeigen (vgl. 18,8f.; 19,28-30[532]), aber einer von ihnen, Judas, wird zum Instrument des Teufels, der ebenfalls auf eine endgültige Entscheidung in dieser Auseinandersetzung kosmischen Ausmaßes drängt. Denn in dieser »Stunde« wird eine neue Gemeinschaft gegründet, die weit über Jesu Einzelschicksal hinaus Bestand haben wird und in der all das perpetuiert werden soll, was Jesu Sendung auszeichnete.

a. Jesu exemplarischer Rollenwechsel: die Fußwaschung, 13,4-20

Nach der feierlich klingenden[533], der Bedeutung der Situation aber angemessenen Einleitung, deren Leseanweisung weit über die eingeleitete Episode hinaus reicht[534]. Denn V. 1d bildet mit 17,26 eine Inklusion, in der vorausgesetzt wird, dass die Anhänger Jesu über dessen Tod hinaus den Gefahren des Kosmos ausgesetzt bleiben werden. Zugleich versetzt der Erzähler den Leser mitten in ein Mahl Jesu mit seinen Jüngern (V. 2a.4a). Es wird knapp beschrieben, wie Jesus vom Tisch aufsteht und sich anschickt, seinen Jüngern die Füße zu waschen und sie anschließend abzutrocknen (vgl. 12,3)[535]. Darüber entwickelt sich ein Streitgespräch mit Petrus, der sich verständlicherweise seine Füße nicht waschen lassen will, weil er nach allgemein antiker, nicht nur jüdischer Sitte[536] es für ehrenrührig halten mußte, wenn Jesus, ihr Lehrer und Herr (V. 13), an

---

532. 19,28 zeigt Jesus wiederum als einen »Wissenden«, der alles zu einem erfüllten Ziel gebracht hat. Deshalb ist ein Streit um die Bedeutung von 13,1e überflüssig: Jesus liebt die Seinen »konsequent« bis zum »Lebensende«.

533. So LINDARS 448; dem Hinweis von H. WEISS, Foot Washing in the Johannine Community, NT 21 (1979) 298-325, auf S. 310 geäußerte Meinung, die Periode sei stilistisch gesehen unjohanneisch, widerspricht er im gleichen Satz selbst, wenn er — wie BEASLEY-MURRAY 232 — hervorhebt, dass sie »a well recognized Johannine theme« formuliert. Der ausgefallene Satzbau soll die besondere Aufmerksamkeit des Lesers auf die hier gegebenen, thematischen Vorgaben lenken, die bei seiner weiteren Lektüre programmatisch bleiben.

534. Die Episode weist über Ostern hinaus: vgl. WEIZSÄCKER, Beiträge 713; CULPEPPER, Anatomy 72; DERS., (s. Anm. 531) 136; A.J. HULTGREN, The Johannine Footwashing (13:1-11) as Symbol of Eschatological Hospitality, NTS 28 (1982) 539-546.541. HOEGEN-ROHLS, Nachösterlicher Johannes 51 (vgl. 301), sieht mit Recht eine Prolepse auf Passion, Verherrlichung und beginnende Kirchengeschichte in 13,1-3 gegeben, deren kunstvolle Verschränkung von Erzählung und theologischer Reflexion (vgl. S. 53 Anm. 4) bewußt über sich hinausweist.

535. Der Rückverweis auf diese Perikope ist ein erster Anhaltspunkt, wie der Autor die Episode gedeutet wissen möchte: Sie deutet das Passionsgeschehen als für die Jünger heilvollen Sklaventod, der ihnen die Gastfreundschaft Gottes sichert.

536. Vgl. 1 Sam 25,41; Mek 82a; Sifre Dtn 35.5; bT BB 53b; JosAs 13,15; Philo, quaest. Gen. IV 5; CIL VI 7290: »servus ab hospitiis«; siehe bes. KÜGLER, Schlüsselgestalt 129.

ihnen Sklavendienste verrichtet, auch wenn es damals als ein Akt der Gastfreundschaft[537] gewertet werden konnte. Das Zögern Petri (V. 6c), sich von Jesus die Füße waschen zu lassen, veranlaßt diesen, ihm eine Perspektive für sein »*Tun*« zu eröffnen, die sein aktuelles Unverständnis[538] über den Sinn dieser Handlung zu einem späteren Zeitpunkt zu überwinden verheißt. Darauf kann und will sich Petrus nicht einlassen und verweigert sich ihm — wie es scheint — ein für allemal. Dies veranlaßt Jesus — nun gezwungenermaßen (V. 8c-e) —, sich ihm doch noch näher zu erklären: Ohne diese Waschung habe niemand Anteil an ihm! Diese Aussage leitet er mit einem negierten Bedingungssatz ein, den er bislang immer dann verwendete, wenn es ihm um die Forderung nach einem totalen Umformungsprozeß ging (vgl. 3,3.5; 6,53; 8,24; 12,24; [15,4]). Man könne z.b. das Reich Gottes nicht sehen, wenn man nicht von oben geboren sei (3,3.5). Gerade diesen Anteil am Jesusgeschick[539] aber sucht Petrus ja so dringend. Deswegen möchte er nun weitaus mehr als nur die Füße gewaschen bekommen. Jesus reagiert auf seine impulsive Bitte mit dem Sprichwort: »Wer gebadet hat, braucht sich nicht mehr zu waschen!« Es soll ihm versteckt signalisieren, er müsse die Fußwaschung als pars-pro-toto und zugleich als Vorwegnahme des Sklaventodes, die für das von ihm begehrte zukünftige Vollbad[540] erforderlich

---

537. Die Fusswaschung ist 1. Geste der Gastfreundschaft: vgl. Gen 18,4; 19,2; 24,32; 43,24; Ri 19,21; 1 Sam 25,41; Tobit S 7,9b; TAbr [Rez. A+B] 3; TAbr 7,44; JosAs 7,1; 20,1-5; Homer, ody. 19,343.503-507; Plato, symp. 175a.213b; Herodot IV 19; Plutarch, Pompeius 73,7; Moralia 249d; 958b; Lk 7,44; 1 Tim 5,10; Petr., satyr. 70.8; Clem. Alex., Strom IV 19.123,1; näherhin siehe J.C. THOMAS, The Fourth Gospel and Rabbinic Judaism, ZNW 82 (1991) 159-182.177, und C. NIEMAND, Was bedeutet die Fusswaschung: Sklavenarbeit oder Liebesdienst? Kulturkundliches als Auslegungshilfe für Joh 13,6-8, PzB 3 (1994) 115-127, mit weiteren, vor allem rabbinischen Belegen. Doch denkt letzterer m.E. zu sehr in Alternativen und übersieht dabei, dass über das Zeichen der Gastfreundschaft hinaus die Fußwaschung 2. in der priesterlichen Tradition des Judentums auch eine rituelle Bedeutung hatte: Ex 29,4; 30,19-21; 40,12.30-32; Lev 8,6; 14,8f.; 16,4; 2 Kön 5,10; TLevi 9,11; Philo, quaest. Ex. 1,2; quaest. Gen. IV 5; Mos. II 136-138; spec. I 206f; Abr. 98; somn. I 23.81.148; 4Q213,541 [4QTLevi^a]; Jos., bell. 2 § 129; Mk 7,4; Lk 11,38; mJoma 3,3; bT Schab 25b; 39b; Sie konnte 3. als Metapher benutzt werden. — Zur römischen Sitte der Fußwaschung findet man bei Seneca, ad Lucilium 86,12, eine knappe Notiz: »denn wie die Schriftsteller berichten, die die alten Gewohnheiten der Stadt überliefert haben, wusch man Arme und Beine täglich, die natürlich bei der Arbeit Schmutz aufgelesen hatten, im übrigen nahm man ein Vollbad an Markttagen«. — Alle drei Aspekte müssen für das Verständnis der johanneischen Fußwaschung beachtet werden.
538. Auf das aktuelle Jüngerunverständnis, das später erst aufgehoben wird, weist schon 2,22 hin.
539. »Anteil« ist in der Bibel ein terminus technicus für eine Teilhabe am Schicksal eines anderen: vgl. 2 Sam 20,1; Is 57,6; Ps 49,18; Er wird so auch in der urchristlichen Tradition verwendet: Mt 24,51; Lk 12,46; Off 20,6; 21,8; 22,19; Ign., Polyc. 6,1.
540. Seit der 26. Auflage des Novum Testamentum Graece von NESTLE / ALAND ist die sehr gut bezeugte, lange Lesart »Wer gebadet ist, braucht sich nicht waschen zu lassen,

seien, verstehen lernen. Schon allein dadurch wären er und die übrigen — außer einem[541] — proleptisch gänzlich »rein«[542]. Zum Szenenschluß V. 11 wird keineswegs zufällig noch einmal kommentierend daran erinnert, dass Jesus selbstverständlich von den Verratsabsichten des Judas *wußte* (vgl. 6,71; 13,1-3), d.h. jener gehörte bereits zur Partei des *Diabolos*, als Jesus an seinen Jüngern auf diese irritierende Weise »*handelte*« (vgl. 5,19-30; 8,28f.). Die Sklavenarbeit ihres Herrn gewährt erst Anteil an seinem Geschick, macht folglich gänzlich »rein« und steht unter dem generellen Vorzeichen seiner konsequenten Liebe ihnen gegenüber, die aber jetzt noch für die Jünger unverständlich bleibt.

Da der Aussageschwerpunkt der Szene in der allgemeinen Sentenz V. 10 liegt, kann diese auch als Schlüssel[543] für die nächste Gesprächsrunde

---

außer die Füße« wieder als Hauptlesart in den Urtext zurückgekehrt. Sie wurde früher von denen bevorzugt, die eine sakramentale Deutung der Fußwaschungszene anstrebten, gegenwärtig wird sie von den Auslegern favorisiert, die wie J.C. THOMAS, A Note on the Text of Jn 13:10, NT 29 (1987) 46-52 oder WEISS (s. Anm. 533) in der Langform ein Fenster in das religiöse Leben einer kirchlichen Randgruppe, wie sich »die johanneische Schule« in ihren Augen darstellt, sich öffnen sehen. Doch wird damit die Hintergründigkeit der Aussage zu sehr eingeebnet. Von vornherein geht es hier — wie es J.H. NEYREY, The Footwashing in Jn 13:6-11: Transformation Ritual or Cermony?, in: FS W.A. MEEKS, 1995, 198-213, einleuchtend darstellt — um eine symbolische Handlung Jesu, die unter zwei Aspekten interpretiert werden soll: 1. Jesu Handlung verweist auf seinen Sklaventod aus Liebe zu den Seinen und gibt 2. zugleich den Jüngern Anteil an dessen Geschick. Denn ihm zu folgen, setzt die Bereitschaft zum Blutmartyrium voraus, wie es abschließend an Petrus in Kap. 21 demonstriert wird. Aus johanneischer Sicht geht es in dem mit Kap. 13 eingeleiteten Schluß für die Jünger insgesamt um einen Übergangsritus im Sinne von VAN GENNEP, Übergangsriten, 1909. Deshalb ist denen, die wie neuerding HOEGEN-ROHLS, Nachösterlicher Johannes 55 Anm. 9, und CULPEPPER (s. Anm. 531) 140, den Kurztext weiterhin vorziehen, eher zuzustimmen als denen, die aus einem tiefgründigen Ritual eine wiederholbare Zeremonie, etwas förmlich Religiöses, machen wollen.

541. Die Identität des Unreinen wird anschließend 13,21-30 beantwortet.

542. Ob hier nicht auch ein kultischer Oberton mitschwingt, wird sich später zeigen. Jedenfalls muß in diese Richtung weitergedacht werden, wenn man sieht, wie AUGENSTEIN, Liebesgebot 29-40, aus seinen zutreffenden Beobachtungen, dass die Funktion der Fußwaschung als ausdrückliche Liebesbezeugung Jesu gegenüber den Seinen, weder ein direktes Zeichen von Gastfreundschaft noch eine Anspielung auf rituelle Reinigung sein könne, da der Akt selbst wie in Lk 7,36-50 einerseits nachträglich »während des Mahles«, andererseits eine rituelle Vollwaschung bzw. Besprengung nur von Priestern und eben keine Fußwaschung vollzogen werde, sich in seiner Argumentation später widerspricht, wenn er auf S. 39f. auf die Position von HULTGREN (s. Anm. 534) einschwenkt, der die attraktive These verficht, es gehe im Gesamtzusammenhang des Abschieds Jesu um dessen Notwendigkeit, um den Jüngern eine Wohnstatt bei Gott bereiten zu können, die jene aber nur mit reinen Füßen betreten dürfen, was in der Fußwaschungsszene symbolisch bereits vorweggenommen werde. Letzteres setzt aber einen eindeutig rituellen Vorstellungshorizont voraus.

543. Dies hat HOEGEN-ROHLS, Nachösterlicher Johannes 54, ebenfalls mit vollem Recht hervorgehoben. Damit entfällt aber die traditionsgeschichtliche Zweiteilung der

Jesu dienen. Diese ist nicht mehr individuell auf Petrus fokussiert, sondern aus dessen auffälligem Handeln werden Konsequenzen abgeleitet. Jesus knüpft nämlich V. 12ef erkennbar an die Aussage V. 7c an. Damit stellt er pointiert seine Bereitschaft[544], unter ihnen, obwohl eigentlich ihr »Herr und Lehrer«, Sklavendienste zu verrichten, als eine für sie exemplarische Erfahrung heraus. Sie verpflichtet jene zum Weitertun in ihrem späteren gesellschaftlichen Umgang (vgl. 13,34b). Deshalb verwendet er V. 15a auch den Begriff »Hypodeigma«, der in der frühjüdischen Literatur, insofern sie griechisch geschrieben ist, vorrangig im Kontext eines beispielhaften Todes (vgl. 2 Makk 6,28.31; 4 Makk 17,22f.; Sir 44,16[545]) Verwendung fand. In seinem Sklaventod[546] wird er ihnen also ein modellhaftes »Beispiel«[547] seiner grenzenlosen Liebe geben, das auch über seinen Tod hinaus für ihre Lebensplanung prägend bleiben soll: Von ihnen verlangt er keine formal religiöse, stetig wiederholbare Zeremonie, die an sein Handeln — meist folgenlos — erinnern soll, sondern vielmehr dieselbe Bereitschaft zum Blutmartyrium[548], wie er sie selbst demonstriert. Diese gilt nicht nur für die erste, hier anwesende Generation (vgl. 13,16b.13a mit 12,26; Lk 6,40f./Mt 10,24), sondern generell für alle noch kommenden Jüngergenerationen (vgl. 17,14ff.). Deshalb führt er in V. 16c (vgl. V. 20) parallel zum Vergleich der Unterordnung des Sklaven unter

---

Fußwaschungsszene in die V. 6-11 und 12-20, wobei zumeist angenommen wird, dass der 2. Teil sekundär zugewachsen sei, weil er hortativ-paränetisch einen ethischen Imperativ der johanneischen Schule formuliere (vgl. 1 Joh 2,6.27; 3,16; 4,11.17; 3 Joh 8). Dieser Meinung schließen sich u.a. auch WILCKENS 210; MENKEN, Quotations 126-128; KÜGLER, Schlüsselgestalt 111-128 an.

544. Das »Ich« ist betont V. 14 den nachösterlichen Anredetiteln »Herr und Lehrer« vorangestellt.

545. Ez 42,15 kennt das Wort in der Bedeutung »Grundriß« bzw. »Baumodell« aus der Fachsprache der Architekten.

546. Vgl. M. HENGEL, Mors turpissima crucis. Die Kreuzigung in der antiken Welt und die »Torheit« des »Wortes vom Kreuz«, in: FS E. KÄSEMANN, 1976, 125-184 [engl. DERS., Crucifixion, London 1977], dessen Darstellung der Kreuzigungsstrafe darauf hinausläuft, dass sie bevorzugt bei Sklaven angewandt wurde. Dass die Sklavenarbeit Jesu auf seinen Sklaventod gemünzt ist, zeigt allein schon die Anspielung auf die Episode 12,1-11. Das Motiv vom Ablegen des Oberkleides, wo zu beachten ist, dass das Verb »ablegen« im Evangelium zumeist vom Ablegen des Lebens gebraucht wird, die Anspielung auf die Teilhabe am Lebensgeschick Jesu, die Verratsankündigungen und die hervorgehobene Verwendung des Begriff »Hypodeigma« dienen als Verweise auf das Blutmartyrium als Lebensmodell des Gerechten.

547. Dieser normativ formulierte ethische Imperativ hat seine Vorgeschichte in der synoptischen Tradition: vgl. Mk 10,43-45 par.; Lk 22,21-38 par.; Lk 12,37; Lk 6,46f.; Mt 10,24f.

548. Aus dieser Sicht wird auch die Anmerkung 12,10, die Hohenpriester trachteten danach, auch Lazarus zu töten, die nicht nur Kierkegaard irritiert hat, sinnvoll: Wer Jesus nachfolgt, hat mit einem ähnlichen Geschick zu rechnen!

seinen Herrn auch den des *Apostels* ein, der in keiner Weise mehr[549] ist als der, welcher ihn ausgesandt hat. Dies ist eine direkte Anspielung auf die nachösterliche, eschatologische wie missionarische Sammlungsbewegung[550], für die sicherlich die gegenseitige Loyalität und unumstößliche Solidarität bis zum Tod in Verfolgungen weitaus größere Probleme aufwarfen. Sein demonstrativer Rollenwechsel symbolisiert folglich zuerst die Bedingung, unter der seine Rückkehr zum Vater möglich ist. Aber sein Überschritt in die Welt Gottes soll zugleich den Überschritt der Jünger in die Glaubensverantwortung ermöglichen, der mit parallelen Konsequenzen im Geschick verbunden ist.

Doch bis es so weit ist, muß erst Judas wie einst zu Davids Zeiten Ahitofels (vgl 2 Sam 15-18) ihn schriftgemäß[551] verraten. Deshalb kehrt der Erzähler nach diesem Ausflug in nachösterliche Zeiten kurz zum Faktum des Judasverrats auf eine Weise zurück, die schon für V. 10d-11c charakteristisch war: Er läßt Jesus über 13,1a.3a auf 6,70f. zurückgreifen und akzentuiert so erneut dessen umfassende Kenntnis, die es ihm ermöglicht, die Jünger souverän auf das Schlimmste vorzubereiten, wenn ihr Herr durch Verrat aus dem engsten Freundeskreis am Kreuz einen Sklaventod stirbt (V. 19). Er ist es also selbst, auf den das Schriftwort und damit der Wille Gottes sich beziehen. Demnach kann Jesus V. 19b (vgl. 14,29) positiv vom später geforderten Jüngerglauben sprechen, da er ja mit der vorzeitigen Bekanntgabe des schriftgemäßen Verrats (V. 10f.18) ihre Gefolgschaft festigen will. Denn in seiner Passion wird auch das Fundament für die nachösterliche Loyalität der Jünger untereinander[552]

---

549. Vgl. auch 15,20 mit Mt 10,24; Lk 6,40.

550. Dasselbe kann man von der Seligpreisung V. 17b sagen, wenn man sie mit dem einzigen weiteren Makarismus im Johannesevangelium 20,29 vergleicht.

551. Dazu ausführlicher MENKEN, Quotations 123-138, der nachweisen kann, dass der Autor Ps 41,10 (vgl. 1QH 5,23f.; 4Q 254 Frg. 5) selbständig aus dem hebr. Urtext übersetzt und in seinen Kontext eingepaßt hat. Sprachlich wählt er für das Verb »essen« seine Vorzugsvokabel aus 6,31.54.56-58 und interpretiert den Davidspsalm im Sinne des Verrats Ahitofels an David in 2 Sam 15-18 (spez. 2 Sam 18,28), als heimtückische Attacke gegen den jeweiligen Herrn aus dessen innerstem Freundeskreis. Dabei bedeutet nach Joh 6 die Wendung »der mit mir das Brot aß« soviel wie »der Gläubige«. D.h. Judas war nur äußerlich ein Glaubender (6,64), sonst hätte er Jesus nicht verraten.

552. Die Verlegenheit, ob die V. 16 und 20 zum Urtext gehören, die man von LANG, Ueber Joh XIII,20, NThJ 4 (1800) 109-133, über LÜCKE II 478 bis zu SCHNACKENBURG III 31f. und HAENCHEN 460f. spürt, läßt sich aufheben, wenn man — wie hier geschehen — vor allem die generalisierende Tendenz von 13,10 zum Anlaß nimmt, mit dem Autor zusammen die Abfolge der Einzelgeschehnisse aufzuheben und vielmehr ihre Bedeutsamkeit zu bedenken, was bei einer Symbolhandlung auch viel näher liegt. So auch J.R. MICHAELS, Betrayal and the Betrayer, JSNT.S 104 (1994) 459-474. 465: Jn 13.18... »can be legitimately read either as references to the experience of Jesus in his passion, or as prophecies of troubles facing the disciples in the course of their world mission«.

bei Verfolgungen gelegt. Bekanntlich werden sie erst Ostern zur Mission bevollmächtigt (vgl. 4,38 mit 17,18; 20,21f.) und danach aus der Einheit mit Jesus und mit Gott heraus eigenständig[553] missionarisch zu handeln[554] (V. 8.13) beginnen. Deshalb muß Jesus erst zum Vater (20,17) zurückgekehrt sein. Aus dieser Perspektive ergibt alles erst einen Sinn: Sein aktuell bevorstehendes Leiden impliziert auch schon das ihre. Ihre Probleme mit der Leidensbereitschaft lassen sich aber mit dem Verhaltensmodell lösen, das er ihnen vorgelebt hat.

b. Die Identifizierung des Verräters, 13,21-30

Jesus hatte bisher nur verschleiert zu seinen Anhängern über den bevorstehenden Verrat beim Mahl (V. 10d.18) geredet, nun sieht er die Stunde[555] gekommen, an der er sein Wissen (vgl. 2,25 mit 7,7; 13,11) ihnen gegenüber offen äußern kann: »Einer unter euch wird mich ausliefern!«. Erwartungsgemäß reagieren sie ratlos und möchten wissen, wer es sei. Daraufhin wird die Identifizierung des Verräters literarisch aufwendig erzählt. Denn überraschend führt der Erzähler zusätzlich einen Jünger[556] in die Handlung ein, den Jesus — wie die drei Geschwister in Bethanien (11,5) zuvor — *liebte* und der auf dem *triclinium*, auf dem Jesu lag, seinen Kopf in dessen Schoß gelegt hatte, eine erkennbar exklusive Nähe (vgl. 1,18), die eine spezielle[557] Auszeichnung bei diesem Mahl durch Jesus signalisiert. Denn es kann verausgesetzt werden, dass Jesus

---

553. Diesen Aspekt betont CULPEPPER (s. Anm. 531) 144: »The sacrifice required by this radical Johannine ethic is warranted, therefore, by the promise that those who receive the disciples (who carry on Jesus revelatory and sacrificial mission) also receive Jesus«.
554. Damit hat der Autor die Aussendung der Jünger Mt 10,40 par. Lk 10,16 auf seine Weise in seinen Stoff eingearbeitet.
555. Dass damit auch seine Todesstunde gemeint ist, legt die Einleitung V. 21a+b nahe, die insgesamt mit der Wendung »im Geist« auf 11,33.38, auf den Tod Lazari zurückweist. Sie hat nicht nur ihn »erschüttert«, sondern wird auch die Jünger 14,1 »erschüttern«, obwohl er sie zu trösten versucht. Auch hier ist die Parallelität im Lebensvollzug Jesu und seiner Jünger beachtenswert.
556. Siehe S. 289-302.
557. Der Autor hatte schon in Kap. 11 und in der durchgestylten Einleitung 13,1-3 deutlich zu erkennen gegeben, dass Jesus alle Jünger gleichermaßen liebte und niemanden durchgängig bevorzugte. Der Sinn der Erwähnung des sogenannten Lieblingsjüngers hat eine andere Bedeutung, die sich in der Parallelität der Formulierungen 1,18 und 13,25a ausdrückt. In der Weise, wie Jesus durch seine intime Nähe zu Gott kompetent dessen Willen und Absicht bezeugt hat, wird der sogenannte Lieblingsjünger, das kompetent bezeugen, was den Überschritt der Jünger in die Glaubensverantwortung erst ermögliche: die Passions- als Verherrlichungsgeschichte des zum Vater zurückgekehrten Jesus. Deshalb wird er im Sinne der Psalmen als *Chassid* dargestellt, der aufgrund seiner Treue von Gott geliebt wird.

als Gastgeber nach antiker Sitte[558] die Plätze nach seinem Dafürhalten verteilt und diesen durch die persönliche Nähe[559] geehrt hatte.

Dieser Jünger fragt nun — nach Aufforderung durch Petrus — Jesus direkt nach dem Namen des Verräters. Jesus kommt ihm aber nur so weit entgegen, dass er die Handlungsweise (V. 26b-d) exakt spezifiziert, mit der man jenen identifizieren könne: »Der ist es, dem ich den Bissen eintunke und geben werde!«. Obwohl Jesus im selben Moment (V. 26e-f) entsprechend handelt und der Erzähler noch kommentierend hinzufügt, dass präzise zu diesem Zeitpunkt Judas zum Instrument Satans geworden sei, identifiziert ihn doch keiner, weil etwas Entscheidendes die Anwesenden daran hinderte. Der Evangelist merkt nämlich auktorial V. 28 noch an, dass »keiner der zu Tisch Liegenden, erkannte, weswegen er zu ihm sprach«. In einem eingeblendeten, knappen Zwiegespräch hatte Jesus Judas zuvor aufgefordert: »Was du tust, tue bald!« (V. 27) Diese Aufforderung enthält in Abhebung zur der dem Lieblingsjünger gegenüber angekündigten Identifikationshandlung den Schlüssel für die offenkundige Unfähigkeit der Jünger, Judas als Verräter endgültig zu enttarnen.

Denn das Zwiegespräch Jesu mit Judas greift den Schlüsselbegriff des gesamten Kapitels erneut auf, nämlich das Verb »*tun*«. Schon bei der Fußwaschung war Petrus unfähig, die Handlungsweise Jesu richtig zu deuten, d.h. seinen Sklaventod als letztes Liebeszeichen für die Seinen (V. 7). Dasselbe gilt — neben der ebenfalls noch unbeantworteten Frage V. 12: »Erkennt ihr, was ich euch *getan* habe?« — ebenso deutlich nun für alle Jünger inklusive des »Lieblingsjüngers«: Sie alle können seinem Sklaventod, der gleichzeitig doch den Vater verherrlichen soll (vgl. 12,23 mit 13,31), zu diesem Zeitpunkt noch keinen adäquaten Sinn abringen. Auf diese Weise wird dem Leser aber bewußt, dass die Fußwaschung der Jünger und der Verrat des Judas korrelierte Ereignisse sind, d.h. sie stellen nur die beiden Seiten einer Medaille dar. Indem beide Initiativen von Jesus ausgegangen sind, wird auch die 13,1-3 gegebene Charakterisierung der Situation für ihn stimmig: Der johanneische Jesus geht soteriologisch »*wissend*« um des Nutzens für sich und die Seinen, d.h. bewußt in sein menschliches Unglück (10,17f.).

Wenn es also stimmt, dass die dem Leser in der ausgefeilten Einleitung 13,1-3 gegebene Leseanweisung für die kommenden Kapitel sowohl die

---

558. Vgl. Petr., satyr. 38,7-11; 57,1; Juvenal, sat. III 81-142; Lk 14,7-10.
559. Dies wird auch deutlich in einer von J. und L. ROBERT, Fouilles d'Amyzon en Carie I. Exploration, histoire, monnaies et inscriptions, Paris 1983, 259-263, veröffentlichten Text, wo von einer Kreuzigung eines Sklaven gesprochen wird, der seinen Herrn umgebracht hat. Dort wird gesagt, dass die trauernden Eltern des Ermordeten nun dessen sterblichen Überreste in einer Urne »an ihre Brust« drücken müssen.

Bedeutung »der Stunde« Jesu für diesen selbst als auch deren Gewichtigkeit für die Jüngerexistenz umfassen soll, dann definiert und illustriert die Fußwaschungsepisode vorneweg auf hintersinnige Weise den Tod Jesu einerseits als freiwillig auf sich genommenen Sklaventod, der von Satan auf Gottes Geheiß hin (V. 18) inszeniert wurde. Andererseits gewinnt die Fußwaschung eine didaktische Funktion für noch unverständige Jünger, um jene auf ihre zukünftige Glaubensverantwortung als Gesandte (= Apostel) Jesu vorzubereiten, wenn Jesus die Welt verlassen hat. Die Heilsrelation zwischen der Rückkehr Jesu zum Vater und zukünftiger Jüngerschaft ist nur in einer entsprechenden Solidarität mit seinem Geschick gegeben. Deshalb wird der Jünger, den Jesus liebte, in die zweite Episode eingeführt. Auch er vermag den Verräter, obwohl ausgezeichnet, nicht zu identifizieren, aber es wird ihm dieser Ehrentitel auch nicht wieder aberkannt.

In diesem umfassenden Rahmen werden die ständigen Versuche Jesu, das Unverständnis der Jünger aufzubrechen, zu einem literarischen Instrument, mit dessen Hilfe der Erzähler immer erneut den Erfahrungshorizont des Lesers ins Visier nimmt, theologisch weitet und ihm Orientierung für die eigene Gegenwart anbietet. Die Bedeutung der Erzählhandlung erschließt sich nur dem Leser, den Akteuren auf der Handlungsebene hingegen bleibt sie verschlossen. Auf solche Weise wird mit den beiden Episode ein Wechselspiel zwischen zwei thematisch verwandten Komponenten eröffnet, das solange keine Unterbrechung kennt, bis alle betreffenden Aspekte für den Leser hinreichend abgeklärt sind. Aber zu diesem Erzählzeitpunkt hat die Stunde der Finsternis erst begonnen (vgl. 13,30 mit Lk 22,53). — Lit. s.u. S. 486-488.

c. Jesu Abschiedsrede, 13,31-16,33

Die in den beiden vorangegangenen illustrativen Episoden bereits angesprochenen Gesichtspunkte[560] werden nun, auf die rhetorische Ebene transferiert, in einer vielschichtigen Abschiedsrede Jesu ohne jeglichen Neueinsatz[561] persuasiv weiterverarbeitet. Diese These ist nicht erst seit Anfang des 20. Jahrhunderts[562] eine klassische Minderheitenmeinung,

---

560. Unter ihnen ist besonders hervorzuheben, dass das gemeinsame Mahl unter Ausschluß des Verräters einen speziellen soziologischen Akzent legt auf die darin dokumentierte soziale Identität der Mahlgemeinschaft. Der Leser wird auf diese Weise informiert, dass alle Beteiligten zusammengehören und gewillt sind, die sozialen Rechten und Pflichten, auf die diese Gruppe basiert, einzuhalten. Dieser Gesichtspunkt wird in der sich anschließenden Abschiedsrede mehr und mehr dominant.

561. Vgl. u.a. AUGENSTEIN, Liebesgebot 25f. Das Mahl war mit dem nächtlichen Fortgang von Judas nicht beendet. Dies würde ihm eine zu große Bedeutung beimessen. Der Autor hat wohl an eine Art Symposion gedacht, das sich bekanntlich an ein Mahl anschloß.

562. WELLHAUSEN, Erweiterungen 15, hat — wie er in einer persönlichen Note bekennt — an dem, nicht nur für ihn, deutlichen Hiatus im Text zwischen 14,31 und 15,1, seine

weil man schon im 19. Jahrhundert[563] zur Überzeugung gelangt war, dass sich ein schier unüberbrückbar erscheinender Hiatus im Textfluß zwischen Kap. 14 und 15 auftue. Denn jeder Leser erwarte nach dem »Abschiedsgruß« Jesu an seine Jünger 14,27 und dessen Aufforderung zum sofortigen Aufbruch keine Redefortsetzung über zwei weitere Kapitel mit einem abschließendem Gebet in Kap. 17, sondern den Redeschluß sowie die pragmatische Umsetzung des Befehls, der aber erst 18,1ff. berichtet werde. Der so unabweisbar erscheinende literarische Bruch stellt die drei letzten Kapitel der Abschiedsrede unter einen dreifachen Verdacht: Entweder sind diese Kapitel pseudepigraphische Zutaten einer nachträglichen Bearbeitung[564] oder eine jüngere Fassung[565] der Abschiedsrede vom gleichen Verfasser, die dort unbeholfen plaziert wurden, bzw. sie sind nachträglich so umzustellen[566] oder die gesamte Textfolge ist derart geschickt neu zu arrangieren[567], dass der Hiatus beseitigt werden kann.

1. Ältere Ausleger gingen mit der vermeintlichen Textaporie unbefangener um und verstanden die Aufforderung an die Jünger, sich zu erheben, in der Weise, dass sie entweder impliziere, der von Jesus geplante Aufbruch sei irgendwie gestört worden[568], oder sie seien wirklich alle zusammen fortgegangen, und die weitere Rede habe Jesus im Innenhof des Abendmahlsgebäudes, auf den Straßen Jerusalems oder im Vorhof

---

Suche nach einer johanneischen Urschrift aufgenommen, »weil mir dabei zuerst die Augen aufgegangen sind.«

563. Vgl. nur WEISSE, Evangelische Geschichte VI 283f.; DE WETTE 235; WEIZSÄCKER, Characteristik 714f.; SPITTA, Quelle 299; SCHWARTZ, Aporien III 184; HEITMÜLLER 829f.; BERNARD II 557.

564. Diese Meinung vertreten u.a.: WEISSE, Evangelienfrage 116; WELLHAUSEN 79; HEITMÜLLER 829f.; W. BAUER 188f. und SCHNACKENBURG III 101. Charakteristisch für die Selbstverständlichkeit dieser Hypothese ist die Sprechweise vom »deuterojohanneischen Verfasser« bei T. SÖDING, Wiedergeburt aus Wasser und Geist. Anmerkungen zur Symbolsprache des Johannesevangeliums am Beispiel des Nikodemusgesprächs (Joh 3,1-21), QD 126, 1990, 168-219.

565. Vgl. u.a. SCHLATTER 303f. und WEIZSÄCKER, Characteristik 714.

566. Vgl. nur SPITTA, Quelle 297ff.; BULTMANN 350; MACGREGOR 281-304. Die Umstellungshypothesen haben das Defizit, dass der Ausleger mit seinen Vorstellungen sich zum Arrangeur bestellt sieht, der die verlorene ursprüngliche Fassung treffsicher wiederherstellen kann. Deshalb ist dieser Ansatz mit Recht von den meisten modernen Exegeten aufgegeben worden.

567. Vgl. am besten: BERNARD II 557. Die These von CORSSEN, die imperativische Aufforderung Jesu an die Jünger in V. 31 als sekundäre Zufügung zu streichen, wurde nicht weiter verfolgt. — Die argumentativen Schwierigkeiten, die Umstellungs- bzw. pseudepigraphische Ergänzungshypothese plausibel erscheinen zu lassen, zählt MENKEN, Quotations 140f., knapp, aber zutreffend auf.

568. So z.B. THOLUCK 263.

des Tempels gehalten⁵⁶⁹. Diese Meinung, die heutzutage mit einigem Recht wenig Anklang findet, weil sie mehr in den Text hineinliest, als er mitzuteilen bereit ist, teilt jedoch mit der vorherrschenden Hypothese die gemeinsame Basis, dass nämlich die doppelte Aufforderung Jesu *performativ* einen auf unmittelbare Umsetzung in die Praxis zielenden Befehl meinen müsse. Über eine Alternative, die den *rhetorischen* Kontext berücksichtigt, und die schon in der Antike von Kyrill von Alexandrien[570] über Erasmus von Rotterdam[571] bis hin zu einigen wenigen modernen Exegeten[572] erwogen wurde, muß aus der Sicht der oben skizzierten Mehrheitsmeinung nicht mehr nachgedacht werden, dass nämlich die beiden Aufforderungen in ihrem persuasiven Redekontext *metaphorisch* verstanden werden sollen. Sie wollen nämlich nur folgende Aussage Jesu zum Ausdruck bringen: Tragt meine Entscheidung mit und laßt uns gehorsam gegenüber Gottes Willen gemeinsam aus der Lebenswelt des Todes zum wahren Leben, aus der Vergänglichkeit zur Unvergänglichkeit aufbrechen! Denn diese Gemeinsamkeit ist vonnöten, um Gott, den Winzer, mit einem hohen Ernteertrag zu verherrlichen. Ich bin nun einmal die Rebe und ihr die Trauben! Für ein solches kontextgemäßes, rhetorisches Verständnis[573] der doppelten Aufforderung Jesu sprechen gewichtige philologische wie inhaltliche Gründe.

Wenn eine unmittelbare Befolgung eines Befehls in 14,31 anvisiert gewesen sein sollte, was ja von der Mehrzahl der Ausleger angenommen wird, müßte nicht nur im klassischen Griechisch[574] der Imperativ Aorist verwendet werden. Diese Regel beachtete bislang unser Erzähler in narrativen Kontexten[575] jedenfalls konsequent[576]. Zugleich muß dem Leser ein stilistisches Merkmal auffallen, dass bislang nämlich im Evangelium konkret gemeinte imperativische Aussagen direkt mit einer Redeeinleitung

---

569. So u.a. GROTIUS 549; LÜCKE II 526; LAMPE III 198f. und WESTCOTT 211.
570. Beachte dazu die Ausführungen von HOSKYNS 465.
571. ERASMUS, Paraphrases II 643: »Tempus est, ut quoniam volentes exsequimur iussa patris, obviam eamus instanti morti. Surgite itaque, et abeamus hinc... iam esse tempus, ut animum erigant ab affectibus terrenis, ad ea quae sunt coelestia, a corporalibus ad spiritualia, a mortalibus ad immortalia, a temporariis ad aeterna«.
572. Vgl. LUTHARDT II 320; DODD, Interpretation 407f.; H. ZIMMERMANN, Struktur und Aussageabsicht der johanneischen Abschiedsreden (Jo 13-17), BiLe 8 (1967) 279-290, und HOEGEN-ROHLS, Nachösterlicher Johannes 121f.
573. In diese Richtung lenkt auch C.C. BLACK, »The Words That You Gave Me I Have Given to Them«: The Grandeur of Johannine Rhetoric, in: FS D.M. SMITH, Louisville 1996, 220-239, die Aufmerksamkeit der Ausleger.
574. H. MENGE, Repetitorium der griechischen Syntax, Darmstadt ⁹1961, 189.
575. Eine zu 14,31 parallele Verwendung von Imperativen findet sich 5,28.39.45; 6,27; 7,24; 14,1.9.31; 15,4.7.9 immer in rhetorischen Kontexten.
576. 2,5.7f.16.19; 4,49; 6,10.12; 7,3; 9,7.11; 11,39.44; 12,7.28; 13,27.29; 14,8.

etwa in der Form von »*und er sagte*« versehen waren[577]. Dies aber ist hier keineswegs der Fall, sondern ein narrativer Hinweis des Evangelisten auf eine Redesituation wurde zuletzt 14,23 gegeben.

Nicht nur die Kombination dieser beiden philologischen Beobachtungen, sondern auch inhaltliche Indizien machen es m.E. unabweisbar, dass die beiden Aufforderungen in dem Vers rhetorisch und nicht als performative, sofort in die Praxis umsetzbare Befehle verstanden werden müssen. Denn die vielschichtige Abschiedsrede steht weiterhin unter der Überschrift 13,1-3, seit der Jesus mit dem Leser, aber noch nicht mit seinen damaligen Jüngern, das Wissen um die Bedeutsamkeit seiner »Stunde« teilt, in der er aus diesem »Todeskosmos« (vgl. 14,30) in die Lebenswelt seines Vaters hinübergeht. Jesus ist nicht nur über diese Möglichkeit informiert, sondern bei ihm liegt auch die entsprechende Initiative[578], weil der Vater es ihm überlassen hatte, sich frei für die Passion zu entscheiden (10,17f.). Darauf wurde im Kontext der eschatologischen Sammlung einer Herde aus Juden und Griechen erstmalig hingewiesen und zugleich auf die fürsorgliche Nähe Jesu zu seinen Schafen verwiesen, die auch seinen Tod um ihres Überlebens willen miteinschloß. Schon dort wurde also die Option eines gemeinsamen Handelns von Jüngern und Jesus angesichts seines gewaltsamen Geschicks formuliert. Diese wurde auch weiterhin beibehalten, weil das Motiv von der Todesgefahr[579] fortan (u.a. 10,39; 11,7ff.; 12,24-26.31-33; 13,15-17) durchgängig thematisiert blieb. Dieser Schicksalsgemeinschaft hatten 11,7-16 die Jünger zugestimmt, wenn auch der wahren Konsequenzen noch uneingedenk, und zwar in einer sprachlich auffälligen Weise[580], die zum Großteil mit 14,31 parallelisiert ist. Dort forderte Jesus seine Jünger direkt auf — narrativ mit einer Redeeinleitung markiert —, sich ihm anzuschließen und gemeinsam nach Judäa zu *gehen*, um — wie Jesus hintersinnig 11,15 formuliert — sie auf diese Weise[581] zum Glauben zu führen. Thomas stimmt

---

577. U.a. 1,23.39.43; 2,5.7.8.16.19; 3,7; 4,7.10.15.16.21.29.31.35.49.50; 5,8. 11.12.14; 6,10.12.20.34.43; 7,3.4.37.52; 9,7.21.24; 11,34.39.43; 12,7.15.19.27.35.36; 13,29; 14,1.8.9.27.

578. So schon T. ZAHN, Das Evangelium des Johannes unter den Händen seiner neuesten Kritiker, NKZ 22 (1911) 28-58.83-115.33.

579. Dieses Motiv wird seit 7,32ff. eingesetzt, um vor allem den Begriff »der Stunde« inhaltlich zu füllen.

580. In 11,7.15 und 16 wird dreimal die mit 14,31 gemeinsame Aufforderung »laßt uns gehen!« benutzt. Zudem ist ab 13,36ff. »Gehen« ein durchgängiges Motiv, was J. MCCAFFREY, The House with Many Rooms: The Temple Theme of Jn 14:2-3, AnBib 114, Rom 1988, 151, herausgestellt hat.

581. Die Lazaruserweckung ist zugleich auch schon eine vorweggenommene Ostergeschichte, in der die eschatologische Qualität der Auferstehung Jesu für den Glaubenden bedacht wird.

dem Ansinnen ebenso wie Petrus 13,37 ausdrücklich zu. Dem Gedanken der in Jesu Tod gestifteten Glaubensgemeinschaft, zu der die Jünger aber noch hingeführt werden müssen, entsprechen auch die Ausführungen Jesu in 12,23-26[582], wo u.a. die Anwesenheit des Knechts bei seinem Herrn gefordert wird, damit beide, wenn auch — historisch gesehen — wohl zu unterschiedlichen Zeiten (14,12), große Frucht bringen (vgl. 15,1-17). So erscheinen Knecht wie Herr im erforderlichen Ernteertrag, wenn auch zeitlich versetzt, aufeinander angewiesen[583]. Auch die johanneische Nachfolgevorstellung insgesamt bewegt sich — wenigstens seit 8,12 (vgl. 21,18-22) deutlich erkennbar — in einem ähnlichen Bezugsrahmen.

Folglich ist die Thematik der erforderlichen Nähe der Jünger zu ihrem leidensbereiten Herrn[584], die 13,25 signifikant dem sogenannten »Lieblingsjünger« zugesprochen wird und sich im Glauben an ihn äußert, eine jenen bekannte und von ihnen aber nur zögerlich mitgetragene Bedingung Jesu, an die er sie in seiner Abschiedsrede immer wieder erinnern muß, um seinen Jüngern die Frucht aller Bemühungen um seine Herde schenken zu können: uneingeschränktes Leben[585], das in einer in seinem Tod gestifteten Haus- und Familiengemeinschaft mit dem Vater (vgl. 14,1-4 mit 20,17) beruht. Dieser literarischen Intention entsprechen auch die beiden Aufforderungen 14,31 fast ideal: Einmal rüttelt Jesus — rhetorisch geschickt in einen Imperativ der 2. Person Plural gekleidet — seine verängstigten Jünger (vgl. 14,1.27; 16,33 mit 20,19) auf und pocht zum anderen mit der zweiten Aufforderung in der 1. Person Plural Konjunktiv — ebenso rhetorisch versiert — auf die erforderliche gemeinsame Aktion, um die Weisung des Vaters (10,17f.) seinerseits erfüllen und ihm seine Zuneigung im Gehorsam zeigen (14,31a)[586] zu können.

Dass es sich aufgrund des allgemein bekannten Jüngerversagens bei der Passion Jesu in diesem Zusammenhang für den Erzähler eher nahelegte, auf die parallele Aufforderung an die Jünger in der synoptischen

---

582. Im Kontext von 13,36f. gelesen wird die ähnlich gelagerte Aussage 14,3 ebenfalls eine nur temporär verschobene Parallelität im Geschick zwischen Jesus und seinen Jüngern andeuten. Sie werden wie Petrus nach dessen Blutmartyrium (21,19) Heimstatt beim verherrlichten Jesus finden. Dieser Gedanke steht der lukanischen Auffassung von einer individuellen Eschatologie nahe: vgl. Lk 16,19-31; 23,39-43.

583. Man muß auch ein weiteres tragendes Motiv von Joh 15,1-17, das Bleiben, beachten.

584. Die erforderliche Nähe zu Jesus ist ein Zentralthema der gesamten Abschiedsrede, wenn man allein schon deren abschließendes Resümee 16,33 heranzieht.

585. Dies verdeutlicht u.a. die Lazarusepisode.

586. Nur in 14,31a wird von der Liebe Jesu zum Vater gesprochen, die die Erfüllung von dessen Weisung motiviert: vgl. W. BAUER 188; AUGENSTEIN, Liebesgebot 59f. Deshalb liegt in 18,1ff. die Initiative zur freiwilligen, aber um so demonstrativeren Übergabe an seine Gegner bei Jesus. Sie charakterisiert seine Loyalität dem Vater gegenüber.

Gethsemaneperikope (Mk 14,42 par. Mt 26,46) zurückzugreifen, ist auch unter der Voraussetzung einer neugestalteten inhaltlichen Konzeption[587] literarisch weitaus einsichtiger als diese deutlich erkennbare Anspielung — von jeglicher Aussageintention losgelöst — als ein weiteres literarkritisches Indiz für einen vermuteten »Quellenverschnitt« auszuwerten. Denn unter der Prämisse, dass der Evangelist voraussetzt, der Leser kenne wie er selbst die Synoptiker[588], wird diesem vor Augen geführt, was man trotz des damaligen und ihm als historisch gesichertes Faktum bekannten Jüngerversagens selbst daraus lernen könne, nämlich in allen Lebenslagen in der Nähe Jesu[589] zu verharren und wie jener unter Umständen sogar selbst bereit zu sein, notfalls sein Leben für seinen Mitchristen zu opfern. Bei dieser Lesart ist der Hiatus überwunden[590] und keine entscheidende »theologische Akzentverschiebung in Joh 15-17«[591] mehr erkennbar. Die Aufforderungen (14,31) nämlich leiten rhetorisch über zur erneuten Mahnung, ständig die Nähe Jesu zu suchen bzw. dort zu *bleiben*, um auf diese Weise die erforderliche überreiche Glaubensernte in nachösterlicher Zeit zu sichern und mit ihr Gott, den für Rebstock wie Rebertrag zuständigen Winzer, zu verherrlichen. Mit dieser Aussage läßt sich auch eine weitere Beobachtung, die vordergründig die quellenscheidende Operation zu unterstützen scheint, harmonisieren. Denn die Anspielung auf die Aufforderungen Jesu in der synoptischen Gethsemaneperikope an die schlaftrunkenen Jünger, sich zu erheben und gemeinsam fortzugehen, ist kennzeichnenderweise bei Johannes um die Angabe »*von hier*« erweitert. Die Behauptung[592], diese Bitte wäre nur ganz konkret gemeint verstehbar, übersieht geflissentlich, dass sich 14,6f. Jesus bereits metaphorisch selbst als »*den Weg*« (vgl. 1,51) bezeichnet hat, auf dem die Seinen als Reisende zum Vater gelangen können. Der Evangelist will

---

587. Vgl. BARRETT 454.
588. Zu diesem Problem ausführlicher: SCHNELLE, Abschiedsreden 71-73.
589. Bzw. dem Parakleten, dem anderen, d.h. nachösterlichen Jesus.
590. Ähnlich argumentiert jüngst HOEGEN-ROHLS, Nachösterlicher Johannes 120-122, die darin mit Recht eine »Zäsur zwischen den Zeiten«, also den Zeiteinschnitt vor und nach Ostern, angekündigt sieht. Es sei darauf verwiesen, dass schon BAUR, Composition 148f., den Zweck der Abschiedsreden dahingehend bestimmt hatte, »die Jünger als Objekt der den wahren Glauben erst begründenden Thätigkeit Jesu darzustellen. Der Glaube selbst aber sollte in ihnen dazu begründet werden, dass durch ihren Glauben und ihre aus dem Glauben entspringende Wirksamkeit die Welt zum Glauben an Jesus gebracht würde«. Unter dieser Prämisse sieht auch er keinen Bruch zwischen Kap. 14 und 15, sondern betont den kohärenten Gedankengang.
591. WINTER, Vermächtnisrede 245, der Kap. 15-17 für sekundär hält.
592. Vgl. SCHNACKENBURG III 100, der jedoch zugeben muß, dass die Wendung »von hier« in 18,36 keine Ortsangabe impliziert. Sie stelle jedoch gegenüber 2,16; 7,3 und 14,31 eine Ausnahme dar.

also im Lichte einer spezifischen Metaphorik kontextgemäß erhellen: Nur wenn die Jünger sich für seinen Weg entscheiden und sich auf ihn begeben, können sie gleichfalls seinen Vater verherrlichen. Das Weg- wie das Rebenbild erfassen die geforderte, aber noch zukünftige Jüngerwirklichkeit gleichermaßen: Beide charakterisieren auf ihre Weise eine wechselseitige permanente Angewiesenheit! So spricht aller Anschein letztlich dafür, dass nicht nur die damaligen Jünger, sondern zuweilen auch manche moderne Ausleger auf der Suche nach literarkritisch verwertbaren Bruchstellen im vorgegebenen Text ebenfalls der bekannten johanneischen Erzähltechnik des Mißverständnisses zum Opfer gefallen sind.

2. Mit der vorgegebenen einheitlichen Redesituation konform ist auch die in 14,25.[29];15,11;16,1.4.6.25.33 wiederholte Wendung »dies habe ich euch gesagt«. Sie signalisiert — wie bisweilen angenommen wird — keinen Redeschluß, so dass man von mehreren »Abschiedsreden«[593] im Johannesevangelium[594] reden könnte, sondern gliedert[595] vielmehr die eine Abschiedsrede Jesu, indem jener das bis dahin Gesagte rhetorisch einschärft[596] und zugleich dessen Dringlichkeit unterstreicht, da seine Zeit unwiderruflich dem Ende zueilt.

Die lange Rede selbst wird mit Zwiegesprächen anfangs mit einzelnen, namentlich erwähnten, zum Ende hin mit allen Jüngern aufgelockert, aber behält dort, wie auch im längeren mittleren Ansprachteil ihren Vermächtnischarakter bei, wobei die vorausgesetzte Kommunikationssituation[597] vom Evangelisten mit Überleitungen[598] unterstrichen wird. Das Gesagte bekommt außerdem über die aktuelle Abschiedssituation hinaus, wie sie sich in den einschärfenden Paränesen widerspiegelt, eine geschichtliche Tiefendimension, indem der johanneische Jesus sich einmal auf früheres, von ihm in einem anderen Kontext Gesagtes bezieht (vgl. 13,33 mit 7,33f; 8,21; 14,28f. mit 13,19; 15,20 mit 13,16), zum anderen die Jünger von ihm informiert werden, dass sie sich in Zukunft

---

593. Zur unterschiedlichen Nomenklatur: vgl. HOEGEN-ROHLS, Nachösterlicher Johannes 82-91. Schon E. LOHMEYER, Über Aufbau und Gliederung des vierten Evangeliums, ZNW 27 (1928) 11-36.29, unterscheidet zwischen dieser Formel, »die schon früher (...) das Ende eines Redestückes bezeichnete«, und dem erzählenden »dieses sagte er« oder ähnlichen Formulierungen 8,20.30; 12,36; 14,25; 17,1; 18,1.

594. Vgl. u.a. WELLHAUSEN 67.71; SCHNACKENBURG III 94.117.138.140.144.181.187 und WINTER, Vermächtnisrede 244.268.

595. So mit Recht BROWN II 650.652.

596. Eine analoge Funktion haben die Rückbezüge Jesu auf schon in der Rede bereits Geäußertes: 14,28; 16,4.19.

597. Man beachte, dass die Einzelgespräche mit Jüngern zumeist ohne Überleitung in eine Rede an alle Jünger übergeht (vgl. 14,1.10 etc.).

598. 13,31.36a.c.37.38; 14,5.6.8.9.22.23; 16,17.19.

noch an wichtige Details der Abschiedsrede erinnern werden (u.a. 14,26). Die Abschiedssituation endet gemäß der vorgegebenen Typik im Rahmen der biblisch-frühjüdischen Abschiedsgattung[599] mit einem Gebet in Kap. 17. Die Komposition läßt sich also keineswegs mit Verweisen auf angebliche Textaporien formaler Natur in Einzelbestandteile mit unterschiedlichem Alter und unterschiedlicher Genese aufbrechen, sondern alle ihre spezifischen formalen Ausprägungen sind so miteinander verwoben, dass an ihrer einheitlichen Geschlossenheit festgehalten werden muß.

3. Dies kann auch eine intensivere Analyse ihres Inhalts belegen. Der johanneische Jesus eröffnet seine Abschiedsrede, indem er in schon typischer Manier sein unwiderruflich bevorstehendes Lebensende[600] konstatiert, die Kürze der ihm noch verbleibenden Zeit hervorhebt[601] und sie für eine letzte Belehrung[602] seiner wirklichen Jünger nutzen will. Er möchte ihnen den Sinn seines Wegganges und dessen Folgen erklären sowie ihnen zu einem künftigen Verhalten raten, dass das bittere Geschehen doch noch zu einem Gewinn auch für sie werden läßt. Kurz, er empfiehlt ihnen seinen Lebensweg nicht einfach als einprägsames und sklavisch nachahmenswertes Lehrstück, sondern als mit Erfahrungen gesättigtes, sie kreativ zur Fortsetzung verpflichtendes Verhalten (vgl. 13,12-15 mit 13,34; 14,15.21.23.28; 15,12.17), weil dieser Weg ihn in eine besondere Beziehung zu dem Vater führen wird (13,31), an der auch sie unbedingt partizipieren sollen (15,8). Aus diesem Grund zitiert er zu Beginn Worte an seine Jerusalemer Gesprächspartner, denen er die Notwendigkeit seines Wegganges 7,33f. (8,21) wegen ihrer unüberwindlichen negativen Einstellung ihm gegenüber nicht zu erklären vermochte. Zugleich erinnert er die Jünger an seine bisherigen Liebeserweise (13,34c), von denen schwerpunktartig in den Kap. 9-11 die Rede war. Diese beiden Aspekte bestimmen auch die Bedingungen, unter denen aus seiner Sicht Jüngerschaft von nun an nur gelingen kann: In seiner unausweichlichen Abwesenheit wird man sie als seine Jünger nur erkennen können, wenn sie ganz

---

599. Dazu Näheres bei H.J. MICHEL, Die Abschiedsrede des Paulus an die Kirche: Apg 20,17-38, StANT 35, München 1973, 48-54, bzw. neuerdings ausführlicher bei WINTER, Vermächtnisrede 45-211.

600. Die Erwähnung des Menschensohnes im Kontext einer Verherrlichungaussage signalisiert seit 3,13; 6,62; 8,28; 12,23.34 das gewaltsame Geschick Jesu (11,4; 12,23; 15,8), das die Grundlage für die gegenseitige Verherrlichung von Vater und Sohn legt.

601. Dies geschieht durchgängig in der Rede, indem vorrangig Zeitangaben wie »jetzt« (13,31.33.36f.; 14,7.29; 15,22.24; 16,5.12.22.24), »sofort« (13,32), »eine kleine Weile« (13,33; 14,19; 16,16-19) einfließen bzw. auf das bevorstehende Kommen des Weltherrschers (14,29f. vgl. 13,27) rekurriert wird.

602. Deshalb werden sie von ihm mit »Kinder« (vgl. 13,13f.) in V. 33 angesprochen.

in seinem Sinn weiterwirken und so agieren, wie er sich einst ihnen gegenüber verhalten hat.
Darüber entwickelt sich ein Zwiegespräch mit Petrus (13,36-38), der etwas über Jesu so bedeutsames Reiseziel in Erfahrung bringen möchte. Ihm wird einerseits im Gegensatz zu den »Juden« 7,33f. (8,21) positiv mitgeteilt, dass er erst später dorthin folgen könne, wohin er jetzt gehe, dass außerdem seine aktuelle spontane Bereitschaft, sein Leben für Petrus einzusetzen (vgl. 10,11.15.17f.) geradewegs zu seiner Verleugnung führen werde. Damit hat Jesus ihm (und allemal dem Leser) das chronologische Gerüst vorgegeben, dem Petrus[603] sich — wie alle anderen Jüngern auch — aus vorösterlicher Unfähigkeit unterordnen muß: Jesus geht ihnen im Tod voran. Erst danach können und sollen sie ihm folgen. In der prekären Phase der Trennung[604] voneinander sollen sie sich nicht ängstigen[605], sondern Gott[606] und ihm vertrauen. Denn er werde ihnen Wohnungen[607] bereiten, in denen sie nach ihrem Tod wieder mit ihm zusammenleben werden. Auf Grund dieser Verheißung wird auch sein Wort 12,26, wo er sei, dort werde auch sein Sklave sein, durch sein Ableben keinesfalls außer Kraft gesetzt (vgl. 12,32 mit 14,3; 17,24), sondern vielmehr bestätigt.
4. Diese zentrale Information läßt Jesus nun weiter konstatieren, dass sie jetzt sein Reiseziel und den Weg dorthin selbst erraten hätten. Doch wiederum hat er ihre Fähigkeit zu verstehen überschätzt. Diesmal suchen Thomas und Philipp nacheinander das Zwiegespräch (14,5-7.8-10c) mit ihm, um über das vorgegebene Thema zu diskutieren. Er gibt ihnen nun apodiktisch zu verstehen, dass er wahrhaftig allein der Weg zum Vater für sie sei, weil er ihnen doch Gott in Wort und Tat authentisch geoffenbart habe (vgl. 1,18.51; 5,35-38; 8,19.55; 10,38). »Die Juden« jedoch hätten dies damals nicht akzptiert. Deshalb appelliert er nun umsomehr

---

603. Der Übergang vom Einzelgespräch zur Adressierung aller in 14,1 ist also bewußt vollzogen und entspricht darüber hinaus johanneischem Redestil.
604. U.B. MÜLLER, Zur Eigentümlichkeit des Johannesevangeliums. Das Problem des Todes Jesu, ZNW 88 (1997) 24-55.29, sieht mit vollem Recht 20,30f. in 14,1.29 gedanklich vorbereitet.
605. Das hier verwendete griechische Verb bezeichnet Arist. 99 eine mentale Verwirrung und Disorientierung. Dieser Aspekt könnte auch hier mitschwingen, da in den Ostererscheinungen Jesus Schwierigkeiten hat, die Jünger aus ihrer Erstarrung zu lösen.
606. Er ist das Reiseziel, was aber erst jetzt genannt wird! Das Zusammenspiel zwischen Gott und seinem Gesandten, um keinen Gläubigen verloren gehen zu lassen, war schon 6,44; 12,32 thematisiert worden.
607. Dieses Bild setzt die frühjüdische Tempelvorstellung von einer Analogie zwischen himmlischem und irdischem Tempel voraus: vgl. äth. Hen 39,3-8; 41,2; 51,58; 62,13-16; slav. Hen 61,2; 5Q15; 4 Esr 5,35.41; 7,75-101; 2 Bar 21,23; 30,2; LAB 32,13; Joh 2,16.

an ihren Glauben. Dieser werde sie nach seinem Fortgang Werke vollbringen lassen, die die zu seinen Lebzeiten im Vater gewirkten noch weit überträfen. Mit dieser Äußerung markiert Jesus hier wiederum eine temporäre Differenz zwischen seiner und der Jünger Zeit als zwei aufeinander folgende, aber eng verzahnte Epochen. Die zweite Epoche werde sich auf Grund seiner Fürsprache[608] besonders dadurch qualifiziert erweisen können, wenn sie ihm die Treue bewahren und an seinen Weisungen festhalten würden. Deshalb werde er auch den Vater für sie um einen *anderen* Beistand bitten, um den Geist-*Parakleten*[609]. Dieser werde alle die Funktionen bei ihnen wahrnehmen, die er selbst vor seinem Tod unter ihnen innegehabt habe[610]. Die Geistausstattung sei also ihr weiteres Markenzeichen (vgl. 13,35), das sie von einer Welt unterscheide, die ihn, den Geistträger schlechthin (3,34), während seiner Wirksamkeit auch nicht aufgenommen und erkannt hätte (1,10.18).

Aber seine zusätzliche Hilfe werde er ihnen von sich aus unter der einzigen Bedingung zukommen lassen, dass sie seine Weisungen befolgten (14,21.23), damit sie sich nicht als verlassene Waisen, sondern als in die Liebesgemeinschaft mit ihm und den Vater voll Aufgenommene fühlten: Er werde nach seinem Tod (V. 19) an einem konkreten Termin (V. 20) zu ihnen zurückkehren, sich dem Kosmos aber nicht mehr offenbaren, damit allein sie ihn lebend sähen (vgl. 20,14). Auf diese Weise erhielten sie dann das ihnen immer wieder versprochene unendliche Leben (vgl. 14,6.19 mit 20,22f.) geschenkt. Dass damit nur auf die kommenden Osterereignisse im Rahmen der »Stunde« Jesu angespielt sein kann, ist zumindest für den Leser unbezweifelbar[611].

5. Doch indem der johanneische Jesus im Folgenden eine seiner Ausgangsthesen in generalisierender Form wieder aufgreift, die Haltung der Weisungen Jesu bezeuge echte Jüngerliebe (V. 21-24) und garantiere die

---

608. Das Bittmotiv, das schon in 4,10; 11,22 vorbereitet wurde, bleibt der Abschiedsrede inhärent: 15,7.16; 16,23f.26.

609. Alle Parakletaussagen in der Abschiedsrede betonen — harmonisch eingebettet in deren Gedankenführung — die Differenz zwischen vor- und nachösterlicher Zeit. Deshalb ist jeder literarkritische Versuch, diese »als Fremdkörper« (H. WINDISCH, Die fünf johanneischen Parakletsprüche, in: FS A. JÜLICHER, Tübingen 1927, 110-137.113) aus ihrem Kontext auszulösen, willkürlich. Die Einsicht in ihre Integrität hat HOEGEN-ROHLS, Nachösterlicher Johannes 134-224, entscheidend gefördert.

610. Jesus bezeichnet sich in 14,4 als »den Weg, die Wahrheit und das Leben«: Der andere Paraklet wird 14,17; 16,13«der Geist der Wahrheit«, genannt, der zwar nicht der Weg selbst ist, aber auf diesen leiten wird. Alle seine Funktionen lassen sich von denen Jesu ableiten.

611. So auch C. DIETZFELBINGER, Johanneischer Osterglaube, Zürich 1992, 52; DERS., Abschied 56; SCHENKE 290;

Einbindung in die Solidargemeinschaft mit dem Vater, und damit anscheinend die Aussage von 14,2f. umzukehren gedenkt[612], scheint er das konkrete Osterdatum wieder aus dem Auge verloren zu haben. Auf diese Weise wird jedoch — rhetorisch vom vorangegangenen Gedankengang geschickt abgesetzt — ein universaleres Versprechen Jesu, das für die gesamte nachösterliche Epoche Gültigkeit besitzt, formuliert: Wenn ein einzelner Jünger in seinem Lebensvollzug ohne direktes Osterwiderfahrnis, also zu einem späteren Zeitpunkt (vgl. 20,29-31), den jetzigen Weisungen Jesu ebenso folgt und ihm wie seinem Vater auf diese Weise seine Liebe und Loyalität zeigt, wird er diesen unter keinen Umständen allein lassen, sondern bei ihm ebenfalls Quartier in Geistgestalt[613] nehmen[614].

Alle diese Verheißungen hat Jesus — wie ausdrücklich 14,25 eingeschärft wird — noch zu Lebzeiten gemacht. Der anschließende, mit »aber« markierte Wechsel im historischen Standort akzentuiert gekonnt die gesamte Redeintention: Zukünftig wird der Paraklet die Jünger jederzeit in allem *belehren* und sie durchgängig an Jesu Worte *erinnern* (vgl. 2,17.22; 12,16). Auch diese Aussage impliziert einen längeren Zeitraum, in dem der Paraklet bei Abwesenheit Jesu wirksam tätig sein wird. Deshalb treffen auch die anschließenden Zusagen Jesu über das Geschenk des Friedens, der Freude sowie der Furchtlosigkeit 14,27f. nicht nur auf die österliche Situation (vgl. 20,19f.) im engeren Sinne zu, sondern noch weit darüber hinaus (20,29-31). Deshalb unterstreicht der johanneische Jesus V. 29-31 in aller Dringlichkeit noch einmal die Bedeutung seiner Abschiedsworte unter der Dramatik des letzten Augenblicks, damit der Glaube (vgl. 13,19; 14,1.11) sich zu dem Zeitpunkt in ihnen festige, an dem die Liebesgemeinschaft zwischen Vater und Sohn, zu der sie eingeladen sind, ihnen in Jesu Tod und Auferstehung endgültig offenbar wird.

Beide Gesprächspartner sind also vom Erzähler in ihren jeweiligen, auf einander bezogenen Bewegungen dargestellt: Jesus befindet sich auf dem Weg zur Verherrlichung, die Jünger — ihm zögerlich nachfolgend — auf dem Weg zum Glauben. Sie werden jedoch zu ihrem selbst gesteckten Ziel nur gelangen, wenn sie weisungsgemäß den Weg Jesu weiter

---

612. Dies führt bereits — wie nicht anders zu erwarten — bei WELLHAUSEN, Erweiterungen 10f., zu textkritischen Entscheidungen gegen die Ursprünglichkeit von 14,3.

613. Wie Jesus zu Lebzeiten den Vater repräsentierte, so dass der Vater in ihm präsent war, so werden im nachösterlich geschenkten Geist Jesus und der Vater gegenwärtig sein.

614. Damit ist die Aussage 14,2f. im Rahmen einer sogenannten futurischen Eschatologie nicht gegenstandslos geworden, weil sie auch unter dem Aspekt von 14,21ff. gewiß bleibt, dass nämlich beim Tod eines Christen ihm eine himmlische Wohnstatt bereitet ist, bis das Ende aller Tage eintritt.

beschreiten. Es liegt folglich — nicht nur rhetorisch, sondern auch theologisch — im beiderseitigen Interesse, wenn beide (vgl. 15,16) das letzte Teilstück des Weges Jesu zum Nutzen aller nachösterlichen Christen gemeinsam gehen.

Das gemeinsame Interesse Jesu und seiner Jüngern wird mit einem Wort aus der bildspendenden Wirklichkeit des Weinbaus anschaulich zum Ausdruck gebracht. Aus ihr werden nur die Aspekte ausgewählt, die der intendierten Aussage entgegenkommen, sie imaginativ unterstützen und metaphorisch charakterisieren: 14,6 (vgl. 15,5) gemäß ist Jesus 15,1 der »*wahre*« Rebstock, der vom Winzer »privilegiert« gehegt, gepflegt wird und schon aus diesen Gründen dessen besondere Aufmerksamkeit besitzt. Deshalb darf der Winzer von ihm auch einen größeren Ernteertrag erwarten. Deshalb »beschneidet« er ihn derart, dass nur Triebe mit Fruchtaugen weiter treiben dürfen; die Ranken werden von ihm »angebunden« und in der Wachstumsphase in mehreren Durchgängen »geheftet« — alles dies geschieht nur, um den Ernteertrag zu optimieren. Vor der Lese wird er sie um die einzelnen Trauben in Sonnenrichtung »entblättern«[615], damit die Sonne »die letzte Süße jage in den schweren Wein«[616]. Die bildspendende Wirklichkeit ist folglich in dreierlei Hinsicht vom Erzähler ausgewertet worden: Sie soll a) das überragende Interesse des Winzers an einen übergroßen Ernteertrag (vgl. 15,2.5.8.) unterstreichen; b) wird die privilegierte Stellung des Weinstocks in den Augen des Winzers akzentuiert, ohne den jede Produktivitätssteigerung undenkbar ist; sowie c) — für den antiken sowie jüdischen Leser sogleich nachvollziehbar (vgl. u.a. Is 18,5; Ez 15,1ff.; 17,6ff; 6Q11; Mk 12,1-11 parr.)[617] — das gemeinsame Interesse aller Beteiligten betont. Die Metapher definiert folglich die ideale Relation, die zwischen Winzer, den Reben und dem

---

615. Dieser Arbeitsgang wird jedoch charakteristischerweise als »*reinigen*« umschrieben, was eine kultische Wirklichkeit konnotiert.
616. Zitat einer Zeile aus der zweiten Strophe des Gedichts »Herbsttage« von R.M. RILKE. — Ich danke dem Winzer, Herrn G. Koepfer, aus Grunern im Markgräflerland für seine bereitwillige Auskunft über die den Rebstock betreffenden Arbeitsprozesse eines Winzers im Laufe eines Jahres, von denen im Johannesevangelium der Schnitt und das Entblättern genannt sind. Über den antiken Weinbau: vgl. R. BORIG, Der wahre Weinstock. Untersuchungen zu Jo 15,1-10, StANT 16, München 1967, 84ff.; U. BUSSE, In Souveränität — anders. Verarbeitete Gotteserfahrung in Mt 20,1-16, BZ 40 (1996) 61-72.66-70 mit weiterführender Literatur; G.W. DERICKSON, Viticulture and John 15:1-6, BS 153 (1996) 34-52, und K.-W. WEEBER, Die Weinkultur der Römer, Zürich 1993, 129-134; — Die metaphorische Charakterisierung hat J.G. VAN DER WATT, Family of the King. Dynamics of Metaphor in the Gospel according to John, BIS 47, Leiden 2000, umfassend analysiert.
617. Der Weinstock (Ps 80,9-12; Jer 2,21; Ez 17,5-8) bzw. der Weinberg sind zusammen mit dem Hirtenbild (vgl. Ps 80) biblische Bilder für das von Gott behütete Heilsvolk Israel.

»Rebstock« existieren soll. Damit harmoniert auch V. 3, der bisweilen[618] als Zutat oder Schnittstelle unterschiedlicher Traditionen ausgeklammert wurde. Denn mit ihm wird — markiert durch den einschärfenden Rückverweis auf die Summe aller Reden Jesu — der augenblickliche Schwebezustand bzw. Übergang zur Erntezeit[619] erfaßt, der 14,24 sowie 13,10 gemäß auf dem in den Reden Jesu geoffenbarten Wort und Willen Gottes beruht und dessen erwählende Liebe zeigt, die auf eine geziemende Antwort und Reaktion, d.h. Treue und Ertrag[620], wartet. Auf der Grundlage dieser theologischen Voraussetzung *bleiben* — wie im Folgenden wiederholt eingeschärft wird — Rebstock wie Reben zwingend für alle Zeiten aufeinander angewiesen. Die loyale Liebe, die die Nähe Jesu zu seinem Vater kennzeichnet, soll sich nicht nur in ihrer Liebe ihm gegenüber, sondern nach seinem Hingang auch in ihrem Gemeinschaftsleben im Kosmos widerspiegeln. Deshalb schärft V. 11 dies noch einmal dringlich ein, damit sie die österliche Freude (vgl. 14,28; 15,11 mit 20,19f.)[621] mit ihm wirklich teilen können.

6. Doch die österliche Freude können sie als *Freunde* (vgl. 20,17) miteinander nur unter der Bedingung teilen, dass er vorher sein Leben für sie opfert (vgl. 1,29; 10,11.15.17; 11,50f.; 12,24; [13,37]) und damit das Werk vollendet, das ihm der Vater nahegelegt hat. Doch Jesus nennt sie *Freunde* nur, weil sie — von ihm erwählt (vgl. 6,70; 13,18; 15,16.19)[622] — über alle Konsequenzen seines Lebensvollzuges ohne Schönfärberei informiert wurden und selber bereit sein sollten, gegebenenfalls im Sinne der exemplarisch von ihm vorgelebten gegenseitigen Liebe *bis zum Ende* später selbst für die Mitchristen mit dem eigenen Leben einzustehen. Indem er keine Geheimnisse vor ihnen, seinen Freunden, hat, sondern offen mit ihnen über sein und ihr zukünftiges Geschick spricht, wird zugleich auch ein Axiom des antiken Freundschaftsideals[623] erfüllt. Die

---

618. Z.B. bei WELLHAUSEN 69.
619. Das Verb »reinigen« entstammt zwar nicht der Fachsprache der Winzer, erfaßt aber den Moment des »Entblätterns« kurz vor der Weinlese.
620. In der Antike dient die Vorstellung vom Weinstock bzw. vom Weingarten auch als Bild für die zur Ehe auserkorene Frau: vgl. C. DELANEY, Seeds of Honor, Fields of Shame, in: D. GILMORE (Hrsg.), Honor and Shame and the Unity of the Mediterranean, Washington 1987, 35-48. Aus diesem Blickwinkel fällt ein bezeichnendes Licht auf Is 5,1-7, dem eschatologischen Liebeslied par excellence, das das Schicksal der Liebe zwischen Gott und Israel besingt. Wenn sich die Jünger anders als das damalige Israel des Propheten Isaia verhalten, sind sie die von Gott erneut Geliebten.
621. Dazu Näheres bei ONUKI, Gemeinde und Welt 119-130; und HOEGEN-ROHLS, Nachösterlicher Johannes 125-127;
622. Dies erinnert an die Aussage über die Weisheit/Logos in Weish 7,27.
623. Beachte Cicero, de amicitia 6.22: »Quid dulcius quam habere quicum omnia audeas sic loqui ut tecum?«. D.h. »Was ist süßer, als jemanden zu haben, mit dem man

Bereitschaft zum analogen Verhalten wird als »Fruchtertrag«, d.h. als die Zielvorgabe für die nachösterliche christliche Existenz, vom Erzähler zugleich mit der Zusage der Erhörung jeglicher Bitte von seiten des Vaters (vgl. 14,12-14) definiert, so dass es nur logisch ist, in V. 16f. die Aussage von der im Lebensvollzug Jesu gestifteten gegenseitig loyalen Beziehung[624] noch einmal als Ziel dieses Redeabschnittes zu wiederholen, bevor die daraus erwachsenden Konsequenzen für die nachösterlichen Jünger en detail entfaltet werden.

7. Der Gedankengang der bisherigen Rede, der von einem vorösterlichen Ausgangspunkt aus immer dieselbe Bedingung und Weisung einschärfte, unter denen den Jüngern positive Versprechungen und Verheißungen für die Zeit nach Jesu Hingang gemacht werden konnten, schloß zuletzt ihre Erwählung[625] ein, die ursächlich eine teilweise vom Kosmos abgehobene neue Identität der Jünger implizieren muß (vgl. 13,1d.34f.; 14,17.19.22.27; 15,13). Ihr geschwisterliches Verhalten untereinander macht sie für die Welt erkennbar, aber auch unterscheid- und damit anfechtbar, so dass es durchaus verständlich ist, wenn in der Rede immer wieder von ihrer Angst und Furcht angesichts eines feindlich gesinnten Kosmos gesprochen wird: 14,1.27; 16,1.6.20f.33. Auch diesmal wird das aktuelle Durchgangsstadium Jesu, in dem er sich zwischen Passion und Auferstehung befindet und das den Jüngern bald Angst und Entsetzen einflößen wird, von einer nachfolgenden Epoche unterschieden, in der Jesus gänzlich abwesend und durch den Parakleten vertreten sein wird, in der alte wie frisch erwählte Jünger immer wieder in Existenznot geraten werden. Diese von Jesus vorausgesehenen Notlagen lassen es ihm nun angezeigt erscheinen, den

---

es wagen kann, alles so zu besprechen wie mit sich selbst?«; oder Seneca, ad Lucilium 9.8: »Wer sich selbst im Auge hat und deshalb eine Freundschaft eingeht, ist schlecht beraten. Wie der Beginn, so das Ende! Gewonnen hat er einen Freund, der ihm gegen Fesseln Hilfe bringen soll: sobald die Kette klirrt, wird er sich entfernen.... Wer um des Nutzens willen (als Freund) angenommen worden ist, wird so lange gefallen, wie er nützlich ist«. Über die antike Freundschaftsproblematik und Joh 15,15 informiert: H.-J. KLAUCK, Kirche als Freundesgemeinschaft? Auf Spurensuche im NT, MThZ 42 (1991) 1-14.10-13.

624. Die gegenseitige Loyalität ist jedoch unterschiedlich gewichtet, wobei die der nachösterlichen Jünger zumeist responsiv ist, weil ihre Existenz von den beiden anderen durch Erwählung, Zusage von Liebe in allen Lebenslagen und eines pneumatischen Beistandes begründet wurde.

625. Die Wiederholung dieses Motivs 15,19 (vgl. 15,16) verklammert diesen Redeteil mit dem vorhergehenden, so dass auch aus diesem Grund kein Neueinsatz der Rede gefordert ist, sondern dieser folgt plausibel aus dem gemeinsam geteilten, wenn auch historisch gesehen, zeitlich versetzten Verfolgungen, die Jesus und seine Jünger zu unterschiedlichen Zeiten durchstehen müssen, wobei sich letztere Jesus zum Vorbild nehmen sollen, der vom Vater auch nicht allein gelassen wurde.

Jüngern den Grund noch einmal[626] zu nennen, auf dem die gegenwärtigen wie kommenden Verfolgungen basieren.

Die wesentliche Ursache liegt in dem Haß, die eine Welt, die nur sich selbst liebt (vgl. 15,19 mit 3,19f./5,29), Jesus gegenüber verspürt, der in sich die Sympathie Gottes (V.21) seiner Schöpfung gegenüber repräsentiert. Dies ist und bleibt für einen auf sich selbst bezogenen, nach überlegender Autonomie strebenden Kosmos eine Provokation[627]. Deshalb bleiben sie (wie er) gehaßt (7,7), verfolgt (5,16) und aus der Synagoge (9,22) bei denen[628] ausgeschlossen, die nicht Gott, sondern sich selbst suchen und deshalb der Sünde definitiv verfallen sind, obwohl er ihnen jede Chance zur Erkenntnis Gottes gegeben hatte. Ihre weitere Verstockung bildet auch die Ursache für die kommenden Verfolgungen und Drangsale der Jünger, weil sie schon bei Jesus verblendet waren, was die Schrift (vgl. Ps 69,5 LXX)[629] schon für ihn voraussah, wenn der Psalmist formulierte: »Sie haben mich grundlos gehaßt!«.

Interessant an diesem Redekomplex (15,18-16,4a) ist vor allem die Entfaltung der historischen Entwicklung des Hasses, der Jesus wie dessen Anhänger bedroht: Seinen historischen Ursprungsort hat er im öffentlichen Wirken Jesu und erfaßt erst später die Jünger, worüber er aber sie schon damals (13,16) aufgeklärt habe und woran sie sich in ihrer zukünftigen Bedrängnis mit Sicherheit erinnern werden (15,20). »Jetzt« (V. 22-24), in seiner »Stunde«, fallen jedoch die Würfel zu Ungunsten der Gegner, weil sie sich gegen ihn und seinen Vater endgültig entschieden haben. Sie werden sich bald schon gegen das nachösterliche Zeugnis des von Gott ausgegangenen und von Jesus gesandten Parakleten (V. 26) ebenso wenden wie umgehend auch gegen das Zeugnis der österlichen Erstzeugen (V. 27), die alles von Anfang an (1,35-51) miterlebt haben. Danach werden die Gegner Jesu ebenfalls den Jüngern ohne Unterschied ihre »Stunde« bereiten (vgl. 16,2.4 mit Lk 22,53), so dass diese Jesu in dessen Los gleich werden.

Auf diese Weise werden die Negativerfahrungen einer schon länger andauernden Gemeindegeschichte aus dem Wirken und gewaltsamen Geschick Jesu abgeleitet und begründet. Die Jesusgeschichte stiftet aus

---

626. Bislang wurden sie schon u.a. 3,20; 7,7; 8,23; 9,39-41 genannt.
627. Der Argumentationsgang entspricht dem von 9,39-41.
628. Der johanneische Jesus bleibt auch bei seiner harschen Abrechnung mit den Gegnern hier durchaus noch objektiv, indem er V. 20 zwischen denen, die sein Wort gehalten haben und demnächst das Wort der Jünger halten werden (vgl. 20,23), und solchen unterscheidet, die aller von Gott Gesandter Wort nicht akzeptieren wollen.
629. Die Gründe, die für die Ableitung des Bibelzitats von Ps 69,5 LXX und nicht so sehr von Ps 35,19 sprechen hat MENKEN, Quotations 139-145, sorgfältig aufgelistet.

johanneischer Perspektive christliche Identität einschließlich der Schattenseite, die sich jedoch im Vollzug der neuen Weisungen Jesu zu geschwisterlicher Solidarität und Loyalität immerzu erweist und erneuert. Denn die Loyalität Jesus gegenüber soll sich im Leben des Lesers in der Solidarität zu seinen Mitchristen zeigen, da sie alle vorgezeichnet sein Geschick zur Verherrlichung des Vaters teilen (vgl. 15,8 mit 13,31) und ihm darin ähneln werden. Für einen kurzen Augenblick hat der Erzähler — wie schon öfters — den Leser einen Blick auf den aktuellen Stand einer internen Gemeindediskussion werfen lassen, über die er nicht nur berichten, sondern die er mit Bedacht auch theologisch beeinflussen will.

8. Ab 16,4b kehrt er zur Ausgangssituation der Abschiedsrede (13,33)[630] zurück. Denn Jesus legt seine dort gegebene Auskunft, er müsse dahin zurückkehren, wohin ihm kein Landsmann folgen könne, hypothetisch — und zwar gekonnt in eine rhetorische Frage gekleidet — nochmals in den Mund eines seiner Jünger. Da aber Petrus und Thomas 13,36 wie 14,5 eben diese Frage bereits gestellt hatten, wird die Aufmerksamkeit des Lesers fixiert und zugleich angeleitet, diesmal noch genauer hinzusehen. Damals wollten die beiden Jünger mit ihren Fragen das Reiseziel Jesu in Erfahrung bringen. Dieses Ziel wird nun 16,5 ausdrücklich noch einmal resümierend genannt und damit als längst bekannt vorausgesetzt. Infolgedessen wird das Leserinteresse auf den nächsten Vers gelenkt[631], der in der Tat programmatisch (vgl. 16,6.20-22.33) die daraus aktuell resultierende Depression der Jünger thematisiert. Sie wurde nicht nur durch die unumkehrbare Tatsache seines Weggangs, sondern auch von seiner Ansage der Parallelität ihres Geschicks mit dem seinen hervorgerufen, die ihnen erst kurz zuvor voll ins Bewußtsein gehoben worden war (16,4).

Demnach wird der gesamte Redeschluß der Bekämpfung der exo- wie endogenen Jüngerdepression[632] gewidmet sein, da seine von ihnen bislang unverstandenen Ankündigungen sie in dieser Stärke vorher nicht hatte

---

630. Dies hat BROWN II 588-597 veranlaßt, die Relation zwischen 13,31-14,31 und 16,4-33 exakter herauszuarbeiten. Ohne die Voraussetzung eines sukzessiven traditionsgeschichtlichen Wachstums soll hier aber der die Abschiedsrede abrundende Charakter von 16,4ff. akzentuiert werden. In ihm werden ihre zentralen Themen situationsgerecht gebündelt.

631. LÜCKE II 276; BARRETT 485f. heben die präsentische Formulierung der Frage hervor, so dass ein Widerspruch zu 13,36 und 14,5 gegenstandslos wird; BRODIE 496 hebt betont darüber hinaus noch »a challenge to the reader«.

632. So auch schon SCHNACKENBURG III 142 und neuerdings DETTWILER, Gegenwart 278-283.

auslösen können. Therapeutisch geschickt verweist Jesus anfangs auf den großen Nutzen[633], der ihnen aus seinem Weggang erwächst. Er wird ihnen den Parakleten senden, der einerseits den gegnerischen Kosmos (V. 8-11) seiner entschiedenen Gottabgewandtheit[634] überführen[635] wird: Indem die Weltmenschen Jesus seine Rückkehr zum Vater nicht verwehren können, sondern sie paradoxerweise erst ermöglichen, wird damit auch die Überzeugung von dessen Gerechtsein im österlichen Jüngerglauben ermöglicht und endgültig gefestigt[636], zumal in diesem bereits angebrochenen Prozeß Satan, der personifizierte Unglauben (13,27-30; 14,30), selbst gerichtet wird (16,33). Andererseits wird der Paraklet (V. 13-15) die Gemeinde fortan auf dem vorgezeichneten Weg Jesu (vgl. 16,13 mit 14,6) und ganz in dessen Sinne zum gemeinsamen Ziel, die eschatologische Familie Gottes[637] (20,17) in der Welt zu begründen, weiter geleiten.

Mit diesen Ankündigungen und Verheißungen Jesu werden die Jünger erneut (vgl. 14,19) vor das sich bereits anbahnende, ihnen aber noch rätselhaft erscheinende Ostergeschehen gestellt. Deshalb melden sie sich — geschickt in eine interne Jüngerdisputation gekleidet (16,17-18) — mit ihrem Unverständnis noch einmal zu Wort. Jesus liest ihre Gedanken (vgl. V. 19 mit 2,24), erfaßt seine letzte Chance und erklärt ihnen, welchen hochwertigen Nutzen sie aus den kommenden dramatischen Ereignissen ziehen werden: Zuerst werden sie zwar wegen des unumkehrbar erscheinenden Verlustes in Trauer um den Toten erstarren, so dass die Weltmenschen sich freuen können. Aber wie bei einer Geburt[638] wird die Angst der Gebärenden noch in der Geburtsstunde mit dem Neugeborenen an der Brust in Freude umschlagen, und alle vorangegangenen Drangsale

---

633. Vgl. SCHENKE 311.
634. Der Paraklet hat also auch eine anwaltliche Funktion, der die Gemeinde nach außen vertritt. Seine Tätigkeit bezieht sich auf das in 15,18-16,4 geschilderte Verhalten der Weltmenschen, die nicht Gott, sondern sich selbst gewählt haben.
635. Dies war schon in 3,20; 8,24.46f. thematisiert worden.
636. Deshalb wird das Motiv des Sehens aus der Begründung V. 10 in V. 16 erneut aufgegriffen.
637. Man kann im Johannesevangelium den Begriff durchwegs mit göttlicher Wirklichkeit übersetzen.
638. Bisweilen werden die Geburtswehen von der Gebärenden wie ein Sterbeprozeß durchlitten. Auch deshalb legte sich dieses Bild nahe. Der Umschlag der Gefühle findet seinen Ausdruck auch analog auf dem Gebiet antik jüdischer Beerdigungssitten, wie pT MQ 80c zu berichten weiß: »Und weiterhin sagte R. Meir: Man darf die Gebeine seines Vaters und seiner Mutter einsammeln, weil es ihm zur Freude gereicht... An dem Tag, (an dem man die Gebeine einsammelte), trauerte man und am nächsten Tag freute man sich, indem man sagte, dass seine Väter von dem (Gerichts)urteil erlöst seien« [zitiert nach H.-P. TILLY, Moed Qatan – Halbfeiertage, ÜTY II/12, Tübingen 1988].

und Wehen werden vergessen sein. Dieser Vergleich ist erkennbar wechselseitig nicht nur auf das Passions- und Ostergeschehnis als solche, sondern auch auf die spezielle Rolle der Jünger dabei bezogen. Die »Stunde« wird nicht nur für ihn, sondern ebenfalls für sie zu einem transitorischen Prozeß werden, durch den sie in die von Jesus gewünschte und von Gott dominierte neue Existenz hineingeführt werden. D.h., in den Todeswehen Jesu werden sie zu Kindern eines göttlichen Vaters (V. 23f.). Er wird ihnen aus seiner väterlichen Zuneigung heraus (vgl. V. 27 mit 15,14f.) keine Bitte mehr abschlagen. Von jenem Zeitpunkt an wird in der neu begründeten Beziehung zwischen Gott, Jesus und ihnen über alles offen miteinander gesprochen werden. Doch dazu sind sie jetzt noch nicht in der Lage, weil sie voreilig einen bereits inhaltlich definierten Glauben für sich reklamieren, den sie aber noch keineswegs voll besitzen. Denn sie werden sich zerstreuen (21,1f.), privatisieren (19,25-27; 21,1f.)[639] und ihn in seiner dramatischen Lage allein lassen. Doch sein Vater wird ihn unter keinen Umständen im Stich lassen (vgl. 8,16[640].29). Davon ist Jesus am Schluß seiner Abschiedsrede unerschütterlich fest überzeugt.

9. An diesem Schlußpunkt, an dem über das Kommende, sei es sein Kreuz, sei es die weitere Gemeindegeschichte, alles Entscheidende gesagt ist, kann Jesus seine Rede hoffnungsvoll mit einem letzten positiven Ausblick für die Jünger beenden: Er hat ihnen, die bei ihm geblieben sind, all dies eindringlich eingeschärft, um ihnen die Gaben des österlichen Friedens und der Freude ansagen zu können. Alle Jünger — einschließlich der Leser — sollen in ihren noch ausstehenden, aber gewiß bevorstehenden Drangsalen mit der tiefen Einsicht in den von Gott initiierten Lebensabschluß des johanneischen Jesus ermutigt werden, dass jener mit Gottes Unterstützung die auf absolute Autonomie bedachten, in diesem Sinn »gottlosen« Weltkräfte in seiner Passion und Auferstehung für immer besiegt hat (12,31;16,33). Der Sieg Jesu eröffnet dem Glaubenden die Möglichkeit, diese Menschenwelt all ihrer furchteinflößenden Gefährdungen zum Trotz mit neuen Augen zu sehen, sie als lebenswert zu erkennen und sie zu gestalten, was ihm als Aufgabe auferlegt bleibt. — Lit. s.u. S. 488-494.

639. Dieser Aspekt von 19,25-27, dass nämlich der »Lieblingsjünger« die Mutter Jesu in sein Eigenes aufnimmt, wird leider zumeist überlesen. Erst in Kap. 21 scheinen sich die Jünger wieder angstfrei zu sammeln.
640. Hinter dieser Tatsache verbirgt sich wahre Grund für das Gericht über den Kosmos (vgl. 16,8), dass nämlich der Herrscher dieser Welt von Jesus besiegt werden konnte.

d. Jesu Abschiedsgebet[641], 17,1-26

Indem das Ende der Rede Jesu ausdrücklich notiert und zugleich angemerkt wird, dass dieser nun eine Gebetshaltung angenommen habe (vgl. 11,41), will der Erzähler in dieser äußerst knappen Überleitung der vorausgesetzten Situation des unumkehrbaren Abschieds Jesu entsprechend sich des traditionell-biblischen Erzählmusters[642] weiter bedienen, das die Gelegenheit bietet, den Sterbenden nach dessen Abschiedsrede an die zurückbleibenden Vertrauten in einem Abschiedsgebet noch einmal all das zusammenfassen zu lassen, was er gewollt und angestoßen habe sowie andeuten lassen, welche Zukunftschancen er seinem Lebenswerk über seinen Tod hinaus gebe. Im Gebet wird Jesu Mandat in knappen Worten rekapituliert und der Ertrag Gottes besonderer Fürsorge anempfohlen. Da die Summe eines Lebens hier vor die letzte Instanz gezogen wird, ist jener eine besonders hohe Authentizität eigen, so dass der Leser nicht nur ein Resümee der Lebensleistung, sondern in diesem speziellen Fall auch einen Ausblick auf dessen zukünftige Wirkung allgemein sowie eine Aussage über die potentielle Gefährdung[643] seiner Anhänger im besonderen erwarten darf, da Jesus bekanntlich als Wissender (13,1-3) in den Tod geht. Demgemäß ist die Sprache äußerst konzentriert. Der Leser ist gefordert, sie aus seinen bisherigen Lesefrüchten entsprechend mit Inhalt aufzufüllen.

Im Stil[644] poetisch wie eindringlich feierlich angelegt, hat der Erzähler die Form eines intimen Fürbittgebets mit häufiger Anrufung des Vaters gewählt. Auf diese Weise bittet Jesus Gott nachdrücklich, sein angestoßenes, aber in der aktuellen Endphase noch immer rudimentäres Werk in der Zukunft zu vollenden. Wie schon in der Abschiedsrede mehrfach beobachtet siedelt Johannes auch das Gebet Jesu geschickt auf mehreren

---

641. Seit David CHYTRAEUS (1531-1600), der von einer »praecatio summi sacerdotis« sprach, wird das Gebet Jesu auch »hohespriesterliche Gebet« mit Blick auf V. 19 genannt, ob diese Bezeichnung zutreffend ist, ist höchst unwahrscheinlich. Ein wichtiges Argument gegen diese Auffassung ist der Hinweis, dass die ungeteilte Amtsrobe des Hohenpriesters nicht zu verwechseln ist mit dem ungeteilten Leibrock Jesu. Das eine war ein Kleidungsstück, was man bei Amtshandlungen überzog, und Jesu Leibrock (19,23) ist ein Unterhemd.

642. Vgl. dazu die in Anm. 599 genannte Literatur.

643. Den Ausblick auf die zukünftige kirchliche Entwicklung in Kap. 17 haben seit HEITMÜLLER 696 viele hervorgehoben, zuletzt besonders ONUKI, Gemeinde und Welt 167-182; HOEGEN-ROHLS, Nachösterlicher Johannes 230-255.

644. Die rhetorischen und stilistischen Elemente des Gebet findet man fast vollständig katalogisiert bei: D.A. BLACK, On the Style and Significance of Jn 17, CThR 3 (1988) 141-159.144-153. Zusammenfassend äußert sich J.P. LOUW, On Johannine Style, Neotest. 20 (1986) 5-12, zum johanneischen Sprachstil.

Zeitebenen an: Einmal blickt es auf Vergangenes[645] zurück, sieht Jesu »Stunde« im Vollzug[646] und unterscheidet noch zwischen zwei weiteren Zeitphasen in der Zukunft: eine unmittelbar nachösterliche und eine darüber hinausgehende, die sich bis zur absoluten Zukunft Gottes erstreckt. So sind auch der Erzähler und die Leserschaft mit ihrer jeweiligen aktuellen Gegenwart bereits in das Gebet Jesu involviert. Dies läßt es ihm unumgänglich erscheinen, sich nun selbst mit seinen theologischen Absichten offen und nicht mehr wie bislang verdeckt zu Wort zu melden, indem er die vorgegebene fiktive Gebetssituation zuweilen hintanstellt, um wiederum wie in einem epischen Hologramm die Zeit dreidimensional zu betrachten.

Jesus eröffnet nach Anrufung des Vaters (vgl. V. 1c mit V. 11.24.25[647]) sein Gebet mit dem Hinweis auf den Einbruch der »Stunde«, in der gemäß 12,23f.28; 13,1.31f.; 16,32 der Sohn und Vater sich gegenseitig »verherrlichen« werden, indem der Tod des ersteren vorrangig zweierlei ermöglicht: eine große Schar von Glaubenden und seine eigene Rückkehr aus der Menschenwelt in den göttlichen Bereich. Diese Ausgangslage wird anschließend im Stil einer kunstvollen Inklusion reflektiert, wobei im Zentrum der Exposition V. 3 als Ziel die gegenseitigen Verherrlichung von Vater und Sohn wiederum in einem markanten Merksatz[648] (vgl. 1,19; 3,19; 6,39) definiert wird: Der Vater hat seinem Sohn die Menschenwelt in der Absicht übereignet, dass sie im Glauben an den »einen« Gott (5,44; 6,40) und dessen Gesandten (V. 8.23.25), Jesus Christus (1,17; 20,31), unendliches Leben geschenkt bekomme. Eine Voraussetzung für das Eintreffen der Zusage von unendlichem Leben ist die Ausführung des von Gott erteilten Auftrags, zu dem Jesus in die Welt gesandt wurde. Jesus bestätigt seinem Vater in dieser Abschiedssituation, dass er sein Mandat an denen umfassend erfüllt habe, die ihm übereignet wurden. Deshalb sei *jetzt* (vgl. u.a. 13,31) der Augenblick seiner Rückkehr gekommen. Gleichzeitig kann er ihm versichern, dass sie *jetzt* (V. 7) alle die Kriterien inhaltlich erfüllten, welche in V. 3 bereits formuliert waren. Damit deutet sich gegenüber der Aussage von 16,29-32, wo Jesus

---

645. So auch CULPEPPER, Anatomy 36f.
646. BDM II 1070, vertritt eine ähnliche position, wenn er schreibt: »the opening of the Last Supper and the death of Jesus on the cross are all part of the same ‚hour'«.
647. Man beachte, dass die Anrufungen Jesu steigernd angelegt sind: V. 1 »Vater«; V. 11 »heiliger Vater« und V. 25 »gerechter Vater«. Die Anrede in V. 21 ist formal wohl keine Anrufung, sondern eine rhetorisch geforderte.
648. Vgl. H. RITT, Das Gebet zum Vater. Zur Interpretation von Joh 17, FzB 36, Würzburg 1979, 238f., der von einem rudimentären Redeprogramm spricht, das durch den Kontext verständlicher würde.

den aktuellen Glaubensstand der anwesenden Jünger noch in Zweifel zog, eine zeitliche Verschiebung an. Ihr Glaube wird sozusagen von dem anderen äußeren Ende »der Stunde« Jesu, nämlich von Ostern her definiert. Denn zu jenem Zeitpunkt hat er bereits den Kosmos verlassen. Die Seinen, die doch aus seiner Sicht auch dem Vater gehören, mußte er jedoch schutzlos dort zurücklassen (V. 11).

Deshalb bittet er seinen Vater in mehreren Fürbittreihen (V. 9-24), sie zum einen in die Einheit der Solidargemeinschaft zwischen Vater und Sohn aufzunehmen. Denn der Sohn »verherrliche« ihn mit ihren Glaubensmanifestationen, d.h. Gottes Leben spendende Güte (3,16; 5,21; 12,47; 14,19; 20,22) sei in ihnen wirksam und für die Menschenwelt erkennbar geworden. Zum anderen kann er sich Gott gegenüber noch darauf berufen, dass er seine Jünger (6,39; 10,11-15.28) bis zu seiner Verhaftung (18,8f.) vor allen Gefahren beschützt habe außer dem einen (V. 12), der schrift-, d.h. Gott gemäß (13,18), die Fronten gewechselt habe, Judas, der Verräter. Auch am Schluß dieser ersten Fürbitte (V. 13) markiert der Erzähler noch einmal den exakten Standort des Betenden: Dieser steht knapp vor der Stunde seiner Rückkehr, die, wenn sie eingetreten ist, den Seinen zuerst österliche Freude (14,28; 15,11; 16,20-24; vgl. 20,20) schenken wird.

Die zweite Bitte für seine Anhänger ergibt sich aus der bereits als eingetreten gedachten, neuen österlichen bzw. nachösterlichen Situation: Die Seinen sind in der Welt ohne ihn (vgl. 13,1.c.d; 14,18a; 15,19; 16,33c; 17,11) zurückgeblieben, so dass nicht nur ihnen, sondern vor allem ihrer Verkündigung des Gotteswortes (V. 14) aufgrund des Hasses, der ihnen (wie ihm gerade[649]) entgegenschlägt[650], große Gefahren drohen. Da sie ihm vom Vater gegeben sind und er sie erwählt und auf seine Weise aus der Welt herausgenommen hat, möchte er sie vor den satanischen Weltmächten bewahrt wissen. Denn er war ebenfalls nicht aus der Welt (3,31; 8,23; 18,36), sondern er hat in ihr schon unter den gleichen Konditionen gelebt wie sie aktuell. Deshalb schlägt Jesus seinem Vater keine Weltflucht der Seinen[651], sondern nur spezielle Schutzmaßnahmen zu ihren Gunsten vor.

Das Verbleiben der Gläubigen in der Menschenwelt unter den bereits 15,18-16,4 angesagten Bedingungen veranlaßt die nächste Bitte um ihre Heiligung (V. 17-19). Wiederum nimmt Jesus Bezug auf das Gotteswort,

---

649. Grundsätzlich zur Ursache des Hasses: 3,20; 7,7; 18,36, der auch die nachösterliche Jüngerexistenz bestimmen wird: vgl. 15,18f.23-25, weil sie, durch Erwählung der Welt entnommen, in ihr leben (15,18f.).
650. Der auffällige Gebrauch des Aorists entspricht dem von 4,38 und 17,18.
651. Gerade dieses zentrale gnostische Lösungsmodell wird hier negiert.

das die göttliche Wirklichkeit für die Menschen offenlegt, indem es kundtut, dass Gott aus Liebe zu ihnen seinen Sohn gesandt hat (3,16). Diese *Wahrheit* hat ihn veranlaßt, die von ihm Erwählten auch 20,22 (4,38) erneut in die Welt zu senden, um die Bedeutung der Sendung Jesu allen von ihnen weiter mitteilen zu lassen. Für die Gläubigen und ihre zukünftige Aufgabe »heiligt« er sich gerade.

Der Sinn der heute rätselhaften Ausdrucksweise ergibt sich aus dem Kontext. In 10,36 wie in V. 18a ist damit die göttliche Beauftragung zu seinem Lebenswerk gemeint, in der Menschenwelt Gottes Sache zu vertreten. Es implizierte bereits damals, dass er *für* die von ihm Erwählten aller Zeiten mit seinem Leben einsteht (10,11-15; 11,50-52; 15,13; [6,51; 18,14])[652]. Da Jesus nun für seine Anhänger dasselbe von Gott erbittet, sollen sie seinen Auftrag umfassend von ihm übernehmen und fortsetzen, was immer auch das Blutzeugnis miteinschließt.

Die durch seinen Tod erzwungene Fortsetzung des noch unerledigten Auftrags durch kommende Christengenerationen, was sich bereits vorher in den Hinweisen Jesu auf »größere Dinge« (14,12; 15,2.5.8.16[653]) angedeutet hatte, veranlaßt den Betenden, eine vierte Bitte anzufügen. Er sieht bereits die organisatorischen Probleme der nachösterlichen eschatologischen Sammlungsbewegung voraus, die ja aus den Völkern alle die zusammenführen soll, welche der Vater dem Sohn vorweg gegeben hat, die dieser aber noch nicht zu *einer* Herde (10,16.27-30; 11,52; 12,20-23) zusammenführen, noch nicht vollständig an sich ziehen konnte (12,32), sondern deren Sammlung er anderen überlassen mußte (4,34-38). Gerade bei der Zusammenführung aller zu der Einheit, die ja ein Abbild der loyalen Gemeinschaft sein soll, die zwischen Vater und Sohn von Anfang an bestand, sieht er bekanntlich (13,15.34; 14,15; 15,12.17) schwerwiegende Probleme auftauchen. Aus diesem Grund bittet er den Vater eindringlich, dafür Sorge zu tragen, dass das Zeichen der Einheit aller Gläubigen zum Missionsargument schlechthin werde (vgl. 17,23 mit 13,35)[654]. Denn in ihr, in der sichtbaren Solidarität und Loyalität aller Glaubenden untereinander, werde unter Beweis gestellt, dass Gott Jesus aus ungeschuldeter

---

652. Zur Interpretation des Todes Jesu als Heilsopfer, vgl. F.J. MATERA, »On Behalf of Others«, »Cleansing«, and »Return«: Johannine Images for Jesus' Death, LouvSt 13 (1988) 161-178.164-170.

653. Die Voraussetzung und Ermöglichung dazu liegen im Lebenswerk Jesu: vgl. 1,50; 4,37f.; 5,20; 10,38; 14,12.

654. Es muß hier nicht darauf hingewiesen werden, dass das vom johanneischen Jesus vorausgesehene Problem bis heute unter Christen ungelöst geblieben ist. Angesichts der loyalen Gemeinschaft zwischen ihm und Gott ist der Zustand der ökumenischen Bewegung ein theologischer Skandal ersten Ranges.

Zuneigung in die Menschenwelt gesandt habe, um ihr Anteil an ihm zu schenken.

Dieses einmalige Unterfangen Gottes war nicht nur Jesu, sondern wird Lebensaufgabe aller zukünftigen Christgläubigen mit allen bereits angesprochenen Konsequenzen sein. Deshalb bittet Jesus zum Schluß (V. 24) Gott eindringlich, den Seinen auch die 14,2f. von ihm versprochene, eschatologische Heimstatt nach durchlittenen Drangsalen im göttlichen Bereich zu schenken. Denn das hätten sie, wie er in V. 25f. resümierend festhält, allein schon deshalb verdient, weil sie ihn, Gott selbst, im Unterschied zum Kosmos in seiner Sendung erkannt hätten. Darum sollten sie sich auch der Integration in ihrer beider, von gegenseitiger Loyalität geprägten Gemeinschaft gewiß sein.

Das den Sinn der Sendung Jesu zusammenfassende Abschiedsgebet konnte aufgrund des Adressatenwechsels zwischen Kap. 13-16 und 17 noch einmal alle für dem Erzähler zentralen Aspekte seiner Interpretation der Jesusgeschichte herausstellen. Um so auffälliger ist, dass der den Jüngern für die Zukunft verheißene Paraklet auf den ersten Blick unerwähnt bleibt. Doch dies täuscht, weil der Abschlußvers wiederum mit einem Ausblick in die Jüngerzukunft endet. Jesus wird — so schließt das Gebet — den Namen Gottes auch weiterhin kundtun. Dies wird ihm aber über seinen Tod hinaus logischerweise nur möglich sein, wenn die Paraklet-Verheißungen umgesetzt und in Kraft gesetzt sind: Jener wird ja nur das reden, was Jesus an seiner Stelle auch gesagt hätte, er wird den Seinen folglich die Zukunft ausdeuten, ihnen in allen Lebenslagen helfen und den von Jesus beschrittenen und repräsentierten »Weg in alle Wahrheit« weisen. Insofern setzt das Gebet in seinen Zukunftsaussagen implizit den erst 20,22 den Jüngern eingehauchten Geist voraus. Auf diese Weise bleibt es unverwechselbar das Abschiedsgebet Jesu. Nur ihm steht die Vermittlerrolle zwischen Welt und Gott zu. Der von Jesus gesandte *andere* Paraklet hilft ihm zukünftig dabei, seine Sache im Sinne Gottes zu einem guten Ende zu führen, »*damit die Liebe, mit der Du mich geliebt hast, in ihnen ist und ich in Eins mit ihnen*« (V. 26df.). — Lit. s.u. S. 494-495.

13. DIE PASSION JESU, 18,1–19,42

Recht bald errät der Leser, dass nun die »*Stunde*« Jesu unwiderruflich ihrem ersten Höhepunkt entgegenstrebt. Sie braucht jetzt nicht länger angekündigt, noch inhaltlich dezidierter aufgeschlüsselt zu werden, wie es seit 2,4 wiederholt geschah. Denn ein bewanderter Leser vermag trotz bestehender literarischer Differenzen zwischen dem Johannesevangelium und den Synoptikern immer noch deutlich genug die ursprüngliche Struktur und Abfolge der synoptischen Passionsdarstellung (von der Verhaftung bis zur Grablegung) wiederzuerkennen, wenn auch nur in Umrissen[655] und mit einigen wenigen wörtlichen Anklängen[656].

---

655. Auf die Gefangennahme Jesu am Ölberg folgen Verhöre, die seit Mk mit der Verleugnung des Petrus gekoppelt sind. Darauf wird Jesus von Pilatus aufgrund des Verdachts des Staatsumsturzes vernommen und unter dem politischen Druck der Jerusalemer Oberschicht, die ihm die traditionelle Passaamnestie verweigert, von ihm verurteilt, gegeißelt und danach außerhalb der Stadt mit zwei weiteren Verbrechern von römischen Soldaten gekreuzigt, wobei die Urteilsbegründung in der Kreuzesüberschrift, dem *titulus*, öffentlich bekannt gegeben wurde: er sei wegen des Verdachts, das Königtum illegitim beansprucht zu haben, von den Römern, der obersten Staatsautorität, hingerichtet worden. Der sogenannte Synhedrialprozess wurde vom Evangelisten wegen der vorgezogenen Verurteilung Jesu in absentia, Joh 11,47-53, fallen gelassen. Deshalb muß er auch nicht mehr intensiv von Kaiaphas verhört werden. Dessen Rolle übernimmt dessen Stiefvater Hannas (vgl. dazu F.J. MATERA, Jesus Before Annas: Jn 18:13-14.19-24, EThL 66 (1990) 38-55). — Die Ausleger des 19. Jahrhunderts gingen durchweg davon aus, dass Johannes die Synoptiker gekannt, von ihnen beeinflußt gewesen sei, sich aber nicht an sie gebunden gefühlt habe: vgl. BAUR, Untersuchungen 207; WEIZSÄCKER, Characteristik 696f.; JÜLICHER, Einleitung 355; O. PFLEIDERER, Das Urchristentum, seine Schriften und Lehren, in geschichtlichem Zusammenhang, Berlin 1887, 381; BOUSSET, Art.: Johannesevangelium, RGG[1] III, 1912, 631; HEITMÜLLER 691; E. SCHÜRER, Über den gegenwärtigen Stand der johanneischen Frage, in: K.H. RENGSTORF (Hrsg.), Johannes und sein Evangelium, WdF 82, Darmstadt 1973, 1-27.14; H.J. HOLTZMANN, Das schriftstellerische Verhältniss des Johannes zu den Synoptikern, ZWTh 12 (1869) 62-85. 155-178. 446-456.74; OVERBECK 249; 281; 297; 315; 341; 501; W. SOLTAU, Welche Bedeutung haben die synoptischen Berichte des IV. Evangeliums für die Feststellung seines Entstehens?, ZWTh 52 (1910) 33-66.35 Anm. 1; 43,53; DERS., Das Problem des Johannesevangeliums und der Weg zu seiner Lösung, ZNW 16 (1915) 24-53.29; W. WREDE, Die Entstehung der Schriften des Neuen Testaments, Tübingen 1907, 64; Im 20. Jahrhundert ändert sich nach anfänglicher Ablehnung eines Kontaktes beider Traditionen die Einschätzung der Abhängigkeit erst neuerdings langsam wieder: u.a. E. OSTY, Les points de contact entre le recit de la passion dans saint Luc and saint Jean, RSR 39 (1951) 146-154.148; HAHN, Prozeß Jesu 27; F.L. CRIBBS, St. Luke and the Johannine Tradition, JBL 90 (1971) 422-450.443f.; T. ONUKI, Die johanneischen Abschiedsreden und die synoptische Tradition. Eine traditionskritische und traditionsgeschichtliche Untersuchung, AJBI 3 (1977) 157-268.240; J.B. GREEN, The Death of Jesus, WUNT 2/33, Tübingen 1988, 133f.; M. OBERWEIS, Unbeachtete Lukas-Parallelen in Stoffauswahl und —anordnung des vierten Evangeliums, EThL 72 (1996) 321-337.322; SCHENKE 432-435.

656. Vgl. u.a. A. DAUER, Die Passionsgeschichte im Johannesevangelium. Eine traditionsgeschichtliche und theologische Untersuchung zu Joh 18,1-19,30, StANT 30, München 1972, 21-227; Er sah die johanneische Passionsgeschichte von einer Quelle abhängig, die wiederum von den Synoptikern beeinflußt war. Man ziehe für den Prozeß vor Pilatus auch die Arbeit von R. BAUM-BODENBENDER, Hoheit in Niedrigkeit. Johanneische Christologie im Prozeß Jesu vor Pilatus (Joh 18,28-19,16a), FzB 49, Würzburg 1984, 180-183, heran. Sie geht davon aus, dass eine Passionsgeschichtsquelle A von der Hoheitschristologie beeinflußt war, die erst auf einer zweiten Ebene B durch die synoptische Niedrigkeitschristologie ergänzt und korrigiert wurde. M. SABBE, The Trial of Jesus Before Pilate in John and its Relation to the Synoptic Gospels, BEThL 101, 1992, 341-385, hat beide Positionen anhand des Pilatusprozesses kritisch gewürdigt. Nach ihnen hat M. MYLLYKOSKI, M., Die letzten Tage Jesu, AASF/B 272, Helsinki 1994, einen Markus und Johan-

Auch war schon in vorangegangenen Abschnitten von Jesu Tod[657] auf andere Weise die Rede gewesen. Dabei wurden interpretative Vorgaben gemacht, die für den Leser endlich eingelöst werden müßten. Noch steht diesem unmittelbar vor Augen, dass Jesus um seinen Auftrag in vollem Umfang *weiß*, seine Jünger bis zum Ende zu lieben (13,1-3) und sie vor den Anfeindungen der gottfernen Welt zu schützen, indem er den *Weltherrn* besiegt (12,31; 16,11.33). Für seinen Auftrag wird er *sich verzehren* (2,17) und *sich erhöhen* lassen (3,14; 8,28; 12,32-34), um *für* die ihm vom Vater gegebenen Glaubenden einzustehen (6,51; 10,11.15.17; 11,50-52; 15,13; 17,19), indem er sie in seinem Tod *reinigt* (13,10; 15,3) bzw. sich für sie *heiligt* ([1,29;] 10,36; 17,17-19). Gleichzeitig wird sein Tod Vater und Sohn gegenseitig *verherrlichen* und Jesus die *Rückkehr* zu ihm (Kap. 7-8; 13-17) ermöglichen, um den Seinen, die in der Welt zurückgeblieben sind, den *Parakleten* als Ersatz und Beistand senden zu können und ihnen aufgrund ihres Glaubens *unendliches Leben* als allumfassende Heilsgabe, hier wie dort, zu schenken.

a. Gefangennahme, Vernehmungen und Verleugnung, 18,1-27

Die seit 6,64[658] dem Leser, der johanneischen Jesusfigur aber von Anfang an bekannte *Übergabe* seiner Person durch Judas an die Jerusalemer Obrigkeit wird mit neuen Details ganz im Sinne des Erzählziels

---

nes gemeinsamen Urberichts zu rekonstruieren versucht. — Gegen synoptische Anklänge sprachen sich auch aus: u.a. H. WINDISCH, Der johanneische Erzählungstil, in: FS H. GUNKEL, Göttingen 1923, II, 174-213.201; M. DIBELIUS, Art. Johannesevangelium RGG² III, 1929, 349-363.353; P. BORGEN, John and the Synoptics in the Passion Narratives, NTS 5 (1959) 246-259.250; L. MORRIS, The Relationship of the Fourth Gospel to the Synoptics, in: DERS., Studies in the Fourth Gospel, Grand Rapids 1969, 15-63.16; O. CULLMANN, Der johanneische Kreis. Zum Ursprung des Johannesevangeliums, Tübingen 1975, 6; R.T. FORTNA, Jesus and Peter at the High Priest's House. A Test Case for the Question of the Relation Between Mark's and John's Gospel, NTS 24 (1978) 371-383.375.379; BDM 143 Anm. 41.- Einen tragfähigen, methodologisch geforderten Kompromiß in dieser umstrittenen Frage hat m.E. J.T. FORESTELL, The Word of the Cross. Salvation as Revelation in the Fourth Gospel, AnBib 57, Rom 1974, 82, treffend formuliert: »Although the fourth gospel shows greater similarity to the synoptic tradition in the passion narrative than in the public ministry, the Johannine imprint and theology may be recognized in the additions and omissions.« M. E. setzt der Autor immer die Kenntnis der Synoptiker voraus, verfolgt aber andere theologische Ziele, so dass er nur gelegentlich auf sie zurückgreift.

657. Eine übersichtliche Zusammenfassung der johanneischen Interpretation des Todes Jesu bot zuletzt: F.J. MATERA, »On Behalf of Others«, »Cleansing«, and »Return« — Johannine Images for Jesus's Death, LouvSt 13 (1988) 161-178.

658. Danach wird dieser Tatbestand noch 6,71; 12,4; 13,2.11.21; 18,2.5 mit demselben Ausdruck wiederholt, um ab 18,30.35f.; 19,11.16 jenen für die jüdische Obrigkeit zu reservieren, die Jesus *übergibt*.

vom Erzähler dramatisch und ironisch[659] zugleich inszeniert. Danach kannte Judas den Treffpunkt Jesu außerhalb der Stadtmauern Jerusalems in einem Garten, wo sich dieser mit seinen Jüngern häufig versammelt hatte (vgl. Lk 21,37; 22,39). Um ihn dort festnehmen zu lassen, führt er nachts eine römische Kohorte[660] von 600 Mann, zusätzlich noch um Angestellte der Hohenpriester und Pharisäer verstärkt, wohlgerüstet und »bei voller Beleuchtung« für jedermann sichtbar dorthin. Doch er überrascht Jesus keineswegs, sondern dieser *weiß* ja seit 13,1 (vgl. 18,4) alles, was seine Stunde betrifft. Er tritt ihnen also selbstbewußt entgegen und stellt sich freiwillig, so dass Judas ihn auch nicht mehr zu küssen braucht, um ihn als den Gesuchten für die Soldaten zu identifizieren (diff. Mk 14,44f. parr.). Doch ganz ungeschoren kommen diese nicht davon. Indem er sich ihnen zu erkennen gibt[661], fallen sie vor ihm (vgl. Ps 56,10 (9); 27,2; 35,4; Ez 1,28; 44,4; Dan 2,46; 8,18)[662] dreimal zu Boden und demonstrieren so unfreiwillig, wer hier die Situation hoheitlich beherrscht[663]. Außerdem erreicht Jesus mit seiner Selbstauslieferung, dass seine Anhänger unbehelligt den Verhaftungsort verlassen dürfen, obwohl Petrus[664] — ganz im Sinne seiner Äußerung 13,38 — ihn im nachhinein noch mit Waffengewalt zu verteidigen sucht. Dies veranlaßt den Erzähler V. 9 zu der auktorialen Feststellung, dass sich auf diese Weise bereits eine Bitte aus dem Abschiedsgebet Jesu 17,12 (vgl. 6,37-39; 10,29) bewahrheitet hat: Er werde alles tun, die Seinen zu schützen (vgl. 15,13)[665]. Zudem gibt

---

659. Vgl. u.a. BDM 250.
660. Vgl. zu der exakten Militärterminologie F. MILLAR, Reflections on the Trials of Jesus, in: FS G. VERMES, Sheffield 1990, 355-381.370. Dagegen meint J. BLINZLER, Der Prozeß Jesu, Regensburg ⁴1969, 96, gegen den gesamten neutestamentlichen Wortgebrauch (vgl. Mk 15,16 par.; Apg 10,1; 21,31; 27,1) in der Kohorte »ein mehr oder weniger großes Detachement der Tempelwache« ausmachen zu können. Ihm folgt u.a. W. BÖSEN, Der letzte Tag des Jesus von Nazareth, Freiburg ²1994, 149.
661. Hier wird Jesus erstmals »der Nazoräer« genannt, exakt der Namen, welcher sich 19,19 in der Kreuzesinschrift wiederfinden wird.
662. So BDM 261.488.
663. Das Souveränitätsmotiv wird hier nicht vom Autor erst eingeführt, sondern ist seiner Jesusdarstellung inhärent. Es wird hier aber besonders akzentuiert, was von fast allen Auslegern übereinstimmend hervorgehoben wird.
664. Petrus braucht ihn gar nicht zu verteidigen, da Jesus die Lage souverän in der Hand hat: vgl. A.J. DROGE, The Status of Peter in the Fourth Gospel: A Note on Jn 18:10-11, JBL 109 (1990) 307-311.309-311, bzw. J.H. NEYREY, Despising the Shame of the Cross: Honor and Shame in the Johannine Passion Narrative, Semeia 68 (1996) 113-137.120. Die erste Verleugnung Petri ist im Unterschied zu den Synoptikern erkennbar aus dramaturgischen Gründen hierher verlegt worden.
665. Der wegen der formalen Parallelität naheliegende Verdacht, der zuletzt von BDM 290.748.1446 geäußert wurde, Jesu Worte sollten dadurch auf eine Stufe mit den Schrift-Erfüllungsworten gestellt werden (vgl. 2,22), muß kontextgemäß um eine weitere Nuance

Jesus Petrus erneut (12,27) zu verstehen, dass er sein gewaltsames Geschick freiwillig (10,17) und ohne Zögern (diff. Mk 14,36 parr.) auf sich nimmt und dessen kontraproduktive Befreiungsbemühungen mißbilligt. Obwohl er sich selbst gestellt hat, wird Jesus *gebunden* fortgeführt, zuerst zu Hannas (V. 12), darauf zu Kaiaphas (V. 24) und zuletzt zu Pilatus, eine dreifach wiederholte Notiz, die diese Einzelszenen zusammenbindet.

Hannas, der Schwiegervater der Kaiaphas, auf dessen Todesspruch in absentia Jesu schon 11,47-53 ausdrücklich verwiesen wurde, befragt ihn über seine Jünger und seine Lehre. Jesus aber lenkt geschickt von der ersten Frage ab, die seinen Anhängern gefährlich werden könnte, indem er formal[666] auf seine lange öffentliche Lehrtätigkeit in Synagogen (6,59) und im Tempel (bes. 7,14-8,59; 10,22-39) nachdrücklich verweist. Wiederum schützt er seine Jünger, obwohl exakt zu dem Zeitpunkt Petrus[667] ihn — aus der Sicht des Erzählers zum ersten Mal — gegenüber der Türhüterin des Hohenpriesters verleugnet. Die unerschrockene Art, wie Jesus als Gefangener auch die zweite Frage Hannas beantwortet, wirkt auf einen der beim Verhör Anwesenden so aufreizend, dass er ihm unbeherrscht ins Gesicht schlägt. Aber auch diese Demütigung bringt Jesus nicht aus der Fassung, sondern er fordert im Gegenzug ausdrücklich Beweise, dass eine solche Züchtigung wirklich berechtigt war. Auch dieses Erzähldetail verdeutlicht erneut, dass Jesus, wenn auch gebunden, Herr der Situation bleibt. Da das Gespräch ergebnislos verläuft, schickt ihn der Althohepriester V. 24[668] zum amtierenden Hohenpriester, d.h. zu seinem Schwiegersohn

---

ergänzt werden: Da sie nur in der Passionsgeschichte 18,9.32 vorkommen, wird mit ihnen auch die in 10,17f. angekündigte freie Entscheidung Jesu zur Passion für die Seinen akzentuiert.

666. HAHN, Prozeß Jesu 61-65, argumentiert mit Recht, dass der Inhalt der Lehre Jesu, ausgehend von 7,16f. bereits in Kap. 7-10 — auch in Verbindung mit der Frage nach der Jüngerschaft (9,28f.) — geklärt wurde. Deshalb sei hier eine erneute inhaltliche Ausführung überflüssig. Dies liegt im Trend der johanneischen Aufarbeitung seiner synoptischen Vorlagen.

667. Die lange Diskussion über die Identität »eines anderen Jüngers, der den Hohenpriester kannte«, läßt sich für den Leser erst nach 20,2ff. entscheiden, was mit Recht zuletzt F. NEIRYNCK, The »Other Disciple« in Jn 18:15-16, in: DERS., Evangelica I, Leuven 1982, 335-364, herausgestellt hat. Hier soll nur das sozialgeschichtliche Problem angeführt werden, das es schwer macht, den Lieblingsjünger hinter dem »anderen Jünger« zu vermuten. Denn nirgends ist erkennbar, dass unter den Jüngern Jesu sich jemand befand, der Zugang zum Hohenpriester hatte. Möglicherweise wird hier bewußt mit mehreren anonymen Jüngern gespielt, um jegliche Identitätsnachfrage von vornherein ad absurdum zu führen, vgl. R. GYLLENBERG, Anschauliches und Unanschauliches im vierten Evangelium, StTh 21 (1967) 83-109.91, der diesen Verdacht mit dem zusätzlichen, aber m. E. schwachen, stilistischen Argument, dass der Lieblingsjünger, da er im vierten Aufzug 19,26 eine Rolle habe, nach dem joh. Stilmuster vorher eingeführt worden sein müsse, ablehnt. J. KÜGLER, Schlüsselgestalt 424-428, lehnt jegliche Identifizierung hier konsequent ab.

Kaiaphas. Was dort noch vorgefallen sein könnte, darüber braucht bei Johannes kein Wort verloren zu werden. Denn ein Gespräch bzw. Verhör durch ihn ist überflüssig geworden, da dieser sich ja längst sein Urteil (11,47-53) gebildet und gefällt hatte. Die kurze Information wird also nur eingeschoben, um die beiden weiteren Verleugnungen Petri kompositionell geschickter mit dem juristischen Verfahren korrespondieren zu lassen (V. 25-27). Denn jener wärmt sich gerade zu dem Zeitpunkt im Hof des Hohenpriesters mit anderen am Feuer auf. Besonders die dritte Verleugnung wird ausführlicher und mit anderen Details als bei den Synoptikern vorgeben erzählt. Petrus[669] soll nun von einem Verwandten des Malchus, dem er das Ohr abgeschlagen hatte, und der ebenfalls bei der Selbstübergabe Jesu im Garten (V. 1) anwesend gewesen war, erkannt und zur Rede gestellt worden sein. Dieser höchst peinlichen bzw. gefährlichen Situation entzieht sich Petrus, indem er alles ableugnet. Sofort kräht darauf (diff. Mk 14,72) der Hahn — in diesem Evangelium aber nur einmal — exakt in der Weise, wie es der Erzähler Jesus hat 13,38 vorausdeuten lassen[670].

Die Veränderungen an und Auslassungen von synoptischen Erzählstoffen dienten bislang erkennbar der neuen Erzählintention, wie er sie schon früher dem Leser mitgeteilt bzw. auf die er ihn bereits vorbereitet hatte. Diese Tendenz wird sich auch bei seiner andersartigen Darstellung des Pilatusverhörs fortsetzen, die sich direkt anschließt.

b. Jesus vor Pilatus, 18,28-19,16a

Bereits der Verhaftungsbericht (V. 3.12) offenbarte im Unterschied zu den Synoptikern eine weitaus intensivere Zusammenarbeit zwischen dem Militär der römischen Oberherrschaft und der damaligen Jerusalemer Selbstverwaltung unter den Hohenpriestern und Pharisäern, als man historisch objektiv vielleicht erwarten konnte. Man braucht sie nicht nur als weitere Entfaltung einer lukanischen Darstellungstendenz (Lk 23,6-12; Apg 4,24-28) der Passion Jesu zu erklären, sie stellt darüber hinaus auch die Konsequenz des vorgezogenen Tötungsbeschlusses 11,47-53 dar.

---

668. Versuche, V. 24 textkritisch näher an V. 13 heranzurücken, um doch noch auf irgendeine Weise eine Art Synhedrialprozess zu sichern, sind seit H.J. HOLTZMANN, Unordnungen und Umordnungen im vierten Evangelium, ZNW 3 (1902) 50-60.56f., wiederholt widerlegt worden.

669. Hier liegt der Grund für die Identifizierung Petri mit dem bei den Synoptikern noch anonymen Jünger, der sein Schwert zieht. Dadurch wirkt die Erzählung geschlossener und besser motiviert.

670. Die reumütige Reaktion Petri wird im Gegensatz zu den Synoptikern erst in 21,15ff. erzählt werden, wo er sich an einem »*Kohlenfeuer*« (vgl. 18,18 mit 21,9) für die ihm von Jesus gestellte Aufgabe in der Nachfolge entscheidet.

Damals hatte die Furcht der Leitungselite, den Tempel und das Volk an die Römer (11,48) zu verlieren, Kaiaphas angeregt, per Beschluß festlegen zu lassen, einen für alle zu opfern. Indem sie Jesus V. 30 Pilatus *übergeben,* haben sie den ersten Schritt getan, um ihren damaligen Beschluß in die Tat umzusetzen. Doch wollen »die Juden« sich mit den Römern nicht so gemein machen, dass sie ihre Anklage und Plädoyers selbst im Prätorium, dem Amtssitz des römischen Prokurators, vortragen. Sie weisen Pilatus vielmehr darauf hin, dass Reinheitsvorschriften ihnen verbieten würden, vor dem hohen Passafest eine heidnische Amtsstube zu betreten[671]. Der erneute Hinweis auf das bevorstehende Osterfest weist ebenfalls auf 11,55 zurück, wo ja bereits berichtet wurde, viele Bewohner vom Lande wären schon so frühzeitig nach Jerusalem hinaufgezogen, um sich *für das Passa zu heiligen*[672] (vgl. 12,1). Aus religiösem Anlaß bleiben die Ankläger draußen vor dem Amtssitz des Pilatus. Nur der ebenfalls jüdische Angeklagte muß sich innen der römischen *cognitio,* der juristischen Untersuchung seines Falles, durch den Prokurator stellen. Mit dieser Darstellung wurde zugleich die Basis für einen neuen narrativen Spannungsbogen gelegt. Denn der Leser möchte nun allzu gern erfahren, wie sich dessen beiden Pole, politische Kooperation und religiöse Distanz, zueinander verhalten. Der Spannungsbogen wird im Folgenden genutzt, um in sieben bzw. acht Szenen[673] zu schildern, auf welche Weise und aus welchen Gründen letztlich Pilatus über Leben und Tod Jesu entschieden hat.

Obwohl diejenigen, die Jesus Pilatus überstellten, keine konkret inhaltliche Klage gegen ihn führen, lassen sie doch eins klar erkennen, was sie von Pilatus erwarten: Sie wünschen Jesu Hinrichtung (V. 31). Die Eröff-

---

671. Zu diesem Aspekt: vgl. u.a. Bill. II 838f.; Jos., bell. VI 426; Esr 6,19-21; Arist. § 106; Apg 10,28.

672. Diese Information impliziert, dass sich auch die jerusalemer Bevölkerung und erst recht ihre priesterliche Leitung ebenfalls geheiligt haben. Zugleich erklären sich so ohne Schwierigkeiten die anwesenden Massen, die im Pilatusprozeß vorausgesetzt werden.

673. Die meisten Ausleger entscheiden sich für sieben Einzelszenen, wenige nur urteilen anders, wobei jedoch die besondere Funktion der letzten Szene von fast allen erkannt wird: Für 7 Szenen treten u.a. ein: J.M. THOMPSON, An Experiment in Translation, Exp. ser. 16, 8 (1918) 117-125.123-125; J. BLANK, Die Verhandlung vor Pilatus Joh 18, 28-19,16 im Lichte johanneischer Theologie, BZ 3 (1959) 60-81, bzw. in: DERS., Der Jesus des Evangeliums, 1981, 169-196.170; M. DE JONGE, Jesus as Prophet and King in the Fourth Gospel, EThL 49 (1973) 160-177.175; HAHN, Prozeß Jesu 31; GYLLENBERG, s. Anm. 667, 91-93; MYLLYKOSKI, s. Anm. 656, II 32f.; SCHENKE 350. W. BAUER, Johannesevangelium und Johannesbriefe, ThR 1 (1929) 135-160.143, warnt gegenüber Lohmeyers Thesen vor zu großem Optimismus, aus der Siebenszenigkeit große interpretatorische Gewinne schlagen zu können; C. DIEBOLD-SCHEUERMANN, Jesus vor Pilatus. Eine exegetische Untersuchung zum Verhör Jesu durch Pilatus (Joh 18,28-19,16a), SBB 32, Stuttgart 1996, 98, geht von 8 Szenen aus.

nungsszene ist zudem noch von einer schwer erträglichen Distanz zwischen den beiden Hauptakteuren bestimmt. Denn die verbalen Äußerungen der jüdischen Obrigkeit müssen in den Ohren des Prokurators mehr als arrogant, ja sogar gegenüber der römischen Oberherrschaft beleidigend oppositionell geklungen haben. Dabei beschäftigt den Erzähler nicht so sehr die Antwort auf die Fragen, ob text-extern, d.h. historisch, das Synhedrium die Kapitalgerichtsbarkeit[674], das sogenannte *ius gladii*, an den Prokurator bereits habe abtreten müssen, oder ob text-intern die Nähe des Passa dem Hohenpriester[675] die Hände gebunden habe. Der Evangelist unterstreicht in seinem direkt anschließenden Kommentarwort V. 32 (formal par. zu V. 9) vielmehr, dass er darin das Jesuswort 12,31-33 (vgl. 3,14; 2,18) über dessen Hinrichtungsart sich erfüllen sah: Er werde nicht nach jüdischer (vgl. 8,59), sondern nach Art der Okkupationsmacht vom Leben zum Tod befördert. Aber nur dadurch könne er den Herrn des Erdkreises besiegen. Bei dieser szenischen Konstellation, in der das Beharren der jüdischen Obrigkeit auf ihre religiöse Observanz den römischen Spitzenbeamten zwingt, sich ständig zwischen seinen Amtsräumen und jenen draußen hin und her zu bewegen, was dem Angeklagten wiederum zugute kommt, wird natürlich die Frage laut, wie bei einer solchen Dichotomie zwischen Rom und Jerusalem das Verfahren zugunsten des Hohenpriesters ausgehen kann.

Im nächsten Auftritt eröffnet Pilatus offiziell die *cognitio*, indem er Jesus die in seinen Augen schwerste politische Untat vorwirft, den den status quo bedrohenden Aufruhr gegen Rom. Denn der Angeklagte trachte ja nach dem souveränen Königtum über alle Juden[676]. Deshalb wurde schon eine Kohorte zu seiner Festnahme in Marsch gesetzt, zumal nicht voraussehbar war, wie viele seiner Anhänger hätten militant werden können. Jesus reagiert auf diesen Vorwurf geschickt mit einer Gegenfrage. Er will wissen, wer Pilatus gegenüber diesen Verdacht geäußert habe. So kommt die jüdische Obrigkeit wieder in den Blick, die für seine Festnahme ganz offensichtlich römische Unterstützung angefordert hatte. Dabei läßt der Römer abschätzig durchblicken, dass jene und wohl auch alle seine Mitbürger ihn mit dieser Anschuldigung *überliefert* hätten. Er

---

674. So versteht die Mehrheit der modernen Ausleger unter Bezugnahme auf die Synoptiker und das rabbinische Schrifttum diesen Hinweis.

675. So E. SCHÜRER, The History of the Jewish People in the Age of Jesus Christ. A New Englisch Version, Edinburgh 1979, II, 219-223, bzw. F. MILLAR, s. Anm. 660, 376, der sich u.a. auf AUGUSTINUS, In Johannis Evangelium, Trakt. 114.4, berufen kann.

676. Dies ist eine hinterhältige Unterstellung, wie der Leser seit 6,15 informiert ist. Dort wollten die wunderbegierigen »Juden« Jesus zum König machen, was dieser freilich ablehnte.

sei es also nicht gewesen, der das Verfahren angestrebt habe. Die abschätzige Bemerkung über seine jüdischen Ankläger eröffnet Jesus wiederum die Chance, dem Prokurator die Besonderheit seines Königtums zu erklären: Es sei kein irdisches Königtum (vgl. 3,3.31; 8,23; 15,18f.; 17,14-16). Deshalb kämpften auch keine Soldaten für ihn. Er sei vielmehr nur gekommen, den in ihm gegenwärtig gewordenen Willen Gottes in der Welt zu repräsentieren, was in seiner (und des Evangelisten) theologischen Nomenklatur zusammenfassend »Wahrheit« heiße. Über solche »Wahrheit« will Pilatus jedoch in diesem politisch gelagerten Verfahren selbstverständlich nicht philosophieren. Zumal er sich von der Ungefährlichkeit dieses Königtums bereits überzeugt hat, da es nur aus einem Mann besteht, der zudem keine Macht ausüben, sondern allein eine »Wahrheit« bezeugen will. Mit dieser Erkenntnis geht er nach draußen, um seine Einschätzung der aktuellen Prozeßlage den dort Wartenden mitzuteilen, um ihnen zugleich auch eine goldene Brücke zu bauen, wie sie mit Hilfe der traditionellen Passaamnestie ihr Gesicht wahren könnten: Er würde ihrem Rechtsrahmen entsprechend Jesus freilassen. Damit wäre jener zwar amnestiert, aber ihre Anschuldigungen würden trotzdem an ihm unweigerlich hängen bleiben. Sie lehnen dieses politische Geschäft jedoch — für ihn völlig unerwartet — vehement ab und lassen lieber Barabbas, einen Sozialrevolutionär, amnestieren als sich für Jesus zu engagieren.

Im Unterschied zu den Synoptikern läßt Pilatus Jesus nach dem mißglückten Amnestierungsversuch sogleich züchtigen und gibt ihn als angeblichen »König der Juden« der Lächerlichkeit preis (19,1-3). Das gibt der Geißelungszene im Rahmen der Passionsgeschichte eine andere Funktion: Sie ist nun nicht mehr der erste Schritt zur Hinrichtung, sondern mit ihr macht Pilatus Jesus öffentlich »unmöglich«. Gleichzeitig verwarnt er ihn[677] nur, um sich die Möglichkeit nicht zu verbauen, Jesus später nach eigenem Gutdünken doch noch freilassen zu können. Denn nach der johanneischen Darstellung bleibt Pilatus weiterhin von dessen Unschuld überzeugt. Doch auch diese neue Strategie fruchtet bei denen draußen nicht, so dass sich Pilatus gezwungen sieht, auf seinen Vorschlag 18,31 (vgl. 19,6) zurückzugreifen. Er fordert sie also auf, Jesus doch nach ihrem Recht zu kreuzigen, wie sie es doch eigentlich bereits die ganze

---

677. Vgl. NEYREY, s. Anm. 664, 125, der auf 2 Kor 11,24f. und Apg 5,41 verweist und zudem anmerkt: »I do not know when modern readers started thinking that such a presentation was supposed to inspire sympathy for Jesus, because in the culture of the time such a scene would surely provoke laughter and derision«.

Zeit hindurch wollten, ihn aber nicht weiter zu behelligen, da er nach römischem Rechtsempfinden keine Schuld bei Jesus erkennen könne.

Daraufhin tragen die Anwesenden ihm endlich ihren eigentlichen Anklagepunkt (vgl. 5,17f.; 8,53; 10,33) vor, Jesus habe sich selbst zum Sohn Gottes gemacht und sei folglich nach ihrem Recht wirklich des Todes schuldig. Mit diesem Vorwurf hat das Verfahren eine neue Qualität[678] gewonnen, so dass Pilatus erneut die Untersuchung aufnehmen muß. Deshalb fragt er Jesus — juristisch korrekt — nach seiner Herkunft, um möglicherweise bereits damit die Anklage ad absurdum zu führen. Doch Jesus weigert sich diesmal zu antworten, was Pilatus als einen Schwachpunkt in dessen Verteidigungsstrategie deuten muß. Deshalb macht er auch Jesus umgehend auf die Konsequenzen seines Schweigens aufmerksam: Er habe die Befugnis freizulassen, aber auch jemanden hinzurichten! Damit legt er Jesus unfreiwillig das entscheidende Stichwort in den Mund, das schon sein erster Zeuge, Johannes, 3,27 und nachher er selbst 5,19[679] verwendet hatte: Jegliche Befugnis komme von oben (vgl. 3,3.5 mit 18,36). Da er nun in seine Hände *überliefert* sei, seien Pilatus auch die gerade angeführten Befugnisse von Gott gegeben. Das bedeutet aus Jesu Sicht und im Einklang mit der Intention des Erzählers, wie immer auch das Verfahren ausgehen werde, dass es von Gott gebilligt ist.

Der erneute Verweis Jesu auf eine höhere religiöse und nicht auf eine politische Instanz bestärkt wiederum den Verdacht des Prokurators von dessen Unschuld. Er sucht deshalb nach weiteren Wegen, ihn freizulassen. Doch denen widersetzen sich die anwesenden »Juden« mit einem gravierenden, aber zweischneidigen Argument, das den religiösen Anspruch Jesu außer acht läßt, aber die politische Integrität von Pilatus in Frage stellt: Ein römischer Beamter, der einen Usurpator von Königsmacht (vgl. 18,33-37) freilasse, könne kein »Freund des Cäsars«[680] sein. Dieser schlimme Verdacht der Illoyalität zwingt Pilatus zum Einlenken zu ihren Gunsten. Er fällt das von ihnen unablässig geforderte Urteil. Dazu nimmt er charakteristischerweise in der achten Stunde des Rüsttags

---

678. Gegen FORESTELL, s. Anm. 656, 85, der 19,7-11 nur als ein Zwischenspiel betrachtet. Vielmehr hat NEYREY, s. Anm. 664, 127, eher Recht, der von einer »new forensic charge« ausgeht.

679. Vgl. auch 6,65.

680. Vgl. Jos., ant. 12 § 298; 16 § 86; Philo, Flacc. 40; 1 Makk 2,18; 3,38; 19,65; Auch für Herodes ist dieser Titel inschriftlich bezeugt: vgl. OGIS 427 mit Jos., bell. 1 § 425 und Y. MESHORER, A Stone Weight from the Reign of Herod, IEJ 20 (1970) 97f.; sowie A. KUSHNIR-STEIN, An Inscribed Lead Weight from Ashdod: A Reconsideration, ZPE 105 (1995) 81-84. Die Bedeutung war also in Israel allgemein bekannt.

des Passafestes, in der normalerweise die Passalämmer[681] (vgl. 1,29) geschlachtet werden, auf dem Richterstuhl[682] Platz und proklamiert voll szenischer Ironie die Leidensgestalt des Gegeißelten zum König der anwesenden Juden (vgl. 18,39). Aber mit der Proklamation bringt er zugleich auch seine Überzeugung von dessen Unschuld zum wiederholten Male, diesmal nur indirekt, zum Ausdruck. Doch jene durchschauen seinen Sarkasmus nicht, sondern fordern Jesu unverzügliche Kreuzigung und lassen in Gestalt der Hohenpriester dem römischen, d.h. irdischen Weltherrscher ihre unverbrüchliche Loyalität erklären. Damit haben sie ihre eigenen Aussagen 8,33.41 verworfen, ihren Gott verlassen und dessen Bund gekündigt[683].

Indem sie ihre anfängliche Distanziertheit zu den Römern in religiösen Angelegenheiten eindeutig aufgeben, werden sie zu deren treuen Untertanen, Mietlingen und Lakaien. Sie haben nicht nur ihr Gesicht, sondern vor allem ihre legitime, traditionelle (Hirten-)Funktion als Leitungselite, die religiöse Identität des Bundesvolkes zu wahren, verloren.

Mit diesem unerwarteten Ausgang der religiös motivierten, aber politisch-römisch geführten Untersuchung wurde auch dem Leser dessen Eingangsfrage nach dem Verhältnis von politischer Kooperation und religiöser Distanz zwischen der jüdischen Selbstverwaltung und den Römern eindeutig beantwortet: Um — in johanneischer Sprache ausgedrückt — Jesus *erhöhen* (3,14; 8,28; 12,31-34) zu können, waren die damaligen jüdischen Leitungseliten bereit, ihre eigene religiöse Identität aufzugeben und zu kooperationswilligen Vasallen der Weltmacht Rom zu werden. Sie haben sich zu loyalen Untertanen des Weltherrn erklärt und ihre religiöse Eigenständigkeit aufgegeben. Auf diese Weise haben sie ironischerweise Jesus im vollen Sinn des Wortes die einmalige Chance eingeräumt, symbolisch den *Fürsten dieser Welt* in der Gestalt der Weltmacht Rom zu besiegen. Obwohl sie sich in diesem konkreten Fall politisch durchgesetzt haben, haben sie doch Jesus den Weg geebnet, das ihm vom Vater aufgetragene Werk zu vollenden[684]. Mit Abschluß des Verfahrens

---

681. Num 9,10f.; 2 Chron 30,16-18; Jub 49,1.12.19; Jos., bell. 1, § 116; § 229;
682. MILLAR, s. Anm. 660, 372, diskutiert die Möglichkeit, dass Jesus von Pilatus auf den Richterstuhl gesetzt wurde (vgl. HAENCHEN 547) und entscheidet sich mit Recht dagegen.
683. Der Pesher 4Q167 Frg. 7 beschreibt eine analoge Situation: »*Und sie — wie Adam übertraten sie einen Bund* (Hos 6,7). Die Deutung -... haben verlassen den Gott und wandelten nach Vorschriften der Völker....« NEYREY, s. Anm. 664, 130, merkt zu ihrem Verhalten mit Recht an: »Their remarks is an act of supreme dishonor to their heavenly Patron and Sovereign«.
684. Der These von DIEBOLD-SCHEUERMANN, s. Anm. 673, 297, die szenische Struktur des sogenannten Pilatusprozesses sei *Darstellungsmittel*, hat sich auch in dieser Auslegung voll bestätigt.

haben sich die lange schon auseinanderstrebenden Wege aller Beteiligten endgültig getrennt: Das Synhedrium, das den Tempel und das Volk aus Eigennutz vor dem Zugriff der Römer bewahren wollte, hat sich als Verwaltungsorgan loyal der römischen Zentralgewalt unterworfen. So vertritt nur noch Jesus allein die Sache des Bundesgottes und -volkes. Auf diese Weise wird zum Abschluß die distanzierte und häufig despektierliche Redeweise des Erzählers von »den Juden«, die — wie man seit der Lektüre von 1,19 weiß — bekanntlich in Jerusalem wohnten, verständlich. Denn diesen wurde die in den Schriften wiederholt bezeugte Illoyalität ihrem Gott gegenüber erneut zum Verhängnis. Nur aus diesem einen Grund kann der Evangelist aus seiner Retrospektive mit einigem Recht so polemisch über »die Juden« reden — für einen schriftunkundigen Leser bis auf den heutigen Tag extrem mißverständlich.

c. Jesu Tod und dessen Bedeutung, 19,16b-42

Mit dem Verzicht ihrer Repräsentanten auf ihren einzigen traditionellen König, Gott, meinen die Anwesenden, die nach ihrer Sicht der Dinge von Jesus verursachte politische Lage bereinigt zu haben. Indem sie aber die Verantwortung für dessen Hinrichtung voll und ganz übernehmen[685] (V. 16b), ermöglichen sie Pilatus aber, sich von ihnen öffentlich zu distanzieren. Denn er läßt in der Kreuzesinschrift die Urteilsbegründung dreisprachig, d.h. international verständlich, ausfertigen: Sie hätten im gesuchten Jesus, dem Nazoräer (18,5.7), den König der Juden, gekreuzigt. Ihr nachträglicher Einspruch gegen eine solche Formulierung wird von Pilatus in klassisch römischer Manier stolz (V. 22) vom Tisch gefegt. Ironischerweise proklamiert auf diese Weise ein Römer einen jüdischen Gekreuzigten, den »die Juden« unter allen Umständen hinrichten wollten, zu deren König und droht dem Publikum zugleich, dass er seinen Pflichten als Prokurator Roms weiterhin loyal und effektiv nachkommen werde.

Doch die weitere Darstellung des geschichtlichen Verlaufs der Hinrichtung Jesu (Kreuzweg, Kreuzigung und Agonie des Deliquenten) durch die jüdische Obrigkeit, die mit der römischen Weltmacht paktiert, ist durchsetzt mit einer theologischen Deutung, die den Passionsbericht mit der bereits früher entwickelten Erzählintention konform hält. Deshalb wird der Bericht vom Ablauf des Hinrichtungsverfahrens im Unterschied

---

685. Vgl. H. THYEN, Noch einmal: Joh 21 und »der Jünger, den Jesus liebte«, in: FS L. HARTMAN, 1995, 147-189.179, und DERS., Paradigma 101 Anm. 48.

zu den Synoptikern auf das Wesentliche gerafft[686]. Dessen Aussagezentrum sieht der Erzähler nämlich in der Erfüllung des Gotteswillen, wie er in der Schrift grundgelegt war und den nun Jesus seinerseits auftragsgemäß erfüllt. Er trägt nämlich sein Kreuz selbst, so dass der bei den Synoptikern genannte Simon von Kyrene unerwähnt bleiben kann. Denn es war ja nach 10,17f. Gottes Geschenk an Jesus, sein Leben ohne fremde Hilfe für die Seinen aus freien Stücken einzusetzen. Deshalb gibt er auch seine unversorgte Mutter[687] in die Obhut des Lieblingsjüngers, den er seit seiner Ersterwähnung Kap. 13 besonders zu schätzen scheint. Außerdem verhelfen die beiden Erfüllungszitate (19,24.28) als episches Mittel dem Leser zu einem weiteren Hologramm und lassen ihn gewiß werden, dass Gott seinen Sohn keineswegs in einer auswegslosen Situation verlassen hat (8,29; 16,32)[688]. Vor allem aber ist sich Jesus selbst bewußt, dass er seinen Auftrag nur auf diese Weise vollenden kann[689]. Darum wird er in V. 28 noch einmal abschließend als der charakterisiert, welcher um die Vollendung seines Lebenswerkes *weiß* (13,1; 18,4)[690]. Vor allem aber wird seine ungebrochene Souveränität im Leiden bis in die Sterbeszene hinein hervorgehoben. Denn man liest, Jesus habe nach seiner letzten öffentlichen Bekundung im *Wissen*, dass sein Lebenswerk nun schriftgemäß vollendet sei, den Kopf geneigt und dann den Geist *übergeben*. Das entsprechende Verb[691], das im Evangelium vorher die verräterische

---

686. Bei BDM II 909 findet man eine Liste von Erzähldetails, die der Autor des Johannesevangelium übergeht.

687. Hier wird die Kana-Geschichte auch personell mit der Stunde Jesu verknüpft.

688. Der ausdrückliche Hinweis, dass Jesu Unterkleid nahtlos gewebt gewesen sei, so dass die Soldaten es nicht zerschneiden wollten, sondern es insgesamt unter sich verlosten, verweist nicht auf eine hohepriesterliche Symbolik, weil nach Jos., ant. 3.7.4 § 161 dessen Kultgewand übergezogen wurde: vgl. BDM 956-958 und B.G. SCHUCHARD, Scripture within Scripture, SBL.DS 133, 1992, 128. Die andere Deutung dieses Befundes, das Geschehen auf die Einheit der eschatologischen Gemeinde hin zu deuten, ist ebenfalls schwer nachvollziehbar. Deshalb sollte man sich auf die Ausdeutung der Erfüllungssituation konzentrieren. Schon FRANKE, Beitrag 52f., hat auf die Parallelität zwischen dem Leidensweg Jesu und deren Ansage in der Schrift hingewiesen. Ähnlich denken J. ZUMSTEIN, Joh 19,25-27, ZThK 94 (1997) 131-154.135 Anm. 16; R.L. BRAWLEY, An Absent Complement and Intertextuality in Jn 19:28-29, JBL 112 (1993) 427-443.435; KRAUS, W., Johannes und das AT. Überlegungen zum Umgang mit der Schrift im Johannesevangelium im Horizont Biblischer Theologie, ZNW 88 (1997) 1-23.13; L.T. WITKAMP, Jesus' Thirst in Jn 19:28-30: Literal or Figurative?, JBL 115 (1996) 489-510.503;

689. Vgl. 4,34; 5,36; 9,4; 13,1; 17,4.

690. Dass es um sein Lebenswerk geht, unterstreicht das Wort »*alles*« (vgl. 3,35; 5,17.20; 6,37.39).

691. Diese Formulierung ist im Kontext von Sterben und Tod in der antiken Literatur singulär: vgl. F. PORSCH, Pneuma und Wort. Ein exegetischer Beitrag zur Pneumatologie des Johannesevangeliums, FThSt 16, Frankfurt 1974, 328.

Aktivität des Judas[692], danach die der jüdischen Obrigkeit[693] und zuletzt die des Pilatus[694] negativ charakterisierte, indem sie Jesus der jeweils nächst höheren Instanz *übergaben* bzw. mit jener kooperierten, wird nun bewußt positiv eingesetzt, um die aktive und bewußte Lebensübergabe Jesu an seinen Vater zu bezeugen. Die *Übergabe* Jesu vom Leben zum Tod durch die einen wird vom scheinbaren Opfer aufgehoben. Damit wird der Sieg Jesu über die Gott entfremdeten Weltmächte bereits voraussehbar und letztlich dieser im Willen Gottes[695] verankert. Auf diese Weise deckt sich die Darstellung des Sterbens Jesu in allen Punkten mit den Tendenzen, die bereits früher vom Erzähler in seinem Evangelium für diese besondere Zielaussage herausgestellt wurden. Seine Neuinszenierung der Passion Jesu dient der Darstellung seiner theologische Intention.

Wie in keinem anderen Evangelium gestaltet der Evangelist auch die Ereignisse nach Jesu Tod (19,31-42) so gravierend um, dass dessen tieferer Sinn für den Leser präziser deutbar wird. Denn aus seiner Sicht möchte zum einen die jüdische Selbstverwaltung, die doch erkennbar bemüht war, ihre kultische Reinheit für das Passamahl zu wahren, nun auch noch Dtn 21,22f. (vgl. Jos., bell. 4.5.2; § 317) eingehalten wissen, um das Land mit der rechtzeitigen Kreuzabnahme der Gehenkten vor Verunreinigung zu schützen. Deshalb drängen sie Pilatus, den Tod der drei Gekreuzigten durch Brechen der Beine beschleunigen zu lassen, um sie noch vor Anbruch des *großen* Sabbats, auf den das Passafest fiel, toragemäß von ihren Kreuzen abnehmen und beseitigen zu können. Gleichzeitig bittet Josef von Arimathäa, ein heimlicher Anhänger Jesu, den Pilatus, ihm Jesu Leiche zur Bestattung freizugeben, was dieser ihm auch ausdrücklich (V. 38) erlaubt. Vorher müssen »die Juden« jedoch im Rahmen der nun schon bewährten militärischen Kooperation handeln. Sie lassen die römischen Soldaten ihrer Forderung entsprechend agieren. Diese zerschlagen den beiden anderen Hingerichteten befehlsgemäß die Beine. Aber sie unterlassen es bei Jesus, weil er — wie sie erkennen müssen — bereits gestorben war. Ein Soldat jedoch stößt sicherheitshalber dem Toten eine Lanze in die Seite, aus der sofort — wie ausdrücklich angemerkt wird — *Blut und Wasser* strömen. Das sonderbare physiologische Ereignis wird sofort dreifach auktorial kommentiert. Denn der

---

692. 6,64.71; 12,4; 13,2.11.21; 18,2.5.
693. 18,30.35f.; 19,11.
694. 19,16a
695. Vgl. dazu: H.J. VERWEYEN, Gottes letztes Wort. Grundriß der Fundamentaltheologie, Düsseldorf 1991, bes. 68-73.

Erzähler möchte es für den Leser um dessen Glauben willen deuten: Einmal wird — was eigentlich offenkundig[696] sein sollte — der kontrollierende Soldat zum Zeugen bestellt, dass Jesu Tod tatsächlich bereits eingetreten war. Zum anderen werden als Belege für diesen auffälligen Ausgang der Leidensgeschichte Jesu zwei Schriftstellen (Ex 12,10/Ps 34,21; Sach 12,10) angeführt, die sich mit der Aktion des Soldaten erfüllt haben. Mit dem ersten Schriftbeleg schließt der Autor gut erkennbar die Leerstelle von 1,29.36, wo offengeblieben war, auf welche Art und zu welchem Zeitpunkt Jesus zum Lamm Gottes werden sollte. Diese Lücke wird nun — zusätzlich noch zum Hinweis auf die Passachronologie (11,55; 12,1; 13,1; 19,14.29.31) — gefüllt, indem auf das entscheidende biblische Qualitätsmerkmal jedes Passalammes, das bekanntlich sechs Tage vor dem Passa ausgewählt wurde (d.h. 12,1), ausdrücklich hingewiesen wird: Diesem Lamm darf kein Knochen gebrochen sein. Darüber hinaus signalisiert der Erzähler, indem er Ex 12,10 mit Ps 34,21 kombiniert[697], dass Jesus als leidendem Gerechten von Gott schon in der Schrift garantiert wurde, dass ihm kein Bein gebrochen werde. Im zweiten Schrifterfüllungszitat wird aus der Gottesrede Sach 12f. zitiert, um die Verantwortlichen am Tod Jesu noch einmal eindeutig zu kennzeichnen, so dass sich auch Jesu eigene Ankündigung an »die Juden« 8,28 (vgl. 3,14) in seinem Tod bewahrheitet hat. Doch hat die gesamte johanneische Ausarbeitung der Passionsgeschichte Jesu vor allem das entscheidende Heilsdatum zum Gegenstand, das sich im Strom von *Blut und Wasser* offenbaren sollte: *»Aber ausgießen will ich über das Haus Davids und über die Einwohner Jerusalems einen Geist von Gnade und Mitleid, aufblicken werden sie zu mir, den sie durchbohrt haben, nun werden sie jammern um den Einzigen, bitter klagen um ihn, wie man bitter klagt um den Erstgeborenen«* (Sach 12,10) (...), und — so wird in Sach 13,1 weiter präzisiert — werde *»ein Quell sich öffnen für das Haus Davids und die Bewohner Jerusalems gegen Versündigung und Befleckung«*. Diese biblische Ansage sieht der

---

696. Bekannter ist jedoch eine andere Identifizierung des Zeugen, nämlich die mit dem Lieblingsjünger. Doch dagegen erheben sich gewichtige Einwände: 1. hat nach 19,27 der Jünger, den Jesus liebte, die Szene bereits verlassen, 2. ist er solange ein stummer Zeuge im Evangelium, bis er 21,24 zum schreibenden Zeuge wird, 3. beziehen sich auch die beiden Schriftzitate auf dasselbe Ereignis, und dort sind nur die Soldaten und »die Juden« impliziert, 4. legt sich eine gekonnte Anspielung auf den Hauptmann Mk 15,39 parr. nahe und 5. durfte der Chiliarch nicht identifiziert werden, weil Heiden 12,20-23 gemäß erst nach Ostern in die eine Herde Jesu aufgenommen werden. Vgl. dazu vor allem THYEN, Paradigma 103f.

697. Zur Bearbeitung der biblischen Schriftstellen durch den Autor: vgl. MENKEN, Quotations 147-185, und SCHUCHARD, s. Anm. 688, 133-149. Zur Beschaffenheit des Lammes: vgl. noch Arist. 93.

Evangelist sich nun vollziehen: Blut[698], »die Lebenskraft des Fleisches« (Lev 17,11.14; Dtn 12,23) und Gottes Eigentum[699], fließt als wirksamste kultische Reinigungskraft aus der Seite Jesu, um die Sündenfolge, d.h. die akkumulierte Unreinheit zu tilgen (vgl. 1,29), die Gott bald zwingen wird, seinen angestammten irdischen Heilssitz in Jerusalem zu verlassen. Auf diese Weise wird die Notwendigkeit für die Gegenwart Gottes in seinem erneuerten Tempel, im Leib Jesu, sinnenfällig demonstriert und zugleich signalisiert, dass eine Begegnung mit Ihm dort wieder möglich sei, die erneut die Gottverbundenheit, d.h. in Jesu Tod geschenktes unendliches Leben, garantiert. Zugleich fließt aber auch Wasser aus Jesu Seite, um jeden potentiellen Durst mit hl. Geist, wie es 7,37-39 erläutert wurde, zu stillen. Damit ist symbolisch zugleich der Grundstein für die Vorstellung gelegt, dass auch der Geist-Paraklet als endzeitliches »Grundnahrungsmittel« für die Glaubenden in Jesu Tod bereitgestellt wurde. So betrachtet ist Jesus im kultischen Doppelbild von Blut und Wasser die endzeitlich dem *Tempel* — nach 2,21 ja der Leib Jesu! — entspringende, eschatologische Reinigungs- bzw. Heilsquelle (vgl. Ez 47) geworden[700].

Die Ausdeutung von Jesu Tod 19,31-37 bildet den Zenit der johanneischen Passionsgeschichte. Sie begann zwar bereits mit dem Hinweis auf das Passalamm 1,29, wird hier aber für den Leser und dessen Glaubensbiographie imposant geweitet. Solches ahnen schon im anschließenden Epilog der Passionsgeschichte (V. 38-42) Josef von Arimathäa und Nikodemus, zwei geheime Jünger Jesu, von denen einer nach seiner Rückweisung durch seine Ratskollegen weiter über Jesu Identität nachgeforscht haben wird (7,50-52). Beide geben nämlich Jesus, gesalbt mit kostbarstem Salböl, sprichwörtlich in Hülle und Fülle[701], ein königliches Begräbnis in einem noch unbenutzten neuen Gartengrab. — Lit. s.u. S. 495-503.

---

698. Ein an Homer und so mythisch geschulter hellenistischer Leser könnte sich an den Prometheus-Mythos erinnern. Hier wiedererzählt von Apoll., arg. III, 845ff.: »Medea aber nahm inzwischen aus dem zierlichen Kästchen das Mittel, das, wie man sagt, nach Prometheus benannt ist. Wenn einer sich Daira, die einzige Tochter der Demeter, mit nächtlichen Opfern geneigt gemacht hat und seinen Körper mit diesem Mittel einreibt, dann dürften dieser wohl weder durch Schwerthiebe verwundbar sein..., sondern er wäre an jenem Tag an Stärke und Kraft überlegen. Dieses Kraut sproß zuerst empor, als der fleischfressende Adler in den Schluchten des Kaukasus das göttliche *Blut* des elenden Prometheus zur Erde herabträufeln ließ«.
699. Deshalb darf Blut von Menschen nicht verzehrt werden. Dies käme einem Eigentumsdelikt gleich.
700. So THYEN, Paradigma 103.
701. Vgl. THYEN, Paradigma 102 Anm. 51; BDM II 1258-1270.

14. Die Eingliederung der Jünger in die Familie Gottes, 20,1–21,25

Der Leser wird sich zuerst nach der epischen Funktion von 20,1-31 fragen und sich deshalb vergegenwärtigen müssen, was zuvor über die Endphase der »Stunde« Jesu angekündigt worden war: Dieser werde nach seiner *Erhöhung* durch die damalige jerusalemer Obrigkeit, die eigens mit der Weltmacht kooperieren mußte, für eine kurze Zeit zu seinem Vater *zurückkehren*, von dem er *ausgegangen, herabgestiegen* und vor allem *ausgesandt* war, indem er sich aus den Fesseln des Todes selbst befreite. Danach werde er noch einmal kurz zu den Seinen in der Welt zurückkehren, indem er sich nur ihnen allein *sichtbar zeige* und ihnen einen *anderen Parakleten*, den Geist, gebe. Die *Seinen* seien in dieser knapp bemessenen Zwischenzeit von der *Trauer* um seinen Tod wie gelähmt, hätten sich aus *Furcht* vor den Mitmenschen zerstreut, würden aber mit seiner Rückkehr geistlich wieder von ihm aufgebaut, indem er ihnen seinen *Frieden* und seine *Freude* gäbe. Sie würden zudem mit der versprochenen Geistgabe *größere Werke* als er selbst zuvor vollbringen und an weiteren Heilsgaben im Glauben partizipieren, die die Solidargemeinschaft zwischen Vater und Sohn beinhalte. Aus diesem Grund werden sie in die Familie Gottes von dem Zeitpunkt an als Geschwister Jesu eingeschlossen und an ihrem »*unendlichen Leben*« teilnehmen.[702] Aber ihre Eingliederung in die Familie Gottes wird praktisch erst mit dem gemeinsamen Mahl und der Einführung Petri in das vakante Hirtenamt 21,13ff. abgeschlossen sein. Deshalb wird im Epilog noch ein knapper Ausblick auf die Anfangsgeschichte der eschatologischen Sammlungsbewegung gewährt.

a. Das johanneische Ostern, 20,1-31

Um die weitreichenden Ankündigungen in der knapp 31 Verse umfassenden Ostergeschichte für den Leser narrativ nachvollziehbar und als erfüllt darzustellen, bedarf es eines außergewöhnlichen schriftstellerischen Talents, das sich hier im Spannungsfeld von theologischer Detailgenauigkeit und Erfordernissen der Erzählökonomie bewähren muss. In seinem erzählerischen Zugriff setzt der Evangelist nur die synoptische Ostertradition[703] voraus. Indem er sie neu gestaltet sowie Vorgegebenes ausbaut,

---

702. Weitere Vorverweise auf Ostern aus der Abschiedsrede und der Passionsgeschichte listen u.a. P.S. MINEAR, »We don't know where...« John 20:2, Interp. 30 (1976) 125-139.130-133, und SCHENKE 366-368 auf.
703. Die Hauptparallelen (vgl. sonst BDM 1006 Anm. 61;1247.1252 sind: A. Maria Magadalena übernimmt allein den Part der Frauen, die gemeinsam das leere Grab bei den

prägt er sie in einer Weise um, dass sie seinen gerade skizzierten Erzählintentionen entspricht. Alles weitere, zumal die szenische Kohärenz der vier Einzelepisoden (20,1-10.11-18.19-23.24-29)[704] untereinander zu sichern, entstammt erkennbar seiner schriftstellerischen Intuition. So sind die Einzelszenen chronologisch geschickt aneinandergereiht[705] und inhaltlich durch das Motiv »Sehen und Glauben«[706] fest miteinander verknüpft. Letzteres erreicht in 20,29 seine Zielaussage und weist im gleichen Augenblick über die erzählte Welt hinaus auf den Leser, so dass die Tendenz zumal der Abschiedsrede, über Ostern hinaus im epischen Hologramm die eigene Gegenwart in den Blick zu nehmen, hier ebenfalls bestätigt wird.

Die Kap. 20 innewohnende Erzähldynamik, die gezielt auf V. 29 zusteuert, wird bereits in der ersten von den vier Szenen ausgelöst. Maria aus Magdala findet frühmorgens den Grabverschluß von der Grabstätte Jesu

---

Synoptikern vorfinden: Mk 16,1-8 par.; Dies stimmt mit dem joh. Erzählstil überein, Einzelpersonen zu fokussieren; B. Das Zeigen der Wundmale als Identitätszeichen und der Friedensgruß Jesu wurde aus Lk 24,36-41 abgeleitet; C. die Perikope vom zweifelnden Thomas wird von Mt 28,17; D. die Ausstattung, Beauftragung und Aussendung der Jünger von Mt 28,18f; Lk 24,47f. angeregt sein; E. Das Motiv vom Verbot des Berührens der Füße Jesu wird aus Mt 28,9 herausgelesen sein, wie F. die Erwähnung der beiden Engel in Lk 24,4 und die Erzählung vom Wettlauf der beiden Jünger zum Grab schon vorher in Lk 24,12 angelegt waren. Lk 24,12 ist ein Vers, der m.E. auf Lukas selbst zurückgeht. Die Hauptnachweise für die Abhängigkeit des Johannes von den Synoptikern haben für dieses Kapitel früher u.a. WEISSE, Geschichte VII 354-356 sowie H.J. HOLTZMANN, Das schriftstellerische Verhältniss des Johannes zu den Synoptikern, ZWTh 12 (1869) 62-85.155-178.446-456.78f.168, geführt, in den letzten Jahren F. NEIRYNCK, John and the Synoptics: The Empty Tomb Stories, NTS 30 (1984) 161-187, und THYEN, Paradigma 105-107, erneut erbracht. Letzterer merkt zu der Übernahme von Mt 28,8-10 und Lk 24,12 generell auf S. 105 an: »Da beiden Stellen der Redaktion ihres jeweiligen Evangeliums angehören, ist deutlich, dass Johannes mit unseren kanonischen Evangelien spielt und nicht etwa mit deren vermeintlichen Quellen oder Traditionen. Außer den synoptischen Evangelien noch irgendwelche anderen Quellen für Joh 20,1-18 anzunehmen, ist nicht nötig und daher nach dem Gesetz, das äußerste Sparsamkeit im Gebrauch von Hypothesen verlangt, auch nicht zulässig.« Dagegen treten THEOBALD, s. Anm. 706, 93, für eine milde Art von Eigentradition und z.B. G. RICHTER, Zur sogenannten Semeia-Quelle des Johannesevangeliums, MThZ 25 (1974) 64-73.72, noch für eine Semeia-Quelle ein, die auch andere Erzählstoffe wie u.a. 20,1.10-18 enthalten habe. Die unterschiedliche Zuteilung der verarbeiteten Traditionen bei den Auslegern entspricht auch für dieses Kapitel ganz dem üblichen Spektrum an hypothetisch denkbaren Möglichkeiten.

704. Vgl. SCHENKE 371.
705. Morgens (20,1-18), abends (20,19-23) und acht Tage später (20,24-29).
706. »*Sehen*« wird zwar mit unterschiedlichen griechischen Verben ausgedrückt: V. 1.5.6.8.12.14.18.20.25.27.29, und »*Glauben*« einmal als Adjektiv: V. 8.25.27.29.31, aber beide Aussagestränge werden in V. 29 in der Formulierung »*weil du gesehen hast, hast du geglaubt*« zusammengeführt: Vgl. neuerdings M. THEOBALD, Der johanneische Osterglaube und die Grenzen seiner narrativen Vermittlung (Joh 20), in: FS P. HOFFMANN, BZNW 93, Berlin 1998, 93-123; C. HERGENRÖDER, Wir schauten seine Herrlichkeit, FzB 80, Würzburg 1996, 45-206.458-488.508-533, und SCHENKE 369f.

beseitigt und berichtet umgehend den beiden Jüngern, Petrus und dem geliebten Jünger[707], was sie *augenscheinlich* vorgefunden habe und was ihrer Ansicht nach auf einen Leichenraub hinweise. Die so Informierten brechen sogleich zum Grab auf und erreichen es auch (V. 3) tatsächlich. Doch nun wird V. 4 noch einmal in die Ausgangssituation zurückgeblendet und berichtet, auf welche Weise und in welchem Zeitrahmen die beiden von dort zum Grab gelangt seien. Damit wird erzählerisch ein retardierendes Moment[708] eingefügt, das den kontinuierlichen Erzählfluß bremst, einen Spannungsbogen aufbaut und zugleich die Bedeutung der eingefügten präzisierenden Erzähldetails unterstreicht. Denn es wird nun exakter berichtet, dass nämlich die beiden Jünger gemeinsam zum Grab Jesu gelaufen seien, wobei der Lieblingsjünger das Ziel zuerst erreicht habe, weil er schneller war. Dieser Informationsbaustein beschreibt keine sprachlich ausgewiesene Konkurrenzsituation[709] unter den beiden, sondern wirkt nur einem Missverständnis entgegen, Eile könne von Vorteil sein. Dies erfahren zu haben, ist wichtig, um den nächsten Erzählschritt besser würdigen zu können. Der Lieblingsjünger sieht gebückt[710] in das offene Grab hinein, ohne es jedoch zu betreten, und *sieht* darin nur die leinenen Leichenbinden. Kurze Zeit später trifft der physisch schwächere Petrus ein. Er betritt das Grab und *bemerkt* dort nicht nur die Leichenbinden, sondern zusätzlich noch das Gesichtstuch[711], das dem Verstorbenen traditionell

---

707. Auf den Lieblingsjünger wird in 20,3-4.8 konstant mit der zusätzlichen Formulierung »der andere Jünger« hingewiesen. Dies kann als Rückverweis auf 18,15 angesehen werden, der beide Aussagen nun gegenseitig ergänzen soll: »Ein anderer Jünger« (18,15) soll hier nachträglich für den Leser mit dem Lieblingsjünger identifiziert werden, der aufgrund seiner Bekanntschaft mit dem Hohenpriester sich frei ohne Gefahr um Leib und Leben in Jerusalem bewegen und so Petrus Zutritt zum Hof des Hohenpriestern verschaffen konnte, und zugleich begründen, dass Maria sich mit gutem Recht an die beiden Jünger gewendet hat, die erwiesenermaßen in der Lage waren, sich zum Grab frei zu bewegen, um ihren Bericht zu prüfen, weil anschließend V. 19 die Angst der Jüngergruppe vorausgesetzt wird.

708. Dieselbe Technik wird 20,11 erneut angewandt und ist auch 18,6 feststellbar. 20,11 und 18,6 sind deshalb stilistisch besonders auffällig, weil sonst die Wendung »als nun« (4,1.40; 11,6; 21,9) nur den Neubeginn eines Erzählabschnittes bei Johannes markiert. Man beachte auch die sprachliche Markierung dieses Retardierungsmoments durch den Wechsel der vorherrschenden Erzähltempora Praesens und Aorist in das Imperfekt V. 3b.4a gekoppelt mit einem adversativem »aber« (vgl. das »Aber« in V. 11).

709. Ausdrücklich wird betont, die beiden Jünger seien im Verein gelaufen. Daraus auf einen sportlichen Wettkampf zu schließen bzw. noch weitergehend, daraus eine kirchenpolitisch verwertbare Information zu ziehen, ist verwegen: vgl. aber u.a.: THYEN, Paradigma 106; H.-J. KLAUCK, Gemeinde ohne Amt? Erfahrungen mit der Kirche in den johanneischen Schriften, BZ 29 (1985) 193-220.215-217.

710. BDM 1247 schließt daraus auf ein Hanggrab.

711. In BDM 1264f. findet man eine längere Abhandlung über die antiken Beerdigungssitten, die auch von den Synoptikern vorausgesetzt werden.

über den Kopf gelegt wurde. Dieses lag aber — wie ausdrücklich hervorgehoben wird — an anderer Stelle aufgefaltet, so dass daraus geschlossen werden konnte, dass der Verstorbene entweder sich selbst aus den Todesbanden befreit habe oder durch andere aus den Leichenbinden gelöst worden sein müsse (vgl. 11,44). Doch über solch naheliegende Schlußfolgerungen (vgl. 10,17f.[712]) wird kein Wort verloren, sondern nur vermerkt, dass anschließend auch der Lieblingsjünger die Grabstätte betreten und nun das vollständige Szenarium ebenfalls wahrgenommen habe. Aber seine Reaktion wird ausdrücklich beschrieben: »*Er sah und glaubte*«.

Damit ist das Motiv zum ersten Mal genannt, das insbesondere[713] Kap. 20 bestimmt: die Korrelation von Wahrnehmung und Glauben (vgl. V. 8 mit 29). Wie aber soll man es bewerten? Die einen[714] möchten darin eine Bevorzugung des Lieblingsjüngers gegenüber Petrus sehen und interpretieren darum die Aussage V. 8 als eine deutlich ausgesprochene Glaubenspriorität zugunsten des *anderen Jüngers*, wobei sie manchmal noch auf die erst 21,15-17 gezeigte Reue Petri verweisen. Andere[715] hingegen weisen auf die dem johanneischen Glaubensbegriff (vgl. 2,23; 4,48; 6,14.26.30.36.40; 7,31; 8,30ff.; 9,39; 12,37.44) innewohnende Ambivalenz hin. Zudem entspräche dies auch einer nicht eindeutigen (theologische) Sehfähigkeit. Der Erzähler hat dieses Verständnisproblem vorausgesehen und ist deshalb dem Leser mit seinem Kommentar V. 9 helfend zur Seite gesprungen. Dieser unterstreicht nach 2,22; 5,39; 12,16; 13,7; 14,9.20 noch einmal nachdrücklich, dass erst nach dem Überschritt und Zeitenwende, d.h. nach der Auferstehung Jesu, den beiden Jüngern von Gott die Schriftstelle zur Kenntnis gebracht wurde, die ihnen die Heilsnotwendigkeit[716] von Ostern erläutern konnte. Der retrospektive Kommentar[717] legt unter gleichzeitiger Beachtung der erzählerischen

---

712. Diese wird aber für den Leser 20,17 eindeutig, wo die Selbstständigkeit des Auferstandenen betont wird.

713. Vgl. allein schon 1,32-34 [1,35-51], wo aber das Zeugnisgeben anstelle von Glauben wie in 20,30f. akzentuiert wird. Zum Motiv selbst: siehe die in Anm. 706 angegebene Literatur, sowie F. HAHN, Sehen und Glauben im Johannesevangelium, in: FS O. CULLMANN, 1972, 125-141.

714. Sie betonen dann zumeist die Glaubenspriorität des geliebten Jüngers: vgl. u.a. D.M. SMITH, Theology 154f.; KYSAR, Maverick Gospel 118; J. ZUMSTEIN, Joh 19,25-27, ZThK 94 (1997) 131-154.148f.; C. DIETZFELBINGER, Johanneischer Osterglaube, ThSt(B) 138, Zürich 1992, 12.18; RESE, Selbstzeugnis 96.

715. Vgl. u.a. HOLTZMANN, Theologie 485f.; M. MENKEN, Die Form des Zitates aus Jes 6,10 in Joh 12,40. Ein Beitrag zum Schriftgebrauch des vierten Evangelisten, BZ.NF 32 (1988) 189-209.196f., und LOADER, Christology 71f.

716. Man beachte vor allem das aus dem Lukasevangelium bekannte göttliche Muß.

717. Vgl. THOMPSON, Perspectives 123-125; HOEGEN-ROHLS, Nachösterlicher Johannes 41f.

Retardierungstechnik dem Leser nahe, den frappanten Erzählbaustein derart zu bewerten, dass es durchaus einen verfrühten Seh-Glauben unter den Jüngern gab. Er konnte zwar die Zeichen Jesu (vgl. 2,11 mit 9,37f.) lesen, aber sie solange nicht angemessen deuten sowie mit Hilfe der Schrift voll substanziiert und qualifiziert *bekennen*[718] (vgl. 1,35-51; 4,39-42; 9,35-39; 11,25-27), bis der Auferstehungsprozeß selbst endgültig abgeschlossen war. Denn ein abgerundeter Glaube setzt sich bei Johannes aus Schriftkenntnis und Zeugnis (Kap. 5) zusammen. Im Evangelium transzendiert die Schrift sich selbst (8,56), weil ihr Sinn sich erst in der Nachfolge dessen enthüllt und erfüllt, der die Schrift für sich vollendet hat (19,28 = Ps 68,22 LXX).

Aber nicht nur die Hinweise auf die überlegene Sportlichkeit des Lieblingsjüngers (V. 4b), die ihn zuerst zum Ziel (V. 4.8) gelangen ließ, vermögen das in der Erzähldynamik begründete, ironisierende Spiel mit der Tendenz zur Verfrühung belegen, sondern auch die Fortsetzung der Erzählung, die Maria aus Magdala wieder in den Vordergrund rückt. Nach der knappen Notiz, die beiden Jünger seien heimgekehrt[719], erfährt der Leser, dass Maria in der Zwischenzeit wieder zum Gartengrab zurückgekehrt ist. Da sie aber mit den beiden anderen keinen Kontakt aufnehmen konnte, muß sie weiter mit ihrer Vermutung leben, Jesu Leichnam sei gestohlen worden. Aber sie bekommt eine neue Chance, ihren Informationsstand entsprechend zu verbessern. Während sie sich immer noch

---

718. M.E. will der Autor angesichts der angespannten Lage, in der seine Leserschaft lebt, sie zum öffentlichen Bekenntnis (vgl. 9,22; 12,42) ermutigen. Diese Absicht wird an den oben genannten Stellen überdeutlich. Das Thomas-Bekenntnis in seiner aufreizenden Formulierung »Mein Herr und mein Gott«, greift die nicht allein in christlichen Augen zynische Anrede, auf die der Cäsar Domitian (»dominus et deus noster«), der damalige Träger der Weltmacht, bestand, auf charakteristische Weise, nämlich anläßlich der — gerade aus dem Blickwinkel von Mächtigen — gezeigten Identifikationszeichen der Niederlage und der Schwäche Jesu, wieder auf und gibt ihr so einen neuen Sinn. Damit rundet das Bekenntnis die Deutung der Verherrlichung Jesu ab und zeigt auf, dass eine christliche Jüngerschaft sich nicht — wie die damalige jerusalemer Obrigkeit — einer Weltmacht unterwerfen, sondern sich zum Erhöhten auch in Schwachheit loyal verhalten soll. Das anschließende johanneische Bekenntnis ist inhaltlich gefüllter, um den Leser zu erinnern, worin ihr neugewonnenes, ungebrochenes Leben vorrangig besteht: im Bekenntnis seines Namens (vgl. 1,35-51).

719. Die These von MINEAR, s. Anm. 702, 127f., wiederholt in seinem Artikel »The Original Functions of John 21«, JBL 102 (1983) 85-98.88, die beiden Jünger hätten mit ihrer Rückkehr nach Hause, d.h. nach Galiläa, der wahren Bedeutung von Ostern nicht entsprochen, sondern nur der Vermutung von Maria zugestimmt, Jesu Leichnam sei einem Raub zum Opfer gefallen, entspricht nicht der Textlage, weil einmal »nach Hause« von Johannes anders formuliert worden wäre (vgl. 1,11; 16,32 und BARRETT 564) und zum anderen Petrus zu den Zwölfen gehört, die 20,24 erwähnt werden. D. h. er muß noch eine Woche später in Jerusalem gewesen sein.

trauernd und weinend (vgl. 16,20ff.) in das Grab hinabbeugt, *sieht* sie die beiden aus Lk 24,4 bekannten Auferstehungsengel, die den Ort markieren, wo der *Leib* Jesu (vgl. 2,21)[720] gelegen hat. Diese verwickeln Maria in ein Gespräch, das die Brücke zur folgenden Begegnung mit dem Auferstandenen schlägt. Er hat selbstverständlich bereits sein Grab verlassen, was der Leser längst aus der Information über die ordentlich aufgefalteten und beiseite gelegten Tüchern (V. 6f.) erraten hat. Unerkannt stellt Jesus ihr die entscheidende Frage, mit der im vierten Evangelium üblicherweise die Ausgangsbasis für jegliche Jüngerschaft bezeichnet wird: *»Was suchst du?«* (vgl. 1,38). Sie äußert daraufhin — zum dritten Mal schon — ihren Verdacht, dass aus ihrer Sicht alle Umstände für Leichenraub sprächen. Denn sie meint fälschlicherweise, aber um so ironischer für den Leser, den über alles ebenso gut informierten Friedhofsgärtner vor sich zu haben, der ihren Verdacht bestätigen könne. Nun endlich gibt Jesus sich ihr zu erkennen, indem er sie — expressis verbis — auf Hebräisch, in ihrer Muttersprache also, bei ihrem Vornamen anredet und somit 10,3.27 bestätigt wird, dass der Hirt die Namen seiner Schafe kenne. Sie antwortet ihm ebenso korrekt und nennt ihn V. 13 und 16 exakt in der Weise, wie er gemäß 13,13[721] von Jüngern angeredet werden möchte: *Lehrer* und *Herr*. Damit ist auch ihrerseits sichergestellt, dass sie ihn eindeutig identifiziert und sich als seine Jüngerin ihm gegenüber *bekannt* hat.

Ihre Klage um den verschwundenen Leichnam ihres Herrn war der Grund, der den fürsorglichen Auferstandenen veranlaßt hat, sein Incognito ihr gegenüber vorzeitig[722] zu lüften, obwohl er sein eigentliches Ziel noch nicht erreicht hat. Dies gibt er ihr deutlich[723] zu verstehen und beauftragt sie zugleich, ihren Mitjüngern unbedingt mitzuteilen, dass er nun zu ihrem und seinem Vater, zu ihrem und seinem Gott gehe. D. h., der Auferstandene unterstreicht noch einmal die absolute Bedeutung seiner Heim-

---

720. Nur 19,38-40 und 2,21 wird *Leib* verwendet. — Über das übliche Verifizierungsverfahren am dritten Tag, ob der Beerdigte auch wirklich tot gewesen ist, vgl. S. SAFRAI in: CRINT I.2 784f.

721. Vgl. 1,38; 11,28, und BDM 260.

722. Synoptisch ist diese Zweiteilung des Auferstehungsprozesses von Lukas bereits vorbereitet worden, der auch zwischen der eigentlichen Auferstehung und der Himmelfahrt Jesu unterscheidet.

723. THYEN, Paradigma 107, merkt dazu passend an: Das Berührmotiv, das Mt 28,9 gemäß eine Verehrungsgeste darstellt, sei erkennbar »ein Spiel« mit dieser Vorlage, »denn der Gebrauch des μή mit dem präsentischen Imperativ fordert den Abbruch einer durativen Handlung und spricht nicht, wie die meisten Kommentare behaupten, ein aktuelles Berührungsverbot aus. Insofern besteht hier auch überhaupt kein Widerspruch zur acht Tage später spielenden Thomasepisode«.

kehr in den göttlichen Bereich gerade für sie und ihre »Brüder« (vgl. Röm 8,29; Mt 25,40; 28,10; Hebr 2,11-18): Nur durch seinen Hingang (13,1) können sie alle zu Kindern Gottes (vgl. 1,12; 13,33) und gleichzeitig Geschwister in dessen Familie[724] (14,20) werden. Mit diesen soteriologisch so entscheidenden Worten ist sie entlassen und kehrt zu den anderen zurück. Ihnen *verkündet*[725] sie ihre — objektiv betrachtet — eigentlich verfrühte »Protophanie« mit den Worten »Ich habe den Herrn *gesehen*!«. Damit ist erneut das alle vier Einzelszenen verbindende Motiv genannt.

Erst in der dritten Szene erfüllt Jesus sein in der Abschiedsrede wiederholt gegebenes Versprechen, nach einer kleinen Weile (z.B. 14,18-20) sich wieder bei ihnen »sehen zu lassen«, um ihnen zu demonstrieren, dass er sie nicht als furchtsame Waisen[726] zurückgelassen, sondern ihnen seinen Frieden, seine Freude und vor allem den Geist-Parakleten gebracht habe. Denn nur mit dessen Hilfe (3,34f; 6,63; 7,39; 14,16f.) können sie, in den Rang legitimer Kinder Gottes und Geschwister Jesu mit allen Rechten und Pflichten erhoben, in der Welt bestehen. Wenn sie ihre rite de passage, die sein Weggang unter Geburtswehen (16,20-22) auch für sie bedeutet, ebenfalls bestanden haben, sind sie symbolisch Neugeborene, die in der eschatologischen Familie akzeptiert sind, die der Vater mit der Sendung seines Sohnes aus Solidarität mit seiner Schöpfung für die Endzeit gründen wollte.

Dazu tritt er am Abend desselben Tages mit dem Friedensgruß (14,27; 16,33)[727] in ihre Mitte (vgl. 14,3.23 mit 20,19d), die sich aus Furcht vor der Umwelt hinter verschlossenen Türen[728] verschanzt haben.

---

724. So u.a. auch KLAUCK, s. Anm. 709, 209f., der diesen Aspekt schon 19,25-27 ausgebildet sieht.

725. Vgl. Lk 24,9/Mt 28,8, die auch von Verkünden reden und somit nicht mit Mk 16,8, aber mit Joh 20,18 übereinstimmen. Eigentlich ist das Lüften des Incognito keine Protophanie, da Jesus noch nicht zum Vater zurückgekehrt ist, sondern seine letzte Beauftragung aus einem Zwischenstadium heraus, noch einmal die durch sein Lebenswerk anvisierte Koinonia (10,16) den Jüngern zu verkünden. Dadurch wird Maria bei Johannes vor Petrus und all den anderen Jüngern zur ersten Apostelin.

726. 7,13; 9,22; 12,42; 19,38.

727. Gleichzeitig wird von der Freude der Jünger über seine Gegenwart berichtet. Damit erfüllt sich auch seine Ankündigungen aus 14,28; 15,11; 16,20-22.24; 17,13.

728. Dieses Jüngerverhalten, in 16,20.22 mit »*Trauer*« umschrieben, läßt sich nach Vorgabe der Anthropologen als ritueller Tod deuten, den die Jünger durchleiden müssen, um neugeboren danach von der Gemeinschaft Vater/Sohn freudig akzeptiert und in sie eingegliedert zu werden. Dass Jesus das lebenspendende Privileg der Frau zugesprochen wird, ist insofern nicht verwunderlich, weil im Prolog »Frau Weisheit« schon mit Jesus identifiziert wurde und er sich selbst immer auch als Lebensspender bezeichnet hatte. Die »Geburtswehen« halten bis Kap. 21 an, weil Thomas noch nicht glaubenswillig ist. Erst dort übernehmen die Jünger die Funktionen, die ihnen in der erweiterten göttlichen Gemeinschaft zugestanden sind.

Er identifiziert sich mit seinen Wundmalen bei ihnen (vgl. Lk 24,36-41) und übermittelt ihnen von ihrem neuen gemeinsamen Vater den Aussendungsauftrag (4,38; 13,16.20; 17,18). Um diese Beauftragung der Erwählten hatte er seinen Vater schon in seinem Abschiedsgebet ebenso wie um ihre Geistausstattung gebeten. Nun haucht er ihnen — wie einst Gott in der Schöpfungsgeschichte Gen 2,7[729] dem Adam (vgl. Ez 37,8[730]; Weish 15,11; [3 Kön 17,21 LXX]) — dessen Lebensodem ein. Mit ihm (3,5) werden sie *von oben* (3,3) belebt, ihnen Anteil am Leben Gottes gewährt (14,20-23) und es werden ihnen zugleich alle Rechte und Vollmachten von Gotteskindern übereignet (vgl. 1,12 mit 16,8). Sie bestehen vor allem in der Kompetenz zur Sündenbekämpfung[731], weil ohne sie der Kosmos hoffnungslos in Sünde (8,21-24; 15,20-25) versinkt. Infolgedessen sind sie von nun an in die direkte Nachfolge des irdischen Jesus eingetreten, partizipieren an seinem Sendungsauftrag (1,29) mit allen Konsequenzen bis hin zu einem gewaltsamen Geschick und haben dessen Heilsauftrag für die Welt[732] übernommen. Im Geist haben der Vater und der Sohn — wie versprochen (14,20) und erbeten (17,23) — Wohnung bei ihnen genommen. Aus diesem Grund wäre der angestrebten Aussage eine Notiz über ein Verschwinden Jesu am Schluß der Szene nicht nur erzählerisch zuwidergelaufen.

Die letzte Szene ist mit der vorangegangenen eng verzahnt, obwohl sie eine Woche später spielt. V. 24 setzt bewußt mit einer nachgetragenen Information ein, dass einer der Zwölf, Thomas, auch Zwilling genannt, beim ersten Erscheinen des zurückgekehrten Verherrlichten nicht anwesend gewesen sei. Thomas reagiert auf den Bericht der anderen, sie hätten den Herrn *gesehen* (vgl. V.18 mit 25), mit der Bedingung[733], er würde dies nur glauben, wenn der Herr sich von ihm genauso identifizieren lassen

---

729. Vgl 11Q05 Kol. XIX,2f.; Philo, all. III 161.
730. Die Bedeutung der Stelle in der frühjüdischen Literatur wird auch durch 4Q385 Frg. 2,5 belegt.
731. Vgl. 1QS 3,6-8; 4,21, wo der Kampf gegen die Sündenmacht auch nur mithilfe des Geistes siegreich bestanden werden kann. Nach der Wortwahl in V. 23, wo von »erlassen« und »beherrschen, besiegen u.a.« gesprochen wird, besteht kein Zwang, die spätere kirchliche Vorstellung von »Binden und Lösen« hier schon einzutragen. Vielmehr schließt sich hier der johanneische Gedankenkreis vom siegreichen Kampf gegen Sündenmacht und Sündenfolge, den Tod, der seit der Sendung Jesu siegreich (16,33) bestanden werden kann. Diese Deutung beseitigt die lexikalische Schwierigkeit in BAUER, [6]WNT 911, wo die Bedeutung des Verbs ohne rechten Beleg zum Schluß für Joh 20,23 mit »zurückhalten« wiedergegeben wird.
732. BLANK, Krisis 146, schreibt zutreffend: Die Auferstehung Jesu bedeute »den Anbruch des Lebens-Äons für die gesamte Menschheit«.
733. Rhetorisch verneinte Bedingungssätze markieren zentrale Aussagen bei Johannes: 3,2f.5.27; 6,44.53.65; 7,51; 8,24; 12,24.47; 13,8; 15,4.6; 16,7.

wie er sich ihnen (V. 20) gegenüber früher ausgewiesen habe. Er verlangt also eine mit 4,48 und 6,30 vergleichbare und ebenso tadelswerte Glaubensabsicherung. In der Tat erscheint Jesus acht Tage später erneut unter seinen Anhängern wie das erste Mal, ungehindert durch verschlossene Türen (V. 19). Er kennt ganz offensichtlich die gestellte Bedingung, läßt sich sogar auf sie ein und fordert den ungläubigen Thomas direkt auf, sich seiner Identität zu versichern und so gläubig zu werden. Dieses Angebot überwältigt jenen, und er *bekennt* Jesus als seinen Herrn und seinen Gott. Damit gibt er zu erkennen, dass sich für ihn 14,7, Jesu Antwort auf seine Frage, endlich bewahrheitet hat: »Wenn ihr mich erkannt, werdet ihr auch meinen Vater kennen«.

Doch der Evangelist läßt es nicht auf diesem ausformulierten, österlichen Bekenntnis beruhen, sondern lenkt den Blick umgehend auf eine Zeit, in der das johanneische Bekenntnis, in dem Jesus als der von Gott bezeugte Sohn und Messias geglaubt wird, keines sichtbaren Ausweises mehr bedarf, sondern seitens der Seinen bezeugt wird, ohne dass sie ihn gesehen haben. Diese Hoffnung weckenden, zukünftigen Glaubensgenerationen werden von Jesus ausdrücklich glücklich gepriesen (V. 29) und so mit der Glaubenshaltung des Thomas kontrastiert. Demnach unterstreicht der abschließende auktoriale Kommentar (20,30f.) noch einmal eindringlich, dass er als Erzähler auf diese bekennende Seligpreisung ausgerichtet seine gesamte Darstellung des Lebenswerkes Jesu gelesen wissen will: Dieser habe alle Jünger, zum Schluß den ungläubigen Thomas selbst als huldigenden Vasallen und Bundesgenossen an sich gebunden! Denn in 20,30f. statuiert der Erzähler für seine eigene Gegenwart kategorisch: *Sehen* sei nun durch Lesen zu ersetzen! Sein Evangelium wurde von ihm nur aus diesem einen Grund geschrieben: Der Leser soll — inhaltlich durch dessen Lektüre gefestigt — an Jesus als den im Evangelium von Gott ausgewiesenen Sohn und Messias glauben, bei diesem *bleiben* und dermaßen beschenkt am unendlichen Leben im *Namen* dessen partizipieren (vgl. 3,15-18.36)[734], der den Heilswillen Gottes in der Welt weiterhin — wenn auch nur im literarischen Zeugnis — repräsentiert.

---

734. Mit dem die vier Osterszenen beschließende Kommentar beendet der Evangelist sein Werk nicht etwa unpassend, indem er zum Schluß eingesteht, er müsse sein schwer verständliches Werk noch abschließend kommentieren und dem Leser auf die Sprünge helfen, sondern V. 30 mit seinem Hinweis auf die Zeichen, die er in seinem Werk aufgezeichnet habe, ordnet er die Osterepisoden gemeinsam unter die »Zeichen« ein. Dies kommt nicht ganz überraschend, sondern Jesu Identifizierungsmethode V. 20 und der ausdrückliche Verweis auf seinen Leib V. 12b nehmen die zentralen Aussagen von 2,18-21 wieder auf: »Die Juden fragten ihn dort: »Welches Zeichen *zeigst* du uns?« und der Autor läßt antworten: »Dieses sagte er über den Tempel seines *Leibes*«. Zwei Wörter die nur in diesen beiden Perikopen gewichtig sind. Weitere Argumente für die These, der

Der Aufbau von Kap. 20 zeigt deutlich zwei übergeordnete, aber einander zugeordnete Szenen: den Erzählmittelpunkt (V. 19-23) und das Erzählziel (V. 28f.). Beide stehen nicht in Konkurrenz zu einander, sondern das zweite wird geradezu vom ersteren motiviert. Das erste Szenenpaar hingegen stellt die Bedeutung von Ostern aus einer verfrühten, die letzte Szene jedoch aus einer verspäteten Perspektive dar, so dass unübersehbar V. 19-23 inhaltlich in das »österliche« Erzählzentrum rücken. Die ersteren sollen auf ihre Weise definieren, was ein adäquates und theologisch begründbares Osterverständnis aus johanneischer Perspektive veraussetzt: einmal die Schriftbezogenheit jeglicher Deutung des Auferstehungsgeschehens und zum anderen dessen Geschenkcharakter. Denn im letzteren liegt die Existenz der erweiterten Familie Gottes begründet, weil Jesus sich trotz seines noch unabgeschlossenen Mandats aus freien Stücken Maria aus Magdala vor seiner Rückkehr zum Vater zu erkennen gab.

Der auf die Bedeutung von Ostern noch hinweisende Charakter der ersten Szenen wird eindeutig von dem den Augenblick transzendierenden Gepräge der dritten (V. 19-23) übertroffen, die zugleich auch das Aussageziel des gesamten Evangeliums abschließend noch einmal nennt: Die Szene definiert nämlich die Gaben, die der Auferstandene den Seinen nach ihrer beider[735] rite de passage geschenkt hat. Zwar wurde ein möglicher Aussendungsauftrag bereits 4,38 metaphorisch thematisiert, dann

---

Autor kommentiere Kap. 1-20, findet man bei H. THYEN, Noch einmal: Joh 21 und »der Jünger, den Jesus liebte«, in: FS L. HARTMAN, 1995, 147-189.149-155, und DERS., Paradigma 101.105-107, aufgeführt. Wichtig für das Verständnis dieser beiden Verse bleibt auch die Einsicht in deren aretalogischen Charakter: vgl. W. AMELING, Evangelium Johannis 19,35: Ein aretalogischens Motiv, ZPE 60 (1985) 25-34, und neuerding NDIEC 8 (1997) 173-175. Er bezeichnet den Ausgangspunkt des Verfassers für seine Jesusdarstellung: Es ist nicht der sogenannte historische, sondern der auferstandene Jesus, auf dessen erzählte Identität der Leser sich einlassen soll.

735. Aus dem Zusammenhang der Geburtsmetapher 16,20-22 ergab sich klar, dass auf der Bild- wie auf der Sachhälfte zwei Menschen sich entsprachen: Jesus war mit der Gebärenden, die Jünger mit dem Neugeborenen zu identifizieren. Denn der Geburtsprozeß stellt für beide naturgemäß eine hohe körperliche Belastung dar. Daraus ist m.E. deutlich zu entnehmen, dass die rite de passage auch hier einen doppelten Aspekt hat: Einerseits ist sie eigentlich die »Stunde« Jesu, die ihn zum Vater heim- und dann zu den Jüngern von oben zurückkehren läßt, um ihnen all das zu schenken, was er im Lauf seines öffentlichen Wirkens, und vorher (vom Autor) im Prolog, versprochen hatte: ihnen Vollmacht zu geben, Kinder Gottes zu werden. Andererseits ist Jesu »Stunde« auch eine rite de passage für seine Jünger. Denn sie bewirkt gerade auch für die vorher für törichtes Verhalten und Fragen zuständigen Jünger, dass sie im metaphorischen Sinne »erwachsen« werden und nicht mehr ständig fragen (vgl. 16,23 mit 21,12f.) müssen, sondern insofern selbstständig werden. Zur Verdeutlichung dieses doppelten Aspekts einer rite de passage sei der in die Literatur als Liebesgeschichte eingegangene, wohl 1607 geschehene Fall der Indianerprinzessin Pocahontas erwähnt, die ihren »Geliebten« John Smith vor dem Martertod

13,16-20 sowie 17,18 noch einmal kurz thematisiert, aber hier erstmals direkt ausgesprochen. Die beiden zuletzt genannten Stellen werden hier vorausgesetzt, da bereits 13,17bc verdeckt auf den Makarismus 20,29 angespielt wie auch 17,18 der bindende Wortlaut des Mandats mit Gott abgestimmt wurde. Doch diese auf die nachfolgenden Glaubensgenerationen ausgerichtete Tendenz, die die Erzählebene mit der Erzählerebene verschränkt, wird vor allem in der folgenden, zur mittleren Szene gehörenden Belebungsinitiative des aus dem göttlichen Bereich zurückgekehrten Jesus offenkundig. Sie setzt nämlich auch beim Leser keine animistisch-religiöse, sondern biblische Vorkenntnisse voraus. Denn er muß die Anspielung auf Gen 2,7/Ez 37,8 erkannt haben, um den vollen Gehalt dieser Handlungsweise Jesu zu verstehen. Damit wird zugleich auch die Ansage des Kommentarwortes 20,9 im Kern erstmals voll erfüllt. Denn nach ihm soll die österliche Gabe des Geistes (7,39) erst zum Schriftverständnis voll befähigen.

Nun kann sich der kundige Leser ebenso gestärkt fühlen wie die ersten Jünger, weil er die verschlüsselte biblische Information von sich aus dechiffriert hat und aufgrund dieser Fähigkeit um so eindeutiger weiß, mit welch großer »Vollmacht« (vgl. 1,12f.)[736] er selbst bei seiner teilweisen Übernahme von Jesu Amt für eine erfolgreiche Nachfolge ausgestattet worden ist: Er kann und soll im Bekenntnis zu Jesus und ausgestattet mit dessen Kompetenz, die Entfremdung des sündigen Menschen von Gott aufheben können, sich ohne Umschweife trotz drohender Gefahren öffentlich äußern, weil ihm in der Nachfolge ebenfalls unendliches Leben (20,31) wie bei seiner pneumatischen Neugeburt zugesprochen worden ist. Der österliche Jesus hat folglich auch ihm aufgrund der Lektüre den Sinn seines Lebenswerks endgültig und eindeutig geoffenbart und ihn zugleich damit für seinen endzeitlichen Auftrag vereinnahmt. Indem er die unverständigen Jünger in einer rite de passage (16,19-24) aus

---

gerettet habe. Aber aus der spezifischen Sicht der Anthropologie stellt sich das Ereignis anders dar: Der Fremde John Smith sollte eigentlich nur mit Hilfe einer rituellen Exekution, d.h. »sterben«, und in einer sich anschließenden symbolischen Adoption von den Indianern — entsprechend einer rite de passage — als neuer Bundesgenosse an den Indianerstamm gebunden werden, um die besondere Stärke des »weißen Mannes« für dessen Wohlfahrt besser nutzen zu können. Diesen Ritus hat der Betroffene in seinem 1624 publizierten Bericht mißgedeutet. Aber exakt diesen Prozeß, von Todesangst zur Adoption, d.h. von einer Geburt zur Kindsannahme und damit Übergabe aller Zugehörigkeitsrechte und -pflichten, umschreibt im vierten Evangelium die Geburtsmetapher, deren tieferer Sinn sich erst Kap. 20f. ergibt.

736. Die Szene von der Übergabe des Sündenbekämpfungsrechtes (vgl. 1,29) an die Jünger (V. 23) hat rahmende Funktion. Hier erfüllt sich das, was in 1,12f. dem Leser noch rätselhaft angekündigt war.

ihrer Sklavenexistenz (vgl. 12,24-26) befreit hat, sind sie wie der Leser zu erwachsenen Vollmitgliedern der familia Dei bestellt worden, die den in der Schrift offenbaren Willen Gottes in der erzählten Welt nun ebenso gut kennen wie der bei seiner Lektüre stets wohl informierte Leser (vgl. 1,29; 2,22; 7,39; 13,7 etc.).

Die Leserorientierung des gesamten Kap. 20 bereitet auch dessen abschließendes auktoriales Kommentarwort[737] vor. Außerdem erweist sich dieses aufgrund der dialektisch angelegten Erzähldynamik der Thomasepisode als ein konstitutiver Bestandteil von Kap. 20, indem es das Bekenntnis zu Jesu Lebenswerk[738] abschließend formuliert, auf dem die Existenz und Sendung des Glaubenden allgemein (vgl. 1,12), wie auch des Thomas, insgesamt beruhen. Doch ist mit dem bekennenden Schlußwort das Evangelium noch keineswegs abgeschlossen, weil noch offengelassene Leerstellen aus früheren Kapiteln für den Leser inhaltlich ungefüllt geblieben sind und deshalb noch einer angemessenen Antwort harren. Doch hinter der Verschränkung von Erzähl- und Erzählerebene mit ihrem Leserbezug kann nicht mehr zurückgefallen werden. Sonst wäre das nächste Kapitel in der Tat eine sekundäre Zufügung entweder des Erzählers selbst oder eines späteren Redaktors, der den Gesamttext noch mit weiteren Zutaten angereichert haben müßte, um seine teilweise abweichende Erzählkonzeption einem vorgegebenen Text aufzudrängen. Letzteres ist die Meinung der Mehrheit der Ausleger des 20. Jahrhunderts. Die Auslegung von Kap. 21 muß zeigen, ob sie im Recht waren. — Lit. s.u. S. 503-507.

b. Der nachösterliche Epilog, 21,1-25

Der Evangelist schien mit seiner im ersten Schlußwort 20,30f. klar ausgesprochenen Verfasserintention sein Werk leserorientiert beenden zu wollen. Dieser Vermutung sind seit Hugo Grotius (1583-1645)[739] die meisten Ausleger[740] mit unterschiedlich gewichteten Argumenten gefolgt. Demnach wäre Kap. 21 ein Zusatz, der entweder vom ursprünglichen Erzähler nachträglich selbst hinzugefügt wurde oder von einem anderen,

---

737. Deshalb wird 20,30 im Unterschied zu 12,37 bewußt jüngerzentriert formuliert.
738. Stellvertretend für das Lebenswerk Jesu stehen im Kommentarwort die Zeichenhandlungen Jesu.
739. Vgl. U. BUSSE, Die »Hellenen«. Joh 12,20ff. und der sogenannte »Anhang« Joh 21, in: FS F. NEIRYNCK, BEThL 100C, Leuven 1992, 2083-2100.2083-2086, bes. Anm. 2-7.
740. Die Forschungsgeschichte seit H. Grotius bis zum Ende des 19. Jahrhunderts zeichnete M. EBERHARDT, Ev. Joh. c. 21. Ein exegetischer Versuch als Beitrag zur johanneischen Frage, Leipzig 1897, 7-19, die des 20. Jahrhunderts BROWN II 1077-1085 nach.

der sich in dessen Gedankenwelt, Sprache und Stil gut einfühlen konnte. Um die jeweilige spezifische Ausformung dieser beiden Denkmodelle[741] argumentativ belegen zu können, legte man einerseits großen Wert auf wortstatistische und stilistische Gründe, die einen signifikanten sprachlichen Unterschied[742] zwischen dem (den) Verfasser(n) von Kap. 1-20 und dem des (redaktionellen?) Schlußkapitels beweisen sollten. Andererseits führte man inhaltlich-theologische Differenzen an, die zumeist darauf hinausliefen, dem sogenannten »Anhang«[743] eine ekklesiologische bzw. apologetische Tendenz[744] zu unterstellen, die in so massiver Form im Kernevangelium unauffindbar sei. Doch zugleich wies man übereinstimmend

---

741. Treffend formuliert dies PLACHER, s. Anm. 743, 147: »Someone or other seems willing to defend almost every possible hypothesis.«

742. Für sprachliche und stilistische Differenzen sprach sich u.a. DE WETTE 221; HOLTZMANN 225; LÜCKE II 519; SCHOLTEN, Inleiding 145-154; MEYER, Die Auferstehung Christi, Tübingen 1905, 165; CHARLESWORTH, Beloved Disciple 3; DAVIES, Reference 263, dagegen aber u.a. THOLUCK 349; WESTCOTT 299; WEISSE, Geschichte II 402 Anm.; M.J.J. MENKEN, Numerical Literary Techniques in John, NT.S 55, Leiden 1985, 132 Anm. 27, und vor allem RUCKSTUHL / DSCHULNIGG, Stilkritik, aus.

743. Für den sekundären Charakter von Kap. 21 entschieden sich u.a. T. KEIM, Geschichte Jesu von Nazara in ihrer Verkettung mit dem Gesammtleben seines Volkes frei untersucht und ausführlich erzählt, Zürich 1867/1872, 137 Anm. 2; 147.157; SCHMIEDEL, Evangelium 14f.; J.H. SCHOLTEN, Historisch-kritische Inleiding tot de Schriften des Nieuwen Testaments ten Gebruike bij de akademische Lessen, Leyden ²1856, 145-154; DE WETTE 221; WESTCOTT 299; HOLTZMANN 225; LÜCKE II 519; HEITMÜLLER 701; LINDARS 632; BROWN II 1117f.; SCHNACKENBURG III 407-410; J. ZUMSTEIN, La rédaction finale de l'évangile selon Jean (l'exemple du chapitre 21), in: J.-D. KAESTLI (Hrsg.), Communauté, 1990, 207-230; M. OBERWEIS, Die Bedeutung der neutestamentlichen »Rätselzahlen« 666 (Apk 13,18) und 153 (Joh 21,11). ZNW 77 (1986) 226-241.236; WILCKENS 318-320; — Dagegen entschieden sich u.a. THOLUCK 349; OVERBECK 434-455; L. HARTMAN, An Attempt at a Text-Centered Exegesis of John 21, StTh 38 (1984) 29-45; BUSSE, s. Anm. 739, passim; SCHWANK 493f.; R. BAUCKHAM, The Beloved Disciple as Ideal Author, JSNT 49 (1993) 21-44.28; T. WIARDA, John 21:1-23: Narrative Unity and its Implications, JSNT 46 (1992) 53-71.65f.; P.S. MINEAR, The Original Functions of John 21, JBL 102 (1983) 85-98; W.S. VORSTER, The Growth And Making of John 21, in: FS F. NEIRYNCK III, 1992, 2207-2221; J. BRECK, John 21: Appendix, Epilogue or Conclusion?, SVTQ 36 (1992) 27-49; M. FRANZMANN / M. KLINGER, The Call Stories of John 1 and John 21, SVTQ 36 (1992) 7-15; P.F. ELLIS, The Authenticity of John 21, SVTQ 36 (1992) 17-25 und vor allem die wichtigen Untersuchungen von H. THYEN, Noch einmal: Johannes 21 und »der Jünger, den Jesus liebte«, in: FS L. HARTMAN, 1995, 147-189; DERS., Paradigma 81-107; DERS., Misericordias Domini — 30.4.1995: Joh 21,15-19, GPM 84.2 (1995) 194-205. — W. WREDE, Die Entstehung der Schriften des Neuen Testaments, Tübingen 1907, 62; WESTCOTT 299 und JÜLICHER, Einleitung 389f.; W.C. PLACHER, Gospels' Ends: Plurality Ambiguity in Biblical Narratives, MoTh 10 (1994) 143-163.147.154f. u.a. wählten ein drittes Denkmodell. Sie meinten, Kap. 21 stamme zwar von demselben Autor, der auch Kap. 1-20 geschrieben habe. Doch habe dieser Kap. 21 später bei einer abschließenden redaktionellen Bearbeitung des gesamten Evangeliums noch angefügt.

744. Für eine ekklesiologische Tendenz, die Kap. 21 als Anhang ausweist, sprach u.a. sich BULTMANN 542ff. aus, der darin eine frühkatholische Tendenz sich ausdrücken sah; BUSSE, s. Anm. 739, und B. KOWALSKI, Die Hirtenrede (Joh 10,1-18) im Kontext des

auch auf die Tatsache — m.E. mit Recht — hin, dass das Schlußkapitel in der Textüberlieferung immer ein genuiner Bestandteil des Evangeliums gewesen ist. D.h. es hat nie einen Evangelientext gegeben, der ohne Kap. 21 überliefert wurde[745]. Erst in neuerer Zeit wird allmählich das »Dogma« vom Nachtragskapitel 21, das die neuzeitliche Auslegung überwiegend bestimmt hat, in Zweifel gezogen[746]. Nun verlangt das Postulat der Textkohärenz eine neue Bewertung des Textbefundes.

Nur die Analyse des Texts selbst kann den Streitfall lösen. Dabei sind nach klassischer methodologischer Überlegung besonders die berichtenden und kommentierenden Textpartien zu berücksichtigen, in denen sich der Autor am ehesten selbst zu Wort meldet. So wird ein Mangel in der bisherigen Diskussion behoben, der die Fachterminologie der beiden Hauptbestandteile des 21. Kapitels (21,2-14.15-22), d.h. die Fachsprache des Fischfangs und der Hirten, mit in die Bewertung miteinbezog, was das Gesamtergebnis aber verfälschte. Diese neuen Kriterien erfüllen vorrangig die V. 1f.14.19ab.20.23-25. Denn in ihnen erzählt und kommentiert der Autor erkennbar selbst.

Das Schlußkapitel wird im Einleitungsvers, der in einer Art von Überschrift den Hauptinhalt pointiert zusammenfaßt, chronologisch an die vorhergegangenen Erscheinungen angeschlossen[747], wobei er notwendigerweise den in eine Parenthese gekleideten Kommentar über die Verfasserintention (20,30f.) überspringen muß, der sich ja direkt an den Leser wendet. Er kündigt also eine weitere Erzählung von einer Erscheinung Jesu vor seinen Jüngern an, diesmal aber an einem anderen Ort, nämlich

---

Johannesevangeliums, SBB 31, Stuttgart 1996, 271, hingegen verwies exemplarisch für unaufgearbeitete Motive auf das Motiv von der Sammlung der vielen, die nicht aus der Hürde Israel stammen (10,16; 11,52; 12,20ff.), deren Inkraftsetzung in Kap. 20 noch nicht, aber in Kap. 21 im überreichen Fischfang symbolisch angesprochen und einer »Lösung« zugeführt würde.

745. Die einzige Ausnahme bildet 21,25 in der Rezension des Sinaiticus, wo der Text ursprünglich mit V. 24 endete. Doch nach der Untersuchung von H.J.M. MILNE / T.C. SKEAT, Scribes and Correction of the Codex Sinaiticus, London 1938, 12, scheint es eindeutig zu sein, dass der ursprüngliche Abschreiber seinen Fehler bald bemerkte, die übliche von ihm angebrachte *coronis* (Schlußschnörkel) sowie die *subscriptio* abwusch und mit neuer Tinte V. 25 eigenhändig hinzufügte und danach coronis und subscriptio wiederholte. Man kann heute nur noch darüber spekulieren, warum der Schreiber des Sinaiticus so gehandelt hat. Gab es eine frühere Textversion, die mit V. 24 endete und von der der Schreiber abhängig war oder war V. 25 sogar der sekundäre Abschlußvers des Vier-Evangelien-Kanons? Vgl. RESE, Selbstzeugnis 88f. Anm. 45; J.N. BIRDSALL, The Source of Catena Comments on John 21:25, NT 36 (1994) 271-279.276; H. THYEN, Ich bin das Licht der Welt. Das Ich- und Ich-Bin-Sagen Jesu im Johannesevangelium, JAC 35 (1992) 19-46.22 Anm. 17.

746. Siehe die dazu in Anm. 743 gebotene Literaturübersicht.

747. Wie auch in 3,22; 5,1.14; 6,1; 7,1; 13,7.

am See von Tiberias. Nachdrücklich hält der Erzähler daran fest, dass Jesus sich selbst[748] *wieder* (vgl. V. 14) seinen Anhängern offenbarte. Sprachlich wird die Ausdrucksweise von 7,4 wieder aufgegriffen, aber inhaltlich zugleich das Versprechen Jesu 14,21f. erfüllt, er werde sich nicht dem Kosmos, sondern nur noch ihnen sich zeigen. Um das Gewicht der Aussage der Parenthese (20,30f.) mit der folgenden Epiphaniegeschichte annähernd auszugleichen, kündigt er zum Versschluß noch verschlüsselt an, sie sei von besonderer Art gewesen[749]. Dies bestätigt sogleich der folgende Vers: Einige Jünger, sieben an der Zahl, von denen fünf aus Galiläa stammen (vgl. 1,35-51) und zwei weitere, die jedoch anonym bleiben, seien am See von Tiberias zusammengekommen. Dass sie vielleicht fischen gehen wollen, kann ein mit den Synoptikern vertrauter Leser schon aus der Namensliste der Jünger erschließen, weil nur hier die Zebedaiden genannt werden, die in der urchristlichen Jesus-Tradition (Mk 1,16-20 parr.) wie Petrus und dessen Bruder Andreas den Fischerberuf ausübten. Doch bedeutsamer als das ist die Tatsache, dass sich damit eine Ankündigung des johanneischen Jesus bewahrheitet: Die Jünger würden sich in der Stunde Jesu zerstreuen und ihr normales Alltagsleben wiederaufnehmen (16,32). Dass dies mit Blick auf den Ortswechsel nach Galiläa besser motiviert erscheint und zugleich die Nennung von Petrus und den Zebedaiden auch auf deren früher einmal ausgeübtes Handwerk verweist, scheint unter diesem Blickwinkel fast selbstverständlich. Deshalb ist die anschließende Aufforderung Petri an die anderen, fischen zu gehen (V. 3), keineswegs abwegig, sondern sie eröffnet vielmehr die eigentliche Erzählhandlung. Sie erinnert den Leser schon recht bald an Lk 5,1-11, wenn er dessen Evangelium kennen sollte. Denn beide Geschichten ähneln sich frappant: In beiden fischen die Jünger eine Nacht hindurch vergeblich. Auf die Aufforderung Jesu hin, ungewöhnlicherweise das Netz tagsüber noch einmal auszuwerfen, fangen sie in beiden Erzählvarianten Fische überreichlich. Obwohl sich ihre Rahmenhandlungen in ihren Umrissen gleichen, berichtet Johannes aber gegenüber der lukanischen spezifische Details, die die Geschichte in seinen neuen Kontext einordnen. Bereits die erste von ihm berichteten Einzelheiten erfüllt dieses Kriterium. Der frühmorgens unerkannt am Seeufer stehende auferstandene Jesus spricht seine Jünger im Unterschied zu

---

748. Diese Detailinformation greift den entscheidenden interpretativen Akzent wieder auf, dass Jesus die Kompetenz hat, sich selbst hinzugeben und zugleich auch, sich das Leben selbst wiederzugeben, um für die Seinen hilfreich sein zu können (vgl. 10,16-18).

749. OVERBECK 435 merkt treffend an: »Kap. 21 kommt als scheinbarer Nachtrag besser zur Geltung und zur Anerkennung seiner besonderen Bedeutung, als wenn es sich unmittelbar an Vs. 20,29 anschlösse«.

13,33 nun mit »*Kinder*« an. Aber dies entspricht exakt ihrer 16,21-23a angekündigten rite de passage, die erst durch »die Stunde« Jesu ermöglicht wurde und die sie zu Kinder Gottes werden ließ. Der Ansage 16,23a entspricht zudem noch die rätselhafte Notiz 21,12, die Jünger hätten nicht gewagt, den Auferstandenen nach seiner Identität zu fragen. Denn nun ist »jener Tag« gekommen, an dem sie endgültig in den Stand von Wissenden[750] versetzt werden sollen. Der in seiner österlichen Vollmacht Erschienene gewährt nämlich Unwissenden (vgl. 21,4 mit 20,14) auf eigenwillige Art Einsicht in seine Identität. Dies hilft ihnen, jeglichen Zweifel zu beseitigen wie auch ihre neue Aufgabe zu verstehen.

Das Kapitel wird auf diese Weise auch für den Leser signifikant. Besonders ihm muß daran gelegen sein, neue Möglichkeiten zur Identifizierung des Auferstandenen kennenzulernen. Denn er soll glauben, ohne Jesus persönlich jemals kennengelernt zu haben (20,29). Deshalb geht der Diskurs zwischen dem Lieblingsjünger und Petrus V. 7 darauf speziell noch einmal ein. Als die Jünger den Befehl des von ihnen unerkannten Jesus befolgen, können sie plötzlich das Netz wegen des überreichen Fischfangs nicht mehr an Bord *ziehen*. Daraufhin identifiziert der erzählstrategisch gekonnt plazierte, aber überraschend in die Erzählung eingeführte Lieblingsjünger[751] Jesus. Zugleich informiert er diesmal Petrus direkt, was er 13,24-28 noch unterlassen hatte. Wie ihm aber die Identifizierung Jesu möglich wurde, dafür gibt die Geschichte zwei wichtige Hinweise. Dieser Jünger war wie die anderen sechs an Bord des Bootes, als Jesus sie mit der Anrede »*Kinder*« auf ihr vergebliches Bemühen ansprach und ihnen befahl, das Netz noch einmal auf der rechten Seite des Bootes auszuwerfen. Denn sie würden, dies sicher er ihnen zu, einen Fischschwarm *finden*. Dieses Verb war nicht nur ein Schlüsselwort 1,35-51, sondern auch in 7,34f. [8,21]; 13,33 [14,4; 16,5]. Aber vor allem auch 10,9, wo Jesus davon gesprochen hatte, dass seine Herde guten Weidegrund *finden* werde, weil sie seine Stimme kennt und ihm gehorsam folgt. Diese Ansage ist nun eingetreten. Der Lieblingsjünger hat den Auferstandenen also an seinem Wort und an seiner Machttat erkannt. Damit hat er die beiden zentralen Kriterien, die den Glaubenden auszeichnen sollen, nämlich Jesu Worten und Taten zu glauben, für sich erfüllt (vgl. u.a. 10,38; 14,11). Diese Bedingungen hatte schon der vorösterliche Jesus

---

750. Sie besitzen nun offensichtlich ein Wissen, das an das von Jesus 13,1-3; 18,4 etc. erinnern soll.

751. Er soll wohl mit einem der anonymen Jünger gleichgesetzt werden und zugleich das theologische Gewicht der Szene hervorheben. Eine Konkurrenzsituation mit Petrus ist sprachlich nicht ausgewiesen.

aufgestellt und an ihnen kann man seine Geschichtsmächtigkeit noch weit nach Ostern wiedererkennen: Er ist in allem der geblieben, der er vorher war! An seinen im Evangelium aufgezeichneten Worten und Taten kann man sich weiterhin orientieren (vgl. Mt 28,20 mit Joh 20,30f.) und seine Gegenwart erfahren.

Aber der Erfolg des Fischfangs wird im Zusammenhang mit den Aktivitäten Petri V. 11 (vgl. V. 6) erneut thematisiert und dabei exakter präzisiert. Das weckt den Verdacht, die Geschichte verfolge zumindest noch eine weitere Erzählabsicht, die wiederum mit dem auffälligen Verhalten Petri korreliert sei. Petrus springt nämlich paradoxerweise über Bord, nachdem er sich auf die Information des geliebten Jüngers hin angezogen und gegürtet hat, um voll bekleidet und schwimmend das Ufer allein zu erreichen. Die anderen sechs Jünger hingegen verbleiben sinnvollerweise im Boot, das ja nur 200 Ellen vom Ufer (V. 8) entfernt war. Sie erreichen das Ufer auf ihre pragmatische Art trocken und mit dem Fang im Schlepptau, wo bereits Jesus an einem Kohlefeuer bei Fisch und Brot (vgl. 6,9.11) auf sie wartet. Die auf solche Weise indirekt Eingeladenen fordert Jesus auf, einige von den gefangenen Fischen wie einst der Junge (6,9) zum gemeinsamen Mahl[752] beizusteuern. Doch ziehen sie das übervolle, aber eben nicht gerissene Netz keineswegs gemeinsam an Land, sondern wiederum Petrus ganz allein. Dazu wird noch — überraschend präzis — auktorial angemerkt, dass ihnen exakt 153 große Fische ins Netz gegangen seien. Das eigenwillige Verhalten Petri kann man nur adäquat verstehen, wenn man es als einen nichtverbalen Kommunikationsakt deutet. Der Gestus des Sich-Gürtens bedeutet in der Antike, sich auf eine Arbeit vorzubereiten (13,4)[753]. Das so gegebene Signal der spontanen Bereitschaft, für den auferstandenen Herrn arbeiten zu wollen, wird sogleich von ihm in die Tat umgesetzt, wenn es heißt, er habe das Netz allein an Land gezogen. Damit erfüllt sich für Petrus das, was Jesus ihm bereits 13,8 angekündigt hatte: er werde gewaschen Anteil an ihm haben. Petrus hat ihm, wenn er Hals über Kopf bekleidet ins Wasser springt — was mit Blick auf 13,9b ja auch bewußt ironisch erzählt wird — mit diesen Begleitumständen, wenn auch verspätet, endlich signalisiert, was Jesus längst von ihm erwartet

---

752. Die Tatsache, dass Brot die Hauptspeise und Fisch eine Zukost beim Mahl ist, stellt im antiken Mittelmeerraum die Regel dar: vgl. W. JONGMAN, The Economy and Society of Pompeii, DMAHA 4, Amsterdam 1988, 80. Deshalb sollte man nicht voreilig in die Abschlußszene des Fischfangs sakramentale Züge eintragen, sondern vielmehr ihren Gemeinschaftscharakter betonen. Er entspricht dem, was Kap. 13-17 angesagt wurde.

753. Ausführlicher wurde dies von mir auch in einem Aufsatz U. BUSSE, The Relevance of Social History to the Interpretation of the Gospel According to John, SKerk 16 (1995) 28-38, nachgewiesen; vgl. SCHWANK 497 und LAB 31,1; 35,5; 51,6.

hatte. Seiner erklärten Arbeitsbereitschaft steht in der Tat nichts mehr entgegen, sondern gerade in der symbolischen Zahl 153[754] deutet sich bereits die umfassende Größe all derer an, die Jesus gemäß 12,32 nach seiner Erhöhung ohne jeglichen Verlust an sich *ziehen* will. Darin sind auch alle die inkorporiert gedacht, die nach 10,16; 11,52; 12,20ff. ursprünglich nicht aus der Hürde Israel stammen, aber zu einer eschatologischen Herde unter einem Hirten zusammengeführt werden sollen. Sie alle nämlich bilden symbolisch das Erntegut, das einzubringen laut 4,35-38 Jesus nach der Erfüllung seines Auftrags (19,30) seinen Gesandten (20,21) noch unerledigt überlassen muß. Zum Szenenabschluß festigt Jesus endgültig den Teamgeist seiner Erntearbeiter und stärkt die versprochene Einheit zwischen Hirt und Herde, indem er sie zu einem geschwisterlichen Mahl einlädt. Im Mahl schenkt er ihnen all das (vgl. 6,11), was er Kap. 6 über das Lebensbrot ausgeführt hatte. Damit beschließt der Erzähler den ersten Teil seines Berichtes über die dritte Epiphanie Jesu vor seinen Jüngern »nach seiner Auferstehung« (V. 14).

Mit dieser Zählung[755] verknüpft der Evangelist nach seiner bekannten Art und Weise (vgl. 1,35-2,1; 4,54) die Epiphaniegeschichte ausdrücklich mit den beiden vorangegangenen Ostererscheinungen (20,19-23.24-29) und weist zugleich auf ihr besonderes Gewicht hin. Bei der ersten wurden die Jünger von Jesus belebt, mit österlichem Frieden und österlicher Freude beschenkt sowie mit dem Geist für ihren eschatologischen Ernteauftrag ausgestattet. Doch sie blieben passiv voller Furcht hinter verschlossenen Türen in Jerusalem. In der zweiten Epiphanie konnte der Auferstandene ein internes Problem im Jüngerkreis beheben. Aber die generelle Situation blieb weiterhin die gleiche: Die Jünger blieben inaktiv. Erst die dritte Erscheinung löst ihre Fesseln und öffnet ihnen endgültig die Augen für die Größe der noch ausstehenden Aufgabe (vgl. 4,35-38), zu der sie gesandt sind.

---

754. Dazu näherhin: SCHWANK 499 und SCHENKE 391; auch wenn man mit HAENCHEN 587 sich auf die bei HIERONYMUS, In Ez 47,12, genannten absoluten Zahl von 153 verschiedenen Fischarten zur Erklärung bezieht, es bleibt dabei, beide Erklärungsmuster kommen zu einem Ergebnis: die Zahl 153 soll eine universale Größe ausdrücken.

755. Der Erzählstil legt Wert auf Additionen und erinnert so den Leser nicht ohne Hintergedanken an die Eröffnungsgeschichten 1,35-4,54. Dort war u.a. eher theoretisch abgehandelt worden, welche Bedeutung die Gotteskindschaft hat. Am Ende seiner Lektüre weiß der Leser exakter, welchem Geschehen er seinen Glauben verdankt und in welchen eschatologischen Prozeß er eingebunden ist: die eschatologische Sammlung der Kinder Gottes in eine Herde unter einem Hirten Jesus. Gerade diese Zielgerichtetheit und Nachdrücklichkeit der berichteten Ereignisse will dieses Additionsverfahren akzentuieren: Dazu hat F. NEIRYNCK, Note sur Jn 21,14, in: DERS., Evangelica II, BEThL 99, 1991, 689-692.690, weitere Belege aus der griechischen Literatur angeführt.

Aber die kommentierende Zwischenbemerkung über die »dritte« Epiphanie Jesu beendet keineswegs die Erzählung, sondern mit der schon bekannten johanneischen Überbrückungsformel[756] wird anschließend in der eigentlichen, nur kurz unterbrochenen Erzählhandlung fortgefahren. Jesus prüft Petrus mit drei fein variierten Fragen, ob er dessen Signal beim Fischfang nach der dreimaligen Verleugnung am *Kohlenfeuer* im Hof des Hohenpriesters (vgl. 18,18 mit 21,9) auch richtig verstanden habe. Die erste Frage schließt deshalb die spontane Bereitschaftserklärung Petri bewußt mit ein. Jesus fragt ihn direkt: Liebst du mich *mehr*[757] *als diese*? Auf diese Weise wird auch inhaltlich auf den ersten Teil der Epiphanieszene Bezug genommen. Die drei Fragen des Auferstandenen sind folglich konstitutive Bestandteile der Epiphaniegeschichte. Sie zielen darauf ab, Petrus seine schäbige Tat bereuen[758] zu lassen, damit er auf diese Weise rehabilitiert[759], von Jesus beauftragt werden kann, dessen Herde (10,1-18.26-28) an seiner Stelle sein Leben lang zu hüten[760].

Die Funktion des Hirten wird Petrus mit allen Konsequenzen, die Jesus in Kap. 10 schon für sich reklamiert hatte, übernehmen müssen. Denn der Auferstandene sagt ihm seinen zukünftigen Märtyrertod[761] im hohen Alter in kaum verschlüsselter Form an (V. 18). Zwar ist der Gestus der ausgestreckten Hände mehrdeutig, da er sich sowohl auf eine Kreuzigung (vgl. Epiktet 3.26.22) als auch auf eine Gebetshaltung (4 Makk 4,11[762]) beziehen könnte. Doch um die Mehrdeutigkeit zu bannen, meldet sich sogleich der Erzähler V. 19 zu Wort und klärt den Leser auf: Jesus habe Petrus damit nur zeigen wollen, welche Todesart für ihn bestimmt sei. Es ist fast die gleiche, die Jesus auf sich nehmen mußte (vgl. 12,33; 18,32).

---

756. Vgl. 2,22; 4,45; 6,24;13,12.31; 19,6.8.30.

757. Die Wahl von »mehr« (*pleon*) an Stelle von *mallon* (vgl. 3,19; 12,43) soll wohl eine mögliche Schlußfolgerung, Petrus sei seinen Mitjünger übergeordnet zu denken, abblocken. WIARDA, s. Anm. 743, 62, möchte sogar den Vergleich nicht auf die anderen Jünger, sondern auf Sachen, d.h. auf das Fischen, bezogen wissen. LUTHARDT 471 möchte es als »eine sehr deutliche Erinnerung an seine [Petri] frühere Zuversicht vor allen Andern« verstehen.

758. Damit wird hier nachgetragen, was bei den Synoptikern (Mk 14,72parr.) schon direkt nach der Verleugnung Petri als Reaktion auf seine Tat berichtet wurde: »Petrus weinte bitterlich«!

759. So schon LÜCKE II 510; DE WETTE 218; OVERBECK 445.

760. Hier steht kein kirchliches Amt zur Debatte, sondern eine Qualifikation. Auch 11Q05 Kol. XXVIII,3-12 macht darauf aufmerksam, dass ein Hirt die königliche Funktion Davids wahrnimmt.

761. Näherhin: R.J. BAUCKHAM, The Martyrdom of Peter in Early Christian Literature, ANRW II 26.1 (1992) 539-595.544-550, CHARLESWORTH, Beloved Disciple 236f., und BDM 413.

762. Vgl. G. ZIMMER / N. HACKLÄNDER (Hrsg.), Der betende Knabe – Original und Experiment, Bern/Frankfurt 1997.

Mit dieser Präzisierung wird zugleich auch die aus Torheit heraus gesprochene Bereitschaft Petri 13,37, für Jesus sein Leben opfern zu wollen, in die einzig wahre Richtung gelenkt, die Jesus 15,13 (vgl. 10,11.15) vorgegeben und auch für sich in Anspruch genommen hatte: »*Größere Liebe hat keiner, als wer sein Leben gibt für seine Freunde*«.

Wenn der johanneische Jesus anschließend Petrus auffordert, ihm »nachzufolgen«, d.h. nun konsequent bis in den gewaltsamen Tod, dann bestätigt sich jetzt die Gültigkeit dessen, was Jesus 12,24-26 angesichts der Nähe seiner »Stunde« bereits von seinen Anhängern gefordert hatte: »*Wenn einer mir dient, so folge er mir nach. Und wo ich bin, dort wird auch mein Diener sein*«. Zugleich wird für Petrus mit der Aufforderung zur Nachfolge noch ein weiteres Wort Jesu konkret und gleichzeitig in Kraft gesetzt, das dieser früher zu ihm gesprochen hatte. Denn bereits 13,36 hatte er Petrus angekündigt: »*Wo ich hingehe, kannst du mir jetzt nicht folgen; nachfolgen wirst du — später*«.

Unverkennbar wird in Kap. 21 also auf Worte und Taten Jesu Bezug genommen, die er früher im Evangelium in bezug auf sein Verhältnis zu den Jüngern formuliert hatte. Ohne deren Konkretisierung und Realisierung im Abschlußkapitel wären sie für den Leser offen geblieben und somit potentiell irrelevant geworden. Auf diese Weise aber wird auch er implizit auf die Rolle verwiesen, die er selbst in dem eschatologischen Prozeß einnehmen soll, der durch die Jesusgeschichte von Gott initiiert wurde.

Deutlich erkennbar spitzt sich zum Schluß des Dialogs zwischen dem Auferstandenen und Petrus alles auf diese zentrale Thematik der Nachfolge zu, die das gemeinsame gewaltsame Geschick vom Herrn und Diener impliziert. Zum Schluß will Petrus die Frage nach dem Schicksal des geliebten Jüngers in den Diskurs miteinbezogen wissen, weil er ihn auch Jesus *nachfolgen* (V.20-22) sieht. Er möchte zu gern in dessen weiterem Lebensdrehbuch mit Jesu Hilfe blättern, um für sich die offene Frage zu klären, ob auch Ausnahmen von der Regel eines gewaltsamen Jüngergeschicks vorgesehen seien. Doch Jesus weist — vom Autor gestaltet — mit rhetorischer Brillanz, die noch einmal am Ende sein österliches Herrsein aufscheinen läßt, dieses Ansinnen brüsk zurück. Er verpflichtet Petrus mit aller Bestimmtheit zum allerletzten Mal (vgl. V. 19c mit 22d) zu der für ihn alles entscheidenden Nachfolge.

Das klar erkennbare spezifische Interesse des Erzählers in Kap. 21 an der Nachfolgethematik im Rahmen der Geschichte von der eschatologischen Sammlungsbewegung wird aber in der Auslegungsgeschichte zumeist von einem anderen, m.E. sekundären Interesse überschattet und somit zu Unrecht an den Rand gedrängt. Man konzentrierte sich dort vorrangig auf die Identifizierung des Lieblingsjüngers, die der allzu menschlichen Neigung, Rätsel zu lösen, so entgegen zu kommen scheint. Denn die durchgängige Anonymität dieser Figur im bisherigen Evangeliumstext wird auch in Kap. 21 gewahrt, wo sie sich hinter einem der beiden unbenannten Jüngern V. 2 zu verstecken scheint. So sinnt bei einer rein historischen Interessenlage aller Spürsinn auf Enttarnung. Man möchte seinen wirklichen Namen um jeden Preis wissen[763]. Aber erst bei einer um literarische Aspekte angereicherten Sichtweise tritt dessen abschließende Charakterisierung und literarische Funktion mehr in den Vordergrund. Denn es ist schon beachtenswert, dass die Anonymität dieser Figur dem Leser eher die Chance einräumt, sich leichter mit ihren Funktionen zu identifizieren, als sie im nachhinein als historisches Vorbild imitieren zu sollen. Jede Imitation schränkt nämlich ein. Aber sich mit (potentiell verwaisten) Aufgaben identifizieren zu sollen, gewährt dem nachgeborenen glaubenden Individuum kreative Freiheit[764]. Diese grundsätzliche Überlegung ist hier besonders wichtig, wenn man zudem noch zur Kenntnis nimmt, dass die eigentliche Erzählung pointiert V. 22 mit der Aufforderung Jesu zur *Nachfolge* endet. Wiederum verabschiedet sich Jesus weder von seinen Jüngern ganz analog zu den beiden ersten österlichen Epiphaniegeschichten noch wird vom Erzähler berichtet, dass sich Jesus von ihnen entfernt habe. Das so gestaltete offene Ende der Erzählung prolongiert vor allem die zuletzt so dringlich angesprochene Nachfolgethematik. Denn das letzte Wort Jesu suggeriert nur, dass jeder, der ihm konsequent nachfolgt, ohne auf andere zu schauen, Jesus, wenn auch in anderer Gestalt[765], immer bei sich hat.

Erst danach verläßt der Text den eigentlichen nachösterlich-epiphanen Erzählzusammenhang[766]. In einem kurzen Übergangsvers 23 wird die

---

763. Dafür sprechen die umfangreichen Arbeiten von HENGEL, Frage, und CHARLESWORTH, Beloved Disciple. Besonders die erste Arbeit ist, wenn auch auf dem aktuellesten Stand der Forschung, so historistisch ausgerichtet, dass man den kritischen Anfragen und Bedenken gegenüber dem gesamten Unterfangen von THYEN, Palimpsest 2044f, und RESE, Selbstzeugnis 97f.107, nur zustimmen kann.

764. Darauf hat D.R. BECK, The Narrative Function of Anonymity in the Fourth Gospel Characterization, Semeia 63 (1993) 143-158; DERS., The Discipleship Paradigm: Readers and Anonymous Characters in the Fourth Gospel, BIS 27, Leiden 1997, mit Recht aufmerksam gemacht;

765. Diese Einschränkung bezieht sich auf den Parakleten, der ja bekanntlich der *andere* Jesus ist.

766. Es nicht mehr eindeutig feststellbar, ob nach HOLTZMANN 228 mit »Brüder« die Glaubensgenossen allgemein oder doch nur die österlichen Erstzeugen 20,17 gemäß gemeint sind. Mit diesem Rückbezug auf das letzte Wort Jesu, das sich auf den Lieblingsjünger bezog, will der Autor nur die Brücke zum Buchschluß schlagen, indem er dessen Wirkungsgeschichte kommentiert. Mit ihr kann er die in seinen Augen wahre Bedeutung des geliebten Jüngers kontrastieren: Dieser ist der ideale Zeuge der Jesusgeschichte

Wirkung des letzten rhetorischen Glanzlichtes Jesu unter den Brüdern (vgl. 20,17) thematisiert. Aus dem hoheitlichen Wort Jesu an Petrus über die Bedeutung von dessen spezifischer Nachfolge ist ein Gerücht über das weitere Geschick des Lieblingsjüngers geworden, als hätte Jesus von dessen bis zur Parusie aufgeschobenen Tod gesprochen. Das Gerücht muß zurückgenommen werden, weil sein Inhalt nicht dem entspricht, was diesen Jünger besonders 21,7 auch verbal auszeichnete. Er hatte Jesus an dessen Wort und Tat erkannt und sogleich sein Wissen Petrus kundgetan. Damit hat er sich als exquisiter Kenner der Jesusgeschichte erwiesen, der durch die geschichtliche Oberfläche hindurch die wahre Bedeutung der Jesusgestalt für alle kommenden Brüder- und Schwesterngenerationen bezeugen kann. Seine spezifische Qualifkation bezeugt auch die Wir-Gruppe dem Leser, der — so an 1,14 erinnert — im Schlußwort erkennt, was dieses Evangelium besonders auszeichnet: Es bietet eigentlich keine Jesusgeschichte, sondern Zeugengeschichte, die im Lieblingsjünger auch ihren idealen Erzähler gefunden hat. Dies ist er umso mehr — wie der eigentliche Schreiber V. 25[767] noch anmerkt —, weil er sich auf das theologisch Wesentliche in der Jesusgeschichte konzentriert hat. Auf diese Weise wird zum Abschluß eines in sich kohärenten Werkes in klassisch antiker pseudepigraphischer Manier[768] demjenigen noch ein Denkmal[769] gesetzt, dem der eigentliche Autor alle seine Informationen und Ideen verdankt, einem anonymen Erstjünger, dem von Jesus Geliebten.

Damit ist jeglicher Versuch, den geliebten Jünger mit einem historischen Jüngernamen zu versehen, aus der Sicht des Verfassers von vornherein zum Scheitern verurteilt, weil er dessen Anonymität gewahrt sehen will. Ein solches Unterfangen gleicht eher dem Versuch des Thomas, sich

---

und dadurch bestens zum idealen Autor geeignet, wie R. BAUCKHAM, The Beloved Disciple as Ideal Author, JSNT 49 (1993) 21-44, meinte.

767. Leserorientiert ist auch dieser Vers, der bewußt mit dem Chiasmus »*geschrieben*« (20,30) — »*nicht geschrieben*« (21,25) spielt. Nebenbei ist damit auch ein weiteres Argument für die Kohärenz dieser beiden Kapitel gewonnen. Der Abschluß des Evangeliums ist pointiert auf den Leser hin geschrieben. Dies legte auch seine Thematik nahe: pneumatische Belebung, Geschenk von österliche Freude, richtige und falsche Identifizierung des Auferstandenen sowie Nachfolge Jesus Christi — auch mit vordergründig nur bitteren Konsequenzen — als Teilhabe an der eschatologischen Ernte. — Die das Buch beschließende Hyperbel ist nicht so ungewöhnlich, wenn man z.B. Lukian, Toxaris vel amicitia 35, liest: »Ich hätte dir dann nur wenige von vielen Geschichten erzählt, die sich mir zuerst über wahre und treue Freunden ins Gedächtnis drängten.«

768. So schon BAUR, Untersuchungen 377-379, und A. HILGENFELD, Die Evangelien nach ihrer Entstehung und geschichtlichen Bedeutung, Leipzig 1854, 341. Näheres über die antike Pseudepigraphie erfährt man bei W. SPEYER, Religiöse Pseudepigraphie und literarische Fälschung im Altertum, JAC 8/9 (1967) 88-125, bzw. N.F. BROX, Falsche Verfasserangaben. Zur Erklärung der frühchristlichen Pseudepigraphie, SBS 79, Stuttgart 1975.

769. So KÜGLER, Schlüsselgestalt 488.

des Auferstandenen mit Beweisen zu versichern und erst danach sich zu ihm zu bekennen. Aber auch an den Gedanken, dass der Lieblingsjünger eine reine »Verfasserschaftsfiktion« sei, mag man sich nur schwer gewöhnen, solange man mit dem Begriff »literarische Fiktion«[770] unmittelbar den Gedanken der Fälschung verbindet. Wenn man aber diesen Terminus mit der Vorstellung einer bewußt aufrecht erhaltenen Anonymität verknüpft, dann ist jeder Jünger, der dem historischen Jesus nachfolgte, außer denen, die der Evangelist ausdrücklich bei ihrem Namen nennt, potentiell für die Gestalt des Lieblingsjüngers namhaft zu machen. Dies aber will der Schreiber gerade verhindern, nicht so sehr, weil er Aussagen seines Evangelium gegenüber den anderen drei legitimieren müßte, sondern der Leser selbst soll sich mit den Funktionen, die diese Person in seinem Evangelium wahrnimmt, identifizieren. Auf diese Weise wird er selbst ein von Jesus Erwählter, ein Zaddik, d.h. ein auch von Gott Geliebter. Nur unter dieser Maßgabe wird das Zeugnis des geliebten Jüngers im Bekenntnis und in der Nachfolge solange ununterbrochen fortgeschrieben, bis die eschatologische Ernte vollkommen eingefahren ist. — Lit. s.u. S. 507-511.

---

770. So schon OVERBECK 436, gefolgt von RESE, Selbstzeugnis, 105f.

C. ÜBER DIE BILDLICHKEIT ZUR VERSTÄNDIGUNG

Die Lektüre des vierten Evangeliums ohne jegliche Voraussetzung eines quellengeschichtlichen Entstehungsmodells moderner Provenienz, das je nach dem vermutlichen Umfang der vorangegangenen Bearbeitungsstufen des Endtextes zu differierenden Aussagezielen kommen muß, hat tiefere Einblicke in die bisweilen auf moderne Leser befremdlich wirkende johanneische Neuinszenierung der Jesusgeschichte gewährt. Trotz dieser Schwierigkeit hat der implizite Leser das den Autor bei seinen Ausführungen leitende Interesse wahrgenommen und die ihm auktorial angebotenen Mosaiksteine über die Bedeutung Jesu für die Menschenwelt und dessen besonderen Anspruch auch auf ihn persönlich zu einem theologischen Gesamtbild in dem Referenzrahmen zusammengefügt, der 1,1-18 vorgegeben worden war. Auf dieser Grundlage soll in den folgenden Einzelkapiteln vertiefende Einblicke in ausgewählte Teilgebiete der johanneischen Theologie gewährt werden. Dabei ist keine umfassende Darstellung angestrebt, sondern es sollen impressionistisch nur einige, aber zentrale Aspekte angesprochen werden. Sie sind jedoch unter dem Gesichtspunkt ausgewählt worden, dass besonders die Reflexion und Kommunikation über die im Text fiktional dargestellte »erzählte Welt« in den Vordergrund gerückt wird. Auf sie weist der Autor in seinen kommentierenden Zusätzen, irritierenden Erzähldetails, den Doppel- und Mehrdeutigkeiten, dem Mißverständnismotiv, den biblischen Anspielungen und Zeichen-Erzählungen fortwährend hin. Besonders in seinem gekonnten Einsatz literarischer Metaphorik hat er im vierten Evangelium verschiedentlich beachtenswerte Hinweise gegeben, den bildlichen Gebrauch der Sprache für ein abgerundetes Gesamtverständnis seines Werkes zu nutzen. Bei der Lektüre wird nämlich der Verdacht geweckt, dass gerade die verwandten Metaphern (Licht und Finsternis, Blindheit, Sklave, Freund, Tempel, Wehen und Geburt, Ehe und Familie, Hirt und Herde, Weinstock und Reben u.a.) zusammen betrachtet ein Metaphernnetzwerk bilden. Sie werden unter einer noch näher zu bestimmenden Gesetzmäßigkeit aufeinander bezogen. Infolgedessen könnten sie Antworten auf bislang in der Forschung ungeklärt gebliebene Probleme des vierten Evangeliums geben. Das Metaphernnetzwerk schlägt eine Brücke zu dem gesuchten Subtext, der den theologischen Schlüssel zum

Gesamtverständnis des Evangeliums birgt. Um die Brücke zum Subtext ergebnisorientiert überqueren zu können, werden literatursoziologisch die Assoziationskomplexe, die bei den ersten (jüdischen) impliziten Lesern durch die gewählten Bilder ausgelöst wurden, rekonstruiert und abschließend zur Aufhellung des Kommunikationshorizontes genutzt.

1. LITERATURSOZIOLOGISCHE HINFÜHRUNG[1]

Trotz des erneuten Interesses der Exegese an der antiken Sozialgeschichte[2] droht die dadurch implizierte literatursoziologische Fragestellung, nicht auf das Johannesevangelium[3] appliziert zu werden. Zwar sind mit Recht das lukanische Doppelwerk und die paulinische Korrespondenz die vielversprechendsten Forschungsobjekte[4], aber auch in den anderen neutestamentlichen Schriften findet man genügend sozialgeschichtlich

---

1. Dies ist die endgültige Fassung eines Vortragstextes, den ich in Südafrika an verschiedenen Universitäten und theologischen Einrichtungen, in Chicago und Jerusalem halten durfte. Er ist in Südafrika unter dem Titel »The Relevance of Social History to the Interpretation of the Gospel According to John«, SKerk 16 (1995) 28-38, erstmals erschienen.
2. Das Interesse an der Sozialgeschichte war ein Nebenprodukt des religionsgeschichtlichen Interesses, das sich im letzten Viertel des 19. Jahrhunderts zu formen begann. Es wird immer mit den Namen von C.F.G. Heinrici (1844-1915), E. von Dobschütz (1870-1934), A. Deissmann (1866-1937) und A. Harnack (1851-1930) und der Chicagoer Schule zwischen den beiden Weltkriegen verknüpft bleiben. Aus den USA kehrte diese Fragestellung in den 70er Jahren nach Europa zurück: Vgl. E.A. JUDGE, The Social Pattern of Christian Groups in the First Century, London 1960; J.G. GAGER, Kingdom and Community. The Social World of the Apostles Paul, 1975; W.A. MEEKS, The First Urban Christians. The Social World of the Apostle Paul, London 1983; L. SCHOTTROFF & W. STEGEMANN, Jesus von Nazareth — Hoffnung der Armen, Tübingen 1978, G. THEISSEN, Studien zur Soziologie des Urchristentums, Tübingen 1979; P. LAMPE, Die stadtrömischen Christen in den ersten beiden Jahrhunderten, Tübingen 1987; M.N. EBERTZ, Das Charisma des Gekreuzigten. Zur Soziologie der Jesusbewegung, WUNT 45, Tübingen 1987; E.W. STEGEMANN / W. STEGEMANN, Urchristliche Sozialgeschichte. Die Anfänge im Judentum und die Christusgemeinden in der mediterranen Welt, Stuttgart ²1997, u.a.
3. In der sozialgeschichtlich bzw. soziologisch orientierten neueren Arbeiten habe ich dementsprechende Hinweise auf das vierte Evangelium nur bei THEISSEN, s. Anm. 2, 303 und DERS., Lokalkolorit-Forschung in den Evangelien, EvTh 45 (1985) 481-499.490, gefunden. Neuerdings aber beachte B.J. MALINA / R.J. ROHRBAUGH, Social-Science Commentary on the Gospel of John, Minneapolis 1998.
4. Über die schon genannten Werke hinaus seien noch stellvertretend für weitere die Arbeit von P. MARSHALL, Enmity in Corinth: Social Conventions in Paul's Relations with the Corinthians, WUNT 2/23, Tübingen 1987, für die paulinische Welt und die von W. STEGEMANN, Zwischen Synagoge und Obrigkeit, Göttingen 1991, für die lukanische Lebenswelt angeführt.

relevante Texte, die sich mit einer entsprechenden Erläuterung besser verstehen lassen. So können z.B. der metaphorischen »Textwelt« des Johannesevangeliums auf sozialgeschichtlichem Hintergrund analysiert die angesprochenen emotionalen Assoziationskomplexe beim ursprünglichen Leser entlockt werden, um folglich auch die imaginative »Lesewelt« heller ausleuchten zu können. So setzt ein »Ich-bin-Wort«, in dem Jesus behauptet, er sei das Brot des Lebens (Joh 6,35), beim Leser eine Erfahrungswirklichkeit voraus, die heutzutage in Westeuropa schwer nachvollziehbar ist. Denn dort kann man das Brot tagtäglich frisch beim Bäcker kaufen. Wenn man aber die Arbeit von Peter Garnsey[5] über Versorgungsengpässe in der Antike bei der Auslegung mitheranzieht, beginnt die »Textwelt« sich sofort existentiell zu beleben und spricht die ersten Leser an, ihre Erfahrungen vom Kampf um das tägliche Brot mit der anspruchvollen Aussage Jesu zu assoziieren und die soteriologische Relevanz der Aussage zu bedenken. Auf diese Weise wird der theologische Wert der Behauptung des johanneischen Jesus, elementare menschliche Bedürfnisse stillen zu können, auch emotional kommunikabel, indem nämlich der Leser in die erzählte Welt mit seinen eigensten Erfahrungen involviert wird.

a. Die soziale Hierarchie, 2,1-11

Im Folgenden soll die eminente Bedeutung dieses Ansatzes für die Auslegung des Johannesevangeliums an einem weniger aufdringlichen, aber trotzdem m.E. wesentlichen Topos erörtert werden, nämlich dem des niederen Dienstes[6]. Er ist im Wortfeld »Sklaverei« bzw. der »Diakonie« faßbar. Vorrangig findet es sich in der Geschichte vom Weinwunder in Kana (2,1-11), in Kap. 8, in dem ausgedehnten Abschiedsteil (Kap. 13-16) und im Epilog Kap. 21. Diese sind folglich hier

---

5. Beklagte noch R. MACMULLEN, Enemies of the Roman Order. Treason, Unrest, and Alienation in the Empire, Cambridge/London 1966, 249-254, das Fehlen einer Analyse antiker Versorgungsengpässe, so ist diese Lücke nun von P. GARNSEY, Famine and Food Supply in the Graeco-Roman World: Responses to Risk and Crisis, Cambridge 1988, geschlossen worden. Für Palästina hat J. PASTOR, Land and Economy in Ancient Palestine, London/New York 1997, 55-62.82-86.115-127.151-156, die historischen Quellen darüber kenntnisreich aufgearbeitet. Vielsagend ist schon die Notiz bei Jos., c. Ap. 2.60f., nach der Kleopatra nach dem Urteil des Verfassers das göttliche Strafgericht getroffen hat, weil sie den Juden Alexandriens in einer Hungersnot die Kornrationen verweigert hatte.

6. So der semantische Oberbegriff bei J.P. LOUW & E.A. NIDA, Greek-English Lexicon of the New Testament Based on Semantic Domain, Cape Town 1989, I 460-464. Beachte auch: P. GARNSEY, Ideas of Slavery from Aristotle to Augustine, Cambridge 1996; sowie I.A.H. COMBES, The Metaphor of Slavery in the Writing of the Early Church: From the NT to the Beginning of the Fifth Century, Sheffield 1998.

nacheinander zu behandeln, um einen Aspekt der johanneischen Lebenswelt zu erschließen.

Der auktoriale Zusatz 2,11 mahnt den Leser nach der Vorgabe 1,50f., die vorangegangene Erzählung vom Weinwunder wie die Jünger mit den Augen des Glaubens zu lesen. Nur in ihm wird die Zeichenhaftigkeit des Geschehens in bezug auf die »Herrlichkeit« bzw. — biblischer gesprochen — auf dessen »Gewichtigkeit«[7] transparent. Deshalb müssen alle Elemente der Erzählhandlung bedacht werden, um die anvisierte symbolische Transparenz erfassen zu können.

Die Hochzeitsfeier wird nun nicht umfassend[8], sondern nur literarisch sektoral dokumentiert. Die Gästeliste ist erkennbar unvollständig[9], die Braut wie die beiden Elternpaare der Brautleute spielen keine Rolle, weder das erfahrungsgemäß dazugehörige ehevertragsrechtliche Qiddushin / 'Erusin noch das Nissu'in, die religiöse Zeremonie unter der Chuppa, oder das opulente Mahl werden erwähnt, selbst die Schilderung setzt verspätet ein, so dass die eigentlich mehrtägige Hochzeitsfeier sich zu einem Symposion reduziert. Nur dieser Ausschnitt aus dem Gesamtgeschehen soll offensichtlich wahrgenommen werden.

Die Schilderung dieses Teils setzt bei einer peinlichen Notlage ein, die nach Plutarch[10] den Gastgeber gesellschaftlich bloßstellt, seine *dignitas*, seine Ehre, in Frage stellt und nur noch von einer anderen Peinlichkeit übertroffen werden kann: »Ein Gastgeber, dem Brot und Wein ausgeht, ist m.E. nicht so lächerlich, wie jemand, der seinen geladenen Gästen keine ausreichenden Räumlichkeiten und Sitzgelegenheiten anbieten kann«[11]. Denn, so fährt Plutarchs Großvater Lamprias fort, bei Brot- und Weinmangel könne der Gastgeber sich immer noch damit herausreden, unter seinem Hauspersonal befänden sich diebische Elstern[12]. Diesen, den

---

7. Bei meinen Untersuchungen bin ich immer gut gefahren, das Wort *Herrlichkeit* im vierten Evangelium zuerst nach dessen hebräischen Wurzel und deren Bedeutung zu übersetzen. Dort heißt es »Bedeutung«, »Gewicht«, »Bedeutsamkeit« bzw. »Gewichtigkeit«: vgl. C. WESTERMANN, Art.: »*Kabod*«, ThHWAT I (1971) 794-812; bzw. M. WEINFELD, Art.: »*Kabod*«, ThWAT IV (1984) 23-40; R.G. BRATCHER, What Does »Glory« Mean in Relation to Jesus? Translating *doxa* and *doxazo* in John, BiTr 42 (1991) 401-408.

8. In JosAs 18-21 findet man eine antik-jüdische Hochzeit in höchsten gesellschaftlichen Kreisen beschrieben.

9. Dies ist ein deutliches Indiz für das steuernde Erzählbewußtsein des Autors, der die Aufmerksamkeit des Lesers bewußt auf einen hochzeitlichen Wirklichkeitsauszug lenkt, an dem er seine theologische Intention erläutern will.

10. Nach Plutarch, Moralia 679C und D, sind alle Verwandten von beiden Seiten zur Hochzeit zu laden.

11. Plutarch, Moralia 678 E und F.

12. Dies ist ein bekanntes Klischee von Sklavenbesitzern in der Antike: vgl. nur Dion Chrys., or. 10,12: »Wenn du jetzt allein bist im Haus, brauchst du dir keine Gedanken zu

Gastgeber bloßstellenden Fehler in der Versorgung der Hochzeitsgäste will die Mutter Jesu mit Hilfe ihres Sohnes beseitigen. Der Wortwechsel zwischen den beiden nennt dem Leser die entscheidende Kondition, unter der Jesus nur handeln kann. Er ist terminlich an die »Stunde« gebunden. Erst bei der weiteren Lektüre des Evangeliums wird dem Leser die wahre Bedeutung dieser Zeitangabe erklärt. Es ist die zwischen dem himmlischen Vater und dem Sohn vereinbarte Stunde seiner Passion, die Teil seiner Verherrlichung ist[13]. Doch dies wird hier noch nicht gesagt, so dass vor allem ein naiver Leser ersatzweise darauf verwiesen ist, entweder aus der folgenden Handlung oder bei der weiteren Lektüre die Bedeutung dieser rätselhaften Andeutung selbst zu ermitteln.

Die eigentliche Erzählhandlung setzt anschließend mit der Aufforderung der Mutter Jesu an die Festdiener ein, allen Befehlen ihres Sohnes Folge zu leisten. Deshalb werden die Krüge anstandslos von ihnen mit Wasser gefüllt und eine Kostprobe davon wird zum Oberkellner und Tafelmeister gebracht. Beim Kosten wird ihm die exquisite Qualität dieses neuen Weines bewußt. Er sucht daraufhin — mit vollem Recht — das Gespräch mit dem Bräutigam. Der Ober muß ihn wegen der Verletzung einer Basisregel für einen guten Gastgeber tadeln und macht damit zugleich die überraschende Beseitigung des Mangels an Getränken öffentlich. Vorher jedoch wird — sprachlich in eine Parenthese gekleidet — die im folgenden Gespräch strittige Herkunftsfrage des Weins für eine bestimmte Gruppe gezielt als bereits gelöst betrachtet: Die Festdiener, die das Wasser für die Kostprobe geschöpft haben, wissen natürlich davon. Somit werden — soviel läßt sich schon sagen — der Oberkellner und der Bräutigam mit den Dienern kontrastiert.

Um der Frage auszuweichen, warum dieser für die Geschichte eigentlich nebensächliche Aspekt — sogar sprachlich erkennbar — akzentuiert wird, hat man sich in der Auslegung zumeist der literarkritischen Option[14] bedient und den Text in Primär- und Endtexte zerlegt. Doch aus sozialgeschichtlicher Perspektive bietet sich eine plausiblere Antwort an. Da man davon ausgehen darf, dass auch für den ursprünglichen Leser die kontextgemäß nur in ihrer tatsächlichen Funktion als *Diakone*, d.h. als Bedienung, sprachlich Ausgewiesenen in der sozialen Wirklichkeit aber

---

machen, dein Sklave könnte etwas stehlen...«. Man findet dieses Vorurteil auch bei Plautus, Columella oder Cato, das die soziale Differenz von »them and us« und deren Folgen spiegelt.

13. HAENCHEN 196.

14. Diese Feststellung bezieht mich selber ein: vgl. U. BUSSE & A. MAY, Das Weinwunder von Kana (Joh 2,1-11), BiNo 12 (1980) 35-61, wo ich auch einen spannungsfreien Primärtext rekonstruieren wollte.

Sklaven[15] waren, dann muß vorrangig die soziale Stellung des Oberkellners und Tafelmeisters, der sich dem Bräutigam[16] gegenüber einen Tadel erlauben kann, geklärt werden. Doch ist dies bis heute unterlassen worden, weil der Begriff nur noch einmal[17], bei Heliodor, Aithiopica 7.2711, in der Literatur nachweisbar ist.

Doch schon ein Nachschlagen bei Wettstein[18] hätte weitere Informationen erbracht. Er nennt zuerst das lateinische Äquivalent, nämlich *convivator*, und verweist danach auf verwandte Begriffe, die man aus der Literatur wie aus Inschriften (und Papyri) noch heranziehen könnte. Das so selten in der Literatur belegte johanneische Wort habe auch ein Analogon, τρικλινιάρχης nämlich, zu dem auch das entsprechende lateinische Lehnwort existiere. Außerdem solle man den Titel συμποσίαρχος bzw. συμποσιάρχης[19] mit dem des »Tafelmeisters« vergleichen. Auch sprachgeschichtlich läßt sich eine wachsende Beliebtheit des Präfixes ἀρχι- in der Koine konstatieren[20], das »could be attached to any word at will«. Mit dem Präfix soll wohl bei einer sich aufgrund wirtschaftlicher Umstrukturierungen zunehmend ausdifferenzierenden Arbeitswelt in der hellenistisch-römischen Welt[21] eine leitende Position charakterisiert werden, sei

---

15. Vgl. Apuleius, Metamor. II 2.3; II 19; Petronius, satyr. 27ff; Horaz, serm. I 6.105, wo von Sklaven mit unterschiedlichen Funktionen bei Gastmählern die Rede ist.

16. Der Bräutigam hatte die gesellschaftliche Verpflichtung den der Situation angemessenen Qualitätswein in ausreichender Menge seinen Gästen anzubieten, wie es der protzende Trimalchio in Petronius, satyr. 48.1-2 (vgl. Apuleius, Metamor. II 19.3), zu erkennen gibt: »Trimalchio aber wandte sich mit Gönnermiene wieder uns zu und sagte: ,Wenn der Wein nicht recht ist, lasse ich wechseln; ihr sollt ihn euch schmecken lassen. Gott sei Dank muß ich nicht kaufen, sondern was euch jetzt das Wasser im Munde zusammenlaufen läßt, gedeiht alles auf dem Landgut von mir, das ich selber noch gar nicht kenne'.« [zitiert nach K. MÜLLER / W. EHLERS (Hrsg.), Petronius, Satyrica, München ³1983]. — Interessant ist auch für die hier vorausgesetzte Situation eine Inschrift, die in einem Gasthof von Pompeji gefunden wurden, CIL IV 3948: »Verflucht seist du, Gastwirt, du verkäufst Wasser statt Wein und trinkst selbst den Wein unvermischt« [Talia te fallant utinam mendacia copo, tu vendes aquam et bibas ipse merum]: vgl. H.H. TANZER, The Common People of Pompeii. A Study of the Graffiti, Baltimore 1939, 47-51.

17. Vgl. H.G. LIDDELL / R. SCOTT, Greek-English Lexicon, Oxford ¹⁰1982, 253.

18. J. WETTSTEIN, Novum Testamentum Graecum I, Amsterdam 1752, 847. Vgl. auch Jos., ant. XIV.281, wo der Mundschenk (hier οἰνοχόος genannt) des Hyrkanus II, bestochen von Malchus, Antipater, den Vater des Herodes, mit vergiftetem Wein ermordet.

19. Man beachte auch ἀρχεδέατρος = Majordomus: Arist. 182.

20. Darauf verweist G.H.R. HORSLEY in: NDIEC 2 (1982) 18. Das anschließende Zitat stammt aus J.H. MOULTON / G. MILLIGAN, The Vocabulary of the Greek Testament, London 1930 [reprint Peabody 1997], 80; vgl. auch S. 81f.

21. Vgl. zur antiken Wirtschaftsgeschichte: T. PEKARY, Die Wirtschaft der Griechisch-Römischen Antike, Wiesbaden 1979, 93-95; H. KLOFT, Die Wirtschaft der Griechisch-Römischen Welt. Eine Einführung, Darmstadt 1992, 186ff.; J. BLEICKEN, Verfassungs- und

es nun im öffentlichen wie im privaten Leben. Indem nun die Festdiener angewiesen werden, die Kostprobe dem Tafelmeister zu bringen, fällt erkennbar in dessen Zuständigkeit der Festverlauf, der durch den Weinmangel gestört wurde. Dass es jemand mit einer solchen Funktion nicht nur am kaiserlichen Hofe, sondern auch bei privaten Festlichkeiten zur Entlastung des Gastgebers gab, belegt Horaz, serm. II 8.23-26, der in dieser bekannten Satire von einem Nomentanus zu berichten weiß. Dieser liegt bei einem Gastmahl für Mäcenas neben dem Gastgeber und hält zugleich auch engen Kontakt zum berühmten Ehrengast, um vor allem ihm, aber auch den übrigen Gästen die Wünsche direkt an den Augen abzulesen und die Diener sofort entsprechend zu instruieren. »Er schien bloß da zu sein, falls etwa dies und jenes uns unbemerkt entginge, mit dem Zeigefinger es anzudeuten...«. Der Tafelmeister war also eine vom Gastgeber ausgesuchte Vertrauensperson[22], der für diesen den reibungslosen Verlauf eines gesellschaftlichen Ereignisses, sei es ein Mahl bzw. ein Symposion[23] garantieren muß. Dies bestätigt auch die schon erwähnte Stelle bei Heliodor, wo sich der Tafelmeister Achämenes über Theagenes beschwert: »Der junge Ausländer gilt mehr als ich«, sagte er. »Gestern erst hat er sich hier eingedrängt, jetzt ist er schon Mundschenk. Ohne sich um mich als Obertafelmeister und Oberweinschenk zu scheren, reicht er die Trinkschale und pflanzt sich neben ihrer Königlichen Hoheit auf, so dass ich meinen Posten nur noch dem Namen nach einnehme. Aber dass er derart und noch auffallender ausgezeichnet und ins allerintimste Vertrauen gezogen wird, nur weil ich törichterweise schweigend mitmache, das ist, so schlimm es ist, noch nicht das Schlimmste«[24].

Mit der Bestimmung des Funktionsprofils eines Tafelmeisters ist aber dessen soziale Stellung noch nicht vollkommen abgeklärt. Denn es könnte sich auch um einen Sklaven handeln, dem aufgrund besonderer Umstände[25] und Fähigkeiten von seinem Herrn diese Funktion zugewiesen wurde. Aber einige Inschriften erlauben eine noch feinere soziale Positionierung. Schon die lange bekannte Weiheinschrift CIL XI 3612

Sozialgeschichte des römischen Kaiserreiches, Göttingen 1981, I 332-341, II 55-76; und Y. THÉBERT, Der Sklave, in: A. GIARDINA (Hrsg.), Der Mensch der römischen Antike, Frankfurt 1991, 158-199.167-172.

22. Ein weiterer Beleg für die herausgehobene soziale Position findet man bei Martial IV 8. Dort bittet Martial einen gewissen Euphemus, den Tafelmeister des Kaisers Domitian, diesem eines seiner Gedichte während eines Mahls auszuhändigen.

23. Weitere Belege: Plutarch, Moralia 298C; 619E-622B; Horaz, serm. 8 II.

24. Heliodor, Aithiopica VII 2711; vgl. auch SifreDtn 11,10 (77a) übersetzt in: BILL. I 500ff.

25. Solche Umstände könnten z. B. sein: hohes Vertrauenspotential wegen des Dienstalters oder aufgrund gemeinsamer Kindheit mit dem Bräutigam in der familia urbana.

des Titus Claudius Augusti libertus Bucolas wie auch ähnlich gelagerte Inschriften (CIL III 536, VI 1884, 9003, 9083)[26] lassen erkennen, dass die Position des Tafelmeisters gern von Freigelassenen wahrgenommen wurde, die häufig wie Bucolas erst Vorkoster gewesen waren. Nach dem Zwischenspiel als Tafelmeister wurde dieser als Prokurator sogar mit der Leitung der kaiserlichen Gladiatorenspiele betraut, um später noch — ohne erkennbaren Karriereknick — als sozialer Aufsteiger bis in das einflußreiche Amt des Prokurators des kaiserlichen Hoflagers aufzusteigen[27]. Auch diese Laufbahn, *cursus*, offenbart die gleiche Tendenz wie der johanneische Text. Das Amt des Tafelmeisters beinhaltete also eine Vertrauensfunktion, die eine wesentliche Sprosse auf der Karriereleiter vom Sklaven zum Freigelassenen[28] darstellte. Es legt insgesamt Zeugnis für eine gewiße soziale Aufwärtsmobilität in der römischen Gesellschaft ab. Es gehörte zudem in den Katalog der *operum liberti*, der Aufgaben, zu denen ein Freigelassener seinem früheren Herrn, *dominus*, gegenüber weiterhin verpflichtet blieb.

Vor diesem Hintergrund lässt sich nun viel problemloser erklären, warum der Tafelmeister den sozial höherrangigen Bräutigam tadeln darf. Als Vertrauter hat er die Möglichkeit, seinen Herrn problemlos an die Tafelsitten und -gebräuche zu erinnern. Damit bestätigt sich der Eindruck, dass das Johannesevangelium den Leser mit dieser Hochzeitsgeschichte in eine »relativ gehobene soziale Welt«[29] hineinversetzt. Auch beantwortet es schon ansatzweise die vom Erzähler konstruierte Komik im Wechselspiel zwischen dem Unwissen über die Herkunft des erstklassig ausgebauten Lagenweines seitens des Tafelmeisters und Gastgebers und dem Wissen der Sklaven aus erster Hand. Jesus arbeitet zugunsten der Hochzeitsgesellschaft nur mit den zuletzt Genannten zusammen. Sie, die nach griechisch-römischer Rechtsauffassung auf der niedrigsten Sozialstufe

---

26. Siehe M. BANG, Die Reihenfolge der Ämter von kaiserlichen Freigelassenenen, in: L. FRIEDLÄNDER, Darstellungen aus der Sittengeschichte Roms in der Zeit von Augustus bis zum Ausgang der Antonine IV, Leipzig [10]1921, 47-55.47-49.

27. Seine Karriere ist ein gutes Beispiel für die soziale Mobilität, die P.R.C. WEAVER, Social Mobility in the Early Roman Empire: The Evidence of the Imperial Freedmen and Slaves, PaP 37 (1967) 3-20, bzw. DERS., The Slave and Freedman »cursus« in the Imperial Administration, PCPS 190 (1964) 74-92, an vielen Bespielen beschrieben hat; vgl. auch D.B. MARTIN, Slavery as Salvation. The Metaphor of Slavery in Pauline Christianity, New Haven/London 1990, 30-42.

28. Nach der gründlichen Untersuchung von G. ALFÖLDI, Die Freilassung von Sklaven und die Struktur der Sklaverei in der römischen Kaiserzeit, in: H. SCHNEIDER (Hrsg.), Sozial- und Wirtschaftsgeschichte der römischen Kaiserzeit, WdF 552, Darmstadt 1981, 336-371, wurden im imperium romanum die Sklaven zumeist um das 30. Lebensjahr freigelassen (vgl. Philo, Gai 155; Apg 6,9). Zusätzlich muß man bedenken, dass in jüdischen Familien jüdische Schuldsklaven schon nach 6 Jahren in die Freiheit entlassen wurden.

29. THEISSEN, Lokalkolorit-Forschung, s. Anm. 2, 490.

der res mobilis³⁰ stehen, erfahren zuerst etwas von der Heilswirklichkeit, die mit Jesu öffentlichem Wirken in Israel einzuziehen beginnt. Die Sozialaufsteiger jedoch müssen sich dieses Wissen erst noch aneignen. Sie können es nicht — so läßt der Erzähler durchblicken — beim freien Bürger bzw. beim *pater familias* finden, sondern bei dessen Untergebenen, den *familiares*³¹.

Die sozialgeschichtliche Betrachtungsweise gibt der Geschichte vom Weinwunder wie der noch zu behandelnden Erzählung von der Fußwaschung ihre sublime sozialkritische Dimension zurück. Außerdem definieren sie die soziale Bruchstelle, an die das göttliche Heil für den Kosmos gebunden ist: die Bereitschaft Jesu, in der von ihm gemeinsam mit seinem Vater festgesetzten »Stunde« einen Sklaventod für Sklaven (vgl. 12,24-27) zu sterben. Indem der Evangelist vorrangig drei Arten von antiken Sozialbeziehungen (Familien-, Klientel- und Sklavenbeziehung) thematisiert, läßt er zugleich erkennen, welchen von diesen drei er im weiteren Erzählverlauf den Vorzug gibt.

b. Der Freie und der Sklave, 8,33-36

Innerhalb der Auseinandersetzung mit den Jerusalemer Juden in den Kap. 7-10 spielt der quasi mit juristischen Argumentationsketten und

---

30. Sie haben bekanntlich (vgl. W.W. BUCKLAND, The Roman Law of Slavery, Cambridge 1908, 10-72) keine Menschenrechte, sondern sind »bewegliche Ware« — heute würde man sie »Maschinen« nennen, die, um die anfallende Arbeit zu verrichten, zumeist gepflegt wurden, um diese effektiv zu verrichten. Wenn man sich heute darüber beschwert, dass das damalige Christentum als Offenbarungsreligion gegenüber der Sklaverei keine Vorbehalte äußerte, muß man bedenken, dass das Christentum nicht *über* diese Zeit, sondern *aus* ihr gekommen ist: vgl. dazu A. HARNACK, Die Mission und Ausbreitung des Christentums in den ersten drei Jahrhunderten, Leipzig ⁴1924, 192, versus K. R. BRADLEY, Slaves and Masters in the Roman Empire. A Study in Social Control, Oxford 1987, 38.114. — Beschämend bleibt trotzdem, dass die Sklaverei später — zumal z.Zt der Kolonialmächte — von den christlichen Kirchen nicht bekämpft wurde. Ihre zumeist von rassistischer Ideologie begleiteten Ausbeutung weiterhin zu unterstützen bzw. nur zu dulden, war und ist ein eindeutiger Verstoß gegen die Sache Jesu.

31. Seneca, ad Lucilium 47,14.5 erinnert an die guten alten Zeiten, als man noch »Dominum patrem familiae appellaverunt, servos, quod etiam in mimis adhuc durat, familiares«, um einen Weg anzudeuten, wie man in seiner Gegenwart die Kluft des Argwohns zwischen Herrn und Sklaven, zwischen »them and us«, wieder schließen könne, die durch Fehler in der Personalführung entstanden seien. Damals wären die Sklaven *familiares* genannt worden, also Familienangehörige, die unter der potestas des pater familias standen. — Die sich hier andeutende Sympathie des Erzählers mit Sklaven könnte mit dem Zeichencharakter der Geschichte zusammenhängen. Denn der Vorverweis auf die »Stunde«, d.h. auf Jesu Todesstunde, erinnert den kundigen Leser bereits daran, dass Jesus am Kreuz einen Sklaventod gestorben ist bzw. umgekehrt, das Sklaventhema bereitet ihn darauf vor und läßt ihn die Bedeutung von »Stunde« bereits erraten, dass auch die Jünger durch sie zu »familiares«, zu Freunden Jesu werden.

Indizienbeweisen geführte Prozeß um legitime Vaterschaft (8,31-59) eine zentrale Rolle.

Im ersten (8,31-37) von fünf Durchgängen stellt Jesus die für unsere Fragestellung bedeutsame Behauptung auf, nur der legitime Sohn verbleibe im väterlichen Haus, der Sklave hingegen müsse es verlassen (V. 35). Eine solche Bestimmung fehlt jedoch im hellenistisch-römischen Sklavenrecht. Da nach diesem Recht ein Sklave eine res, eine Sache, war, konnte er von sich aus das Haus des Besitzers nicht selbst verlassen[32], sondern er wurde, was aber nur selten vorkam[33], wie eine Ware verkauft und wurde so der Besitz eines anderen. Eine weitere Möglichkeit bestand nur im römischen Recht, wo einem Sklaven zugestanden war, sich mit seinem Ersparten (*peculium*) freizukaufen, um nach seiner manumissio mit bestimmten Pflichten in die Klientel seines früheren Patrons einzutreten.

Nach der Vorgabe der Schrift[34] (Ex 21; Dtn 15.23; Lev 19.25; Jer 34; Neh 5,1-13) war aber das jüdische Sklavenrecht etwas anders gelagert. Seit der Einführung des Jobeljahres in der 2. Hälfte des 6. Jh. v.Chr. wurde der Sklavenstatus, der zumeist Schuldverklavung von Kindern, aber auch von Erwachsenen (vgl. Neh 5,1-13; CPJ 126.15f.) beinhaltete, in diesem siebten Jahr aufgehoben. Versklavte Juden in der Diaspora konnten sogar das Glück haben, von einer Synagoge[35] freigekauft zu werden. Noch MBer 3,3f. und 4,1 zeigt ein anderes Verhältnis zur Sklaverei als die heidnische Umwelt, wenn dort nämlich gefordert wird, auch die Sklaven hätten dreimal am Tag das Achtzehnbittengebet bzw. das Schma Israel mitzubeten[36]. Dadurch sind erkennbar ihre Grundrechte als Mitglieder des Bundes gewahrt. Im antiken Judentum war die Sklaverei juristisch deshalb eher eine unentgeltliche Arbeitsverpflichtung für einen Gläubiger mit drastisch eingeschränkten Rechten auf begrenzte Zeit. Die Aussicht auf Freilassung könnte einer der Gründe sein, weshalb in frühjüdischen Novellen (u.a. Tobit, Esther, Judith, 3 Makk und Josef und Aseneth) die Sklaven eher als loyale und nicht als unverlässliche oder

---

32. Petronius, satyr. 28.6f, berichtet, man habe über einer Haustür ein Schild mit folgender Inschrift gelesen: »Jeder Sklave, der ohne herrschaftlichen Auftrag nach auswärts geht, erhält hundert Hiebe«.

33. So wird der Rat von Cato, die alten und kranken Sklaven zu verkaufen, von Plutarch, Cato 4.5, mit dem Hinweis, wer denn noch solche Ware kaufen würde, zurückgewiesen.

34. Vgl. Jos., ant. III § 282 = 3,12.3; XVI § 2f. = 16,1.1, wo die Gültigkeit der Freilassungsregelung nach 6 Jahren auch für die neutestamentliche Zeit bestätigt wird.

35. Vgl. CPJ III 473 = P. Oxy. 1205; Arist. 49; OQCD 14,15; CIJ² 683a+b.

36. Siehe E. SCHÜRER, The History of the Jewish People in the Age of Jesus Christ, Edinburgh 1979, II 456.482.568. Die Einhaltung der Gebetszeiten hieß ganz pragmatisch, die Sklaven hatte nicht nur zu arbeiten, sondern auch jeden Tag Freizeit.

sogar für ihre Herren gefährliche Diener[37] wie in der hellenistischen Literatur geschildert werden.

Dieser knappe Überblick über das unterschiedliche Sklavenrecht offenbart, dass der Erzähler von Kap. 8 jüdische Bedingungen und gesellschaftliche Begebenheiten voraussetzt. Denn ein jüdischer Sklave wird nach sechs Jahren entlassen, was nach griechisch-römischen Recht fast undenkbar war. Deshalb muß der Text auch anders gelesen werden. Indem ein Teil der Einwohner Jerusalems — wie V. 30 im seltenen Gen. abs. bestätigt — angeblich gläubig wird, schafft sich der Erzähler die Gelegenheit, diesen Sinneswandel von Jesus überprüfen zu lassen. In fünf Durchgängen[38] wird die Prüfung — wie schon angemerkt — durchgeführt. Sie folgen bekanntlich alle demselben literarischen Modell: Auf eineAussage folgt ein Mißverstehen, und daran schließt sich eine Klarstellung an. Der erste Test, für die Sklavenproblematik zentral, wird mit der Feststellung eröffnet, wenn sie — als gerade Gläubiggewordene — loyal seien, würden sie selbstverständlich die Wahrheit seiner Worte erkennen und somit frei werden. Dies verstehen die Angesprochenen jedoch als einen Hinweis darauf, dass sie ihrer Tradition und Identität, Kinder Abrahams zu sein, beraubt werden sollen. Denn Jesus sagt ja über sich selbst, er sei von seinem himmlischen Vater zu ihnen gesandt. Darauf folgt die mit einem Amen-Wort bedeutungsvoll eingeleitete Erläuterung, die jedoch für einen Bibel-Unkundigen unverständlich bleiben muß. Jesus reagiert nämlich auf ihren Einwand mit dem grundsätzlichen Hinweis, dass jeder, der sündig ist, auch von der diabolischen Sündenmacht versklavt sei. Deshalb könne ein solcher Sklave nicht wie ein Sohn (vgl. Hebr 3,5) im Haus bleiben. Hier läßt der Erzähler kontextgemäß[39] die beiden Söhne Abrahams in die Argumentation Jesu einfließen: Isaak, den legitimen Sohn, sowie Ismael, den Sohn der Sklavin Hagar, der durch Geburt automatisch Sklave ist[40]. Ismael muß aber nach Gen 16,12-15 und 21,10ff das Zelt Abrahams mit seiner Mutter verlassen, eine biblische Tradition, die bekanntlich in der neutestamentlichen Argumentation eine nicht unbedeutende Rolle spielt (vgl. Gal 4,22-31[41]). Wenn Jesus den

---

37. Vgl. nur Plato, rep. 578d-579a; bzw. Seneca, ep. 47,5: »quot servi, tot hostes«.
38. Vgl. J.H. NEYREY, Jesus the Judge. Forensic Process in Jn 8:21-59, Bib. 68 (1987) 509-542.
39. Die V. 33 und 37 sprechen ja vom »Samen Abrahams«.
40. Nach BUCKLAND, s. Anm. 30, 397f: »The child born of a female slave is a slave, whatever be the status of the father... This, says Gaius, is the rule of the ius gentium – the general rule«.
41. Auch dort ist das zentrale Thema die Freiheit (vgl. Joh 8,32.36), zu der die Kinder Gottes berufen sind.

Einwohnern nun noch unterstellt, sie trachteten ihm nach dem Leben, obwohl sie unbestreitbar Kinder Abrahams, wenn auch vielleicht illegitime, seien, so gehört diese für den modernen Leser verquere Argumentationskette dennoch immer noch zur damaligen Ausgestaltung der Ismael-Isaak-Geschichte. Denn in der frühjüdischen Tradition wird das Motiv, Ismael habe mit dem nachgeborenen, aber legitimen Sohn Isaak gespielt, dahingehend gedeutet: Sara habe gefürchtet, der Erstgeborene könne aus Neid Isaak, den legitimen Erben, nach Abrahams Tod umbringen (Jos., ant. I § 215 bzw. I,12.3) oder nach rabbinischer Tradition zur Sünde verführen (Tg. Jonathan, Tg. Jerusalmi bzw. Tg. Neofiti zu Gen 21,9; GenR 53,11; JosAs 24,2)[42]. Nur auf dem Hintergrund jüdischer Tradition läßt sich also die apodiktische Behauptung des johanneischen Jesus, ein Sklave könne das Haus seines Herrn verlassen, recht verstehen.

c. Sklavenmetaphorik im Abschiedsteil, 12,26; 13,4-17; 15,18-25

Wenn gelegentlich Althistoriker[43] bei der Aufarbeitung der Sklavenproblematik auch das Neue Testament in ihre Untersuchungen einbeziehen, dann kommen sie mit hoher Wahrscheinlichkeit auch auf 13,16 und 15,20 zu sprechen. Auf den ersten Blick scheint das kontextlose Sprichwort »Kein Sklave ist größer als sein Herr«, zumal es mit einem ausdrücklichen Rückverweis 15,20 wiederholt wird, für die Ansicht zu sprechen, dass eine unüberbrückbare Kluft zwischen dem Sklavenstatus und dem Herrsein mit selbst ausgesuchtem Freundeskreis besteht. Das aus dem Wort sprechende Klassenbewußtsein wird anscheinend auch noch durch das imperativisch gelesene Logion vom Sklaven, der bei seinem Herrn sein soll (12,26), unterstützt. Das letztere scheint die vom Sklaven geforderte Loyalität[44] (*fides*) und Gehorsam (*obsequium*) einklagen zu wollen. In der Tat wissen fast alle Schriftsteller der römischen Oberschicht[45] exemplarische Geschichten von heldenmütiger Treue verschiedener Sklaven

---

42. Der Mordanschlag auf Josef und Aseneth wird nach JosAs 24,2 von den Söhnen Ballas und Zelphas verübt. Sie sind Söhne von Sklavinnen und stehen schon aufgrund ihrer Abstammung im Verdacht kriminelle Taten zu vollbringen.
43. Siehe W.L. WESTERMANN, The Slave Systems of the Greek and Roman Antiquity, Philadelphia 1955, 149-159; BRADLEY, s. Anm. 30, 38.114.
44. BRADLEY, s. Anm. 30, 21-45.
45. Tacitus, hist IV 50.2, berichtet von der Ermordung des Prokonsuls Piso: »Einen Sklaven, der ihnen [den Mördern] in der Nähe von Pisos Schlafgemach zufällig in den Weg lief, fragten sie, wer Piso denn sei und wo er stecke. Der Sklave antwortete mit einer hochherzigen Lüge (egregio mendacio), er selbst sei Piso, woraufhin er sofort umgebracht wurde«. Vgl. u.a. Ders., ann XIV 60; hist I.3 und Valerius Maximus, mem. 6.8; Plinius d.J., paneg. 42.2.

zu berichten, die für ihren Herrn in den Tod gegangen sind und damit bewiesen hätten, was die gesellschaftlichen Eliten von ihren Sklaven eigentlich erwarteten, aber seltener bekamen[46]. Diesen Erwartungshorizont scheinen offensichtlich diese drei Stellen aus der Abschiedssituation Jesu zu bekräftigen.

Aber diese Lesart versucht die Texte ohne ihren Kontext und biblischen Hintergrund zu verstehen, zumal sie als den einzig möglichen Vergleichspunkt zum Komparativ »größer« suggestiv nur »kleiner« in Betracht zieht, d.h. der philologisch wie logisch gleichberechtigte Vergleichsmodus »gleich groß wie« wird außer acht gelassen. Doch exakt dieses Verständnis legen der Kontext und der biblische Hintergrund der Logien nahe. 12,26 steht nämlich im Rahmen der Todesankündigung Jesu (12,24-27). Sein Tod wird unausweichlich auch Konsequenzen für seine Jünger haben. Ja, er dient geradezu als Beispiel, diesen Sachverhalt zu erläutern. Nur wie ein Samenkorn, das ausgesät stirbt, großen Ertrag bringt, so kann nur der, der freiwillig sein endliches Leben gibt, unendliches Leben gewinnen. Deshalb sollen seine Jünger ihm nachfolgen und sie werden (Futur!) einmal exakt dort sein, wo er schon ist. Das Ziel ist nur auf dem Weg zu erreichen, den er schon beschritten hat. Genau dies wollen auch die beiden anderen Logien in 13,16 und 15,20 unterstreichen. Mit der Zeichenhandlung der Fußwaschung nimmt Jesus seinen Sklaventod in den Blick, deren Bedeutung für das Jüngerleben er anschließend darlegt. Wie er, von Gott gesandt, den Kreuzestod aus Liebe zu den Seinen akzeptiert und durchlitten hat, so werden sie bald (20,21) auch ausgesandt werden. Dies schließt ihren Blutzoll potentiell mit ein (21,18f.). Derselbe Gedanke wird in Kap. 15 nur weiter entfaltet. Wenn sie bei Jesus, dem wahren Weinstock[47], bleiben, bringen sie »überreiche Frucht« (vgl. 12,24e mit 15,2.4.5.8.16), und mit ihnen wird genau das geschehen, was vorher mit ihm passiert ist: Sie werden wie er gehaßt, er ist ebensowenig wie sie aus diesem Kosmos (17,14f.; 18,36) und wie er verfolgt wird, so sicherlich auch sie. Damit greift der Erzähler eine alte synoptische Spruchtradition auf (Lk 6,40 par. Mt 10,24f), die von einem alten jüdischen Sprichwort[48] abgeleitet werden kann. In dessen

---

46. Man erinnere sich nur an die verschiedenen Sklavenaufstände!

47. Hier sei nur ein Verdacht geäußert. Auf die Frage, warum der Autor gerade hier die Weinstockmetapher, d.h. Bildmaterial aus der Natur, in die Abschiedsrede eingetragen habe, könnte auch mit einem Hinweis auf das griechisch-römischen Verständnis der Sklaverei seit ARISTOTELES, Politik I,13.7; I,5.8f.; I,11.6, geantwortet werden, dass der Sklave von Natur aus sklavisch, Politik unfähig, zwar körperlich kräftig, aber letztlich unvernünftig sei.

48. Die Parallelen findet man in BILL I 578. Das Sprichwort hat die Grundform: »Es ist genug für den Sklaven, wenn er ist wie sein Herr!«.

synoptischen Variationen geht es übereinstimmend mit der Vorlage nur darum, dass ein Schüler (Lk 6,40) einmal ein Lehrer, ein Lehrling ein Meister und ein bisher Untergebener später selbst Herr sein werden. Das Aussageziel ist in allen Fällen gleich: Es soll keine umstrittene Gesellschaftsstruktur stabilisiert werden, sondern gerade umgekehrt, eine natürliche, zielgerichtete Aufwärtsmobilität dient weisheitlich als Beleg für die These, dass Jesu Leiden und Auferstehen das »Grundmodell«[49] eines jeden Jüngergeschicks in der Zukunft bilden werden. Unter der Bedingung, dass sie sich so verhalten werden, wie ihr Herr sich verhalten hat, nennt Jesus seine Jünger konsequenterweise nicht mehr »Sklaven«, sondern ihm gleichgestellte »Freunde« (15,13-15). Sie wissen nämlich durch seine Belehrung von jetzt an, was der *dominus*, der freiwillig selbst zum Sklaven geworden ist, von seinen zukünftigen Mitsklaven (bzw. Freunden) erwartet.

Die in diesen Texten sichtbar gewordene Tendenz, die Rolle der Sklaven aufzuwerten[50], klingt zwar in den Ohren antiker Leser noch nicht so subversiv wie die Parabel Lk 12,35-38, wo von einem zurückkehrenden *dominus* erzählt wird, der seine wachsamen und arbeitsbereiten Sklaven wider jede Regel einer Sklavenhaltergesellschaft[51] bei der anschließende Rückkehrfeier selbst bedient. Aber eine solche narrative Provokation behält sich der vierte Evangelist für Kap. 13 vor. Denn bei der dort erzählten Fußwaschung verletzt Jesus, den die Jünger zu Recht *dominus*, Herr, nennen (13,13f.), exemplarisch die sozial aufwärts gerichteten Wertvorstellungen seiner Jünger (vgl. 12,26) und vor allem Petri, indem er selbst den Akt der Gastfreundschaft[52], den Sklaven auszuführen hatten, vornimmt und ihnen die Füße wäscht. Der Protest Petri ist also motiviert und verständlich. Doch die intendierte Bedeutung dieses Sklavendienstes läßt sich mit Bezug auf den diasporajüdischen Liebesroman Josef und Aseneth (vgl. 13,15) besser verifizieren. Dort spricht Aseneth im Gebet zu Gott: »Mein Herr, gib mich ihm zur Dienerin und Sklavin, damit ich

---

49. LUZ II 121.
50. Diese Tendenz sieht M.A. BEAVIS, Ancient Slavery as an Interpretative Context for the NT Servant Parables with Special Reference to the Unjust Steward (Lk 16:1-8), JBL 111 (1992) 37-54.54.
51. Vgl. z.B. wiederum Seneca, ad Lucilium 47.8: »Mit diesen [Sklaven] Menschen zu speisen verträgt er nicht, und er hält es für Minderung seiner Bedeutung (maiestatis), sich an denselben Tisch zusammen mit einem Sklaven zu setzen«.
52. Vgl. Gen 18,4; 19,2; 24,32; 43,24; Ri 19,21; 1 Sam 25,41; Lk 7,44; 1 Tim 5,10; Philo, quaest. Gen. IV 5.60; quaest. Ex. I 2; Mos. II 138; spec. I 206f.; TLevi 9,11; TAbr 3 Rez. A+B; 7,44; Tobit 7,9b; JosAs 7,1; 13,15; 20,1-5; Plut., mor. 958B; Pompeius 73,7; P.Oxy. 840; Hom., od. 19,343.503-507; Plat., symp. 213b; Sen., ep. 86,12; Petronius, satyr. 31.3f.

seine Füße wasche und ihm sein Lager richte[53] und ihn bediene und ihm Sklavendienste leiste und so ihm Sklavin alle Tage meines Lebens sei!« Indem Jesus also die Sklavenrolle übernimmt, wird er symbolisch zum Diener »seiner Diener«, der bereit ist, für sie alle Wertmaßstäbe dieser Welt zu opfern, um ihnen zu Diensten zu sein.

d. Die Dienstbereitschaft Petri, 21,7

In der johanneischen Fischfanggeschichte wird eine für den heutigen Leser schwer verständliche Reaktion Petri auf den Hinweis des Lieblingsjüngers, der Herr stehe am Ufer, berichtet. Diese Information veranlaßt Petrus, der — wie es ausdrücklich heißt — *nackt* war, eilends seine Oberbekleidung anzuziehen, sie mit dem Gürtel zu schürzen und darauf vollbekleidet — absolut verrückt — über Bord zu springen, um erwartungsgemäß verspätet das Ufer zu erreichen, wo sein Herr wartete. Denn das Boot war ja nur 200 Ellen vom Ufer entfernt. Sein auffälliges Verhalten ruft die Aussage 12,26 wach, dass jeder, der Jesus dienen wolle, ihm nachfolgen und bei ihm sein muß. Die Abhängigkeit von Jesus zeigt sich auch 21,15-17, wo er Petrus die Hirtenaufgabe über »seine« und nicht »unsere« Schafe, was nach 20,17 zu erwarten gewesen wäre, überträgt. Petrus ist ein Hirt, der die Herde seines Herrn weidet, was in der Antike zumeist eine Sklaventätigkeit[54] war. So ist Petrus auch durchgängig in Kap. 21 als Diener Jesu charakterisiert.

Der Hauptanstoß an der Schilderung des Verhaltens Petri war bisweilen die Notiz von der Nacktheit Petri. »Er umkleidet sich damit, um anständiger vor dem Herrn zu erscheinen«[55], so konnte etwa eine exegetische Antwort lauten. Dabei hat man aber nicht den antiken Fischereialltag im Mittelmeerraum bedacht, wo praktischerweise zumeist unbekleidet bzw. im Chiton[56] gefischt wurde. Denn Ölzeug war noch unbekannt. Diese kommentierende Notiz hat also nur die Funktion zu präzisieren, wie

---

53. D.h. sie, die Prinzessin, will den Sklavendienst einer Kammerdienerin a cubiculo, wie u.a. in CIL VI 8498 geschildert, übernehmen.

54. Bekanntlich war Spartakus ein Sklave. Da kein ökonomischer Grund vorlag, das Weiden des Kleinvieh in rabbinischer Zeit zu ändern, sind die entsprechenden Informationen bei Z. SAFRAI, The Economy of Roman Palestine, London 1994, 165-173, um so wertvoller.

55. A. MAIER, Commentar über das Evangelium des Johannes, Karlsruhe/Freiburg 1843, II 411.

56. Siehe die entsprechenden antiken Mosaikdarstellungen in: K.M.D. DUNBABIN, The Mosaics of Roman North Africa. Studies in Iconography and Patronage, Oxford 1978, Abb. 15.119.121.122.124.125, bzw. H. KOLLER, Orbis pictus latinus: Lateinisches Bildlexikon, Zürich ³1983, 299; die Katakombenabbildung in: WUB 10 (1998) 50; und Apoll. Rhod., arg. I 364.

Petrus gefischt hatte. Viel abenteuerlicher ist hingegen der Hinweis, Petrus habe sich vollständig angekleidet — als ob er einen Kleidersack an Bord gehabt hätte —, und sich danach noch geschürzt, bevor er über Bord gesprungen sei, obwohl man in der Antike gewöhnlich unbekleidet schwamm[57]. Zwar scheint diese narrative Auffälligkeit in einer weithin hochsymbolischen Erzählung[58], was zusätzlich auch dem übersteigerten Interesse an der exakten Angabe des Fangergebnisses ablesbar ist, für den antiken Leser durchaus entschlüsselbar gewesen zu sein, da eine Kommentierung für überflüssig gehalten wird. Sie bleibt dem modernen Leser jedoch zutiefst rätselhaft. Das Hochschürzen der Kleidung war nämlich für den antiken Leser ein untrügliches Indiz dafür, dass Petrus arbeitsbereit sein will. Heute würde ein Autor etwa vom »Blaumann anziehen« sprechen, um dasselbe zum Ausdruck zu bringen. Denn schon in 13,4 (vgl. Lk 12,35; 17,8; Horaz, serm. II 8.10[59]) hatte sich Jesus gegürtet, um an seinen Jüngern Sklavenarbeit zu verrichten. Wenn nun Petrus gegürtet über Bord springt, ist für den antiken Leser klar, dass er nicht einfach nur schnell ans Ufer gelangen will, sondern die Art der Kleidung signalisiert in erster Linie ihm und Jesus Arbeitsbereitschaft von seiten Petri. Aus diesem Grund muß er — erzählerisch konsequent — auch das Netz mit exakt 153 gefangenen Fischen allein an Land ziehen. Damit schafft er zugleich auch die Grundvoraussetzung dafür, dass der Befehl des Auferstandenen an die übrigen Jünger befolgt werden kann, weitere Fische für das gemeinsame Frühstück herbeizuschaffen. Indem Petrus die Voraussetzung für ein brüderliches Mahl schafft, setzt er zugleich ein Exempel, wie der explizite Auftrag Jesu in der Abschiedsrede, sich gegenseitig zu lieben (u.a. 15,10-16), nachösterlich wahrgenommen werden könnte. Sein Dienst an der Jüngergemeinschaft mit ihrem Herrn deckt seine österliche Lebenswende auf: Petrus ist beispielhaft der, welcher aus dem Sklavenstatus der Unwissenheit in den Freundschaftsbund mit Jesus (15,15) eingetreten ist.

Wenn Jesus anschließend Petrus das Hirtenamt anbietet, so ist dies nur konsequent und löst zugleich ein weiteres Rätsel in dieser Ostergeschichte

---

57. Ein Beleg soll genügen: Heliodor, Aithiopica 2,13.2.
58. VAN GENNEP, Übergangsriten 92, verweist auf die eleusinischen Mysterien, bei deren Ritual die Neophyten unter dem Ruf »zum Meer, Mysten« ein Reinigungsbad im Meer nehmen. Er interpretiert diesen Aspekt m. E. mit Recht als Trennungsritus, »der den Neophyten von der Profanität seines früheren Lebens löste«. Dies trifft auf die Handlungsweise mit Blick auf 21,15ff. ebenfalls zu.
59. Weitere Belege: LAB 20,1-3; 31,1; 35,5, 51,6; EzTrag 180. Aus der römischen Arbeitswelt: siehe R. ÉTIENNE, Pompeji. Das Leben in einer antiken Stadt, Stuttgart ²1974, 151.

auf. Jesus hat ebenso wie der antike Leser an Petri Reaktionen erkannt, dass Petrus endlich in der Lage[60], willens und fähig ist, mit letzter Konsequenz, nämlich unter Einsatz seines Lebens (vgl. 15,13 mit 21,18f.), die Jesu eigene, in Kap. 10 bereits definierte, pastorale Rolle für die Seinen zu übernehmen. Damit hat sich auch die letzte noch offen gebliebene Leerstelle im extravaganten Verhalten Petri beim Fischfang aus dem Kontext heraus aufgelöst. In seinem Bluttod wird jener dorthin gelangen, wo 12,26 gemäß ein Sklave, von dem viel Ertrag erwartet wird, sein sollte: bei seinem Herrn (14,3).

Die angeführten Beispiele haben gezeigt, welche Bedeutung eine zusätzliche Analyse des vierten Evangeliums unter sozialgeschichtlichem Blickwinkel für dessen Verständnis gewinnen kann. Es werden Nuancen sichtbar, die eine auf theologische bzw. in der Exegese des vierten Evangeliums zumeist auf christologische Erträge ausgerichtete Auslegung leicht übersieht.

Der Erzähler setzt einen Leser voraus, der in der jüdisch-hellenistischen Alltagswelt so zu Hause ist, dass er dessen knappe Notizen und nonverbalen Hinweise ohne weiteres versteht. Außerdem lassen sich hochsymbolische antike Texte heute nur noch adäquat hermeneutisch erschließen, wenn einem der sozialgeschichtliche »Sitz im Leben« der Metaphorik auch bewußt ist. Zuweilen macht diese Sichtweise auch viele bislang als notwendig empfundenen literarkritischen Operationen einfach überflüssig, zumal die hypothetische Annahme von Quellenschichten den Erklärungsnotstand lediglich verlagert, ihn aber keineswegs löst.

e. Der anonyme »Jünger, den Jesus liebte«[61]

Gewiß gibt es viele Rätsel im vierten Evangelium zu lösen. Eines der ältesten bleibt das ungelöste Problem um die Identität einer geheimnisvollen Gestalt, die heute den Sympathie erweckenden Namen »Lieblingsjünger« bzw. die die dem Urtext exakter angepasste Bezeichnung »der Jünger, den Jesus liebte«, trägt[62].

---

60. 21,15-17 offenbart seinen Sinneswandel gegenüber 18,15-18.25-27. Der Bezug wird durch das »Kohlefeuer«, das in beiden Perikopen erwähnt wird, überdeutlich.

61. Dieses Kapitel basiert auf meinem Artikels »The Beloved Disciple« in: SKerk 15 (1994) 219-227.

62. Die Namensgebung ist im urchristlichen Kontext gar nicht so auffällig, wie es oft dargestellt wird. In Gal 2,20 gibt Paulus seine Definition von idealer Jüngerschaft: »Ich lebe — aber nicht mehr als ich; es lebt in Eins mit mir der Messias. Und was ich jetzt im Fleische lebe — ich lebe es im Glauben, und zwar an den Sohn Gottes, *der mich geliebt* und sich für mich hingegeben hat«. Diese veranlaßte schon B.W. BACON, The Fourth Gospel in Research and Debate, New Haven ²1918, 301-331.326, anzumerken: »In this sense Paul and whoever has had Paul's experience... is the ‚disciple whom Jesus loved'«. —

Bis in die Gegenwart sind die Ausleger[63] intensiv beschäftigt, einen historischen Augenzeugen unter den ersten Jüngern zu ermitteln, der diesen Titel als besondere jesuanische Auszeichnung verdient hätte. Da diese Person aus dem engeren Jüngerkreis stammt[64], hat man die Liste der im Evangelium genannten Jünger[65] mit den synoptischen Apostellisten[66] verglichen, um ihm auf diese Weise einen historisch verifizierbaren Namen zu geben. Die gängigste Identifizierung in der Forschungsgeschichte[67] war, dass es Johannes, einer der Zebedaiden[68], gewesen sein müsse, da alle Kriterien auf ihn am besten zuträfen. Mit dieser auch von der kirchlichen Tradition gedeckten Identifizierung gaben sich die meisten Ausleger

---

Auch in der hebräischen Bibel wäre die Namenswahl nicht auffällig, da in den Psalmen (vgl. noch zusätzlich Mi 7,2; 1 Makk 2,42; 2 Makk 14,6) ein Liebling Gottes *Chassid* genannt wird.

63. Vgl. die beiden letzten umfangreichen Arbeiten von zusammen mehr als 762 Seiten zu dieser Problematik von M. HENGEL, Frage (1993) und CHARLESWORTH, Beloved Disciple (1995), wobei der letztere das entscheidende Motiv für all die Bemühungen, in eine Frage gekleidet, nennt: Das vierte Evangelium könnte inhaltlich so beschaffen sein, dass es schon sehr früh einen unanfechtbaren Zeugen benötigte, der dessen Authentizität bezeugt. Doch die Ergebnisse bleiben auch nach diesen gelehrten Arbeiten weiterhin disparat: HENGEL sieht in dem bei Papias erwähnten Presbyter Johannes den Verfasser, der jedoch seine Identität so geschickt verberge, dass der Leser auch zu dem Schluß kommen könne, Johannes, der Zebedaide, sei der ursprüngliche Autor gewesen. CHARLESWORTH sieht im Apostel Thomas den Lieblingsjünger, der von einer johanneischen Schule diesen Ehrennamen verliehen bekommen habe. — Besonders HENGEL, der sonst in seinem opus magnum die These von der literarische Einheit des vierten Evangeliums mit vollem Recht und mit guten Argumenten überzeugend verficht, übersieht, wenn er den Papiasnotizen bei Euseb besondere historische Qualität beimißt, dass dessen offen bekundete Vorliebe für die mündliche Überlieferung keineswegs ein Indiz für dessen korrekte Recherchen, sondern nur ein Hinweis auf eine beliebte Formel und auf ein Klischee antiker Schriftstellerei darstellt, die generell Buchwissen qualitativ unterhalb von jeglicher mündlicher Tradition ansiedelte: vgl. u.a. Plut. XII 25d. 4ff.; Galen, K XII 894.1-4; temp. med. VI Vorw.; Polyb. 12.25h. 2-4; Der zuletzt Genannte kritisiert z.B. als Historiker die Arbeitsmethode von Timaios, einem seiner Vorgänger, der Bücherwissen über die eigene Erfahrung der Historiker, d.h. eigene Augenzeugenschaft bzw. Recherchen bei Augenzeugen, gestellt habe. Zu diesem Problemfeld näherhin: L. ALEXANDER, The Living Voice: Scepticism Towards the Written Word in Early Christian and in Graeco-Roman Texts, in: D.J.A. CLINES / S.E. FOWL / S.E. PORTER (Hrsg.), The Bible in Three Dimensions, JSOT.S 87, Sheffield 1990, 220-247. Die von HENGEL kritisierte Position von CONZELMANN und HAENCHEN, 2-21, über den Wert der Papiasschriften hat also größere argumentative Substanz, als er zuzugeben geneigt ist.

64. So mit Recht OVERBECK 336 und RESE, Selbstzeugnis 91, da in 6,66-71 nur die Zwölf übrigbleiben und auch in der Abschiedsszene von ihrer Anwesenheit ausgegangen wird.

65. 1,35-51; 6,60-71; Kap. 11-21; RESE, Selbstzeugnis 93, zählt die im Evangelium beim Namen genannten Jünger auf.

66. U.a. Mk 1,16-20par.; 3,14-19par.; vgl. HENGEL, Frage 80-86.

67. Vgl. CHARLESWORTH, Beloved Disciple 127-224.

68. Für CARSON 473 gilt dieser »as the most likely identity«.

zufrieden, obwohl einige noch andere Namen (u.a. Andreas[69], Nathanael[70], Lazarus, Judas, den Bruder Jesu, Thomas[71]) ins Spiel brachten. Aber die zusätzlichen Benennungen unterliegen ebenfalls der gleichen Tendenz, einen Ehrentitel mit einer historischen Persönlichkeit verbinden zu wollen, um trotz der Andersartigkeit die Authentie des Johannesevangeliums durch einen Augenzeugen abzusichern. Darüber vergaß man, die Frage nach der literarischen Funktion der Ehrenbezeichnung für eine Jüngergestalt zu stellen. Sie taucht nämlich erst im 13. Kap. auf und muß gegen die Leserichtung in drei weiteren Texten[72] eingetragen werden, um auf optimierter Textbasis das angestrebte Ziel zu erreichen, den eigentlichen Jüngernamen zu identifizieren. Weiterhin ließ man die Frage außer acht, auf welche Weise jemand Jesu Wohlwollen erwerben konnte, um von ihm so ausgezeichnet zu werden.

Doch hier soll nur den beiden zuletzt gestellten Fragen explizit nachgegangen werden, um deren sozialgeschichtlichen, paränetischen sowie metaphorischen Implikationen bewußt zu machen. Dabei muß Kap. 13 Ausgangspunkt aller Überlegungen bilden. Denn F. Neirynck[73] hat überzeugend nachgewiesen: »The observation made before remains valid: The first presentation of ‚one of the disciples, whom Jesus loved' in 13,23 and its recollection in 21,20 do not recommend the search for an allusion to the Beloved Disciple in the Gospel before chapters 13 to 20«. Nichtsdestoweniger kann auch aus dem Kontext von Kap. 1-12 aufgezeigt werden, dass der Lieblingsjünger nicht unbedingt von Anfang an

---

69. BERGER, Anfang 96-106.
70. NEUGEBAUER, Aussagen 103-106.
71. CHARLESWORTH, Beloved Disciple 431-436. Die Liste von Jüngernamen ist so lang, wie es potentielle Kandidaten aus den Evangelien bzw. aus der frühchristlichen Papias-Tradition gibt. Diese Forschungslage sollte allein schon für die Auswegslosigkeit dieser Fragestellung sensibilisiert haben.
72. In 1,35-40 wird nur Andreas mit Namen genannt. Der zweite Johannesjünger, der Jesus folgte, bleibt anonym. Erst 13,23 weckt das Interesse an diesen Jünger erneut, weil ein aufmerksamer Leser sich hier an die Erstberufungsszene erinnern mag, deren Leerstelle er damals einfach überlesen hatte. Ebenso wird erst ein »andere« Jünger, der den Hohenpriester kannte (18,15), durch die Formulierung 20,2 »zu dem *anderen* Jünger, den Jesus liebte«, mit dem Lieblingsjünger identifizierbar. Auch in der Emmausperikope Lk 24,13-18 wird von zwei Jüngern nur einer bei seinem Namen genannt. Doch mißt dem Befund bislang niemand allzu große Bedeutung bei. Ebenfalls 19,35 vermag nicht eindeutig auf den gesuchten Lieblingsjünger zu verweisen, weil jener gemäß 16,32 auch unter die versprengten Jünger gezählt werden muß. Zudem setzt 19,27 voraus, dass der Lieblingsjünger die Mutter Jesu noch in seine Familie einführen muß. Deshalb hat er in der entsprechenden Szene als abwesend zu gelten. Außerdem steht ein so gewichtiges Zeugnis nur dem zu, der auch der synoptischen Tradition gemäß anwesend war: der Militär.
73. F. NEIRYNCK, The Anonymous Disciple in John I, in: DERS., Evangelica II. Collected Essays 1982-1991, BEThL 99, Leuven 1991, 617-649.648 = auch EThL 66 (1990) 5-37.36.

eine privilegierte Stellung im Jüngerkreis Jesu eingenommen haben muß, weil schon in Kap. 11 Lazarus und seine beiden Schwestern als Jüngerinnen charakterisiert werden, die Jesus ausdrücklich liebte[74]. Diesen Befund bestätigt anschließend noch einmal 15,15f[75], in denen Jesus alle, die von ihm erwählt sind, ebenfalls *Freunde*, d.h. Geliebte, nennt. Vor allem aber die generelle Überschrift 13,1-4a zum Abschiedsbericht Jesu von seinen Jüngern verbietet die Annahme einer exklusiven Vorzugsrolle eines einzelnen, weil dort explizit von der konsequenten Liebe Jesu zu *allen* Jüngern bis zum Tod gesprochen wird[76].

Die Einleitung von Kap. 13 weist den Leser einerseits auf Ereignisse zurück, die bereits geschehen sind, andererseits beschreibt sie diese auf eine Weise, dass sie als Indizien für den baldigen Beginn der Passion Jesu[77] gelten müssen. Denn Jesus weiß bereits um den Eintritt seiner »Stunde« (12,23). Er hat sie aus freien Stücken gewählt und mit seinem Vater abgestimmt, wie er es schon 10,17f. angesagt hatte: »Darum liebt mich mein Vater: Dass ich mein Leben einsetze, damit ich es abermals nehme. Keiner entreißt es mir, sondern selber — von mir aus — setze ich es ein. Ich habe Vollmacht es einzusetzen; und ich habe Vollmacht, es wieder zu nehmen«[78]. Außerdem war die Bereitschaft Jesu, sein Leben freiwillig einzusetzen, bereits vorher als ein ausdrückliches Zeichen der Zuneigung seinen Schafen gegenüber (10,15)[79] definiert worden. Denn er kündigte dies ausdrücklich an: »Mein Leben setze ich ein für die Schafe«. Aufgrund dieser Vorankündigungen wird dem Leser 13,1-4a nur eine knappe Zusammenfassung all dessen geboten, was er über das Ziel von Jesu Wirken wissen muß und soll: Jesus geht aus freien Stücken

---

74. HAENCHEN (engl.) II, 1984, 57.233f.236-238. Er meinte, dass die Lazarustradition den Redaktor angeregt hätte, die Figur eines von Jesus favorisierten Jüngers in sein Evangelium zu integrieren. Ähnlich argumentiert auch SCHNACKENBURG II 405.

75. Vgl. 6,70 mit 13,18c; 15,16.19. Das Erwählungsthema bindet die Aussagen so zusammen, dass man Kap. 15-17 nicht einfach als sekundäre Zutat ausscheiden kann. Auch dieser Hinweis macht es unmöglich, dem Lieblingsjünger gegenüber den anderen eine favorisierte Stellung einzuräumen. Er ist vielmehr eine Figur, an der der Autor exemplarisch bestimmte Dinge klarstellen will.

76. Die Sichtweise von Haenchen, der Lieblingsjünger werde anderen vorgezogen, besticht auf den ersten Blick, läßt sich aber am Text selbst nicht verifizieren und ist folglich zu pädagogisch, zu modern gedacht.

77. So auch BROWN II 549 und U. BUSSE, Die »Hellenenen«. Joh 12,20ff. und der sogenannte »Anhang« Joh 21, in: FS F. NEIRYNCK III, BEThL 100C, Leuven 1992, 2083-2100.2089.2095f.

78. Dazu vgl. U. BUSSE, Open Questions on John 10, in: J. BEUTLER / R.T. FORTNA (Hrsg.), The Shepherd Discourse of John 10 and ist Context, SNTS.MS 67, Cambridge 1991, 6-17.135-143.13f.

79. 10,15 muß zudem im Licht von 10,13 gelesen werden.

in den Tod. Dies sieht der Verfasser beispielhaft in der sich anschließenden Fußwaschungsszene illustriert. Ohne vorhergehende Absprache mit seinen Jüngern erhebt und gürtet sich Jesus, schüttet Wasser in ein Becken, um ihnen die Füße zu waschen. Ebenso wird er nicht von einem unkalkulierbaren Schicksal in den Tod gezerrt, sondern ganz im Gegenteil, er behält aufgrund seiner eigenen Initiative alles in der Hand. Die knappe Information V. 2, Satan habe Judas angestiftet, seinen Herrn zu verraten, überrascht folglich den Leser nicht mehr. Judas wird zum Handlanger von Ereignissen abgestempelt, die weder er, noch Satan, sondern Jesus allein steuert. Nur deren Dringlichkeit soll akzentuiert werden, weil sie Jesus zwingt, umgehend zu reagieren, um Herr der Situation zu bleiben. Dies wird emphatisch von ihm noch einmal 13,19 selbst formuliert: »Jetzt schon sage ich es euch, ehe es geschieht, damit ihr glaubt, wenn es geschieht, dass ich es bin«. Deshalb findet man auch recht bald schon einen diesbezüglichen Hinweis Jesu, wenn er nämlich Satan selbst auffordert, durch Judas *schnell* (V. 27) zu handeln, damit alles so geschieht, wie er es längst vorausgesehen hatte.

Auf solche Weise bereitet Jesus seinen Tod selbst vor. Wiederum findet sich dies bereits in der Überschrift V. 3 formuliert: »Er aber wußte, dass der Vater ihm alles in die Hände gegeben und dass er von Gott ausgegangen und zu Gott hingehe«. Indem er also sein Werk vollendet, wird für ihn die Rückkehr zum himmlischen Ausgangspunkt möglich: Er kehrt in seine Heimat, zu seinem Vater zurück. Mit dieser überlegt formulierten Überschrift hat der Erzähler programmatisch bereits die Inhalte der drei nachfolgenden Episoden miteinander verwoben. Er hat nämlich ihre Leitmotive bereits dort miteinander verknüpft: a. die Souveränität Jesu über sein gewaltsames Geschick, b. sein Lebenseinsatz für die Seinen und c. die daraus resultierenden Konsequenzen für jegliche Jüngerschaft. Sie bilden im Folgenden eine inhaltliche Einheit. Zusätzlich werden die drei Episoden, Fußwaschung, Jüngerbelehrung sowie Identifizierung des Verräters, negativ mit dem Verratsmotiv und positiv durch die aus Jesu Handeln resultierenden Konsequenzen für die Nachfolge der Jünger thematisch noch enger miteinander korreliert. Deshalb dürfen sie keineswegs separat gelesen werden, als wären sie losgelöste Einzelstücke, wie es bisweilen geschieht[80], sondern sie bilden eine untrennbare Handlungsabfolge mit einer gemeinsamen Intention.

---

80. So lesen manche 13,8.10.19 als Versatzstücke eines Verratsmotivs und 13,8.15. 16.20 als Teil einer Belehrung Jesu über wahre Jüngerschaft, die dementsprechend verschiedenen Quellenschichten zugewiesen werden.

Für die hier zur Diskussion stehende Doppelfrage ist besonders V. 18 relevant: »Nicht von euch allen rede ich. Ich weiß ja, welche ich erwählt habe. Doch sollte die Schrift erfüllt werden: Der mein Brot zu sich nimmt, hebt seine Ferse wider mich« (vgl. 6,70; 15,16.19). Hier gibt Jesus zu erkennen, dass Verrat und Erwählung für ihn unlöslich zusammengehören. Dieser Doppelaspekt wurde noch in kultischer Terminologie verschlüsselt bereits V. 10f. angesprochen. Denn dort wurde Rein und Unrein kontrastiert: Die Jünger sind mit Ausnahme des Verräters alle rein. Dieser Kontrast war auch schon zuvor, 6,64-71, ähnlich kombiniert thematisiert worden. Er wird bald darauf in der Abschiedsrede 15,16.19 noch einmal bedacht, um seine Bedeutung zu unterstreichen: Jesus hat zwar 12 Vertraute, aber nur elf sind ihm vom Vater gegeben. Dies alles ist ihm selbstverständlich von vornherein bekannt, so dass er vom Verrat des Judas nicht mehr überrascht werden kann.

Das Verratsthema als die Schattenseite ein und desselben Ereignisses bleibt in allen drei Einzelepisoden gleichmäßig virulent, um deren erzählerische Intention klar zu markieren. Zugleich muß in ihnen im Hinblick auf die — geschichtlich betrachtet — zukunftsoffene Erwählungsproblematik noch nicht jeder strittige Punkt schlüssig geklärt werden. Zwar stirbt Jesus aus Liebe zu den Seinen den Sklaventod, und fordert er sie deshalb schon vorher auf, untereinander genau das zu tun, was er für sie getan hat, aber all dies beschreibt nur die Binnenwirkung des Geschehens im Verhältnis Jesu zu seinen Jüngern. Sollte eine Außenwirkung dieses Binnenverhältnisses nicht in den Blick genommen sein? Ein erstes Indiz dafür liefert das resümierende Schlußwort der zweiten Szene: »Wahr, ja wahr ists, ich sage euch: Wer den aufnimmt, den ich ausgeschickt (vgl. 20,21) — mich nimmt er auf. Wer aber mich aufnimmt, nimmt den auf, der mich ausgeschickt hat«. Mit dieser Ankündigung wird ganz offenkundig auf die nachösterliche Sendung der Jünger angespielt. Denn eine Aussendung der Jünger zu Lebzeiten Jesu wie bei den Synoptikern kennt das Johannesevangelium nicht. Doch die Absicht und das Ziel, die Jesus mit der zukünftigen Aussendung der Jünger verbindet, bleiben hier noch unthematisiert, obwohl eine grundsätzliche Analogie zwischen dem Auftrag Jesu und dem der nachösterlichen Jünger erkennbar hergestellt ist.

Mit diesen Einsichten und offenen Fragen aus den beiden ersten Erzählepisoden tritt der Leser nun in die dritte (13,21-30) ein. Sie berichtet von der Art und Weise, wie der Verräter identifiziert wurde. Die Charakterisierung des Judas als ein vom Satan Besessener, der aber letztlich auf Jesu Geheiß hin handelt, erlaubt es dem johanneischen Jesus später (14,30) zu resümieren: »Ich werde nicht mehr viel mit euch reden. Denn es kommt der Anführer dieser Welt. Doch an mir vermag er nichts«, bzw. zum Schuß seiner Abschiedsrede (16,33) das knappe Fazit zu ziehen: »Ich habe die Welt besiegt!«. Aber die eigentliche Verifizierungsgeschichte (13,21-30) müßte doch auf irgendeine Weise auch das Erwählungsthema ansprechen, wie es bereits 6,64-71 wie 13,10f.18f. geschehen war. Doch dieser kompositionell geforderte Aspekt wird erst dem Leser wirklich dann klar, wenn die Perikope unter sozialgeschichtlichem Blickwinkel gelesen wird.

Aus einer solchen Perspektive muß zuerst die Frage geklärt werden, aus welchem Grund der Lieblingsjünger eingeladen wurde, an der Seite Jesu zu sitzen bzw. zu liegen. Allein schon die vorbereitete Sitzordnung könnte Rückschlüsse auf die Auswahlkriterien Jesu zulassen, die im nachhinein einem Jünger den Ehrentitel »Lieblingsjünger« verliehen hat. Auf diese Frage gibt die Parabel Lk 14,7-11 eine erste Antwort: »Als Jesus merkte, wie sie sich die ersten Plätze wählten, sagte er zu ihnen: Wirst du zu einer Hochzeit geladen, so lagere dich nicht auf den ersten Platz. Es könnte ein Ehrwürdigerer als du von ihm geladen sein. Und es kommt der dich und ihn geladen, und sagt zu dir: Mach diesem Platz! Dann wirst du voll Scham den letzten Platz einnehmen. Nein, wenn du geladen wirst, geh und laß dich auf dem letzten Platz nieder; damit der, der dich geladen, kommt und dir sagt: Freund, rücke höher hinauf! Dann wird dir eine Auszeichnung zuteil vor allen, die mit dir zu Tische liegen«. Für die bei Lukas vorausgesetzte Situation findet sich auch eine weitere Parallele bei Heliodor[81]: »Als wir zum Gastmahl eintrafen, ließ Theagenes [der Gastgeber] den Charikles [einen Tempelpriester und Philosoph] neben sich Platz nehmen und zeichnete ihm zuliebe auch mich aus«[82]. Die beiden zitierten Texte bekunden unabhängig voneinander, dass der Gastgeber in der Antike das Recht hatte und es auch regelmäßig in Anspruch nahm, seinen geladenen Gästen ihre Plätze zuzuweisen. Dabei scheinen sowohl die gesellschaftliche Stellung des Gastes als auch dessen Verhältnis zum Gastgeber entscheidende Kriterien[83] gewesen zu sein. Die erste Lektion also, die man aus dem Beispiel Lk 14,7ff. für ein besseres Verständnis von 13,23 lernen kann, ist der Hinweis, dass jeder, obwohl er sich selbst für klein und unbedeutsam hält, doch in einer Weise

---

81. Heliodor, Aithiopica 3,10; vgl. jüdischerseits die bei Bill. I 914f. zitierten Belege.
82. Vgl. auch Horaz, serm. II 8; Weitere Belege aus der jüdischen wie hellenistisch-römischen Literatur, die das Recht des Gastgebers, seinen Gästen Plätze anzuweisen, belegen, findet man in J. WETTSTEIN, Novum Testamentum Graece I, 1752, 751f.
83. Vgl. Petronius, satyr. 38.7 und 11; 57.2; Juvenal, Satiren 3.81-142; Arist. 182f.; siehe auch W. JONGMAN, The Economy and Society of Pompeii, DMAHA 4, Amsterdam 1988, 227f.

geehrt werden kann, dass er den Ehrenplatz neben dem Gastgeber und Hausherrn einnehmen darf. Da Jesus sich selbst für Sklavendienste nicht zu vornehm hält und aus diesem Grund von seinem Vater auch erhöht werden wird, wird er einem jeden den Platz neben sich anbieten, der ähnlich zu handeln bereit ist.

Die zweite sozialgeschichtliche Lektion, die gelernt werden muß, umfaßt eine weitere Erkenntnis, dass Jesus nämlich als Gastgeber das Recht hat, die Sitzplätze nach eigenem Gutdünken zu verteilen. Dabei spielt der Ehrensitz neben ihm und zumal in einer für Jesus so bedeutsamen Stunde eine exquisite Rolle. Daher impliziert der Sitzplatz, den der Lieblingsjünger einnimmt, eine Auszeichnung, die er Jesus allein verdankt. Denn dieser wird den Ehrenplatz einer solchen Stunde gemäß nur an jemanden vergeben haben, der ihm in dieser Situation besonders nahe stand[84]. Außerdem ist es das letzte Mahl Jesu mit seinen Jüngern. Dieses wird aus johanneischer Sicht erst nach dem Fortgang des Verräters in die »Nacht« hinaus (V. 30) zum »Abendmahl«. Deshalb drängt sich die Frage besonders auf, warum gerade einem anonymen Jünger der Ehrenplatz von Jesus zugewiesen wird. Diese Frage läßt sich aus den Hinweisen in Kap. 13 allein nicht beantworten. Wichtig bleibt fürs erste nur die Erkenntnis, dass Jesus selbst ihm den Ehrenplatz neben sich angeboten hat. Er trägt also mit vollem Recht den vom Erzähler gewählten Namen »der Jünger, den Jesus liebte«. Deshalb scheint der Erzähler nicht nur die Fußwaschung, sondern auch die Ehrenplatzvergabe an einen unbekannten Jünger als ein weiteres »Beispiel« (V. 15) betrachtet zu haben. Denn dieser, der in eine solch exklusive Position neben Jesus gelangte, wird zusätzlich noch dadurch privilegiert, dass er vertrauliche Gespräche mit ihm führen und dabei intime Einzelheiten erfahren darf, die für alle Gäste von besonderem Informationswert gewesen sein dürften.

Das sah Petrus eben so. Deshalb bittet er ja den Lieblingsjünger auch, Jesus nach dem Namen des Verräters unter ihnen zu fragen. In der Tat verrät Jesus diesem auch das exakte Erkennungzeichen, mit dem man den Verräter eindeutig identifizieren kann. Aber im entscheidenden Augenblick versagt der Lieblingsjünger wie alle anderen Anwesenden auch, Judas als den Verräter zu enttarnen. Deshalb gibt die Situationsschilderung gerade dem nachösterlich positionierten Leser einen entscheidenden Hinweis, wie er das merkwürdige Geschehen deuten soll. Es wird nämlich

---

84. Man denke nur an die Hauptperson in Petronius, Satyricon, die den bezeichnenden Namen Enkolpius (d.h. frei übersetzt »Busenfreund«) trägt, um dessen intensives Liebesleben schon im Namen anzudeuten.

ausdrücklich (V. 25) angemerkt, dass der Lieblingsjünger, der vorher seinen Kopf im Schoß Jesu betten durfte, sich in dieser Situation aufrichtete, ihn nun an die Brust Jesu legte und diesen aus der neuen Position heraus nach dem Verräter fragte. Der auffällige Hinweis erinnert den Leser unmittelbar an das, was von Jesus selbst 1,18 ausgesagt worden war: Er, »der im Schoß des Vaters gelegen, hat Kunde gebracht«. Doch die anfänglich Jesus zum Abschluß des Bekenntnisteils des Prologs zugesprochene Tätigkeit eines Botschafters Gottes steht für die Jünger gänzlich unter österlichem Vorbehalt — wie man bald lesen wird —, weil ihr Bekenntnis bekanntlich (vgl. 1,35-2,11) erst Frucht des Ostergeschehens ist. Aus diesem Grund ist der verdeckte Hinweis auf die zukünftig vorgesehene Aufgabe der Jünger in diesem Abschnitt für den Rezipienten unüberlesbar: Sie werden ihn zu gegebener Zeit als den Sohn Gottes öffentlich bekennen, bezeugen und verkünden (20,31).

Gerade die bewußt aufrechterhaltene Spannung zwischen Erwählung und Verrat unterstellt auf der Erzählebene, dass Jüngerschaft immer auch Verrat, Verleugnung und Unglaube in vielerlei Schattierungen implizieren kann. Um diese Tatsache weiß nur Jesus im voraus und kennt bereits unter seinen Anhängern diejenigen, die ihm gegenüber zum Verräter bzw. Verleugner werden. Diesen Aspekt hatten bereits 6,60-71 sowie Kap. 13 in Gestalt von Judas und Petrus offengelegt. Er wird in der Verleugnungsszene Petri (18,15-18.25-27) erneut thematisiert werden. Ob aber auch der Lieblingsjünger davon betroffen sein kann, ist zwar möglich, aber höchst unwahrscheinlich, da dieses die gerade gewonnene Auszeichnung verbietet. Trotzdem unterliegt er wie alle anderen Jüngern den Gesetzen der Unkenntnis bzw. des Mißverständnisses (V. 28), bis im österlichen Glauben die Schrift ihnen (vgl. 2,22; 7,39; 13,7; 16,4; 20,9[85]) die Jesusgeschichte umfassend erschließt, die vorher allen verschlossen schien.

Insofern ist es durchaus erzählerisch konsequent, wenn der Jünger, den Jesus liebte, einige Kapitel später in einer bezeichnenden Szene 19,25-27[86] erneut erwähnt wird. Diese Passage vermag einige Fragen zu beantworten, die in Kap. 13 unbeantwortet geblieben waren. Mit vollem Recht

---

85. Textgemäß versteht der Lieblingsjünger ebenso wenig in 20,9 wie Petrus die Schrift. Diese Tatsache verbietet es m.E., Petrus ihm untergeordnet zu betrachten.

86. Den »anderen« Jünger, der zwischenzeitlich in 18,15 erwähnt wurde, mit dem Jünger, den Jesus liebte, zu identifizieren, fällt dem Leser schwer, da er gegen die Leserichtung erst aus 20,2 auf jenen zurückschließen müßte, weil dort der Lieblingsjünger als der »andere« Jünger bezeichnet wird, den Jesus liebte. Auch ist es schwer nachvollziehbar, dass er Zugang zur hohenpriesterlichen Familie gehabt haben soll. Normalerweise hat Jesus seine engsten Anhänger nicht aus diesen Kreisen rekrutiert.

wird diese eindrucksvolle Szene unter dem Kreuz üblicherweise als letzte Großtat Jesu[87] vor seinem Tod gedeutet. In seiner letzten Lebensstunde denkt er noch an das bedauernswerte Geschick seiner Mutter, die er unversorgt hinterläßt. Deshalb unterstellt er sie der Fürsorge seines Jüngers, den er liebte. Dieser akzeptiert bereitwillig die ihm zugewiesene Rolle wie auch die Pflichten eines erstgeborenen Sohnes. An seinem beispielhaften Verhalten kann der Leser nun endlich ablesen, aus welchem Grund Jesus, der doch die Herzen seiner Jünger kennt, ihn bereits vorher ausgezeichnet hat.

Aber ein moderner Leser kann auch die Schilderung der Szene vom Lieblingsjünger unter dem Kreuz erst dann adäquat nachvollziehen, wenn er in den Stand versetzt wird, sie mit den Augen antiker Menschen zu lesen. Dann wird ihm nämlich klar, dass der Lieblingsjünger nicht nur die Rolle eines Erstgeborenen, sondern zugleich auch die Pflichten der anderen Brüder[88] Jesu (2,12; 7,1-13) übernimmt, die wegen ihres Unglaubens der Fürsorgeverpflichtung entbunden sind. Die Pflicht, den Eltern behilflich zu sein, wird nicht nur im 5. Gebot des Dekalogs eingeklagt[89], sondern ist auch ein fester Bestandteil hellenistischer Ethik. Bereits ein Paragraph im Gesetz des Solon[90], dem berühmten athenischen Gesetzesreformer (ca. 640 v. Chr.), trägt den Titel »Schlechtes Verhalten gegenüber Eltern« (γονέων κάκωσις)[91]. Es schreibt auch die Strafen exakt vor, zu denen Kinder verurteilt werden können, die ihren Fürsorgepflichten[92] den Eltern gegenüber nicht nachkommen. Wer seine Eltern schlägt, sie nicht ernährt und kleidet[93], sie vom Familienleben ausschließt und ihre

---

87. SCHNACKENBURG III 319-328 gibt einen Überblick über die verschiedenen Interpretationsmodelle.

88. C. DIETZFELBINGER, Der ungeliebte Bruder. Der »Herrenbruder« Jakobus im Johannesevangelium, ZThK 89 (1992) 377-403, hat vorgeschlagen, die Szene unter dem Kreuz sei als ein Verdikt gegen Jakobus, den Herrenbruder, gedacht. Dieser sei in der johanneischen Gruppe so unbeliebt gewesen, dass der Autor die Szene eingefügt habe, um ihn aus deren Gedächtnis zu löschen. Eine solche historische Spekulation übersieht die literarische Funktion der Episode. Sie will die Wahrheit der Dichtung durch die Wahrheit der Historie ersetzen.

89. Das Gebot wird u.a. eingeschärft von Jos., c. Ap. 2,206; Philo, Hypothetica in: Euseb, praep. ev. 8,7.1-9; PsPhokylides 47.

90. Lycophron 147; vgl. W.M. LATEY, Die Familie im antiken Griechenland, 1983, 118.159.171; R. FLACELIERE, Griechenland, 1977, 112f.; R.P. SALLER, Familia, domus, and the Roman Conception of the Family, Phoenix 38 (1984) 336-355; B.M. RAWSON (Hrsg.), The Family in Ancient Rome: New Perspectives, New York 1986.

91. Ebenso Plat., leg. 931a-e; Xen., mem. 2,2,13.

92. Juristische Exaktheit erfaßt in einem Spezialterminus die ins Auge gefaßte Situation: γηροτροφεῖν = »Altenspeisung«: vgl. W. WYSE, Isaios. The Speeches of Isaeus with Critical and Explantory Notes, Cambridge 1904, 219ff.

93. Vgl. Aristophanes, Die Wespen 729-759.1004-1006.

Gräber nicht pflegt, verliert seine Bürgerrechte[94] und darf die Tempel der Stadtgottheiten[95] nicht mehr betreten. Als Ergebnis der gewonnenen Einsichten in die antike Familienfürsorge können zwei besondere Details, die speziell für 19,25-27 relevant sind, festgehalten werden:
1. Die Sorge für die Mutter wird hier von einem Adoptivsohn und nicht von den leiblichen Geschwistern Jesu übernommen. Der Lieblingsjünger nimmt sie in seine Familie[96] auf. Weil nach 7,1-13 seine eigenen Geschwister nicht an ihn glauben, legt Jesus mit einer wohlüberlegten Adoptionsformel[97] das Wohlergehen seiner Mutter in dessen Hände[98]. Damit wird dem Leser im Rahmen einer exemplarischen Situation nicht nur narrativ die Bedeutung und bleibende Aktualität des neuen Gebots Jesu von der gegenseitigen Liebe vor Augen geführt, sondern zugleich beendet Jesus auch sein irdisches Wirken mit einer Liebestat, die seine Ansage (13,1ff.), er wolle die Seinen bis zum Ende lieben, in allen Punkten (vgl. 19,28-30) bewahrheitet.
2. muß generell an die programmatische Ansage 1,11-13 erinnert werden, die denjenigen, die Jesus *aufnehmen*, die Gotteskindschaft versprach. Indem der Lieblingsjünger die Mutter Jesu in seine Familie *aufnimmt*[99] — sie soll nicht von den leiblichen, aber ungläubigen

---

94. So Andocides I 74.
95. Plat., leg. 881d.
96. Mit Blick auf 1,11 sollte die Wendung »in sein Eigenes« eine Gemeinschaftsform benennen. Da hier nur der Lieblingsjünger genannt wird, kann nicht Israel als Eigentumsvolk, sondern nur dessen Familie, die damals keine »Kleinfamilie« war, gemeint sein.
97. Es muß hier an die Ausführungen von Arist., EN 8.1-12, erinnert werden, der die Familienbindung als die Grundlage jedes Sozialverhältnisses, besonders der Freundschaft, darstellt. Letztere ist im Johannesevangelium von besonderer Bedeutung. Man vergleiche zu diesem Punkt auch die später zu datierende Geschichte, die ein gewisser Menesipp in Lukian von Samosata, Toxaris vel amicitia 22f., erzählt: Der arme Eudamidas habe in seinem Testament einem seiner beiden begüterten Freunden, Aretaios, die Versorgung seiner alten Mutter anvertraut, und dem anderen die standesgemäße Versorgung seiner Tochter. Über dieses in ihren Augen skurrile Testament spotteten die Leute, aber die so Bedachten setzten den letzten Willen ihres Freundes in die Tat um! Der Ausgang der Story wirft ein bezeichnendes Licht auf die Bedeutung der Freundschaft in der Antike: »Indessen kamen die beiden Erben, denen diese Vermächtnisse hinterlassen worden waren, sobald sie die Nachricht davon bekamen, unverzüglich, um sich in den Besitz derselben setzen zu lassen. Und da Charixenus den Erblasser nur fünf Tage überlebte, so übernahm der edelgesinnte Aristaios beide Anteile des Vermächtnisses, ernährte die Mutter, und versorgte das Mädchen, indem er von fünf Talenten, die er hatte, zwei seiner eigenen Tochter und zwei der Tochter seines Freundes zur Mitgift gab, und die Hochzeit an einen Tag ausrichtete.«
98. Dies ist ein wichtiger Hinweis auf das Sozialverhalten der johanneischen Gemeinde: Sie trennt Gläubige von Ungläubigen, weil sie mitten in der Welt doch nicht aus ihr sind.
99. Der in 19,35 erwähnte Zeuge kann nicht der Lieblingsjünger sein, da dieser Maria in seine Familie aufgenommen hat. Das setzt seine Heimkehr voraus und deckt sich so mit

Geschwistern Jesu versorgt werden —, hat Jesus zugleich auch das Fundament für die neue Glaubensfamilie gelegt, in der die Gotteskinder zukünftig leben sollen.

In diesem tieferen Sinn klärt sich das noch offene Problem nach dem wahren Grund für die Wahl eines Lieblingsjüngers weiter auf: Der bewußt anonymisierte Jünger, der erst relativ spät in der Erzählhandlung auftritt, ist vom johanneischen Jesus auserwählt worden, um den symbolischen Repräsentanten der eschatologischen Familie Gottes darzustellen, die im Lebenseinsatz und in der Auferstehung Jesu gegründet wurde. An den einzelnen Charakterisierungen des Lieblingsjüngers sollte der Leser folglich ablesen: Jesus hat diesen mit dem Ehrenplatz neben sich ausgezeichnet, damit er — besonders vertraut informiert — in Zukunft über alles Auskunft erteilen, in seiner Familie die Basisgemeinschaft der Gotteskinder[100] darstellen, und so als ideale Identifikationsfigur für den Leser dienen kann.

Aus dieser Perspektive kann eine besondere Bedeutung für sein Auftreten im Abschlußkapitel 21 nicht weiter überraschen. Obwohl noch vom österlichen Vorbehalt bestimmt, hatten bereits 13,28 wie 20,8 signalisiert, dass der Lieblingsjünger die von Jesus gesetzten »Zeichen« spontan (vgl. 2,11) durchschauen werde. Aber bis zum Schluß von Kap. 20 verhält er sich exakt so wie Petrus, Martha und Thomas, die allesamt dem Vollsinn der Schrift hinsichtlich Jesus und seiner Auferstehung bis zu dem von diesem festgesetzten Zeitpunkt unverständig gegenüberstehen. Erst 21,7 löst der Lieblingsjünger die äußerst schwierige Transferaufgabe. Aus der Tatsache eines übervollen Netzes, die er auf den Befehl des Fremden am Ufer (V. 5) zurückführt, noch einmal zum Fischen hinauszufahren, schließt er auf Jesus zurück und leitet daraus konsequent dessen Identität ab. Mit dieser theo-logischen Denkleistung hat er zu erkennen gegeben, dass jedenfalls er schon in der Lage ist, selbständig die Zeichen Jesu im Glauben zu lesen und so Petrus zu animieren, kopfüber das Boot eilends zu verlassen. Damit bietet er sich als der ideale Repräsentant der österlichen Erstzeugen an, der theologisch derart kompetent ist, diese Bekenntnis- und Zeugenschrift, d.h. das Johannes-Evangelium, zu schreiben. Deshalb endet auch das vierte Evangelium mit einem gezielten Rückverweis auf die definitiven Grundlagen seiner Qualifikation: Er ist von Jesus zu

---

der Ankündigung Jesu 16,32, alle Jünger würden nach Hause zurückkehren und ihn in seiner letzten Stunde alleinlassen.

100. Vgl. D. RUSAM, Die Gemeinschaft der Kinder Gottes. Das Motiv der Gotteskindschaft und die Gemeinde der johanneischen Briefe, BWANT 133, Stuttgart 1993, 105ff.

Beginn seiner letzten Stunde mit einem Ehrenplatz ausgezeichnet worden, weil Jesus vorausschauend seine intellektuellen Fähigkeiten kannte. Aus diesem Grund ist er besonders begabt und berufen, ein Osterevangelium zu schreiben, zumal er den Auferstandenen von allen als erster selbständig erkannt hat. Deshalb unterstützen ihn die Erstzeugen in allen Punkten, indem sie gemeinsam seine »Wahrheit« mit einem Leben in der Nachfolge (wie Petrus[101]) bezeugen.

Obwohl die Ausleger sich mehrheitlich den Kopf zerbrochen haben, mit welchem historischen Jüngernamen sie den im ganzen Evangelium anonym bleibenden Lieblingsjünger verbinden könnten, lenken alle ihre Lösungsvorschläge von der eigentlichen Aufgabe eines Exegeten ab, den Text für sich selbst sprechen zu lassen. Ob nun der Lieblingsjünger eine reale historische Jüngerpersönlichkeit aus dem Kreis der Zwölf gewesen ist, die das vierte Evangelium am Ende eines langen Lebens verfaßt hat, um sein authentisches Wissen über die Jesustradition aus der Perspektive eines Greises auszubreiten, oder ob der Lieblingsjünger — in Umkehrung der vorigen Position — eine literarische Fiktion im Rahmen der neutestamentlichen Pseudepigraphie ist, zu der sich der eigentliche Erzähler, der sich 21,25 zu erkennen gibt, geflüchtet habe, um sich und seine eigenwillige theologische Sichtweise der Jesustradition vor innerchristlichen Angriffen zu schützen oder ob man drittens — zwischen den beiden ersten extremen Positionen vermittelnd — meint, es gäbe hier nur jemand vor, der Lieblingsjünger habe mit klar formulierter Legitimierung von weiteren Zeugen das vierte Evangelium verfaßt, weil er das Wirken Jesu aus einer exzellenten Position miterlebt, an allen zentralen Ereignissen (Berufung, letztes Mahl, Kreuzigung, Grabbesuch und Ostererscheinungen) teilgenommen, aber es für unwichtig gehalten habe, seinen wahren Namen zu nennen. Vielmehr sei er bescheiden hinter den Inhalt seines Evangeliums zurückgetreten und habe sogar das Mißverständnis über seine angebliche Unsterblichkeit (21,23) im Buchschluß noch ausgeräumt: Alle diese Denkmodelle und Hypothesen verlassen unweigerlich dann die Textbasis, wenn sie sich am Rätselraten um die historische Identität dieser Figur beteiligen[102]. Von dem Moment an argumentieren sie zumeist apologetisch bzw. historistisch und nicht mehr theologisch, wie es aber der Text unbezweifelbar seit dem Prolog nahegelegt hat.

---

101. Petrus hat die Nachfolge, das Thema des Schlußkapitels, exemplarisch vorgelebt. Sie gehört seit 1,35ff. zur unaufgebbaren Vorgabe des gesamten vierten Evangeliums. Ohne ihre nachösterliche Bedeutung thematisiert und in das schriftliche Zeugnis des Lieblingsjünger aufgenommen zu haben, wäre es unvollkommen geblieben.

102. Die Kritik von THYEN, Palimpsest 2044 Anm 48, 2048f und bes. Anm. 63, ist überaus berechtigt. Die historische Fragestellung wird sich niemals mehr lösen lassen.

Deshalb wurde hier methodisch ein anderer Weg eingeschlagen und das literarische Phänomen des Lieblingsjüngers auf sozialgeschichtlichem Weg funktional gelöst. Indem der Autor des vierten Evangeliums diese literarisch fiktionale Figur schuf, schuf er sie aus dem Interesse, in ihr das Selbstverständnis der johanneischen Glaubensgemeinschaft identifikationsgerecht zu personalisieren:

1. Sie weiß sich wie der Lieblingsjünger im Text von Jesus erwählt, d.h. sie ist geschichtsbewußt und kennt und schätzt ihr Woher.
2. Sie lebt in der Nachfolge Jesu und versucht wie die bewußt anonymisierte Identifikationsfigur des Jüngers, den Jesus liebte, gemäß seinen Vorgaben praktisch zu leben, indem sie kreativ — nicht jenen imitierend — in Wort, Tat und Schrift die Wahrheit und das eschatologische Gewicht des Jesusereignisses bezeugt.
3. Sie weiß sich von Jesus nicht allein gelassen, weil sie wie dieser die von Jesus gesetzten Zeichen in ihrer eigenen Zeit zu lesen gelernt hat.

Deshalb sind alle Antworten auf die Frage nach der historisch verifizierbaren Identität des Lieblingsjüngers aus johanneischer Sicht vergeblich. Vielmehr sollte die Antwort pragmatisch lauten: Jeder von Jesu erwählte Erstjünger könnte es gewesen sein. Das literarische Spiel[103] mit dieser Figur soll nämlich den Leser ermuntern, sich mit ihm zu identifizieren, indem er sich zukünftig so verhält, dass auch ihm der Ehrensitz von Jesus hätte angeboten werden können. Alle darüber hinausgehenden, historistischen Fragen lenken vom angestrebten Ausssageziel ab: Der Leser soll das Verhalten der Figur auf sich beziehen und eigenständig kreativ bestrebt sein, durch sein Zeugnis von Jesus ebenfalls situativ favorisiert zu werden. Dies allein ist die Intention jeglicher Nachfolge Jesu. Deshalb stellt der Erzähler in der Erzählfigur des »Lieblingsjüngers« das Paradigma des Erwählten dar. — Lit. s.u. S. 511-513

2. Die Rolle der »Juden« im Diskurs und in der Metaphorik

Umgekehrt proportional zum mangelnden Interesse, die im Evangelium angesprochenen Aspekte antiker gesellschaftlicher Bedingungen und Lebenswelten für die Interpretation zu nutzen, war es vielen Auslegern

---

Es ist mir auch völlig unklar, was sie für das Verständnis des Textes erbringen soll. Sie ist und bleibt apologetisch und wird nur vom Zweifel an der theologischen Integrität und Legitimität des vierten Evangeliums getragen.

103. Gerade die Anonymität des Vorbildes akzentuiert nicht so sehr dessen Nachahmung, sondern vielmehr das Erfordernis einer individuell gestalteten Nachfolge, die sich unter neuen Umständen kreativ bemüht, der Sache Jesu so gerecht zu werden wie ihr damals der Lieblingsjünger gerecht geworden war.

über Jahrhunderte besonders wichtig, den naiven Ersteindruck eines Lesers zu bestärken, die Werkintention des vierten Evangeliums sei überwiegend antijüdisch und ziele auf eine Verdrängung bzw. Substitution des Judentums durch das Christentum ab. Im Text ebenfalls verankerte Gegenargumente wurden hingegen wenig beachtet. Obwohl in ihm aus der Schrift zitiert bzw. auf sie angespielt wird, obwohl diejenigen, die Jesus durchbohrt haben, zu ihm, ihrem Retter, aufschauen werden (vgl. 19,37 [Sach 12,10] mit 3,14 [Num 21,4-9; Is 11,10-12]), obwohl die Wallfahrer im Unterschied zur synoptischen Darstellung Jesus vor seinem letzten Passa in Jerusalem willkommen heißen (12,12-19), obwohl sogar klar beteuert wird, dass »die Rettung aus den Juden kommt« (4,22) und obgleich zu Beginn der Erzählhandlung bereits von »den Juden« (1,19ff.) wenigstens einer der drei großen eschatologischen Hoffnungsträger Israels fern jeglicher böser Absicht gesucht wird, ohne dass jedoch die Jerusalemer Leitungseliten ihn mangels geeigneter Identifikationskriterien finden können, trotz all dieser — eingestandenerweise quantitativ geringen — positiven Aussagen über „die Juden"[104] in der Erzählhandlung, wird seit der Aufklärung in der Auslegungsgeschichte des vierten Evangeliums zumeist ein generell negatives Bild von diesen gezeichnet und ihm insgesamt eine stark antijüdische Tendenz unterstellt. Gerade diese Grundstimmung belege in der harschen Auseinandersetzung mit »den Juden« in Kap. 7-10, dass das johanneische Christentum sich vom Judentum getrennt habe und fortan diesen Trennungsschmerz auf eine aggressive Weise verarbeite. Für diese Position sind die positiven Aussagen über das Judentum zumeist unkorrigiert gebliebene literarische Bruchstücke einer mehr positiven Einstellung ihm gegenüber aus früherer Zeit.

Hingegen stehen die Exegeten, die das johanneische Christentum noch im Rahmen des Judentums verortet sehen, argumentativ vor der schwierigeren Aufgabe, ihre Position gegen eine offensichtlich massiv gegenläufige Textevidenz zu verteidigen.

Im Folgenden soll versucht werden, gerade die zuletzt skizzierte schwächere Position mit neuen und alten Argumenten zu stützen. »Die Juden« sind nämlich analog zu dem oben bereits angesprochenen »Lieblingsjünger« fiktional eine für das Verständnis des Evangeliums wichtige Diskurs- bzw. Identifikationsfigur des Autors, die jedoch nicht erst beim »langen« Abschied Jesu für den Leser Kontur gewinnt, sondern schon frühzeitig zusammen mit den Pharisäern als Leitungselite eine zentrale

---

104. Vgl. nur die ersten Jünger, die Jesus suchen, bei ihm bleiben und trotz vieler Mißverständnisse glauben, aber auch der Blindgeborene, der loyal zu seinem Heiler steht, können als weitere Beispiele angeführt werden.

Oppositionsrolle übernimmt. Diese die Erzählhandlung mitbestimmenden Figuren bilden für den Rezipienten wesentliche Orientierungspunkte, an deren Einordnung in Hoch- bzw. Tiefpunkten seiner Sympathieskala er nur den Grad seiner eigenen Verwurzelung im Glauben ablesen soll. »Die Juden« bilden so das Anti-Paradigma zum Paradigma »der Erwählten«. Um dieser Diskursfigur adäquater als in der bisherigen Auslegungsgeschichte gerecht werden zu können, wird besonderer Wert auf die für »die Juden« verwendete Metaphorik zu legen sein. Zuvor sollte jedoch die Auslegungs- und Wirkungsgeschichte des Anti-Paradigmas dargestellt und bedacht werden.

a. Exkurs: »Die Juden« in der Auslegungsgeschichte

Seit im 18. Jahrhundert das Projekt der Aufklärung sich zur Aufgabe machte, die menschliche Vernunft als den wahren Offenbarungsort Gottes zu etablieren, suchte man auf unterschiedliche Weise nach einer vernünftigen Religion[105], die frei von dogmatischen Verhärtungen[106] und Mythologeumena sein sollte. Wie selbstverständlich wurde nun das vom Ballast befreite Christentum zu der alle Religionen überragenden vernünftigen wie natürlichen Religion, die vor allem die altersschwache jüdische Gesetzesreligion nach den Regeln religionsgeschichtlicher Evolution abgelöst und universal ersetzt habe. Schon bei *Lessing*[107] zeigt sich — zwar noch unausgeführt — bereits die weitere Entwicklung der Forschung. Seine historische Betrachtungsweise nahm zum Ausgangspunkt, dass »die jüdische Religion [...] sich 1) weit von ihrer Lauterkeit, 2) von ihrer Einigkeit entfernt« habe. Dementsprechend wird bei J.G. *Herder* das vierte Evangelium zur Schrift mit dem besonderen Gütesiegel »Einfalt in tiefer Bedeutung«[108], deren Gold »nicht mit schlechten Metallen vermischt« sein will; ... ja sein Symbol der Christenheit ist unfähig irgend einer Sekte. Licht bleibet Licht, wohin es auch scheine... Welche schöne Lichtgestalt aus den Trümmern Palästina's wird uns in ihm hervorgehn!«. Es kann nicht mehr überraschen, wenn für Herder in der anschließenden Auslegung »Sein Jesus [...] aber kein Jude« ist, »sondern Christus der Weltheiland«[109]. Damit verknüpft findet sich bereits die historische Versicherung, dass sich das Christentum bei der Abfassung des Evangeliums bereits vom Judentum gelöst habe.

Dieser Ansatz sollte für einen Großteil der Exegeten bis heute bestimmend bleiben. So sah im Übergang vom 18. zum 19. Jahrhundert F. *Schleiermacher*[110]

---

105. Vgl. u.a. H. REIMARUS, Apologie oder Schutzschrift für die vernünftigen Verehrer Gottes, Frankfurt 1972.
106. Vgl. G.E. LESSING, Anti-Goeze, in: DERS., Werke VIII, München 1979, 21-379.
107. G.E. LESSING, Über die Entstehung der geoffenbarten Religion, in: DERS., Werke VII, München 1976, 282-283; und DERS., Von der Art und Weise der Fortpflanzung und Ausbreitung der christlichen Religion, a.a.O., 283-285.
108. Damit eröffnet J.G. HERDER das programmatische Vorwort zu seinem Johanneskommentar »Von Gottes Sohn, der Welt Heiland«, Riga 1797.
109. HERDER, s. Anm. 108, 265 und die dortige Anmerkung; Dieses Urteil wird jedoch auf S. 300 ein wenig abgeschwächt.
110. F. SCHLEIERMACHER, Das Leben Jesu. Vorlesungen an der Universität zu Berlin im Jahre 1832, K.A. RÜTENIK (Hrsg.), Berlin 1864, 399-404.

das johanneische Christusbild, das für seine Theologie maßgeblich war, von der Synagoge weit entfernt. Dadurch habe es einen höheren theologischen Wert als jene gewonnen. Bald darauf betrachtete *Bretschneider*[111] u.a. aufgrund der distanzierenden Ausdrucksweise des Evangelisten, der vom »Passa der Juden« sowie »in eurem Gesetz« etc. sprechen könne, der zudem die jüdischen Gebräuche seinem Leser erkläre, die Etymologie des Siloahteichs falsch bestimme, den Evangelisten als Heidenchrist, dem Judentum vollkommen entfremdet. Bestimmend für diese Einschätzung der Textlage wurde aber erst die Tübinger Schule um F.C. *Baur*[112]. Dieser griff die Analyse der »Juden«-Formeln im Johannesevangelium seines Schülers *Fischer*[113] auf, zusätzlich bestärkt durch die zentrale These eines weiteren Schülers, K.R. *Köstlin*[114], der als die johanneische Grundidee annahm, »dass das Christenthum die absolute Religion sei, u.z. im Gegensatz gegen das Judenthum und Heidenthum«. Daraus zog er das Resümee, »dass der göttlichen Größe und Herrlichkeit Jesu gegenüber der Unglaube der Juden, in seinem steten Conflict mit ihr, die durch das Ganze sich hindurchziehende Grundidee ist«. Für ihn erschien »der völlige Bruch des Judenthums mit dem Christenthum als eine entschiedene Thatsache«[115]. Damit ist für ihn[116] das Christentum als die wahre Religion an die Stelle der jüdischen getreten. Seine

111. C.T. Bretschneider, Probabilia de Evangelii et Epistolarum Joannis, apostoli, indole et origine eruditorum judiciis modeste subjecit, Leipzig 1820, 91-100.
112. F.C. Baur, Kritische Untersuchungen über die kanonischen Evangelien, ihr Verhältniß zu einander, ihren Charakter und Ursprung, Tübingen 1847.
113. Fischer, Ueber den Ausdruck Ιουδαιοι im Evangelium Johannis. Ein Beitrag zur Charakteristik desselben, TZTh 1840, 96-133; Dieser faßt seine Erkenntnisse auf S. 133 zusammen: Johannes verfolge von einem heidenchristlichen Standpunkt aus die Absicht, »die Juden im Ganzen Jesu gegenüber recht tief zu erniedrigen.... Denn, um es mit Einem Worte zu sagen, so entsetzlich borniert, wie sie bei Johannes erscheinen, können jüdische Schriftgelehrte und Volksobere nicht gewesen seyn«. Bzw. auf S. 112 kann er weiter ausführen, dass »der Unglaube [...] ihr Grundcharakter« ist. — Baur (Anm. 112) zitiert ihn zustimmend S. 317f. und faßt sein Urteil entsprechend so zusammen: Das vierte Evangelium »versuche das ganze Verhältniß des Judenthums zu dem Christenthum unter einen allgemeinen, durch eine höhere Weltsicht bedingten Gesichtspunkt zu stellen« (S. 318f.).
114. K.R. Köstlin, Der Lehrbegriff des Evangeliums und der Briefe Johannis und die verwandten neutestamentlichen Lehrbegriffe, Berlin 1843, 30; Bestimmend wird auch dessen Behauptung auf S. 53f. werden: »Joh. unterscheidet also zwei Bestandtheile des Judenthums, die bestehende mosaische Religion und die auf das Christenthum hinstrebende Prophetie. Jene wird schlechthin verworfen, diese findet in der neuen Religion eine Erfüllung... die durch Abraham und Jesaia repräsentirte Prophetie dagegen ist vom Judenthume völlig ausgeschieden, sie ist ein Christenthum mitten im Judenthum, da sie nach Johannes nicht an Gott überhaupt, sondern (S. 54) an Jesus Christus geglaubt hat... so ist dem Christenthume sowol seine Kontinuität mit dem ihm vorangehenden geschichtlichen Vorbereitungen als auch sein Character als der einzig wahre, alle andern ausschliessenden Religion gesichert«.
115. Baur (Anm. 112) 319; vgl. A. Hilgenfeld, Die johanneische Theologie und ihre neueste Bearbeitung, ZWTh 6 (1863) 96-116.214-228.219: »Die joh. Theologie sieht auf die kosmische Gesetzes-Religion von der Adler-Höhe eines über alles Kosmische erhabene Bewusstseins herab« bzw. H. Spaeth, Nathanael. Ein Beitrag zum Verständnis der Composition des Logos-Evangeliums, ZWTh 11 (1868) 168-213.309-343.202 Anm.; bis hin zu W. Bousset, Art.: Johannesevangelium, RGG III, ¹1912, 608-636.627.
116. Baur (Anm. 112) 273.

Einschätzung des Verhältnisses zwischen Judentum und Christentum im Johannesevangelium wurde zu einem »Auslegungsdogma«, dessen Spuren[117] und Auswirkungen man bis in die Gegenwart ausgezeichnet verfolgen kann.

117. Einige Belege aus den auf Baur folgenden ca. 150 Jahren können dies in Auswahl gut belegen: B. BAUER, Der alttestamentliche Hintergrund im Evangelium des Johannes, ZSpTh 1/2 (1836) 158-206; sowie DERS., Rez.: A. THOLUCK, Die Glaubwürdigkeit der evangelischen Geschichte zugleich eine Kritik des Lebens Jesu von Strauß, Hamburg 1837, ZSpTh 2 (1837) 405-425, beklagte dort noch, dass man es verlernt habe, im NT seinen Hintergrund, das AT, zu sehen. DERS. wird später in »Kritik der Evangelien und Geschichte ihres Ursprungs«, 1851 III 319, die These vertreten: »Seine Erhabenheit über das Judenthum ist der Vierte sich so klar bewußt...«. HILGENFELD (s. Anm. 115) 222, spricht bald darauf schon vom prinzipiellen Anti-Judaismus der joh. Theologie; vgl. DERS., Der Antijudaismus des Johannes-Evangeliums, ZWT 36/2 (1893) 507-517; J.H. SCHOLTEN, Das Evangelium nach Johannes, Kritisch-historische Untersuchung, aus dem Holländischen übersetzt, Berlin 1867, 141.253.413, wiederholt die These von der »absoluten Religion« und entdeckt zugleich eine Antipathie des Evangelisten gegenüber allem, was jüdisch ist; H. J. HOLTZMANN, Art.: Johannes der Apostel, in: D. SCHENKEL (Hrsg.), Bibellexikon III, Leipzig 1870, 328-342.335f., erklärt das Judentum für eine »abgethane Sache«, deren Niederlage als eine Tatsache gefeiert werde, »die bereits zur vollsten Sicherheit des allgemeinen Bewußtseins gediehen ist«... »als Nation« habe »Israel keine Zukunft mehr«; So auch schon früher SCHWEGLER, Zeitalter 364; Für W. WREDE, Die Entstehung der Schriften des Neuen Testaments, Tübingen 1907, 67, hat die Kirche das Judentum »abgestoßen«. Nach H. WINDISCH, Das johanneische Christentum und sein Verhältnis zum Judentum und zu Paulus, ChW 47 (1933) 98-107.147-154.106f., ist die Schrift dem Judentum »entrissen«, außer Gebrauch gesetzt und entwertet. Johannes habe sich vom AT emanzipiert. Eigenständiger und zurückhaltender beurteilt BULTMANN 6-15.53.139f. 187-189.235.297 das Verhältnis und läßt jedoch dabei Fragen offen. Wegen seiner religionsgeschichtlichen Ableitung der johanneischen Gedankenwelt aus der Gnosis sieht er das Verhältnis der einzelnen Autoren, die seiner Meinung nach das Evangelium verfaßt haben, zum AT als distanziert an. Zwar ist das Verhältnis zur Tora und den Propheten nicht zerbrochen: Auf die Propheten soll man jeweils hören, an Jesus aber glauben. Das Gesetz ist nicht schlechthin negiert, sondern sein Mißbrauch macht die Welt taub für den Offenbarer. Aber in dem »Dass« des Gekommen-Seins, »in der ganzen geschichtlichen Erscheinung eines Menschen ist ein für allemal die Offenbarung geschehen, so dass sich an der Stellung zu ihm für immer Tod und Leben für Alle entscheidet«. Diese Antwort hält die Frage nach dem Verhältnis zur vorangegangenen Offenbarung offen. Es ist nicht zu erkennen, ob Bultmann sie für sich endgültig in seiner weiteren Auslegung beantwortet hat. Stellvertretend für andere sei als letzter in dieser successio C. DIETZFELBINGER, Der ungeliebte Bruder. Der Herrenbruder Jakobus im Johannesevangelium, ZThK 89 (1992) 377-403, genannt; Dieser nimmt zwar m.E. zu Recht auf S. 394 an, dass die joh. Gemeinde vorwiegend aus Judenchristen bestand, sieht dann aber auf S. 399 im fortgesetzten Nein der Synagoge zu Jesus die Bruchstelle, »wo im Johannesevangelium bei all seiner Verwurzelung im AT und in der jüdischen Tradition der einen Aufbruch aus dieser Tradition, der das Verhältnis zum AT nicht unberührt läßt... Die Weise, in der die Synagoge mit Mose und dem Gesetz umgeht, ist nicht die Weise in der die joh. Gemeinde das AT als ihre Schrift ansieht, und beide Arten der Schriftauslegung stehen in unversöhnlichem Streit miteinander. Man kann nicht an der Schriftauslegung der Synagoge teilhaben und an der der Gemeinde«. — Auch die Arbeiten, die von der These in J.L. MARTYN, History and Theology in the Fourth Gospel, Nashville 1968/ ²1979, beeinflußt sind, das Johannesevangelium sei im Zusammenhang mit der Einfügung der Bitte um die Verfluchung der Minim (d.h. seiner Meinung nach: der Judenchristen) im 18-Bitten-Gebet in der Synode von Jabne entstanden und reagiere somit aktuell auf den Ausschluß aus der Synagoge, stehen bewußt oder unbewußt unter dem Einfluß dieser Auslegungstradition. Wie

Gegen den vermeintlich bereits vollzogenen Bruch mit dem Judentum spricht jedoch die Tatsache des ständigen, positiven Rückgriffs auf die Schrift durch den Autor, von dem eine beträchtliche Anzahl der Ausleger[118] sogar meint, er sei des Hebräischen kundig bzw. jüdischer Abstammung gewesen. Man muß zwar nicht so vollmundig wie C.E. Luthardt[119] in der Mitte des 19. Jahrhundert betonen: »Sollte ich angeben, wo Ideen, Bilder, Allegorien u.s.w. alttestamentlich sind, ich müßte das halbe Evangelium aufschreiben«, um ebenfalls zu dem Schluß zu kommen, dass zum Deuteuniversum des Autors[120] fundamental die Schrift gehört. Nicht nur der johanneische Jesus identifiziert sich ja mit seinem Judentum, seiner Gottesverehrung und Heilsgeschichte in 4,22[121], sondern auch seine Jünger »glauben der Schrift« als göttlich gegebene Verstehenshilfe für ihr Osterwiderfahrnis (2,22). Für den Autor selbst ist sie ebenfalls so zentral, dass er nicht nur ihren Sprachstil imitiert[122], ihre Bildmetaphorik[123] benützt, sondern sie an entscheidenden Stellen zitiert[124], um den Sinn des Erzählten in ihrem Licht zu

---

u.a. C. H. CHARLESWORTH, The OT Pseudepigrapha and the NT, SNTS.MS, 54, Cambridge 1985, 82f., jedoch gezeigt hat, gibt es gegen diese zeitliche Festlegung und theologischen Kontext nicht nur von seiten der Judaisten starke Bedenken.

118. U.a. DE WETTE XVII. XXXVII; C. WITTICHEN, Der geschichtliche Charakter des Evangeliums Johannis in Verbindung mit der Frage nach seinem Ursprunge. Eine kritische Untersuchung, Elberfeld 1868, 5-34; T. KEIM, Geschichte Jesu von Nazara in ihrer Verkettung mit dem Gesammtleben seines Volkes frei untersucht und ausführlich erzählt, 2 vol., Zürich 1867/1872, I 156.168; J.B. LIGHTFOOT, Internal Evidence for the Authenticity and Genuineness of St. John's Gospel III [1867/68], in: DERS., Biblical Essays, 1904, 125-198.135.140; A.H. FRANKE, Beitrag 285f.; C. WEIZSÄCKER, Das apostolische Zeitalter der christlichen Kirche, Tübingen ³1902, 528; E. DE WITT BURTON, The Purpose and Plan of the Gospel of John, BW 13 (1899) 16-41.102-105.20; J. WEISS, Das Urchristentum, Göttingen 1917, 623; E.L. ALLEN, The Jewish Christian Church in the Fourth Gospel, JBL 74 (1955) 88-92.88; S. SMALLEY, John and the Apocalypse, Orita 2 (1968) 29-42.35, und M.J.J. MENKEN, The Translation of Psalm 41:10 in John 13:18, JSNT 40 (1990) 61-79.73.

119. C.E. LUTHARDT, Das johanneische Evangelium nach seiner Eigenthümlichkeit geschildert und erklärt, Nürnberg 1852/1853, 155.

120. Vgl. H. THYEN, Die Erzählung von den Bethanischen Geschwistern (Joh 11,1-12,19) als »Palimpsest« über synoptische Texte, in: FS F. NEIRYNCK, BEThL 100C, Leuven 1992, 2021-2050.2022f.

121. Vgl. B. WEISS, Der johanneische Lehrbegriff in seinen Grundlagen untersucht, Berlin 1862, 109.113f.122.

122. Vgl. u.a. J. KREYENBÜHL, Kritische Randglossen zu Wellhausen's »Evangelium Johannis«, SThZ 30 (1913) 129-145.177-204.241-263.257; FRANKE (s. Anm. 118) 278-282.

123. Vgl. u.a. R.F. GRAU, Entwicklungsgeschichte des neutestamentlichen Schriftthums in zwei Bänden, Gütersloh 1871, II 433; FRANKE (s. Anm. 118) 279.

124. Die Entwicklung in diesem Spezialgebiet dokumentieren: A. THOLUCK, Das Alte Testament im Neuen Testament, Hamburg 1836,⁵1861; J.C.K. VON HOFMANN, Der Schriftbeweis. Ein theologischer Versuch, 2 vol., Nördlingen ²1857/1859; D. McCALMAN TURPIE, The OT in the New. A Contribution to Biblical Criticism and Interpretation, London/Edinburgh 1868; A. THOMA, Das AT im Johannes-Evangelium, ZWTh 22 (1879) 18-66.171-223.273-312; K. WEIDEL, Studien über den Einfluß des Weissagungsbeweises auf die evangelische Geschichte, ThStKr 83 (1910) 83-109.163-195; 85 (1912) 167-286; C.K. BARRETT, The OT in the Fourth Gospel, JThS 48 (1947) 155-169; C.H. DODD, According to the Scriptures. The Sub-Structure of NT Theology, London 1952; B. LINDARS, New Testament Apologetic. The Doctrinal Significance of the Old Testament Quotations, London 1961; G.L. ARCHER / G. CHIRICHIGNO (Hrsg.), OT Quotations in the NT, Chicago 1983;

erhellen. Gerade auch der implizite Rekurs auf die biblische Tradition[125] macht dies überdeutlich.

SCHNACKENBURG IV 143-152.164-173; M.J.J. MENKEN, OT Quotations in the Fourth Gospel. Studies in Textual Form, BETh 15, Kampen 1996; M. HENGEL, Die Schriftauslegung des 4. Evangeliums auf dem Hintergrund der urchristlichen Exegese, JBTh 4 (1989) 249-288; B.G. SCHUCHARD, Scripture Within Scripture. The Interrelationship of Form and Function in the Explicit OT Citations in the Gospel of John, SBL.DS 133, Atlanta 1992; A. OBERMANN, Die christologische Erfüllung der Schrift im Johannesevangelium, WUNT 2/83, Tübingen 1996, sowie U. BUSSE, Die Tempelmetaphorik als ein Beispiel von implizitem Rekurs auf die biblische Tradition im Johannesevangelium, in: C.M. TUCKETT (Hrsg.), The Scriptures in the Gospels, BEThL 131, Leuven 1997, 395-428 [in überarbeiteter und erweiterter Form anschließend in Kap. C. 4].

125. FRANKE (s. Anm. 118) 267-273 zusammen mit LUTHARDT (s. Anm. 119) 63-65 meinen in den nachfolgend aufgeführten Versen nachprüfbar Anspielungen auf biblische Texte nachweisen zu können:

Gen 1,1ff. ≻	Joh 1,1	Num 21,8f.≻	Joh 3,14	Is 27,3≻	Joh 15,1
Gen 2,2	5,17	Num 21,8f.	6,40	Is 27,11	15,6
Gen 2,7	20,22	Num 27,17	10,4	Is 40,3	1,23
Gen 3,1ff.	8,44	Num 27,20	17,22	Is 40,5	1,14ua.
Gen 3,22	6,50f.	Dt 1,16	7,50	Is 40,9	12,15
Gen 17,10	7,22	Dt 6,5	5,42	Is 42,1	3,34ua.
Gen 17,17	8,56	Dt 8,3	6,63	Is 42,3	8,16
Gen 21,10	8,35	Dt 18,15.18	1,21ua.	Is 42,6	8,12
Gen 22,12	3,16	Dt 18,19	3,34.36	Is 42,7	9,39
Gen 28,12	1,51	Dt 21,22f.	19,31	Is 42,9	13,19
Gen 33,19ua.	4,6	Dt 30,12	3,13	Is 43,10	8,28ua.
Gen 49,8ff.	4,25	Dt 32,47	1,4ua.	Is 43,13	10,28
Ex 12,46	19,36	1Sam 16	7,42	Is 44,3f.	7,38f.
Ex 16,4	6,31	2Sam 7	18,1	Is 45,19	18,20
Ex 20,6	14,15	2Sam 15,23	6,5ff.	Is 46,13	17,22
Ex 29,4.21	19,34	2Kön 4,42ff.	9,7	Is 49,4	13,31f.
Lev 12,3	7,22	Is 6	12,40f.	Is 49,5	5,23ua.
Lev 24,14ff.	10,33	Is 8,6	9,7	Is 49,6	10,16
Num 6,26	14,27	Is 11,1	1,32	Is 49,9	10,9
Num 11,13	6,5	Is 11,10f.ua.	12,23	Is 55,5ua.	12,23ua.
Is 52,12	1,29	Is 52,13	12,32	Is 53,1	12,38
Is 53,6	10,15f.	Is 53,9	19,38ff.	Is 55,2	6,63
Is 55,3	5,25.40	Is 55,6	7,33ua.	Is 55,11	6,38ua.
Is 58,10	1,5	Is 59,21	3,34ua.	Is 61,1	1,32f.
Is 62,5	3,29	Is 64,3	9,32	Is 65,16	17,3
Is 65,17	16,21	Is 66,7	16,21ff.	Is 66,14	16,22
Jer 13,16	12,35f.	Jer 31,3	6,44	Ez 34,13ua.	10,16ua.
Ez 36,25	3,5	Ez 37,26ff.	14,23	Ez 27,26ff.	17,17
Ez 47	Joh 7,38	Hos 14,9	Joh 15,1ff.	Am 8,11f.	Joh 7,37
Mich 5,1	7,42	Mich 5,3	10,28f.ua	Hag 2,5	14,17
Sach 1,5	8,52f.	Sach 7,9	7,24	Sach 13,7	16,32
Mal 2,10	8,41	Mal 3,1u.a.	1,19ff.	Dan 7,13	3,14ua.
Dan 7,14	12,34	Dan 12,2	5,28f.	Prov 8,30	1,1
Ps 2,12	3,36	Ps 16,8	8,29	Ps 16,9-11	20,9
Ps 22,19	19,23f.	Ps 22,23	17,6.26	Ps 40,8f.	8,29
Ps 56,14	8,12	Ps 69,22	19,28	Ps 78,2	16,25
Ps 80,9ff.	15,1ff.	Ps 116,1	11,41ff.	Ps 119,160	17,17

Luthardt z.B. konzentriert sich kennzeichnenderweise auf die Isaiarolle und erwähnt sonst nur noch Gen 1,1 und das Buch Exodus, für Joh 1,14 speziell Ex 33. Er faßt seine gewonnenen Erkenntnisse danach folgendermaßen zusammen: »Der ganze Bilder- und Gedankenkreis des johanneischen Evangeliums wurzelt im A.T. und ist aus der Prophetie des A.T. herausgewachsen, welche bereits im Partikularistischen und Aeußerlichen der alttest. Vergangenheit und Gegenwart das Universalistische und die geistige Realität aufgezeigt hat, aber als ein Zukünftiges, was nun als in die geschichtliche Verwirklichung eingetreten der Evgl. uns berichtet und lehrt«. Klar erkennt man bei ihm jedoch ein kompromißlerisches Entgegenkommen gegenüber der maßgeblichen These von *Köstlin*[126], die Propheten hätten ein Christentum mitten im Judentum[127] gebildet. Trotz aller gegenläufigen Bemühungen bleibt es unbestreitbar, dass die hebräische Bibel bzw. die Septuaginta für das Verständnis des vierten Evangeliums eine so zentrale Rolle spielt, dass es ohne deren intime Kenntnis für den Leser unzugänglich geblieben wäre. Es wird also ein Leser vorausgesetzt, der mit der Schrift vertraut ist bzw. so vertraut gemacht werden kann, dass er ihr Gewicht bei der Deutung der Jesusgeschichte wahrzunehmen und nachzuvollziehen vermag.

Gegen die erkennbare Präferenz des Autors für die Schrift wird gern die negative Darstellung »der Juden« im Evangelium ausgespielt, die gegenüber der Sendung Jesu blind (9,39-41), verstockt (12,40) und ungläubig geblieben seien (5,38). Sie hätten alles daran gesetzt, selbst unter Aufkündigung der Loyalität Gott gegenüber (19,15), Jesus gekreuzigt zu sehen. Mit dieser Bosheit hätten sie ihr Heil ein für allemal verspielt und das göttliche Wohlwollen sei unumkehrbar auf die Christgläubigen aller Zeiten übergegangen. Auch sie würden zukünftig von »den Juden« gehaßt (7,7; 15,18), verfolgt (5,16; 15,20), aus der Synagoge ausgeschlossen (9,22/12,42; 16,2a) und getötet werden (5,18; 16,2c). All diese Vorgänge hätten die Ankündigung des Prologs voll bestätigt, der Logos würde von seinem Eigentumsvolk nicht generell, sondern lediglich von wenigen jüdischen Einzelpersonen aufgenommen werden. Diese aber würden von ihm die Vollmacht bekommen, Kinder Gottes zu werden. Mit dieser Darstellung stelle der Verfasser des Evangeliums klar, dass die Kirche die Synagoge vollwertig ersetzt habe.

Doch mit diesem Textverständnis betrachten die Vertreter einer solchen Denkrichtung den Leser naiv als einen Bestandteil der erzählten Welt, der aus einem einmaligen historischen Vorgang einen generellen Nutzen für sich ziehen solle. Sie übersehen dabei geflissentlich, dass der Autor — u.a. bei seinen häufigen parenthetischen Anmerkungen und Kommentaren — den Leser außerhalb der Erzählgeschichte positioniert weiß, der an dieser vielmehr exemplarisch ablesen soll, welche Kräfte in ihr wirkten und potentiell immer noch wirken, wenn er als Verkünder der Jesusbotschaft unter anderen Umständen ebenfalls auf Ablehnung und verweigerte Liebe stößt oder die Einheit der christlichen Gruppe von innen heraus durch Verrat, Illoyalität und Verleugnung gefährdet wird. Diese zerstörerischen Kräfte sind Weltmächte, denen sich einst auch »die Juden« — repräsentiert in ihren Leitungseliten — aus machtpolitischem Eigennutz

---

126. Siehe KÖSTLIN (s. Anm. 114) 53f.
127. Diese Vorstellung geht m.W. auf M. LUTHER (WA 11, 315.16) zurück.

unterworfen hatten. Doch aus dieser historisch punktuellen Unterwerfung unter die römische Weltherrschaft[128] ein generelles Verdikt über »die Juden« zu fällen, lag dem Autor fern. Vielmehr bilden sie das literarische Anti-Paradigma zu den Gläubigen.

b. Das Birkat ham-minim – Argument

Es ist für den sozialgeschichtlichen Befund wie in Bezug auf das Johannesevangelium als »Lesestoff« unverzichtbar, das Motiv des Synagogenausschlusses (9,22.34; 12,42; 16,2) differenziert zu entfalten. Denn zum einen ist unklar, ob es jemals »*die* Synagoge« als eine überall gesellschaftlich wie inhaltlich konforme jüdische Einrichtung gab, und zum anderen wird auf der Textebene das Verhalten Jesu, niemanden abzuweisen (6,37), mit dem der Pharisäer (9,34) auf eine Weise verbal kontrastiert, dass im Kampf Jesu gegen die satanischen Weltmächte (12,31) jene in »der Stunde« Jesu (16,33) endgültig unterliegen. Dies war aus der Sicht des Erzählers ein geschichtlich singuläres Geschehen, das in seiner eschatologischen Einzigartigkeit ausdrücklich keine Wiederholung impliziert. Aber gleichzeitig gab es auch in der urchristlichen Überlieferung negative Missionserfahrungen, die sich auf die johanneische Darstellung »der Juden« unvorteilhaft ausgewirkt haben. Letztere wurden zum Ausgangspunkt weitreichender Überlegungen in der Exegese genommen.

Denn die aus synoptischen Einsichten zur Bewältigung missionarischen Ungemachs (vgl. 12,24-26; 15,18ff. mit Lk 24,26; Apg 14,22) fortentwickelte Tendenz des vierten Evangeliums, die Verfolgungssituation Jesu paradigmatisch auf kommende Christengenerationen zu übertragen, hat seit der Arbeit von *J.L. Martyn*[129] in der Auslegung dazu geführt, das Johannesevangelium historisch mit der Einfügung des sogenannten »Ketzersegens«, der *Birkat ham-minim*, in das Achtzehn-Bitten-Gebet in Verbindung zu bringen. So sollten ein exakterer Anhaltspunkt und ein präziseres Datum für seine Abfassungszeit gewonnen und gleichzeitig dessen scheinbar negative Einstellung allem Jüdischen gegenüber aus einer aktuellen Notlage heraus entstanden erklärt werden.

Doch nicht nur die Datierung, sondern auch der Inhalt der 12. Bitte, die sogenannte *Birkat ham-minim*, die aus der Sicht mancher christlicher

---

128. Man beachte nur die sich im Verlauf des sogenannten Pilatusprozesses verändernde Haltung »der Juden«, die zwar das römische Verwaltungsgebäude nicht betreten, um möglicherweise auch nach der Regel des R. Schammai zu handeln: »Liebe die Arbeit, sei demütig und meide den Kontakt mit der Fremdherrschaft« (mAvot 1,10), aber am Schluß, um das Todesurteil durchzusetzen, sich dem Cäsar unterwerfen.

129. J.L. MARTYN (s. Anm. 117).

Exegeten vor allem Christen bzw. Judenchristen verwünsche, ist in den beiden letzten Dekaden von den judaistischen Experten[130] fast einhellig zurückgewiesen worden. Einerseits wird im vierten Evangelium nicht wie bei Justin (Dial. 16,4; 93,4; 95,4; 96,2; 108,3; 123,6; 133,6; 137,2) von einer allgemeinen Verfluchung der Christen im Synagogengottesdienst gesprochen, sondern nur von deren Ausschluß aus einem konkreten Anlaß heraus, der zudem theoretisch und historisch immer umkehrbar blieb. Andererseits ist das griechische Wort *aposynagogos* (9,22; 12,42; 16,2), mit dem dieser Vorgang im Evangelium bezeichnet wird, eindeutig eine johanneische Neuprägung[131]. Diese Tatsache ist allein philologisch schon ein klares Indiz, dass die mit dem Wort bezeichnete Sache nicht einen erstmaligen bzw. aktuellen Tatbestand meinen kann, sondern der bezeichnete Vorgang schon öfter stattgefunden hat, so dass dafür ein Abstraktlexem geprägt und nicht einfach eine Umschreibung des Vorfalles gewählt wurde.

Einem solchen Tatbestand entspricht die Darstellung von Verfolgungssituationen in verschiedenen neutestamentlichen Schriften, die mit der Logienquelle (Mt 5,11 par. Lk 6,22) beginnen und über Paulus (1 Thess 2,14-16), Markus (Mk 13,9 par. 2 Kor 11,24) bis hin zur lukanischen Apostelgeschichte (Apg 6,9-12; 7,58-8,1; 12,1f. etc.)[132] reichen. Außerdem steht literarisch das Verhalten der Pharisäer im vierten Evangelium in diametralem Gegensatz zu dem des Vaters und seines Gesandten. Sie, Vater wie Sohn, werfen niemanden hinaus (vgl. 6,37-40; 10,4; 18,9 mit 9,34f.), der sie aufsuchen will (vgl. 1,38ff.), sondern nehmen ihn vielmehr freundlich auf und werden ihm unendliches Leben schenken, wenn erst einmal »der Herr dieses Kosmos« besiegt ist (12,31). Diese Argumentationsfigur spricht ebenfalls für eine längere, von negativen Erfahrungen besetzte, aber durchgängig reflektierte Vorgeschichte, bis das Abstraktlexem gebildet werden konnte.

Offensichtlich wurden in der christlichen Auslegungsgeschichte auch sachfremde Vorstellungen[133] bzw. Vorurteile in die Entstehungsgeschichte

---

130. Siehe Literaturliste (s.S. 513-518), wo nur Horbury, der stark vom Textbefund bei Justin geprägt ist, eine Verwünschung der Judenchristen im *Birkat ham-minim* anzunehmen gewillt scheint. Alle anderen melden Zweifel bzw. schwerste Bedenken gegen diesen Zusammenhang zwischen dem Achtzehn-Bitten-Gebet und dem vierten Evangelium an.

131. Vgl. W. Schrage, Art.: *synagogê*, ThWNT 7, 798-850.845-850.

132. So auch Hengel, Frage 289: »Die ‚Ausstoßung' der Judenchristen aus der Synagoge geschah ja doch in einem langen, schmerzhaften Prozeß, der schon vor Paulus mit dem Stephanusmartyrium beginnt.«

133. Mit Recht schreibt Maier, Zwischen den Testamenten 288:»Die vielgenannte ‚Synode von Jamnia/Jabne' hat in dieser, nach dem Modell christlicher Konzile gezeichneten Form, nie stattgefunden«. Ihre Historizität wird von P. Schäfer, Die sogenannte Synode von Jabne, Jud 31 (1975) 54-64.116-124, sogar in Zweifel gezogen.

der *Birkat ham-minim* eingetragen, die erkennbar aus viel späterer Zeit stammen. Zum einen war (und ist) *die* Synagoge kein monolithischer Block, die wie spätere christliche Kirchen Lehrzucht- und Ausschlußverfahren kannte und zentralistisch wie hierarisch organisiert war, sondern sie nahm in der jüdischen Diaspora unter kaiserlichem Privileg vor allem innerjüdische Selbstverwaltungsaufgaben wahr. Sie stand keineswegs von Beginn an unter pharisäisch-rabbinischem Einfluß und war auch in den jüdischen Ballungszentren Palästinas für alle internen religiösen Fraktionen offen. Wenn die Christen in einer Synagoge mit ihren theologischen Vorstellungen aneckten und bisweilen ausgeschlossen wurden, bedeutete dies noch keinen grundsätzlichen Ausschluß aus allen Synagogen. Erst in der Periode von Usha beginnen die Rabbinen ihren Einfluß in ihnen mehr und mehr durchzusetzen. In dieser Zeit könnte die 12. Bitte[134] in einer Form eingefügt worden sein, die um der Einheit der Synagoge willen allgemein jüdische »Ketzer« und Kollaborateure[135] Roms verwünschte, ohne sie aber exakt benennen zu wollen. Aber die klar erkennbare, wenn auch liturgisch verbrämte Intention, die jüdische Identität der Gemeinde zu wahren, hat mit den im Johannesevangelium berichteten Vorfall gar nichts zu tun. Denn dort wird ja geradezu konträr die Jerusalemer Leitungselite als Quisling der römischen Macht charakterisiert.

Da in tannaitischer Zeit mit *Minim* immer Juden[136] (vgl. pT Sanh 29c bzw. 10.6)[137] gemeint waren, läßt sich in Umkehrung der vorherrschenden Auslegungstradition die Hypothese vertreten, dass das johanneische Christentum sich noch nicht von seinen Wurzeln gelöst hat, sondern wie

---

134. Nach bTBer 28b-29a hat Samuel der Kleine auf Geheiß von Gamaliel II. die Bitte formuliert, deren ältestes Zeugnis wenigstens 800 Jahre jünger ist und aus der Geniza von Kairo stammt. Eine der dort gefundenen Berachahvarianten lautet: »Den Abtrünnigen sei keine Hoffnung! Und frevlerische Herrschaft rotte eiligst aus in unseren Tagen! Und die Nozrim und Minim (= die Ketzer) mögen schnell zugrunde gehen! Sie mögen getilgt werden aus dem Buch des Lebens und mit den Gerechten nicht angeschrieben werden! Gelobt seist Du, Herr, der Du beugst die Übermütigen!«. Da der »Ketzersegen« seit alters birkat ham-minim heißt, ist die vorangestellte Einfügung von *Nozrim* (= Anhänger Jesu) offenkundig sekundär. Mit *minim* sind allgemein »Ketzer«, möglicherweise auch nur die jüdischen Kollaborateure Roms, der bösen Weltmacht, gemeint.

135. Vgl. J. MAIER, Jüdische Auseinandersetzung mit dem Christentum in der Antike, EF 177, Darmstadt 1982, 137: »Hingegen werden *minim* recht häufig mit römisch-hellenistischer Kultur und mit Rom als politische Weltmacht in Verbindung gebracht, was die Einfügung des *minim*-Themas in die Verwünschung der Weltmacht bzw. ‚Anmaßenden' begreiflich werden läßt«.

136. So P. VAN DER HORST, The Birkat ha-minim in Recent Research, in: DERS., Interaction 99-111.110.

137. Dies bezeugt noch der Text aus dem 3. Jh. n.u.Z.: »R. Jochanan sagt: ‚Israel wurde solange nicht ins Exil verbannt, bis 24 Parteien von Minim in ihm existierten'«.

andere jüdische Gruppen auch von der damaligen innerjüdischen Streitkultur zehrte. Denn nur Juden ist der Schriftgebrauch des Evangelisten voll verständlich.

Die bereits oben angeführten bitteren Ausschluß-Erfahrungen bilden zudem für den impliziten Leser des »Lesestoffes« Johannesevangelium die Basis für ein lebendiges, geschichtsbewußtes Kollektivgedächtnis. Es hatte sich bereits vorher in den unterschiedlichsten urchristlichen Traditionen tief eingeprägt und ist auf diesem Weg mit der Zeit zu einem unauslöschbaren Bestandteil der Identität[138] der Gemeinde geworden. Dieser Sachverhalt bewirkt literarisch eine — historische und kulturelle Distanz signalisierende — Beschreibungsweise von jüdischen Sitten und Gebräuchen (2,6.13; 4,9b; 5,1; 6,4 u.a.) und läßt Übersetzungen von hebräischen Begriffen angeraten erscheinen, um den impliziten Leser außerhalb der erzählten Welt zu positionieren. Gleichermaßen verschmelzen ehemals historisch klar voneinander geschiedene innerjüdische Gruppen zu einem gemeinsamen polemischen Oberbegriff »die Juden« (z.B. 1,19.24; 3,1; 7,45-50), unter dem gesichts- wie unterschiedslos sowohl die damalige Leitungselite als auch die Bevölkerung des Judenlandes, das aus Galiläa (vgl. 6,41) wie Judäa (vgl. 3,22.25) zu bestehen scheint, insgesamt subsumiert werden kann[139].

Außerdem läßt sich in der Spiegelung der Ausgangssituation das Geschick Jesu mit dem von zukünftigen Jüngern korrelieren, so dass nachösterliche Vorkommnisse aus der Jesusgeschichte erklärbar werden. Die Furcht vor der Ausgrenzung aus der identitätstiftenden Synagoge (9,22;

---

138. Ein ähnlicher Vorgang wie im vierten Evangelium liegt im lukanischen Doppelwerk vor: vgl. Lk 24,26 mit Apg 14,22: das Jesus- ist auch Jüngergeschick!

139. Dies spricht für die Beobachtungen von HARVEY, G., The True Israel. Uses of the Names Jew, Hebrew and Israel in Ancient Jewish and Early Christian Literature, AGJU 35, Leiden 1996, 270, der gegen eine traditionelle etymologische Ableitung bzw. die z.Zt. überwiegende Ansicht, der Begriff »Jude« impliziere eine insider bzw. outsider-Perspektive, eine innerliterarische kontextuelle Analyse bevorzugt. Er kommt zu dem Ergebnis: »‚Jew' is primarily associated with Jerusalem and Judah. The value put on the name, whether positive, neutral or negative, depends on the writer's view of the area and events which have happened, are happening or will happen there. That these events are the activities of ‚Jews' reinforces this and creates either a rising or sinking spiral of positive or negative associations«. Die auf K.G. KUHN und GUTBROD, ThWNT 3 (1938) 360-394, zurückgeführte perspektivische Ableitung, die distanzierende Bezeichnung »die Juden« sei zumeist auf eine Außenansicht zurückzuführen, hat ihren Vorreiter in G. SCHNEDERMANN, Das Judenthum und die christliche Verkündigung in den Evangelien, 1884, 3f., der dies so formuliert: »Juden hiessen nämlich die Glieder des Volkes nach ihrer Nationalität unter der Völkerwelt und nannten sich auch selbst so, wenn sie ihre Stellung im Leben der Völker als eines Volkes unter andern ins Auge fassten, sodass dieser Name Ausdruck für partheiliche Abneigung oder für einen Tadel jüdischen Partheiwesens werden konnte«.

12,42; 16,2), vor der damit verbundenen gesellschaftlichen Marginalisierung wie vor dem Verlust der von den Römern den Juden gewährten Privilegien wird ebenso existenziell für den impliziten Leser nachvollziehbar wie die Berichte über »Spaltungen« (7,43; 9,16; 10,19) im Volk und über heimliche Sympathisanten (7,13; 9,22; 12,42; 19,38; 20,19), die sich aus Furcht »vor den Juden« nicht zu ihren Überzeugungen bekennen wollen.

In der johanneischen Darstellung sind »die Juden« und ihre Untergruppen nicht von vornherein ausnahmslos aggressiv und böse, sondern sie werden es erst im Laufe des Erzählfortschrittes. Aber der johanneische Jesus sieht mit seinem überragenden Wissen (vgl. 6,64) die widergöttliche Entwicklung längst voraus: Sie suchen ihn, er gibt sich ihnen allmählich unter Vorhaltungen (2,13ff.; 3,1ff.; 5,19ff.) zu erkennen; sie reagieren zwar manchmal mit Befremden, ohne sich aber sonderlich gegen seine vorwurfsvollen Äußerungen zu wehren. Ab Kap. 7 erst wird der Streit für einen Teil der Leitungselite zum tödlichen Ernst, der wiederum anderen nur Angst einflößt. Die Hohenpriester und Pharisäer verurteilen Jesus 11,47ff. in absentia zum Tode. Damit geben sie sich endgültig als harter Kern der Gegner Jesu zu erkennen. Um ihren internen Beschluß aber in die Tat umsetzen zu können, müssen sie ihre religiös motivierte Zurückhaltung gegenüber dem Römer Pilatus (18,28) aufgeben und zu Kollaborateuren Roms (19,15) werden. Damit haben sie ihre Untreue Gott gegenüber unwiderruflich demonstriert, so dass Jesus Recht behält, der zuvor ständig davon gesprochen hatte. Ironischerweise ist aus johanneischer Sicht gerade die Jerusalemer Elite zu den *Minim* geworden, die später im Birkat ham-minim verwünscht werden. Damit fällt für den impliziten Leser die Frage nach der »Ablösung« von der Bundesgeschichte Israels auf die zurück, die sich im Verlauf der dramatischen Zuspitzung der »Erzählgeschichte« letztlich als wirkliche »Minim« erwiesen haben. — Lit. s.u. S. 513-518.

c. Das »neue« Gebot – ein ein älteres Gesetz ablösendes neues Gesetz?

Es könnte gegen die gerade vorgetragene Beurteilung der polemischen Generalisierung »der Juden« noch eingewandt werden, dass doch den Jüngern von Jesus ausdrücklich eine *neues* Gebot (13,34; 14,15; 15,12; 17,23.26) gegeben worden sei. Dies impliziere, dass das im »Schma Israel« geforderte Liebesgebot des Alten Bundes (vgl. Dtn 6,4), von diesem abgelöst und ersetzt worden sei. Doch einmal abgesehen von der gänzlich unterschiedlichen Bewertung der Adjektive »alt« und »neu« in der Gegenwart und in der Antike, die in der Regel das Alte bevorzugt, wird diese Gegenüberstellung wiederum dem Text nicht gerecht. Ausdrücklich wird nämlich schon 3,16 die Liebe Gottes zum Kosmos generell betont. Sie hat ihn veranlaßt, seinen Sohn in die Lebenswelt zu senden, um ihn dort zur Rettung der Glaubenden »erhöhen« zu lassen. Gleichzeitig hebt Jesus selbst kurz vor seiner Deklaration des neuen Liebesgebots (13,18) hervor, dass er wisse, wen er erwählt habe. Beide Begriffe (»Gebot[e] halten« und »erwählen«) erinnern an die deuteronomische bzw. deuteronomistische Gesetzestheologie[140], in der bekanntlich als Reaktion auf die Erwählungsliebe Gottes die Loyalität der Erwählten gegenüber seinen Willen verlangt wird. Deshalb besagt Jesu »neuen« Gebot nur soviel: Er vermittle nur die Liebe des Vaters, die er selbst grenzenlos (3,34f.) erfahren habe, den Seinen (vgl. 13,1ff.).

In diesem Sinn ist an dem Gebot 13,34 nur der Aspekt »neu«, dass der johanneische Jesus den biblisch vorausgesetzten Gotteswillen für die Endzeit *neu* formuliert und den Seinen eingeschärft hat. Diese Intention kann wiederum nur ein impliziter Leser nachvollziehen, der noch intra muros des Frühjudentums lebt. Grundsätzlich hat sich also an der Erwählungsliebe Gottes Israel gegenüber nichts geändert, sondern sie bleibt ihm umsomehr angeboten, da Jesus in seiner Stunde die satanischen Weltmächte besiegt. Man muß nur sein neue Gebot als soziales Regulativ bejahen und leben.

d. Die Ehe-Metaphorik

Auch in der Bildersprache des Evangeliums ist eine grundsätzlich positive Sicht des jüdischen Umfeldes verankert. Die erste Machttat Jesu befreit eine Hochzeitsgesellschaft in Kana vom Mangel, ihre Freude über die Hochzeit zweier junger Menschen über Tage hinweg ausgiebig Ausdruck geben zu können. Der gegebene Ausschnitt aus einer dörflichen Hochzeit wird ausdrücklich als »Zeichen« (2,11) gewertet, das über sich selbst hinausweist. Im »Lesestoff« gruppieren sich danach weitere thematisch verwandte Bildausschnitte um dieses Ausgangsbild: Der Erstzeuge spricht von sich als Freund des Bräutigams, der seine geliebte Braut heimgeführt hat (3,29). Es wird von Vätern und Söhnen (5,19f.), vom »Samen Abrahams« (8,33.37) sowie von dessen Kindern (8,39), von legitimen und illegitimen Nachkommen, also auch vom Ehebruch, gesprochen. Zum Abschluß wird eine antike Großfamilie gegründet

---

140. Vgl. u.a. Dtn 5,9f.; 10,12f.; 11,1.13.22; 13,4f.; 19,9; 30,16.20; Ex 20,6; Jos 22,5; 1 Kön 3,3; Sir 2,15; Dan 9,4.

(19,26f; 20,17), in der der Auferstandene mehrere Geschwister, Freunde (15,14f.) wie auch Dienerschaft (12,26) hat. Die familiäre Bildwelt ist realistisch gezeichnet, so dass negative Aspekte nicht unterdrückt zu werden brauchen.

So führt der Evangelist in seinem Resümee des öffentlichen Wirkens Jesu (12,37-50) den Unglauben der Landsleute zu dessen Lebzeiten unter Wiederaufnahme und narrativen Weiterführung synoptischer Erklärungsbemühungen (Mk 4,12/Mt 13,13-15/Lk 8,10b/Apg 28,26) auf die Ankündigung des Propheten Isaia 6,1-10 zurück. Die hier vorausgesetzte, von Gott gewollte Glaubensunfähigkeit (vgl. 6,64f; 10,24-30) wurde bereits Kap. 9, in der Episode von der Heilung eines Blinden narrativ und sogleich anschließend in metaphorisch gewendeter Dialektik (9,39-41) erläutert: Die Pharisäer, eine Untergruppe innerhalb der ungläubigen »Juden«, werden durch ihr gestörtes Verhältnis zu Jesus, dem sie eine Heilung am Sabbat verübeln, als wahre Blinde entlarvt. Aber die Blindheit-Metapher des Propheten Isaia wirkt nicht nur bis in die Evangelien hinein fort, sondern wurde bereits in der frühjüdischen Literatur (u.a. 4Q166 II 4-6; 1QS IV,11; 4Q504 Frg.1 Kol. II 13-15) vorher aufgegriffen, ohne dass eine unüberbrückbare Kluft zwischen den sie benutzenden Einzelgruppen und ihrer jüdischen Identität diagnostiziert werden könnte.

Auch das Risiko jeder Ehe, dass sie scheitern kann, verdüstert die johanneische Ehe-Metaphorik 2,1-11; 3,29 (vgl. Mk 2,18f.) und 8,31-59 in keiner Weise, wenn sie als eine sinnspendende Bildfolge auf biblischem Hintergrund im Rahmen eines Metaphernnetzwerkes erschlossen wird. Nach der Vorgabe von *F.C. Baur*[141] ist der geeigneteste Zugang zu dieser bildspendenden Wirklichkeit über 3,22-30 gegeben. Dort bezeichnet sich nämlich der Erstzeuge Johannes als »Freund des Bräutigams« (V. 29b), der sich ehrlich, aber bescheiden freuen kann, seinen Auftrag erfolgreich erfüllt zu haben, Jesus die passende Braut vermittelt zu haben, solange er selbst noch in Freiheit ist (V. 24.30).

Doch haben die Ausleger sowohl auf der Bild- wie auf der Sachhälfte der Metapher einige Schwierigkeiten zu überwinden, um deren Sinn adäquat zu erschließen. Hauptsächlich sind der angesprochene Zeitpunkt innerhalb der Hochzeitsfeier, die Funktion des »Freundes des Bräutigams« sowie vor allem die Identität der Braut umstritten. Der Zeitpunkt

---

141. Schon BAUR, Untersuchungen 110-126, legt auf S. 122-126 Joh 3,22ff. im Zusammenhang mit 1,35–2,11 aus. Dieser Position haben sich angeschlossen: BARRETT 223; STIBBE 60f.; CULPEPPER, Anatomy 193; DUKE, Irony 83f. und J. LIEU, Temple and Synagogue in John, NTS 45 (1999) 51-69.64.

wird von einigen auf die umfassende Situation der Brautwerbung[142] bezogen, von anderen exakter auf die mit der Brautzuführung verbundenen Zeremonien und Rechtsakte[143], bisweilen wird er noch präziser auf den Zeitpunkt des Ehevollzuges[144] (gemäß dem kirchenrechtlichem Grundsatz: »matrimonium validum est consummatum«) festgelegt. Obwohl die Formulierung »Freund des Bräutigams« im TLG wie in der griechisch überlieferten frühjüdischen Literatur unbelegt ist, muß kontextgemäß dieser »Freund« mit der Institution des antiken jüdischen Heiratsvermittlers (*Schadkan*)[145] identifiziert werden, dessen Bedeutung in der bildspendenden Wirklichkeit nicht unterschätzt werden sollte. Aber für die Thematik selbst ist die dritte in der Auslegung umstritten gebliebene Frage nach der Identität der Braut noch gewichtiger. Einerseits wird nämlich die Braut in der Auslegung mit der Kirche[146] identifiziert, andererseits aber

---

142. Diese umfassendste Situation setzen bei den Kommentatoren voraus: DE WETTE 70; WESTCOTT 59f.; SCHNEIDER 104; STRATHMANN 77f., KEIL 181; LÜCKE I 496; MACGREGOR 91; MACRORY 59; MAIER 316f.; HOSKYNS 229; GODET II 165; HAENCHEN 232; HEITMÜLLER 749; BROWN I 152; BULTMANN 126; BELSER 120; SCHMIEDEL, Der 2. Korintherbrief, HCNT II (1893) 278; HEINRICI, Der 2. Korintherbrief, KEK⁷ (1890) 314f.

143. Einige der oben Genannten nehmen die V. 29 gewählte Formulierung »dabei stehend und hörend« zum Anlaß, ihre weitergehendere Situationsbestimmung auf diesen Punkt zu konzentrieren. Denn er beinhalte ja den Abschluß der Brautwerbung. Andere Ausleger setzen nur diese Situation voraus: WICHELHAUS 121; TILLMANN 102; VAN DEN BUSSCHE I 249; SCHENKE 80; SCHNACKENBURG I 453; SCHNELLE 80; SCHNEIDER 104; STRATHMANN 77f.; KLEE 130f.; LÜCKE I 496; MACGREGOR 91; MACRORY 59; HUNTER 43; KEALY 66f.; GODET II 165; HEITMÜLLER 749; BULTMANN 126; BERNARD I 131; W. BAUER 63; BAUMGARTEN-CRUSIUS I 138; W. KLAIBER, Der irdische und der himmlische Zeuge: eine Auslegung von Joh 3,22-36, NTS 36 (1990) 205-233.225; E.F.K. ROSENMÜLLER, Das alte und neue Morgenland VI, Leipzig 1820, 229; B. WEISS, Das Johannesevangelium als einheitliches Werk geschichtlich erklärt, Berlin 1912, 72.

144. Die Festlegung auf den Zeitpunkt des vollzogenen Beischlafes hat schon LÜCKE I 497 veranlaßt, auf die »Geschmacklosigkeit in der Concentration des Bildes auf einen Punkt« hinzuweisen. Der derbe Untertitel in der Miszelle von M. und R. ZIMMERMANN, Der Freund des Bräutigams (Joh 3,29): Deflorations- oder Christuszeuge?, ZNW 90 (1999) 123-130, bestätigt diese Kritik noch einmal ausdrücklich. Trotzdem wird daran mit Blick auf den u.a. mSan 3,5 erwähnten »Hochzeitsbeistand« (*schuschvin*), der als Zeuge einer potentiellen Jungfernschaftsklage vorbeugen half, festgehalten; vgl. KUINOIL III 250-253; WOLF II 821; WILCKENS 76; THOLUCK 83; SCHLATTER 107f.; SCHNACKENBURG I 454; TALBERT 106; LANGE 122f.; SCHENKE 80; BEASLEY-MURRAY 52f.; BECKER I 155; I.G. ROSENMÜLLER, Scholia in Novum Testamentum II, ³1789, 256f.; BRODIE 206.

145. Vgl. D.H. GORDIS, Marriage: Judaism's »Other« Covenantal Relationship, in: R.M. GEFFEN (Hrsg.), Celebration & Renewal. Rites of Passage in Judaism, Philadelphia/Jerusalem 5753/1993, 90-131.95-97, mit J. REDFIELD, Notes on the Greek Wedding, Arethusa 15 (1982) 181-201. Demnach scheint der »Fiddler on the roof« in der hellenistisch-römischen Gesellschaft keine allzu große Rolle gespielt zu haben, sondern mehr der »process of transfer« (OCD ³1996, 927f.).

146. So WELLHAUSEN 19; WOLF II 821; SCHLATTER 107f.; LAMPE 669; GROTIUS 489; GAEBELEIN 79; BERNARD I 130f.; W. BAUER 63; BEASLEY-MURRAY 53; BECKER I 155;

mit Israel¹⁴⁷ bzw. zwischen den beiden Extremen vermittelnd mit der messianischen Gemeinde¹⁴⁸ aus Israel und den Völkern.

Diese Schwierigkeiten lassen sich nur beseitigen, wenn man der Analyse des Erzählkontextes den Vorrang vor einer Rekonstruktion antik-jüdischer Hochzeitsbräuche gibt. Denn die johanneische Ehe-Metaphorik verweist mit ihren Sachbegriffen (Hochzeit, Braut, Bräutigam, Kinder, Vater, Sohn, Treue, Freund etc.) auf juristische bzw. genealogische Sinnbezirke. Sie lassen sich nicht ohne Probleme auf die Kirche übertragen. Die These, die Braut sei mit der Kirche gleichzusetzen, setzt nämlich ungeprüft voraus, dass im johanneischen Erzählzusammenhang diese bereits umfassend existiert habe. Dies aber ist keineswegs der Fall. Denn der johanneische Jesus hat zu diesem frühen Zeitpunkt noch nicht von der Sammlung derer gesprochen, die nicht zu den Schafen Israels gehören (10,16.27-30; 11,52; 17,21; 21,11), aber mit diesen zusammen zu einer Herde unter einem Hirten, d.h. zu einer eschatologischen Gemeinde, verschmolzen werden sollen. 17,20-22 in Verbindung mit 12,20ff.; 20,23 und 21,11 legen nahe, dass dem Evangelist dort auch keine mustergültige Kirchenorganisation vorschwebte, die für alle Zeiten vorbildlich und verbindlich sein solle, sondern dass er vielmehr die mit der jüdischen Zionstradition verknüpfte eschatologische Vorstellung von der Völkerwallfahrt¹⁴⁹ für seine Leserschaft aktualisieren will. Die eschatologische Sammlung wird erst in Kap. 21 symbolisch aufgenommen, wo die sieben Jünger (vgl. 4,35-38) beauftragt werden, diese von Jesus unerledigt gelassene Arbeit universal fortzusetzen. Ebenso sind die das (quasi kirchliche) Binnenverhältnis zwischen Jesus und den Gläubigen bestimmenden Metaphern, Hirt und Herde¹⁵⁰ bzw. Weinstock und Reben, noch nicht appliziert, weil auch diese unter dem österlichen Vorbehalt stehen.

Die im Bild 3,29 festgehaltene Situation entspricht also keineswegs der in den beiden letzten Auslegungsvarianten vorausgesetzten. In V. 29 geht es vielmehr um »Besitzanspruch« bzw. um »Eigentumsrecht«,

---

WILCKENS 76; B. REICKE, TRE 9 (1982) 324; BÄUMLEIN 50; HENGEL, Frage 384 Anm. 354; bzw. FREY, Erwägungen, ebd. 391.

147. Vgl. ZAHN 221; WESTCOTT 59f.; SCHENKE 80; SWAIN 45; KLEE 130f.; LIGHTFOOT 119; MAIER 316f.; HUNTER 43; KEALY 66f.; HEITMÜLLER 749; HENGSTENBERG I 231; BROWN I 156; eine Minderheit überlegt, ob nicht auch die Menschheit insgesamt gemeint sein könnte: MAIER 316f.; BELSER 120.

148. ZAHN 222; DE WETTE 70; TILLMANN 102; VAN DEN BUSSCHE I 249f.; SCHNACKENBURG I 453f.; SCHNELLE 80; STIBBE 59-61; STRATHMANN 77f.; KEIL 181; LÜCKE I 496; MACGREGOR 91; MACRORY 59; GODET II 165; GAEBELEIN 79; BRANDT 80; BRODIE 206; KLAIBER, Zeuge 217; BÄUMLEIN 50; BARRETT 223; STAUFFER, ThWNT I (1933) 653; THOLUCK 83; FRANKE, Beitrag 279.

149. Siehe unten Kapitel C.6.

150. Die beiden Sachbegriffe verweisen auf den »Sinnbezirk des Rechts«, wie das Weinstockbild aus dem »Sinnbezirk der Genealogie« stammt.

wobei genealogische Implikationen indirekt konnotiert werden. Es wird literarisch der Eindruck von einer Momentaufnahme im Rahmen der Hochzeit Jesu vermittelt, die vom besten Freund des Bräutigams exakt zu dem Zeitpunkt aufgenommen wurde, in dem diesem blitzartig das Ende seines Auftrages bewußt geworden ist. Denn nicht nur der allwissende Erzähler (V. 24) und mit ihm der Leser, sondern nun auch Johannes selbst (V. 30) setzen die baldige Gefangennahme voraus. Sein Auftrag ist beendigt, sobald Jesus seine Braut gefunden hat.

Der Fokussierung auf einen zentralen Punkt innerhalb einer im Bild festgehaltenen Hochzeit entspricht die 3,22ff. noch ausgesparte, angesichts von 4,2 aber vorauszusetzende Situation. In ihr wird nämlich zum Schluß die anfänglich vorausgesetzte Tauftätigkeit Jesu abrupt widerrufen. Dennoch besteht kein Anlaß, zum literarkritischen Skalpell zu greifen, um die Episode herauszuschneiden, weil sie doch erkennbar sekundär in einen sonst intakten Erzählverlauf — zudem noch literarisch unglücklich — eingefügt sei. Vielmehr gewinnt sie dadurch erst den speziellen Charakter eines programmatischen, aber mehrdeutigen Verweises. Denn wie V. 28 signalisiert, soll die bei den Johannesanhängern umstrittene Reinigungstätigkeit Jesu nicht nur auf das Zeugnis des Johannes (1,20-34) zurückweisen, sondern ebenso umfassend vorausweisen.

Für die These, dass Jesus sich hier mit Israel vermählt, sprechen verschiedene Indizien: Einmal war es von Anfang an die Aufgabe des Erstzeugen, mit seiner Wassertaufe das Auftreten Jesu Israel zu offenbaren (1,31). Wenn man zu Jesus kam, war man wie Nathanael ein »wahrer Israelit« (1,47-49). Hatten sich das Brautpaar, vor allem die Braut, vor der Hochzeitsfeier in der *Mikweh* ebenso wie die Hochzeitsgäste vor der Feier toragemäß mit Wasser[151] rituell gereinigt, kann sich Jesus bei diesem positiven Vorzeichen ebenfalls offenbaren (2,11). Obwohl dies ironischerweise[152] der Bräutigam und dessen Vertrauensperson, der Ober, nicht erkennen, war dennoch Jesus von ihnen zur Hochzeit geladen (2,2) worden. Indem er den Mangel beseitigt und Wein in Fülle spendiert, ist

---

151. Die Reinigungsverpflichtung für das Brautpaar und die Hochzeitsgäste erklärt harmonisch die Mengenangabe in 2,6.

152. Gerade CULPEPPER, Anatomy 193; DUKE, Irony 83f. und vorsichtiger LIEU (s. Anm. 141) 64, heben den ironischen Charakter der Szene hervor. Die Ironie wird noch markanter, wenn man (siehe Kapitel C.1a) das soziale Gefälle in der Schilderung der Hochzeitsszene in Kana mit in Rechnung stellt. Der sozialen Abstufung in jener Episode entspricht auch die Unfähigkeit der Jerusalemer Leitungselite 1,19ff., die wahre Identität des Zeugen Johannes und damit auch die von Jesus zu definieren. Dieser Mangel an Erkenntnis legt den Grund für ihr späteres Versagen.

»*jetzt*« (2,10; vgl. 5,17; 16,24) die auf diese Weise (für den Glauben) erkennbare, qualifizierte Heils-Zeit (vgl. Mk 2,19a) angebrochen. Aber erst der Täufer (vgl. 3,23) zieht aus Jesu Tätigkeit insgesamt den Schluß, jener habe seine Braut, Israel, ganz in seinem Sinne und gemäß biblischer Vorgaben[153] gefunden und heimgeführt.

Aber die Tauftätigkeit Jesu war nach 1,33 per definitionem als Geisttaufe charakterisiert worden. Über deren Vollzug wird 3,22ff. jedoch kein Wort verloren. Nur indirekt aus der 3,26 vorausgesetzten Attraktivität der »Taufe« Jesu im Zusammenhang mit einem Streit zwischen den Johannesanhängern und einem Bewohner Judäas über rituelle Reinigung (vgl. 3,25 mit 2,6) schlechthin, könnte man auf einen solchen Gedanken kommen. Indem dieser jedoch nicht ausdrücklich bestätigt wird, hält sich der Erzähler diese Option offen. Das entspricht einer in den ersten sechs Kapiteln öfter zu beobachtenden Tendenz, das Wirken Jesu für noch ausstehendes Geschehen transparent werden zu lassen. So entspricht schon das Kanazeichen nicht umfassend der Ankündigung Jesu 1,50 (vgl. 5,20 mit 14,12), Nathanael (vgl.21,2) werde »größere Dinge« zu sehen bekommen. Das Anfangszeichen weist zudem durch die Einlassung Jesu, seine Stunde sei noch nicht gekommen, über sich selbst hinaus auf seinen Tod und Auferstehung. Die darauf folgende Tempelreinigungsszene diskutiert auf ihre Weise die Bedeutung des Todes Jesu, wie anschließend Nikodemus ebenfalls mit einer Anspielung auf die eherne Schlange[154] indirekt die Heilsdimension von Jesu Erhöhung an das Kreuz dargelegt bekommt. Die Einführung des Begriffs »Freund des Bräutigams«[155] weist ebenfalls in den Bildbereich der Hochzeit, der wiederum mit den Motiven »Reinigung« und »vollkommener Freude« auf die Stunde Jesu vorausweist (vgl. 20,20).

Obwohl sicherlich mit »Freund des Bräutigams« der in der jüdischen Tradition so wichtige Heiratsvermittler (vgl. Gen 24; mTaan 4,8; bTKidd

---

153. Die Beziehung Jahwes zu Israel wird in der hebr. Bibel häufig, zumal im deuteronomistischen Geschichtswerk, mit Bezug auf das Eheleben positiv (a) wie negativ (b) definiert: a. Ex 34,15; Dtn 6,4-5; 10,12.20; 11,1.13.22; 13,5; 19,9; 30,6.16.20; 31,16; Jos 22,5; 23,8.11; 1 Kön 3,3; 2 Kön 18,6; Ps 45,11ff.; 73,27; Is 54,5; 62,4f.; Jer 2,2; 3,20; Ez 16,8; 23,4; Hos 2,18-21; Mal 2,11; b. Ex 34,14f.; Num 5,14.29.30; 15,39; Dtn 6,14; 8,19; 11,28; 13,3; 28,14; 31,16; Ri 2,17; 8,27.33; Jer 7,6.9; 11,10; 13,10; 16,11; 25,6; 35,15 etc., vgl. auch JosAs 8,9f.; Kap. 21, einen Text, der sprachlich und inhaltlich insgesamt der metaphorischen Ehe-Sprache von Joh 3 nahesteht. In ihm wird die Hochzeit von Aseneth und Joseph zum Zeichen für Aseneths Integration in das Bundesvolk Israel.

154. Vgl. neuerdings S. BEYERLE, Die ‚Eherne Schlange' Num 21,4-9: synchron und diachron gelesen, ZAW 111 (1999) 23-44.41f.

155. Während Ri 14,20 LXX; 1 Makk 9,39 »Freunde des Bräutigams« nennen bzw. Gen 26,26 LXX ausdrücklich den Heiratsvermittler bei seinem traditionellen griechischen Namen kennt, ist die Bezeichnung im Singular in V. 29 singulär.

12b; BerR 68 par. WayR 8[156]) konnotiert werden soll, wird hier noch auf den späteren, spezifisch johanneischen Sprachgebrauch für die Jünger Jesu (u.a. 11,3.5.11; 15,15) bzw. Gläubigen verwiesen, die sein Wort bzw. seine Stimme hören und annehmen (5,24f. 28; 10,3f.16.27; 18,37) und auf diese Weise seine Freunde werden. Mit diesem Befund deckt sich der Einsatz des Reinigungsmotivs, das zusätzlich auf die Notwendigkeit der Jüngerreinigung 13,6-11 vorverweist. Auch das Motiv von der vollkommenen Freude verweist auf die Zukunft (15,11; 16,24; 17,13; 20,20), in der die Jünger allen Grund haben werden, sich mit und durch Jesus zu freuen, weil ihnen Anteil an dessen Gemeinschaft mit dem Vater geschenkt worden ist.

Die mit Zeichenhandlungen, biblischen Anspielungen und Metaphern verschlüsselte Programmatik der ersten sechs Kapitel, in der das besondere Gewicht der Jesusgeschichte im späteren Jüngerglauben dokumentiert wird, hat Johannes als Heiratsvermittler bzw. »Trauzeugen« zwischen Jesus und Israel charakterisiert. Er hat auf seine loyale Art (3,28) einen von Gott angestoßenen Prozeß (1,31a.33a) erfolgreich begleitet, so dass ihm vor seinem Tod noch die Gewißheit geschenkt wird, dass Jesus seine Braut, Israel, heimgeführt hat. Andererseits deutet sich kontrapunktisch dazu mit der Unfähigkeit einiger höhergestellter Landsleute, Jesu wahre Bedeutung zu erschließen, bereits frühzeitig an, dass es um seine Identität zum Streit kommen wird. Wenn sie ihn bald danach töten wollen, deutet Jesus ihr aggressives Verhalten als ein Indiz dafür, dass es um die Treue[157] in der traditionellen Ehe ihres Vaters Abraham durch die Zeiten von einer Seite nicht immer gut bestellt gewesen sei. Deshalb leitet Jesus später aus dem Verhalten derer ab, die ihn umbringen wollen

---

156. Die religiöse Bedeutung des Heiratsvermittlers streicht sehr schön eine Anekdote aus BerR 68 heraus: »Eine römische Matrone fragte R. Josua bar Chalaphtha: In wieviel Tagen hat Gott die Welt erschaffen? Er antwortete: In sechs Tagen. Darauf fragte sie: Was macht er seitdem? Er sitzt und stiftet Ehen, war seine Antwort... Wenn er weiter nichts tut, fuhr die Matrone fort, das kann ich auch... Was machte die Matrone? Sie nahm 1000 Knechte und 1000 Mägde, stellte sie in Reihen auf und sprach: Dieser soll jene nehmen und jene diesen, und so verheiratete sie dieselben in einer Nacht. Am anderen Tage kamen sie zu ihr, der eine mit einer Wunde am Kopf, die andere mit einem blauen Auge, die dritte mit einem zerbrochenen Fuß. Sie fragte sie: Was ist euer Anliegen? Die eine sagte: Ich will den und den nicht, und er sagte wieder: Ich will die nicht. Sie ließ sofort den R. Josua bar Chalaphtha kommen und sprach zu ihm: Fürwahr! Es ist kein Gott wie euer Gott, eure Tora ist wahr und vortrefflich. Du hast schön gesprochen!« [zitiert nach der Übersetzung von A. WÜNSCHE, Der Midrasch Bereschit Rabba, Leipzig 1881, 327f.].

157. Dass dies das zentrale Thema von Kap. 8 ist, hat noch der späte Interpolator von 7,53-8,11 gespürt, der die Ehebruchsperikope eingefügt hat. Er wollte möglicherweise damit auch späteren christlichen Tendenzen, sich über »die Juden« zu erheben, gegensteuern.

(8,37.40), dass diese unmöglich legitime Kinder ihres Vaters sein könnten, sondern vielmehr im Ehebruch gezeugt sein müßten. Denn ihr aggressives Benehmen ihm gegenüber belege, dass sie — quasi genetisch kodiert — Satan und nicht Abraham zum Vater hätten. Doch hat Jesus keineswegs den Auftrag, die Ehe ihres Vaters aus diesem Grund zu annullieren, sondern sie von der besonderen Qualität seiner Herkunft zu überzeugen (8,58) und sie als Geschwister zu gewinnen. Denn nur denen, die ihn aufnähmen, werde er eine legitime Kindschaft bescheinigen können (1,13), weil sie so erwiesenermaßen auch »von oben gezeugt« seien (3,3.5) und aus diesem Grund Gott zum Vater und ihn zum Bruder (20,17) haben werden.

Die Erwähnung der Abrahamskindschaft in Kap. 8 als Metapher für den traditionellen, aber defizitären Bund zwischen Gott und Israel, in dem es Israel an ehelicher Treue häufig fehlen ließ, wie auch die verdeckte Ankündigung (3,22ff.) der österlichen Geisttaufe (20,19-23) signalisieren zusammen die angestrebte Überführung des Abrahambundes in eine ausgesöhnte eschatologische Ehe zwischen Jesus und Israel. Denn das Aufgebot dazu hatte der Zeuge Johannes bereits 1,35ff. bestellt, indem er zwei seiner eigenen Jünger an Jesus abtrat. Auch gab es aufgrund der Reinigungsbereitschaft Israels (vgl. 2,6 mit 3,25f.) kein ernsthaftes Ehehindernis, so dass sich der Trauzeuge 3,29 über die Eheschließung[158] freuen konnte. Mit der Erstspendung der Geisttaufe an die Osterzeugen wird die eschatologische Ehe und Familie endgültig konstituiert.

Deshalb wird man dem ersten Eindruck, dem viele deutschsprachigen Exegeten gefolgt sind, nicht mehr so rasch nachgeben wollen und dem Autor und seiner Schrift eine antijüdische Polemik unterstellen. Obwohl er in dem scharfen juristischen Streit um die legitime bzw. illegitime Abstammung der Gegner Jesu in Kap. 8 ein ehebrecherisches Verhältnis Israels vorauszusetzen scheint, wird die Ehe nicht für endgültig gescheitert erklärt, sondern nur vom Verhalten der aus ihr offiziell hervorgegangenen »Söhne«, die Jesus auf jede nur erdenkliche Weise loswerden möchten, auf deren illegitime Abstammung geschlossen. Dementsprechend stellt sich das vierte Evangelium nirgends gegen die biblische Überlieferung, sondern schärft sie nur neu[159] ein.

---

158. Dies ist ein bekanntes biblisches Motiv: vgl. Hos 1,2-3,5; Jer 2,2; Is 61,10. Die traditionelle Auslegung, Johannes habe das Ehebündnis zwischen Jesus und seiner Kirche gestiftet, ist im vorliegenden Kontext abwegig. Sie trägt eine paulinische Vorstellung aus 2 Kor 11,2 ein, die im Erzählverlauf von Kap. 3 keinen Haftpunkt hat.

159. Gegen die Sicht von S. PANCARO, The Law in the Fourth Gospel, NT.S 42, Leiden 1975, 445-448, der zwischen zwei Gesetzesgebern, zwischen Gott und Jesus, zu unterscheiden versucht. Dies entspricht nicht der Textlage. Immer ist Jesus als von seinem Vater

Auf diese Weise werden »die Juden« zu literarischen Figuren, an deren zunehmend illoyalem Verhalten der Leser seinen eigenen Standpunkt zu finden lernen soll. Ihre Charakterisierung als Ehebrecher bzw. als aus einem Ehebruch Stammende stempelt sie zu Anti-Paradigmen von wahrer Jüngerschaft. Diese verzerrte Darstellung bewegt sich noch im Rahmen der Auseinandersetzungen zwischen den damaligen innerjüdischen Parteiungen. Sie greift häufig auf Vorstellungen zurück, die man dort anderenorts auch finden kann[160]. Besonders die — positiv wie negativ — erfahrungsgesättigte Ehe-Metaphorik verhindert jegliche einseitige Verurteilung, da von einer Aufkündigung der Ehe nirgends gesprochen wird, zumal die Metaphorik aus der Schrift übernommen wurde.

3. Die Tempelmetaphorik: das theologische Zentrum[161]

Die Verhältnisbestimmung von Christologie zur Theologie[162], von Sohn zum Vater, von Abhängigkeit zur Überlegenheit, von Unterschiedenheit zur Einheit, von Sterblichkeit zum unbegrenzten Leben, vom Geschöpf zum Schöpfer, letztlich von Mensch zu Gott, deren Relation in den Beschreibungskategorien von »oben« und »unten« — also immer vertikal — zu definieren, legt das vierte Evangelium zwar nahe (3,13.31; 6,63; 8,23; 15,19; 17,16; 18,36), führt aber — wie die Auslegungsgeschichte[163] gezeigt hat — in ein unüberwindbares Dilemma. Denn seit 1803 Georg Konrad Horst in seinem Aufsatz »Über einige anscheinende Widersprüche in dem Evangelium des Joannis in Absicht auf den Logos, oder das Höhere in Christo« auf den entscheidenden Widerspruch in der johanneischen Christologie hingewiesen hatte, ist der Streit um eine Lösung zwischen den Vertretern einer prophetischen Sendungschristologie, d.h einer Christologie, die von der Kategorie »unten« bestimmt ist, und denen, die eine »hohe« Christologie »von oben«[164], d.h. eine wie

---

gesandt und beauftragt dargestellt. Neue gesetzgeberische Kompetenz kommt ihm nicht zu, da er immer wie Gott handelt, von dem er alles gelernt hat.

160. Vgl. R.E. Brown, An Introduction to the New Testament, New York 1997, 372f.

161. Dieses Kapitel geht auf meinen Aufsatz zurück: »Die Tempelmetaphorik als ein Beispiel von implizitem Rekurs auf die biblische Tradition im Johannesevangelium«, in: BEThL 131, Leuven 1997, 397-428, der hier verkürzt, überarbeitet und ergänzt eingearbeitet wurde.

162. Beachte dazu die erhellenden Ausführungen von U. Wilckens, Monotheismus und Christologie, JBTh 12 (1997) 87-97.91-96.

163. Vgl. A.1

164. Später wird man diese Unterscheidung wählen, um die antiochenische von der alexandrinischen Christologie zu unterscheiden.

auch immer geartete Einheit zwischen Jesus und Gott, vertreten, nicht mehr verstummt.

Einer Sendungschristologie entsprechen Formulierungen im Evangelium wie z.B. »Wahrlich, wahrlich, ich sage euch, der Sohn kann nichts von sich aus tun, sondern er tut nur das, was ihm der Vater zeigt« (5,19) oder »Meine Lehre ist nicht die Meinige, sondern dessen, der mich gesandt hat« (7,16). Auch klare Präexistenzaussagen (1,1; 16,28; 17,5.8) sind noch keine eindeutigen Belege für eine Einheit zwischen Vater und Sohn, sondern beschreiben nur in bekennender Sprache Jesu Herkunft und persönliche Nähe zu Gott[165]. Er stammt von oben, d.h. er ist vom Vater gesandt und steht mit ihm in engstem Gesprächskontakt (1,1; 1,51). Aber er kann vor der Schöpfung keineswegs gleichen göttlichen Rang beanspruchen. Darüber hinaus kann der irdische Jesus sagen: »Der Vater ist größer als alle« (10,29), sogar größer als er selbst (14,28). Selbst das Schma Israel (Dtn 6,4f.), sein monotheistisches Glaubensbekenntnis, wird von ihm 5,44[166] bzw. 17,3 auf keinen Fall korrigiert, sondern ausdrücklich bestätigt: »Das ist das ewige Leben, das sie dich, der du *einzig* wahrer Gott bist, und den, den du gesandt hast, Jesus Christus, erkennen«. Im Sinne dieser Textaussagen ist der Vater allein wahrer Gott, Jesus war nur ein Leben lang sein Gesandter, sein Repräsentant auf Erden[167]. D.h. aus der Glaubensperspektive war er zugleich bezogen auf die Welt und eminent bedeutsam für sie: sozusagen zeitweilig ein Gott für die Welt, weil die Welt von sich aus den *einen* Gott gar nicht erkennen, sondern ihn nur gedolmetscht verstehen kann (1,18). Nach diesen Stellen besaß Jesus kein göttliches Wesen, sondern er war lediglich eine umfassend für die

---

165. Dies hat J. KÖSTLIN, Einheit und Mannigfaltigkeit in der neutestamentlichen Lehre, JDTh 3 (1858) 85-154.103, bereits erkannt, wenn er schreibt: »Vor allem steht ihm der, welcher er Logos nennt, von Anfang an in seiner innigsten Gemeinschaft mit Gott diesem doch persönlich gegenüber; sein uranfängliches Seyn bei Gott kann ja als ein Seyn zu Gott hin, als Seyn in der Bewegung zu Gott hin (Joh 1,1) nur bezeichnet werden, sofern ihm ein von Gott unterschiedenes, eigenes Bestehen zukommt«. Diesen Aspekt findet er ebenfalls in 1,18 bestätigt. Gerade auch in der Nähe ist die Verschiedenheit der beiden Personen gewahrt.

166. Vgl. auch das betont mit Artikel versehene Wort »Gott« in 1,1f.; 6,27; [8,41].

167. WEIZSÄCKER, Selbstzeugniß 200, faßt diese Tatsache folgendermaßen zusammen: »Der Christus, der auf dieser Höhe des Selbstbewußtseyns steht, ohne doch dieselbe auf eine Lehre über sein göttliches Wesen zu gründen, der sich als den alleinigen Weg zu Gott darstellt, ohne doch für sich selbst irgend eine Ehre in Anspruch zu nehmen, der überall sich und sein Werk so sehr zusammendenkt — denn dieß Zusammendenken ist das Grundelement seines Selbstbewußtseyns —, dass er nirgends viel auf die Wege der Heilsverwirklichung eingeht, sondern sich einfach darbietet zum Glauben, Erkennen, Gehorchen, Nachfolgen, das ist kein gemachter, von der Lehre aus ersonnener, sondern der wirkliche lebendige Christus, in dessen unmittelbarer Selbstgewißheit das Wunder seines Evangeliums beschlossen liegt«.

Erfüllung der irdischen, von Gott vorgesehenen Aufgaben ausgestattete Person: Sie besaß vor allem einst eine himmlische Vertrauensstellung und folglich die nötige Nähe zum Auftraggeber, sogar eine so intime persönliche Beziehung, wie sie nur ein Vater zu seinem Sohn und vice versa aufbauen kann. In der Menschenwelt schlug sich dies — erkennbar zuerst nur für Johannes — in Jesu bleibender Geistausstattung (1,31-33; 3,34) nieder. Sie veranlaßte ihn zu Lebzeiten nicht, für sich eigene göttliche Ehre (5,41; 7,18; 8,50.54; [16,13]) zu beanspruchen, sondern — wie es einem guten Botschafter geziemt — die seines Auftragsgebers zu stärken. Aber nach der Auferstehung Jesu bekennt die Wir-Gruppe (1,14-18) im Rückblick[168] — nun selbst geistgerüstet (20,22) —, dass der als lebensspendendes Licht eine biographische Einzelgeschichte[169] übergreifende Logos[170] sich temporär in Jesus zum Wohle der Lebenswelt inkorporiert habe.

Aber den Tendenzen, die Abhängigkeit Jesu von Gott in einigen Aussagen zu betonen, widersprechen wiederum andere, die Jesus anscheinend als einen »über die Erde wandelnden Gott« dargestellt sehen wollen. Berühmt und umstritten zugleich sind vor allem der Anfang des Logoshymnus »Im Anfang war das Wort und das Wort war bei Gott und [ein] Gott war das Wort« (1,1; 17,5), die absoluten Ich-Worte Jesu wie etwa »Ehe Abraham wurde, bin ich« (8,58; vgl. 8,24.28; 13,19), in denen Jesus den unaussprechlichen Namen Gottes (Ex 3,6.14; Is 43,10f.) für sich zu beanspruchen scheint, die Einheitsaussage 10,30 (14,10) »ich und der Vater sind eins« und das Bekenntnis des Thomas »Mein Herr und mein Gott« (20,28). In diesen Worten werde unzweideutig die Gottheit Jesu vorausgesetzt.

Doch lassen sich einige der angeführten Stellen als legitime Zeugnisse aufgrund philologischer Kriterien ausscheiden: Der Gottesprädikation des Logos im Hymnus fehlt der präzisierende Artikel, so dass hier wie 1,18 von einem himmlischen Wesen die Rede ist, von dem alleinigen Gott unterschieden, dem aufgrund seiner Nähe zu Gott[171] im Bekenntnis eine

---

168. Dies ist zu Recht von THOMPSON, Perspectives 123-125, akzentuiert worden.

169. Die einzige präsentische Formulierung im gesamten Prolog bietet gerade der hier wichtige Vers 5.

170. Beachte die prägnante Auskunft von DAVIES, Reference 117, die zuerst darauf verweist, dass eine Aussage über Christi Präexistenz »nonsense« sei. Denn diese These besage doch vollkommen unlogisch, dass Christus existierte, bevor Christus existierte. Das einzige, was gesagt würde, sei dies, dass Gott und Logos ewig sind. Es komme dem Text nur darauf an, »that God's eternal Logos, his eternal purpose or plan for humanity, was instantiated in the human and vulnerable (...) life of Jesus«.

171. Siehe die Auslegung B.1.

Art von Göttlichkeit zugesprochen werden kann[172]. Auch die Einheitsaussage will sich nicht in dieses traditionelle Schema einpassen lassen. Denn wenn der Satz zwei Personen miteinander identifizieren wollte, müßte sprachlich eigentlich eine personenbezogene und keine sächliche[173] Identifikationsformel — wie hier — zu erwarten sein. Zudem spricht der Kontext (vgl. 10,29 mit 6,37-39; 17,12; 18,9) gegen eine solche Interpretation, wo wiederum nur betont wird, dass Jesus im Einklang mit seinem Vater handelt, der »größer als alle« (V. 29; 14,28) ist. Auch enthält das Thomasbekenntnis neben seiner ironisierenden Anspielung auf die Kaiserprädikation Domitians ein stark subjektives Moment, so dass man es ebenfalls aus der Liste der eindeutigen Belege streichen sollte. Dann bleiben nur noch die absoluten Ich-Worte Jesu übrig. Doch schon Bultmann[174] hatte für sie eine einfache Identifizierungslogik abgelehnt. Indem »der Offenbarer« »nicht wie Abraham der Reihe der gewordenen Wesen« angehört, sondern in ihm »das Ich des ewigen Gottes selbst«[175] spricht, kann der Anspruch Jesu nur vom Glauben und nicht von den anwesenden Juden verstanden werden, weil sie in ihm nur einen Menschen knapp unter fünfzig Lebensjahren gesehen hätten. Obwohl an der hilfreichen und sachgemäßen Unterscheidung zwischen Glaubenszeit und Jesuszeit festgehalten werden muß, belastet die paradoxe Identifizierung des Logos mit Gott in der Präexistenz, anders als beim geschichtlichen Offenbarer, in dem »Gott doch nicht direkt, sondern nur im Offenbarer begegnet«[176] das wirkliche Menschsein Jesu. Diese Aporie in der Auslegung Bultmanns ließ Käsemann wieder zum Erklärungsmodell vom »über die Erde wandelnden Gott« greifen, wie umgekehrt Haenchen erneut zum Modell vom prophetischen Gesandten zurückkehrte.

Aus diesem fast zweihundertjährigen Dilemma führt nur ein Weg hinaus, der einerseits die innerhalb der Auslegungsgeschichte gewonnenen Erkenntnisse kritisch abwägend aufgreift und andererseits nach einem bislang unbetretenen Pfad aus dieser offensichtlichen Sackgasse sucht.

---

172. Beachte die differenzierende Meinung BULTMANNS 17: »Ein paradoxer Sachverhalt soll Ausdruck finden,..., dass im Offenbarer wirklich Gott begegnet, und dass Gott doch nicht direkt, sondern nur im Offenbarer begegnet«.
173. Man muß wörtlich übersetzen: »Ich und der Vater, wir sind Eines«.
174. BULTMANN 248 Anm. 5, worauf H. THYEN, Ich bin das Licht der Welt. Das Ich- und Ich-Bin-Sagen Jesu im Johannesevangelium, JAC 35 (1992) 19-46.31, mit vollem Recht wieder aufmerksam gemacht hat.
175. BULTMANN 248.
176. BULTMANN 17.

Ein grundlegender Befund ist die seit langem bekannte Prämisse, dass das vierte Evangelium ein »Gegenwartsbuch«[177] ist, das nicht einen geschichtlichen Hergang schildern, sondern dessen tiefere Bedeutung für die eigene Gegenwart ausloten will.

Schon der Prolog gibt sich in seinem Schlußteil als Bekenntnis einer Wir-Gruppe zu erkennen, die auf die Jesusgeschichte als temporäre Inkarnationsgeschichte des Logos zurückblickt. Diese selbst wird bereits in den beiden ersten Kapiteln (1,19ff.) episch so entfaltet, dass das angestrebte umfassende Erzählziel Kontur gewinnt: Der gesuchte eschatologische Heilsträger wird die Schuld des Kosmos tragen[178] (1,29.36; 19,14.36) und seinen Jüngern Größeres zeigen (1,50; 5,20; 14,12), vor allem seine Abschiedsstunde (2,4; 12,23; 13,1; 20,30f.), in der er seinen von Gott gegebenen Auftrag vollendet (13,1e; 19,28.30) und seine Initiationsreise[179] (16,20-22) ihr himmlisches Ziel erreicht. Sie wiederum schenkt seinen Jüngern erst die rechte Erinnerung und den wahren Deutehorizont, die Schrift (2,17.22), aus denen heraus sie endlich die Jesusgeschichte in ihrer vollen Bedeutung verstehen werden. So endet sie absichtsvoll in der paränetisch eingeschobenen Aufforderung an den Leser, in das Bekenntnis der Wir-Gruppe einzustimmen (20,29-31) und sich an dem zu beteiligen, was von allen Jüngern individuell gefordert war: Jesus ohne Blick auf seinen Mitmenschen oder Mitchristen (vgl. 21,19-22) nachzufolgen, für ihn ohne Zögern öffentlich Zeugnis abzulegen (21,18f.; 1,19ff.; 9,8ff.; 12,42) ihn nicht zu verraten (6,70f.) bzw. aus Unkenntnis (13,7) und Kleinmut nicht zu verleugnen (18,15ff.; 21,15-17).

Wenn man dem theologisch-christologischen Dilemma auf den Grund geht, stößt man unweigerlich auf Denkvoraussetzungen, die das Verhältnis zwischen Gott und Jesus entweder vertikal, d.h. ontologisch, oder horizontal, d.h. ontisch, zu bestimmen versuchen. Aber sind diese Kontrapunkte die einzigen Denkmöglichkeiten? Wenn die Annahme stimmt, dass der Autor die Jesusgeschichte nicht nacherzählen, sondern aus der Retrospektive mit Hilfe einer biblischen Hermeneutik (u.a. 2,22; 7,37-39) deuten will, muß die Frage erlaubt sein, ob die Schrift allein in diesen

---

177. M. DIBELIUS, Die urchristliche Überlieferung von Johannes dem Täufer, FRLANT 15, Göttingen 1911, 99.
178. Damit ist die Schuldenlast des Kosmos insgesamt gemeint, die sicherlich größer ist als die von Ez 4,4-8 und dem leidenden Gerechten Is 53,8-10 für Israel und Juda getragene. Wer aber im biblischen Sinn die »Sünde« wegnimmt, schafft die Sündenfolge, den Tod, fort: Er ist der Lebensspender par excellence.
179. Ein Begriff, den ich von P. FREESE, Die Initiationsreise. Studien zum jugendlichen Held im modernen amerikanischen Roman, 1971, übernommen habe. Er beschreibt u.a. die Initiation, mit der m.E. Johannes die Passion/Auferstehung Jesu zu deuten versucht, u.a. auch als einen Revelationsprozeß, der schon 2,17.22 vorausgesetzt ist.

Kategorien denkt oder ob es noch andere Möglichkeiten gibt, mit denen sie das Verhältnis zwischen Gott und Mensch bzw. Israel definieren kann.

Die Vertreter einer Sendungschristologie scheinen in der Relationsbestimmung am weitesten vorgedrungen zu sein, wenn sie die Beziehung zwischen Vater und Sohn funktional im prophetischen Sinne verstehen, dass eben der Sohn als Gesandter des Vaters nur das redet und tut, was ihm aufgetragen wurde. Doch ist dies ein rein einseitiges Abhängigkeitsverhältnis, was wiederum dem johanneischen Text nicht umfassend gerecht wird, weil die Differenz von Himmel und Erde nicht mitbedacht wird.

Der Evangelist denkt in der Tat funktional-soteriologisch, aber übergreifend in der relationalen Deutekategorie der Liebe: Gott liebt die Menschenwelt so, dass er ihr zur Rettung seinen einzigen Sohn gegeben hat (3,16; 10,17[180]); Gott mag zudem seinen Sohn in besonderer Weise, dass er ihm wie ein guter Ausbilder seinem Auszubildenden alles gezeigt hat (5,20), was er für seinen Beruf braucht; Jesus wiederum liebt ihn umgekehrt so, dass er sein Leben freiwillig hinzugeben bereit ist (10,18; 14,31), damit die Menschenwelt die Qualität dieser Vater-Sohn-Beziehung richtig und zu ihren Gunsten einzuschätzen lernt (3,14-16) und entsprechend reagiert (3,21); Jesus liebt seine Jünger mit der gleichen Intensität. Deshalb bittet er seinen Vater, sie in ihre Beziehung als mit ihm gleichberechtigte Geschwister einzubeziehen, was dann auch 20,17 geschieht. Sie sind als Kinder in die Familie Gottes aufgenommen, die wiederum in der Familie des Lieblingsjüngers ihr von Jesus gestiftetes Pendant hat (19,26f.).

Wenn man darüber hinaus den Rat von H. Thyen[181] beherzigt, der angeregt hat, »allen Versuchen zu widerstehen, die poetisch-metaphorische Sprache des Johannes auf ihren vermeintlich christologischen Begriff zu bringen, sei es im Sinne solcher Identitätsbehauptungen, sei es durch die Reduktion des Sohnes zum bloßen Funktionär des Vaters, oder sei es im Sinne irgendeines Adoptianismus«, und die johanneische Metaphorik unter diesem Aspekt untersucht, dann stößt man unweigerlich auf eine spezifische Bildlichkeit, in der veranschaulicht wird, das die Verständigung von Mensch und Gott in Jesus eine geschichtliche Gestalt gewonnen hat: in der Tempelmetaphorik. Sie wird den Leser bei seiner Lektüre vom Prolog 1,14 an, wo auf das Begegnungszelt Israels[182] angespielt wird, ständig begleiten.

---

180. Zu diesen Stellen merkt C.F.G. HEINRICI, Ist das Urchristentum eine Mysterienreligion?, IWW 5 (1911) 417-430.426, passend an: »Der Kreuzestod wird deshalb als eine Offenbarung der Liebe Gottes für die Sünder gewertet. Durch diesen Tod lernen sie an die Liebe Gottes glauben (Joh 3,16. Röm 5,6-8)«.

181. THYEN (s. Anm. 174) 31.

182. Vgl. M. GÖRG, Das Zelt der Begegnung. Untersuchung zur Gestalt der sakralen Zelttraditionen Altisraels, BBB 27, Bonn 1967 bzw. E. LOHMEYER, Die Verklärung Jesu

Für das antike Judentum hatten der Tempel und sein Kult eine höhere Bedeutung[183] als die Schrift. Obwohl er eine religiöse Realität außerhalb der Schrift war, war er ein Kernstück biblischer Reflexion und blieb es auch bei den jüdischen Gruppen[184], die ihn in ihrer Zeit als profanisiert ansahen. Auch wurde die Reflexion über ihn nicht eingestellt, als der zweite Tempel zerstört war[185]. Darin ist sich der Autor des Johannesevangeliums mit den Rabbinen (vgl. u.a. bTGit 55b-56b) und den Apokalyptikern (vgl. 4 Esr; syr. Bar; Sib 5)[186] seiner Zeit einig.

Die Bedeutung der Tempelmetaphorik für die Theologie und Christologie des Johannesevangeliums ist schon lange erkannt. A. Neander[187] fand, »die Formen des jüdischen Kultus« seien »vorbildliche Symbole für <dessen>[188] christliche<n> Anschauungen«, ohne dies jedoch exakt zu belegen. Erst B. Weiß[189] sah sich in seiner Korrektur an einer der Thesen K.R. Köstlins, der den Tempel nur als irgendeinen geweihten Ort

---

nach dem Markus-Evangelium, ZNW 21 (1922 185-215.191-196. Letzterer bietet schon eine Übersicht über die Zelt-Metapher in der biblischen Tradition.

183. Vgl. u.a. J.M.G. BARCLAY, Jews in the Mediterranean Diaspora from Alexander to Trajan (323 BCE — 117 CE), Edinburgh 1996, 76.

184. Vgl. 4QMMT = 4Q394-4Q399, wo — auch für die Ausdrucksweise des vierten Evangeliums kennzeichnend — in der Kontroverse um den rechten Tempelkult der Empfänger mit »für dich und dein Volk« (4Q398 Frg. 14 Kol. II) angeredet wird, obwohl der sogenannte »Lehrer der Gerechtigkeit« seine jüdische Identität sicherlich nicht aufgegeben hat.

185. Vgl. G. ALON, The Burning of the Temple, in: DERS., Jews, Judaism and the Classical World, Jerusalem 1977, 252-268.253f.; A.J. AVERY-PECK, Judaism Without the Temple: The Mishnah, in: ATTRIDGE / HATA (Hrsg.), Eusebius, 1992, 409-431; E.L. EHRLICH, Die Kultsymbolik im AT und im nachbiblischen Judentum, SyR 3, Stuttgart 1959; J. NEUSNER, Emergent Rabbinic Judaism in a Time of Crisis. Four Responses to the Destruction of the Second Temple, in: DERS., Early Rabbinic Judaism, 1975, 34-49; S. SAFRAI, The Temple, in: CRINT 1.2, 1976, 865-907; A.J. SALDARINI, Varieties of Rabbinic Response to Destruction of the Temple, SBL.SP 21 (1982) 437-458; M. COHEN, Les substituts du culte du Temple après 70, MSR 54 (1997) 21-36. So kann J.M.G. BARCLAY, s. Anm. 183, 310, mit einigem Recht aus historischer Sicht anmerken: »Thus, paradoxically, the destruction of the temple *may have helped to maintain, rather than diminish*, the atractiveness of Jewish customs to non-Jews«.

186. Vgl. G. HALLBÖCK, The Fall of Zion and the Revelation of the Law. An Interpretation of 4 Ezra, JSOT 6 (1992) 263-292; J.R. MUELLER, The Apocalypse of Abraham and the Destruction of the Second Jewish Temple, SBL.SP 21 (1982) 341-349; F.J. MURPHY, The Temple in the Syriac Apocalypse of Baruch, JBL 106 (1987) 671-683.

187. A. NEANDER, Geschichte der Pflanzung und Leitung der christlichen Kirche durch die Apostel, Gotha ⁵1862 [¹1832] 469f.; Ob er der Vorreiter für diese Auslegungstradition ist, ist hier nicht so sehr von Belang.

188. Im Zitat stand ursprünglich »seine«. Dies wurde vom Verf. geändert.

189. B. WEISS, Der johanneische Lehrbegriff in seinen Grundlagen untersucht, Berlin 1862, 113f., wiederholt von ihm in DERS., Lehrbuch der biblischen Theologie des Neuen Testamentes, Berlin ³1880, 662f.; Ähnlich urteilt W. BEYSCHLAG, Das Leben Jesu, Halle 1885-1886, I 114f., über das Verhältnis des Evangelisten zum AT.

ansehen wollte, der von Jesus geschützt werden mußte (2,13ff.), gezwungen, den in Anspruch genommenen Text genauer zu betrachten. Er wies darauf hin, dass Jesus gerade im Gegensatz zu jener Behauptung den Tempel positiv »Haus seines Vaters« (2,16) nennt. Der Erzähler bleibe also im Rahmen der alttestamentlichen Vorstellungen und betrachte den Tempel als Haus Gottes. Außerdem füllt er die Lakune weiter mit Hinweisen auf die ständigen Tempelwallfahrten Jesu und sieht auch die Hohepriesterwürde 11,51 vom Autor anerkannt. H.J. Holtzmann[190] ergänzte mit Bezug auf die Arbeit von C. Wittichen trotz schwerer Bedenken den Hinweiskatalog um den Verweis auf das jüdische Opferritual, auf das die Reinigungs- und Heiligungsvorstellung sowie die Opfervorstellungen in der Gestalt Jesu als dem Passalamm (1,29.36; 11,51f.) im Evangelium basiere. Franke[191] bestätigte den bis dahin erreichten Befund, präzisierte und ergänzte ihn. Nach 2,21 und 7,38 bezeichnet der Evangelist »Jesu Leib als den Ort, an welchem Gott Wohnung genommen (...), so ist damit ausgesprochen, dass die Erkenntniss der Geistigkeit Gottes (4,24) die Annahme nicht ausschliesst, dass Gott an besonderem Orte in besonderer Weise gegenwärtig sein könne«[192]. Wenn Gott Jesus zum vollkommenen Tempel erhoben habe, dann sei er auch das Gefäß, aus dem Ströme lebendigen Wassers fließen werden, die als Gnadengaben des endzeitlichen Tempels nach Ez 47,1-12 u.a. zu charakterisieren seien. Doch seien für diese Metaphorik noch weitere alttestamentlich bezeugte Orte der Gottgegenwart bzw. der Begegnung und Verständigung zwischen Gott und Israel im Evangelium mitheranzuziehen. Besonders verweist er dabei auf die Vorstellung vom Begegnungszelt (1,14), auf die Anspielung auf Jakobs Traum in Bethel (1,51) und die Wohnungen, die für die Jünger in der Wohnstätte Gottes, im Himmel (14,2f.), von Jesus hergerichtet würden. Damit ist von ihm schon erkannt, dass die Erde Gottes Wohnsitz — wie in Is 6 (vgl. Joh 12,37-41 sowie Ez 1) — nicht fassen kann. Dementsprechend müssen auch die kultisch reinen Gläubigen mit dem Paradiessymbol Israels, dem Weinstock (15,1ff.), verglichen werden[193], weil nur im Garten Eden Gott und Geschöpf zusammenlebten.

---

190. H.J. Holtzmann, Art.: Johannes der Apostel, in: D. Schenkel (Hrsg.), Bibellexikon, Leipzig 1870, III 336; C. Wittichen, Der geschichtliche Charakter des Evangeliums Johannis, Elberfeld 1868, 6f.; vgl. aber auch die bei diesem viel wichtigeren S. 17-20.
191. Franke, Beitrag, 23.75f.85.109.135.207f.210.303.
192. Ders., S. 109.211.271f.311.
193. Ders., S. 100.206-208.249.314.

Obwohl dieser Erkenntnisstand von A. Schlatter[194] geteilt wird, wird die Analyse dieses Problemkomplexes in der deutschsprachigen Exegese nicht intensiv fortgesetzt, sondern erst von L. Hartman[195] an einem konkreten Text, nun aber mit einem neuen methodologischen Ansatz 1989 wieder aufgenommen. Er möchte aus einer am Leser und Text orientierten Perspektive die Bedeutung des Tempelworts 2,21 erschließen, indem er den für einen antiken Christen mit einem Tempel verknüpften Assoziationskomplex analysiert: Ausgangspunkt seiner Überlegungen war der Aspekt, dass in der Antike ein Tempel die Wohnstatt einer Gottheit war, wie auch immer man sich ihre Gegenwart darin vorzustellen habe. Er sei der privilegierte Ort, wo Mensch und Gottheit miteinander kommunizierten. Der Mensch vollziehe deshalb dort seine kultischen Handlungen, die Gottheit gebe dort ihren Willen kund und schenke den Bittenden Heil und Segen. Er sei auch immer ein wichtiger Versammlungsplatz für antike Gesellschaften gewesen. Unter dem vorläufigen Absehen von dem Tempel als Asylort und als eschatologischer Tempel des Heils appliziert er nun diese grundlegenden Vorstellungen auf die Aussagen im Johannesevangelium. Der Tempel, der in Jesu Leib errrichtet werde, verweise auf dessen Passion und Auferstehung. Deshalb wäre gemäß 16,7 Jesu Anabasis notwendig. Als himmlische Wohnstatt Gottes würde sie 10,38 und in Kap. 14 betrachtet. Deshalb werde Jesus auch von den Elf (6,69) als der »Heilige« Gottes bezeichnet. Lokale Kultorte seien in ihm aufgehoben (4,21ff.). Da er sich opfere, käme dies jedem Glaubenden zugute (3,36; 6,35f.; 7,37f.) und begründe so ein erneuertes Gott-Mensch-Verhältnis (15,4f.). Auch als Offenbarungsort wäre er etabliert, weil nur er Gott kenne und dessen Willen authentisch interpretiere (u. a. 1,18). Als neuer gesellschaftlicher Treffpunkt werde er in 17,22 betrachtet. Kurzum: »When the Johannine Christians believed that they ‚in' Christ had a new temple, this meant totally new conditions of man's relationship to God«. Die Übertragung dieser Vorstellung auf das Jesusgeschehen sei für den antiken Christen eine gute Erklärunghilfe für die Substanz seines Glaubens. »For they knew better than we what a temple was«[196].

---

194. A. SCHLATTER, Die Sprache und Heimat des vierten Evangelisten, BFCT 6/4, Gütersloh 1902; DERS., Der Evangelist Johannes, Stuttgart 1930, 23f. 48f. 75. 80-82. 123f. 200.

195. L. HARTMAN, »He Spoke of the Temple of His Body« (Jn 2:13-22), SEÅ 54 (1989) 70-79; und neuerdings hat auch J. FRÜHWALD-KÖNIG, Tempel und Kult. Ein Beitrag zur Christologie des Johannesevangeliums, BU 27, Regensburg 1998, diese Thematik weiter vertieft.

196. Beide Zitate finden sich bei HARTMAN (Anm. 195) 79.

Auf der Grundlage der bislang geleisteten Vorarbeiten zur Tempelmetaphorik muß die Textanalyse weiter vorangetrieben werden. Die zentralen Gliederungspunkte zur antiken Tempeldeutung[197] bei L. Hartman, Wohnstatt Gottes, Kultort, Lehrort, Offenbarungsort und Treffpunkt zwischen Himmel und Erde, sind noch gezielter auf die Stellen zu applizieren, die schon seit längerem als implizite Anspielungen auf den Jerusalemer Tempel und dessen Kult galten, bzw. um weitere Stellen zu ergänzen, die bislang übersehen wurden. Zugleich sind sie mit analogen Aussagen aus der Schrift und der frühjüdischen Literatur zu vergleichen, so dass ihr Assoziationshorizont erkennbar und besser verstehbar wird. Da zudem die Bezugspunkte über das gesamte Evangelium verstreut zu sein scheinen, muß damit gerechnet werden, dass die Tempelmetaphorik ein wesentlicher Knoten in einem umfassenderen Metaphernnetzwerkes ist, mit dessen Hilfe vertieft das Jesusgeschehen soteriologisch ausgedeutet werden soll. Deshalb legt es sich nahe, dem Erzählfortschritt des Evangelisten zu folgen, um so die inhaltliche Anreicherung bzw. Verdichtung des Bildkomplexes besser verfolgen zu können.

a. Das Begegnungszelt, 1,14b

Der erste Text, der bereits ein bezeichnendes Licht auf die johanneische Tempelinterpretation wirft, steht im dritten, den Logos-Prolog beschließenden Bekenntnisteil (1,14-18). Hier melden sich die gemäß V. 12f. zu Kinder Gottes Gewordenen als Zeugen des Jesusgeschehens selbst zu Wort[198], indem sie das geschichtliche Ereignis, dem sie ihren neuen Heilszustand verdanken, erstmals theologisch resümieren.

Es wäre ein grobes Mißverständnis der Kernaussage von V. 14, dieses Ereignis auf ein punktuelles Datum im Leben Jesu (etwa seine Geburt oder Taufe) zu reduzieren. Vielmehr signalisiert die häufig vernachlässigte zweite Teilaussage des Verses, »er zeltete unter uns« (vgl. Sir 24,7-12), einen bewußten Rückblick auf ein eine gewisse Zeit andauerndes Geschehen, das anschließend mit dem V. 15 konkret zitierten Zeugnis des Johannes, des Erstzeugen, begann, aber jetzt im formulierten Wir-Zeugnis als historisch abgeschlossen gelten kann. Denn man lebt bereits

---

197. Man sollte jedoch den Hinweis von E. BICKERMANN, Der Gott der Makkabäer. Untersuchungen über Sinn und Ursprung der makkabäischen Erhebung, Berlin 1937, 97, beachten, der auf den entscheidenden Unterschied zwischen griechischer und westsemitischer Tempelkonzeption hingewiesen hat: »Dieser […] ist eine Wohnstätte Gottes, die jedem Besucher zugänglich ist, … Der westsemitische Tempel ist dagegen vom Prinzip der Absonderung des Heiligen beherrscht«.

198. Dazu ausführlicher THEOBALD, Fleischwerdung 247-267.

von den Früchten, die damals geschenkt wurden und deren Bedeutung man reflektieren und zugleich bezeugen will. Das gesamte Jesusgeschehen wird als geschichtlich konkrete Inkarnation des Logos betrachtet, der als Partner und Spezialist bei der Schöpfung dieser ganz und gar kundig ist und ihr permanent seine Hilfe anbietet. Dieser Logos war nach der Auffassung der Wir-Gruppe in Jesus ein Leben lang inkarniert. Um den im ersten Teilvers formulierten umfassenden Sachverhalt anzusprechen und zu präzisieren, aktualisiert der Erzähler die Vorstellung vom Begegnungszelt (אהל מועד)[199] der Sinaigeschichte (Ex 24,16; 25,8; 26; 29,43-46; 40,35) und der in ihm wohnenden (שכן) göttlichen Gegenwart, die die Schrift und das Frühjudentum mit einem überirdischen, wunderbaren Glanz (כבוד) umschreiben, der Gott umgibt und ihn so unsichtbar (vgl. V. 18) für menschliche Augen macht. Es ist nun auffällig, dass das geschichtliche Geschehen, in dem der ferne Schöpfergott im fleischgewordenen Logos so nahe gekommen war, dass man in ihm den göttlichen Herrlichkeitsglanz zu sehen meinte, nicht wie dort mit dem Substantiv (σκηνή)[200], sondern mit dem Verb »zelten«[201] umschrieben wird. Es genügt zur Erklärung nicht allein die Auskunft[202], der Erzähler habe keine zusammengesetzten Verben[203] gemocht, sondern der Rückverweis auf die spezifische Zelttradition (und nicht etwa auf 1 Kön 6,11-13 bzw. Ez 43,7-9) setzt voraus, dass der Ort der göttlichen Gegenwart mobil vorgestellt werden soll. Das kann sich einmal auf den erzählten, historischen Jesus und dessen »Umhergehen« (περιπατεῖν)[204] oder kontextgemäß vielmehr auf die Kata- und Anabasis des Logos/Jesus beziehen, so dass das gesamte Wirken Jesu von diesen beiden Bewegungen[205] umfangen gedacht ist. Der johanneische Jesus wird also bereits im Prolog als das

---

199. Vgl. M. GÖRG (s. Anm. 182); M. METZGER, Himmlische und irdische Wohnstatt Jahwes, UF 2 (1970) 139-158; B. JANOWSKI, »Ich will in eurer Mitte wohnen«. Struktur und Genese der exilischen Schekina-Theologie, JBTh 2 (1987) 165-193.184f.; H. GESE, Der Johannesprolog, in: DERS., Zur biblischen Theologie. Alttestamentliche Vorträge, BEvT 78, München 1977, 152-201.181ff.
200. Gemäß der LXX.
201. Präzisierung der Ausführungen von JANOWSKI (s. Anm. 199) 192.
202. SCHLATTER (Anm. 194) 23.
203. Normalerweise übersetzt die LXX κατασκηνοῦν: vgl. 2 Chr 6,1f; Sach 2,10; Joel 3,17; Ez 37,27; vgl. aber den Gebrauch des Substantivs in Lev 26,11; Ex 25,9; Jos., ant. 3, § 219, verwendet ὁμόσκηνος.
204. Typisch johanneische Ausdrucksweise: vgl. 1,36; 6,19.66; 7,1 etc.
205. Vgl. in Kap. 6 die katabatischen Formulierungen (6,33.38.41.42.50.51.58), bis in 6,62 endlich der Aufstieg des Menschensohns in der Rede Jesu an seine Jünger thematisiert wird. Ebenso mag es nicht mehr überraschen, wenn in Kap.7f. das Laubhüttenfest eine so große Rolle spielt. Denn hier ist die biblische Zeltvorstellung zu einem Festdatum geronnen, das im johaneischen Rahmen eine soteriologisch-eschatologische Dimension gewinnt (vgl. 7,37ff.).

sichtbare Zeichen der heilvollen Gegenwart Gottes in Israel gedeutet. Er ist auf seine Weise die »Wohnstatt« Gottes. Aber dies besagt noch nicht, dass er Gott selbst, sondern eher dessen geschichtlich einmalige Manifestation in den Augen seiner Zeugen war. Auch sollte der Mittelvers mit der folgenden Zeugnisaussage korreliert werden, dass man in diesem begrenzten Zeitraum seine »Herrlichkeit« habe sehen können[206]. Die Aufnahme der biblischen *Kabod*-Konzeption[207] ruft erneut die Vorstellung von der heilsamen Gegenwart Gottes in der Gestalt von Ex 34,6 רב חסד ואמת[208] u.a. wach.

b. Die Tempelpolizei, 1,19ff.

Die noch versteckten Anspielungen auf die mit einem heiligen Ort verknüpften Vorstellungen, wo Gott auf seine Weise präsent ist, werden sogleich im narrativen Hauptteil des Evangeliums fortgesetzt. Zwar werden im Verlauf der Erzählung noch zwei weitere »Gesandtschaften« der Jerusalemer Obrigkeit (7,32.45; 18,3-12) erwähnt werden, sie bestehen aber aus Polizisten bzw. Amtsdienern. Die erste (1,19.24) jedoch setzt sich aus Priestern, Leviten[209] und zusätzlich wohl noch aus Pharisäern zusammen. Sie sollen Jesus nicht verhaften, sondern die Personalien des irdischen Zeugen par excellence, Johannes (vgl. 1,19a), feststellen und seine Berufsauffassung überprüfen. Verdeckt wird dem Leser so mitgeteilt, dass man in Jerusalem an ganz bestimmten Personen, die in eschatologisch qualifizierter Zeit erwartet wurden, ein hohes Interesse hat und

---

206. Vgl. dazu besonders C.R. KOESTER, The Dwelling of God. The Tabernacle in the OT, Intertestamental Jewish Literature, and the NT, CBQ.MS 22, Washington 1989, 100-115.

207. Dazu MAIER, Zwischen den Testamenten 196f. 205; Vgl. auch J. PEDERSEN, Israel. Its Life and Culture, London 1926, II 261; C.C. NEWMAN, Paul's Glory-Christology, Tradition and Rhetoric, NT.S 69, Leiden, 1992, 17-153, kommt in seiner gründlichen Untersuchung der Wortgeschichte von δόξα zu dem Ergebnis, dass die LXX vorrangig δόξα als Übersetzung von *kabod* wähle, habe u.a. seinen Grund in der Konnotation des Worts mit dem Phänomen königlicher Majestät (S. 143f.) sowie der Epiphanie, ohne direkt auf die Epiphanien heidnischer Gottheiten Bezug nehmen zu müssen (S. 151) und betone deshalb besonders »the divine presence« (S. 152). Geht man zusätzlich noch davon aus, dass der Evangelist des Hebräischen kundig gewesen ist, ist damit zu rechnen, dass er die Urbedeutungen der Vokabel als »movement-terminology« (S. 73)«füllen«, »wohnen«, »sich erheben« sowie substantiviert als »Gewicht«, »Bedeutung« etc. ebenfalls noch kennt und diese überall noch mitschwingt. Dann wäre mit dem Begriff auch neben der kultischen die soteriologische Dimension der jesuanischen »Herrlichkeit«, nämlich sein »Bedeutung« für das menschliche Heil immer mitbedacht.

208. So schon C.H. DODD, The Bible and the Greeks, London 1935, 75.

209. Nach 1QM gehört zum eschatologischen Kampf zwischen den Söhnen des Lichts mit denen der Finsternis unbedingt Reinheit (hier vermittelt durch eine Taufe) und die Führung durch Priester und Leviten dazu.

Johannes aufgrund seiner Tauftätigkeit (V. 25) in den Verdacht geraten ist, eine solche zu sein. Die geprägte Wendung »Priester und Leviten« bezeichnet aber nun das Tempelpersonal[210], so dass das auffällige Interesse an seiner Person und die Observation vom Tempel ausgehen. Mit der auffälligen Aktion gleich zu Beginn der Erzählhandlung wird stillschweigend schon die Möglichkeit vorbereitet, dass es später zu einem Konflikt[211] zwischen den Interessen des Tempelpersonals und denen der Gottgesandten kommen kann. Doch bis es soweit ist, bedarf es noch weiterer Erläuterungen.

c. Das kultische »Lamm Gottes«, 1,29.36; 19,14.36

Die entsprechenden Erklärungen sollen den Verlauf des sich anbahnenden Konflikts besser motivieren. Der von Gott bestimmte Zeuge Johannes bekennt nach der ergebnislosen Personenkontrolle zuerst dem Leser[212], dass der auf ihn zukommende Jesus das »Lamm Gottes« sei, »das die Sünde der Welt trägt«. Diese Anspielung auf eine kultische Praxis impliziert zugleich auch einen Hinweis auf die Sühne- bzw. Heilsfunktion des Tempels[213] für Israel. Nun gibt es verschiedene Ableitungsvorschläge für diese spezifisch johanneische Vorstellung. Wenn man einmal den Sündenbockritus am Jom kippur als am wenigsten wahrscheinlich übergeht, bleiben noch drei weitere Ableitungsmöglichkeiten: 1. von dem zweimal täglich vollzogenen Brandopfer von Sühnopferlämmern gemäß Num 28,3f., 2. von dem hier metaphorisch gedeuteten Opfer des leidenden Gottesknechts (Is 53,7) oder 3. vom Passalammopfer nach Ex 12,7-27.

Die Kultmetaphorik bedarf hier noch keiner dezidierten Entscheidung für eine der drei Möglichkeiten[214]. Dem Erzähler ist erst einmal an der programmatischen Anspielung auf eine kultische Praxis und deren heilvollen, universalen Sinn gelegen: Jesus hat eine entscheidende Sühne- bzw.

---

210. So auch schon FISCHER, Ueber den Ausdruck *Ioudaioi* im Evangelium Johannis, TZTh 1 (1840) 96-133.107, der sie »als Wächter des Cultus« bezeichnet. Die Arbeit von A.J. SALDARINI, Pharisees, Scribes and Sadducees in Palestinian Society, Wilmington 1988, 187-198, ist zu historisch orientiert, um diese intertextuelle Assoziation zu bemerken.
211. Vgl. FRANKE, Beitrag, 169f.177; OVERBECK 284.393.420. Doch darf man den Konflikt nicht wie im 19. Jahrhundert zumeist säkular auf einen Konflikt mit der jüdischen Nation einschränken. Vielmehr geht es um deren religiöse Erwartungshaltung.
212. Es wird in 1,29 noch keine Zuhörerschaft erwähnt!
213. Dazu allgemein MAIER (s. Anm. 207) 280f.
214. Vgl. u.a. L. GOPPELT, Typos. Die typologische Deutung des Alten Testaments im Neuen, Gütersloh 1939, 227; E.E. ELLIS, Biblical Interpretation in the NT Church, in: CRINT II.1, Assen/Philadelphia 1988, 691-725.714.

Heilsfunktion für die Welt und nicht nur für Israel (vgl. V.31b), wo er geschichtlich auftritt. Für den sich anbahnenden Konflikt zwischen den Tempelautoritäten und Jesus könnte folglich die Frage entscheidend werden, inwiefern Israel zur Welt gehört und wie diese umfassendere Größe, der Kosmos, sich entsühnen, d.h. in den Stand der Reinheit[215] und Heiligkeit vor Gott versetzen läßt oder nicht.

d. Jakobs Traum in Bet-El, 1,51

Zum kultischen Vorstellungsbereich gehört auch die Anspielung auf den Jakobstraum von der Himmelsleiter auf den Tempelstufen[216] in Bethel (1,51; vgl. Gen 28,12; 35,7). Mit der Anspielung faßt der Erzähler einerseits die Bedeutung der Episode von der Jüngersammlung 1,35ff. zusammen, andererseits weckt der Erzähler noch mehr Erwartungen bei seinen Lesern als bei den ersten Jüngern Jesu mit dessen Versprechen, sie Größeres sehen zu lassen[217]. Bei einem sorgfältigen Vergleich der biblischen Visionsbeschreibung mit der versteckten Andeutung bei Johannes merkt man, dass im letzteren die Jünger die Rolle des Jakobs[218] aus dem ursprünglichen Visionsbericht übernehmen. Die bis in den Himmel ragende Leiter selbst bleibt unerwähnt, wird aber metaphorisch durch die Jesusgestalt ersetzt, weil nun Engel »auf[219] dem Menschensohn« hinauf- und hinabsteigen. Die Jünger werden also in der Situation gesehen, in der sich einst Jakob in Bethel befand. Sie werden zu sehen bekommen, wie Jesus gleichsam als heiliger Ort Himmel und Erde miteinander verbindet. Denn über ihn läuft die Kommunikation zwischen den beiden mit Hilfe der Engel. Damit wird die bislang erkennbare johanneische Tempelkonzeption um einen weiteren Aspekt angereichert. Für den Evangelisten läßt sich kein naives Tempelverständnis, etwa im Sinne von einem ständigen Wohnsitz Gottes auf Erden, mehr ausmachen, sondern Gottes ferne Wohnstatt (vgl. 12,41 mit Is 6) ist der Himmel. Er ist der Welt fern und hält mit ihr über Engelboten an heiligem Ort Kontakt, weil sie sich auf der »Jesusleiter« wie einst auf den Tempelstufen zu Bethel auf- und abwärts bewegen.

---

215. So gewinnt die Unterscheidung zwischen Wasser- und Geisttaufe (vgl. 1,31-33 mit 1,25-27) eine zusätzliche Bedeutung. Beides sind kultische Tätigkeiten im johanneischen Sinn, wobei die letztere die erstere übertrifft, jene aber noch nicht überflüssig macht.
216. Vgl. R.E. CLEMENTS, God and Temple, Oxford 1965, 13.
217. Mit der Wiederaufnahme des Verbs im Futur »sehen« aus V. 50f verknüpft er ein individuelles mit einem kollektiven Versprechen.
218. So schon FRANKE, Beitrag 208.314; vgl. D. BURKETT, The Son of Man in the Gospel of John, JSNT.S 56, Sheffield 1991, 112-119.
219. Man beachte den Akkusativ! In der LXX steht der Dativus locativus, hier jedoch der Akkusativ in seiner Grundbedeutung »darüber hin« (vgl. BAUER/ALAND, WNT⁶ 583).

Was vormals der Tempel in Bethel (vgl. Gen 28,17) repräsentierte, Gottes Wohnsitz und »Pforte des Himmels«[220], wird nun auf Jesus übertragen. Die Anspielung auf die biblische Betheltradition brauchte vom Erzähler nicht näher bezeichnet zu werden, weil aufgrund wiederholter frühjüdischer Aufnahme der Jakobsgeschichte deren Kenntnis beim Leser[221] immer vorausgesetzt werden konnte. Viel zentraler für den Verständnishorizont der Ansage Jesu ist die biblisch registrierte Reaktion Jakobs auf die Vision, indem er an dem Traum-Ort einen Tempel[222] errichten bzw. in Zukunft errichten will. Damit ist zugleich auch immer eine dem Ort entsprechende Kultpraxis[223] inklusive Reinheitsvorschriften[224], die der Heiligkeit des Ortes entsprechen, mitgedacht. Da die ersten Jünger die Rolle Jakobs übernommen haben, ist dies auf irgendeine Weise im Folgenden mitzubedenken[225].

e. Der in Jesu Leib erneuerte Tempel, 2,13-22

Der Sachverhalt wird dem Leser in der Perikope vom »erneuerten Tempel« 2,13-22 endgültig klar. Dieser besteht aus drei Erzählbausteinen: der eigentlichen Tempelreinigung, die aus den Synoptikern[226] übernommen wurde, dem gedoppelten Motiv von der Erinnerung der Jünger (V. 17.22) und der Diskussion Jesu über seine Aktion mit »den Juden«

---

220. Vgl. M. MÜLLER, Der Ausdruck »Menschensohn« in den Evangelien. Voraussetzungen und Bedeutung, Leiden 1984, 206f.; GOPPELT (s. Anm. 214) 224; Beachte auch die Anspielung auf die »Pforte« in 10,7-9.

221. In Jub 27,19-27, der interpretierenden Nacherzählung aus dem 2. Jh. v.u.Z., wird das Geschehen erst am Erzählschluß V. 26 in Bethel lokalisiert; Vgl. u.a. H.M. WAHL, Die Jakobserzählungen der Genesis und der Jubiläen im Vergleich, VT 44 (1994) 524-546.536; J. SCHWARTZ, Jubilees, Bethel and the Temple of Jacob, HUCA 56 (1985) 63-85.

222. Die umgehend vollzogene Errichtung eines Kultortes durch Jakob, Gen 28,18f., wird in Jub 27,27 auf einen späteren Zeitpunkt (vgl. Jub 32,20-22) vertagt. In 4Q385 Frg. 2 [4QPs-Ez^a] findet sich eine Parallelaussage zu 1,51: Auf die Frage »Wie wird ihnen ihre Verbundenheit vergolten werden?« wird geantwortet: »Und JHWH sagte (4) zu mir: Ich werde die Israeliten schauen lassen und sie werden erkennen, dass ich JHWH bin«. Setzt man die johanneische Forderung an die Jünger, in Jesus zu bleiben, hinzu, sticht die Parallelität ins Auge und bestätigt die futurische Ausrichtung beider Aussagen (vgl. Ps 14,2-7).

223. Diesen Sachverhalt lassen auch 11Q19 Kol. XXIX,8-10 und 5Q13 Frg. 2 erkennen; vgl. J. MAIER, Die Tempelrolle vom Toten Meer (UTB 829), München/Basel 1978, 89f. und DERS., Die Qumran-Essener: Die Texte vom Toten Meer I, UTB 1862, München/ Basel 1995, 299.392.

224. Vgl. 2,1-11, speziell V. 6.

225. Vgl. nur 13,4-11.

226. Der letzte Versuch von M.A. MATSON, The Contribution to the Temple Cleansing by the Fourth Gospel, SBL.SP 31 (1993) 489-506, wie von vielen seiner Vorgänger, eine von den Synoptikern unabhängige Tradition wahrscheinlich zu machen, scheitert schon daran, dass er eigenständige theologische Interpretamente des Autors überliest. So ist z.B. die Aussage, »das Haus meines Vaters« (V. 16) ein zentrales joh. Theologumenon (vgl. F.J. MOLONEY, Reading John 2:13-22: The Purification of the Temple, RB 97 (1990)

(V. 18-20). Denn V. 21f. bilden zusammen mit V. 17 einen das Vorgehen und das Gespräch Jesu beschließenden — in Parenthese gesetzten — Kommentar des Evangelisten. Er hilft dem Leser bereits jetzt, das Mißverständnis »der Juden« über das entscheidende Jesuslogion vom Niederreißen und Wiederaufbau des Tempels ebenso aufzuklären, wie er den in der Episode zwar anwesenden, aber unbeteiligten Jüngern eine Frist[227] einräumt und bereits das Mittel nennt, mit dem sie den tieferen Sinn der Vorgehensweise Jesu endgültig verstehen werden. Die Umarbeitung der Tempelreinigungsepisode zu einer dramatischen Symbolhandlung, bei der sogar Rinder vertrieben werden, soll sicherstellen, dass der Tempelbezirk von allen Geschäften — und seien sie auch dem Kult dienlich — freigehalten wird[228]. Zugleich läßt Jesus verlauten, dass er als Sohn des Hausherrn ein Recht dazu hat. Darauf reagieren jedoch nicht die betroffenen Händler, wie zu erwarten gewesen wäre, sondern die schon in 1,19b genannten »Juden«, d.h. das Tempelpersonal. Sie fragen jedoch im Unterschied zu den Synoptikern nicht direkt nach seiner Legitimation, seiner »Vollmacht«, sondern wollen mit einigem Recht die Symbolhandlung, das Zeichen[229], erklärt haben. Er antwortet mit dem charakteristisch überarbeiteten synoptischen Tempelwort. Schon die Eröffnung mit einem konzessiven Imperativ im Aorist[230] und der Wechsel des Subjekts lassen aufhorchen. Wenn sie[231] (und nicht er!) den Tempel auflösen, werde er ihn binnen dreier Tage wiedererrichten! Damit läßt er durchblicken, dass die Symbolhandlung noch keineswegs das Zeichen selbst war, sondern auf etwas verweisen soll, das noch aussteht. Zwar deutet er für den kundigen Leser mit dem Wortspiel zwischen »errichten« und »auferstehen« an, was er wirklich meint. Doch »die Juden« bleiben in ihrem Denken der Ebene der historischen Pragmatik verhaftet und vergleichen die bisherige Bauzeit des herodianischen Tempels mit den angesagten drei

---

432-452, und M.J.J. MENKEN, »De ijver voor uw huis zal mij verteren«. Het citaat uit Ps 69:10 in 2:17, in: FS B. HEMELSOET, Kampen 1994, 157-164).

227. Auffällig ist die Erzähltechnik des Autors, historisch zurückzublenden: vgl. 1,30; 10,36 u.a.

228. Siehe zu dem vorausgesetzten Geschäftsleben im Tempel: J. NEUSNER, Money-Changers in the Temple: the Mishnah's Explanation, NTS 35 (1989) 287-290; E.P. SANDERS, Jesus and Judaism, Philadelphia 1985, 61-71; S. SAFRAI, Die Wallfahrt im Zeitalter des Zweiten Tempels, Neukirchen 1981, 185ff.201ff.; S. APPLEBAUM, Economic Life in Palestine, CRINT I.2, Assen/Amsterdam 1976, 683; – M.E. soll dieser Aspekt die Aussage von 4,23f. vorbereiten.

229. Nicht ohne Absicht ist ihre Frage präsentisch formuliert.

230. Vgl. ABBOTT, Grammar § 2439 (III-V) und BDR § 387,2.

231. Der Wechsel in den Plural spielt schon auf die aus römischer Sicht von den Zeloten verursachte Zerstörung des Tempels an: vgl. u.a. Jos., bell. V § 417f. bzw. ARN/A 4 = ARN/B 6.

Tagen. So mißverstehen sie Jesus gründlich. Der Autor fühlt sich deshalb verpflichtet, für den Leser ausdrücklich anzumerken, dass Jesus mit dem Tempel metaphorisch seinen Leib gemeint habe, d.h. sein zukünftiges gewaltsames Geschick. Zusammen mit der Auferstehung (V. 22a) wird dies das Zeichen schlechthin sein, das Jesus setzen wird, um seinen Anspruch auf seines Vaters Haus zu legitimieren[232].

Nun kann man auch die narrative Strategie des Erzählers, neben der eigentlichen Handlung zwei Protokollnotizen über die Reaktionen der anwesenden Jünger einzufügen, besser würdigen. Schon die Notiz in V. 17 wird als Erinnerung eingestuft. Die Aktion Jesu habe in ihnen das Schriftwort wachgerufen: »Der Eifer um Dein Haus wird mich verzehren!« Zweifellos wird hier Ps 68 (69) 10 LXX mit wenigen Abänderungen zitiert[233]. Angepaßt an die Erzählsituation wird der Aorist des Verbs in der LXX-Vorlage in das Futur gesetzt: Es heißt nun nicht: »er habe sich verzehrt«, sondern »er werde sich verzehren«. Sie sehen also nicht die Schriftstelle nach dem Schema »Verheißung und Erfüllung« (vgl. 12,38 etc.) in der auffälligen Handlungsweise Jesu erfüllt, sondern sie schließen aus der Aktion[234], dass ihr Herr sich für die Sache Gottes von nun an bis zum Äußersten einsetzen wird. Damit wird indirekt schon ein Zusammenhang zwischen der Symbolhandlung und dem späteren Tod Jesu hergestellt. Aber der Schwerpunkt der Aussage liegt für den Erzähler erkennbar in ihrer Programmatik. Die Jünger sehen eine Zeit mit Jesus vor sich, die vom Eifer für sein Vaterhaus[235] geprägt sein wird. Auch aus der Jüngerperspektive hat das Vorgehen Jesu also Verweischarakter. Sie sehen in ihm seine innerste Motivation aufgedeckt. Der Endpunkt des Wirkens Jesu, der Tod am Galgen in Verbindung mit seiner Auferstehung, kommt jedoch erst im parallel formulierten Abschlußvers 22bc in den Blick. Wenn Jesus nach dem Hinweis auf die Schrifterfüllung (19,28)[236] mit den Worten: »Es ist vollbracht« stirbt, heißt das: Der Eifer

---

232. Obwohl man die Vollmachtsfrage in der johanneischen Überarbeitung der Tempelreinigungsszene vergeblich sucht, ist sie bei ihm nicht gänzlich übergangen. Der Leser wird ihr spätestens in 10,18 begegnen, wo deutlich wird, dass er die Vollmacht hat, sich sein freiwillig hingegebenes Leben selbst zurückzugeben.

233. Vgl. MENKEN (s. Anm. 226) 157-164.

234. Es wird hier klar, dass der Verfasser die Jünger Jesu als jüdisch sozialisiert ansieht. Sie leben so intensiv aus der Schrift, dass ihnen eine zur miterlebten Situation passende Schriftstelle aus der Erinnerung ins Bewußtsein steigt und diese deren Programmatik erhellt.

235. Selbstverständlich wird hier der tiefere Grund für die vielen Wallfahrten Jesu zum Tempel im vierten Evangelium genannt.

236. Wichtig ist der Hinweis von MENKEN (s. Anm. 226) 160, auf Ps 69,22, um 19,28 adäquater verstehen zu können.

für dich, Vater, hat mich verzehrt! Erst dann erweitert sich nämlich ihre Erinnerung an Ps 68,10 LXX noch um das Wort Jesu, der Leib des Auferstandenen sei der erneuerte Tempel, in dem Gott und Mensch sich treffen können, wie es Jesus schon in 1,51 anzudeuten versuchte. Die kunstvolle Zusammenfassung in V. 22de[237] mit der besonderen Rückblende (vgl. 1,30; 10,36 u.a.) auf die Erinnerung der Jünger läßt den tieferen Sinn der provokanten Aktion Jesu im Tempel für den Leser über deren Erinnerung transparent werden. Nicht nur »die Juden«, sondern auch die Jünger haben noch eine Geschichte mit Jesus vor sich. Sie wird für letztere vom Eifer Jesu für die Sache Gottes bestimmt sein, und die anderen werden, indem sie den »Tempel«[238] zerstören, zusammen mit jenen das Zeichen schlechthin zu sehen bekommen, das Jesus selbst setzen wird. »Darum liebt mich mein Vater: Dass ich mein Leben einsetze, damit ich es abermals nehme. Keiner entreißt es mir, sondern selber — von mir aus — setze ich es ein« (10,17f.). Die Symbolhandlung verweist folglich auf das noch ausstehende Zeichen von Tod und Auferstehung Jesu, wodurch der Auferstandene als erneuerter Tempel, d.h. Ort der gnädigen Gegenwart Gottes, für die Jünger offenbar wird. Textgemäß folgt in V. 22 die Zusammenfassung der Perikope: Die Jünger glauben seit ihrem Osterwiderfahrnis der Schrift und den Worten Jesu.

Die biblische Ableitung des Gedankengangs aus der frühjüdischen Schriftinterpretation führt zu zwei Quellen: einmal zur eschatologischen Erwartung eines neuen, von Gott selbst errichteten Tempels gemäß Ez 37,15-28 bzw. Ez 40-48[239] und zum anderen zu der Überzeugung der

---

237. Der Schriftglaube bezieht sich auf V. 17 und der unverstellte Glaube der Jünger an Jesu Wort auf V. 19f. Aus beiden setzt sich unzerbrüchlich ihr österlicher Glauben zusammen.

238. Man beachte, dass hier »Tempel« ναός, anderenorts τόπος (מקום) heißt: Ersteres deckt sich mit dem Sprachgebrauch des Josephus, u.a. bell. 5 § 207; ant. 15. § 390.421, der für das eigentliche Hauptgebäude (Debir [?] und Chekal) das Substantiv gebraucht, sonst für die Tempelanlage insgesamt τὸ ἱερόν. Der hebr. Spezialbegriff für den Tempel als »Ort« schlechthin: vgl. 4,20; 11,48; 14,2. Dazu lese man neuerdings OBERMANN, Erfüllung 122 Anm. 51; H. SCHWIER, Tempel und Tempelzerstörung. Untersuchungen zu den theologischen und ideologischen Faktoren im ersten jüdisch-römischen Krieg (66-74 n.Chr.), NTOA 11, Fribourg/Göttingen 1989, 56.62.

239. Vgl. u.a. Is 2,2-4 par. Mich 4,1-4; Joel 4,16f.; Sach 2,14f.; 8,3; Mal 3,1; äth. Hen 90,29; Jub 1,17.29; 4,24-26; 1QM 2,3; 7,11; 4Q174 1,2f., und D.R. SCHWARTZ, The Three Temples of 4QFlorilegium, RdQ 10 (1979) 83-91; J. KAMPEN, The Eschatological Temple(s) of 11QT, in: REEVES / DERS. (eds.), FS B.Z. WACHOLDER, 1994, 85-97; J.A. DAVIES, The »Temple Scroll« from Qumran and the Ultimate Temple, RTR 57 (1998) 1-21; und vor allem D. DIMANT, 4QFlorilegium and the Idea of the Community as Temple, in: FS V. NIKIPROWETZKY, 1986, 165-189; zur rituellen Bedeutung der Tempels von Ez 40-48 nimmt J.Z. SMITH, To Take Place. Toward Theory in Ritual, Chicago 1987, 47-73, Stellung.

Essener, dass ihr *Jachad*, d.h. eine Gruppe von auserwählten Menschen, vorübergehend den Tempel[240] ersetzen könne, solange der Tempel in Jerusalem ihrer Meinung nach profanisiert ist. Dass Menschen einen »Tempel« bilden können, liegt also bereits in Qumran gedanklich vorbereitet vor. Ob aber Jesus mit dem nicht von Menschenhand gebauten, eschatologischen Tempel Gottes am Ende der Tage identifiziert werden soll, bleibt fraglich[241]; denn schon der Prolog betrachtet das Logos-/Jesusgeschehen als ein bereits vergangenes.

f. Der Jakobsbrunnen, 4,4-44

Die Episode Jesus mit der Samariterin am Jakobsbrunnen (vgl. 4,4-44 mit 1,51) gibt einen ersten Aufschluß zur offengebliebenen Frage. Denn Vergangenheit und Gegenwart Samariens stehen hier auf dem Prüfstand. Der samaritanischen Gebrochenheit kann abgeholfen werden, wenn man Jesus nur richtig versteht und dadurch die Zukunft gewinnt. Die Samariterin bekennt ihn als Propheten (V. 19)[242], dem sie den zwischen ihrem und dem jüdischen Volk herrschenden Antagonismus als neutrale Instanz vorlegen zu können meint. Sie fragt ihn direkt: Wo ist der Ort, an dem man Gott legitim verehrt? Hier auf dem Garizim oder in Jerusalem? Jesus antwortet mit einem Weder-Noch. Obwohl zugegebenermaßen »das Heil aus den Juden« stammt[243], werde hier und jetzt wie auch in aller

---

240. U.a. 1QS VIII,4-8 (vgl. 4Q259 Kol. III,1-6), IX 6, wo es im ersten Text z. B. heißt: »Wenn dies sich in Israel ereignet, steht der Rat der Einung fest in der Wahrheit... Das ist die bewährte Mauer, der kostbare Eckstein, so dass nicht wanken seine Fundamente und sie nicht weichen von ihrem Ort. Eine Stätte von Allerheiligstem für Aaron...«; vgl. B. GÄRTNER, The Temple and the Community in Qumran and in the New Testament, Cambridge 1965; V. NIKIPROWETZKY, Temple et Communauté: A propos d' un ouvrage récent, REJ 126 (1967) 7-25; W. PASCHEN, Rein und Unrein. Untersuchungen zur biblischen Wortgeschichte, SANT 24, München 1970, 134-152; G. KLINZING, Die Umdeutung des Kultus in der Qumrangemeinde und im NT, SUNT 7, Göttingen 1971, 37.50-93; MAIER (s. Anm. 207) 190 Anm. 517; J. ROLOFF, Die Kirche im NT, NTD.E 10, Göttingen 1993, 110-117, sowie neuerdings W. KRAUS, Das Volk Gottes. Zur Grundlegung der Ekklesiologie bei Paulus, Tübingen 1996, 174-176.

241. Vgl. J.J. COLLINS, The Scepter and the Star: The Messiahs of the Dead Sea Scrolls and Other Ancient Literature, AncB.RL, New York 1995, 111; Auch er unterscheidet zwischen einem Interimstempel, wie ihn die Tempelrolle beschreibt, und dem eschatologischen Tempelneubau Gottes. FRANKE, Beitrag 210, hingegen meint, der Jesus-Tempel könne nicht zerstört werden.

242. Dass dies nicht hinreichend ist, belegen V. 25f.41f.

243. Hier wird erkennbar, dass der johanneische Jesus sich als Jude fühlt; vgl. WEISS, Lehrbegriff 115; FRANKE, Beitrag 82; HOLTZMANN, Theologie 357; Diese Beobachtung wirft die Frage auf, ob die mehrfach wiederholte These von OBERMANN, Erfüllung 122 Anm. 51.125f.421, zu dem Problem, die Bedeutung des Tempels in Jerusalem sei »entschränkt«, den johanneischen Textbefund wirklich umfassend erklärt.

Zukunft[244] der Vater (vgl. 2,16) in »Geist und Wahrheit« an keinem mit einem ausschließenden religiösen Anspruch ausgestatteten Ort mehr angebetet. Damit wird wiederum die Zerstörung des Tempels vorausgesetzt, aber zugleich taucht am biblischen Deutehorizont auch die Versöhnung von Ephraim und Manasse mit Juda auf[245]. Es wird von nun an ein Gottesdienst vollzogen werden, in dem alle religiösen Unterschiede miteinander ausgesöhnt sind, weil Gott begonnen hat, solche Menschen zu suchen, die ihn auf diese Weise verehren. Da aber Gott definitiv Geist ist (V. 24), sind die, welche ihn so verehren, mit ihm auf eine noch näher zu definierende Weise[246] verwandt bzw. gehören zu seinem Bereich[247].

Auch diese Konzeption hat ihr Vorbild in der biblischen Tradition. Der Vorstellung von der Analogie zwischen Gott als Geist und seiner Verehrung in »Geist und Wahrheit« entspricht in der frühjüdischen Tradition die von der makellosen und einheitlichen Heiligkeit Gottes, der sich Menschen nur in einem entsprechend reinen Zustand[248] (vgl. 11,55; 13,10; 15,2f.) nähern[249] durften. Wer dies bewußt oder unbewußt mißachtete, rief den Zorn Gottes (3,36) hervor. Die Gott gemäße Heiligkeit wurde dinglich und sachlich im Opferkult und geschichtlich durch Gottes Erwählung möglich. Letzteres setzt 4,23 voraus. Aber wie die in die Heilsgeschichte Israels (vgl. 1,11) eingebettete erneute Erwählung geschieht, die in 4,20-26 angekündigt wird, wird wiederum nicht ausgeführt, sondern der Leser bleibt erneut auf seine weitere Lektüre verwiesen. Aus dem

---

244. Nach 3,36 — dort noch verdeckt — werden hier zum ersten Mal Gegenwart und Zukunft sperrig miteinander korreliert. Dies ergibt nur Sinn, wenn die Episode als repräsentativ und illustrativ zugleich für zukünftige Entwicklungen betrachtet wird. M.J.J. MENKEN, De genezing van de Lamme en de omstreden Christologie in Joh 5, Coll. 18 (1988) 418-435.426, merkt dazu an: »Het deelhebben aan Gods eigen leven hier en nu is voor de gelovige realiteit, maar onder de condities van ‚de wereld‘ (vgl. 17,9-19). De definitieve voltooiing van Gods heilligt nog in de toekomst (vgl. 17,24).«
245. Vgl. THYEN, Heil 170.176, und H.W. BOERS, Neither on this Mountain nor in Jerusalem. A Study of John 4, SBL.MS 35, Atlanta 1988, 180.
246. Die Forderung wurde schon in 3,3-5 erhoben und in 1,12f. als Faktum angesehen. So steht dies in der Erzählzeit des Autors noch aus. Es ist dieselbe Tendenz, die man bislang in allen besprochenen Texten bemerken konnte.
247. Zur johanneischen Wahrheitskonzeption: vgl. 17,17-19.
248. Dazu ausführlicher: E.S. GERSTENBERGER, Das 3. Buch Mose, Leviticus, ATD, 6, Göttingen 1993, 88-104. 194-223, und D. KELLERMANN, Art: Heiligkeit, II. AT, TRE 14 (1985) 697-703; Beachte auch die Definition von SCHWIER (s. Anm. 238) 55: »Gebraucht man ‚heilig‘ und ‚rein‘ in unterschiedlicher Bedeutung, so bezeichnet ‚heilig‘ einen von Gottes Heiligkeit abgeleiteten Zustand und ‚Reinheit‘ eine an die Kultteilnehmer gerichtete Forderung, der Heiligkeit korrespondieren soll«. Vgl. F. SCHMIDT, La pensée du Temple. De Jérusalem à Qumrân. Identité et lien social dans le judaïsme ancien, Paris 1994.
249. U.a. Is 52,1; 1QH XIV,27f. [*VI,27f.]; 4Q174 Kol III [=4QFlor] 1,3f.; bTBB 75b; Off 21,27; 22,14f.

direkten Kontext ergibt sich für ihn nur, dass auch Samaritaner erwählt werden können (V. 42) und die Jünger Jesu ohne eigene Verdienste die göttliche Erwählungsernte (4,35-38) miteinbringen werden. Hier wird analog zur Kultpraxis des Tempels eine zukünftige angekündigt, die jetzt schon beschrieben wird, die aber erst bei der (mehrdeutig formulierten) Zerstörung »dieses Tempels« (2,19.21f.) umfassend in Kraft gesetzt werden wird.

g. Die Tempelhochschule, 6,45; 7,15

Der Jerusalemer Tempel war seit alters[250] — wie es auch der Jesus-Tempel sein könnte — ein Ort der Schriftgelehrsamkeit[251]. Ein Hinweis darauf findet sich nach einer allgemeineren Vorbereitung 6,45, wo sie als Kennzeichen derer gewürdigt wird, die zu Jesus kommen, bald darauf in der konfliktreichen Episode am Laubhüttenfest (Kap. 7-8). Jesus selbst wird als Schriftgelehrter im Tempel (7,15) vorgestellt. Die bei seiner Belehrung Anwesenden kommen zu dem Schluß, es sei doch wirklich bemerkenswert, dass dieser Jesus zwar nie in eine entsprechende Schule gegangen sei, aber die Schriftauslegungsmethoden trotzdem perfekt beherrsche. Zwar lehrte Jochanan ben Zakai nicht wie der johanneische Jesus im Tempel, aber doch in dessen Nähe[252]. Folglich bleibt die Zentralität des Tempels für das Torastudium auch für die mit diesem Rabbi beginnende formative Phase des rabbinischen Judentums gewahrt. Gerade weil der Tempel zerstört ist, werden in der rabbinischen Tradition seine entsühnenden Hauptfunktionen auf Torastudium und sittliches Verhalten[253]

---

250. Vgl. Is 2,3; Mich 4,2; 1 Esr 8,22; Jub 11,16f.; 19,14; 45,16; 2 Makk 2,13-15; Lk 2,42ff.; Jos., ant. 3.38; 8.395; 11.128; 12.142; c. Ap. 2.23; mAvot 1.12; Sifre Dtn 356 S. 423.
251. Gegen die einseitige Beschreibung bei SANDERS (s. Anm. 228) 64, der Tempel sei im Bewußtsein des Frühjudentums nur als Opferkultstätte verankert gewesen, siehe vielmehr: R.T. BECKWITH, Formation of the Hebrew Bible, in: CRINT II.1, Assen/Maastricht-Philadelphia 1988, 39-86.40-45; J. McCAFFREY, The House With Many Rooms: The Temple Theme of Jn 14,2-3, AnBib 114, Rom 1988, 122; A. DEMSKY / M. BAR-ILAN, Writing in Ancient Israel and Early Judaism, in: CRINT II.1, 1988, 23. Viele Hinweise aus der rabbinischen Literatur, die aber hier nicht weiter ausgebreitet werden können, verdanke ich meiner Kollegin in Jerusalem, Universitätsdozentin Dr. Ch. Safrai, der ich für viele Jahre der Zusammenarbeit herzlich zu danken habe.
252. Vgl. J. NEUSNER, A Life of Rabban Yohanan ben Zakkai, StPB, 6, Leiden 1962, 44; Ob damit eine tempelkritische Haltung signalisiert werden soll, ist hier weniger von Belang als der Hinweis, dass er trotzdem weiter »im Schatten des Tempels« lehrte.
253. Exemplarisch: ARN/A 4: »Einmal ging R. Jochanan ben Zakai von Jerusalem fort und R. Joschua folgte ihm und sah den Tempel in Ruinen liegen. ‚Wehe über uns!' schrie R. Joschua, ‚der Ort, wo die Sünden Israels gesühnt wurden, liegt in Trümmern!' ‚Mein Sohn', sagte R. Jochanan zu ihm, ‚sei nicht traurig. Wir haben eine andere Entsühnung, die genau so effektiv ist wie jener.' ‚Und was ist es?' ‚Es sind die Werke der Barmherzigkeit, wie sagt doch die Schrift: Barmherzigkeit will ich und nicht Opfer!'«

übertragen. Exemplarisch für das erstere ist Pirke Avot 3,4[254]. Dort wird möglicherweise Is 28,8 wegen seiner Verwendung von מקום zitiert, dem Ort schlechthin, d.h. der Tempel. Ebenso wird Ez 41,22 dort nur wegen der Erwähnung des Schaubrottisches im Tempel aufgegriffen. Das Torastudium hat also die Funktionen übernommen, die früher dem Tempelkult zugesprochen wurden: Torastudium ist Tempelkultersatz. Dies wirft die Frage auf, ob die johanneische Theologie nicht einem analogen Denkmuster gefolgt sein könnte.

h. Die Tempelquelle, 7,37-39

Vorher aber wird dem Leser ansatzweise die schon 4,23f. aufgetauchte Frage beantwortet, wer eigentlich die Gottesverehrer »in Geist und Wahrheit« sind. 7,37-39 nehmen nämlich den entsprechenden Faden kennzeichnenderweise in der Laubhütten-Zeltfestwoche wieder auf. In einer nur dem Leser zugänglichen Vorschau auf den Ausgang der Erzählhandlung wird die Lösung angedeutet. Gemäß dem strittigen Punkt im aktuellen Rechtsstreit Gottes mit seinem Volk (Kap. 7-10), wie nämlich die spezifische Heilsrelation zwischen Jesus und dem Gott-Gläubigen zu bestimmen sei, wird Jesus zum Spender und der Glaubende zum Empfänger des Geistes[255]. Doch dies endgültig bewerkstelligen zu können, ist die Frucht seines Lebens. Damit fällt auch das letzte Hindernis für die Identifikation der biblischen Anspielung V. 38. Wenn Jesu Wort anschließend auf den erwarteten Propheten wie Mose (Dtn 18,18-22) bezogen wird, dann kommen nur solche Schriftstellen in Frage, die in bezug zur Exoduspassage stehen. Menken[256] hat mit überzeugenden Argu-

---

254. »R. Simeon ben Jochai hat gesagt: Die drei, die an einem Tisch zusammen gegessen und darüber keine Worte der Tora gesprochen haben, sind wie solche, die vom Totenopfer gegessen haben, wie geschrieben steht: ‚Alle Tische sind voll von Erbrochenem, sind voll von Kot ohne Gott' (Is 28,8). Aber jene drei, die an einem Tisch zusammengegessen und darüber Worte der Tora gesprochen haben, sind wie solche, die vom Tisch Gottes gegessen haben, wie geschrieben steht: ‚Und er sagte zu mir: Das ist der Schaubrottisch, der vor dem Herrn steht' (Ez 41,22)« (vgl. äth. Hen 89,73); — Prof. Dr. Schwartz, Jerusalem, machte mich freundlicherweise brieflich (23.12.1997) darauf aufmerksam, dass die Worte »ohne Gott« s.E. zum Jesaiazitat hinzugehören. D.h. die Rabbinen hätten »bis auf den letzten Fleck« im Ursprungstext als »ohne Gott« gedeutet. Deshalb sollte man den Text an dieser Stelle nicht unbedingt auf den Tempel beziehen. »But perhaps it's impossible to say *maqom,* even when meaning ‚God' without somehow implying place = Temple, too.« Letzteres ist m. E. wahrscheinlich, weil im Kontext der Assoziationskomplex von den Schaubrottischen, die im Tempel standen, aktiviert wird.
255. So schon mit Recht ODEBERG 284.
256. M.J.J. MENKEN., The Origin of the OT Quotation in Jn 7:38, NT 38 (1996) 160-175.

menten die Passagen benannt, die am ehesten dem Wortlaut in V. 38 gerecht werden: Es ist Ps 77 (78) 16.20[257], der mit Sach 14,8 und möglicherweise mit Ps 114,8 redaktionell kombiniert wurde. Damit wird der Geistträger Jesus in den Mittelpunkt gestellt, der jedes Gläubigen Durst (vgl. 4,10; 6,35) als Heilsfrucht seines Lebens und seiner Sendung Ostern (vgl. 6,63; 19,34) stillen wird.

Die dafür aktivierte Metapher von der Einladung an Durstige ist ebenfalls Teil der Zion- bzw. der Tempelmetaphorik[258]. Sie greift nämlich die uralte Vorstellung von den Paradiesströmen[259] als Segensströme, die vom Tempel ausgehen, wieder auf. Relevant ist vor allem Ez 47[260], weil dort erst nach der Erwähnung des Kults (Ez 46,20ff.) die segensreiche Tempelquelle erwähnt wird. Dementsprechend bekommen in der Tat erst die im österlichen Licht Glaubenden (20,22) von Jesus den Geist geschenkt, weil er vorher seine Lebensaufgabe im Gehorsam vollendet hat und zum Vater zurückkehren konnte. Die Jünger werden Ostern seine Geschwister (20,17) und sind auf diese Weise in die Gemeinschaft mit Jesu Vater aufgenommen.

i. Jesus als Tempelersatz, 11,47ff.

Dies wird nach einer geschickten Vorbereitung durch die Israel und seine Leitungseliten symbolisierenden biblischen Herde- und Hirtenmetaphern (Kap. 10)[261] und die Jesu Tod einleitende Lazaruserweckung (vgl.

---

257. Ps 77 (78) 16.20 enthält den Grundbestand der Wörter aus V. 38 *Ströme, fließen* und *Wasser*; Sach 14,8 fügt *lebendig* hinzu; Ob man nun aus seinem Inneren als eine Exegese aus Ps 114,8 bezeichnen muß oder ob hier nicht schon 19,31ff. hineinspielt, kann an dieser Stelle offen bleiben, da alles Wesentliche hinreichend geklärt ist.

258. Vgl. u.a. Is 33,20f.; 44,3; Joel 4,18; Hag 1,6; Sach 14,8; Ez 47,1ff.; Ps 46 [45],5[4]; 63 [62],2f.; äth. Hen 26,1-5; 1Q28b [=1QSb] Kol I,6; 1QH XVI [= VIII,4]; 11Q19 Kol XXXII, 12-14; 4Q286 Frg. 5; 4Q500; 4Q431 [vgl. 1QH XXVI,4];[Num 21,16-18; 1 Kön 7,23-26; Sir 24,23-31].

259. Vgl. u.a. CLEMENTS (s. Anm. 216) 67-73; SCHWIER (s. Anm. 238).74; FRANKE, Beitrag 311; T. A. BUSINK, Der Tempel von Jerusalem von Salomo bis Herodes, Leiden 1969/1980, II 1418; GOPPELT (s. Anm. 214) 223.

260. Beachte zu dieser Tradition die Ausführungen von W. ZWICKEL, Die Tempelquelle Ez 47. Eine traditionsgeschichtliche Untersuchung, EvTh 55 (1995) 140-154, und von P.E. DION, Early Evidence for the Ritual Significance of the »Base of the Altar« around Deut 12:27 LXX, JBL 106 (1987) 487-490. Das Interesse an der Tempelquelle reicht über Arist 89f.; Sir 50,3 in neutestamentlichen Texte hinein.

261. Vgl. J. BEUTLER / R.T. FORTNA (Hrsg.), The Shepherd Discourse of John 10 and its Context, SNTS.MS 67, Cambridge 1991; neuerdings L. SCHENKE, Das Rätsel von Tür und Hirt. Wer es löst, hat gewonnen!, TTZ 105 (1996) 81-100.95; Neben den Belegen aus der biblischen Tradition, die im zuerst genannten Sammelband genannt sind, beachte auch den frühjüdischen Gebrauch dieser Metaphorik: zentral z.B. äth. Hen 89f.; dazu ausführlich: P.A. TILLER, A Commentary on the Animal Apocalypse of I Enoch, SBL.EJL 4, Atlanta 1993, 36-60; vgl. noch M. HARAN, Temples and Temple-Service in Ancient Israel, Oxford 1978, 14: »A similar term is naweh, ‚abode' (of shepherds or flocks), which is also

11,4) 11,47-12,23 erneut thematisiert und zugleich präzisiert. Die Hohenpriester im Verbund mit den Pharisäern befürchten wegen des Erfolgs Jesu den »Ort« (4,20) und das Volk[262] an die Römer (V. 48) zu verlieren. Deshalb schlägt der amtierende Hohepriester vor, von Gott geleitet, Jesus an deren Stelle als »Bauernopfer« den Römern anzudienen. Der politische Pragmatismus des Hohenpriesters gewinnt für den Erzähler tiefere Signifikanz, indem dieser ihn bald in die Tat umsetzt. Deshalb fügt er direkt, V. 51f., kommentierend hinzu, dies habe jener geäußert um anzudeuten, dass Jesus »nicht nur *für* (ὑπέρ) das Volk allein stürbe, sondern auch, um die zerstreuten Kinder Gottes (vgl. 1,11) in eins zusammenzuführen«. Damit beantwortet er dem Leser zugleich zwei bislang offengebliebene Fragen: Zum einen soll dieser das anfänglich »beziehungslose«[263] Zeugnis des Täufers (1,29), Jesus sei »das Lamm Gottes, das die Sünde der Welt trage«[264], wirklich funktional im Sinne einer kultischen Opfermetapher verstehen. Denn Jesus bringe sich selbst als Opfer zum Heil aller dar, die sich Gott aus der Welt (vgl. 6,51; 10,11.15.18; 16,7; 18,14) erwählt habe. Zum anderen wird der Leser zugleich auf die biblische Analogie des leidenden Gerechten Is 53,4ff. (vgl. 43,4) verwiesen[265]. Jesus ist in seiner kultischen Opferlamm-Funktion mit dem leidenden Gerechten soteriologisch vergleichbar[266].

Anschließend (11,55; 12,1) wird noch knapp, aber narrativ konsequent mitgeteilt, viele hätten sich aus dem Lande rechtzeitig zur Wallfahrt aufgemacht[267], um sich noch vor dem Passafest pflichtgemäß zu heiligen, d.

---

poetically applied to the temple (2 Sam 15:25; cf. Isa. 33:20; Jer 31:22; also Exod 15:13; Jer 50:7)«.

262. In 2 Makk 5,19 werden in markanter Weise beide ebenfalls miteinander verbunden: »Aber der Herr hat nicht das Volk erwählt wegen des Ortes, sondern den Ort wegen des Volkes«.

263. So auch M. MYLLYKOSKI, Die letzten Tage Jesu: Markus und Johannes, ihre Traditionen und die historische Frage, Helsinki 1991, II 37.

264. Das Verb αἴρειν wird in 1,29 und in 11,48 gleichermaßen verwendet. Letzteres wird in V. 50 mit ἀποθνήσκειν und ἀπόλλυμι näher erläutert. Man kann die Gefahr, die Basis seiner Macht zu verlieren, dadurch aufheben, indem man einen für alle opfere. Dieser Aspekt wird darauf V. 51f. ganz im Sinn von 1,29 universal ausgedehnt: Jesus rettet nicht nur die ihm vom Vater aus dessen Eigentumsvolk Gegebenen, sondern alle Kinder Gottes.

265. Dazu hat u.a. W. GRIMM, Die Preisgabe eines Menschen zur Rettung des Volkes. Priesterliche Tradition bei Johannes und Josephus, in: FS O. MICHEL, Göttingen 1974, 133-146, sich geäußert. Man beachte aber auch Ez 4,4-8.

266. Aus den drei zu 1,29 skizzierten Deutemöglichkeiten sind damit schon zwei bestätigt. Es bleibt nur noch die Präzisierung offen, ob das für das tägliches Tamidopfer oder für das Passaopfer verwendete Tier gemeint ist. Dies wird Joh 19,31ff. klären.

267. Vgl. Jos., ant. IV § 203f., wo er aus seiner Sicht die Gründe zur Wallfahrt nach Jerusalem angibt.

h. sich von allem Profanen, u. a. durch Waschungen und Torastudium, abzusondern[268]. Dadurch werden sie der Gegenwart Gottes im Tempel erst gerecht. Erhellend kommentiert Rabbi Hillel[269] diese Sitte, indem er sagt: »Zu dem Ort, den mein Herz liebt, dorthin führen mich meine Füße. Wenn du zu meinem Haus[270] kommst, werde ich zu dem deinen kommen! Wenn du zu meinem Haus nicht kommst, komme ich auch nicht zu dem deinen! Wie geschrieben steht (Ex 20,24[21]): Überall, wo ich meinen Namen verehren lasse, dort [sei es in einer Synagoge, sei es zu Hause] werde ich zu dir kommen und dich segnen«. Wenn man das Schriftzitat als jüngere Ergänzung des Ausspruchs von R. Hillel — veranlaßt durch die Zerstörung des Tempels — ausklammert, dann gewinnt man einen Einblick in das Motivationszentrum der damaligen Wallfahrer nach Jerusalem. Wenn man Gott dort besucht und von Herzen verehrt, spendet seine verborgene Gegenwart im Tempel Segen weit über Jerusalem hinaus. Deshalb ist es narrativ konsequent, wenn der Erzähler die Wallfahrer anschließend im Tempelbezirk[271] fragen läßt, ob auch Jesus zu seinem geliebten »Vaterhaus« (2,17) wie üblich kommen werde, obwohl er zur Fahndung ausgeschrieben sei (V. 56f.). Damit gibt der Evangelist ein Stichwort, das seit 2,14ff. virulent, von 7,11 an als Selbstverständlichkeit vorausgesetzt wird, dass nämlich Jesus zu allen Wallfahrtsfesten sein »Vaterhaus« aufgesucht habe. Damit gibt er wieder zu erkennen, dass der Tempel für ihn der zentrale Bezugspunkt[272] ist. Doch diesmal haben sich auch Fremde (12,20) eingefunden, um Gott am Passa ebenfalls zu »verehren« (vgl. 4,19-26)[273]. Sie werden jedoch nicht zu ihm vorgelassen, da — aus dem Kontext klar erkennbar — die erneuerte Kultpraxis eben noch nicht in kraft gesetzt ist. Jesus bedarf noch der Einwilligung seines Vaters,

---

268. Vgl. u.a. Ex 19,10-15 als Basistext; Ex 31,13; Lev 20,8-21,8.15.23; 2 Chron 30,17; 1QSa1,25f.; 1QS1,8;5,23; bTBer 14b/15a; ARN/A 2; Zum thematischen Gesamtkomplex siehe J. MILGROM, Studies in Cultic Theology and Terminology, SJLA 36, Leiden 1983; DERS., Deviations from Scripture in the Purity Laws of the Temple Scrolls, in: S. TALMON (Hrsg.), Jewish Civilization in the Hellenistic-Roman Period, JSP.S 10, Sheffield 1991, 158-167.

269. TSukk 4,3 (bTSukk 53a).

270. »Haus« bedeutet natürlich »Tempel«.

271. Mit τὸ ἱερόν ist wohl wie bei Josephus die Tempelanlage insgesamt gemeint.

272. Dieser ist nicht nur für den joh. Jesus Heimat (vgl. 4,42; bzw. FRANKE, Beitrag 23.76.304, sondern schon Ez 5,5; 38,12; 43,14 [חיק הארץ] =«Schoßgrund«]; Ps 50 [49] 2; Ri 9,37; (vgl. Jub 8,19; äth. Hen 26,1-5; Jos., bell. 5.212-214; bTJoma 54b; TanB, Kedoschim § 10), sprechen von Jerusalem und dem Zionsberg als »Nabel der Welt«, dem kosmischen Zentrum schlechthin.

273. Nach Jos., ant. 20 § 41, konnte ein Heide den einen Gott auch ohne Beschneidung verehren bzw. ihm im Tempel ein Opfer darbringen lassen: vgl. dazu E. SCHÜRER, The History of the Jewish People in the Age of Jesus Christ, G. VERMES / F. MILLAR / M. BLACK (Hrsg.), Edinburgh 1973-1987, II 309-313.

die dieser ihm erst anschließend (12,23-28) erteilt. Sie wird wiederum — wie in 4,35ff. — textuell von einer Saat-Ernte-Metapher (V. 24) begleitet, die gewiß wieder auf die nachösterlichen Jünger und deren Aktivitäten appliziert werden soll. Ein Jünger im Vollsinn des Wortes kann jemand aus der Sicht des Erzählers erst werden, wer Jesu Verherrlichung und anschließende Rückkehr[274] abwarten kann. Dies trifft mit Blick auf 4,35ff., 10,16 und 11,52 besonders auf die Fremden zu. Deshalb dürfen sie zu Lebzeiten Jesu auch nicht zu ihm vorgelassen werden[275].

Der temporäre Vorbehalt und Verweis auf das Ostergeschehen und die darauf folgende Zeit signalisiert dem schriftkundigen Leser nur, dass er aus seinem biblischen Deuterepertoire die Zioneschatologie für ein rechtes Verständnis der nachösterlichen Periode aktivieren soll. Auch dies kommt für ihn keineswegs überraschend, da schon vorher unter diesem Aspekt die synoptische Einzugsepisode 12,12-19 markant überarbeitet worden war. Außerdem gehört zum Wallfahrtsmotiv auch das von der endzeitlichen Völkerwallfahrt nach Zion, und zwar offensichtlich in der Variante, dass die Heiden weder vernichtet[276] noch Israels Sklaven werden[277], sondern gleichberechtigt an der eschatologischen Verehrung Gottes und dessen gnädiger Heilszuwendung teilhaben[278]. Aber die beabsichtigte Erzählprogression verbietet es dem Erzähler, dies jetzt schon auszuführen. Erst 21,11 wird er mit der Erwähnung der symbolischen Zahl von 153 Fischen auf die universale Sammlungsbewegung[279] der Glaubenden aus allen Völkern, die mit der österlichen Jüngerbeauftragung verbunden ist, auf diese Thematik zurückkommen.

---

274. Zu diesem Komplex ausführlicher U. BUSSE, Die »Hellenen«. Joh 12,20ff. und der sogenannte »Anhang« Joh 21, in: FS F. NEIRYNCK, BEThL 100C, Leuven 1992, III 2083-2100; Hinzuweisen ist auch auf 16,7 und 20,17, wo auf die Notwendigkeit der Anabasis Jesu für die Jünger aufmerksam gemacht wird.

275. Die Schwierigkeiten wie begrenzten Möglichkeiten von Heiden in das Eigentumsvolk z. Z. Jesu einzutreten, darüber gibt neuerdings W. KRAUS (s. Anm. 240) 45-110, D.R. SCHWARTZ, Studies in the Jewish Background of Christianity, WUNT 60, Tübingen 1992, 102-116, und T.L. DONALDSON, Proselytes or 'Righteous Gentiles'? The Status of Gentiles in Eschatological Pilgrimage Patterns of Thought, JSP 7 (1990) 3-27, Auskunft.

276. U.a. Jub 15,16-32; 4 Esr 12,33; 13,38; syr. Bar 40,1; ApkAbr 31,2; 4Q491 Frg. 15; 1QM passim.

277. U.a. Is 18,7; 60,1-22; 66,18-21; Hag 2,21f.; Sir 36,11-17; PsSal 17,30f.; Jub 32,19; 1QM XII 14; 1Q16 Frg. 9-10; 4Q504 Kol. IV,2; TgIs 25,6-10.

278. U.a. Sach 2,11;14,16-19; Tobit 13,10-13;14,6f.; Is 54,15 LXX; Am 9,12 LXX; äth. Hen 10,21;90,32; Sib 3.702-726; 4Q177 [MidrEschat^B, Catena^A] XI 15; Philo, Mos. II.44; quaest. Ex. II.2: οἰκείωσις δὲ τῆς πρὸς τόν ἕνα καὶ πατέρα τῶν ὅλων τιμῆς; Vor allem wurde dies bereits 4,21f. vorausgesetzt.

279. Dies ist ein weiteres zentrales Motiv der Zioneschatologie: vgl. u.a. Philo, praem. 164-172.

j. Die himmlischen Wohnungen, 14,2f.

Schon früher war angemerkt worden, dass der Evangelist keine naive Wohntempel-Konzeption verficht, sondern sich der Transzendenz Gottes (1,18) bewußt bleibt. Dies wird nochmals 12,37-43 deutlich herausgestellt, wenn der johanneische Jesus auf die Berufungsvision des Propheten Jesaia (Is 6) zu sprechen kommt. Der irdische Tempel bot dort nur noch Platz für den »Saum seines Gewandes«. Gott selbst kann er nicht fassen. Sein wahrer, aber zugleich ferner Wohnort ist der Himmel[280]. Doch seine Gegenwart im irdischen Tempel ist visionär gesichert und legitimiert den Propheten mit Offenbarungswissen. Beide Orte sind folglich in diesem Denkmodell aufeinander bezogen. Der irdische Tempel entspricht in seiner Heiligkeit dem himmlischen Tempel, so dass Gott, obwohl unverfügbar, im ersteren geheimnisvoll gegenwärtig und nahe ist[281]. Die Kluft zwischen Himmel und Erde zu überbrücken, dies war auch der Auftrag Jesu (vgl. 1,51). Wenn er aber — wie bereits angekündigt — zu seinem Vater in dessen eigentliche himmlische Wohnstatt zurückkehrt, stellt sich die Frage, wie seine jetzigen wie zukünftigen Anhänger nach seinem Weggang weiterhin mit Gott und ihm in Verbindung bleiben können. Warum[282] reist er — wohl analog zu seiner wiederholten Anabasis zum Zionsberg und seiner Vaterstadt — nun zur himmlischen Wohnstatt Gottes? und: Kehrt er von dort eventuell zurück, um die Verbindung mit seinen Jüngern nicht abreißen zu lassen? Diese Fragen werden charakteristischerweise 14,2f. wiederum mit Hilfe der Tempelmetaphorik beantwortet. Nach Jesu wiederholter Ankündigung an seine Jünger verreist er nun bald endgültig. Aber die furchteinflößende Nachricht wird von dem aufmunternden Versprechen Jesu begleitet: Er reise nur zur himmlischen Wohnstatt seines Vaters, um den Seinen (vgl. 7,33f.; 8,21f.; 12,26; 17,24) dort ebenfalls eine dauerhafte Bleibe zu schaffen. Nach seiner Rückkehr werde er sie alle zu sich nehmen.[283] In dieser Doppelaussage

---

280. Vgl. auch 1 Kön 8,27.39; 22,19; 2 Chr 2,6; 20,5; 30,27; Ps 11,4; Is 66,1; 4Q286 Frg.1; 4Q403 Frg. 1; 4Q491 Frg. 11 Kol 1; 4 Esr 8,20; äth Hen 84,2; TLevi 5,1.
281. Vgl. u.a. 0QShirShab, eine Agende für die himmlische wie irdische Sabbatliturgie, die Auskunft gibt über das zeitgenössische Kultverständnis der Priester.
282. Im Johannesevangelium ist nicht mehr der Grund für Jesu Tod Anlaß der Reflexion, sondern dessen soteriologisches Gewicht.
283. Zu diesem anspruchsvollen Text vgl. G. FISCHER, Die himmlischen Wohnungen. Untersuchungen zu Joh 14,2f., EHS.T 38, Bern/Frankfurt 1975; J. BEUTLER, »Habt keine Angst«. Die erste johanneische Abschiedsrede (Joh 14), SBS 116, Stuttgart 1984, 30-44; MCCAFFREY (s. Anm. 251); A. STIMPFLE, Blinde sehen. Die Eschatologie im traditionsgeschichtlichen Prozeß des Johannesevangeliums, BZNW 57, Berlin 1990, 147-216; F.F. SEGOVIA, The Farewell of the Word. The Johannine Call to Abide, Minneapolis 1991, 81-84; M. WINTER, Das Vermächtnis Jesu und die Abschiedsworte der Väter.

werden ein temporärer und ein lokaler Aspekt[284] miteinander verknüpft. Der lokale verweist auf die nachexilische Vorstellung[285] von den endzeitlichen Wohnungen (der Gerechten)[286] im himmlischen analog zum irdischen Tempel (Ez 40,17; 1 Chr 28,11f.; 5Q15 Frg. 1 Kol. II,6; 11Q19 Kol. 44.5f.). Das Rückkehrmotiv wiederum variert die urchristliche Parusievorstellung im Hinblick auf das Ostergeschehen (20,17ff.). Es qualifiziert erneut die nachösterliche Zeit als eschatologische Interimsperiode[287]. In ihr sollen alle die gesammelt werden, die zu den Kindern Gottes gehören, damit sie (möglicherweise nach einem Bluttod, vgl. 21,18f.) in Ruhe[288] bis zur Parusie an dem Ort verweilen können, wo Jesus sich aufhält. Dass dazu auch erwählte Heiden gehören können, davon gehen schon vor Johannes nicht nur 2 Makk 1,27-29, sondern schon Is 2,2-4 (par. Mich 4,1-4); 60,1-13 u.a. aus.

k. Der Weinstock, 15,1-8

Die Bildrede[289] 15,1-8 vom Weinstock und seinen Reben nimmt ihr Bildrepertoire[290] aus der biblischen Tradition[291], die von Israel als Gottes

---

Gattungsgeschichtliche Untersuchung der Vermächtnisrede im Blick auf Joh 13-17, FRLANT 161, Göttingen 1994, 146; A. DETTWILER, Die Gegenwart des Erhöhten. Eine exegetische Studie zu den johanneischen Abschiedsreden (Joh 13,31-16,33) unter besonderer Berücksichtigung ihres Relecture-Charakters, FRLANT 169, Göttingen 1995, 141-157; HOEGEN-ROHLS, Nachösterlicher Johannes 98f.

284. Indem der Autor in V. 2 »Haus meines Vaters« (vgl. 2,16) und »Ort« (ὁ τόπος) (vgl. 4,20) gebraucht, spielt er unmißverständlich auf den Tempel an.

285. Der von STIMPFLE (s. Anm. 283) 166f., erneuerte Versuch, diese Vorstellung aus einem gnostischen Kontext abzuleiten, ist mit DETTWILER (s. Anm. 283) 152, aufgrund fehlender Parallelen wenig überzeugend.

286. Vgl. u.a. äth. Hen 39,4-8; 41,2; 48,1 (vgl. Joh 7,37f.!); 71,5-9.16; slHen 61,2f.; ApkAbr 17,16; 29,15; Jub 4,26; 8,19 (der Garten Eden als göttlicher wie adamitischer Wohnbezirk!).

287. Dies bestätigt ein Ergebnis der Dissertation von J. NEUGEBAUER, Die eschatologischen Aussagen in den johanneischen Abschiedsreden. Eine Untersuchung zu Joh 13-17, BWANT 140, Stuttgart 1995, 161; Dies legt auch der Sprachgebrauch von 4QMidrEschat[a.b] nahe, den A. STEUDEL, Der Midrasch zur Eschatologie aus der Qumrangemeinde (4QMidrEschat [a.b]). Materielle Rekonstruktion, Textbestand, Gattung und traditionsgeschichtliche Einordnung des durch 4Q174 (»Florilegium«) und 4Q177 (»Catena A«) repräsentierten Werkes aus den Qumranfunden, StTDJ 13, Leiden 1994, 161-163.214, herausgearbeitet hat.

288. Vgl. zur Vorstellung vom Tempel als Ruheort in der jüdischen Literatur MCCAFFREY (s. Anm. 251) 69.

289. Vgl. J.G. VAN DER WATT, »Metaphorik« in Joh 15,1-8, BZ 38 (1994) 67-80; DERS., Interpreting Imagery in John's Gospel. John 10 and 15 as Case Studies, in: FS J.P. LOUW, Pretoria 1992, 272-282.

290. Vgl. R. BORIG, Der wahre Weinstock. Untersuchungen zu Joh 15,1-10, SANT 16, München 1967, 79-128; BROWN II 669-672; SCHNACKENBURG III 118-121.

291. U.a. Hos 11,1; Is 5;18,5; Jer 2,21; Ez 15;17,6-8; 19.10-14; Joel 1,7; Ps 80,9-15; 4Q500; 6Q11; LAB 18,10; 23,12; 28,4; 30,4; 39,7. Der Versuch von W. BAUER

Weinberg bzw. Weinstock spricht, und appliziert es aus göttlicher Sicht entsprechend auf das Verhältnis Jesu zu seinen Freunden (V. 11-15)[292]. Die Schwierigkeit, ob es wohl vorstellbar sei, dass man eine in der Schrift überwiegend auf Israel bezogene Metapher vom Weinberg[293] auf eine Einzelperson — in diesem Fall auf Jesus — übertragen denken könnte, war bereits in Ez 17, dort auf den König Zidkija angewandt, überwunden worden. Ein weiteres Problem, dass Jesus und die gärtnerische Kunst des Winzers[294] allein das Gedeihen und den Fruchtertrag der Reben garantieren, läßt sich wiederum am ehesten mit Hilfe der hier deutlich eingewobenen Tempelmetaphorik erklären. Denn nicht nur ein keineswegs zu unterschätzendes architektonisches Detail des Jerusalemer Tempels, dass dort an der Vorhalle eine goldene Weinstockabbildung[295] angebracht war, sondern auch der johanneische Text selbst weisen auf sie hin. Die Arbeit des Winzers wird mit κλῆμα αἴρειν bzw. καθαιρεῖν[296] umschrieben. Diese sind — gemessen an der Fachsprache der antiken Winzer[297] — unpräzise Ausdrücke. Speziell das Verb »reinigen« in Verbindung mit dem Adjektiv »rein« V. 3 signalisiert, dass der wachgerufene Assoziationskomplex auf zwei Aussagen übertragen werden soll: einmal auf die Abhängigkeit der Reben vom Weinstock, ein Thema, das bereits 13,6-10[298] angesprochen worden war, und zum anderen auf das von beider

189-191, und BULTMANN es aus gnostischen bzw. mandäischen Quellen abzuleiten, ist heute mit vollem Recht fast vollkommen aufgegeben.
    292. So schon FRANKE, Beitrag 249.
    293. Vgl. u. a. R. BISSCHOPS, Die Metapher als Wertsetzung — Novalis, Ezechiel, Beckett, DASK 23, Bern/Frankfurt 1994, 213-219.
    294. Dazu neuerdings: G.W. DERICKSON, Viticulture and John 15:1-6, BS 153 (1996) 34-52, der jedoch den neusten editierten Text P.Oxy 3354 (vol. 47, 1980, 108-114) außer acht gelassen hat.
    295. Vgl. BUSINK (s. Anm. 259) II 1146-1148; SCHNACKENBURG III 120; BORIG (s. Anm. 290) 108. Vgl. Jos., bell. 5 § 210f.; ant. 15 § 395; mMiddot 3:8; LAB 12,8f. u.a.
    296. Der weitere Hinweis auf die Arbeit des Winzers in V. 6, »es werde die Rebe hinausgeworfen«, nimmt wiederum nur den Gedankengang von 6,37 — kontextgemäß negativ gewendet — auf. Dieser Arbeitsgang gehört ebenfalls zu denen, die in den Pachtverträgen, aber in anderer Begrifflichkeit, verzeichnet sind.
    297. Man erwartet Begriffe wie ξυλοτομία = lat. pampinatio, βλαστολογία, διάτασις φύλλων, ἀνάλημψις βλαστῶν, φυλλολογίαι etc.; zur Arbeit des Winzers und die Fachterminologie für seine Tätigkeiten: vgl. Plinius, HN 17.35; P.Oxy. 729.1631.1692. 3354 sowie M. SCHNEBEL, Die Landwirtschaft im hellenistischen Ägypten, MBPF 7, München 1925, 239-281; S. OMAR (Hrsg.), Das Archiv des Soterichos, PapCol 8, Opladen 1979, 36ff. und Z. SAFRAI, The Economy of Roman Palestine, Londen/New York 1994, 126-136; Weitere Hinweise findet man auch neuerdings bei U. BUSSE, In Souveränität – anders. Verarbeitete Gotteserfahrung in Mt 20,1-16, BZ 40 (1996) 61-72.
    298. Nachdrücklich weist Jesus bei der Fußwaschung 13,8 Petrus auf die Tatsache hin, dass er, wenn er sich nicht *reinigen* lasse, *keinen Anteil an* ihm haben werde. Die Symbolik wird Kap. 15 wieder aufgegriffen.

Zusammenspiel abhängige und vom Winzer vorgegebene Ertragsziel. Er möchte nämlich vom Rebstock viele hochwertige Trauben ernten. Die hier überraschend als eine Voraussetzung für den besonderen »Ernteerfolg« erwähnte »Reinheit« verweist also auf die kultische Reinheitsforderung, d.h. auf das entscheidende und biblisch geforderte Kriterium für die Begegnung mit Gott.

Dass exakt dies gemeint ist, dafür sprechen noch weitere Beobachtungen. Bekanntlich war schon 12,24-26 in der soteriologischen Deutung von Jesu baldigen Tod die Rede, dass das Samenkorn nur dann Frucht bringe, wenn es in die Erde versenkt werde, an dieser Stelle verbunden mit dem noch schwer verständlichen Wort vom Diener, der dort zu sein habe, wo sich sein Herr gerade befinde. Mit dem Rollentausch Jesu in der Fußwaschungsszene jedoch, der hier einen Sklavendienst[299] leistet, und sein für den Leser noch rätselhaftes Wort an Petrus 13,10, jeder außer einem unter den Jüngern sei »rein«, wird die hier gegebene Aussage besser verständlich. Denn 15,3a nennt die Bedingung in kulttechnischer Begrifflichkeit, unter der erst die Jünger loyal zu Jesus und ihm im Dienst gleichgestellt — eben wie wirkliche Freunde (V. 13-15) — gemeinsam[300] den Ertrag erbringen, der von ihnen zusammen erwartet wird: Jeder, der Jesu Wort akzeptiert, ist — kultmetaphorisch ausgedrückt — rein, d.h. er erfüllt also die »Hausordnung Gottes«[301], eine der beiden zentralen Kriterien, die bereits 2,22 als Basis des österlichen Jüngerglaubens benannt worden war. Wer diese Kondition erfüllt, nämlich Jesu Wort hört und es für sich als sein Leben bestimmend akzeptiert, darf im Jesus-Tempel an Gottes Gnadengegenwart sowie an dessen Heilsgaben partizipieren. Wer darüber hinaus bleibend loyal zu Jesus steht, dem wird überreicher Ertrag zugesichert.

Diese Verallgemeinerung, in der die Adressaten der Aussage nicht mehr auf Israel beschränkt, sondern universalistisch entgrenzt erscheinen, hat wiederum ihr Vorbild in der biblischen Tradition. Denn LAB 18,10 z.B[302] greift Ex 15,17f. auf und spricht von Israel als einem Weinberg, der Himmel und Erde verbindet. Dieses Bild ist fest an die Tempelvorstellung gebunden, weil Gott gemäß Ex 15,17 Israel auf *seinen*

---

299. Zur Sklavenmetaphorik im Johannesevangelium: vgl. U. BUSSE, The Relevance of Social History to the Interpretation of the Gospel According to John, SKerk 16 (1995) 28-38, und C. 1.

300. Dies weist auch auf 4,35f. zurück!

301. So die treffende Definition der Reinheit bei GERSTENBERGER (s. Anm. 248) 191.

302. Vgl. noch u.a. LAB 23,12; 28,4; 30,4; 39,7; Philo, plant. § 46-50; § 130; somn. I § 215; spec. I § 66f.; § 97; § 114-116; Mos. I § 149.

Berg gepflanzt hat, von dem auch Philo meint, er bezeichne den himmlischen wie irdischen Wohnort Gottes, an dem der gesamte Kosmos (Himmel und Erde) wie das einzelne Individuum in perfekter Harmonie Gott universal verehren. Zwischen den beiden Bereichen verkehrt aus philonischer Sicht der Logos als Mittler bzw. »Go-between«, eine hohepriesterliche Kompetenz (vgl. Sach 3,7) und Funktion, die der Autor des vierten Evangeliums auf Jesus übertragen hat. Folglich dient der gemeinsam erbrachte Fruchtertrag des Rebstockes auch wie in der jüdischen Tempelvorstellung bzw. in der späteren rabbinischen Tora-logie einem universalen Heilszweck.

l. Der unbesiegbare Tempel, 16,33

In diesem Argumentationszusammenhang wird anschließend vom Haß der Welt (15,18f.) gesprochen, die eine andere Vorstellung von Freundschaft[303] als Jesus habe. Er hat die Jünger wohl gerade deshalb »aus der Welt« erwählt (vgl. 13,18 mit 17,6f.16) und sie so zu jener Schicksals- und Ertragsgemeinschaft mit ihm verbunden, von der bereits 15,1ff. gesprochen wurde. Der Haß wird sie nämlich bald auf eine kaum bestehbare Probe (16,32f.) stellen, wenn Jesus nicht etwas zu ihrer Unterstützung (vgl. 18,8f.) unternimmt. Überraschend wird diese Aktion — 12,31 aufgreifend — zum Abschluß der Abschiedsrede, 16,33, terminologisch in martialischer Sprache[304] knapp, aber prägnant erfaßt. Jesus spricht von seinem Sieg, den er über die Welt davongetragen habe. Ob nun ein juristischer, was 12,31 und 18,28-19,16a nahelegen, oder ein militärischer Sieg gemeint ist, eine solche Frage ist hier ohne Belang. Vielmehr muß erörtert werden, ob Kriegsmetaphorik generell zum Deutehorizont des Tempels gehört. Schon in den sogenannten Zionspsalmen (Ps 46.48 und partiell Ps 76)[305] wird JHWE als Schutzgott seiner Stadt auf dem Zion besungen, der dem »Zionsschema« gemäß unter anderem den Völkersturm durch seine siegreiche Symmachie abwehrt. Die Vorstellung bleibt

---

303. Vgl. 15,19b mit V. 14.
304. Vgl. dazu auch J.-W. TAEGER, »Gesiegt! O himmlische Musik des Wortes!« Zur Entfaltung des Siegesmotivs in den johanneischen Schriften, ZNW 85 (1994) 23-46.25-28, der aber das Siegesmotiv auf die Situation der johanneischen Gemeinde appliziert wissen will. Der Motivhintergrund wird nicht weiter erörtert.
305. Vgl. neuerdings: F.-L. HOSSFELD / E. ZENGER, Die Psalmen I, NEB 29, Würzburg 1993, 284-289.294-299; vorher u.a.: M. HENGEL, Die Zeloten. Untersuchungen zur jüdischen Freiheitsbewegung in der Zeit von Herodes I. bis 70 n.Chr., AGJU 1, Leiden 1961 ²1976, 277-296.308-318; O. BÖCHER, Die heilige Stadt im Völkerkrieg. Wandlungen eines apokalyptischen Schemas, in: FS O. MICHEL, Göttingen 1974, 55-76; SCHWIER (s. Anm. 238) 74-90; J.H. HAYES, The Tradition of Zion's Inviolability, JBL 82 (1963) 419-426.

über 2 Chr 20,1-30, die Makkabäerbücher (vgl. 1 Makk 3-4; 2 Makk 3,7-40; 10,16), äth. Hen 56,5-8; 90,13-19 und essenischen Schriften (vgl. 4Q161 [=4QpIs^a]; 0QCD XX,33f.; 1QM passim) erkennbar bis nach der Zerstörung des zweiten Tempels (vgl. Jos., bell. 5 § 377[306]; 4 Esr 13,1-13; Off 11,1f. 20,9; Sib 3.657-808) lebendig. Auf sie kann der Evangelist zurückgreifen, um seine Vorstellung vom soteriologischen Gewicht der Passion Jesu für dessen Anhänger zu verdeutlichen. In ihr werden die den Jüngern Furcht einjagenden, dämonischen Weltmächte besiegt. Das gewaltsame Geschick Jesu ist also nicht nur ein historisches Einzeldatum, sondern hat auch eine fortdauernde Wirkung (17,14-18). Indem die jüdischen Leitungseliten ihre unverbrüchliche Loyalität dem römischen Cäsar gegenüber (19,15) erklären werden, haben sie sich nicht nur in den Augen der Qumran-Essener von Gott getrennt, die in 4Q167, Frg. 7 [= 4QpHos^b], d.h. in einem Pesher zu Hos 6,7, formulieren können: »‚*Und sie — wie Adam übertraten sie seinen Bund*‘. Die Deutung [–] haben verlassen den Gott und [wa]ndelten nach (den) Vorschriften [der Völker (?)…]«, sondern sie haben sich auch in johanneischer Sicht durch ihr Verhalten uneingeschränkt zum römischen Repräsentanten der Weltmächte bekannt. Damit haben sie ihre Loyalität dem lebendigen Gott und seiner Königsherrschaft (vgl. 3,3-6 mit 18,36) aufgekündigt. Deshalb sind sie seinem Zorn (3,36) verfallen und werden »in Blindheit [d.h. in Sünde] sterben« (vgl. 9,39-41 mit 19,11). Da sie so durch ihr Verhalten die von Gott entfremdete Welt repräsentieren[307], wird diese auch im Sterben und Auferstehen Jesu besiegbar.

Aus johanneischer Perspektive ist folglich das Passionsgeschehen von einer tiefen Ironie geprägt. Da die jüdische Führungselite zur Zeit Jesu willens war, den Tempel und das Volk aus Gründen des eigenen Machterhalts für sich zu beanspruchen und Jesus zu opfern, hat sie Gott die Loyalität aufgekündigt, dem Israel durch seinen Bund und seine heilsame Gegenwart im Tempel verbunden war. Dadurch hat sie aber aufgrund ihr eigenes Versagen[308] Jesus paradoxerweise erst ermöglicht, in seinem

---

306. Josephus erinnert seine zelotisch gesinnten Landsleute, die den Tempel aus seiner Sicht unvernünftigerweise gegen die römische Übermacht verteidigen, auch daran, »wie viele Feinde einstmals diese heilige Stätte besiegt habe.«

307. So auch neuerdings K. BECKMANN, Funktion und Gestalt des Judas Iskarioth im Johannesevangelium, BThZ 11 (1994) 181-200.187 Anm. 15; vorher schon u. a.: A. HILGENFELD, Die johanneische Theologie und ihre neueste Bearbeitung, ZWTh 6 (1863) 96-116.214-228.219; W. BOUSSET, Art.: Johannesevangelium, RGG^1 III (1912) 608-636.627; B.B. BRÜCKNER in: W.M.L. DE WETTE, Kurze Erklärung des Evangeliums und der Briefe Johannis, Leipzig ^{4}1852, XVII.

308. Es ist eine Grundüberzeugung Israels, dass die mehrfache Zerstörung des irdischen Tempels auf eigenes Fehlverhalten zurückzuführen ist: vgl. nur 4Q174 Kol III [= Frg.

Passionsleib einen Ersatz für Gottes heilvolle Gegenwart anzubieten, da der im nationalen Unglück zerstörte Tempel zur Zeit der Abfassung des vierten Evangeliums nicht mehr existierte. Auf diese Weise sieht der Erzähler die alte Überzeugung der Tempeltheologie von der Unbesiegbarkeit Gottes bestätigt.

m. Das Tempelopfer, 19,31-37

Bekanntlich erweiterte der Evangelist die Passionsgeschichte um eine Schlußszene (19,31-37). In ihr soll wohl die Heilsbedeutung des Todes Jesu eindringlich und hochsymbolisch zugleich zum Ausdruck gebracht werden. Doch ist diese Perikope eine wahre crux interpretum. Schon Bultmann[309] meinte, dieser Text sei erst nachträglich in das Johannesevangelium eingebaut worden. Denn er enthalte aus seiner Sicht keine echte johanneische Theologie, da er ganz vom Thema »Schrifterfüllung« geprägt sei. Deshalb gab es für ihn genügend Hinweise für eine sekundäre kirchliche Redaktion. Darum schlug er vor, V. 34b »und sofort floß Blut und Wasser heraus« und V. 35 mit der dortigen Beteuerung der Augenzeugenschaft dieser Redaktion zuzuweisen. Somit hat er die anstößigsten Verse aus dem ursprünglichen Text ausgeklammert. Wellhausen[310] und Loisy waren vor ihm aber noch einen Schritt weiter gegangen. Sie hatten V. 34a, die Notiz vom Lanzenstich, der aber später in der Thomasperikope 20,24-29 vorausgesetzt werden wird, und V. 37 — mit dem letzten Schriftzitat — der Liste von sekundären Zutaten noch hinzugefügt. Doch schon Bultmann hatte eingewandt, dass das rätselhafte Motiv »Blut und Wasser« im doppelten Schriftbezug V. 36f. nicht wiederaufgegriffen sei; denn jene Zitate würden nur auf V. 33 »Brechen der Füße« sowie auf V. 34a, auf den »Lanzenstich«, anspielen. Deshalb müssten die V. 36-37 ursprünglich direkt auf V. 34a gefolgt sein. V. 34b habe der kirchliche Redaktor hinzugefügt, um auf die spätere kirchliche Praxis der sakramentalen Heilvermittlung durch »Blut und Wasser« anzuspielen. Seiner Meinung nach würden so die kirchlichen Basissakramente, Taufe und Eucharistie, geschickt mit der Heilstat am Kreuz verknüpft. Doch wirft eine solche Auslegung schwerwiegende Probleme auf: In V. 34b wäre — gegen jede frühkirchliche Regel — die Eucharistie vor der Taufe genannt. Schon allein 1 Joh 5,6, wo es heißt: »Dieser ist es, der

---

1+21+2],5f.: »(Er) wird ständig über ihm (d.h. dem Tempel) erscheinen. Und nicht werden wieder Fremde es zerstören, wie sie vordem zerstört haben (6) das Heilig[tum I]sraels durch dessen Versündigung«.

309. BULTMANN 523-526.
310. WELLHAUSEN 88-90; LOISY 490-495.

durch Wasser und Blut gekommen ist, Jesus Christus — nicht im Wasser allein, sondern im Wasser und Blut«, hätte die Reihenfolge besser bewahrt. Auch ist nach 6,51-58 nicht »Blut« allein, sondern sind »Fleisch und Blut« zusammen Speisen. Der Redaktor müßte — wollte man Bultmann folgen — also hier stark verkürzt geredet haben.

Deshalb legt G. Richter[311] eine andere Deutung vor. Für ihn setzt V. 34b ein deutliches Signal für eine antidoketische Polemik. Indem tatsächlich Blut und Wasser aus der Seite Jesu geflossen seien, solle damit sein wirklicher Tod zweifelsfrei festgestellt werden. Richter rekurriert ebenfalls auf 1 Joh 5,6. Seiner Meinung nach wäre dieser Vers der eigentliche Schlüssel zur rechten Deutung von 19,34c. Denn dieser besage nicht mehr und nicht weniger, als dass Jesus wirklich wie alle Menschen gestorben sei. Er sei eben keineswegs (aufgrund seines göttlichen Wesens) scheintot gewesen, wie einige Doketen unter den Glaubenden behauptet hätten. Er habe also nicht — wie jene behaupteten — bei der Jordantaufe zum Schein einen Leib angezogen, um ihn vor der Kreuzigung wieder aus- und sein wahres göttliche Wesen anzuziehen. Das Beharren des Erzählers auf Jesu wahrer Leiblichkeit müsse sich folglich gegen die Annahme gerichtet haben, Jesus könne als Gottessohn nur einen Scheinleib besessen haben.

Doch auch diese Deutung wirft nur weitere ungeklärte Fragen auf. In 1 Joh 5,6 ist die Aufzählung — wie schon ausgeführt — umgekehrt. Dort signalisiert der gewählte komplexive Aorist[312], dass »Wasser und Blut« nicht auf zwei unterschiedliche Heilsereignisse, eben auf Taufe und Abendmahl, hinweisen sollen, sondern beide sind komplementäre Zeichen[313] von Jesu Heilsbedeutung insgesamt. Zudem steht 1 Joh 5,6 das Kommen Jesu im Mittelpunkt, hier aber nur dessen Tod.

Darum unterbreiteten R. Schnackenburg[314] und J. Becker einen dritten Lösungsvorschlag. Sie meinen, in der Perikope gehe es einfach nur um die narrative Umsetzung des Aufweises eines ganz natürlichen Todes Jesu: Sein Tod sei objektiv mit Hilfe eines Lanzenstichs nachgewiesen

---

311. G. RICHTER, Blut und Wasser aus der durchbohrten Seite Jesu (Joh 19,34b), in: DERS., Studien zum Johannesevangelium, J. HAINZ (Hrsg.), BU 13, Regensburg 1977, 120-142; vgl. auch U. SCHNELLE, Antidoketische Christologie im Johannesevangelium, FRLANT 144, Göttingen 1987, 230.256.

312. F. VOUGA, Die Johannesbriefe, HNT 15/III, Tübingen 1990, 72f.; H.-J. VENETZ, »Durch Wasser und Blut gekommen«. Exegetische Überlegungen zu 1 Joh 5,6, in: FS E. SCHWEIZER, Göttingen 1983, 345-361.347.

313. Vgl. W. THÜSING, Die Erhöhung und Verherrlichung Jesu im Johannesevangelium, NTA 21, Münster 1960, 170.

314. SCHNACKENBURG III 333-345; BECKER II 599; neuerdings wiederholt von KOESTER, Symbolism 181.

worden. Der soll nämlich nur bestätigen, was auch der Soldat erfahren wollte, ob Jesus wirklich schon tot sei und er sich deshalb das Beinebrechen bei ihm ersparen könnte. Doch auch diese für moderne, medizinisch gebildete Menschen weitaus annehmbarere Aussage läßt fragen: Warum muß eigentlich auf den Tod Jesu noch ausdrücklich hingewiesen werden? Hat die Auskunft 19,30 nicht ausgereicht? Besteht wirklich nur ein schriftgelehrtes bzw. apologetisches Interesse zu zeigen, dass alles nach einem heilsgeschichtlichen Fahrplan abgewickelt oder mit antidoketischer Tendenz berichtet wurde? Es geht dem Verfasser m.E. gar nicht so sehr um den Nachweis der Wirklichkeit des Todes Jesu, sondern vielmehr um die Bedeutung desselben. Wenn aber das, was in den V. 31-37 ausgeführt wird, keinen eindeutigen Nachweis in der »Sterbemedizin« findet, dann ist nach der symbolischen Bedeutung des Geschehens zu fragen. Dazu hat der Leser auch jede Berechtigung, weil ihm bislang noch einige Fragen vom Erzähler unbeantwortet geblieben sind.

Bereits 8,28 hatte der Erzähler angedeutet, dass »die Juden«, wenn sie Jesus »erhöht« hätten (vgl. 3,14), erkennen würden, dass jener der Sohn Gottes ist. Aus diesem Grund wohl hat der Evangelist gegen die synoptische Tradition »die Juden« noch vor Josef von Arimathäa aktiv werden lassen. Sie haben nämlich nun aus eigenem Antrieb um die Entfernung der Gekreuzigten vor dem Rüsttag »jenes«[315] großen Sabbats gebeten. Doch diese müssen erst gestorben sein. Deshalb folgt — erzählerisch konsequent — der Bericht über die Aktion des crurifragii, das das Siechtum der Erniedrigten entscheidend verkürzt. Außerdem schließt der Erzähler damit geschickt eine Informationslücke, die durch den Fortfall der Notiz Mk 15,39[316] entstanden ist (vgl. Mk 15,44 mit Joh 19,31-35). Da Jesus — wie bei den Synoptikern auch vorausgesetzt — bereits gestorben ist, müssen ihm die Beinknochen nicht mehr zerschlagen werden. Auf diese Aussage zielt die Gesamtkomposition ab. Denn sie stellt klar: Jesus ist das wahre, passataugliche Lamm (V. 36), dem ja nach den Vorschriften der Tora kein Knochen je gebrochen sein durfte (Ex 12,46; Num 9,12). Die sonst nicht überlieferte Übung eines römischen Exekutionskommandos, den Tod des Deliquenten mit einem Lanzenstich zu

---

315. Der betonte Hinweis auf »jenen Sabbat« nimmt eine ähnliche Formulierung in 11,51 wieder auf, wo vom Hohenpriester »jenes Jahres« gesprochen worden war. Beide Akzente wollen keineswegs die historische Exaktheit bzw. eine damals gerade üblich gewordene einjährige Amtsführung des Hohenpriesters, sondern vielmehr die soteriologische Bedeutung der erzählten Ereignisse unterstreichen.

316. Dort sieht ein Hauptmann dem Todeskampf Jesu zu und kann deshalb dessen Tod Pilatus direkt bestätigen. Diese Notiz fehlt bei Johannes.

verifizieren, die Idee, davon zu berichten, könnte dem Schreiber wohl erst gekommen sein, als er 7,38f. oder 8,28 (vgl. 3,16; 18,32) niederschrieb: »Wie die Schrift sagt: Aus seinem Leib werden Ströme lebendigen Wassers fließen« bzw.: »Wenn ihr den Menschensohn erhöht habt, dann werdet ihr erkennen, dass *ich es bin*«[317]. Die Ankündigungen könnten durch die Notiz, aus Jesu Seite seien sogleich Blut und Wasser geflossen, von einem Leser dahingehend gedeutet werden, sie hätten sich erfüllt: mit Jesu Tod seien dessen Versprechen in Kraft gesetzt worden und jeder Durst könne nun gestillt werden. Für ein solches Urteil spricht noch, dass auch 4,10.14 (vgl. 6,35) aufgegriffen scheint, wo Jesus sich mit der Gabe Gottes identifiziert hatte, die der Samariterin ihren Durst für immer stillen und den Hunger von jedermann beseitigen könne, wenn man nur glaube. Das Glaubensmotiv klang bekanntlich auch schon 7,37 an, wo es ausdrücklich heißt: »Dürstet da einer, er komme zu mir! Und trinken soll, wer glaubt!«. Aus dieser Sicht konnte Jesus die sich anschließende Glaubensgeschichte erst mit der Geistgabe eröffnen, wenn er selbst seinen Auftrag gehorsam erfüllt hat; denn 7,39, in dem entscheidenden Kommentarwort, hatte ja der Evangelist ausgeführt: »Das aber sprach er über den Geist, den die an ihn Glaubenden empfangen sollten. Denn noch war Geist nicht da, weil Jesus noch nicht verherrlicht [d.h. erhöht] war«. Aber es ist durchaus fraglich, ob die Crurifragiumszene schon die Glaubensgeschichte eröffnen soll oder ob genereller im Ausströmen von Blut und Wasser aus Jesu Seite angedeutet wird, dass jetzt nur die Stunde gekommen sei, in der die von ihm in Kap. 4, 6 und 7,38 versprochenen Heilsgaben gegeben werden.

Denn von der für den nachösterlichen Glauben zentralen Ausstattung der Jünger mit dem belebenden Geist wird erst 20,22 berichtet werden. Hätte man diesen Heilsaspekt bereits hier ansprechen wollen, hätten beim Crurifragium[318] Jünger anwesend sein müssen. Deshalb gehen die Mehrzahl der Ausleger auch von einer privilegierten Anwesenheit des Lieblingsjüngers aus. Da dies — wie wir gesehen haben — nicht in Frage kommt, wäre mit einer verfrühten Schilderung der Geistgabe zu rechnen. Da noch V. 36f. vom Passaopfer geredet wird und nur »Juden« bzw. deren römische Handlanger anwesend sind, kommt der Notiz vom sofortigen Austreten von »Blut und Wasser« aus der Seite Jesu eine Bedeutung zu, die damit kongruent ist. Deshalb ist davon auszugehen, dass hier zunächst nur die Ankündigung aus 8,28 (3,16) ihre narrative Bestätigung

---

317. Es wird dem Leser am Schluß seiner Lektüre erst ganz klar, warum in 8,28 der unaussprechliche Name Gottes von Jesus beansprucht wird.

318. Deshalb spricht BROWN II 951 auch von einer Prolepse.

finden soll. Woran sollten »die Juden« (19,31) erkennen, dass Jesus tatsächlich der Sohn Gottes ist? Auf diese offene Frage gibt der Erzähler hier eine angemessene Antwort. Die »Erhöhung« Jesu fand am Rüsttag des Passafestes statt. Die Passachronologie, auf die seit 11,55[319] beständig hingewiesen wurde, die auffällige Erwähnung des Zeitpunkts der sechsten Stunde 19,14[320], an der sich der Pilatusprozeß dramatisch zuspitzte, exakt zu dem Zeitpunkt, als der Hohepriester seine Loyalität dem Tempel gegenüber aufkündigt, zudem der markante Hinweis auf den Ysopstengel[321] 19,29 (diff. Mk 15,36/Mt 27,48), sowie letztendlich das unterbliebene crurifragium, alle diese Schlag auf Schlag folgenden Hinweise sollen gebündelt nur einen Aspekt verdeutlichen: Jesus hat wirklich als leidender Gerechter[322] die Funktion des Passalamms Gottes übernommen, das die Sünde der Welt trägt[323] (1,29).

Wenn nun unmittelbar mit dem Lanzenstich »Blut und Wasser« aus Jesu Innerem[324] geflossen sind, müssen diese beiden Elemente konsequenterweise mit dem Opferkult des Tempels verglichen werden, und zwar kontextgemäß besonders mit dessen reinigender und soteriologischer Funktion (vgl. Ex 12,6 mit Ez 16,6; Lev 14,52[325]; Mek zu Ex 12,6). Denn Blut war generell das wirksamste kultische Reinigungsmittel (vgl. Lev 17,11-14), da es als Symbol des Lebens galt, das allein Gott zu geben

---

319. So schon FRANKE, Beitrag 24.85.307; u.z. 12,1; 13,1.30; 18,28; 19,14.31.
320. In dieser Stunde wurden bekanntlich die Passalämmer geschlachtet.
321. So mit Recht der Verweis von KOESTER (s. Anm. 314) 197 auf Ex 12,27; – Wichtig ist auch der Hinweis in dem Artikel אזוב der von S.J. ZEVIN (ed.), Encyclopedia Talmudica. A Digest of Halachic Literature and Jewish Law from the Tannaitic Period to the Present Day Alphabetically Arranged, 3 vol., Jerusalem 1969-1978, I.523-526.523: »The Torah orders the use of hyssop in four instances:« Ex 12,22; Lev 14,4; Num 19,6.18 (bTSukk 37a). Alle vier Fälle sind kultisch orientiert; Hyssop ist notwendig beim Bestreichen der Türpfosten (Ex 12), beim Ritus zur Reinigung von Aussätzigen, Reinigungswasserherstellung und zur Beseitigung von Leichenunreinheit.
322. Vgl. für den alttestamentlichen Aspekt der Stellvertretung die Ausführungen von B. JANOWSKI, ‚Er trug unsere Sünden'. Jesaja 53 und die Dramatik der Stellvertretung, ZThK 90 (1993) 1-24; – M.E. ist Jesus aufgrund seines Menschseins für den Autor mit einem leidenden Gerechten, aber aufgrund seiner soteriologischen Funktion mit dem Passalamm vergleichbar. Vgl. auch J.G. VAN DER WATT, »Daar is de Lam van God...« Plaasvervangende offertradissies in die Johannesevangelie, SKerk 16 (1995) 142-158.
323. Aus meiner Sicht wird auch die Tat der jüdischen Leitungseliten, Jesus hinrichten zu lassen, von diesem anschließend gesühnt.
324. Vgl. F.G. UNTERGASSMAIR, Art. κοιλία, EWNT II (1981), 744-745.745, der auf die Kirchenväterexegese verweist, in der konstant 7,38 »Inneres« mit »Herz« gleichgesetzt werde, d.h. als Prolepse auf 19,34 gedeutet haben.
325. Nur in dem Lev 14,52 beschriebenen Entsühnungsritus kommen »Blut und Wasser« gemeinsam vor. Da 4Q175, 29 sehr zerstümmelt ist, ist es schwer auszumachen, was dort mit »Blut wie Wasser« gemeint sein könnte. Im Kontext aber wird auch von Entsühnung gesprochen.

fähig ist[326]. Zugleich ist das Blut des Passalammes nicht nur in der rabbinischen Tradition als »Leben aus dem Blut« das Zeichen für die Befreiung aus Ägypten[327], sondern schon bei Philo[328]. Die Erwähnung des symbolischen Elements für den die Entfremdung von Gott beseitigenden Tod Jesu mußte hier zuerst erfolgen. Denn nicht nur Ez 46 wird der Kultdienst zuerst genannt, bevor Ez 47 von der göttlichen Reaktion in Form von einer zeichenhaften Wüstenbewässerung sowie der Umwandlung des Toten Meeres in einen Süßwassersee als symbolisches Geschehen für das kosmische Heil gesprochen wird, sondern noch aus einem anderen Grund: Da ausdrücklich komplementär von austretendem Blut und Wasser gesprochen wird, soll noch auf fließendes Wasser, also auf »lebendiges« Wasser, im Unterschied zu kultischem Reinigungswasser (vgl. 2,6), hingewiesen werden, um ein naheliegendes Mißverständnis auszuschließen. Deshalb geht es in dieser Szene um die symbolische Inkraftsetzung[329] dessen, was Jesus in 4,10.14f.; 6,35.51-58; 7,39 für die Stunde seiner Erhöhung angekündigt hatte. Aus diesem Grund greifen auch die beiden, die Perikope beschließenden Schriftzitate V. 36f. diesen doppelten Aspekt noch einmal auf: Jesus ist schriftgemäß sowohl das wahre Passalamm als auch das 3,14 angesagte Rettungszeichen, auf dass Israel nur schauen muß, um gerettet zu werden.

In diesem letzten Stück der Passionsgeschichte werden also alle im Evangelium versponnenen »roten Fäden« der Tempelmetaphorik zu einer Antwort gebündelt: Jesus war aufgrund seiner immensen Motivation, für die Sache seines Vaters in der Menschenwelt einzustehen (2,17), erkennbar Sohn Gottes (1,18) und dessen Passalamm, das die Sünde der Welt (d.h. unter Einschluß der »der Juden«) getragen hat (1,29.36), um von diesem Zeitpunkt an die heilvolle Nähe Gottes »im Tempel seines Körpers« (2,21) zu gewährleisten, weil er potentiell alle in seinem Tod mit Gott versöhnt hat.

---

326. Vgl. MAIER (s. Anm. 207) 233, und GERSTENBERGER (s. Anm. 248) 214.220.
327. Vgl. ShemR 17,3; PesR 86b; PRE 29.
328. In Philo, spec. I 205, bei der Beschreibung des Opferrituals heißt es: »Das Blut aber wird im Kreis rings um den Altar gesprengt, weil der Kreis die vollendete Figur ist und weil kein Teil unberührt und frei von der Seelenspende sein soll, denn eine Spende der Seele [d. h. des Lebens] ist recht eigentlich das Blut (vgl. 3 Mos 17,14 u.ö.). So belehrt uns das Gesetz symbolisch, dass die Seele in ihrem gesamten Wirkungskreise bei jeder Art von Worten, Entschlüssen und Taten überall das Streben Gott zu gefallen an den Tag legen soll« (Übersetzung von I. Heinemann). In philonischer Wahrnehmung wäre das Blut aus der Seite Jesu also auch ein Symbol für die Erfüllung der Aussage 2,17.
329. So auch BDM II 1173-1188.1177.

Dieser »Durchblick« hat eine tragende Leitidee für die johanneische Deutung der Jesusgeschichte zutage gefördert. Im Lichte der »Tempelmetaphorik« gewinnt der Text in der Form eines epischen Hologramms Kontur. Dem biblischen Bildmaterial entsprechend schlug die Weisheit/der Logos mit Zustimmung ihres/seines Schöpfers ihr/sein Zelt (vgl. u.a. Sir 24,8 mit 1,14) in Israel auf, um in ihm eine Begegnung mit Gott (1,51) zu ermöglichen. Das Lebenswerk Jesu diente der Ermöglichung des Zusammentreffens von Menschenwelt und himmlischer Welt. Denn er hat sie besonders dadurch gefördert, dass er sich im Eifer für sein Vaterhaus verzehrte (2,17). Doch seine Bemühungen trafen nur bei wenigen auf Resonanz, die das Licht suchten und nicht scheuten (3,19-21). Die Mehrzahl hingegen war dem politischen Eigennutz zutiefst verhaftet. Diese Tatsache fand im Verhalten der Jerusalemer Leitungselite ihren sinnenfälligsten Ausdruck. Sie ließen Jesus aus Gründen des politischen Machterhaltes kreuzigen. Dabei waren sie sich nicht zu schade, ihre traditionelle Loyalität gegenüber dem Gott Israels zugunsten Roms aufzukündigen. Doch paradoxerweise hatten sie, indem sie Jesu Leben zerstörten, gerade ihm die Chance eingeräumt, die Welt mit Gott durch seinen als Passaopfer (1,29) vorgestellten Tod zu versöhnen. Damit flossen zugleich wieder alle göttlichen Heilsgaben[330] (19,34), die der in seinem irdischen Haus geheimnisvoll gegenwärtig gedachte Gott immer schon gnädig gegeben hatte. Doch gleichzeitig hatte Gott — erkennbar an der Zerstörung des zweiten Tempels — seine irdische Wohnstatt in den »Leib Jesu« (2,21f.) verlegt. Von nun an kann ihn hier (d.h. im Evangelium) jeder, ohne zu einem Sakralort wallfahren zu müssen, »in Geist und Wahrheit« verehren (4,19-26) und im Glauben an Jesus Gott begegnen und Frucht tragen (15,1ff.) zum unendlichen Leben (4,14).

n. Christus, ein »über die Erde wandelnder Gott«?

Was trägt nun die johanneische Interpretation der Jesusgeschichte mit Hilfe der Tempelmetaphorik für die oben diskutierte, speziell christologische Frage aus? Dazu bedarf es nur einiger weniger Zusatzinformationen zum frühjüdischen Wohnstatt-Tempel-Verständnis, um ihre Relevanz aufzudecken.

Bekanntlich gab es keine einheitliche Vorstellung über die geheimnisvolle Gegenwart Gottes im Allerheiligsten[331]. Einige mögen sie sich ganz

---

330. Sie werden bewußt in den Ich-bin-Metaphern (Brot, Leben, Licht, Weg, Wahrheit usw.) benannt. Von seiten des Frühjudentums wird der Tempel, wo der Name Gottes residiert, als Segensort genannt: u.a. Sir 50,20-21; Jub 21,25; 22,13.19.27; 25,3; 36,16.

331. Vgl. nur das spätnachexilische Weihegebets Salomos 1 Kön 8,27ff.

handfest und massiv vorgestellt haben, andere glaubten ihn nur gelegentlich, etwa beim Sabbatopfer oder am Jom-Kippur, präsent, wiederum ein andere Gruppe sah im Tempel lediglich seine symbolische Residenz inmitten seines Eigentumvolkes. Er selbst aber wohne über der »Himmelsfeste« (Ps 104,3). Doch im vierten Evangelium werden zwei Ideen besonders hervorgehoben: einmal die kultischen Aktivitäten im Tempel und zum anderen dessen Funktion als Begegnungszelt. Beide spielen auch in der frühjüdischen Literatur eine bedeutsame Rolle.

Israel war — von Gott erwählt — sein Eigentumsvolk, um seinen Willen zu realisieren, d.h. ihn allein zu ehren[332]. Die kontinuierliche Verehrung geschah nicht nur für das Kollektiv Israel allein, sondern auch universal zugunsten der Schöpfungswelt[333] zentral im Jerusalemer Tempelkult wie individuell im Lebensvollzug jedes einzelnen Juden gemäß der Tora. Kultisch bedeutsam waren die kontinuierlichen sowie die für spezielle Anlässe durch Priester dargebrachten Opfer unterschiedlichster Art. Sie hielten die Schöpfungordnung[334] intakt, indem sie die Chaoskräfte bannten. Wenn die Priester das Opfer darbrachten, wurden sie Partner in einer irdisch-himmlischen Liturgie zur Ehre Gottes, so dass ihnen der Beiname »Engel« (hebr. *mal'ak*)[335] beigelegt werden konnte. Diese auf den ersten Blick rätselhafte Vorstellung ist jedoch Bestandteil einer dezidiert kultischen Weltsicht, die sich auch im Jubiläenbuch und in den Sabbatopfer-Gesängen aus den Qumran-Höhlen (4Q400-407) äußert[336]. Abgeleitet aus Ex 19,5f., dem Bundesangebot Gottes an Mose, er wolle das Haus Jakob zu seinem Eigentumsvolk, zu einem »Reich von Priestern und zu einem heiligen Volk« machen, wird Jub 33,20 (vgl. 16,18) betont: »Denn ein heiliges Volk ist Israel Gott, seinem Herrn, und ein Volk des Erbes ist es und ein priesterliches Volk ist es und ein königliches Volk ist es und sein Besitz ist es, und es soll nicht sein, dass dergleichen Unreines inmitten des heiligen Volks erscheint.« Deutlich hat sich gegenüber

---

332. Die Verehrung Gottes geschieht parallel zu der der himmlischen Engel: TLevi 3,8; äth. Hen 61,10-12; 4Q405,23 etc.

333. Vgl. u.a. P. SCHÄFER, Tempel und Schöpfung. Zur Interpretation einiger Heiligtumstraditionen in der rabbinischen Literatur, Kairos 16 (1974) 122-133; J. MAIER, Self-Definition, Prestige, and Status of Priests Towards the End of the Second Temple Period, BTB 23 (1993) 139-150.146.

334. Beachte nur Sir 50,19: dort wird der Kosmos durch und im kontinuierlichen Tamid-Opfer »*vollendet*« bzw. Jub 1,10; 32;10; 49,19-21, wo die Nachkommen Jakobs einen Tempel bauen dürfen, in dem der Name Gottes wohnt, durch den gerade auch die gesamte Schöpfung geschaffen wurde (Jub 36,7).

335. Mal 2,7; Tob 8,15; Dan 3,53-59 [1,30ff. LXX].

336. CD 16,2-4 zeigt, dass das Jubiläenbuch für einige Texte in der bei Qumran versteckten Priesterbibliothek eine autoritative Schrift war.

Ex 19,5f. die kultische Heiligkeitsvorstellung[337] in den Vordergrund gedrängt. Da per definitionem Gott der Heilige ist, wird auch die jeweilige Nähe eines Wesens zu Gott an dem Maß seiner Heiligkeit gemessen. Im himmlischen Bereich, wo Gott residiert, kennt das Jubiläenbuch zwei Engelklassen, die dem Heiligen besonders nahe sind, »die Engel des Angesichts«[338] und »die Engel der Heiligung« (2,18). Beide sind dazu bestimmt, mit seinem Eigentumsvolk den Sabbat zu halten (2,19f.31). Außerdem teilen sie mit Israel das Bundeszeichen, die Beschneidung (15,24-28). Wenn man nun noch bedenkt, dass nicht nur nach der Vorstellung der Tempelrolle (=11Q19/20; 1Q32; 2Q24; 4Q554-55; 5Q15 und 11Q18) der Tempel inmitten der heiligen Stadt Jerusalem das Allerheiligste birgt, das nur der Hohepriester[339] als »Go-between« und Mittler am Jom Kippur betreten durfte, und den weiteren Opferbezirk, in dem nur Priester gemäß den entsprechenden Heiligkeitsvorschriften[340] agieren durften, dann sticht die komplette Parallelität zwischen den Qualitätsmerkmalen derer hervor, die Gott im Himmel und auf Erden besonders nahe sind. Das bestimmende Motto »wie im Himmel, so auf Erden« findet seine Entsprechung in den entsprechenden Kulthandlungen, die der Sohn Jakobs, Levi, vollziehen wird: »Dich segne der Gott aller, der Herr aller Ewigkeiten, dich und deine Söhne in alle Ewigkeiten. Und Gott gebe dir und deinem Samen Größe und großen Ruhm und dich und deinem Samen bringe er sich nahe vor allem Fleisch, damit sie in seinem Heiligtum dienen wie die Engel des Angesichts und wie die Engel der Heiligung«[341]. Der priesterliche Dienst im Tempel entspricht in allem dem, was die dem Heiligen nahen Engel im Himmel auch vollziehen. Die Vorstellung, dass ein irdischer Kult nur im Einklang mit der himmlischen Liturgie vollzogen werden könne, bewegt auch die

---

337. Vgl. auch J. MAIER, Die Tempelrolle vom Toten Meer und das »Neue Jerusalem«, UTB 829, München ³1997, 198ff. und DERS., s. Anm. 333, 143.
338. Man beachte die Nähe der Vorstellung von den Angesichtsengeln mit der von Joh 1,1, wo vom Logos gesagt wird, er sei Gott zugewendet gewesen!
339. M. HIMMELFARB, Ascent to Heaven in Jewish and Christian Apocalypses, Oxford 1993, 18, merkt zur Kleidung des Hohenpriesters am Versöhnungstag mit Bezug auf Lev 6,3/16,4 an: »These garments serve to indicate a kind of dialectical elevation into that sphere which is beyond even the material, contagious holiness characterizing the tabernacle and its accessoires. Not coincidentally, in Ezekiel (9:2-3,11; 10:2) and Daniel (10:5, 12:6-7) angels wear garments of linen (*bad*)«. Am Jom Kippur wird also der Hohepriester, wenn er das Allerheiligste betritt, zum Grenzgänger, der zeitweilig den göttlichen Bereich betreten darf. Diese Grenzgängervorstellung scheint im Johannesevangelium auf Jesus übertragen worden zu sein.
340. Diese graduellen Heiligkeitsregelungen werden sogar noch von mKel 1,6-9 (vgl. mBer 9,5) tradiert.
341. Jub 31,13f.

Sabbatopfer-Gesänge aus der vierten Höhle bei Qumran[342]. Dort werden die Engel in ihrem priesterlichen Dienst im himmlischen Tempel (11Q17 Kol. D; vgl. TLevi 3,5; bTChag 12b) klar beschrieben. Sie werden »immerwährend Heilige, Allerheiligste, damit sie für Ihn werden zu Priestern (der) Nähe,... Angesichtsdiener im *Debir*[343] Seiner Herrlichkeit in einer Gemeinde für alle Göttlichen«[344] (4Q400 Frg. 1.3f.) genannt. Demnach sichern sie die Reinheit des Kultvollzuges dem göttlichen Willen gemäß und versöhnen alle Umkehrwilligen mit Gott. Auch hier wird eine funktionale Korrespondenz zwischen himmlischem und irdischem Kult, zwischen Engeln einerseits und Priestern andererseits vorausgesetzt. Da die Heiligkeit des Jerusalemer Tempels abgestuft dem der himmlischen Sphären entsprechen muß, ist er der Ort, wo eine Begegnung zwischen himmlischer und irdischer Welt nach antik-jüdischen Vorstellungen allein denkbar und realisierbar ist. Deshalb wird die Wohnstatt göttlicher Gegenwart auch als der Ort angesehen und geschätzt, an dem jederzeit einen Priester und besonders den Hohenpriester beim Kultvollzug göttliche Offenbarungen treffen konnten[345]. Dadurch wuchs ihnen die Kompetenz zu, das Volk zu instruieren. Zugleich war das Allerheiligste der Ort, wo man der Herrlichkeit Gottes, seiner *Kabod*, als Zeichen seiner Gegenwart ansichtig werden konnte (vgl. Sir 50,5-21; Arist. 96-99). Somit war in dieser Konzeption der Tempel einerseits die irdische Residenz der geheimnisvollen Gegenwart Gottes, andererseits der einzig denkbare Ort, wo Himmel und Erde miteinander kommunizierten, weil in ihm sich beide Sphären trafen und sogar ein Hin- und Herübergehen in beide Richtungen möglich war.

Die Kenntnis von der Deutung des Tempels als Sakralraum, d.h. als Ort der realen Gegenwart, dem man sich nur im Stand der angemessenen Heiligkeit nähern durfte[346], weil in ihm geheimnisvoll der Heilige selbst seine irdische Residenz aufgeschlagen hatte, hilft ebenso die christologische Konzeption des vierten Evangelisten weiter zu entschlüsseln wie ein rudimentäres Wissen über die Prinzipien des Tempelkultes. Sie setzen vor allem eine funktionale Identifizierung des Kultdieners mit seinem himmlischen Antipoden voraus.

---

342. Vgl. C. NEWSOM, Songs of the Sabbath Sacrifice: A Critical Edition, Atlanta 1985, 29-38.
343. Gemeint ist das Allerheiligste.
344. Zitiert nach der Übersetzung von J. MAIER, Die Qumran-Essener: The Texte vom Toten Meer II, UTB 1863, München/Basel 1995, 377.
345. Vgl. J. MAIER, s. Anm. 333, 147.
346. Vgl. nur das Dekret Antiochus III in Jos., ant. 12 § 145f, wo der Seleukide ausdrücklich verbietet, den Tempel gegen die Reinheitsvorschriften des Landes zu betreten.

Wenn nun im vierten Evangelium Jesus durchgängig in der Weise charakterisiert wird, dass er nur das tut, was er bei seinem Vater gelernt hat und wozu er einen himmlischen Auftrag besitzt, den er auf Erden loyal ausführt, dann ist damit nicht nur die notwendige Kongruenz zwischen himmlischen und irdischen Aktivitäten des Tempelpersonals in den synchronisiert gedachten beiden Tempeln vorausgesetzt, sondern auch Jesu besondere Nähe zu Gott. Diese aber wurde erst in der nachösterlichen Glaubensreflexion bewußt, wo das Jesusgeschehen als für den Glaubenden heilvolle rite de passage deutbar wurde: Danach hat der Logos als himmlisches Wesen bei der Erschaffung der Welt mitgewirkt (1,3) und garantiert fortwährend deren Bestand mit, indem er als Leben spendendes Licht kontinuierlich leuchtet. Diese Tätigkeit wurde ihm durch göttliche Zuneigung ermöglicht, welche er schon vor der Grundlegung des Kosmos besaß (vgl. 17,24 mit Arist. 89; 2 Makk 2,29). Damit ist nicht nur der kosmologische Aspekt der antiken Tempelidee angesprochen, sondern auch die Aussage von der Gottessohnschaft Jesu (1,18) vorbereitet, die die besondere Nähe des Logos zu Gott auf den geschichtlichen Jesus überträgt bzw. parallelisiert. Auf diese Weise sind alle Voraussetzungen erfüllt, derer Jesus bedarf, um als einzigartiger Begegnungsort zwischen Himmel und Erde dienen zu können (1,14.51). In seinen Aktivitäten, die seine Herrlichkeit (*kabod*) den Jüngern offenbaren (vgl. 2,11 mit 17,1-4), wird ihnen aber nicht nur die geheimnisvolle Gegenwart Gottes in seinem »Tempel« sichtbar, sondern Jesu »verzehrender Eifer für sein Vaterhaus« (2,17) führt zu dessen vorläufiger Zerstörung (*churban*), bis er ihn selbst in seinem Körper wiedererrichtet (2,19-22; 10,18). Die Zerstörung selbst wird als Passaopfer verstanden, das die chaotischen Weltmächte besiegt und gleichzeitig indirekt alle Glaubenden in der Weise reinigt, d.h. in einen Stand der Heiligkeit versetzt (13,8-10; 15,3), der ihnen Anteil am heilvollen Jesusgeschick gibt, so dass sie dessen eigene (neue) Instruktion von der gegenseitigen Liebe in die Tat umsetzen lernen.

Kurzum: Die metaphorische Interpretation der Jesusgeschichte mit Hilfe zentraler Ideen des Tempelkultes löst den unüberbrückbar scheinenden Gegensatz innerhalb der johanneischen Christologie weitgehend auf. Da die Jesusgeschichte als »Tempel im Vollzug« gedeutet wird, hebt sich die Opposition zwischen den beiden in der Auslegungsgeschichte konkurrierenden Konzeptionen von selbst auf. Denn der Tempel war nach antiker Vorstellung Pforte zum Himmel und Treffpunkt von Himmel und Erde zugleich.

Der Evangelist denkt also nicht in konkurrierenden, sich gegenseitig ausschließenden, sondern in relationalen Kategorien: Das Verherrlichungswerk Jesu (17,4) vereinigt die beiden Hemisphären zum Lobe Gottes, wie es so nur im Jerusalemer Tempel denkbar war. Niemand wäre damals auf die Idee gekommen, den Tempel als Gott selbst zu bezeichnen, aber als den Treffpunkt und exzeptionellen Ort seiner realen Gegenwart allemal. So kann Philo, fug. 75, formulieren, wenn er nach hellenistischem Recht den Tempel-»Ort« als Asylort u.a. für einen unfreiwilligen Mörder (Ex 21,13) definiert und anschließend anmerkt: »Denn ‚Ort' nennt (die Schrift) hier nicht einen durch Körper erfüllten Raum, sondern allegorisch Gott selbst, da er ja umschließt, ohne umschlossen zu werden, und weil er eine Zuflucht des Alls ist«, dann schwingt dabei sogleich die Einschränkung mit, wie man sie auch GenR 68 findet: »R. Huna sagte im Namen von R. Ami: Warum gibt man Gott den Namen ‚Ort'? Weil er der Ort der Welt, nicht aber die Welt sein Ort ist«, bzw. Tanchuma zu Ex 33,21 formuliert noch eindringlicher: »Mein ‚Ort' ist mir [Gott] nebensächlich, aber ich bin es nicht ihm«.

Dementsprechend ist es dem Evangelisten theologisch hoch anzurechnen, dass er — wohl nach der Zerstörung des zweiten Tempels — die mit diesem verknüpfte Vorstellung vom heiligen Ort[347] christologisch auf die Person Jesu in heiliger, vom Geist qualifizierten Zeit übertragen hat und folglich dessen Reputation auf eine weitere, über die der Synoptiker hinausgehende Weise verstehbar gemacht hat. — Lit. s.u. S. 518-522.

4. DER GEIST-PARAKLET: DER ENDZEITLICHE BEISTAND

Die Analyse der Art und Weise, wie der Erzähler seine theologischen Probleme ins Bild setzt, hat schon zu einem erweiterten Verständnis seiner Erzählintention geführt, die er mit der Neuinszenierung der Jesusgeschichte verband. Aber die häufige Verschränkung der Erzähl- und Erzählerebene bzw. die Verwendung der Erzähltechnik des epischen

---

347. Man könnte dem Hinweis von A. GREEN, Sabbath as Temple: Some Thoughts on Space and Time in Judaism, in: FS A. JOSPE, Washington 1980, 287-305.293, dann zustimmen, wenn Einigkeit bestände, dass das Urchristentum auch eine Geschichte hat, in der es nach Deutekategorien suchte, die das Jesusereignis besser verstehbar werden ließ. Diese wurden aus der jüdischen Umwelt genommen. Green schreibt: »Classical Christianity took the clear and unambiguous step that the rabbis declined to take: the old Temple has been replaced. Christ has become the center; sacred space has been recast into Christ the Temple. Sacred person completely dominates the cosmological stage; as Jesus the Christ is Torah enfleshed, so is he God's house re-established. His cross and his body are the meeting-place of heaven und hell. His body, through its presence in the eucharist, is able thus to consecrate real sacred space over and over again«. M.E. wurde der Tempel nicht theologisch ersetzt, sondern war historisch von den Römern zerstört worden. Diese Zäsur setzte theologische Denkprozesse in Gang, die zu unterschiedlichen Lösungsmodellen führte, von denen die der Christen und die der Rabbinen die bekanntesten geblieben sind.

Hologramms lässt fragen, was für ihn das verbindende Medium zwischen der erzählten Welt und der darin zuweilen in Aussicht gestellten Zukunft bildet. Seit Klemens von Alexandrien[348] ist die Spur zur Lösung dieser Frage gelegt, indem er schrieb: »Zuletzt habe Johannes in der Erkenntnis, dass die menschliche Natur (τὰ σωματικά) in den (ersten drei) Evangelien (bereits) behandelt sei, auf Veranlassung seiner Schüler und vom Geist inspiriert ein geistiges Evangelium (εὐαγγέλιον πνευματικόν) verfasst«. Denn der Geist, welcher Jesus ohne Maß gegeben ist (3,34c), wird den Glaubenden im auktorialen Kommentar 7,39 erst mit dessen Verherrlichung geschenkt. Die getroffene Bildauswahl des Erzählers wird wiederum seine narrativen Absichten erhellen.

Das vierte Evangelium formuliert ein eigenständiges Geistverständnis[349], das alttestamentliche Metaphern übernimmt. Es enthält nämlich neben generellen Aussagen über den Geist (3,8; 3,34; 4,24; 6,63) vor allem eine spezifische Metaphorik, die teils der bildspendenden Wirklichkeit der menschlichen Geburt (vgl. 1,12f. mit 3,3-5) teils der des Wassers (4,14; 7,37f.; 19,34) in seiner Bedeutung für das menschliche Leben und Überleben besonders in ariden Gegenden des östlichen Mittelmeerraumes entnommen ist. Letzterer entspricht der Gottesspruch Is 55,1: »Auf, ihr Durstigen, kommt alle zum Wasser!« bzw. der Aufforderung des weisen Priesters Jesus Sirach 51,23f: »Kehrt bei mir ein, ihr Unwissenden, verweilt in meinem Lehrhaus! Wie lange noch wollt ihr das alles entbehren und eure Seelen dürsten lassen?« oder in Anspielung auf den Herkunftort des Wasser definiert sich (Jer 2,13) Gott selbst als »Quell des Lebens« bzw. betet der Psalmist 36,9f. »Du tränkst sie mit dem Strom deiner Wonnen. Denn bei dir ist die Quelle des Lebens« und 1Q28b Kol. I.6 schreibt: »ewiger Quell und der nicht zurückhält lebendiges Wasser für Dürstende...« bzw. negativ formuliert CD XIX,34: »abwichen vom Brunnen des Lebenswassers. Sie werden nicht mitgerechnet im Volksrat...«. Schon im Prolog — häufig in ihrer Bedeutung unterschätzt — setzt der Evangelist auf die Geburtsmetapher: »Allen aber, die ihn aufnahmen, gab er Erlaubnis, Kinder Gottes zu werden, denen, die an seinen Namen glauben, sie, die nicht aus dem Blut und nicht aus dem Willen des Fleisches und nicht aus dem Willen des Mannes, sondern aus Gott geboren wurden«. Damit wird auf eine gängige biblische Vorstellung

---

348. Euseb, H.E. 6.14.7.

349. Einen guten Überblick über den Forschungsstand bietet die Arbeit von G.M. BURGE, The Anointed Community: The Holy Spirit in the Johannine Tradition, Grand Rapids 1987. Aus traditionsgeschichtlicher Sicht hat F. HAHN, Die Worte vom lebendigen Wasser im Johannesevangelium. Eigenart und Vorgeschichte von Joh 4,10.13f.; 6,35; 7,37-39, in: FS N.A. DAHL, Oslo 1977, 51-69, analysiert.

zurückgegriffen, die u.a. Dtn 14,1 in eine prägnante Formel gegossen hat: »Ihr seid Kinder des Herrn, eures Gottes.« Diese Metaphorik basiert insgesamt auf dem Lebensprinzip. Deshalb ist es nicht verwunderlich, dass sie in der Beschreibung des Osterwiderfahrnisses der Jünger wieder eine zentrale Rolle im Sinne der Neuschöpfung spielt, sind doch die Geistaussagen insgesamt in der dem Evangelium vorausgegangenen urchristlichen Tradition (vgl. Apg 2) für die nachösterliche Zeit äußerst relevant, wenn mit ihnen die schöpferische Kraft des Neuen beschrieben wird.

Wie oben bereits ausgeführt — gehören 1,32-35; 3,3-8.34; 4,14.23f.; 5,21.26; 6,63; 7,37-39; 20,22 zu der quantitativ umfangreicheren Kategorie von allgemeinen bzw. metaphorischen Aussagen über den Geist. Die berühmten fünf Parakletworte in der Abschiedsrede (14,16f.; 14,26; 15,26; 16,7b-11; 16,13) heben sich hingegen schon durch die gewählte Begrifflichkeit von den anderen ab. Sie bilden aber im Gesamtkontext der johanneischen Geistvorstellung keinen Fremdkörper[350], sondern teilen mit den anderen ebenfalls einen ausgesprochen futurischen Aspekt, der die Differenz zwischen vor- und nachösterlicher Zeit besonders akzentuiert. Aber alle Aussagen zeichnen sich dadurch aus, dass sie erst im Licht der biblischen Tradition von Gen 2,7, Ez 37.47 und durch die Verbindung mit der Ehe- und Tempelmetaphorik[351] voll verständlich werden.

Der Evangelist eröffnet sein Werk bekanntlich mit einer in epische Form gekleideten Leseanweisung. Doch verrät er ihm am Anfang nicht sogleich sein gesamtes Erzählkonzept, sondern der Leser muß sich schon

---

350. C. HOEGEN-ROHLS, Nachösterlicher Johannes 134-224, hat gezeigt, dass die Geistverheißungen zum Kernbestand der Abschiedsrede gehören und nicht, wie noch H. WINDISCH, Die fünf johanneischen Parakletsprüche, in: FS A. JÜLICHER, Tübingen 1927, 110-137, behauptet hatte, aus ihr herausgetrennt werden dürfen.

351. Gen 2,7 erzählt, dass am Ende seines Schöpfungswerks Gott dem von ihm aus fruchtbarer roter Erde geformten Erdling, Adam, den Lebensodem einhauchte: »So wurde der Mensch zu einem lebendigen Wesen.« — In Ez 37 durchlebt der Prophet eine schreckliche Vision. Er sieht sich auf eine von Skeletten Erschlagener übersäten Ebene versetzt. Gott stellt ihn auf die Probe mit der Frage, ob diese Toten wohl ins Leben zurückkehren könnten. Indem er nur Gott dazu für fähig hält, übergibt ihm dieser die Vollmacht mit der Kraft des prophetischen Wortes, sie ins Leben zurückzurufen: »Ihr ausgetrockneten Gebeine, hört das Wort des Herrn! So spricht Gott, der Herr, zu diesen Gebeinen: Ich selbst bringe den Geist in euch, dann werdet ihr lebendig...«. Als er die Worte spricht, geschieht alles so wie vorher versprochen. Nur der Geist fehlt noch. Darauf läßt Gott den Propheten zu den Menschengestalten sprechen: »So spricht Gott, der Herr: Geist, komm herbei von den vier Winden! Hauch diese Erschlagenen an, damit sie lebendig werden.« So geschieht es dann auch. — Der ideelle Tempelberg besaß nicht nur nach Ez 40-48 ständig fließende Quellen, die die judäische Wüste am Ende der Tage wässern und so zu einem fruchtbaren Land werden lassen.

selbst der Mühe unterziehen, das Evangelium ganz zu lesen um zu erfahren, ob die Behauptungen des Prologs auch anschließend als wahr belegt werden können. Zu jenen noch unbewiesenen Ankündigungen des Prologs gehört auch die Feststellung, dass einige — zwar nur eine bescheidene Minderheit — den Logos aufgenommen hätten und ihnen dadurch erlaubt worden sei, sich Kindern Gottes zu nennen. Wo wird sich dafür eine Bestätigung finden lassen? Diese Frage soll sich der Leser von Anfang an stellen. Er soll sich merken, auf welche Weise der Erzähler dieses auch für den Leser zentrale Heilsangebot in seiner Jesusgeschichte gesichert sieht. Wie kann ein irdisches Wesen, das doch in der Dunkelheit der Gottesferne lebt und nur ein Licht leuchten sieht, von einem Mann gezeugt und von einer Mutter geboren wurde, zu einer zweiten Existenzweise kommen, die ihn als Kind Gottes ausweist? Diese existentiale Frage stellt der zweite, der geschichtliche Teil des Prologs. Da der dritte Prologteil das nachösterliche Bekenntnis formuliert, muß bereits zuvor die gesuchte Antwort gegeben worden sein.

Die Realisierung der anfänglich nur behaupteten Möglichkeit, im Rahmen der Jesusgeschichte Kinder Gottes zu werden, beginnt der Erzähler schon 1,32f. vorzubereiten. Zum Abschluß des Rückblicks auf die Situation, in der Johannes Jesus taufen durfte[352] und dabei das himmlische Erkennungszeichen bemerkte, äußert der Erstzeuge: Er habe nicht nur den Geist (gemäß der synoptischen Tauftradition) wie eine Taube aus dem Himmel auf Jesus herabsteigen und (in Ergänzung dieser Überlieferung) auf ihm auch »bleiben« sehen, sondern er sei sich auch ganz (im Sinne der Tradition) sicher, dass Jesus mit hl. Geist taufen werde. Der Leser muß nun schon zwei Kapitel weiterlesen, bis ihm die angekündigte Tauftätigkeit Jesu bestätigt zu werden scheint. Denn erst zum Abschluß von Kap. 3 wird von Taufaktivitäten Jesu und seiner Jünger berichtet. Doch wird diese Information sogleich korrigiert und auf die Jünger Jesu (vgl. 3,22 mit 4,2) eingeschränkt.

Verständlich wird die auffällige Korrektur nur, wenn man die zentrale Aussage des Kap. 3 mit in Rechnung stellt. Es geht in der Nikodemusperikope zentral darum, wie jemand beschaffen sein muß, um Jesu Sendung wirklich umfassend verstehen zu können: Er muß *von oben*, d.h. er muß — wie erklärend hinzugefügt wird — *aus Wasser und Geist* geboren worden sein (3,3-5). Durch die umgehende Korrektur der Information,

---

352. Die Rückblendentechnik setzt die Kenntnis des synoptischen Taufberichtes voraus. Wenn hier nicht ausdrücklich die Taufe Jesu durch Johannes berichtet wird, sondern deren Kenntnis nur vorausgesetzt wird, so hat schon Lk 3,21 diese Tendenz vorbereitet, als er die zwei gen. abs. formulierte, die die Taufhandlung an Jesus von den an anderen vollzogenen abhob.

Jesus selbst habe schon getauft, wird dem Leser signalisiert, dass er dies einer anderen Zeit[353] vorbehalten habe. Denn die Geisttaufe als Neugeburt bzw. Existenzwechsel wird nur denen zuteil, die alle Worte dessen gehört haben, den Gott aus Sympathie mit allen notwendigen Kenntnissen zur Rettung der Welt gesandt hat. Sie sollen sein Zeugnis insgesamt (3,11.32) annehmen. Auch die generalisierende Tendenz des gesamten Kapitels mit seinen vielen substantivierten Partizipien signalisiert ein dem augenblicklichen Erzählmoment enthobenes Aussageziel, das erst nach Vollendung des Auftrags Jesu erreicht werden wird. Denn nur jene, die mit ihrer Existenz voll dafür einstehen und besiegeln, dass Gott wahr ist (3,33), können umfassend selbst bezeugen, dass Gott hilfreich eingeschritten ist, um mit der Sendung seines Sohnes alle die zu retten, die sich retten lassen wollten. Da der Heilige keiner unterscheidenden Attribute[354] bedarf, bedeutet dies, dass die Sendung seines Sohnes ein Zeichen ist für dessen fortdauerndes Wirken zugunsten der Menschenwelt (5,19). Aus diesem Grund hat er, wie ausdrücklich begründend hinzugefügt wird, Jesus mit göttlichem Geist in Überfülle ausgestattet (3,34). »Denn der, den Gott gesandt hat, spricht Gottes Wort, der ihm den Geist gibt ohne Maß. Der Vater liebt den Sohn und hat alles ihm in die Hand gegeben. Wer an den Sohn glaubt, hat unendliches Leben«. Auf diese grundsätzliche Weise ist der Leser am Kapitelschluß über zwei zusätzliche Dinge informiert: Einmal ist Jesus nicht nur »bleibend«, sondern »überreich« mit Geist für seinen Auftrag ausgestattet, und zum anderen steht die Geisttaufe durch Jesus unter einem temporären Vorbehalt, der vermutlich erst Ostern aufgehoben werden wird. So erübrigt sich die Frage, ob die überreiche Geistausstattung nur die Liebe Gottes zu seinem Sohn betonen soll, oder ob dieser etwas davon an andere abtreten wird.

Außerdem liegt der wesentliche Unterschied zwischen der Wassertaufe des Zeugen und der Geisttaufe Jesu in der unterschiedlichen Herkunft der beiden »Täufer« begründet. Denn mit Rückgriff auf die Argumentation 3,3-6 (vgl. 1,13), man müsse von oben, aus dem Geist, geboren sein, wird 3,12f.31 klargestellt, dass allein die Herkunft prädisponiert. Denn wer von der Erde ist, redet Irdisches, wer aber vom Himmel herabgekommen ist, hat eine überlegene Weltsicht (3,13). Er hat nämlich dort

---

353. 3,13a terminiert den Zeitpunkt auf die Zeit nach Jesu Rückkehr in den himmlischen Bereich.

354. Bultmann interpretiert den johanneischen Wahrheitsbegriff gnostisch und setzt ihn von der irdischen als göttliche Wirklichkeit ab. Dies trifft keineswegs den Sachverhalt: vgl. I. DE LA POTTERIE, La vérité dans S. Jean, Rom 1977, bzw. S. AALEN, »Truth«, a Key Word in St. John's Gospel, StEv 2 (1964) 3-24.

göttliche Dinge sehen können und von Plänen in bezug auf den Kosmos gehört, die er hier nun bezeugt. Aber niemand hier will das annehmen. Deshalb ist es für den Leser umso wichtiger, sich noch einmal seiner neu gewonnenen Existenz zu vergewissern, um ihr dadurch besser gerecht zu werden (3,21).

Bislang hat der Leser zweierlei in Erfahrung bringen können: 1. Jesus ist seit der Taufe von Gott für alle Lebensfragen überreich mit Geist ausgestattet worden. 2. Jeder, der in den göttlichen Bereich eintreten will, muß aus dem Geist, d.h. von oben, geboren sein. Als nächstes erfährt der Leser bei der Lektüre des Gesprächs Jesu mit der Samariterin, die mit ihm über das Brunnenwasser ins Gespräch gekommen ist, dass er ein anderes Wasser als jenes anzubieten hat, dass nämlich den Durst wirklich stillt (V. 14a). Dieses Wasser ist ein Geschenk Gottes (V. 10). Es stillt nicht nur ihren individuellen Lebensdurst, sondern »in ihr wird ein Quell entspringen, der zum unendlichen Leben sprudelt«. Sie selbst wird durch die Wassergabe Jesu zu einer weiteren Quelle, die anderer Menschen Durst stillen wird (V. 14b). Im weiteren Verlauf der Erzählung verwirklicht sich diese Ansage exakt: Samaria wendet sich auf ihr Betreiben Jesus zu. Aber vorher hat sie ihn noch nach dem einzig wahren Verehrungsort Gottes gefragt hatte, ob es etwa der Garizim oder der Jerusalemer Zionsberg sei? Er hatte ihr geantwortet, dass Gott Geist ist (4,24). Für das Verständnis dieser apodiktisch kurzen Auskunft ist zweierlei wichtig: Einmal denkt der Evangelist dialektisch. Er unterscheidet zwischen Oben und Unten (3,31-36), zwischen Geist und Fleisch (6,63). D.h. Gott ist oben und nicht unten. Er ist Geist und nicht Fleisch. Er besitzt lebenspendende Kraft, die er Jesus mitgegeben hat. Eine Ihm genehme Verehrung verehrt Jesus, den erneuerten Tempel Seiner Gegenwart. Zum anderen müssen der jüdischen Tempelvorstellung gemäß[355] Seine Verehrer nur dem Reinheits- bzw. Heiligkeitskriterium entsprechen (13,8-10; 17,17-19), so dass jegliche Frage nach einer bestimmten topographischen Lokalität in Jesu Augen unwichtig geworden ist. Wichtig ist nur die adäquate Geistausstattung[356]. Sie aber besitzt Jesus in Überfülle. Daraus kann

---

355. 1QS IX 3f. kleidet diesen Zusammenhang in folgende Worte: »Werden diese <nach allen> diesen Anordnungen zur Gründung eines heiligmäßigen Geistes für Wahrheit von Ewigkeit, zu sühnen für Untreueschuld und Veruntreuungssünde und zum Wohlgefallen für das Land,..« bzw. 1QS IV 21, wo von »Heiligkeits-Geist« und »Wahrheits-Geist« gesprochen wird. Einige aus den Mitgliedern der Einung sondern sich demgemäß ab, und bilden eine Art interimistischen Ersatz-Tempel.

356. Äth. Hen 71,11 beschreibt die für ein Gebet adäquate Geistausstattung: »Da fiel ich auf mein Angesicht; mein genzer Leib schmolz zusammen, und mein Geist verwandelte sich. Ich schrie mit lauter Stimme, mit dem Geiste der Kraft, und segnete, pries und

der Leser wiederum ableiten, dass auch er — in Verschränkung der Zeiten — *jetzt* den Vater in Jesus angemessen verherrlichen kann (4,22).

Deshalb kann schon bald darauf (5,21a) — nun ohne Überraschung für den Leser — von der »lebendigmachenden« Kraft[357] Gottes (vgl. Gen 2,7; Ez 37) gesprochen werden, die Jesus aufgrund seiner Geistausrüstung ebenfalls (5,21b.26) besitzt. Auf diese Weise reaktiviert der Erzähler nur die biblischen Vorstellungen von Gen 2,7 bzw. Ez 37, die vom Geist als Lebensodem sprachen. Doch kann Jesus seine pneumatische Lebenskraft erst entfalten, wenn er Lazarus als Zeichen und Angeld auf seine eigene Auferstehung (10,17f.) aus dem Tod erweckt hat. Diesen Vorbehalt formuliert 5,25f. klar.

Beide Aspekte, das pneumatische Miteinanderwirken von Vater und Sohn und der österlichen Vorbehalt, greift nach der Aussage 6,35 als Zwischenglied abschließend 6,62f.[358] wieder auf, indem Jesus dort ausdrücklich seine österliche Anabasis voraussetzt, und seinen Jüngern weiter präzisierend erklärt, seine Leben schaffende Kraft sei der Geist[359], der nun aber nur noch aus seinen Worten spricht. Schon in Kap. 3 war damit das Glaubensmotiv verknüpft worden. Deshalb ist es nur konsequent, wenn es im direkten Zusammenhang von 6,63, nun aber kontextgemäß negativ (6,64), wieder aufgegriffen wird: »Doch es gibt unter euch manche, die nicht glauben — Jesus wußte ja von Anfang an, welche es sind, die nicht glauben, und wer es ist, der ihn ausliefern werde«. Diese Aussage ist jedoch klar prospektiv[360] formuliert, so dass der Leser wieder auf die weitere Lektüre bzw. auf seine Vorkenntnisse über den Ausgang der Jesusgeschichte verwiesen ist.

Die sich mehr und mehr metaphorisch anreichernde und verdichtende theologische Gedankenkette wird endgültig 7,37-39 auf das die Gesamterzählung bestimmende Ziel ausgerichtet[361]: Es ist die Passion und Auferstehung Jesu, da erst von jenem Zeitpunkt an wirklich »Glaubende« zu ihm kommen können. Denn 7,39 weist auf diesen Termin ausdrücklich hin, indem der Autor kommentiert: »Das aber sagte Jesus mit Blick auf den Geist, den alle empfangen sollten, die an ihn glauben. Denn noch

---

erhob [ihn]. Diese Lobpreisungen aber, die aus meinem Munde hervorkamen, waren wohlgefällig vor jenem Betagten«.

357. Nach J. WEISS, Der erste Korintherbrief, KEK 5, Göttingen ⁹1910, 357, ist der Begriff »lebendig machen« der rabbinische Fachbegriff für Totenerweckung.

358. Mit Recht weist J. KÜGLER, Schlüsselgestalt 212, auf die »reflexive Metaebene« der V. 60-71 hin

359. Vgl. Gen 6,3 bzw. äth. Hen 84,6.

360. 6,62 setzt hypothetisch bereits die johanneische Passions- und Ostergeschichte voraus; 6,63d blickt auf die Lehre Jesu an seine Jünger, d.h. auf die Abschiedsrede, zurück.

361. In 6,64 war dieses Datum mit der Erwähnung des Verräters bereits indirekt angedeutet worden.

gab es den Geist nicht, weil Jesus noch nicht verherrlicht war!«. Die Verherrlichung Jesu ist für den Evangelisten das eminent wichtige Datum, auf das alle seine Erzählungen ausgerichtet sind. Die Jünger können ihre Sehnsucht nach einer Neugeburt aus dem Geist und ihren Durst erst zu dem Zeitpunkt stillen, wenn ihnen der Auferstandene dieses Geist-Leben im Glauben schenkt. Zugleich werden sie selbst wieder zu einer Quelle, die weiteren den Lebensdurst stillt.

Der auktoriale Kommentar wurde nötig, um das Bildwort in 7,37 bzw. das Schriftwort Ps 77,16.20 LXX/Sach 14,8 in 7,38 eindeutiger festzulegen: Mit dem durststillenden Getränk ist der Geist gemeint, den Jesus nach seiner Verherrlichung den Glaubenden reichen wird. Die hier bildspendend gebrauchte Notlage von Durstenden wurde schon 2,1-11 und 4,4-42 ausführlich thematisiert und 6,26-59 variiert, so dass hier nur noch das Mittel präziser genannt zu werden braucht, mit dem der Durst/Hunger von Ostern an gestillt wird. Die metaphorische Auflösung der vorausgesetzten Notsituation basiert wiederum auf Vorgaben aus der Schrift. Die Korrelation von den beiden lebensbedrohenden Notlagen, Hunger und Durst, wurde schon dort auf die beiden zentralen Ereignisse bei der Wüstenwanderung Israels bezogen: Gott gab seinem Volk Manna vom Himmel zur Speise (Ex 16,13ff.), und ließ Moses aus einem Felsen Wasser für die Durstenden schlagen (Ex 17,1-7; Num 20,7-13). Beide wurden nicht nur in Kap. 4 und 6 schon zusammengesehen, sondern bereits zuvor Is 48,21; Ps 78,14-29; 105,40f.; 114,8; Neh 9,15. Außerdem proklamiert Jesus seine zukünftige[362] Geisthilfe kennzeichnenderweise am Schlußtag des Laubhüttenfestes im Jerusalemer Tempel. Damit wird die Gottesgabe (4,10) mit Bezug auf den Wasserschöpf-Ritus[363] weiter ausdeutbar. Der Tempelberg ist nämlich in der Mythologie[364] ein Ort reich an Quellen, die sich aus den Urfluten speisen, und an unterirdischen Wasserreservoirs, in denen sich das Opferblut vom Altar (Arist. 89) mit dem Urflutenwasser mischt, die so der Stadt und dem Umland Fruchtbarkeit schenken[365].

---

362. Obwohl die Imperative V. 37 präsentisch formuliert sind, sind sie auch aus biblischer Sicht noch nicht aktuell, weil trotz der göttlichen Heilsgaben Israel nicht geglaubt hat: Ps 95,8; 106,32; Dtn 33,8. Die beiden göttlichen Exodus-Gaben haben die Loyalität Israels Gott gegenüber nicht festigen können. Dieser biblische Aspekt kam der hier vorausgesetzten Situation des Rechtsstreites von Gottes Gesandten mit Israel noch zusätzlich sehr entgegen.
363. Vgl. J. MAIER, Zwischen den Testamenten 231, bzw. GERSTENBERGER, s. Anm. 248, 166.
364. Dass sich dieser Tempelmythos auch eschatologisch ausdeuten läßt, ist selbstverständlich.
365. Is 33,21; (41,17-20); 55,1; Ez 34,26f.; 47; Joel 4,17f.; Sach 13,1; 14,8; Ps 36,9f.; 46,5 (65,10f.); 1Q28b=1QSb, Kol. I 3-6; 4Q418 Frg. 82.12 (hier muß in der Lakune nur »eine Quelle« ergänzt werden, um die Aussage sinnvoll werden zu lassen) und Sukka

Zusätzlich werden in der jüdischen Tradition gern die drei göttlichen Heilsgaben, Weisheit – Tora – Geist, Num 21,16-18 gemäß, mit einer Quelle bzw. einem Brunnen lebendigen Wassers (Joh 4,6) verglichen[366]. Die Stellungnahme des Verfassers präzisiert also nicht nur die Bedeutung der implizierten metaphorischen Vorstellung, sondern unterstreicht zusätzlich deren Nähe zur Tempelmetapher und betont darüber hinaus noch den futurischen Aspekt: Nach der Verherrlichung Jesu erst wird von dessen Tempel-Leib aus der hl. Geist den Glaubenden mit seiner kreativen Kraft über alle existenzgefährdenden Notlagen hinweghelfen.

Gerade der Aspekt der Unterscheidung der Zeiten wird bei den nächsten Erwähnungen des Geistes den entscheidenden Akzent setzen. In den fünf Parakletworten Jesu in dessen Abschiedsrede (Joh 14-16) wird den Jüngern für die nachösterliche Zeit umfassende Hilfe durch den hl. Geist zugesagt, wie Jesus selbst sie nicht hätte besser geben können. Schon im ersten Parakletwort 14,16 wird darum betont, dass Jesus den Vater bitten wird, den zurückgebliebenen Gläubigen »einen *anderen* Parakleten« zu senden, der ihnen in der Dunkelheit des Kosmos bleibend Rechtsbeistand wider alle Verdächtigungen, Verleumdungen und Anklagen geben wird. Der Paraklet ist also wie Jesus als eine Person gedacht, die vom Vater zur Stützung der Gläubigen in dessen Abwesenheit gesandt werden wird. Dementsprechend haben alle Parakletworte die gleiche Struktur[367]: Nach einer Notiz, die Jesu Rückkehr zu seinem Vater voraussetzt (14,12.25; 15,23-25; 16,7.12), wird zuerst der Paraklet-Titel genannt, bevor die jeweils charakteristischen Geist-Prädikationen folgen. Danach werden die Konsequenzen der Geistsendung für die Jünger expliziert. Sie sind von Jesus eben nicht als Waisen hilflos der Welt überlassen worden (14,18-20), sondern werden durch den Geist Jesus tiefer verstehen lernen, sich seiner Worte erinnern (u.a. 2,22) und Frieden geschenkt bekommen (20,19), den die Welt nicht geben kann (14,27-31). Mit seiner Hilfe werden sie Jesus aktiv bezeugen (15,27). Denn der Geist redet und lehrt nichts

---

49a. Ähnlich wird Is 5,1-7 in 4Q500 interpretiert, wo der künstlich gegrabene Wasserkanal im Weinberg mit dem Wassersystem des Tempels gleichgesetzt wird, durch den offensichtlich Jerusalem und Juda als Weingarten Gottes bewässert werden.

366. A. Weisheit: 1QH XVI, 4ff.; XX,13; 0QCD VI, 3ff.; XIX,34; Philo, post. § 136-139; fug. § 195.199; ebr. § 112f.; OdSal 11,6-9; B. Tora: SifreDtn 48 bzw. 84a; GenR 64,8; C. hl. Geist: Is 44,1-5. Hinreichend gesammelt finden sich weitere Belege in BILL. II 433-436. Deshalb kann es auch nicht überraschen, wenn Gott selbst als ein ewiger Brunnen lebendigen Wassers bezeichnet wird: u.a. Is 12,3; 55,1; Jer 2,13; 17,13. — Vgl. N. WIEDER, The »Law-Interpreter« of the Sect of the Dead Sea Scrolls: The Second Moses, JJS 4 (1953) 158-175.158-161.

367. Durch sie sind sie fest in ihrem Kontext verankert und können nicht ohne weiteres aus ihm herausgelöst werden.

anderes als das, was Jesus selbst gelehrt und geredet hat. So sollen sich auch die Jünger nachösterlich verhalten, damit die Wahrheit und das Gewicht der Sendung Jesu jeder Generation offenbar wird. Jede soll sich zu ihrer Zeit ebenfalls zwischen Eigennutz und Haß oder Liebe und Versöhnung entscheiden müssen.

Infolgedessen wird die Geistausstattung der ersten Jüngergeneration 20,22 — konsequent die Aussage 7,39 beachtend — auf eine sehr charakteristische Weise berichtet. Die Szene erfüllt endlich alle für einen bibelkundigen Leser wichtigen Bedingungen, die seit 1,12f. offene Frage einleuchtend zu beantworten. Indem der auferstandene, zum Vater heim- und nun zum ersten Mal zurückgekehrte Jesus die Jünger anhaucht, nimmt er ein Privileg des Schöpfergottes nach Gen 2,7 (vgl. Joh 5,21) wahr und schenkt ihnen als Grundvoraussetzung ihrer Sendung die erforderliche Geist-Geburt *von oben* (3,3-6), ohne die bekanntlich niemand in das Reich Gottes, d.h. in die Familie Gottes, eintreten kann. Zusätzlich erhalten sie noch die Binde- und Löse-Gewalt über die Sündenmacht, die vorher Jesus 9,39-41 wahrgenommen hatte und die nachösterlich der Paraklet (16,8f.) wahrnehmen soll[368]. Zugleich wird ihnen damit auch metaphorisch eine Kompetenz des Tempelpersonals übertragen, die jenem besonders in Kult- und Toraangelegenheiten[369] zustand (u.a. Dtn 17,8-13; 1QS III,6-8, bzw. 4Q255; 11Q19,56,1ff.). Damit ist also auch die vorher zugesagte eschatologische Neugeburt der Christen[370] durch den hl. Geist erfüllt. Wenn nun noch 21,12 berichtet wird, die Jünger, die schwimmend oder im Boot zu ihrem Herrn eilen (vgl. 7,37f.)[371], hätten gewußt, wer Jesus sei, dann hat sich auch die Paraklet-Zusage 14,19f., sie würden mit Hilfe des Geistes glaubend Jesu wahres Wesen erkennen, umfassend bewahrheitet.

Das Aufdecken der Rahmenbedingungen der johanneischen Pneumatologie hat zutage gefördert, dass die Wir-Gruppe, die im Evangelium ihr Bekenntnis formuliert, sich als im Geist Neugeborene betrachtet. Somit

---

368. Beachte dazu die ausführliche Diskussion bei BROWN II 1039-1045.
369. Das betraf vor allem die Streitkomplexe um kultische Reinheits- versus Unreinheits- sowie um Profanitäts- versus Heiligkeitsprobleme, die im Sanhedrin des Tempels entschieden wurden.
370. Vgl. C. HOEGEN-ROHLS, Nachösterlicher Johannes 293.
371. Gemäß 7,37 kommen 21,12 die Jünger schwimmend oder per Boot zu ihrem Herrn. Er braucht nun nicht mehr, wie noch in Kap. 20, zu ihnen, die vor Furcht starr sind, kommen. Sie bilden nun eine Tischgemeinschaft mit ihm. Denn wer zu ihm kommt, wird — wie versprochen — nimmermehr hungern (6,35). Interessant ist auch, dass Petrus dreimal seinen Glauben beteuern muß, bevor er in die Nachfolge Jesu erneut eintreten darf. Dies entspricht wiederum 7,37-39 und ist zudem beispielhaft für den Umgang mit der Sündenbekämpfungsautorität.

ist sie mit einer pneumatischen Existenz ausgestattet, in der sie an der Gemeinschaft zwischen Gott und seinem Sohn teilhat (14,20). Im Geist kann sie die fortdauernde Bedeutung Jesu für die Welt erkennen, vor ihr bezeugen und diejenigen zur Verantwortung ziehen, die — wie sie damals zu Jesu Lebzeiten aus Selbstliebe und Eigeninteresse für ihn blind waren (9,39-41; 12,40) — sie in der Gegenwart auch weiterhin um Jesu willen hassen, verfolgen und in der Sünde verharren. Ihre pneumatische Autorität zeigt sich aber vor allem in der Liebe, die sie füreinander aufbringen (vgl. 14,15f.21). Sie wiederum zeugt in der Menschenwelt von der Loyalität und Solidarität, die zwischen Vater und Sohn geherrscht haben und nun fortwährend herrschen sollen. Deshalb sind sie in die Menschenwelt gesandt, um all die, die es wollen, aus der Erstarrung und Blindheit der Sünde zu befreien. Wiederum spielt die Tempelmetaphorik im Rahmen biblischer Anspielungen ihren Part, um die Geistkonzeption hinreichend zu erläutern. Mit ihr werden vorrangig die wesentlichen Heilsgaben umschrieben, die der Geist zu schenken vermag: Sie stillen Durst und Hunger und werden jedem, der glaubt, zur erfrischenden Wasserquelle, die über ihn zum unendlichen Leben sprudelt (4,14). — Lit. s.u. S. 523-524.

5. Die Sammlung der Zerstreuten: die ekklesiale Aufgabe

Man hat sich schon lange über das defizitäre Kirchenbild des vierten Evangeliums gewundert. Katholischerseits ist man traditionell am kirchlichen Amt interessiert und mußte erstaunt feststellen, dass eine Ämterstruktur, wie sie in den fast gleichzeitigen Pastoralbriefen vorzuliegen scheint, dem Evangelium fremd ist.[372] Protestantischerseits hingegen lobte man den johanneischen Glaubensindividualismus und wies — nicht nur in der Ägide Bultmanns[373] — alle ekklesial orientierten Textstücke am liebsten einer kirchlich sekundären bzw. tertiären Redaktionsschicht zu. Diese habe sich doch nur nachträglich bemüht, die im eigentlichen Evangelium vertretenen theologischen Positionen mit der entstehenden Großkirche kompatibel zu halten bzw. zu machen, die u.a. stark sakramental orientiert gewesen sei.

---

372. Vgl. H.-J. Klauck, Gemeinde ohne Amt? Erfahrungen mit der Kirche in den johanneischen Schriften, BZ 29 (1985) 193-220, versus J. Zumstein, Das Johannesevangelium: Eine Strategie des Glaubens, ThBeitr 28 (1997) 350-363.353f.
  373. Vgl. die noch immer exzellente Übersicht bei D.M. Smith, The Composition and Order of the Fourth Gospel: Bultmann's Literary Theory, New Haven/London 1965, 213-238.

Die erkennbar von unterschiedlichen Interessenlagen gesteuerten Meinungen zur johanneischen Ekklesiologie müssen erneut mit dem kohärent gelesenen Text konfrontiert werden. Es muß zudem die kritische Frage erlaubt sein, ob nicht ein jeweils konfessionell eingeengter Blickwinkel den Zugang zu den im vierten Evangelium geäußerten Angaben über die nachösterlichen Aufgaben der Jünger versperrt hat.

In der Tat tauchen die sozio-theologischen Begriffe »Kirche« oder »Volk Gottes« im Evangelium nicht auf. Ein so markantes Bild wie »Leib Christi« fehlt ebenso wie die Vorstellung von der Kirche als der »Braut Christi«, die aber 3,29 in einem ganz anderen Kontext Verwendung findet. Trotz dieser Fehlanzeigen gibt es zwei bildspendende soziale Wirklichkeiten, die auf die johanneische Ekklesiologie appliziert werden. Einmal wird auf die Lebenswelt von Hirten und deren Herden (10,1-18; 21,15-17) rekurriert und zum anderen von der des Weinstocks und dessen Reben (14,31-15,17) im Rahmen der Abschiedsrede Jesu gesprochen. Das, was mit Bezug auf das Hirtenleben ausgedrückt werden soll, wurde bereits 6,37f. generell angesprochen: »Alles, was mir der Vater gibt, wird zu mir kommen; und den, der zu mir kommt, werde ich nicht hinausstoßen. Denn ich bin vom Himmel herabgekommen, nicht um meinen Willen zu tun, sondern den Willen dessen, der mich gesandt hat, dass ich von allem, was mir der Vater gegeben hat, nichts verliere.« Dies wird später noch dreimal 10,28f., 17,12 und 18,9 ausdrücklich wiederholt, so dass es naheliegt, die Hirt/Herde-Metapher aus dieser Perspektive zu erschließen. Sie umschreibt den durch Gott[374] eröffneten Schutzraum für jedermann. In dem Augenblick nämlich, in dem man sich Jesus anschließt, hat man sich in seine Obhut begeben. Er wird aufgrund seiner unermüdlichen Anstrengungen sogar sein Leben einsetzen, um seine Schützlinge vor jeder Gefahr zu bewahren. Dieses Erzählziel legt das Bild vom Hirten und seiner Herde nahe. Doch ist der Hirt nicht automatisch der Eigentümer der Herde. Der Vater hat sie seinem Sohn anvertraut, die dieser wunsch- und sachgemäß zugleich — so wie er es bei ihm gelernt hat (5,19) — hütet. Nachts schließt er sie zu ihrem Schutz in eine Hürde ein. Tagsüber führt er sie auf grasreiche Weide. Er behandelt sie in allem so, als wären sie sein Eigentum. Deshalb hat er zu jedem Schaf eine so enge Beziehung, dass er jedes kennt, alle vertrauensvoll auf ihn hören

---

374. Schon Theokrit 4,12-25 geht davon aus, dass der Herdenbesitzer nicht mit dem Hirten identisch ist. Der Hirt bessert sogar seinen Lebensunterhalt dadurch auf, dass er die Kühe seines Besitzes abends heimlich melkt. Dies wirft ein bezeichnendes Licht auf den »Mietling« Joh 10,12. Bei Demosthenes, de corona 38, wird »Mietling« ein politischer Kampfbegriff. Vgl. biblischerseits Is 61,5; 63,11, wo zwischen Hirten und Herdenbesitzer ebenfalls unterschieden wird.

und nur seinem Ruf folgen. Weder Fremder noch Pächter können ihm das Wasser reichen. Er setzt sogar sein Leben ein, um seine Herde vor Angriffen zu schützen. Als Jesus aus diesem Motiv (13,1; 18,9) sein Leben freiwillig opfert, sind sie keineswegs verwaist (14,18), sondern er wird in anderer Gestalt zu ihnen zurückkehren. Als sich dies nach seinem Tod realisiert, traut Jesus jedoch Petrus erst nach einer intensiven Überprüfung von dessen Vertrauenswürdigkeit (18,15-18.25-27) *seine*[375] Herde an. Dieser wird bei der gleichen Tätigkeit ebenfalls umkommen (21,15-19). Auf diese Weise aktiviert der Erzähler ein biblisches Bild vom Hirten und seiner Herde, das bereits u.a. Jer 23,1-4; Ez 34, äth. Hen 88-90, 0QCD XIX,7-11; 11Q05 Kol. XXVIII,3-12; LAB 23,12[376] verwenden, um das (gestörte bzw. harmonische) Verhältnis zwischen den jeweils von Gott beauftragten Hirten bzw. Mietling[377] und Israel zu umschreiben.

In diesem Fall ist Jesus der legitime Hirt und Herr für die Seinen, die ihn kennen und für die er sich geopfert hat. Aus nachösterlicher Sicht stellt der Evangelist von vornherein (1,29) klar, Jesus ist für ihn das Lamm Gottes, das die Schuld der Welt wegträgt. Auch diese universalistische Nuance wird in das Bild vom Hirten und seiner Herde eingetragen (10,16): Jesus hat noch andere Schafe über Israel hinaus. Sie stammen aus allen Völkern und sollen zu einer Herde unter einem Hirten zusammengeführt werden. Denn wenn sie ganz rein sind (13,10), tritt für alle in Kraft, was die Schrift noch aus einem partikularen Blickwinkel für diesen Fall verheißen hat: Wenn Gott aufgrund des strafwürdigen Lebenswandels Israels Anlaß gegeben sah, es unter die Völker zu zerstreuen, so wird er nach dessen Umkehr die Zerstreuten wieder sammeln bzw. sammeln lassen, um sie an den Ort zusammenzuführen, wo er angemessen verehrt werden kann[378]. Damit wird erkennbar auf die Völkermission unter den bekannten, im Urchristentum längst entwickelten Prämissen angespielt. Aber diese Sammlungsbewegung kann erst nach der Passion

---

375. Der Gedanke einer Stellvertretung Jesu durch Petrus ist allein schon durch das verwendete Possessivpronomen »*meine* Schafe« abwegig. Vielmehr weiß Jesus den Bluttod Petri voraus, der ihn in der Konsequenz der Nachfolge Jesus angleicht: »Wer meine Weisungen hat und sie wahrt: Der ist es, der mich liebt.« (14,21)

376. Vgl. J. BEUTLER, Der alttestamentlich-jüdische Hintergrund der Hirtenrede in Joh 10, in: DERS. / FORTNA (Hrsg.), Shepherd-Discourse 18-32.144-147. Außerdem vgl. mit weiteren, oben ungenannt gebliebenen biblischen Stellen: 1 Kön 22,17f; 2 Chron 18,16; Sach 13,7; Jdt 11,19 bzw. pseudepigraphischen Stellen: LAB 17,4; 28,5; 30,5; 31,5; 59,3; 61,1; 62,5; 4 Esr 5,18.26.

377. Die Kritik an den von Gott eingesetzten Eliten ist ein bei den Propheten weit verbreitetes Phänomen: vgl. Jer 2,8; 5,5; Hos 4,4-10; Mi 3,5.9-12.

378. Die Motivfolge ist besonders gut nachweisbar: Dtn 30,1-6; Jer 23,1-8; Ez 11,14-20; 20,39-44; 28,24-26; Neh 1,8f.; Tob 3,4f.; 13,5f.; äth. Hen 90,29-36.

Jesu beginnen, da er in seinem Heilstod die Sünde der Welt weggetragen und die Weltmächte besiegt hat. Die Zusammenführung aller zu einer Herde soll die solidarische Einmütigkeit und Loyalität, die bereits zwischen Vater und Sohn in ihrem gemeinsamen Handeln herrscht, widerspiegeln (13,35). Denn auch die Seinen sollen mit ihnen in allem übereinstimmen, damit sie auf diese Weise an der Solidar- und Heilsgemeinschaft zwischen Vater und Sohn partizipieren, ein Gedanke, der schließlich in Kap. 17 zum überragenden Thema wird. Auf diese Weise werden Soteriologie und Ekklesiologie miteinander verknüpft. Das johanneische Gemeindeverständnis läßt sich also als ein doppeltes Beziehungsgeflecht definieren, das in Jesus zentriert ist: An Jesu Handeln in Wort und Tat ist dessen Übereinstimmung mit dem Willen Gottes ebenso erkennbar wie in der späteren Zusammenführung von Heiden und Juden unter einem Hirten zu einer Herde. So ist und bleibt das Gemeindeleben im Vollsinn des Wortes ein nachösterlicher Vollzug. Dementsprechend hat seine ausführliche Schilderung keinen Platz in der Darstellung des Wirkens Jesu außer an den Stellen, an denen der Diskurs auf die nachösterliche Zeit verweist.

Auf ähnlich metaphorische Weise, aber mit einem anderen Akzent deutet der Evangelist Kap. 15 die Aufgabe der Gemeinde im Weinstockbild. Wie Rebe und Rebstock nur aufeinander bezogen eins sind und nur gemeinsam reichen Ertrag für den Winzer bringen, so ist im übertragenen Sinn die Frucht des Weinstocks die gegenseitig geübte Loyalität. Denn wie der Weinstock, d.h. Jesus, bereit ist, sein Leben für seine Freunde hinzugeben, so sollen auch seine Jünger bis zu dieser äußersten Konsequenz ebenfalls dazu bereit sein. Im Unterschied zu Kapitel 10 legt hier der Evangelist situationsbezogen den Akzent darauf, wie die Gemeinde des abschiednehmenden Jesus seiner Meinung nach später ihr Leben gestalten soll. Sie soll Frucht bringen in Gemeinschaft mit Jesus, d.h. in gegenseitiger Solidarität und Loyalität. So blickt die Metapher als Teil der Abschiedsrede und gleichermaßen als episches Hologramm aus der Sicht des Erzählers bereits auf den Tod Jesu zurück. Aus dieser Perspektive erfaßt sie deshalb vor allem das Wesen des nachösterlichen Gemeindelebens.

Wiederum legt das Bildmaterial analog zu Kap. 10 drei Bestandteile nahe: Gott als Winzer, Jesus als Weinstock und die Gemeinde als die Reben. Das Bildmaterial stammt erwartungsgemäß aus der Schrift (Is 5,1-7; Jer 2,21f.; Ps 80,9-18; Ez 17,1-10; 19,10-14)[379], die bereits Ps 80

---

379. Die Verbindung zum ntl. Gebrauch schließen u.a. 6Q11; LAB 12,8f. vgl. Ex 32,9-13; 18,10; 23,12; 28,4; 30,4; 39,7.

(vgl. LAB 23,12[380]) das Hirten- mit dem Weinstockbild korrelieren konnte[381]. Doch ist es ganz in den Dienst der johanneischen Aussage gestellt. Aufgrund des vorherrschenden Solidaritätsmotivs wird das biblische Weinberg-Bild auf einen Rebstock (vgl. Jer 2,21) konzentriert. Indem Gott als Winzer diesen und dessen Reben ganz im Sinn der Ertragsmaximierung[382] behandelt, sind beide unbedingt aufeinander angewiesen. Deshalb werden diese beiden Aspekte auch in der Bildrede ständig wiederholt. Der dringliche Appell, die Loyalität mit dem »Weinstock« zu wahren, geht sogar so weit, sich nicht nur die Vorteile der engen Beziehung zum Vorbild zu nehmen, sondern auch den Einsatz seiner Person, den Jesus um ihretwillen gewagt hat, nämlich den Tod[383]. Auf diese umfassende Weise verherrlicht nicht nur er allein, sondern verherrlichen sie gemeinsam den Vater (vgl. Is 60,21; 61,3 mit Joh 15,8). Mit dieser Aussage hat der Gedankengang die Aussage 21,18f. wieder erreicht.

Die Ausrichtung aller ekklesialen Aussagen auf die nachösterliche Zeit wird nicht nur schon 4,14b.31-38 thematisiert[384], sondern das dortige Erntebild nimmt bereits die nachösterliche Samariamission (vgl. Apg 8) vorweg. Deshalb kann es in veränderter Form, aber noch klar erkennbar, in der Fischfangszene 21,1-14 aufgegriffen und symbolisch überhöht werden. Aber am deutlichsten tritt dieser Zug in der merkwürdigen Szene von den zur Verehrung Gottes nach Jerusalem gekommenen »Hellenen« zutage, die trotz ihres Wunsches nicht zu Jesus vorgelassen werden (12,20ff.), weil jener in ihrem Kommen das Zeichen für das Eintreffen »seiner Stunde« sieht. Sie ermöglicht erst den Beginn der Völkermission, wie dies auch 10,16, 11,52 und 17,20 voraussetzen. Nur so bekommen alle Sendungs- und Ertragsaussagen Jesu, die seine Jünger betreffen, überhaupt erst einen Sinn (4,38; 13,16.20; 14,12; 17,18-21; 20,21). Die Völkermission, das universale Sammeln der zerstreuten »Kinder Gottes« (vgl. 1,12 mit 11,52), ist — wie schon festgestellt wurde — den nachösterlichen

---

380. Der Text lautet: »Wenn ihr auf eure Väter höret, dann schenke ich euch für immer meine Zuneigung und beschirme euch; eure Feinde greifen euch dann nicht mehr an, und euer Land wird auf dem genzen Erdkreis genannt, und euer Stamm wird erlesen sein mitten unter den Völkern, die sprechen: ‚Fürwahr! Ein getreues Volk! Weil sie dem Herrn glaubten, deshalb befreite sie der Herr und pflanzte sie ein'. Deshalb pflanze ich euch ein wie meine vielbegehrten Weinberg; ich leite euch wie eine liebe Herde…«.
381. Diesen Hinweis verdanke ich meinem evangelischen Kollegen Prof. Dr. A. Schart.
382. Dieselbe Erwartung wird in LAB 28,4, vorausgesetzt.
383. Diese Aussage ist schon 12,24 vorbereitet worden.
384. Nicht nur nimmt 4,34 bereits 19,28-30 vorweg, sondern auch das Bildwort selbst setzt V. 37f. eine Differenz zwischen Jesus- und Jüngerzeit voraus. Außerdem verweist das Sendungsmotiv V. 38 auf 20,22.

Aktivitäten der Jünger vorbehalten. Doch hatte Jesus sie in seiner Samaria-Mission bereits paradigmatisch vorweggenommen[385]. Der Sinn eines gestaffelten Zeitplanes für eine universale Mission wird ausführlich 12,20ff. entwickelt. Um ihn zu verstehen, ist es notwendig, sich noch einmal der Erzählsituation genau zu vergewissern.

Weder die geschickte Vorbereitung des Lesers in Kap. 11, die bedrohliche Nähe der Passion Jesu zu beachten, die 12,12-19 ihm erneut mit einem der veränderten Erzählsituation angepaßten, aber aus den Synoptikern übernommenen Einzugsbericht deutlich signalisiert wird, noch die Verurteilung des Synhedriums lösen die endgültige Festlegung des Passionstermins zwischen Jesus und seinem Vater aus, sondern allein das Auftreten der »Hellenen«[386]. Sie waren mit den anderen gemeinsam nach Jerusalem hinaufgezogen, um Gott im Tempel zu verehren[387]. Da sie folglich unter die Wallfahrer von 11,55 subsumiert waren, hat der Erzähler ihr Ersuchen, Jesus zu sehen, zugleich auch motiviert. Es kann ihnen nämlich weder die Aufmerksamkeit weckende Frage[388] der anderen 11,56, ob es Jesus wohl wagen werde, zum Passafest nach Jerusalem zu kommen, noch die Aufforderung der Hohenpriester und Pharisäer (vgl. 11,57 mit 11,47), Jesu derzeitigen Aufenthaltsort anzuzeigen, entgangen sein. Als sich dann (12,12) unter »der großen Menge, die zum Fest gekommen war«, herumsprach, dass Jesus doch noch kommen werde und sie ihn als König Israels willkommen geheißen hatten (12,13), muß ihr Interesse, diesen außergewöhnlichen Mann kennenzulernen, gewaltig angestiegen sein. Zumal die Kunde von seinem Kommen, von wohl denen verbreitet wurde, die zu ihm und den Seinen nach Bethanien hinausgegangen und aufgrund der Lazaruserweckung gläubig geworden waren (vgl. 12,9-11).

Der Wunsch der »Hellenen« löst — nur auf den ersten Blick überraschend — die Festsetzung des Passionstermins im Dialog zwischen Jesus und seinem Vater (12,27f.)[389] aus. Denn schon zuvor hatte der johanneische Jesus in seiner Hirtenrede wiederum verdeckt angedeutet, dass

---

385. Dies wirft ein bezeichnendes Licht auf die umstrittene Tauftätigkeit Jesu (3,22; 4,2): die Geisttaufe der Jünger ist das Lebensziel Jesu. Sie impliziert zugleich den Ermöglichungsgrund für die Völkermission.

386. Das sehen auch die Pharisäer 12,19 so, wenn sie resümieren: »Seht – die ganze Welt ist hinter ihm hergelaufen«.

387. Belege zur vermeintlich vorausgesetzten historischen Situation, d.h. u.a. von der Anwesenheit von »Heiden« und der erforderlichen Vorbereitungszeit bei den großen Wallfahrtsfesten, finden sich bei S. SAFRAI, Die Wallfahrt im Zeitalter des Zweiten Tempels, Neukirchen-Vluyn, 1981, 105-120.142-146.163-173.

388. Vgl. die richtige Beobachtung zur Funktion der Verse bei BULTMANN 315.

389. Aus diesem Grund beginnt die Passionschronologie im Sinne des Evangelisten auch erst 13,1; vgl. weiterhin 13,29; 18,28; 19,14.31; 20,1.

seine Sendung, die Schafe Israels zu sammeln, sich auch auf andere erstrecke, die »nicht aus dieser Hürde sind« (10,16). Dies ist eine Bemerkung, die die Aussage 4,22e in der Perikope von der nicht-jüdischen Samariterin, »das Heil sei aus den Juden«, weiter mit missionarischen Inhalt (vgl. 4,35-38) zu füllen beginnt, weil sie zwar den soteriologisch-missionarischen Ausgangspunkt definierte, jedoch noch nicht das endgültige Ziel des Heilsangebotes angab. Auch die die vorgegebene Situation ironisch transzendierende Erklärung des Hohenpriesters Kaiaphas 11,52, der prophetisch angesagt hatte, dass Jesus nicht allein zur Rettung Israels sterben solle, sondern auch um die »zerstreuten Kinder Gottes« zusammenzuführen, hat die Entscheidung positiv beeinflußt, mit dem Auftreten der »Hellenen«, die endgültige Terminierung der »Stunde« festzulegen. Denn das Wort des Kaiaphas präzisiert von Gott her die soteriologische Dimension der Passion Jesu, wie sie so noch nicht exakt in der Hirtenrede abgesteckt war.

Gleichermaßen sollten diese gekonnt eingestreuten Informationen und Ankündigungen besonders in den Kap. 4, 10 und 11 den Streit unter den Auslegern beenden, der sich um die exakte Identität derer, die hier »Hellenen« genannt werden, entzündet hat.[390] Da nach jüdischer Auffassung[391] Proselyten sich die Tora mit aller Konsequenz zu eigen gemacht haben, gehören sie eindeutig zu den »Schafen Israels«. Auch der Hinweis auf die »zerstreuten Kinder Gottes« 11,52 darf nicht zu der Meinung verleiten, in 12,20 (vgl. 7,35) könnten griechisch sprechende Diasporajuden gemeint sein. Vielmehr läßt die eindeutige Absicht der »Hellenen«, Gott zu ehren[392], kombiniert mit der definitiven Information 10,16, es gäbe Schafe, die Israel nicht zuzurechnen sind, nur das Urteil zu, dass hier allein gottesfürchtige[393] Sympathisanten des Judentums gemeint sind.

---

390. In der Forschung werden folgende Möglichkeiten kontrovers diskutiert: (a) die »Hellenen« sind Heiden. u.a. A. THOMA, Das Alte Testament im Johannes-Evangelium, ZwTh 22 (1879) 18-66.171-223.273-312.218; W. BOUSSET, Art.: Johannesevangelium 626.630; BLANK, Krisis, 294; (b) Diasporajuden. u.a. W.C. VAN UNNIK, The Purpose of St. John's Gospel, StEv 1 (1959) 408; (c) Proselyten. u.a. C. WEIZSÄCKER, Das apostolische Zeitalter der christlichen Kirche, Tübingen, ⁵1902, 523; BULTMANN 323; SCHWARTZ, Aporien III 181; HAENCHEN 445; (d) Gottesfürchtige: THYEN, Heil 175; J. BARKSDALE, The Victory of Light II; John 12.20-36, Colossians 1,9-20, Japanese Christian Quarterly 28 (1962) 48; SCHNACKENBURG II 478.
391. Vgl. zur Definition »Proselyten und Heiden« vor allem S. SAFRAI (s. Anm. 387) 105ff.
392. Dies steht in einem gewissen Unterschied zu dem 11,55 angegebenen Grund, wo noch von der kultischen Reinigung gesprochen wurde.
393. Bei jeder Diskussion um die »Gottesfürchtigen« sollte die Inschrift aus dem kleinasiatischen Aphrodisias (J. REYNOLDS / R. TANNENBAUM [Hrsg.], Jews and Godfearers at Aphrodisias. Greek Inscriptions with Commentary, Cambridge, 1987) von nun an eine

Im Einklang mit der missionarisch-universal geweiteten, soteriologischen Dimension seiner Passion steht nun auch die erste Reaktion Jesu auf den ihm überbrachten Wunsch der »Hellenen«. Denn er geht überraschenderweise gar nicht auf ihn ein. Aber nicht deswegen, weil Jesus wie ein Bischof reagiere, »der nicht ohne weiteres Leute empfängt, die nicht zur Gemeinde gehören«, wie charakteristischerweise E. Schwartz[394] meint sarkastisch anmerken zu sollen, sondern weil die endgültige Sammlung aller Schafe erst durch Jesu Passion und Rückkehr zum Vater ermöglicht wird und diese zur alleinigen Voraussetzung hat. Deshalb kann auch das Verfahren eines durch die ersten Jünger vermittelten Zusammentreffens[395] analog dem der ersten Jüngersammlung 1,40-51 jetzt nicht mehr, sondern erst später wieder angewandt werden. Dieses Verfahren entspricht nämlich eher einer frühchristlichen Missionsgewohnheit. Dazu paßt auch, dass sich die Wallfahrt noch in ihrer Vorbereitungsphase befindet und bis zum Hochfest noch einige Tage verstreichen werden.

Vielmehr bietet der Wunsch der »Hellenen« Jesus die letzte Gelegenheit, in aller Öffentlichkeit (12,36e) zuerst für die beiden Jünger Andreas und Philippus (12,23-26) die missionarische Heilsbedeutung und die daraus erwachsenden Konsequenzen für die Nachfolge anzukündigen sowie danach zu der mehrere Gruppen umfassenden Menge (12,29) über den universalen Heilsaspekt seiner Passion zu sprechen. Denn der auf dem Leidensweg paradoxerweise (12,34) erfochtene Sieg über »den Herrn dieses Kosmos« (12,31; 16,33) legt erst den Grundstein für das nachösterliche Heilshandeln Jesu, wenn er »alle zu sich zieht« (12,32f.). Damit ist auch der eigentliche Grund gefunden, warum die »Hellenen« indirekt auf einen späteren Zeitpunkt verwiesen werden. Jener wird nämlich eschatologisch so qualifiziert sein, dass eben alle, Juden ebenso wie Heiden, gerettet werden.

Dieser Aspekt hatte sich schon für einen schriftkundigen Leser im gezielten Hinweis auf die gemäß der Jesaiatradition überarbeitete Schriftstelle[396]

---

zentrale Rolle spielen. Sie ist teilweise übersetzt zu finden bei C.K. BARRETT / C.-J. THORNTON (Hrsg.), Texte zur Umwelt des Neuen Testaments, UTB 1591, Tübingen, ²1991, 66f.; Zur Wertung siehe: P.W. VAN DER HORST, Jews and Christians in Aphrodisias in the Light of Their Relations in Other Cities of Asia Minor, NTT 43 (1989) 106-121; R. TANNENBAUM, The Godfearers, BAR 12 (1986) 55-57; P. TREBILCO, Jewish Communities in Asia Minor, SNTS MS 69, Cambridge, 1991, 145-166.246-255 und C.J. HEMER, The Book of Acts in the Setting of Hellenistic History, WUNT 49, Tübingen 1989, 444-447.

394. SCHWARTZ, Aporien III 181.
395. Vgl. BULTMANN 324; THEOBALD, Fleischwerdung 459; KLAUCK (s. Anm. 372) 204.
396. Vgl. THOMA (s. Anm. 390) 217. Es ist beachtenswert, dass Sach 9 mit Is 2/ Mich 4 das Friedensmotiv teilt, indem dort von der Befreiung der Gefangenen gesprochen wird. Deshalb kommt die Anpassung »fürchte dich nicht« anstatt »freue dich riesig« an Is 41,10; 44,2-8 (Zeph 3,16) dieser Aussage eher entgegen. Überdies ist eine weitere

Sach 9,9 in Joh 12,14b-16 angedeutet. Wenn nämlich anschließend auch einige Gottesfürchtige Jesus zu sehen wünschen, dann steht nämlich eine soteriologisch-eschatologisch qualifizierte Situation[397] an: die für die Endzeit erwartete Völkerwallfahrt nach Zion. Doch auch diese Erkenntnis hat der Erzähler unter einen temporären Vorbehalt gestellt. Die Jünger müssen erst noch lernen und sich beim Studium der Schrift erinnern[398], was damals auf dem Leidensweg Jesu wirklich eschatologisch angestoßen wurde: Die Tochter Zion hatte ihren König mit Jubelrufen empfangen und damit die zur Passion Jesu führende Verstockung (12,38-41) überwunden. Zu dieser von den Jüngern erst später gewonnenen Einsicht paßt nun auch die schon 2,13ff. vorausgesetzte Zerstörung des Tempels, des wahren Zentrums von Zion. Dieses bei der Abfassung des Evangeliums noch immer bestehende historische Faktum verlangte nach einer Deutung, um Israel nicht um seine religiöse Mitte gebracht zu sehen. Sie wird charakteristischerweise auf analoge Weise zu 12,16 in 2,17.21 geleistet, indem dort die Jünger im nachhinein feststellen, dass Jesus in Wirklichkeit damals vom »Tempel seines Leibes« gesprochen hatte. Dies war also keine tote Metapher gewesen, sondern hatte bekanntlich die mit dem Tempel verknüpfte Heilsfunktion bereits andeutungsweise auf Jesus übertragen sollen. Er hatte in den Augen der späteren Gemeinde mit der Zerstörung des Tempels dessen Bedeutung für Israel und die Welt übernommen.

Die weitere Reaktivierung eines Motivs aus der biblischen Zionstradition, die noch für die späte Redaktion des Jesajabuches konstitutiv gewesen zu sein scheint[399], ist Anlaß genug, sich das mit dieser Vorstellung

---

Beobachtung interessant, dass in Sach 9,16 nämlich von Gott als dem Hirten der Schafe Israels gesprochen wird (vgl. Kap. 10 und 21). Zur weiteren Analyse des Schriftzitats vgl. M.J.J. MENKEN, Quotations 79-97.

397. Schon in seiner Auseinandersetzung mit E. Hirsch kommt R. BULTMANN, Hirsch's Auslegung des Johannes-Evangeliums, EvTh 4 (1937) 125.130 auf den eschatologischen Aspekt der »Stunde« Jesu zu sprechen. In seinem Kommentar wird dieser Gesichtspunkt noch deutlicher formuliert: BULTMANN 330; vgl. noch BLANK, Krisis, 275.282.290.

398. Nach B.D. WOLL, Johannine Christiantiy in Conflict, SBL.DS 60, Chico, CA. 1981, 99f. ist das Erinnerungsmotiv immer an die Schrift gebunden. Er merkt mit Recht an: »The fact that the OT bears witness to Jesus' coming and his departure is taken for granted (cf. 5,46; 12,41), so that what the historian understands as a process by which the early church, following the resurrection, came to interpret the OT in a new light is viewed by the author as something quite different«. – Außer 7,38f. in 20,22 wird keine Schriftprolepse — selbst 20,9 nicht — in der Erzählzeit des Evangeliums erfüllt. Sie verweisen allesamt auf die parakletische Zeit der Gemeinde, in der der Autor sich zu befinden meint. 20,22 garantiert also die notwendige Bedingung, von der 14,26 (vgl. auch 16,8 mit 20,23) spricht. Der Paraklet ist bekanntlich ebenfalls gänzlich der Sache Jesu verpflichtet.

399. Diese These vertreten: C.R. SEITZ, Zion's Final Destiny. The Development of the Book of Isaiah, Minneapolis, MN. 1991; B.W. ANDERSON, The Apocalyptic Rendering of the Isaiah Tradition, in: J. NEUSNER et al. (Hrsg.), The Social World of Formative Judaism,

verknüpfte Motivrepertoire zu vergegenwärtigen und seinen Wert für die Theologie des vierten Evangeliums zu prüfen, zumal die Jesaiatradition für dieses von besonderer Bedeutung ist[400]. Außerdem war die Vorstellung und Erwartung einer Völkerwallfahrt nach Zion noch in neutestamentlicher Zeit nicht abgestorben, sondern besonders in der frühjüdischen Apokalyptik virulent.[401]

Ein geeigneter Ausgangspunkt, um auf das Spektrum der Vorstellungen einzugehen, die sich im Laufe der biblischen Entwicklung um die Zionstradition gebildet haben, sind die Paralleltexte Is 2,1-5 und Mich 4,1-4 (vgl. Sach 14; Ps 87; 102,22f.), wobei der jeweils letzte Vers in beiden Überlieferungen die größten Veränderungen erfahren hat. Is 2,5 fordert das Haus Jakob auf, in Gottes Licht zu wandeln (vgl. Joh 3,19), hingegen erweitert Mich 4,5 das Motiv von der Hoffnung auf eschatologischen Frieden (vgl. Joh 14,27; 16,33 mit 12,31) um den Aspekt vom ungestörten Sitzen unter Weinstock und Feigenbaum (vgl. 1,48f.); dieser findet sich auch noch Is 36,16; 2 Kön 18,31; Sach 3,10f. und 1 Makk 14,12.

Konstitutiv für die Zionstradition ist vor allem, dass der Heilige Israels als König (vgl. 1,49d; 12,13e; 18,36) auf dem Zionsberg in der Gottesstadt seinen Wohnsitz genommen (Is 6,1ff.)[402] und damit diesen Ort zum rettenden Hafen für alle Bedrängten gemacht hat (Is 8,18; 14,32; 18,7; 24,23; 25,6-8; 28,16; 45,22-25; 56,6f.; 59,20; 60,14b-16; 62,11f.). Mit diesem Motiv konnte sich später leicht die Erinnerung an die glücklichen Zeiten unter König Salomon (1 Kön 4,25; 5,4f.; 1 Makk 14,12; vgl. mit Is 27,5-6;

FS H.C. KEE, Philadelphia, PA 1988, 17-38; R. RENDTORFF, Zur Komposition des Buches Jesaja, VT 35 (1984) 295-320.

400. Allein das Verzeichnis der Bibelstellen, die im Nestle-Aland[26] am Rand als Zitat bzw. als Anspielung identifiziert worden sind, umfaßt wenigstens 30 Isaiastellen. Dies ist die quantitativ größte Gruppe einer biblischen Einzelschrift im Johannesevangelium. Deshalb kann es nicht überraschen, wenn in Kap. 12 noch zwei weitere Isaiazitate zu finden sind. Isaianischen Einfluß (nämlich Is 52) in 12,20ff. nimmt auch J. BEUTLER, Griechen kommen, um Jesus zu sehen (Joh 12,20f.), in: J. HAINZ (Hrsg.), Methodenstreit, 1991, 162-179, an.

401. Einen ersten Einstieg in die Völkerwallfahrtstypologie gewährleistet immer noch P. VOLZ, Die Eschatologie der jüdischen Gemeinden im neutestamentlichen Zeitalter, Tübingen, ²1934, 100.171f.346.382; Zur Auslegung von Is 2/Mich 4 wurde H. WILDBERGER, Jesaja: Kap 1-12, BK 10/1, Neukirchen-Vluyn, ²1980, 75-90 herangezogen. Einen guten Überblick über die Zionstradition geben neuerdings: B.C. OLLENBURGER, Zion, the City of the Great King. A Theological Investigation of Zion Symbolism in the Tradition of the Jerusalem Cult, JSOT.SS, Sheffield, 1987 und J.D. LEVENSON, Sinai and Zion. An Entry into the Jewish Bible, New York, 1985.

402. Dazu läßt sich auch eine sinnenfällige Deutung bei O. KEEL, Jahwe-Visionen und Siegelkunst. Eine neue Deutung der Majestätsschilderungen in Jes 6, Ez 1 und 10 und Sach 4, SBS 84/85, Stuttgart, 1977, 36-124, finden.

Ps 37,11) verbinden. Außerdem kann sich die Zionstradition — wenn auch nicht allzu häufig — mit der aus den kanaanäischen Stadtkulten erwachsenen Vorstellung von den Paradiesströmen (Is 12,3; 43,19f.; 49,10; Ez 47,1-12; Joel 4,18; Sach 14,8 etc.) — wie schon angeführt — verknüpfen, die nun aber als Heilwasser bzw. »lebendiges Wasser« (vgl. Joh 4,14; 7,37-39; 19,34), das alle Durstende erquickt, aktualisiert wird.

Das Motiv von der Völkerwallfahrt nach Zion ist Bestandteil der hoffnungsfrohen Vorstellung von einer endgültigen Friedenszeit, in der Israel und die Völker ungestört und waffenlos unter fruchtbarem Weinstock und Feigenbaum, die Früchte des Landes genießen können (vgl. Num 13,23f.; 20,2; Dtn 8,8; Ps 104,33; Hos 2,12(14)[403]. Aus demselben Grund ist auch die Stadt Jerusalem mit ihrem Tempel unzerstörbar (vgl. u.a. Ps 46,6; 48,9; 87,1-5). Man wallfahrtet zu ihr hinauf, dem Wohnsitz des als König und Weltenherrn gedachten Gottes, um u.a. dessen Rechtsentscheid zu suchen (1 Sam 9,9; Ps 7,9 etc.), Gelübde zu erfüllen (z. B. Ps 76,12) bzw. ihm Gaben darzubringen und ihn zu verehren (u.a. Is 18,7; 60,11; Hag 2,7f.; Ps 96,8). Mit ihr kann sich die Vorstellung vom Wiedererwachen des davidischen Königtums (vgl. 1 Makk 14,12) in der Endzeit und die viel allgemeinere Erwartung, dass in jener Zeit Israel und die Völker im »Licht«, d.h. in der heilvollen Gegenwart Gottes, wandeln werden, verknüpfen. Gemeinsam aber ist allen singulären Ausformungen der Zionstradition ein universaler soteriologischer Aspekt, dass sich nämlich Gottes Weisung in der Völkerwelt (vgl. Is 45,22-25; Ps 21,28-30 LXX) zum Heil aller durchsetzen werde[404].

Nun ist schon seit längerem[405] erkannt worden, dass die Passion Jesu im Johannesevangelium nicht um der historistischen Rekonstruktion willen erzählt, sondern »dass <nur> von ihrer Bedeutsamkeit geredet wird«[406]. Dementsprechend wird sein Kreuzestod nicht nur als freiwillig übernommene Aufgabe (vgl. 10,17f.; 17,4; 19,30) verstanden, sondern auch konsequent als fruchtbringender Heilstod[407] für andere interpretiert.

---

403. Dieser Hinweis findet sich schon — selbstverständlich ohne eschatologische Perspektive — in: G.B. WINER, Biblisches Realwörterbuch, Leipzig 1847, I 665. Zum Weiterleben des Motivfeldes in der frühjüdischen Literatur: vgl. Jub 4,26; äth. Hen 10,21; 57; 90,33; TestSeb 9; Tobit 13,9-11; Sir 48,22-25; 14,6bf.; Sib III 616ff.; 710-723; 806f.; V 428.
   404. Vgl. H. WILDBERGER (s. Anm. 401) 89; zur Stelle 1 Makk 14,12 vgl. J.A. GOLDSTEIN, 1 Maccabees. A New Translation with Introduction and Commentary, AncB 41, New York 1976, 491.
   405. Vgl. BULTMANN 326; BLANK, Krisis 274-276; SCHNACKENBURG II 480; J. RIEDL, Das Heilswerk Jesu nach Johannes, FThSt 93, Freiburg 1973, 169f.
   406. BULTMANN 326.
   407. Vgl. C. 4 und darüber hinaus BLANK, Krisis, 138.274; SCHNACKENBURG II 480f.

Aber auch seine bleibende Gültigkeit wird auf die Jünger appliziert, deren »Erntehilfe« benötigt wird. Jesu freiwillig gewählter Tod trägt nämlich reiche Frucht, die er nicht mehr selber (vgl. 4,34-38), sondern die erst die Jünger nach Ostern ernten werden. Sie müssen jedoch bereit sein, — potentiell jedenfalls — das gleiche Schicksal mit ihm zu teilen (vgl. 13,14-16; 14,6; 15,13-21). Auf diese Weise werden die Jünger als seine Diener (vgl. 12,26 mit 12,2) auf Jesu Weg zurückverwiesen. »Gerade dass einer diesen Weg geht, darin erweist sich, dass er ein echter Nachfolger und Diener seines Herrn ist«[408].

Damit erklärt sich endlich die überraschende Zuspitzung der Argumentation 12,23-26, in der ja die Nachfolgeproblematik eng mit dem heilsamen Todesgeschick Jesu verknüpft wird. Der Autor hatte diesen Gedankengang bereits früher 7,37-39 formuliert. Auch dort hatte er Jesus im Rahmen seiner theologischen Intention ein Motiv aus der Zionstradition aktualisieren lassen. Wenn er diesen ausrufen läßt, jeder Durst werde von ihm gestillt werden (7,37), spielt er auf die Vorstellung vom quellenreichen Zionsberg an. Damit wird bekanntlich sogleich die Aussage verbunden, dass in seiner Todesstunde aus Jesu Seite Ströme lebendigen Wassers fließen werden[409]. Dieses Phänomen wird charakteristischerweise anfangs ganz allgemein (19,34) berichtet und erst anschließend mit der nachösterlichen Geistgabe an die Jünger (vgl. 20,23) identifiziert.

Auf diese Weise wurde eine endgültige Antwort gefunden, warum Jesus die »Hellenen« vor seinem Tod nicht empfängt, sondern die beiden Jünger über den Weg in die Nachfolge belehrt: Sein Weg durch den Tod in die Herrlichkeit des Vaters eröffnet erst die Möglichkeit für die universale Sammlung aller Gotteskinder, wenn mit ihm die Macht Satans zerbrochen und Jesus die Chance geboten wird, »alle zu mir zu ziehen« (12,32). Auf diese Aussage kommt es dem Erzähler besonders an; denn

---

408. BLANK, Krisis, 289.
409. Die Aussage 7,37f. bezieht sich auf Jesu eigenes Heilswirken, von dem der nachösterlich Glaubende partizipieren wird, da ja die anschließende Prolepse der nachösterlichen Geistgabe sich auf ihn bezieht. Überdies muß beachtet werden, dass die Jünger beim Fischfang Joh 21 nur Dienstfunktionen erfüllen. Wer den Fang ermöglicht, ist Jesus allein. Damit bewahrheitet sich endgültig auch 3,17, Jesus sei in die Welt gesandt, um sie zu retten und nicht, sie zu richten. Im Osterereignis ist die universale Erlösung bereits grundsätzlich vollzogen worden. Was noch zu tun bleibt, ist, die Ernte einzufahren. Da nun temporär potentiell, aber theologisch konstitutiv alle Jesus vom Vater gegebenen Schafe in einer Hürde gesammelt sind, bedarf es der Hirten, die diese kulturelle Vielfalt in der Einheit mit Jesus bewahren. Wie die gruppenspezifische Lösung aussehen könnte, das deutet Joh 21 an: Eine Gruppe, die immer größer wird, braucht, auch wenn sie verfolgt wird, loyale Mitglieder und vor allem Führungspersonal, das sich der Sache Jesu verpflichtet weiß, auch um den Preis des eigenen Lebens.

er weist im Folgenden V. 33 (vgl. 18,32) noch einmal ausdrücklich auf diesen Ausgangspunkt aller seiner Überlegungen hin: Jesu Kreuzestod öffnet auch den Völkern das Heil. Die Jünger müssen nur noch die Ernte einfahren, zu der sie in der Nachfolge auch befähigt sind. Das verfrühte Auftreten der »Hellenen« ermöglicht also dem johanneischen Jesus, die universale Dimension des in seiner Passion eröffneten Heils anzusprechen und die Jünger über seinen Tod hinaus in die Pflicht zu nehmen.

Der universale Heilsaspekt, der zum Abschluß des öffentlichen Wirkens Jesu mit Hilfe des Motivs von der Völkerwallfahrt zum Zion angesprochen wurde, läßt nun auch den Hinweis 4,21f. in einem neuen Licht erscheinen. Danach braucht von einer gewissen Stunde an niemand mehr auf dem Garizim oder in Jerusalem den Vater verehren. Diese besondere »Stunde« stellt sich im Licht von 2,21, 7,37 und 11,55-12,36 als die Passions-Stunde Jesu heraus, in der von Gott der zerstörte Tempel als Wohnsitz des hl. Geistes bzw. der Schechinah in Jesu Leib wieder aufgerichtet wird. Er wird damit für den Erzähler zu einem Heilsort, wo man für alle Zukunft Gott verehren und den Durst nach »lebendigem Wasser« stillen kann.

In die gleiche Richtung tendieren auch die beiden anfangs behandelten ekklesiologisch relevanten Metaphern. Die Hirtenmetapher, die in der gesamten Antike eine Königsfunktion umschreibt[410], wird vom Erzähler in dem Moment eingesetzt, als der Rechtsstreit mit der amtierenden Jerusalemer Führungselite um die rechtmäßige Leitungsfunktion über Israel seinem Zenit zusteuert. Jesus spricht den Pharisäern, die seit 1,19.24 dem Tempelpersonal zugerechnet werden[411], ihre Legitimität ab und beansprucht diese aufgrund seines Verhaltens und Einsatzes für die Schafe Israels ausschließlich für sich. Sein Anspruch wird um so verständlicher, wenn man ihn auf dem Hintergrund der spezifisch johanneischen Tempelmetaphorik sieht. Ebenso läßt sich die Weinstock-Metapher in diesen metaphorischen Gesamtzusammenhang einordnen, wenn man trotz kontextbedingter Änderungen ihre Nähe zu Is 5,1-7 akzeptiert. Denn Is 5,1-7 setzt wie 15,1 Gott als Besitzer des Weinbergs bzw. des Rebstocks voraus. Ebenso erwartet er dort wie hier einen hohen Ernteertrag. Um diesen zu gewährleisten, investiert er viel Arbeitskraft. Doch ist in Is 5 der Ertrag so gering, dass Gott einen Arbeitsgerichtsprozeß anstrengt. Vom letzteren

---

410. Vgl. u.a. Platon, Politikos 267e; 275b-c; Dion Chrys., or. 4,43-45; Is 40,10f.; 11Q05 Kol. XXVIII,3-12; LAB 19,3.9 = Ex 3,1-6; Philo, Jos. 2; Mos. I.61.

411. Ob das historisch korrekt ist, ist hier irrelevant.

ist in Kap. 15 nicht die Rede, weil der Ertrag durch die Verläßlichkeit des Weinstocks — vorläufig jedenfalls — gesichert erscheint. Die Nähe zur Tempelmetaphorik wird hier in dem Augenblick deutlich, wenn man 4Q500, einen Lobpreis Gottes wegen Jerusalem und seines Tempels, heranzieht, der auch keinen negativen Aspekt wie Is 5, eine Gerichtsparabel, kennt, aber trotzdem auf Is 5 rekurriert. Seit dieser Text veröffentlicht und sein Bezug auf Is 5 erkannt ist[412], ist deutlich, dass das Bildmaterial von Is 5 im Frühjudentum auch verwendet werden konnte, um die Heilsgaben des Tempels zu beschreiben. Denn in 4Q500 wird lobpreisend von »aufblühen«, »Kelter Deines Neuweins gebaut mit Steinen«, »zum Tor der Höhe des Heiligtums« und von »Deiner Pflanzung und die Bäche Deiner Herrlichkeit... Deines Vergnügens... Deines Weingartens« gesprochen. All dies spricht dafür, dass mit dem Weingarten bzw. mit dem (chrisologisch verengten) Bild vom Weinstock und dessen Reben die Heilsgaben des Jerusalemer Tempels gemeint sind. Exakt darauf weist auch Kap. 15 hin. Der Weinstock und seine Reben sollen überreiche Frucht tragen, d.h. — auch mit Blick auf 10,16, 11,52 und 21,1-14 —, dass der Tempel in Jesu Leib erneuert wurde, damit alle zu ihm pilgern können. Die Jünger sind also zur Völkermission aufgerufen, um das Verherrlichungswerk Jesu als Erntehelfer zu vollenden.

Folglich zeigt das vierte Evangelium mit vollem Recht wenig Interesse an der Definition des Wesens und der Organisationsstruktur einer christlichen Gemeinde, sondern legt vielmehr besonderen Wert darauf, ihr mit Hilfe biblischer Metaphern ihre permanente Aufgabe einzuschärfen: in Loyalität Gottes Heilswerk zu dienen, indem sie durch ihr öffentliches Zeugnis und in ihrer für alle erkennbaren Nachfolge Jesu die »Kinder Gottes« durch die Zeiten sammeln hilft. — Lit. s.u. S. 525-527.

---

412. Ediert und herausgegeben wurde das Fragment aus dem frühen 1. Jh. v.Chr. von M. BAILLET, Qumrân Grotte 4, DJD 7, Oxford 1982, 78f. Die Verwandtschaft mit Is 5,1-7 wurde von J.M. BAUMGARTEN, 4Q500 and the Ancient Conception of the Lord's Vineyard, JJS 40 (1989) 1-6, nachgewiesen, indem er u.a. das letzte Wortfragment »dein« sinnvoll mit »Weingarten« ergänzte und auf die Erwähnung des Kelters und des Tors hinwies, die beide auf diesen biblischen Text und zugleich auf Jerusalem verwiesen. Außerdem führt er rabbinische Parallelen an, die nahelegen, dass das qumranische Textfragment ein Lobpreis Gottes aufgrund von dessen Zion-Stadt enthält. Es sei noch darauf hingewiesen, dass IRENÄUS VON LYON IV 36.2 den Bezug von Mk 12,1-11, einen Text, der auch auf Is 5 rekurriert, auf Jerusalem noch kennt: »Er baute einen Turm, indem er Jerusalem erwählte«. Die Richtigkeit der Textrekonstruktion wird von G.J. BROOKE, 4Q500 1 and the Use of Scripture in the Parable of the Vineyard, DSD 2 (1995) 268-294, und W.J.C. WEREN, The Use of Isaiah 5,1-7 in the Parable of the Tenants (Mark 12,1-12; Matthew 21,33-46), Bib. 79 (1998) 1-26.13-16, bestätigt. Letzterer faßt zusammen: »Instead, the imagery of Isa 5,1-7 is taken up to describe the eschatological sanctuary, which will be a source of blessings«.

6. DIE VERSTÄNDIGUNGSEBENE ZWISCHEN AUTOR UND LESER: DER SUBTEXT

In den vorangegangenen Kapiteln des Teils C wurde ausgehend von der methodologisch geforderten, hier aber nur ansatzweise geleisteten und eher impressionistisch angedeuteten Rekonstruktion antiker Lebenswelt[413] zur gezielten Analyse von zentralen johanneischen Metaphern und ihres rhetorisch-strategischen Einsatzes in der theologischen Diskussion zwischen den im Text adressierten Personen fortgeschritten. Vorher konnte im Abschnitt B bereits die Aufmerksamkeit auf die Kunstfertigkeit des Verfassers im Gebrauch von Sprachspielen gelenkt werden. Wie die anfänglichen Informationslücken[414], narrativen Leerstellen[415], doppel- wie mehrdeutigen Ausdrücke, Rätselworte und das bei Kennern der Jesustradition Irritationen auslösende Spiel mit der synoptischen Erzähltradition[416] die Erzähldynamik steigerten und den Leseprozeß vorantrieben sowie letzteren immer gezielter auf den Evangeliumsschluß ausrichteten, so zielten auch die überraschend exakt erscheinenden chronologischen und topographischen Angaben, die erklärenden Hinweise und Kommentarworte auf den Leser zuerst und sind weit weniger bemüht, die Jesusgeschichte um neue historische Fakten zu ergänzen oder sogar die synoptischen Angaben zu korrigieren. Ebenfalls überschreiten die Darstellung des Miß- und Unverständnisses der Menschen im Erzählzeitraum, die bühnenreifen Einzelszenen — vor allem in Kap. 4, 9 und 18f. — als auch die Charakterisierung des Lieblingsjüngers als idealen Exponenten der Nachfolge Jesu mit Qualifikationszeugnis sowie die Verschränkungen der Erzählebenen und das epische Hologramm den Kontext der erzählten Welt und nehmen die Situation von möglichen Rezipienten in den Blick, indem sie die Bedeutung der Vergangenheit Jesu für ihre Gegenwart und Verhalten transparent werden lassen. In die gleiche Richtung zielen u.a. auch der

---

413. Methodologisch waren diese Kapitel an den einschlägigen Vorgaben von V. TURNER, Social Dramas and Ritual Metaphors, in: DERS., Dramas, Fields, and Metaphors. Symbolic Action in Human Society, Ithaca/London 1974, 23-59.25-33, orientiert. Denn eine Metapher bleibt solange schwer verständlich, wie ihr Bildspender, d.h. in diesem Fall spezielle Aspekte der antiken Lebenswelt, dem modernen Leser verschlossen bleiben.

414. Es geht z.B. aus dem Kontext von 1,29 nicht hervor, wie der Zeuge Johannes zu der Erkenntnis, Jesus sei das Gotteslamm, gekommen ist. Dies wird dem Leser erst 19,36 (vgl. Ex 12,5.46; Num 9,12; Ps 34,21; 11Q19 Kol. LII,4f.) endgültig klar. Auch bleibt der Grund für die Einladung Jesu und seiner ersten Jünger zur Hochzeit in Kana unbenannt. Er wird aber bereits 3,29 positiv thematisiert und danach in Kap. 8 negativ entfaltet.

415. Die Bedeutung »der Stunde« 2,4 z.B. wird erst im Verlauf der Erzählung immer klarer definiert.

416. Vgl. u.a. die 4,2 zurückgenommene Fehlinformation über die Tauftätigkeit Jesu wie die Vorverlegung des Tempelreinigungsdatums.

adressatenlose, aber nichtsdestoweniger programmatische Monolog Jesu 5,19ff. und die immer gleichbleibende Sprach- und in sich konsistente Stilkompetenz von ganz unterschiedlichen Personen, wenn ihnen zu sprechen gestattet wird. Sie sprechen bekanntlich alle wie der johanneische Jesus bzw. — korrekterweise — wie der Autor selbst, der auf diese Weise sicherlich nicht eine historische Gesprächssituation authentisch rekonstruieren, sondern sich vielmehr über ihre Inszenierung mit dem Leser verständigen will. Denn diese Diskurs- bzw. Identifikationsfiguren, die zumeist ebenso schnell wieder von der Bühne abtreten wie sie aufgetreten sind, animieren nur den Rezipienten, seine eigene Position zu den im Diskurs aufgeworfenen Fragen und geforderten Verhaltensnormen zu definieren. Ist z.B. sein Standpunkt kongruent mit der von Wundertaten abhängigen theologischen Schlußfolgerung des Nikodemus oder steht er der Samariterin näher? Kann er sich mehr mit dem standfesten Verhalten des Blindgeborenen identifizieren als mit dem des Gelähmten? Möchte er ein von Jesus geliebter Jünger werden und sich auf Jesus hin bewegen wie jener und Petrus? Wird ihn die Lektüre des Evangeliums ebenso zum festen Glauben führen wie die Sehschule der damaligen Jünger Jesu? Vor allem sprengt die manchmal umwerfende, zuweilen aber nur latent in einer Episode oder im Dialog lauernde Ironie die Erzählung auf, die die erzählte Wirklichkeit gekonnt destruiert und auf den Rezipienten hin öffnet. Die Beobachtungen sind alle sichere Indizien für die intensiven Bemühungen des Evangelisten, aus einer reflexiven Distanz zur erzählten Welt sich gerade über ihre überragend aktuelle Bedeutung mit dem Leser zu verständigen. Somit liegt die eigentliche Kommunikationsebene nicht im vorliegenden Oberflächentext, sondern hinter bzw. unter dem historisierenden Erzähltext und wird dementsprechend hier Subtext genannt.

Auch verwendet er bei dieser auf tiefere Verständigung zielenden Bemühungen gekonnt die von Shakespeare her bekannte Zwei-Bühnen-Erzähltechnik, die man hier bereits an der Samariterinepisode bzw. später am Pilatusprozeß studieren kann. So wird der Dialog Jesu mit der Samariterin mit seinem Gespräch mit den Jüngern derart gekoppelt, dass zugleich die missionarische Erntesituation der Rezipienten in den Blick tritt (vgl. 4,14b mit 35-38). Einerseits inszeniert er also die erzählte Welt Jesu auf die bereits erörterten Weise, so dass die Kunst-Geschichte Jesu als weiterhin bestimmende Basis für eine kreativen Gestaltung christlicher Existenz in einer ihr überwiegend feindlich gesinnten Umwelt (15,20) transparent wird. Andererseits legitimiert er seine gegenüber den Synoptikern neuartige Deutung der Jesusgeschichte mit zumeist traditionell biblischen Metaphern, die er für seine dezidiert geänderte theologische Sicht entsprechend funktionalisiert. Sie sind für diese literarische Vorgehensweise außergewöhnlich gut prädestiniert. Denn ihr Einsatz ist bekanntlich sprachlich der vorrangige Weg, um vom Bekannten (Bildspender) aus das noch Unerkannte[417] und deshalb verbal Unbezeichnete in einem Analogieverfahren annähernd zu erschließen. Dies gilt insbesondere für den antiken jüdischen Kulturbereich, wo neue Entwicklungen zumeist mithilfe der biblischen Tradition bewertet werden. Entsprechend transzendieren auch die verwendeten, zumeist traditionell biblischen Metaphern und Sprachspiele die erzählte Welt hin zu einer Deute-und Verständigungsebene, die der theologischen Identitätsfindung und individuelle Standortsbestimmung im Glauben dienen. Indem die bewußt ausgewählte Metaphorik die Jesusgeschichte eben mit biblischer Autorität deutet, wird so deren bleibende Relevanz für eine theologisch legitimierte christliche Identität akzentuiert.

Aus den beiden am auffälligsten verwendeten Metapherarten, die ausgeführte Bildrede vom Hirten bzw. vom Weinstock und die sogenannte Ist-Metapher, eignet besonders der letzteren ein hohes emotionales Übertragungspotential, indem sie den Leser noch intensiver stimuliert, seine existentiellen Erfahrungen mit dem genannten Vergleichswort auf Jesus zu übertragen als ihn mit demselben zu identifizieren. So lädt die Brot-Metapher (6,35) — im antiken Erfahrungshorizont verwandt, wo Brot das Grundnahrungsmittel war, was jedoch periodisch durch Mißernten und kriegerische Ereignisse verknappt und der Mangel folglich existenzbedrohend wurde, — den Ist-Vergleich mit einer Art emotionaler Elektrizität auf, die wiederum die soteriologische Kompetenz Jesu grandios unterstreicht, weil bei ihm — so wird behauptet — die Grundlage des alltäglichen Lebens (Brot und Trinkwasser) gewährleistet ist. Von dieser Aussage liegt dann der generelle theologische Vergleich Jesu mit dem unendlichen Leben nicht mehr allzu fern.

Um diese zentrale soteriologische Aussage zu stützen, emotional und affektiv zu vertiefen und für die Sendung Jesu bestimmend werden zu lassen, greift der Evangelist durchgängig in seinem Werk metaphorisch auf eine bildspendende Wirklichkeit zurück, die ihm am besten geeignet erschien, die Absicht Gottes, die dieser mit Jesu Sendung verband, mit dem Rezipienten auf grundsätzliche Weise abzuklären: die Geburtsmetapher. Schon im Mittelteil des Prologs wird als Ziel der »Inkarnation« des Logos die erneuerte Möglichkeit für eine Gemeinschaft mit Gott

---

417. Auf diese Weise deutet M. BLACK, Models and Metaphors: Studies in Language and Philosophy, Ithaca/London 1962, 242, die Funktion der Metapher im Sprachspiel.

genannt. Denn jener gab den wenigen, die ihn einstmals aufnahmen, d.h. den Glaubenden, die Vollmacht, Kinder Gottes zu werden. Die verheißungsvolle Ankündigung wird jedoch mit der rätselhaften Behauptung geschlossen, diese Vollmacht läge in der Tatsache begründet, dass jene eben nicht nur auf natürlichem biologischen Wege, sondern zusätzlich »aus Gott geboren« (1,13) seien. Deshalb wehrt Jesus auch das christologisch doch so relevante Lob des Nikodemus, er sei aufgrund seiner Machttaten erkennbar von Gott gesandt (3,2) mit dem Hinweis ab, wichtig für die Schau des Reiches Gottes sei nur die Geburt von oben bzw. durch den Geist (vgl. 3,3-9 mit 6,63). Danach wird in Kap. 8 die Abrahams- und Gotteskindschaft für die damaligen Landsleute Jesu rigoros abgelehnt, weil sie, indem sie ihn zu töten gedächten, den in der Tora offenbaren Willen Gottes mißachten. Ihre feste Tötungsabsicht lege vielmehr den ungeheueren Verdacht nahe, sie seien keine Söhne aus der Verheißung Abrahams, sondern bei einem illegitimen Beischlaf von Satan ehebrecherisch gezeugt worden. Denn nur solche kämen in Frage, wenn der Verheißung Gottes zuwidergehandelt werden soll. Jesus selbst ist nämlich nach dem unumstößlichen Zeugnis des Johannes der wahre Bräutigam Israels (2,4; 3,29), der in allem nur das tut, was ihm von seinem himmlischen Vater, dem Familienoberhaupt, aufgetragen ist.

Aber mit diesem vernichtenden Urteil ist die bohrende Frage aus 1,13 und 3,3-9 noch immer nicht positiv beantwortet, wie man denn »von oben« geboren werden könne. Indem der Verfasser in seinem Kommentar (7,39) zu den vorangegangenen Ausführungen Jesu über den Geist hatte durchblicken lassen, wann der exakte Zeitpunkt der Geistgabe gegeben sein werde, hatte er zugleich schon den Grundstein gelegt für eine heute befremdlich klingende Geburtsaussage zum Abschluß der Abschiedsrede: Jesus, der zu dem Zeitpunkt an der Schwelle des Todes steht und folglich schon begriffen ist, endgültig zum Vater hinüberzugehen, hatte seinen Jüngern vorher durch die Blume zu verstehen gegeben (16,16), dass es nur noch eine kleine Weile sei, wo sie ihn noch sähen könnten und wiederum nur eine kleine Weile verstreichen müßte, nach der sie ihn wieder sähen würden. Dieser knapp bemessene Zeitraum zwischen dem Hinüberschreiten und der Rückkehr Jesu zu den Seinen wird nicht nur anfänglich bei ihnen (16,20), sondern auch bei ihm »Trauer«[418] (vgl.

---

418. Gen 3,16 ist die einzige Stelle in der LXX, wo »Geburtswehen« mit »Trauer« im Plural (vgl. Joh 16,20.21a) anstatt korrekt wie 16,21e bzw. 16,33 mit θλίψις bzw. ὠδίν (1 Thess 5,3; Euripides, Phönizierinnen 355) wiedergegeben wird. Der Hinweis auf den Verweis Evas, von nun an würden alle Frauen unter Schmerzen gebären, benennt die irdischen Konditionen, denen Jesus wie seine Jünger ohne Unterschied ausgesetzt sind.

Gen 3,16 LXX), d.h. Schmerzen, wie sie die Geburtswehen begleiten, hervorrufen. Jesus selbst vergleicht also seine Todes*stunde* (16,21c) mit einer schmerzhaften Geburt, deren Todes-Wehen in dem Moment überwunden und sogleich vergessen sind, wenn die junge Mutter das Neugeborene in den Armen hält (vgl. Mi 4,8-12). Demnach wird erst zum Schluß der Abschiedsrede das Rätsel, wie man denn ein Kind Gottes werden könne, endgültig gelöst: D.h., indem Jesus im Sterben hinüberschreitet in den göttlichen Bereich, ermöglicht er zugleich auch die Neugeburt des ebenfalls »freudig« Glaubenden. Doch dieser schmerzhafte Geburtsprozess ist in den Augen des Evangelisten erst dann abgeschlossen, wenn dem Neugeborenen gemäß der biblischen Tradition der Odem des Lebens (Gen 2,7) eingehaucht worden ist. Dies wird 20,20-23 unter der Wiederaufnahme der Motive »Freude« (vgl. 16,20-22.24) und »Frieden« (14,27) berichtet, sodass der Prozeß, d.h. »die Stunde«, die Tod und Auferstehung Jesu umgreift, unter dem Aspekt der Geburtsmetapher soteriologisch deutbar wird: Das Lebensziel Jesu war darauf ausgerichtet, neues permanentes Leben für Neophyten zu stiften. Er hat damit unbezweifelbar die Aufgabe erfüllt, die er 5,21 für sich programmatisch in Anspruch genommen hatte: Er werde wie sein Vater lebendig machen. Denn von ihm habe er alles gelernt und er werde es ihm auch in diesem Punkt gleich tun. Unter diesem Aspekt treffen die Ist-Metaphern, er sei die *Auferstehung* und zugleich das *Leben*, auf ihn unmittelbar zu.

Zugleich war Jesu Übertritt in die himmlische Sphäre erkennbar kein endgültiger Abschied (vgl. 14,3.23), sondern mit seiner österlichen Rückkehr von dort mit dem Geist-Parakleten als Lebensodem werden die Jünger in die Familie Gottes eingegliedert (vgl. 20,17). Denn Jesus geht — wie er es selbst formuliert — »zu meinem und eurem Vater, zu meinem Gott und eurem Gott«. Dadurch sind sie endgültig »Kinder eines Vaters« geworden und ihre Integration in die göttliche Familie wird mit dem gemeinsamen Mahl am See von Tiberias (21,12f.) endgültig besiegelt. Jesu »Stunde«, die eindeutig von Anfang an (1,14b) in der katabatischen und anabatischen Bewegung Jesu prozeßhaft gedacht ist, dient also — theologisch betrachtet — zentral dazu, Gott dem Menschen in Gestalt von an Jesus Glaubenden wieder zugänglich werden zu lassen. Jesus hat als Grenzgänger den *Weg* zu Ihm erneut geöffnet, so dass mit vollem Recht diese Ist-Metapher (14,6) auf ihn appliziert werden darf. Dieser erneut eröffnete Zugang, der von seinem Auftreten an für Glaubende aller Zeiten gilt (10,7-10), ist zugleich auch die Vorbedingung für das göttliche Geschenk des unendlichen Lebens. Um dieses Lebensziel Jesu metaphorisch und symbolisch zugleich faßbar werden zu lassen, hat der Verfasser bekanntlich die Tempelmetaphorik als das zentrale theologische Konstitutivum in seinen Erzähltext durchgängig eingewoben.

Mit ihr und der Geburtsmetapher eng verknüpft sind auch die eine Zugehörigkeit zu einer antiken Lebensgemeinschaft beschreibenden Bilder vom verläßlichen Hirten und seinen Schafen, vom ertragsabhängigen Weinstock und seinen Reben, von Freundschaft und gegenseitiger Liebe, vom Sklaven und seinem Herrn (12,26; 16,20) sowie vom Weizenkorn, das ungesät allein bleibt, aber zum Sterben gesät viel Frucht trägt (12,24). Diese miteinander verwobenen Metaphern bilden so erkennbar ein in sich stimmiges Metaphernnetzwerk, das fest untereinander verknotet den tieferen soteriologischen wie ekklesiologischen, christologischen wie theologischen Sinn des Evangeliums, mit der eigenen Erfahrung des Lesers affektiv und emotional gesättigt, auf gekonnte Weise verständigungsreif präsentiert: Jesus repräsentierte den Leben spendenden Vater im Kosmos, so dass niemand von nun an hungern und dürsten muß, der ihm glaubt. Er hat den durch die Tempelzerstörung allen sichtbar in himmlische Fernen abgewanderten[419] und folglich unzugänglichen Gott in seinem Geschick wieder nah und zugänglich werden lassen. Die Einzelmetaphern lassen sich folglich den vier inhaltlichen Knotenpunkten der Verständigung zuordnen:

a. vorwiegend auf die Soteriologie verweisen: Licht, Brot, Wasser, Weizenkorn, unendliches Leben, Hochzeit, Niederkunft und kompetenter Hirt;

b. überwiegend zur theologischen Verständigung dienen: Wahrheit, Tempel und Vater;

c. christologisch ausgewiesen sind: Sohn, Weinstock, Hirt, Bräutigam, Licht, Wasser und Brot;

d. ekklesiologisch verwendet werden: Geburt, Weinstock und Reben, Freundschaft und Familie, Hirt und Herde, Herr und Sklave. Dabei ist beachtenswert, dass den ekklesiologische Aspekt keine amtskirchliche, sondern eschatologische und stark individuell demokratische

---

419. In der Antike wurde die Zerstörung eines Tempels zugleich auch als Auszug der in ihm residierenden Gottheit gedeutet: vgl. Tacitus, hist. V 13 »vox, excedere deos«; Fl. Jos., bell. VI 250.280.300; Timaios von Tauromenion (F 150a) berichtet, Alexander sei exakt in der Nacht geboren worden, in der der Artemistempel zu Ephesus gebrannt habe. Er fügt anschließend kommentierend hinzu: »das sei nicht verwunderlich, da Artemis, weil sie bei der Niederkunft der Olympias anwesend sein wollte, von ihrem Haus abwesend war.« [Cicero, de nat. deor. 2,69: »concinneque, ut multa, Timaeus, qui cum in historia dixisset, qua nocte natus Alexander esset, eadem Dianae Ephesiae templum deflagravisse, adiunxit minime id esse mirandum, quod Diana, cum in partu Olympiadis adesse voluisset, afuisset domo«.] Im Johannesevangelium wird die Zerstörung des Tempels als Produkt der Akkumulation von Sündenfolgen interpretiert, die Gott gezwungen haben, seine angestammte Wohnung zu verlassen. Denn die Leitungselite habe sich zu Quislingen der Römer verbiegen lassen, nur um Jesus los zu werden.

und zugleich gruppen-orientierte generalisierende Züge (z.B. »der Glaubende«) ausweisen. Kirche wird in ihrer Funktion und nicht in ihrer erst historisch gewachsenen Ordnungsstruktur gedacht[420].

Auf diese Weise wird die Lebensgeschichte Jesu zum Schluß in der Verehrung des Thomas (20,28) als Widerfahrnis des Göttlichen interpretierbar. Indem Jesus in seiner »Stunde« eine geschwisterliche Gemeinschaft mit dem Vater stiftete, ist deren gesellschaftlicher Bestand unter ähnlichen Konditionen wie zur Zeit Jesu eine bleibende Verpflichtung für alle Glaubenden, damit alle zukünftig von Gott Erwählten ebenso in ihr Aufnahme finden können, wie sie sie selbst gefunden haben. In johanneische Sprache noch einmal umgesetzt: Sie werden zum Quell für andere wie Gott Jesus in seinem Lebensvollzug damals zum Quell lebendigen Wassers hat werden lassen (vgl. 4,14b mit 7,39). Die Jesusgeschichte in ihrem Handlungskontext bildet folglich das göttliche Pilotprojekt, das maßgeblich für die eschatologische Weiterentwicklung ist, in der sich auch der Rezipient noch befindet. Darum kann davon gesprochen werden, dass die Jünger später ebenso wie Jesus selbst gehaßt würden, dass der »Apostel« nicht größer sei als der ihn ausgesandt habe (13,16c.20b; 17,18.20) und jeder, der ihn aufnähme, Jesus zugleich aufgenommen habe. Jeder, der an ihn glaube, auch die Werke tun werde, die er getan habe (14,12), u.z. noch größere als er zu seiner Zeit. Deshalb wird auch der Geist-Paraklet eingeführt, der zur Zeit des Lesers Jesus in gewandelter, aber in sich konsistenter Funktion ist (14,26).

Zugleich wird in den Metaphern aber auch das Konfliktpotential bedacht, das diesem besonderen Lebensweg innewohnte. Es gab und gibt z.B. nicht nur verläßliche, sondern auch egoistisch auf ihr eigene Lebenssicherung fixierte Hirten. Es kann auch die christliche Gruppenloyalität aufgekündigt und so der erforderliche Ernteertrag nicht erbracht, ja sogar der Bestand der eschatologischen Sammlungsbewegung im Geschichtsprozess gefährdet werden. Dieses Gefahrenpotential spiegelt sich symbolisch in der Gestalt »der Juden« wider, die — wirkungsgeschichtlich höchst gefährlich — in ihrer gruppenstabilisierenden Funktion als außenstehend definiert werden: Die Mehrheit der Zeitgenossen Jesu haben sich aus dieser Sicht an die aggressiv gottferne Weltmacht, der Dunkelheit, verkauft, um Jesus hinrichten lassen zu können, und für diesen Zweck sogar ihre traditionelle Bundesloyalität Gott gegenüber aufgekündigt. Diese Illoyalität aber war kein ausschließliches Privileg der damaligen

---

420. Methodologisch korrekt muss beachtet werden, dass keine Metapher durch eine weitere erklärt werden sollte. Doch sollte zwischen konventionell biblischen und im Diskurs ad-hoc gebildeten Metaphern unterschieden werden.

Majorität unter den von den Leitungseliten manipulierten Landsleuten Jesu, sondern bleibt eine lauernde Gefahr unter den Glaubenden selbst (6,60-66.70f.; 13,21-30). Sie könnten — wie einstmals Petrus — sich der immer drohenden Lebensgefahr entziehen wollen, deren Ursache im Konfliktpotential des Lebensprogrammes Jesu liegt, um ihr eigenes Wohlergehen unter Aufkündigung des Glaubens und der christlichen Gruppenloyalität zu bewahren. Damit hätten sie sich gleichfalls an die finsteren Weltmächte verkauft (3,19-21) und ihren christlichen Mehrwert, ein unfragmentiertes Leben, ebenfalls verspielt.

Das auf Verständigung zielende Metaphernnetzwerk umspannt zudem eine dezidiert gegenüber den Synoptikern umkodierte Darstellung des Wirkens Jesu in Wort und Tat. Der auffällige Sachverhalt bedarf der Aufklärung. Dies vermag das Netzwerk ebenfalls hinreichend zu klären. Denn bereits in den beiden Eingangskapiteln wird unüberlesbar auf das Lebensende Jesu verwiesen, wenn der Erstzeuge Johannes ihn unaufgefordert in kultischer Terminologie als »Lamm Gottes« bezeichnet, die Hochzeitsszene in Kana mit dem Verweis auf »die Stunde« Jesu, die jetzt noch nicht eingetreten sei, zusätzlich um einen Verweis auf eine spätere Zeitphase angereichert und die Tempelreinigungsszene unhistorisch vorangestellt und derart umgeschrieben wird, dass sie auf die Bedeutung des Todes und der Auferstehung Jesu verweist. Diese literarischen Akzente spannen bereits die drei ersten Einzelepisoden in einen dynamischen Prozeß ein, der zielgerichtet ist und in »der Stunde« seine Klimax erreichen soll. Anschließend wird in Dialogen und Monologen über die Bedeutung der Sendung und die Inakzeptanz Jesu bei seinen Landsleuten (und bei einem Großteil seiner ersten Anhänger), aber sein Willkommensein bei den Samaritern gesprochen.

Nach dieser umfangreichen und zugleich programmatischen Eröffnung des öffentlichen Wirkens Jesu in Wort und Zeichen (1,19-6,71) kommt es zwischen dem Laubhüttenfest und Chanukka zu einer vorher bereits angekündigten, nun schnell fortschreitenden Marginalisierung Jesu und seiner Jünger. Er wird verdächtigt, ein Samariter zu sein, und soll getötet (7,1.19.25; 8,37.40.59;10,31) und seine Anhänger aus der Synagoge ausgeschlossen (9,22) werden, weil sie seinem Anspruch Glauben schenken. Am Schluß ist Jesus — symbolisch lokalisiert — auf den Ausgangspunkt seines Wirkens zurückgeworfen, wo »Johannes zuerst taufte« (10,40). Der eigentlichen »Stunde« vorgelagert wird über zwei Kapitel hinweg vorausschauend die Gewißheit Jesu, bald sterben zu müssen, und deren Relevanz für seine Jünger aus Juden und den Völkern reflektiert. Ihnen wird exemplarisch in der Auferweckung des Lazarus vorexerziert, dass dem Glaubenden und deshalb von Jesus Geliebten das unendliche

Leben von Gott geschenkt wird. Dieser Gedankengang wird auch hier von der eingewobenen Metaphorik (vgl. 11,11-16; 12,24; 11,9f. mit 12,35f.) vortrefflich unterstützt.

»Die Stunde« Jesu (13,1ff.) selbst umfaßt wiederum zwei Aspekte, die schon bei der Verwendung der Geburtsmetapher eine Rolle gespielt haben. Einerseits durchschreitet Jesus einen eigenartigen Transformationsprozeß, der ihm schmerzhafte Grenzerfahrungen analog zu denen einer Gebärenden abverlangt, aber zugleich auch Schwellenüberschreitungen in den göttlichen Bereich und vice versa ermöglicht. Seine Jünger hingegen werden in dieser Grenzsituation, die sich auch in einem Rollenwechsel Jesu vom Herrn zum Sklaven spiegelt, einem Reinigungsprozeß unterworfen, der sie für eine neuwertige Gemeinschaft fit machen soll, die von gegenseitiger Solidarität und Loyalität geprägt sein wird, wie sie sie schon bei ihrem Herrn und Freund zu dessen Lebzeiten erfahren haben.

Den Abschluß des geschilderten dynamischen Lebensprozesses Jesu bildet die Erzählung von der zweiphasigen Eingliederung der Osterzeugen in die Familie Gottes durch die Ausstattung mit Lebensodem und der Teilnahme an dem Gemeinschaftsmahl am See. Auf diese Weise werden sie zusammen mit Jesus Geschwister eines göttlichen Vaters. Die so von Jesus begründete Gemeinschaft besteht fort, wenn der Glaubende, ohne nach rechts und links zu schauen, Jesus nachfolgt und sich so mit dem von einem Jesusfreund im Auftrag einer ebenfalls anonymen Wir-Gruppe niedergeschriebenen Bekenntnis und Zeugnis von vorangegangenen Glaubensgenerationen identifiziert.

Die in diesem Aufbauschema des Evangeliums ersichtliche Struktur, die sich aus der anfänglichen Marginalisierung Jesu, seinem Abschied als entscheidendem Übergang und der abschließenden Eingliederungsphase der Erstglaubenden zusammensetzt, erinnert an die klassische Beschreibung von Übergangsriten bei Arnold van Gennep (1909)[421],

---

421. A. VAN GENNEP, Les rites de passage, 1909, zitiert nach der deutschen Übersetzung von Klaus Schomburg und Sylvia M. Schomburg-Scherff, Frankfurt 1986, beschreibt auf S. 21 die »besondere Kategorie der *Übergangsriten* ('rites de passage')«, »die sich bei genauer Analyse in *Trennungsriten* ('rites de séparation'), *Schwellen- bzw. Umwandlungsriten* ('rites de marge') und *Angliederungsriten* ('rites d'agrégation') gliedern.« D.h. für den Aufbau des Johannesevangeliums, dass die Marginalisierung Jesu mit einem Trennungsritus vergleichbar sind, der Abschied Jesu in »seiner Stunde« (in Tod und Auferstehung) ein Umwandlungsprozeß beschreibt und die Osterwiderfahrnisse der Jünger nichts anderes als Angliederungsriten darstellen. Die grundsätzliche Bedeutung seines Erklärungsansatzes für biblische Texte wird im Heft 67 des Journals Semeia (1994) über »Transformations, Passages, and Processes: Ritual Approaches to Biblical Texts« (Hrsg. Mark MCVANN) aufgearbeitet.

dessen Analyse von vielen nachfolgenden Anthropologen und Ethnologen bestätigt wurden. Vor allem der Sozialanthropologe Victor W. Turner (1920-1983)[422] hat in seinen Felduntersuchungen seine Beschreibungskategorien bestätigt gefunden und gerade den Mittelteil eines Übergangsritus noch um einen Aspekt erweitert und präzisiert. Diese Kategorie findet sich auch im Evangelium wieder. Der lange und dramatische Abschied Jesu ist durchgängig bestimmt von dem Diskurs über eine neue Gemeinschaftsform der Glaubenden, in der sich dieselbe Liebe Jesu zu den Seinen wie in seinen Lebzeiten widerspiegeln soll. Bei Turner[423] wird dieser Zwischenzustand innerhalb des Übergangsritus als eine neue, aber instabile und mehrdeutige Gemeinschaftsform charakterisiert, die der Initiand durchläuft. Sie nennt Turner deshalb in Abhebung von normativen Sozialformen »communitas«. Einerseits werde der rituelle Prozeß des Übergangs in eine andere soziale Seinsform zuerst mit »negativen« Metaphern und symbolischen Handlungen wie Rollentausch[424], Sterben und Tod beschrieben wie der positive Part anschließend mit Vergleichen aus der Schwangerschaft und der Niederkunft charakterisiert werden könne. Dieses Beschreibungsmodell paßt fast schon zu ideal auf die johanneische Abschiedsszene, die mit der Fußwaschung Jesu als Zeichen der sozialen Statusumkehrung[425] eröffnet wird, um anschließend nach der rituell gebotenen und typischen Reinigung der Jünger die Konsequenzen aus dem neuen Liebesgebot[426] als Grundgesetz einer eschatologischen Gemeinschaft für die Erstberufenen diskutieren zu können. Die Diskussion wird mit der rituell getönten Metapher beschlossen, Jesu Prozeß ende metaphorisch letztendlich in der Geburt eines Neophyten[427]. Gleichzeitig

---

422. Eine gute Einleitung in die Theorien von Turner bietet: R.L. GRIMES, Beginnings in Ritual Studies, Columbia ²1995, 147-160.
423. Vgl. V. TURNER, The Forest of Symbols. Aspects of Ndembu Ritual, Ithaca/New York 1964, und DERS., The Ritual Process, Structure and Anti-Structure, Chicago 1969, 94-165.speziell 128f.
424. Vgl. a.a.O. 166ff.
425. TURNER, Ritual Process (s. Anm. 423) 106-108 (vgl. 166ff.), beschreibt dieses rituelle Verfahren als »liminality contrasted with status system« bzw. auf S. 97 definiert er die soziale Funktion der Rollenumkehrung, die mit Joh 13,14 weitgehend übereinstimmt, folgendermaßen: »Liminality implies that the high could not be high unless the low existed, and he who is high must experience what it is like to be low«.
426. TURNER, Ritual Process 128f., definiert wiederum: »Liminality, marginality, and structural inferiority are conditions in which are frequently generated myths, symbols, rituals, philosophical systems, and works of art. These cultural forms provide men with a set of templates or models which are, at one level, periodical reclassifications of reality and man's relationship to society, nature, and culture«.
427. TURNER, Ritual Process 98, verweist z.B. auf den Titel des Häuptlings der Ndembu, der u.a. »mother of Kanongesha« genannt wird, »because he gave symbolic birth to each new incumbent of that office« (vgl. Joh 21,15ff.).

bestärkt diese durchgängige Betonung des Gemeinschaftsgedankens[428] in der Abschiedsrede die These, diese nicht um zwei Kapitel quellenkritisch zu verkürzen, sondern gerade umgekehrt als zentral für die Intention des Gesamtwerkes zu betrachten.

Auch der Einwand, die ersten sechs Kapitel könnten in die Beschreibungskategorie »rite de passage« nicht eingerechnet werden, übersieht gefliessentlich, dass gerade dort diese wiederholt intensiv diskutiert und sogar von Jesus immer wieder vertreten wird: Er sähe sich und seine Jünger einem Prozeß unterworfen, in dem er zum erneuerten Tempel für die Begegnung mit Gott werde sowie Neophyten[429] nur seine Jünger (3,3ff.) werden könnten. Denn »wie Mose die Schlange in der Ödnis erhöht hat, so muß erhöht werden der Menschensohn, damit jeder, der an ihn glaubt, unendliches Leben habe« (3,14f.). Auch die Notizen über das Wallfahrtsritual Jesu (2,13.23; 5,1) verstärken diesen Eindruck. Deshalb muß ernstlich erwogen werden, ob der Evangelist als Grundlage all seiner Bemühungen dem Leser nicht eine gemeinsame hermeneutische Verständigungsplattform anbietet, auf der die Jesusgeschichte und ihre Heilsfolgen grundsätzlich als rites de passage gedeutet werden. Denn der Rezipient erfährt sich in den die Jesusgeschichte bestimmenden, aber auch für die wachsende göttliche Familie in der Menschenwelt immerfort notwendigen eschatologischen Prozeß eingebunden, der noch viele nachrückende Generationen übergreifen wird, um allen von Gott Erwählten ebenfalls die Chance zum Glauben und zu unzerbrechbarem Lebensglück zu geben. Deshalb redet der Verfasser wiederholt (1,50; 5,20; 14,12) von den *grösseren* Erfahrungen, die der Glaubende aus den Juden und den Völkern (4,35f.; 10,16.30; 11,52; 17,20; 21,11.15ff.) zukünftig noch machen werde.

Erneut bestätigt sich die These, dass die Jesusgeschichte im Johannesevangelium als Gegenwartsbuch aus der Retrospektive gedeutet wird, u.z. nicht aus historischem, sondern aus rituellem Interesse heraus. Sie hat das Fundament gelegt für einen rituellen Prozeß, in dem seine Anhänger fortwährend durch von außen erzwungene Marginalisierung mit ihrer Bereitschaft, Jesus mit allen Konsequenzen nachzufolgen, und sei es bis zum Blutmartyrium (12,23-26; 21,18f.), die Einbindung aller jener ermöglichen, die Gott in Jesus begegnen und in die göttliche Familie aufgenommen

---

428. Das Auftreten des sogenannten Lieblingsjüngers gerade in der Abschiedssituation, in der Jesus endgültig marginalisiert erscheint, legt eine ihrer besonderen sozialen Funktionen offen: In einer derartigen Schwellensituation werden intensive persönliche Beziehungen äußerst wichtig. Vgl. TURNER, Ritual Process 112f.

429. VAN GENNEP, Übergangsriten 37, definiert das gemeinsame Mahl als Angliederungs- bzw. Binderitus, so dass aus dieser rituellen Sicht die Jünger erst 21,12f. eindeutig in die göttliche Gemeinschaft eingegliedert erscheinen.

werden wollen. Auf diese Weise wird dem christlichen Leser ein fester Orientierungsrahmen geboten, der seine angefochtene Identität stabilisiert. Der Rückbezug auf eine ritualisierte Jesusgeschichte dient letztendlich dem Zweck, die Verläßlichkeit des skizzierten Orientierungssystems mit biblischer Metaphorik zu gewährleisten, den Leser emotional und affektiv aufzubauen, zu entsprechendem Handeln zu motivieren und ihm unzerbrüchliches Lebensheil in der aktiven Jesusnachfolge (14,1-4) zuzusichern. Auf rituelle Weise werden für ihn so seine aktuellen existentiellen Probleme durchschaubar und folglich besser lösbar: Er hat Anteil an einem eschatologischen Prozeß — so wird ihm konstant versichert —, dessen Bejahung Heil, dessen Ablehnung aber für ihn den Zorn Gottes (3,36) heraufbeschwört.

D. FAZIT[1]

Im Rückblick auf das gesamte Unterfangen hat sich die methodologische Grundentscheidung als glücklich und ertragreich erwiesen, die Lektüre des vierten Evangeliums nicht unter das — traditionell vorgegebene — leitende Interesse zu stellen, ältere Quellen, virtuelle Evangelien bzw. einen von den Synoptikern verschiedenen Zugang zum historischen Jesus erschließen bzw. diese Möglichkeiten ausschließen zu wollen, sondern mit der Lektüre unvoreingenommen auf der ersten Seite zu beginnen und sie mit dem textgeschichtlich als authentisch erwiesenen Kapitel 21 zu beenden. Auf diese Weise entfielen bei der Auslegung einerseits die ständigen Klarstellungen, auf welche Ebene der relativen Textchronologie eine inhaltliche Aussage zuträfe, sei es im synthetischen Modell à la R. Bultmann etwa auf der Stufe der Zeichenquelle oder auf der späten des »kirchlichen Redaktors«, sei es im traditionsgeschichtlichen Evolutionsmodell à la G. Richter auf der ursprünglichen einer Messias-wie-Moses-Christologie oder etwa auf der Ebene einer doketischen Christologie, andererseits reifte recht bald der anfängliche Verdacht zur beständig wachsenden Gewißheit, dass der Evangelist die Kenntnis synoptischer Texte und vor allem der Schrift für das Verständnis seiner Ausführungen voraussetzt.

Bereits der dreiteilige Logos-Prolog gab den entscheidenden Hinweis, wie das vierte Evangelium gelesen werden soll: Der theologischen Axiomatik wird immer der Vortritt vor deren geschichtlichen Verifizierung gelassen, die beide jedoch im Bekenntnis und Zeugnis einer anonymen Wir-Gruppe münden. Letztere werden aus dem Blickwinkel des Evangelisten als Zeugen benötigt, weil der Sendung Jesu als konkret endzeitlicher Gnadenerweis Gottes menschliche Eigeninteressen widersprachen, die das Verhältnis zwischen Gott und seinem Kosmos stets belastet haben und es weiterhin beeinträchtigen werden. Denn die Schrift, speziell die deuteronomistische Tradition, wußte bereits darüber zu berichten. Obwohl von Gott gesandt, — so interpretiert der Prolog aus den Erfahrungen einer

---

1. Vgl. auch L. SCHOTTROFF, Important Aspects of the Gospel for the Future, in: F.F. SEGOVIA (Hrsg.), »What is John?« I, Atlanta 1996, 205-210, und ebenda: D.M. SMITH, What I Have Learned about the Gospel of John?, 217-235.

christlichen Minderheit heraus im Rückblick das Jesusgeschehen weisheitlich — war dieser in seiner Heimat und bei seinen Landleuten mehrheitlich unwillkommen. Dieser Tatbestand ist kongruent mit der erlebten eigenen Wirklichkeit. Aber einige nahmen den Logos trotzdem auf und wurden aus diesem Grund Kinder Gottes. Sie bekennen und bezeugen nachträglich, welche Heilsgaben ihnen in Überfülle durch seine Inkarnation geschenkt wurden, die das gesamte öffentliche Wirken Jesu umfaßte, so dass sie ihre gegenwärtige Situation von jener ableitbar und weiterhin geprägt sehen.

Diese dreigliedrige Aussage im Prolog bestimmt auch die weitere Erzählung und läßt diese zu einer Kunst-Geschichte des Lebens Jesu werden: Obwohl von allen gesucht (1,19-51) und das eschatologische Heilsangebot allen in Israel (2,1-11) gilt, finden doch nur wenige zu Jesus, weil nur sie dem Hinweis des Erstzeugen Johannes (1,6-8.29-34) folgen (1,35ff.). Die Diskrepanz zwischen allgemeiner Sehnsucht nach dem eschatologischen Messias, dem auffälligen Hochzeitsgeschenk Jesu (2,1-11) und seinem mäßigen Erfolg wird in den folgenden Episoden grundsätzlich erläutert: Jesus, mit überragendem Wissen ausgestattet (1,48; 2,4.22-25; 4,16-18.29), erklärt vorweg außerhalb jeglicher gesicherter historischer Chronologie, warum ihm ein gewaltsames Geschick in Israel droht (2,13-22), er in Samaria aber willkommen ist (4,40-42): Er kann in Israel den nötigen Glauben (3,12.18; 4,48; 5,43ff.; 6,36) nicht finden, weil seine Mitmenschen mehrheitlich aufgrund ihrer Taten die Finsternis dem Licht vorziehen. Anklagend und schneidend wird dieser Sachverhalt von Jesus offen formuliert (vgl. 3,20 mit 5,29). Aber seine harschen Vorwürfe bleiben vorerst noch ohne jeglichen negativen Widerhall. Sie lösen keine öffentliche Reaktion von Seiten der von Jesus so hart attackierten Landsleute, sondern gerade mal leises Murren bzw. einen internen Streit (6,41.51) aus — und dies erst zum Schluß. Die beiden Übergangskapitel 5 und 6 thematisieren und erläutern narrativ noch einmal das jesuanische Heilsangebot (vgl. 2,1-11; 3,11-18.33-36a; 4,14.34 mit Kap. 6) und dessen Ablehnung (vgl. 2,13-22; 3,19-21.36bc; 4,44.48 mit Kap. 5). Folglich bereiten sie auch schon den offenen Konflikt Jesu mit den jüdischen Leitungseliten in Kap. 7-10 vor. Parallel zur Anklage seiner Landsleute entwickelt Jesus erst noch verschleiert, dann immer klarer den tieferen Sinn ihrer Verhaltensweise: Alles Angesagte muß passieren, damit in seinem Tod als Opferlamm das Heilsangebot Gottes endgültig perpetuiert werden kann. Seine »Stunde« (2,4), der in seinem Leib »erneuerte Tempel« (2,19-21), seine »Erhöhung« (3,14) sowie sein Leib als Lebensbrot und -blut (4,14.34; 6,47-58) verweisen alle bereits metaphorisch auf seine Passion als dem entscheidenden soteriologischen

Heilsdatum (1,29), von dem an jeder Glaubende, sei er aus Israel (4,53), sei er aus Samaria (4,21f.), unendliches Leben geschenkt bekommt. Die Voraussetzung für die eschatologische Heilsgabe der Neugeburt von oben (3,3) ist jedoch das Geschenk eines gefestigten Glaubens (5,21; 6,65). Mit dieser Vorstellung untrennbar verbunden ist der Gedanke von loyaler Jüngerschaft bzw. von Glaubensnachfolge. Aber diese vermag — überraschend für das dogmatisch immunisierte christliche Selbstbewußtsein heutzutage — gerade ein Großteil der damals bereits gewonnenen Anhänger Jesu nicht aufzubringen (6,60-66), weil ihnen Jesu Lehre zu »hart« erschien (6,60). Jesus selbst aber deutet ihre aktuelle Verweigerung der Nachfolge als schlimmes Vorzeichen für die Zeit, wenn er wieder erhöht sein werde (vgl. 3,13-15 mit 6,62f. [17,5.24]). Er diagnostiziert bei den meisten von ihnen (vgl. 6,63 mit V. 68) einen schwerwiegenden Mangel an Sensibilität für den Geist Gottes, der doch aus seinen Worten spricht (3,34). Ob zeitgenössische Mitjuden oder die aus diesen sich rekrutierenden Jünger, beide ohne Unterschied sieht und erfährt der johanneische Jesus und mit ihm der Zeugnis gebende Verfasser gleichermaßen vom Unglauben angefochten. Somit ist es das narrativ markanteste Kennzeichen der ersten sechs Kapitel[2], dass in ihnen keine offenen und direkten Reaktionen »der Juden« auf Jesu Anklagen erfolgen, sondern charakteristischerweise nur solche von seinen eigenen »Jüngern«. Das Jesusgeschick wird folglich aus dem Blickwinkel seiner Bedeutung für den nachösterlichen Glauben geschildert. Daraus definiert sich zugleich auch das angestrebte Aussageziel: Es geht um die Relevanz des Erzählten für jegliche Jüngerschaft, d.h. auch letztlich für den christlichen Leser. Denn dessen zeitliche wie kulturelle Distanz zur erzählten Welt wird in den Übersetzungshilfen ständig vorausgesetzt. Aber zugleich wird von ihm erwartet, dass er z.B. nicht nur den wirklichen Namen der »Mutter Jesu« kennt, sondern vor allem die bleibende Aktualität des Glaubenszeugnisses definitiv wahrnimmt. Denn darin erfährt er sich als jemand, der Jesu von Gott übergeben wurde (6,37.44.65). Erst von dieser theologisch durchreflektierten hohen Warte aus gewinnt die Erzählhandlung der Anfangskapitel ihre innere Kohärenz.

Doch ehe der Evangelist in den Kap. 7-10 zur Darstellung der geschichtlichen Verifikation und der dramatisch sich steigernden Realisation des

---

2. Die Komposition der ersten sechs Kapitel ist auf das Problem der Jüngerschaft fixiert: Nach der Einleitung 1,35ff. thematisieren die Kap. 2-4 die Basis jeglichen Glaubens im Geschick Jesu. Demnach bilden die Kap. 5 und 6 zusammen ein gewichtiges Übergangskapitel. Es ist funktional parallel zu Kap. 11 und 12 konstruiert. Beide Abschnitte fassen nämlich Vorhergehendes zusammen und bereiten zugleich Neues vor, das auf das bereits Berichtete schlüssig folgt.

vorher unter unterschiedlichen Blickwinkeln vom Zeugen Johannes bzw. von Jesus Angekündigten übergeht, sei zuvor ein Blick auf seine bislang verwendeten sprachlichen Stilmittel geworfen. Der hymnische Teil des Prologs atmet noch die beglückend als Sensation empfundene Erfahrung des bereits geschichtlichen Jesusgeschehens, dass Gott seine Schöpfung doch nicht sich selbst überlassen hat, sondern trotz aller Dunkelheit in der Menschenwelt weiterhin sein Licht nun erst recht in der Gestalt Jesu leuchten läßt. Die Reflexion über dieses Ereignis enthielt so bedeutende Sinnressourcen, dass sich ein vorliegender Hymnus semipoetisch zu einer umfassenden Leseanleitung für ein ganzes Evangelium ausarbeiten ließ. Ihr Reichtum — hinter biblischen Bildern, Assoziationen und Anspielungen programmatisch verborgen — soll eine Erwartung wecken, die in einer ebenso exquisiten Neuinszenierung der Jesusgeschichte gestillt werden soll. Diese gibt sich jedoch von vornherein als ein nicht ganz unabhängiger Entwurf des Evangelisten zu erkennen, da er sich bereits in der markanten Überschrift (1,19) referenziell wie bei den Synoptikern auf die Überzeugung[3] des Johannes beruft. Jener habe sich eingangs in einer Situation befunden, in der nach dem erwarteten endzeitlichen Heilsträger von höchster Instanz Israels gesucht wurde. Diese Suche ist für den Erstzeugen seit dem Zeitpunkt von Belang, an dem er selbst bei der Taufe Jesu dessen wahre Identität visionär erfahren hat. Dies wird formal kunstvoll in einer Rückblende berichtet. Sein Wissen gibt er danach an zwei seiner Jünger weiter. Sie und ihre Freunde finden in Jesus den so dringlich Erwarteten. Damit ist die auch für den Leser existentiell zentrale Thematik des Buches voll benannt: In ihm soll sich alles um das Suchen und Finden der wahren Bedeutung Jesu drehen. Doch dies ist keine einmalige Aktion, sondern umfaßt vielmehr die gesamte Jesusgeschichte. Nach der Ankündigung 1,50f. wird diese These kontrapunktisch in zwei Episoden entwickelt. Die beiden Zeichengeschichten in Kap. 2 verweisen erkennbar über sich hinaus, nehmen schon indirekt die Passion Jesu vorweg und nennen das Existential, in dem erst die Identität Jesu zur unumstößlichen Gewißheit wird: der österliche Glaube (2,11.22). Danach können in den beiden folgenden Kapiteln die tieferen Gründe, die zum Glauben bzw. zum Unglauben führen, mit verschiedenen Personen auf unterschiedlichen Bühnen diskutiert werden. Infolgedessen repräsentiert Nikodemus auf einer diejenigen Bewohner Jerusalems, deren defizitäre Glaubenshaltung Jesus bereits 2,23-25 durchschaut hat. Sie glauben an ihn

---

3. Das »Zeugnis« des Johannes darf man nicht einseitig als ein juridisches »Zeugnis« mißverstehen, sondern meint vielmehr die bei der Taufe Jesu gewonnene Glaubensüberzeugung, die sich im Bekenntnis niederschlägt.

aufgrund der Machtzeichen und nicht wegen der sich in jenen offenbarenden Identität Jesu, des aus dem Himmel herabgestiegenen Menschensohnes und Sohnes Gottes (3,13-17). In der Episode selbst wird zuerst weisheitlich — zusehend aber von der vorgegebenen Erzählsituation immer deutlicher abgehoben — der eschatologische Geschenkcharakter und die Heilsdimension des Glaubens — metaphorisch als Neugeburt von oben deklariert — thematisiert: Der Glaube basiert umfassend auf dem von Gott veranlaßten Jesusgeschehen einschließlich dessen Kreuzestod (3,14f.). Das Geschenk ist jedoch für jedermann freibleibend und kann dementsprechend auch abgelehnt werden (3,19f.). Der verallgemeinernden, gehäuft partizipialen und folglich definitorischen Sprache entspricht in dieser Perikope ein viele Ausleger irritierender Wechsel im sprachlichen Geschehen. Der Autor wechselt nämlich ohne erkennbaren Grund aus dem anfänglichen Dialog in den Monolog, so dass der Adressat des Schlußteils der Rede Jesu für viele Exegeten nicht mehr definabel ist. Deshalb wird er häufig einer virtuellen Quellenschicht zugeschlagen, womit man das inhaltliche Problem gelöst zu haben meint. Da jedoch der Monolog Jesu erkennbar kein authentisches Selbstgespräch wie etwa in den Beispielgeschichten des lukanischen »Reiseberichtes« widergibt, das eine innermenschliche Befindlichkeit widerspiegeln müßte, ist er vielmehr eine »gedachte Rede«[4]. Sie richtet sich analog zur Theaterpraxis nun nicht mehr an eine auf der Sprechbühne anwesenden Person, sondern sucht vielmehr den direkten Dialog mit dem Leser[5]. Insbesondere ihm wird vom johanneischen Jesus der Sinn seiner Sendung und der tiefere Grund seiner Ablehnung auf diese Weise umfassend erläutert. Es ist danach nur logisch und konsequent, wenn bald darauf die universale Mission (in der Gestalt Samariens), an der auch noch spätere Jüngergenerationen (4,31-38) partizipieren werden, thematisiert und der einmal gesponnene Erzählfaden und theologische Gedankengang mit dem Hinweis auf die ambivalenten Glaubenshaltung Israels (vgl. 2,1-11 mit 4,43-54) abgeschlossen wird. Auf diese narrative wie rhetorisch gekonnte Art soll sich der christliche Leser seines speziellen Status inne werden. Es kann deshalb nicht verwundern, wenn zum einen der Verfasser im Verlauf seines Evangeliums diese Erzähltechnik wiederholt[6] einsetzt und zum anderen

---

4. Vgl. W. PORZIG, Das Wunder der Sprache, [4]1967, 96ff.; J. MUKAROVSKY, Kapitel aus der Poetik, 1967, 108-153, die diese Erzähltechnik genauer untersucht haben.

5. Dies gilt m.E. in den sechs ersten Kapiteln ebenfalls für den Monolog des Zeugen 3,31-36 wie für die Rede Jesu 5,19ff.

6. Bereits in der Zeugenrede 3,26ff. greift er diese Erzähltechnik wieder auf. Auch Kap. 5 ist von ihr bestimmt.

der Leser auf diese Weise — wie Jesu Anhänger damals — aufgefordert wird, in ihm zu »bleiben«. Neben diesen beiden zumeist unbeachtet gebliebenen bzw. einseitig traditionsgeschichtlich gedeuteten Erzähltechniken setzt der Autor folgende schon in der Auslegungsgeschichte häufig benannten Erzählmittel ein: den Einsatz von mehr- bzw. doppeldeutigen Worten, von gekonnt inszenierten Mißverständnissen sowie gezielten Hinweisen auf ein entsprechendes Unverständnis einer betreffenden Situation bzw. Wortes gegenüber, die er anschließend für den Leser allein kommentiert. Sie verfolgen alle auch das Ziel, den Leser in die Erzählhandlung zu involvieren, indem der Verfasser mit ihnen u.a. eine Situation ironisiert bzw. ihre wahre Bedeutung kommentierend hervorhebt oder den eigentlichen Sinn eines mehrdeutigen Wortes erst im weiteren Verlauf der Erzählhandlung preisgibt. Ebenfalls darf nicht überlesen werden, auf welch geschickte Weise der Evangelist die eigentliche Erzählzeit ausdehnt bzw. sie miteinander verschränkt. Dies verhindert, dass der Leser über die (fiktionale) Axiomatik in den Reden Jesu deren Gebundenheit an historische Situationen und Fakten vergißt. Bereits die 1,19-34 eingesetzte narrative Rückblendetechnik, weiterhin die gezielt verwandten Verben wie z.B. »zelten« und »bleiben«, die Übersetzungshilfen und Kommentarworte — die beiden letzteren markieren die Zeitdifferenz zwischen dem öffentlichen Wirken Jesu, Ostern und der Gegenwart des Lesers — weiten den geschichtlichen Erzählrahmen in die biblische Vergangenheit wie in die Zukunft hinein aus. In einem epischen Hologramm spiegelt sich so die dreidimensionale Relevanz der Jesusgeschichte. Dementsprechend wirken die vielen Festreisen Jesu zwischen Galiläa und Jerusalem nicht mehr so auffällig, da sie dessen öffentliches Wirken im Unterschied zu den Synoptikern um wenigstens zwei Jahre verlängern. Parallel dazu erfolgt mit gehäuft verwandten partizipialen Formulierungen wie u.a. »jeder, der glaubt« bzw. »der Glaubende« etc. eine Individualisierung wie Generalisierung, die die Bedeutsamkeit dieser Neuerzählung der Jesusgeschichte über den Berichtszeitraum hinaus verlängert. So wird die Jesusgeschichte bewußt entgrenzt und deren definitive eschatologische Endpunkte durch konträre präsentische und futurische Aussagen bestimmt, dass der Leser sich von einer eschatologisch bedeutsamen Vergangenheit wie von einer dazu kongruenten Zukunft eingebettet fühlt. Zusätzlich unterstreichen Schriftverweise die Aussagen autoritativ.

Aus diesem Grund ist es nicht mehr verwunderlich, dass auch die synoptische Erzähltradition dem Neuentwurf unterworfen ist. Indem sie teils übernommen, teils Einzelmotive aus den Synoptikern frei zusammenfassend, teils neu kombinierend, teils umgebildet, teils korrigierend, teils abweichend von der Vorlage wiedererscheint, verweist dieser Tatbestand nicht auf unterschiedliche, aber irgendwie doch verwandte Quellen, sondern vielmehr auf die schriftstellerische Kreativität des Evangelisten, der sie in seiner unverwechselbaren Handschrift für die Neuinszenierung nutzt und mit ihr elegant spielt, wobei er einen kundigen Leser voraussetzt, der seine Anspielungen erkennt und zu deuten versteht. Auf diese Weise wird der Rezipient angeregt, über die auffällige Besonderheit die theologische Eigenständigkeit der auktorialen Intention zu bedenken. Bei dem Sättigungswunder und dem Seewandeln 6,1-21 z.B. sind die Übereinstimmungen mit den Synoptikern so frappant und alle Abweichungen von der Vorlage erklären sich einfach aus der neuen Ausrichtung der Komposition. Bei der Salbung Jesu 12,1-8 sind Erzähldetails aus Lukas und Markus mit dem Ziel frei kombiniert, dass allein der Verräter (vgl. 6,71 mit 12,4) das Verhalten der Frau insgesamt kritisiert, folglich sich selbst desavouiert und der Erzähler ihn abschließend pointiert als korrupt charakterisieren kann.

Die generellen Ankündigungen und Ausführungen Jesu in den ersten sechs Kapiteln konkretisieren sich in Kap. 7-10. In ihnen kommt es zum Rechtsstreit mit den jüdischen Leitungeliten über Jesu Sendung. Obwohl die Anwesenden in ihrer Einschätzung Jesus gegenüber anfänglich gespalten sind, geht die ihm übelgesonnene Partei unter »den Juden« nicht sofort gegen ihn vor. Selbst das von den Pharisäern ausgesandte Verhaftungskommando läßt sich von seiner Ausstrahlung aus pharisäisch elitärem Blickwinkel heraus »betören«. Jedenfalls hindern jene Jesus nicht, öffentlich im Tempel zu lehren. Erst eine Gruppe, die vorgibt zu glauben (vgl. 6, 60-71), und deshalb von Jesus an die lange Vorgeschichte von Untreue Gott gegenüber erinnert wird, bekommt in einem forensischen Streit um seine Abstammung von außergewöhnlicher Dramatik aufgezeigt, dass nicht er, sondern sie illegitime Söhne Abrahams und im Ehebruch vom Teufel gezeugt seien. Verständlicherweise gerät sie außer sich vor Wut und will ihn umgehend lynchen. Doch sie vermag es in dem Augenblick noch nicht, weil Jesu »Stunde« noch nicht gekommen ist. Dafür gerät ein von seinem schweren Geburtsfehler Geheilter in das Visier der Pharisäer. Dieser hält standhaft trotz aller Drohungen an dem ihm noch unbekannten Wundertäter fest. Sie wollen nämlich jeden aus ihrer Synagoge ausschließen und so gesellschaftlich marginalisieren, der Jesus als Messias bekennt. Nicht nur durch den Beschluß der Pharisäer werden beide, Jesus und der Geheilten, zu einer Schicksalsgemeinschaft zusammengeschweißt, sondern die paradigmatisch gezeigte Loyalität beweist Jesus, dass darin der Grundstein für eine Herde gelegt ist, die ihm, dem kompetenteren Hirten, und nicht den Pharisäern folgt. Zusätzlich kündigt er an, dass diese Herde in Zukunft durch Tiere aus den Völkern ergänzt werde. Jesu Anspruch, Gottes endzeitliche Herde als dessen wahrer Sohn weiden zu dürfen, führt zum endgültigen Bruch, weil »die Juden« ihm unterstellen, er mache sich mit diesem Anspruch selbst zu Gott. Deshalb wollen sie ihn erneut steinigen. Aber er entkommt und kehrt an den Ort zurück, wo Johannes ihn (vgl. 1,28 mit 10,40) getauft und bezeugt hatte. Damit ist der zweite Akt abgeschlossen.

Analog zu Kap. 5 und 6 benötigt der Autor wiederum zwei Übergangskapitel, um auf der Basis der vorangegangenen Thematik die neue von der Bedeutung des Abschieds Jesu für seine damaligen wie zukünftigen Anhänger zu entwickeln. Indem Jesus seine weiterhin unverständigen Jünger (vgl. 11,7-16; 13,36-38) auf die Bedeutung der unmittelbaren Nähe seiner »Stunde« ohne sichtbaren Erfolg vorbereitet, wird dem Leser klar, welche einschneidenden Konsequenzen diese für seinen (nachösterlichen) Lebensvollzug haben wird. Denn die Schilderung des langen Abschieds Jesu wird mit einem markanten Heilszeichen eröffnet, das die Auferweckung des Lazarus mit dessen eigenem Geschick verknüpft. Damit wird auf die Heilsdimension »der Stunde« verwiesen: Jesus stirbt, um seinen Freunden das unendliche Leben zu sichern, wenn sie nur glauben (11,26f.40-42). Sie wiederum müssen als überlebende Zeugen der in der »Stunde« vermittelten Heilsgabe Jesu gewärtig sein, ebenfalls getötet zu werden (12,10f.), weil sie wie er vor ihnen den (politischen) Interessen der jeweiligen Leitungseliten im Wege stehen. Das Auftreten der »Griechen« (12,20) signalisiert Jesus das definitive Datum seiner »Stunde«. In der großartig gestalteten Abschiedsszene Kap. 13-17 erläutert er letztmalig in Wort, Tat und Gebet die Relevanz seiner Passion. Sie ist ein letzter Dienst für sie und zugleich ein dynamischer Übergangsprozess für beide Seiten: Zum einen werden die Jünger in die Lage versetzt — loyal zu ihm und solidarisch untereinander — den von Gott gewünschten eschatologischen Missionsertrag global zu erwirtschaften. Dazu wird ihnen die Sendung des Parakleten zugesichert. Zum anderen erlaubt ihm »die Stunde«, die als Geburtsweheninitiation (vgl. 16,20-22 mit 20,22) für Mutter und Kind gedeutet wird, die Rückkehr zum Vater. Diese bezieht alle Jünger bis zum Ende aller Zeiten in die seit Urzeiten existierende Heilsrelation (17,5) zwischen Vater und Sohn (20,17) durch die lebenspendende Geistgabe (20,22 = Gen 2,7) ein. Der Epilog Kap. 21 gewährt einen Ausblick in den von Jesus selbst noch angekündigten Fortgang seines Lebenswerkes (vgl. 4,36f.; 10,16; 11,52; 13,16.20; 14,12; 17,11.18; 20,21.23 u.a.). Die universale Sammlungsbewegung wird vom Auferstandenen selbst noch symbolisch initiiert. Der angekündigte gewaltsame Tod Petri unterstreicht letztmalig, dass die Bereitschaft zum öffentlichen Zeugnis für und Bekenntnis zu Jesus ohne Rücksicht auf das eigene Wohlergehen (15,20) ein wesentlicher Bestandteil der Nachfolge Jesu (21,22) ist.

Auf der Grundlage der leserorientierten Analyse des Gesamttextes hat sich seine literarische wie konzeptionelle Einheitlichkeit erwiesen:

1. Wie selbstverständlich nimmt der Erzähler einen nachösterlichen theologischen Standort ein. Er will keinen historischen Bericht bzw. einen Geschichtsroman über das Leben Jesu verfassen, sondern reflektiert dessen Bedeutung. Deshalb zielt die Darstellung der Jesuszeit mit ihren vielen unter einem österlichen Vorbehalt stehenden Aussagen auf die mit Ostern beginnende, mit der Geistgabe begründeten Glaubenszeit, die wiederum über die eigene Zeit hinaus generalisierend alle zukünftigen Glaubenden zu umfassen versucht.
2. Diese Intention wirkt sich auch auf sein Verhältnis zum Judentum aus. Da er selbst Jude ist, der z.B. das Spiel mit intertextuellen Bezügen (vgl. 20,22 mit Gen 2,7; 16,21 mit Gen 3,16) bewundernswert beherrscht, sind seine nicht nur heute despektierlich klingenden Aussagen über »die Juden« keineswegs antijüdisch gemeint, sondern ein innerchristlicher summarischer Ausdruck von Geschichtserfahrungen mit unterschiedlichen Weltmächten, die sich in der Reflexion über die Jesusgeschichte unter dem Ausdruck »die Juden« subsumieren ließen. Er ist ein Beleg für ein Gruppenbewußtsein, das seine Geschichte als Rucksack immer bei sich trägt[7]. Dass er zwischen »den Juden« und realen jüdischen Mitbürgern zu unterscheiden versteht, zeigen seine positive Einschätzung der Glaubensgeschichte Israels (4,22; 12,13-15 etc.), seine durchaus sympathische Zeichnung des Charakters jüdischer Personen, seien es Jünger, geheime Jünger oder Jesus nahestehender Personen, und vor allem die Anerkennung der Schrift als letzte Instanz und Autorität.
3. Der Rückbezug auf die Schrift gibt seiner Geschichtsdarstellung und -reflexion erst ihre Legitimität und Überzeugungskraft.
4. Die biblischen Metaphorik bildet die eigentliche Verständigungsebene zwischen Erzähler und implizitem Leser. Denn die mehrdeutigen Sprachspiele im vierten Evangelium verlangen nach Klarstellung, die vielen Mißverständnisse nach Eindeutigkeit. Der Einsatz von biblischen Bildern, Metaphern und Symbolen bindet den Leser mit seinem kreativen Assoziationspotential in die Erzählhandlung ein und setzt zugleich dessen Bibelfestigkeit voraus.

---

7. Vgl. BDM 387.

5. Die Tempelmetapher in Verbindung mit der vielseitigen Familienmetaphorik signalisiert, dass ein vielschichtiges und engmaschiges Metaphernnetzwerk das vierte Evangelium umspannt, das der Verständigung zwischen Autor und Leser dient.
6. Die Bildlichkeit bringt zum Ausdruck, dass eine enge Korrelation zwischen Theologie, pneumatischer Soteriologie/Christologie und eschatologisch orientierter Ekklesiologie besteht, die es unmöglich macht, den ekklesiologischen Aspekt im Johannesevangelium (vgl. 1,35ff.; 2,11.17.22; 3,22; 4,27ff; 6,60ff.; Kap. 9-10) zu verneinen. Denn die Tempelmetapher, die der Erzähler von Jesus auf seinen Passions- und Verherrlichungskörper (2,19-21) angewendet wissen will, aktiviert die biblische Vorstellung vom Begegnungszelt (4,21-24), wo man den Heiligen verehrt, Engel die Offenbarungswirklichkeit widerspiegeln (1,51), der Hohepriester in den himmlischen Bereich hinübertreten darf (u.a. Sach 3,7; Philo, somn. I 215; Paral. Jer 9[8]) und wohin man — nicht zuletzt — wallfahrtet.
7. Die dem Tempel eignende Mittlerschaft prägt die johanneische Christologie intensiver als die von der Parallelität des himmlischen wie irdischen Gottesdiensts im Tempel (vgl. 4QShirShabb). Dies korrigiert die die Auslegungsgeschichte der letzten beiden Jahrhunderte bestimmenden Mißverständnisse, Jesus sei im vierten Evangelium entweder als »ein über die Erde wandelnder Gott« oder als menschlicher Gesandter Gottes, also als »der Prophet wie Mose«, dargestellt. Die beiden von den Auslegern im Evangelium eruierten, trotz vieler Harmonisierungsversuche unversöhnbar gebliebenen Vorstellungen verdanken sich zwar traditionellen christologischen Denkmustern, übersehen aber die zutiefst relationale Qualität der Tempelmetapher. Im Menschen Jesus begegnet man Gott. Er ist für den Glaubenden Gott für die Welt, ohne dass er dafür sein Menschsein aufgeben müßte. Denn der Tempel ist nie mit Gott identifiziert worden. Die relationale Christologie des vierten Evangeliums verbindet soteriologisch Himmel und Erde, Anfangslosigkeit und Geschichte, Not und Beistand.
8. Die Tempelmetapher bildet auch einen Knotenpunkt zur Ekklesiologie. Denn eine ihrer Vorstellungsformen, in der der Tempel als von Gott auf Zion gepflanzter Weinberg betrachtet wird, wird im vierten Evangelium auf das Verhältnis von Rebe und Rebstock (15,1ff.) appliziert, wobei der Rebstock Jesus, die Rebe den Glaubenden und Gott den Winzer darstellen. Wiederum ist der relationale Aspekt betont:

---

8. Selbstverständlich ohne die späteren christlichen Zufügungen, die jedoch leicht erkennbar sind.

Beide sollen gemeinsam um einen möglichst hohen Ernteertrag für den Winzer bemüht sein. Dies kann nur mit Hilfe gegenseitiger Loyalität gelingen.
9. Loyale Solidarität wird u.a. 6,55; 7,37-39; 10,16; 12,26; 13,34 in immer neuen Variationen gefordert, so dass dieses Thema zu einem zentrales Anliegen wird, das der Verfasser mit seinem Evangelium verbindet. Der Erzähler sieht die standhafte Loyalität und Solidarität in der Nachfolge Jesu, die auch den Tod des Zeugen implizieren kann, durch aktuelle äußere Einflüsse gefährdet. Aus diesem Blickwinkel heraus ist das Verhalten von Judas und »der Juden« Jesus gegenüber nur ein Spiegelbild von dem, was der Leserschaft aus der Perspektive des Evangelisten droht.
10. Sie wird auch aus diesem Grund auf ihren Ursprung festgelegt: Sie wurden unter Geburtswehen und dem Geschenk des Geistes »Von-oben-Wiedergeborene« (1,12f.; 3,3-6; 16,21; 20,17.22) und bestellt, in der Ernte Gottes nach Kräften mitzuhelfen. Der Glaubende aller Zeiten bleibt so dem Lebensritual Jesu für immer verhaftet.

E. ANHANG

ERNST HAENCHEN
GNOSTISCHE UND JOHANNEISCHE WELTSICHT

Jede Epoche, jedes Zeitalter hat seine besondere Optik, seine eigene, nur ihm eigentümliche Art, die Wirklichkeit zu erfassen und sich in ihr zu orientieren, seine eigene Art, die Welt zu sehen, eben seine ‚Weltanschauung'. Eine Weltanschauung in diesem tiefen und ursprünglichen Sinn ist also nichts, was man machen oder dekretieren bzw. mit einem Erlaß oder nur mit ideologisch eingefärbter Propaganda einfach so mal einführen könnte. Man kann sie sich nämlich nicht nach Belieben aussuchen und auswählen, sondern sie ist der ganzen Epoche, dem ganzen Zeitalter — vielen Jahrhunderten zumeist — schicksalhaft gegeben, und jeder einzelne, mag er nach Art, Temperament und Charakter noch so verschieden sein, lebt in ihr, ob er es will oder nicht. Von dieser Art, die Wirklichkeit zu erleben und zu erfassen, ist jedes Dasein so tief bestimmt, so bis in jede Einzelheit hinein gestaltet, wie man es sich nie hat träumen lassen. Wie die heutige z.B., von Technikern ersonnen und erbaut, von Politikern geplant und von allen geschaffen, all das beruht auf einer bestimmten, diesem Zeitalter eigentümlichen Weise, die Welt — das Wort ganz umfassend genommen — zu sehen. Wenn dann einmal — vielleicht nach vielen Jahrhunderten — der Lebenstag einer solchen ‚Weltanschauung' abgelaufen ist, dann scheidet sie nicht ohne Angst vor Orientierungsverlusten, indem man meint, eine ganze Welt scheine zusammenzustürzen.

In einer solchen Zeit des Übergangs bekommen die Worte, die man ja nach wie vor gebraucht, unmerklich und gleitend einen anderen Sinn. Ein Beispiel soll es uns zeigen, das uns zugleich mitten in die Frage hineinführen wird: Die Griechen nannten die Welt ‚Kosmos'. Das Wort bedeutet eigentlich soviel wie ‚Schmuck', ‚Ordnung', ja sogar ‚Harmonie'. In dieser Bezeichnung der Welt kam zum Ausdruck, wie sie sie sahen: als eine große und wunderbare Ordnung. Wohl gibt es in ihr auch Kampf und Streit, Unrecht und Not. Aber all das vermag den Grundcharakter der Ordnung nicht aufzuheben; die Waage des Unrechts und der sühnenden Strafe schwingt immer wieder ins Gleichgewicht, und wenn der Mensch das rechte Maß hält, die Mitte zwischen Verzagtheit und Übermut, wenn seine Zuversicht, sein Selbstvertrauen nicht zur Hybris wird, zur lästernden Vermessenheit, wenn er sich in die große Weltordnung einfügt, dann wird er in dieser Harmonie das Ganzen auch gedeihen und glücklich sein. Diese Welt der Schönheit, des rechten Maßes, der Harmonie, der Ordnung zeigt auch das Göttliche und das Menschliche im Einklang: die Gottheit ist nicht fern, ist nicht in einem unzugänglichen Jenseits von der Welt; sondern Baum und Feld, Berg und Haus, Stadt und Meer sind durchwaltet von den himmlischen Mächten. Wie sehr das Menschliche und Göttliche sich nähern, das belegen nicht bloß die zahllosen Geschichten von Göttersöhnen, Halbgöttern und Heroen, sondern die Tatsache, dass sogar die noch nicht gerade ehrenwerte Zunft der Diebe ihren Schutzgott hat in Hermes, der bekanntlich gleich nach seiner Geburt die Rinder des Sonnengottes stahl, und das mit einer Gerissenheit, dass es eines göttlichen Scharfsinnes bedurfte, um den Dieb zu ertappen. Alles Menschliche hat in dieser altgriechischen und homerischen Welt sein himmlisches Ebenbild und damit seine Rechtfertigung und seinen Schutzgeist: der Krieg in Ares, vor dessen Gebrüll das Herz des Zaghaften erschrickt, die Weisheit in Pallas Athene, der Göttin mit den klugen, großen Augen, die Schönheit in Aphrodite, deren Liebreiz niemand widersteht und neben der doch die spröde Jägerin Artemis steht, die jungfräuliche Schwester des leuchtenden Apoll, der nicht bloß den Reigen der Musen anführt, sondern den tödlichen Bogen mit den Pestpfeilen zu handhaben versteht. Über ihnen allen aber thront die väterliche Gewalt des großen Zeus, des Götterkönigs, des Vaters der Götter und Menschen. Licht und Schatten, das Vertraute und das Unheimliche, das Rätselhafte und das von der Vernunft erhellte — alles ist eingeschlossen in die eine übergreifende Ordnung, den großen göttlichen Sinn des Lebens und der Welt.

Eben dieses Wort ‚Kosmos', das einst die Welt als eine wunderbare, göttliche Ordnung bezeichnete, dasselbe Wort ist später zum Inbegriff alles Versucherischen, Bösen und Gottentfremdeten geworden. Denn es schöpft nun seinen Sinn aus einer bis in die Wurzeln verwandelten Stellung zum Ganzen des Daseins. Diese Verwandlung hat sich in den Jahrhunderten vor Christi Geburt vollzogen. Es ist, als lebten die Menschen nun gar nicht mehr in derselben Wirklichkeit, oder als habe die Wirklichkeit mit einem Male ein ganz anderes Gesicht bekommen. Wie sollen wir dieses Neue beschreiben, das in der Philosophie Platons zum ersten Mal mit fremden Klängen, mit Verachtung des Sinnlichen und mit Jenseitssehnsucht, sich ankündigt?

Beginnen wir mit dem Einfachsten: Der Mensch fühlt sich nicht mehr zuhause in der ihn umgebenden Welt. Er meint erlebt zu haben, es gehe ein tiefer Riß mitten durch sie hindurch. Sie ist ihm nicht mehr vertraut, sondern fremd und unheimlich geworden, und in demselben Maße, wie sie dem Menschen entfremdet ist, fühlt er sich selber in ihr als Fremder, der aus seiner wahren Heimat wie bei einem Himmelsturz herauskatapultiert werde. Zwar hat der Mensch noch sein Leben in dieser Welt, aber es ist nicht mehr sein eigentliches Dasein, das er hier führt. Er kommt gar nicht mehr zu sich selber, sondern er ist sich selbst entfremdet. Sein Leben hat den eigentlichen Sinn verloren; es ist ein Leben wie in einem betäubenden Rausch, voller Trugbilder und Scheinwesen, eben ein Leben, das keine wirkliche Ruhe gewährt. Die ewigen Wurzeln der Existenz sind verdorrt und abgeschnitten; der Mensch hat die Verbindung verloren mit dem eigentlichen Quell der Kraft und der Freude, mit Gott.

Dies gilt nicht nur für den griechischen Commonwealth, sondern zugleich auch für den jüdischen. Die vielen hundert Jahre der Unterdrückung und persische und hellenistische Beeinflussung haben die Zuversicht in Gottes geschichtsmächtiges Handeln in weiten Kreisen erlahmen lassen. Der Gott Abrahams, der jenem das weite Land Israel zu eigen gab, der Gott Mose, der Israel nicht in der Knechtschaft ließ, sondern sich frei ihm verpflichtet hatte, der Gott Davids, der staatliche Souveränität schenkte, der Gott der Propheten, der sich der Schwachen annahm, war er seiner Treue nicht mehr eingedenk? Hält sich Gott im Weltgeschehen nur bedeckt oder hat er sich vielleicht sogar gänzlich von seinem Volk zurückgezogen, lautet die bange Frage, die sich die jüdische Apokalyptik stellt.

Die Geschichte scheint vollkommen pervers und korrupt zu sein, sie gehört auf den Scheiterhaufen des göttlichen Gerichts, aus dem — wie Phönix aus der Asche — eine neue Welt und Menschheit ersteht. Aber noch steht das Enddrama aus, man steht schutzlos den Wirren gegenüber, heimatlos im eigenen Land!

Gott ist fern, ja ganz fern gerückt. Er thront unzugänglich im dritten oder sogar im siebten Himmel, unerreichbar und unfaßbar für den Menschen, Himmelreisen entfernt. Einst war der menschliche Geist mit ihm vereint in einem Reich des Lichts und genoß dort göttliche Freuden. Aber er ist nicht dort geblieben, sondern hat sich verlocken lassen, für den Griechen, von der Materie, der Leiblichkeit und der Sinnlichkeit, für den Juden, von seiner Hybris, gottgleich zu sein. Er ist für die einen gefallen, für die anderen vertrieben, jedenfalls hinabgesunken in die Sterblichkeit, in die Körperwelt mit ihren Begierden, ihrem Dunkel und Schmutz, und zwischen Gott und ihm haben sich die Dämonen, die personifizierte Entfremdung, eingenistet.

Auch die alten Griechen hatten von den *Daimones* gesprochen, den ‚Dämonen'. Aber für sie besagte dieser Name nicht viel anderes als ‚Gottheit', vielleicht eine Gottheit geringerer Macht, untergeordneter Stellung — denn auch unter den Göttern gibt es hoch und niedrig wie bei den Menschen. Aber die *Daimones* waren nichts Böses, sondern *Eudaimones*, gute Geister eben. Jetzt haben aber auch sie ihr Wesen gewandelt wie alles andere: Sie haben eine eherne, unübersteigbare Mauer aufgerichtet zwischen Himmel und Erde, um die Seele in ihrer Gewalt zu behalten und sie nicht zurückzulassen in ihre eigentliche Heimat: den Himmel. Ja wirklich, es gibt Tore in dieser Mauer, aber da sitzen nun die Dämonen, die überirdischen und bösen Mächte, bis zu den Zähnen bewaffnete Soldaten und lassen niemanden passieren, den sie nicht kennen und dem sie nicht gewogen sind.

Was in diesen oder ähnlichen Bildern ausgesprochen wird, das ist die entsetzliche Entdeckung, dass diese Welt in Wirklichkeit nicht heil und auch nicht prometheushaft heil zu machen ist, ebenso wenig durchsichtig, gut und schön ist, sondern durchwaltet und beherrscht von übermenschlichen Gewalten, ungeheuren dämonischen Mächten, die den Menschen knechten und nicht zu sich selbst kommen lassen. Er lebt nicht sein eigenes Leben; er ist ein Spielball der dunklen Gewalten, der Gefangene im Kerker der Welt, aus dem es kein Entrinnen gibt. Das Schreckliche dabei ist: Die Knechtung, diese Gefangenschaft ist nicht etwas, was den Menschen bloß äußerlich bindet und hält. Nein, das Selbst wird innerlich von diesen Mächten gebunden und entmündigt, so dass es sich selbst vergißt, dass es sich zufrieden gibt mit diesem Dasein und mit Behagen vergiftetes Wasser trinkt und das hiesige Leben für das eigentliche hält. Er weiß gar nichts mehr davon, dass es noch ein anderes Dasein gibt, eine wahre Existenz. Sie kennt nur noch irdische Ziele, das Streben nach Macht und Genuß, nach medizinisch vermessenem ewigem Leben, nach diesen kurzlebigen Freuden mit so manch bitterem Nachgeschmack, in denen sich schon das Vergehen und der Tod ankündigen. Der Königssohn[1], der aus dem väterlichen Reich auszog, hat seinen Adel vergessen und meint, er sei der Tagelöhner, der harte Fronarbeit leistet.

---

1. Hier setzt Haenchen Kenntnis des Liedes von der Perle aus den Acta Thomae, 108-113, voraus. Der Text läßt sich nachlesen in: J. LEIPOLDT / W. GRUNDMANN (Hrsg), Umwelt des Urchristentums II. Texte zum neutestamentlichen Zeitalter, Berlin ³1972, 407-412.

Wohlgemerkt: dieser Sturz der alten Götterwelt und der alten Zuversicht, diese tiefe Verwandlung der Weltsicht hat sich vollzogen, ehe das Christentum auftrat. Schiller hat in seinem Gedicht ‚Die Götter Griechenlands' das Christentum angeklagt, es habe die alte, heitere Götterwelt zerschlagen. Wir wissen heute, dass die neue Art, die Welt zu sehen, diese neue Optik, das neue Hören und Werten schon eingesetzt hatte, ehe ‚am Jordan St. Johannes stand, all Volk der Welt zu taufen'. Das Christentum ist selber schon inmitten der neuen geistigen Atmosphäre erwachsen.

Noch ein weiteres wollen wir hier noch klarstellen. Was wir eben geschildert haben, diese neue Stellung zum Ganzen des Daseins, ist nicht die Skepsis dekadenter Kreise Roms, ist nicht der matte Zweifel einer überalterten Welt, die zu keinem wirklichen Nein und Ja mehr fähig ist, sondern es ist ein neuer Glaube, von dem wir freilich bisher nur die eine, die negative Seite gesehen haben, die Verzweifelung, mit der sich der Mensch, wie aus einem Traum und Wahn erwachend, in einer nun erst ihr düsteres Geheimnis verratenden Welt umblickt.

Aber das ist noch immer nicht das Ganze, und nicht einmal die Hauptsache. Denn wohl ist Gott fern; aber er hat den Menschen nicht vergessen und läßt ihn nicht im Stich, so können die Frommen Israels sagen. Zwar kommt er nicht mehr selbst herab aus seiner erhabenen Höhe, um sie zu befreien — wie sollte er, der Heilige, in die Welt der Vergänglichkeit und Sünde auch eingehen, ohne seine Majestät einzubüßen? —, aber er läßt dem Menschen einen himmlischen Boten zur Hilfe kommen, einen göttlichen Gesandten. Das ist die große Hoffnung, die mitten im Elend dieser Welt den Frommen aufrecht hielt und sie davor bewahrte, in der Verzweifelung zu versinken. Einmal, dass einige damit rechneten, der göttliche Gesandte werde in einem großen Kampf die gottfeindlichen Mächte überwinden und so die Befreiung herbeiführen; nein, so nicht, die Rettung vollzieht sich anders, meinten andere Fromme. Aus ihrer Sicht tritt der Gottgesandte in seiner himmlischen Gestalt vor die einzelne Seele, weckt sie aus ihrem Schlaf und Traum und gibt sich ihr zu erkennen. Und indem die Seele, von diesem Ruf geweckt, seine Gestalt sieht, seine Züge betrachtet, erkennt sie — welch ein Wunder — ihr eigenes Gesicht. Denn, was der Götterkönig vom Himmel zu ihr gesandt hat, das ist nicht anderes als der wahre Mensch, der nicht von Gott gelassen hat, sondern immer unverführt der himmlischen Heimat treu geblieben ist. Wenn ich ihn schaue, dann erkenne ich mich in meinem wahren, leider vergessenen, nur verschütteten Wesen; dann kommt mir die Erinnerung zurück an das, was ich einst war und im Grunde immer noch bin, dann erinnere ich mich meiner vergessenen Herkunft, meiner wahren Heimat droben im Licht. Was vom Himmel mahnend und weckend zu mir kommt, das ist zuletzt nichts anderes als das, was in der Tiefe meiner Seele schlummert: Der Erlöser ist mein besseres Ich, mein eigentliches Selbst.

Es könnte — modern gesprochen und den Mythos entschlüsselnd — nur der Ruf des eigenen Gewissens sein, der fremd zu mir tritt und doch aus meinem Innersten kommt, mich an mein wahres Selbst, an meine eigentliche Bestimmung mahnend erinnert. Aber wir verstehen nun zugleich auch jenes seltsame Dunkel, das immer wieder über diesen Texten liegt: Oft weiß man nicht, von welchem Herabkommen des himmlischen Menschen zur Erdenwelt sie sprechen: von jenem ersten, durch das der Mensch in die Hörigkeit der dämonischen Gewalten geriet, der Leiblichkeit und damit der Vielheit und zugleich der Triebe, oder von dem zweiten, das doch aus der Knechtschaft befreien soll. Es ist ja im Grunde ein und derselbe Mensch, welcher dem Bann der Materie verfällt und welcher daraus erlöst. So konnte es zu dem wundersamen Lied von der Perle kommen: Der Königssohn zog aus, um die kostbare Perle, die Seele nämlich, heimzuholen, die von den Dämonen versteckt gehalten wurde. Aber der Retter unterliegt selbst dem Trug der feindlichen Mächte, muß durch einen neuen himmlischen Boten vom Zauberschlaf geweckt und an seine Aufgabe erinnert werden. Jeder von uns — so will dieses Lied sagen — besitzt mit seiner Seele eine kostbare Perle, die im Schmutz der Welt zu versinken droht. Jeder hat die Aufgabe, sie zu retten und heimzubringen. Aber wir haben unseren göttlichen Auftrag vergessen und müssen durch einen neuen Ruf aus der Höhe daran erinnert werden.

Wer aber einmal erkannt hat, dass er nicht hier unten, auf Erden, zuhause ist, der hat sich schon damit innerlich von der Welt gelöst, und wenn die Todesstunde kommt, dann steigt die Seele, nicht mehr verstrickt in den Trug der Sinne, empor zum großen Lichtort und empfängt dort das Lichtgewand wieder, das dem Königskind eigen ist.

Sie werden es selbst empfunden haben: Die Darstellung dieser vergangenen gnostischen Weltanschauung ist keineswegs bloß eine akademische Angelegenheit. Nach all dem, was wir in den letzten Jahren[2] erlebt haben, sind uns viele Züge dieses Weltbildes wieder verständlich geworden, das sich jenen Menschen damals aufzwang. Wir haben gründlich verlernt, die Welt als eine wunderbare Ordnung anzusehen. Uns ist das Erschreckende und Unheimliche an ihr aufgegangen, das sich auch dem heutigen Menschen nicht mehr verbergen kann. Mancher unter uns wird auch für sich selbst schon die bittere Erfahrung gemacht haben, dass man im Grund gar nicht sein eigenes Leben gelebt hat, sondern dass man (wenn wir es einmal so ausdrücken wollen) eher gelebt wurde als selber lebte. Denn vielleicht haben uns die letzten Jahre der Erkenntnis näher gebracht, dass wir Menschen keineswegs unser Leben so in der Hand haben, wie man es vor kurzem noch meinte. Und jenes Gefühl der Gottesferne, hat es Sie nicht auch schon mit gebieterischem Zweifel angefallen, vielleicht ähnlich einem Buchuntertitel, der von der ‚Abwesenheit Gottes im Weltgeschehen' spricht?

Damit haben wir uns aber auch schon die eine Gruppe von Aussagen, Anschauungen, von Erkenntnissen und Wertungen verdeutlicht, welche das Neue Testament mit jener — wie die Wissenschaft sagt — gnostischen Weltanschauung gemeinsam hat. Auch das Johannesevangelium sieht in der Welt, dem Kosmos, eine Gott entfremdete Welt, in der sich deshalb der Christ als Fremdling fühlt. Er sieht in der Welt etwas, das ihn von Gott trennen will. Die Welt ist unheimlich, sie ängstigt einen: ‚In der Welt habt ihr Angst!' (Joh 16,33) Sie verfolgt den, der ihr nicht angehört; und dennoch darf man ihr nicht verfallen. ‚Habt nicht lieb die Welt!' (1 Joh 2,15), erklingt die johanneische Mahnung. ‚Demas hat die Welt lieb gewonnen' (2 Tim 4,10), heißt es von einem Christen, der dem Kampf des Glaubens und den Gefahren der Mission sich entzogen hat und wieder in sein angestammtes, altes Heidentum zurückgekehrt ist. So wird auch im johanneischen Schrifttum wiederholt gemahnt, aus dem Schlaf zu erwachen, in den der Mensch versunken ist, welcher der Welt angehört. Der johanneische Christ aber durchschaut die angebliche Sicherheit und Festigkeit der Welt und weiß, dass sie vielmehr die Stätte der Vergänglichkeit ist, die eines Tages selber vergehen wird. Auch das Johannesevangelium hat — ebenso wie jene gnostische Sicht der

---

2. Gemeint sind wohl die Jahre zwischen 1933-1948.

Welt — die Illusionen aufgegeben, als wäre die Welt nur zufällig einmal für ein Viertelstündchen der Weltgeschichte ungemütlich und unheimlich. ‚Mein Reich ist nicht von dieser Welt' (Joh 18,36) sagt der johanneische Christus Pilatus und bringt damit auf eine kurze Formel, dass in dieser Welt nicht das wirkliche Heil zu finden sei und auch nicht der wahre Frieden kommen wird.

Genau wie in der gnostischen Weltanschauung wird auch hier von den Dämonen gesprochen, jenen gottfremden, ja gottfeindlichen Mächten, zwischen Himmel und Erde, die über den Menschen Macht gewinnen und behalten wollen. Aber eben nicht im Sinne der synoptischen Exorzismen, die punktuell und individuell Heil schaffen, sondern im Johannesevangelium wird kosmisch und universal gedacht. Die Gottfernen kann es als Kinder des Teufels (Joh 8,44) bezeichnen. Und die Seinen tröstet Jesus bekanntlich mit den Worten: ‚Das habe ich euch gesagt, damit ihr in mir Frieden habt. In der Welt habt ihr Bedrängnis, aber habt Mut, ich habe die Welt besiegt.' (Joh 16,33) Somit ist jedenfalls der Mensch aus johanneischer Sicht davon überzeugt, dass wir nicht so sehr Herren unseres Schicksals sind, sondern vielmehr ihm ausgeliefert und der Befreiung bedürftig. Selbst die Krankheiten und Notlagen werden dem Evangelisten zum Zeichen für die Erlösungsbedürftigkeit. Er sieht den Menschen verfallen den Zwingherren des Lebens, die ihn innerlich wie äußerlich zerstören und vernichten wollen.

Aber das Johannesevangelium stimmt nicht bloß in dieser negativen Einschätzung, in diesem Nein zum Kosmos und seinen dämonischen Herren, mit jener gnostischen Weltanschauung überein, sondern es scheint auch in seinen positiven Aussagen, seiner Erlösungshoffnung, -erwartung und -gewißheit mit ihr einig zu sein. Geht doch durch das ganze Evangelium wie ein Grundton die Gewißheit und der Jubel darüber, dass der ferne Gott den Menschen nicht vergessen und nicht allein gelassen hat, sondern ihm zur Hilfe geeilt ist, indem er den Erlöser vom Himmel, aus dem göttlichen Bereich her schickt bzw. gesandt hat. Das Johannesevangelium beschreibt Jesus geradezu als den göttlichen Gesandten, den Gott zur Befreiung des Menschen in die Welt kommen läßt. Immer wieder spricht hier Jesus von dem, der ihn gesandt hat, dem Vater droben im Reich der Wahrheit und des Lichts. Wem aber Jesus begegnet, der erwacht aus seinem Schlaf. Er hat nun die Möglichkeit und die Aufgabe, wach zu bleiben, eben sich nicht wieder einlullen zu lassen vom Zauberlied der Welt und der angeblichen Schicksalsherren, sondern die Augen offen zu halten für die neue Wirklichkeit, die sich ihm in dem Erlöser, dem Lebenserwecker, aufgetan hat.

Wir haben bisher — wenn auch nur in groben Zügen — denn in dieser kurzen Zeit können wir kein vollständiges und abgerundetes Bild entwerfen — wir haben uns bisher ausschließlich die große Übereinstimmung verdeutlicht, die zwischen der gnostischen Weltanschauung und der Christusbotschaft des vierten Evangeliums besteht. Das kann zu der irrigen Vorstellung führen, als sei das Christentum nur eine Stimme in dem mächtigen Sehnsuchts- und Erlösungschor, der in jenen Jahrhunderten sein vielstimmiges Lied von der menschlichen Not und der allein befreienden göttlichen Hilfe sang; als sei das Christentum nur eine — wenn auch vielleicht die schönste — Blüte in dem religiösen Frühling, der damals von Osten her seinen Einzug in die Menschheit hielt. Aber damit hätten wir unser Bild von der Erlösungserwartung jener fernen Tage gründlich verzeichnet. Wir müssen deshalb zum Schluß mit gleicher Klarheit nun den charakteristischen Unterschied herausarbeiten, jene doch tiefe Kluft sichtbar machen, welche die christliche Botschaft trotz aller Ähnlichkeit und Übereinstimmung von den verschiedenen Formen einer gnostisierenden Weltanschauung trennt. Wir wollen dabei wieder auf alles Beiwerk verzichten und uns auf die Hauptlinien, auf die entscheidenden Züge, konzentrieren.

Wer ist denn eigentlich jener Erlöser der gnostischen Weltanschauung, auf den der Mensch, gefangen im Kerker des Kosmos, seine Hoffnung setzt? Er hat viele Namen, und einer der häufigsten und zugleich auch ein außerordentlich charakteristischer ist der mandäische ‚Manda d'Hajjeh', auf Deutsch: ‚Erkenntnis des (wahren) Lebens'. Dieser Name verrät uns soviel, dass es sich hier nicht um eine geschichtliche Gestalt handelt, die zu irgendeiner Zeit auf Erden war, sondern um einen Gedanken, eine Vorstellung, die nur persönliche Züge angenommen hat. Und dies nun gilt wiederum von allen Erlösergestalten der gnostischen Weltanschauung: Sie haben insgesamt keine Wurzel in einer Wirklichkeit jenseits von uns, sondern sie sind, die einen wie die anderen, Hoffnungsbilder, welche die menschliche Phantasie an den Himmel projiziert hat. Deshalb aber fehlt ihnen die durchschlagende, wirklich helfende und befreiende Kraft. Wir haben ja vorhin gesehen, dass ein gnostisches Denken den Erlösermenschen, der zur Rettung in die Welt kommt, nicht von dem Menschen zu scheiden vermochte, der selber verführt in die Welt hinabgesunken war, und dass deshalb ein 2., ja ein 3. und 4. göttlicher Gesandter nötig wurde, um dem selbstvergessenen Menschen zu helfen. Diese ganze Reihe und Kette von göttlichen Gesandten aber, die kein endgültiges Schlußglied hat, macht uns wiederum deutlich, dass im Grunde keiner von ihnen wirklich das vollbringen kann, was man von ihm erhoffte. Damit offenbart sich die tiefe Schwäche dieser vor- und außerchristlichen Erlösungserwartung, die umsonst auf eine Erfüllung wartet, weil ihre Befreiung nur geträumt, aber nicht wirklich ist.

Woher kommt dieses Versagen? Es hat seinen Grund in der letzten Voraussetzung, von welcher der gnostisch infizierte Mensch ausgeht, wenn er das Welträtsel lösen will. Dieser Erlöser ist deshalb keine geschichtliche Gestalt, weil es eigentlich der ‚Mensch' selber ist, der — vom eigenen Gewissen gewarnt — zu sich selbst zurückfindet. In Wahrheit hält sich dieser Mensch eben nicht für so unerbittlich gefangen, dass ihn nur Gott befreien könnte; in Wirklichkeit — so meint er doch im Grunde — ist er eben doch nicht aus dem Himmel gefallen, hat er sich doch nicht von Gott getrennt, sondern diese Trennung und dieser Fall ist nur ein Irrtum, den es zu durchschauen, zu erkennen gilt — deshalb heißt *Gnosis* nichts anderes als ‚Erkenntnis', nämlich Erkenntnis der Wahrheit. Und diese Wahrheit ist — so meint jedenfalls der gnostisch denkende Mensch —, dass Leiden und Schuld letztendlich nur eine Täuschung, eine Selbsttäuschung sind, deren Netz wir zerreißen müssen. In Wirklichkeit ist der Mensch, wenn er sich nur zusammennimmt, eben doch göttlich und gut und braucht keine Hilfe von jenseits seiner eigenen Wirklichkeit. Aber eben dies, was die Stärke aller gnostischen Denkbewegungen auszumachen scheint, dass zuletzt der Mensch doch wieder sich selbst genügt und keiner Hilfe bedarf, eben dies ist in Wahrheit ihre entscheidende Schwäche. Denn das heißt ja, in anderen Worten ausgedrückt, dass der Mensch all jene Erkenntnisse über das wahre Wesen der Welt und seiner eigenen Lage wieder preisgibt, von denen wir zuvor gesprochen hatten. Diese Welt des Menschen ist dann doch nicht so schlimm, wie es anfangs geschienen hatte. Der Mensch ist gar nicht so übel dran, ist nicht so verzweifelt, muß eben nicht ‚wiedergeboren werden' (Joh 3,3), wie uns sein Hilferuf zunächst glauben machte.

Wir können das eben Gesagte noch anders ausdrücken und zugleich zu Ende führen. Hier in der gnostischen Weltanschauung hat sich der Mensch, der eben zur Wirklichkeit zu erwachen schien und schon halb die Augen geöffnet hatte, angesichts des Grausigen, was er zu sehen bekam, selbst ein beruhigendes frommes Einschlaflied gesungen. Dadurch ist er mit sich selbst allein geblieben. Er hat eben nur geträumt, dass sich der Himmel öffnet und Gottes Gesandter, sein Bote, zu ihm kam. Er hat den Zauberbann der Welt nicht wirklich zerbrochen, sondern nur an seine Kerkermauer eine Tür gemalt und darüber selbst geschrieben ‚Eingang zum Himmel'. Diese Selbsttäuschung konnte gelingen, weil er den wirklichen Himmel im Grunde der eigenen Seele unverloren zu besitzen meinte. Es ist zuletzt ein- und dieselbe religiöse Entscheidung, die in alledem fällt: im Verzicht auf einen geschichtlichen Erlöser, im Verzicht auf eine Hilfe von jenseits des Menschen selbst entscheidet man sich eben für einen illusorischen Glauben an die nicht verlorene Unschuld und an die eigene Lebenskompetenz.

Hier ist nun die Weiche markiert, wo sich die Gleise scheiden, wo das johanneische Christentum ebenso konsequent wie die gnostische Weltanschauung, die es umgibt, seinen eigenen Weg weitergeht. Nicht nur konsequent, sondern im Grunde allein konsequent. Denn Johannes denkt nicht daran, seine Aussagen über die Welt und den Menschen im letzten Augenblick zu widerrufen oder zurückzunehmen. Diese Welt in ihrer Unheimlichkeit und Abgründigkeit, ihrer Brutalität und Gottfeindlichkeit ist kein Schein und Traum, etwa nur eine Wolke, die momentan die Wirklichkeit verdüstert. Das Kreuz — wir würden heute besser sagen: der Galgen oder elektrische Stuhl —, an dem Jesus litt und starb, war eben kein Schein, sondern todernste Wirklichkeit. Der Haß, mit dem die Welt den verfolgt, der ihren Gott nicht anbetet — denn auch eine gottferne Welt kann sehr fromm und überzeugt davon sein, Gott zu dienen — dieser Haß war keine Einbildung, sondern eine harte und blutfordernde Tatsache. Die johanneischen Christen hatten auch nicht vergessen, dass sie selbst eben dieser Welt angehört hatten und aus ihr nun herausgerissen waren, wie man einen brennenden Scheit aus dem Feuer reißt. Da war kein Raum für den Traum vom guten und unschuldigen Grund der Seele, von dem KZ-Vorsteher, der Weihnachten feiert, während er raubt, quält, mordet und vergast. Hier war das Böse, das Gottfeindliche eine Realität, die man nicht umdichtete. Deshalb konnte hier im johanneischen Christentum die Lehre von der Selbsterlösung nur als ein entsetzlicher Irrtum betrachtet werden, als eine letzte List der Welt, mit der sie das Opfer wieder einfängt, das ihr schon zu entfliehen im Begriff war. Darum setzte man hier auf einen wirklichen Befreier, nicht bloß auf einen erdachten.

Deshalb konnte das Evangelium geschrieben werden, weil sie den Retter wirklich gefunden hatten, in Jesus von Nazareth, ihren Christus. Es läßt sich für uns sehr schwer beschreiben, wie er es für sie wurde, nicht weil es sich um etwas so Schwieriges handelt, sondern um etwas Einfaches. Dass dieser — sagen wir — junge Handwerker aus Nazareth Kranke heilte, war nicht das Entscheidende — Wunderkuren gelangen auch anderen —, und doch entzündete sich kein andauernder, religiöser Glaube an ihnen. Aber für Jesus — das empfanden jedenfalls die, welche Augen hatten zu sehen — war Gott nicht fern, nicht unzugänglich in einem dritten oder siebten Himmel, sondern er, der Heilige, war in ihm, wie ein Vater in seinem Sohn gegenwärtig ist. Jene schreckliche Kluft, jener gähnende Abgrund, den die anderen Menschen zwischen sich und Gott fühlten, hier gab es ihn nicht! Hier lebte ein Mensch in der Vollmacht Gottes, sah die Welt mit Gottes Augen,

Lüge als Lüge, Sünde als Sünde, Elend als Elend. Er machte sich und anderen nichts vor. Aber er sah die Lebenswelt auch mit dem Herzen eines Gottes, der seine Welt nicht vergißt und allein läßt. Hier war Gott mitten in der Welt doch nahe, und er blieb es überall da, wo dieser Herr als der Geist seine Gemeinde regierte. Ihr in all ihrer Armut, Not und Verfolgung seinen Schalom gibt. Fassen wir zusammen:

1. Das johanneische Christentum hat nicht — wie in der gnostischen Weltsicht — im Erlöser das wahre Ich des Menschen gesehen, das zu sich selbst kommt. Das Christentum hat vielmehr — trotz aller platonischen, d.h. für unsere Betrachtung ebenfalls gnostischen Beeinflussung, den Erlöser streng von dem der Befreiung bedürftigen Menschen unterschieden, und zwar nicht bloß begrifflich.
2. Das johanneische Christentum hat immer daran festgehalten, dass dieses uns befreiende himmlische Wesen, der Logos, der Gottessohn oder wie die Prädikate im Evangelium auch immer lauten mögen, kein anderer ist als der historische Jesus von Nazareth, mag auch dieses Einheitsverhältnis in der johanneischen Gemeinde unterschiedlich vorgestellt worden sein.
3. Das johanneische Christentum ist stets überzeugt gewesen, dass in Jesus Christus sich uns Gott selber erschlossen hat. Der gnostische Einfluß kann also nur darin bestehen, dass die Form dieser Selbsterschließung Gottes in Jesus entsprechend der übergreifenden Vorstellung vom göttlichen Gesandten gedacht worden ist, deren Herkunft aber eher im prophetischen Selbstverständnis der hebräischen Bibel begründet liegt. Dabei wird nun grundsätzlich deutlich, wie Glaubensüberzeugungen sich in Worte fassen lassen: sie werden in der Sprache zum Ausdruck gebracht, die man momentan versteht, ohne den geschichtlichen Bezug aufzugeben. Damit ist aber heute, in einem Zeitalter, in dem jene sprachliche Realisation nur theoretisch durch Exegeten rekonstruierbar ist, eine schwere Gefahr für das Christentum markiert: dass es nämlich eben die Form, in der das johanneische Christentum die Selbstschließung Gottes in Jesus sich selbst verständlich gemacht hat, für die einzige hält, welche diesem Inhalt angemessen ist. Hier liegt ein Problem, das man angehen sollte, ohne es überhastet zu überspringen, sondern, indem wir die Texte lesen und exegetisch aufarbeiten, sinkt ihr Inhalt und Sinn in unseren Verstand und Herz, von dort werden sie in unserer Sprache — so hoffe ich — wieder auferstehen. Dann werden wir sehen, dass der Autor des Johannesevangeliums seine Leserschaft zu bewußt lebenden Einwohnern dieser ‚Welt' machen wollte, und sie nicht bloß, sondern gerade dafür ‚unendliches Leben' geschenkt bekommen haben (Joh. 20,31).

ABKÜRZUNGSVERZEICHNIS

Die im Anhang befindliche Bibliographie umfaßt vorwiegend Aufsätze und Monographien aus dem Zeitraum 1986-1998[1], die – soweit wie möglich – bibliographisch verifiziert, inhaltlich klassifiziert und dokumentiert wurden.
Es wurde überall mit dem Abkürzungsverzeichnis der Theologischen Realenzyklopädie gearbeitet. In den Anmerkungen werden Kommentare und kommentarähnliche Werke nur mit dem Namen und häufiger zitierte Werke mit Kurztitel wiedergegeben.
Jeder, der sich mit dem vierten Evangelium auch bibliographisch intensiver beschäftigt hat, kennt das bedrückende Gefühl, in den Fluten der veröffentlichten Kommentierungen und Meinungen zu diesem Evangelium schier ertrinken zu müssen. Wie tröstlich ist es da, wenn schon C.A. Bernoulli in seinem Vorwort zu dem posthum von ihm publizierten Meisterwerk seines Freundes Franz Overbeck bewundernd anmerkte, jener habe »wo es nötig war, mit Todesverachtung gelesen, was zu lesen war«. Ich meine, diesen Satz nach langjähriger Arbeit selbst intensiv nachvollziehen zu können[2].

A. Kommentare (zitierte sind an den fettgedruckten Namen erkennbar)

AUGUSTINUS, A., Vorträge über das Evangelium des hl. Johannes, übersetzt und mit einer Einleitung versehen von T. SPECHT, BKV 8, Kempten 1913.
BÄUMLEIN, W., Commentar über das Evangelium des Johannes, Stuttgart 1863.
BARRETT, C.K., The Gospel According to St. John. An Introduction with Commentary and Notes on the Greek Text, London/Philadelphia ²1978; dtsch.: DERS., Das Evangelium nach Johannes. Aus dem Englischen von Hans BALD, KEK, Göttingen 1990.

---

1. Der vorangegangene Zeitraum wird bibliographisch abgedeckt von: G. VAN BELLE, Johannine Bibliography 1966-1985. A Cumulative Bibliography on the Fourth Gospel, BEThL 82, Leuven 1988; R.R. ESPINOSA / M.D. LEON, Bibliographia joanica Evangelia, Cartas, Apocalypsis 1960-1986, BHBib 14, Madrid 1990; E. MALATESTA, St. John's Gospel 1920-1965. A Cumulative and Classified Bibliography of Books and Periodical Literature on the Fourth Gospel, AnBib 32, Rom 1967, noch ältere Literatur findet man in meiner Bibliographie im von mir herausgegebenen Johanneskommentar von E. HAENCHEN (Tübingen 1980). Jeder Autor, der sich hier nicht aufgeführt findet, möge dies seiner Erfahrung von menschlicher Unzulänglichkeit hinzufügen. – Es wird nach den Abkürzungsvorgaben der TRE zitiert, die Verfasser von Kommentaren oder kommentarähnlichen Werken werden nur mit Familiennamen, und Werke bzw. Aufsätze von m.E. wichtigen Johannesforschern mit Kurztitel genannt. Ihre exakten bibliographischen Daten lassen sich im Anschluß an das Verzeichnis für zusätzliche Abkürzungen verifizieren.
2. F. OVERBECK, Das Johannesevangelium. Studien zur Kritik seiner Erforschung, Tübingen 1911; Das Kolophon Joh 21,25 »Selbst die Welt böte nicht Raum für die Bücher, die dann zu schreiben wären« ist allein schon von den Ausführungen zu diesem Evangelium voll bestätigt worden.

BAUER, B., Kritik der evangelischen Geschichte des Johannes, Bremen 1840.
BAUER, W., Das Johannesevangelium, HNT 6, Tübingen ³1933.
BAUMGARTEN-CRUSIUS, L.F.O., Theologische Auslegung der johanneischen Schriften, E.J. KIMMEL (Hrsg.), Jena 1843-1845.
BEASLEY-MURRAY, G.R., John, WBC 36, Waco 1987.
BECKER, J., Das Evangelium des Johannes, ÖTK 4.1/2, Gütersloh/Würzburg 1979-1981.
BELSER, J.E., Das Evangelium des Heiligen Johannes, Freiburg 1905.
BERNARD, J.H., A Critical and Exegetical Commentary on the Gospel According to St. John, A.H. MC NEILE (Hrsg.), ICC, Edinburgh 1928.
BOISMARD, M.-É., Un évangile pré-johannique, 2 vol., EB 24/25, Paris 1994.
BOISMARD, M.-É./ LAMOUILLE, A., L'Évangile de Jean, in: Synopse des quatre évangiles en France III, Paris 1977.
BRANDT, W., Das Ewige Wort. Eine Einführung in das Evangelium nach Johannes, Berlin ³1940.
BRODIE, T.L., The Gospel According to John. A Literary and Theological Commentary, Oxford 1993.
BROWN, R.E., The Gospel According to John, AncB, Garden City, N.Y. 1966/ 1970.
BULTMANN, R., Das Evangelium des Johannes, KEK, Göttingen ¹⁰1968.
CALLOUD, J./GENUYT, F., L'Évangile de Jean, 3 vol., Lyon 1985-1989.
CARSON, D.A., The Gospel According to John, Leicester/Grand Rapids 1991.
COCCEIUS, J., Consideratio principii Euangelii S. Johannis; cum commentario in totum ejusdem Euangelium, in: DERS., Operum omnia IV, Amsterdam 1673.
COMFORT, P.W., I Am the Way. A Spiritual Journey Through the Gospel of John, Grand Rapids 1994.
CULPEPPER, R.A., The Gospel and Letters of John, Nashville 1998.
DE JONGE, M., Johannes: Een praktische bijbelverklaring, Kampen 1996.
DELEBECQUE, E., Évangile de Jean, Paris 1987.
DODS, M., The Gospel of St. John, 2 vol., New York 1891/1892.
ELLIS, P.F., The Genius of John. A Composition-Critical Commentary on the Fourth Gospel, Collegeville 1984.
ERASMUS, D. von Rotterdam, Paraphrases in Novum Testamentum, ex recensione I. CLERICI curavit I.F.S. AUGUSTIN, Berlin 1778-1780.
GAEBELEIN, A.C., The Gospel of John. A complete analytical Exposition, Neptune, NJ. 1965.
GNILKA, J., Johannesevangelium, NEB.NT 4, Würzburg 1985.³1989.
GODET, F., Commentar zu dem Evangelium Johannis. Deutsch bearbeitet von E.R. WUNDERLICH, Hannover 1876.
GROTIUS, H., Annotationes in Evangelium *Kata Joannen*, Amsterdam 1679.
HAENCHEN, E., Das Johannesevangelium – ein Kommentar, aus den nachgelassenen Manuskripten hrsg. von U. BUSSE mit einem Vorwort von J.M. ROBINSON, Tübingen 1980; engl.: DERS., John 1.2 – A Commentary on the Gospel of John. Translated by R.W. FUNK with U. BUSSE, Hermeneia, Philadelphia 1984.
HEITMÜLLER, W., Das Evangelium des Johannes, SNT Bd. 2, S. 685-861, Göttingen 1908.
HENGSTENBERG, E.W., Das Evangelium des heiligen Johannes, 3 vol., Berlin ²1867-1870.

HERDER, J.G., Von Gottes Sohn, der Welt Heiland. Nach Johannes Evangelium. in: DERS., Sämtliche Werke XIX, Berlin 1880, 253-379.
HOLTZMANN, H.J., Evangelium, Briefe und Offenbarung des Johannes, HNT IV, Freiburg/Leipzig ²1893.
HOSKYNS, E.C., The Fourth Gospel, F.N. DAVEY (Hrsg.), London ²1947.
HUNTER, A.M., The Gospel According to John, Cambridge 1965.
KEALY, S.P., That you may believe. The Gospel according to John, Slough 1978.
KEIL, C.F., Commentar über das Evangelium des Johannes, Leipzig 1881.
KEIL, G., Das Johannesevangelium. Ein philosophischer und theologischer Kommentar, Göttingen 1997.
KIEFFER, R., Johannesevangeliet, Uppsala 1987-1988.
KLEE, H., Commentar über das Evangelium nach Johannes, Mainz 1829.
KUINOEL, C.T., Evangelium Johannis illustravit, Leipzig ³1825.
KYSAR, R., John, ACNT, Minneapolis 1986.
LAGRANGE, M.-J., Évangile selon Saint Jean, ÉB, Paris ²1925.
LAMPE, F.A., Commentarius Analytico-Exegeticus tam literalis quam realis Evangelii secundum Joannem, Basel 1725-1727.
LANGE, S.G., Das Evangelium Johannis übersetzt und erklärt, Weimar 1797.
LÉON-DUFOUR, X., Lecture de l'évangile selon Jean, vol. I-IV, Paris 1988-1996.
L'ÉPLATTENIER, C., L'évangile de Jean, Genf 1993.²1996.
LIGHTFOOT, R.H., St. John's Gospel, C.F. EVANS (Hrsg.), Oxford 1956.
LINDARS, B., The Gospel of John, NCBC, Grand Rapids/London 1995.
LOISY, A., Le Quatrième Évangile/ Les Épîtres dites de Jean, Paris ²1921.
LUTHARDT, C.E., Das johanneische Evangelium nach seiner Eigenthümlichkeit geschildert und erklärt, Nürnberg 1852/1853.
LÜCKE, F., Commentar über das Evangelium des Johannes, Bonn ²1833-1834.
LUZ, U., Das Evangelium nach Matthäus, EKK I/1.2, Zürich/Neukirchen-Vluyn 1985/1990.
MACGREGOR, G.H.C., The Gospel of John, London, 1928.
MACRORY, J., The Gospel of St. John with Notes, Dublin ⁴1914.
MAIER, A., Commentar über das Evangelium des Johannes, Carlsruhe/Freiburg 1843/1845.
MALINA, B.J./R.J. ROHRBAUGH, Social-Science Commentary on the Gospel of John, Minneapolis 1998.
MATEOS, J./BARRETO, J., El evangelio de Juan, Madrid ²1982.
MICHAELS, J.R., John, Peabody 1989.
MOLONEY, F. J., Belief in the Word. Reading John 1-4, Minneapolis 1993.
MOLONEY, F.J., Signs and Shadows: Reading John 5-12, Minneapolis 1996.
MOLONEY, F.J., Glory Not Dishonor. Reading John 13-20 (21), Minneapolis 1998.
MOLONEY, F.J., The Gospel of John, Sacra Pagina 4, Collegeville 1998.
MORRIS, L., The Gospel According to John, NLC, London ²1973; in: NICNT, Grand Rapids ²1995.
MORRIS, L., Reflections on the Gospel of John, 4 vol., Grand Rapids 1986-1998.
O'DAY, G.R., John, in: C.A. NEWSOM/S.H. RINGE (Hrsg.), The Women's Bible Commentary, Louisville 1992, 293-304.
O'DAY, G.R., John, NIB IX, Nashville 1995.
ODEBERG, H., The Fourth Gospel Interpreted in its Relation to Contemporaneous Religious Currents in Palestine and the Hellenistic-Oriental World, Uppsala 1929.

OVERBECK, F., Das Johannesevangelium. Studien zur Kritik seiner Erforschung. Aus dem Nachlaß von C.A. BERNOULLI (Hrsg.), Tübingen 1911.
PORSCH, F., Johannes-Evangelium, SKK.NT 4, Stuttgart 1988.
REINHARTZ, A., The Gospel of John, in: E. SCHÜSSLER-FIORENZA (Hrsg.), Commentary II, 1994, 561-600.
RIDDERBOS, H., The Gospel of John, Grand Rapids/Cambridge 1997.
SANDERS, J.N./ MASTIN, B.A., The Gospel According to St. John, BNTC, London [2]1975.
SCHLATTER, A., Der Evangelist Johannes, Stuttgart 1930.
SCHNACKENBURG, R., Das Johannesevangelium, HThK IV/1-4, Freiburg 1965-1984.
SCHENKE, L., Johannes – Kommentar, Düsseldorf 1998.
SCHNEIDER, J., Das Evangelium nach Johannes, E. FASCHER (Hrsg.), ThHK.S, Berlin [2]1978.
SCHNELLE, U., Das Evangelium nach Johannes, ThHKNT 4, Leipzig 1998.
SCHOLTEN, J.H., Das Evangelium nach Johannes. Kritisch-historische Untersuchung, aus dem Holländischen übersetzt von H. LANG, Berlin 1867.
SCHULZ, S., Das Evangelium nach Johannes, NTD 4, Göttingen [2]1975.
SCHWANK, B., Evangelium nach Johannes, St. Ottilien 1996. [2]1998.
SCHWEIZER, A., Das Evangelium Johannes nach seinem innern Werthe und seiner Bedeutung für das Leben Jesu kritisch untersucht, Leipzig 1841.
SEGALLA, G. Giovanni. Versione, Introduzione, Note, Milano 1990.
SIMOENS, Y., Selon Jean I-III, Brüssel 1996/1997.
SINCLAIR, S.G., The Road and the Truth: The Editing of John's Gospel, Vallejo 1994.
SMITH, D.M., John, in: Proclamation Commentaries, Philadelphia 1976.
SMITH, D.M., John, in: Abingdon NT Commentary, Nashville 1999.
STIBBE, M.W.G., John, Sheffield 1993.
STRATHMANN, H., Das Evangelium nach Johannes, NTD 4, Göttingen [11]1968.
SWAIN, L., The Gospel according to St. John, London 1978.
TALBERT, C.H., Reading John. A Literary and Theological Commentary on the Fourth Gospel and the Johannine Epistles, New York 1992.
TASKER, R.V.G., The Gospel According to St. John, London 1971.
TEMPLE, W., Readings in John's Gospel, Carlisle [2]1998.
THOLUCK, A., Commentar zu dem Evangelio Johannis, Hamburg 1827.
TILLMANN, F., Das Johannesevangelium, Bonn [4]1931.
VAN DEN BUSSCHE, H., Het vierde evangelie, 4 vol., Tielt 1955-1960.
VAN HOUWELINGEN, P.H.R., Het evangelie van het woord, Kampen 1997.
VAN TILBORG, S., Johannes. Belichting van het bijbelboek, Boxtel 1988.
WEISS, B., Das Johannesevangelium als einheitliches Werk geschichtlich erklärt, Berlin 1912.
WELLHAUSEN, J., Das Evangelium Johannis, Berlin 1908.
WENGST, K., Der erste, zweite und dritte Brief des Johannes, ÖTK 16, Gütersloh/Würzburg 1978.
WESTCOTT, B.F., The Gospel According to St. John. The Authorised Version with Introduction and Notes, London 1900.
DE WETTE, W.M.L., Kurze Erklärung des Evangeliums und der Briefe Joannis, B.B. BRÜCKNER (Hrsg.), Leipzig [4]1852.
WICHELHAUS, J., Das Evangelium des Johannes, Halle 1884.
WILCKENS, U., Das Evangelium nach Johannes, NTD 4, Göttingen 1997.

WITHERINGTON, B., John's Wisdom. A Commentary on the Fourth Gospel, Louisville 1995.
WOLF, J.C., Curae philologicae et criticae II: In Evangelium S. Johannis, Basel 1741.
ZAHN, T., Das Evangelium des Johannes, KNT IV, Leipzig $^{5/6}$1921.
ZEVINI, G., Vangelo secondo Giovanni, Roma 1987.

B. Mit Kurztiteln zitierte Monographien und Aufsätze (Kurztitel fettgedruckt)

ABBOTT, E.A., Johannine **Grammar**, London 1906.
AUGENSTEIN, J., Das **Liebesgebot** im Johannesevangelium und in den Johannesbriefen, BWANT 134, Stuttgart 1993.
BALDENSPERGER, W., Der **Prolog** des vierten Evangeliums. Sein polemisch-apologetischer Zweck, Freiburg/Leipzig/Tübingen:Mohr-Siebeck 1898.
BAUR, F.C., Vorlesungen über neutestamentliche **Theologie**, BThK 45/46, Gotha 1892.
BAUR, F.C., Ueber die **Composition** und den Charakter des johanneischen Evangeliums, ThJb(T) 3 (1844) 1-191. 397-475. 615-700.
BAUR, F.C., Kritische **Untersuchungen** über die kanonischen Evangelien, ihr Verhältniß zu einander, ihren Charakter und Ursprung, Tübingen 1847.
BERGER, K., Im **Anfang** war Johannes. Datierung und Theologie des vierten Evangeliums, Stuttgart 1997.
BEUTLER, J., **Martyria**. Traditionsgeschichtliche Untersuchungen zum Zeugnisthema bei Johannes, FTS 10, Frankfurt 1972.
BEUTLER, J., Das **Hauptgebot** im Johannesevangelium, in: SBA 25, Stuttgart 1998, 107-120.
BITTNER, W.J., Jesu **Zeichen** im Johannesevangelium, WUNT 2/26, Tübingen 1987.
BOERS, H.W., Neither on this Mountain nor in Jerusalem. A **Study** of John 4, SBL.MS 35, Atlanta 1988.
BOISMARD, M.-É., **Moses or Jesus**: An Essay in Johannine Christology, BEThL 84A, Leuven 1993; franz. 1988.
BORGEN, P., Philo, John and Paul. **New Perspectives** on Judaism and Early Christiantiy, BJSt 131, Atlanta 1987.
BOUSSET, W., **Kyrios Christos**. Geschichte des Christusglaubens von den Anfängen des Christentums bis Irenäus, Göttingen ^{6}1967.
BULTMANN, R., **Theologie** des Neuen Testamentes, UTB 630, Tübingen 1984.
BURGE, G.M., The **Anointed Community**. The Holy Spirit in the Johannine Tradition, Grand Rapids 1987.
CHARLESWORTH, J. H., The **Beloved Disciple**, Whose Witness Validates the Gospel of John?, Valley Forge 1995.
CULPEPPER, R.A., **Anatomy** of the Fourth Gospel. A Study in Literary Design, Foreword by F. KERMODE, Philadelphia 1983.
DAVIES, M., Rhetoric and **Reference** in the Fourth Gospel, JSNT.S 69, Sheffield 1992.
DETTWILER, A., Die **Gegenwart** des Erhöhten. Eine exegetische Studie zu den johanneischen Abschiedsreden unter Berücksichtigung ihres Relecture-Charakters, FRLANT 169, Göttingen 1995.
DIETZFELBINGER, C., Der **Abschied** des Kommenden. Eine Auslegung der johanneischen Abschiedsreden, WUNT 95, Tübingen 1997.

DODD, C.H., Historical **Tradition** in the Fourth Gospel, Cambridge 1963.
DODD, C.H., The **Interpretation** of the Fourth Gospel, Cambridge 1954.
DUKE, P.D., **Irony** in the Fourth Gospel, Atlanta 1985.
FRANKE, A.H., Das Alte Testament bei Johannes. Ein **Beitrag** zur Erklärung und Beurtheilung der johanneischen Schriften, Göttingen 1885.
HAHN, F., Der **Prozeß Jesu** nach dem Johannesevangelium. Eine redaktionsgeschichtliche Untersuchung, EKK-V 2 (1970) 23-96.
HANSON, A.T., The New Testament **Interpretation** of Scripture, London 1980.
HENGEL, M., Die johanneische **Frage**. Mit einem Beitrag zur Apokalypse von J. FREY, WUNT 67, Tübingen 1993.
HOEGEN-ROHLS, C., Der **nachösterliche Johannes**. Die Abschiedsreden als hermeneutischer Schlüssel zum vierten Evangelium, WUNT 2/84, Tübingen 1996.
HOLTZMANN, H.J., Lehrbuch der neutestamentlichen **Theologie**, 2 vol., Freiburg/Leipzig 1897.
HORST, G.K., Ueber einige anscheinende **Widersprüche** in dem Evangelium des Johannis, in Absicht auf den Logos, oder das Höhere in Christo, MRW 1 (1803) 20-46.
JÜLICHER, A., **Einleitung** in das Neue Testament, Tübingen $^{5/6}$1913.
KÄSEMANN, E., Jesu letzter **Wille** nach Johannes 17, Tübingen ^{4}1980.
KARRER, M., **Der Gesalbte**. Die Grundlagen des Christustitels, FRLANT 151, Göttingen 1990.
KNÖPPLER, T., Die **Theologia crucis** des Johannesevangeliums. Das Verständnis des Todes Jesu im Rahmen der johanneischen Inkarnations- und Erhöhungschristologie, WMANT 69, Neukirchen 1994.
KOESTER, C.R., **Symbolism** in the Fourth Gospel: Meaning, Mystery, Community, Minneapolis 1995.
KÜGLER, J., Der Jünger, den Jesus liebte. Literarische, theologische und historische Untersuchungen zu einer **Schlüsselgestalt** johanneischer Theologie und Geschichte, SBB 16, Stuttgart 1988.
KYSAR, R., John, the **Maverick Gospel**, Louisville ^{2}1993.
LINDARS, B., John, in: New Testament **Guides**, Sheffield 1990.
LOADER, A., The **Christology** of the Fourth Gospel, BBET 23, Frankfurt/Bern 1989.
LÜTGERT, W., Die johanneische **Christologie**, Gütersloh ^{2}1916.
MAIER, J., **Zwischen den Testamenten**. Geschichte und Religion in der Zeit des zweiten Tempels, NEB.E 3, Würzburg 1990.
MARTYN, J.L., **History and Theology** in the Fourth Gospel, Nashville ^{2}1979.
MENKEN, M.J.J., Old Testament **Quotations** in the Fourth Gospel. Studies in Textual Form, BETh 15, Kampen 1996.
MOFFATT, J., An **Introduction** to the Literature of the New Testament, Edinburgh 1911.
NEIRYNCK, F., **Jean et les Synoptiques**: Examen critique de l'exégèse de M.-E. Boismard, BEThL 99, Leuven 1979.
NEUGEBAUER, J., Die eschatologischen **Aussagen** in den johanneischen Abschiedsreden. Eine Untersuchungen zu Joh 13-17, BWANT 140, Stuttgart 1995.
OBERMANN, A., Die christologische **Erfüllung** der Schrift im Johannesevangelium, WUNT 2/83, Tübingen 1996.

O'DAY, G.R., **Revelation** in the Fourth Gospel. Narrative Mode and Theological Claim, Philadelphia 1987.

OKURE, T., The Johannine Approach to **Mission**, WUNT 2/31, Tübingen 1988.

OLSSON, B., **Structure** and Meaning in the Fourth Gospel. A Text-linguistic Analysis of John 2,1-11 and 4,1-42, CB.NT 6, Lund 1974.

ONUKI, T., **Gemeinde und Welt** im Johannesevangelium. Ein Beitrag zur Frage nach der theologischen und pragmatischen Funktion des johanneischen »Dualismus«, WMANT 56, Neukirchen 1984.

POHLENZ, M., **Paulus und die Stoa**, in: K.H. RENGSTORF (Hrsg.), Paulusbild, Darmstadt 1964, 522-564.

RESE, M., Das **Selbstzeugnis** des Johannesevangeliums über seinen Verfasser, EThL 72 (1996) 75-111.

RICHTER, G., **Studien** zum Johannesevangelium, J. HAINZ (Hrsg.), BU 13, Regensburg 1977.

REUSS, E., **Ideen zur Einleitung** in das Evangelium Johannis. Bruchstücke aus akademischen Vorlesungen, in: Denkschrift der Theologischen Gesellschaft zu Strassburg 1 (1828-1839), Strassburg 1840, 7-60.

RUCKSTUHL, E., Jesus und der geschichtliche **Mutterboden** im vierten Evangelium, in: FS J. GNILKA, Freiburg 1989, 256-286.

RUCKSTUHL, E./DSCHULNIGG, P., **Stilkritik** und Verfasserfrage im Johannesevangelium. Die johanneischen Sprachmerkmale auf dem Hintergrund des Neuen Testaments und des zeitgenössischen hellenistischen Schrifttums, NTOA 17, Fribourg/Göttingen 1991.

RUIZ, M.R., Der **Missionsgedanke** des Johannesevangeliums, fzb 55, Würzburg 1987.

SANDELIN, K.-G., Wisdom as **Nourisher**. A Study of an OT Theme, Its Development Within Early Judaism and Its Impact on Early Christianity, AAAbo.H 64.3, Abo 1986.

SMITH, D.M., The **Theology** of the Gospel of John, Cambridge 1995.

SPICQ, C., Theological **Lexikon** of the New Testament, transl. and ed. by J.D. ERNEST, Peabody 1994 [franz. Originalausgabe, Fribourg 1978-1982].

SPITTA, F., Das Johannes-Evangelium als **Quelle** der Geschichte Jesu, Göttingen 1910.

SCHENK, W., Kommentiertes **Lexikon** zum vierten Evangelium. Seine Textkonstituenten in ihren Syntagmen und Wortfeldern, Lewiston 1993.

SCHMIEDEL, P.W., Das vierte Evangelium **gegenüber** den drei ersten, RV 1/ 2, Tübingen 1906.

SCHMIEDEL, P.W., **Evangelium**, Briefe und Offenbarung des Johannes nach ihrer Entstehung und Bedeutung, RV 1.2, Tübingen 1907.

SCHNELLE, U., Die **Abschiedsreden** im Johannesevangelium, ZNW 80 (1989) 64-79.

SCHWEGLER, A., Das nachapostolische **Zeitalter** in den Hauptmomenten seiner Entwicklung, Tübingen 1846.

SCHWANKL, O., **Licht/Finsternis**, HBS 5, Freiburg 1995.

SCHWARTZ, E., **Aporien** im vierten Evangelium, NGWG.PH (1907) 342-372; (1908) 115-148; (1908) 149-188; (1908) 497-560.

STALEY, J.L., The Print's **First Kiss**: A Rhetorical Investigation of the Implied Reader in the Fourth Gospel, SBL.DS 82, Atlanta 1988.

STEMBERGER, G., **Einleitung** in Talmud und Midrasch, München [8]1992.

STOWASSER, M., **Johannes der Täufer** im Vierten Evangelium. Eine Untersuchung zu seiner Bedeutung für die johanneische Gemeinde, öBS 12, Klosterneuburg 1992.

STRAUSS, D.F., Das **Leben Jesu**, kritisch bearbeitet, Tübingen 1835.

THEOBALD, M., Die **Fleischwerdung** des Logos. Studien zum Verhältnis des Johannesprologs zum corpus des Evangeliums und zu 1 Joh, NTA.NF 20, Münster 1988.

THOMPSON, M.M., The Incarnate Word. **Perspectives** on Jesus in the Fourth Gospel, Peabody 1993.

THYEN, H., Johannes und die Synoptiker. Auf der Suche nach einem neuen **Paradigma** zur Beschreibung ihrer Beziehungen anhand von Beobachtungen an Passions- und Ostererzählungen, BEThL 101, Leuven 1992, 81-107.

THYEN, H., Die Erzählung von den Bethanischen Geschwistern (Joh 11,1-12,19) als »**Palimpsest**« über synoptischen Texten, in: FS F. NEIRYNCK III, BEThL 100 C, Leuven 1992, 2021-2050.

THYEN, H., Joh 10 im **Kontext** des vierten Evangeliums, in: J. BEUTLER / R.T. FORTNA (Hrsg.), The Shepherd Discourse of John 10 and ist Context, SNTS.MS 67, Cambridge 1991, 116-134.163-168.

THYEN, H., »Das **Heil** kommt von den Juden«, in: FS G. BORNKAMM, Tübingen 1980, 163-184.

THYEN, H., Aus der **Literatur** zum Johannesevangelium, ThR 39 (1974) 1-69. 222-252. 289-330; 42 (1977) 211-270; 43 (1978) 328-359; 44 (1979) 97-134.

VAN BELLE, G., The **Signs Source** in the Fourth Gospel, BEThL 116, Leuven 1994.

VAN BELLE, G., Les **parenthèses** dans l'évangile de Jean. Aperçu historique et classification. Texte grec de Jean, SNTA 11, Leuven 1985.

VAN BELLE, G., The **Faith** of the Galileans: The Parenthesis in Jn 4:44, EThL 74 (1998) 27-44.

VAN GENNEP, A., **Übergangsriten** (Les rites de passage). Aus dem Französischen von Klaus SCHOMBURG und Sylvia M. SCHOMBURG-SCHERFF, Frankfurt 1986.

VAN TILBORG, S., Imaginative **Love** in John, Leiden 1993.

WEISS, B., Der johanneische **Lehrbegriff** in seinen Grundlagen untersucht, Berlin 1862.

WEISS, J., Das Problem der **Entstehung** des Christentums, ARW 16 (1913) 423-515.

WEISSE, C.H., Die **evangelische Geschichte** kritisch und philosophisch bearbeitet, Leipzig 1838.

WEISSE, C.H., Die **Evangelienfrage** in ihrem gegenwärtigen Stadium, Leipzig 1856.

WEIZSÄCKER, C., **Untersuchungen** über die evangelische Geschichte, ihre Quellen und den Gang ihrer Entwicklung, A. BILFINGER (Hrsg.), Tübingen/Leipzig [2]1901.

WEIZSÄCKER, C., Beiträge zur **Charakteristik** des johanneischen Evangeliums, JDTh 4 (1859) 685-767.

WEIZSÄCKER, C., Das **Selbstzeugniß** des johanneischen Christus. Ein Beitrag zur Christologie, JDTh 2 (1857) 154-208.

WELLHAUSEN, J., **Einleitung** in die drei ersten Evangelien, Berlin [2]1911.

WELLHAUSEN, J., **Erweiterungen** und Änderungen im vierten Evangelium, Berlin 1907.

WENDT, H.H., Das **Johannesevangelium**. Eine Untersuchung seiner Entstehung und seines geschichtlichen Wertes, Göttingen 1900.

WENDT, H.H., Die **Lehre Jesu**, Göttingen ²1901.
WINDISCH, H., **Johannes und die Synoptiker**. Wollte der vierte Evangelist die älteren Evangelien ergänzen oder ersetzen?, UNT 12, Leipzig 1926.
WINER, G.B., **Grammatik** des neutestamentlichen Sprachidioms als sichere Grundlage der neutestamentlichen Exegese, Leipzig ⁶1855.
WINTER, M., Das Vermächtnis Jesu und die Abschiedsworte der Väter. Gattungsgeschichtliche Untersuchung der **Vermächtnisrede** im Blick auf Joh. 13-17, FRLANT 161, Göttingen 1994.
WREDE, W., Charakter und **Tendenz** des Johannesevangeliums, in: DERS., Vorträge und Studien, 1907, 178-231.

C. Weitere Kurztitel für Sammel- und Kongreßbände

EVANS, C.A./STEGNER, W. R. (Hrsg.), The Gospels and the **Scriptures** of Israel, JSNT.S 104, Sheffield 1994.
FLUSSER, D., Entdeckungen im NT I: **Jesusworte** und ihre Überlieferung, Neukirchen-Vluyn 1987.
GARVIE, A.E., The **Beloved Disciple**. Studies of the Fourth Gospel, London 1922.
HAINZ, J. (Hrsg.), **Methodenstreit** zum Johannesevangelium. Dokumentation des Symposions vom 29.-30.6.1990, Frankfurt 1991.
HARTMAN, L./OLSSON, B. (Hrsg.), **Aspects** on the Johannine Literature. Papers presented at a Conference of Scandinavian NT Exegetes at Uppsala, CB.NT 18, Uppsala 1987.
HENGEL, M./LÖHR, H. (Hrsg.), **Schriftauslegung** im antiken Judentum und im Urchristentum, Tübingen 1994.
HOLTZMANN, H.J., **Predigten**, gehalten im akademischen Gottesdienst zu Heidelberg, Elberfeld 1865.
KAESTLI, J.-D./POFFET, J.-M./ZUMSTEIN, J. (Hrsg.), La **communauté**, johannique et son histoire. La trajectoire de l'évangile des Jean aux deux premiers siècles, Genf 1990.
LAMPE, F.A., Theologi consummati, **Diss**ertationum philologico-theologicarum tum earum, quae ad ulteriorem Evangelii Johannis illustrationem pertinent, Amsterdam 1737.
LEVINE, I.L. (Hrsg.), Archaeology and Post-Biblical Jewish History, Jerusalem 1972.
LINDARS, B., **Essays** on John, C.M. TUCKETT (Hrsg.), SNTA 17, Leuven 1992.
MACK, B.L./ROBBINS, V.K., **Pattern** of Persuasion in the Gospels, Sonoma 1989.
MURRAY, O. (Hrsg.), **Sympotica**. A Symposion on the Symposion, Oxford 1990.
NEIRYNCK, F., **Evangelica** I/ II – Gospel Studies, BEThL 60/99, (F. VAN SEGBROEK Hrsg.), Leuven 1982/1991.
PILCH, J.J./MALINA, B.J. (Hrsg.), Biblical **Social Values** and Their Meaning: A Handbook, Peabody, 1993.
VAN DER HORST, P.W., Hellenism – Judaism – Christianity. Essays on Their **Interaction**, Kampen/Leuven ²1998.

D. Zusätzliche Abkürzungen (sonst wird nach der TRE zitiert)

AJTh   Asian Journal of Theology, Singapore
APB   Acta patristica et byzantina 1 (1990) ff.

AugS   Augustinian Studies, Villanova, Pa.
BBR   Bulletin for Biblical Research, Winona Lake
BDM   BROWN, R.E., The Death of the Messiah – From Gethsemane to the Grave: A Commentary on the Passion Narratives in the Four Gospels, New York 1994.
BDR   BLASS, F. / DEBRUNNER, A. / REHKOPF, F., Grammatik des neutestamentlichen Griechisch, Göttingen ^{15}1979.
BibI   Biblical Interpretation, Leiden
Bill.   BILLERBECK, P., Kommentar zum Neuen Testament aus Talmud und Midrasch, München 1926.^{6}1956-1961.
BiNo   Biblische Notizen, Bamberg
BI.S   Biblical Interpretation Series, Leiden
BBR   Bulletin of Biblical Research, Winoma Lake
CBET   Contributions to Biblical Exegesis and Theology, Kampen/Leuven
ChD   Chemins de Dialogue, Marseille
CRINT   Compendia Rerum Iudaicarum ad Novum Testamentum, Assen/Minneapolis 1974ff.
CThR   Criswell Theological Review, Dallas
CTC   Bulletin of the Christian Conference of Asia, Hongkong
DSD   Dead Sea Discoveries, Leiden
EP   Ekklesiastikos Pharos, Bloemfontein
ESCTh   Bulletin of the European Society für Catholic Theology, Tübingen
EVB   E. Käsemann, Exegetische Versuche und Besinnungen, Göttingen 1964.
FFF   Foundation and Facets Forum, Sonoma
HBS   Herders Biblische Studien, Freiburg
JECS   Journal of Early Christian Studies, Baltimore
JHC   Journal of Higher Criticism, Montclair, NJ
LThR   Lutheran Theological Review
MBFJ   Mitteilungen und Beiträge der Forschungsstelle Judentum, Leipzig
MCP   Magazin für christliche Prediger
MoTh   Modern Theology, Oxford
NDIEC   New Documents Illustrating Early Christianity, Macquarie University/ Grand Rapids, 1981ff.
Pac   Pacifica
PzB   Protokolle zur Bibel, Klosterneuburg
RIG   Religionen im Gespräch, Balve
RTLu   Rivista teologica di Lugano, Lugano
SBJTh   Southern Baptist Journal of Theology
SBL.SP   Society of Biblical Literature – Seminar Papers
Srel   Sette e religioni, Bologna
TJ   Trinity Journal, Deerfield, Ill.
TLG   Thesaurus Graecae Linguae, University of California
W&W   Word and World
WUB   Welt und Umwelt der Bibel, Stuttgart
ZNT   Zeitschrift für Neues Testament, Tübingen

BIBLIOGRAPHIE

LITERATUR ZU DAS THEOLOGISCHE LESEINTERESSE (A 1) S. 21-32

ABERLE, Dr., Über den Zweck des Johannesevangeliums, ThQ 43 (1861) 37-94.
ALLEN, R.B., The Pillar of the Cloud, BS 153 (1996) 387-395.
ANONYM, Dio nel quarto vangelo, CivCatt 148 (1997) 319-332.
ASHTON, J., Understanding the Fourth Gospel, Oxford 1991.
BALZ, H., Johanneische Theologie und Ethik im Licht der »letzten Stunde«, in: FS H. GREEVEN, Berlin 1986, 35-56.
BARRETT, C.K., The Place of John and the Synoptics within the Early History of Christian Thought, BEThL 101, 1992, 63-79.
—, Jesus and the Word and Other Essays, Allison Park 1995.
BEASLEY-MURRAY, G.R., Gospel of Life: Theology in the Fourth Gospel, Peabody 1991.
BERGER, K., Im Anfang war Johannes. Datierung und Theologie des vierten Evangeliums, Stuttgart 1997.
BIRNBAUM, E., What Does Philo Mean by »Seeing God«? Some Methodological Considerations, SBL.SP 131 (1995) 535-552.
BOISMARD, M-É., Approche du mystère trinitaire par le biais du IVe évangile, LeDiv 143, 1990, 127-142.
BOVON, F., The Gospel According to John, Access to God, at the Obscure Origins of Christianity, Diog(GB) 146 (1990) 37-50.
BROX, N., Terminologisches zur frühchristlichen Rede von Gott, BAW.PH 1996, H. 1, 3-46.
BURTON, E. de Witt, The Purpose and Plan of the Gospel of John, BW 13 (1899) 16-41, 102-105.
CARSON, D.A., The Purpose of the Fourth Gospel: John 20:31 Reconsidered, JBL 106 (1987) 639-651.
CONE, O., The Gospel and its Earliest Interpretations. A Study of the Teaching of Jesus and its Doctrinal Transformations in the New Testament, New York/London 1893.
COPE, L., Faith for a New Day. The New View of the Gospel of John, St. Louis 1987.
COUNTRYMAN, L.W., The Mystical Way in the Fourth Gospel. Crossing Over Into God, Philadephia 1987.
CROSS, J.A., The Theology of the Fourth Gospel, Exp. 5. ser., 3 (1896) 151-152.
CULLMANN, O., The Theological Content of the Prologue to John in its Present Form, in: FS J.L. MARTYN, 1990, 295-298.
CULPEPPER, R.A., The Theology of the Gospel of John, RExp 85 (1988) 417-432.
—, The Gospel of John as a Document of Faith in a Pluralistic Culture, in: F.F. SEGOVIA (Hrsg.), What is John? I, Atlanta 1996, 107-127.
DUNN, J.D.G., »Why Incarnation«? A Review of Recent New Testament Scholarship, in: FS M.D. GOULDER, Leiden 1994, 235-256.

ERNST, J., Johannes – ein theologisches Portrait, Düsseldorf 1991.
FARMER, C.S., The Gospel of John in the 16th Century: The Johannine Exegesis of Wolfgang Musculus, Oxford 1997.
FASCHER, E., Deus invisibilis. Eine Studie zur biblischen Gottesvorstellung, in: FS R. OTTO, Gotha 1931, 41-77.
FERRARO, G., Gli autori divini dell'insegnamento nel quarto Vangelo: Dio Padre, Gesu Cristo, lo Spirito, StMiss 37 (1988) 53-76.
—, Mio-Tuo. Teologia del possesso reciproco del Padre e del Figlio nel vangelo di Giovanni, Rom 1994.
GAMBLE, J., The Philosophy of the Fourth Gospel, Exp. 9. ser., 4 (1925) 50-59.
GARCIA-MORENO, A., El cuarto Evangelio. Aspectos teológicos, Pamplona 1996.
GARVIE, A.E., The Evangelist's Experimental Reflexions in the Fourth Gospel, Exp. 8. ser., 10 (1915) 255-264.
GLEISS, C., Beiträge zu der Frage nach der Entstehung und den Zweck des Johannesevangeliums, NKZ 18 (1907) 470-498, 548-591, 632-688.
GLOATZ, P., Zur Vergleichung der Lehre des Paulus mit der Jesu zugleich für Bestätigung der johanneischen Darstellung durch Paulus, ThStKr 68 (1895) 777-800.
HARRIS, E., Prologue and Gospel. The Theology of the Fourth Evangelist, JSNT.S 107, Sheffield 1994.
HARTMAN, L., Johannine Jesus-Belief and Monotheism, in: DERS./OLSSON (Hrsg.), Aspects, 1987, 85-99.
HASSE, C.G., Ueber die Unveränderlichkeit Gottes und die Lehre von der Kenosis des göttlichen Logos, mit Rücksicht auf die neuesten christologischen Verhandlungen, JDTh 3 (1858) 366-417.
HAUSRATH, A., Vollendung der neuen Weltanschauung in der Logoslehre, in: DERS., Neutestamentliche Zeitgeschichte, 4. Theil, 6. Abschnitt, Heidelberg ²1877, 379-465.
HILGENFELD, A., Das Evangelium und die Briefe Johannis nach ihrem Lehrbegriff dargestellt, Halle 1849.
HOFIUS, O./KAMMLER, H.-C., Johannesstudien. Untersuchungen zur Theologie des vierten Evangeliums, WUNT 88, Tübingen 1996.
HOLM, T., Versuch einer kurzen Darstellung der Lehre des Apostels Johannes, Lüneburg 1832.
HURTADO, L.W., First-Century Jewish Monotheism, JSNT 71 (1998) 3-26.
INGE, W.R., Personal Idealism and Mysticism, The Paddock Lectures for 1906, London 1907.
—, The Theology of the Fourth Gospel, in: H.B. SWETE (Hrsg.), Essays on some Biblical Questions of the Day, London 1909, 251-288.
JERUMANIS, P.-M., Réaliser la communion avec Dieu. Croire, vivre et demeurer dans l'évangile selon S. Jean, EB 32, Paris 1996.
JUEL, D.H., Your Word Is Truth, LuthQ 10 (1996) 113-133.
JUEL, D./KEIFERT, P., »I Believe in God«: A Johannine Perspective, HBTh 10-12 (1988-90) 39-60.
KAISER, G., Kann man nach der Wahrheit des Christentums fragen?, ZThK 92 (1995) 102-120.
KAYSER, A., L'école de Tubingue et l'évangile selon saint Jean, RThPh 12 (1856) 217-277; 13 (1856/57) 67-85.

KILEY, M., The Exegesis of God: Jesus' Signs in Jn 1-11, SBL.SP 27 (1988) 555-569.
KLUGE, K., Das Evangelium Johannis – Darstellung seines Lehrbegriffes, Halle 1892.
KYSAR, R., Art.: John, the Gospel of, AncBD III (1992) 912-931.
LANG, B., Der monarchische Monotheismus und die Konstellation zweier Götter im Frühjudentum, in: DIETRICH/KLOPFENSTEIN (Hrsg.), Monotheismus, 1994, 559-564.
LEE, D.A., The Symbolic Narratives of the Fourth Gospel: The Interplay of Form and Meaning, JSNT.S 95, Sheffield 1994.
—, Beyond Suspicion? The Fatherhood of God in the Fourth Gospel, Pac 8 (1995) 140-154.
LIEU, J.M., Biblical Theology and the Johannine Literature, in: S. PEDERSEN (Hrsg.), New Directions in Biblical Theology, NT.S 96, Leiden 1994, 93-107.
LINDARS, B., The Son of Man in the Theology of John, in: DERS., Essays, Leuven 1992, 153-166.
LOMBARD, H.A., Prolegomena to a Johannine Theology: Sources, Method and Status of a Narratiological Model, Neotest. 29 (1995) 253-272.
LONNING, P., Universitet og dualisme i Johannes-teologien, TTK 67 (1996) 21-33.
MACRAE, G., Theology and Irony in the Fourth Gospel, in: D.J. HARRINGTON/ S.B. MARROW (Hrsg.), Studies in the New Testament and Gnosticism, Wilmington 1987, 32-46.
MEYER, K., Der Zeugniszweck des Evangelisten Johannes. Nach seinen eigenen Angaben dargestellt, Gütersloh 1906.
MEYER, P.W., »The Father«: The Presentation of God in the Fourth Gospel, in: FS D.M. SMITH, 1996, 255-273.
MOFFAT, J., The Autonomy of Jesus: A Study in the Fourth Gospel, Exp. 6. ser., 3 (1901) 466-472; 4 (1901) 59-69.122-139.
MOORE, S.D., Some Ugly Thoughts on the Fourth Gospel at the Threshold of the Third Millennium, in: F.F. SEGOVIA (Hrsg.), What is John? II, Atlanta 1998, 239-247.
MORGEN, M., Afin que le monde soit sauvé: Jésus révèle sa mission de salut dans l'évangile de Jean, LeDiv 154, Paris 1993.
MORRIS, L.L., Jesus Is the Christ: Studies in the Theology of John, Grand Rapids/Leicester 1989.
MUSSNER, F., Die »semantische Achse« des Johannesevangeliums (1989), in: DERS., Jesus von Nazareth im Umfeld Israels und der Urkirche. Gesammelte Aufsätze, M. THEOBALD (Hrsg.), WUNT 111, Tübingen 1999, 260-269.
NEYREY, J.H., »My Lord and My God«: The Divinitiy of Jesus in John's Gospel, SBL.SP 1986, 152-171.
NIESE, C., Die Grundgedanken des Johanneischen Evangeliums, nebst dem Jahresbericht des Rektors der kgl. Landesschule Pforta, Naumburg 1850.
O'DAY, G.R., Narrative Mode and Theological Claim: A Study in the Fourth Gospel, JBL 105 (1986) 657-668.
—, Johannine Theology as Sectarian Theology, in: F.F. SEGOVIA (Hrsg.), What is John? I, Atlanta 1996, 199-203.
O'NEILL, J.C., »Making Himself Equal With God« (Jn 5:15-18): The Alleged Challenge to Jewish Monotheism in the Fourth Gospel, IBSt 17 (1995) 50-61.

OP DEN BROUW, R., The Problem of the Missing Article in the Use of »God«, RelSt 30 (1994) 17-27.

PAINTER, J., »Inclined in God«: The Quest for Eternal Life – Bultmannian Hermeneutics and the Theology of the Fourth Gospel, in: FS M.D. SMITH, 1996, 346-368.

POWER, W.L., Literal and Metaphorical Uses of Discourse in the Representation of God, Thom. 52 (1988) 627-644.

REINHARTZ, A., On Travel, Translation, and Ethnography: Johannine Scholarship at the Turn of the Century, in: F.F. SEGOVIA (Hrsg.), »What is John?« II, Atlanta 1998, 249-256.

RENSBERGER, D., Sectarianism and Theological Interpretation in John, in: F.F. SEGOVIA (Hrsg.), »What is John?« II, Atlanta 1998, 139-156.

REUSS, E., Die johanneische Theologie, in: Beiträge zu den theologischen Wissenschaften von den Mitgliedern der theologischen Gesellschaft zu Strassburg, 1. Heft, Jena 1847, 1-84.

ROHRBAUGH, R.L., The Gospel of John in the Twenty-first Century, in: F.F. SEGOVIA (Hrsg.), »What is John?« II, Atlanta 1998, 257-263.

RUSSWURM, J.W.B., Ueber die ersten Leser, und den Zweck des Evangeliums Johannis, Neue Theologische Blätter 3 (Gotha 1800) 257-306.

SCHNACKENBURG, R., Die Agape Gottes nach Johannes, in: FS A. GANOCZY, 1988, 36-47.

—, Die Person Jesu Christi im Spiegel der vier Evangelien, HThK.S IV, Freiburg 1993, 246-326.

SCHNEIDER, G., Auf Gott bezogenes »mein Vater« und »euer Vater« in den Jesus-Worten der Evangelien, in: FS F. NEIRYNCK III, 1992, 1751-1781.

SCHOLTISSEK, K., Ironie und Rollenwechsel im Johannesevangelium, ZNW 89 (1998) 235-255.

SCHROER, S., Zeit für Grenzüberschreitungen. Die göttliche Weisheit im nachexilischen Monotheismus, BiKi 49 (1994) 103-107.

SEGALLA, G., Ritualità cristologica ed esperienza sprittituale nel Vangelo secondo Giovanni, Teol(M) 23 (1998) 30-362.

SEGOVIA, F.F., Reading Readers Reading John: An Exercise in Intercultural Criticism, in: DERS. (Hrsg.), »What is John?« II, Atlanta 1998, 281-322.

SMALLEY, S.S., John: Evangelist and Interpreter, Carlisle ²1998.

SMITH, D.M., The Theology of the Gospel of John, Cambridge 1995.

—, Prolegomena to a Canonical Reading of the Fourth Gospel, in: F.F. SEGOVIA (Hrsg.), »What is John?« I, Atlanta 1996, 169-182.

STEVENS, G.B., The Peculiarities of John's Theology, The New World (Boston) 2 (1893) 612-623.

STROTMANN, A., »Mein Vater bist du!« (Sir 51,10). Zur Bedeutung der Vaterschaft Gottes in kanonischen und nichtkanonischen frühjüdischen Schriften, Frankfurt 1991.

THEOBALD, M., Gott, Logos und Pneuma. »Trinitarische« Rede von Gott im Johannesevangelium, in: H.-J. KLAUCK (Hrsg.), Monotheismus und Christologie, QD 138, Freiburg 1992, 41-87.

THIBEAUX, E.R., Reading Readers Reading Characters, Semeia 63 (1993) 215-227.

THOMPSON, M.M., »God's Voice you have Never Heard, God's Form you have Never Seen«: The Characterization of God in the Gospel of John, Semeia 63 (1993) 177-204.

—, After Virtual Reality: Reading the Gospel of John at the Turn of the Century, in: F.F. SEGOVIA (Hrsg.), »What is John?« II, Atlanta 1998, 231-238.
THYEN, H., Juden und Christen – Kinder eines Vaters, in: FS R. RENDTORFF, 1990, 689-705.
TILBORG, S. van, The Theology of the Johannine Gospel as an Imaginary-Narrative Reality, ESCTh 5 (1994) 28ff.
TOBLER, E., Vom Mißverstehen zum Glauben. Ein theologisch-literarischer Versuch zum vierten Evangelium und zu Zeugnissen seiner Wirkung, Bern/Frankfurt 1990.
TOLMIE, F.D., The Characterization of God in the Fourth Gospel, JSNT 69 (1998) 57-75.
TROCMÉ, E., «La parole devint chair et dressa sa tente parmi nous». Réflexions sur la theologie du IVe évangile, RHPhR 74 (1994) 399-409.
VAN DER HORST, P.W., Korte Notities over het Godbegrip bij Grieken en Romeinen en de Vergoddelijking van Jezus in het Nieuwe Testament, Bijdr. 57 (1996) 149-157.
VOIGT, G., Licht – Liebe – Leben. Das Evangelium nach Johannes, Göttingen 1991.
WEDER, H., Die Weisheit in menschlicher Gestalt. Weisheitstheologie im Johannesprolog als Paradigma einer biblischen Theologie, in: S. PEDERSEN (Hrsg.), New Directions in Biblical Theology, NT.S 96, Leiden 1994, 143-179.
WEISS, B., Der johanneische Lehrbegriff in seinen Grundlagen untersucht, Berlin 1862.
ZELLER, E., Rez.: K.R. Köstlin, Der Lehrbegriff des Evangeliums und der Briefe Johannis und die verwandten neutestamentlichen Lehrbegriffe, Berlin 1845, ThJb(T) 4 (1845) 75-100.
ZUMSTEIN, J., L'apprentissage de la foi. À la découverte de l'évangile de Jean et de ses lecteurs, Aubonne 1993.

LITERATUR ZU DAS LITERARGESCHICHTLICHE INTERESSE (A 2) S. 32-44

BALL, C.J., Had the Fourth Gospel an Aramaic Archetyp?, ET 21 (1909/10) 91-93.
BERGER, K., Im Anfang war Johannes. Datierung und Theologie des vierten Evangeliums, Stuttgart 1997.
BOISMARD, M.-É., Un évangile pré-johannique, 2 vol., ÉB 24/25, Paris 1994.
BOUSSET, W., Ist das vierte Evangelium eine literarische Einheit?, ThR 12 (1909) 1-12.
BRODIE, T.L., The Quest for the Origin of John's Gospel: A Source-Oriented Approach, Oxford 1993.
BURKETT, D., Two Accounts of Lazarus' Resurrection in John 11, NT 36 (1994) 209-232.
DAUER, A. Schichten im Johannesevangelium als Anzeichen von Entwicklungen in der (den) johanneischen Gemeinde(n) nach G. Richter, in: FS J. SCHNEIDER, Bamberg 1986, 62-83.
DE BOER, M.C., Narrative Criticism, Historical Criticism and the Gospel of John, JSNT 47 (1992) 35-48.
FLUSSER, D., Eine judenchristliche Quelle des Johannesevangeliums, in: DERS., Jesusworte, Neukirchen-Vluyn 1987, 115-129.

FORTNA, R.T., The Fourth Gospel and its Predecessor – From Narrative Source to Present Gospel, Edinburgh 1989.
HAINZ, J., Neuere Auffassungen zur Redaktionsgeschichte des Johannesevangeliums, in: Memorial O. KUSS, 1992, 157-176.
HOFRICHTER, P.L., Modell und Vorlage der Synoptiker. Das vorredaktionelle »Johannesevangelium«, Hildesheim 1997.
HORN, F.W., Rez.: W. Schmithals, Johannesevangelium und Johannesbriefe, BZNW 64, 1992, Bib. 75 (1994) 276-280.
KIEFFER, R., Different Levels in Johannine Imagery, in: L. HARTMAN/B. OLSSON (Hrsg.), Aspects, 1987, 74-84.
LINDARS, B., Traditions Behind the Fourth Gospel, in: DERS., Essays, Leuven 1992, 87-104.
—, Discourse and Tradition: The Use of the Sayings of Jesus in the Discourses of the Fourth Gospel, in: DERS., Essays, Leuven 1992, 113-129.
MACGREGOR, G.H.C., How Far is the Fourth Gospel a Unity?, Exp. 8. ser., 48 (1922) 81-110; 49 (1923) 161-185.358-376.
SCHMITHALS, W., Johannesevangelium und Johannesbriefe. Forschungsgeschichte und Analyse, BZNW 64, Berlin 1992.
SEGOVIA, F.F., The Tradition History of the Fourth Gospel, in: FS D.M. SMITH, Louisville 1996, 179-189.
SINCLAIR, S.G., The Road and the Truth: The Editing of John's Gospel, Vallejo 1994.
SPROSTON, W.E., Witnesses to What was ἀπ' ἀρχῆς: 1 John's Contribution to our Knowledge of Tradition in the Fourth Gospel, JSNT 48 (1992) 43-65.
VON WAHLDE, U.C., The Earliest Version of John's Gospel. Recovering the Gospel of Signs, Wilmington 1989.
WILLS, L.M., The Quest of the Historical Gospel: Mark, John and the Origins of the Gospel Genre, London 1997.
WITKAMP, L.T., Jezus van Nazareth in de gemeente van Johannes. Over de interaktie van traditie en ervaring, Kampen 1986.

LITERATUR ZU **DAS RELIGIONSGESCHICHTLICHE INTERESSE** (A 3) S. 44-49

A. Johannesevangelium und hellenistische Frömmigkeit

ARANDA PÉREZ, G., Jn 1:14 frente a »Apocalipsis de Adán« (NHC V.5), in: FS J.M. CASCIARO, 1994, 363-383.
BORGEN, P., Philo, John and Paul, Atlanta 1987.
BROWNSON, J., The Odes of Solomon and the Johannine Tradition, JStP 2 (1988) 49-69.
CROSSAN, J.D., Aphorism in Discourse and Narrative, Semeia 43 (1988) 121-140.
DE LA FUENTE, A., Trasfondo cultural cel cuarto evangelio: sobre el ocaso del dilema judaísmo/gnosticismo, EstB 56 (1998) 491-506.
DUNDERBERG, I., John and Thomas in Conflict?, in: TURNER/MCGUIRE (Hrsg.), NH-Library after 50 Years, 1997, 361-380.
FRANZMANN, M./ LATTKE, M., Gnostic Jesuses and the Gnostic Jesus in John, in: FS K. RUDOLPH, Marburg 1994, 143-154.

HASSE, F. R., Rez.: BAUR, F. C., Die christliche Gnosis, Tübingen 1835, ZspTh 1/2 (1836) 209-244.
HEINRICI, G., Die valentinianische Gnosis und die Heilige Schrift. Eine Studie, Berlin 1871.
HOFRICHTER, P., Im Anfang war der »Johannesprolog«. Das urchristliche Logosbekenntnis – die Basis neutestamentlicher und gnostischer Theologie, BU 17, Regensburg 1986.
—, Gnosis und Johannesevangelium, BiKi 41 (1986) 15-21.
—, Das Johannesevangelium in der religionsgeschichtlichen Forschung und die Literarkritik des Prologs, in: Memorial O. KUSS, 1992, 219-246.
IACOPINO, G., Il Vangelo di Giovanni nei testi gnostici copti, Roma 1995.
JACOBSEN BUCKLEY, J., Libertines or Not: Fruit, Bread, Semen and Other Body Fluids in Gnosticism, JECS 2 (1994) 15-31.
KAESTLI, J.-D., L'exégèse valentinienne du quatrième évangile, in: DERS. (Hrsg.), Communauté, 1990, 323-350.
KLAUCK, H.-J., Die dreifache Maria. Zur Rezeption von Joh 19,25 in EvPhil 32, in: FS F. NEIRYNCK III, Leuven 1992, 2343-2358.
KOESTER, H., Les discours d'adieu de l'évangile de Jean: Leur trajectoire au premier et deuxième siècle, in: J.-D. KAESTLI (Hrsg.), Communauté, 1990, 269-280.
—, Ancient Christian Gospels: Their History and Development, Philadelphia 1990, 173-187.244-271.
—, The History-of-Religions School, Gnosis, and the Gospel of John, StTh 40 (1986) 115-136.
KUNTZMANN, R./MORGEN, M., Un example de réception de la tradition johannique: 1 Jn 1:1-5 et Évangile de Vérité 30:16-31,35, in: LeDiv 143, 1990, 265-276.
LALLEMAN, P.J., The Acts of John: A Two-Stage Initiation into Johannine Gnosticism, Leuven 1998.
LATTKE, M., Die Oden Salomos in ihrer Bedeutung für Neues Testament und Gnosis, OBO 25/3.4, Fribourg/Göttingen 1986.1998.
LAYTON, B., Prolegomena to the Study of Ancient Gnosticism, in: FS W.A. MEEKS, 1995, 334-350.
LOGAN, A.H.B., John and the Gnostics: The Significance of the Apocryphon of John for the Debate About the Origins of the Johannine Literature, JSNT 43 (1991) 41-69.
LUTTIKHUIZEN, G.P., Johannine Vocabulary and the Thought Structure of Gnostic Mythological Texts, in: FS K. RUDOLPH, Marburg 1994, 175-181.
PAINCHAUD, L., The Use of Scripture in Gnostic Literature, JECS 4 (1996) 129-146.
PASQUIER, A., Interpretation of the Prologue to John's Gospel in some Gnostic and Patristic Writings: A Common Tradition, in: TURNER/MCGUIRE (Hrsg.), NL-Library after 50 Years, 1997, 484ff..
PERKINS, P., New Testament Christologies in Gnostic Transformation, in: FS H. KOESTER, 1991, 433-441.
RÖHL, W.G., Die Rezeption des Johannesevangeliums im christlich-gnostischen Schriften aus Nag Hammadi, EHS.T 428, Frankfurt 1991.
RUCKSTUHL, E./DSCHULNIGG, P., Das Johannesevangelium und die Gnosis, in: SBAB 3, Stuttgart 1988, 311-326.

RUFF, P.-Y., Gnosticisme et johannisme, des réseaux de témoins sans Église?, ÉTR 68 (1993) 25-41.
SCHOLTEN, C., Probleme der Gnosisforschung: alte Fragen – neue Zugänge, IKaZ 26 (1997) 481-501.
SEVRIN, J.-M., Le quatrième évangile et le gnosticisme: questions de méthode, in: J.-D. Kaestli (Hrsg.), Communauté, 1990, 251-268.
SHEPPARD, H.J./KEHL, A./MCL.WILSON, R, Art.: Hermetik, RAC 15 (1991) 780-808.
SLOYAN, G.S., The Gnostic Adoption of John's Gospel and Its Canonization by the Catholic Church, BTB 26 (1996) 125-132.
TANNEHILL, R.C., Aphorism and Narrative: A Response to John Dominic Crossan, Semeia 43 (1988) 141-144.
TAYLOR, V., The Mandaeans and the Fourth Gospel, HibJ 28 (1929/30) 531-546.
TRÖGER, K.-W., Gnosisforschung an der Theologischen Fakultät – Arbeitsfelder, Ergebnisse und Erkenntnisse, Vortrag gehalten an der Theologischen Fakultät der Humboldt-Universität zu Berlin am 28.6.1995.
—, Mystik und Gnosis. Zur Bedeutung des Dialogs in gnostischen Schriften, RIG 5 (1998) 259-266.
VERNETTE, J., L'utilisation de l'évangile de Jean dans les nouveaux mouvements religieux gnostiques, in: A. MARCHADOUR (Hrsg.), LeDiv 143, 1990, 185-201.
VOORGANG, D., Die Passion Jesu und Christi in der Gnosis, Frankfurt 1991.
VOUGA, F., The Johannine School: A Gnostic Tradition in Primitive Christianity?, Bib. 69 (1988) 371-385.
—, Jean et la gnose, in: A. MARCHADOUR (Hrsg.), LeDiv 143, 1990, 107-125.
WALDSTEIN, M., The Providence Monologue in the Apocryphon of John and the Johannine Prologue, JECS 3 (1995) 369-402.
WOLF, J.C., Manichaeismus ante Manichaeos et in Christianismo redivivus, Hamburg 1707.
ZELLER, E., Ueber die Citate aus dem 4. Evangelium, welche in den Auszügen gnostischer Schriften in dem pseudorigenistischen elenchus *kata pason haireseon* vorkommen, ThJ(T) 12 (1853) 144-152.

B. Johannesevangelium und die Schriften von Qumran

CAPPER, B.J., »With the Oldest Monks...«: Light from Essene History on the Career of the Beloved Disciple, JThS 49 (1998) 1-55.
CHARLESWORTH, J.H., The Dead Sea Scrolls and the Gospel According to John, in: FS D.M. SMITH, 1996, 65-97.
ESLER, P.F., Introverted Sectarianism at Qumran and in the Johannine Community, in: DERS., Social Worlds, 1994, 70-91.
FITZMYER, J., The Qumran Scrolls and the New Testament after Forty Years, RdQ 13 (1988) 609-620.
LEWIS, J.P., The Semitic Background of the Gospel of John, in: FS F. PACK, 1989, 97-110.
SEGALLA, G., Qumran e la letteratura giovannea (Vangelo e Lettere). Il dualismo antitetico di luce-tenebra, RStB 9 (1997) 117-153.

SVENSSON, J., Johannespåsken och Qumrankalendern, SEA 62 (1997) 87-110.
VANDERKAM, J.C., Einführung in die Qumranforschung, UTB 1998, Göttingen 1998, 182-210. •

LITERATUR ZU DAS TRADITIONSGESCHICHTLICHE INTERESSE (A 4) S. 49-55

ANDERSON, P.N., Was the Fourth Evangelist a Quaker?, QRT 76 (1991) 27-43.
ASHTON, J., The Interpretation of John, Edinburgh ²1997.
—, Studying John: Approaches to the Fourth Gospel, Oxford 1994.
BALTZ, F., Lazarus and the Fourth Gospel Community, Lewiston 1996.
BARRETT, C.K., Johanneisches Christentum, in: J. BECKER u.a. (Hrsg.), Die Anfänge des Christentums, Stuttgart 1987, 255-279.
BENYAMIN, B.-Z., Birkat ha-Minim and the Ein Gedi Inscription, Imm 21 (1987) 68-79.
BILLERBECK, P., Der Synagogenbann, in: Bill IV.1 (1928) 293-333.
BLASI, A.J., A Sociology of Johannine Christianity, in: Text and Studies in Religion 69, Lewiston 1996.
BRODIE, T.L., The Quest for the Origin of John's Gospel. A Source-Oriented Approach, Oxford 1993.
BULL, K.-M., Gemeinde zwischen Integration und Abgrenzung. Ein Beitrag zur Frage nach dem Ort der johanneischen Gemeinde(n) in der Geschichte des Urchristentums, BET 24, Frankfurt 1992.
BURGE, G.M., The Anointed Community. The Holy Spirit in the Johannine Tradition, Grand Rapids 1987.
CLEARY, M., Raymond Brown's View of the Johannine Controversy: Its Relevance for Christology Today, IThQ 58 (1992) 292-304.
DALBESIO, A., La communione fraterna, dimensione essenziale della vita cristiana secondo il IV vangelo e la prima lettera di Giovanni, Laur. 36 (1995) 19-33.
DOMERIS, B., Christology and Community: A Study of the Social Matrix of the Fourth Gospel, JThSA 64 (1988) 49-56.
DUNN, J.D.G., Unity and Diversity in the New Testament, London/Philadelphia [¹1977] 1990.
DU RAND, J.A., Reading the Fourth Gospel Like a Literary Symphony, in: F.F. SEGOVIA (Hrsg.), »What is John?« II, Atlanta 1998, 5-18.
HAINZ, J., Neuere Auffassungen zur Redaktionsgeschichte des Johannesevangeliums, in: Memorial O. KUSS, Paderborn 1992, 157-176.
HOWARD-BROOK, W., Becoming Children of God. John's Gospel and Radical Discipleship, New York/Maryknoll 1994.
KALMIN, R., Christians and Heretics in Rabbinic Literature of Late Antiquity, HThR 87 (1994) 155-169.
KIMELMAN, R., Birkat ha-Minim and the Lack of Evidence for an Anti-Christian Jewish Prayer in Late Antiquity, in: E.P. SANDERS et al. (Hrsg.), Jewish and Christian Self-Definition II, London 1981, 226-244.
LABAHN, M., Jesus als Lebensspender. Untersuchungen zu einer Geschichte der johanneischen Tradition anhand ihrer Wundergeschichten, BZNW 98, Berlin 1998.
LIEU, J., »The Parting of the Ways«: Theological Construct of Historical Reality?, JSNT 56 (1994) 101-119.

—, The Second and Third Epistles of John, Edinburgh 1986.
MALINA, B.J., John's: The Maverick Christian Group – The Evidence of Sociolinguistics, BTB 24 (1994) 167-182.
MARCATO, G., Richerche sulla »Scuola Giovannea«, Ang. 75 (1998) 305-331.
MILLER, S.S., The Minim of Sepphoris Reconsidered, HThR 86 (1993) 377-402.
OLSSON, B., The History of the Johannine Movement, in: HARTMAN/DERS. (Hrsg.), Aspects, 1987, 27-43.
PAINTER, J., The Quest for the Messiah. The History, Literature and Theology of the Johannine Community, Edinburgh 1991.
PETERSON, N.R., The Gospel of John and the Sociology of Light, Valley Forge 1993.
REBELL, W., Gemeinde als Gegenwelt. Zur soziologischen und didaktischen Funktion des Johannesevangeliums, BET 20, Bern 1987.
REIM, G., Zur Lokalisierung der johanneischen Gemeinde, BZ 32 (1988) 72-86.
RENSBERGER, D., Johannine Faith and Liberating Community, Philadelphia 1988.
—, Overcoming the World. Politics and Community in the Gospel of John, London 1989.
RUFF, P.-Y., La communauté johannique et son histoire, RThPh 123 (1991) 79-92.
SCHENKE, L., Das johanneische Schisma und die »Zwölf« (Joh 6,60-71), NTS 38 (1992) 105-121.
SCHNACKENBURG, R., Ephesus: Entwicklung einer Gemeinde von Paulus zu Johannes, BZ 35 (1991) 41-64.
SCHNELLE, U., Die johanneische Schule, in: F.W. HORN (Hrsg.), Bilanz und Perspektiven gegenwärtiger Auslegung des Neuen Testaments, BZNW 75, Berlin 1995, 198-217.
SPRECHER, M.-T., Einheitsdenken aus der Perspektive von Joh 17. Eine exegetische und bibeltheologische Untersuchung von Joh 17,20-26, EHS XXIII/495, Frankfurt/Bern 1993.
STOWASSER, M., Johannes der Täufer im Vierten Evangelium. Eine Untersuchung zu seiner Bedeutung für die johanneische Gemeinde, ÖBS 12, Klosterneuburg 1992.
THEOBALD, M., Häresie von Anfang an? Strategien zur Bewältigung eines Skandals nach Joh 6,60-71, in: FS K. KERTELGE, 1996, 212-246.
THOMAS, J.C., Footwashing in John 13 and the Johannine Community, JSNT.S 61, Sheffield 1991.
TOWNSEND, J.T., The Gospel of John and the Jews: The Story of a Religious Divorce, in: A. DAVIES (Hrsg.), Antisemitism and the Foundations of Christianity, New York 1979, 72-97.
VAN DER HORST, P.W., The Birkat ha-minim in Recent Research, in: DERS., Interaction, 1994. ²1998, 99-111.
VON WAHLDE, U.C., The Johannine Commandments, New York/Mahwah 1990.
—, Community in Conflict. The History and Social Context of the Johannine Community, Interp. 49 (1995) 379-389.
WENHAM, D., The Enigma of the Fourth Gospel: Another Look, TynB 48 (1997) 149-178.
WHITE, M.L., Shifting Sectarian Boundaries in Early Christianity, BJRL 70 (1988) 7-24.
ZUMSTEIN, J., La communauté johannique et son histoire, in: J.-D. KAESTLI (Hrsg.), Communauté, 1990, 359-374.

—, Visages de la communauté johannique, in: A. MARCHADOUR (Hrsg.), LeDiv 143, 1990, 87-106.
—, Zur Geschichte des johanneischen Christentums, ThLZ 122 (1997) 417-428.
—, Le processus de relecture dans la littérature johannique, ETR 73 (1998) 161-176.

LITERATUR ZU DER PROLOG, THEOLOGISCHE SUMME UND LESEANLEITUNG, 1,1-18 (B 1) S. 58-70

ALEXEEV, A.A., John 1:1-5 in Russian: A Survey of Translating Problems, in: FS P. POKORNÝ, Prag 1998, 5-8.
ALLAN, W. G., John 1:6-8, ET 22 (1910) 179-180.
ALLEN, R.B., The Pillar of the Cloud, BS 153 (1996) 387-395.
ANONYM, Rez.: De prologi Johannis Evangelistae fontibus et sensu, Göttingen 1800, NThJ 10 (1802) 395-417.
ANONYM, Current German Thought. Rez.: Relation of the Prologue of the Fourth Gospel to the Entire Work, by A. HARNACK, ZThK 1892, The Thinker 3 (1893) 357-368.
ARANDA, A., La cuestion teologica de la encarnacion del verbo. Relectura de tres posiciones caracteristicas, ScrTh 25 (1993) 49-94.
ARANDA PÉREZ, G., Jn 1:14 frente a »Apocalipsis de Adan« (NHC V.5), in: FS J.M. CASCIARO, 1994, 363-383.
ASHTON, J., The Transformation of Wisdom. A Study of the Prologue of John's Gospel, NTS 32 (1986) 161-186.
BAARDA, T., John 1:5 in the Oration and Diatessaron of Tatian Concerning the Reading καταλαμβάνει, VigChr 47 (1993) 209-225.
BACON, B.W., Punctuation, Translation, Interpretation, JR 4 (1924) 243-260.
BÄUMLEIN, W., Versuch die Bedeutung des johanneischen Logos aus den Religionssystemen des Orients zu entwickeln, Tübingen 1828.
BARKHUIZEN, J.H., A short note on John 1:17 in patristic exegesis, APB 8 (1997) 18-25.
BAUER, B., Der alttestamentliche Hintergrund im Evangelium des Johannes, ZspTh 1/2 (1836) 158-204.
BAUMANN, G., Die Weisheitsgestalt in Prov. 1-9, FAT 16, 1996.
BEKKER, Y., Die exegetische Methode der »Amsterdamer Schule«, erklärt am Beispiel des Prologs des Johannesevangeliums (Joh 1,1-18), ZDT 13 (1997) 39-46.
BERGMEIER, R., Weihnachten mit und ohne Glanz. Notizen zu Johannesprolog und Philipperhymnus, ZNW 85 (1994) 47-68.
BERK, L., Logos bij Johannes en Philo, Interpretatie 1 (1993) Juni 17-19; Sept. 23-24.
BEUTEL, A., »In dem Anfang war das Wort«. Studien zu Luthers Sprachverständnis, BHTh 27, 1991, bes. 210-234, 289-310, 348-371, 404-437.
BEUTLER, J., »Und das Wort ist Fleisch geworden...«: Zur Menschwerdung nach dem Johannesprolog, SBA 25, Stuttgart 1998, 33-42.
BINDEMANN, W., Der Johannesprolog: ein Versuch, ihn zu verstehen, NT 37 (1995) 330-354.
BIRNBAUM, E., What Does Philo Mean by »Seeing God«? Some Methodological Considerations, SBL.SP 131 (1995) 535-552.

BLACK, C.C., St. Thomas's Commentary on the Johannine Prologue: Some Reflections on its Character and Implications, CBQ 48 (1986) 681-698.
BÖHM, T., Bemerkungen zu den syrischen Übersetzungen des Johannesprologs, ZNW 89 (1998) 45-65.
BŒSPFLUG, F., Note sur l'iconographie du prologue de Jean, RSR 83 (1995) 293-303.
BORGEN, P., The Prologue of John – as Exposition of the Old Testament, in: DERS., New Perspectives, 1987, 75-101.
—, Creation, Logos and the Son: Observations on Jn 1,1-18 and 5,17-18, Ex Auditu 3 (1987) 88-99.
BROX, N., »Gott« – mit und ohne Artikel. Origenes über Joh 1,1, BiNo 66 (1993) 32-39.
—, Terminologisches zur frühchristlichen Rede von Gott, BAW.PH 1.H. (1996) 1-46.
BURKITT, F.C., Memra, Shekinah, Metatron, JThS 24 (1923) 158-159.
CAMPBELL, C.L., Jn 1:1-14, Interp. 49 (1995) 394-398.
CARDELLINO, L., Testimoni che Gesù è il Cristo (Gv 20:31) affinché tutti credano δι' αὐτοῦ, RivBib 45 (1997) 79-85.
CARMICHAEL, C., The Story of Creation, its Origin and its Interpretation in Philo and the Fourth Gospel, Ithaca 1996.
CARR, A., The Testimony of St. John to the Virgin Birth of our Lord, Exp. 3, 7. ser., (1907) 311-316.
CARTER, W., The Prologue and John's Gospel: Function, Symbol and the Definitive Word, JSNT 39 (1990) 35-58.
CHILTON, B., Typologies of Memra and the Fourth Gospel, in: DERS., Judaic Approaches to the Gospels, 1994, 177-201.
CHOLIN, M., Le prologue de l'évangile selon Jean: structure et formation, ScEs 41 (1989) 189-205.
—, Le prologue et la dynamique de l'évangile de Jean, Lyon 1995.
COHEE, P., John 1:3-4, NTS 41 (1995) 470-477.
COLLINS, J.J., Jewish Wisdom in the Hellenistic Age, Louisville 1997; Edinburgh 1998.
COLOE, M., The Structure of the Johannine Prologue and Genesis 1, ABR 45 (1997) 40-55.
CULLMANN, O., The Theological Content of the Prologue to John in its Present Form, in: FS J.L. MARTYN, 1990, 295-298.
DANZ, C., »Im Anfang war das Wort«. Zur Interpretation des Johannesprologes bei Schelling und Fichte, in: Religionsphilosophie, Fichte-Studien 8, Amsterdam 1995, 21-39.
DAVIES, S., The Christology and Protology of the Gospel of Thomas, JBL 111 (1992) 663-682.
DE JONGE, M., The Son of God and the Children of God, in: DERS., Jesus: Stranger from Heaven and Son of God, 1977, 141-167.
DELLING, G., Art.: Gotteskindschaft, RAC XI (1981) 1159-1185.
DETTWILER, A., Le prologue johannique (Jean 1:1-18), in: J.-D. KAESTLI (Hrsg.), Communauté, 1990, 185-203.
DEVILLERS, L., Exégèse et théologie de Jean 1:18, RThom 89 (1989) 181-217.
DILLON, J.M., Logos and Trinity: Patterns of Platonist Influence on Early Christianity, in: G. VESEY (Hrsg.), The Philosophy in Christianity, Cambridge 1989, 1-13.

DUNN, J.D.G., Why »Incarnation«? A Review of Recent NT Scholarship, in: S.E. PORTER et alii (Hrsg.), Crossing the Boundaries, BI.S 8, Leiden 1994, 235-256.
EDWARDS, R.B., Χάριν άντί χάριτος (John 1:16). Grace and the Law in the Johannine Prologue, JSNT 32 (1988) 3-15.
EVANS, C.A., Word and Glory: On the Exegetical and Theological Background of John's Prologue, JSNT.S 89, Sheffield 1993.
EVANS, C.S., The Incarnational Narrative as Myth and History, CScR 23 (1994) 387-407.
FAIRBAIRN, A.M., The Governing Idea of the Fourth Gospel (John 1:18; 14:8-9), Exp. 6, 6. ser., (1902) 161-176. 260-277.
FALCONER, R.A., The Prologue to the Fourth Gospel, Exp. 5. ser., 5 (1897) 222-234.
FALUS, R., Simonides Frag. 598/93P., Archaiognosia 2 (1981) 234-263.
FASCHER, E., Deus invisibilis. Eine Studie zur biblischen Gottesvorstellung, in: FS R. OTTO, Gotha 1931, 41-77.
FICHTE, J.G., Die Anweisung zum seligen Leben, u.a. Berlin 1912.
FOSSUM, J.E., In the Beginning Was the Name, in: DERS., The Image of the Invisible God: Essays on the Influence of Jewish Mysticism on Early Christology, NTOA 30, Göttingen/Fribourg 1995, 109-133.
GARCÍA CORDERO, M., El »Logos« de Filon y el »Logos« del prologo al Cuarto Evangelio, CTom 120 (1993) 209-242.433-461.
GARCÍA-MORENO, A., Aspectos teológicos del Prólogo de S. Juan, ScrTh 21 (1989) 411-430.
GARVIE, A.E., The Prologue: John 1:1-18, in: DERS., Beloved Disciple, 1922, 1-13.
GAWLICK, M., Mose im Johannesevangelium, BiNo 84 (1996) 29-35.
GELJON, A.C., De goddelijke Logos bij Philo, Interpretatie 1 (1993) December 28-29.
GELLERMANN, H., Hebräische Bibel und Johannesprolog (Joh 1,1-14), in: FS F.W. MARQUARDT, Berlin 1998, 205-232.
GERICKE, J.D., The New Logos Theology of Heraclitus and Its Influence on Later Philosophical and Christian Thought, APB 7 (1996) 68-80.
GIBBS, J.M., Mk 1:1-15/Mt 1:1-4:16/Lk 1:1-4:30/Jn 1:1-11:51: The Gospel Prologues and Their Function, StEv 6 (TU 112), 1973.
GODET, F., The Prologue of St. John's Gospel, Exp. 2 (1875) 49-59, 103-115, 177-186, 285-295, 386-396.
GÖRG, M., Fleischwerdung des Logos. Auslegungs- und religionsgeschichtliche Anmerkungen zu Joh 1,14a, in: FS P. HOFFMANN, 1998, 467-482.
HABERMANN, J., Präexistenzaussagen im NeuenTestament, EHS.T 362, 1990.
—, Präexistenzchristologische Aussagen im Johannesevangelium. Annotationes zu einer angeblichen »verwegenen Synthese«, in: R. LAUFEN (Hrsg.), Gottes ewiger Sohn. Die Präexistenz Christi, Paderborn 1997, 115-141.
HARNACK, A. von, Das »Wir« in den Johanneischen Schriften, SPAW.PH (1923) 96-113.
HARRIS, E., Prologue and Gospel. The Theology of the Fourth Evangelist, JSNT.SS 107, Sheffield 1994.
HARRIS, M.J., Jesus as God: The NT Use of *theos* in Reference to Jesus, Grand Rapids 1992.

HECKELSMÜLLER, R.K., Die personifizierte Weisheit im Ersten Testament, WuA(M) 36 (1995) 148-153.
HILGENFELD, A., Rez.: W. Baldensperger, Der Prolog des vierten Evangeliums. Sein polemisch – apologetischer Zweck, Freiburg, Leipzig 1898, ZWTh 42 (1899) 631-633.
HITCHCOCK, F.R.M., The Virgin Birth in the Fourth Gospel, Exp. 8. ser., 26 (1923) 297-308.
HOELEMANN, A.G., De evangelii Joannei introitu – introitus geneseos augustiore effigie, Leipzig 1855.
HOFIUS, O., Struktur und Gedankengang des Logos-Hymnus in Joh 1,1-18, ZNW 78 (1987) 1-25; erneut in: DERS./H.-C. KAMMLER, Johannesstudien, WUNT 88, 1996, 1-23.
—, »Der in des Vaters Schoß ist«: Joh 1,18, ZNW 80 (1989) 163-171; erneut in: DERS./ H.-C. KAMMLER, Johannesstudien, WUNT 88, 1996, 24-32.
—, Joh 1,1-5 (6-8) 9-14, GPM 85 (1996) 62-68.
HOFRICHTER, P., Eingeboren oder Einzig? Zur Übersetzung und Bedeutung des christologischen Titels μονογενής, in: FS K. BERG, Salzburg 1988, 195-211.
—, Wer ist der »Mensch, von Gott gesandt« in Joh 1,6?, BU 21, Regensburg 1990.
—, Das Johannesevangelium in der religionsgeschichtlichen Forschung und die Literarkritik des Prologs, in: J. HAINZ (Hrsg.), Methodenstreit, 1991, 183-207.
—, Johannesprolog und lukanische Vorgeschichte, BEThL 101, 1992, 488-497.
—, Das Johannesevangelium in der religionsgeschichtlichen Forschung und die Literarkritik des Prologs, in: Memorial O. KUSS, 1992, 219-246.
HOYNACKI, G.J., »And the Word Was Made Flesh« – Incarnations in Religious Traditions, ATJ 7 (1993) 12-34.
HURTADO, L.W., One God, One Lord. Early Christian Devotion and Ancient Jewish Monotheism, London 1988, 42-50.101-104.
IBUKI, Y., Die *Doxa* des Gesandten, AJBI 14 (1988) 38-81.
JASPER, A., Communicating: The Word of God, JSNT 67 (1997) 29-41.
—, The Shining Garment of the Text. Gendered Readings of John's Prologue, JSNT.S 165, Sheffield 1998.
JEANNIÈRE, A., »*En Arkhê ên o Logos*«. Note sur des problèmes de traduction, RSR 83 (1995) 241-247.
KELBER, W.H., In the Beginning Were the Words. The Apotheosis and Narrative Displacement of the Logos, JAAR 58 (1990) 69-98.
—, The Authority of the Word in St. John's Gospel: Charismatic Speech, Narrative Text, Logocentric Metaphysics, Oral Tradition 2 (1987) 108-131.
—, The Birth of a Beginning: John 1:1-18, Semeia 52 (1991) 121-144.
KERMODE, F., St. John as Poet, JSNT 28 (1986) 3-16.
KHOO, K.K., The Tao and the Logos: Lao Tzu and the Gospel of John, IRM 87 (1998) 77-84.
KIRCHHEVEL, G.D., The Children of God and the Glory that John 1:14 Saw, BBR 6 (1996) 87-93.
KLAPPERT, B., Im Anfang war das Wort: und das Wort wurde jüdischer Mensch, in: FS H.-J. KRAUS, 1998, 93-112.

KNOX, W.L., The Divine Wisdom, JThS 38 (1937) 230-237.
KOESTER, C.R., The Dwelling of God. The Tabernacle in the OT, Intertestamental Jewish Literature, and the NT, CBQ.MS 22, 1989, 100-115.
KORTING, G., Joh 1,3, BZ 33 (1989) 97-104.
KÜGLER, J., Der Sohn im Schoß des Vaters. Eine motivgeschichtliche Notiz zu Joh 1,18; BiNo 89 (1997) 76-87.
LAMPE, F.A., Dissertatio de Sinu Patris, in: DERS., Dissertationum I, 1737, 73-88.
—, Dissertatio de locis Novi Testamenti, quae de λογῳ ὑποστατικῳ agere videntur, in: DERS., Dissertationum I, 1737, 118-147.
LANG, B., Der monarchische Monotheismus und die Konstellation zweier Götter im Frühjudentum, OBO 139, 1994, 559-564.
LANGE, L., Der Logos des Johannes, grammatisch aufgefaßt: eine Andeutung, ThStKr 3 (1830) 672-679.
LANGKAMMER, H., Jesus in der Sprache der neutestamentlichen Christuslieder, in: FS J. GNILKA, 1989, 467-486.
LATAIRE, B., The Son on the Father's Lap, SNTU/A 22 (1997) 125-138.
LEA, T.D., Exegesis of Crucial Texts in John, SWJTh 31 (1988) 14-23.
LEONI, S. Motus essentia Dei, Deus essentia beatorum: Ontologia e teologia in una predica giovanile di Lutero, Protest. 51 (1996) 219-246.
LINDSAY, D.R., What is Truth? ’Αλήθεια in the Gospel of John, RestQ 35 (1993) 129-145.
LIPS, H. von, Christus als Sophia? Weisheitliche Traditionen in der urchristlichen Christologie, in: FS F. HAHN, 1991, 75-95.
LOEWENICH, W. von, Die Eigenart von Luthers Auslegung des Johannesprologes, SBAW.PPH 8 (1960).
MCVEY, K., Biblical Theology in the Patristic Period: The Logos Doctrine as a »Physiological« Interpretation of Scripture, in: FS C. BEKER, Nashville 1995, 15-27.
MCGRATH, J.F., Prologue as Legitimation: Christological Controversy and the Interpretation of Jn 1:1-18, IBSt 19 (1997) 98-120.
MCGREADY, D., »He came down from heaven«: the Preexistence of Christ Revisited, JETS 40 (1997) 419-432.
MACPHERSON, J., The New Testament View of Life: St. John 1,4, Exp. 5 (1877) 72-80.
MATLACK, H., The Play of Wisdom, CuThM 15 (1988) 425-430.
MENSCH, J.R., The Beginning of the Gospel According to S. John. Philosophical Reflections, New York 1992.
MERKLEIN, H., Geschöpf und Kind. Zur Theologie der hymnischen Vorlage des Johannesprologs, in: FS K. KERTELGE, Freiburg 1996, 161-183.
—, Christus als Bild Gottes im NT, JBTh 13 (1998) 53-75.
MEYNET, R., Analyse rhétorique du prologue de Jean, RB 96 (1989) 481-510.
MICHAEL, J.H., The Origin of St. John 1:13, Exp. 8. ser., 16 (1918) 301-320.
MILLER, E.L., Salvation-History in the Prologue of John. The Significance of John 1:3/4, NT.S 60, Leiden 1989.
—, The Johannine Origins of the Johannine Logos, JBL 112 (1993) 445-457.
MOINGT, J., La réception du Prologue de Jean au IIe siècle, RSR 83 (1995) 249-282.
MONTES-PERAL, L.A., *Akataleptos Theos*. Der unfaßbare Gott, Leiden 1987.
MULDER, A.-C., Eine wundersame Geburt? Anmerkungen zum Prolog des Johannesevangeliums, Schlangenbrut 14 (1996) 19-22.

MÜLLER, U.B., Die Menschwerdung des Gottessohnes, SBS 140, Stuttgart 1990.
MUÑOZ LEON, D., Las fuentes y estadios de composición del prólogo de Juan según P. Hofrichter, EstB 49 (1991) 229-250.
—, Trinidad inmanente e interpretación del NT: Preexistencia y encarnación del Verbo (Jn 1:1.14) según J.A.T. Robinson, EstB 54 (1996) 195-223.
NIEDERWIMMER, K., Et Verbum caro factum est. Eine Meditation zu Joh 1,14, BZNW 90, 1998, 196-206.
O'DAY, G.R., The Word became Flesh: Story and Theology in the Gospel of John, in: F.F. SEGOVIA (Hrsg.), »What is John?« II, Atlanta 1998, 67-76.
O'GRADY, J.F., Jesus the Revelation of God, BTB 25 (1995) 161-165.
OKURE, T., Word of God, VSVD 38 (1997) 243-287.
O'LEARY, J.S., Le destin du Logos johannique dans la pensée d'Origène, RSR 83 (1995) 283-292.
O'NEILL, J.C., The Word Did Not »Become Flesh«, ZNW 81 (1990) 125-127.
OP DEN BROUW, R., The Problem of the Missing Article in the Use of »God«, RelSt 30 (1994) 17-27.
OSTEN-SACKEN, P. von der, Logos als Tora? Anfragen an eine neue Auslegung des Johannesprologs, KuI 9 (1994) 138-149.
PACKARD, E.W.S., The Logos, Int 17 (1920/21) 134-138.
PAGAZZI, G.C., »Unico Dio generato« (Gv 1,18): idee per una cristologia del »Figlio«, Teol(M) 23 (1998) 66-99.
PARK, Y.K., An Examination and Evaluation of the Source of the Logos Doctrine in the Theology of Justin Martyr, CUR 2 (1997) 127-154.
PEASE, A.S., Some Aspects of Invisibility, HSCP 53 (1942) 1-36.
PENDRICK, G., Μονογενής, NTS 41 (1995) 587-600.
PÉPIN, J., Art.: Logos, ER 9 (1987) 9-15.
PETERSEN, N.R., The Gospel of John and Sociology of Light. Language and Characterization in the Fourth Gospel, Valley Forge 1993.
PETUCHOWSKI, J.J., The Torah, the Rabbis, and the Early Church, AThR 74 (1992) 216-224.
PIKAZA, X., Teodicea bíblica cristiana, RevAg 36 (1995) 35-87.
PLUM, K.F., Den Kloge Kone. Visdomsmetaforikken i gammeltestamentlig litteratur, in: E. K. HOLT/H.J. L. JENSEN/K. JEPPESEN (Hrsg.), Lov og visdom, FS B. ROSENDAL, Frederiksberg C. 1995, 9-21.
POHLENZ, M., Paulus und die Stoa, ZNW 42 (1949) 69-104.
POTTERIE, I. DE LA, »C'est lui qui a ouvert la voie«. La finale du prologue johannique, Bib. 69 (1988) 340-370.
PRIGENT, P., L' évangile de Jean et la mystique de la Merkabah, in: M. PHILONENKO (Hrsg.), Le trône de Dieu, Tübingen 1993, 233-242.
PRYOR, J.W., Jesus and Israel in the Fourth Gospel – John 1:11, NT 32 (1990) 201-218.
—, Justin Martyr and the Fourth Gospel, SecCen 9 (1992) 153-169.
REIM, G., Späte Entdeckung: Psalm 95 als Darstellungsprinzip für das Wirken des johanneischen Jesus, in: DERS., Jochanan, 1995, 369-388.
RÉMY, G., Du Logos intermédiaire au Christ médiateur chez les Pères grecs, RThom 96 (1996) 397-452.
ROBERT, R., La double intention du mot final du prologue johannique, RThom 87 (1987) 435-441.

ROBINSON, G., The Trimorphic Protennoia and the Prologue of the Fourth Gospel, in: FS J.M. ROBINSON, Sonoma 1990, 37-50.

RUNIA, D.T., Art.: Logos, in: Dictionary of Deities and Demons in the Bible, Leiden 1995, 983-994.

SALIER, B., What's in a World? Κόσμος in the Prologue of John's Gospel, RTR 56 (1997) 105-117.

SAUER. G., Weisheit und Tora in qumranischer Zeit, in: B. JANOWSKI (Hrsg.), Weisheit außerhalb der kanonischen Weisheitschriften, Gütersloh 1996, 107-127.

SCHAEDER, H.H., Iranische Lehren, in: R. REITZENSTEIN/DERS., Antiker Synkretismus, 1926/1965, 204-354.

SCHIMANOWSKI, G., Weisheit und Messias. Die jüdischen Voraussetzungen der urchristlichen Präexistenzchristologie,WUNT 2/17, Tübingen 1985.

SCHLEIERMACHER, F.D.E., Die Weihnachtsfeier. Ein Gespräch (1806), in: DERS., Kritische Gesamtausgabe I.5: Schriften aus der Hallenser Zeit 1804-1807, 1995, 39-100.83-100.

SCHNEIDER, W., *DABAR* bedeutet: »s«, BiNo 58 (1991) 24-28.

SCHONEVELD, J., Die Thora in Person. Eine Lektüre des Prologs des Johannesevangeliums als Beitrag zu einer Christologie ohne Antisemitismus, KuI 6 (1991) 40-52.

SCHOTTROFF, L., Sexualität im Johannesevangelium, EvTh 57 (1997) 437-444.

SCHROER, S., Die personifizierte Sophia im Buch der Weisheit, OBO 139, 1994, 543-558.

—, Die Weisheit hat ihr Haus gebaut. Studien zur Gestalt der Weisheit in den biblischen Schriften, Mainz 1996.

SCHWANKL, O., Auf der Suche nach dem Anfang des Evangeliums. Von 1 Kor 15,3-5 zum Johannes-Prolog, BZ 40 (1996) 36-60.

SCOTT, M., Sophia and the Johannine Jesus, JSNT.SS 71, Sheffield 1992.

SEGELLA, G., Il prologo di Giovanni (1:1-18) nell'orizzonte culturale dei suoi primi lettori, Teol(M) 22 (1997) 14-47 = RStB 10 (1998) 251-278.

SICARI, A., »Und das Wort ist Fleisch geworden...«, IKZCom 19 (1990) 1-3.

SPIELMANN, K., Participant Reference and Definite Article in John, JTT 7 (1995) 45-85.

STALEY, J., The Structure of John's Prologue: Its Implications for the Gospel's Narrative Structure, CBQ 48 (1986) 241-264.

STEAD, G.C., Art.: Logos, TRE 21 (1991) 432-444.

STECK, O.H., Das apokryphe Baruchbuch, FRLANT 160, 1993, 116-163.

STEICHELE, H., Wenn der Text stumm bleibt. Erfahrungen im Umgang mit dem Prolog des Johannesevangeliums, KatBl 115 (1990) 400-404.

STORY, C.I.K., Ignatius to the Romans 2:1c, VigChr 47 (1993) 226-233.

SÜSKIND, F.G., Etwas über die neueren Ansichten der Stelle Joh 1,1-14, MCDM 10 (1803) 1-91.

TALBERT, C.H., »And the Word Became Flesh«; When?, in: FS L. E. KECK, Minneapolis 1993, 43-52.

TAYLOR, J.R., A Note on St. John 1,18, ET 18 (1906/07) 47.

THEOBALD, M., Die Fleischwerdung des Logos. Studien zum Verhältnis des Johannesprologs zum Corpus des Evangeliums und zu 1 Joh., NTA.NF 20, Münster 1988.

—, Geist- und Inkarnationschristologie. Zur Pragmatik des Johannesprologs (Joh 1,1-18), ZKTh 112 (1990) 129-149.

—, Gott, Logos und Pneuma: Trinitarische Rede von Gott im Johannesevangelium, QD, 1992, 41-87.
—, Le prologue johannique (Jn 1:1-18) et ses «lecteurs implicites», RSR 83 (1995) 193-216.
THOMPSON, M. M., »God's Voice You Have Never Heard, God's Form You Have Never Seen«: The Characterization of God in the Gospel of John, Semeia 63 (1993) 177-204.
TOBIN, T.H., The Prologue of John and Hellenistic Jewish Speculation, CBQ 52 (1990) 252-269.
—, Art.: Logos, ABD 4 (1992) 348-356.
DU TOIT, A.B., Μαρτυρία in Johannes 1, SKerk 6 (1985) 113-124.
TOMASSONE, E., »Gesu-Sophia«: Trace di un concetto negletto di Dio, Protest. 49 (1994) 367-371.
TROCME, É., »La parole devint chair et dressa sa tente parmi nous«. Réflexions sur la théologie du IVe Évangile, RHPhR 74 (1994) 399-409.
TROWITZSCH, M., Die Freigabe der Welt. Der Gedanke der Schöpfungsmittlerschaft Jesu Christi bei Dietrich Bonhoeffer, ZThK 90 (1993) 425-441.
TURNER, C.H., On πλήρης in John 1:14, JThS 1 (1900) 120-125. 561-562.
—, 'Αγαπητός, JThS 28 (1927) 362.
VALENTINE, S.R., The Johannine Prologue – Microcosmos of the Gospel, EvQ 68 (1996) 291-304.
VAN DER HORST, P.W., Sarah's Seminal Emission, Hebr 11:11 in the Light of Ancient Embryology, in: FS A.J. MALHERBE, 1990, 287-302; auch in: DERS., Hellenism-Judaism-Christianity, 1994, 203-223.
VAN DER WATT, J.G., The Structural Composition of the Johannine Prologue Reconsidered, SKerk 8 (1987) 68-84.
—, The Composition of the Prologue of John's Gospel: The Historical Jesus Introducing Divine Grace, WThJ 57 (1995) 311-332.
VAN MINNEN, P., The Punctuation of Jn 1:3-4, FN 7 (1994) 33-41.
VELLANICKAL, M., »Who was Born... of God«. (A Text-critical Study of Jn 1:13), in: FS P. GRELOT, Paris 1987, 211-228.
VIVIANO, B.T., The Structure of the Prologue of John (1:1-18): A Note, RB 105 (1998) 176-184.
WALDSTEIN, M., The *Providence Monologue* in the »Apocryphon of John« and the Johannine Prologue, JECS 3 (1995) 369-402.
WEBSTER, J.S., Sophia: Engendering Wisdom in Proverbs, Ben Sira and the Wisdom of Solomon, JSOT 78 (1998) 63-79.
WEDER, H., Der Mythos vom Logos. Überlegungen zur Sachproblematik der Entmythologisierung, in: DERS., Einblicke ins Evangelium. Exegetische Beiträge zur neutestamentlichen Hermeneutik, Göttingen 1992, 401-434.
—, Der Raum der Lieder. Zur Hermeneutik des Hymnischen im NT, EvTh 53 (1993) 328-341.
—, Gesetz und Gnade: Zur Lebensgrundlage des ethischen Handelns nach dem NT, in: FS W. SCHRAGE, 1998, 171-182.
WEIERHOLT, K., Zum Gebrauch der Partizipien von γίνομαι, SO 18 (1938) 110-114.
WEISS, K., Der Prolog des Heiligen Johannes, eine Apologie in Antithesen, StrThS 3 2/3. Heft, Freiburg 1899.
WEISS, B., Der Gebrauch des Artikels bei den Gottesnamen, ThStKr 84 (1911) 319-392.503-537.

WILLEMSE, J.J.C., Gottes erstes und letztes Wort: Jesus (Mk 1,1-13 und Joh 1,1-18), Conc(D) 2 (1965) 831-841.
WILLETT, M.E., Wisdom Christology in the Fourth Gospel, San Francisco 1992.
WITHERINGTON, B., Jesus the Sage: The Pilgrimage of Wisdom, Philadelphia/ Edinburgh 1994.
WREDE, W., Rez.: Baldensperger, W., Der Prolog des vierten Evangeliums, 1898, GGA 1900, 1-26.
ZUMSTEIN, J., Le prologue, seuil du quatrième évangile, RSR 83 (1995) 217-239.

LITERATUR ZU **DAS ZEUGNIS DES JOHANNES, 1,19-34** (B 3A) S. 74-80

BAUCKHAM, R., The Messianic Interpretation of Isa 10:34 in the Dead Sea Scrolls, 2 Baruch and the Preaching of John the Baptist, DSD 2 (1995) 202-216.
BEUTLER, J., Glaube und Zeugnis im Johannesevangelium, in: SBA 25, Stuttgart 1998, 9-19.
BJERKELUND, C.J., Tauta Egeneto. Die Präzisierungssätze im Johannesevangelium, WUNT 40, Tübingen 1987, 73-76.
BOISMARD, M.-É., The Fourth Gospel and the Baptist, Theology Digest 13 (1965) 39-44.
BUSSE, U., Das Eröffnungszeugnis Joh 1,19-34 – Erzählungsstrategie und -ziel, in: FS P. POKORNÝ, Prag 1998, 33-41.
BYRON, B.F., Bethany across the Jordan or Simply Across Jordan, ABR 46 (1998) 36-54.
CADOUX, C. J., The Johannine Account of the Early Ministry of Jesus, JThS 20 (1919) 311-320.
CAMERON, R., »What Have You Come Out to See?« Characterizations of John and Jesus in the Gospels, Semeia 49 (1990) 35-70.
CHARLES, J. D., »Will the Court Please Call in the Prime Witness?«: John 1:29-34 and the »Witness«-Motif, TJ 10 (1989) 71-83.
COLLINS, R.F., John and his Witness, Collegeville 1991.
COULOT, C., Le témoignage de Jean-Baptiste et la rencontre de Jésus et de ses premiers disciples (Jn 1:19-51) – Approches diachroniques et synchronie, LeDiv 143 (1990) 225-238.
DE JONGE, M., John the Baptist and Elijah in the Fourth Gospel, in: FS J.L. MARTYN, 1990, 299-308.
ERNST, J., Johannes der Täufer, BZNW 53, Berlin 1989.
FREED, E. D., Jn 1:19-27 in Light of Related Passages in John, the Synoptics, and Acts, in: FS F. NEIRYNCK III, Leuven 1992, 1943-1961.
GARVIE, A.E., The Testimony: John 1:19-4:42, in: DERS.: Beloved Disciple, 1922, 78-99.
GILCHRIST, E.J., »And I Knew Him Not« (John 1:29), ET 19 (1907/1908) 379-380.
GUNAWAN, H.P., Jesus the New Elijah According to the Fourth Gospel. A Logical Consequence of Jn 1:21, masch. Diss. Roma/Malang 1990.
HITCHCOCK, F.R.M., The Baptist and the Fourth Gospel, Exp. 7. ser.: 4 (1907) 543-553.
INFANTE, R., L'agnello nel quarto vangelo, RivBib 43 (1995) 331-361.
KECK, L.E., John the Baptist in Christianized Gnosticism, in: C.J. BLEEKER (Hrsg.), Initiation, SHR 10, Leiden 1965, 184-194.

KOCH, D.-A., Der Täufer als Zeuge des Offenbarers. Das Täuferbild von Joh 1,19-34 auf dem Hintergrund von Mk 1,2-11, in: FS F. NEIRYNCK III, Leuven 1992, 1963-1984.
KOESTER, C.R., Topography and Theology in the Gospel of John, in: FS D.N. FREEDMAN, Grand Rapids 1995, 436-448.
LEWIS, F.W., The Johannine Account of the Early Ministry of Jesus, JThS 21 (1920) 173-174.
LÉGASSE, S., L'autre »baptême« (Mc 1:8; Mt 3:11; Lc 3:16; Jn 1:26.31-33), in: FS F. NEIRYNCK I, Leuven 1992, 257-273.
LUPIERI, E.F., John the Baptist in NT Traditions and History, ANRW II 26.1 (1992) 430-461.455-459.
NORTJÉ, S.J., Lamb of God (John 1:29): an Explantion from Ancient Christian Art, Neotest. 30 (1996) 141-150.
OTTILLINGER, A., Vorläufer, Vorbild oder Zeuge? Zum Wandel des Täuferbildes im Johannesevangelium, DiTh 45, St. Ottilien 1991.
PAINTER, J., Quest Stories in John and the Synoptics, BEThL 101, 1992, 498-506.
PIXNER, B., Bethanien jenseits des Jordan, in: R. RIESNER (Hrsg.), Wege des Messias und Stätten der Urkirche. Jesus und das Judenchristentum im Lichte neuer archäologischer Erkenntnisse, Gießen ²1994, 166-179.
POTTERIE, I. DE LA, L'emploi du verbe »demeurer« dans la mystique johannique, NRTh 117 (1995) 843-859.
RIESNER, R., Bethany Beyond Jordan (Jn 1:28). Topography, Theology and History in the Fourth Gospel, TynB 38 (1987) 29-63.
SANDY, D.B., John the Baptist's »Lamb of God« Affirmation in its Canonical and Apocalyptic Milieu, JETS 34 (1991) 447-460.
SAWICKI, M. How to Teach Christ's Disciples: Jn 1,19-37 and Mt 11,2-15, LexTQ 21 (1986) 14-26.
SCHENKE, L., Die literarische Entstehungsgeschichte von Joh 1,19-51, BiNo 46 (1989) 24-57.
SCHOLTISSEK, K., »Mitten unter euch steht er, den ihr nicht kennt« (Joh 1,26), MThZ 48 (1997) 103-121.
STOWASSER, M., Johannes der Täufer im vierten Evangelium. Eine Untersuchung zu seiner Bedeutung für die johanneische Gemeinde, ÖBS 12, Klosterneuburg 1992.
THEISS, N.C., Jn 1:6-8.19-28, Interp. 50 (1996) 402-405.
TROCMÉ, É., Jean et les Synoptiques. L'exemple de Jean 1:15-34, in: FS F. NEIRYNCK III, Leuven 1992, 1935-1941.
VIGNOLO, R., Personaggi del Quarto Vangelo. Figure della fede in San Giovanni, Mailand 1994.
WHALE, P., The Lamb of John: Some Myths about the Vocabulary of the Johannine Literature, JBL 106 (1987) 289-295.

LITERATUR ZU DIE ERSTEN JESU NACHFOLGENDEN JÜNGER, 1,35-51
(B 3B) S. 80-87

ANONYM (O.L. in Schlesien), Nathanael, ZWTh 16 (1873) 96-102.
BAARDA, T., Nathanael, »the Scribe of Israel«: Jn 1:47 in Ephraem's Commentary on the Diatessaron, EThL 71 (1995) 321-336.

BACKHAUS, K., Täuferkreise als Gegenspieler jenseits des Textes, ThGl 81 (1991) 279-301.
—, Die »Jüngerkreise« des Täufers Johannes. Eine Studie zu den religionsgeschichtlichen Ursprüngen des Christentums, PThS 19, Paderborn 1991, 230-265.
—, Täuferkreise als Gegenspieler jenseits des Textes. Überlegungen zu einer kriteriologischen Verlegenheit, in: J. HAINZ (Hrsg.), Methodenstreit, 1991, 16-44.
BECK, D.R., The Discipleship Paradigm: Readers and Anonymous Characters in the Fourth Gospel, BI.S 27, Leiden 1997.
BEKKER, Y., Zoon van God, Messias, Mensenzoon. De Structuur van het Evangelie naar Johannes, Kampen 1997.
BOISMARD, M.-É., Le disciple que Jésus aimait d'après Jn 21,1ss et 1,35ss, RB 105 (1998) 76-80.
BRUN, L., Die Berufung der ersten Jünger Jesu in der evangelischen Tradition, SO 11 (1932) 35-54.
CADOUX, C.J., The Johannine Account of the Early Ministry of Jesus, JThS 20 (1919) 311-320.
CATCHPOLE, D., The Beloved Disciple and Nathanael, in: FS J. ASHTON, JSNT.S 153, Sheffield 1998, 69-92.
D'ANGELO, M.R., Images of Jesus and the Christian Call in the Gospels of Luke and John, SpTo 37 (1985) 196-212.
DA SORTINO, P.M., La vocazione di Pietro secondo la tradizione sinottica e secondo san Giovanni, ASB 19 (1966) 27-57.
DESTRO, A./PESCE, M., Kinship, Discipleship, and Movement: An Anthropological Study of John's Gospel, BibI 3 (1995) 266-284.
DSCHULNIGG, P., Die Berufung der Jünger Joh 1,35-51 im Rahmen des vierten Evangeliums, FZPhTh 36 (1989) 427-447.
DUNKEL, F., Die Berufung der vier ersten Jünger Jesu. Der wunderbare Fischfang bei Lk 5 und Joh 21, HlL 73 (1929) 53-59.
FENSKE, W., Unter dem Feigenbaum sah ich dich (Joh 1,48). Die Bedeutung der Nathanaelperikope für die Gesamtrezeption des Johannesevangeliums, ThZ 54 (1998) 210-227.
FOSSUM, J.E., The Son of Man's Alter Ego. John 1:51, Targumic Tradition and Jewish Mysticism, in: DERS., The Image of the Invisible God, NTOA 30, Fribourg/Göttingen 1995, 135-151.
FRANZMANN, M./KLINGER, M., The Call Stories of John 1 and John 21, SVTQ 36 (1992) 7-15.
GARVIE, A.E., Notes on the Fourth Gospel III: The Call of the First Disciples (1: 35-51), Exp. 8. ser., 7 (1914) 233-244.
GOMES, P. J., John 1:45-51, Interp. 43 (1989) 282-286.
HASLER, V., Glauben und Erkennen im Johannesevangelium, EvTh 50 (1990) 279-296.
HAUSSLEITER, J., Zwei apostolische Zeugen (Andreas und Philippus) für das Johannesevangelium, in: DERS., Studien, 1928, 85-138.
HILL, C.E., The Identity of John's Nathanael, JSNT 67 (1997) 45-61.
HOLTZMANN, H.J., Die Anfänge des Jüngerthums: Joh 1,35-51, in: DERS., Predigten, 1865, 68-77.
KING, E.G., On the Call of Nathanael, Int 16.2 (1920) 135-138.

KÖSTENBERGER, A.J., Jesus as Rabbi in the Fourth Gospel, BBR 8 (1998) 97-128.
KOESTER, C.R., Messianic Exegesis and the Call of Nathanael (Jn 1:45-51), JSNT 39 (1990) 23-34.
KUHN, H., Joh 1,35-51: Literarkritik und Form, TThZ 96 (1987) 149-155.
KUHN, H.-J., Christologie und Wunder. Studien zu Joh 1,35-51, BU 18, Regensburg 1988.
LAMPE, F.A., Dissertatio de Scala Jacobi, in: DERS., Diss 1, 1737, 23-44.
—, Dissertatio theologica de Mysterio Scalae Jacobaeae, in: DERS., Diss. 1, 1737, 44-73.
LEE, D.A., Abiding in the Fourth Gospel: A Case-study in Feminist Biblical Theology, Pac 10 (1997) 123-136.
LEWIS, F.W., The Johannine Account of the Early Ministry of Jesus, JThS 21 (1920) 173-174.
LOADER, W., John 1:50-51 and the »Greater Things« of Johannine Christology, in: FS F. HAHN, 1991, 255-274.
MARTIGNANI, L., »Il Mio Giorno«: Indagine esegetico-teologica sull'uso del termine hemera nel quarto vangelo, Rom 1998.
MCGOWAN, A., Ecstacy and Charity: Augustine with Nathanael under the Fig Tree, AugSt 27 (1996) 27-38.
MICHAEL, J.H., Great Texts Reconsidered (Jn 1:39), ET 50 (1938/39) 359-363.
MORGEN, M., La promesse de Jésus à Nathanaël (Jn 1:51) éclairée par la haggaddah de Jacob-Israel, RSR 67 (1993) 3-21.
NEIRYNCK, F., The Anonymous Disciple in John 1, EThL 66 (1990) 5-37; erneut in: DERS., Evangelica II, 1991, 617-649.
NIEDERWIMMER, K., Nachfolge Jesu nach dem Neuen Testament, in: BZNW 90, 1998, 163-184.177-181.
NÜTZEL, J.M., »Komm und sieh« – Wege zum österlichen Glauben im Johannesevangelium, in: L. OBERLINNER (Hrsg.), Auferstehung Jesu, QD 105, Freiburg 1986, 162-189.
OBERLINNER, L., »Komm und sieh!« (Joh 1,46), in: G. GRESHAKE (Hrsg.), Ruf Gottes – Antwort des Menschen. Zur Berufung des Christen in Kirche und Welt, Würzburg 1991, 53-73.
RIDLEY, W.D., The Revelation of the Son of Man to Nathanael, Exp. 5. ser., 8 (1898) 336-343.
RORDORF, W., Gen 28,10ff. und Joh 1,51 in der patristischen Exegese, in: FS J. ZUMSTEIN, 1991, 39-46.
SCHENKE, L., Die literarische Entstehungsgeschichte von Joh 1,19-51, BiNo 46 (1989) 24-57.
SCHOLTISSEK, K., Mystagogische Christologie im Johannesevangelium? Eine Spurensuche, GuL 68 (1995) 412-426.
—, »Rabbi, wo wohnst du?« (Joh 1,38): Die mystagogische Christologie des Johannesevangeliums, BiLi 68 (1995) 223-231.
SCHREIBER, S., Die Jüngerberufungsszene Joh 1,43-51 als literarische Einheit, SNTU/A 23 (1998) 5-28.
SCOTT, R.B.Y., Who was Nathanael?, ET 38 (1926/27) 93-94.
SMITH, R.H., »Seeking Jesus« in the Gospel of John, CuThM 15 (1988) 48-55.
WALKER, W.O., John 1:43-51 and »the Son of Man« in the Fourth Gospel, JSNT 56 (1994) 31-42.

—, ΚΥΡΙΟΣ and ΕΠΙΣΤΑΤΗΣ as Translations of *Rabbi/Rabbouni*, JHC 4 (1997) 56-77.
WINTERBOTHAM, R., The Angels Ascending and Descending on the Son of Man, John 1:51, Exp. 3 (1876) 134-141.
XAVIER, A., Andrew in the Fourth Gospel: First Disciple of Jesus, ITS 33 (1996) 139-146.

LITERATUR ZU DAS ANFANGSZEICHEN JESU IM GALILÄISCHEN KANA, 2,1-11
(B 3c) S. 87-92

AUS, R. Water into Wine and the Beheading of John the Baptist: Early Jewish-Christian Interpretation of Esther 1 in Jn 2,1-11 and Mk 6,17-29, Atlanta 1988.
BAUMANN, E., Zur Hochzeit geladen. Bilder von einer ländlichen moslemischen Hochzeitsfeier, PJ 4 (1908) 67-76.
BEUTLER, J., Die Stunde Jesu im Johannesevangelium, BiKi 52 (1997) 25-27, auch in: SBA 25, Stuttgart 1998, 317-322.
BITTNER, W.J., Jesu Zeichen im Johannesevangelium. Die Messias-Erkenntnis im Johannesevangelium vor ihrem jüdischen Hintergrund, WUNT 2/26, Tübingen 1987, 89-99.
BOCKMUEHL, M.N.A., Das Verb φανεροῦν im Neuen Testament. Versuch einer Neubewertung, BZ 32 (1988) 87-99.
BRANT, J.-A.A., Divine Birth and Apparent Parents: The Plot of the Fourth Gospel, in: R.F. HOCK/J.C. CHANCE/J. PERKINS (Hrsg.), Ancient Fiction and Early Christian Narrative, Atlanta 1998, 199-217.
BYRON, B., The Storyline of the Marriage Feast at Cana, ACR 71 (1994) 61-68.
CARMICHAEL, C., The Marriage at Cana of Galilee, in: FS J.F.A. SAWYER, 1995, 310-320.
CASSEL, P., Die Hochzeit von Cana theologisch und historisch in Symbol, Kunst und Legende ausgelegt, Berlin 1883.
COLLINS, M.S., The Question of *Doxa*: A Socioliterary Reading of the Wedding at Cana, BTB 25 (1995) 100-109.
DEINES, R., Jüdische Steingefäße und pharisäische Frömmigkeit, WUNT 2/52, Tübingen 1993.
DEISSMANN, A., John 2:4, Exp. 9. ser., 1 (1924) 390-391.
DEQUEKER, L., De bruiloft te Kana (Jo 2, 1-11), CMech 52 (1967) 177-193.
DERRETT, J.D.M., Der Wasserwandel in christlicher und buddhistischer Perspektive, ZRGG 41 (1989) 193-214.
GAVENTA, B.R., »All Generations Will Call Me Blessed«: Mary in Biblical and Ecumenical Perspective, PSB 18 (1997) 250-261.258f..
GOURGUES, M., Marie, la »femme« et la »mère« en Jean, NRTH 108 (1986) 174-191.
HARRIS, J.R., The Encratites and the Marriage at Cana, Exp. 9. ser., 1 (1924) 121-127.
HENGEL, M., The Interpretation of the Wine Miracle at Cana: John 2:1-11, in: In Memory of G.B. CAIRD, 1987, 83-112.
HÜBNER, U., Das Weinwunder von Kana auf einer byzantinischen Bleibulle, ZDPV 113 (1997) 133-139.

JONES, L.P., The Symbol of Water in the Gospel of John, JSNT.S. 145, Sheffield 1997.
KNÖPPLER, T., Die theologia crucis des Johannesevangeliums. Das Verständnis des Todes Jesu im Rahmen der johanneischen Inkarnations- und Erhöhungschristologie, WMANT 69, Neukirchen-Vluyn 1994, 102-115.
LAWLESS, G., The Wedding at Cana: Augustine on the Gospel According to John Tractates 8 and 9, AugSt 28 (1997) 35-80.
LEATHES, S., The Marriage in Cana of Galilee, Exp. 5 (1877) 304-311.
LEON-DUFOUR, X., Le signe de Cana ou les noces de Dieu avec Israel, in: FS P. GRELOT, Paris 1987, 229-239.
LIEU, J.M., The Mother of the Son in the Fourth Gospel, JBL 117 (1998) 61-77.
LINDER, G., Ev. Joh. Cap. II und III erklärt nach neuer Leseweise, ThZS 1900, 118-124.
LIPS, H. von, Anthropologie und Wunder im Johannesevangelium, EvTh 50 (1990) 296-311.
LISSARRAGUE, F., Around the Krater: An Aspect of Banquet Imagery, in: O. MURRAY (Hrsg.), Sympotica, 1990, 196-209.
LITTLE, E., Echoes of the OT in the Wine of Cana in Galilee (Jn 2:1-11) and the Multiplication of the Loaves and Fish (Jn 6:1-15), CRB 41, Paris 1998.
LÜTGEHETMANN, W., Die Hochzeit von Kana (Joh 2,1-11), BU 20, Regensburg 1990.
—, Die Hochzeit von Kana – Der Anfang der Zeichen Jesu, in: J. HAINZ (Hrsg.), Methodenstreit, 1991, 91-113.
—, Die Hochzeit von Kana – Der Anfang der Zeichen Jesu, in: Memorial O. KUSS, 1992, 177-197.
MANNS, F., La Galilée dans le quatrième Évangile, Anton. 72 (1997) 351-364.
MARGUERAT, D., La »source des signes« existe-t-elle? Réception des récits de miracle dans l'évangile de Jean, in: J.-D. KAESTLI (Hrsg.), Communauté, 1990, 69-93.
MARTIN, T.W., Assessing the Johannine Epithet »the Mother of Jesus«, CBQ 60 (1998) 63-73.
MBACHU, H., Cana and Calvary Revisited in the Fourth Gospel, Egelsbach 1996.
MEINER, J., Die Hochzeit von Kana und der Hauptmann von Kafernaum. Ein frühchristlicher Elfenbeinkamm aus Griesheim (Hessen), Antike Welt 27 (1996) 387-396.
MICHEL, O., Der Anfang der Zeichen Jesu (Joh 2,11), in: DERS., Aufsätze, 1986, 148-153.
NAVARRO PUERTO, M., La mujer en Cana. Un Relato de Los Origenes, EphMar 43 (1993) 313-338.
OWINGS, T.L., John 2:1-11, RExp 85 (1988) 533-537.
RIEDL, H., Zeichen und Herrlichkeit. Die christologische Relevanz der Semeiaquelle in den Kanawundern Joh 2,1-11 und Joh 4,4,46-54, RSTh 51, Bern/Frankfurt 1997.
RIESNER, R., Fragen um »Kana in Galiläa«, BiKi 43 (1988) 69-71.
SARDINI, F., Le nozze di Cana: »Il matriomonio, l'acqua e il vino«, BeO 29 (1987) 97-99.
SCHNIDER, F., Das frühe Christentum angesichts der Dionysischen Mystereien: religionswissenschaftliche Überlegungen zu Joh 2,1-11, in: D. LÜDDECKENS (Hrsg.), Begegnung von Religionen und Kulturen, Dettenheim 1998, 119-133.

SCHUSTER, C.G., Ueber Cap. 2, V. 4. des Evangelii Johannis, NKJTL 9 (1829) 3-28.
SCHWARZ, G., Joh 2,6, BiNo 62 (1992) 45.
SERRA, A., »...Ma lo sapevano i servi che avevano attinto l'acqua«. Gv 2:9c e la tradizioni biblico-giudaiche sul pozzo di Beer (Num 21:16-20), in: DERS., Nato da donna. Richerche bibliche su Maria di Nazareth (1989-1992), Rom 1992, 189-265.
STRANDENÆS, T., John 2:4 in a Chinese Cultural Context: Unnecessary Stumbling Block for Filial Piety?, in: FS L. HARTMAN, 1995, 959-978.
STRITZKY, M.-B. von, Art.: Hochzeit I, RAC 15 (1991) 911-930.
SUGGIT, J.N., John 2:1-11: The Sign of Greater Things to Come, Neotest. 21 (1987) 141-158.
THOMAS, J.C., The Fourth Gospel and Rabbinic Judaism, ZNW 82 (1991) 159-182.162-165.
THOMPSON, M.M., Signs and Faith in the Fourth Gospel, BBR 1 (1991) 89-108.
TOLMIE, D.F., Textual Constraints according to Umberto Eco, Acta Academica (Bloemfontein), Suppl. 1 (1995) 184-194.
TRUDINGER, P., »On the Third Day There Was a Wedding at Cana«: Reflections on St. John 2,1-12, DR 104 (1986) 41-43.
WAHLDE, U.C von, The Earliest Version of John's Gospel. Recovering the Gospel of Signs, Wilmington 1989, 73-76.
WELCK, C., Erzählte Zeichen. Die Wundergeschichten des Johannesevangeliums literarisch untersucht. Mit einem Ausblick auf Joh 21, WUNT 2/69, Tübingen 1994.
WILLIAMS, R.H., The Mother of Jesus at Cana: A Social-science Interpretation of Jn 2:1-12, CBQ 59 (1997) 679-692.
WINTERBOTHAM, R., Our Lord's Words to his Mother at Cana (St. John 2:4), Exp. 4 (1876) 179-190.
WÖLLNER, H., Zeichenglaube und Zeichenbuch. Ein literarkritischer Beitrag zur Entstehungsgeschichte des Johannesevangeliums, masch. Diss., Leipzig 1988.
WOOD, W. S., The Miracle of Cana, JThS 6 (1905) 438.
ZINK, J., Die sieben Zeichen. Die Wunder im Johannesevangelium als Symbole unseres Weges, 1994.

LITERATUR ZU **DER ERNEUERTE TEMPEL, 2,13-22** (B 4) S. 92-98

BAMMEL, E., Die Tempelreinigung bei den Synoptikern und im Johannesevangelium, BEThL 101 (1992) 507-513.
BEKKEN, P.J., Apropos Jødedommens mangfold i det første århundre: Observasjoner til debatten om jødisk kultus hos Filo i Acta og Johannesevangeliet, TTK 59 (1988) 161-173.
BUCHANAN, G.W., Symbolic Money-Changers in the Temple?, NTS 37 (1991) 280-290.
BURKITT, F.C., The Cleansing of the Temple, JThS 25 (1924) 386-390.
CHALVON-DEMERSAY, G., Le symbolisme du temple et le Nouveau Temple, RSR 82 (1994) 165-192.
CHEETHAM, F.P., »Destroy this Temple, and in Three Days I Will Raise it Up«: John 2,19, JThS 24 (1923) 315-317.

CHIAPPELLI, A., La »Distruzione del Templo e la riedificazione in tre giorni« nel Sinottici e in Giovanni, Bil. 12 v. 22 (1923) 119-126.
CHILTON, B., φραγέλλιον ἐκ σχοινίων (Jn 2:15), in: DERS., Judaic Approaches to the Gospels, Atlanta 1994, 151-175.
DÖPP, H.-M., Die Deutung der Zerstörung Jerusalems und des Zweiten Tempels im Jahre 70 in den ersten drei Jahrhunderten n. Chr, TANZ 24, Tübingen 1998.
DVORAK, J.D., The Relationship Between John and the Synoptic Gospels, JETS 41 (1998) 201-213.
FRÜHWALD-KÖNIG, J., Tempel und Kult. Ein Beitrag zur Christologie des Johannesevangeliums, BU 27, Regensburg 1998, 75-105.
HAMILTON, N.Q., Temple Cleansing and Temple Bank, JBL 83 (1964) 365-372.
HANSON, A.T., The Theme of Christ as the True Temple in the Fourth Gospel, in: DERS., Interpretation, 1980, 110-121.199-202.
HARTMAN, L., »He Spoke of the Temple of his Body« (Jn 2:13-22), SEÅ 54 (1989) 70-79.
HATCH, W.H.P., An Allusion to the Destruction of Jerusalem in the Fourth Gospel (Joh 4), Exp. 8. ser., 17 (1919) 194-197.
HAUFF, C.V., Bemerkungen über einige Stellen des vierten Evangeliums (Joh 2,19; 4,44; Kap. 7), ThStKr 22 (1849) 106-130.
KÖSTENBERGER, A.J., The Seventh Johannine Sign: A Study in John's Christology, BBR 5 (1995) 87-103.
KOESTER, C.R., The Dwelling of God. The Tabernacle in the Old Testament, Intertestamental Jewish Literature, and the New Testament, CBQ.MS 22, Washington 1989.
KRAUS, M., Der Tod Jesu als Heiligtumsweihe. Eine Untersuchung zum Umfeld der Sühnevorstellung in Röm 3,25-26a, WMANT 66, Neukirchen-Vluyn 1991, 223-229.
MATSON, M.A., The Contribution to the Temple Cleansing by the Fourth Gospel, SBL.SP 31 (1993) 489-506.
MENKEN, M.J.J., »De ijver voor uw huis zal mij verteren«. Het citaat uit Ps 69:10 in Joh 2:17, in: FS B. HEMELSOET, Kampen 1994, 157-164.
MOLONEY, F.J., Reading John 2:13-22: The Purification of the Temple, RB 97 (1990) 432-452.
NEUSNER, J., Money-Changers in the Temple: the Mishnah's Explanation, NTS 35 (1989) 287-290.
OBERMANN, A., Die christologische Erfüllung der Schrift im Johannesevangelium, WUNT 2/83, 1996,114-131.
RAHNER, J., »Er aber sprach vom Tempel seines Leibes«. Jesus von Nazareth als Ort der Offenbarung Gottes im vierten Evangelium, BBB 117, Bodenheim 1998.
ROSENFELD, B.Z., Sage and Temple in Rabbinic Thought after the Destruction of the Second Temple, JSJ 28 (1997) 437-464.
ROTH, C., The Cleansing of the Temple and Zechariah XIV. 21, NT 4 (1960) 174-181.
SABBE, M., The Cleansing of the Temple and the Temple Logion, in: BEThL 98, Leuven 1991, 331-354.
SCHNELLE, U., Die Tempelreinigung und die Christologie des Johannesevangeliums, NTS 42 (1996) 359-373.

SCHUCHARD, B.D., Scripture within Scripture, SBL.DS 113, 1992, 17-32.
SÖDING, T., Die Tempelaktion Jesu: Redaktionskritik – Überlieferungsgeschichte – historische Rückfrage, TThZ 101 (1992) 36-64.
STEGEMANN, E.W., Zur Tempelreinigung im Johannesevangelium, in: FS R. RENDTORFF, Neukirchen 1990, 503-516.
TILLY, M., Kanaanäer, Händler und der Tempel in Jerusalem, BiNo 57 (1991) 30-36.
TOVEY, D., Narrative Art and Act in the Fourth Gospel, JSNT.S 151, Sheffield 1997.
WOOD, W.P., John 2:13-22, Interp. 45 (1991) 59-63.
WRIGHT, A., »Destroy this Temple«. Int 15.4 (1919) 279-283.

LITERATUR ZU DER SINN DER SENDUNG UND DER GRUND DER ABLEHNUNG, 2,23-3,36 (B 5) S. 98-111

AUWERS, J.-M., La nuit de Nicodème (Jean 3:2; 19:39) ou l'ombre du langage, RB 97 (1990) 481–503.
BALEMBO, B., Jn 3:8: L'Esprit saint ou le vent naturel?, RAT 4 (1980) 55-64.
BASSLER, J.M., Mixed Signals: Nicodemus in the Fourth Gospel, JBL 108 (1989) 635-646.
BAUER, D., »Wenn jemand nicht von neuem geboren wird...«. Ein Versuch, »New Age« mit den Augen des Johannesevangeliums zu sehen, BiLe 44 (1989) 14-21.
BAXTER, J.S., The Best Word Ever. Chapters on John III:16, London 1949.
BAUCKHAM, R., Nicodemus and the Gurion Family, JThS 47 (1996) 1-37.
BEASLEY-MURRAY, G.R., Jn 3,3.5: Baptism, Spirit and the Kingdom, ET 97 (1986) 167-170.
BERGMEIER, R., Gottesherrschaft, Taufe und Geist. Zur Tauftradition in Joh 3, ZNW 86 (1995) 53-73.
BEUTLER, J., »So sehr hat Gott die Welt geliebt« (Joh 3,16). Zum Heilsuniversalismus im Johannesevangelium, GuL 66 (1993) 418-428, auch in: SBA 25, Stuttgart 1998, 263-274.
BIRKS, M. J., Nicodemus' Visit to Christ by Night, ET (1910) 527-528.
BLACK, C.I., Biblical Note: St. John 3:8, Exp. 12 (1880) 237-239.
BLOMBERG, C.L., The Globalization of Biblical Interpretation: A Test Case – John 3-4; BBR 5 (1995) 1-15.
BORGEN, P., The Son of Man-Saying in John 3:13-14, in: DERS., New Perspectives, 1987, 103-120.
BORING, M.E., The Church Guided by the Holy Spirit. A Johannine Perspective (3:1-21), Mid-Stream 35 (1996) 449-457.
BOUGUET, A. C., St. John III,25 – A Suggestion, JThS 27 (1926) 181-182.
BOY, M., Der Sohn Gottes nach seinen Selbstzeugnissen im vierten Evangelium, NJDTh 3 (1894) 337-349.
BRETT, M. G., Locating Readers, Pac 11 (1998) 303-323.
BROOKS, J.A., The Kingdom of God in the New Testament, SWJT 40 (1998) 21-37.32-33.
BRUN, L., Jesus als Zeuge von irdischen und himmlischen Dingen: Joh 3,12-13, SO 8 (1929) 57-77.

BURKITT, F.C., On »Lifting up« and »Exalting«, JThS 20 (1919) 336-338.
CARON, G., The Lifting Up of the Human One and the Johannine Jews, EeT(O) 26 (1995) 319-329.
CHARLESWORTH, J.H., Critical Comparison of the Dualism in 1 QS 3:13-4:26 and the »Dualism« Contained in the Gospel of John, in: DERS. (Hrsg.), John and the Dead Sea Scrolls, 1990, 76-106.
CHEVALLIER, M.-A., L'apologie du baptême d'eau à la fin du premier siècle: Introduction secondaire de l'étiologie dans les récits du baptême de Jésus, NTS 32 (1986) 528-543.
CLEMENS, J.S., Nicodemus, ET (1910) 382-383.
COLLINS, R.F., The Representative Figures of the Fourth Gospel – I, DR 94 (1976) 26-46.
COSGROVE, C., The Place Where Jesus Is: Allusions to Baptism and the Eucharist in the Fourth Gospel, NTS 35 (1989) 522-539.
DRAPER, J.A., The Development of »the Sign of the Son of Man« in the Jesus Tradition, NTS 39 (1993) 1-21.
FERRARO, G., Lo Spirito Santo nel commento di Eckhart al Quarto Vangelo, Ang. 75 (1998) 47-128.
FRANCO, E., »Il vento soffia dove vuole« (Gv 3,8): Quel »fare« dello Spirito detto »ispirazione«, RdT 39 (1998) 349-366.
FREY, J., »Wie Mose die Schlange in der Wüste erhöht hat...«. Zur frühjüdischen Deutung der »ehernen Schlange« und ihrer christologischen Rezeption in Joh 3,14f.: in: M. HENGEL/H. LÖHR (Hrsg.), Schriftauslegung, 1994, 153-205.
FRYER, J.W., Nicodemus, ET 4 (1892/93) 478-480.
GARVIE, A.E., Notes on the Fourth Gospel. VI. The Interview with Nicodemus: III, 1-2, Exp. 8. ser.,7 (1914) 335-346.
GENUNG, J.F., John III, 8, JBL 4 (1884) 145-146.
GLAUE, P., Änon. Die Bedeutung von Joh 3,23 für die Textgeschichte und das Johannesproblem, ThJb(H) 8 (1967) 85-87.
GOULDER, M., Nicodemus, SJTh 44 (1991) 153-168.
GOURGES, M., Sur la structure et la christologie de Jean 3. Approche et apport d'un ouvrage récent, ScEs 46 (1994) 221-227.
GRESE, W.C., »Unless One is Born Again«: The Use of a Heavenly Journey in John 3, JBL 107 (1988) 677-693.
HEILIGENTHAL, R., Werke als Zeichen. Untersuchungen zur Bedeutung der menschlichen Taten im Frühjudentum, Neuen Testament und Frühchristentum, WUNT 2/9, Tübingen 1983.
HENGEL, M., Reich Christi, Reich Gottes und Weltreich im Johannesevangelium, in: DERS./A.M. SCHWEMER, (Hrsg.): Königsherrschaft Gottes und himmlischer Kult, WUNT 55, Tübingen 1991, 163-184.
HOFIUS, O., Das Wunder der Wiedergeburt. Jesu Gespräch mit Nikodemus Joh 3,1-21, in: DERS./H.-C. KAMMLER, Johannesstudien, WUNT 88, 1996, 33-80.
HOLLIS, H., The Root of the Johannine PUN-ὑψωθῆναι, NTS 35 (1989) 475-478.
JACOBI, B., Ueber die Erhöhung des Menschensohnes Joh 3,14.15. Ein exegetisch-dogmatischer Versuch, ThStKr 8 (1835) 7-70.
JACOBSON, C.R., For God So Loved the World: Not Just the People, CuThM 21 (1994) 31-34.

KALNINS, H., Dialog bei Nacht. Predigt über Johannes 3,1-8, LKW 39 (1992) 9-12.
KITTEL, G., ὑψωθῆναι – »gekreuzigt werden«, ZNW 35 (1936) 282-285.
KITZBERGER, I.R., »How can this?« (John 3:9): A Feminist-Theological Re-Reading of the Gospel of John, in: F.F. SEGOVIA (Hrsg.), »What is John?« II, Atlanta 1998, 19-41.
KLAIBER, W., Der irdische und der himmlische Zeuge: eine Auslegung von Joh 3,22-36, NTS 36 (1990) 205-233.
KNIGHT, H.J.C., On the Relation of the Discourses of Our Lord Recorded in S. John III and VI to the Institution of the Two Sacraments, Exp. 5. ser.: 10 (1899) 54-66.
KOPPE, J.B., Interpretatio orationis Christ cum Nikodemo Joh. III, 1-21, Göttingen 1778, in: D.J. POTT (Hrsg.): Sylloge Commentationum Theologicarum, Vol. IV, Helmstadt 1803, 31-50.
KRUMMEL, L., Das dritte Kapitel des JohEv, NkZ 1 (1890) 50-59.
KYSAR, R., The Making of Metaphor: Another Reading of John 3:1-15, in: F.F. SEGOVIA (Hrsg.), »What is John?« I, Atlanta 1996, 21-41.
LAMPE, F.A., Dissertatio de Generatione ex aqua et spiritu, in: DERS., Diss. 1, 1737, 89-118.
LÉTOURNEAU, P., Jésus, Fils de l'homme et Fils de Dieu: Jean 2:23-3:36 et la double christologie johannique, Montreal/Paris 1993.
LEWIS, W.F., The Arrangement of the Text in the Third Chapter of St. John, ET 38 (1926/27) 92-93.
LINDER, G., Ev. Joh. Cap. II und III erklärt nach neuer Leseweise, ThZS 1900, 118-124.
MARRS, R.R., The Raised Serpent in the Wilderness: The Johannine Use of an Old Testament Account, in: J.E. PRIEST (Hrsg.): Johannine Studies, FS F. PACK, Malibu 1989, 132-147.
MCGRATH, J.F., Going Up and Coming Down in Johannine Legitimation, Neotest. 31 (1997) 107-118.
MENKEN, G., Ueber die eherne Schlange und das symbolische Verhältnis derselben zur Person und Geschichte Jesu Christi, Bremen ²1828.
MERKLEIN, H., Gott und Welt. Eine exemplarische Interpretation von Joh 2,23-3,21; 12,20-36, in: DERS., Studien zu Jesus und Paulus, WUNT 105, Tübingen 1998, 263-281.
MOLONEY, F.J., God so Loved the World: the Jesus of John's Gospel, ACR 75 (1998) 195-205.
MORGEN, M., Jean 3 et les évangiles synoptiques, BEThL 101, 1992, 514-522.
—, Le fils de l'homme élevé en vue de la vie éternelle (Jn 3,14-15 éclairé par diverses traditions juives), RSR 68 (1994) 5-17.
NEYREY, J.H., The Sociology of Secrecy and the Fourth Gospel, in: F.F. SEGOVIA (Hrsg.), »What is John?« II, Atlanta 1998, 79-109.
NISSEN, J., Rebirth and Community – A Spiritual and Social Reading of Jn 3:1-21, in: FS S. GIVERSEN, Århus 1993, 121-139.
O'DAY, G.R., New Birth as a New People: Spirituality and Community in the Fourth Gospel, W&W 8 (1988) 53-61.
ORCHARD, H.C., Courting Darkness: Dynamics of Violence in the Gospel of John, JSNT.S 161, Sheffield 1998.

OSBURN, C.D., Some Exegetical Observations on John 3:5-8, RestQ 31 (1989) 129-138.
PANGRITZ, A., Der »maskierte Christus«. Nikodemismus und Antinikodemismus in der italienischen Reformation, EvTh 54 (1994) 8ff..
PAZDAN, M.M., Nicodemus and the Samaritan Woman: Contrasting Models of Discipleship, BTB 17 (1987) 145-148.
PRYOR, J.W., John 3:3,5. A Study in the Relation of John's Gospel to the Synoptic Tradition, JSNT 41 (1991) 71-95.
—, John the Baptist and Jesus: Tradition and Text in John 3:25, JSNT 66 (1997) 15-26.
PUTHENKANDATHIL, E., *Philos*: A Designation for the Jesus-Disciple Relationship: an Exegetico-Theological Investigation of the Term in the Fourth Gospel, Frankfurt 1993.
REID, J., The Spirit and the Spirit-Born, ET (1910) 161-164.
RINKE, H.-W., Kerygma und Autopsie: der christologische Disput als Spiegel joh. Gemeindegeschichte, HBS 10, Freiburg 1997.
SAAYMAN, C., The Textual Strategy in Jn 3:12-14: Preliminary Observations, Neotest. 29 (1995) 27-48.
SCHENKE, H.-M., »Er muß wachsen, ich aber muß abnehmen«. Der Konflikt zwischen Jesusjüngern und Täufergemeinde im Spiegel des Johannesevangeliums, in: FS C. COLPE, Würzburg 1990, 301-313.
SCHMIEDL, M., Jesus und Nikodemus, BU 28, Regensburg 1998.
SCHNEIDERS, S.M., Born Anew, TTod 44 (1987) 189-196.
SCHWANKL, O., Die Metaphorik von Licht und Finsternis im johanneischen Schrifttum, QD 126, Freiburg 1990, 135-167.146-149.
—, Licht und Finsternis. Ein metaphorisches Paradigma in den johanneischen Schriften, HBS 5, Freiburg 1995,148-185.
SCHWARZ, G., »Der Wind weht, wo er will«?, BiNo 63 (1992) 47-48.
SHERWIN, M., »The Friend of the Bridegroom Stands and Listens«. An Analysis of the Term *Amicus Sponsi* in Augustine's Account of Divine Friendship and the Ministry of Bishops, Aug. 38 (1998) 197-214.
SÖDING, T., Wiedergeburt aus Wasser und Geist. Anmerkungen zur Symbolsprache des Johannesevangeliums am Beispiel des Nikodemusgesprächs (Joh 3,1-21), in: QD 126, 1990, 168-219.
STEVENS, W.M.A., Aenon Near to Salim, JBL 3 (1883) 128-141.
STEYEN, G., Nicodemus, ET 31 (1919/20) 505-508.
TANZER, S.J., Salvation Is *for* the Jews: Secret Christian Jews in the Gospel of John, in: FS H. KOESTER, 1991, 285-300.
TROCMÉ, É., Jn 3:29 et le thème de l'époux dans la tradition pré-évangélique, RSR 69 (1995) 13-18.
TRÖGER, K.-W., Mystik und Gnosis. Zur Bedeutung des Dialogs in gnostischen Schriften, RIG 5 (1998) 259-266.
TRUMBOWER, J.A., Born from Above. The Anthropology of the Gospel of John, HUTh 29, 1992.
WEDER, H., L'asymétrie du salut. Réflections sur Jean 3:14-21 dans le cadre de la théologie johannique, in: J.-D. KAESTLI (Hrsg.), Communauté, 1990, 155-184; dtsch. in: DERS., Einblicke ins Evangelium. Exegetische Beiträge zur neutestamentlichen Hermeneutik, Göttingen 1992, 435-465.

WHITTERS, M.F., Discipleship in John: Four Profiles, W&W 18 (1998) 422-427.
WITHERINGTON, B., III, The Waters of Birth: John 3:5 and 1 John 5:6-8, NTS 35 (1989) 155-160.
WOODCOCK, E., The Seal of the Holy Spirit, BS 155 (1998) 139-163.

LITERATUR ZU **DAS SAMARITANISCHE INTERMEZZO UNTER MISSIONARISCHEM VORZEICHEN, 4,1-42** (B 6) S. 111-121

ALLISON, D.C., The Living Water (Jn 4,10-14; 6,35c; 7,37-39), SVTQ 30 (1986) 143-157.
ANDERSON, R.T., The Elusive Samaritan Temple, BA 54 (1991) 104-107.
BALL, D.M., »I am« in John's Gospel: Literary Function, Background and Theological Implications, JSNT.S 124, Sheffield 1996.
BECK, D.R., The Narrative Function of Anonymity in the Fourth Gospel Characterization, Semeia 63 (1993) 143-158.
BEUTLER, J., Frauen und Männer als Jünger Jesu im Johannesevangelium, in: SBA 25, Stuttgart 1998, 285-293.
BOERS, H.W., Neither on this Mountain nor in Jerusalem. A Study of John 4, SBL.MS 35, Atlanta 1988.
BORI, P.C., »In spirito e verità« secondo Lev Tolstoj, esegeta e scrittore, ASEs 12 (1995) 99-110.
BOTHA, J.E., Reader »Entrapment« as Literary Device in John 4:1-42, Neotest. 24 (1990) 37-47.
—, Jesus and the Samaritan Woman: A Speech Act Reading of Jn 4:1-42, NT.S 65, Leiden 1991.
BRITO, E., Jn 4:24 dans l'œuvre de Hegel, in: FS F. NEIRYNCK III, 1992, 2463-2476.
BROADUS, J.A., True Spiritual Worship, SBJTh 2 (1998) 24-33.
BUCHER-GILLMAYR, S., Begegnungen am Brunnen, BiNo 75 (1994) 48-66.
CARROLL, J.T., Present and Future in Fourth Gospel »Eschatology«, BTB 19 (1989) 63-69.
CLERGEON, C.H., De Judée en Galilée. Étude de Jean 4, 1-45, NRTh 113 (1981) 818-830.
CUVILLIER, É. La figure des disciples en Jean 4, NTS 42 (1996) 245-259.
DE BOER, M., Jn 4:27 – Women (and Men) in the Gospel and Community of John, in: G. BROOKE (Hrsg.), Women in the Biblical Tradition, Dyfed 1992, 208-230.
DERRETT, J.D.M., The Samaritan Woman's Purity (John 4:4-52), EvQ 60 (1988) 291-298.
DESTRO, A./PESCE, M., Lo Spirito e il mondo «vuoto». Prospettive esegetiche e antrologiche su Gv 4:21-24, ASEs 12 (1995) 9-32.
DUBE, M. W., Reading for Decolonization (Jn 4:1-42), Semeia 75 (1996[1998]) 37-59.
ENSOR, P.W., Jesus and His »Works«. The Johannine Sayings in Historical Perspective, WUNT/2.85, Tübingen 1996, 130ff..
ESLINGER, L., The Wooing of the Woman at the Well: Jesus, the Reader and Reader-Response Criticism, JLT 1 (1987) 167-183; auch in: M.W.G. STIBBE (Hrsg.), The Gospel of John as Literature, NTTS 17, Leiden 1993, 165-182.

FARFÁN NAVARRO, E., »Agua viviente«, in: FS J.L. RUIZ DE LA PENA, 1997, 85-96.
FARMER, C.S., Changing Images of the Samaritan Woman in Early Reformed Commentaries on John, ChH 65 (1996) 365-375.
FERRANDO, M.A., Reflexiones en torno al concepto de vida en el Evangelio segun San Juan, TyV 35 (1994) 17-20.
FEWELL, D.N./PHILLIPS, G.A., Drawn to Excess, or Reading beyond Betrothal, Semeia 77 (1977) 23-58.
FRANCIS, M., The Samaritan Woman, AJTh 2 (1988) 147-148.
FREY, J., Die johanneische Eschatologie I-III, WUNT 96.110.117, Tübingen 1997/1998/2000.
FRÜHWALD-KÖNIG, J., Tempel und Kult, BU 27, Regensburg 1998, 107-138.
GAETA, G., Il culto »in sprito e verità« secondo il Vangelo di Giovanni, ASEs 12 (1995) 33-47.
GINZBURG, L., L'adorazione interiore. Gv 4:23 nell'interpretazione mistica e filosofica del Seicento, ASEs 12 (1995) 85-97.
GIRARD, M., Jésus en Samarie (Jn 4:1-42). Analyse des structures stylistiques et du processus de symbolisation, EeT 17 (1986) 275-310.
GUNDRY-VOLF, J., Spirit, Mercy, and the Other, ThTo 51 (1995) 508-523.
HAMMES, A., Der Ruf ins Leben. Eine theologisch-hermeneutische Untersuchung zur Eschatologie des Johannesevangeliums mit einem Ausblick auf ihre Wirkungsgeschichte, BBB 112, Bodenheim 1997.
HARRIS, J.R., Rivers of Living Water, Exp. 8. ser., 20 (1920) 196-202.
HEITHER, T., Die Begegnung am Brunnen. Ein Beispiel für die Exegese des Origenes, EuA 69 (1993) 5-18.
HINRICHS, B., »Ich bin«. Die Konsistenz des Johannesevangeliums in der Konzentration auf das Wort Jesu, SBS 133, Stuttgart 1988.
HYLDAHL, N., Samtalen med den samaritanske kvinde, DTT 56 (1993) 153-165.
JONES, L.P., The Symbol of Water in the Gospel of John, JSNT.S 145, Sheffield 1997, 89ff..
KARRIS, R.J., Jesus and the Marginalized in John's Gospel, Collegeville 1990.
KIM, J.K., A Korean Feminist Reading of John 4:1-42, Semeia 78 (1997) 109-119.
KIPPENBERG, H.G., Garizim und Synagoge, RVV 30, Berlin 1971.
KOESTER, C.R., »The Savior of the World« (John 4:42), JBL 109 (1990) 665-680.
LEE, D.A., The Story of the Woman at the Well: A Symbolic Reading (Jn 4:1-42), ABR 41 (1993) 35-48.
—, Women as »Sinners«: Three Narratives of Salvation in Luke and John, ABR 44 (1996) 1-15.
LETTIERI, G., In sprito e/o verità da Origene a Tommaso d' Aquino, ASEs 12 (1995) 49-83.
LINDEMANN, A., Samaria und Samaritaner im Neuen Testament, WuD 22 (1993) 51-76.
LINK, A., Kritische Bestandsaufnahme neuer methodischer Ansätze in der Exegese des Johannesevangeliums anhand von Joh 4, in: J. HAINZ (Hrsg.), Methodenstreit, 1991, 45-90.
—, »Was redest du mit mir?«: Eine Studie zur Exegese-, Redaktions- und Theologiegeschichte von Joh 4,1-42, BU 24, Regensburg 1992.

LOCK, W., Notes on the Gospel According to St. John, JThS 6 (1905) 415-418.
LORENZINI, E., L'interpretazione del dialogo con la Samaritana, Orph. 7 (1986) 134-146.
LUZARRAGA, J., Das Ewige Leben in den johanneischen Schriften, IKZ 20 (1991) 23-32.
MACCINI, R.G., A Reassessment of the Woman at the Well in John 4 in Light of the Samaritan Context, JSNT 53 (1994) 35-46.
—, Her Testimony is True: Women as Witnesses According to John, JSNT.S 125, Sheffield 1996.
MCKINNISH BRIDGES, L., John 4:5-42, Interp. 48 (1994) 173-176.
MOORE, S.D., Rifts in (a Reading of) the Fourth Gospel, or: Does Johannine Irony Still Collapse in a Reading that Draws Attention to Itself?, Neotest. 23 (1989) 5-17.
—, Are There Impurities in the Living Water that the Johannine Jesus Dispenses? Deconstruction, Feminism and the Samaritan Woman, BibI 1 (1993) 207-227.
MORGEN, M., Les femmes dans l'évangile de Jean, RDC 40 (1990) 77-96.
NESTLE, E., Die fünf Männer des samaritanischen Weibes, ZNW 5 (1904) 166-167.
NEUSNER, J., The Absoluteness of Christianity and the Uniqueness of Judaism. Why Salvation is not of the Jews, Interp. 43 (1989) 18-31.
NEYREY, J.H., What is Wrong with this Picture? John 4, Cultural Stereotypes of Women, and Public and Private Space, BTB 24 (1994) 77-91.
NIELSEN, E., Mødet ved vrønden. Nogle betragtninger over Joh. Ev. Kap. 4, DTT 53 (1990) 243-259.
NIGOSSIAN, S.A., Water in Biblical Literature, ThRev 17 (1996) 33-51.
NORTJÉ, S.J., The Role of Women in the Fourth Gospel, Neotest. 20 (1986) 21-28.
OKURE, T., The Johannine Approach to Mission, WUNT 2/31, Tübingen 1988.
PANNENBERG, W., Geist als Feld – nur eine Metapher?, ThPh 71 (1996) 257-260.
PAZDAN, M.M., Nicodemus and the Samaritan Woman: Contrasting Models of Discipleship, BTB 17 (1987) 145-148.
PHILLIPS, G.A., The Ethic of Reading Deconstructively, or Speaking Face-to-Face: The Samaritan Woman Meets Derrida at the Well, in: E. STRUTHERS MALBON/E.V. MCKNIGHT (Hrsg.), The New Literary Criticism and the NT, JSNT.S 109, 1994, 283-325.
REINHARTZ, A., Jesus as Prophet: Predictive Prolepses in the Fourth Gospel, JSNT 36 (1989) 3-16.
RENA, J., Women in the Gospel of John, EeT 17 (1986) 131-147.
RITT, H., Die Frau als Glaubensbotin, Zum Verständnis der Samariterin von Joh 4,1-42, in: FS J. GNILKA, 1989, 287-306.
RODRÍGUEZ, J.D., The Challenge of Hispanic Ministry (Reflections on Jn 4, CThMi 18 (1991) 420-426.
RUIZ, M.R., Der Missionsgedanke des Johannesevangeliums, FzB 55, Würzburg 1987.
SCHMIDT, T., Das Ende der Zeit. Mythos und Metaphorik als Fundamente einer Hermeneutik biblischer Eschatologie, BBB 109, Bodenheim 1996, 249-321.
SCHNEIDERS, S.M., Women in the Fourth Gospel and the Role of Women in the Contemporary Church, BTB 12 (1989) 35-45.

SCHOTTROFF, L., Die Samariterin am Brunnen (Joh 4), in: R. JOST/R. KESSLER/ C.M. RAISIG (Hrsg.), Auf Israel hören. Sozialgeschichtliche Bibelauslegung, Luzern 1992, 115-132.

—, The Samaritan Woman and the Notion of Sexuality in the Fourth Gospel, in: F.F. SEGOVIA (Hrsg.), »What is John?« II, Atlanta 1998, 157-181.

SCHWANK, B., Grabungen auf »diesem Berg« (Joh 4,20.21). Der archäologische Beitrag, BiKi 47 (1992) 220-221.

SEIFERT, E., Frauen und Brunnen: Gedanken zu einem literarischen Motiv, in: FS E. GERSTENBERGER, 1997, 291-295.

SEIM, T.K., Roles of Women in the Gospel of John, in: L. HARTMAN/B. OLSSON (Hrsg.), Aspects on the Johannine Literature, CB.NT 18, 1987, 56-73.

SHEELEY, S.M., »Lift Up Your Eyes«: Jn 4:4-42, RExp 92 (1995) 81-87.

SKA, J.L., Dal Nuovo all'Antico Testamento, CivCat 147 (1996) 14-23.

SLOYAN, G.S., The Samaritans in the New Testament, Horizons 10 (1983) 7-21.

STEGMAIER, O., Samariterinnen der Hoffnung: das weibliche Gesicht der Mission, VSVD 38 (1997) 219-241.

TANZER, S.J., Salvation Is *for* the Jews: Secret Christian Jews in the Gospel of John, in: FS H. KOESTER, 1991, 285-300.

WARTENBERG-POTTER, B., Die Begegnung (Joh 4,1-30), EK 6 (1991) 332-335.

WESSEL, F., Die fünf Mäner der Samariterin. Jesus und die Tora nach Joh 4,16-19, BiNo 68 (1993) 26-34.

XAVIER, A.A., The Samaritan Woman and Martha of Bethany: A Comparative Study of Jn 4 and 11, ITS 35 (1998) 291-299.

ZANGENBERG, J., Frühes Christentum in Samarien. Topographische und traditionsgeschichtliche Studien zu den Samarientexten im Johannesevangelium, TANZ 27, Tübingen 1998.

ZIMMERMANN, M./ ZIMMERMANN, R., Brautwerbung in Samarien? Von der moralischen zur metaphorischen Interpretation von Joh 4, ZNT 1 (1998) 40-51.

LITERATUR ZU »EINEN SOLCHEN GLAUBEN KANN MAN IN ISRAEL NICHT FINDEN«, **4,43-54** (B 7) S. 121-125

ABBOTT, E.A., The Centurion of Capernaum, Exp. 8. ser., 14 (1917) 40-47, 98-112.

BORGEN, P., John and the Synoptics, in: DERS., Early Christianity and Hellenistic Judaism, Edinburgh 1996, 121-204.

FORTNA, R.T., The Fourth Gospel and its Predecessor, Philadelphia/Edinburgh 1988, 61-65.

HENAUT, B.W., John 4:43-54 and the Ambivalent Narrator. A Response to Culpepper's Anatomy of the Fourth Gospel, SR 19 (1990) 287-304.

LANDIS, S., Das Verhältnis des Johannesevangeliums zu den Synoptikern, BZNW 74, Berlin 1994.

LINDARS, B., Capernaum Revisited: Jn 4:46-53 and the Synoptics, in: FS F. NEIRYNCK III, 1992, 1985-2000.

MANNS, F., La Galilée dans le quatrième évangile, Anton. 72 (1997) 351-364.

NEIRYNCK, F., John 4:46-54: Signs Source and/or Synoptic Gospels, in: DERS., Evangelica II, 1991, 679-687.

—, Jean 4:46-54: Une leçon de méthode, EThL 71 (1995) 176-184.

PRYOR, J.W., Jn 4:44 and the *Patris* of Jesus, CBQ 49 (1987) 254-263.
REIM, G., Jn 4:44 – Crux or Clue?, in: DERS., Jochanan, 1995, 397-401.
RIEDL, H., Zeichen und Herrlichkeit. Die christologische Relevanz der Semeiaquelle in den Kanawundern Joh 2,1-11 und Joh 4,46-54, RSTh 51, Bern/Frankfurt 1997.
STIMPFLE, A., Das »sinnlose γάρ« in Joh 4,44. Beobachtungen zur Doppeldeutigkeit im Johannesevangelium, BiNo 65 (1992) 86-96.
VAN AARDE, A.G., Narrative Criticism Applied to Jn 4:43-54, NTTS 15, Leiden 1991, 101-128.
VAN BELLE, G., The Signs Source in the Fourth Gospel, BEThL 116, 1994.
—, The Faith of the Galileans: The Parenthesis in Jn 4:44, EThL 74 (1998) 27-44.
WEISS, W., »Zeichen und Wunder«. Eine Studie zu der Sprachtradition und ihrer Verwendung im NT, WUANT 67, Neukirchen 1995, 127-131.
WIELOCKX, R., Jn 4:46-54 selon Thomas d'Aquin et Jean Pecham, in: FS F. NEIRYNCK III, 1992, 2433-2462.

LITERATUR ZU **DIE WERKE DES VATERS WIE DES SOHNES UND DIE ABSEHBARE REAKTION, 5,1-47** (B 8) S. 125-136

BEUTLER, J. Das Hauptgebot im Johannesevangelium, in: SBA 25, Stuttgart 1998, 107-120.
BOISMARD, M.E., Un évangile pré-johannique, III: Jn 5:1-47, Paris 1996.
BORGEN, P., The Sabbath Controversy in Jn 5:1-18 and Analogous Controversy Reflected in Philo's Writings, in: FS. E. HILGERT, 1991, 209-221.
—, Creation, Logos and the Son: Observations on Jn 1,1-18 and 5,17-18, Ex Auditu 3 (1987) 88-99.
BRÖSE, E., Der Teich Bethesda, ThStKr 75 (1902) 133-140.
—, Noch einmal der Teich Bethesda, ThStKr 76 (1903) 153-156.
CULPEPPER, R.A., Un exemple de commentaire fondé sur la critique narrative: Jean 5:1-18, in: J.-D. KAESTLI (Hrsg.), Communauté, 1990, 135-151; engl. in: M.W.G. STIBBE (Hrsg.), The Gospel of John as Literature, NTTS 17, Leiden 1993, 193-208.
DAHL, N.A., »Do not Wonder!« John 5:28-29 and Johannine Eschatology Once More, in: FS J.L. MARTYN, 1990, 322-336.
DUKE, Paul D., John 5:1-15, RExp 85 (1988) 539-542.
ENSOR, P.W., Jesus and His »Works«, WUNT/2.85, Tübingen 1996.
EVANS, M.J., The Unnamed Feast – What Was It? St. John 5,1, Exp. 8 (1878) 391-396.
FRÜHWALD-KÖNIG, J., Tempel und Kult, BU 27, Regensburg 1998, 139-174.
GÖRG, M., Betesda: »Beckenhaus«, BiNo 49 (1989) 7-10.
GROB, F., »Mon Père travaille toujours«. Jn 5:17 et la tradition des Logia de Jésus, RSR 69 (1995) 19-27.
HARRIS, J.R., The Pool of Bethesda, Exp., 7. ser., 2 (1906) 508-517.
HUIE-JOLLY, M.R., Like Father, Like Son, Absolute Case, Mythic Authority: Constructing Ideology in Jn 5:17-23, SBL.SP 133 (1997) 567-595.
KLAPPERT, B., »Mose hat von mir geschrieben«. Leitlinien einer Christologie im Kontext des Judentums Joh 5,39-47, in: FS R. RENDTORFF, 1990, 619-640.

LABAHN, M., Eine Spurensuche anhand von Joh 5,1-18. Bemerkungen zu Wachstum und Wandel der Heilung eines Lahmen, NTS 44 (1998) 159-179.
LEMCIO, E.E., Father and Son in the Synoptics and John: A Canonical Reading, in: R.W. WALL (Hrsg.), The New Testament as Canon: A Reader in Canonical Criticism, Sheffield 1992.
LOCK, W., Notes on the Gospel According to St. John, JThS 6 (1905) 415-418.
MANNS, F., La fête des Juifs de Jean 5:1, Anton. 70 (1995) 117-124.
MCGRATH, J.F., A Rebellious Son? Hugo Odeberg and the Interpretation of John 5:18, NTS 44 (1998) 470-473.
MEALAND, D.L., Jn 5 and the Limits of Rhetorical Criticism, in: FS G.W. ANDERSON, Sheffield 1993, 558-272.
MEEKS, W.A., »Equal to God«, in: FS J.L. MARTYN, 1990, 309-321.
MEES, M., Die Heilung des Kranken vom Bethesdateich aus Joh 5,1-18 in frühchristlicher Sicht, NTS 32 (1986) 596-608.
MENKEN, M.J.J., De genezing van de lamme en de omstreden Christologie in Joh 5, Coll. 18 (1988) 418-435.
MOLONEY, F.J., Signs and Shadows: Reading John 5-12, Minneapolis, 1996.
NEIRYNCK, F., John 5:1-18 and the Gospel of Mark. A Response to P. Borgen, in: DERS., Evangelica II, 1991, 699-711.
NESTLE, E., Bethesda, ZNW 3 (1902) 171-172.
O'NEILL, J.C., »Making Himself Equal With God« (Jn 5:15-18): The Alleged Challenge to Jewish Monotheism in the Fourth Gospel, IBSt 17 (1995) 50-61.
PAINTER, J., Text and Context in John 5, ABR 35 (1987) 28-34.
PRETORIUS, N., Redemption of the Earth or from the Earth? The Gospel of John and the Johannine Epistles, Scriptura 3 (1998) 269-278.
RIGATO, M.-L., »Era festa dei Giudei« (Gv 5:1). Quale?, RivBib 39 (1991) 25-59.
SÄNGER, D., »Von mir hat er geschrieben« (Joh 5,46). Zur Funktion und Bedeutung Mose im NT, KuD 41 (1995) 112-134.
SKA, J.L., Dal Nuovo all'Antico Testamento, CivCat 147 (1996) 14-23.
SONG, B.K., Heute am Teich Bethesda: Joh 5,1-18, ZMiss 24 (1998) 289-292.
STALEY, J.L., Stumbling in the Dark, Reaching for the Light: Reading Character in John 5 and 9, Semeia 53 (1991) 55-80.
THOMAS, J.C., »Stop Sinning Lest Something Worse Come Upon You«: The Man at the Pool in Jn 5, JSNT 59 (1995) 3-20.
WALLACE, D.B., John 5:2 and the Date of the Fourth Gospel, Bib. 71 (1990) 177-205.
WEISS, H., The Sabbath in the Fourth Gospel, JBL 110 (1991) 311-321.

LITERATUR ZU **CHRISTOLOGIE UND JÜNGERSCHAFT**, 6,1-71 (B 9) S. 136-152

ANDERSON, P N., The Christology of the Fourth Gospel: Its Unity and Disunity in the Light of Jn 6, WUNT 2/78, 1996.
BAILEY, R., John 6, RExp 85 (1988) 95-98.
BALFOUR, G., The Jewishness of John's Use of the Scriptures in Jn 6:31 and 7:37-38, TynB 46 (1995) 357-380.
BARNETT, A.E., The Feeding of the Multitude in Mk 6/Jn 6, in: The Miracles of Jesus, Gospel Perspectives 6, Sheffield 1986, 273-293.

BARTH, C.H.W., Nähere Beleuchtung des 6. Kap. des Evangelii Joannis bes. vom 26.-63; V.: zur Erörterung der Frage: ob hier von dem Abendmahl Jesus die Rede sei?, MCP 2.1 (1824) 43-63.
BECKMANN, K., Funktion und Gestalt des Judas Iskarioth im Johannesevangelium, BThZ 11 (1994) 181-200.
BEUTLER, J., Zur Struktur von Joh 6, SNTU/A 16 (1991) 89-104, auch in: SBA 25, Stuttgart 1998, 247-262.
BORGEN, P., On the Midrashic Character of John 6, in: DERS., New Perspectives, 1987, 121-129.
BORGEN, P., Bread from Heaven. Aspects of Debates on Expository Method and Form, in: DERS., New Perspectives, 1987, 131-144.
—, P., John 6: Tradition, Interpretation and Composition, in: FS M. DE JONGE, JSNT.SS 84, 1994, 268-291.
BROADHEAD, E.K., Echoes of an Exorcism in the Fourth Gospel, ZNW 86 (1995) 111-119.
BROWNSON, J.V., Neutralizing the Intimate Enemy: The Portrayal of Judas in the Fourth Gospel, SBL.SP 31 (1992) 49-60.
BURCHARD, C., The Importance of Joseph and Asenth for the Study of the NT: A General Survey and a Fresh Look at the Lord's Supper, NTS 33 (1987) 102-134.
CABA, J., Cristo, Pan de Vida: Teología eucarística del IV Evangelio: Estudio Exegético de Jn 6, Madrid 1993.
CAILLARD, E.M., The Bread of Life, Int 13 (1916/17) 161-165.
CHESNUTT, R.D., Bread of Life in Joseph and Aseneth and in John 6, in: FS F. PACK, 1989, 1-16.
—, From Death to Life: Conversion in Joseph and Aseneth, JSP.S 16, 1995.
CHILTON, B., A Feast of Meaning: Eucharistic Theologies from Jesus through Johannine Circles, NT.S 72, Leiden 1994.
COSGROVE, C.H., The Place Where Jesus Is: Allusions to Baptism and the Eucharist in the Fourth Gospel, NTS 35 (1989) 522-539.
CULPEPPER, R.A. (Hrsg.), Critical Readings of John 6, BI.S 22, Leiden 1997.
DERRETT, D.M., Der Wasserwandel in christlicher und buddhistischer Perspektive, ZRGG 41 (1989) 193-214.
—, Τί ἐργάζῃ; (Jn 6:30): An Unrecognized Allusion to Is 45:9, ZNW 84 (1993) 142-144.
DODD, C.H., Eucharistic Symbolism in the Fourth Gospel, Exp. 8. ser., 2 (1911) 530-546.
DOMERIS, W.R., The Office of the Holy One, JThSA 54 (1986) 35-38.
DSCHULNIGG, P., Überlegungen zum Hintergrund der Mahlformel in JosAs. Ein Versuch, ZNW 80 (1989) 272-275.
DURKIN, K., A Eucharistic Hymn in John 6?, ET 98 (1987) 168-170.
ERNESTI, I.A., Summa religionis christi ab ipso tradita Joh VI, Museum Duisburgense 1 (1782) 3-35.
FARRELL, S.-E., Seeing the Father (Jn 6:46; 14:9), ScEs 44 (1992) 1-24.
FERNÁNDEZ, Á., Eucaristía y resurrección: comentario patrístico a Jn 6,54, in: FS J.L. RUIZ DE LA PEÑA, 1997, 521-542.
FOXLEY, C., On the True Position of St. John VI, Int 9 (1912/13) 313-315.
GARCÍA-MORENO, A., Aspectos cultuales en el IV Evangelio, in: FS J.M. CASCIARO, 1994, 337-347.

GIESELER, J.K.L., Vermischte Bemerkungen: zu Joh 6,22; zu Joh 7,38; zu Apg 21,9, ThStKr 2 (1829) 137-141.
GRASSI, J.A., Eating Jesus' Flesh and Drinking His Blood: The Centrality and Meaning of Jn 6,51-58, BTB 17 (1987) 24-30.
GREEN, L.C., Philosophical Presuppositions in the Lutheran-Reformed Debate on John 6, CTQ 56 (1992) 17-37.
GRIGSBY, B., The Reworking of the Lake-Walking Account in the Johannine Tradition, ET 100 (1989) 295-297.
HAMMANN, G., Zwischen Luther und Zwingli: Martin Bucers theologische Eigenständigkeit im Lichte seiner Auslegung von Joh 6 im Abendmahlstreit, in: FS J. ZUMSTEIN, 1991, 109-135.
HAUPT, E., Die Zwölf im Johannesevangelium, in: DERS., Zum Verständnis des Apostolats im NT, Halle 1896, 52-58.
HOFIUS, O., Erwählung und Bewahrung. Zur Auslegung von Joh 6,37, in: DERS./ H.-C. KAMMLER, Johannesstudien, WUNT 88, 1996, 81-86.
KILEY, M., The Geography of Famine: John 6:22-25, RB 102 (1995) 226-230.
KNIGHT, H.J.C., On the Relation of the Discourses of Our Lord Recorded in S. John III and VI to the Institution of the Two Sacraments, Exp. 5. ser., 10 (1899) 54-66.
KNÖPPLER, T., Die theologia crucis des Johannesevangeliums, WMANT 69, 1994, 38-52.
KOESTER, C.R., John Six and the Lord's Supper, LQ 4 (1990) 419-437.
KOLLMANN, B., Ursprung und Gestalten der urchristlichen Mahlfeier, Göttingen 1990.
KONINGS, J., The Dialogue of Jesus, Philip and Andrew in John 6:5-9, BEThL 101 (1992) 523-534.
KÜGLER, J., Der Jünger, den Jesus liebte. Literarische, theologische und historische Untersuchungen zu einer Schlüsselgestalt johanneischer Theologie und Geschichte, SBB 16, Stuttgart 1988.
—, Der König als Brotspender. Religionsgeschichtliche Überlegungen zu JosAs 4,7; 25,5 und Joh 6,15, ZNW 89 (1998) 118-124.
LITTLE, E., Echoes of the OT in the Wine of Cana in Galilee (Jn 2:1-11) and the Multiplication of the Loaves and Fish (Jn 6,1-15), CRB 41, Paris 1998.
MENKEN, M.J.J., Some Remarks on the Course of the Dialogue: John 6:25-34, Bijdr. 48 (1987) 139-149.
—, The Provenance and Meaning of the Old Testament Quotation in John 6:31, NT 30 (1988) 39-56.
—, The Old Testament Quotation in John 6:45. Source and Redaction, EThL 64 (1988) 104-127.
—, Jn 6:51c-58: Eucharist or Christology?, Bib. 74 (1993) 1-26.
MOLONEY, F.J., A Body Broken for a Broken People: Eucharist in the NT, Peabody 1996.
PAINTER, J., Tradition and Interpretation in John 6, NTS 35 (1989) 421-450.
PERRY, J.M., The Evolution of the Johannine Eucharist, NTS 39 (1993) 22-35.
PHILIPPE, M.D., Commentaire de l'Évangile de saint Jean: La multiplication des pains, Aletheia 11 (1997) 153-165; 12 (1997) 121-126; 13 (1998) 107-111; 14 (1998) 137-146.

RAUH, S., Die Baur'schen Ansichten über das Evangelium Johannis geprüft an der Geschichte der wunderbaren Speisung (Joh 6), DZCW 1850, 262-272, 278-280, 281-284, 292-295, 297-300, 353-360,361-366, 376.
REISER, M., Eucharistische Wissenschaft: Eine exegetische Betrachtung zu Joh 6,26-59, in: FS T. SCHNEIDER, 1995, 164-177.
ROBERGE, M., Jean 6:26 et le rassasiement eschatologique, LTP 45 (1989) 339-349.
—, Structure et sens de Jean 6:25b-34, LThPh 50 (1994) 171ff.
ROSE, M., Manna: das Brot aus dem Himmel, in: FS J. ZUMSTEIN, 1991, 75-107.
ROULET, P./RUEGG, U., Étude de Jean 6: La narration et l'histoire de la rédaction, in: J.-D. KAESTLI (Hrsg.), Communauté, 1990, 231-247.
SANDELIN, K.-G., Wisdom as Nourisher. A Study of an OT Theme, Its Development Within Early Judaism and Its Impact on Early Christianity, AAAbo.H 64.3, Abo 1986.
—, The Johannine Writings Within the Setting of Their Cultural History, in: HARTMAN/OLSSON (Hrsg.), Aspects, 1987, 9-26.
SCHENKE, L., Das johanneische Schisma und die »Zwölf« (Joh 6,60-71), NTS 38 (1992) 105-121.
SCHOLTISSEK, K., »Ich bin das lebendige Brot, das vom Himmel herabgekommen ist«, Joh 6,51, BiLi 68 (1995) 45-49.
SCHUCHARD, B.G., Scripture within Scripture, SBL.DS 133, 1992, 33-57.
SCHWEIZER, E., Joh 6,51c-58 – vom Evangelisten übernommene Tradition?, ZNW 82 (1991) 274.
SEETHALER, A., Die Brotvermehrung – ein Kirchenspiegel?, BZ 34 (1990) 108-112.
SEGALLA, G., La complessa struttura letteraria di Giovanni 6, Teol. (M) 15 (1990) 68-89.
SEOK, S.S., Carne (σάρξ) e sangue (αἷμα) nel Vangelo di Giovanni, masch. Diss., Roma 1992.
SEVRIN, J.-M., L'Écriture du IVe évangile comme phénomène de réception: L'exemple de Jn 6, BEThL 86, 1989, 69-83.
STOLLE, V., Johannes 6,55-65, LuThK 17 (1993) 55-58.
STUHLMACHER, P., Das neutestamentliche Zeugnis vom Herrenmahl, ZThK 84 (1987) 1-35.
THEOBALD, M., Gezogen von der Liebe Gottes (Joh 6,44f.). Beobachtungen zur Überlieferung eines johanneischen »Herrenwortes«, in: FS J. ERNST, Paderborn 1996, 315-341.
—, Häresie von Anfang an? Strategien zur Bewältigung eines Skandals nach Joh 6,60-71, in: FS K. KERTELGE, Freiburg 1996, 212-246.
THOMPSON, M.M., The Incarnate Word. Perspectives on Jesus in the Fourth Gospel, Peabody 1988, 33-52.
VOELZ, J.W., The Discourse on the Bread of Life in John 6: Is it Eucharistic?, ConJ 15 (1989) 29-37.
VOUGA, F., Le quatrième évangile comme interprète de la tradition synoptique Jean 6, BEThL 101 (1992) 261-279.
WEDER, H., Die Menschwerdung Gottes. Überlegungen zur Auslegungsproblematik des Johannesevangeliums am Beispiel von Joh 6, in: DERS., Einblicke ins Evangelium. Exegetische Beiträge zur neutestamentlichen Hermeneutik, Göttingen 1992, 363-400.
WEHR, L., Arznei der Unsterblichkeit. Die Eucharistie bei Ignatius von Antiochien und im Johannesevangelium, NTA.NF 18, 1987,182-177.

WEREN, W., Intertextualiteit en Bijbel, Kampen 1993, 93-132.
WITKAMP, L.T., Some Specific Johannine Features in John 6:1-21, JSNT 40 (1990) 43-60.
YEAGO, D.S., The Bread of Life: Patristic Christology and Evangelical Soteriology in M. Luther's Sermon on Jn 6, SVTQ 39 (1995) 257-279.

LITERATUR ZU DIE MARGINALISIERUNG JESU UND SEINER JÜNGER, 7,1-8,59 (B 10) S. 152-173

ANGERSTORFER, A., Art.: Laubhüttenfest, NBL II (1995) 591-593.
AUGENSTEIN, J., »Euer Gesetz« – Ein Pronomen und die johanneische Haltung zum Gesetz, ZNW 88 (1997) 311-313.
BAARDA, T., Jn 8:57b – The Contribution of the Diatessaron of Tatian, NT 38 (1996) 336-343.
BALFOUR, G., The Jewishness of John's Use of the Scriptures in Jn 6:31 and 7:37-38, TynB 46 (1995) 357-380.
BASSLER, J.M., Mixed Signals: Nicodemus in the Fourth Gospel, JBL 108 (1989) 635-646.
BERGLER, S., Bar Kochba und das messianische Laubhüttenfest, JSJ 29 (1998) 143-191.
BEUTLER, J., Gesetz und Gebot im Evangelium und Briefen des Johannes, in: FS P. POKORNÝ, Prag 1998, 9-22.
—, Das Hauptgebot im Johannesevangelium, in: SBA 25, Stuttgart 1998, 107-120.
BIENAIMÉ, G., L'annonce des fleuves d'eau vive en Jean 7:37-39, RTL 21 (1990) 281-310. 417-454.
BISNAUTH, D.A., A Re-Reading of John in the Struggle for Liberation, IRM 79 (1990) 325-330.
BODI, D., Der altorientalische Hintergrund des Themas der »Ströme lebendigen Wassers« in Joh 7:38, in: FS J. ZUMSTEIN, 1991, 137-158.
BONDI, R., John 8:39-47: Children of Abraham or of the Devil?, JES 34 (1997) 473-498.
BROOKE, G.J., Christ and the Law in Jn 7-10, in: B. LINDARS (Hrsg.), Law and Religion, Cambridge 1988, 102-112.
BUCHANAN, G.W., The Age of Jesus, NTS 41 (1995) 297.
BUELA, C.M., La genialidad grammatical de Jn 8:25, EstB 56 (1998) 371-404.
CAMARERO MARÍA, L., Revelaciones Solemnes de Jesús: Derás cristológico en Jn 7-8, Madrid 1997.
CARAGOUNIS, C.C., Jesus, His Brothers and the Journey to the Feast (Jn 7:8-10), SEA 63 (1998) 177-187.
CARR, A., A Note on St. John 7:52: A Prophet or the Prophet?, Exp. 6. ser., 8 (1903) 219-226.
CASEY, M., Is John's Gospel true?, London 1996.
CASTRO, S., Proyecto literario-teológico de Jn 1-12: 2: Jn 7:1-12:50, MCom 53 (1995) 285-322.
CAZEAUX, J., Concept ou mémoire? La rhétorique de Jn 8:12-59, LeDiv 143 (1990) 277-308.

COETZEE, J.C., Jesus' Revelation in the Ego-Eimi-Sayings in Jn 8 and 9, in: J.H. PETZER/P.J. HARTIN (Hrsg.), A South African Perspective on the NT, Leiden, 1986, 170-177.
CORY, C., Wisdom's Rescue: A New Reading of the Tabernacles Discourse (Jn 7:1-8:59), JBL 116 (1997) 95-116.
DELEBECQUE, É., Jésus contemporain d'Abraham selon Jean 8:57, RB 93 (1986) 85-92.
—, Autour du verbe *eimi*, »je suis«, dans le quatrième évangile, RThom 86 (1986) 83-89.
DERRETT, J.D.M., Circumcision and Perfection: A Johannine Equation (John 7:22-23), EvQ 63 (1991) 211-224.
—, Exercitations on Jn 8, EstB 52 (1994) 433-451.
DRACHMANN, A.B., Zu Joh 8,44, ZNW 12 (1911) 84-85.
DUNDERBERG, I., Thomas I-sayings and the Gospel of John, in: R. URO (Hrsg.), Thomas at the Crossroad, Edinburgh 1998, 33-64.
EGGEN, W., Jn 8:1-11, A Finger Writing Down the History: On Dialogue Beyond Canonicity, Exchange 27 (1998) 98-120.
ELBOGEN, I., Die Feier der drei Wallfahrtsfeste zur Zeit des Zweiten Tempel, BHWJ 46 (1929) 27-48.
FRIEDMAN, D.B., How Jesus Observed the Torah in the Gospels, ATAJ 5 (1997) 81-94.
FRÜHWALD-KÖNIG, J., Tempel und Kult, BU 27, Regensburg 1998, 175-216.
GRECH, P., La communita giovannea nei cc. 7 e 8 del Vangelo di Giovanni, RStB 2 (1991) 59-68.
GRELOT, P., Jean 8:56 et Jubilés 16:16-29, RdQ 13 (1988) 621-628.
GRIGSBY, B.H., »If Any Man Thirsts...«: Observations on the Rabbinic Background of John 7,37-39, Bib. 67 (1986) 101-108.
HASITSCHKA, M., Dämonen und Teufel bei Johannes. Ein Beitrag zur Diskussion, PzB 1 (1992) 79-84.
HOLLANDER, H.W., »Vrijheid« en »slavernij« in Joh 8:31-36, NedThT 48 (1994) 265-274.
HAUFF, Pfr., Bemerkungen über einige Stellen des vierten Evangeliums (Joh 2,19; 4,44; Kap. 7), ThStKr 22 (1849) 106-130.
HOLTZMANN, H.J., Zur Erklärung von Joh 8,25.26, JPTh 15 (1889) 472-477.
JATHANNA, O.V., On Being Religious: A Meditation on John 7:1-14, AJTh 11 (1997) 398-401.
JOHNSON, E.E., Jews and Christians in the NT: John, Matthew, and Paul, RefR(H) 42 (1988) 113-128.
JONES, L.P., The Symbol of Water in the Gospel of John, JSNT.S 145, Sheffield 1997.
KINGHORN, J., John 8:32 – The Freedom of Truth, IRM 79 (1990) 314-319.
KLASSEN, W., Παρρησία in the Johannine Corpus, in: J.T. FITZGERALD (Hrsg.), Friendship, Flattery, and Frankness of Speech: Studies on Friendship in the NT World, NT.S 82, Leiden 1996.
KNAPP, H.M., The Messianic Water Which Gives Life to the World, HBT 19 (1997) 109-121.
KONSTAN, D. et alii (Hrsg.), Philodemus: On Frank Criticism, Atlanta 1998.
KREUZER, S., »Wo ich hingehe, dahin könnt ihr nicht kommen«: Joh 7,34; 8,21; 13,33 als Teil der Mosetypologie im Johannesevangelium, in: FS K. NIEDERWIMMER, 1994, 63-76.

LAMPE, F.A., Dissertatio theologica ad locum difficilem Joannis VIII. vers. XXV, in: DERS., Diss. 1, 1737, 391-414.
LENZI, G., Il contributo della Vetus Syra alla esegesi di Gv 7,37-38; CrSt 19 (1998) 503-518.
MARCUS, J., Rivers of Living Water from Jesus' Belly (Jn 7:38), JBL 117 (1998) 328-330.
MCDONALD, J.I.H., The So-called Pericope de Adultera, NTS 41 (1995) 415-427.
MENKEN, M.J.J., The Origin of the Old Testament Quotation in Jn 7:38, NT 37 (1996) 160-175.
NESTLE, E., Joh 7,38 im Brief der gallischen Christen, ZNW 10 (1909) 323.
NEYREY, J.H., Jesus the Judge: Forensic Process in John 8:21-59, Bib. 68 (1987) 509-542.
—, The Trials (Forensic) and Tribulations (Home Challenges) of Jesus: John 7 in Social Science Perspective, BTB 26 (1996) 107-124.
OGDEN, D., Greek Bastardy in the Classical and Hellenistic Periods, Oxford 1996.
ORSATTI, M., Verità e amore, oggi sposi: appunti su Gv 8,1-11, RTLu 3 (1998) 707-713.
PAGELS, E., The Social History of Satan II: Satan in the New Testament Gospels, JAAR 62 (1994) 17-58.
PETERSEN, N.R., The Gospel of John and the Sociology of Light: Language and Characterization in the Fourth Gospel, Philadelphia 1993.
PORSCH, F., »Ihr habt den Teufel zum Vater« (Joh 8,44). Antijudaismus im Johannesevangelium?, BiKi 44 (1989) 50-57.
RAMAROSON, L., Mise en œuvre de l'»éclectisme intégral«: à propos de Jn 8:57 et de Lc 9:54-56, ScEs 49 (1997) 181-185.
REIM, G., Joh 8,44 – Gotteskinder – Teufelskinder, in: DERS., Jochanan, 1995, 352-359.
ROCHAIS, G., Jean 7: Une construction littéraire dramatique, à la manière d'un scénario, NTS 39 (1993) 355-378.
RUBENSTEIN, J.L., The History of Sukkot in the Second Temple and Rabbinic Periods, BJSt 302, Atlanta 1995.
SABBE, M., Can Mt 11:27 and Lk 10:22 Be Called a Johannine Logion?, in: BEThL 98, Leuven 1991, 399-408.
SANDERS, J.A., »Nor Do I...«. A Canonical Reading of the Challenge to Jesus in John 8, in: FS J.L. MARTYN, 1990, 337-347.
SCHENKE, L., Der »Dialog Jesu mit den Juden« im Johannesevangelium: ein Rekonstruktionsversuch, NTS 34 (1988) 573-603.
—, Joh 7-10: Eine dramatische Szene, ZNW 80 (1989) 172-192.
SCHWANKL, O., Licht und Finsternis. Ein metaphorisches Paradigma in den johanneischen Schriften, 1995, 188-222.
SELWYN, E.C., The Feast of Tabernacles, Epiphany, and Baptism, JThS 13 (1912) 225-249.
SPROSTON, W.E., Satan in the Fourth Gospel, JSNT 2 (1980) 307-311.
TRUMBOWER, J.A., Origen's Exegesis of John 8:19-53: The Struggle with Heracleon over the Idea of Fixed Natures, VigChr 43 (1989) 138-154.
ULFGARD, H., The Story of Sukkot. The Setting, Shaping, and Sequel of the Biblical Feast of Tabernacles, Tübingen 1998.
WETTER, G.P., »Ich bin das Licht der Welt«. Eine Studie zur Formelsprache des Johannesevangeliums, BRW I.2, Stockholm/Leipzig 1914, 166-201.

WILSON, J.A.S., The Jerusalem Visits of Jesus (in St. John), Exp. 8. ser., 8 (1914) 344-350.
WITTIG, J.G., Zu Joh 8,56 und 10,35, in: Neue Theologische Blätter, Hrsg. J.C.W. AUGUSTI, Gotha, 3 (1800) 346-349.
YEE, G.A., Jewish Feasts and the Gospel of John, Delaware 1989.
YOUNG, B.H., »Save the Adulteress!«: Ancient Jewish Responsa in the Gospels, NTS 41 (1995) 59-7 0.
ZIEGLER, C.L., Erläuterung der schwierigen Stelle Joh 8,12-59 nebst einige Bemerkungen über die Kantische moralische Auslegungsmethode der Bibel, MRP 5 (1796) 227-290.

LITERATUR ZU EINE BLINDENHEILUNG: ZEICHEN DER SCHEIDUNG, 9,1-10,21
(B 10c) S. 173-180

ABELLS, Z./ARBIT, A., Some New Thoughts on Jerusalem's Ancient Water Systems, PEQ 127 (1995) 2-7.
ALAND, B., Neutestamentliche Handschriften als Interpreten des Textes? P^{75} und seine Vorlagen in Joh 10, in: FS W. MARXSEN, Gütersloh 1989, 379-397.
ALISON, J., The Man Blind from Birth and the Subversion of Sin: Some Questions about Fundamental Morals, Contagion 4 (1997) 26-46.
ARENAS, J.V., »Yo soy la puerta« (Jn 10,7-9), Carmelus 37 (1990) 38-80.
BAILEY, K., The Shepherd Poems of John 10: Their Culture and Style, IrBSt 15 (1993) 2-17.
—, The Shepherd Poems of John 10, their Culture and Style, ThRev 14 (1993) 3-21.
BENZ, K.J., Noch einmal: Joh 10,1-14 in der theologischen Argumentation Gregors VII. gegen Simonie und Laieninvestitur, DA 49 (1993) 201-206.
BERROUARD, M.-F., Deux peuples, un seul troupeau, un unique Pasteur. Ecclésiologie de saint Augustin et citations de Jean 10,16, in: Collectanea Augustiana, New York 1990, 275-301.
BEUTLER, J., Der alttestamentlich-jüdische Hintergrund der Hirtenrede in Johannes 10, in: DERS./FORTNA (Hrsg.), Shepherd-Discourse, 1991, 18-32.144-147, auch in: SBA 25, Stuttgart 1998, 215-232.
BEUTLER, J./FORTNA R.T. (Hrsg.), Shepherd-Discourse, SNTS.MS 67, Cambridge 1991.
BOTTINO, A., La metaforica della porta (Gv 10:7.9), RivBib 39 (1991) 207-215.
BUSSE, U., Offene Fragen zu Johannes 10, NTS 33 (1987) 516-531.
—, Metaphorik in neutestamentlichen Wundergeschichten? Mk 1,21-28; Joh 9,1-41, QD 126, 1990, 110-134.
—, Open Questions on John 10, in: J. BEUTLER/R.T. FORTNA (Hrsg.), John 10, 1991, 6-17, 135-143.
COOK, G., Seeing, Judging and Acting: Evangelism in Jesus' Way: A Biblical Study on chapter 9 of the Gospel of John, IRM 87 (1998) 388-396.
DERRETT, J.D.M., Jn 9:6 Read With Isaiah 6:10; 20:9, EvQ 66 (1994) 251ff..
—, »Dost Thou Teach Us?« (John 9:34c), DR 116 (1998) 183-194.
DSCHULNIGG, P., Der Hirt und die Schafe (Joh 10,1-18), SNTU/A 14 (1989) 5-23.
DU RAND, J.A., A Syntactical and Narratological Reading of John 10 in Coherence with Chapter 9, in: J. BEUTLER/R.T. FORTNA (Hrsg.), Shepherd Discourse, 1991, 94-115, 161-163.

ENGEMANN, J., Art.: Hirt, RAC 15 (1991) 577-607.

ENSOR, P.W., Jesus and His »Works«, WUNT/2.85, Tübingen 1996.

FRIDRICHSEN, A., The Shepherd Chapter: Jn 10, in: DERS., Exegetical Writings: A Selection, WUNT 76, Tübingen 1994, 141-155.

FRITZSCHE, C.F., Commentatio qua illustretur locus de Jesu Janua ovium eodemque pastore Joh 10 seqq., in: DERS., Opuscula, 1838, 1-47.

GARVIE, A.E., Notes on the Fourth Gospel X-XIII, Exp. 8. ser., 7 (1914) 453-464. 558-560. 561-568.

GÉNUYT, F., La porte et le pasteur (Jn 10,1-21), in: ACFEB 12, Paris 1989, 375-387.

GESTRICH, C., Homo peccator und homo patiens. Das Verhältnis von Sünde und Leiden als Problem der theologischen Anthropologie und der Gotteslehre, ZThK 72 (1975) 240-268.

GIBB, J., The Door of the Sheep: St. John 10:7, Exp. 8 (1878) 359-365.

GREGG, J.A.F., »I am the Good Shepherd«: A Study, ET 31 (1919/20) 491-493.

HAINZ, J., »Zur Krisis kam ich in die Welt« (Joh 9,39). Zur Eschatologie im Johannesevangeliums, QD 150, Freiburg 1994, 149-163.

HENRY, D.M., John 10,17, ET 12 (1910) 566-567.

HOLLERAN, J.W., Seeing the Light. A Narrative Reading of John 9, EThL 69 (1993) 5-26.354-382.

HURST, A., The Good Shepherd, ET 99 (1987) 179-180.

KAMBEITZ, T. »I am the Door«, BiTod 27 (1989) 110-112; 115-131.

KESSLER, R., »Ich rette die Hinkenden, und die Versprengten sammle ich«: Zur Herdenmetaphorik in Zef. 3, in: W. DIETRICH/M. SCHWANTES (Hrsg.), Der Tag wird kommen: Ein interkontextuelles Gespräch über das Buch des Propheten Zefanja, SBS 173, Stuttgart 1996, 93-101.

KIEFFER, R., Traits paraboliques et discours de révélation en Jean 10,1-21, SémBib 45 (1987) 15-22.

KOESTER, C.R., The Spectrum of Johannine Readers, in: F.F. SEGOVIA (Hrsg.), »What is John?« I, Atlanta 1996, 5-19.

KOLDEN, M., People of His Pasture, CuThM 18 (1991) 122-124.

KOWALSKI, B., Die Hirtenrede (Joh 10,1-18) im Kontext des Johannesevangeliums, SBB 31, Stuttgart 1996.

KÜGLER, J., Das Johannesevangelium und seine Gemeinde – kein Thema für Science Fiction, BiNo 23 (1984) 48-62.

KYSAR, R., Johannine Metaphor – Meaning and Function: A Literary Case Study of John 10:1-18, Semeia 53 (1991) 81-111.

LAWLESS, G., Listeninig to Augustine: Tractate 44 on John 9, AugSt 28 (1997) 51-66.

LEE, D.A., The Symbolic Narratives of the Fourth Gospel. The Interplay of Form and Meaning, JSNT.SS 95, Sheffield 1994.

LEINHÄUPL-WILKE, A., Die Karriere des Blindgeborenen als Testfall johanneischer Identität. Textpragmatische Erwägungen zu Joh 9,1-41, in: DERS./ A. LÜCKING (Hrsg.), Fremde Zeichen. Die neutestamentlichen Texte in der Konfrontation der Kulturen, FS K. LÖNING, Münster 1998, 83-98.

LÉON-DUFOUR, X., Jésus, le bon pasteur, in: Les paraboles évangéliques. Perspectives nouvelles, LeDiv 135, Paris 1988, 361-373.

LIEU, J.M., Blindness in the Johannine Tradition, NTS 34 (1988) 83-95.

MALMEDE, H.H., Die Lichtsymbolik im Neuen Testament, StOr 15, 1986.

MANNS, F., Tradition targumiques en Jn 10,1-30, RSR 60 (1986) 135-157.
MARCONI, G., La vista del cieco. Struttura di Gv 9,1-41, Gr. 79 (1998) 625-643.
MCCREADY, W., Johannine Self-Understanding and the Synagogue Episode of John 9, in: FS B.F. MEYER, Lewiston 1990, 149-166.
MÜLLER, M., »Have You Faith in the Son of Man?« (John 9:35), NTS 37 (1991) 291-294.
MUNIER, C., »Ianua« chez Tertullien, RSR 65 (1991) 197-211.
PAINTER, J., John 9 and the Interpretation of the Fourth Gospel, JSNT 28 (1986) 31-61.
—, Traditions, History and Interpretation in John 10, SNTS.MS 67, Cambridge 1991, 53-74, 150-156.
PEDERSEN, N.R., The Gospel of John and the Sociology of Light: Language and Characterization in the Fourth Gospel, Valley Forge 1993.
POIRIER, J.C., »Day and Night« and the Punctuation of Jn 9:3, NTS 42 (1996) 288-294.
PRATT, D., The Imago Dei in the Thought of John Macquarrie: A Reflection on John 10:10, AJTh 3 (1989) 79-83.
PRINSLOO, G.T.M., Shepherd, Vine-Grower, Father – Divine Metaphor and Existential Reality in a Community Lament (Psalm 80), OTE 10 (1997) 279-302.
REGOPOULOS, G., »Der gute Hirte«, DBM 18 (1989) 5-48.
REIM, G., Joh 9 – Tradition und zeitgenössische messianische Diskussion, in: DERS., Jochanan, 1995, 321-330.
—, Johannesevangelium und Synagogengottesdienst, in: DERS., Jochanan, 1995, 331-333.
REIN, M., Die Heilung des Blindgeborenen (Joh 9). Tradition und Redaktion, WUNT 2/73, Tübingen 1995.
REINHARTZ, A., The Word in the World: The Cosmological Tale in the Fourth Gospel, SBL.MS 45, Atlanta 1992.
ROTHERT, P., Auferstanden ist der gute Hirt. Die frühchristliche Darstellung des guten Hirten als Osterbild, EuA 66 (1990) 129-136.
RUIZ, M.R., El discourso del buen pastor (Jn 10,1-18), EstB 48 (1990) 5-45.
SABBE, M., John 10 and its Relationship to the Synoptic Gospels, in: J. BEUTLER/ R.T. FORTNA (Hrsg.), Shepherd-Discourse, 1991, 75-93.156-161, auch in: BEThL 98, Leuven 1991, 443-466.
SCHENKE, L., Das Rätsel von Tür und Hirt: Wer es löst, hat gewonnen, TThZ 105 (1996) 81-100.
SCHREINER, J., Ezechiel 34 als Hintergrund des johanneischen Wortes vom guten Hirten, in: FS G. DAUTZENBERG, 1994, 589-606.
SCHWANKL, O., Die Metaphorik von Licht und Finsternis im johanneischen Schrifttum, QD 126, 1990, 135-167.
STALEY, J.L., Stumbling in the Dark, Reaching for the Light: Reading Character in John 5 and 9, Semeia 53 (1991) 55-80.
STEITZ, E., Der classische und der johanneische Gebrauch von ἐκεῖνος. Zur Verständigung über Joh 9,37 und 19,35 neu untersucht, ThStKr 34 (1861) 267-310.
STIMPFLE, A., Blinde sehen. Die Eschatologie im traditionsgeschichtlichen Prozeß des Johannesevangeliums, BZNW 57, Berlin 1990.
THOMPSON, P.E., John 10:11-18; Interp. 51 (1997) 182-186.

THYEN, H., Johannes 10 im Kontext des vierten Evangeliums, in: J. BEUTLER/ R.T. FORTNA (Hrsg.), Shepherd-Discourse, 1991, 116-134.163-168.
TRUMMER, P., Dass meine Augen sich öffnen. Kleine biblische Erkenntnislehre am Beispiel der Blindenheilungen Jesu, Stuttgart 1998, 127-144.
TURNER, J.D., The History of Religions Background of John 10, in: J. BEUTLER/ R.T. FORTNA (Hrsg.), Shepherd-Discourse, 1991, 33-52.147-150.
URBACH, E.E., The Rabbinical Law of Idolatry in the Second and Third Centuries in the Light of Archaeological and Historical Facts, in: L. LEVINE (Hrsg.), Archaeology, 1972, 481-498.
VAN DER WATT, J.G., Wie of wat is die »hekwagter« in Joh 10:3?, NGTT 32 (1991) 387-394.
—, Interpreting Imagery in John's Gospel. John 10 and 15 as a Case Studies, in: FS J.P. LOUW, 1992, 272-282.
—, The Dynamics of Metaphor in the Gospel of John, SNTU/A 23 (1998) 29-78.
—, Siende Blindes? Kantaantekeninge oor die »Jode« en die »Jodendom« in die Johannesevangelie, NGTT 37 (1996) 193-207.
WENHAM, D., The Enigma of the Fourth Gospel: Another Look, TynB 48 (1997) 149-178.
WEREN, W., Intertextualiteit en Bijbel, Kampen 1993, 133-156.
ZORRILLA, H., Interpreting the Fourth Gospel Through Those who Give up Their Lives, MennQR 63 (1989) 150-170.
ZWICKEL, W., *Saf* II und *mphtan*, BiNo 70 (1993) 25-27.

LITERATUR ZU DER ENDGÜLTIGE BRUCH ÜBER JESU ANSPRUCH AM TEMPELWEIHFEST, 10,22-39 (B 10D) S. 180-184

ENSOR, P.W., Jesus and His »Works«. The Johannine Sayings in Historical Perspective, WUNT/2.85, Tübingen 1996, 278ff..
HOMCY, S.L., »You are Gods«? Spirituality and a Difficult Text, JETS 32 (1989) 485-491.
KYSAR, R., John 10:22-30, Interp. 43 (1989) 66-70.
LANCASTER, J.R./OVERSTREET, R.L., Jesus' Celebration of Hanukkah in John 10, BS 152 (1995) 318-333.
MORUJAO, G., A Unidade de Jesus com o Pai em Jo 10:30, EstB 47 (1989) 47-64.
NEYREY, J.H., »I Said 'You Are Gods'«: Psalm 82:6 and John 10, JBL 108 (1989) 647-663.
PHILLIPS, W.G., An Apologetic Study of John 10:34-36, BS 146 (1989) 405-419.
THYEN, H., Joh 10 im Kontext des vierten Evangeliums, in: J. BEUTLER/R.T. FORTNA (Hrsg.), Shepherd-Discourse, 1991, 116-134.163-168.
VANDERKAM, J.C., Hanukkah: Its Timing and Significance According to 1 and 2 Maccabees, JStP 1 (1987) 23-40.
—, Jn 10 and the Feast of the Dedication, in: H. ATTRIDGE/J. COLLINS/ T. TOBIN (Hrsg.), Of Scribes and Scrolls, FS J. STRUGNELL, Lanham/New York 1990, 203-214.
WYLLER, E.H., In Solomon's Porch. A Henological Analysis of the Architectonic of the Fourth Gospel, StTh 42 (1988) 151-167.
ZAMAGNI, C., Sui salmi nel Nuovo Testamento, RivBib 44 (1996) 439-454.

LITERATUR ZU **DIE ERWECKUNG DES LAZARUS: DAS PASSIONS- UND LEBENSZEICHEN**, 11,1-46 (B 11A) S. 186-189

ABBOTT, E.A., On Some Phrases in the Raising of Lazarus, Exp. 5. ser., 3 (1896) 217-224.
ALBERTSON, F.C., An Isiac Model for the Raising of Lazarus in Early Christian Art, JAC 38 (1995) 123-132 + 2 Tafeln.
ALLIS, O.T., Nelson and Sons on John 11:38, PTR 7 (1919) 662-668.
BALTZ, F., Lazarus and the Fourth Gospel Community, Lewiston 1996.
BARBER, M., The Order of Saint Lazarus and the Crusades, CHR 80 (1994) 439-456.
BARKHUIZEN, J.H., Pseudo-Chrysostom's homily »On the four-day (dead) Lazarus«: an analysis, APB 6 (1995) 1-14.
BRIDGES, J.J., Structure and History in John 11: A Methodolocial Study Comparing Structuralist and Historical Critical Approaches, San Francisco 1991.
BROER, I., Auferstehung und ewiges Leben im Johannesevangelium, in: SBS 128, Stuttgart 1987, 67-94.
BRYNE, B., Lazarus: A Contemporary Reading of John 11:1-46, Collegeville 1991.
BURKETT, D., Two Accounts of Lazarus' Resurrection in John 11, NT 36 (1994) 209-232.
BUSSE, U., Johannes und Lukas: Die Lazarusperikope, Frucht eines Kommunikationsprozesses, BEThL 101, Leuven 1992, 281-306.
CERNUDA, A.V., El desvaido Lazaro y el deslumbrador discipulo amado, EstB 52 (1994) 453-516.
DELEBECQUE, É., »Lazare est mort« (note sur Jean 11:14-15), Bib. 67 (1986) 89-97.
DUBIED, P.-L., Lazarus-Raskolnikow. Eine Begegnung mit vielschichtigen Verwicklungen, in: FS J. ZUMSTEIN, 1991, 159-173.
FAIRBAIRN, A.M., The Love of Jesus, Personal, Discriminative and Formative, Int 2 (1905/06) 273-284.
FISCHBACH, S.M., Totenerweckungen. Zur Geschichte einer Gattung, FzB 69, Würzburg 1992.
GABLER, J.P., Ueber die Wiederbelebung des Lazarus Joh XI, in: DERS., Theologische Schriften I, 1831, 325-372.
GARVIE, A.E., Notes on the Fourth Gospel XI-XIII, Exp. 8. ser., 7 (1914) 558-568.
JONES, J., Did Lazarus Write the Fourth Gospel?, Int 10 (1914) 411-422.
KENDEL, A., Die Siebenschläferlegende als Variation der Lazaruserzählung: Überlegungen zur Vermittlungsleistung von fiktionalen Texten, in: FS M. WELKER, 1997, 115-131.
KITZBERGER, I.R., Mary of Bethany and Mary of Magdala – Two Female Characters in the Johannine Passion Narrative: A Feminist, Narrative-Critical Reader Response, NTS 41 (1995) 564-586.
KREMER, J., Der arme Lazarus – Lazarus, der Freund Jesu. Beobachtungen zur Beziehung zwischen Lk 16,19-31 und Joh 11,1-46, in: DERS., Die Bibel beim Wort genommen, Freiburg 1995, 108-118.
LAMBERT, W., Marta. Was in einer Freundschaft möglich ist, GuL 61 (1988) 162-171.

LAMPE, F.A., Dissertatio theologica de resuscitatis per miraculum, in: DERS., Diss.1, 1737, 414-441.
LINDARS, B., Rebuking the Spirit. A New Analysis of the Lazarus Story of John 11, NTS 38 (1992) 89-104.
—, Rebuking the Spirit. A New Analysis of the Lazarus Story of John 11, BEThL 101, 1992, 542-547; und zusammen in: DERS., Essays, 1992, 183-199.
MALZONI, C.V., »Moi, je suis la résurrection«. Jean 11,25 dans la tradition syriaque ancienne, RB 106 (1989) 421-440.
MANNS, F., Lecture midrashique de Jean 11, LA 39 (1989) 49-76.
MARCHADOUR, A., La fécondité d'un texte, LeDiv 143, Paris 1990, 173-183.
—, Lazare: Histoire d'un récit, récits d'une histoire, Paris 1988.
MENDES DOS SANTOS, J.C., Da funcionalidade redactorial de João 10:40-11:54; Para uma leitura do episódio da ressuscitação de Lázaro como causa da morte de Jesus no 4. Evangelho, Itin. 43 (1997) 23-70.
MINEAR, P.S., The Promise of Life in the Gospel of John, ThTo 49 (1993) 485-499.
MOLONEY, F., The Faith of Martha and Mary. A Narrative Approach to John 11:17-40, Bib. 75 (1994) 471-493.
OGLE, M.B., The Sleep of Death, MAAR 11 (1933) 81-117.
PETERS, D.E., The Life of Martha of Bethany by Pseudo-Marcilia, TS 58 (1997) 441-460.
RIGATO, M.L., Maria di Bethania nella redazione giovannea, Anton. 66 (1991) 203-226.
REINHARTZ, A., From Narrative to History: The Resurrection of Maria and Martha, in: A.-J. LEVINE (Hrsg.), »Women Like This«: New Perspectives on Jewish Women in the Greco-Roman World, Atlanta 1991, 161-184.
REINMUTH, E., Lazarus und seine Schwestern – was wollte Johannes erzählen?: Narratologische Beobachtungen zu Joh 11,1-44, ThLZ 124 (1999) 127-138.
ROBERT, R., Le »suaire« johannique, RThom 89 (1989) 599-608.
RODRIGUEZ-RUIZ, M., Significado cristológico y soteriológico de Jn 11:25-27, EstB 55 (1997) 199-222.
SCHNEIDERS, S.M., Der Tod in der Gemeinde des Ewigen Lebens. Geschichte, Theologie und Spiritualität im 11. Kapitel des Johannesevangeliums, ThGl 31 (1988) 27-36.
—, Death in the Community of Eternal Life: History, Theology, and Spirituality in John 11, Interp. 41 (1987) 44-56.
STORY, C.I.K, The Mental Attitude of Jesus at Bethany: John 11:33.38, NTS 37 (1991) 51-66.
THYEN, H., Die Erzählung von den Bethanischen Geschwistern (Joh 11,1-12,19) als »Palimpsest« über synoptischen Texten, in: FS F. NEIRYNCK III, 1992, 2021-2050.
VEERKAMP, T., Auf Leben und Tod. Eine Auslegung von Joh 10,40-11,54, TeKo 14 (1991) 16-44.
VOORWINDE, S., Jesus' Tears – Human or Divine?, RTR 56 (1997) 68-81.
WAGNER, J., Auferstehung und Leben. Joh 11,1-12,19 als Spiegel johanneischer Redaktions- und Theologiegeschichte, BU 19, Regensburg 1988.
—, Joh 11,1-53 als Paradigma johanneischer Theologiegeschichte, in: J. HAINZ (Hrsg.), Methodenstreit, 1991, 114-133.
—, Die Erweckung des Lazarus – ein Paradigma johanneischer Theologiegeschichte, in: Memorial O. KUSS, 1992, 199-217.

WUELLNER, W., Putting Life Back into the Lazarus Story and its Reading: The Narrative Rhetoric of John 11 as the Narration of Faith, Semeia 53 (1991) 113-132.
XAVIER, A.A., The Samaritan Woman and Martha of Bethany: A Comparative Study of Jn 4 and 11, ITS 35 (1998) 291-299.

LITERATUR ZU **DER TODESBESCHLUß DES SYNHEDRIUMS**, 11,47-54 (B 11B)
S. 189-191

AUS, R.D., The Death of One for All in John 11:45-54 in Light of Judaic Traditions, in: Barabbas and Esther and other Studies in the Judaic Illumination of Early Christianity, Atlanta 1992, 29-63.
BAMMEL, E., ΑΡΧΙΕΡΕΥΣ ΠΡΟΦΗΤΕΥΩΝ, ThLZ 79 (1954) 351-356.
BEUTLER, J., Two Ways of Gathering; The Plot to Kill Jesus in John 11:47-53, NTS 40 (1994) 399-406, deutsch in: SBA 25, Stuttgart 1998, 275-283.
HAYWARD, R., Pseudo-Philo and the Priestly Oracle, JJS 46 (1995) 43-54.
HEIL, J.P., Jesus as the Unique High Priest in the Gospel of John, CBQ 57 (1995) 729-745.731-735.
KATZ, P., Wieso gerade nach Efrajim? (Erwägungen zu Joh 11,54), ZNW 88 (1997) 130-134.
ORCHARD, H.C., Courting Betrayal: Jesus as Victim in the Gospel of John, JSNT.S 161, Sheffield 1998.
VON WAHLDE, U.C., The Relationships Between Pharisees and Chief Priests: Some Observations on the Texts in Matthew, John and Josephus, NTS 42 (1996) 506-522.
WOLBERT, W., »Besser, dass ein Mensch für das Volk stirbt, als dass das ganze Volk zugrunde geht« (Joh 11,50). Überlegungen zur Devise des Kajaphas, ThGl 80 (1990) 478-494.

LITERATUR ZU **DIE VORBEREITUNG ZUM LETZTEN PASSAFEST**, 11,55–12,11
(B 11C) S. 191-193

BECKMANN, K., Funktion und Gestalt des Judas Iskarioth im Johannesevangelium, BThZ 11 (1994) 181-200.
BRANT, J.-A.A., Husband Hunting: Characterization and Narrative Art in the Gospel of John, BibI 4 (1996) 205-223.
BREYTENBACH, C., Μνημονεύειν. Das »Sich-Erinnern« in der urchristlichen Überlieferung. Die Bethanienepisode (Mk 14,3-9/Joh 12,1-8) als Beispiel, BEThL 101, Leuven 1992, 548-557.
CALDUCH BENAGES, N., La fragancia del perfume en Jn 12:3, EstBib 48 (1990) 243-265.
COAKLEY, J.F., The Anointing at Bethany and the Priority of John, JBL 107 (1988) 241-256.
DUNDERBERG, I., Zur Literarkritik von Joh 12,1-11, BEThL 101, Leuven 1992, 558-570.
GIBLIN, C.H., Mary's Anointing for Jesus' Burial-Resurrection (John 12:1-8), Bib. 73 (1992) 560-564.
KARRIS, R.J., Jesus and the Marginalized in John's Gospel, Collegeville 1990.

LINDER, G./HOLTZMANN, O./GOETZ, K.G., Zur Salbung in Bethanien, ZNW 4 (1903) 179-185.
MACK, B.L., The Anointing of Jesus: Elaboration within a Chreia, in: DERS./ ROBBINS, Pattern, 1989, 85-106.
MANNS, F., Lecture symbolique de Jean 12:1-11, SBF 36 (1986) 85-110.
MICHAELS, J.R., John 12:1-11, Interp. 43 (1989) 287-291.
NESTLE, E., Die unverfälschte köstliche Narde: Jn 12,3, ZNW 3 (1902) 169-171.
REYNIER, C., Le thème du parfum et l'avènement des figures en Jn 11:55-12:11, ScEs 46 (1994) 203-220.
ROBBINS, V.K., Using a Socio-Rhetorical Poetics to Develop a Unified Method: The Woman who Anointed Jesus as a Test Case, SBL.SP 31 (1993) 302-319.
ROBINSON, B.P., The Anointing by Mary of Bethany (John 12), DR 115 (1997) 99-111.
RODATZ, J.C., Gedanke über Joh 12,6, ZLThK 4/4 (1843) 138-140.
SABBE, M., The Anointing of Jesus in John 12:1-8 and its Synoptic Parallels, in: FS F. NEIRYNCK III, Leuven 1992, 2051-2082.
SUGIRTHARAJAH, R.S., »For You Always Have the Poor With You«: An Example of Hermeneutics of Suspicion, AJTh 4 (1990) 102-107.
SVENSSON, J., Johannespåsken och Qumrankalendern, SEÅ 62 (1997) 87-110.
VAN BEEK, G.W., Frankincense and Myrrh, BA 23 (1960) 70-95.
WAGNER, G., L'onction de Bethanie. Essai sur la genèse du récit de Marc 14:3-9 et sa reprise par Matthieu, Luc et Jean, ETR 72 (1997) 437-446.

LITERATUR ZU **DER EINZUG JESU IN JERUSALEM**, 12,12-19 (B 11D)
S. 193-195

COAKLEY, J.F., Jesus' Messianic Entry Into Jerusalem (Jn 12:12-19 par.), JThS 46 (1995) 461-482.
GEMÜNDEN, P. von, Palmensymbolik in Joh 12,13, ZDPV 114 (1998) 39-70.
KANAGARAJ, J.J., Jesus the King, Merkabah Mysticism and the Gospel of John, TynB 47 (1996) 349-366.
—, Mysticism in the Gospel of John: An Inquiry into its Background, JSNT.S 158, Sheffield 1998.
MENKEN, M.J.J., Die Redaktion des Zitates aus Sach 9,9 in Joh 12,15, ZNW 80 (1989) 193-209; nun »Do Not Fear, Daughter Zion...« (John 12:15), in: DERS., Quotations, 1996, 79-97.
—, The Quotation from Zech 9:9 in Mt 21:5 and in Jn 12:15, BEThL 101, 1992, 571-578.
PETERSON, E., Die Einholung des Kyrios, ZSTh 7 (1930) 682-702.
SANDERS, J.A., A New Testament Hermeneutic Fabric: Psalm 118 in the Entrance Narrative, in: FS W.H. BROWNLEE, 1987, 177-190.
SPITTA, F., Der Volksruf beim Einzug Jesu in Jerusalem, ZWTh 52 (1910) 307-320.
TATUM, W.B., Jesus' So-Called Triumphal Entry: On Making an Ass of the Romans, FFF 1 (1998) 129-143.
WAGNER, J., Auferstehung und Leben. Joh 11,1-12,19 als Spiegel johanneischer Redaktions- und Theologiegeschichte, BU 19, Regensburg 1988.

LITERATUR ZU **DIE HELLENEN UND JÜNGERSCHAFT**, 12,20-36 (B 11E)
S. 196-200

BEUTLER, J., Greeks Come to See Jesus (John 12:20f.), Bib. 71 (1990) 333-347.
—, Griechen kommen, um Jesus zu sehen (Joh 12,20f.), in: J. HAINZ (Hrsg.), Methodenstreit, 1991, 162-182, auch in: SBA 25, Stuttgart 1998, 175-189.
—, Psalm 42/43 im Johannesevangelium, in: SBA 25, Stuttgart 1998, 77-106.
BRADLEY, K.R., Slaves and Masters in the Roman Empire, 1987.
CARR, A., The Son of Man as the Light of the World (Jn 12:30-36), Exp. 1, 7. ser., (1906) 115-123.
COULOT, C., »Si quelqu'un me sert, qu'il me suive!« (Jn 12:26a), RSR 69 (1995) 47-57.
DONALDSON, T.L., Proselytes or »Righteous Gentiles«? The Status of Gentiles in Eschatological Pilgrimage Patterns of Thought, JSP 7 (1990) 3-27.
FREY, J., Heiden – Griechen – Gotteskinder. Zu Gestalt und Funktion der Rede von den Heiden im 4. Evangelium, in: FELDMEIER/HECKEL (Hrsg.), Die Heiden, Tübingen 1994, 228-268.
JESKE, R.L., John 12:20-36, Interp. 43 (1989) 292-295.
KIDDLE, M., The Death of Jesus and the Admission of the Gentiles in St. Mark, JThS 35 (1934) 45 –50.
—, The Admission of the Gentiles in St. Luke's Gospel and Acts, JThS 36 (1935) 160-173.
KOVACS, J.L., »Now Shall the Ruler of This World Be Driven Out«: Jesus' Death as Cosmic Battle in John 12:20-36, JBL 114 (1995) 227-247.
METZING, E., Textkritische Beobachtungen zu ἐκβληθήσεται ἔξω in Joh 12,31, ZNW 88 (1997) 126-129.
MORGEN, M., «Perdre sa vie». Jn 12:25: Un dit traditionnel?, RSR 69 (1995) 29-46.
STRÖM, A.V., Vetekornet (The Grain of Wheat). Studies on the Individual and the Collective in the NT with Special Regard to the Theology of the Fourth Gospel 12:20-33, ASNU 11, Stockholm 1944.
TSUCHIDO, K., Ἕλλην in the Gospel of John: Tradition and Redaction in John 12:20-24, in: FS J.L. MARTYN, 1990, 348-356.

LITERATUR ZU **ABSCHLIESSENDE WÜRDIGUNG DES ÖFFENTLICHEN WIRKENS JESU**, 12,37-50 (B 11F) S.200-203

CHISHOLM, R.B., Divine Hardening in the Old Testament, BS 153 (1996) 410-434.
EKENBERG, A., »Det var om honom han talade« Jes 53, Jes 6 och Joh 12, SEA 59 (1994) 119-126.
EVANS, C.A., To See and Not Perceive, Is 6:9-10 in Early Jewish and Christian Interpretation, JSOT.SS 64, Sheffield 1989.
KELLENBERGER, E., Heil und Verstockung. Zu Jes 6,9f. bei Jesaja und im NT, ThZ 48 (1992) 268-275.
KÜHSCHELM, R., Verstockung, Gericht und Heil. Exegetische und bibeltheologische Untersuchung zum sogenannten »Dualismus« und »Determinismus« in Joh 12,35-50, BBB 76, 1990.
LIEU, J.M., Blindness in the Johannine Tradition, NTS 34 (1988) 83-95.

MENKEN, M.J.J., »He Has Blinded Their Eyes...« (John 12:40), in: DERS., Quotations, 1996, 99-122.
NEUENSCHWANDER, B., Mystik im Johannesevangelium, Bl.S 31, Leiden 1998.
PAINTER, J., The Quotation of Scripture and Unbelief in John 12:36b-43, in: C.A. EVANS/STEGNER, W.R. (Hrsg.), Scriptures, 1994, 429-458.
RÖHSER, G., Prädestination und Verstockung. Untersuchungen zur frühjüdischen, paulinischen und johanneischen Theologie, TANZ 14, Tübingen 1994.
SCHENK, W., Johannes 12,44-50, EPM 11 (1982/83) 45-54.
TYLER, R.L., The Source and Function of Isaiah 6:9-10 in John 12:40, in: FS F. PACK, Malibu 1989, 205-220.

LITERATUR ZU JESU EXEMPLARISCHER ROLLENWECHSEL: DIE FUSSWASCHUNG, UND DIE IDENTIFIZIERUNG DES VERRÄTERS 13,1-30 (B 12AB) S. 204-211

ALBISTUR, F.E., Lavatorio de los pies y discipulado en San Juan, Strom. 50 (1994) 3-20.
BARTLETT, D.L., John 13:21-30, Interp. 43 (1989) 393-397.
BEUTLER, J., Psalm 42/43 im Johannesevangelium, in: SBA 25, Stuttgart 1998, 77-106.
—, Die Heilsbedeutung des Todes Jesu im Johannesevangelium, in: SBA 25, Stuttgart 1998, 43-58.48-56.
BLANCHARD, Y.M., La notion de commandement dans la littérature johannique, in: FS X. THÉVENOT, 1998, 167-177.
BROWNSON, J.V., Neutralizing the Intimate Enemy: The Portrayal of Judas in the Fourth Gospel, SBL.SP 31 (1993) 49-60.
CLERGYMAN, A., »Before the Feast of Passover«: St. John 13,1, Exp. 11 (1880) 475-480.
CULPEPPER, R.A., The Johannine Hypodeigma: A Reading of John 13, Semeia 53 (1991) 133-152.
DESTRO, A./PESCE, M., La lavanda dei piedi nel Vangelo di Giovanni: un rito di inversione, in: Atti del VI Simposio di Efeso su S. Giovanni apostolo, Rom 1996, 9-27.
DUKE, P.D., John 13:1-17, 31b-35, Interp. 49 (1995) 398-402.
DU RAND, J.A., Narratological Perspectives on John 13:1-38, HTS 46 (1990) 367-389.
EDWARDS, R.B., The Christological Basis of Johannine Footwashing, in: FS I.H. MARSHALL, 1997.
GARVIE, A.E., Notes on the Fourth Gospel XI-XIII, Exp. 8. ser.7 (1914) 558-568.
GHIBERTI, G., »Vecchio« e »nuovo« in Giovanni per una rilettura di Giovanni (Vangelo e Letters), RivBib 43 (1995) 225-251.
HOFIUS, O., Fußwaschung als Erweis der Liebe. Sprachliche und sachliche Anmerkungen zu Lk 7,44b, ZNW 81 (1990) 171-177.
JONES, L.P., The Symbol of Water in the Gospel of John, JSNT.S. 145, Sheffield 1997, 178-218.
KIEFFER, R., L'arrière-fond juif du lavement des pieds, RB 105 (1998) 546-555.
—, Fottvagningens tolkning mot dess judiska bakgrund, SEA 63 (1998) 217-223.
KITZBERGER, I.R., Love and Footwashing: Jn 13:1-20 and Luke 7:36-50 Read Intertextually, BibI 2 (1994) 190-206.

KOHLER, H., Kreuz und Menschwerdung im Johannesevangelium. Ein exegetisch-hermeneutischer Versuch zur johanneischen Kreuzestheologie, AThANT 72, 1987, 192-229.

KÜGLER, J., Der Jünger, den Jesus liebte. Literarische, theologische und historische Untersuchungen zu einer Schlüsselgestalt johanneischer Theologie und Geschichte. Mit einen Exkurs über die Brotrede in Joh 6, SBB 16, Stuttgart 1988.

LANG, Ueber Joh XIII, 20, NThJ 4 (1800) 109-133.

LYS, D., Pas pour toujours chez les Septante, ETR 72 (1997) 365-373.

MANNS, F., Le lavement des pieds. Essai sur la structure et la signification de Jean 13, in: DERS., L'évangile de Jean à la lumière du Judaïsme, Jerusalem 1991, 321-337.

MARCEL, P., Jésus lave les pieds de ses disciples, RRef 47 (1996) 55-60.

MATERA, F. J., »On Behalf of Others«, »Cleansing«, and »Return«: Johannine Images for Jesus' Death, LouvSt 13 (1988) 161-178.170-172.

MENKEN, M.J.J., The Translation of Psalm 41:10 in John 13:18, JSNT 40 (1990) 61-79.

—, »He Who Eats My Bread, Has Raised His Heel against Me« (John 13:18), in: DERS., Quotations, 1996, 123-138.

MICHAELS, J.R., Betrayal and the Betrayer: The Use of Scripture in Jn 13:18-19, in: C.A. EVANS/STEGNER, W.R. (Hrsg.) Scriptures, 1994, 459-474.

MOLONEY, F.J., The Structure and Message of John 13:1-38, ABR 34 (1986) 1-16.

—, A Sacramental Reading of John 13:1-38, CBQ 53 (1991) 237-256.

—, Glory Not Dishonor. Reading John 13-20 (21), Minneapolis 1998.

NEUENSCHWANDER, B., Mystik im Johannesevangelium, BI.S 31, Leiden 1998.

NEUHAUS, D., Jesus wäscht Simon Petrus und Judas Ischariaoth die Füße und nicht den Kopf. Predigt über Joh 13,1-20, in: DERS. (Hrsg.), Teufelskinder, 1990, 176-182.

NEYREY, J.H., The Footwashing in John 13:6-11: Transformation Ritual or Ceremony?, in: FS W.A. MEEKS, 1995, 198-213.

NIEMAND, C., Die Fußwaschungserzählung des Johannesevangeliums: Untersuchungen zu ihrer Entstehung und Überlieferung, StAns 114, Rom 1993.

—, Was bedeutet die Fusswaschung: Sklavenarbeit oder Liebesdienst? Kulturkundliches als Auslegungshilfe für Joh 13,6-8, PzB 3 (1994) 115-127.

NOORDEGRAAF, A., Johannes 13 en het diakonaat, ThRef 31 (1988) 6-25.

O'NEILL, J.C., Bread and Wine, SJTh 48 (1995) 169-184.

—, John 13:10 Again, RB 101 (1994) 67-74.

SABBE, M., The Footwashing in Jn 13 and its Relation to the Synoptic Gospels, in: DERS., Studia Neotestamentica. Collected Essays, BEThL 98, Leuven 1991, 409-441.

SCHOTTROFF, L., Über Herrschaftsverzicht und den Dienst der Versöhnung, BiKi 50 (1995) 153-158.

SLATER, W.J., Grammarians and Handwashing, Phoenix 43 (1989) 100-111.

SMITH, W., The Washing of the Disciples' Feet, Exp. 4. ser., 7 (1893) 300-311.

SVENSSON, J., Johannespåsken och Qumrankalendern, SEA 62 (1997) 87-110.

THOBABEN, P., Provokative Diakonie: diakonische Gedanken zur Geschichte von der Fußwaschung (Joh 13,1-7), Diakonie 1998, 99-101.

THOMAS, J.C., A Note on the Text of John 13:10, NT 29 (1987) 46-52.

—, Footwashing in John 13 and the Johannine Community, JSNT.SS 61, Sheffield 1991.
THORNECROFT, J. K., The Redactor and the »Beloved« in John, ET 98 (1987) 135-139.
WOJCIECHOWSKI, M., La source de Jean 13:1-20, NTS 34 (1988) 135-141.
ZORRILLA, H., A Service of Sacrificial Love: Footwashing (John 13:1-11), Direction 24 (1995) 74-85.

LITERATUR ZU JESU ABSCHIEDSREDE, 13,31–16,33 (B 12c) S. 211-228

ALBERTUS, J., Die Parakletikoi in der griechischen und römischen Literatur, Strassburg 1908.
AMADOR, S.C., Gerechtes Gericht und Gerechtigkeit im vierten Evangelium. Eine exegetische und traditionsgeschichtliche Untersuchung, masch. Diss. Tübingen 1986.
ANGLET, K., Gottes Verborgenheit als »Gerechtigkeit«. Eine theologische Studie zu Joh 16,10, ThPh 71 (1996) 12-32.
APPUHN, U., Morphologie der Rebe, Praxis der Naturwissenschaften – Biologie 46/6 (1997) 10-14.
ARNOLD, M., »Prenez courage, j'ai vaincu le monde«. L'emploi de Jean 16:33 dans les lettres de Luther, PosLuth 40 (1992) 121-147.
AUGENSTEIN, J., Das Liebesgebot im Johannesevangelium und in den Johannesbriefen, BWANT 134, Stuttgart 1993.
AURELIUS, E., Der Fürbitter Israels. Eine Studie zum Mosesbild im AT, CB.OT 27, Lund 1988.
BAILIE, G., The Vine and Branches Discourse: the Gospel's Psychological Apocalypse, Contagion 4 (1997) 120-145.
BALZ, H., Johanneische Theologie und Ethik im Licht der »letzten Stunde«, in: FS H. GREEVEN, Berlin 1986, 35-56.
BAMMEL, C.P., The Farewell Discourse in Patristic Exegesis, Neotest. 25 (1991) 193-207.
BAMMEL, E., Die Abschiedsrede des Johannesevangeliums und ihr jüdischer Hintergrund, Neotest. 26 (1992) 1-12; engl. TynB 44 (1993) 103-116.
BARR, J., Words for Love in Biblical Greek, in: L.D. HURST/N.T. WRIGHT (Hrsg.), The Glory of Christ in the New Testament, in: Memory of G.B. CAIRD, Oxford 1987, 3-18.
BAUER, O., Rebenzüchtung, Praxis der Naturwissenschaften – Biologie 46/6 (1997) 24-26.
BEARE, F.W., Spirit of Life and Truth: The Doctrine of the Holy Spirit in the Fourth Gospel, TJT 3 (1987) 110-125.
BEASLEY-MURRAY, G.R., John 13-17: The Community of True Life, RExp 85 (1988) 473-483.
BECKER, N./ROTTLÜNDER, E., Weinbau – geographische Aspekte, Praxis der Naturwissenschaften – Biologie 46/6 (1997) 5-9.
BERNARD, T.D., The Central Teaching of Jesus Christ. A Study and Exposition of the Five Chapters of the Gospel According to St. John, XIII to XVII. Inclusive, New York 1892.
BEUTLER, J., Friede nicht von dieser Welt? Zum Friedensbegriff des Johannesevangeliums, GuL 63 (1990) 165-175, auch in: SBA 25, Stuttgart 1998, 163-173.

—, Kirche als Sekte? Zum Kirchenbild der johanneischen Abschiedsreden, in: SBA 25, Stuttgart 1998, 21-32.
—, Gesetz und Gebot in Evangelium und Briefen des Johannes, in: FS P. POKORNÝ, Prag 1998, 9-22.
—, Das Hauptgebot im Johannesevangelium, in: SBA 25, Stuttgart 1998, 107-120.
BLACK, C.C., »The Words That You Gave to Me I Have Given to Them«: The Grandeur of Johannine Rhetoric, in: FS D.M. SMITH, 1996, 220-239.
BLEIBTREU, W., Ev. Joh 16,23-24, NKZ 22 (1911) 958-962.
BOSHOFF, P.B., Die »*aposunagogos*« se invloed op die geskrifte van die Nuwe Testament volgens Walter Schmithals, HTS 53 (1997) 599-608.
BROCK, A.G., The Significance of *phileo* and *philos* in the Tradition of Jesus Sayings and in the Early Christian Communities, HThR 90 (1997) 393-409.
BRÜMMER, V., God and the Union of Love, Bijdr. 52 (1991) 254-272.
BURGE, G.M., The Anointed Community. The Holy Spirit in the Johannine Tradition, Grand Rapids 1987.
—, Territorial Religion, Johannine Christology & the Vineyard of John 15, in: FS I.H. MARSHALL, 1997.
CALDUCH, N., Ben Sira 2 y el Nuevo Testamento, EstBib 53 (1995) 305-316.
CARPUS, Heaven: Gal 2:20; Joh 14:2.3; 17:24, Exp. 3 (1876) 62-73.
CASTELLO, G., Vocabolario biblico della carita e prospettive giovannee: evangelizzare e testimoniare l'amore, SSeR 4 (1995) 27-50.
CORSSEN, P., Die Abschiedsreden Jesu in dem vierten Evangelium. Mit besonderer Berücksichtigung von J. WELLHAUSEN, Erweiterungen und Änderungen im vierten Evangelium, ZNW 8 (1907) 125-142.
COTTIER, G., Méditations sur l'Évangile de saint Jean, NV 66 (1991) 161-177.
DALBESIO, A., La communione fraterna, dimensione essenziale della vita cristiana secondo il IV vangelo e la prima lettera di Giovanni, Laur. 36 (1995) 19-33.
DE JONGE, M., »Wie Mij gezien heeft, heeft de Vader gezien« (Joh 14:9), KeTh 43 (1992) 301-309.
DERICKSON, G.W., Viticulture and John 15:1-6, BS 153 (1996) 34-52.
DE SMIDT, J.C., A Perspective on John 15:1-8, Neotest. 25 (1991) 251-272.
DETTWILER, A., Umstrittene Ethik – Überlegungen zu Joh 15,1-17, in: FS J. ZUMSTEIN, 1991, 175-189.
—, Die Gegenwart des Erhöhten. Eine exegetische Studie zu den johanneischen Abschiedsreden (Joh 13,31–16,33) unter besonderer Berücksichtigung ihres Relecture-Charakters, FRLANT 169, Göttingen 1995.
DIEL, C./SOLOTAREFF, J., Symbolism in the Gospel of John, San Francisco 1988.
DIETZFELBINGER, C., Die größeren Werke (Joh 14,12f.), NTS 35 (1989) 27-47.
—, Der Abschied des Kommenden. Eine Auslegung der johanneischen Abschiedsreden, WUNT 95, Tübingen 1997.
DILLOW, J.C., Abiding is Remaining in Fellowship: Another Look at John 15:1-6, BS 147 (1990) 44-53.
DOMERIS, W.R., The Paraclete as an Ideological Construct. A Study in the Farewell Discourses, JThSA 67 (1989) 17-23.
DOMERIS, W.R., The Farewell Discourse. An Anthropological Perspective, Neotest. 25 (1991) 233-250.
DRAPER, J.A., The Sociological Function of the Spirit/Paraclete in the Farewell Discourses in the Fourth Gospel, Neotest. 26 (1992) 13-29.

Du RAND, J.A., A Story and a Community: Reading the First Farewell Discourse (Jn 13:31-14:31) from Narratological and Sociological Perspectives, Neotest. 26 (1992) 31-45.
—, Perspectives on Johannine Discipleship According to the Farewell Discourses, Neotest. 25 (1991) 311-325.
Du TOIT, B.A., The Aspect of Faith in the Gospel of John with Special Reference to the Farewell Discourses of Jesus, Neotest. 25 (1991) 327-340.
ENSOR, P.W., Jesus and His »Works«, WUNT/2.85, Tübingen 1996.
FAIRBAIRN, A.M., The Governing Idea of the Fourth Gospel (John 1:18; 14:8-9), Exp. 6. ser., 6 (1902) 161-176. 260-277.
FARRELL, S.-E., Seeing the Father (Jn 6:46; 14:9), ScEs 44 (1992) 1-24.
FEE, G.D., John 14:8-17, Interp. 43 (1989) 170-174.
FELDER, C., Weinkultur – Bedeutung des Weins früher und heute, Praxis der Naturwissenschaften – Biologie 46/6 (1997) 1-5.
FERRANDO, M.A., »El padre es mayor que yo« (Jn 14:28), RET 55 (1995) 81-89.
FERRARO, G., L'esegesi dei testi del IV Vangelo sul »Paraclito« nel »De trinitate« di Agostino, Aug. 26 (1986) 437-457.
—, La rivelazione sul »Paraclito« nel quarto Vangelo, CivCatt 139 (1988) 26-39.
FERREIRA, J., Johannine Ecclesiology, JSNT.S 160, Sheffield 1998.
FEUILLET, A., Les promesses johanniques de l'Esprit Paraclet, Div. 33 (1989) 16-43. 217-244.
FITZGERALD, J.T. (Hrsg.), Greco-Roman Perspectives on Friendship, Atlanta 1996.
— (Hrsg.), Friendship, Flattery, and Frankness of Speech: Studies on Friendship in the New Testament World, NT.S 82, Leiden 1996.
FORD, J.M., Redeemer, Friend and Mother. Salvation in Antiquity and in the Gospel of John, Minneapolis 1997.
FRANZMANN, M., The Parable of the Vine in Odes of Solomon 38:17-19? A Response to Richard Bauckham, NTS 35 (1989) 604-608.
FÜRST, A., Freundschaft als Tugend. Über den Verlust der Wirklichkeit im antiken Freundschaftsbegriff, Gymn. 104 (1997) 413-433.
FUQUA, C., Tyrtaeus and the Cult of Heroes, GRBS 22 (1981) 215-226.
GARCIA-MORENO, A., Ἀγάπη (amor cristiano) en los Escritos Joanicos, EstBib 51 (1993) 353-392.
GARVIE, A.E., Notes on the Fourth Gospel XIV-XV, Exp. 8. ser., 8 (1914) 60-72.
—, Notes on the Fourth Gospel XVI, Exp. 8. ser., 8 (1914) 155-166.
GHIBERTI, G., »Vecchio« e »nuovo« in Giovanni per una rilettura di Giovanni (Vangelo e Letters), RivBib 43 (1995) 225-251.
GREINER, A., Trois pierres précieuses en Jean 14,23-29, PosLuth 46 (1998) 379-381.
GROB, F., Jésus: la vigne. Jean 15 et la rupture avec la synagogue, FV 86 (1987) 9-16.
GUBLER, M.-L., »Ich bin der Weg und die Wahrheit und das Leben« (Joh 14,6), Diak. 24 (1993) 373-382.
GUTHRIE, S.C., The Way, the Truth, and the Life in the Religions of the World, PSB 16 (1996) 45-57.
HARTIN, P.J., »Remain in Me« (Jn 15:5). The Foundation of the Ethical and its Consequences in the Farewell Discourses, Neotest. 25 (1991) 341-356.

HASITSCHKA, M., Die Parakletworte im Johannesevangelium. Versuch einer Auslegung in synchroner Textbetrachtung, SNTU/A 18 (1993) 97-112.
HAYWARD, R., The Vine and Its Products as Theological Symbols in First Century Palestinian Judaism, DUJ 82 (1990) 9-18.
HESSELINK, I.J., John 14:23-29, Interp. 43 (1989) 174-177.
HOEGEN-ROHLS, C., Der nachösterliche Johannes. Die Abschiedsreden als hermeneutischer Schlüssel zum vierten Evangelium, WUNT 2/84, Tübingen 1996.
HOLTZMANN, H.J., Christus der Weg: Joh 14,6, in: DERS., Predigten, 1865, 78-86.
JERUMANIS, P.-M., Réaliser la communion avec Dieu: Croire, vivre et demeurer dans l'évangile selon S. Jean, EtB 32, Paris 1996.
KAMMLER, H.-C., Jesus Christus und der Geistparaklet. Eine Studie zur johanneischen Verhältnisbestimmung von Pneumatologie und Christologie, in: O. HOFIUS/DERS., Johannesstudien 1996, 87-190.
KEENER, C.S., The Spirit in the Gospels and Acts: Divine Purity and Power, Peabody 1997.
KIEFFER, R., Olika nivåer i johanneiskt bildsprak, SvTK 65 (1989) 9-15.
—, Different Levels in Johannine Imagery, in: L. HARTMAN/B. OLSSON (Hrsg.), Aspects, 1987, 74-84.
—, Le monde symbolique de Saint Jean, Paris 1989.
KJÖRGAARD, M.S., Metaphern, Gleichnisse und »Ich bin«-Aussagen im Johannesevangelium, in: J.-P. VAN NOPPEN (Hrsg.), Metapher, Darmstadt 1988, 241-257.
KLAUCK, H.-J., Der Weggang Jesu. Neuere Arbeiten zu Joh 13-17, BZ 40 (1996) 236-250.
—, Kirche als Freundesgemeinschaft? Auf Spurensuche im NT, MThZ 42 (1991) 1-14.
KOESTER, C.R., Symbolism in the Fourth Gospel: Meaning, Mystery, Community, Minneapolis 1995.
KOESTER, H., Les discours d'adieu de l'évangile de Jean: Leur trajectoire au premier et deuxième siècle, in: J.-D. KAESTLI (Hrsg.), Communauté, 1990, 269-280.
KÖLBING, F.W., Biblische Erörterungen ueber Joh 13,34.35; Röm 4,13, ThStKr 18 (1845) 685-696.
KONSTAN, D., Patrons and Friends, CP 90 (1995) 328-342.
DERS. et alii (Hrsg.), Philodemus: On Frank Criticism, Atlanta 1998.
KORTING, G., Binden oder lösen. Zu Verstockungs- und Befreiungstheologie in Mt 16,19; 18,18.21-35 und Joh 15,1-17; 20,23, SNTU/A 14 (1989) 39-91.
KREMER, J., Jesu Verheißung des Geistes. Zur Verankerung der Aussage von Joh 16,13 im Leben Jesu, in: DERS., Die Bibel beim Wort genommen, Freiburg 1995, 133-160.
KURZ, S. S., Farewell Addresses in the New Testament, Collegeville 1990.
LANEY, J.C., Abiding is Believing: The Analogy of the Vine in John 15:1-6, BS 146 (1989) 55-66.
LAUFER, C., The Farewell Discourse in John's Gospel as a Commentary on the Seder Service, Colloquium 27 (1995) 147-160.
LEA, T.D., Exegesis of Crucial Texts in John, SWJTh 31 (1988) 14-23.
LEE, D.A., The Symbolic Narratives of the Fourth Gospel: The Interplay of Form and Meaning, JSNT.SS 95, Sheffield 1994.

LEMMER, R., A Possible Understanding by the Implied Reader, of Some of the Coming-Going-Being Sent Pronouncements, in the Johannine Farewell Discourses, Neotest. 25 (1991) 289-310.
LÉON-DUFOUR, X., Spécificité, symbolique du langage de Jean, in: J.-D. KAESTLI (Hrsg.), Communauté, 1990, 121-134.
LIEU, J., Scripture and the Feminine in John, in: A. BRENNER (Hrsg.), The Feminist Companion to the Bible 10, Sheffield 1996, 225-240.
LINDARS, B., The Persecution of Christians in John 15:18-16:4a, in: DERS., Essays, 1992, 131-152.
—, Δικαιοσύνη in Jn 16:8 and 10, in: DERS., Essays, 1992, 21-31.
LOMBARD, H.A./OLIVER, W.H., A Working Supper in Jerusalem: John 13:1-38 Introduces Jesus' Farewell Discourses, Neotest. 25 (1991) 357-378.
MARTIN (Frère), Sacerdoce du Christ et don de l'Esprit Saint: selon l'évangile de Jean et l'épître aux Hébreux, Aletheia 13 (1998) 27-38.
MCCAFFREY, J., The House With Many Rooms: The Temple Theme of Jn 14:2-3, AnBib 114, Rom 1988.
MEEKS, W.A., The Ethics of the Fourth Gospel, in: FS D.M. SMITH, 1996, 317-326.
MENKEN, M.J.J., »They Hated Me without Reason« (John 15:25), in: DERS., Quotations, 1996, 139-145.
MIELGO, G.S., Presencia y actuation del Parakletos en la iglesia (Jn 14-16), TE 24 (1980) 79-117.
MITCHELL, A.C., »Greet the Friends by Name«: New Testament Evidence for the Greco-Roman Topos on Friendship, in: J.T. FITZGERALD (Hrsg.), Greco-Roman Perspectives on Friendship, SBL.RBS 34, Atlanta 1997, 225-262, 257-259.
MOLONEY, F.J., The Structure and Message of John 15:1-16:3, ABR 35 (1987) 35-49.
—, Glory not Dishonor. Reading John 13-21, Minneapolis 1998.
—, The Function of John 13-17 within the Johannine Narrative, in: F.F. SEGOVIA (Hrsg.), »What is John?« II, Atlanta 1998, 43-66.
MÜLLER, C.W., Der schöne Tod des Polisbürgers oder »Ehrenvoll ist es, für das Vaterland zu sterben«, Gymn 96 (1989) 317-340.
NAGEL, N., Hermann Sasse Identifies the Paraclete, LuthQ 10 (1996) 3-23.
NEUGEBAUER, J., Zu den Abschiedsreden im Johannesevangelium, in: J. HAINZ (Hrsg.), Methodenstreit, 1991, 154-161.
—, Die eschatologischen Aussagen in den johanneischen Abschiedsreden. Eine Untersuchungen zu Joh 13-17, BWANT 140, Stuttgart 1995.
NIELSEN, E., Der Fürbitter Israels, SJOT 2 (1989) 94-99.
NIEMAND, C., Spuren der Täuferpredigt in Joh 15,1-11. Motivgeschichtliches zur Weinstockrede, PzB 4 (1995) 13-28.
NOORDEGRAAF, A., Johannes 13 en het Diakonaat, ThRef 31 (1988) 6-25.
O'DAY, G.R., »I Have Overcome the World« (John 16:33): Narrative Time in John 13-17, Semeia 53 (1991) 153-166.
OLIVER, W.H./VAN AARDE, A.G., The Community of Faith as Dwelling-Place of the Father: Βασιλεία τοῦ θεοῦ as »Household of God« in the Johannine Farewell Discourse(s), Neotest. 25 (1991) 379-399.
PACK, F., The Holy Spirit in the Fourth Gospel, RestQ 31 (1989) 139-148.
PHILIPPE, M.D., «Il est bon pour vous que je m'en aille» (Jn 16,7): le sacerdoce du Christ et l'Esprit Saint, Aletheia 13 (1998) 9-26.

PORTON, G.G., The Grape-Cluster in Jewish Literature and Art of Late Antiquity, JJS 27 (1976) 159-176.
POWELL, J., Friendschip and its Problems in Greek and Roman Thought, in: FS D. RUSSELL, 1995, 31-45.
PRINSLOO, G.T.M., Shepherd, Vine-Grower, Father – Divine Metaphor and Existential Reality in a Community Lament (Psalm 80), OTE 10 (1997) 279-302.
REIM, G., Probleme der Abschiedsreden, in: DERS., Jochanan, 1995, 402-409.
RENSBERGER, D., Overcoming the World. Politics and Community in the Gospel of John, London 1989.
—, Oppression and Identity in the Gospel of John, in: FS C.B. COPHER, Nashville 1995, 77-94.
RITT, H., Der christologische Imperativ. Zur Weinstock-Metapher in der testamentarischen Mahnrede (Joh 15,1-17), in: FS R. SCHNACKENBURG, 1989, 136-150.
SCHNACKENBURG, R., Die Agape Gottes nach Johannes, in: FS A. GANOCZY, 1988, 36-47.
—, Die sittliche Botschaft des Neuen Testaments, Freiburg ²1988, 148-192.
SCHNELLE, U., Die Abschiedsreden im Johannesevangelium, ZNW 80 (1989) 64-79.
SCHOLTISSEK, K., Relecture – zu einem neu entdeckten Programmwort der Schriftauslegung (mit Blick auf das Johannesevangelium), BiLi 70 (1997) 309-315.
SCHWANK, B., »Ein neues Gebot gebe ich euch« (Joh 13,34), EuA 66 (1990) 43-46.295-304.
SCHWARZ, G., »In der Welt habt ihr Angst«? (Joh 16,33), BiNo 63 (1992) 49-51.
SCHWEIZER, E., What about the Johannine »Parables«?, in: FS D.M. SMITH, 1996, 208-219.
SEGOVIA, F.F., The Farewell of the Word. The Johannine Call to Abide, Minneapolis 1991.
SMALLEY, S.S., »The Paraclete«: Pneumatology in the Johannine Gospel and Apocalypse, in: FS D.M. SMITH, 1996, 289-300.
SMIDT, J.C., A Perspective on John 15:1-8, Neotest. 25 (1991) 251-272.
SÖDING, T., Das Wortfeld der Liebe im paganen und biblischen Griechisch. Philologische Beobachtungen an der Wurzel agap-, EThL 68 (1992) 284-330.
STIMPFLE, A., »Ihr seid schon rein durch das Wort« (Joh 15,3a). Hermeneutische und methodische Überlegungen zur Frage nach »Sünde« und »Vergebung« im Johannesevangelium, QD 161, Freiburg 1996, 108-122.
SUGGIT, J.N., John 13-17 Viewed Through Liturgical Spectacles, Neotest. 26 (1992) 47-58.
SÜSKIND, F.G., Symbolarum ad illustranda quaedam evangeliorum loca (Tübingen 1802), in: D.J. POTT (Hrsg.), Sylloge commentationum Theologicarum 8 (1807) 71-159.
SWETE, H.B., The Last Discourse and Prayer of Our Lord. A Study of St. John XIV-XVII, London 1914.
TAEGER, J.-W., »Gesiegt! O himmlische Musik des Wortes!« Zur Entfaltung des Siegesmotivs in den johanneischen Schriften, ZNW 85 (1994) 23-46.
THORNTON, L.S., Additional Note on John 15:1-16, in: F.E. KORK (Hrsg.), The Apostolic Ministry, 110-111.
THYEN, H., Gottes- und Nächstenliebe, in: SCHÄFER/STROHM (Hrsg.), Diakonie, 1992, 263-296.

TOLMIE, D.F., The Function of Focalisation in John 13-17, Neotest. 25 (1991) 273-287.

—, Jesus' Farewell to the Disciples. John 13:1-17:26 in Narratological Perspective, BISer 12, Leiden 1995.

—, Verteller en aangesprokene in die Johannesevangelie, Acta Theologica, Bloemfontein 13 (1993) 35-50.

—, A Discourse Analysis of John 15:1-17, EP 75 (1993) 54-79.

—, The Analysis of Characterisation in Biblical Narrative, EP 78 (1996) 76-95.

—, Die koms van die Parakleet: Joh 16:4b-16, Acta Theologica, Bloemfontein 11 (1991) 105-114.

—, Implisiete outeur en implisiete leser in die Johannesevangelie, NGTT 34 (1993) 262-274.

VAN DEN HEEVER, G.A., Theological Metaphorics and the Metaphors of John's Gospel, Neotest. 26 (1992) 89-100.

VAN DER WATT, J.G., Interpreting Imagery in John's Gospel. John 10 and 15 as a Case Studies, in: FS J.P. LOUW, 1992, 272-282.

—, »Metaphorik« in Joh 15,1-8, BZ 38 (1994) 67-80.

—, Liefde in die familie van God: 'n Beskrywende uiteensetting van familiale liefdesverhoudinge in die Johannesevangelie, HTS 53 (1997) 557-569.

—, The Dynamics of Metaphor in the Gospel of John, SNTU/A 23 (1998) 29-78.

VAN TILBORG, S., Imaginative Love in John, Leiden 1993.

VENTER, L., Joh 14:6 soos geïnterpreteer deur die Kappadosiese Vaders, APB 2 (1991) 96-105.

WARD, J.K., Focal Reference in Aristotle's Account of *philia*: Eudemian Ethics VII 2, Apeiron 28 (1995) 183-205.

WEDER, H., Joh 15,1-8, GPM 86 (1997) 223-231.

WELWEI, K.-W./MEIER, M., Der Topos des ruhmvollen Todes in der zweiten Römerode des Horaz, Klio 79 (1997) 107-116.

WINTER, M., Das Vermächtnis Jesu und die Abschiedsworte der Väter. Gattungsgeschichtliche Untersuchung der Vermächtnisrede im Blick auf Joh 13-17, FRLANT 161, Göttingen 1994.

WREMBEK, C., Fünf Weinberg-Gleichnisse. Eine geistliche Schriftbetrachtung, GuL 62 (1989) 260-277.

WRIGHT, A., The Allegories in the Fourth Gospel, Int 11 (1915) 358-362.

ZUMSTEIN, J, Le point de vue de l'école johannique sur les logia de Jésus dans le premier discours d'adieu, RSR 69 (1995) 59-69.

LITERATUR ZU JESU ABSCHIEDSGEBET, 17,1-26 (B 12D) S. 229-233

BLACK, D.A., On the Style and Significance of John 17, CThR 3 (1988) 141-159.

CANTALAMESSA, R., »That They May All Be One So That The World May Believe«, OiC 27 (1991) 203-208.

CASTRO, S., Orar desde la sensibilidad teológica del evangelio de Juan, REspir 49 (1990) 63-94.

ENSOR, P.W., Jesus and His »Works«, WUNT/2.85, Tübingen 1996.

GABLER, J.P., Ueber die Stelle Joh 17,5, in: DERS., Theologische Schriften I, 1831, 90-95.

GARVIE, A.E., Notes on the Fourth Gospel XVII, Exp. 8. ser., 8 (1914) 367-379.
GRUENLER, R.G., John 17:20-26, Interp. 43 (1989) 178-183.
LIENHARD, M., La quête de l'unité: Un combat toujours actuel. Méditation sur Jean 17:9-12, PosLuth 42 (1994) 370-373.
MARTIN, F., Le Christ comme prêtre selon saint Paul et saint Jean, Aletheia 11 (1997) 75-88.
—, Sacerdoce du Christ et don de l'Esprit Saint: selon l'évangile de Jean et l'épître aux Hébreux, Aletheia 13 (1998) 27-38.
MARZOTTO, D., L'unita della famiglia umana nel vangelo di Giovanni, ViHo 3 (1992) 45-61.
MOLONEY, F.J., To Make God Known: A Reading of Jn 17:1-26, Sal. 59 (1997) 463-489.
NIELSEN, H.K., Die Definition des ewigen Lebens in Joh 17,3, in: P. BILDE/ H.K. NIELSEN/J. PODEMANN SØRENSEN (Hrsg.), Apocryphon Severini, Århus 1993, 106-120.
PAYTON, J.R., On Unity and Truth: Martin Buceri͏̈s Sermon on John 17, CTJ 27 (1992) 26-38.
PRETORIUS, N., Redemption of the earth or from the earth?: The Gospel of John and the Johannine Epistles, Scriptura 3 (66) (1998) 269-278.
PRYOR, J.W., The Great Thanksgiving and the Fourth Gospel, BZ 35 (1991) 157-179.
SCHENK, W., Die Um-codierungen der matthäischen Unser-Vater-Redaktion in Joh 17, BEThL 101, 1992, 587-607.
SEGOVIA, F.F., Inclusion and Exclusion in John 17: An Intercultural Reading, in: DERS. (Hrsg.), »What is John?« II, Atlanta 1998, 183-210.
SPRECHER, M.-T., Einheitsdenken aus der Perspektive von Joh 17. Eine exegetische und bibeltheologische Untersuchung von Joh 17,20-26, EHS XXIII/495, Frankfurt/Bern 1993.
SPROSTON, W.E., »The Scripture« in John 17:12, in: B.P. THOMPSON (Hrsg.), Scripture: Meaning and Method, FS A.T. HANSON, Hull 1987, 24-36.
STATON, J.E., A Vision of Unity: Christian Unity in the Fourth Gospel, EvQ 69 (1997) 291-305.
STEEL, C., »Elementatio Evangelica«: À propos de Maxime le Confesseur, Ambigua ad Joh. XVII, in: FS F. NEIRYNCK III, BEThL 100C, 1992, 2419-2432.
THERON, S.W., Ἵνα ὦσιν ἕν: A Multifaceted Approach to an Important Thrust in the Prayer of Jesus in John 17, Neotest. 21 (1987) 77-94.
TOLMIE, F.D., A Discourse Analysis of John 17:1-26, Neotest. 27 (1993) 403-418.
UKPONG, J.S., Jesus' Prayer for His Followers (Jn 17) in Mission Perspective, ATJ 18 (1989) 49-60.
WENDLAND, E.R., Rhetoric of the Word. An Interactional Discourse Analysis of the Lord's Prayer of John 17 and its Communicative Implications, Neotest. 26 (1992) 59-88.

LITERATUR ZU **DIE PASSION JESU**, 18,1–19,42 (B 13) S. 233-248

ANDREÄ, O., Der Todestag Jesu. Ein harmonistischer Versuch, BGl 6 (1870) 289-323.
AUWERS, J.-M., La nuit de Nicodème (Jean 3:2; 19:39) ou l'ombre du langage, RB 97 (1990) 481-503.

BACON, B.W., What Did Judas Betray?, HibJ 19 (1920/21) 476-493.
BARTON, S.C., Living as Families in the Light of the New Testament, Interp. 52 (1998) 130-144.135-137.
BAUCKHAM, R.J., Mary of Clopas (John 19:25), in: G.J. BROOKE (Hrsg.), Women in the Biblical Tradition, Lewiston 1992, 321-355.
BEETHAM, F.G./BEETHAM, P.A., A Note on John 19:29, JThS 44 (1993) 163-169.
BENÉITEZ, M., Un extraño interrogatorio, Jn 18:29-32, EE 68 (1993) 459-496.
BERGMEIER, R., *Tetelestai* Joh 19,30, ZNW 79 (1988) 282-290.
BERNARD, J., La passion selon saint Jean, in: LeDiv 143, 1990, 309-312.
BETZ, O., Das Gnadenamt des Apostels Paulus und des Jüngers Johannes, in: DERS., Jesus. Der Herr der Kirche. Aufsätze zur biblischen Theologie II, WUNT 52, Tübingen 1990, 445-465.
BEUTLER, J., Die Heilsbedeutung des Todes Jesu im Johannesevangelium, SBA 25, Stuttgart 1998, 43-58.
—, Die »Juden« und der Tod Jesu im Johannesevangelium, SBA 25, Stuttgart 1998, 59-76.
BISCHOFF, A., Exegetische Randbemerkungen, 1. Zu Joh 11,49; 18,13, ZNW 9 (1908) 166-167.
BLANK, J., Die Johannespassion. Intention und Hintergründe, QD 112, Freiburg 1988, 148-182.
BLASS, F., Über Ev. Joh. 19,35, ThStKr 75 (1902) 128-133.
BODENDORFER-LANGER, G., »Durch dein Blut lebe« (Ez 16,6). Ein Ezechielwort und die jüdische Identität, PzB 3 (1994) 83-97.
BÖHLER, D., »Ecce Homo!« (Joh 19,5)- ein Zitat aus dem Alten Testament, BZ.NF 39 (1995) 104-108.
BRAWLEY, R.L., An Absent Complement and Intertextuality in John 19:28-29, JBL 112 (1993) 427-443.
BROWN, R.E., A Crucified Christ in Holy Week, Collegeville 1986.
—, The Death of the Messiah – From Gethsemane to the Grave: A Commentary on the Passion Narratives in the Four Gospels, ABRL, 2 vol., New York 1994.
BÜHLER, P., Ist Johannes ein Kreuzestheologe? Exegetisch-systematische Bemerkungen zu einer noch offenen Debatte, in: FS J. ZUMSTEIN, Zürich 1991, 191-207.
BUSSE, U., The Beloved Disciple, SKerk 15 (1994) 219-227.
CARROLL, J.T./GREEN, J.B. (Hrsg.), The Death of Jesus in Early Christianity, Peabody 1995.
CASSIDY, R.J., John's Gospel in New Perspective. Christology and the Realities of Roman Power, New York 1992.
CHARBONNEAU, A., »Qu'as-tu fait?« et »D'où es-tu?« Le procès de Jésus chez Jean (18:28-19:16a), ScEs 38 (1986) 203-219.
—, Jésus en croix (Jn 19:16b-42), Jesus élevé (3:14ss; 8:28s; 12:31ss), ScEs 45 (1993) 5-23, 161-180.
CULPEPPER, R.A., The Death of Jesus: An Exegesis of John 19:28-37, Faith and Mission 5 (1988) 64-70.
—, The Theology of the Johannine Passion Narrative: Jn 19:16b-30, Neotest 31 (1997) 21-37.
DE BOER, M.C., Johannine Perspectives on the Death of Jesus, CBETh 17, Kampen 1996.

DE BURGOS NUÑEZ, M., La Soberanía Salvadora de Jesús en el Relato del Prendimiento (Juan 18:1-11), Communio 28 (1995) 349-369.
DERRETT, J.D.M., The Victim: The Johannine Passion Narrative Reexamined, Shipton-on-Stour 1993.
—, Ecce homo ruber (Jn 9:5 with Is 1:8; 63:1-2), BeO 32 (1990) 215-229.
DIEBOLD-SCHEUERMANN, C., Jesus vor Pilatus: Eine Gerichtsszene: Bemerkungen zur joh. Darstellungsweise, BiNo 84 (1996) 64-74.
—, Jesus vor Pilatus. Eine exegetische Untersuchung zum Verhör durch Pilatus (Joh 18,28–19,16a), SBB 32, Stuttgart 1996.
DIETZFELBINGER, C., Sühnetod im Johannesevangelium?, in: FS P. STUHLMACHER, Göttingen 1997, 65-76.
DORMEYER, D., Joh 18,1-14 par. Mk 14,43-53: Methodologische Überlegungen zur Rekonstruktion einer vorsynoptischen Passionsgeschichte, NTS 41 (1995) 218-239.
DROGE, A.J., The Status of Peter in the Fourth Gospel: A Note on John 18:10-11, JBL 109 (1990) 307-311.
DSCHULNIGG, P., Der Tod Jesu am Kreuz im Licht der Evangelien, in: Theologie im Kontakt 5, Bochum 1997, 65-88.
EAGER, A.R., »The Greater Sin«. A Note on St. John 19:11, Exp. 6. ser., 12 (1905) 33-40.
EGGER, P., »Crucifixus sub Pontio Pilato«. Das »crimen« Jesu von Nazareth im Spannungsfeld römischer und jüdischer Verwaltungs- und Rechtsstrukturen, NTA.NF 32, Münster 1997.
ELDRED, B.G., »You're Not Alone«, ABQ 14 (1995) 22-28.
FENEBERG, W., »Was ist Wahrheit?«. Die Pilatusfrage in der johanneischen Theologie, in: FS O. LECHNER, Regensburg 1989, 575-582.
FIEBIG, P., Jesu Blut, ThStKr 89 (1916) 507-512.
FLUSSER, D., Zur Frage nach der ursprünglichen Bedeutung des Pilatuswortes »Ecce Homo«, in: DERS., Jesusworte, 1987, 164-175; engl.: What Was the Original Meaning of Ecce Homo?, in: DERS., Judaism and the Origins of Christianity, Jerusalem 1988, 593ff..
FORD, J.M., Jesus as Sovereign in the Passion According to John, BThB 25 (1995) 110-117.
FORSTER, C., Théologie et histoire dans le récit johannique de la passion à partir de deux exemples, in: LeDiv 143, 1990, 239-254.
FORTNA, R.T., Sayings of the Suffering and Risen Christ. The Quadruple Tradition, FFF 3 (1987) 63-69.
—, A pre-Johannine Passion Narrative as Historical Source: Reconstructed Text and Critique, FFF 1 (1998) 71-94.
FRISCH, R., »Was ist Wahrheit?«. Ein biblisch-theologischer Versuch über die Johannespassion, in: FS M. WELKER, Wuppertal 1997, 12-25.
FULLER, R.H., The Passion, Death and Resurrection of Jesus According to St. John, ChiSt 25 (1986) 51-63.
GARDINER, F., On the Aorist »*apesteilen*« in John 18:24, JBL 6 (1886) 45-55.
GARLAND, D.E., John 18-19: Life Through Jesus' Death, RExp 85 (1988) 485-499.
GARVIE, A.E., Notes on the Fourth Gospel: XVIII-XIX, Exp. 8. ser., 8 (1914) 445-457.
GAVENTA, B., Mary: Glimpses of the Mother of Jesus, Columbia 1995.

GIBLIN, C.H., John's Narration of the Hearing Before Pilate (John 18:28-19:16a), Bib. 67 (1986) 221-239.

GILLESPIE, T.W., The Trial of Politics and Religion: Jn 18:28-19:16, ExAu 2 (1986) 60-73.

GONZÁLEZ, C.I., Maria en el comentario de San Agustín al evangelio de San Juan, EE 61 (1986) 395-419.

GOURGUES, M., Marie, la »femme« et la »mère« en Jean, NRTH 108 (1986) 174-191.

GRANSKOU, D., Anti-Judaism in the Passion Accounts of the Fourth Gospel, in: RICHARDSON, P. (Hrsg.), Anti-Judaism in Early Christianity, vol. 1: Paul and the Gospels, Waterloo 1986, 201-216.

GRASSI, J.A., The Role of Jesus' Mother in John's Gospel: A Reappraisal, CBQ 48 (1986) 67-80.

GREEN, J.B., The Death of Jesus.Tradition and Interpretation in the Passion Narrative, WUNT 2/33, Tübingen 1988, 105-135.

GREY, H.G., A Suggestion on St. John XIX:14, Exp. 7. ser., 2 (1906) 451-454.

GROSJEAN, J. »Voilà l'homme« selon Jean 18:1-19:16, Esprit 59 (1991) 64-75.

HAHN, F., Der Tod Jesu nach dem Zeugnis des NT, in: FS E. BISER, 1998, 253-268.

HAMILTON, J., The Chronology of the Crucifixion and Passover, ChM 106 (1992) 323-338.

HANSON, K.C., Blood and Purity in Leviticus and Revelation, List. 28 (1993) 215-230.

HEIL, J.P., Jesus as the Unique High Priest in the Gospel of John, CBQ 57 (1995) 729-745.735-744.

HENGEL, M., Reich Christi, Reich Gottes und Weltreich im Johannesevangelium, WUNT 55, Tübingen 1991, 163-184.

HILL, D., »My Kingdom is not of this World« (John 18:36). Conflict and Christian Existence in the World According to the Fourth Gospel, IrBSt 9 (1987) 54-62.

HOFFMANN, P., »Gekreuzigt unter Pontius Pilatus«. Jesu Hinrichtung in der Deutung der Evangelienüberlieferung, Orient. 57 (1993) 65-70, auch in: SBA 17, Stuttgart 1994, 172-187.184-186.

HOFRICHTER, P., Das dreifache Verfahren über Jesus als Gottessohn, König und Mensch. Zur Redaktionsgeschichte der Prozeßtradition, Kairos 30/31 / 1988. 89) 69-81.

HOLLIS, H., The Root of the Johannine *Pun – Hypsothenai*, NTS 35 (1989) 475-478.

HOLTZ, G., Der Herrscher und der Weise im Gespräch. Studien zu Form, Funktion und Situation der neutestamentlichen Verhörgespräche und der Gespräche zwischen jüdischen Weisen und Fremdherrschern, ANTZ 6, Berlin 1996, 167-184.

HON, S.T., On the Johannine Christ in the Trial – A Theological Essay on Jn 18: 28-19:16c, Theology Annual 9/10 (1985/86) 53-124.

HUERTA PASTEN, E., »He aqui vuestro rey« (Jn 19:14), Rom 1990.

HUBBARD, D.A., John 19:17-30, Interp. 43 (1989) 397-401.

JETTER, H., Das Wort vom Kreuz (Joh 19:17-18), ThBeitr 28 (1997) 1-7.

JOHNSTON, G., Ecce Homo! Irony in the Christology of the Fourth Gospel, in: In Memory of G.B. CAIRD, 1987, 125-138.

KANAGARAJ, J.J., Jesus the King, Merkabah Mysticism and the Gospel of John, TynB 47 (1996) 349-366.
KARAVIDOPOULOS, J., L'heure de la crucifixion de Jesus selon Jean et les Synoptiques. Mc 15:25 par rapport ... Jn 19:14-16, in: BEThL 101, Leuven 1992, 608-613.
KING, H., Sacrificial Blood: The Role of the *amnion* in Ancient Gynecology, Helios 13 (1986) 117-126.
KLAUCK, H.-J., Die dreifache Maria. Zur Rezeption von Joh 19,25 in EvPhil 32, in: FS F. NEIRYNCK III, 1992, 2343-2358.
KNÖPPLER, T., Die Theologia crucis des Johannesevangeliums. Das Verständnis des Todes Jesu im Rahmen der johanneischen Inkarnations- und Erhöhungschristologie, WMANT 69, Neukirchen-Vluyn 1994.
KOHLER, H., Kreuz und Menschwerdung im Johannesevangelium. Ein exegetischhermeneutischer Versuch zur johanneischen Kreuzestheologie, AThANT 72, Zürich 1987.
KRAABEL, A.T., The God-fearers Meet the Beloved Disciple, in: FS H. KOESTER, 1991, 276-284.
KRAUS, W., Die Vollendung der Schrift nach Joh 19,28. Überlegungen zum Umgang mit der Schrift im Johannesevangelium, BEThL 131, 1997, 629-636.
KREMER, J., Mit den Augen des geliebten Jüngers: Bruegels »Kreuztragung« – eine Hilfe zum Verstehen der Johannespassion, GuL 67 (1994) 116ff..
KRENKEL, M., Joseph von Arimathäa und Nikodemus, ZWTh 8 (1865) 438-445.
KÜGLER, J., Der Jünger, den Jesus liebte. Literarische, theologische und historische Untersuchungen zu einer Schlüsselgestalt johanneischer Theologie und Geschichte, SBB 16, Stuttgart 1988.
—, Der andere König. Religionsgeschichtliche Anmerkungen zum Jesusbild des Johannesevangeliums, ZNW 88 (1997) 223-241.
LACAN, M.F., Qu'est-ce que la vérité? Qui fait-elle parler? Qui fait-elle se taire? (Jean 18,28-19,22), SémBib 60 (1990) 18-32.
LÉGASSE, S., Le procès de Jésus. La passion dans les quatre évangiles, Paris 1995.
—, Jésus Roi et la politique du IVe Évangile, in: LeDiv 143, 1990, 143-159.
LIEU, J.M., The Mother of the Son in the Fourth Gospel, JBL 117 (1998) 61-77.
LINCOLN, A.T., Trials, Plots and the Narrative of the Fourth Gospel, JSNT 56 (1994) 3-30.
LINDARS, B., The Passion in the Fourth Gospel, in: DERS., Essays, Leuven 1992, 67-85.
LINDSAY, D.R., What is Truth?, RestQ 35 (1993) 129-147.
LUMBY, J.R., Annas and Caiaphas, Exp. 9 (1879) 476-480.
LYS, D., Jamais chez Jean! (Mort et Résurrection), ETR 70 (1995) 509-519.
LÉTOURMEAU, P., Le quatrième évangile et les prédications de la passion dans les évangiles synoptiques, BEThL 101, 1992, 579-586.
LONGENECKER, B.W., The Unbroken Messiah: A Johannine Feature and its Social Functions, NTS 41 (1995) 428-441.
MAGNE, J., Jésus devant Pilate, RB 105 (1998) 42-69.
MALINA, B.J., Mother and Son, BTB 20 (1990) 54-64.
MANNS, F., Le symbolisme du jardin dans le récit de la passion selon St. Jean, SBFLA 37 (1987) 53-80.
—, Encore une fois le Lithostrotos de Jn 19:13, Anton. 70 (1995) 187-197.

MARSHALL, B.D., What is Truth?, PE 4 (1995) 404-430.
MATERA, F.J., »On Behalf of Others«, »Cleansing«, and »Return«. Johannine Images for Jesus' Death, LouvS 13 (1988) 161-178.
—, Jesus Before Annas: John 18:13-14.19-24, EThL 66 (1990) 38-55.
MEGGITT, J.J., Artemidorus and the Johannine crucifixion, JHC 5 (1998) 203-208.
MENKEN, M.J.J., The Textual Form and the Meaning of the Quotation from Zechariah 12:10 in John 19:37, CBQ 55 (1993) 494-511 [bzw. DERS., Quotations, 1996, 167-185].
—, »Not a Bone of Him Shall be Broken« (John 19:36), in: DERS., Old Testament Quotations in the Fourth Gospel. Studies in Textual Form, CBET 15, Kampen 1996, 147-166.
MICHAELS, J.R., John 18:31 and the »Trial« of Jesus, NTS 36 (1990) 474-479.
MILLAR, F., Reflections on the Trials of Jesus, in: FS G. VERMES, Sheffield 1990, 355-381.
MILLIGAN, W., St. John's View of Jesus on the Cross: St. John 19:28-37, Exp. 6 (1877) 17-36.129-142.
MILNE, B., The Message of John. Here is Your King!, Leicester 1993.
MOLONEY, F.J., John 18:15-27: A Johannine View of the Church, DR 112 (1994) 231-245.
—, Mary in the Fourth Gospel: Woman and Mother, Sal. 51 (1989) 421-440.
MONGE, J.L.C., La mujer al pie de la cruz (Jn 19:25-27), EphMar 43 (1993) 339-348.
MÜLLER, K., Möglichkeit und Vollzug jüdischer Kapitalgerichtsbarkeit im Prozeß gegen Jesus von Nazareth, QD 112, Freiburg 1988, 41-83.
MÜLLER, P., »Was ich geschrieben habe, habe ich geschrieben«, in: G. SELLIN/ F. VOUGA (Hrsg.), Logos und Buchstabe, TANZ 20, Tübingen 1997, 153-173.
MÜLLER, U.B., Zur Eigentümlichkeit des Johannesevangeliums. Das Problem des Todes Jesu, ZNW 88 (1997) 24-55.
MYLLYKOSKI, M., Die letzten Tage Jesu: Markus und Johannes, ihre Traditionen und die historische Frage, STAT/B 256, 2 vol., Helsinki 1991.
NAASTEPAD,T.J.M., Pasen en passie bij Johanes, 2 vol., Kampen 1986.
NEIRYNCK, F., Parentheses in the Fourth Gospel, EThL 65 (1989) 119-123.
NEYREY, J.H., Despising the Shame of the Cross: Honor and Shame in the Johannine Passion Narrative, Semeia 68 (1996) 113-137.
PANACKEL, C., Ἰδοὺ ὁ ἄνθρωπος (Jn 19:5b). An Execetico-Theological Study of the Text in the Light of the Use of the term *anthropos* Designating Jesus in the Fourth Gospel, Rom 1988.
PERETTO, E., María donna in Gv 2:3-4; 19:26-27; Ap 12:1- 6. Ipotesi di lettura continuativa in prospettiva ecclesiale, EphMar 39 (1989) 427-442.
PIXNER, B., Das Prätorium des Pilatus, in: DERS., Wege des Messias, 1994, 242-266.
PORTER, S.E., Can Traditional Exegesis Enlighten Literary Analysis of the Fourth Gospel? An Examination of the OT Fulfilment Motif and the Passion Theme, in: EVANS/STEGNER (Hrsg.), Scriptures, 1994,398-428.
POTTERIE, I. DE LA, The Hour of Jesus: The Passion and Resurrection of Jesus According to John, New York 1989.
—, Die Passion nach Johannes. Der Text und sein Geist, Einsiedeln 1987 [franz.: Paris 1986].
PULLEN, J.M., Malthus, Jesus, and Darwin, RelSt 23 (1987) 233-246.

REINBOLD, W., Der älteste Bericht über den Tod Jesu. Literarische Analyse und historische Kritik der Passionsdarstellungen der Evangelien, BZNW 69, Berlin 1994.
RITT, H., Plädoyer für Methodentreue. Thesen zur Topographie und Chronologie der Johannespassion, QD 112, Freiburg 1988, 183-190.
ROBERTS, T.A., On the Proper Rendering of *ekathizen* in St. John 19:13, Exp. 4. ser., 8 (1893) 296-308.
RUCKSTUHL, E., Der Jünger, den Jesus liebte, SNTU/A 11 (1986) 131-167.
SABBE, M., The Denial of Peter in the Gospel of John, LouvS 20 (1995) 219-240.
—, The Johannine Account of the Death of Jesus and Its Synoptic Parallels (Jn 19:16b-42), EThL 70 (1994) 34-64.
—, The Arrest of Jesus in Jn 18:1-11 and Its Relation to the Synoptic Gospels. A Critical Evaluation of A. Dauer's Hypothesis, in: BEThL 98, Leuven 1991, 355-388.
—, The Trial of Jesus before Pilate in John and Its Relation to the Synoptic Gospels, in: BEThL 98, Leuven 1991, 467-513, auch in: BEThL 101, Leuven 1992, 341-385.
SAUSER, E., Die Tunika Christi in der Exegese der Kirchenväter, TThZ 104 (1995) 81-105.
SCHÖNI, M., The Mother at the Foot of the Cross. The Key to the Understanding of St. John's Account of the Death of Jesus, ThRev 17 (1996) 71-95.
SCHOTTROFF, L., »Mein Reich ist nicht von dieser Welt«. Der johanneische Messianismus, in: DIES., Befreiungserfahrungen, München 1990, 170-183.
—, Die Schuld »der Juden« und die Entschuldung des Pilatus in der deutschen neutestamentlichen Wissenschaft seit 1945, daselbst, 324-357.
SCHULZ, H.-J., »Der dies gesehen hat, legte Zeugnis dafür ab...« (Joh 19,35), FKTh 7 (1991) 95-119.
SCHWERY, H., Marie icône du peuple de Dieu (Gn 9,8-17/2Co 5,17-21/Jn 19,25-27), Mar. 59 (1997) 195-202.
SENIOR, D., The Passion of Jesus in the Gospel of John, Collegeville 1991.
SIMOENS, Y., La mort de Jésus selon Jn 19:28-30, NRT 119 (1997) 3-19.
SÖDING, T., Die Macht der Wahrheit und das Reich der Freiheit. Zur johanneischen Deutung des Pilatus-Prozesses (Joh 18,28-19,16), ZThK 93 (1996) 35-58.
STALEY, J.L., Subversive Narrator/Victimized Reader: A Reader Response Assessment of a Text-Critical Problem, John 18:12-24, JSNT 51 (1993) 79-98.
—, Reading with a Passion: John 18:1-19:42 and the Erosion of the Reader, SBL.SP 31 (1993) 61-81.
—, Reading Myself, Reading the Text: The Johannine Passion Narrative in Postmodern Perspective, in: F.F. SEGOVIA (Hrsg.), »What is John?« I, Atlanta 1996, 59-104.
—, The Politics of Place and the Place of Politics in the Gospel of John, in: F.F. SEGOVIA (Hrsg.), »What is John?« II, Atlanta 1998, 265-277.
STEGEMANN, E., »Ich habe öffentlich zur Welt gesprochen«: Jesus und die Öffentlichkeit, JBTh 11 (1996) 103-121.
DERS./STEGEMANN, W., König Israels, nicht König der Juden? Jesus als König im Johannesevangelium, in: E. STEGEMANN (Hrsg.), Messiasvorstellungen bei Juden und Christen, Stuttgart 1993, 41-56.
STEGEMANN, W., Die Passionsgeschichte der Evangelien, EvErz 43 (1991) 130-147.

STEIGER, L., Der Tobiasdienst. Predigt über Joh 19,38-42, in: FS R. RENDTORFF, 1990, 567-573.
STIGLMAIR, A., Der Durchbohrte – Ein Versuch zu Sach 12, ZKTh 116 (1994) 451-456.
STORY, C.I.K., The Bearing of Old Testament Terminology on the Johannine Chronology of the Final Passover of Jesus, NT 31 (1989) 316-324.
STOWERS, S.K., On the Comparison of Blood in Greek and Israelite Ritual, in: Hesed ve-emet, Atlanta 1998, 179-194.
STUHLMACHER, P., Zur Predigt an Karfreitag, in: FS F. HAHN, 1991, 447-472.
SVENSSON, J., Johannespåsken och Qumrankalendern, SEA 62 (1997) 87-110.
SYLVA, D.D., Nicodemus and His Spices (John 19:39), NTS 34 (1988) 148-151.
THEOBALD, M., Der Jünger, den Jesus liebte. Beobachtungen zum narrativen Konzept der johanneischen Redaktion, in: FS M. HENGEL II, 1996, 219-256.
SISTER THOMAS MORE, CSJ, His Witness is True: John and His Interpreters, Frankfurt/Bern 1988.
THYEN, H., Johannes und die Synoptiker. Auf der Suche nach einem neuen Paradigma zur Beschreibung ihrer Beziehungen anhand von Beobachtungen an Passions- und Ostererzählungen, BEThL 101, 1992, 81-107.
TREBOLLE BARRERA, J., Posible substrato semitico del uso transitivo o intransitivo del verbo *ekathisen* en Jn 19,13, FN 4 (1991) 51-54.
TRUDINGER, P., Hosanna to the Son of David: St. John's Perspective, DR 109 (1991) 297-301.
TURNER, C.H., St. John 18:13-25, JThS 2 (1901) 141-142.
TURNER, M., Atonement and the Death of Jesus in John – Some Questions to Bultmann and Forestell, EvQ 62 (1990) 99-122.
URBAN, A., El origen divino del poder, Cordoba 1989.
VAN BELLE, G., L'accomplissement de la parole de Jesus. La parenthèse de Jn 18:9, in: BEThL 131, Leuven 1997, 617-627.
VAN DER WATT, J.G., »Dit is Volbring!« Die johannese kantering en enterpretatie van die kruisdood van Jesus in teologies-eksegetiese perspectief, Universiteit van Pretoria, Nuwe Reeks 299 (1994) 4-50.
VICENT CERNUDA, A., Nacimiento y verdad de Jesús ante Pilato, EstB 50 (1992) 537-551.
WEAVER, D.J., John 18:1-19:42, Interp. 49 (1995) 404-408.
WEREN, W., »Het is volbracht«. Structuur en betekenis van het lijdensverhaal van Johannes (Joh 18-19), TTh 36 (1996) 132-154.
WESSEL, F., »Der Mensch« in der Verteidigungsrede des Nikodemus Joh 7,51 und das »Ecce Homo«, SNTU/A 17 (1992) 195-214.
WICHELHAUS, J., Versuch eines ausführlichen Kommentars zu der Geschichte des Leidens Jesu Christi nach den vier Evangelien, Halle 1855.
WILCKENS, U., Maria im Neuen Testament, ThRev 91 (1995) 215-220.
—, Maria, Mutter der Kirche (Joh 19,26f.), in: FS K. KERTELGE, 1996, 247-266.
—, Chistus traditus, se ipsum tradens. Zum johanneischen Verständnis des Kreuzestodes Jesu, in: FS W. POPKES, Leipzig 1996, 363-383.
WILCOX, M., The Text of the Titulus in Jn 19:19-20 as Found in Some Italian Renaissance Paintings, JSNT 27 (1986) 113-116.
WINTER, S.C., The Arrest of Jesus: Mk 14:43-52 (par.) and John 18:2-12, FFF 1 (1998) 129-143.

WITKAMP, L.T., Jesus' Thirst in John 19:28-30: Literal or Figurative?, JBL 115 (1996) 489-510.
—, Jezus' laatste woorden volgens Johannes 19:28-30, NedThT 43 (1989) 11-20.
WOLBERT, W., »Besser, dass ein Mensch für das Volk stirbt, als dass das ganze Volk zugrunde geht« (Joh 11,50). Überlegungen zur Devise des Kajaphas, ThGl 80 (1990) 478-494.
ZELLER, D., Jesus und die Philosophen vor dem Richter (zu Joh 19,8-11), BZ 37 (1993) 88-92.
ZUMSTEIN, J., Jean 19,25-27, ZThK 94 (1997) 131-154.
—, L'interprétation johannique de la mort du Christ, in: FS F. NEIRYNCK III, 1992, 2119-2138.
—, Le signe de la croix, LV(L) 41 (1992) 68-82.
—, Le procès de Jésus devant Pilate, FV 91 (1992) 5, 89-101.

LITERATUR ZU DAS JOHANNEISCHE OSTERN, 20,1-31 (B 14A) S. 249-260

ALBERTZ, M., Über die Christophanie der Mutter Jesu (Joh 20,1-18), ThStKr 86 (1913) 483-516.
ANTONIOTTI, L.-M., L'apparition de Jésus à Marie de Magdala, RThom 96 (1996) 302-311.
BAARDA, T., Jesus and Mary (John 20:16f.) in the Second Epistle on the Virginity Ascribed to Clement, in: FS H. GREEVEN, Berlin 1986, 11-34.
—, »She Recognized Him«. Concerning the Origin of a Peculiar Textual Variation in John 20:16, in: FS A.F.J. KLIJN, 1988, 24-38.
BACON, B.W., Reading the Gospels Backward, HibJ 30 (1931/32) 76-90.
—, The Resurrection in Judean and Galilean Tradition, JR 11 (1931) 506-516.
BALDENSPERGER, W., Urchristliche Apologie – die älteste Auferstehungskontroverse, Strassburg 1909.
BAMMEL, C.P., The First Resurrection Appearance to Peter, BEThL 101, 1992, 620-631.
BENOIT, P., Maria Magdalena und die Jünger am Grabe nach Joh 20,1-18, in: P. HOFFMANN (Hrsg), Auferstehung Jesu, WdF 522, Darmstadt 1988, 360-376.
BERNABE, C., Trasondo Derasico de Jn 20, EstBib 49 (1991) 209-228.
BEUTLER, J., Die Stunde Jesu im Johannesevangelium, BiKi 52 (1997) 25-27.
BIGUZZI, G., Gv 20:30-31, i »segni« e la struttura di Gv 1-12, ED 50 (1997) 425-470.
BLANCHARD, Y.-M., Des signes pour croire? Une lecture de l'évangile de Jean, LiBi 106, Paris 1995.
BLANK, J., »Als sie den Herren sahen, freuten sie sich«. Österliche Wirklichkeit nach Johannes, Freiburg 1988.
BLANQUART, F., Le premier jour. Étude sur Jean 20, LeDiv 146, Paris 1991.
BORCHERT, G.L., The Resurrection Perspective in John: An Evangelical Summons, RExp 85 (1988) 501-513.
BORSE, U., Joh 20,8: Österlicher oder vorösterlicher Glaube?, SNTU/A 14 (1989) 151-160.
BOULNOIS, M.-O., Le souffle et l'Esprit. Exégèses patristiques de l'insufflation originelle de Gn 2:7 en lien avec celle de Jn 20:22, RechAug 24 (1989) 3-37.

BROER, I., »Seid stets bereit, jedem Rede und Antwort zu stehen, der nach der Hoffnung fragt, die euch erfüllt« (1Petr 3,15). Das leere Grab und die Erscheinungen Jesu, SBS 134, Stuttgart,1988, 30-61.
BROWNSON, J.V., John 20:31 and the Purpose of the Fourth Gospel, RefR(H) 48 (1995) 212-216.
BYRNE, B., The Faith of the Beloved Disciple and the Community in Jn 20, JSNT 23 (1985) 83-97.
CARDELLINO, L., Testimoni che Gesù e il Cristo (Gv 20:31) affinché tutti credano δι' αὐτοῦ (Gv 1:7), RivBib 45 (1997) 79-85.
CARSON, D.A., The Purpose of the Fourth Gospel: John 20:31 Reconsidered, JBL 106 (1987) 639-651.
CHARLESWORTH, J.H., The Beloved Disciple, Whose Witness Validates the Gospel of John?, Valley Forge 1995.
CLAUDEL, G., Jn 20:23 et ses parallèles matthéens, RSR 69 (1995) 71-86.
COMBET-GALLAND, C., L'Aube encore obscure. Approche sémiotique de Jean 20, FV 86 (1987) 17-25.
COOK, J.G., The Protreptic Power of Early Christian Language: From John to Augustine, VigChr 48 (1994) 105-134.
CRAIG, W.L., The Disciples' Inspection of the Empty Tomb (Lk 24:12,24; Jn 20:2-10), BEThL 101, 1992, 614-619.
CROME, F.G., Ueber Lc 1,1-4 und Joh 20,30-31, nebst einem Zusatz über Joh 1,1-5.9-14.16-18, ThStKr 2 (1829) 754-766.
D'ANGELO, M.R., A Critical Note: John 20:17 and Apocalypse of Moses 31, JThS 41 (1990) 529-537.
DE CONICK, A.D., »Blessed are those who have not seen« (Jn 20:29). Johannine Dramatization of an Early Christian Discourse, in: TURNER/MCGUIRE (Hrsg.), NH-Library after 50 Years, 1996, 381-398.
DELEBECQUE, E., Retour sur Jean 20:9, RB 96 (1989) 81-94.
DERRETT, J.D.M., Miriam and the Resurrection (John 20:16), DR 111 (1993) 174-186.
DESCAMPS, A., La structure de récits évangeliques de la résurrection, in: DERS., Études, Leuven 1987, 242-257.
DIETZFELBINGER, C., Johanneischer Osterglaube, ThSt(B) 138, Zürich 1992.
DUCATILLON, J., Le linceul de Jésus d'après saint Jean, RThom 91 (1991) 421-424.
DULING, D.C., Binding and Loosing: Matthew 16:19; Matthew 18:18; John 20:23, FFF 3 (1987) 3-31.
EBNER, M., Wer liebt mehr? Die liebende Jüngerin und der geliebte Jünger nach Joh 20,1-18, BZ 42 (1998) 39-55.
FEE, G.D., On the Text and Meaning of John 20:30-31, in: FS F. NEIRYNCK III, BEThL 100C, 1992, 2193-2205.
FORTNA, R.T., Sayings of the Suffering and Risen Christ. The Quadruple Tradition, FFF 3 (1987) 63-69.
FULLER, R.H., The Passion, Death and Resurrection of Jesus According to St. John, ChiSt 25 (1986) 51-63.
GARCÍA-MORENO, A., El Sacramento de la Penitencia en el IV Evangelio, ScrTh 28 (1996) 41-76.
GARVIE, A.E., Notes on the Fourth Gospel XX, Exp. 8. ser., 8 (1914) 499-510.

GEBAUER, R., Sehen und Glauben. Zur literarisch-theologischen Zielsetzung des Johannesevangeliums, ThFPr 23 (1997) 39-57.

GUNKEL, H., »Selig sind, die nicht sehen und doch glauben« (Joh 20,29), ChW 6 (1892) 517.

HAAG, E., Aus Angst zur Freude, aus Resignation zu Perspektive, aus Müdigkeit zur Vollmacht (Joh 20,19-23), ThB 27 (1996) 57-60.

HANSEN, S.E., Forgiving and Retaining Sin: A study of the Text and Context of John 20:23, HBT 19 (1997) 24-32.

HATINA, T.R., John 20:22 in Its Eschatological Context: Promise or Fulfillment?, Bib 74 (1993) 198-219.

HOFFMANN, P., Der Glaube an die Auferweckung Jesu in der neutestamentlichen Überlieferung, in: SBA 17, Stuttgart 1994, 188-256.241-247.

JASPER, A., Interpretative Approaches to John 20:1-18: Mary at the Tomb of Jesus, StTh 47 (1993) 107-118.

JUDGE, P.J., A Note on Jn 20:29, in: FS F. NEIRYNCK III, 1992, 2183-2192.

KAMMLER, H.-C., Die »Zeichen« des Auferstandenen. Überlegungen zur Exegese von Joh 20,30+31, in: HOFIUS/DERS., Johannesstudien, Tübingen 1996, 191-211.

KITZBERGER, I.R., Mary of Bethany and Mary of Magdala – Two Female Characters in the Johannine Passion Narrative: A Feminist, Narrative-Critical Reader Response, NTS 41 (1995) 564-586.

KÖSTENBERGER, A.J., The Missions of Jesus and the Disciples According to the Fourth Gospel, Grand Rapids 1998.

KOESTER, C., Hearing, Seeing, and Believing in the Gospel of John, Bib. 70 (1989) 327-348.

KREMER, J., »Nimm deine Hand und lege sie in meine Seite!« Exegetische, hermeneutische und bibeltheologische Überlegungen zu Joh 20,24-29, in: FS F. NEIRYNCK III, 1992, 2153-2181, auch in: DERS., Die Bibel beim Wort genommen, Freiburg 1995, 161-189.

KÜSSMANN, M., Marias eigener Weg: Joh 20,11-18, JK 56 (1995) 159-162.

LANDAU, R., Unsere Namen im Munde des Auferstandenen (Joh 20,11-18), ThBeitr. 21 (1990) 57-64.

LATTKE, M., Joh 20,30f. als Buchschluß, ZNW 78 (1987) 288-292.

LEE, D.A., Partnership in Easter Faith: The Role of Mary Magdalene and Thomas in Jn 20, JSNT 58 (1995) 37-49.

—, Turning from Death to Life: A Biblical Reflection on Mary Magdalene (John 20:1-18), ER 50 (1998) 112-120.

LEMCIO, E.E., The Past of Jesus in the Gospels, SNTS.MS 68, Cambridge 1991.

LIEU, J., The Women's Resurrection Testimony, in: FS L. HOULDEN, London 1994, 34-44.

LINDARS, B., The Composition of John XX, in: DERS., Essays, Leuven 1992, 3-8.

LYS, D., Jamais chez Jean! (Mort et Résurrection), ETR 70 (1995) 509-519.

MATERA, F.J., John 20:1-18, Interp. 43 (1989) 402-406.

MCGEHEE, M., A Less Theological Reading of John 20:17, JBL 105 (1986) 299-302.

MILLER, D.B., The Signs as Witnesses in the Fourth Gospel: Reexamining the Evidence, CBQ 56 (1994) 519-535.

MOHAMED, A.F./SORG, T., Friede sei mit euch! (Joh 20,19-23), ThBeitr 26 (1995) 113-117.

NAASTEPAD, T.J.M., Pasen en passie bij Johannes, 2 vol., Kampen 1986.
NEIRYNCK, F., Note sur Jn 20,1-18, EThL 62 (1986) 404.
—, John and the Synoptics: The Empty Tomb Stories, in: DERS., Evangelica II, Leuven 1991, 571-599.
NÜRNBERG, R., Apostolae Apostolorum. Die Frauen am Grab als erste Zeuginnen der Auferstehung in der Väterexegese, in: FS E. DASSMANN, Münster 1996, 228-242.
NÜTZEL, J.M., »Komm und sieh« – Wege zum österlichen Glauben im Johannesevangelium, in: L. OBERLINNER (Hrsg), Auferstehung Jesu, 1986, 162-193.
O'COLLINS, G./KENDALL, D., Mary Magdalene as Major Witness to Jesus' Resurrection, ThSt 48 (1987) 631-646.
OSIEK, C., The Women at the Tomb: What are they doing there?, HTS 53 (1997) 103-118.
PANIER, L., Le tombeau, les anges et l'écriture Jn 20,1-18, SémBib 81 (1996) 53-67.
PERKINS, P., »I have seen the Lord« (John 20:18). Women Witnesses to the Resurrection, Interp. 46 (1992) 31-41.
PLACHER, W.C., Gospels' Ends: Plurality Ambiguity in Biblical Narratives, MoTh 10 (1994) 143-163.
POIRIER, P.-H., Pour une histoire de la lecture pneumatologique de Gn 2:7: Quelques jalons jusqu'à Irenée de Lyon, REAug 40 (1994) 1-22.
POTTERIE, I. DE LA, The Hour of Jesus: The Passion and Resurrection of Jesus According to John, New York 1989.
RILEY, G.J., Resurrection Reconsidered: Thomas and John in Controversy, Minneapolis 1995.
RITT, H., Vom Wunderglaube zum Bekenntnisglaube, in: FS M. MÜLLER, Regensburg 1996, 63-82.
ROBERTS, C., John 20:30-31 and 21:24-25, JThS 38 (1987) 409-410.
ROBERT, R., Le »suaire« johannique, RThom 89 (1989) 599-608.
RODATZ, J.C., Exegetischer Versuch über Joh 20,16.17, ZLThK 4/4 (1843) 121-137.
ROTHERT, P., Auferstanden ist der gute Hirt. Die frühchristliche Darstellung des guten Hirten als Osterbild, EuA 66 (1990) 129-136.
SANCHEZ NAVARRO, L.A., Acerca de ὁράω en Jn, EstB 55 (1997) 263-266.
SAWICKI, M., Recognizing the Risen Lord, ThTod 44 (1988) 441-449.
SAWICKI, M., Seeing the Lord. Resurrection and Early Christian Practices, Minneapolis 1994.
SCHLUMBERGER, S., Un récit qui fait histoire Jean 20:1-18, FV 96 (1997) 85-98.
SCHNEIDER, G., Auf Gott bezogenes »mein Vater« und »euer Vater« in den Jesus-Worten der Evangelien. Zugleich ein Beitrag zum Problem Johannes und die Synoptiker, in: FS F. NEIRYNCK, BEThL 100C, 1992, 1751-1781.
SCHNEIDERS, S.M., John 20:11-18. The Encounter of the Easter Jesus With Mary Magdalene, in: F.F. SEGOVIA (Hrsg.), »What is John?« I: Reader and Readings of the Fourth Gospel, Atlanta 1996, 155-168.
SCHNELLE, U., Johannes als Geisttheologe, NT 40 (1997) 17-31.
SCHUHMACHER, F./SÖDING, T., Leben gegen den Tod. Das Ostergeheimnis im Johannesevangelium, Freiburg 1994.
SCHWANK, B., Erhöht und verherrlicht, EuA 68 (1992) 137-146.

SCHWARZ, R., »Wenn Christus durch verschlossene Türen kommt«. Eine Predigt M. Luthers über Joh 10,19-23 am 12.4.1523, Luther 63 (1992) 5-13.
SETZER, C., Excellent Women: Female Witness to the Resurrection, JBL 116 (1997) 259-272.
SIELEPIN, A., Zmartwychwstanie a pokój w świetle czwartej ewangelii, ACra 26 (1994) 237-248.
SIMON, L., Petrus und der Lieblingsjünger im Johannesevangelium, Frankfurt 1994.
SMIT SIBINGA, J., Towards Understanding the Composition of John 20, in: FS F. NEIRYNCK III, 1992, 2138-2152.
SÖDING, T., Die Schrift als Medium des Glaubens. Zur hermeneutischen Bedeutung von Joh 20,30f., in: FS J. ERNST, Paderborn 1996, 343-371.
STENGER, W., Strukturale Lektüre der Ostergeschichte des Johannesevangeliums (Joh 19,31-21,25), in: DERS., Strukturale Beobachtungen zum NT, NTTS 12, Leiden 1990, 202-242.
SWETNAM, J., Bestowal of the Spirit in the Fourth Gospel, Bib. 74 (1993) 556-576.
THEOBALD, M., Der johanneische Osterglaube und die Grenzen seiner narrativen Vermittlung (Joh 20), in: FS P. HOFFMANN, BZNW 93, Berlin 1998, 93-123.
TOLMIE, D.F., »My Vader en julle Vader, my God en julle God«. Oor die interpretasie van Joh 20:18, NGTT 38 (1997) 328-339.
VAN DER WATT, J.G., Liefde in die familie van God: n' beskrywende uiteensetting van familiale liefdesverhoudinge in die Johannesevangelie, HTS 53 (1997) 557-569.
VAN ROSSUM, J., The »Johannine Pentecost«: John 20:22 in Modern Exegesis and in Orthodox Theology, SVTQ 35 (1991) 149-186.
WOICIECHOWSKI, M., Le don de l'Esprit Saint dans Jean 20:22 selon Tg. Gn 2,7, NTS 33 (1987) 289-292.
WYATT, N., »Supposing Him to Be the Gardener« (John 20:15). A Study of the Paradise Motif in John, ZNW 81 (1990) 21-38.
ZELLER, D., Der Ostermorgen im 4. Evangelium (Joh 20,1-18), in: L. OBERLINNER, (Hrsg.), Auferstehung Jesu, QD 105, 1986, 145-161.
ZUMSTEIN, J., Mémoire et relecture pascale dans l'Évangile selon Jean, in: DERS., Miettes Exégétiques, Genf 1991, 299-316.

LITERATUR ZU **DER NACHÖSTERLICHE EPILOG**, 21,1-25 (B 14B) S. 260-271

BAMMEL, C.P., The First Resurrection Appearance to Peter, in: BEThL 101, Leuven 1992, 620-631.
BARNS, T., A Study in St. John XXI, Exp. 7. ser., 6 (1907) 533-542.
BAUCKHAM, R., The Beloved Disciple as Ideal Author, JSNT 49 (1993) 21-44.
—, The Martyrdom of Peter in Early Christian Literature, ANRW II 26.1 (1992) 539-595.544-550.
BARTHOLOMEW, G.L., Feed My Lambs: John 21:15-19 as Oral Gospel, Semeia 39 (1987) 69-96.
BECK, D.R., The Narrative Function of Anonymity in the Fourth Gospel Characterization, Semeia 63 (1993) 143-158.
—, The Discipleship Paradigm: Readers and Anonymous Characters in the Fourth Gospel, BI.S 27, Leiden 1997.

BIRDSALL, J.N., The Source of Catena Comments on John 21:25, NT 36 (1994) 271-279.
BISER, E., »Was ist mit diesem?« Eine theologische Improvisation über das Thema des von Jesus geliebten Jüngers, in: FS F. HAHN, 1991, 323-336.
BLANK, J., »Als sie den Herren sahen, freuten sich sich«. Österliche Wirklichkeit nach Johannes, Freiburg 1988.
BOISMARD, M.-É., Moses or Jesus. An Essay in Johannine Christology, Minneapolis/Leuven 1993, 42-53, franz. in: BEThL 84A, Leuven 1988.
—, Le disciple que Jésus aimait d'après Jn 21,1ss et 1,35ss, RB 105 (1998) 76-80.
BONSACK, B., Der Presbyteros des dritten Briefs und der geliebte Jünger des Evangeliums nach Johannes, ZNW 79 (1988) 45-62.
BRECK, J., John 21: Appendix, Epilogue or Conclusion?, SVTQ 36 (1992) 27-49.
BROCK, A.G., The Significance of *phileoh* and *philos* in the Tradition of Jesus Sayings and in the Early Christian Communities, HThR 90 (1997) 393-409.
BROWN, S., The Beloved Disciple: A Jungian View, in: FS J.L. MARTYN, 1990, 366-377.
BUSSE, U., Die »Hellenen«. Joh 12,20ff. und der sogenannte »Anhang« Joh 21, in: FS F. NEIRYNCK III, BEThL 100C, 1992, 2083-2100.
—, The Beloved Disciple, SKerk 15 (1994) 219-227.
—, The Relevance of Social History to the Interpretation of the Gospel According to John, SKerk 16 (1995) 28-38.
CARDELLINO, L., Chi rifiuta la parola di Dio non comprenderebbe neppure se fossero scritte tutte le conversioni (Gv 21,25), RibBib 45 (1997) 429-437.
CERNUDA, A.V., El desvaido Lazaro y el deslumbrador discipulo amado, EstB 52 (1994) 453-516.
CHARLESWORTH, J.H., The Beloved Disciple: Whose Witness Validates the Gospel of John?, Valley Forge 1995.
CHOPINEAU, J., La Bible symbolique: Note sur l'apport hellenistique à la numérologie symbolique de la Bible, AnBrux 1 (1996) 88-101.
DELEBECQUE, É., La mission de Pierre et celle de Jean: Note philologique sur Jean 21, Bib. 67 (1986) 335-342.
DERRETT, J.D.M., »ζώννυμι, φέρω, ἄλλος«: The Fate of Peter (Jn 21:18-19), FN 8 (1995) 79-84.
—, Ἄρτος and the Comma (Jn 21:9), FN 10 (1997) 117-128.
DIEFENBACH, M., Ökumenische Probleme infolge johanneischer Auslegung: eine wirkungs- und rezeptionsgeschichtliche Betrachtung des johanneischen Petrusbildes, Cath(M) 52 (1998) 44-66.
ELLIS, P.F., The Authenticity of John 21, SVTQ 36 (1992) 17-25.
ERDMANN, E., Einige Bemerkungen über caput 21 des Evangelium Johannis, Rostock 1819.
FORTNA, R.T., Diachronic/Synchronic Reading in John 21 and Luke 5, BEThL 101, 1992, 387-399.
FRANZMANN, M./KLINGER, M., The Call Stories of John 1 and John 21, SVTQ 36 (1992) 7-15.
GOLDINGAY, J., Fishing on the Sea of Tiberias, Anvil 10 (1993) 9.
GUNKEL, H., Joh 21,15-17, ChW 6 (1892) 437.
GURLITT, J., Explicatur c. 21 evangelii Johannei et simul de ejus auctoritate exponitur, Hamburg 1805.

HOEKSTRA, S., Het laatste hoofdstuk van het vierde evangelie, vergeleken met dit evangelie zelf, ThT 1 (1867) 407-424.
HOFIUS, O., *Arnion* – Widder oder Lamm? Erwägungen zur Bedeutung des Wortes in der Johannesapokalypse, ZNW 89 (1998) 272-281.
HOFRICHTER, P., Joh 21 im Makrotext des Vierten Evangeliums, in: J. HAINZ, (Hrsg.), Methodenstreit, 1991, 208-228.
HOFSTEDE DE GROOT, P., Een tijdgenoot der langst levenden onder de Apostelen, als eerste getuige voor de oudheid en het gezag van boeken van het NT, Waarheid in Liefde 1866, 449-512.
HVALVIK, R., Barnabas 9.7-9 and the Author's Supposed Use of Gematria, NTS 33 (1987) 276-282.
KAUFMAN, P.S., The Beloved Disciple: Witness Against Anti-Semitism, Collegeville 1991.
LAWLESS, G., Augustine's Use of Rhetoric in his Interpretation of John 21:19-23, AugS 23 (1992) 53-67.
MERX, A., Text und Auslegung von Joh 21,15-17, PrM 2 (1898) 354-360.
MONOZ LEÓN, D., Es el Apostol Juan el Discipulo Amado? Razones en contra y en pro del caracter apostolico de la Tradicion Joanica, EstB 45 (1987) 403-492.
—, Juan el Presbitero y el Discipulo Amado. Consideraciones criticas sobre la opinion de M. Hengel, EstBib 48 (1990) 543-563.
MORROW, T., Shepherding the Flock of God, IrBSt 9 (1987) 106-114.
NEIRYNCK, F., John 21, NTS 36 (1990) 321-336.
—, John 21, in: DERS., Evangelica II, 1991, 601-616.
—, Note sur Jn 21:14, in: DERS., Evangelica II, 1991, 689-692.
NEPPER-CHRISTENSEN, P., Hvem var den discipel, som Jesus elskede?, DTT 53 (1990) 81-105.
NEUHAUS, D., Simon Petrus blickt zurück: Herbst der Nachfolge. Predigt über Joh 21,15-19, in: DERS. (Hrsg.), Teufelskinder, 1990, 169-175.
NEYREY, J.H., Art.: Nudity, in: PILCH/MALINA (Hrsg.), Social Values, 1993, 119-128.
OBERWEIS, M., Die Bedeutung der neutestamentlichen »Rätselzahlen« 666 (Apk 13,18) und 153 (Joh 21,11). ZNW 77 (1986) 226-241.
OLADIPO, C.O., John 21:15-17, Interp. 51 (1997) 65-67.
PITTA, A., *Ichthys* ed *opsarion* in Gv 21:1-14: semplice variazione lessicale o differenza con valore simbolico?, Bib. 71 (1990) 348-364.
PLACHER, W.C., Gospels' Ends: Plurality Ambiguity in Biblical Narratives, MoTh 10 (1994) 143-163.
REDDINGIUS, I.H., Disputatio de authentia capitis ultimi evangelii Iohannis, Groningen 1833.
REIM, G., Johannes 21 – ein Anhang?, in: DERS., Jochanan, 1995, 389-396.
—, Der Augenzeuge: Tradition, Komposition und Interpretation im Johannesevangelium, in: DERS., Jochanan, Erlangen 1995, 425-486.
RESE, M., Das Selbstzeugnis des Johannesevangeliums über seinen Verfasser, EThL 72 (1996) 75-111.
RIGATO, M.-L., L'»Apostolo ed Evangelista Giovanni«, »Sacerdote« Levitico, RivBib 38 (1990) 451-483.
ROBERTS, C., John 20:30-31 and 21:24-25, JThS 38 (1987) 409-410.
ROBERTS GAVENTA, B., The Archive of Excess: John 21 and the Problem of Narrative Closure, in: FS D.M. SMITH, 1996, 240-252.

Ross, J.M., One Hundred and Fifty-Three Fishes, ET 100 (1989) 375.
Ruckstuhl, E., Der Jünger, den Jesus liebte, SNTU/A 11 (1986) 131-167.
Satlow, M.L., Jewish Constructions of Nakedness in Late Antiquity, JBL 116 (1997) 429-454.
Schenk, W., Interne Strukturierungen im Schluß-Segment Johannes 21, NTS 38 (1992) 507-530.
Schneider, S.M., John 21:1-14, Interp. 43 (1989) 70-75.
—, »Because of the Woman's Testimony...«: Reexamining the Issue of Authorship in the Fourth Gospel, NTS 44 (1998) 513-535.
Schwank, B., Verwandtschaft als Geschenk. Drei Meßansprachen zu Johannes-Texten, EuA 71 (1995) 303-315.
Schwarz, G., Johannes 21,9b, BiNo 55 (1990) 14-15.
Segalla, G., »Il discepolo che Gesù amava« e la tradizione giovannea, TRiv 14 (1989) 217-244.
Segovia, F.F., The Final Farewell of Jesus: A Reading of John 20:30-21:25, Semeia 53 (1991) 167-190.
Simon, L., Petrus und der Lieblingsjünger im Johannesevangelium, Frankfurt 1994.
Standaert, B., Jean 21 et les Synoptiques. L'enjeu interecclésial de la dernière rédaction de l'évangile, BEThL 101, 1992, 632-643.
Strachan, R.H., Spitta on John XXI, Exp. 8. ser., 4 (1912) 363-369, 554-561.
—, The Appendix to the Fourth Gospel, Exp. 8. ser., 7 (1914) 255-274.
Theobald, M., Der Jünger, den Jesus liebte. Beobachtungen zum narrativen Konzept der johanneischen Redaktion, in: FS M. Hengel III, 1996, 219-256.
Thibeaux, E.R., Reading Readers Reading Characters, Semeia 63 (1993) 215-227.
Thyen, H., Noch einmal: Johannes 21 und »der Jünger, den Jesus liebte«, in: FS L. Hartman, 1995, 147-189.
—, Misericordias Domini – 30.4.1995: Joh 21,15-19, GPM 84.2 (1995) 194-205.
Tolmie, D.F., John 21:24-25: A Case of Failed Attestation?, SKerk 17 (1996) 420-426.
Trudinger, P., John 21 Revisited Once Again, DR 106 (1988) 145-148.
—, The 153 Fishes: A Response and a Further Suggestion, ET 102 (1990/91) 11-12.
Vanhoozer, K.J., The Hermeneutics of I-Witness Testimony: Jn 21:20-24 and the »Death« of the »Author«, in: FS G. W. Anderson, Sheffield 1993, 366-387.
Venetz, H.J., Vielfältige Leitungsmodelle im Neuen Testament, LS 46 (1995) 188-193.
Vigelius, P.F., Historisch-Kritisch Onderzoek naar den Schrijver van Johannes XXI, Leiden 1871.
Vorster, W.S., The Growth and Making of John 21, in: FS F. Neirynck III, BEThL 100C, 1992, 2207-2221.
Welck, C., Erzählte Zeichen. Die Wundergeschichten des Johannesevangeliums literarisch untersucht. Mit einem Ausblick auf Joh 21, WUNT 2/69, Tübingen 1994.
Wiarda, T., John 21:1-23: Narrative Unity and its Implications, JSNT 46 (1992) 53-71.

WIEDERKEHR, D., Ungleichzeitige Gegenwart: Joh 21,1-14, in: FS D. WIEDERKEHR, 1998, 108-116.
WITTICHEN, C., Ueber die Zahl Einhundert und drei und fünfzig, JPTh 6 (1880) 184-191.
ZUMSTEIN, J., La rédaction finale de l'évangile selon Jean (à l'exemple du chapitre 21), in: J.-D. KAESTLI (Hrsg.), Communauté 1990, 207-230, auch in: DERS., Miettes Exégétiques, Genève 1991, 253-279.
—, Le processus de relecture dans la littérature Johannique, ETR 73 (1998) 161-176.

LITERATUR ZU DER ANONYME »JÜNGER, DEN JESUS LIEBTE« (C 1E)
S. 289-302

BARTLETT, D.L., John 13:21-30, Interp. 43 (1989) 393-397.
BAUCKHAM, R., The Beloved Disciple as Ideal Author, JSNT 49 (1993) 21-44.
BECK, D.R., The Narrative Function of Anonymity in the Fourth Gospel Characterization, Semeia 63 (1993) 143-158.
—, The Discipleship Paradigm: Readers and Anonymous Characters in the Fourth Gospel, BI.S 27, Leiden 1997.
BETZ, O., Das Gnadenamt des Apostels Paulus und des Jüngers Johannes, in: DERS., Jesus. Der Herr der Kirche. Aufsätze zur biblischen Theologie II, WUNT 52, Tübingen 1990, 445-465.
BISER, E., Was ist mit diesem? Eine theologische Improvisation über das Thema des von Jesus geliebten Jüngers, in: FS F. HAHN, 1991, 323-336.
BOISMARD, M.-É., Le disciple que Jésus aimait d'après Jn 21,1ss et 1,35ss, RB 105 (1998) 76-80.
BONSACK, B., Der Presbyteros des dritten Briefs und der geliebte Jünger des Evangeliums nach Johannes, ZNW 79 (1988) 45-62.
BORSE, U., Joh 20,8: österlicher oder vorösterlicher Glaube?, SNTU/A 14 (1989) 151-160.
BROWN, S., The Beloved Disciple: A Jungian View, in: FS J.L. MARTYN, 1990, 366-377.
BUSSE, U., The Beloved Disciple, SKerk 15 (1994) 219-227.
CAPPER, B.J., »With the Oldest Monks...«: Light from Essene History on the Career of the Beloved Disciple, JThS 49 (1998) 1-55.
CATCHPOLE, D., The Beloved Disciple and Nathanael, in: FS J. ASHTON, JSNT.S 153, Sheffield 1998, 69-92.
CERNUDA, A.V., El desvaido Lazaro y el deslumbrador discipulo amado, EstB 52 (1994) 453-516.
CHARLESWORTH, J.H., The Beloved Disciple: Whose Witness Validates the Gospel of John?, Valley Forge 1995.
CRAIG, W.L., The Disciples' Inspection of the Empty Tomb (Lk 24:12.24; Jn 20: 2-10), BEThL 101, 1992, 614-619.
CULPEPPER, R.A., John, the Son of Zebedee: The Life of a Legend, Columbia 1994.
DELEBECQUE, E., Retour sur Jean 20:9, RB 96 (1989) 81-94.
EBNER, M., Wer liebt mehr? Die liebende Jüngerin und der geliebte Jünger nach Joh 20,1-18, BZ 42 (1998) 39-55.
ECKLE, W., Den der Herr lieb hatte. Rätsel um den Evangelisten Johannes, Hamburg 1991.

GRASSI, J.A., The Secret Identity of the Beloved Disciple, New York/Mahwah 1992.
HENGEL, M., Die johanneische Frage. Ein Lösungsversuch; mit einem Beitrag zur Apokalypse von J. FREY, WUNT 67, Tübingen 1993.
—, The Johannine Question, London/Philadelphia 1989.
HUBBARD, D.A., John 19:17-30, Interp. 43 (1989) 397-401.
KAUFMAN, P.S., The Beloved Disciple: Witness Against Anti-Semitism, Collegeville 1991.
KING, E.G., The Disciple That Jesus Loved – A Suggestion, Int 5 (1908/09) 167-174.
KRAABEL, A.T., The God-fearers Meet the Beloved Disciple, in: FS H. KOESTER, 1991, 276-284.
KÜGLER, J., Der Jünger, den Jesus liebte. Literarische, theologische und historische Untersuchungen zu einer Schlüsselgestalt johanneischer Theologie und Geschichte, SBB 16, Stuttgart 1988.
LATAIRE, B., The Son on the Father's Lap. The Meaning of εἰς τὸν κόλπον in John 1:18, SNTU/A 22 (1997) 125-138.
LEATHES, S., »The Disciple Whom Jesus Loved«, Exp. 2 (1875) 453-464.
MALINA, B.J., The Gospel of John in Sociolinguistic Perspective, Berkeley 1985.
MEYER, M.W., The Youth in Secret Mark and the Beloved Disciple in John, in: FS J.M. ROBINSON I, 1990, 94-105.
MOORE, T.J., Seats and Social Status in the Plautine Theatre, CJ 90 (1994/95) 113-123.
MONOZ LEÓN, D., Es el Apostol Juan el Discipulo Amado? Razones en contra y en pro del caracter apostolico de la Tradicion Joanica, EstB 45 (1987) 403-492.
—, Juan el Presbitero y el Discipulo Amado. Consideraciones criticas sobre la opinion de M. Hengel, EstBib 48 (1990) 543-563.
NEIRYNCK, F., The Anonymous Disciple in John 1, EThL 66 (1990) 5-37; auch in: DERS., Evangelica II, 1991, 617-649.
NEPPER-CHRISTENSEN, P., Hwem var den discipel, som Jesus elskede?, DTT 53 (1990) 81-105.
NORDSIECK, R., Johannes. Zur Frage nach Verfasser und Entstehung des vierten Evangeliums. Ein neuer Versuch, Neukirchen-Vluyn 1998.
POTTERIE, I. DE LA, Le témoin qui demeure: le disciple que Jésus aimait, Bib. 67 (1986) 343-359.
PUTHENKANDATHIL, E., *Philos*: A Designation for the Jesus Disciple Relationship, Frankfurt 1993.
QUAST, K., Peter and the Beloved Disciple. Figures for a community in crisis, JSNT.S 32, Sheffield 1989.
REIM, G., Der Augenzeuge: Tradition, Komposition und Interpretation im Johannesevangelium, in: DERS., Jochanan, 1995, 425-486.
RESE, M., Das Selbstzeugnis des Johannesevangeliums über seinen Verfasser, EThL 72 (1996) 75-111.
RIGATO, M.-L., L'»Apostolo ed Evangelista Giovanni«, »Sacerdote« Levitico, RivBib 38 (1990) 451-483.
RUCKSTUHL, E., Der Jünger, den Jesus liebte, SNTU/A 11 (1986) 131-167.
SCHNEIDERS, S.M., »Because of the Woman's Testimony...«: Reexamining the Issue of Authorship in the Fourth Gospel, NTS 44 (1998) 513-535.
SCOTT, E.F., The Beloved Disciple in the Fourth Gospel, Int 6 (1909/10) 362-370.
SEGALLA, G., »Il discepolo che Gesù amava« e la tradizione giovannea, TRiv 14 (1989) 217-244.

SIMON, L., Petrus und der Lieblingsjünger im Johannesevangelium, Frankfurt 1994.
TAYLOR-GUTHRIE, D., Who are the Beloved? Old and New Testament Communities of Faith, R&L 27 (1995) 119-129.
THEOBALD, M., Der Jünger, den Jesus liebte. Beobachtungen zum narrativen Konzept der johanneischen Redaktion, in: FS M. HENGEL II, 1996, 219-256.
THIBEAUX, E.R., Reading Readers Reading Characters, Semeia 63 (1993) 215-227.
THORNECROFT, J.K., The Redactor and the »Beloved« in John, ET 98 (1987) 135-139.
THYEN, H., Noch einmal: Johannes 21 und »der Jünger, den Jesus liebte«, in: FS L. HARTMAN, 1995, 147-189.
WINANDY, J., Le disciple que Jésus aimait: pour une vision élargie du problème, RB 105 (1998) 70-75.
ZELLER, D., Der Ostermorgen im 4. Evangelium (Joh 20,1-18), in: L. OBERLINNER (Hrsg.), Auferstehung Jesu, 1986, 145-161.

LITERATUR ZU DIE ROLLE »DER JUDEN« IM DISKURS UND IN DER METAPHORIK (C 2) S. 302-323

BENYAMIN, B.-Z., Birkat ha-Minim and the Ein Gedi Inscription, Imm 21 (1987) 68-79.
BILLERBECK, P., Der Synagogenbann, in: Bill IV.1 (1928) 293-333.
BLANK, J., Antijudaismus im Neuen Testament?, in: H. FRONHOFEN (Hrsg.), Christlicher Antijudaismus und jüdischer Antipaganismus, HThSt 3, Hamburg 1990, 50-63.
BOSHOFF, P.B., Die »*aposunagogos*« se invloed op die geskrifte van die Nuwe Testament volgens Walter Schmithals, HTS 53 (1997) 599-608.
BROER, I., Die Juden im Urteil der Autoren des Neuen Testaments, ThGl 82 (1992) 2-33.
BROWN, S., John and the Resistant Reader: The Fourth Gospel after Nicea and the Holocaust, Journal of Literary Studies 5 (1989) 252-261.
BRUMLIK, M., Johannes. Das judenfeindliche Evangelium, KuI 4 (1989) 102-113.
BÜCHLER, A., The Minim of Sepphoris and Tiberias in the Second and Third Centuries, in: DERS., Studies in Jewish History, 1956, 245-274.
CAPELLI, P., Ebrei e cristiani dall'epoca di Gesù al 1000, Sette e religioni 8 (1998) 5-51.
CARON, G., Exploring a Religious Dimension: The Johannine Jews, SR 24 (1995) 159-171.
—, Qui sont les »Juifs« de l'évangile de Jean?, Québec 1997.
—, The Lifting Up of the Human One and the Johannine Jews, EeT(O) 26 (1995) 319-329.
CARROLL, K.L., The Fourth Gospel and the Exclusion of Christians From the Synagogues, BJRL 40 (1957/1958) 19-32.
CHARLESWORTH, J.H., The Old Testament Pseudepigrapha and the New Testament, SNTS.MS 54, 1985, 82f.
COOK, M.J., The Gospel of John and the Jews, RExp 84 (1987) 259-271.
CULPEPPER, R.A., The Gospel of John and the Jews, RExp 84 (1987) 273-288.

—, The Gospel of John as a Threat to Jewish-Christian Relations, in: J.H. CHARLESWORTH (Hrsg.), Overcoming Fear Between Jews and Christians, New York 1993, 21-43.

DE BOER, M.C., L'évangile de Jean et le christianisme juif (nazoréen), in: D. MARGUERAT (Hrsg.), Le déchirement: Juifs et chrétiens au premier siècle, Genève 1996, 179-202.

DE JONGE, H.J., Jewish Arguments Against Jesus at the End of the First Century C.E. According to the Gospel of John, in: P.W. VAN DER HORST (Hrsg.), Aspects of Religious Contact and Conflict in the Ancient World, Utrecht 1995, 45-56.

DE JONGE, M., The Conflict between Jesus and the Jews, and the Radical Christology of the Fourth Gospel, PrSt 20 (1993) 341-355.

DEVILLIERS, L., La lettre de Soumaïos et les Ioudaioi johanniques, RB 105 (1998) 556-581.

DUNN, J.D.G., The Parting of the Ways Between Christianity and Judaism and their Significance for the Character of Christianity, London/Philadelphia 1991.

DERS. et al. (Hrsg.), Jews and Christians: The Partings of the Ways A.D. 70 to 135, WUNT 66, Tübingen 1992.

FELDMAN, L.H., Jew and Gentile in the Ancient World: Attitudes and Interactions from Alexander to Justinian, Princeton 1993, 372-374.

—, Is the NT Anti-Semitic?, in: DERS., Studies in Hellenistic Judaism, AGJU 30, Leiden 1996, 277-288.

—, The Relationship between Pagan and Early Christian Anti-Semitism, in: DERS., Studies in Hellenistic Judaism, AGJU 30, Leiden 1996, 289-316.

FEHRIBACH, A., The Women in the Life of the Bridegroom. A Feminist Historical-Literary Analysis of the Female Characters in the Fourth Gospel, Collegeville 1998.

FLUSSER, D., Das Schisma zwischen Judentum und Christentum, EvTh 40 (1980) 214-239; engl.: The Jewish-Christian Schism, in: DERS., Judaism and the Origins of Christianity, Jerusalem 1988, 617-644.

FOAKES JACKSON, F.J. (Hrsg.), The Parting of the Roads. Studies in the Development of Judaism and Early Christianity by Members of Jesus College, Cambridge 1912.

FORKMAN, G., The Limits of the Religious Community. Expulsion from the Religious Community within the Qumran Sect, within the Rabbinic Judaism, and within the Primitive Christianity, CB.NT 5, Lund 1972.

GEYSER, A.S., Israel in the Fourth Gospel, Neotest. 20 (1986) 13-20.

GOODBLATT, D., From Judaeans to Israel: Names of Jewish States in Antiquity, JSJ 29 (1998) 1.36.

GRELOT, P., Les Juifs dans l'évangile selon Jean, Paris 1995.

HARVEY, G., The True Israel. Uses of the Names Jew, Hebrew and Israel in Ancient Jewish and Early Christian Literature, AGJU 35, Leiden 1996, 84-94, 130, 245-250.

—, Synagogues of the Hebrews: »Good Jews« in the Diaspora, in: S. JONES/ S. PEARCE (Hrsg.), Jewish Local Patriotism and Self-Identification in the Graeco-Roman Period, JSP.S 31, Sheffield 1998, 132-147.

HELLIG, J., The Negative Image of the Jews and Its NT Roots, JSTA 64 (1988) 39-48.

HORBURY, W., The Benediction of the Minim and Early Jewish-Christian Controversy, JThS 33 (1982) 19-61.
—, Jews and Christians in Contact and Controversy, Edinburgh 1998.
HRUBY, K., Die Trennung von Kirche und Judentum, ThBer. 3 (1974) 135-156.
JANOWITZ, N., Rabbis and Their Opponents: The Conctruction of the »min« in Rabbinic Anecdotes, JECS 6 (1998) 449-462.
JOHNSON, L.T., The NT's Anti-Jewish Slander and the Conventions of Ancient Polemic, JBL 108 (1989) 419-441.
JOUBERT, S.J., A Bone of Contention in Recent Scholarship: The »Birkat ha-Minim« and the Separation of Church and Synagogue in the 1st century A.D., Neotest. 27 (1993) 351-363.
KALMIN, R., Christians and Heretics in Rabbinic Literature of Late Antiquity, HThR 87 (1994) 155-169.
KATZ, S.T., Issues in the Separation of Judaism and Christianity after 70 C.E.: A Reconsideration, JBL 103 (1984) 53-76.
KAUFMAN, P.S., The Beloved Disciple: Witness against Anti-Semitism, Collegeville 1991.
KELBER, W.H., Metaphysics and Marginality in John, in: F.F. SEGOVIA (Hrsg.), »What is John?« I, Atlanta 1996, 129-154.
KIMELMAN, R., Birkat Ha-Minim and the Lack of Evidence for an Anti-Christian Jewish Prayer in Late Antiquity, in: E.P. SANDERS et alii (Hrsg.), Jewish & Christian Self-Definition, 1981, II 226-244, 391-402.
KOHLER, K., The Origin and Composition of the Eighteen Benedictions with a Translation of the Corresponding Essene Prayers in the Apostolic Constitutions, HUCA 1 (1924) 387-425.
KRAEMER, R.S., On the Meaning of the Term »Jew« in Greco-Roman Inscriptions, HThR 82 (1989) 35-53.
KYSAR, R., Anti-Semitism and the Gospel of John, in: C.A. EVANS/D.A. HAGNER (Hrsg.), Anti-Semitism and Early Christianity, Minneapolis 1993, 113-127.
LANDIER, J., Antijudaïsme de l'Évangile de Jean?: Étude d'une parole: »Vous êtes de votre père, du diable!« Jn 8:44, ChD 10 (1997) 113-128.
LIEU, J.M., »The Parting of the Ways«: Theological Construct of Historical Reality?, JSNT 56 (1994) 101-119.
—, Temple and Synagogue in John, NTS 45 (1999) 51-69.
LIGHTSTONE, J.N., Christian Anti-Judaism in its Judaic Mirror, in: S.G. WILSON (Hrsg.), Anti-Judaism II, 1986, 103-132.
MAIER, J., Jüdische Auseinandersetzung mit dem Christentum in der Antike, EF 177, Darmstadt 1982, 136-141.
MANNS, F., John and Jamnia: How the Break Occurred between Jews and Christians c. 80-100 A.D., Jerusalem 1988.
—, L'évangile de Jean à la lumière du Judaïsme, Jerusalem 1991.
MARMORSTEIN, A., The Oldest Form of the Eighteen Benedictions, JQR 34 (1943/44) 137-159.
MARTIN, V., A House Divided: The Parting of the Ways Between Synagogue and Church, New York/Mahwah, NJ 1995.
MATSUNAGA, K., Christian Self-Identification and the Twelfth Benediction, StPB 42, 1992, 355-371.

McHugh, J., »In Him Was Life«: John's Gospel and the Parting of the Ways, in: J.D.G. Dunn et alii (Hrsg.), Jews and Christians: The Parting of the Ways A.D. 70-135, WUNT 66, Tübingen 1992, 123-158.
Meeks, W.A., Breaking Away: Three NT Pictures of Christianity's Separation from the Jewish Communities, in: Neusner/Frerichs (Hrsg.), »To See Others as Others See Us«, 1985, 93-115.
Michel, O., Polemik und Scheidung. Eine biblische und religionsgeschichtliche Studie, in: Ders., Aufsätze, 1986, 154-168.
Miller, S.S., The Minim of Sepphoris Reconsidered, HThR 86 (1993) 377-402.
Motyer, S., Your Father the Devil? A New Approach to John and »the Jews«, Carlisle 1997.
—, Is John's Gospel Anti-Semitic?, Themelios 23 (1998) 1-4.
Mulder, H., De Minim, Kampen 1971.
Neuhaus, D. (Hrsg.), Teufelskinder oder Heilsbringer – die Juden im Johannes-Evangelium, AT 64, Frankfurt 1990.
Neusner, J., Explaining the Great Schism: History Versus Theology, Religion 28 (1998) 139-153.
O'Neill, J.C., The Jews in the Fourth Gospel, IBS 18 (1996) 58-74.
Paget, J.C., Anti-Judaism and Early Christian Identity, ZAC 1 (1997) 195-225.
Pesce, M., Antigiudaismo nel Nouvo Testamento e nella sua utilizzazione. Reflessioni metodologiche, ASE 14 (1997) 11-38.
Pippin, T., »For Fear of the Jews«: Lying and Truth-Telling in Translating the Gospel of John, Semeia 76 (1996) 81-97.
Porsch, F., »Ihr habt den Teufel zum Vater« (Joh 8,44). Antijudaismus im Johannesevangelium?, BiKi 44 (1989) 50-57.
Pratscher, W., Die Juden im Johannesevangelium, BiLi 59 (1986) 177-185.
Pryor, J.W., John: Evangelist of the Covenant People. The Narration & Themes of the Fourth Gospel, London 1992.
Reinhartz, A., A Nice Jewish Girl Reads the Gospel of John, Semeia 77 (1997) 177-193.
—, The Johannine Community and Its Jewish Neighbors: A Reappraisal, in: F.F. Segovia (Hrsg.), »What is John?« II, Atlanta 1998, 111-138.
Richardson, P. (Hrsg.), Anti-Judaism in Early Christianity, vol. 1: Paul and the Gospels, Waterloo 1986.
Sanders, J.T., Schismatics, Sectarians, Dissidents, Deviants. The First Hundred Years of Jewish-Christian Relations, London 1993.
Schäfer, P., Die sogenannte Synode von Jabne. Zur Trennung von Juden und Christen im 1./2. Jh. n.Chr., AGJU 15, Leiden 1978, 45-64.
—, Judeophobia: Attitudes Toward the Jews in the Ancient World, Cambridge, MA. 1997.
Schiffman, L., Who Was a Jew? Rabbinic and Halakhic Perspectives on the Jewish Christian Schism, Hoboken 1985.
Schnedermann, G., Das Judenthum und die christliche Verkündigung in den Evangelien. Ein Beitrag zur Grundlegung der biblischen Theologie und Geschichte, Leipzig 1884, 1-96.
Schnelle, U., Die Juden im Johannesevangelium, in: C. Kähler/M. Böhm/ C. Böttrich (Hrsg.), Gedenkt an das Wort, Leipzig 1999, 217-230.

SCHOLTISSEK, K., Antijudaismus im Johannesevangelium? Ein Gesprächsbeitrag, in: R. KAMPLING (Hrsg.), Nun steht aber diese Sache im Evangelium..., Paderborn 1999, 151-181.
SHEPHERD, M.H., The Occasion of the Initial Break Between Judaism and Christianity, in: FS H. A. WOLFSON, Jerusalem 1965, II 703-717.
SIMON, M., Verus Israel, Paris 1948/Oxford 1986.
SMIGA, G.M., Pain and Polemic: Anti-Judaism in the Gospels, New York 1992.
SMITH, D.M., Judaism and the Fourth of John, in: J.H. CHARLESWORTH (Hrsg.), Jews and Christians: Exploring the Past, Present, and Future, New York 1990, 76-99.
—, John, in: J. BARCLAY/ J. SWEET (Hrsg.), Early Christian Thought in Its Jewish Context, Cambridge 1996, 96-111.
STEGEMANN, E., Die Tragödie der Nähe. Zu den judenfeindlichen Aussagen des Johannesevangeliums, KuI 4 (1989) 114-122.
STEMBERGER, G., Die sogenannte »Synode von Jabne« und das frühre Christentum, Kairos 19 (1977) 14-21.
SWANSON, T.D., To Prepare a Place. Johannine Christianity and the Collapse of Ethnic Territory, JAAR 62 (1994) 241-263.
TANZER, S.J., Salvation Is *for* the Jews: Secret Christian Jews in the Gospel of John, in: FS H. KOESTER, 1991, 285-300.
TAYLOR, M.S., Anti-Judaism and Early Christian Identity. A Critique of the Scholarly Consensus, Leiden 1994.
THEISSEN, G., Sozialgeschichtliche Überlegungen zu einem beginnenden Schisma, WUNT 58, Tübingen 1991, 331-359.
THORNTON, T.C.G., Christian Understandings of the Birkat Ha-Minim in the Eastern Roman Empire, JThS 38 (1987) 414-431.
THYEN, H., Juden und Christen – Kinder eines Vaters, in: FS R. RENDTORFF, 1990, 689-705.
TOMSON, P.J., The Names »Israel« and »Jew« in Ancient Judaism and the New Testament, Bijdr. 47 (1986) 120-140, 266-289.
TRAVERS HERFORD, R., The Separation of Christianity from Judaism, in: FS I. ABRAHAMS, 1927, 209-220.
TRILLING, W., Gegner Jesu – Widersacher der Gemeinde – Repräsentanten der »Welt«. Das Johannesevangelium und die Juden, in: DERS., Studien zur Jesusüberlieferung, SBA 1, 1988, 209-231.
TROCMÉ, É., The Childhood of Christianity, London 1997.
URBACH, E.E., Self-Isolation or Self-Affirmation in Judaism in the First Three Centuries: Theory and Practice, in: E.P. SANDERS et alii (Hrsg.), Jewish and Christian Self-Definition, 1981, II 269-298, 413-417.
VAN AMERSFOORT, J./VAN OORT, J. (Hrsg.), Juden und Christen in der Antike, Kampen 1990.
VAN DER HORST, P.W., The Birkat ha-minim in Recent Research, in: DERS., Interaction, 1994, 99-111, bzw. ET 105 (1994) 363-368.
—, Het Achttiengebed in het Grieks?, NTT 52 (1998) 124-138.
—, Papyrus Egerton 5: Christian or Jewish?, ZPE 121 (1998) 173-182.
VAN DER WATT, J.G., Siende Blindes? Kantaantekeninge oor die »Jode« en die »Jodendom« in die Johannesevangelie, NGTT 37 (1996) 193-207.
VON WAHLDE, U.C., The Gospel of John and the Presentation of Jews and Judaism, in: D.P. EFROYMSON/E.J. FISHER/L. KLENICKI, (Hrsg.), Within Context: Essays on Jews and Judaism in the NT, Collegeville 1993, 67-84.

VOUGA, F., Antijudaismus im Johannesevangelium?, ThGl 83 (1993) 81-89.
—, Geschichte des frühen Christentums, UTB 1733, 1994, 166-182.
WATSON, A., Jesus and the Jews: The Pharisaic Tradition in John, Athens, Georgia 1995.
WENGST, K., Christliche Identitätsbildung im Gegenüber und im Gegensatz zum Judentum zwischen 70-135 d.Zt., KuI 13 (1998) 99-105.
WIEFEL, W., Antijudaismus im Neuen Testament? Kritisches und Antikritisches nach drei Jahrzehnten, ChL 51 (1998) 4-7.
WILLIAMS, M.H., The Meaning and Function of *Ioudaios* in Graeco-Roman Inscriptions, ZPE 116 (1997) 249-262.
WILSON, S.G., Related Strangers: Jews and Christians 70-170 C.E., Minneapolis 1995.
ZIMMERMANN, M. und R., Der Freund des Bräutigams (Joh 3,29): Deflorations- oder Christuszeuge?, ZNW 90 (1999) 123-130.

LITERATUR ZU DIE TEMPELMETAPHORIK:
DAS THEOLOGISCHE ZENTRUM (C 3) S. 323-366

ANDERSON, P.N., The Christology of the Fourth Gospel: Its Unity and Disunity in the Light of John 6, WUNT 2/78, Tübingen 1996.
—, The Cognitive Origins of John's Unitive and Disunitive Christology, HBT 17 (1995) 1-24.
ARANDA, A., La cuestion teologica de la encarnacion del verbo. Relectura de tres posiciones caracterististicas, ScrTh 25 (1993) 49-94.
BARKER, M., Temple Imagery in Philo: An Indication of the Origin of the Logos, in: FS E. BAMMEL, 1991, 70-102.
—, The Gate of Heaven: The History and Symbolism of the Temple in Jerusalem, London 1991.
BAUMAN, M.E., Milton, Subordinationism, and the Two-Stage Logos, WTJ 48 (1986) 173-182.
BEASLEY-MURRAY, G.R., The Mission of the Logos-Son, in: FS F. NEIRYNCK, BEThL 100C, 1992, III 1855-1868.
BOISMARD, M.-E., Moïse ou Jésus. Essai de christologie johannique, BEThL 84 1988; engl. DERS., Moses or Jesus. An Essay in Johannine Christology. Translated by B.T. Viviano, Minneapolis/Leuven:Fortress/Peeters 1993.
BORGEN, P., God's Agent in the Fourth Gospel, in: DERS., New Perspectives, 1987, 171-184.
BURKETT, D., The Son of Man in the Gospel of John, JSNT.S 56, Sheffield 1991.
CAPELLI, P., Ebrei e cristiani dall'epoca de Gesù al 1000, SRel 8 (1998) 5-51.
CHALVON-DEMERSAY, G., Le symbolisme du temple et le Nouveau Temple, RSR 82 (1994) 165-192.
CILIA, L., Gesù straniero tra i suoi nel Vangelo di Giovanni, RStB 8 (1996) 233-250.
COCHRANE, J.R., Christ from Above, Jesus from Below, JThSA 88 (1994) 3-14.
CULPEPPER, R.A., The Theology of the Gospel of John, RExp 85 (1988) 417-432.
DAVIES, M., Rhetoric and Reference in the Fourth Gospel, JSNT.S 69, Sheffield 1992.

DE JONGE, M., Christology and Theology in the Context of Early Christian Eschatology, Particularly in the Fourth Gospel, in: FS F. NEIRYNCK, BEThL 100C, 1992, III 1835-1853.
—, »Wie Mij gezien heeft, heeft de Vader gezien« (Joh 14:9), KeTh 43 (1992) 301-309.
—, The Conflict Between Jesus and the Jews and the Radical Christology of the Fourth Gospel, PReIS 20 (1993) 341-355.
—, Christologie im Kontext. Die Jesusrezeption des Urchristentums, Neukirchen-Vluyn 1995.
DOMERIS, B., Christology and Community: A Study of the Social Matrix of the Fourth Gospel, JThSA 64 (1988) 49-56.
DOMERIS, W.R., The Office of the Holy One, JThSA 54 (1986) 35-38.
DRAPER, J.A., Temple, Tabernacle and the Mystical Experience in John, Neotest. 31 (1997) 263-288.
DU PLESSIS, P.J., The Lamb of God in the Fourth Gospel, in: J.H. PETZER/ P.J. HARTIN (Hrsg.), A South African Perspective on the New Testament, Leiden, 1986, 136-148.
EGO, B./LANGE, A./PILHOFER, P. (Hrsg.), Gemeinde ohne Tempel – Community without Temple, WUNT, Tübingen 1998.
ELLIS, E. E., Background and Christology of John's Gospel: Selected Motifs, SWJTh 31 (1988) 24-31.
EVANS, C.S., The Incarnational Narrative as Myth and History, CScR 23 (1994) 387-407.
FERRARO, G., Mio-Tuo. Teologia del possesso reciproco del Padre e del Figlio nel vangelo di Giovanni, Rom 1994.
FRÜHWALD-KÖNIG, Tempel und Kult. Ein Beitrag zur Christologie des Johannesevangeliums, BU 27, Regensburg 1998.
FULLER, R.H., Lower and Higher Christology in the Fourth Gospel, in: FS J.L. MARTYN, 1990, 357-365.
HARNER, P.B., Relation Analysis of the Fourth Gospel: A Study in Reader-Response Criticism, Leviston 1993.
HARRIS, M., Jesus as God. The New Testament Use of *Theos* in Reference to Jesus, Grand Rapids 1998.
HARRIS, W.H., The Ascent and Descent of Christ in Ephesians 4:9-10, BS 151 (1994) 198-214.
HARVEY, A.E., Christ as Agent, in: FS G.B. CAIRD, 1987, 239-250.
HAYWARD, C.T.R., The Jewish Temple. A Non-biblical Sourcebook, London 1996.
—, Sacrifice and World Order: Some Observations on Ben Sira's Attitude to the Temple Service, in: S.W. SYKES (Hrsg.), Sacrifice and Redemption: Durham Essays in Theology, Cambridge 1991, 22-34.
HEIL, J.P., Jesus as the Unique High Priest in the Gospel of John, CBQ 57 (1995) 729-745.
HOFRICHTER, P., Eingeboren oder Einzig? Zur Übersetzung und Bedeutung des christologischen Titels *mongenes*, in: FS Karl BERG, Salzburg 1988, 195-211.
—, Logoslehre und Gottesbild bei Apologeten, Modalisten und Gnostikern. Johanneische Christologie im Lichte ihrer frühen Rezeption, in: QD 138, 1992, 186-217.

HOYNACKI, G.J., »And the Word Was Made Flesh« – Incarnations in Religious Traditions, ATJ 7 (1993) 12-34.
HSIEN-CHIH, W., The Portrayal of the Human One (Son of Man) of John: An Asian Perspective, CTC 13/14 (1995) 3-14.
INFANTE, R., L'agnello nel quarto Vangelo, RivBib 43 (1995) 331-361.
JAMROS, D.P., Hegel on the Incarnation: Unique or Universal?, TS 56 (1995) 276-300.
JENNINGS, W.J., »He Became Truly Human«: Incarnation, Emancipation, and Authentic Humanity, MoTh 12 (1996) 239-255.
JOHNSTON, G., Ecce Homo! Irony in the Christology of the Fourth Gospel, in: Memory of G.B. CAIRD, 1987, 125-138.
KAMMLER, H.-C., Jesus und der Geistparaklet. Eine Studie zur johanneischen Verhältnisbestimmung von Pneumatologie und Christologie, in: O. HOFIUS/ DERS., Johannesstudien, Tübingen 1996, 87-190.
KANAGARAJ, J.J., Jesus the King, Merkabah Mysticism and the Gospel of John, TynB 47 (1996) 349-366.
—, »Mysticism« in the Gospel of John. An Inquiry into its Background, Sheffield 1998.
KECK, L.E., Derivation as Destiny: »Of-ness« in Johannine Christology, Anthropology, and Soteriology, in: FS D.M. SMITH, 1996, 274-288.
KIEFFER, R., Teologi och kristologi hos Paulus och Johannes, SvTK 72 (1996) 25-32.
—, Le monde symbolique de saint Jean, LeDiv 137, Paris 1989.
KINZER, M., Temple Christology in the Gospel of John, SBL.SP 134 (1998) 447-464.
KUHN, H.-J., Christologie als hermeneutisches Schlüsselproblem zum Verständnis des vierten Evangeliums, in: J. HAINZ (Hrsg.), Methodenstreit, 1991, 229-241.
KÜGLER, J., Der andere König. Religionsgeschichtliche Anmerkungen zum Jesusbild des Johannesevangeliums, ZNW 88 (1997) 223-241.
LEMMER, R., A Possible Understanding by the Implied Reader, of Some of the Coming-Going-Being Sent Pronouncements, in the Johannine Farewell Discourses, Neotest. 25 (1991) 289-310.
LÉTOURNEAU, P., Jésus Fils de l'homme et Fils de Dieu: Jean 2:23-3:36 et la double christologie johannique, Montreal/Paris 1992.
LOADER, W., The Christology of the Fourth Gospel, BBET 23, Frankfurt 1989.
—, John 1:50-51 and the »Greater Things« of Johannine Christology, in: FS F. HAHN, 1991, 255-274.
LONGENECKER, B.W., The Unbroken Messiah: A Johannine Feature and its Social Function, NTS 41 (1995) 428-441.
MacGRATH, J.F., Going up and Coming down in Johannine Legitimation, Neotest. 31 (1997) 107-118.
MCDERMOTT, B.O., Word become Flesh. Dimensions of Christology, Collegeville 1993.
MEEKS, W.A., Equal to God, in: FS J.L. MARTYN, 1990, 309-321.
MENKEN, M.I.J., De christologie van het vierde evangelie. Een overzicht van resultaten van recent onderzoek, NTT 45 (1991) 16-33.
MERCER, C., Jesus the Apostle: »Sending« and the Theology of John, JETS 35 (1992) 457-462.

MERTENS, H.-E., Did the Word of God Become a Human Person?, LouvS 18 (1993) 175-180.
MEYERS, C., Art.: Temple, of Jerusalem, AncBD VI (1992) 350-369.
MICHEL, O., Die Botenlehre des vierten Evangeliums, in: DERS., Aufsätze, 1986, 222-227.
—, Der aufsteigende und herabsteigende Gesandte, in: DERS., Aufsätze, 1986, 249-270.
MLAKUZHYIL, G., The Christocentric Literary Structure of the Fourth Gospel, Rom 1987.
MOLONEY, F.J., God so Loved the World. The Jesus of John's Gospel, ACR 75 (1998) 195-205.
MORRAY-JONES, C.R., The Temple within: The Embodied Divine Image and Its Worship in the Dead Sea Scrolls and Other Early Jewish and Christian Sources, SBL.SP 134 (1998) 400-431.
MOURLON BEERNAERT, P., La vérité au sens biblique; approche de saint Jean, LV (L) 46 (1991) 287-300.
MUÑOZ LEÓN, D., Trinidad inmanente e interpretación del NT: Preexistencia y encarnación del Verbo (Jn 1:1.14) según J.A.T. Robinson, EstB 54 (1996) 195-223.
—, Encarnacion de Cristo, EstTrin 32 (1998) 39-75.
NEUENSCHWANDER, B., Mystik im Johannesevangelium. Eine hermeneutische Untersuchung aufgrund der Auseinandersetzung mit Zen-Meister Hisamatsu Shin'ichi, BI.S 31, Leiden 1998.
NEWMAN, C.C., Paul's Glory-Christology. Tradition and Rhetoric, NT.S 69, Leiden 1992, 17-153.
NEYREY, J.H., »My Lord and My God«: The Divinitiy of Jesus in John's Gospel, SBL.SP 1986, 152-171.
—, An Ideology of Revolt. John's Christology in Social-science Perspective, Philadelphia 1988.
OBERMANN, A., Die christologische Erfüllung der Schrift im Johannesevangelium, WUNT 2/83, Tübingen 1996.
O'DAY, G.R., Revelation in the Fourth Gospel, Philadelphia 1986.
ØSTENSTAD, G., Patterns of Redemption in the Fourth Gospel. An Experiment in Structural Analysis, Lewiston 1998.
PAINTER, J., C.H. Dodd and the Christology of the Fourth Gospel, JThSA 59 (1987) 42-56.
—, The Quest for the Messiah. The History, Literature and Theology of the Johannine Community, Edinburgh 1991.
—, The Enigmatic Johannine Son of Man, in: FS F. NEIRYNCK, BEThL 100C, 1992, III 1869-1887.
PENNA, R., Lessico di Rivelazione e Cristologia nel Quarto Vangelo, ViHo 8 (1997) 141-168.
PRYOR, J.W., John: Evangelist of the Covenant People. The Narration & Themes of the Fourth Gospel, London 1990.
—, The Johannine Son of Man and the Descent-Ascent-Motif, JETS 34 (1991) 341-351.
REIM, G., Jesus as God in the Fourth Gospel: The Old Testament Background, in: DERS., Jochanan, 1995, 348-351.
—, Nordreich – Südreich: Der Vierte Evangelist als Vertreter christlicher Nordreichtheologie, in: DERS., Jochanan, 1995, 360-368.

REINHARTZ, A., Great Expectations: A Reader-Oriented Approach to Johannine Christology and Eschatology, JLTh 3 (1988/89) 61-76.
—, Jesus as Prophet: Predicative Prolepses in the Fourth Gospel, JSNT 36 (1989) 3-16.
ROCHAIS, G., À propos d'un livre de M.-É. Boismard, sur la christologie johannique, ScEs 46 (1994) 229-236.
SCHNACKENBURG, R., »Der Vater, der mich gesandt hat«: Zur johanneischen Christologie, in: FS F. HAHN, 1991, 275-291.
—, Synoptische und johanneische Christologie – ein Vergleich, in: FS F. NEIRYNCK, BEThL 100C, 1992, III 1723-1750.
SCHNELLE, U., Antidoketische Christologie im Johannesevangelium. Eine Untersuchung zur Stellung des vierten Evangeliums in der johanneischen Schule, FRLANT 144, Göttingen 1987.
SCHOLTISSEK, K., Mystagogische Christologie im Johannesevangelium? Eine Spurensuche, GuL 68 (1995) 412-426.
SEGELLA, G., Gesu *Aner* e *Anthropos* nel Quarto Vangelo, RivBib 39 (1991) 201-206.
SMITH, R.H., »Seeking Jesus« in the Gospel of John, CuThM 15 (1988) 48-55.
SÖLLNER, P., Jerusalem, die hochgebaute Stadt, TANZ 25, Tübingen 1998.
STEGEMANN, E./STEGEMANN, W., König Israels, nicht König der Juden? Jesus als König im Johannesevangelium, in: E. STEGEMANN (Hrsg.), Messias, 1993, 41-56.
STIBBE, M.W.G., The Elusive Christ: A New Reading of the Fourth Gospel, JSNT 44 (1991) 19-38.
THOMPSON, M.M., The Incarnate Word. Perspectives on Jesus in the Fourth Gospel, Peabody 1993.
—, The Historical Jesus and the Johannine Christ, in: FS D.M. SMITH, 1996, 21-42.
—, Reflections on Worship in the Gospel of John, PSB 19 (1998) 259-278.
TORIBIO CUADRADO, J.F., »El Viniente«. Estudios exegético y teológico del verbo ἔρχεσθαι en la literatura joannico, Marcilla 1993.
TRUDINGER, P., Hosanna to the Son of David: St. John's Perspective, DR 109 (1991) 297-301.
VOLLENWEIDER, S., Christus als Weisheit. Gedanken zu einer bedeutsamen Weichenstellung in der frühchristlichen Theologiegeschichte, EvTh 53 (1993) 290-310.
WALKER, P.W.L., Jesus and the Holy City: NT Perspectives on Jerusalem, Grand Rapids 1996, 161-200.
WATSON, F., Is John's Christology Adoptionist?, in: Memory of G.B. CAIRD, 1987, 113-124.
WEDER, H., Von der Wende der Welt zum Semeion des Sohnes, BEThL 101, 1992, 127-145.
—, Deus Incarnatus: On the Hermeneutics of Christology in the Johannine Writings, in: FS D.M. SMITH, 1996, 327-345.
WHALE, P., The Lamb of John: Some Myths About the Vocabulary of the Johannine Literature, JBL 106 (1987) 289-295.
WILCKENS, U., Monotheismus und Christologie, JBTh 12 (1997) 87-97.
WILSON, M.P., St. John, the Trinity, and the Language of the Spirit, SJTh 41 (1988) 471-483.

LITERATUR ZU **DER GEIST – PARAKLET; DER ENDZEITLICHE BEISTAND**
(C 4) S. 366-376

ALBERTUS, J., Die Parakletikoi in der griechischen und römischen Literatur, Strassburg 1908.
AURELIUS, E., Der Fürbitter Israels. Eine Studie zum Mosesbild im AT, CB.OT 27, Lund 1988.
BECKER, J., Das Geist- und Gemeindeverständnis des vierten Evangelisten, ZNW 89 (1998) 217-234.
BIENAIMÉ, G., L'annonce des fleuves d'eau vive en Jean 7:37-39, RTL 21 (1990) 281-310.417-454.
BOISMARD, M.-E., Approche du mystère trinitaire par le biais du IVe évangile, LeDiv 143, Paris 1990, 127-142.
BORCHERT, G.L., The Spirit and Salvation, CThR 3 (1988) 67-78.
BOULNOIS, M.-O., Le souffle et l'Esprit. Exégèses patristiques de l'insufflation originelle de Gn 2:7 en lien avec celle de Jn 20:22, RechAug 24 (1989) 3-37.
BURGE, G.M., The Anointed Community. The Holy Spirit in the Johannine Tradition, Grand Rapids 1987.
BUSSE, U., Aspekte biblischen Geistverständnisses, BiNo 66 (1993) 40-58.
CHEVALLIER, M.-A., Sur un silence du Nouveau Testament: L'Esprit de Dieu à l'œuvre dans le cosmos et l'humanité, NTS 33 (1987) 344-369.
COTHENET, E., Témoignage de l'Esprit et interpretation de l'Écriture dans le corpus johannique, in: La vie de la parole, FS P. GRELOT, Paris 1987, 367-380.
DOMERIS, W.R., The Paraclete as an Ideological Construct, JThSA 67 (1989) 17-23.
DRAPER, J.A., The Sociological Function of the Spirit/Paraclete in the Farewell Discourses in the Fourth Gospel, Neotest. 26 (1992) 13-29.
FERNANDEZ LAGO, J., El Espiritu Santo en el mundo de la Biblia, Santiago 1998.
FERRARO, G., L'esegesi dei testi del IV Vangelo sul »Paraclito« nel »De trinitate« di Agostino, Aug. 26 (1986) 437-457.
—, La rivelazione sul »Paraclito« nel quarto Vangelo, CivCatt 139 (1988) 26-39.
—, Gli autori divini dell'insegnamento nel quarto Vangelo: Dio Padre, Gesù Cristo, lo Spirito, StMiss 37 (1988) 53-76.
FEUILLET, A., Les promesses johanniques de l'Esprit Paraclet, Div. 33 (1989) 16-43. 217-244.
—, Le don actuel et futur de l'esprit saint par Jésus dans les chapitres 1 a 12 du Quatrième Évangile, Div. 31 (1987) 119-143.
—, Le batême de Jésus commenté par le précurseur. Contribution a l'étude du Christ et de l'Esprit Saint dans leur rapports avec l'Église dans le Quatrième Évangile, NV 61 (1986) 90-140.
GAETA, G., Il culto »in spirito e verità« secondo il Vangelo di Giovanni, ASEs 12 (1995) 33-47.
GALOT, J., Le »Don de Dieu« dans le dialogue évangélique, EeV 106 (1996) 385-391.
GUNDRY-VOLF, J., Spirit, Mercy, and the Other, ThTod 51 (1995) 508-523.
HARM, F.R., Distinctive Titles of the Holy Spirit in the Writings of John, ConJ 13 (1987) 119-135.
HASITSCHKA, M., Die Parakletworte im Johannesevangelium. Versuch einer Auslegung in synchroner Textbetrachtung, SNTU/A 18 (1993) 97-112.

JONES, L.P., The Symbol of Water in the Gospel of John, JSNT.S 145, Sheffield 1997.
KAMMLER, H.-C., Jesus und der Geistparaklet. Eine Studie zur johanneischen Verhältnisbestimmung von Pneumatologie und Christologie, in: O. HOFIUS/ DERS., Johannesstudien, Tübingen 1996, 87-190.
KARWACKI, R., Spiritus Paraclitus, CoTh 59 (1989) 35-42.
LETOURNEAU, P., Le double don de l'esprit et la christologie du quatrième évangile, ScEs 44 (1992) 281-306.
LEVISON, J.R., The Spirit in First Century Judaism, AGJU 29, Leiden 1997.
MARTIN, Fr., Sacerdoce du Christ et don de l'Esprit Saint, Aletheia 13 (1998) 27-38.
MATEO-SECO, L.F., Divino huésped del alma, ScrTh 30 (1998) 505-517.
MATHAL, V., Paraclete and Johannine Christology, BiBh 22 (1996) 120-138.
METTAYER, A., L'Esprit descendit du ciel tel une colombe ou, lorsque le déplacement détermine le choix de la métaphone, SR 24 (1995) 433-439.
MOLONEY, F.J., The Johannine Paraclete and Jesus, in: FS J. HERIBAN, Rom 1998, 213-228.
NAGEL, N., Hermann Sasse Identifies the Paraclete, LuthQ 10 (1996) 3-23.
NIELSEN, E., Der Fürbitter Israels, SJOT 2 (1989) 94-99.
OCARIZ, F., Hijos de Dios por el Espiritu, ScrTh 30 (1998) 479-503.
O'DONNELL, J., In Him and Over Him: The Holy Spirit in the Life of Jesus, Gr. 70 (1989) 25-45.
PACK, F., The Holy Spirit in the Fourth Gospel, RestQ 31 (1989) 139-148.
PASQUETTO, V., Pneumatologia e antropologia nel Vangelo e nelle Letterre di Giovanni, MF 98 (1998) 497-558.
PHILIPPE, M.-D., »Il est bon pour vous que je m'en aille« (Jn 16,7). Le sacerdoce du Christ et l'Esprit Saint, Aletheia 13 (1998) 9-26.
PHILONENKO, M., De Qumran à Doura-Europos: La vision des ossements desséchés (Ez 37:1-14), RHPhR 74 (1994) 1-12.
POIRIER, P.-H., Pour une histoire de la lecture pneumatologique de Gn 2,7: Quelques jalons jusqu'à Irénée de Lyon, REAug 40 (1994) 1-22.
RUFF, P.-J., Le Dieu Esprit. Méditations à partir de l'Évangile de Jean, Rouvray 1996.
SCHWARZ, G., »Der Wind weht, wo er will«?, BiNo 63 (1992) 47-48.
SLATER, T.B., The Paraclete as Advocate in the Community of the Beloved Disciple, African Theological Journal 20 (1991) 101-108.
SMALLEY, S.S., »The Paraclete«: Pneumatology in the Johannine Gospel and Apocalypse, in: FS D.M. SMITH, 1996, 289-300.
SWETNAM, J., Bestowal of the Spirit in the Fourth Gospel, Bib. 74 (1993) 556-576.
THEOBALD, M., Geist- und Inkarnationschristologie. Zur Pragmatik des Johannesprologs (Joh 1,1-18), ZKTh 112 (1990) 129-149.
VAN ROSSUM, J., The »Johannine Pentecost«: John 20:22 in Modern Exegesis and in Orthodox Theology, SVTQ 35 (1991) 149-186.
VIVIANO, B.T., The Spirit in John's Gospel: A Hegelian Perspective, FZThPh 43 (1996) 368-387.
WILSON, M.P., St. John, the Trinity, and the Language of the Spirit, SJTh 41 (1988) 471-483.
WOJCIECHOWSKI, M., Le don de l'Esprit saint dans Jean 20,22 selon Tg. Gn 2,7, NTS 33 (1987) 289-292.

LITERATUR ZU DIE SAMMLUNG DER ZERSTREUTEN: DIE EKKLESIALE AUFGABE
(C 5) S. 376-389

AGOURIDES, S.C., Authority in the Church of the Fourth Gospel, DBM 15 (1996) 98-109.
BALTZ, F., Lazarus and the Fourth Gospel Community, Lewiston, NY. 1996.
BARRETT, C.K., Johanneisches Christentum, in: J. BECKER et alii (Hrsg.), Die Anfänge des Christentums, Stuttgart 1987, 255-279.
—, Das Geist- und Gemeindeverständnis des vierten Evangelisten, ZNW 89 (1998) 217-234.
BERNABE UBIETA, C., La mujer en el evangelio de Juan: La revelacion, el discipulado y la mision, EphMar 43 (1993) 395-416.
BEUTLER, J., Kirche als Sekte? Zum Kirchenbild der johanneischen Abschiedsreden, SBAB 25, 1998, 21-32.
BLACK, C.C., Christian Ministry in Johannine Perspective, Interp. 44 (1990) 29-41.
BLASI, A.J., A Sociology of Johannine Christianity, in: Text and Studies in Religion 69, Lewiston, NY. 1996.
BULL, K.-M., Gemeinde zwischen Interpretation und Abgrenzung. Ein Beitrag zur Frage nach dem Ort der johanneischen Gemeinde(n) in der Geschichte des Urchristentums, BET 24, Frankfurt 1992;.
CHILTON, B., A Feast of Meaning: Eucharistic Theologies from Jesus through Johannine Circles, NT.S 72, Leiden 1994.
COLLINS, R.F., From John to the Beloved Disciple. An Essay on Johannine Characters, Interp. 49 (1995) 359-369.
DALBESIO, A., La communione fraterna, dimensione essenziale della vita cristiana secondo il IV vangelo e la prima lettera di Giovanni, Laur. 36 (1995) 19-33.
DESTRO, A./PESCE, M., Kinship, Discipleship, and Movement: An Anthropological Study of John's Gospel, BibI 5 (1995) 266-284.
DOMERIS, B., Christology and Community: A Study of the Social Matrix of the Fourth Gospel, JThSA 64 (1988) 49-56.
DU RAND, J.A., Perspectives on Johannine Discipleship According to the Farewell Discourses, Neotest. 25 (1991) 311-325.
ESLER, P.F., Introverted Sectarianism at Qumran and in the Johannine Community, in: DERS., Social Worlds, 1994, 70-91.
FERRANDO, M.A., La misión de los discípulos de Jesús, TyV 31 (1990) 121-131.
HOWARD-BROOK, W., Becoming Children of God. John's Gospel and Radical Discipleship, New York/Maryknoll 1994.
—, John's Gospel and the Renewal of the Church, 1997.
—, Reading For/About Our Lives: Politics, Poetics, and Personhood in the Fourth Gospel, in: F.F. SEGOVIA (Hrsg.), »What is John?« II, Atlanta 1998, 213-230.
KAESTLI, J.-D./POFFET, J.-M./ZUMSTEIN, J. (Hrsg.), La communauté johannique et son histoire. La trajectoire de l'évangile de Jean aux deux premiers siècles, Genf 1990.
KLAUCK, H.-J., Gemeinde ohne Amt? Erfahrungen mit der Kirche in den johanneischen Schriften, ThJb(L) 1990, 107-128.
KLEIN, H., Die Gemeinschaft der Gotteskinder. Zur Ekklesiologie der johanneischen Schriften, in: FS G. KRETSCHMAR, Stuttgart 1986, 59-67.

KOESTER, C.R., Symbolism in the Fourth Gospel: Meaning, Mystery, Community, Minneapolis 1995.
LIPS, H. von, Neutestamentliche Aspekte zur Ekklesiologie, BThZ 13 (1996) 60-70.
MALINA, B.J., John's: The Maverick Christian Group – The Evidence of Sociolinguistics, BTB 24 (1994) 167-182.
MARZOTTO, D., L'unità della famiglia umana nel vangelo di Giovanni, ViHo 3 (1992) 45-61.
MERCER, C., *Apostellein* and *pempein* in John, NTS 36 (1990) 619-624.
MOLONEY, F.J., John 18:15-27: A Johannine View of the Church, DR 112 (1994) 231-245.
MOORE, S.D., Some Ugly Thoughts on the Fourth Gospel at the Threshold of the Third Millennium, in: F.F. SEGOVIA (Hrsg.), »What is John?« II, Atlanta 1998.
OLIVER, W.H./VAN AARDE, A.G., The Community of Faith as Dwelling-Place of the Father: Βασιλεία τοῦ θεοῦ »Household of God« in the Johannine Fare-well Discourse(s), Neotest. 25 (1991) 379-399.
OLSSON, B., The History of the Johannine Movement, in: L. HARTMAN/DERS. (Hrsg.), Aspects, 1987, 27-43.
PAINTER, J., The Quest for the Messiah. The History, Literature and Theology of the Johannine Community, Edinburgh 1991.
PUTHENKANDATHIL, E., *Philos*: A Designation for the Jesus Disciple Relationship, Frankfurt 1993.
REBELL, W., Gemeinde als Gegenwelt. Zur soziologischen und didaktischen Funktion des Johannesevangeliums, BET 20, Bern 1987.
REIM, G., Zur Lokalisierung der johanneischen Gemeinde, BZ 32 (1988) 72-86.
RENSBERGER, D., Overcoming the World. Politics and Community in the Gospel of John, London 1989.
—, Johannine Faith and Liberating Community, Philadelphia 1988.
RINKE, J., Kerygma und Autopsie. Der christologische Disput als Spiegel johanneischer Gemeindegeschichte, HBS 12, Freiburg 1997.
ROHRBAUGH, R.L., The Gospel of John in the Twenty-first Century, in: F.F. SEGOVIA (Hrsg.), »What is John?« II, Atlanta 1998.
RORDORF, W., La vigne et le vin dans la tradition juive et chrétienne, Neuchâtel 1971.
RUFF, P.-Y., La communauté johannique et son histoire, RThPh 123 (1991) 79-92.
RUIZ, M.R., Der Missionsgedanke des Johannesevangeliums, fzb 55, Würzburg 1987.
RYEN, J.O., Kirkeforstelsen i Johannesevangeliet, TTK 69 (1998) 97-115.
SCHNACKENBURG, R., Ephesus: Entwicklung einer Gemeinde von Paulus zu Johannes, BZ 35 (1991) 41-64.
SCHNELLE, U., Johanneische Ekklesiologie, NTS 37 (1991) 37-50.
—, Die johanneische Schule, in: F.W. HORN (Hrsg.), Bilanz u. Perspektiven gegenwärtiger Auslegung des NT, BZNW 75, Berlin 1995, 198-217.
SCHOLTISSEK, K., Kinder Gottes und Freunde Jesu. Beobachtungen zur johanneischen Ekklesiologie, in: FS K. KERTELGE, 1996, 184-211.
SMALLEY, S.S., The Johannine Community and the Letters of John, in: FS J.P.M. SWEET, Edinburgh 1997, 95-104.

—, John's Revelation and John's Community, BJRL 69 (1987) 549-571.
SWANSON, T.D., To Prepare a Place. Johannine Christianity and the Collapse of Ethnic Territory, JAAR 62 (1994) 241-263.
THOMPSON, M.M., After Virtual Reality: Reading the Gospel of John at the Turn of the Century, in: F.F. SEGOVIA (Hrsg.), »What is John?« II, Atlanta 1998.
VAN DER MERVE, D.G., Towards a Theological Understanding of Johannine Discipleship, Neotest. 31 (1997) 339-359.
VON WAHLDE, U.C., Community in Conflict. The History and Social Context of the Johannine Community, Interp. 49 (1995) 379-389.
WALDSTEIN, M., Die Sendung Jesu und der Jünger im Johannesevangelium, ZKTh 19 (1990) 203-221.
WILCKENS, U., Joh 21,15-23 als Grundtext zum Thema »Petrusdienst«, in: Wege zum Einverständnis, 1997, 318-333.
ZUMSTEIN, J., La communauté johannique et son histoire, in: J.-D. KAESTLI (Hrsg.), Communauté 1990, 359-374.
—, Visages de la communauté johannique, in: LeDiv 143, 1990, 87-106.
—, Zur Geschichte des johanneischen Christentums, ThLZ 122 (1997) 417-428.

REGISTER

A. Altes Testament (MT und LXX)

Gen				
1,1	309		33,18	116
1,2	46		35,7	336
1,3	66		43,24	205, 286
1,6	66		49,10f.	195
1,9	66			
1,14	66		Ex	
1,20	66		2,15-22	116
1,24	66		3,6-14	172, 325
1,26	66		3,12	166
1,27	118		4,22	170
2,7	13, 84, 256, 259, 368, 372, 375, 394, 410, 411		Kap. 12	359
			12,5	390
			12,7-27	335
3,16	13, 393f., 411		12,10	247
4,1-16	170		12,12	141
6,3	372		12,22	359
12,1-5	123		12,23	141
Kap. 15	171		12,27	359
15,3	168		12,46	357, 390
15,12-15	172		15,13	346
16,7-14	116		15,17f.	352
16,12-15	168, 283		15,25	139
17,17	171		15,26	166
Kap. 18	168, 171		16,2	147
18,4	205, 286		16,4	144
18,12-15	171		16,13ff.	373
19,2	205, 286		16,13	132
21,6	171		16,15	144
21,10ff.	168, 283		16,31	132
22,13	60		17,1-7	160, 373
24,11-20	116		18,10	379
24,32	205, 286		19,5f.	362, 363
24,42-43	116		19,10-15	347
24,62-67	116		19,10	191
26,26	320		20,6	315
27,35	85		Kap. 21	282
28,12	85, 336		21,13	366
28,17	337		21,23f.	60
29,1-14	116		23,12	379
32,28	85		24,16	333

25,8f.	67, 333	19,6	359
25,9	333	19,18	359
Kap. 26	333	20,2	386
28,4	379	20,7-13	161, 373
29,4	205	21,4-9	104, 303
29,43-46	333	21,16-18	345, 374
30,4	379	21,16	116
30,19-21	205	28,3f.	335
31, 13	347		
32,9-13	379	D$_{TN}$	
Kap. 33	309		
33,1-3	132	1,16	163
33,22	141	5,9f.	315
34,6	67, 69, 141, 334	6,4f.	169, 314, 320, 324
34,14f.	320	6,5	135
34,15	320	6,6f.	131
39,7	379	6,14	320
40,12	205	6,18	132
40,30-32	205	6,20-25	131
40,35	333	7,8	135
		8,8	386
L$_{EV}$		8,19	320
		10,12f.	315
6,3	363	10,12	320
8,6	205	10,20	320
14,4	359	11,1	315, 320
14,8f.	205	11,13	315, 320
14,52	359	11,19	131
16,4	363	11,22	315, 320
17,11-14	359	11,28	320
17,11	248	12,23	248
17,14	248, 360	12,27	345
16,4	205	13,3	320
19,25	282	13,4f.	315
Kap.20-21	347	13,5	320
20,24	132	13,14	163
26,11	333	14,1	368
		15,23	282
N$_{UM}$		17,4	163
		17,8-13	76, 375
5,14	320	18,15	140
5,29	320	18,18-22	161, 344
5,30	320	19,9	315, 320
9,6-12	191	19,15-21	134
9,10f.	243	19,18	163
9,12	357, 390	21,22f.	246
11,13	139	23,2	169
13,23f.	386	28,14	320
14,18	69	30,1-6	378
15,39	320		

30,6	320		8,27ff.	361
30,16	315, 320		8,27	349
30,20	315, 320		8,39	349
31,10-13	131		19,11	141
31,16	320		22,17f.	378
32,6	170		22,19	349
32,39	132		29,10	203
33,8	373			

2 Kön

4,42-44	138, 139

Jos

9,17	116
18,25	116
19,19	116
22,5	315, 320
23,8	320
23,11	320
24,32	116

5,7	132
5,10	205
17,21	256
17,24-34	118
18,6	320
18,31	84, 385

2 Chr

2,6	349
6,1f.	333
18,16	378
20,1-30	354
20,5	349
30,15-19	191
30,16-18	243
30,17	347
30,27	349

Ri

2,17	320
8,27	320
8,33	320
9,21	116
9,37	347
14,20	320
19,21	205, 286

1 Sam

2,6	132
9,9	386
25,41	204, 205, 286

Esra

2,25	116
6,19ff.	191
6,19-21	239
8,22	343

2 Sam

4,2	116
Kap. 15-18	208
Kap. 15-16	182
15,25	346
18,28	208
20,1	205

Neh

1,8f.	378
5,1-13	282
7,29	116
9,15	144, 373

1 Kön

3,3	315, 320
4,25	385
5,4f.	84, 385
6,11-13	333
7,23-26	345

Tob

allgemein	282
3,4f,	378
S 7,9	205, 286
8,15	362
13,5f,	378

S 13,14	151	35,4	236
13,9-11	386	35,19	225
13,10-13	348	36,9f.	367, 373
14,6f.	348	37,11	386
		41,10	208
JDT		45,1ff.	320
		46	353
allgemein	282	46,5	345, 373
11,19	378	46,6	386
		48	353
EST		48,9	386
		49,18	205
allgemein	282	50,2	347
		56,10 (9)	236
1 MAKK		63,2f,	345
2,18	242	65,10f.	373
2,42	290	69,5	225
Kap. 3-4	354	69,10	94, 96, 97, 339f.
3,38	242	69,14	69
9,39	320	73,27	320
13,51	195	76	353
14,12	385, 386	76,12	386
19,65	242	77 (78) 14-29	373
		77 (78) 15f.	161
2 MAKK		77 (78) 16	162, 345
2,13-15	343	77 (78) 20	161, 162, 345, 373
2,29	365	77 (78) 24	144
3,7-40	354	80,9-18	379f.
5,19	346	80,9-15	350
6,28	207	80,9-12	222
6,31	207	81 (82) 5-7	182f.
7,22f.	132	86,5	69
10,7	195	86,15	69
10,16	354	87	385
12,38	191	87,1-5	386
14,6	290	95,8	373
		96,8	386
IJOB		102,22f.	385
22,22	203	103,8	69
		104,3	362
PS		104,33	386
7,9	386	105,40f.	373
11,4	349	105 (104) 41	161
14,2-7	337	106,7	69
21,28-30	386	106,32	373
25,5	69	106,45	69
25,16	69	113 (114) 8	161, 162, 345, 373
27,2	236	117 (118) 26	194
32,5	78	132 (131) 17	134
34,21	247, 390		

Spr

8-9	62

Koh

11,5	103

Weish

7,27f.	62
7,27	223
9,13-17	103
9,18	166
Kap. 10-12	62
12,22	70
15,1-4	70
15,11	256
16,13	132

Sir

2,15	315
14,6f.	386
Kap. 24	62f.
24,3	64, 66
24,5-6	62
24,7-12	62, 332
24,8	361
24,9	63
24,10f.	68
24,10	63
24,23-34	63
24,23-31	345
36,11-17	348
44,16	207
48,22-25	386
Kap. 50	63
50,3	345
50,5-21	364
50,19	362
50,20-21	361
51,23f.	367

Is

2,1-5	385
2,2-4	340, 383
2,3	343
2,5	385
Kap. 5	350
5,1-7	169, 223, 374, 379, 388, 389
Kap. 6	336
6,1-10	316, 330
6,9f.	201
8,18	385
11,10-12	303
12,3	374, 386
14,32	385
18,5	222
18,7	348, 385, 386
24,23	385
25,6-8	385
27,5-6	385
28,8	344
28,16	385
33,20f.	345
33,20	346
33,21	373
36,16	84, 385
38,3	166
40,3	76
40,9-11	195
40,10f.	388
41,10	383
41,17-20	373
Kap. 42f.	172
42,7	167
42,16	167
42,18-20	167
42,22-25	385
43,10	164, 325
43,19f.	386
44,1-5	374
44,2-8	383
44,3	345
45,22-25	386
48,21	161, 373
49,10	386
52,1	342
53,1	201
53,7	335
53,8-10	327
53,10	78
54,4-8	169
54,5	320
54,13	147
54,15	348
55,1	367, 373, 374
56,6f.	385
57,6	205

59,20	385	4,4	78
60,1-22	348	5,5	347
60,11	386	9,2-3	363
60,14b-16	385	9,11	363
60,21	380	10,2	363
61,3	380	11,14-20	378
61,5	377	15,1ff.	222, 350
61,10	322	Kap. 16-17	178
62,4f.	169, 320	16,6	359
62,11f.	385	16,8	320
63,11	377	16,15f.	169
63,16	170	16,23	169
64,7	170	17,1-10	379
66,1	349	17,5-8	222, 350
66,18-21	348	19,10-14	350, 379
		20,39-44	378
Jer		23,4	320
		28, 11-19	178
2,1-3,13	169	28,24-26	378
2,2	320, 322	Kap. 34	378
2,8	178, 378	34,14	178
2,13	367, 374	34,26f.	373
2,21	222, 350, 379, 380	Kap. 37	368, 372
3,20	320	37,8	256, 259
5,5	378	37,15-28	340
7,6	320	37,27	333
7,9	320	38,12	347
11,10	320	Kap. 40-47	340, 368
13,10	320	41,22	344
16,11	320	43,7-9	333
17,13	374	43,14	347
Kap. 23	178	44,4	236
23,1-8	378	Kap. 46	360
23,1-4	378	46,20ff.	345
25,6	320	Kap. 47	248, 345, 360, 368, 373
31,22	346	47,1-12	330, 386
Kap. 34	282	47,12	266
35,15	320		
50,7	346	Dan	
		1,30ff.	362
Bar		2,46	236
3,9-4,4	63	3,53-59	362
		7,13f.	133
Ez		8,18	236
Kap. 1	330	9,4	315
1,28	236	10,5	363
3,18	166	12,6-7	363
4,4-8	327, 346		

Hos

1,2-3,5	322
1,2	169
2,4-17	169
2,12(14)	386
2,18-21	320
4,4-10	378
6,7	354
9,10	84
11,1	350

Joel

1,7	350
3,17	333
4,16f.	340
4,17f.	373
4,18	345, 386

Am

5,17	141
9,12	348

Mi

3,5	378
3,9-12	378
Kap. 4	383
4,1-4	385
4,2	343
4,4	84, 86
4,5	385
4,8-12	394
7,2	290

Zef

3,16	383

Hag

1,6	345
2,7f.	386
2,21f.	348

Sach

2,10	67, 333
2,11	348
2,14f.	340
3,7	353, 412
3,10	84, 385
8,3	340
Kap. 9	383
9,9	194, 384
9,16	384
11,4f.	178
12,10	247, 303
13,1	247, 373
13,7	378
Kap. 14	385
14,8	161, 162, 345, 373, 386
14,16-21	95
14,16-19	348
14,21	95

Mal

2,7	362
2,10	170
2,11	320
3,1	340

B. Frühjüdische Literatur

ParJer

5,1ff.	84
9	412

Aristeasbrief

allgemein	57
16	132
49	282
89f.	345
89	365, 373
93	247
96-99	364
106	239
139	178
150	92
161	92
182f.	295
182	278

JUB

1,10	362
1,17	340
1,29	340
2,18	363
2,19f.	363
2,31	363
4,24-26	340
4,26	350, 386
8,19	347, 350
11,16f.	343
15,16-32	348
15,24-28	363
16,17-19	171
16,18	362
19,14	343
21,25	361
22,13	361
22,19	361
22,27	361
25,3	361
27,19-27	337
27,26	337
27,27	337
31,13f.	363
32,10	362
32,19	348
32,20-22	337
33,20	362
36,7	362
36,16	361
45,16	343
Kap. 49	191
49,1	243
49,12	243
49,19-21	362
49,19	243

PsSal

17,30f.	348

SibOr

3.616ff.	386
3.657-808	354
3.702-726	348
3.710-723	386
3.806f.	386
Buch 5	329
5.428	386

ÄTH.HEN

10,21	348, 386
17,4	120
22,2	120
22,9	120
26,1-5	345, 347
39,3-8	219
39,4-8	350
41,2	219, 350
Kap. 42	62
42,1f.	64
48,1	160, 350
49,1-4	160
51,58	219
56,5-8	354
Kap. 57	386
61,10-12	362
62,13-16	219
71,5-9	350
71,11	371f.
71,16	350
84,2	349
84,6	372
85-90	105
Kap.89-90	345
89,12ff.	178
89,59-90,18	179
89,59-63	178
89,73	344
89,75	178
90,13-19	354
90,22ff.	178
90,29-36	378
90,29	340
90,32	348
90,33	386
90,41	105
93,5	172

SLAV. HENOCH

61,2	219, 350

AssMos

12,6	135

4 Esr

allgemein	329
3,14	171
4,3-11	103
5,18	378
5,26	378
5,35	219
5,41	219
7,75-101	219
7,118	170
8,20	349
12,33	348
13,1-13	354
13,38	348

syrBar

allgemein	329
40,1	348
57,2	172

grBar

21,23	219
30,2	219

TAbr

3 (Rez. A+B)	205, 286
7,44	205, 286
17	169

ApkAbr

17, 16	350
29,15	350
31,2	348

TJud

20,5	135

TJiob

38,3-5	103

TLevi

3,5	364
3,8	362
5,1	349
9,11	205, 286

TSeb

9	386

Schmone Esre

2	132
12	*310-314*

PsPhilo, LAB

12,8f.	351, 379
17,4	378
18,10	350, 352
19,3	388
19,9	388
20,1-3	288
23,12	350, 352, 378, 380
28,4	350, 352, 380
28,5	378
30,4	350, 352
30,5	278
31,1	265, 288
31,5	378
32,13	219
35,5	265, 288
39,7	350, 352
51,6	265, 288
59,3	378
61,1	378
62,5	378

Qumran

1QS I,8	347
1QS III,6-8	256, 375
1QS III,18f.	105
1QS IV,11	316
1QS IV,21	256, 371
1QS V,23	347
1QS VIII,4-8	341
1QS IX 3f.	371
1QS IX 11	76
1QS XI 3-7.17-22	103
1Q28a II.3-10	173
1Q28b Kol. I.6	345, 367
1Q28b = 1QSb I 3.6	161, 373
1QSa I.25f.	347
1QH 4,29-33	103
1QH 5,23f.	208
1QH 13,13-19	103

1QH 14,27f.	342	4Q554-555	363
1QH 16,4	345, 374	4QTest 5-8	161
1QH 20,13	374	4QpGen^a 5,3f	195
1QM	334, 348, 354	4QMMT	329
1QM 2,3	340	4QPatr.	195
1QM 7,4f.	173	4QMidrEschat	350
1QM 7,11	340	5Q13 Frg. 2	337
1QM 12,14	348	5Q15	219, 363
1Q16 Frg. 9-10	348	0QCD IV,21	118
1Q32	363	0QCD VI,3ff.	374
1Q34 II	178	0QCD XIV,15	282
2Q24	363	0QCD XVI,2-4	362
3Q 15 XI,12	126	0QCD XIX,7f.	178, 378
4Q161	354	0QCD XIX,34	367, 374
4Q166 II 4-6	316	0QCD XX,33f.	354
4Q167 Frg. 7	243, 354	6Q11	222, 350, 379
4Q171	178		
4Q174 1,2f.	340	11Q05 Kol. XIX,2f.	256
4Q174 Kol. III,1.3f.	342	11Q05 Kol. XXVIII, 3-12	378, 388
4Q174 Kol. III,5f.	354f.	11Q17 Kol. D	364
4Q175,29	359	11Q18	363
4Q177 XI 15	348	11Q19	363
4Q213	205	11Q19 Kol. XXIX,8-10	337,
4Q252 Frg. 1,Kol. V,1-5	195	11Q19 Kol. XXIX,12-14	345
4Q254 Frg. 5	208	11Q19 Kol. XXXXVII,3-18	191
4Q255	375	11Q19 Kol. LII,4f.	390
4Q259 Kol. III,1-6	341	11Q19 Kol. LVI,1ff.	375
4Q270 Frg. 11,Kol. 1.13	178	11Q20	363
4Q286 Frg. 1	349	11Q20 Frg. 13,Kol. I.9f	173
4Q286 Frg. 5	345		
4Q385 Frg. 2	86, 337	P.Egerton	
4Q385 Frg. 2,5	256		
4Q394 Frg. 8.Kol. III,9b-20	173	5	178
4Q396 Frg. 1,Kol. II.2	173		
4Q398 Frg. 14,Kol. II	329	3 Makk	
4Q400-407 = 4QShirShab	349, 362, 364, 412	allgemein	282
4Q400 Frg. 1,3f.	364	7,6	178
4Q403 Frg. 1	349		
4Q405,23	362		
4Q418 Frg. 82.12	373	4 Makk	
4Q431	345		
4Q491 Frg. 11,Kol. 1	349	4,11	267
4Q491 Frg. 15	348	17,22f.	207
4Q500	345, 350, 374, 389	18,10-19	131
4Q504 Frg. 1,Kol. II 13-15	316	Ezechiel Tragicus	
4Q504 Kol. IV,2	348		
4Q541 (4QTLevi^a)	205	180	288

FLAVIUS JOSEPHUS

BELL.

1 §116	243
1 §229	191, 243
1 §425	242
2 §129	205
3 §219	333
3 §369	166
4 §317	246
5 §207	340
5 §210f.	351
5 §212-214	347
5 §377	354
5 §417f.	338
6 §250	395
6 §280	395
6 §300	395
6 §426	239
7 §47	132

ANT.

1 §196	169
1 §215	284
3 §38	343
3 §282	282
4 §203f.	346
4 §218	76
5 §233f.	169
8 §395	343
11 §128	343
11,8.6	117
12 §142	343
12 §145f.	364
12 §298	242
14 §281	278
15 §390	340
15 §395	351
15 §421	340
16 §2f.	282
16 §86	242
20 §41	347

C. APIONEM

1.60	131
1.241	178
2.60ff.	275
2.128	168
2.173f.	131
2.178	131
2.204	131
2.206	298

PHILO VON ALEXANDRIEN

post. 136-139	374
post. 145	60
op. 8	132
op. 43	199
op. 69	199
op. 82	199
op. 132f.	199
op. 171	63
de deo 4-5	65
Gai 115	131, 280
Gai 195	131
Gai 210	131
Flacc. 40	242
spec. I 66f.	352
spec. I 97	352
spec. I 114-116	352
spec. I 205	360
spec. I 206f.	205, 286
spec. IV.149f.	131
spec. IV.187	132
somn. I 23	205
somn. I 81	205
somn. I 148	205
somn. I 215	352, 412
virt. 130	132
Abr. 107	169
Abr. 114-116	169
Abr. 132	169
Abr. 167	169
Jos 2	388
Mos I 61	388
Mos I 149	352
Mos II 44	348
Mos II 100	132
Mos II 136-138	205, 286
sobr. 8	169
mut. 148	169
aet. 66f.	199
quaest. Gen. IV 5	204, 205, 286
quaest. Ex I 2	205, 286
quaest. Ex II 2	348

all. III 161	256	Joseph und Aseneth		
praem. 164-172	348	allgemein	282	
plant. 46-50	352	7,1	205, 286	
fug. 75	366	8,9	102, 132, 144, 320	
fug. 195	374	13,15	204, 286	
fug. 199	374	15,5	132	
ebr. 112f.	374	Kap. 16	132	
		20,1-5	205, 286	
Pseudo Phocylides		Kap. 21	320	
47	298	24,2	284	
194	65	49,18ff.	133	

C. Neutestamentliche Schriften

Mt		2,18f.	316
4,6	156	2,19	107, 320
4,13	92	3,14-19	290
5,11	311	3,31-35	88
8,5-13	57, 124	4,12	200, 316
8,8	123	4,14-20	29
10,24f.	207, 285	5,29	184
10,24	207, 208	6,32-44	137
10,40	209	6,42	140, 144
13,13-15	316	6,45-52	137
14,26	141	6,45	141
14,32	141	6,46	139
14,33	142	6,49	141
16,18	83	6,51	141
24,51	205	6,52	142
25,40	255	7,4	205
26,45	89	8.1-21	139
26,46	16, 216	8,2f.	139
27,48	359	8,27ff.	71
28,8-10	250	8,29	85
28,8	255	10,43-45	207
28,9	250, 254	11,17	95
28,17	250	11,28	95
28,18f.	250	12,1-11	222, 389
28,20	265	13,5f.	76
		13,9f.	64, 311
Mk		13,21f.	76
1,16ff.	81, 82	14,1f.	191
1,16-20	263, 290	14,3-9	191
2,1-12	127	14,8	188
2,6-10	127, 129	14,35	89
2,11f.	127	14,36	237
2,12	127	14,41	89

14,42	16, 216	22,15f.	203
14,44f.	236	22,21-38	207
14,58	95	22,39	236
14,61	85	22,53	89, 211, 225
14,62	166	23,6-12	238
14,72	238, 267	23,39-43	215
15,16	236	24,4	250
15,36	359	24,9	255
15,39	85, 247, 357	24,12	250
15,44	357	24,13-18	291
16,1-8	250	24,26	310, 313
16,8	255	24,36-41	250, 256
		24,47f.	250

Lk

1,17	71		
2,42ff.	343	Joh	
3,10-12	144	1,1-18	*58-70*, 273
3,15	71	1,1-14	33, 69
3,21	369	1,1-13	52, 62
4,16ff.	81	1,1-5	58, 65, 69, 70, 71, 80
5,1-11	263	1,1-4	65
6,22f.	64, 311	1,1-2	69, 324
6,40f.	207	1,1	26, 59, 324, 325, 363
6,40	208, 285. 286	1,3	58, 59, 66, 67, 365
6,46f.	207	1,4	59, 66, 123, 145, 186
7,1-10	57, 124	1,4f.	59
7,6	123	1,5	65, 66, 67, 68, 73, 101, 105, 200
7,35f.	64	1,5-13	65
7,36-50	206	1,6-13	65, 67, 69, 70, 80
7,44	205, 286	1,6-8	58, 60, 65, 67, 70, 71, 75, 81, 88, 404
8,10	316	1,6-7	67
9,22	200	1,6	78
9,57-62	81	1,8-14	58
9,58	64	1,9-13	67, 81
10,16	209	1,9-11	109
10,21f.	64	1,9-10	68, 187
11,38	205	1,9	67, 105, 175
12,35-38	286	1,10-13	148, 161
12,37	207	1,10-11	68, 103
12,46	205	1,10	58, 59, 67, 68, 145, 220
14,7ff.	295	1,11-13	299
14,7-10	210, 295	1,11f.	64, 122
15,24	133	1,11	59, 68, 73, 80, 136, 190, 253, 299, 342, 346
15,32	133	1,12-13	68, 99, 102, 186, 259, 332, 342, 367, 375, 413
16,19-31	215		
16,24	120		
20,9-19	179		
21,37	236		
22,14	89		

1,12	4, 59, 65, 68, 109, 115, 142, 255, 256, 259, 260, 380	1,25	76, 82, 107, 112, 335
		1,26f.	77, 107
		1,26	78, 79, 107
1,13	58, 59, 65, 68, 123, 322, 370, 393	1,27	78
		1,28ff.	107
1,14-18	59, 62, 65, 67, 68, 69, 70, 71, 80, 86, 325, 332	1,28	4, 51, 71, 72, 75, 77, 80, 82, 155, 164, 184, 185, 410
1,14-17	6, 75	1,29-34	51, 71, 79, 80, 88, 404
1,14-15	71	1,29	74, 77, 78, 79, 80, 81, 83, 87, 190, 193, 223, 235, 247, 248, 256, 259, 260, 327, 330, *335-336*, 346, 359, 360, 361, 378, 390, 405
1,14	23, 30, 31, 52, 59, 65, 67, 68, 69, 70, 78, 80, 81, 92, 270, 309, 330, *332-334*, 361, 365		
1,15	58, 60, 65, 68, 69, 70, 76, 78, 88, 146, 332	1,30	78, 94, 97, 146, 338, 340
1,16-18	58		
1,16	59, 60, 69	1,31-33	81, 325, 336
1,17	53, 59, 67, 69, 83, 109, 230	1,31	73, 78, 79, 80, 81, 92, 107, 158, 319, 321, 336
1,18	59, 69, 79, 86, 103, 109, 135, 147, 165, 168, 201, 209, 219, 220, 297, 324, 325, 331, 333, 349, 360, 365	1,32-35	368
		1,32-34	252
		1,32f.	73, 86, 107, 110, 135, 369
1,19-10,42	74, 77	1,33	72, 73, 78, 102, 107, 108, 112, 158, 161, 320, 321
1,19-6,71	*71-74*, 397		
1,19-4,54	87		
1,19-3,36	74	1,34	78, 79, 80, 85, 185
1,19-2,11	74	1,35ff.	175, 199, 266, 301, 322, 336, 404, 405, 412
1,19-51	74, 86, 404		
1,19ff.	4, 61, 111, 134, 140, 157, 184, 303, 319, 327, *334-335*	1,35-4,54	266
		1,35-2,11	297, 316
		1,35-51	4, 71, 72, *80-87*, 101, 118, 120, 225, 252, 253, 263, 264, 290
1,19-34	81, 108, 125, 408		
1,19-28	71, 79, 80		
1,19-23	75	1,35-49	49
1,19	74, 78, 80, 81, 88, 95, 100, 181, 230, 244, 313, 334, 338, 388, 406	1,35-42	81
		1,35-40	291
		1,35	78, 79, 83, 87, 88, 193
1,20-34	319	1,36	15, 79, 155, 190, 247, 327, 330, 333, *335-336*, 360
1,20	82, 107, 202		
1,21	140		
1,22	78	1,37	72
1,23	76, 131, 214	1,38ff.	311
1,24-28	75	1,38	101, 254
1,24	75, 100, 178, 313, 334, 388	1,39	82, 83, 85, 88, 116, 214
1,25-27	336	1,40-51	383

1,41	83	2,13ff.	75, 108, 314, 330, 384
1,42	83, 118, 126	2,13-22	*92-98*, 128, *337-341*,
1,43	74, 81, 83, 87, 88, 113,		404
	193, 214	2,13	92, 313, 400
1,45-50	81	2,16	90, 95, 114, 121, 128,
1,45-46	5, 121		131, 213, 214, 216,
1,45	51, 84, 135		219, 330, 337, 342, 350
1,47-49	319	2,17	94, 95, 96, 121, 128,
1,47f.	126, 153		195, 198, 221, 235,
1,47	50, 81		327, 337, 338, 340,
1,48	91, 118, 385, 404		360, 361, 365, 384, 412
1,49	85, 140, 385	2,18-21	257
1,50f.	87, 89, 93, 97, 276,	2,18-20	94, 338
	336, 406	2,18	144, 240
1,50	72, 74, 85, 86, 87, 132,	2,19-22	365
	232, 320, 327, 400	2,19-21	190, 404, 412
1,51-2,11	87	2,19f.	97, 128, 340
1,51	85, 86, 97, 104, 144,	2,19	104, 213, 214, 343
	216, 219, 324, 330,	2,21f.	6, 38, 94, 192, 338,
	336-337, 337, 340, 341,		343, 361
	349, 361, 365, 412	2,21	70, 160, 248, 254,
Kap. 2-4	122, 405		330, 331, 384, 388
Kap. 2	97, 406	2,22-25	404
2,1-12	37	2,22	12, 72, 94, 95, 96, 97,
2,1-11	13, 36, 74, *87-92*, 107,		105, 115, 120, 122, 133,
	108, 109, 110, 122, 123,		134, 136, 195, 205, 221,
	137, 160, 245, *275-281*,		236, 260, 267, 297, 307,
	316, 337, 373, 404, 407		322, 327, 337, 339, 340,
2,1	83, 113, 116, 193		352, 360, 374, 406, 412
2,2	319, 390	2,23-3,36	*98-111*,
2,4	105, 130, 141, 185,	2,23-3,21	*99-105*, 122
	197, 233, 327, 390,	2,23-3,11	137
	393, 404	2,23-3,2	100, 121, 122
2,5	213, 214	2,23-25	93, 98, 122, 126, 134,
2,6	106, 108, 313, 319,		138, 153, 406
	320, 322, 337, 360	2,23	72, 98, 99, 100, 122,
2,7f.	213		125, 138, 252, 400
2,7	214	2,24f.	100, 118
2,8	214	2,24	87, 227
2,9	108	2,25	84, 98, 123, 209
2,10	320	Kap. 3	98, 107, 108, 111,
2,11	72, 74, 85, 116, 123,		127, 130, 146, 196,
	124, 152, 253, 276, 300,		202, 322, 369, 372
	315, 319, 365, 406, 412	3,1ff.	314
2,12-4,54	74	3,1-21	98, 106, 108
2,12	92, 93, 155, 156, 173,	3,1-12	98
	298	3,1f.	163
2,13-4,41	125	3,1	98, 100, 313
2,13-3,36	137	3,2f.	256

3,2	93, 98, 101, 103, 123, 138, 147, 393	3,17f.	132
		3,17	114, 177, 202, 339, 387
3,3ff.	400		
3,3-12	171	3,18-21	100, 110
3,3-9	393	3,18	98, 99, 404
3,3-8	368	3,19-21	50, 100, 105, 111, 174, 175, 361, 397, 404
3,3-6	354, 370, 375, 413		
3,3-5	4, 70, 342, 367, 369	3,19f.	101, 156, 183, 185, 225, 407
3,3	99. 100, 101, 102, 110, 205, 241, 242, 256, 322, 405, 421	3,19	187, 202, 230, 267, 385
3,5-8	112	3,20f.	161, 164
3,5-7	99	3,20	133, 155, 225, 227, 231, 404
3,5	100, 101, 102, 107, 110, 112, 205, 242, 256, 322	3,21	106, 110, 174, 328, 371
3,6	102, 109, 164	3,22-4,2	102, 319, 322
3,7f.	131	3,22-30	98, *105-108*, 106, 316, 320
3,7	102, 110, 214		
3,8	102, 367	3,22-25	106
3,9	103	3,22-24	98
3,10	101, 103, 163	3,22-23	107
3,11-21	37	3,22	98, 111, 112, 137, 173, 262, 313, 369, 381, 412
3,11-18	146, 404		
3,11-13	109		
3,11f.	85, 146	3,23	112, 320
3,11	98, 101, 103, 105, 109, 122, 168, 174, 370	3,24	98, 107, 109, 316, 319
		3,25-30	108
3,12ff.	72	3,25f.	322
3,12f.	370	3,25	108. 313, 320
3,12	99, 164, 166, 404	3,26-30	106, 407
3,13-21	98	3,26	78, 101, 107, 111, 320
3,13-17	407	3,27-36	37
3,13-15	405	3,27f.	112
3,13f.	144	3,27	100, 106, 108, 242, 256
3,13	105, 109, 146, 166, 218, 323, 370	3,28-30	37
3,14-16	328	3,28	72, 78, 80, 107, 319, 321
3,14f.	149, 400, 407		
3,14	4, 108, 199, 235, 240, 247, 303, 357, 360, 404	3,29	108, 315, 316, 317, 318, 320, 322, 377, 390, 393
3,15-18	166, 257	3,30	109, 114, 316, 319
3,15f.	100	3,31-36	98, 106, *108-111*, 371, 407
3,15	109, 110		
3,16f.	29, 104. 119	3,31	99, 102, 108, 110, 164, 231, 241, 323, 370
3,16	103, 110, 132, 146, 166, 172, 231, 232, 315, 328, 358	3,32-35	166
		3,32	370

3,33-36	404	4,19	341
3,33	109, 144	4,20-26	114, 342
3,34f.	109, 110, 255, 315	4,20	340, 346, 350
3,34	99, 109, 151, 157, 220, 325, 367, 368, 370, 405	4,21ff.	331
		4,21-24	412
		4,21-23	114
3,35	110, 132, 203, 245	4,21f.	348, 388, 405
3,36	109, 110, 118, 146, 166, 199, 257, 331, 342, 354, 401, 404	4,21	131, 214
		4,22	114, 115, 121, 303, 307, 372, 382, 411
Kap. 4	53, 137, 358, 373, 382, 390	4,23f.	338, 344, 368
		4,23	342
4,1-42	*111-121*	4,24	330, 342, 367, 371
4,1	111, 115, 116, 121, 251	4,27ff.	412
		4,27-38	114
4,2	73, 111, 112, 113, 114, 115, 120, 161, 319, 369, 382, 390	4,27	137
		4,28-30	114
		4,29	119, 214, 404
4,3-42	124	4,31-38	380, 407
4,3	113, 121	4,31-34	137, 139
4,4-44	*341-343*, 373	4,31	112, 114, 214
4,5	4, 116	4,32ff.	102
4,6	82, 115, 139, 165, 175, 374	4,32-34	146
		4,32	114, 140
4,7	114, 214	4,34ff.	37
4,8	114, 137	4,34-38	232, 387
4,9	72, 115, 117, 313	4,34	37, 137, 140, 143, 146, 150, 174, 183, 245, 380, 404
4,10-15	152		
4,10-14	157		
4,10	117, 119, 137, 214, 220, 345, 358, 360, 371, 373	4,35ff.	348
		4,35-38	5, 83, 266, 318, 343, 382, 391
4,11	114	4,35f.	352, 400
4,12	116, 137	4,35	214
4,13-15	114	4,36f.	410
4,13f.	137	4,37f.	139, 232, 380
4,13	137, 145	4,38	113, 115, 137, 175, 209, 231, 232, 256, 258, 380
4,14	113, 117, 119, 143, 160, 164, 358, 360, 361, 367, 368, 371, 376, 380, 386, 391, 396, 404		
		4,39-42	253
		4,39	93, 120
		4,40-42	404
4,15	118, 137, 145, 214, 360	4,40f.	122
		4,40	93, 251
4,16ff.	153	4,42	29, 85, 93, 118, 343, 347
4,16-18	404		
4,16	114, 118, 214	4,43ff.	37
4,18	126	4,43-54	*121-125*, 407
4,19-26	361	4,43-45	114, 116, 121, 122

4,44-54	37	5,16-18	129, 130, 154, 180
4,44	121, 122, 132, 163, 404	5,16	126, 129, 130, 154, 225, 309
4,45	121, 122, 125, 267	5,17-29	39
4,46-54	36, 57, 72, 74, 136	5,17f.	242
4,46	87, 92, 116, 122	5,17	95, 129, 135, 177, 245, 320
4,47	128		
4,48	85, 89, 93, 100, 121, 122, 123, 124, 126, 137, 138, 252, 257, 404	5,18	50, 129, 130, 132, 136, 153, 154, 155, 158, 168, 171, 309
		5,19ff.	66, 126, 166, 168, 202, 314, 391, 407
4,49	213, 214	5,19-47	*130-136*
4,50	122, 123, 126, 176, 214	5,19-30	131, 180, 206
4,51	123	5,19-21	110
4,53	123, 124	5,19f.	37, 157, 315
4,54	87, 121, 122, 136, 266	5,19	129, 130, 131, 146, 242, 324, 370, 377, 394
Kap. 5-10	153		
Kap. 5-6	74, 125, 136, 153, 180, 185, 404, 405, 410	5,20f.	131, 133, 189
Kap. 5	72, 114, *125-136*, 137, 138, 146, 150, 153, 158, 176, 180, 253, 404	5,20	129, 131, 132, 135, 232, 245, 320, 327, 328, 400
5,1-18	*126-130*	5,21	66, 126, 129, 131, 150, 174, 179, 231, 368, 372, 375, 405
5,1-16	39		
5,1-15	39		
5,1-13	155	5,22f.	132
5,1-9	136	5,22	131, 177, 189, 202
5,1	154, 173, 262, 313, 400	5,23	131, 132,134, 170
		5,24f.	129, 321
5,2	126	5,24	131
5,3	126	5,25-30	133
5,4	126	5,25f.	372
5,5	126	5,25	12, 131
5,6-8	132	5,26f.	133
5,6	126, 139	5,26	131, 368, 372
5,7	126	5,27	129, 133
5,8	214	5,28-30	146
5,9-12	127	5,28	129, 131, 213, 321
5,9	82, 126, 127	5,29f.	133
5,10	128, 176	5,29	225, 404
5,11	126, 129, 214	5,30-47	39
5,12	126, 129, 214	5,30-37	183
5,13	128	5,30-36	119
5,14f.	126	5,30	126, 129, 131, 133, 134
5,14	127, 129, 137, 153, 173, 176, 214, 262	5,31-47	145, 164, 180
5,15	129, 189	5,31-46	134
5,16-19	136	5,31-39	134

5,31	134	6,17	141, 142
5,32	134	6,19	137, 155, 333
5,33-35	80, 134	6,20	214
5,33	76, 106, 184	6,22	140
5,35-38	128, 219	6,23f.	141
5,35	126	6,23	82, 141, 143
5,36	125, 129, 134, 135, 137, 174, 245	6,24-26	157
		6,24	92, 141, 143, 148, 154, 267
5,37f.	134		
5,37	69, 147	6,25ff.	141
5,38-44	169	6,26ff.	84
5,38	134, 135, 168, 309	6,26-59	*142-150*, 202, 373
5,39-47	134	6,26f.	144, 149
5,39f.	166	6,26	37, 93, 122, 123, 137, 140, 141, 143. 146, 252
5,39	84, 213		
5,40	126, 134, 135, 136		
5,41	325	6,27-35	137
5,42	135	6,27-30	174
5,43ff.	404	6,27	37, 140, 143, 144, 146, 149, 152, 168, 213, 324
5,43	95, 134, 136		
5,44	202, 230, 324		
5,45f.	53	6,28-30	149
5,45	213	6,28	144, 190
5,46	84, 137, 384	6,29	145
5,47	128, 133, 134, 157	6,30f.	144
6,1-71	39, 72, 102, 125, *136-152*, 142, 146, 152, 180, 181, 202, 208, 266, 333, 358, 373, 404	6,30	144, 252, 257
		6,31f.	145, 149, 161
		6,31	131, 137, 150, 208
		6,32f.	146
6,1-26	37	6,32	95, 137, 143, 145
6,1-25	*138-142*,	6,33	29, 142, 143, 145, 146, 147, 148, 333
6,1-21	409		
6,1-14	141	6,34-35	114
6,1	136, 137, 173, 262	6,34	137, 144, 214
6,2-15	144	6,35ff.	157
6,2	136, 137, 138	6,35f.	331
6,3	139, 165	6,35	143, 145, 146, 147, 148, 149, 160, 161, 275, 345, 358, 360, 372, 375, 392
6,4	138, 313		
6,6	138, 139, 160, 192		
6,9	265		
6,10	138, 139, 213, 214	6,36-40	145
6,11	145, 265, 266	6,36	146, 252, 404
6,12f.	140	6,37-40	147, 311
6,12	140, 144, 146, 213, 214	6,37-39	146, 236, 326
		6,37f.	377
6,13	92, 140	6,37	109, 175, 200, 245, 310, 351, 405
6,14-16	140, 157		
6,14	51, 138, 160, 187, 252	6,38-40	149
6,15	85, 140, 195, 240	6,38f.	137, 183

6,38	119, 147, 333		179, 255, 323, 333,
6,39	146, 230, 231, 245		345, 367, 368, 371,
6,40	95, 146, 230, 252		372, 393, 405
6,41f.	144, 147	6,64-71	294, 295
6,41	38, 138, 146, 147, 148,	6,64-66	85, 316
	150, 154, 157, 313,	6,64	138, 151, 153, 192,
	333, 404		208, 235, 246, 314,
6,42	51, 138, 147, 157, 333		372
6,43	147, 214	6,65	138, 242, 256, 405
6,44f.	149, 161	6,66-71	290
6,44	147, 219, 256, 405	6,66	138, 155, 333
6,45	147, 157, *343-344*	6,68	72, 152, 405
6,47-58	148, 149, 404	6,69	331
6,47	143, 148	6,70f.	73, 208, 327, 397
6,48-50	148	6,70	169, 223, 292, 294
6,48	142, 201	6,71	138, 151, 153, 160,
6,49	148, 149, 150, 161		191, 192, 206, 235,
6,50	148, 149, 333		246, 409
6,51-59	29, 137	Kap. 7-10	73, 132, *152-185*, 153,
6,51-58	356, 360		180, 191, 237, 281, 303,
6,51	142, 143, 148, 149,		314, 344, 404, 405, 409
	190, 232, 235, 333,	Kap. 7-8	153, 156, 165, 172,
	346, 404		176, 235, 333, 343
6,52	138, 144, 148, 150,	7,1-8,30	*155-167*
	157	7,1-52	80, 93, 154, 163, 191
6,53	142, 143, 148, 152, 205,	7,1-13	39, 298, 299
	256	7,1-10	13, 89, 153
6,54	38, 208	7,1f.	154
6,55f.	149	7,1	15, 136, 137, 168,
6,55	413		173, 262, 333, 397
6,56-58	208	7,2-10	156
6,56	168	7,3ff.	92
6,58	131, 142, 148, 149,	7,3	156, 213, 214, 216
	150, 333	7,4	154, 156, 214, 263
6,59	82, 92, 141, 143, 148,	7,5	92, 156
	150, 153, 165, 237	7,6	155, 156
6,60ff.	72, 137, 139, 144, 145,	7,7	156, 158, 164, 174,
	186, 412		209, 225, 231, 309
6,60-71	137, 142, *150-152*,	7,8ff.	191
	161, 203, 290, 297, 372	7,8	155, 171
6,60-66	178, 397, 405	7,10	154, 172
6,60f.	72, 144	7,11-13	154, 157
6,60	405	7,11	154
6,61ff.	136	7,12f.	163
6,62f.	372, 405	7,12	176
6,62	105, 147, 149, 150,	7,13	50, 158, 176, 202, 255,
	218, 372		314
6,63	102, 109, 110, 133,	7,14-8,59	237
	151, 152, 164, 171,	7,14-16	163

7,14	39, 154	7,39	113, 152, 160, 188, 255, 259, 260, 297, 358, 360, 367, 372, 375, 393, 396
7,15-24	39		
7,15	154, 189, *343-344*		
7,16-18	166	7,40-44	154, 162
7,16f.	237	7,40f.	178
7,16	158, 166, 183, 324	7,40	140, 155, 157, 160
7,17	158	7,42	164
7,18	190, 325	7,43	176, 178, 314
7,19-24	39	7,44	141, 162, 168, 184, 191
7,19f.	168	7,45-50	313
7,19	155, 174, 397	7,45-47	157
7,20	154, 170, 176	7,45	334
7,21-24	131	7,47	157. 163
7,21	189	7,48	163
7,23	128	7,49	163
7,24	213	7,50-52	99
7,25-53	39	7,51	163, 190, 256
7,25-27	178	7,52	77, 140, 160, 214
7,25	154, 155, 168, 397	*7,53-8,11*	164, 321
7,26	163	Kap. 8	154, 165, 275, 283, 321, 322, 390, 393
7,27f.	176		
7,27	77	8,12f.	161
7,28-36	158	8,12	29, 162, 164, 175, 200, 215
7,28	153, 166, 201		
7,29	37	8,14f.	176
7,30	155, 162, 168, 184, 191	8,15	166
		8,16-26	183
7,31f.	178	8,16	166, 228
7,31	51, 154, 167, 252	8,18	165, 202
7,32ff.	80, 214	8,19	154, 219
7,32	37, 157, 184, 191, 334	8,20	82, 153, 155, 156, 165, 166, 184, 191, 217
7,33ff.	166, 217		
7,33-36	183	8,21-24	78, 174, 256
7,33f.	158, 218, 219, 349	8,21f.	349
7,33	37	8,21	166, 177, 183, 217, 218, 219, 264
7,34f.	264		
7,34	158	8,22f.	154
7,35	153, 166, 382	8,22	166
7,36	158	8,23	109, 166, 171, 225, 231, 241, 323
7,37-39	73, 102, 164, 248, 327, 333, *344-345*, 368, 372, 375, 386, 387, 413		
		8,24	166, 172, 177, 183, 205, 227, 256, 325
7,37f.	145, 157, 159, 162, 331, 350, 367, 375, 387	8,25	166
		8,26	166
7,37	158, 160, 201, 214, 358, 373, 375, 387, 388	8,27	166
		8,28f.	206
7,38f.	358, 384	8,28	4, 166, 167, 168, 172, 218, 235, 247, 325, 357, 358
7,38	159, 160, 161, 162, 330, 344, 358, 359, 373		

8,29	228, 245	9,5	29
8,30ff.	252	9,6-7	175
8,30	158, 167, 217, 283	9,7	178, 213, 214
8,31-59	*167-173*, 282, 316	9,8ff.	327
8,31-37	168, 282	9,8-12	175
8,31	154, 167, 172	9,8	173
8,32	283	9,10	175, 176, 178
8,33-36	*281-284*	9,11	176, 213
8,33	182, 283, 315	9,13-17	175
8,34	174	9,14f.	176
8,35	282	9,14	82, 175, 176
8,36	37, 283	9,16	174, 175, 176, 178, 314
8,37	37, 283, 315, 322, 397	9,17	175, 177
8,38-40	168	9,18-23	174, 175
8,38	169	9,19	176
8,39	169, 315	9,21	175, 176, 214
8,40	169, 322, 397	9,22	50, 53, 128, 175, 181, 192, 202, 225, 253, 255, 309, 310, 313, 314, 397
8,41-46	168, 169		
8,41	169, 324		
8,42f.	166		
8,42	176	9,23	176
8,44	54, 152, 156, 179, 420	9,24-34	175
8,46f.	227	9,24	174, 176, 214
8,46	174	9,25	174
8,47-55	168	9,26-29	177
8,47	170	9,26	175, 176
8,50	325	9,27	174
8,51	170, 171	9,28f.	237
8,52f.	135	9,28	50, 182
8,52	170, 176	9,29	176
8,53	171, 242	9,30	175, 176
8,54	188, 325	9,31	174, 177
8,55	69, 171, 219	9,32	175, 176
8,56-58	168, 171	9,33	177
8,56	170, 171, 202, 253	9,34f.	311
8,58	33, 322, 325	9,34	174, 175, 180, 202, 310
8,59	154, 156, 180, 190, 200, 240, 397	9,35-39	175, 253
		9,35-37	178
Kap. 9	125, 128, 129, 155, 175, 176, 182, 186, 201, 202, 316, 390	9,35	176
		9,36	178
		9,37f.	253
9,1-10,21	*173-180*, 203, 218, 412	9,37	181
9,1f.	175	9,38	174
9,1	175	9,39-10,21	173, 181
9,3-5	174, 175, 177	9,39-41	225, 309, 316, 354, 376
9,3f.	174	9,39	175, 177, 185, 252
9,3	174	9,40-10,18	175
9,4f.	89, 173, 175, 197	9,40f.	54, 175
9,4	119, 174, 183, 193, 245	9,41	174, 175, 201

Kap. 10-12	73, 200, 202	10,25	125, 183
Kap. 10-11	199, 382	10,26	37, 131
Kap. 10	180, 186, 345, 379, 384	10,27-30	232, 318
		10,27-28	181, 185
10,1-18	37, 174, 181, 377	10,27	178, 254, 321
10,1	173, 178, 181, 192	10,28-30	179
10,3f.	321	10,28f.	179, 186, 377
10,3	178, 181, 254	10,28	181, 184, 191, 231
10,4	178, 179, 181, 311	10,29f.	26
10,5	178	10,29	181, 236, 324, 326
10,6	181	10,30	181, 182, 187, 190, 325, 400
10,7-10	394		
10,7-9	337	10,31	397
10,8	178, 181	10,32-38	125
10,9	179, 185, 264	10,33	50, 51, 129, 153, 171, 182, 242
10,10	178, 181, 191, 192		
10,11-15	231, 232	10,34	165
10,11	179, 190, 219, 223, 235, 268, 346	10,35	183
		10,36	94, 97, 152, 183, 185, 232, 235, 338, 340
10,12	178, 181, 377		
10,13	179, 292	10,37	129
10,14-16	200	10,38	183, 219, 232, 264, 331
10,14f.	181		
10,14	178	10,39f.	200
10,15	131, 179, 190, 219, 223, 235, 268, 292, 346	10,39	184, 190, 191, 214
		10,40-42	75, *184-185*
		10,40	72, 106, 155, 184, 397, 410
10,16-18	263		
10,16	51, 147, 190, 199, 232, 255, 262, 266, 318, 321, 348, 378, 380, 382, 389, 400, 410, 413	10,41	76
		Kap. 11-21	290
		Kap. 11-21	74, *185-203*, 405
		Kap. 11	73, 184, *186-189*, 189, 209, 292, 381
10,17f.	15, 89, 97, 179, 197, 199, 210, 214, 215, 219, 237, 245, 252, 292, 340, 372, 386	11,1-5	203
		11,1	191, 197
		11,2	188
		11,3	321
		11,4	89, 187, 188, 195, 218, 346
10,17	203, 223, 235, 237, 328		
		11,5	209, 321
10,18	188, 202, 328, 339, 346, 365	11,6	251
		11,7ff.	214
10,19-21	176, 180	11,7-16	188, 214, 410
10,19f.	176	11,7	185, 214
10,19	176, 314	11,9f.	89, 188, 197, 398
10,22ff.	37	11,9	175, 193
10,22-42	180	11,11-16	398
10,22-39	*180-184*, 237	11,11f.	13
10,22	82, 153, 176	11,15	214
10,24-30	316		

11,16	15, 188, 200, 214	11,54	200
11,18	185	11,55-12,36	*191-200*, 197, 201, 388
11,19	187		
11,20-27	187	11,55-57	191
11,20	187	11,55	193, 197, 198, 199, 239, 247, 342, 346, 359, 381, 382
11,21	187		
11,22	187, 220		
11,25-27	253	11,56	193, 197, 381
11,25f.	89	11,57	191, 197, 381
11,26f.	410	Kap. 12	385
11,28	187, 254	12,1-11	191, 198, 207
11,29	187	12,1-8	409
11,30	187	12,1	82, 192, 239, 247, 346, 359
11,31	187		
11,32	187	12,2	193, 387
11,33-38	187	12,3	191, 204
11,33	209	12,4f.	163
11,34	83, 214	12,4	198, 235, 246, 409
11,36	187, 189	12,5	191
11,39	187, 209, 213, 214	12,6	192
11,40-42	410	12,7-8	191, 192
11,40	187, 188, 195	12,7	197, 213, 214
11,41	229	12,9-11	381
11,42	164	12,9	192, 197
11,43	195, 214	12,10f.	189, 198, 410
11,44	213, 252	12,10	207
11,45f.	189	12,12-19	191, *193-195*, 198, 303, 348, 381
11,45	184		
11,47ff.	111	12,12-16	84
11,47-12,23	346	12,12	193, 198, 381
11,47-54	*189-191*	12,13-15	411
11,47-53	234, 237, 238, 239, 314, *345-348*	12,13	194, 381, 385
		12,14-16	384
11,47f.	164	12,14	131, 194
11,47	191, 381	12,15	107, 198, 214
11,48-50	193	12,16	188, 195, 198, 221, 384
11,48	191, 193, 239, 340, 346		
		12,17-19	197
11,50-52	232, 235	12,17	194
11,50f.	190, 223	12,18	201
11,50	191	12,19	194, 198, 214, 381
11,51f.	147, 190, 192, 330, 346	12,20ff.	196, 262, 266, 318, 380, 385
11,51	330, 357	12,20-36	191, *196-200*
11,52	51, 130, 190, 193, 199, 200, 232, 262, 266, 318, 348, 380, 382, 389, 400, 410	12,20-33	197
		12,20-23	147, 232, 247
		12,20-22	37
		12,20	54, 198, 382, 410
11,53	193, 198	12,21f.	199

12,23-28	203, 348	12,44-50	98, 201, 202
12,23-26	215, 383, 387, 400	12,44-49	183
12,23-25	200	12,46	202
12,23f.	230	12,47-50	166, 189
12,23	37, 188, 210, 218, 292, 327	12,47f.	185
		12,47	202, 231, 256
12,24-27	281, 285	12,50	185
12,24-26	214, 260, 268, 310, 352	Kap. 13-17	156, 157, 200, *203-233*, 235, 265, 410
12,24	186, 205, 218, 223, 256, 285, 348, 380, 395, 398	Kap. 13-16	233, 275
		Kap. 13	206, 245, 291, 292, 296, 297
12,26	132, 193, 200, 207, 219, *284-287*, 285, 286, 287, 316, 349, 387, 395, 413	13,1ff.	199, 299, 315, 398
		13,1-30	27, 186, 193
		13,1-4	292
		13,1-3	203, 204, 206, 209, 210, 214, 229, 235, 264
12,27f.	89, 199, 381		
12,27	90, 214, 237		
12,28	188, 213, 230	13,1f.	92
12,29	383	13,1	89, 185, 204, 207, 224, 230, 231, 236, 245, 247, 255, 327, 359, 378, 381
12,30-36	200		
12,31-33	214, 240		
12,31	202. 228, 235, 310, 311, 353, 383, 385		
		13,2	203, 204, 235, 246, 293
12,32-34	235		
12,32f.	383	13,3	147, 207, 293
12,32	219, 232, 387	13,4-20	*204-209*
12,33	388	13,4-11	337
12,34	383	13,4-7	*284-287*
12,35f.	200, 398	13,4	204, 265
12,35	185, 197, 214	13,6-11	207, 321
12,36	197, 198, 201, 214, 217, 383	13,6-8	205
		13,6	205
12,37ff.	186	13,7	207, 210, 260, 262, 297, 327
12,37-50	197, *200-203*, 200, 201, 316		
		13,8-10	365, 371
12,37-43	201, 202, 330, 349	13,8	205, 209, 256, 265, 293, 351
12,37	200, 201, 252		
12,38-41	384	13,9	265
12,38	96, 201, 339	13,10-11	208, 294, 295
12,39f.	54	13,10	206, 208, 209, 223, 235, 293, 342, 352, 378
12,40	128, 201, 309, 376		
12,41	135, 336, 384		
12,42f.	202	13,11	206, 209, 235, 246
12,42	50, 176, 253, 255, 309, 310, 314, 327	13,12-20	207
		13,12-15	218
12,43	267	13,12	207, 210, 267
12,44ff.	37, 133	13,13f.	218, 286
12,44	252	13,13	204, 207, 209, 254

13,14-16	387	13,38f.	85
13,14	207, 399	13,38	217, 236, 238
13,15-17	214	Kap. 14-16	374
13,15	207, 232, 286, 293, 296	Kap. 14	212, 331
		14,1-4	215, 401
13,16-20	259	14,1	209, 213, 214, 215, 217, 219, 221, 224
13,16	207, 208, 217, 225, 256, 284, 285, 293, 380, 396, 410	14,2f.	102, 221, 233, 330, *349-350*
13,17	208, 259	14,2	340, 350
13,18f.	295	14,3	215, 219, 221, 255, 394
13,18	208, 209, 211, 223, 231, 292, 294, 315, 353	14,4	220, 264
13,19	152, 208, 217, 221, 293, 325	14,5-7	219
		14,5	217, 226
13,20	38, 207, 208, 256, 293, 380, 396, 410	14,6f.	216
		14,6	2, 217, 220, 222, 227, 387, 394
13,21-30	206, *209-211*, 294, 295, 397	14,7	69, 218, 257
13,21	235, 246	14,8-10	219
13,23	291, 295	14,8	213, 214, 217
13,24-28	264	14,9ff.	85
13,24	131	14,9-19	86
13,25	209, 215, 297	14,9	147, 213, 214, 217
13,26	210	14,10f.	125
13,27-30	227	14,10	217, 325
13,27	203, 210, 213, 218, 293	14,11	221, 264
		14,12-14	224
13,28	210, 297, 300	14,12	17, 215, 232, 320, 327, 374, 380, 400, 410
13,29	213, 214, 381		
13,30	82, 101, 203, 211, 296, 359	14,15f.	376
		14,15	218, 232, 314
13,31-16,33	*211-228*	14,16f.	255, 368
13,31-14,31	226	14,16	374
13,31f.	188, 230	14,17	147, 220, 224
13,31	210, 217, 218, 226, 230, 267	14,18-20	255, 374
		14,18	231
13,32	218	14,19f.	375
13,33	158, 217, 218, 226, 255, 264	14,19	218, 220, 224, 227, 231
13,34f.	224	14,20-23	256
13,34	207, 218, 232, 314, 315, 413	14,20	220, 255, 256, 376
		14,21ff.	221
13,35	220, 232, 379	14,21-24	220
13,36ff.	214	14,21f.	263
13,36-38	219, 410	14,21	218, 220, 376, 378
13,36f.	215, 218	14,22	217, 224
13,36	158, 217, 226, 268	14,23	85, 214, 217, 218, 220, 255, 394
13,37	15, 215, 217, 223, 268		

14,24	223	15,15f.	292
14,25	217, 221, 374	15,15	224, 321
14,26	147, 218, 368, 384, 396	15,16f.	224
		15,16	220, 222, 223, 224, 232, 285, 292, 294
14,27-31	374		
14,27f.	221	15,17	218, 232
14,27	158, 212, 214, 215, 224, 255, 385, 394	15,18-16,4	225, 227, 231, 310
		15,18-25	*284-287*
14,28f.	217	15,18f.	155, 156, 231, 241, 353
14,28	15, 26, 217, 218, 223, 231, 255, 324, 326	15,18	158, 309
14,29-31	221	15,19	223, 224, 225, 231, 292, 294, 323, 353
14,29f.	218		
14,29	152, 208, 217, 218, 219	15,20-25	256
		15,20	103, 105, 208, 217, 225, 284, 285, 309, 391, 411
14,30	109, 214, 227, 294		
14,31-15,17	377		
14,31	15, 16, 211, 213, 214, 215, 216, 328	15,21	225
		15,22-25	128
Kap. 15-17	40, 216, 292	15,22-24	225
Kap. 15	212, 285, 351, 379, 389	15,22	218
		15,23-25	155, 156, 231, 374
15,1ff.	353, 361, 412	15,24	218
15,1-17	215, 330	15,25	165
15,1-8	*350-353*	15,26	225, 368
15,1	15, 211, 222, 388	15,27	103, 105, 225, 374
15,2-16	199	16,1	217, 224
15,2f.	342	16,2	50, 225, 309, 310, 314
15,2	222, 232, 285	16,4-33	226
15,3	223, 235, 352, 365	16,4	217, 225, 226, 294
15,4f.	331	16,5	158, 218, 226, 264
15,4	205, 213, 256, 285	16,6	217, 224, 226
15,5	222, 232	16,7-11	368
15,6	256, 351	16,7	161, 256, 331, 346, 348, 374
15,7	213, 220		
15,8	218, 222, 226, 232, 285, 380	16,8-11	227
		16,8	228, 256, 384
15,9ff.	54	16,10	227
15,9	213	16,11	235
15,10	131	16,12	218, 374
15,11	217, 223, 231, 255, 321	16,13-15	227
		16,13	132, 220, 227, 325, 368
15,12	131, 218, 232, 314		
15,13-21	387	16,15	166
15,13-15	286, 352	16,16-19	218
15,13	224, 232, 235, 236, 268	16,16	104, 227, 393
		16,17-18	227
15,14f.	228, 316	16,17	217
15,14	353	16,19-24	259

16,19	141, 217, 227	17,16	109, 131, 323, 353
16,20ff.	254	17,17-19	231, 235, 342, 371
16,20-24	231	17,18-21	380
16,20-22	226, 255, 258, 327, 394, 410	17,18	113, 209, 231, 232, 256, 259, 396, 410
16,20f.	224, 393	17,19	152, 229, 235
16,20	255, 393, 395	17,20	120, 380, 396, 400
16,21-23	264	17,21	29, 54, 131, 230, 318
16,21	13, 394, 411, 413	17,22	331
16,22	218, 255	17,23	29, 103, 105, 131, 230, 232, 256, 314
16,23f.	220, 228		
16,23	258, 264	17,24	219, 230, 233, 342, 349, 365, 405
16,24	218, 255, 320, 321, 394		
16,25	217	17,25f.	233
16,26	220	17,25	230
16,28	324	17,26	204, 233, 314
16,29-32	230	Kap. 18-19	*233-248*, 390
16,30	147	18,1ff.	212, 215
16,32f.	353	18,1-27	*235-238*
16,32	89, 166, 230, 245, 253, 263, 291, 300	18,1	15, 217, 238
		18,2	235, 246
16,33	203, 215, 217, 224, 226, 227, 228, 231, 235, 255, 256, 295, 310, *353-355*, 383, 385, 393, 419, 420	18,3-12	334
		18,4ff.	15
		18,4	236, 245, 264
		18,5	235, 244, 246
Kap. 17	26, 29, 57, 212, 218, *229-233*, 233, 379	18,6	251
		18,8f.	204, 231, 353
17,1-4	365	18,9	38, 236, 237, 240, 311, 326, 377, 378
17,1	187, 217, 230		
17,2	89, 131	18,12	237
17,3f.	158	18,13	238
17,3	24, 230, 324	18,14	190, 232, 346
17,4	119, 174, 183, 245, 365, 386	18,15ff.	178, 327
		18,15-18	289, 297, 378
17,5	324, 325, 405, 410	18,15	251, 291, 297
17,6f.	353	18,18	238
17,7	230	18,20ff.	165
17,8	230, 324	18,20	150, 153, 165, 167
17,9-24	231	18,24	237, 238
17,9-19	342	18,25-27	238, 289, 297, 378
17,11	131, 230, 231, 410	18,28-19,16	353
17,12	179, 231, 236, 326, 377	18,28	82, 314, 359, 381
		18,30	235, 239, 246
17,13	231, 255, 321	18,31	240, 241
17,14ff.	207	18,32	237, 240, 358, 388
17,14-18	354	18,33-19,15	85
17,14-16	241	18,33-37	242
17,14f.	285	18,35f.	235, 246
17,14	131, 155, 156, 231	18,35	190

NEUTESTAMENTLICHE SCHRIFTEN

18,36	109, 231, 242, 285, 323, 354, 385, 420	19,40	131
		Kap. 20-21	*249-271*, 259
18,37	321	Kap. 20	92, *249-260*, 250, 252, 258, 260, 262, 300, 375
18,40	195		
19,1-3	241		
19,6	195, 241, 267	20,1-18	250
19,7-11	242	20,1-10	250
19,7	51, 129, 153	20,1	250, 381
19,8	267	20,2ff.	237
19,11	235, 246, 354	20,2	291, 297
19,12	195	20,3-4	251
19,14	82, 247, 327, *335-336*, 359, 381	20,3	251
		20,4	251, 253
19,15	195, 309, 314	20,5f.	187
19,16-42	*244-248*	20,5	250
19,16	235, 244, 246	20,6f.	254
19,19	85, 236, 257	20,6	250
19,20	82	20,8	250, 251, 252, 253, 300
19,22	161, 244		
19,23	229	20,9	252, 259, 297, 384
19,24	245	20,10-18	250
19,25-27	228, 255, 297, 299	20,11-18	250
19,26f.	92, 316, 328	20,11	251
19,26	237	20,12	250, 257
19,27	247, 291	20,13	254
19,28-30	150, 204, 299, 380	20,14	220, 250, 264
19,28	97, 204, 245, 253, 327, 339	20,16ff.	104
		20,16	254
19,29	247, 359	20,17ff.	350
19,30	29, 73, 137, 266, 267, 327, 357, 386	20,17f.	190
		20,17	60, 92, 209, 215, 223, 227, 252, 269, 270, 287, 316, 322, 328, 345, 348, 394, 410, 413
19,31-42	246		
19,31-37	159, 162, 248, 346, *355-361*, 357		
19,31	247, 359, 381	20,18	250, 255, 256
19,33	355	20,19-23	250, 258, 266, 322
19,34ff.	149	20,19-29	37
19,34f.	29, 52	20,19f.	221, 223
19,34	73, 345, 355, 356, 359, 361, 367, 386, 387	20,19	176, 202, 215, 251, 255, 314, 374
19,35	258, 291, 299, 355	20,20-23	394
19,36f,	355, 358, 360	20,20	29, 231, 250, 257, 320, 321
19,36	327, *335-336*, 357, 390		
19,37	4, 303, 355	20,21f.	209
19,38-42	99, 248	20,21	266, 285, 294, 380, 410
19,38-40	254		
19,38	50, 176, 202, 246, 255, 314	20,22f.	220
		20,22	13, 70, 73, 113, 231, 232, 233, 325, 345,
19,39	163		

	358, 368, 375, 380, 384, 410, 411, 413	21,18f.	16, 285, 327, 350, 380, 400
20,23	15, 225, 256, 259, 318, 384, 387, 410	21,19-22	327
		21,19f.	161
20,24-29	52, 250, 266, 355	21,19	215, 262, 268
20,24	253, 256	21,20-23	38
20,25	29, 250, 256	21,20-22	268
20,26-28	100	21,20	262, 291
20,27	29, 250	21,22	268, 269, 411
20,28	325, 396	21,23-25	262
20,28f.	258	21,23f.	70, 301
20,29-31	221, 327	21,23	269, 301
20,29	208, 250, 252, 257, 259, 263, 264	21,24-25	71
		21,24	32, 54, 59, 68, 247, 262
20,30f.	16, 70, 149, 252, 257, 263, 265	21,25	262, 270, 425
20,30	257, 270		
20,31	6, 25, 48, 79, 230, 250, 259, 297, 423	APG	
Kap. 21	2, 12, 16, 33, 36, 37, 43, 52, 206, 228, 255, 260, *260-271*, 261, 262, 263, 268, 269, 275, 287, 300, 318, 384, 387, 403, 410	Kap. 2	368
		2,25-31	148
		4,24-28	238
		5,41	241
		6,9	280, 311
		Kap. 7	64, 311
		8,4ff.	118, 380
21,1-14	38, 120, 380, 387, 389	10,1	236
21,1f.	85, 228, 262	10,28	239
21,1	137, 173	12,1f.	311
21,2-14	262	13,33-37	148
21,2	84, 87, 269, 320	14,22	310, 313
21,3	263	21,31	236
21,4	264	27,1	236
21,5	300	28,26	316
21,6	265		
21,7	264, 270, *287-289*, 300	Röm	
21,8	82, 265		
21,9	238, 251	4,17	132
21,11	265, 318, 348, 400	5,6-8	328
21,12f.	258, 394, 400	8,11	132
21,12	264, 375	8,29	255
21,13ff.	249		
21,14	262, 263, 266	1 Kor	
21,15ff.	12, 238, 288, 399, 400	1,18ff.	64
21,15-22	262	1,24	64
21,15-19	38, 378	2,13-16	147
21,15-17	252, 287, 289, 327, 377	15,42-44	199
21,18-22	215		

FRÜHKIRCHLICHE LITERATUR

2 Kor		Hebr	
1,9	132	2,11-18	255
11,2	322	3,5	283
11,24f.	241, 311	12,8	169
		1 Joh	
Gal		2,6	207
		2,15	419
2,20	289	2,19	52, 54
Kap. 4	168		
4,22-31	283	2,27	207
		3,12-15	170
Phil		3,16	207
2,6-11	30,	4,11	207
69		4,17	207
		5,6	355, 356
1 Thess			
2,14-16	64, 311	3 Joh	
4,9	147		
5,3	393	8	207
1 Tim		Offb	
5,10	205, 286	11,1f.	354
		20,6	205
6,13	132	20,9	354
		21,8	205
2 Tim		21,27	342
4,10	419	22,14f.	342
		22,19	205
Tit			
3,5	132		

D. Frühkirchliche Literatur

Barn 6,8-7,2	132	Justin, Dial. 137,2	311
Barn 21,6	147	Irenäus v. Lyon	32
1 Clem 10,6-8	169	Irenäus v. Lyon IV 36.2	389
Ignatius, Röm 7,2	117	Papias von Hierapolis	290
Ignatius, Polyc. 6,1	205	Euseb, HE 6.14.7	367
Justin, Tryph. 69,6	117	Euseb, HE 7.25	32
Justin, Dial. 16,4	311	Euseb, praep. ev. 8,7.1-9	298
Justin, Dial. 93,4	311	Euseb, praep. ev. 13.12,8-11	62
Justin, Dial. 95,4	311	Euseb, praep. ev. 9.2711.4f.	96
Justin, Dial. 96,2	311	Chrysostomos, in Joh. 40,1	134
Justin, Dial. 108,3	311	Cyprian, ep. 66,2	134
Justin, Dial. 123,6	311	Clemens Alex., strom IV 19.123,1	205
Justin, Dial. 133,6	311	Hieronymos, in Ez 47,12	266

E. GRIECHISCH-RÖMISCHE LITERATUR:

ANDOCIDES
  I 74   299
APOLLONIUS VON RHODOS
  Arg. I 364   287
  Arg. III. 845ff.   248
APULEIUS
  Metamorph. II 2.3   278
  Metamorph. II 19   278
ARISTOPHANES
  Wespen 729-759.1004-1006   298
ARISTOTELES
  Politik I,13.7   285
  Politik I,5.8f.   285
  Politik I,11.6   285
  Rhet I 3.3   7
  EN 8.1-12   299
CATO   8
CICERO
  Inv.   8
  De amicitia   223
  De nat. deor. 2,69   395
CORPUS HERMETICUM
  Poimandres 1,5   46
DEMOSTHENES
  De corona 38   179, 377
DION CHRYSOSTOMOS
  or. 4,43-45   388
  or. 10,12   276
  or. 12,29f.   199
EPIKTET
  3.26.22   267
EURIPIDES
  Phönizierinnen 355   393
GALEN
  K XII 894.1-4   290
  Temp. Med. VI Vorw.   290
HELIODOR
  Aithiopica II 13.2   288
  Aithiopica III 10   295
  Aithiopica VII 2711   279
HERODOT
  Hist. IV 19   205
HOMER
  Ody 19.343   205, 286
  Ody 19.503-507   205, 286
HORAZ
  Ars poetica 388   VII

  Serm I 6.105   278
  Serm II 8   279, 295
JUVENAL
  Sat. III 81-142   210, 295
LUKIAN VON SAMOSATA
  Toxaris vel amicitia 22f.   278
  Toxaris vel amicitia 35   270
LYCOPHRON
  147   298
MARTIAL
  IV 8   279
PETRONIUS
  allgemein   296
  Satyr. 27ff.   278
  Satyr. 28,6f.   282
  Satyr. 31.3f.   286
  Satyr. 38,7-11   210, 295
  Satyr. 48,1-2   278
  Satyr. 57,1f.   210, 295
  Satyr. 70.8   205
PHILOSTRAT
  vit. Apoll. 2,24   162
PLATON
  Georg. 452e   7
  Georg. 453a   7
  Phaidr. 267a   8
  Tim. 42d   199
  Phaidon 83d   199
  symp. 175a   205
  symp. 213b   205, 286
  rep. 578d-579a   283
  leg. 881d   299
  leg. 931a-e   298
  politikos 267e   388
  politikos 275b-c   388
PLINIUS D.J.
  Paneg. 42.2   284
PLINIUS
  HN 17.35   351
PLUTARCH
  Pompeius 73,7   205, 286
  XII 25d.4ff.   290
  Moralia 249d   205
  Moralia 298C   279
  Moralia 619E-622B   279
  Moralia 678E.F   276
  Moralia 679C.D   276

Moralia 958b	205	INSCHRIFTEN:	
Cato 4.5	282	CIL	
POLYBIOS		III 536	280
12.25h 2-4	290	IV 3948	278
PROTAGORAS V. ABDERA	8	VI 1884	280
RHET. HER.	8	VI 7290	204
SENECA		VI 8498	287
Ad Lucilium 9,8	224	VI 9003	280
Ad Lucilium 47,5	283	VI 9083	280
Ad Lucilium 47,8	286	XI 3612	279
Ad Lucilium 47,14.5	281	CIJ	
Ad Lucilium 86,12	205, 286	683a+b	282
SVF		OGIS	
1.124	199	427	242
XENOPHON			
Hell. 4.1.24	162	PAPYRI:	
mem. 2,2,13	298	P.Oxy 729	351
TACITUS		P.Oxy 840	286
Hist V 13	395	P.Oxy 1631	351
Hist IV 50.2	284	P.Oxy 1692	351
Hist I 3	284	P.Oxy 3354	351
Ann XIV 60	284	CPJ	
THEOKRIT		I 126.15f.	282
4.12-25	377	III 473	282
TIMAIOS V. TAUROMENION		P.Medizin 88-94	278
F 150a	395	TAM V 1,238	258
VALERIUS MAXIMUS			
Mem. 6.8	284		

F. RABBINISCHE LITERATUR

pTBer II 5c	84	mBer 9,5	363
pTMQ 80c	227	mAvot 1,10	310
pTSanh 29c	312	mAvot 1,12	343
BerR 53,11	284	mTaan 4,8	320
BerR 64,8	374	mKel 1,6-9	363
BerR 68	321, 366	mJoma 3,3	205
BerR 68,18	86	mSan 3,5	317
WayR 8	321	mMiddot 3,8	351
ShemR 17,3	360	Pirke Avot 3,4	344
PesR 86b	360	ARN 4,22-24	96
TScheq III.2f	95	ARN/A 2	347
TSukk 4,3	347	ARN/A 4	338, 343
TBer VII.19	95	ARN/B 6	338
mScheq 6.5	95	SifreDtn 11,10 (77a)	279
mKet 2,9	134	SifreDtn 35,5	204
mBer 3,3f.	282	SifreDtn 48 (84a)	374
mBer 4,1	282	bTBB 53b	204

bTBB 75b	342	bTKidd 12b	320
bTBer 14b/15a	347	bTSan 39a	103
bTBer 28b-29a	312	Mek 82a	204
bTGit 55b-56b	329	Mek zu Ex 12,6	359
bTSukk 37a	359	Tg Jonathan Gen 21,9	284
bTSukk 49a	373f.	Tg Neofiti Gen 21,9	284
bTSukk 53a	347	Tg Jerusalmi Gen 21,9	284
bTJoma 54b	347	Tg Is 25,6-10	348
bTChag 12b	364	TanB, Kedoshim §10	347
bT Schab 25b	205	Tanchuma zu Ex 33,21	366
bT Schab 39b	205	PRE 29	360

G. Autoren

AALEN, S.	370	BÄUMLEIN, W.	318
ABBOTT, E.A.	65, 96, 107, 154, 338	BAUCKHAM, R.	261, 267, 270
		BAUER, B.	35, 196, 306
ALEXANDER, B.C.	17	BAUER, W.	47, 106, 190, 212, 215, 239, 256, 317, 350f.
ALEXANDER, L.	290		
ALFÖLDY, G	280		
ALLEN, E.L.	307	BAUM-BODENBENDER, R.	234
ALON, G.	329	BAUMGARTEN, J.M.	389
ALTER, R.	116	BAUMGARTEN-CRUSIUS, L.F.O.	
AMELING, W.	258		196, 317
ANDERSON, B.W.	384f.	BAUR, F.C.	1, 3, 21, 22, 35, 45, 49, 59, 60, 91, 93, 99, 122, 127, 133, 161, 191, 193, 196, 197, 216, 234, 270, 305, 316
APPLEBAUM, S.	95, 338		
APPOLD, M.L.	21		
ARCHER, G.L.	307		
ASHTON, J.	58		
ATTRIDGE, H.W.	156		
AUGENSTEIN, J.	170, 206, 211, 215		
AUGUSTINUS, A.	240	BEASLEY-MURRAY, G.R.	126, 133, 141, 204, 317
AVERY-PECK, A.J.	329		
BACON, B.W.	39, 289	BEAVIS, M.A.	286
BADCOCK, F.J.	159	BECK, D.R.	116, 269
BAILLET, M.	389	BECKER, J.	1, 98, 164, 317, 356
BALDENSPERGER, W.	21, 74, 198		
BAMMEL, E.	185	BECKMANN, K.	354
BANG, M.	280	BECKWITH, R.T	343
BARCLAY, J.M.G.	329	BDR	96, 154, 338
BAR-ILAN, M.	343	BEHM, J.	159
BARKSDALE, J.	382	BELSER, J.E.	317, 318
BARRETT, C.K.	47, 106, 203, 216, 226, 253, 307, 316, 318, 383	BERGER, K.	6, 52, 291
		BERGER, P.L.	10
		BERGMEIER, R.	58, 69, 98, 99, 103, 104, 110
BASSLER, J.M.	98, 99, 163	BERNARD, J.H.	106, 212, 317

BERNOULLI, C.A.	425	BROMBOSZCZ, T.	17
BERTHOLDT, L.	124, 164	BROOKE, G.J.	389
BERTLING, K.F.	39	BROWN, R.E.	11, 53, 58, 80, 84,
BEUTLER, J.	1, 74, 134, 135,		98, 106, 114, 141,
	170, 175, 178, 193,		159, 164, 217, 226,
	196, 199, 345, 349,		230, 235, 236, 245,
	378, 385		248, 249, 251, 254,
BEYERLE, S.	320		260, 261, 267, 292,
BEYSCHLAG, W.	329		317, 318, 323, 350,
BICKERMANN, E.	332		358, 360, 375, 411
BIETENHARD, H.	86	BROX, N.	270
BILLERBECK, P.	132, 186, 192, 193,	BRÜCKNER, B.B.	354
	239, 279, 285, 295,	BRUN, L.	81
	374	BUCHER-GILLMAYR, S.	116
BIRDSALL, J.N.	262	BUCKLAND, W.W.	281, 283
BISSCHOPS, R.	351	BÜHNER, J.-A.	22
BITTNER, W.J.	92	BULTMANN, R.	3, 11, 14, 17, 22,
BJERG, S.	170		24-26, 27, 28, 43,
BLACK, C.C.	213		47, 58, 61, 74, 80,
BLACK, M.	392		84, 86, 98, 106,
BLACK, D.A.	229		136, 137, 152, 174,
BLANK, J.	141, 145, 161, 167,		191, 193, 195, 196,
	174, 190, 196, 201,		197, 198, 212, 261,
	239, 256, 382, 384,		306, 317, 326, 351,
	386		355, 370, 376, 381,
BLEICKEN, J.	278		382, 383, 384, 386,
BLINZLER, J.	236		403
BÖCHER, O.	353	BURGE, G.M.	159, 367
BOERS, H.W.	119, 342	BURKETT, D.	336
BÖSEN, W.	236	BUSINK, T.A.	345, 351
BOISMARD, M.-É.	53, 59, 159	BUSSE, U.	3, 13, 71, 88, 176,
BORGEN, P.	235		186, 188, 222, 260,
BORIG, R.	222, 350, 351		265, 274, 277, 289,
BOTHA, E.J.	113, 116		292, 308, 323, 348,
BOUSSET, W.	21, 23, 24, 25, 192,		351, 352, 425
	196, 197, 234, 305,	CANCIK, H.	45
	354, 382	CARSON, D.A.	290
BRADLEY, K.R.	281, 284	CHARLESWORTH, J.H.	261, 267, 269, 290,
BRANDT, W.	318		291, 307
BRATCHER, R.G.	276	CHIRICHIGNO, G.	307
BRAUNERT, H.	122	CHYTRAEUS, D.	229
BRAWLEY, R.L.	245	CLEMEN, C.	17
BRECK, J.	261	CLEMENTS, R.E.	336, 345
BRETSCHNEIDER, K.G.	34-35, 190, 196,	COHEN, M.	329
	305	COLLINS, J.J.	341
BREUER, D.	8	COMBES, I.A.H.	275
BREYTENBACH, C.	191	CONZELMANN, H.	290
BRODIE, T.L.	80, 116, 122, 164,	COOK, G.	5
	226, 317, 318	CORSSEN, P.	212

COSERIU, E.	7	DU RAND, J.A.	175
CRIBBS, F.L.	234	EBERHARDT, M.	121, 260
CROSSAN, J.D.	137, 145	EBERTZ, M.N.	274
CULLMANN, O.	235	ECKERMANN, J.C.R.	33, 34
CULPEPPER, R.A.	14, 83, 88, 106, 125, 130, 156, 160, 190, 203, 204, 206, 209, 230, 316, 319	ECO, U.	78, 115
		EDWARDS, R.B.	60, 69
		EHRLICH, E.L.	329
		ELLIS, E.E.	335
CUMONT, F.	45	ELLIS, P.F.	261
DAHL, N.A.	131	ERASMUS, D.	213
DAUER, A.	234	ESLINGER, L.	116
DAVIES, J.A.	340	ESPINOSA, R.R.	425
DAVIES, M.	22, 261, 325	ÉTIENNE, R.	288
DEINES, R.	91	EVANSON, E.	32
DE JONGE, M.	98, 161, 162, 239	EWALD, H.	38
DE LA POTTERIE, I.	370	FAURE, A.	198
DE WETTE, W.M.L.	212, 261, 267, 307, 317, 318, 354	FEE, G.D.	159, 160
		FISCHER	305, 335
DE WITT BURTON, E.	307	FISCHER, G.	349
DEISSMANN, A.	274	FLACELIERE, R.	298
DEISSNER, K.	47	FORESTELL, J.T.	235
DEKKER, C.	154	FORTNA, R.T.	42. 175, 178, 235, 345
DELANEY, C.	223		
DELORME, J.	17	FRANKE, A.H.	153, 196, 245, 307, 308, 318, 330, 335, 336, 341, 345, 347, 359
DEMSKY, A.	343		
DENAUX, A.	3		
DERICKSON, G.W.	222, 351		
DETTWILER, A.	226, 350	FRANZMANN, M.	261
DIBELIUS, M.	84, 191, 196, 235, 327	FREED, E.D.	166, 172
		FREESE, P.	327
DIEBOLD-SCHEUERMANN, C. 239, 240, 243		FREY, J.	12, 98, 105, 318
		FRÜHWALD-KÖNIG, J.	330
DIETERICH, A.	45	FÜRST, A.	186
DIETZFELBINGER. C.	86, 156, 220, 252, 298, 306	GABLER, J.P.	1
		GAEBELEIN, A.C.	317, 318
DILLON, J.	44	GÄRTNER, B.	341
DIMANT, D.	340	GAGER, J.G.	274
DION, P.E.	345	GARNSEY, P.	275
DODD, C.H.	4, 46, 61, 137, 154, 156, 213, 307, 334	GEMÜNDEN, P. VON	194
		GERSTENBERGER, E.S.	342, 352, 360, 373
DOBSCHÜTZ, E. VON	274	GESE, H.	333
DÖRRIE, H.	65	GIBLIN, C.H.	60, 65, 141, 156
DONALDSON, T.L.	348	GODET, F.	317, 318
DRAPER, J.A.	104	GÖRG, M.	126, 328, 333
DROGE, A.J.	236	GOLDIN, J.	96
DSCHULNIGG, P.	128, 261	GOLDSTEIN, J.A.	386
DUKE, P.D.	126, 127, 156, 163, 173, 175, 316, 319	GOMES, P.J.	86
		GOPPELT, L.	335, 337, 345
DUNBABIN, K.M.D.	287	GORDIS, D.H.	317
DUNN. J.D.G.	138	GRAU, E.F.	307

GREEN, A.	366		375
GREEN, J.B.	234	HOFMANN, J.C.K. VON	307
GREIMAS, A.J.	7	HOFRICHTER, P.L.	6, 48, 196
GRIMES, R.L.	399	HOLTZMANN, H.J.	39, 66, 70, 122, 125, 126, 127, 128, 133, 146, 190, 191, 234, 238, 250, 261, 269, 306, 330, 341
GRIMM, W.	346		
GROTIUS, H.	16, 213, 260, 317		
GRUNDMANN, W.	417		
GUNDEL, H.G.	23		
GUNKEL, H.	46, 47, 48	HOPPE, R.	8
GYLLENBERG, R.	237, 239	HORBURY, W.	311
HAAG, A.	7	HORSLEY, G.H.R.	278
HABERMANN, J.	60	HORST, G.K.	11, 33
HACKLÄNDER, N.	267	HOSKYNS, E.C.	213, 317
HAENCHEN, E.	VII, IX, 11, 14, 15, 22, 26-31, 40, 47, 48, 58, 61, 98, 106, 145, 146, 154, 208, 243, 266, 277, 290, 292, 317, 326, 382, *415-423*, 425	HOSSFELD, F.-L.	353
		HULTGREN, A.J.	204, 206
		HUMBOLDT, W. VON	7
		HUNTER, A.M.	317, 318
		ISAACS, M.E.	162
		ISER, W.	10
		JANOWSKI, B.	333, 359
HAHN, F.	84, 153, 159, 162, 164, 165, 172, 185, 234, 237, 239, 252, 367	JEREMIAS, J.	84
		JEREMIAS, JÖRG	141
		JONGMAN, W.	265, 295
		JUDGE, E.A.	274
HAINZ, J.	1, 11, 51	JÜLICHER, A.	191, 196, 261
HALLBÖCK, G.	329	JÜNGLING, H.-W.	183
HAMMES, A.	12	KAHRMANN, C.	9
HARAN, M.	191, 345	KÄSEMANN, E.	VII, IX, 2,11, 20, 21, 22, 24, 29-31, 48, 49, 61, 326
HARNACK, A. VON	49, 274, 281		
HARTMAN, L.	261, 330		
HARVEY, G.	313	KAMPEN, J.	340
HAUFF, C.V.	154	KARRER, M.	140
HAYES, J.H.	353	KEALY, S.P.	317, 318
HEDRICK, C.W.	82	KEEL, O.	385
HEGEL, G.W.F.	11	KEIL, C.F.	317, 318
HEINRICI, C.F.G.	274, 317, 328	KEIM, T.	8, 44, 261, 307
HEITMÜLLER, W.	21, 212, 229, 234, 261, 317, 318	KELLERMANN, D.	342
		KILPATRICK, G.D.	159
HEMER, C.J.	383	KLAIBER, W.	98, 106, 107, 110, 317, 318
HENGEL, M.	2, 207, 269, 290, 308, 311, 318, 353		
		KLAUCK, H.-J.	64, 193, 224, 251, 255, 376, 383
HENGSTENBERG, E.W.	318		
HERDER, J.G.	VII, 19, 98, 304	KLEE, H.	317, 318
HERGENRÖDER, C.	250	KLINGER, M.	261
HILGENFELD, A.	141, 270, 305, 306	KLINZIG, G.	341
HIMMELFARB, M.	363	KLOFT, H.	278
HIRSCH, E.	384	KNÖPFLER, T.	139, 156
HOEGEN-ROHLS, C.	73, 204, 206, 213, 216, 217, 220, 223, 229, 252, 350, 368,	KOESTER, C.R.	85, 86, 114, 116, 118, 157, 158, 163, 334, 356, 359

KÖSTLIN, J.	22, 324	LUCKMANN, T.	10
KÖSTLIN, K.R.	22, 305, 309, 329	LÜTGERT, W.	43
KOLLER, H.	287	LUTHARDT, C.E.	99, 122, 213, 267, 307, 308, 309
KONINGS, J.	138, 139		
KOVACS, J.L.	199	LUTHER, M.	309
KOWALSKI, B.	261	LUZ, U.	286
KRAUS, W.	200, 245, 341, 348	MACGREGOR, G.H.C.	212, 317, 318
KREYENBÜHL, J.	153, 154, 307	MACMULLEN, R.	275
KÜHSCHELM, R.	197, 201	MACRORY, J.	317, 318
KÜGLER, J.	137, 148, 150, 204, 207, 237, 270, 372	MAGEN, Y.	90
		MAGIE, D.	114
KUHN, K.G.	313	MAIER, A.	287, 317, 318
KUINOIL, C.T.	317	MAIER, J.	173, 311, 312, 334, 335, 337, 341, 360, 362, 363, 364, 373
KUSHNIR-STEIN, A.	242		
KUYPER, L.J.	69		
KYSAR, R.	252	MALATESTA, E.	425
LAGRANGE, M.-J.	106	MALINA, B.J.	274
LAMPE, F.A.	213, 317	MARGUERAT, D.	18
LAMPE, P.	274	MARSHALL, P.	274
LANG	208	MARTIN, D.B.	280
LANG, F.G.	152	MARTYN, J.L.	49, 140, 163, 306, 310
LANGBRANDTNER, W.	48		
LANDIS, S.	123	MATERA, F.J.	232, 234, 235
LANGE, S.G.	317	MATSON, M.A.	93, 94, 337
LATTIMORE, R.	188	MAY, A.	13, 88, 277
LATTKE, M.	48	MCCAFFREY, J.	214, 343, 349, 350
LAUSBERG, H.	7	MCCALMAN TURPIE, D.	307
LEIPOLDT, J.	417	MCVANN. M.	398
LENHARDT, P.	75	MEEKS, W.A.	130, 136, 163, 274
LEON, M.D.	425	MEINERTZ, M.	39
LÉON-DUFOUR, X.	14, 195, 198	MÉNARD, J.-E.	159
LEROY, H.	13	MENGE, H.	213
LESSING, G.E.	304	MENKEN, M.J.J.	76, 94, 96, 123, 126, 129, 133, 138, 140, 144, 145, 147, 152, 160, 161, 194, 201, 207, 208, 212, 225, 247, 252, 261, 307, 308, 338, 339, 342, 344, 384
LEVENSON, J.D.	385		
LEWIS, F.W.	39, 136		
LIDZBARSKI, M.	46		
LIEU, J.	316, 319		
LIGHTFOOT, J.B.	307		
LIGHTFOOT, R.H.	106, 318		
LINDARS, B.	98, 137, 160, 164, 187, 204, 261, 307		
		MERK, O.	23
LOADER, W.H.	86, 161, 252	MESHORER, Y.	242
LOHMEYER, E.	141, 217, 328	METZGER, M.	333
LOISY, A.	355	MEYER, A.	261
LONGENECKER, R.	198	MEYERS, E.M.	87
LOUW, J.P.	229, 275	MICHAELS, J.R.	84, 208
LÜCKE, F.	36, 38, 208, 213, 226, 261, 267, 317, 318	MICHEL, H.-J.	218
		MILGROM, J.	347
		MILLAR, F.	236, 243

Miller, E.L.	59			163, 173, 193, 200,
Milligan, G.	278			234, 261, 263, 267,
Milne, H.J.M.	262			271, 290, 335, 425
Minear, P.S.	249, 253, 261		Pack, F.	110
Mlakuzhyil, G.	74, 180		Pancaro, S.	163, 322
Möhres, F.P.	7		Paschen, W.	341
Moffatt, J.	190		Pastor, J.	275
Moloney, F.J.	94, 337		Paulsen, H.	141
Moore, G.F.	63		Pedersen, J.	334
Moretto, G.	20		Pekary, T.	278
Morris, L.	235		Pendrick, G.	60
Moule, C.F.D.	84		Pfleiderer, O.	45, 234
Moulton, J.H.	278		Pocahontas	258
Mueller, J.R.	329		Pohlenz, M.	74, 99
Müller, M.	337		Poland, F.	192
Müller, U.B.	219		Porsch, F.	73, 109, 245
Mukarovsky, J.	407		Porzig, W.	407
Murphy, F.J.	329		Pryor, J.W.	68
Myllykoski, M.	234f., 239, 346		Rahner, H.	159
Neander, A.	36, 329		Rawson, B.M.	298
Neirynck, F.	127, 138, 237, 250,		Ranke, Dir.	184
	266, 291		Rebell, W.	55
Neugebauer, J.	291, 350		Redfield, J.	317
Neusner, J.	95, 329, 338, 343		Reicke, B.	318
Newman, C.C.	334		Reimarus, H.	304
Newson, C.	364		Rein, M.	173, 174, 175, 176
Neyrey, J.H.	83, 86, 101, 116,		Reiss, G.	9
	168, 183, 206, 236,		Reitzenstein, R.	45, 46, 61
	241, 242, 243, 283		Rendtorff, R.	385
Nida, E.A.	275		Rese, M.	252, 262, 269, 271,
Nielson, K.	169			290
Niemand, C.	205		Reuss, E.	58
Nikiprowetzky, V.	341		Reynolds, J.	382
Norris, J.P.	39, 136		Richter, G.	11, 22, 52, 53,
Obermann, A.	183, 308, 340, 341			102, 250, 356, 403
Oberweis, M.	200, 234, 261		Riedl, J.	196, 386
O'Day, G.R.	83		Rilke, R.M.	222
Odeberg, H.	86, 161, 344		Rinke, J.	55
Okure, T.	114, 196, 198		Rissi, M.	74
Ollenburger, B.C.	385		Ritschl, A.	23, 45
Olsson, B.	106, 116		Ritt, H.	112, 115, 230
Omar, S.	351		Robert, J. u. L.	210
Onuki, T.	68, 184, 191, 192,		Röhricht, R.	65
	223, 229, 234		Rohde, E.	45
O'Rourke, J.J.	154		Rohrbaugh, R.J.	274
Osburn, C.D.	99, 105		Roloff, J.	341
Osty, E.	234		Rosenmüller, E.F.K.	317
Overbeck, F.	21, 99, 122, 126,		Ruckstuhl, E.	112, 122, 128, 261
	133, 135, 136, 146,		Ruiz, M.R.	120

Rusam, D.	300		212, 382, 383
Sabbe, M.	88, 234	Schwartz, J.	337
Safrai, Ch.	343	Schwegler, A.	21, 60, 306
Safrai, S.	95, 254, 329, 338, 381, 382	Schweizer, A.	37, 38, 43, 193, 196
Safrai, Z.	287, 351	Schwier, H.	340, 342, 345, 353
Saldarini, A.J.	329, 335	Segovia, F.F.	8, 55, 349, 403
Saller, R.P.	298	Seidel, H.	131
Sandelin, K.-G.	144, 145, 152	Seitz, C.R.	384
Sanders, E.P.	95, 338, 343	Severin, W.J.	5
Schaeder, H.H.	61	Seyfarth, T.A.	161, 196
Schäfer, P.	311, 362	Sheppard, G.T.	63
Schenk, W.	65, 91	Siegert, F.	65
Schenke, L.	19, 83, 86, 136, 151, 153, 220, 227, 239, 249, 250, 266, 317, 318, 345	Skeat, T.C.	262
		Smalley, S.	307
		Smith, D.M.	83, 252, 376, 403
		Smith, J.Z.	340
Schenkel, D.	21, 36, 37	Söding, T.	212
Schlatter, A.	212, 317, 330, 333	Soltau, W.	234
Schleiermacher, F.	20, 35, 304	Songer, H.S.	126, 128
Schluchter, M.	9	Spaeth, H.	305
Schmidt, F.	342	Speyer, W.	270
Schmiedel, P.W.	21, 122, 125, 196, 197, 261, 317	Spicq, C.	60
		Spielmann, K.	70
Schmithals, W.	14, 38	Spitta, F.	11, 39, 41, 75, 137, 212
Schnackenburg, R.	58, 66, 84, 98, 106, 136, 138, 159, 160, 164, 196, 197, 208, 212, 216, 217, 226, 261, 292, 298, 308, 317, 318, 350, 351, 356, 382, 386		
		Stadelmann, H.	67
		Staley, J.L.	14, 111, 128, 175
		Stanley, D.M.	159
		Stanzel, F.K.	9
		Stauffer, E.	318
		Stegemann, E.W.	274
Schnebel, M.	351	Stegemann, W.	274
Schnedermann, G.	313	Stemberger, G.	115
Schneider, J.	317	Steudel, A.	350
Schnelle, U.	20, 136, 160, 216, 317, 318, 356	Stibbe, M.W.G.	14, 316, 318
		Stier, F.	159
Scholten, J.H.	38, 261, 306	Stimpfle, A.	48, 349, 350
Schottroff, L.	48, 99, 274, 403	Storr, G.C.	44
Schrage, W.	311	Stowasser, M.	75
Schuchard, B.G.	245, 247, 308	Strange, J.M.	87
Schürer, E.	60, 234, 240, 282, 347	Strathmann, H.	106, 317, 318
		Strauss, D.F.	1, 35, 122, 141
Schwank, B.	261, 265, 266	Strecker, G.	1
Schwankl, O.	99, 100, 103	Swain, L.	318
Schwartz, D.R.	340, 348	Taeger, J.-W.	353
Schwartz, E.	11, 38, 39, 40, 41, 43, 74, 75, 92, 93, 122, 153, 156, 196,	Talbert, C.H.	317
		Tankard, J.W.	5
		Tannenbaum, R.	382, 383

TANZER, H.H.	278	VOGEL, E.F.	34
TASKER, R.V.G.	106	VOGT, J.	9
THÉBERT, Y.	279	VOLZ, P.	385
THEISSEN, G.	274, 280	VON DER OSTEN-SACKEN, P.	
THENIUS, O.	38		69, 75
THEOBALD, M.	60, 68, 250, 332, 383	VORSTER, W.S.	14, 261
		VOUGA, F.	356
THOLUCK, A.	212, 261, 307, 317, 318	WAHL, H.M.	337
		WARNER, M.	7
THOMA, A.	307, 382, 383	WEAVER, P.R.C.	280
THOMAS, J.C.	126, 127, 128, 205, 206	WEBER, D.	9
		WEEBER, K.-W.	222
THOMPSON, J.M.	239	WEIDEL, K.	307
THOMPSON, M.M.	22, 252, 325	WEINFELD, M.	276
THORNTON, C.-J.	47, 383	WEISER, A.	39, 152
THÜSING, W.	161, 356	WEISS, B.	1, 16, 22, 75, 83, 165, 200, 307, 317, 329, 341
THYEN, H.	1, 14, 21, 58, 61, 66, 68, 70, 74, 93, 98, 99, 106, 119, 122, 138, 145, 146, 147, 148, 159, 163, 164, 167, 172, 184, 196, 244, 247, 248, 250, 251, 254, 258, 261, 262, 269, 307, 326, 328, 342, 382	WEISS, J.	8, 46, 47, 49, 132, 307, 372
		WEISS, H.	204, 206
		WEISSE, C.H.	36, 37, 38, 43, 44, 58, 60, 71, 93, 98, 193, 196, 212, 250, 261
		WEIZSÄCKER, C.	22, 183, 191, 196, 200, 204, 212, 234, 307, 324, 382
TILLER, P.A.	345		
TILLMANN, F.	317, 318		
TILLY, M.	95	WELLHAUSEN, J.	11, 38, 39, 41, 46, 48, 58, 107, 112, 122, 136, 137, 154, 193, 211, 212, 217, 221, 223, 317, 355
TITZMANN, M.	9		
TOBLER, J.T.	38		
TRAKL, G.	19		
TREBILCO, P.	177, 383		
TURNER, C.H.	159	WENDT, H.H.	11, 38, 39, 137
TURNER, V.	17, 390, 399, 400	WENGST, K.	51, 191
UNTERGASSMAIR, F.G.	359	WEREN, W.J.C.	389
USENER, H.	45	WESSEL, F.	118
VACALOPOULOS, A.E.	124	WESTCOTT, B.F.	164, 213, 261, 317, 318
VAN BELLE, G.	43, 82, 121, 122, 138, 192, 425		
		WESTERMANN, C.	276
VAN DEN BUSSCHE, H.	317, 318	WESTERMANN, W.L.	284
VAN DER HORST, P.	312, 383	WETTSTEIN, J.	278, 295
VAN DER WATT, J.G.	VIII, IX, 222, 350, 359	WIARDA, T.	261, 267
		WICHELHAUS, J.	317
VAN GENNEP, A.	206, 288, 398, 400	WIEDER, N.	374
VAN TILBORG, S.	9, 127	WILCKENS, U.	39, 193, 201, 207, 261, 317, 318, 323
VAN UNNIK, W.C.	382		
VENETZ, H.-J.	356	WILD, A.	153
VERWEYEN, H.J.	246	WILDBERGER, H.	385, 386

WILDER, A.N.	7		46, 135, 151, 165, 190, 197, 234, 261, 306
WILSON, J.	98		
WINDISCH, H.	161, 165, 191, 194, 196, 198, 220, 235, 271, 306, 368	WYSE, W.	298
		ZAHN, T.	75, 214, 318
WINER, G.B.	190, 386	ZELLER, E.	21
WINTER, M.	216, 217, 218, 349	ZENGER, E.	353
WITKAMP, L.T.	126, 127, 129, 130, 136, 138, 139, 140, 245	ZEVIN, S.J.	359
		ZIMMER, G.	267
		ZIMMERMANN, H.	213
WITTICHEN, C.	307, 330	ZIMMERMANN, M. u. R.	
WOLF, J.C.	317		317
WOLL, B.D.	198	ZUMSTEIN, J.	10, 11, 190, 245, 252, 261, 376
WOLTER, M.	103		
WOODCOCK, E.	109	ZWICKEL, W.	345
WREDE, W.	21, 22, 23, 24, 25,	ZWINGLI, H.	160

H. NAMEN UND SACHEN (IN AUSWAHL)

Abraham 123f., 135, 168f., 170f., 172, 182, 283f., 305, 315, 322, 326, 393, 409

Anabasis 150f., 158f., 172, 333, 349, 394

Anthropologie 17, 28f.

Apostel 208, 396

Bild 114, 119f., 140, 174, 178, 200, 222, 248, 255, 273f., 285, 307, 309, 315, 320, 328, 332, 350f., 366, 377, 395, 412

Birkat ham-minim 50, 55, *310-314*

Determinismus 29

Diskurs 3-6, 173

Diskursfigur 9, 99, 105, 303, 391

Doketen 22, 52, 356

doketische Christologie 11, 21, 24, 25, 28, 29f., 52, 54, 403

Dualismus 28, 50

Ekklesiologie 11f., 16f., 50, 193, 208, 261, 266, 302, 318, *376-389*, 399, 412

Endgericht 133

Epik, episch 4, 44, 57, 60f., 66, 71, 74, 113, 139, 165, 249, 368

episches Hologramm 70, 189, 199, 203, 230, 245, 250, 361, 366f., 379, 390, 408

Erzählstrategie 4, 74, 82, 96, 100, 264, 339, 390

Eschatologie 12, 26, 51f., 54, 76, 133, 146, 172, 200, 214, 248, 266, 318, 348, 396, 399, 401

Familie (Gottes) 9, 131, *249-271*, 255, 258, 300, 315f., 328, 375, 379, 394f., 398, 400, 412

Festkalendar 57, 93, 126, 197, 239, 247, 333, 359, 381, 408

Gebet 187, 229

Glaube 100, 102, 109, 123-125, 142, 253, 266, 297, 300, 304, 324, 326, 358, 391, 404f., 407

Gnosis, gnostisch 21f., 35, 46-48, 52, 231, 351, 370, *415-423*

Gruppenidentität 5f., 50, *310-314*

Initiation 102, 120

Intertextualität 1, 3, 9, 14, 62, 133, 172, 308, 411

Johannes/Synoptiker 9, 10f., 16, 32f., 67, 71, 81, 85, 89, 93, 121f., 127, 129, 137f., 156, 166,, 188, 191, 194, 198, 200, 207, 209, 211, 215f., 234f., 236f., 238, 245, 254, 263, 265, 267, 285, 290, 294, 310, 313, 316, 337f., 348, 357, 359, 369, 390, 408f.,

„die Juden" 6, 22, 54, 73, 75, 96, 129, 134-136, 144, 146f., 151, 153, 165, 169, 176, 219, 239, 244, 247, *302-314*, 411

Jüngerschaft 12, 209, 253f., 285f., 293, 297, 405
Katabasis 147, 150f., 159, 333, 394
Kommentarworte 6, 9, 12, 57, 94, 138, 139, 156, 160, 176, 192, 210, 236, 246, 252, 257, 260, 262, 265, 267, 273, 276, 287, 309, 346, 367, 373, 390
Kommunikation 5-7, 9f., 13, 15f., 273f., 391
Kult, kultisch 183, 191, 294f., 334f., 342, 345f., 347, 352, 359
Liebe 29, 135, 186, 204, 206f., 215, 218, 220, 223, 288, 292, 294, 299, 314, 328, 376, 399
Lieblingsjünger 32, 38, 53, 81f., 151, 209-211, 228, 237, 245, 251, 264, 268f., 270f., 287, *289-302*, 303, 358, 390f., 400
Literarkritik 2, 13, *32-44*, 277, 289, 319, 376, 400
Logos 62, 64, 68f., 71, 81, 172, 183, 324f., 333, 353, 361, 392
Metapher, metaphorisch 2, 9, 13, 19, 27, 90, 101, 119f., 133, 143, 145, 156, 160, 170, 173, 175, 177f., 179f., 188f., 194, 199, 202, 205, 213, 216, 222, 227f., 258f., 273, 275, 285, 289, 291, 307, 316, 318, 322f., 328, 351, 361, 365, 367, 372, 377, 379, 388f., 390-392, 396, 401, 404, 411f.
Metaphernnetzwerk 13, 273, 332, 395, 397
Methoden *1-18*, 20, 138
Missverständnis 101, 127, 133, 217, 273, 283, 297, 301, 303
Monolog 131
Monotheismus 52f., 61, 132, 169, 324
Mose 53, 60, 69, 104, 115, 135, 137, 145, 157, 160, 177, 182, 306, 344, 374, 403, 412
Nachfolge 4, 15, 136, 164, 167, 256, 259, 268-270, 293, 301f., 389, 390, 398, 401, 405, 411, 413
Offenbarung 26f., 29
Offenbarungsreden 43
Orientierungsmatrix 5, 401
Paraklet 66, 216, 220f., 224f., 227, 233, 235, 248f., 269, *366-376*, 368, 375, 394, 396

Passion/Tod Jesu 235, *355-361*, 372, 382f., 404f.
Pneuma 160, 162, 167, 233, 248, 249, 255, 270, 325, 342, 358, *366-376*, 405, 410, 413
Präexistenz 53, 81, 324-326
Prolog 12, 26, 75, 297, 301, 309, 327, 333f., 341, 367, 369, 392, 403f., 406
Redaktionsgeschichte 36
Reflexionsprozess 5
relationale Christologie 328, 365f., 412
Religionsgeschichte 2, 20, 23, *44-49*, 61, 138
Rhetorik, rhetorisch 7-9, 102, 163, 190, 211, 213, 215f., 226, 230, 256, 268, 270, 390, 407
Ritual 17, 78, 113, 206, 227, 255, 258f., 264, 288, 327, 340, 359f., 365, *398-401*, 413
Sakrament, sakramental 29, 142f., 151, 265, 355, 366, 376
Schrift, Schriftverständnis 84, 135, 171, 182, 208, 245, 253, 297, 300, 302f., 306f., 309, 313, 339f., 384, 411
Sendungschristologie 11, 26, 28, 30f., 33, 61, 132-134, 146, 187, 234, 323f., 326, 328, 412
Soteriologie, soteriologisch 68, 71, 74, 78, 114, 142, 148, 150, 159, 164, 180, 185, 190, 202, 210f., 235, 248, 257, 275, 303, 334, 346, 353, 383, 386, 392, 394, 407, 410, 412
Subtext 1, 10, 273f., 391
Sünde 127f., 172f., 179, 225, 256, 259, 283, 376
Synagogenausschluss 50f., 53, 64, 155, 176f., 180, 225, 309f., 311, 313f., 397, 409
Taufe 112f., 143, 161, 355, 370
Täufersekte 22, 44, 67
Tempel 63, 67, 69, 70, 75, 126, 173, 190, 219, 239, 248, 257, *323-366*, 388, 394f., 412
Textkohärenz 1, 14-16, 411
Tora 165, 167, 170, 306, 353, 393
Traditionsgeschichte 2f., 11, 17, 21, *49-55*
Umstellungen 136, 212
Wahrheit 23, 109f., 241, 301f., 370

Weisheit 62-64, 67, 255, 361
Wesens- bzw. "hohe" Christologie 11, 20, 23, 25, 30f., 33, 52, 54, 158, 181f., 234, 323, 326, 412
Wunder 31, 36f., 93, 125
Wunderglaube 99, 122f., 138, 144
Zeichen 88f., 125, 140, 152, 185, 189, 257, 273, 276, 285, 296, 300, 302, 315, 338, 340, 356, 397, 406

Zeichen- (bzw. Semeia)-quelle 43, 50, 52, 127, 250, 403
Zeugnis 70f., 72, *74-80*, 101, 111, 134f., 185, 207, 297, 299f., 301f., 327, 332, 334, 346, 389, 398, 405f., 413

BIBLIOTHECA EPHEMERIDUM THEOLOGICARUM LOVANIENSIUM

SERIES I

* = Out of print
*1. *Miscellanea dogmatica in honorem Eximii Domini J. Bittremieux*, 1947.
*2-3. *Miscellanea moralia in honorem Eximii Domini A. Janssen*, 1948.
*4. G. PHILIPS, *La grâce des justes de l'Ancien Testament*, 1948.
*5. G. PHILIPS, *De ratione instituendi tractatum de gratia nostrae sanctificationis*, 1953.
6-7. *Recueil Lucien Cerfaux. Études d'exégèse et d'histoire religieuse*, 1954. 504 et 577 p. Cf. *infra*, n°s 18 et 71 (t. III). 25 € par tome
8. G. THILS, *Histoire doctrinale du mouvement œcuménique*, 1955. Nouvelle édition, 1963. 338 p. 4 €
*9. *Études sur l'Immaculée Conception*, 1955.
*10. J.A. O'DONOHOE, *Tridentine Seminary Legislation*, 1957.
*11. G. THILS, *Orientations de la théologie*, 1958.
*12-13. J. COPPENS, A. DESCAMPS, É. MASSAUX (ed.), *Sacra Pagina. Miscellanea Biblica Congressus Internationalis Catholici de Re Biblica*, 1959.
*14. *Adrien VI, le premier Pape de la contre-réforme*, 1959.
*15. F. CLAEYS BOUUAERT, *Les déclarations et serments imposés par la loi civile aux membres du clergé belge sous le Directoire (1795-1801)*, 1960.
*16. G. THILS, *La «Théologie œcuménique». Notion-Formes-Démarches*, 1960.
17. G. THILS, *Primauté pontificale et prérogatives épiscopales. «Potestas ordinaria» au Concile du Vatican*, 1961. 103 p. 2 €
*18. *Recueil Lucien Cerfaux*, t. III, 1962. Cf. *infra*, n° 71.
*19. *Foi et réflexion philosophique. Mélanges F. Grégoire*, 1961.
*20. *Mélanges G. Ryckmans*, 1963.
21. G. THILS, *L'infaillibilité du peuple chrétien «in credendo»*, 1963. 67 p. 2 €
*22. J. FÉRIN & L. JANSSENS, *Progestogènes et morale conjugale*, 1963.
*23. *Collectanea Moralia in honorem Eximii Domini A. Janssen*, 1964.
24. H. CAZELLES (ed.), *De Mari à Qumrân. L'Ancien Testament. Son milieu. Ses écrits. Ses relectures juives* (Hommage J. Coppens, I), 1969. 158*-370 p. 23 €
*25. I. DE LA POTTERIE (ed.), *De Jésus aux évangiles. Tradition et rédaction dans les évangiles synoptiques* (Hommage J. Coppens, II), 1967.
26. G. THILS & R.E. BROWN (ed.), *Exégèse et théologie* (Hommage J. Coppens, III), 1968. 328 p. 18 €
*27. J. COPPENS (ed.), *Ecclesia a Spiritu sancto edocta. Hommage à Mgr G. Philips*, 1970. 640 p.
28. J. COPPENS (ed.), *Sacerdoce et célibat. Études historiques et théologiques*, 1971. 740 p. 18 €

29. M. DIDIER (ed.), *L'évangile selon Matthieu. Rédaction et théologie*, 1972. 432 p. 25 €
*30. J. KEMPENEERS, *Le Cardinal van Roey en son temps*, 1971.

SERIES II

31. F. NEIRYNCK, *Duality in Mark. Contributions to the Study of the Markan Redaction*, 1972. Revised edition with Supplementary Notes, 1988. 252 p. 30 €
32. F. NEIRYNCK (ed.), *L'évangile de Luc. Problèmes littéraires et théologiques*, 1973. *L'évangile de Luc – The Gospel of Luke*. Revised and enlarged edition, 1989. x-590 p. 55 €
33. C. BREKELMANS (ed.), *Questions disputées d'Ancien Testament. Méthode et théologie*, 1974. *Continuing Questions in Old Testament Method and Theology*. Revised and enlarged edition by M. VERVENNE, 1989. 245 p. 30 €
34. M. SABBE (ed.), *L'évangile selon Marc. Tradition et rédaction*, 1974. Nouvelle édition augmentée, 1988. 601 p. 60 €
35. B. WILLAERT (ed.), *Philosophie de la religion – Godsdienstfilosofie. Miscellanea Albert Dondeyne*, 1974. Nouvelle édition, 1987. 458 p. 60 €
36. G. PHILIPS, *L'union personnelle avec le Dieu vivant. Essai sur l'origine et le sens de la grâce créée*, 1974. Édition révisée, 1989. 299 p. 25 €
37. F. NEIRYNCK, in collaboration with T. HANSEN and F. VAN SEGBROECK, *The Minor Agreements of Matthew and Luke against Mark with a Cumulative List*, 1974. 330 p. 23 €
38. J. COPPENS, *Le messianisme et sa relève prophétique. Les anticipations vétérotestamentaires. Leur accomplissement en Jésus*, 1974. Édition révisée, 1989. XIII-265 p. 25 €
39. D. SENIOR, *The Passion Narrative according to Matthew. A Redactional Study*, 1975. New impression, 1982. 440 p. 25 €
40. J. DUPONT (ed.), *Jésus aux origines de la christologie*, 1975. Nouvelle édition augmentée, 1989. 458 p. 38 €
41. J. COPPENS (ed.), *La notion biblique de Dieu*, 1976. Réimpression, 1985. 519 p. 40 €
42. J. LINDEMANS & H. DEMEESTER (ed.), *Liber Amicorum Monseigneur W. Onclin*, 1976. XXII-396 p. 25 €
43. R.E. HOECKMAN (ed.), *Pluralisme et œcuménisme en recherches théologiques. Mélanges offerts au R.P. Dockx, O.P.*, 1976. 316 p. 25 €
44. M. DE JONGE (ed.), *L'évangile de Jean. Sources, rédaction, théologie*, 1977. Réimpression, 1987. 416 p. 38 €
45. E.J.M. VAN EIJL (ed.), *Facultas S. Theologiae Lovaniensis 1432-1797. Bijdragen tot haar geschiedenis. Contributions to its History. Contributions à son histoire*, 1977. 570 p. 43 €
46. M. DELCOR (ed.), *Qumrân. Sa piété, sa théologie et son milieu*, 1978. 432 p. 43 €
47. M. CAUDRON (ed.), *Faith and Society. Foi et société. Geloof en maatschappij. Acta Congressus Internationalis Theologici Lovaniensis 1976*, 1978. 304 p. 29 €

*48. J. KREMER (ed.), *Les Actes des Apôtres. Traditions, rédaction, théologie*, 1979. 590 p.
49. F. NEIRYNCK, avec la collaboration de J. DELOBEL, T. SNOY, G. VAN BELLE, F. VAN SEGBROECK, *Jean et les Synoptiques. Examen critique de l'exégèse de M.-É. Boismard*, 1979. XII-428 p. 25 €
50. J. COPPENS, *La relève apocalyptique du messianisme royal. I. La royauté – Le règne – Le royaume de Dieu. Cadre de la relève apocalyptique*, 1979. 325 p. 25 €
51. M. GILBERT (ed.), *La Sagesse de l'Ancien Testament*, 1979. Nouvelle édition mise à jour, 1990. 455 p. 38 €
52. B. DEHANDSCHUTTER, *Martyrium Polycarpi. Een literair-kritische studie*, 1979. 296 p. 25 €
53. J. LAMBRECHT (ed.), *L'Apocalypse johannique et l'Apocalyptique dans le Nouveau Testament*, 1980. 458 p. 35 €
54. P.-M. BOGAERT (ed.), *Le livre de Jérémie. Le prophète et son milieu. Les oracles et leur transmission*, 1981. Nouvelle édition mise à jour, 1997. 448 p. 45 €
55. J. COPPENS, *La relève apocalyptique du messianisme royal. III. Le Fils de l'homme néotestamentaire*. Édition posthume par F. NEIRYNCK, 1981. XIV-192 p. 20 €
56. J. VAN BAVEL & M. SCHRAMA (ed.), *Jansénius et le Jansénisme dans les Pays-Bas. Mélanges Lucien Ceyssens*, 1982. 247 p. 25 €
57. J.H. WALGRAVE, *Selected Writings – Thematische geschriften. Thomas Aquinas, J.H. Newman, Theologia Fundamentalis*. Edited by G. DE SCHRIJVER & J.J. KELLY, 1982. XLIII-425 p. 25 €
58. F. NEIRYNCK & F. VAN SEGBROECK, avec la collaboration de E. MANNING, *Ephemerides Theologicae Lovanienses 1924-1981. Tables générales. (Bibliotheca Ephemeridum Theologicarum Lovaniensium 1947-1981)*, 1982. 400 p. 40 €
59. J. DELOBEL (ed.), *Logia. Les paroles de Jésus – The Sayings of Jesus. Mémorial Joseph Coppens*, 1982. 647 p. 50 €
60. F. NEIRYNCK, *Evangelica. Gospel Studies – Études d'évangile. Collected Essays*. Edited by F. VAN SEGBROECK, 1982. XIX-1036 p. 50 €
61. J. COPPENS, *La relève apocalyptique du messianisme royal. II. Le Fils d'homme vétéro- et intertestamentaire*. Édition posthume par J. LUST, 1983. XVII-272 p. 25 €
62. J.J. KELLY, *Baron Friedrich von Hügel's Philosophy of Religion*, 1983. 232 p. 38 €
63. G. DE SCHRIJVER, *Le merveilleux accord de l'homme et de Dieu. Étude de l'analogie de l'être chez Hans Urs von Balthasar*, 1983. 344 p. 38 €
64. J. GROOTAERS & J.A. SELLING, *The 1980 Synod of Bishops: «On the Role of the Family». An Exposition of the Event and an Analysis of its Texts*. Preface by Prof. emeritus L. JANSSENS, 1983. 375 p. 38 €
65. F. NEIRYNCK & F. VAN SEGBROECK, *New Testament Vocabulary. A Companion Volume to the Concordance*, 1984. XVI-494 p. 50 €
66. R.F. COLLINS, *Studies on the First Letter to the Thessalonians*, 1984. XI-415 p. 38 €
67. A. PLUMMER, *Conversations with Dr. Döllinger 1870-1890*. Edited with Introduction and Notes by R. BOUDENS, with the collaboration of L. KENIS, 1985. LIV-360 p. 45 €

68. N. LOHFINK (ed.), *Das Deuteronomium. Entstehung, Gestalt und Botschaft / Deuteronomy: Origin, Form and Message*, 1985. XI-382 p. 50 €
69. P.F. FRANSEN, *Hermeneutics of the Councils and Other Studies*. Collected by H.E. MERTENS & F. DE GRAEVE, 1985. 543 p. 45 €
70. J. DUPONT, *Études sur les Évangiles synoptiques*. Présentées par F. NEIRYNCK, 1985. 2 tomes, XXI-IX-1210 p. 70 €
71. *Recueil Lucien Cerfaux*, t. III, 1962. Nouvelle édition revue et complétée, 1985. LXXX-458 p. 40 €
72. J. GROOTAERS, *Primauté et collégialité. Le dossier de Gérard Philips sur la Nota Explicativa Praevia (Lumen gentium, Chap. III)*. Présenté avec introduction historique, annotations et annexes. Préface de G. THILS, 1986. 222 p. 25 €
73. A. VANHOYE (ed.), *L'apôtre Paul. Personnalité, style et conception du ministère*, 1986. XIII-470 p. 65 €
74. J. LUST (ed.), *Ezekiel and His Book. Textual and Literary Criticism and their Interrelation*, 1986. X-387 p. 68 €
75. É. MASSAUX, *Influence de l'Évangile de saint Matthieu sur la littérature chrétienne avant saint Irénée*. Réimpression anastatique présentée par F. NEIRYNCK. *Supplément: Bibliographie 1950-1985*, par B. DEHANDSCHUTTER, 1986. XXVII-850 p. 63 €
76. L. CEYSSENS & J.A.G. TANS, *Autour de l'Unigenitus. Recherches sur la genèse de la Constitution*, 1987. XXVI-845 p. 63 €
77. A. DESCAMPS, *Jésus et l'Église. Études d'exégèse et de théologie*. Préface de Mgr A. HOUSSIAU, 1987. XLV-641 p. 63 €
78. J. DUPLACY, *Études de critique textuelle du Nouveau Testament*. Présentées par J. DELOBEL, 1987. XXVII-431 p. 45 €
79. E.J.M. VAN EIJL (ed.), *L'image de C. Jansénius jusqu'à la fin du XVIIIe siècle*, 1987. 258 p. 32 €
80. E. BRITO, *La Création selon Schelling. Universum*, 1987. XXXV-646 p. 75 €
81. J. VERMEYLEN (ed.), *The Book of Isaiah – Le livre d'Isaïe. Les oracles et leurs relectures. Unité et complexité de l'ouvrage*, 1989. X-472 p. 68 €
82. G. VAN BELLE, *Johannine Bibliography 1966-1985. A Cumulative Bibliography on the Fourth Gospel*, 1988. XVII-563 p. 68 €
83. J.A. SELLING (ed.), *Personalist Morals. Essays in Honor of Professor Louis Janssens*, 1988. VIII-344 p. 30 €
84. M.-É. BOISMARD, *Moïse ou Jésus. Essai de christologie johannique*, 1988. XVI-241 p. 25 €
84^A. M.-É. BOISMARD, *Moses or Jesus: An Essay in Johannine Christology*. Translated by B.T. VIVIANO, 1993, XVI-144 p. 25 €
85. J.A. DICK, *The Malines Conversations Revisited*, 1989. 278 p. 38 €
86. J.-M. SEVRIN (ed.), *The New Testament in Early Christianity – La réception des écrits néotestamentaires dans le christianisme primitif*, 1989. XVI-406 p. 63 €
87. R.F. COLLINS (ed.), *The Thessalonian Correspondence*, 1990. XV-546 p. 75 €
88. F. VAN SEGBROECK, *The Gospel of Luke. A Cumulative Bibliography 1973-1988*, 1989. 241 p. 30 €

89. G. THILS, *Primauté et infaillibilité du Pontife Romain à Vatican I et autres études d'ecclésiologie*, 1989. XI-422 p. 47 €
90. A. VERGOTE, *Explorations de l'espace théologique. Études de théologie et de philosophie de la religion*, 1990. XVI-709 p. 50 €
*91. J.C. DE MOOR, *The Rise of Yahwism: The Roots of Israelite Monotheism*, 1990. Revised and Enlarged Edition, 1997. XV-445 p.
92. B. BRUNING, M. LAMBERIGTS & J. VAN HOUTEM (eds.), *Collectanea Augustiniana. Mélanges T.J. van Bavel*, 1990. 2 tomes, XXXVIII-VIII-1074 p. 75 €
93. A. DE HALLEUX, *Patrologie et œcuménisme. Recueil d'études*, 1990. XVI-887 p. 75 €
94. C. BREKELMANS & J. LUST (eds.), *Pentateuchal and Deuteronomistic Studies: Papers Read at the XIIIth IOSOT Congress Leuven 1989*, 1990. 307 p. 38 €
95. D.L. DUNGAN (ed.), *The Interrelations of the Gospels. A Symposium Led by M.-É. Boismard – W.R. Farmer – F. Neirynck, Jerusalem 1984*, 1990. XXXI-672 p. 75 €
96. G.D. KILPATRICK, *The Principles and Practice of New Testament Textual Criticism. Collected Essays*. Edited by J.K. ELLIOTT, 1990. XXXVIII-489 p. 75 €
97. G. ALBERIGO (ed.), *Christian Unity. The Council of Ferrara-Florence: 1438/39 – 1989*, 1991. X-681 p. 75 €
98. M. SABBE, *Studia Neotestamentica. Collected Essays*, 1991. XVI-573 p. 50 €
99. F. NEIRYNCK, *Evangelica II: 1982-1991. Collected Essays*. Edited by F. VAN SEGBROECK, 1991. XIX-874 p. 70 €
100. F. VAN SEGBROECK, C.M. TUCKETT, G. VAN BELLE & J. VERHEYDEN (eds.), *The Four Gospels 1992. Festschrift Frans Neirynck*, 1992. 3 volumes, XVII-X-X-2668 p. 125 €

SERIES III

101. A. DENAUX (ed.), *John and the Synoptics*, 1992. XXII-696 p. 75 €
102. F. NEIRYNCK, J. VERHEYDEN, F. VAN SEGBROECK, G. VAN OYEN & R. CORSTJENS, *The Gospel of Mark. A Cumulative Bibliography: 1950-1990*, 1992. XII-717 p. 68 €
103. M. SIMON, *Un catéchisme universel pour l'Église catholique. Du Concile de Trente à nos jours*, 1992. XIV-461 p. 55 €
104. L. CEYSSENS, *Le sort de la bulle Unigenitus. Recueil d'études offert à Lucien Ceyssens à l'occasion de son 90ᵉ anniversaire*. Présenté par M. LAMBERIGTS, 1992. XXVI-641 p. 50 €
105. R.J. DALY (ed.), *Origeniana Quinta. Papers of the 5th International Origen Congress, Boston College, 14-18 August 1989*, 1992. XVII-635 p. 68 €
106. A.S. VAN DER WOUDE (ed.), *The Book of Daniel in the Light of New Findings*, 1993. XVIII-574 p. 75 €
107. J. FAMERÉE, *L'ecclésiologie d'Yves Congar avant Vatican II: Histoire et Église. Analyse et reprise critique*, 1992. 497 p. 65 €

108. C. BEGG, *Josephus' Account of the Early Divided Monarchy (AJ 8, 212-420). Rewriting the Bible*, 1993. IX-377 p. 60 €
109. J. BULCKENS & H. LOMBAERTS (eds.), *L'enseignement de la religion catholique à l'école secondaire. Enjeux pour la nouvelle Europe*, 1993. XII-264 p. 32 €
110. C. FOCANT (ed.), *The Synoptic Gospels. Source Criticism and the New Literary Criticism*, 1993. XXXIX-670 p. 75 €
111. M. LAMBERIGTS (ed.), avec la collaboration de L. KENIS, *L'augustinisme à l'ancienne Faculté de théologie de Louvain*, 1994. VII-455 p. 60 €
112. R. BIERINGER & J. LAMBRECHT, *Studies on 2 Corinthians*, 1994. XX-632 p. 75 €
113. E. BRITO, *La pneumatologie de Schleiermacher*, 1994. XII-649 p. 75 €
114. W.A.M. BEUKEN (ed.), *The Book of Job*, 1994. X-462 p. 60 €
115. J. LAMBRECHT, *Pauline Studies: Collected Essays*, 1994. XIV-465 p. 63 €
116. G. VAN BELLE, *The Signs Source in the Fourth Gospel: Historical Survey and Critical Evaluation of the Semeia Hypothesis*, 1994. XIV-503 p. 63 €
117. M. LAMBERIGTS & P. VAN DEUN (eds.), *Martyrium in Multidisciplinary Perspective. Memorial L. Reekmans*, 1995. X-435 p. 75 €
118. G. DORIVAL & A. LE BOULLUEC (eds.), *Origeniana Sexta. Origène et la Bible/Origen and the Bible. Actes du Colloquium Origenianum Sextum, Chantilly, 30 août – 3 septembre 1993*, 1995. XII-865 p. 98 €
119. É. GAZIAUX, *Morale de la foi et morale autonome. Confrontation entre P. Delhaye et J. Fuchs*, 1995. XXII-545 p. 68 €
120. T.A. SALZMAN, *Deontology and Teleology: An Investigation of the Normative Debate in Roman Catholic Moral Theology*, 1995. XVII-555 p. 68 €.
121. G.R. EVANS & M. GOURGUES (eds.), *Communion et Réunion. Mélanges Jean-Marie Roger Tillard*, 1995. XI-431 p. 60 €
122. H.T. FLEDDERMANN, *Mark and Q: A Study of the Overlap Texts. With an Assessment* by F. NEIRYNCK, 1995. XI-307 p. 45 €
123. R. BOUDENS, *Two Cardinals: John Henry Newman, Désiré-Joseph Mercier*. Edited by L. GEVERS with the collaboration of B. DOYLE, 1995. 362 p. 45 €
124. A. THOMASSET, *Paul Ricœur. Une poétique de la morale. Aux fondements d'une éthique herméneutique et narrative dans une perspective chrétienne*, 1996. XVI-706 p. 75 €
125. R. BIERINGER (ed.), *The Corinthian Correspondence*, 1996. XXVII-793 p. 60 €
126. M. VERVENNE (ed.), *Studies in the Book of Exodus: Redaction – Reception – Interpretation*, 1996. XI-660 p. 60 €
127. A. VANNESTE, *Nature et grâce dans la théologie occidentale. Dialogue avec H. de Lubac*, 1996. 312 p. 45 €
128. A. CURTIS & T. RÖMER (eds.), *The Book of Jeremiah and its Reception – Le livre de Jérémie et sa réception*, 1997. 331 p. 60 €
129. E. LANNE, *Tradition et Communion des Églises. Recueil d'études*, 1997. XXV-703 p. 75 €

130. A. DENAUX & J.A. DICK (eds.), *From Malines to ARCIC. The Malines Conversations Commemorated*, 1997. IX-317 p. 45 €
131. C.M. TUCKETT (ed.), *The Scriptures in the Gospels*, 1997. XXIV-721 p. 60 €
132. J. VAN RUITEN & M. VERVENNE (eds.), *Studies in the Book of Isaiah. Festschrift Willem A.M. Beuken*, 1997. XX-540 p. 75 €
133. M. VERVENNE & J. LUST (eds.), *Deuteronomy and Deuteronomic Literature. Festschrift C.H.W. Brekelmans*, 1997. XI-637 p. 75 €
134. G. VAN BELLE (ed.), *Index Generalis ETL / BETL 1982-1997*, 1999. IX-337 p. 40 €
135. G. DE SCHRIJVER, *Liberation Theologies on Shifting Grounds. A Clash of Socio-Economic and Cultural Paradigms*, 1998. XI-453 p. 53 €
136. A. SCHOORS (ed.), *Qohelet in the Context of Wisdom*, 1998. XI-528 p. 60 €
137. W.A. BIENERT & U. KÜHNEWEG (eds.), *Origeniana Septima. Origenes in den Auseinandersetzungen des 4. Jahrhunderts*, 1999. XXV-848 p. 95 €
138. É. GAZIAUX, *L'autonomie en morale: au croisement de la philosophie et de la théologie*, 1998. XVI-760 p. 75 €
139. J. GROOTAERS, *Actes et acteurs à Vatican II*, 1998. XXIV-602 p. 75 €
140. F. NEIRYNCK, J. VERHEYDEN & R. CORSTJENS, *The Gospel of Matthew and the Sayings Source Q: A Cumulative Bibliography 1950-1995*, 1998. 2 vols., VII-1000-420* p. 95 €
141. E. BRITO, *Heidegger et l'hymne du sacré*, 1999. XV-800 p. 90 €
142. J. VERHEYDEN (ed.), *The Unity of Luke-Acts*, 1999. XXV-828 p. 60 €
143. N. CALDUCH-BENAGES & J. VERMEYLEN (eds.), *Treasures of Wisdom. Studies in Ben Sira and the Book of Wisdom. Festschrift M. Gilbert*, 1999. XXVII-463 p. 75 €
144. J.-M. AUWERS & A. WÉNIN (eds.), *Lectures et relectures de la Bible. Festschrift P.-M. Bogaert*, 1999. XLII-482 p. 75 €
145. C. BEGG, *Josephus' Story of the Later Monarchy (AJ 9,1–10,185)*, 2000. X-650 p. 75 €
146. J.M. ASGEIRSSON, K. DE TROYER & M.W. MEYER (eds.), *From Quest to Q. Festschrift James M. Robinson*, 2000. XLIV-346 p. 60 €
147. T. RÖMER (ed.), *The Future of the Deuteronomistic History*, 2000. XII-265 p. 75 €
148. F.D. VANSINA, *Paul Ricœur: Bibliographie primaire et secondaire - Primary and Secondary Bibliography 1935-2000*, 2000. XXVI-544 p. 75 €
149. G.J. BROOKE & J.D. KAESTLI (eds.), *Narrativity in Biblical and Related Texts*, 2000. XXI-307 p. 75 €
150. F. NEIRYNCK, *Evangelica III: 1992-2000. Collected Essays*, 2001. XVII-666 p. 60 €
151. B. DOYLE, *The Apocalypse of Isaiah Metaphorically Speaking. A Study of the Use, Function and Significance of Metaphors in Isaiah 24-27*, 2000. XII-453 p. 75 €
152. T. MERRIGAN & J. HAERS (eds.), *The Myriad Christ. Plurality and the Quest for Unity in Contemporary Christology*, 2000. XIV-593 p. 75 €
153. M. SIMON, *Le catéchisme de Jean-Paul II. Genèse et évaluation de son commentaire du Symbole des apôtres*, 2000. XVI-688 p. 75 €

154. J. VERMEYLEN, *La loi du plus fort. Histoire de la rédaction des récits davidiques de 1 Samuel 8 à 1 Rois 2*, 2000. XIII-746 p. 80 €
155. A. WÉNIN (ed.), *Studies in the Book of Genesis. Literature, Redaction and History*, 2001. XXX-643 p. 60 €
156. F. LEDEGANG, *Mysterium Ecclesiae. Images of the Church and its Members in Origen*, 2001. XVII-848 p. 84 €
157. J.S. BOSWELL, F.P. MCHUGH & J. VERSTRAETEN (eds.), *Catholic Social Thought: Twilight of Renaissance*, 2000. XXII-307 p. 60 €
158. A. LINDEMANN (ed.), *The Sayings Source Q and the Historical Jesus*, 2001. XXII-776 p. 60 €
159. C. HEMPEL, A. LANGE & H. LICHTENBERGER (eds.), *The Wisdom Texts from Qumran and the Development of Sapiential Thought*, 2002. XII-502 p. 80 €
160. L. BOEVE & L. LEIJSSEN (eds.), *Sacramental Presence in a Postmodern Context*, 2001. XVI-382 p. 60 €
161. A. DENAUX (ed.), *New Testament Textual Criticism and Exegesis. Festschrift J. Delobel*, 2002. XVIII-391 p. 60 €
162. U. BUSSE, *Das Johannesevangelium. Bildlichkeit, Diskurs und Ritual. Mit einer Bibliographie über den Zeitraum 1986-1998*, 2002. XIII-572 p. 70 €
163. J.-M. AUWERS & H.J. DE JONGE (eds.), *The Biblical Canons*. Forthcoming.
164. L. PERRONE (ed.), *Origeniana Octava. Origen and the Alexandrian Tradition*, 2002. Forthcoming.
165. R. BIERINGER, V. KOPERSKI & B. LATAIRE (eds.), *Resurrection in the New Testament. Festschrift J. Lambrecht*, 2002. XXXI-551 p. 70 €
166. M. LAMBERIGTS & L. KENIS (eds.), *Vatican II and Its Legacy*, 2002. Forthcoming.